藏书家

珍藏版

（1—5）合订本

上

齊鲁書社
·济南·

图书在版编目（CIP）数据

藏书家：合订本. 1–10辑 / 齐鲁书社编. -- 济南:
齐鲁书社, 2014.5（2024.4重印）
ISBN 978-7-5333-3141-2

Ⅰ. ①藏… Ⅱ. ①齐… Ⅲ. ①藏书 – 文集
Ⅳ. ①G253-53

中国版本图书馆CIP数据核字(2014)第040598号

项目统筹　王　路
装帧设计　亓旭欣

藏书家（合订本）
(1–10辑)
CANGSHUJIA HEDINGBEN
齐鲁书社　编

主管单位　山东出版传媒股份有限公司
出版发行　齐鲁书社
社　　址　济南市市中区舜耕路517号
邮　　编　250003
网　　址　www.qlss.com.cn
电子邮箱　qilupress@126.com
营销中心　（0531）82098521　82098519　82098517
印　　刷　山东临沂新华印刷物流集团有限责任公司
开　　本　850mm×1168mm　1/32
印　　张　55.375
插　　页　42
字　　数　1375千
版　　次　2014年5月第1版
印　　次　2024年4月第3次印刷
标准书号　ISBN 978-7-5333-3141-2
定　　价　368.00元(上、下册)

藏书家

藏书家

第1辑

齐鲁书社

藏书家

九四叟顧廷龍題

網羅放失
傳之其人

藏書家創刊之喜

九五老人顧廷龍題

廷龍

泝典藏之源流
留薪傳于無窮

齊魯書社《藏書家》創刊志喜

王紹曾敬書 時年八十有八

王紹曾

二南遗集

少寅兄为藏书家题

八十五叟 程千帆

百宋千元又一时嫏嬛清
夢亦遐思今朝嘉話更覓
拾共續藏書紀事詩

齊魯書社刊行藏書家　黃永年賦賀

讀金匱石室書
做琪花瑤草人

来新夏題

目　录

三代沧桑话藏书

吴小如

吾家之有藏书,自先父始。先父玉如公十九岁丁父忧,学业中辍,远游东北。后定居哈尔滨,长期在中东铁路局(原名中东铁路公司)工作。“九·一八”之后,于1932年回到北平,先后在东北十余年。家中大量图书,都是先父在哈尔滨购置的。记忆所及,以扫叶山房石印本古籍为多。因先父上有老母,下有妻孥,买书备用,无力搜求善本。但书橱中仍见有一二部元、明刻本,大约也是廉价买到的。1935年先父到母校南开大学任教,经济条件稍裕,这才开始购买大部头丛书,如《四部丛刊》初编、百衲本《二十四史》、《说文解字诂林》正续等巨帙。由于先父酷嗜书法,收藏的碑帖较多,约占全部藏书的八分之一。

我因父亲藏书不少,自己很少买书。甚至自己当了教书匠,买了书也放在父亲的书橱中,并无“私有观念”。因父亲已藏有《四部丛刊》初编,我个人所买的书籍,乃多为《四部丛刊》续编、三编的零种和《四部备要》里所收的常用古籍而为《丛刊》初编所无者。更因限于财力,多买平装排印本以及坊间翻印的古籍。后来我结了婚独立门户,才正式有了个人藏书和部分碑帖。

舍弟同宾久居津门，他是专治戏曲的，除原有一部分新文学作品外，后来添置的大都是戏曲方面的专业书，以及少量的有关文艺理论书籍；加上一些古籍和工具书，所藏亦自可观。及十年浩劫，在天津旧居的藏书，不论是属于先父的、舍弟的还是我留在津中的，均被抄没一空。后来虽发还了一些，亦属残编断简。至于我自 1951 年定居北京西郊后陆续买到的书，“文革”中亦损失殊巨，惟尚不及津门旧居“扫地出门”那样惨重。

由于受父亲影响，我买书亦只是为了阅读备用，故所购亦无善本。平生只买过三部明版书（其中一部《山谷刀笔》是元刻本，书商定为明初翻印者），1975 年妻子动大手术，她又没有公费医疗，只好全部廉价卖掉。父亲在“文革”中生活无着，便把《四部丛刊》初编卖掉，我因住屋狭小，再也不曾添购。百衲本《二十四史》，先父作为结婚妆奁赠送给他外甥女了。我在 1957 年因中国书店允许我分期付款，乃另买了一部老同文版《二十四史》，至今还在使用。我自置之书还有一大部分是新文学作品，如周作人的全部散文集，以及朱自清、俞平伯、废名、沈从文几位老师的单行文集，“文革”中都被弄得残缺不全。我便把一部分书送给治新文学的朋友，极少数的几本旧版书如开明书店版的《桥》（废名著）、现代书局版的《猫城记》（老舍著）等则给了爱好现代文学的小女儿。目前寒斋所存，只剩下一堆古色古香的“国学”书籍了。

“文革”期间，我和王瑶（昭琛）先生的藏书都被抄走了很多。事后“交流”情况，发现我和昭琛先生的藏书中，凡有关《庄子》的注本都不见了，想必北大中文系从事抄家活动的“红卫兵”学生中有专门研究老庄哲学的人材。至于我的大量工具书，包括古代类书和晚出的《中华大字典》、《辞通》之类，则一本未动。后来一位在中央党校工作的老同志（现已离休）对我开玩笑说：“你的藏书中最有用的就是这些大部头的工具书，要是我去‘执行任务’，我就专拣这一类的书据为己有。”

劫后检点旧藏，发现有两部值得一提的书。一部是线装清刻本的《四书翊注》，虽非善本却属孤本。此书清代理学家刁包（字蒙吉）所著，虽阐发朱注而其中却不乏精义。我曾检程树德《论语集释》后面所附的引用书目，并亲自问过撰写《论语译注》的杨伯峻先生，他们都未见过这部《四书翊注》。程、杨两家所引刁氏之说，均转引自它书（如《论语集释》便明言引自《经正录》，伯峻先生则亲口对我说过是从清人著述中转引）；而北大、清华及原燕京大学三校图书馆于此书亦均未入藏。另一部为平装排印本，是由厦门大学印行，乃林庚（静希）先生早年所著的《中国文学史》，书前扉页上还有静希师亲自题写的两行诗句。这书是1946年初识静希师时承他惠赠的。书中把我国文学史分成“黄金”、“白银”几个时期，亦属别开生面。静希师晚年把旧著改写，书名《中国文学简史》，由北大出版社出版并已重印，但原版旧著还是极有纪念意义的。

自1982年先父病逝，我和舍弟又陆续购置不少新版图书。舍弟所藏仍偏重于戏曲专著，我则近于“拾遗补阙”，多买前所未藏和藏而已失的各类古籍，依旧为了阅读备用，不大讲求版本。其中有两事不妨一说。一是门人傅璇琮君主编的一套《唐才子传》，全书四册，独其中第二册付诸阙如。我偶在一篇小文中提及，竟承丹东一位不相识的朋友远道惠寄，使我把一套书凑齐。我深感高谊，聊以自己主编的一本工具书寄赠，然实不足报其情谊于万一。另一是中华书局出版的点校本《续资治通鉴长编》。此书是陆续出版的，始由出版社慨然惠赠数册，后来却不再送，只能出一本买一本。中间有好几年竟停止印行。这时我发现此书在校勘上颇成问题，不便使用(我曾在一篇拙文中对它进行批评)，后来便未再续买。加上寒斋窄陋，几本破书已充塞得“顶天立地”，其书今虽已出齐，我亦不拟再买，因买了也无地存放。几时得有暇晷，颇想把已有的若干本当废品卖掉，不想再保留这半部残书了。

尽管近年因无处搁放而中止买书，但所藏卷帙仍不断增加，其来源则为友好与出版社所赠。如《王瑶文集》、《俞平伯全集》和《吴趼人全集》等，虽卷帙浩繁，而来者难拒。为长远之计，则必须把旧藏闲置之书作一番认真清理，留其可留者而去其当去者，庶几室有馀闲，可容续购矣。

以上所谈，乃两代人三处所藏书的大致情况。不料我的孙女又是一个爱书成癖者。她从小即喜买书，从儿童读物买起，不到二十年已成好买书的大学生。据她父亲诉苦，在她上海的居室中打头碰脸已无往而非书。最近她到北京来上学，除校内宿舍堆满各种书籍外，即在她临时居住的舍下那间小屋中，亦已架满笥盈，眼见要“泛滥成灾”了。看来她买书的前景将比她的祖父还可怕。盖她所买除中西新文学译著外，尚旁及哲学、社会学、宗教学、经济学乃至时装剪裁、医卜星相等等。久而久之，势必浩瀚无归，靡所底止。古人说“多财信为累”，我则已深尝“多书为累”之苦；偏偏孙女竟蹈我覆辙，自寻烦恼，我亦只好听之任之。但愿从此海晏河清，藏书不再遭厄，则幸甚矣。

1998年5月在北京写讫

苹楼藏书谈片

涂宗涛

我平生喜藏书，四十多年来，藏书数量虽已逾万册(含杂志)，但从未以“藏书家”自居，因藏书家着眼于收藏珍善本书，如著名的“皕宋楼”和“双鉴楼”主人，就是因藏有不同数量的宋板书而以之名楼的。我则一介寒儒，只因治学之需，才节衣缩食，连续收藏文史哲方面的基本书和常用工具书，以备阅读和翻检之用，所藏珍善本书寥寥无几，以版本时代而言，不但没有宋刻元椠，甚至连一本明版书也没有，以其价昂，非寒素若我辈所敢问津也。若以我所藏者论价，大多贱如草芥，故以“苹楼”名其室。学人之藏书立于“用”，藏书家之藏书在于“聚珍纳奇”。举个例，我藏有一本油印刻写本《清史稿人名索引》(苏州大学图书馆 1985 年 10 月编印)，一直放在手边备查，颇有用，而作为版本来说，根本说不上，藏书家对它会不屑一顾的。

我是于1943年在重庆沙坪坝上高中时才开始购藏书籍的。重庆地处西陲，又值抗战艰苦时期，沙坪坝当时虽有不少旧书店，都是普通铅印书，偶有线装书也是坊刻本，连“四部丛刊”和“四部备要”的零本线装书也很罕见。但我这时的藏书，也有值得一提者，如我于1948年带来天津的那本《四书备旨》(只有“大学”、“中庸”)，书前有洪晨孚康熙戊子(四十七年)序，扉页上端横刊“乾隆四十七年新镌”，下端左脚刊“本立堂藏板”，正中刻书名大字“十二订附考备旨善本”，作为乾隆年间的坊刻本，今已很罕见了。还有一本《杜少陵评传》(朱偰著。1941年6月重庆青年书店出版)，是一本用草纸印刷的书，颇有学术价值，今已很罕见，如专门收录杜诗有关版本的《杜集叙录》(周采泉著。上海古籍出版社1986年版)，虽收了这本《评传》，却注明“未见”，可见传世者已经很少了。

我于1948年秋转入南开大学，很快迎来天津解放，随即参加了革命工作，平日既繁忙，又因是包干制无钱买书，基本上不逛书店了。从1954年起，党中央号召“向科学进军”，接着又改为薪金制，乃决心利用业馀时间钻研文史，并有计划地购书藏书。我在大学期间学过目录学，手边有本张之洞的《书目答问》，既介绍四部中的基本书，又注明版本，它就成了我购书的指南。幸运的是，天津的购书条件大大优于重庆，五十年代，天津的天祥市场旧书肆，真是琳琅满目，其中“四部丛刊”、“四部备要”、“丛书集成初编”、“古今图书集成”、“万有文库”等大型丛书的零本，随处可见，而且价廉；即使清人编刻的如“知不足斋丛书”、“海山仙馆丛书”、“粤雅堂丛书”等的零本，同样随手可得；还有解放前各地所出图书、清人板刻线装书，都能在天祥市场上陆续求得。如我在重庆期间即想一读的释寄禅《八指头陀诗集》，即于五十年代初在天祥市场以低价购藏的，后检《贩书偶记》，其所著录者为民国己未北京法华寺刊本，而我所藏的这一本乃光绪十六、七年刻本，当为早期版本，又钤有“弢斋藏书记”印章，知为徐世昌家散出，故我对此书颇为珍惜。这样，逐年购置，甚至在“三年困难时期”，宁愿饿肚子，也挤出钱来去成批地购进“丛书集成初编”中零售的影印本，因其价甚廉，有的只几分钱一本。因我深知：一本影印书，只要其底本经过专家鉴定，若为宋本，其学术价值与原本完全相同，而宋板书价值连城，影印的宋板书却很便宜了。到 1966 年“文革”前，我家藏书已达四千馀册，“文革”中全部抄没，所幸的是，后落实政策，居然绝大部分又退回了，可见书和我是有缘的。

我的藏书近一半是解放后出版的新书，如“二十四史”，前四史为“百衲本”，从《晋书》到《明史》为中华书局点校本。我还注意书的配套，如《论语》系列，既有《十三经注疏》本、朱注《四书》本、皇侃《论语集解义疏》本、刘宝楠《论语正义》本，也有今人的《论语译注》（杨伯峻）、《论语集释》（程树德）、《论语正》（石永楙。1946 年天津大公报铅印本。今已罕见）、《论语引得》（燕京大学引得编纂处）等。由于留意书的配套，有时会给人带来意想不到的乐趣，如我偶然买到一本陶兰泉于 1935 年以珂罗版按原大影印之《宋刻孟襄阳集》，原为黄丕烈所藏，黄氏在书前题词中断为南宋初刻本，影印保存原刻风貌，所钤印章朱色灿然，殊可喜。从书末秋草斋主人杨寿枏“跋”得知，同时影印者尚有《宋刻孟东野诗集》，合称《宋刻二孟诗集》，意在使“延津之剑分而复合”；而那部《宋刻孟东野诗集》却无从寻得，心常耿耿。几年后，偶于书肆发现了当年陶兰泉影印之《宋刻孟东野诗集》(四册),大喜过望,即购之归,终于配成《宋刻二孟诗集》,成为完帙。这种淘书之乐,非局外人可得而知也。

前面已经交代过,我藏书的目的在于"用",不同于藏书家的"聚珍纳奇",但也有一些珍善本和罕见本,这些书的入藏,或因其可作文物玩赏,或因其罕见而留存。如安岐于清康熙年间在天津沽水草堂按真迹钩勒上石的《书谱》早期拓本、蒋士铨墨迹、旧抄本《瀹性堂不系舟诗草·蜉吟草》(嘉庆十四年进士钟振超未刊诗稿)、铁保《联床对雨集》稿本、手抄本类书《慎密藏之》(清人抄)、《二十除夕诗》墨迹、《戴炳墨迹·附诗草》(戴为雍正丙午举人)等墨迹本和石拓本,都可忝列珍善本之列。又如《纶阁所见所藏金石文字》,为已故甲骨学家王襄汇集金石文字拓片而成之稿本,首页题辞云:"此二卷乃襄幼时所集,时正清光绪二十六

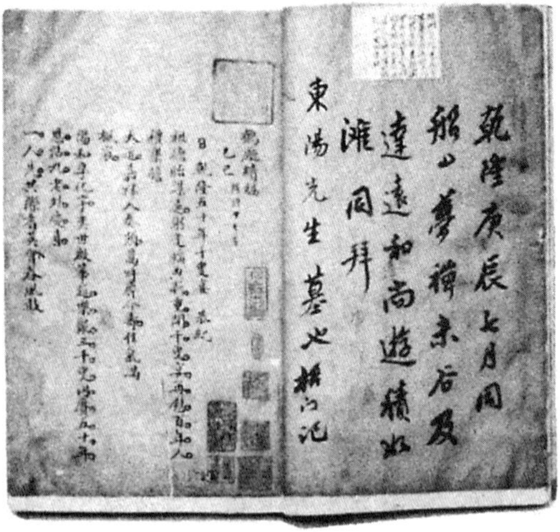

清铁保《联床对雨集》稿本

年，岁在庚子，丧母避兵，念之有馀痛焉。公元一九五一年八月王襄志(印)”。书内拓片多为王襄、孟定生手拓，拓片上钤有王、孟二人印记，并在某些拓片下有文字考释，皆王襄手笔。此册拓片也弥足珍贵，加之王襄亲书之考释文字，更属难得，可列为珍本。我还藏有一册《齐白石印谱》，是篆刻家李遂贤（字仲子）将齐氏治印直接钤印的，其中有不为后人知者，如齐为李镌“见贤思齐”、“不知有汉”二印，前者虽为解放后《齐白石画册》所收，但无边款，而我所藏者载之纂详：“旧京刊印者无多人，有一二少年，皆受业于余，学成自夸师古，背其恩本，君子耻之，人格低矣。中年人于非厂刻石真工，亦余门客，独仲子先生之刻，古工秀劲绝伦，其人品亦驾人上，余所佩仰，为刊此石，因先生有感人类之高下，偶尔记于先生之印侧，可笑也。辛未正月齐璜白石”。边款长达 108 字。近晤一研究齐白石书、画、印之鉴定家，亦称未见过此边款，可作研究齐白石生平之重要资料。

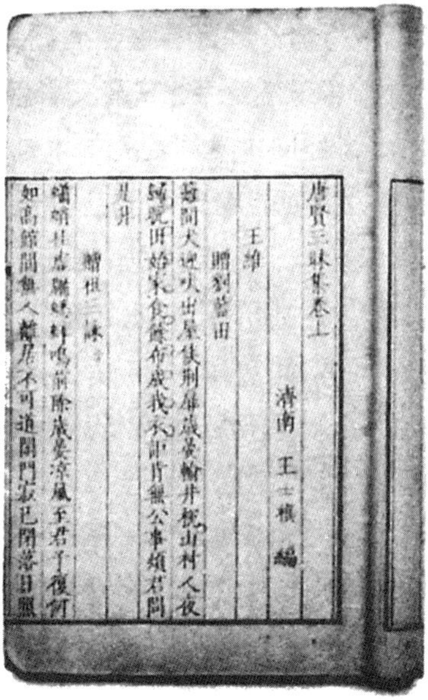
清康熙刊本《唐贤三昧集》

在我所藏板刻

线装书中，亦有可称为善本者，如《唐贤三昧集》(清王士禛编。康熙廿七年初刻本)，三卷，经鉴定，为康熙间初刻本。此版本不见《书目答问补正》、《四库简明目录标注》、《贩书偶记》及《续编》等书目著录，可见传世者很少，自然可贵。另一部《王先生十七史蒙求》(十六卷。宋王令撰。康熙五十二年程宗璜据宋麻沙本校刊重印本)。此书已为《书目答问补正》著录，但张志公《蒙学书目稿》著录者为康熙四十九年刻本，与书前所附之书影相较，我所藏者与之完全相同，故知为程氏刊本之重印本。此书今亦罕见，当视为善本。我还藏有相当数量的普通版本而今已为罕见书者，如《平锞记》(桂林朱凤森撰。杂剧四出。嘉庆廿五年木刻本，一册)、《城东倡和词》(吴昌绶、张祖廉著。张祖廉 1925 年木刻朱印本一册。封面有张祖廉题辞和签名并钤名章)、《满汉同文新出对像蒙古杂字》(嘉庆辛酉年新刊，中和堂梓行。一册)、《古新圣经问答》(同治元年木刻本。一册。天津社会科学院出版社 1992 年据以影印)、《五代诗话》(附《渔洋诗话》)(王士禛编。养素堂乾隆十三年刊本。四册)、《文字蒙求》(王筠撰。清道光间原刊本。一册)等，如此之类不下数十种。即使在铅印本中也不乏罕见书，如《郑孝胥传》(叶参等编。满日文化协会康德五年九月发行)、《国府汪主席行述》(华北政务委员会总务厅情报局 1944 年 11 月出版)、《药堂语录》(周作人著。天津庸报社 1941 年 5 月出版)、《和诗选》(王长春编。华中印书局 1942 年版。由陈公博题签)等一批敌伪时期的出版物，因恨其人而恨其书，早已被人们毁弃，今已很罕见，但作为历史见证，仍具有文献保留价值的。我将把《苹楼书话》继续写下去，将所藏的罕见书介绍给书友。

野草忆往

姜德明

我没有专门收藏过鲁迅作品的初版本，只想有了一部《鲁迅全集》便很满足。因此，这也证明我从来不是什么藏书家。其实在那旧书易得的年月里，你若想在冷摊上多流连一会儿，总可以找到几本毛边的鲁迅作品初版本，凑成全套也不是没有希望。

1927年7月《野草》初版封面

寒斋到底也藏有几本鲁迅先生著作的初版本，且是有意搜访来的，如《野草》便是。说起来不是有点矛盾了吗？我也是难逃天下爱书人的通病，出于一种藏书的乐趣而已。《野草》1927年7月由北新书局初版，封面是鲁迅的朋友孙福熙画的，书名为鲁迅所书，作者署名“鲁迅先生著”是编者加的。鲁迅提出改正，到 1928 年 1 月发行第三版时删去了署名后的“先生”二字。若讲趣味，藏有这两种版本才好比较。为此我又收藏了一本封面署名无“先生”二字的《野草》第十版，那是 1933 年 3 月出版的。鲁迅生前，《野草》一共印行了十一版。当然，这不包括前后各地印的盗版本和正式翻印本。

我所以要收藏六版后的《野草》，不仅因为封面不同，还涉及现代文网史上的一段掌故。本来从《野草》初版到第六版，书中都收有《题辞》；但从 1931 年 7 月的第七版起，《题辞》却被当局强行删去。鲁迅先生的一段题辞竟如此让统治者害怕，保存一本没有《题辞》的《野草》，也是给国民党摧残进步文化留下一点实证。如果说这也算玩版本的话，我以为这是无可厚非的。有些历史陈迹和细节，我们不应该忘记和忽略，否则变成了给恶人留情，有意无意地掩盖了对手的劣迹。这种健忘

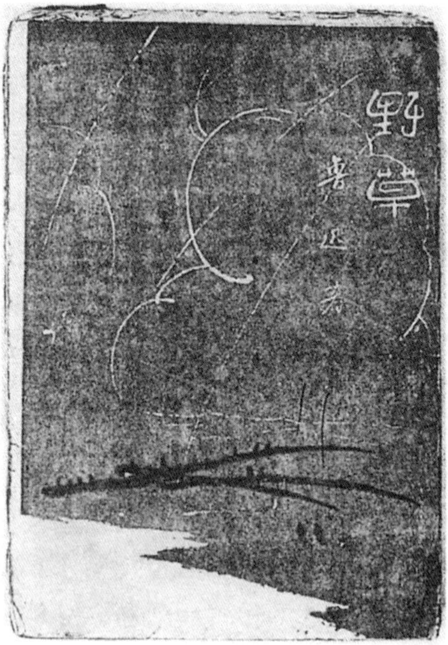

1928 年 1 月《野草》第三版封面

和宽容是要不得的。

我的收藏《野草》，还出于它可以引起我少年时代的一段联想，同时这也是我平生得到过的鲁迅的第一本书。那年我十二岁吧，还是个小学生，根本不懂鲁迅，何况又是不易理解的带有哲理性的散文诗《野草》。

我家在天津开纸店，父亲租用了临街一家大客栈的几间门面。店内后门可通客栈内的三套大院。那里住有长期包房的南来客商，也有东西南北的散客。帐房设在大门洞里，来打电话的人川流不息，卖吃食的小贩也在这儿兜揽生意。我常爱坐在门洞内那条又宽又长的大木凳上，听客栈伙友们跟小贩聊天，听房客们的南腔北调。这儿成了我最初认识人生百相的小天地，是我少年生活里的一段梦境。

就在那儿，我认识了一位常来常往的穿西装的青年旅客。他是在唐山市开照相馆的。有一次，他坐在我旁边等着打电话，一边在看一本小书。我好奇地问他是什么书，他翻过书皮让我看：淡灰色的云天，高远而荒凉，地上只有几条绿色的装饰，那就是鲁迅的《野草》。后来我才知道，这是1941年上海鲁迅全集出版社出版的"鲁迅三十年集"之一，从此又恢复了被删去的《题辞》。

他去打电话，顺手把书交给我。我翻看了两页，不怎么懂，只记住了作者在讲："我将大笑，我将歌唱。"我还他书的时候说："看不懂。"他笑着回答："小兄弟，你长大就会懂了。"我那时正迷恋宫白羽的武侠小说，跟他说了，他没有讲什么。几天后，他要回唐山了，便把那本我看不懂的《野草》留给了我。

过了两年，我上了中学，尽管那时是在日伪统治下，课本里也收了鲁迅、叶圣陶、冰心、巴金的课文。鲁迅的《秋夜》，即《野草》中那“墙外有两株树，一株是枣树，还有一株也是枣树”的名篇亦在其中。这魅人的意境和奇特的句式不知吸引了多少好奇的少年，我也开始喜欢鲁迅了。可惜我生性迟顿，拿起《野草》，似乎只有《风筝》等少数几篇有兴味，有的还是看不懂。直到我读高中和大学的年代，那正是社会大动荡，人民即将胜利的前夕，我才知道鲁迅的书多么可贵，鲁迅的人格多么伟大。那时学校里的情况并不单纯，我有一种朴素的直觉，凡是手不释卷地在读鲁迅的同学，我从感情上便接近他们，引为可以信赖的知己。愈是风云激变的时代读鲁迅书的人亦愈多。这时候我常会想起送我《野草》的那位西装青年。他早已失去了踪迹。一个开店的商人，为什么也那么喜欢鲁迅？为什么他的生意那么好，时常要来天津办货？办的又是些什么货，为什么……真是愈想愈神秘了，莫非他隐蔽了自己的真正身份！

那时候人们正期待着天地的巨变，鲁迅写于“四·一二”大屠杀之后的《野草·题辞》时常响在我的耳边：“地火在地下运行，奔突；熔岩一旦喷出，将烧尽一切野草，以及乔木，于是并且无可朽腐。”可惜我最初得到的那本《野草》早已失落，它最初的主人更无任何消息。我能不去寻访《野草》的版本吗？

我永远感谢那西装青年对我的热情馈赠，我要永远保存好自藏的这两本《野草》。一见到这书我便会想起他对一个少年的信任和期待：“你长大了就会懂了！”如今我不仅早已长大，并且已经变老了，可我真正读懂了《野草》吗……我不是应该对那赠书人有所交代，有个老实的回答才好吗！

1998年5月于北京

我的『善本』书

汪家明

鲁迅书简

许广平编

鲁迅先生纪念委员会编印

1946

《鲁迅书简》扉页

读一些藏书家写的文章，常为他们藏有那么多善本书而赞叹。我虽入迷地存了二十五年书，认真地买了十七年书，但并无一本善本，只有一部1946年10月19日鲁迅逝世十周年首版的《鲁迅书简》，最为我珍爱，并视作“善本”收藏。

“善本”原指古书中特别优异的刻本和写本。我的这部《鲁迅书简》虽非古书，亦非刻本写本，但其“特别优异”却是毫不含糊的。翻看这部书，我总要想，时代进步了，技术发达了，为什么出书的质量却退步、退化了?从设计、印装到内容的编排，即以这部《鲁迅书简》为尺度，恐怕目前的中国还找不到几部同样完美、认真的书。不是危言耸听，我的书房四壁，几千册书在架上一目了然，或印装好而设计俗，或设计美而内容低下，或内容好而错字病句多……能与之媲美者寥寥无几。

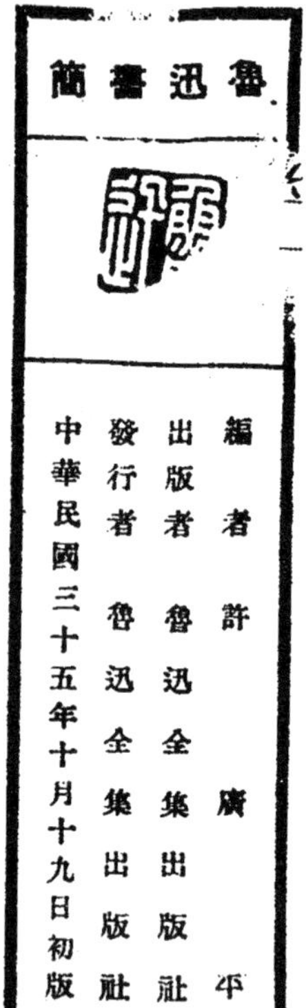
魯迅書簡

魯迅

編者 許廣平
出版者 魯迅全集出版社
發行者 魯迅全集出版社
中華民國三十五年十月十九日初版

《鲁迅书简》版权页，“鲁迅”图章是印在宣纸上，另外贴上去的。

鲁迅先生因肺病于1936年国难当头的时候，怀着沉重的心去世，由蔡元培、宋庆龄、沈钧儒、马相伯以及毛泽东等组成了治丧委员会，鲁迅的遗体上覆盖的是一面“民族魂”的锦旗。当时的中共中央在致国民党和南京政府的电报中，要求为鲁迅举行国葬，出版鲁迅全集，建立鲁迅铜像。这些要求未得到回应，但在一些鲁迅的好友、爱国者、学者、作家的共同努力下，煌煌二十卷的《鲁迅全集》于1938年8月即出版，然当时因故未将已收集到的鲁迅书简八百多封收入，结果直至抗战胜利后第二年，鲁迅逝世十年后才得以出版，编者为鲁迅夫人许广平，编印者署名鲁迅先生纪念委员会，出版发行者为“鲁迅全集出版社”。书为精装32开，暗红色细漆布贴面，书脊面凹烫银字，书体选自鲁迅手书，书名下另贴一方原印的鲁迅印章，同样的另纸印文，在书内版权页上还有一方；正文共1054页，竖排，每页书眉单码为“鲁迅书简”，双码为受信者姓名，既美观，又便于查阅；正文前有鲁迅五十岁时照片一张，毛笔手书书信影印件4页。文字的校对，当然是严谨的，我翻阅多次，除当时正常使用的一些通用字外，没发现一处错别字。

最精彩的还是书简本身。编者“为存真起见，有违国人忌讳之习，一依原简，不删只字”，并引鲁迅先生语：“自己的信之发表，究胜于别人之造谣，况且既已写出，何妨印出”。所以，这些写时没想到要发表的书简，最直接地反映出作者诚挚、率直、深沉、严谨的个性。最近，我特别感兴趣的，是其中大量有关书籍编印的通信。比如与郑振铎1933年2月至1936年9月29日(即去世前二十天)的四十九封信，几乎全部是讨论出版《北平笺谱》一书的，从内容的编排、纸张、开本的选择乃至定价、发行等方面，皆有最详细的意见。试引1933年9月29日信中一段：

> 现在所有的几点私见，是(一)应该每部做一个布套，(二)末后附一页，记明某年某月限定印造一百部，此为第△△部云云，庶几足增声价，至三十世纪，必与唐版媲美矣。

再如1934年3月10日信：

关于《北平笺谱》再版事，前函已提起，顷想已到。今日与内山商量，他仍愿加入三十部……那么，必要者已有八十部，大可以开印了……第二次印对于内山，我想仍作每部九．四七算。

此外鲁迅先生与吴渤、赵家璧等许多人的信中，都谈到了出版问题，如《引玉集》、《木刻纪程》等。鲁迅一生中自己动手编，自己出资印，自己发行了多少种书?不知有没有人统计过。他是把出版作为一件传之久远的文化事业去对待的，他特别考虑到读者的需要、民族的需要，一丝不苟，孜孜以求，为后世的出版业提供了楷模。鲁迅是一位真正的出版家，但他关于出版的种种实践和论述，没有专门文章，我们只能从他的书简中看到。

这部书共收入鲁迅书简八百五十五封，和断片三则，许广平在《编后记》中估计，留在世上的鲁迅书简，当为本书的三倍。1981 年，新版《鲁迅全集》由人民文学出版社出版，收入书简一千四百四十五封(不包括鲁迅自编文集及《集外集拾遗》中的书简)，与许先生估计之数尚相去甚远，相信陆续还会有发现。

1981 年版的《鲁迅全集》从编校、设计到印装质量上，均堪称一流，可谓继承了鲁迅的作风，亦是我最珍爱的存书之一。

来燕榭书跋

黄　裳

剧谈录

《剧谈录》余旧藏嘉靖刻，只馀下卷。有抱经学士手校甚多，已重装藏之矣。屡欲配补而无有也。昨日过市观书，于架上抽得此本，旧抄甚精，为江山刘氏故物，亟挟之归，亦一快也。高秋晴爽，摩挲故纸，亦人生乐事，因遂跋之。丁酉闰八月初四日记。黄裳。

嘉靖残刻抱经校外尚有劳季言细字校语甚多，曾于清吟阁目中见之，后归结一庐朱氏，不知后入谁家，仅存下半，余收得于郭石麒书包中。旧本因缘，琐琐记之。癸亥大暑前日展书记。黄裳。

涵芬楼有明写本，汪启淑家书。十行，廿四至七字不等。序后有"陈道人书籍铺刊行"一行。前有乾宁二年二月池州黄老山白社序。有士礼居跋二通。是此书佳本。甲子春分日，试尺木堂造研经校史之墨跋。

《剧谈录》二卷，宋池州康骈述。旧精抄本。抄白，十一行，廿一字。收藏有“江山刘履芬观”（朱长）、“彦清珍秘”（白方）。

诗　翼

此嘉靖刻《诗翼》，精整可爱，惜仅馀其半。余箧中残本多矣，抽暇展观，每每忘倦。此意少有人知。所谓玩物丧志、古董家数，殆难免此讥嘲，然犹贤博奕也。今日博已禁断，奕则颇盛，并为显学。然则持一卷书，赏其纸墨之光莹，刻工之劲秀，似亦非甚恶事也。暇当以此意发挥之，为版本学家张目。辛酉八月初二日，馀暑尚炽，挥汗整书，戏为此跋。黄裳记。

《诗准》四卷，《诗翼》四卷，宋何无适程希编。嘉靖三年江都郝梁万玉堂刊。南京图书馆有全书。甲子闰月更记。

《诗翼》四卷，存卷一之二。嘉靖刻。十行，十八字。白口，左右双边。前有目。

杨太真外传

《藏园群书经眼录》著录此书，云宋讳玄贞树皆阙末笔，书为正德嘉靖间翻宋本，却不言是顾元庆刻。蒲江陈氏、嘉兴项氏、北海孙氏及石君、荛圃诸印皆著录。然则此册当随藏园它种同归王绶珊者。余得此册于徐绍樵，盖王氏身后诸子旧书最先所出之物。甲子春分日重展卷记。黄裳。

去岁春晚游西安，居五日，遍历临潼马嵬诸胜，归而取此书阅之，取数事入纪游中。此本刊于有明正嘉之际，系翻宋刻，古香袭人，历经诸家收藏，似在明时已珍重之矣。士礼居三印皆真，独无荛翁一字为可惜也。然如有之则非我架上物矣。嘻嘻。丙寅正月初一日，漫书。

《杨太真外传》上下卷，题“史官乐史撰”。明正嘉中翻宋本，半叶十行，行十八字。白口，左右双边。黄皮纸印本。收藏有“有明王氏图书之印”（白方）、“项子京家珍藏”（朱长）、“蒲江陈氏藏书之章”（朱长）、“叶万”（白方）、“石君”（白方）、“天𤦲居士”（白方）、“北海孙氏收藏印”（朱方）、“黄印丕烈”（朱方）、“荛圃”（朱方）、“士礼居藏”（白方）、“杭州王氏九峰旧庐藏书之章”（朱方）。

草书集韵

乙未三月初五日，收此天一阁旧藏书一卷。黄裳记。

薛福成《天一阁见存书目》卷三有“《草书集韵》四卷，缺，不著撰人名氏，存去声”一条，即此本也。书根犹存，阁书旧式也。

祝允明评书帖，录赵秉文《草书集韵》序曰，“草书尚矣。由汉而下，崔张精其能，魏晋以来，鍾王擅其美。自兹以降，代不乏人。夫其徘徊闲雅之容，飞走流注之势，惊竦峭拔之气，卓荦跌宕之志，矫若游龙，疾若惊蛇，似邪而复直，欲断而还连，千态万状，不可端倪，亦闲中之一乐也。”此虽非其全，然可知书成时代，因为录之于此。甲寅元月初三日。

《草书集韵》，存去声一卷。明初刻。八行，行七字。上下黑口，版心题“草韵去声”四字。四周双边。每草书字下著楷体原字，作阴文。别注书手姓氏一字，如史、锦、鲜、卫夫人等，而以鲜于枢为最多。收藏有“积学斋徐乃昌藏书”(朱长)。

通　典

壬辰之冬，余归自京师，得佳本不少于石麒许，盖皆自绍兴甬上来者。林某闻讯，亦挟旧本来沪售之，余辗转得见于石麒许者有明抄残本最多。如《册府元龟》、《文苑英华》、《说郛》、《御览》等，皆大部书，无所用之。只得天一阁钞本数种耳。今日乃又见此，写手极精，展阅忘倦，遂又发兴买之。计存卷百五十五至终，凡四十六卷。此书宋椠尚存，元板则只有《详节》四十二卷。此钞系从大德本出，可备《通典》异本之一。钞手亦旧，当在嘉靖墨板之前也。十月廿七日，灯窗漫识。

《通典》存卷百五十五至二百。明人黑格蓝格精钞本。半叶十四行，行二十六字。白口，单阑。卷末有王虎跋，略云，“大德丁未春，蜀杨侯应发守临川，嘉惠后学，得善本刻诸郡庠。正录王舟周端礼偕所隶学院，鸠工惟谨，计二百卷，至大戊申仲冬，余来为杨侯代，首谒孔庙，访所刊梓，乃犹未濡墨，敦勉诸老，重加校勘，于是得为完书”。末属“嘉议大夫抚州路总管兼管内劝农事符离王虎英雄甫跋”。

藏书家题跋的风格

倪墨炎

古代藏书家常在书前书后或其他空白处，写下此书的版本、目录和不同版本的校勘记录，有时也记下购藏此书的经过。题跋应该说属于笔记散文，但它文字特别凝炼，篇幅短小，形成了一种特殊的文体。题跋由于书写在各种书上的，常常有后人搜编成集，如《荛圃藏书题识》、《思适斋书跋》等。

古人题跋主要写版本、目录和校勘内容，因而和一些书的解题、提要很相近。如宋朝陈振孙著的《直斋书录解题》所写各条，实与题跋内容相仿。就是《四库全书总目》、《四库全书简明目录》中的提要，所写内容与文体也和古人题跋相接近。题跋常有得书经过、藏者感慨，是解题、提要所没有的。

近人张元济“所撰各书跋文”，由顾廷龙搜集而编成《涉园序跋集录》，五十年代由古典文学出版社出版。张元济跋文写作严谨，主要是写版本、目录、校勘的内容。跋文中记下藏书经过等掌故极少。其中《雪庵字要》跋文，记他在火车上看此书，正遇邓孝先过谈。邓“诧为故物，云原有手跋，检之则无”，估计当为书贩撕去。相谈中邓孝先还答允借书给张元济以“印入所辑《涵芬楼秘笈》”中。像这样的掌故，在涉园序跋中可说是凤毛麟角。张元济的跋文，多数是为商务印书馆重印这些书而写的，尤如现今的《出版说明》，因而版本、目录、校勘的内容要交待得清楚些，而别的内容就简略了。

在近人中题跋写得多而生前自己编集出版的，当推郑振铎。他的《劫中得书记》是在沦陷了的上海所抢购到的古籍的跋文的编集。他的《西谛跋文》，则是他遇难后，后人为之编集出版的。郑振铎的跋文，除记下版本、目录、校勘内容，还常常详细记下得书经过，从中可以窥见当时环境。这里且举一则：

《昭代箫韶》

存十七卷，清王廷章、范闻贤等撰，清嘉庆十八年内府刊朱墨套印本，二十二册，存卷一之上至卷七之上、卷八之下至卷九之下、卷十之下。

予欲得《昭代箫韶》者三十年矣，以其价昂不能下手，实亦难遇全本也。五三年来着手影印《古本戏剧丛刊》，乃亟思获此剧收入丛刊中。遍访厂肆，适值其参加社会主义改造，清产估价，凡陈年尘封之古本，胥得重见天日。乃于来薰阁得此书十册，于邃雅斋得此书六册，于修绠堂得此书八册，去其重复，凡得十七册。仅阙七卷之下、八卷之上及十卷之上三册耳。再加探访，当不难成一部全书也。一九五六年六月十七日，西谛。

郑振铎常有长跋，详细记下他倾囊购得而大喜，或正闹穷而望书兴叹，或得友人之赠而乐溢于文字。有时他记下那书极想得到，而正好他又囊空如洗，那如怨如艾的焦急心情常常力透纸背。《玉茗堂批评异梦记二卷》是长跋，限于篇幅，这里且抄下此跋文的最后一段：

同时睹鄞县孙祥熊氏散出之《女贞观重会玉簪记》白棉纸印本二册于富晋书社，索十万金。斯书予与隅卿，斐云游鄞时，尝见之，并录其目，意以为必不可得。今可得矣，而复无力以得之，吁！可叹也已！世间遇合之缘殆皆如此欤？友人张葱玉近亦留意于此类图籍，葱玉有得之之力者也，当能致之于架上欤？偶忆及，并记于此，纫秋又书。

郑振铎的题跋中，这类感慨是不少的，这对于传统题跋的内容是一个突破。

在近人中，李一氓是多才多艺的作家，后来也乐于藏书，精于版本。《一氓题跋》前半本是现代的序跋、前言后记，后半本才是传统形式的题跋。他在版本鉴定、版式赏析、文字校勘上，都见工力。如果说西谛题跋笔致凝重，常有感慨而显得沉郁，而一氓题跋却舒展、明快，甚至具有业馀玩家的潇洒。在此且抄一则以为例：

《明刊逵羽亭本东郭记》

明孙仁儒撰。以《古本戏曲丛刊》本补钞缺页。

下卷自第四十叶以次，另是一种版片，字体极轻俗；曲牌、介白之括号亦是一种画法。全书不类后印补版，盖刊刻时体例不严耳。收此本时不意下卷竟缺十六页之多，原计六〇年夏可以补好，今又六一年夏季矣，仍是白纸，盖实无暇作此消遣也。雨季初来，差凉，每夜为录一页。诗曰：

竞搜戏曲学摩登，星凤稀求半本珍。
自向残篇劳手补，墨香灯艳欲更深。

一氓是业馀玩版本，不像西谛那样看到什么好版本非得到不同，因而一氓显得优裕从容。古籍缺页而手写补齐，跋文之末而殿之以诗，都是他从容自得的表现。他在《一氓题跋》的《后记》中说：“在书前书后，信笔所至，为了篇幅有限，不免使用了不通的文言。原来也只是写给自己看看而已。哪知走进了死胡同，无非是一点目录学，一点版本学。”这里的有些说法当然是他的自谦。

在近人中，以藏书闻名并以题跋闻名的，当推黄裳。他的题跋又有与众不同的特色，学界称为“黄跋”。他每购得一书回家，就在书前或书后记下购书经过，或记下版本之珍贵，或记下初读之感想。过了多少日子，他又拿出此书把玩，有所发现，有所发明，于是他又记下一跋。又过几月或几年，他又以此书与别的版本对读，获益非浅，于是又写一段跋文。因此，黄裳为某本书写的跋文，常常是在不同时期里写的短小的跋文连接而成的。他的跋文，除版本、目录、校勘等内容外，常有记事，有感想，有周遭环境的变化，有题跋者本人的遭遇，而尤其难能可贵的，在字里行间还常情不自禁地流露了爱书如命的深情。百说不如一见，这里且抄下他的具有代表性的一篇跋文：

《汲古阁书目两种》

此拜经楼钞本汲古毛氏书目二种，后入龚氏玉玲珑阁，马氏红药山房，朱氏槐庐，诸家藏印累累，盖可为藏家一大故实也。庚寅十月廿四日，海上所收，与知不足斋钞本东观集十卷同归余斋。

此本卷中朱笔淡墨细字，兔床手校也。丙申秋日记。

己酉九月廿三日重阅一过，校误字。明日将去奉贤海滨，因记。

余初买书时兴致极豪，绝不问价，而尤好名家旧抄书，往往为人所愚。似此本为吴兔床手校写本，藏印累累，一见即不欲舍去。估人要索重直，知余之不忍轻弃也。乃以旧本数百种易之，真痴绝也。去买此册时已三十余年，旧本亦绝迹。时时展观，得少佳趣。甲子上元日，天色阴晦，似有酿雪之意。黄裳记。

此拜经楼钞本汲古阁书目二种，写手工雅，收藏印记累累，至可爱玩。其玉玲珑阁一印，清仁和龚翔麟印记也。龚与兔床盖同时交好，余见拜经楼书之有龚印者不少，其流传之迹可见也。临安志百卷人家，吴氏印也。红药山房则海盐马玉堂氏书斋，朱氏槐庐亦近人之富于收藏者，玉乳山房则不知谁氏矣。汲古秘本书目为售书与潘稼堂时底册，秘本流传端绪可见。而此目中亦有数种今在余斋，睹之乃别有情趣。得书归来，漫记卷端。书值犹未定，买书钱亦不知何从出，姑先记此。庚寅十月廿四日，黄裳。

余买此书及鲍以文抄校本东观集一册，所耗至巨。计斥去所藏明板残本及新书杂志等共五六百斤，估人以车二辆载去，得值以偿孙某，其痴如此。壬辰冬更记。

近人得一旧抄本，为钱梦庐旧藏，有其批语，爰取此册对读一过。辛卯九月十四日晴窗记。

这篇跋文内容极为丰富。它是逐年写成的，从中可见作者黄裳的心情。跋文第一段写于庚寅十月，即1950年10月，是作者买到此书后，认为是拜经楼抄本，上面又“诸家藏印累累，盖可为藏家一大故实也”，因而兴匆匆抱回家后就写下这段跋文。

跋文第二段写于“丙申秋日”即1956年秋。黄裳拿出这部珍本把玩,发现卷中有朱笔淡墨小字,是著名藏书家吴骞校勘写下的手笔。他立即把这一重大发现记下。

跋文第三段写于“己酉九月”即1969年9月。“文化大革命”已进入“斗批改阶段”。黄裳在运动开始不久即被“揪出”，是“斗批改”的对象，“奉贤海滨”即是“新闻出版五七干校”的所在地。在去干校前夕，黄裳还捧出这部心爱的手抄本“重阅一过”，从中可见他爱书如命的真性情。他被抄家无疑是在这以后，所有藏书统统被抄走，不知是否和他的这种“顽抗”态度有关。

跋文第四段写于“甲子上元日”即1984年元宵节。这里是他回忆购买此书时“付学费”的情形。凡藏家,不论是藏书还是藏钱币或藏邮票或藏古瓷,开始时都是要“付学费”的。然豪情如痴,确也令人感叹。

跋文第五段写于1950年10月24日他购下此抄本的那天。这段跋文应连在第一段跋文之后。估计他的跋文是写在散叶上夹于书中，以致后来整理时前后颠倒了。

跋文第六段写于“壬辰冬”即1952年冬。跋文第五段中写到“书值犹未定，买书钱亦不知何从出”。而跋文第六段即回答了这个问题：后来是以两车旧书作为交换的。“其痴如此”！

跋文第七段写于“辛卯九月”即1951年9月，购得此钞本的第二年。另得一种抄本，两相对勘也。这条跋文如按时间排列应是第三条跋文。

黄裳的跋文就是这样写成的，其内容之丰富，已远超过张元济的跋文，也超过郑振铎、李一氓的跋文。跋文可以一段一段的写下去，虽古人也曾有过，但毕竟很少见。这不能不说是黄裳的创造，也是对跋文固有形式的突破。文字简朴，执著，在平实中见深情，这是黄裳题跋的独特风格。

古人说：文同其人。题跋虽是特殊文体，也必然反映作者个性。人的经历不同，所处环境、地位不同，所遇遭际不同，生活优裕窘迫不同，文化素养不同，祖父母、父母家教不同，文字习惯不同，都可以造成不同人的不同风格。郑振铎、李一氓、黄裳在题跋创作上都有对于前人的突破，又都留下各自的风格。这是值得我们多多研读、多多鉴赏、多多把玩的宝贵的文化遗产。

淘书况味

宁宗一

教书的人,不爱书的可能很少。我同样出于职业本能,在近半个世纪的教书生涯中,也陆续买进一些工具书、一些教学和科研必备的参考书,当然也买了一些“闲书”。但是,随着自己读书经验的日趋成熟,在购书上也就日渐挑剔,不再像青年时期,头脑发热,一时冲动,买回过一些不说是废品也是半废品。近年则更有较大变化,一是想到离开教学岗位的时间很快就要到了;一是书价狂涨、“飚升”,所以即使面对渴望得到的书,也要在手中掂量再三才能下定决心取舍。那被“舍”者,常使我有一种不忍之情,在放还书架的一刹那以及“临去秋波”,也颇能反映爱书人、读书人的那种复杂心态。由此我也想到自己的爱书还没有进入痴迷状态。如果给自己定位,我可能既不属于大众型的“书虫”;也不属于高雅型的进入一种迷恋境界的藏书家。我可能只属于那种爱买点书、爱看点书、爱写一点书、解不开爱书情结的教书匠。

不过五十年代，我却有一段值得回味和回忆的买书经历。这回忆，是在我的心底，而且随着时间的推移，这回忆竟呈现为一种脑海中的图像，往事虽然苍老，但却又常常在眼中心头重现：

1954年我从南开大学中文系毕业，留系任教时师从许政扬先生，直到“文革”浩劫兴起，许师愤然自沉，总共十二个年头。政扬先生是1952年院系调整时，从燕京大学中文系研究院毕业后分配来的，他是被称之为“古典小说戏曲研究的现代第一人”的孙楷第先生的亲传弟子。许师也是以治学严谨著称，他博览群书，学思并重，孜孜不懈，奋笃著述。所以他对我的进修更是严格要求。我正是在他的一纸书目的规定下，硬着头皮读了几部较大部头的原著。1955年底政扬先生开始为人民文学出版社校注《古今小说》，我又开始了向他学习如何进行科学研究的新历程了。

许师注《古今小说》征引书目闳富丰赡，为了考证“行院”一词，查遍各种笔记，只是当时图书馆没有车若水的《脚气集》，他竟然到处搜寻。后来“老天津”告诉他，天津的天祥商场是个买书的宝地，于是从55年底一直到58年初近三年的时间，许师总是在十天半个月中挑一个闲暇的日子带我到天祥商场去淘书，而《脚气集》得以在天祥购得，更使许师着迷。

五十年代到六十年代“文革”前，老天祥商场是一个极大的图书市场，以卖旧书为主，二楼圆形的售书厅各类图书应有尽有。而五十年代初，像《丛书集成》、《万有文库》，各类小册子堆成了山，淡黄色封皮的《国学基本丛书》也几乎样样俱全。那时三五分钱可以买到一本很有用的书，花上四五毛钱就可以买到道林纸印就的王琦注的《李太白集》、《唐诗别裁》，买一部《昭明文选》不过一元多一些。跟着许先生，就像跟着一位高明的书海的导游者一样，他不时指点、提醒我应该买什么书。比如《事物纪原》、《古今事物考》、《释常谈》、《续释常谈》、《通俗编》、《挥麈录》、《梦溪笔谈》、《辍耕录》、《鹤林玉露》、《邵氏闻见录》(前、后)、《侯鲭录》、《齐东野语》、《云麓漫钞》、《独醒杂志》、《能改斋漫录》、《夷坚志》、《老学庵笔记》等等……。还有其他《万有文库》本和《国学基本丛书》本中一些代表性名著，我都陆陆续续买了回来。书极便宜，出去一趟，花不了一两元钱会满载而归。不到两年时间，学校发给每位助教的一个六层书架，就能插得严严实实。

我虽然跟许政扬师学习文学史，但是我的兴趣似仍停留在学生时期对现当代文学和文艺美学的兴趣上。许师在这方面对我不仅不加阻拦，反而鼓励我多读一些经典性的理论名著，不时还和我探讨一些问题。这就更促使我锐意搜求各种文艺美学著作。比如 1956 年我就在天祥商场仅花了七毛钱就买到了朱光潜先生的力作《诗论》。这是由朱先生主编的《正中文学丛书》的一种，由正中书局印行，书前有朱先生的“抗战版序”，中华民国三十七年三月初版，定价国币七元四角。扉页上有中央大学叶琛赠适兄存念的题款。此书的原所有者看来是曾极认真地细读过这本书的，因为凡书中出现的误排和错别字，都有过细的更正，且文字秀丽。所以我在买到后，兴奋之馀，昼夜耽读时，觉得非常流畅。

很快我又买到了朱先生的《文艺心理学》，大 32 开本（属今日所谓的国际型的开本），所以天地开阔，书中有不少书主人的评点。这部开明书店民国廿八年一月三版的书，虽给我以不是初版的遗憾,但它却比民国廿五年七月初版的多了一份“简要参考书目录”。据朱先生序中说,这是常风建议后加上的。虽然我的英语水平极差,原版书也找不到,但朱先生把参考书目分为四类,即“目录”、“重要原著”、“入门书籍”、“专题要籍”。朱先生在各类引书目录中还一一指点:“初学者可缓读”;“关于各专题的最近的发展可参看……”;“美学名著选集，最便初学”;“此书载有 Lipps 的移情说的节译”等等。这个参考书目和说明，我几乎是把它看作自学指南和导读的。次年我又买到了朱先生的《谈美》，开明书店民国廿一年十二月初版发行，版权页上明确标明定价大洋五角，括号中说明“实价不折不扣，外埠酌加寄费”字样。这让人看了真是心明眼亮。

朱先生的美学著作读多了，就想了解蔡仪先生后来怎么批评朱先生美学观点的。所以刻意到天祥商场搜寻。真是老天不负苦心人，1957 年初我竟然在那里的一个不显眼的地方发现了一本可称之为崭新的《新美学》。这是 1948 年群益出版社的“群益艺丛”的第一种。蔡仪的自序写于 1944 年 12 月 20 日（于重庆),离出书时间也有三年多了。蔡著装帧很大方,有美学味,而内文的第一章讲的就是美学方法论,至今我觉得读后获益匪浅,因为在此之前,对“方法论”所知甚少。另外,这本书的版权页后附有“刊误表”，看来作者和责编是发现误植后补上的。这倒也说明当时的出版家比今日的诸多作家和编者责任感强得好多。

在淘书的日子里,最令我难以忘怀的且具有多重意味的是,1958 年许师无端地作为“白旗”而被拔后,他一气之下竟卧床不起。肝病和神经衰弱症一直折磨着他。一天我去看他，他精神略好，于是我试探性地提议到外面散散心。许师竟然倡议到天祥蹓蹓。那时没有“面的”，我们是从校门口坐八路公共汽车，先到百货大楼，又慢慢步行三百米到了天祥商场。他似乎很累，倚在一个书架旁，我则到处寻寻觅觅。不一会，许师突然向我打招呼，我过去一看，他手中拿着一本旧书——法国美学家柏格森的《笑之研究》。他对我说：“太难得了，在这儿竟发现了它。”当时我对柏格森的著作知之不多，只是看到有人征引过这么一本论“笑”的书，所以立即接过来翻阅，一看之下竟然是无产阶级的革命家张闻天翻译的。这虽然是一本薄薄的仅201页的小书，但我还是觉得它有一种厚重之感。许师似乎发现我有点爱不释手，他半开玩笑地说：“你喜欢美学书，现在只有一本，我就让给你了。”这本书我只用了三角钱就买下了[1]。它的值得珍贵，无疑是

1923年《笑之研究》中文初版封面

和许师的“忍痛割爱”有关，但还和这本书同样是商务印书馆于中华民国十二年十二月初版并在以后从未再版有关，而更令人有说不尽意味的是，就是我得到这本书的几个月后，这位资深的革命家、理论家竟然在庐山会议上被一下子打入了“军事俱乐部”，这真是不可思议的事。1980年中国戏剧出版社出版了徐维曾译的柏格森的《笑——论滑稽的意义》，我虽然也买了一本，但它比之《笑之研究》，对我来说就不具备那么多的况味了。

从1954年我跟许师学习以来，据我的可靠记忆，他最推崇的就是钱钟书先生，每当谈诗时也喜欢征引《谈艺录》的言论。他还说，钱先生写《谈艺录》时才三十岁出头，而许师说他在读大学和研究院时床头总有一本《谈艺录》陪伴他。所以钱先生的大名在五十年代中期我已如雷贯耳了。使我永志不忘的是1957年的一

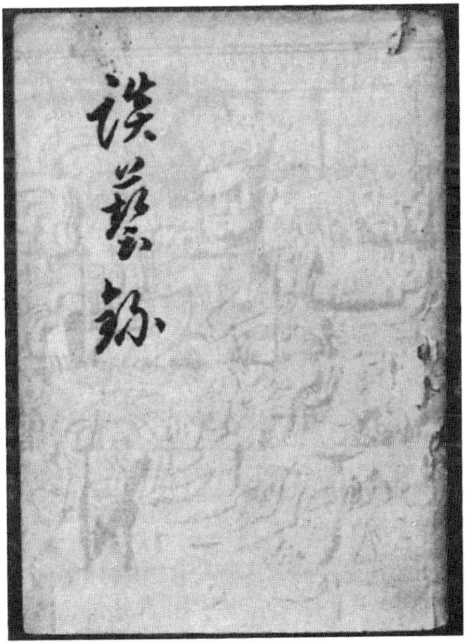

《谈艺录》封面

天，许师把我叫去，从书桌上拿出了那本他常常看的《谈艺录》对我说："我的一位老同学昨天送给我一本《谈艺录》，我不能转送你，现在就把我自己的这本送给你吧！"在伸手接过这部厚重的大书时，我真是感慨万千。第二年的年底，许师的《古今小说》校注本出版，许师那时也是位刚刚三十出头的青年书生[②]，这也许是偶然的巧合，但是刚刚三十岁出头就都写出份量很重的书，并在学界享有盛名，在今天是很值得我们深长思之的。

连同《谈艺录》我从许师手中共接过三本书，其中就包括人民文学出版社 58 年出版的校注本《古今小说》上下两册。然而直到今天我拿起它们来仍然感觉它们有千钧之重。

是的，我的书房没有一部线装书，更遑论什么宋明善本了，这对于一个大半生从事古典文学教学与研究的人来说，确实有些尴尬。但是我在想，学人藏书各有一方天空。上面提到的几本书，虽然早已发黄且破旧，然而它们依然伫立于我的书橱之中，这也算别有一种风韵了。而在书中与书外那珍藏在我心中的是过早仙逝的许师对我的爱和叮咛，这中间的温馨与况味又是一时说不清和说不尽的。

注：

①当时虽然只是三角钱，但天祥商场还给了"销货发票"，时间是 59 年 4 月 4 日。

②钱先生的书是他三十二岁时出版的。许先生的书是他三十三岁时出版的。

姑苏书缘

止水

说起书缘，淘书二十年，因缘际合、堪称侥幸的机会自然也有那么几回。比如以二瓶老酒易得乾隆版一部六册《桃花扇》，以一柄紫砂工艺壶易得民国初版一部十六册《郎园读书志》，而购取崇祯版一部十二册《周礼注疏删翼》、康熙版一部十六册《曝书亭集》、嘉庆九年版一部八册《随园随笔》、嘉庆初版一部六册《积古斋钟鼎彝器款识》、同治滂喜斋精刊一部二册《攀古楼彝器款识》、同治双色套印本一部四册《桐荫论画》，以及南京方志学家陈作霖之孙陈祖深的手稿本《秣陵采撷集》与《历岁琐言》、吴谷祥旧藏苏东坡书《宋明州宸奎阁碑铭》拓本、谭泽闿旧藏《张司直书李元静先生碑》等，所费均不过数十、百馀元。但算下来，这都是前些年的事了。今年所得，除一册清初白云山房藏恭楷精抄《回文诗》外，简直乏善可陈。而旧事重提，颇有白头宫女说玄宗的意味，不说也罢。

没想到今年还能再有意外的幸运。是5月下旬，江苏科技出版社邀集书评界的朋友，在苏州洞庭东山开一个小型的座谈会，我与南京藏书界的几位“书虫”徐雁、张志强、钱军、徐雷，约好了趁机逛一逛苏州的书市。朋友们争取到半天的时间，首选便是苏州古旧书店。

苏州古旧书店曾经是我们心目中的乐土。在江苏，能有名副其实的古旧书可看可淘的书店，主要也就是南京、扬州、苏州的三家古旧书店，镇江、常州的古旧书店早已徒有其名，而其它几个城市干脆就没有古旧书店。这三家相比较，南京古旧书店的书库不许如我之辈入内选书，上架可供挑选的古籍品种少而价格偏高，令人常生鸡肋之叹。扬州古旧书店藏书二十八万余册的达士巷书库曾经是对我开放的，但价格也最高，常令人可望而不可即；自从古籍书库迁至梅岭，书价更是高得不可思议。苏州古旧书店三楼曾有一层楼的店面经营古旧书，品种较多而定价最低，我藏书中的木版线装古籍，至少有四分之一是在这里淘得的。然而近两三年，说不清是出于什么心理，苏州古旧书店三楼的古旧书柜大部被撤，整个楼面成了新版特价书的天下，只留下三个书架、一节柜台的角落勉为其难，上架的名为线装书，多半也已是新印古籍，看了让人莫名感慨，可不看毕竟又不能甘心。

这回也是如此。下车进店，书友们不约而同，直奔三楼。徐雁他们大约是对古旧书已经不抱希望，所以先去浏览特价书。我则忍不住拐过去翻线装旧书。好在书店的新老几位经理都是熟悉的了，热情地告诉我，正好新收进了一批线装旧书，可以让我看一看。

我知道他们的规矩，原先的库存现在已很少再动；新收进的线装旧籍，店里认为有价值的先挑下来，其馀的才上架出售。不过挑古旧书不是做数学题，没有什么统一的标准，需要不同，爱好不同，目标也就大不相同，往往前边的人自以为篦得十分干净了，后边的人居然还能颇有收获。

最先入眼的是一本《灵琐阁诗》，海陵张惠衣的自选诗集，虽只是民国三十三年的排印本，但张氏正是我感兴趣的人物。旧年曾买到过张氏所著《金陵大报恩寺塔志》，那是关于这座“中国之大古董，永乐之大窑器”的来龙去脉最为详尽的一部著述。此集中收诗约三百首，有其在中央大学任教前后，与陈石遗、金松岑、林铁尊、吴瞿安、王伯沆、汪旭初、汪辟疆、姚亶素、唐圭璋、卢冀野等一时才俊的交游唱和，有记苏州、杭州特别是金陵名胜如盋山藏书楼、豁蒙楼、扫叶楼、莫愁湖、秦淮河、青溪、随园、愚园、天界寺之游者，有记其襁褓丧父之哀及母子相依为命之慨者，有记抗战期间辗转避难家国之痛者，不失为一种可贵的南京地方文献。更难得的，是书前尚有张惠衣书赠其词友姚亶素的亲笔题词。

花隱盦遺稿
吳縣潘希甫補之
和功甫兄巴河道中寄懷之作
圖經新授陶宏景契語曾參魏伯陽黃海雲深雙屩嘆
洞庭月上一襟涼驚人有句靑天近到處題名白日忙
更約秋窗同翦燭從君親乞紫芝方
毛叔美紅豆書樓圖
翰墨神仙共一樓淸才艷福幾生修玉臺春暖花雙笑
鎮日蘭閨互唱酬
輕紅嫩綠壓羣芳並蒂花開春晝長題罷新詩還讀畫

接着触手的是潘希甫的《花隐盦遗稿》，不觉又是喜出望外。苏州潘氏门第显赫，世代书香，其中最有名的潘世恩是状元宰相、四朝元老，李鸿章誉潘家为“祖孙、父子、叔侄、兄弟翰林之家”，天下无双。现居上海的藏书家、目录学家潘景郑先生，即苏州“贵潘”后人。潘氏一门著述，我先后收得潘世璜的《不远复斋杂钞》、《须静斋云烟过眼录》，潘遵祁的《西圃题画诗》，潘曾莹的《花间笛谱》，潘祖荫的《攀古楼彝器款识》等数种。潘希甫系潘世璜之子，道光举人，与其兄遵祁等得其祖父潘奕隽三松堂遗书数万卷，咸丰初年病逝，遗稿在战乱中散佚，经其孙志万搜求有年，仅得诗词若干首，“寥寥不能成帙”。此书由其侄祖荫题写书名，其兄遵祁光绪九年序，其孙志发 1919 年跋，成书虽晚，然刊印俱精，纸白字黑，应属民国初年少见的精刊本。再翻下去，竟又见到潘遵璥的《香隐庵词》，遵璥系潘世恩之侄，或亦潘世璜之子，待考；他仅中一秀才而以词名，咸丰十年太平军占苏州，他出门探视被杀，同样是词稿散佚，1918 年其祧孙志询访得六十年前原印本，重行翻刻，始有此本，纸稍逊而刻亦精。

这不禁使我兴趣大增，遂将二尺多高的一摞旧书统统抱过细细挑选，一时间竟挑出四十馀册。书店何经理告诉我，这一批书出自苏州潘圣一家。其中不少书上都钤有潘氏的藏书印，如“潘圣一读”行楷朱文长方印，“吴中潘圣一曾读”篆书白文方印，“潘圣一钞校”篆书朱文长方印等。我过去也曾买到过潘氏散出藏书，只是没有这么集中。

潘圣一名利达，早年入沪江大学攻文科，后习图书馆学，精于版本鉴别；曾应张元济聘，任东方图书馆外文部主任，1952 年郑振铎曾邀其赴京工作，因病未能前往，后为苏州文物管理会会员。他嗜藏书，喜抄书，尤有志于乡邦文献，王謇《续补藏书纪事诗》称其“乡邦文献所维系，兀兀穷年往哲编”，“吴下学人凋落尽，赖君秃笔表先贤”；著有《书林轶话》、《苏州名胜诗辑》、《狮子林志》、《支硎山志》等。这批书中，便有潘氏与昆山藏书家赵诒琛校录的《桐庵存稿》一种。潘圣一去世有年，其子潘子振也已八十多岁，藏书散出，也算是情有可原的了。据说潘圣一也是苏州“贵潘”后代，承传不详。

这批书中颇多富于文献价值者。因家住南京，对于太平天国史料不免多一分关注，民国三十二年初印本《绿石山樵杂感诗》(钱塘陈春晓著，包括《武林失守杂诗百首》及《申江避难杂感诗百首》两种)，专述其身历杭州失守及上海避难事；而同治五年刻本元和蒋廷皋《采臣小集》，《贩书偶记》未著录，其中多咏太平天国时期苏、宁、杭等地目睹耳闻之事，皆可视为第一手资料。旧年曾收得专记1924年齐卢战事的《无锡惨史》，此次复得记同时上海郊区战事的《甲子青浦兵灾杂咏》，有趣的是此书不在出版业发达的上海出版，却由无锡锡成印刷公司承印。光绪八年刻本《青萍轩文录》，著者系晚清名臣薛福成之弟薛福保，他以其特殊身份，叙时人时事，亦有意义。又徐致祥、徐鼎康父子著《徐季和先生乔梓遗稿》三种，徐鼎康在民初督办江苏运河工程局，其于1937年所作《家庭杂忆》一种，不仅及其平生事业，亲友往还，更多涉六十年间时政事务，是一种难得的历史写照。此书存世似已不多，徐氏后人曾不得不从南京图书馆古籍部复印自存。

嘉兴王逢辰“竹里槐花吟馆”刊印的《槜李谱》，则属于通常不为旧时文人所重视的农学类著述。著者从槜李的产地、命名、种植、嫁接、培育、采摘、收贮，说到食用方法、品种辨别、买卖价格、掌故传说，以至历代题咏。此书初版在咸丰七年，至同治九年增订重刊。到了光绪二十八年，又有曾移植嘉兴净相寺槜李名种的李泉石之孙李培增，征集刊印了《龙湖槜李题词》，二十九

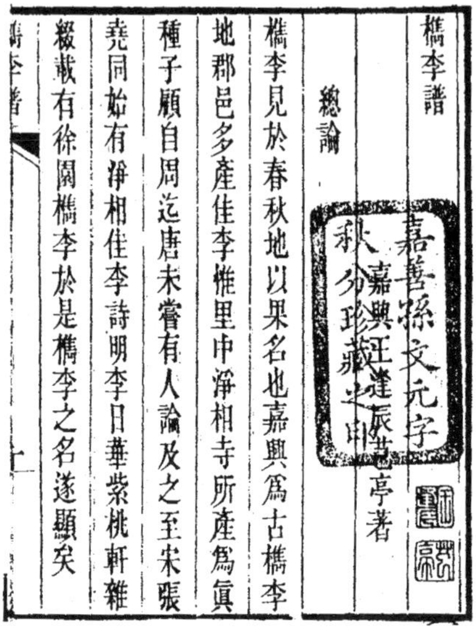
檇李譜
總論
嘉興王逢辰[illegible]亭著
檇李見於春秋地以果名也嘉興爲古檇李
地郡邑多產佳李惟里中淨相寺所產爲眞
種子顧自周迄唐未嘗有人論及之至宋張
堯同始有淨相佳李詩明李日華紫桃軒雜
綴載有徐園檇李於是檇李之名遂顯矣

年再刊《龙湖槜李题词续刻》，则已复坠文人积习。此次同时收得上述槜李四种，也要算一幸事。尤其咸丰初版本扉页有“槐花吟馆”篆书朱文方印，可见系王氏家藏本；卷首又有朱文长方“嘉善孙文元字秋分珍藏之印”，字作楷体，亦为旧时藏书印中所少见。

此外如朱祖谋的《彊村词》，朱氏辑校刊印的《草窗词》；常熟庞翚可庐校刊的《芙蓉港诗词话》，长洲秦云的《伏鸾堂诗賸》，均堪称精美。而元和金文梁作《胡蝶诗》三百六十首以咏蝴蝶，虞山朱轶尘辑《香国百咏》以赞百花，天虚我生陈栩著《学曲例言》以解说昆曲谱，亦各有趣。

最为可喜的是，这一批书的定价都不高，普遍在二、三十元一册，有低到十元一册的，最低的《甲子青浦兵灾杂咏》价仅三元，四十馀册所费算来尚不足千元。我正打算将先前剔下之书再筛一遍，而徐雁他们大约发现了我的收获颇丰，围拢来一齐动手，风卷残云，刹时间扫荡以尽！归途中各人手提肩背大包小包，不用说，都是书。当晚几位书友聚在一起，忍不住相互拆包，翻阅品评，无不赞叹有加，感慨不已，都说这一回的“纪录”，不知要保持到哪一年才会再被打破了。

池北书库与王士禛

来新夏

渔洋山人戴笠像

池北书库是清初诗人、学者王士禛的藏书处。所谓“池北”是士禛所居先人旧屋之西有小池，小池之北有老屋数椽，士禛即藏书数千卷于此，并取白居易池北书库之名而名之。池北书库的主人王士禛字子真，亦字贻上，号阮亭，别号渔洋山人。山东新城人。生于明崇祯七年(1634)，卒于清康熙五十年(1711)。顺治十五年进士，官至刑部尚书。卒后，因避雍正皇帝胤禛讳曾被改名士正；乾隆三十年，追谥文简；乾隆三十九年，又谕改名为士祯。

王士禛是清初诗坛 神韵派的著名诗人和领袖，其诗对有清一代诗风的影响很大。王士禛平生喜好搜求和庋藏图书，为了便于求书，特别僦居于广安门外慈仁寺书市附近。他将所得图书尽藏于池北书库。与他并有诗文盛名的朱彝尊曾在所撰《池北书库记》中称赞王士禛的求书精神说："先生自始仕迄今，目耕肘书，借观辄录其副。每以月之朔望，玩慈恩寺日中集，俸钱所入，悉以购书。"

由于王士禛当时的政治和学术地位很高，一般人登门造访很难见到；但是，在书市却容易找到他。他也承认确有其事，曾在所著《古夫于亭杂录》中不无得意地记下了这段轶事说："昔在京师，士人有数谒予而不获一见者，以告昆山徐尚书健庵，徐曰：'此易耳，但值每月三五，于慈仁寺市书摊候之，必相见矣'。如其言，果然。"

时人《桃花扇》的作者孔尚任在其《燕台杂兴》中也有诗并注记其事云："弹铗归来抱膝吟，侯门今似海门深，御车扫径皆多事，只向慈仁寺里寻。"诗注云："渔洋龙门高峻，人不易见，每于慈仁庙寺购书，乃得一瞻颜色。"戴璐在其《藤荫杂记》中曾录入孔诗。

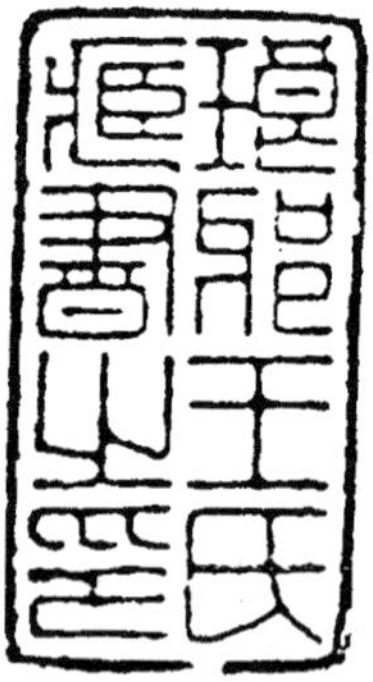
王士禛藏书印

近人叶昌炽撰《藏书纪事诗》

入渔洋于藏书家之列,其卷四即写有纪事诗一首,并网罗其藏书掌故数则以释诗。叶诗云:“骨董僧寮列肆庞,碎铜玉石斗鸡缸,不堪重到慈仁寺,寂寞双松护碧幢。”

当有些心目中的好书因一时筹款不及而被他人购去时,王士禛会因此而致疾,他曾于所著另一本杂著《居易录》中记其事说:“尝冬日过慈仁寺,见《尚书大传》、朱子《三礼经传通解》、荀悦、袁宏《汉纪》,欲购之。异日侵晨往索,已为他人所有。归来怅不可释,病卧旬日始起。”

这种书淫书癖的嗜好足以见王士禛对图书的情有独钟,也可见池北书库入藏的图书确是来之不易。池北书库的大部分藏书也不是成批从书肆中购入,更不是从其他藏书家手中辗转而来。王士禛的藏书都是亲自从旧书摊上选购所得,或是从朋友处借钞而来,这就形成了池北书库的藏书是为阅读治学而非单纯为珍藏古书秘籍的特点。

王士禛还摆脱了当时一般学者“佞宋”的玩赏习惯。他认为宋版书也有讹误,不能无原则地一概视为珍善本,如在《跋杜诗》条中说,“今人但贵宋椠本,顾宋版亦多讹舛,但从善本可耳”;但是,他也不排斥宋版古籍的价值,而是以书的内容和工艺水平为去取标准,所以池北书库的藏书既有宋元善刻,也有明清佳本。他不仅精心搜求典藏,还对所藏图籍加以研究校定,撰写书跋,记其著者、版本价值与流传过程等内容。因为王士禛具有较高的文学素养,遂使题跋文字清新喜人,流畅可读。清乾隆时有刘坚,其人自渔洋各种说部中辑《渔洋山人说部精华》十二卷,其中《载籍》二卷专收书评百馀篇。光绪四年,葛元煦刊刘坚所辑王士禛题跋115篇为《渔洋书跋》(一题《书籍跋尾》)。1958年,陈乃乾又有《重辑渔洋书跋》,共收230篇,为葛刊刘编的一倍。陈序还盛赞渔洋书跋说:“题跋之作,尤直抒胸臆,耐人寻味。”1991年山东大学王绍曾先生的弟子、中年学者杜泽逊在王先生的指导下,不辞辛劳,爬梳条理,得640馀篇,成《渔洋读书记》一书,较陈辑又增益多多。王绍曾先生曾概括这批书跋有益于学术者有六:即论得失、品人物、别真伪、记版本、考亡佚、存掌故等。这些书跋对中国藏书史的研究和对池北书库藏书的了解都有所裨益。

王士禛非常珍爱他的藏书。他也喜欢写随笔,写了多种有参考价值的笔记,如《池北偶谈》、《香祖笔记》、《居易录》、《古夫于亭杂录》和《分甘馀话》等等。他在这些笔记中曾记及其藏书轶事,如《古夫于亭杂录》中即自记其在慈仁寺购书、与人相会以及书商借其盛名作鉴定图书价值的根据等故事;《居易录》卷十四曾自记其聚书缘由。他还曾为池北书库的藏书自编《池北书库藏书目》;但所载仅469种,显然不是池北书库的全部藏书。清代学者刘喜海认为这部藏书目如果不是王氏随身携带的备读书目,便是一部不全的书目。近人从当时与王士禛齐名的朱彝尊的藏书推测,朱氏曝书亭藏书约有七八万卷,则王士禛池北书库的藏书量当亦相差不远。池北书库的藏书在王士禛卒后不久,即因鼠蠹积霖、不肖攫窃而残损散佚。民国初年,藏书家叶德辉的观古堂曾收藏到池北书库的旧藏。可惜,抗战时期随着观古堂藏书的外流,池北书库的一些残馀旧藏也多流落日本。

藏书楼影话

徐 雁

记得两年前，高等教育出版社曾经印行过一帧精美的卧式挂历，名为“中国古代书院和藏书楼”，共12幅。其中真正介绍的中国古代藏书楼，仅宁波天一阁、承德文津阁、杭州文澜阁、岳麓书院御书楼等四五座而已。其实，在中国藏书史上，现存可访的藏书楼还是有不少的，它们在历史上，往往是当地的一颗人文明珠，为人乐道。虽说经过了时代的风雨，如今这些历劫幸存的藏书楼，或者少为人知，或者即将湮没，但是，只要加以重视，略作修葺，那么，其间所隐含着的历史文化价值就会凸现无遗。一所古色古香、朴质典雅的藏书楼，是所在地区经济建设和文化发展成就的结晶，是乡土教育的优良场所，是所在地区的骄傲。保存、修复和开发当地的藏书楼，对于地方经济建设和文化旅游具有不可估量的内在价值。季羡林先生曾经指出：“中国是世界上最喜爱藏书和读书的国家”，“我们必须认真继承这个在世界上比较突出的优秀传统。”本文即以现存的古代藏书楼（包括遗址）为题，追溯那一段不应被忘却的历史。

常熟瞿氏铁琴铜剑楼

常熟“铁琴铜剑楼纪念馆”开馆已经七年了。据说，开馆七年来，包括全国著名学者专家和民主人士、中央和地方各级官员、当地师生在内的参观者络绎不绝，累计达到三万馀人次。这是当年我和“金陵藏书状元”周瑞玉先生应邀出席开馆仪式时预料所不及的。关于“铁琴铜剑楼”，其原主人瞿镛曾有《望江南》词咏道：“吾庐爱，藏弆一楼书。玉轴牙签频自检，铁琴铜剑亦兼储，大好似仙居。”

记得在1991年12月举办的铁琴铜剑楼纪念馆上，已故著名学者苏渊雷先生在即席赠诗中有句道：“堂堂新馆因时显，耿

铁琴铜剑楼

耿初心报国长。” 这应是对古里镇瞿氏当年捐书报国和常熟地方政府当时建馆助文之举的联合褒奖。

在明清两代，常熟是我国辉煌灿烂的藏书文化的重镇。据史学家吴晗在其早年的《江苏藏书家史略》的序言中说：“以苏省之藏书家而论，则常熟、金陵、维扬、吴县四地始终为历代重心。”而据藏书史学者范凤书先生的最新研究成果，在我国历史上藏书家拥有数最多的十个市县的排名中，常熟位居苏州、杭州之后，名列第三。常熟虽多藏书之家，但是由于遭时多故，如今保留下来的藏书楼建筑及其藏书却寥寥可数。而“铁琴铜剑楼”，就是侥幸保存下来的具有全国性知名度的重要藏书楼建筑。

说起“铁琴铜剑楼”的重要地位，人们往往乐道其为“晚清四大藏书楼”之一。这“四大藏书楼”山东有一、浙江有二，江苏的这个呢，就坐落在常熟古里镇的西街上。瞿氏藏书的创始人是绍基(1772－1836)之父，随后他积极搜罗藏书旧家散出的宋元版本，藏于“恬裕斋”中，在道光年间就有“恬裕藏书甲吴中”之誉。他的儿子瞿镛在增益藏书之馀，收藏到了古董“铁琴”和“铜剑”各一件，便将藏书楼以“铁琴铜剑”命名，藏书多达十多万卷，编有《铁琴铜剑楼藏书目录》二十四卷，著录藏书 1342 部。此后历经社会动乱，瞿氏后人竭力维护藏书直到五十年代，先后将祖上所藏遗存下来的古籍和文物捐献国有为止。周退密、宋路霞合著的《上海近代藏书纪事诗》(华东师大出版社 1993 年版)中咏道：

铁琴铜剑已长埋，雏凤清声信是才。

留得宋元书影在，化身千亿亦琼瑰。

“留得宋元书影在，化身千亿亦琼瑰”一句，是说上海张元济先生为商务印书馆影印《四部丛刊》，曾经借得瞿氏珍本达 81 种之多，为当时私家藏书之冠。关于瞿氏铁琴铜剑楼的藏书源流，可以参考常熟市图书馆仲伟行、吴雍安和曾康联合编著的《铁琴铜剑楼研究文献集》(上海古籍出版社 1997 年版)一书。该书近 30 万字，分为八章，依次介绍铁琴铜剑楼的简史、瞿氏五代藏书家的传记、其藏书的传承流布、捐献藏书和文物的史实、对学术文化的贡献，以及中外学者的有关研究资料和文献等，是研究铁琴铜剑楼乃至江南文化史的最全面和重要的资料渊薮。书前冠有铁琴铜剑楼外景照片以及瞿氏五代藏书家的画像和照片，最堪致慨。

聊城杨氏海源阁

清代中叶以来，与瞿氏“铁琴铜剑楼”齐名的唯一一座北方私家藏书楼是山东聊城的“海源阁”。“它们除了同列名于“晚清四大藏书楼”之中外，在我国藏书界还单有“南瞿北杨”之说。叶昌炽在《藏书纪事诗》中说：“艺芸散后归何处？尽在南瞿与北

海源阁

杨。”

聊城杨氏藏书的开创者是杨以增（1787－1856）之父，时称“袖海堂”和“厚遗堂”，有“古东郡厚遗堂杨氏藏”印为证。随后杨以增在任官各地之际，从西南到西北，都时刻留意搜集当地故家散出的藏书，并在北京得到过清宗室乐善堂旧藏之书。在太平天国与清军短兵相接的江南，他还辗转得到了苏州黄丕烈士礼居等旧藏的图书，于是异军突起，与瞿氏“铁琴铜剑楼”争雄于藏书界。其藏书陆续积至3700部、22万卷左右，其中宋元珍本达到469种，编有《楹书隅录》五卷、续编四卷等藏书目录。有“海源阁藏书”、“聊城杨氏三世守藏”阳文印等。

“海源阁”位于聊城旧城之南的万寿观前街东首，原杨氏故宅的东跨院中，俗称“杨家藏书楼”。其楼共三楹两层，坐北朝南，上层为善本珍籍收藏处。1840年，杨以增取《学记》中“先河后海”之语，自题“海源阁”三字于匾额之上，并自述说：“盖寓追远之思，并仿鄞范氏以‘天一’名阁云。”江苏仪征人氏、著名书画家吴熙载（1799－1870）为之撰书有《海源阁藏书铭》：

禄易书，千万值。小胥钞，良友贻。阁主人，清白吏。

读曾经，学何事？愧蠹鱼，未食字。遗子孙，承此志。

“海源阁”在历史上的知名度甚大。清末江苏小说家刘鹗（1857－1909）曾在其名作《老残游记》中写到，摇着串铃走江湖的游医老残游走到东昌（即聊城），冒雪慕名到杨府观书不得，便在旅舍墙壁上题诗揶揄道：“沧苇遵王士礼居，艺芸精舍四家书，一齐归入东昌府，深锁嫏嬛饱蠹鱼！”从此以后，“海源阁”藏书的名声就更大了。

事实上，经过1861年、1929年和1938年三次“兵祸”，杨氏藏书想要“深锁嫏嬛”却不可得。遭此几番“兵厄”之后，其藏书损失惨重，闻者为之痛惜。其劫后遗书中的宋元珍本，在天津辗转后，归于北京图书馆善本书库收藏；其明清版本，在济南就近为山东省图书馆收藏，该馆还为之专门开辟了“海源阁书室”，以为纪念。1947 年 12 月，八路军在进入聊城前发布了三项命令，其中的第二项即为“保护……海源阁”。然而，在这座城市回到人民手中以后，曾经被立为省级文物保护单位的“海源阁”，却被人无情拆毁。

1957 年，海源阁传人杨承训先生曾经捐献与该阁有关的文物 37 种、85 件，作为其建议在旧址复建的“聊城海源阁杨氏藏书刻书纪念馆”的馆藏基础。而如今，笔者在这里公布的“海源阁”照片(海源阁图书馆张连增馆长提供)，已是有识之士屡次呼吁以后，于九十年代初复建于世的仿古建筑。1990 年 10 月，山东友谊书社出版了聊城师范学院图书馆马明琴编集的《海源阁研究资料》(与曹景英联名主编)，编者在知名学者王绍曾先生的指导审订下，按照杨氏家世事迹、海源阁藏书及其流散、海源阁藏书题跋和论文、杨氏文存四个主题，收集了 24 万馀字的文献资料。这样，于清末以来著名一时的“南瞿北扬”，都有了后人为之编选的研究文献集。

宁波范氏天一阁

天一阁，位于浙江宁波市。它是我国乃至亚洲地区传世最久的私家藏书楼，也是世界范围内位居第三的藏书历史连续未断的家族式图书馆。

据考证，天一阁建于明嘉靖四十年（1561）以后。创始人范钦（1506—1585），官至明兵部右侍郎。他热爱书籍，每至一地，留心搜集文献。落成后的天一阁，是一座坐北朝南、六开间双层的木结构藏书楼，收藏图书达到七万馀卷。为了防止藏书散失，消除火患，范氏在藏书楼建筑和管理上采取了一系列独特的方法，这些方法得到了后世藏书家们的赞赏和仿效。

由于天灾人祸，天一阁藏书传至建国初，已经不足六分之一了。如今，它作为国家重点文物保护单位，已由原来的范氏家族藏书楼，经过天一阁文物保管所阶段，演变成为天一阁博物馆，重新接受捐赠并征集入藏图书三十馀万卷，其中仅善本就多达八万多卷。如今，在宁波，天一阁文物保护区已成为当地著名的人文旅游胜地。

1996年12月，宁波举办了“天一阁及中国藏书文化研讨会”，并结集出版了论文集《天一阁论丛》第一辑（宁波出版社

天一阁

1996年版)。有关天一阁的论著还有《天一阁丛谈》(骆兆平著，中华书局版)、《天一阁藏明代地方志考录》(书目文献出版社版)等。

扬州吴氏测海楼

测海楼位于江苏扬州老城城东近运河处,现在泰州路45号扬州市第一人民医院范围之内，解放后一直为该院员工宿舍。逶迤走近其地，一座清末建造的精美的四进宅第便赫然入目。这套近代中式宅院建筑之宏阔，梁柱架构之精细，令人叹为观止。老屋外壁上悬有一牌,知此地原为“吴道台宅第”,是1982年6月扬州市政府所颁布的市级文物保护单位。

“吴宅”的主人是晚清人氏吴引孙(字福茨)，从其高祖起移

测海楼

居扬州，占籍江苏仪征。吴家素有读书藏书的传统，其祖上的堂号称“有福读书”。吴引孙于清光绪二十年(1894)为进士，曾经担任过长达十年之久的浙江宁绍台道台，驻节宁波府。在此期间，他为天一阁题写过这样一副楹联，至今悬挂于天一阁的中厅：

高阁凌虚，有清流激湍，映带左右；

宸章在上，胜商彝周鼎，传示子孙。

此联撰书于1893年秋，笔墨之间，显然已经透露出他对天一阁藏书楼主人诗书传家之举的无限仰慕之意。而此宅据说即是他聘请浙东工匠到扬州营造而成的。我通过实地观察测海楼位于城东僻处、宅左别院、上下两楹、阁前凿池等等特征，可知其建筑方位乃至具体款式，确系刻意模仿天一阁藏书楼之作，这在中国藏书史上也是可遇不可求的实例。显然，这同吴引孙任官浙江宁绍道期间，自觉地接受了天一阁藏书楼的文化魅力是密切有关的。

测海楼藏书多善本，其中明刊本尤多，吴氏常钤藏书印为“真州吴氏有福读书堂藏书”等。至今北京国家图书馆藏有其三种书目，一是《扬州吴氏测海楼藏书目录》十二卷(6册)，系1910年吴氏家刻书；二是1931年，北平富晋书社同名石印七卷本(4册)。次年，由陈乃乾编辑的《测海楼旧本书目》四卷(附录一卷，2册)，由富晋书社铅印行世。

测海楼与富晋书社的结缘，是一个中国藏书之家陈陈相因的又一个悲剧故事。1931年，吴家后人将遗书出售给了位于北京杨梅竹斜街的富晋书社，计589箱，共8020馀种。其中如明弘治刊《八闽通志》、《延安府志》，明嘉靖刊《广西通志》等，堪称海内孤本。这批图书，后来分别转售于北京图书馆、上海涵芬楼和中华书局图书馆等单位。售馀之书，则由上海汉口路富晋书社分店零售。这批珍贵典籍的散出，是扬州乃至江苏文献史上一个令人遗憾的损失。

就全国范围而言，在中国书业史乃至文化史上如此具有影响，建筑格局保存得如此完好的民间藏书楼，是不多见的。吴宅以及测海楼历本世纪的天灾人祸而得以幸存至今，实在是扬州之幸，江苏之幸。如今它虽然列为市级文物保护单位，但亟待有关方面予以及时的修复和仔细的保护。

湖州刘氏嘉业藏书楼

在近代中国藉藉有名的"嘉业藏书楼"，是在解放江南之初，被周恩来指名要求南下部队加以保护的两个私家藏书楼之一（另一个是宁波"天一阁"）。

去年12月，我在参加杭州大学举办的中国古代藏书楼国际研讨会之际，随同会议代表们参观了位于浙江吴兴（今湖州市）南浔镇的"嘉业藏书楼"。藏书楼以古朴庄严的面貌，矗立在一湾溪流环绕的静谧的江南私家园林之中。

嘉业藏书楼的主人，是近代著名刻书家刘承幹（1882-1963）。承幹祖父以丝绸业务发家后，成为江南一带著名的豪富。他十分重视对子弟的教育，并开始注意积累文化典籍。刘承幹字贞一，号翰怡、求恕居士，是在1910年的南京、上海开始其藏书活动的，当时的藏书处称为"求恕斋"。他在《嘉业藏书记》中自述道：

宣统庚戌（1910年），南洋开劝业会于金陵，瑰货骈集，人争趋之。余独徒步状元境各书肆，遍览群书，兼两载归。越日书贾携书来售者踵至。自是即有志聚书。逾年辛亥，武汉告警，烽燧达于江左。余避居淞滨，四方衣冠旧族，避寇氛而来者日益多，遂为中原文献所聚。

由于藏书越积越多，二十年代初，他开始在家乡小莲庄西侧建造新的藏书处，1924 年落成以后称为"嘉业藏书楼"。其楼系两层砖木结构，中西合璧风格，前后两进用厢房连接成"口"字形，中铺方砖，为晾曝图书之所。全楼上下共有 52 个房间，楼上中央有一室仍保留"求恕"旧名，但并不藏书。陈乃乾先生在《上海书林梦忆录》中曾经说道：在 1921 年前后，"上海藏书家最著者，为刘氏嘉业堂、蒋氏传书堂、张氏适园，三家皆浙江南浔镇人"。

嘉业藏书楼

刘氏二十年间致力于收集典籍，成为当时旧家藏书的重要归宿地之一。北京、扬州、苏州和杭州等地的著名藏书家的遗书，如百川归流，源源不断地汇入嘉业藏书楼。藏书量达到了57万馀卷，计18万馀册。除了数量可观以外，其版本质量也非同一般。宋元版本、稿本、钞本和校勘本以及地方史志为世所公认的三大藏书特色。刘氏还组织人力从事古籍流传工作，共刻印《嘉业堂丛书》、《吴兴丛书》和《求恕斋丛书》、《留馀草堂丛书》等179种，计2926卷。嘉业藏书楼实是二十世纪二十年代中国唯一的一个经营中的规模庞大的私家藏书楼。

三十年代中后期，刘氏因财力日窘，加上日寇侵华战火影响，其藏书开始倒流散出，大部分为当时崛起的图书馆如北平图书馆、中央研究院图书馆、中央图书馆、大连满铁图书馆、复旦大学图书馆和浙江大学图书馆等收藏。到1951年浙江图书馆接受刘氏捐赠以后，经过清点，其藏书竟然流失了7万册，而且多为名贵典籍。

1981年，嘉业藏书楼被列入浙江省重点文物保护单位。1984年，经过整修该楼基本恢复旧观，成为江南著名的人文胜迹。浙江省图书馆李性忠先生著有《刘承幹与嘉业堂》，从"刘承幹的家世"到"今日嘉业堂"，全面叙述了刘氏嘉业藏书楼的历史，由文物出版社1994年出版。

江南明珠脉望馆

曹培根

脉望馆图章

明代万历以后，脉望馆与绛云楼、汲古阁以藏书雄视东南，江苏常熟也因此而成为全国的私家藏书中心地。

脉望馆藏书从赵用贤（1535—1596）算起，可与距今432年誉为我国现存最早的藏书楼宁波范氏“天一阁”媲美。用贤父承谦，官广东布政司参议，家多藏书。用贤从小爱读书藏书，隆庆五年（1571）中进士，官至礼部右侍郎兼翰林院侍读学士、吏部左侍郎，有机会得见国库秘本，因勤于抄写购藏，成为远近闻名的藏书家。其子琦美(1563—1624)以父荫补官太仆丞，迁刑部郎中，授奉政大夫，曾在京都任都察院都事。琦美受父辈熏陶，绰有文风，尤其是在搜访和校雠刊刻典籍方面胜过其父，成绩突出。据琦美编订的《脉望馆书目》著录，他所收藏的图书近五千种、二万馀册；据不完全统计，他所刊书达36种126卷，抄校了大量秘本。值得注意的是，赵氏父子的收藏志趣不只重视传统的经史，而是广泛搜罗古今典籍，甚至把眼光投向民间俗文学。赵琦美抄校辑集的元明两代稀见杂剧剧本《古今杂剧》，经钱谦益、钱曾、季振宜、何煌、黄丕烈、汪士钟、赵宗建、丁祖荫等多位藏书家递藏，今存国库。这一戏曲瑰宝的发现，郑振铎在《劫中得书记》中称为："不下于'内阁大库'的打开，不下于安阳甲骨文字的出现，不下于敦煌千佛洞抄本的发现。"赵氏父子的

脉望馆近影

这种收藏从今天看来，与宁波范氏刻意收藏当时的方志及政书、科举录等内部资料而成一特色有异曲同工之妙。然而，赵氏父子不是守籍奴式的藏书家，而是通过精校刊刻、编目作跋、提供阅抄等途径交流私藏，提供文献。赵用贤所刻书，以校雠精善著称，《五经》等版刻纸墨上乘，可与宋版乱真。赵琦美校刊的《仲景全书》，被誉为研究伤寒的最好版本。赵用贤的《赵定宇书目》，是明代遗留至今为数甚少的几部私家藏书目录之一，不少失传古籍据以窥见一斑。赵琦美的《脉望馆书目》，实开近世著录残宋元本先例。赵琦美的大量校跋文字，成为后人鉴定版本的重要依据，并引发后人对藏书理论进行总结研究。

赵用贤藏书楼原在今江苏常熟市程家巷，即望仙桥畔，临流老屋名松石斋。当时，常熟知县王铁为御倭计，将城址西移，扩筑新城。于是用贤择城内西南隅西泾岸百叶街旁购地筑宅，自此百叶街改称南赵弄至今。赵琦美将书楼名之为“脉望馆”，取意于《仙经》：“蠹鱼三食神仙字则化为此物”。楼址在今九万圩，即常熟市城区南赵弄10号。今大厅之东有宛香书屋及匾额，完整尚存。书屋东之东厅，昔有园亭池馆，惜毁于太平天国时。

据文献记载并赵氏后人赵正平教授见告，赵用贤宅原东起西泾岸，西抵金李庵桥北堍。原有轴线三组，今东、西轴线之建筑已毁。现存为中轴线上的一组建筑，计有三进。第一进，门屋三间，因用贤孙士春崇祯十年(1637)探花，原悬“探花第”匾额，该匾今废。门屋以山柱分心，分隔前后，后部增置檐廊，檐下施五踩单翘单昂斗拱，梁、柱、檩交接点全用大斗架替木，额枋上绘有彩画。第二进，大厅三间，曾名“保闲堂”，匾额早废。厅前后置船篷轩，前部添檐廊一步，前檐较低。明间前增有抹角廊柱二，下置木櫍础，前轩上部作草架，用复水椽遮盖成天花。厅内梁架皆作月梁状，并施有木雕，如镌有团鹤纹饰的三伏云，荷叶形的墩木，透雕的花机等装饰。梁枋斗拱均施彩绘，结合沥粉雕塑。山墙内壁下部，有砖刻卷草纹须弥座。其馀装饰已废。第三进，入垂花门楼，为内院。后堂三间，左右附套间各一，系穿斗造。柱头料为天花遮蔽无法得见，每柱施覆盆木櫍。东西两厢，各三间，用料纤细而不显简陋，尤以圆木稍加砍制，作成月梁，更见质朴自然。据考古专家们考定，此建筑型制为明代品官中低等级第宅规制，其建筑年代当在明万历前期。

在中轴线的东侧，靠大厅，有书厅三间，为脉望馆。此屋前后露明，宽敞明亮，便于贮书读书。今靠南格扇俱全（见脉望馆照片），惟"脉望馆"匾额于1966年后被毁。庭中原有湖石山子一座，及小池一泓，这与宁波范氏以水制火来保护书楼的设想相合，惜今已湮废。脉望馆1982年11月公布为县(市)级文物保护单位，1997年10月又批准为省级文物保护单位。赵氏书楼脉望馆遗址，这一江南一带屈指可数的重要文献库得以保护，其社会经济和文化价值也不可低估。江南明珠脉望馆，愿她永远璀璨夺目。

（本文在撰写过程中承赵氏脉望馆后人赵正平教授提供珍贵资料，谨此致谢。）

（注：照片摄影者：钱伟明，摄于1998年1月，今格扇被租房者毁坏，存此影弥足珍贵。）

宋刊通鉴总类

张景栻

《通鉴总类》二十卷，南宋嘉定刊本，《天禄琳琅书目后编》著录，揆叙谦牧堂旧藏。每半页十一行，行二十三字。版心上方刻刊板字数，下记刻工姓氏，有付、东、章、可、元、傅、王、廿、马、周等字样。“匡”字避讳缺末笔。“玄”字或缺或不缺。纵25厘米，横17.5厘米。册首天头右方钤“天禄继鉴”白文方印，中钤“乾隆御览之宝”朱文椭圆印。册末天头左方钤“天禄琳琅”朱文方印，中钤“乾隆御览之宝”朱文椭圆印，左下角钤“谦牧堂书画记”朱文方印。前后副页均钤盖“五福五代堂古稀天子宝”、“八徵耄念之宝”、“太上皇帝之宝”朱文三玺。册首第一行下钤“海曲马氏”白文方印，第五十二页前半页左下角钤“暂得于己”、“怏然自足”朱文二方印。《天禄琳琅书目后编》卷四：《通鉴总类》四函四十册，宋沈枢撰。枢字持要，德清人，绍兴间进士，官太子詹事光禄卿，谥宪敏。书凡二十卷，凡二百七十一门，计三千一百七十一条。前有楼钥嘉定元年序。按序称：“公季子守潮阳，锓版以广其传”，此其初刻。洎元至正中，浙江行省重刊，周伯琦为之序。至明嘉靖中，司礼太监孙荣又刊，申时行为之序。今所行惟明刻，至正本已难得，矧此嘂氏权舆者乎。《天禄琳琅书目后编》卷四所谓嘉定初刻，即指此本。书目著录此书凡三部，其二为谦牧堂揆叙所藏。揆叙字恺功，满洲正黄旗人，姓纳喇氏，大学士明珠子。康熙时官至左都御史。此书后归清内府，民国初年散出，继归日照马惠阶欣遇草堂，盖取王右军《兰亭序》“欣于所欲，暂得于己，快然自足，不知老之将至”之义。马氏曾以所藏善本书一批抵山东银行债务事，载《山东省图书馆季刊》。此书存卷七下册，似从内阁大库中散出者，以王献唐先生之介，连同马氏所藏宋刊赣州本胡蝶装《文选》残本，及元刊本数种归我。丙午之劫，此册自烈焰中抢出，烬馀之物，弥可珍惜。

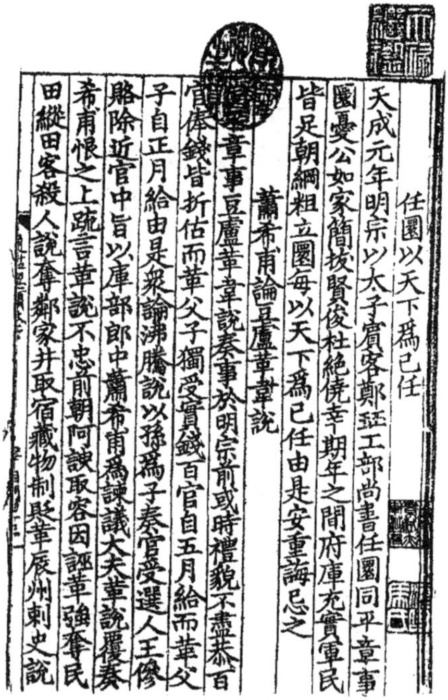
任圜以天下爲己任
天成元年明宗以太子賓客鄭珏工部尚書任圜同平章事
圜憂公如家簡拔賢俊杜絶僥幸期年之間府庫充實軍民
皆足朝綱粗立圜每以天下爲己任由是安重誨忌之
蕭希甫論豆盧革韋說
章事豆盧革韋說奏事於明宗前或時禮貌不盡恭百
官俸錢皆折估而革父子獨受實錢百官自五月給而革父
子自正月給由是衆論沸騰說以孫爲子奏官受選人王修
賂除近官中旨以庫部郎中蕭希甫爲諫議大夫革說覆奏
希甫恨之上疏言革說不忠前朝阿諛取容因誣革強奪民
田縱田客殺人說奪鄰家井取宿藏物制貶革辰州刺史說

明寒山赵氏小宛堂刻《玉台新咏》真伪考实

林　夕

《玉台新咏》是南北朝时期陈代徐陵编辑的一部诗歌总集，它是《诗经》、《楚辞》之后又一部有影响的诗歌选本，记载下从汉代到南北朝时期许多诗人的作品。按中国古籍传统经史子集四部分类法，《诗经》是《十三经》之一，归经部，《楚辞》在集部自成"楚辞"类，集部"总集"类中第一部是梁昭明太子萧统编辑的《文选》，第二部就是《玉台新咏》。《文选》所谓的"文"包括各种文体，"诗"仅仅是其中的一类。纯粹的诗总集，《玉台新咏》是第一部。

《玉台新咏》的地位这样重要，自然会得到历代学者的重视，想来应该广为流传。然而《文选》到今天还可以看到好几种宋刻本，元明刻本更不计其数，而《玉台新咏》宋刻久已无闻，元代是否刻过难以断言，即使明刻本也难得一见。明末寒山赵均小宛堂藏有宋本，崇桢六年曾据以翻印，入清书归虞山钱曾述古堂，之后就不知下落。清代藏家和学人虽有目见宋本的记载，大都难以征信。

藏家好古，学者求真，都乐于追求宋本，不得已而求其次，后代翻宋本就是众目所瞩。赵氏小宛堂刻本相传是覆宋本，然而据清初冯班说，他看过赵氏所用的底本，翻印时文字有改动，行款变参差为整齐，已经失去宋本原貌。尽管如此，赵氏跋语说是据宋刻翻印，字句和编次都不同于流俗之本。而且是小字精雕，刻印雅饬，宋讳缺笔，颇有摹宋之风，跟明刻迥然不同。版刻精丽动人，确实是难得的艺术佳品，难怪人人爱不释手，很快就成为藏家竞相追求的抢手珍品。

近代藏书和刻书名家南陵徐乃昌酷爱此书，于民国十一年影摹赵本，请著名刻工黄冈陶子麟重雕行世，使它化身千百，流传人间。徐刻相当逼真，几乎是毫厘不爽，是民国时期雕版印刷的佳作，不能不为之赞叹。著名藏家傅增湘认为徐本“镂刻甚精，所谓下真迹一等也”，赏玩之馀，还托徐氏用清雍正册子纸特印精装，亲自题签钤印珍藏。

然而赵寒山翻宋于前，徐乃昌覆明于后，二刻先后获得好评，流传《玉台新咏》之功固然不可没，而孰真孰假的公案却也接踵而来，三百多年来一直困扰着好古之家和治学之士，直到今天也还很少有人知其真相。赵本书后有宋代陈玉父跋语，还有赵均刻书跋，徐本有徐氏刻书牌记，还附有札记，作伪者把它撤去，就有可能鱼目混珠，以赵本充宋本，以徐本充赵本，甚至充宋本。不仅未见原书真面者无从辨别，即使老于此道者，不把各种印本放在一起细细比较，也不知实情。

魏隐儒等编著的《古籍版本鉴定丛谈》(149页)记载着旧书行业的鉴别方法：

卷四第二十一叶首行赵本为“逺晚申千里外，……行路正威退……，”徐本则作“违脱巾千里外，……行路正威迟……”。

卷十第六十八叶末行上端，赵本为“黄蔦”，徐本为“黄鳥”。

后序第七十四叶第八行末字，赵本为“以矣”（是错的）；徐本为“鲜矣”（是对的）。第九行末赵本为“苗间集”（误）；徐本为“花间集”（正）。

据此对比审定是赵本还是徐本，是明本还是清本，方不至著录错误。

《古籍版本鉴定丛谈》一书记下古书行业的一些宝贵经验，获得好评，这一条也曾被图书馆工作者引用，作为鉴定标准广为流传。简单地说，就是有错字的是赵本，没有错字的是徐本，目前许多人深信不疑地用以区分这两种版本。事实上这些标准完全不成立，用来作鉴定，将颠倒黑白，把最珍贵、最稀罕的赵本打入冷宫！

误导的来源是1955年文学古籍刊行社印本《玉台新咏》，其《出版说明》中写明系“据向达先生藏明寒山赵氏刊本影印”。书中钤有南陵徐积余收藏印记，人们很容易想到这就是徐氏刻书时使用的底本，是地道的赵本。若以此本为据复核徐本，不难看到，魏书所说毫发不爽，二本确实有那些差异，赵本的错字徐本一一改正。文学古籍刊行社不乏通人，向达先生又精通目录版本之学，鉴定自然可信。而且《玉台新咏》的诗篇长期以来不是文学研究的热点，学者很少研究它的版本。赵本一般人看不到，藏家只是说板刻如何精良，传本如何稀罕，无暇顾及文字细节。

以致长期以来，人们心目中的标准赵本就是文学古籍刊行社影印本。

事实上，赵氏小宛堂刻本从初印到后印，印本各有不同。笔者先后比较过十几本，至少可以分为以下三种：

（一）初印本：就魏书所列各鉴别字而言，此本除卷十第六十八叶末行上端作“黄蔦”与徐本不同外，其馀各处都与徐本相同，与魏书所谓的赵本不同。此本卷二目录“石崇王昭君辞一首”下无小字“并序”二字；卷六目录“孔翁归奉湘东王班姬一首”，作“奉”，不作“和”：这些与徐本不同。所见此本为涵芬楼旧藏，见《涵芬楼烬馀书录》集部九十九页第三部，四册，无赵跋，今藏北京图书馆。杭州范氏净琉璃室藏本为白皮纸印本，书品极佳，可惜陈赵二跋皆缺。此本罕见。

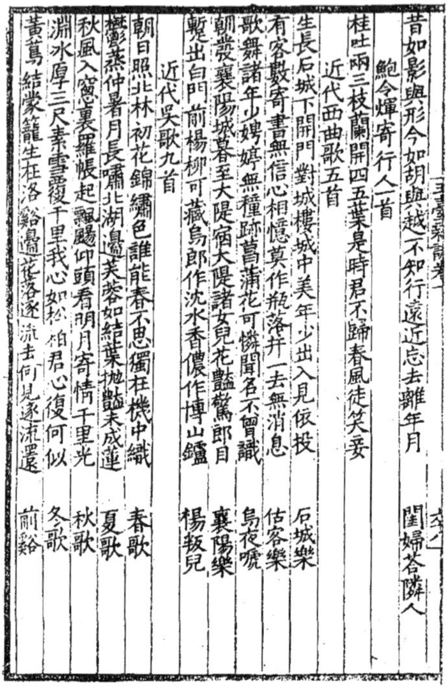
昔如影與形今如胡與越不知行遠近忘去離年月　閨婦荅隣人
鮑令暉寄行人一首
桂吐兩三枝蘭開四五葉是時君不歸春風徒笑妾
近代西曲歌五首
生長石城下開門對城樓城中美年少出入見依投　石城樂
有客數寄書無信心相憶莫作瓶落井一去無消息　估客樂
歌舞諸年少娉婷無種跡菖蒲花可憐聞名不曾識　烏夜啼
朝發襄陽城暮至大隄宿大隄諸女兒花豔驚郎目　襄陽樂
鞔出白門前楊柳可藏烏郎作沈水香儂作博山鑪　楊叛兒
近代吴歌九首
朝日照北林初花錦繡色誰能春不思獨在機中織　春歌
鬱蒸仲暑月長嘯北湖邊芙蓉始結葉抛豔未成蓮　夏歌
秋風入窗裏羅帳起飄颺仰頭看明月寄情千里光　秋歌
淵水厚三尺素雪覆千里我心如松柏君心復何似　冬歌
黄蔦結嫋籠生在洛谿邊花落逐流去何見逐流還　前谿

《玉台新咏》赵氏小宛堂初印本书影

（二）初修本：此本修版意在改错，板片并未损坏，应出赵氏之手。与上本基本相同，唯上述卷二和卷六目录两处，此本有“并序”二小字，而且作“和”不作“奉”，卷十第六十八叶末行上端

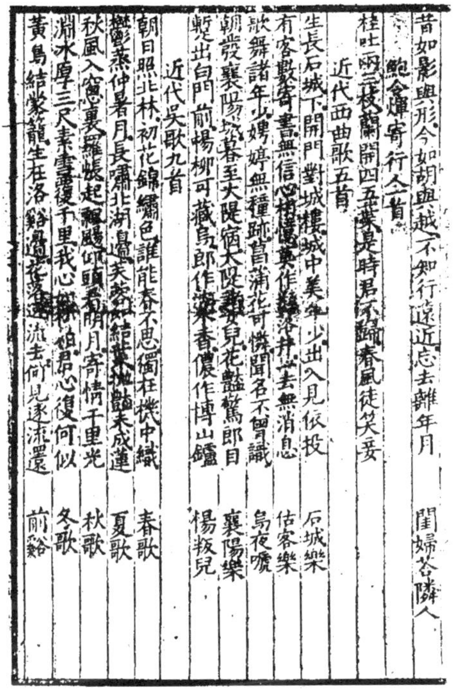
昔如影與形今如胡與越不知行遠近忘去離年月 閨婦荅隣人
鮑令暉寄行人一首
桂吐兩三枝蘭開四五葉是時君不歸春風徒笑妾
近代西曲歌五首
生長石城下開門對城樓城中美年少出入見依投 石城樂
有客數寄書無信心相憶莫作瓶落井一去無消息 估客樂
歌舞諸年少娉婷無種跡菖蒲花可憐聞名不曾識 烏夜啼
朝發襄陽城暮至大隄宿大隄諸女兒花豔驚郎目 襄陽樂
暫出白門前楊柳可藏烏郎作沈水香儂作博山鑪 楊叛兒
近代吳歌九首
朝日照北林初花錦繡色誰能春不思獨在機中織 春歌
鬱蒸仲暑月長嘯北湖邊芙蓉始結葉抛豔未成蓮 夏歌
秋風入窗裏羅帳起飄颺仰頭看明月寄情千里光 秋歌
淵水厚三尺素雪覆千里我心如松柏君心復何似 冬歌
黃鳥結紫籠生在洛谿邊花落逐流去何見逐流還 前谿

《玉台新咏》赵氏小宛堂初修本书影

作“黄鳥”。徐本与此本同。《中国版刻图录》所收北京图书馆藏周叔弢旧藏本，有陈赵二跋，也是此初修本。此本较多。

（三）修补本：此本刷印时，板片已有损坏和缺失，不得不修补。魏书所谓的赵本就是此后印修补本，与徐本不同。此本卷四第一叶边框窄，与其他各叶不类，显系补板，故错字迭见。除魏书所说各字外，至少还有七处显误。卷十第六十七和第六十八两叶都是补板。卷尾陈玉父后叙虽非补板，但下边框上方几个字有补刻痕迹，如“唐花间集”之“唐”字第一笔，原板作短横，补刻作点。“鲜”和“花”误为“以”和“苗”都是补刻致误，第一第二两种印本都不误。1955年文学古籍刊行社影印本即为此本，其底本现归北京大学图书馆，原书缺赵跋，影印本据别本补跋．此本多见。

这是把几种不同的印本放在一起比较之后得出的结论，事实出人意料，不能不予以必要的说明。学者有人认为文学古籍刊行社本陈玉父跋语有错字，第一种印本没有错字，根据初印有错、后印改正的原则推断，第三种印本在前，第一种印本应该在后。事实上，如果剜改出于有意更改，这样推断自然可以考虑。像第二种印本，就是有意修版改字。然而过去用雕版印刷，时间一长，板片容易损坏丢失，这时往往由书坊或工匠修补，就难免出现莫名其妙的差错，赵刻后印本的错字就是由此而来。

今日所见，凡是卷六目录作“和”的本子，“和”字墨重，与其他字不同，显然是字面高低不平，而且“和”字左右格线有缺损，这都是剜版补字造成的。而作“奉”的本子墨色一致，左右格线具在。这一叶各本是同一块板片，并非补板，印刷先后一目了然。比较全书各叶阑线磨损程度可以看出，作“奉”的本子明显初印。这里举两个例子，可以鉴别各种印本孰早孰晚。

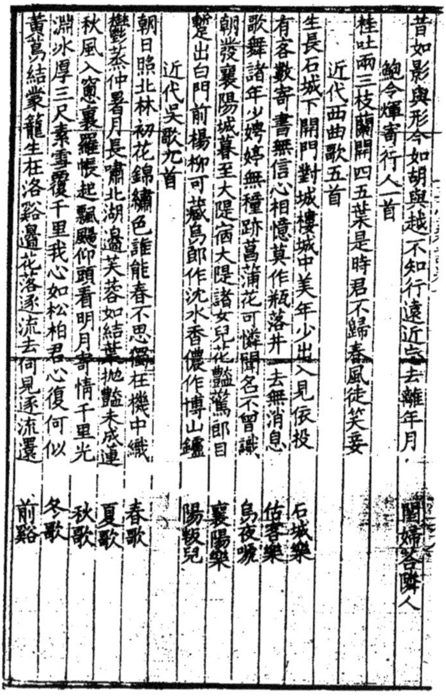
昔如影與形今如胡與越不知行遠近忘去離年月 閨婦答鄰人
鮑令暉寄行人一首
桂吐兩三枝蘭開四五葉是時君不歸春風徒笑妾
近代西曲歌五首
生長石城下開門對城樓城中美年少出入見依投 石城樂
有客數寄書無信心相憶莫作瓶落井一去無消息 估客樂
歌舞諸年少娉婷無種跡菖蒲花可憐聞名不曾識 烏夜啼
朝發襄陽城暮至大隄宿大隄諸女兒花豔驚郎目 襄陽樂
蹔出白門前楊柳可藏烏郎作沈水香儂作博山鑪 陽叛兒
近代吳歌九首
朝日照北林初花錦繡色誰能春不思獨在機中織 春歌
鬱蒸仲暑月長嘯北湖邊芙蓉如結葉抛豔未成蓮 夏歌
秋風入窗裏羅帳起飄颺仰頭看明月寄情千里光 秋歌
淵冰厚三尺素雪覆千里我心如松柏君心復何似 冬歌
黃葛結蒙籠生在洛谿邊花落逐流去何見逐流還 前谿

《玉台新咏》赵氏小宛堂修补本书影

卷一首叶（全书流水叶码第二叶）右

边框距上阑八厘米处,后印者板片有一条横裂纹,向左横断“陈”“乐”“苏”三字,“苏”字下边四点都已断开。所见第二和第三种本子都有裂痕。而涵芬楼旧藏“奉”字本板片完整,无横裂。

卷四第二叶(流水码二十二叶)阳面第六行开头,“凤”字第二笔竖弯勾,原板后印者中断,涵芬楼旧藏“奉”字本不断。第三种印本此叶是补板,无断痕。

南陵徐积馀刻本跟上述第二种印本相同,向达先生旧藏本虽有徐氏藏印,但徐氏显然知道此本不佳,用更好的本子影写上板。过去认为徐氏未脱旧习,更改底本文字却不记入札记。其实徐氏翻印此书还是很忠实的,他所据底本本无错字,并非更改。

日本文化三年(1806)昌平学曾据赵本摹刻(参看《经籍访古志》卷六),摹刻也很精工,但是字体已有日本风格,跟赵徐二本差别较大。再加上用日本皮纸刷印,风貌有明显差异。往年邓之诚先生曾说日本翻本“毫发无异,非精鉴者不能别”,事实不然。可是此本很少传入我国,一般人看不到原书,只凭耳闻,也就难知其详。今传赵本用纸往往比较特殊,有黄棉纸印本,很像麻纸,清人所说的宋刻有可能是这种印本。看成宋本固然冒失,近年有拍卖会竟定为日本翻刻,使佳本蒙冤,同样荒唐。

赵本后面有宋代陈玉父的跋语,陈氏就是以撰《直斋书录解题》闻名于世的陈振孙,跋语可能是宋代刻书时所作,不过《直斋书录解题》中说到《玉台新咏》时没有提起此事,却也可怪。赵氏印书也曾写跋,不过今天所见的赵本,十之八九没有此跋,笔者所见的十几本中，只有两本有赵跋。古书的跋语有时是刻印之后加上的，初印时没有，有时开始有跋，后印板片残缺，失去书跋，所以跋语多一篇少一篇本来不足为奇。然而有时却是有意抽掉，消灭翻印的痕迹，冒充原书，爱书者就不可不仔细辨认。像赵刻《玉台新咏》，本来版式就不大像明代刻本，没有赵跋，只有宋人刻书跋语，说是宋本，很难起疑。现今看到的一些赵本，往往被前人误认为宋本，原因就在这里。

崇祯六年已届明末，不久明清易代。清康熙年间徐钪听人说赵氏原板毁于沧桑之变，当时所印只有一百来本，流传无几。至清代中后期，藏家能得到赵本，已惊喜书缘匪浅。清末民初著名藏家缪荃孙说世贵赵刻如宋元，其值昂甚，不可问津。藏书家没有一个人不知道赵刻罕见难得，简直是“稀如星凤，贵等球璧”。然而，查一查《中国古籍善本书目》，不难发现有三十来处藏有赵刻，实在说不上罕见。而且有些大图书馆还不止一本，像北京图书馆竟有十来本之多。个人藏家有这个本子的也不少，笔者的友朋几乎人手一册。近年各地拍卖会风起云涌，赵刻《玉台新咏》也被推上高潮，这所谓罕见的珍本到处都能看到，其价越炒越高。倒是不被人看重的其他几个本子，拍卖会上很少出现。可见赵刻三种印本加在一起，存世数量并不像人们想象得那么少，仅仅印了百十本版就毁去之说显然不确。说它少见，可能是书太出名，追求者多，难以满足需求的缘故，倒不是人间没有几本。不过初印本少见，却是事实。

卷十第六十八叶末行初印本(图一)、初修本(图二)、修补本(图三)有明显区别，今一并附图，以便鉴别。

《读书敏求记》版本小记

孟宪钧

喜爱古书的人，大抵都喜爱读书目。在我多年的读书生活中，各种各样的书目也积累了数百种。这当中既有珍贵的稿本、抄本、批校本，也有一般的刊本、石印本、铅印本；既有封建官方钦定的《四库总目》《禁毁书目》，也有文人学士私家藏书的善本目录。然而我最喜爱的还是那些内容翔实、刊刻精雅而又流传稀少的善本书目。雍正本《读书敏求记》就是其中之一。

《读书敏求记》是清初一部重要的书目。作者钱曾字遵王，号也是翁、贯花道人等。江苏常熟人。生于明末崇祯二年(1629)，卒于清康熙四十年(1701)。是清初著名的藏书家和诗人。其藏书处名“也是园”、“述古堂”等。

钱遵王的藏书是有其家学渊源的，其父钱裔肃为明万历举人，生平好书，曾以藏书精善闻名于时。遵王自幼随父亲读书和游历，耳濡目染，克继家学。顺治三年(1646)，他十七岁时，父亲过世。钱遵王继承了父亲的藏书，正式开始了自己的藏书事业。

钱遵王藏书的另一个重要原因是得到族祖著名学者钱谦益的指导和帮助。钱谦益，字受之，号牧斋。其学识渊博，著作等身，是明末清初的文坛领袖。他还是一位大藏书家，其藏书处曰“绛云楼”。由于钱遵王刻苦励学，善识多藏，受到钱谦益的赏识。据《苏州府志·文苑传》(乾隆刊本)载，遵王“少学于族祖谦益。谦益谓能绍其绪。撰《吾炙集》，標曾诗为首。绛云楼烬馀书籍及诗文稿，悉付藏弆。”[1]绛云楼大火，燃于清顺治七年(1650)，钱谦益痛心地说：“甲申之乱，古今书史图籍一大劫也。吾家庚寅之火，江左图籍一小劫也。”(钱谦益《宋本汉书跋》)悲痛之馀，将烬馀的藏书尽归之于遵王，希望他事业有成。

遵王藏书事业还得益于良师益友的交往与帮助。遵王与当时江浙一带的许多著名学者和藏书家都有交往，他们当中有吴伟业、顾湄、金俊明、叶树廉、陆贻典、曹溶、毛晋父子等。他们经常互相借抄借校善本书籍，辨析疑难，欣赏奇书。这些都大大丰富了遵王的收藏，提高了鉴赏能力。

遵王藏书有两个特点：一是数量多，二是质量精。遵王辛劳一生，共收集图书四千馀种。在封建社会里，一个没有任何功名，以布衣身份从事藏书事业的人，能够聚书四千多种、达几万卷，其数量是相当惊人的了。遵王藏书颇多善本，他的收藏中有大量的宋本和其他珍本秘籍。他藏书的质量之高在当时众多藏书家中是出类拔萃的。

遵王能够取得如此的成就，是与他一生节衣缩食、孜孜以求分不开的。他在自己的藏书目序言中，生动描绘了藏书的辛苦和痴迷："己酉清和，诠次家藏书目告蒇，放笔而叹。盖叹乎聚之艰而散之易也。竭予二十馀年之心力，食不重味，衣不完采，摒当家资，悉藏典籍中。如虫之负版，鼠之搬蔷，甲乙部居，粗有条理。忆年驱雀时，从先生长者游，得闻其绪论，经经文纬，颇知读书法。逮壮，有志藏弆，始次第访求，问津知涂，幸免于冥行擿埴。然生平所酷嗜者，宋椠本为最。友人冯定远每戏予曰：昔人佞佛，子佞宋刻乎？相与一笑而不能已于佞也。"②

遵王生前曾把自己的藏书编成了多种书目，但流传至今的只有三种：即《也是园藏书目》十卷、《述古堂藏书目》四卷、《读书敏求记》四卷。三部书目内容详略不一，编排体例也不尽相同。《也是园藏书目》著录最为简略，但收书数量最多，共计 3800 多种，几近于遵王藏书 4000 多种的总数。此书有抄本多种传世，其稿本为近代藏书家张允亮所藏，卷中增改之处皆钱氏手迹。刊本则有清宣统二年(1910)罗振玉刊《玉简斋丛书》本。被郑振铎先生誉为"国宝"的《脉望馆钞校本古今杂剧》，就曾经著录于《也是园藏书目》中。《述古堂藏书目》共分为 78 类，收书 2200 多种。此书除抄本流传外，既有稿本在，也有刊本行世。二者卷第有所不同，稿本为十卷，"蓝格，八行，板格有'述古堂'三字，前自序，又有后序。每书下注明为宋、元、抄本等。较世行本多续编杂剧十馀叶。"③为近代著名藏书家傅增湘先生所藏。刊本则仅存四卷，末附《宋版书目》一卷，有清道光三十年南海伍氏刊《粤雅堂丛书》本。《读书敏求记》收书数量最少，仅有 600 多种(一说 601 种，一说 634 种)。但其著录最为详备，收书质量最精，钱氏藏书精华，诸如宋元刊本、旧抄善本尽萃于此。《读书敏求记》是一部版本目录学的佳作。全书依经、史、子、集四部分类，每书之下，标明次第完阙，古今异同，兼及作者、作品的品评，尤其注重版本的考订，详述一书之版刻源流，刊刻异同。他在书中总结出一套根据书籍的版刻、字迹、纸张、墨色等特征来确定书籍成书年代的科学方法。确定了从书籍的初印、重印、原版、翻刻等方面来评定版本优劣的标准，为版本鉴定工作寻找摸索出一定的规律，在版本目录学研究方面达到很高的造诣。

在中国传统的藏书家中，可分为几种不同的类型。清代学者洪亮吉曾经有过精辟的论述："藏书家有数等：得一书必推求本原，是正缺失，是谓考订家，如钱少詹大昕、戴吉士震诸人是也。次则辨其板片，注其错讹，是谓校雠家，如卢学士文弨、翁阁学方纲是也。次则搜采异本，上则补石室金匮之遗亡，下可备通人博士之浏览，是谓收藏家，如鄞县范氏天一阁、钱唐吴氏之瓶花斋、昆山徐氏之传是楼诸家是也。次则第求精本，独嗜宋刻，作者之意纵未尽窥，而刻书之年月最所深悉，是谓赏鉴家，如吴门黄主事丕烈、邬镇鲍处士廷博诸人是也。又次则于旧家中落者，贱售其所藏，富室嗜书者，要求其善价，眼别真赝，心知古今，闽本蜀本，一不得欺，宋椠元椠，见而即识，是谓掠贩家，如吴门之钱景开、陶五柳，湖州之施汉英诸书估是也。"[④]那么，钱遵王究竟属于哪一类藏书家呢?《四库全书总目提要》对于《读书敏求记》和钱氏本人曾下过一个断语："此书皆载其最佳之本，手所题识，仿佛欧阳修《集古录》之意。……然其述授受之源流，究缮刻之异同，见闻既博，辨别尤精。但以版本而论，亦可谓之赏鉴家矣。”⑤此说大致不谬。道光年间，南海伍崇曜在《述古堂藏书目》的跋尾中，不但谓遵王为赏鉴家，而且简直称其为黄丕烈、鲍廷博之导师。由于《读书敏求记》一书不仅详细解题，而且备载版本特征，的确是开了版本解题目录之先河，对后世的版本著录和善本目录研究影响很大。像后世著名的《士礼居藏书题跋记》、《艺风堂藏书题跋记》等无不深受《读书敏求记》的影响。只不过在记载一书内容大要、传本源流、缮刻优劣、版本异同之外，更详记得书经过、书籍价格、心里活动等等，内容更丰富，更具可读性。近代以来，郑振铎先生、黄裳先生写的书跋、书话，也正是与《读书敏求记》、《士礼居藏书题跋记》一脉相承的。

《读书敏求记》之成书，还有一段脍炙人口的传说。清乾隆本《常昭合志稿》、吴焯《敏求记跋》中都有记载。吴跋称“书既

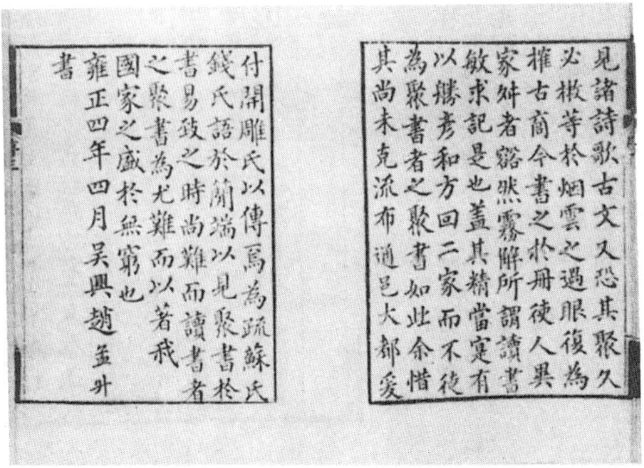
見諸詩歌古文又恐其聚久必散等於烟雲之過眼復為推古商今書之於冊使人異家舛者豁然霧解所謂讀書敏求記是也蓋其精當寔有以勝彥和方回二家而不徒為聚書者之聚書如此余惜其尚未克流布通邑大都爰付開雕氏以傳寫為疏蘇氏錢氏語於簡端以見聚書於書易致之時尚難而讀書者之聚書為尤難而以著我國家之盛於無窮也

雍正四年四月吳興趙孟升書

《读书敏求记》雍正本赵序

成，扃至箧中，出入每自携。灵踪微露，竹垞谋之甚力，终不可见。竹垞既应召，后二年，典试江左，遵王会于白下。竹垞故令客置酒高宴，约遵王与偕。私以黄金翠裘予侍书小史启钥，预置楷书生数十于密室，半宵写成而仍返之。”从此，这部名著才得与世人见面。

《读书敏求记》传世共有六个重要的刊本。

《读书敏求记》最早的一个版本是清雍正四年赵孟升松雪斋刻本。此刻传本极稀，存世寥寥。我有幸访得一部，视为寒斋善本。此书首有王豫、赵孟升序，末有上海曹一士跋。每半页九行二十字，黑口四周单边。目录页书口下有“松雪斋”三字。目录后及每卷末有“吴兴赵孟升用亨校”一行。卷一首页钤有楷书硃印“沈毅字厚其，号兰坡”。全书卷末有“道光九年春沈兰坡阅过”墨书一行。沈兰坡生平事迹未详，待考。该书为康熙、雍正间典型的写刻本，刊刻精雅，纸润墨香，不愧为清初雕版印刷的代表作品。

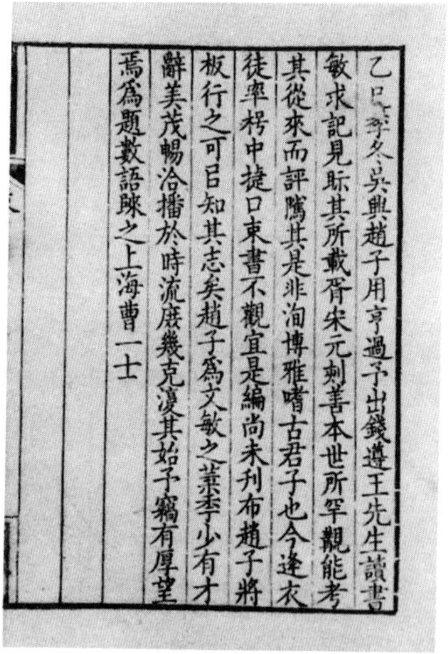
乙巳孟冬吳興趙子用亨過予出錢遵王先生讀書
敏求記見眎其所載胥宋元刻善本世所罕覯能考
其從來而評騭其是非洵博雅嗜古君子也今逢衣
徒率樗中捷口東書不觀宜是編尚未刋布趙子將
板行之可呂知其志矣趙子爲文敏之裔季少有才
辭美茂暢洽播於時流庶幾克復其始予竊有厚望
焉爲題數語跋之上海曹一士

《读书敏求记》雍正本曹跋

赵孟升在序文中表彰了钱氏藏书的成

就，以及刊刻此书的缘起。序文云：

牧斋钱氏曰："聚书不同，有读书者之聚书，有聚书者之聚书。"而坡翁苏氏曰："诸子百家之书，近岁转相摹刻，多而易致。然夷考其时，以聚书之富，流传纪乘者，约略可屈指数。如宋宣献、毕文简、王原叔、钱穆父、王仲至家暨荆南田氏、历阳沈氏、谯郡祁氏而已。而颠错丛庞亦往往有之。惟吴中曾文彦和、贺铸方回二家书，皆手自校雠，丹铅俨然。然则书虽易致，而聚书者之雅难得；而持本读新，讨源流而别黑白者之尤为难之难，自古然矣！"我国家文明之治与宋埒，而聚书家之多，则不啻万乎过之。其发为高文典册，黼黻昇平者可不论。遵王钱先生，牧翁之老孙子也，以布衣聚书。自人世诸秘记及霞宫丹甲、汲冢覆釜诸等，靡不备稚。无愧宣献文简诸巨公。既已耿诸胸，见诸诗歌古文，又恐其聚久必散，等于烟云之过眼，复为推古商今，书之于册，使人异家舛者，豁然雾解，所谓《读书敏求记》是也。盖其精当，实有以胜彦和方回二家，而不徒为聚书者之聚书如此。余惜其尚未克流布通邑大都，爰付开雕氏以传焉。为疏苏氏、钱氏语于简端，以见聚书于书易致之时尚难，而读书者之聚书为尤难，而以著我国家之盛于无穷也。

雍正四年刻本传世极稀，据《中国古籍善本书目》记载也不过二三部而已。此刻稍后，有雍正六年濮梁延古堂刻本，实即得赵氏松雪斋版片而重刷之。故历来研究者均将二者视为一本。

《读书敏求记》的第二个刻本是乾隆十年沈尚杰双桂草堂刻本。此刻版刻行款一如雍正本，也为半页九行二十字，黑口四周单边。书前有沈尚杰序，序文云："益人神智者，惟书而已。顾书之代积而多也，奚啻数百万种。妙之者，未必能聚；聚之者，未必能读。人世一大恨也。尝览晁氏《郡斋读书志》，喜其搜罗之富，亦欲屏绝尘事，穷探二酉。无如斯志未遂，终有望洋之叹。迩来复阅钱子遵王《读书敏求记》，与宋人之书，后先辉映，诚好古者之梯航也。惜其流布未广，览者阙如。因举吴兴赵氏之本，重加校雠，付诸剞劂。俾天下读书之人，依此访求，家有善本。庶复见曹氏之书仓，李氏之百城云尔。"此书刊刻亦甚精工，传至今日，也难得一睹。藏家皆目为善本。

《读书敏求记》第三个刻本是乾隆六十年沈炎耆英堂刊本。其实此本乃乾隆十年双桂草堂刊本。因年久版片漫漶，沈氏后人沈炎出资重修补版印行。此刻有钱塘胡重、槜李沈炎二跋。胡重跋文云："重尝阅虞山钱氏遵王《述古堂书目》，所载凡三千馀种。而此《读书敏求记》，仅六百种。盖义门何氏所称专记宋版元钞，及书之次第完阙，古今不同者也。此书未刻

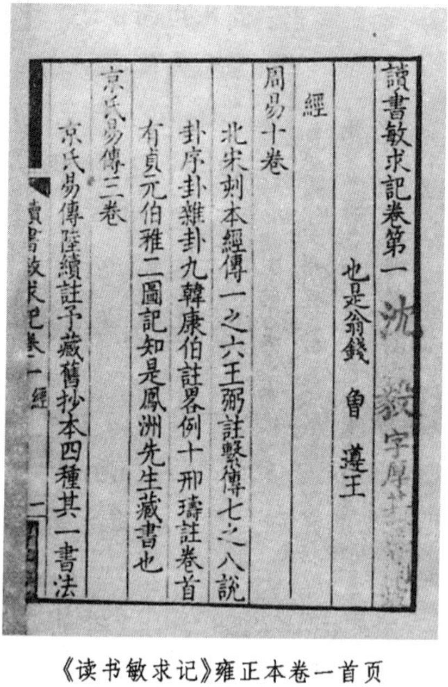
讀書敏求記卷第一
也是翁錢　曾　遵王
經
周易十卷
北宋刻本經傳一之六王弼註繫傳七之八說
卦序卦雜卦九韓康伯註畧例十邢璹註卷首
有貞元伯雅二圖記知是鳳洲先生藏書也
京氏易傳三卷
京氏易傳陸續註予藏舊抄本四種其一書法
讀書敏求記卷一　經　二

《读书敏求记》雍正本卷一首页

之先，得者罕见。义门谓朱竹垞检讨，典试江南日，以黄金翠裘赂遵王侍书小史，胠箧得之，半宵写成云云。可见钱氏秘之枕中，不轻示人矣。雍正丙午，吴兴赵孟升用亨氏，始授诸梓。乾隆乙丑嘉兴明经东里沈公重校以行。重初识之无，先刑部公举是书以授，与晁氏《读书志》、陈氏《书录解题》，并置案头。今明经文孙葭士因斋中版片岁久漫漶，乃取善本雠勘。讹者刊之，阙者补之，剞劂之工，浃旬乃峻。葭士三世聚书数万卷，家学渊茂，晨夕一编，丹黄不辍。重以文字相契，服其用心之勤且慎。爰缀数语于简末，窃附古人赏文析义之意云。"对于此书重刊经过，记之甚详。

《读书敏求记》的第四个刻本是道光五年阮福小琅嬛仙馆刻本。此书半页十行，行二十二字，白口，四周双边。书前有阮福序，序云："福尝谓遵王此书，述著作之源流，究缮刻之同异，留心搜讨，不遗馀力，于目录中洵为佳著。若作竹垞翁录出，则或至今湮没，岂不可惜欤！道光乙酉夏，武林严厚民师因编《皇清经解》重游岭南，箧中携有赵氏初印本，并言曾用遵王手定原稿次第，以硃笔一一补正于上方。其稿今藏黄荛圃主政家，脱漏约三十馀种，如岳珂《九经三传沿革例》、丁度《集韵》等书皆赵本之所未载。讹谬之处，悉行改正。疑廊吏抄时仓卒所遗舛也。夫雍正本已不多见，何论遵王存稿？爰极为抄录，重付梓人。至原序仍录存于后；义门学士二跋、柯崇朴《绝妙好词序》一则，亦概附卷末，以资考证云。"此刻据黄丕烈藏武林严厚民书福楼校本增益改正，校之以上三刻，堪称完备，后世之人也多目为善本。至道光十五年，阮氏又得秦恩复石研斋藏钞本，补刊十数条，较之前本又有所增益。

《读书敏求记》第五种刻本为道光二十七年南海潘仕诚刊

《海山仙馆丛书》本。此本合乾隆沈刻本、道光阮刻本为一书，盖为通行之本。然而时至今日，也难得一见了。

《读书敏求记》的第六个刻本为民国十五年长洲章氏刊《读书敏求记校证》。全书分为类记、《读书敏求记》据校各本略目、提要、补目、佚文、序跋题记、附录、后记、校证补遗等八个部分。此书为清代学者管庭芬撰，民国间学者章钰补。章钰以管庭芬校本之传写本为底本，以诸本补之，合刊本、校本、批本共用27个本子，合辑各家之批校考证而成者。“类记”中叙及编述之次第，遵王之略传，传本之种别，叙述之评论；“略目”注各本之体裁；“佚文”出自题词本；“序跋题记”采自刊本校本；“附录”则录有关于本书及著者的各种文献；“后记”为民国十五年章钰六十二岁的自记，述校订之苦心；“补遗”收录新获之清人陈其荣的校本。章氏用十五年之努力而成此书，可谓是《读书敏求记》最完备、集大成的一个版本。可惜这个年代最近的版本如今也难以觅得了。所幸的是，近年有丁瑜先生的《读书敏求记》点校本（书目文献出版社出版），最为方便读者。有意读《读书敏求记》一书的朋友，不妨找来一读。

注：

①乾隆刊本《苏州府志·文苑传》卷六十三。

②钱曾《述古堂藏书目序》，道光三十年粤雅堂丛书本。

③《藏园订补郘亭知见传本书目》第一册，卷六史部目录类，中华书局1993年版。

④洪亮吉《北江诗话》，人民文学出版社1963年版。

⑤《四库全书总目》上册，卷八七史部目录类存目，中华书局1965年版。

清顺治朝的御制御注书与内府刻本

贾二强

清代顺治一朝，内府刻书实在有限，据统计[①]，汉文刻本不过十六种，兹依先后具列于次：

《大清律集解附例》三十一卷　　顺治四年

《钦定服色肩舆永例》一卷　　顺治九年

《御制人臣儆心录》一卷　　顺治十二年

《内政辑要》一卷*　　顺治十二年

《御制资政要览》三卷《后序》一卷　　顺治十二年

《御制劝善要言》一卷　　顺治十二年

《范行恒言》*一卷　　顺治十二年

《御注太上感应篇》一卷　　顺治十二年

《御注孝经》一卷　　顺治十三年

《表忠录》一卷*　　顺治十三年

《劝学文》一卷*　　顺治十三年

《内则衍义》一卷* 顺治十三年

《御注道德经》二卷 顺治十三年

《钦颁赋役全书》不分卷 顺治十四年

《御定易经通注》四卷 顺治十五年

《讲筵恭记》一卷 顺治十六年

另又有满文及满汉合璧、满蒙合璧的十几种，二者相加，也不过三十馀种。不唯种数有限，而且上列各书，卷帙大多为独卷的单本，最大者也不过三十一卷，与康熙以降的武英殿刻书动辄数百上千乃至万卷的大书相比，实在难望项背。如再稍加留意，还可看出，上述诸书刻于顺治十二、十三年两年之内的就有十一种，而这些书名中有的本身就已表明是御制御注，其他标以*号者又都有顺治所撰序文，因此又都可以目为御制一类，本文就拟以讨论这类书的汉文刻本为内容。

顺治是满清入关后君临天下的第一代皇帝，时年仅六岁馀。从顺治初元起，到清王朝实现最后统一，经历了一个相当漫长的过程，南明永历小朝廷几与顺治朝相终始，至康熙元年方告覆亡，大顺军馀部夔东十三家的抗清斗争坚持到康熙三年，而台湾与大陆的统一更是到了康熙二十二年。但实际上在顺治八年浙东的鲁王政权失败、同年永历帝逃离南宁西入贵州时，大清即已统治初定了。

就在顺治七年岁末，专擅军政大权的摄政王多尔衮去世，来年正月，顺治亲政，时年十四岁。这位小天子十分好学，他后来曾与天童寺僧人木陈忞谈及读书求学之事，让侍臣抱来自己读过的书请木陈忞过目：皆《左》、《史》、《庄》、《骚》，先秦两汉唐宋八大家，以及元明撰著，无不毕备，还向木陈忞说："朕极不幸，五岁时先太宗早已晏驾，皇太后生朕一身，又极娇养，无人教训，坐此失学。年至十四，九王(指多尔衮)薨，方始亲政。阅诸臣奏章，茫然不解，由是发愤读书。每辰牌至午理军国大事外，即读至晚。然顽心尚在，多不能记。逮五更起读，天宇空明，始能背诵。计前后诸书，读了九年，曾经呕血。”顺治天分甚高，再加上此番苦读，故颇登汉文化堂奥，楚辞汉赋，历代名篇，多能记诵，并能与人臧否南北《西厢》、《红拂记》工拙高下及时人金圣叹批评小说戏曲的得失短长，俨然文人雅士之流了。

这位少年天子亲政伊始，便大力清除了多尔衮的势力，在母后孝庄皇太后的指导下，总揽了朝政。至顺治十年以后，已全然接受了汉文化的满人小皇帝，当然也会深知天下马上得之而不能马上治之的道理，所以大兴文教，要做圣明之主。顺治十二年，小天子时年十八岁，是想一展宏图了。《清世祖实录》载该年三月壬子谕礼部，就明确不过地表达了这一动机：“朕惟帝王敷治，文教是先，臣子致君，经术为本。自明季扰乱，日寻干戈，学问之道，阙焉未讲。今天下渐定，朕将兴文教，崇经术，以开太平。”治理天下在于得人用人，这位小天子在亲政之初就受到过这样的训戒，母后曾谆谆教导要他简任贤才，亲忠远佞等。顺治十年，他曾与大学士陈名夏讨论过唐太宗贞观时政事的得失，陈名夏答以贞观政治可比隆三代，惟能用人耳。顺治也极钦羡唐太宗，曾对木陈忞说：“朕观前代帝王，如唐之太宗，亦少年，雅能武戡乱，文经邦，今朕年齿不少，徒置身臣民之上，是以不敢自怀安佚。”上述十一种御制御注之本除《御注道德经》外，各书内容皆直接有关训戒，《顺治实录》十二年九月丙午条并载：“颁赐异姓公以下、文官三品以上《御制资政要览》、《范行

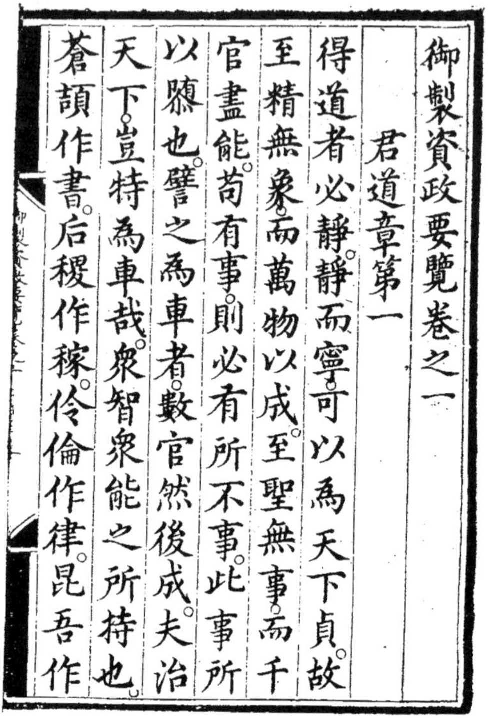
御製資政要覽卷之一
君道章第一
得道者必靜靜而寧可以為天下貞故
至精無象而萬物以成至聖無事而千
官盡能苟有事則必有所不事此事所
以驟也譬之為車者數官然後成夫治
天下豈特為車哉衆智衆能之所持也
蒼頡作書后稷作稼伶倫作律昆吾作

恒言》、《劝善要言》、《儆心录》各一部。”由此举不难看出这番良苦用心。

余有幸得见并得藏若干此类顺治内府本。上述诸本，从版刻风格来看,可分为两类:一类有《御制资政要览》、《御注道德经》、《御制劝善要言》和《御注孝经》四种。这类刻本保存着明显的明内府刻本馀风,为赵体字,四周双边,大黑口,双黑鱼尾。其中《御注孝经》有大、小二种,《资政要览》又有大、中、小三种开本。后者大本多为蓝绫面,包背装,间有古色纸面线装者;中本为黄绫面蝴蝶装；小本古色纸面线装。中本已收入黄永年师与余合撰之《清代版本图录》,然此刻字体稍嫌板滞,转不若大、小两种字体流美,这二本出同一书手,尤其是小本更形流利,颇有明万历私家写刻本的韵致,令人赏心悦目。为何一书要刻至二至三,大约是赏赐臣工,尚有官爵品级高低之别,因为《资政要览》另有一满文刻本,显然是赐给满臣之需了。至于其馀,皆为明万历以降的方体字，部分更近明季江南一带风气，字形方而略显瘦长，而版式则皆为白口，四周单边，单鱼尾，书名在版心上方，已是流行习尚。因皆为天子的御作，版刻又出内府，故无论前者后者，刊工当然都属其时一流。

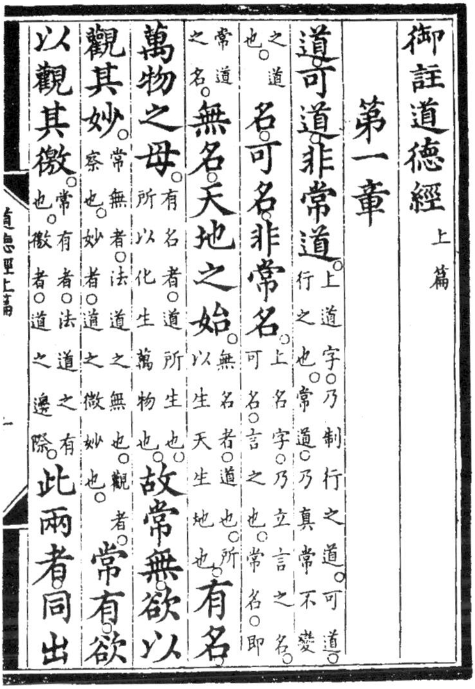
御註道德經 上篇

第一章

道可道非常道。上道字乃制行之道。可道行之也。常道乃真常不變之道。名可名非常名。上名字乃立言之名。可名言之也。常名即常道之名。無名天地之始。無名者道也。所以生天生地也。有名萬物之母。有名者道所生也。所以化生萬物也。故常無欲以觀其妙。常無者法道之無也。觀者察也。妙者道之微妙也。常有欲以觀其徼。常有者法道之有也。徼者道之邊際。此兩者同出

道德經上篇 一

顺治十年，在宫内复设内十三衙门，德人魏特著《汤若望传》记载此事道："顺治自这个时期起，愈久愈陷入太监之影响中，这一种下贱人民，在朝代更替的时候，俱被驱逐出宫，成千成百地到处漂泊，然而这时却渐渐又一批一批收入宫中，照旧供职，这样被收入宫中，而又重新札根筑巢的太监们，竟有数千名之多。"这十三衙门中，就有司礼监。稍具古籍版本知识的人，就知道这司礼监在明代司内府刻书之职，而司礼监本就是明内府本的另称。出入顺治宫廷的僧人木陈忞有多首赠太监之诗，其一即为《寿司礼监弗二曹居士》，誉其"珠玑满腹饱儒业，心意朗朗通教乘"，这当然不无谀美，但联系

到明代司礼监本有教授宫内小宦官诗书礼乐之责，那么这诗中多多少少总还是透出些实情。可以想见，这时的司礼监，必有十年前被扫地出门而此时又卷土重来者，既来之，而宫里又有此等需要，则不能不重操旧业，那种带有明显明司礼监本特征的刻本，也就尽在情理之中了。

顺治少年风流，其毫无排斥心理全盘汉化，于继位的康熙、雍正、乾隆乃至有清一代诸君确实产生了良好影响。但其性情暴戾，喜怒无常，读陈垣先生《汤若望与木陈忞》、《语录与顺治宫廷》、《顺治皇帝出家》诸文即可知。两年之内刻梓御作十多种，固然如上所言，有励精图治的用意在内甚或以此为主，但也不应排除小皇帝有逞其才情的一面。而十三年以后，这位少年天子兴趣转移，先是同年八月董妃入宫，备极宠爱，后又与玉林琇、木陈忞等僧徒多所往来，以至闹到落发要遁入空门，宜乎不再有此类之作之刻了。

附笔：蝶装《御制资政要览》四册一函，《御注道德经》二册一函，1988年京中厂肆售价一为80元，一为60元，十年后拍卖会上拍价逾万，睹此顿生恍若隔世之慨。

注：

①统计数均据故宫博物院图书馆、辽宁省图书馆编著《清代内府刻书目录解题》，紫禁城出版社出版。

清代活字套印本书录

范景中

活字套印本，按照清人杨绍和的著录，明代即有，他在《楹书隅录》卷五明铜活字本《栾城集》条下写道："明刊各书以铜活字本为最善。昔得黄氏百宋一廛蓝印《墨子》，复翁校用黄笔，后又得义门朱校《急就章》，亦蓝印，皆绿格本也。今得此集绿格墨印，朱墨烂然，校勘精审，古色古香，致足宝爱。"据此，《栾城集》、《急就章》、《墨子》三书当皆为铜活字套印本。然而，遗憾的是，杨氏所述及的《栾城集》和

《急就章》已不知何往，钱存训先生编辑的《明代铜活字本书目》也未见著录，不能令人一睹真颜[1]。《墨子》虽然流传有绪，现藏北京图书馆，且为《明代版本图录初编》、《中国版刻图录》所选刊书影，但是从图版上不只未见格线，就连边框在解说中也未指明出诸绿印。我曾请友人借观北图缩微胶卷，亦不见绿印痕迹。因此明代是否有铜活字套印本只好存疑。下面仅就清代活字套印本稍作胪列，以补各家在论述活字本、套印本时的缺漏。

《御制数理精蕴》五十三卷

全书分上下两编，并图表共五十三卷，五十三册。清允禄、允祉、梅瑴成等奉敕编纂，康熙末年铜活字套印本。板框高 21.6 厘米，宽 14.9 厘米，每半叶九行，行二十字，小字双行，行亦二十字。接脑内为图，下为解说，行十五字。四周双边，版心白口，单鱼尾，鱼尾上记书名，下标卷数、叶次和卷名。卷首无序跋，书中所收不仅有《周髀算经》，而且还有西方经典《几何原本》，是一部早期数学的百科全书。正文用墨印，圈点用朱印，可能是现存的唯一一部铜活字套印本。活字的大小、型式与《古今图书集成》相同，是在后者印刷之前用同一副活字所印的四种书之一(其他三种为《钦若历书》、《律吕正义》和《星历考原》)。此书用纸亦与《古今图书集成》相同，大概是同一批纸张，一为开化纸，一为黄纸。黄纸印本知有三部全书存世，开化纸未见全者，仅知有两部残帙[2]。

《硃批谕旨》三百六十卷

原书为内府刻朱墨套印本，此为木活字套印本，白纸，一百一十二册。无书名叶和刊书牌记，不知何处所印。《增订四库简明目录标注》、《郘亭知见传本书目》均著录有扬州摆字本、江西摆字本和金陵摆字本，可知此即其中之一。卷首为雍正十年上谕，朱印；次为硃批上谕目录，注明十八函名目：每函几册，每册何人奏折等等，墨印。正文每半叶十行，行二十一字，小字朱印，夹于行间，亦二十一字。四周双边，版心白口，单鱼尾，鱼尾上记书名，下标叶数并记大臣姓名。御批大、小字均朱印。张秀民先生在论及活字套印本时写道："真正的活字朱墨套印本，有《硃批谕旨》，正文为墨色外，凡批语及旁批均朱色，少数句旁有朱圈及朱直。全书三百六十卷，一百二十册，开化纸印。旧或以为乾隆内府刻本，又或作雍正十年（公元1732年）内府活字本。案书中记载至雍正十三年（公元1735年）五月而弘字又缺笔，自当为乾隆初印本。"[③]此说莫衷一是，对内府印本到底是刻本还是活字本，未作明确表态。实际上，所谓的开化纸印本即通称为雍正十年奉敕、乾隆三年的刊本，行格悉为上述的活字本所遵，楮墨极佳，刻印极精，亦一百一十二册。而使用活字的几种印本，皆为翻板。李致忠先生在《历代刻书考述》中称"雍正十年内府采用木活字朱墨套印谕旨"[④]，当误。

《钦定诗经乐谱全书》三十卷附《钦定乐律正俗》一卷

清永瑢等撰，武英殿聚珍版丛书本，朱墨套印，黄纸，二十册。板框高十九·六厘米，宽十三厘米。每半叶九行，行二十一字。四周双边，版心白口，单鱼尾，鱼尾上记书名，下标卷数、小题和叶次。书口处不署校者名。卷首上谕二叶、御制诗一叶、职名二叶，均为刻印。凡例六叶为活字。表七叶为套印，首行与表内宫商、工尺等大字似为刻印，小字为摆印，并用朱色，中缝上书名为活字，小题“表”字为刻印，边框为刻印、框内表格线为活字板排法；总之，此表刻印与摆印并施，朱色与墨色共用。表后正文大字墨印，小字朱墨兼用，均以活字排就。

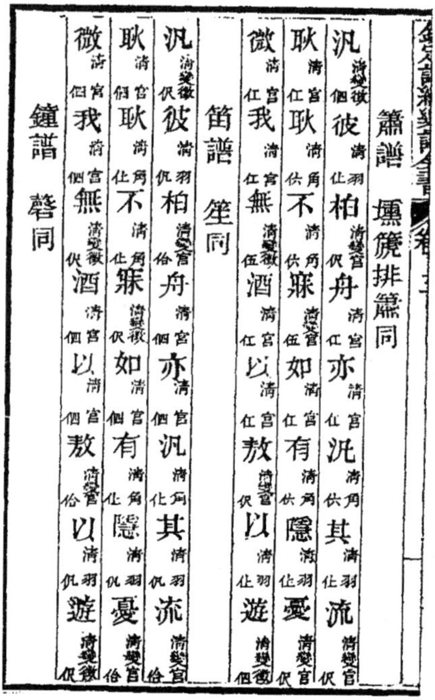
簫譜 塤篪排簫同
汎彼柏舟亦汎其流
耿耿不寐如有隱憂
微我無酒以敖以遊
笛譜 笙同
汎彼柏舟亦汎其流
耿耿不寐如有隱憂
微我無酒以敖以遊
鐘譜 磬同

武英殿聚珍版丛书本，朱墨套印，大字墨印，小字朱印

《万寿衢歌乐章》六卷

清彭元瑞编，武英殿聚珍版丛书本，朱墨套印，黄纸，二册。每半叶十一行，行二十五字。四周双边，版心白口，单鱼尾，鱼尾上记书名，下标卷数、“典礼”和叶次。卷首无序，首卷为“典礼七，

乐章一”，末卷为“典礼十二，乐章六。”前三卷卷末最后一行左下署“臣李简恭校”，后三卷署“臣胡长龄恭校”。套印从第六叶阴面开始，“宫、商、角、徵、羽”小字朱印。

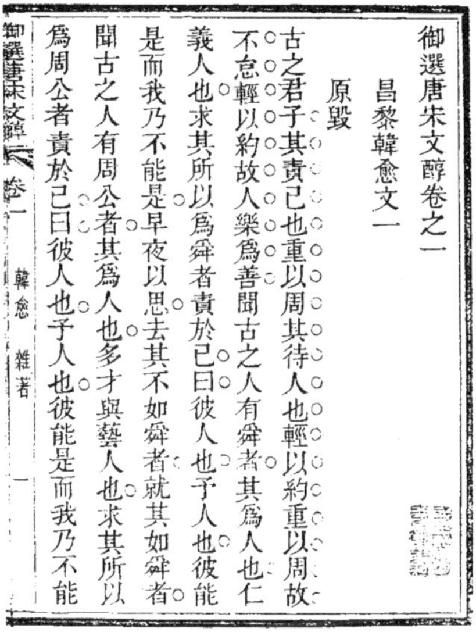
御選唐宋文醇卷之一
昌黎韓愈文一
原毀
古之君子其責己也重以周其待人也輕以約重以周故
不怠輕以約故人樂爲善聞古之人有舜者其爲人也仁
義人也求其所以爲舜者責於己曰彼人也予人也彼能
是而我乃不能是早夜以思去其不如舜者就其如舜者
聞古之人有周公者其爲人也多才與藝人也求其所以
爲周公者責於己曰彼人也予人也彼能是而我乃不能
御選唐宋文醇 卷一 韓愈 雜著 一

江西谢兰墀木活字套印本，圈点为朱印

《御选唐宋文醇》五十八卷

原书为乾隆三年御定内府刊套印本，此为翻板，木活字四色套印，白纸，二十册。书名叶有臣谢兰墀、谢兰馪谨藏字样，无刊印牌记，据《四库简明目录标注》“近年江西谢兰墀摆板，亦用五色套印”数字，知此为道光年间江西活字本。板框高 19.4 厘米，宽 15 厘米。每半叶九行，行二十二字，无格线。四周双边，版心白口，单鱼尾，鱼尾上记书名，下标卷数、作者、体裁和叶次。卷首为乾隆三年御笔，写刻朱印，次为凡例，注明各家评语所用颜色，再次为乾隆三年奉旨校刻诸臣职名及目录。正文用墨印，圈点用朱印，御评用黄印，朱子评用朱印，各家评用蓝印，实为四色套印。

《御选唐宋诗醇》四十七卷

原书为乾隆十五年御定内府刊套印本，此为翻板，木活字五色套印，白纸，二十四册。所见无封面，行格、字体、版式悉同《唐宋文醇》，显然亦为谢氏摆印。卷前依次为御序、乾隆二十五年江苏巡抚陈弘谋奏请重刊折、凡例、乾隆十六年奉旨校刻诸臣职名，以及目录。凡例谓："评语悉准《唐宋文醇》之例，色别书之，但其书有援据正史杂说用资考订疏解者，与古今人评诗之语义各有，在《文醇》未经区别，今于蓝笔之外，另作绿笔书，以便阅者灿若列眉。"此书与《文醇》摆印谨饬，字体精好，为活字本中佳品。

《御制律吕正义后编》八卷

清德保等撰，乾隆五十一年武英殿聚珍版套印本。卷数接乾隆十一年武英殿刻套印本《御制律吕正义后编》一百二十卷后计卷，为卷一百二十一至卷一百二十八，共八卷。半叶十行，行二十一字。四周双边，版心白口，单鱼尾。框高 20.9 厘米，宽 14.7 厘米。卷首有上谕、奏议等六篇。"宫商"和"工尺"用小红字套印。此本未见，以上据《清代内府刻书目录解题》摘录。陶湘《故宫殿本书库现存目》所记与此不同，陶氏在该目下小字注为："乾隆五十年敕纂，五十四年刊。"不知孰是。

《钦定文庙乐谱》一卷《飨饮酒礼御制补笙诗乐谱》二卷

清乐部撰，乾隆五十年以后武英殿聚珍版套印本。半叶九行，案语行二十一字，乐谱字不满行。四周双边，版心白口，单鱼尾。无序跋，二书前均有案语，前者为春秋两季祭孔的乐章、后者为正月、十月飨饮酒礼的乐章。案语和歌词为大字墨印。乐谱为小字朱印[5]。此本亦未见，所据同上。

《陶渊明集》八卷卷首一卷卷末一卷

晋陶潜撰，木活字四色套印本，白纸，二册。书名叶仅“陶渊明集”数字，无刊书牌记，从纸张判断当在道光之后。框高十八·二厘米，宽十四·六厘米。每半叶九行，行二十一字，无格线。四周双边，版心白口，单鱼尾，鱼尾上记书名，下标卷数、叶次。首冠陶渊明小像，其后依次为“钦定四库全书提要”、“昭明太子序”、“昭明太子传”、“总论”、“总目”，俱朱印；卷末“靖节徵士诔”、“序录”、“私记”、“书后二首”、“题序二首”，亦朱印。正文用墨印，边框、鱼尾蓝印，圈点朱印，双行校注、大字评点绿印，通称五色套印实为四色。套板刷印逊于《唐宋文醇》和《诗醇》，张秀民先生称此本为活字套印本之“白眉”，恐不确[6]。另见两种《陶渊明集》套印本，一为光绪五年粤中

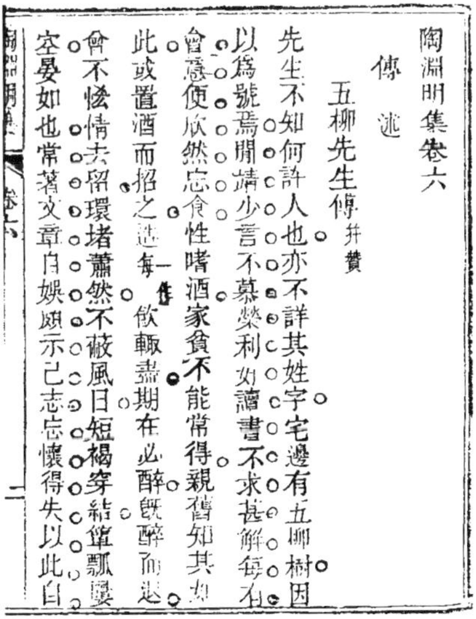
陶淵明集卷六
傳　述
五柳先生傳 并贊
先生不知何許人也亦不詳其姓字宅邊有五柳樹因
以爲號焉閑靖少言不慕榮利好讀書不求甚解每有
會意便欣然忘食性嗜酒家貧不能常得親舊知其如
此或置酒而招之造一作每飲輒盡期在必醉既醉而退
曾不悋情去留環堵蕭然不蔽風日短褐穿結簞瓢屢
空晏如也常著文章自娛頗示己志忘懷得失以此自

四色活字套印本，正文墨印，小字校注绿印，边框蓝印，圈点朱印

翰墨园硬体字刊本，二色套印[7]，一为光绪六年写刻本，三色套印(边框为墨印而非蓝印，故较活字本少一色)，两者在内容编排上与活字本同，似都仿自活字本。日人桥川时雄的《陶集版本源流考》对陶集版本所述甚详，但对这几种套印本不著一词，大概以其为俗本之故。

《开元天宝遗事》二卷

不著撰人，据士礼居藏本刊，西泠印社仿宋聚珍版套印本，连史纸，一册。每半叶十行，每行十八字。左右双边，版心白口，单鱼尾，鱼尾下记“遗事卷上”或“卷下”及叶数。正文用墨印，每段起首有两小方框用朱印，黄丕烈的校字（多为异体字）亦用朱色夹印于正文之旁。书后影印黄丕烈跋为朱墨二色印。上下两卷叶次连续计数，共三十三叶。整体版式与其他西泠印社吴氏聚珍版悉同。

《金粟影庵词初稿》

此本为黄裳先生《清代版刻一隅》著录，黄先生的说明如下：“乾隆刻本，前有乾隆五十年钱维乔序，末乾隆五十年范永祺跋，板框套朱，颇疑是活字排版。”[8]故附此存疑。

以上十一种，有三种未见。所见各书，除了《数理精蕴》为我首作此论外，其他均有著录，但大都记述简略，令人无从想见。限于见闻，活字套印本书所能述者仅此而已，然而，书海无底，人生有涯，谁知到底还有多少种仍在我们的视野之外落漠无闻呢？

注：

①王重民先生说："《楹书隅录》卷五有明铜活字本《栾城集》，绿格墨印。又《续编》卷三有明铜活字本《墨子》，绿格蓝印，是前后用两版，一版刷格，一版印字，亦可称双印。"此说未知何据。见王重民《冷庐文薮》上册，上海古籍出版社，1992 年，第 83 页。《明代铜活字本书目》见钱存训《论明代铜活字版问题》的附录，刊于《学术集林》卷七，上海远东出版社，1996 年，第 121—129 页。

②关于《数理精蕴》为铜活字套印本的鉴定问题，请见我将要发表的文章《铜活字套印本〈御制数理精蕴〉》。

③⑥张秀民《中国活字印刷简史》，收在《活字印刷源流》，中国印刷史料选辑之二，上海新四军历史研究会印刷印钞分会编，印刷工业出版社，北京，1990 年，第 49 页。

④李致忠《历代刻书考述》，巴蜀书社，成都，1989 年，第 383 页。

⑤关于《御制律吕正义后编》、《钦定文庙乐谱》、《飨饮酒礼御制补笙诗乐谱》的较详细记述，请见故宫博物院图书馆和辽宁省图书馆编著《清代内府刻书目录解题》，紫禁城出版社，北京，1995 年，第 59—61 页。

⑦《藏园订补郘亭知见传本书目》卷十二上录有傅增湘先生藏翰墨园刊五色套印本，疑即此朱墨二色套印本。

⑧黄裳《清代版刻一隅》，齐鲁书社，济南，1992 年，第 268—269 页。

《简报》与《官话日报》

——清末济南出版的两份报纸

周振鹤

藏书首先当然讲究版本，讲版本过去又当然指宋元名椠，直到解放初，明版本也还不是什么值钱的东西，现在不同，明版本已经身价千倍，清前期的写刻本也已名贵得很，所以如果藏有明版本或不少清代写刻本也是响当当的藏书家，但是我没有，或者说虽有数种，但并不是什么稀奇之物，不值一提。藏书其次还讲稀罕，虽然版本不是上好，但内容极好，图书馆未入藏，属于罕觏书；或虽为一般版本，但有名人批校，或者钤印，也是藏书家注意之物，但这一类我也几乎没有。我生得晚，等到要买书时，好版本、罕见书差不多都已退出流通领域，或者虽在流通领域而非我的财力所能胜任，因此眼光只能注目于一些所谓三不书，即藏书家不重，目录学不讲，图书馆不收的书,如晚清同光时代的一些西学、新学方面的刻本或石印本。黄永年先生曾开玩笑地说,那些书即使扔在地上,他也不拣。这是实话,不但是他,大多数藏书家都会如此。但我是学历史的,觉得晚清的东西注意的人少,因此这一时期的书也流失得多,再不收集,恐怕将来就要后悔了。譬如最近我买到一部不全的《变法乡墨一新》,这是光绪癸卯年(1903年)部分省的乡试第一名的考卷汇录,初看并没有什么稀奇,但翻阅之下,竟看到湖北部分的试题中有一题是问到政治地理的,这对我而言却是十分重要的信息。政治地理的概念不过是上一世纪九十年代的事,由西方传到中国竟然如此迅速,而且出现在考题之中,岂不是令人大出意料?我正在写《中国行政区划通史》的总论部分,这部残书不啻为我提供了一段重要的史料,可见三不书也有其用途。

除了不重要的书以外,藏书家可能还忽视了近代出版的一些报纸杂志。报刊虽不是书,但比起书来,其作用并不差。我在其他地方曾介绍过《圣教新报(上海口音)》,说该报是研究一百年前上海本地方言绝好的材料,而且该报从未见于任何目录,也不见有图书馆入藏,因此比起善本书来其实是毫不逊色的。由此我又想起,我还偶然藏有两种清末济南出版的报纸,虽然每种只有一张,但也是不多见之物,不妨就在济南出版的《藏书家》上作一介绍,也权充一回藏书家。

晚清以前,中国并不存在近代意义的新闻事业,鸦片战争前后,中国本土开始出现西方传教士创办的中文刊物,第一种要算是《东西洋考每月统记传》。随着香港的割让与沿海地区的开放,国人自己也创办起各种中文报刊来。不过直到甲午战争之前，每年新创报刊不过数种而已。戊戌维新前后办报热情空前高涨，每年竟至有数十种新报刊出现。当然有些报刊是旋出旋亡，但在开启风气或反映社会面貌方面都有其一定的作用。山东处于沿海地区,也属得风气之先,从戊戌维新前夕到辛亥革命发生,共创办了近三十种报刊,虽比不上京、沪、津、港、苏、浙、闽、粤、鄂、湘、川等省市,但明显在其他省份之上。山东报刊种数虽然不少，但能留存到今天的并不多。尤其是以单页形式出现的报纸,多半看过即弃,不易保存,更是弥足珍贵。上海图书馆是我国收藏报纸最多的公共图书馆，但查其目录，我所收藏的两种报纸，均未入藏。不知北京图书馆与山东图书馆是否有此藏品。

这两种报纸一是《简报》、一是《官话日报》。先说《简报》,该报报头有下列字样:“大清邮政局认为新闻纸类。第一千六百五十七号(因为是日报性质，故可推知此报出了四年半了)。山东省城后宰门大公石印馆代售。光绪三十四年六月廿一日。西历一千九百八年七月十八(按此字误，应为九)号(礼拜日)。本报每月收费当十铜元廿枚(与官话日报似同价,故应为日报),省外五日一寄，月加邮费铜元八枚。告白每字制钱五文，登十次八折、廿次七折、一月六折、常年五折。”这些是报纸的基本情况，包括报费、广告费,甚至外地邮寄费一应具全。

报的内容分为电谕、时事要闻、外省近事、本省近闻等类,此外还有辕门抄。报纸篇幅大致如今之四开,单面石印。但不是左右分两版，而是分上中下三栏，上中两栏为报纸本文，下面一栏为广告栏(时称告白栏)。当日的《时事要闻》有：达赖来京之关系、筹划八旗工厂经费、英邀求改订信浦路约等;《外省近事》有：

簡報
光緒三十四年六月廿一日
西曆一千九百八年七月十八號

天津议事会近事、南军秋操不注重马队等。以上消息其他各地大报都会刊登,故不必多说,反倒是《本省近闻》和其他内容值得一提。《本省近闻》只一条,且不重要到可笑的程度,题曰“捉获窃手”。然此窃手不过乘一十八岁童子在护城河洗衣时,窃其一条裤子而已。后由巡警兵“代为恫喝,遂供实,招一保人,取裤还偿云。”在当时这样的事竟也算一新闻。

本省近闻后有气象银价等消息,即《记寒暖》七十七度(自然是华氏),《记阴晴》晴;《记银价》三千六百三十文,《记银元》二千五百文;还有《时宪书》二十二日丙子执,宜沐浴剃头。《辕门抄》似乎也有意思,因为不长,照录如下:

“候补道朱钟琪奉到仍留山东补用行知,首府张、首县丁均(参考前一天之《官话日报》,知以下省去‘禀知’二字,大约当时人可看懂,而后世人却莫明其妙矣。又《官话日报》仅云首府首县,不载其姓张姓丁,可见辕门抄只抄大意,而非字字照抄)得雨五寸。知府张凤都、直隶州余际春均销假,同知籍忠宣请假感冒三天,陈朴请期服假二十一天,俱禀知。即用县郑永清禀到。劝业道委自益都等处查种树等差回,知县吴义培、杨承泽均续假二天,俱禀知;张一心(由《官话日报》知此人为知县)禀到。劝业道委自荣成等处查种树并筹款局委催福山等县欠款回。

“昨晚藩台朱、臬台胡俱禀见,劝业道萧传见,候补道吴煜禀见。徐世光禀知请感冒假二天。前候补县丰麟禀感冒假三天,增生陈宪禀知谢(知谢二字并排)销学务公所总务课课员差并奉到咨护赴东洋补习专门。”

《辕门抄》后面又有《牌示》:“即墨鳌山卫巡检员缺委分缺,

先补典史周世鉴署理；胶州直隶州吏目员缺委分缺，间补用典史殳椿寿署理。”由以上内容大略可知1908年7月18日前山东官场发生的要事。

至于济南市民的生活也可由告白栏略知一二。如其中有《茶园内唱戏》的广告。当时济南大约有两大茶园，一为闻善，一为咏仙，两者都有戏班子的演出，如前者有八岁红、小茶壶主演的《辕门斩子》。这种茶园大约就是戏园。另外，当时济南虽无专门的电影院，但已有天津来此的电影巡回放映。故电影广告云：“新到外国平安电影：本戏在鹊华居七点卖票，八点半开演，至十一点半止。每包箱价十千，十人为足，多者补票。池座每位足钱一千，随座足钱五百，女座一千，童子半票，准于每晚专备各样五彩新奇等片以供惠览，准二十七至初一更换新片，由初四复更新片，准每三天一换，如有愿赁堂会者，本主格外克己，望来敝园面议。本戏来此，不久返津，特此告白。本主鲍福启。”此段广告很有意思，说明当时济南的电影也像戏一样可以有堂会，租赁到私人家里去放映。

书籍广告也有：如“最要蒙学课本”有官话拼音、钢笔形学画帖(不知钢笔为何物，形学本是几何学，但此处又不像)、地理问答、地理白话等。代售处为山东日日报馆(可见其时济南还出版有山东日日报)。此外上海商务印书馆又有分设山东的广告。各种彩票广告更是热闹，有江南、湖北、安徽彩票，而且彩票还分正副。如安徽副票头彩一万元，六月廿一日开彩，可以函购，经办处为芙蓉街安记。另有“奏办安徽铁路副票头彩壹万元，七月二十日开彩，大得利行启”。不知是否由该行承包?

水果见于广告恐怕是罕见的,但《简报》竟有“新到荔枝”广告：广东运来真正地道新鲜黑叶荔枝，店名安记。大约因为荔枝对于山东而言是稀罕之物，价钱也许不菲，所以值得做广告。当时芙蓉街、芙蓉巷不知是否同一?有地点的广告仅八条，而该街该巷广告各有两条，不知该街道是否是济南重要商业区?

除了社会上的广告外,官方的广告也有一种,即“大清银行告白:本银行因改定名称,从前发给之股票息折应一律收回另换新式票折,前已登报声明兹特再为广告…”云云。

虽然比起大城市的重要报纸,如上海《申报》来,济南的《简报》是幼稚了点,但仍然有其史料价值,并且这也正体现出文化的地域差异来。

再说《官话日报》。该报的历史比《简报》短,其报头比《简报》要大,有如下内容:

大清邮政局挂号认为新闻纸类(《简报》无“挂号”二字)。光绪三十四年六月廿一日星期日，西历一千九百八年七月十九日(与上述《简报》同一天)，第七百五十八号（按此报出了两年多)。本馆附设在后宰门国文报馆内。

本报价目:本报每日一张,每月收报费铜元二十枚。省外阅者一日一寄,加邮费铜元四十枚(按寄费比报费本身贵一倍),两日一寄加邮费铜元二十枚,三日一寄加邮费铜元十二枚,五日一寄加邮费铜元八枚(同《简报》)。报资先惠。(按此报派头比《简报》大,故可一日一邮,简报只肯五日一邮。不过外省有谁肯花三倍价钱看一份当地只需三分之一价钱的报纸?)

告白价目:登一次者每字制钱四枚,十次八折、二十次七折、一月六折、一月以外五折，常年另议，价须先付。

省城行情：济银：每两制钱二千七百七十文，铜元三千六百三十文；银元：湖北二千五百文，英二千五百文，立人二千四百三十文，开元每角二百十八文；白面每百斤十八千二百文；大米每斗四千四百文、小米三千三百文、麦子三千七百文、黄豆三千六百文、绿豆三千六百文、高粱二千三百文。

青岛轮船开行日期（有两条）：廿三日提督（此二字并排，当是轮船名）开往烟台天津，济南连升栈启；廿三日提督开往烟台天津，分设五里沟、济南、东门外（此三地名并列），火车轮船照管行李，天成栈启。

《官话日报》的开张比《简报》大，相当于四开报再加上四开报的横半截。编排也与《简报》不同，虽分三横栏，但上两栏是左右两版，右面分一至四页（上一二，下三四），左面分五至八页。报头占第一页，而第八页已是广告。所谓页与今天意义不同，乃用线框起一小块，每小块称一页。下一栏不分页，除广告外还有一附印的《奏议汇存》，本日是第一百七十三则，为《度支部奏酌加盐价抵补药税折》。该奏于该年五月二十五日“奉旨依议”。

第二至第七页内容依次有：宫门抄、电谕、内政、外交、学务、实业、要闻、杂志、辕抄、告白等。

《宫门抄》很短：六月十三日　吏部　翰林院　厢黄旗　值日　简缺知府荣普谢　恩　曾侯（是否曾纪泽?）假满请　安　无封奏　召见军机（按空格原有）

《电谕》只一项，与《简报》同，是陈启泰奏粤汉铁路事。

《内政》有以下诸条：资政院拟订蒙王藏僧入议之草案；通饬

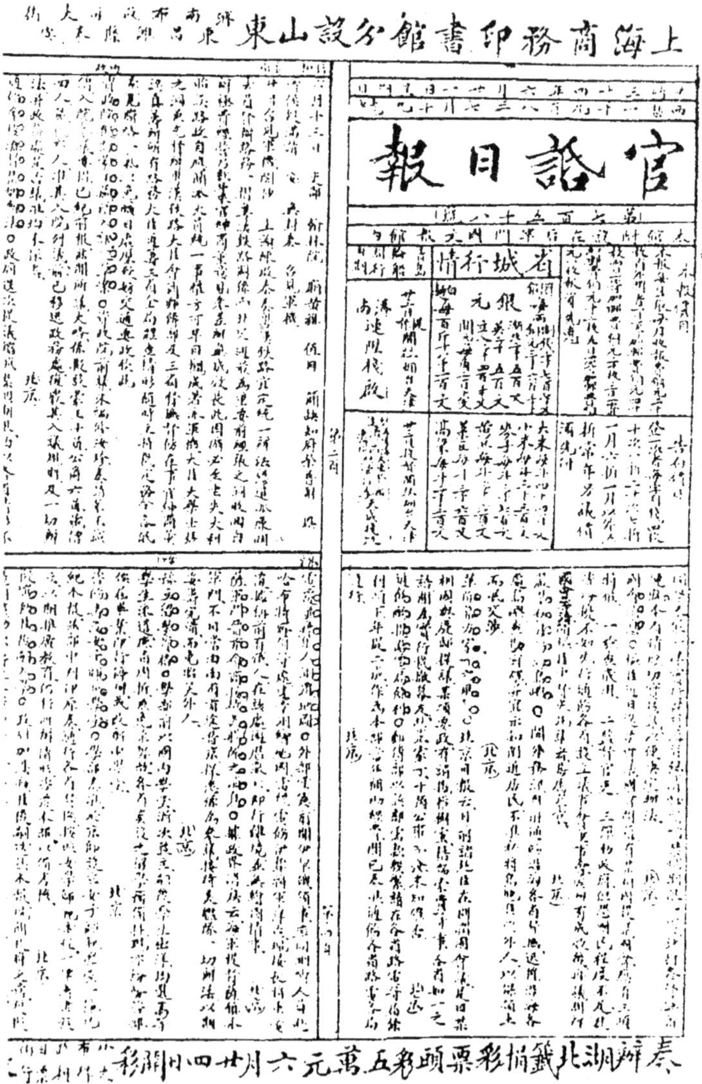
上海商務印書館分設山東

官話日報

第六百五十八號

奏辦湖北鐵捐彩票頭彩五萬元六月廿四日開彩

官话日报

参核滇督禁烟办法；国会消息；严禁私售沿海岛屿（按此条甚滑稽，岂有人私卖岛屿？可见其时国将不国矣。该条全文云：闻外务部日前通饬沿海各省督抚，迅将沿海各处岛屿查勘详确，并宜示知附近居民，不准私将岛地售与外人，以保领土而泯交涉）；革除幕友家丁之风声；通饬酌提路电局馀利。

《外交》有：电覆并无俄人测覆地图；萨军门晋京会商接待美舰队之消息。

《学务》有：豫立留学资格；咨饬筹设女子师范学堂；拟选勋臣后嗣入学；拟饬增设学务佐治员。

《实业》只一条：试办耕种水田○政府日前屡议北省试办水田，仿南省章程，耕辟以尽地利，现直督杨莲帅电商农工商部，拟请自直隶试办，以为各省之倡（直隶）。

《要闻》有：电催　御医李用宾晋京○皇上圣躬不豫，连日由御医陈莲舫请脉，每日脉案，由内务府咨送各衙门阅看，兹闻鄂督陈夔龙保荐李用宾湛深医学故昨特电催李用宾迅速来京云。兹并将初十日陈莲舫请脉所拟药方照录于下：六月初十日，陈秉钧请得　皇上脉息细软，身体本合，惟数象时平时起，所以关元不固，更衣频仍（按此为遗溲遗矢之隐语？），显属少火不藏，而壮火转炽之证，见于脾肾者，纷叠不一，耳窍堵响，起于眩晕，腰跨掣痛，艰于步履，遂至精神疲倦，每为嗜卧诸病未见减轻，元气更为亏乏，脉证同参，似宜滋火益火，峻剂调理，而再三审度，又多有不合之处，谨拟养心以济肾，柔肝以和脾。潞党参二钱　抱茯神三钱、辰砂拌　大生地三钱、砂仁末炒　煅龙齿一钱五分　制萸肉一钱五分　淮山药三钱、炒勿焦　煨天麻七分　广陈皮一钱　生白芍一钱五分　引用莲肉七粒去心　桑梗四钱、酒炒（北京)。(按文中空格原有,特录此条全文是籍以保留一段史料)还有一条为:调查各省前订条约。

《杂志》有: 拟编万国掌故全书; 粤省请开国会代表员将到(按此时代表一词似尚未定型, 故有代表员的说法, 即代表是动词,并不是人,代表人或代表者才是人,所以要在代表后面加上员字)。

《辕抄》即辕门抄(按辕门当指是抚台衙门)之简,内容几与《简报》全同,只次序略有不同,如得雨条此报摆在陈朴请期服假之后。

《告白》栏中最气粗者为仁丹广告, 除文字外还有商标图。与《简报》告白相同者, 有新到荔枝与新到外国平安电影及两茶园演戏(看来当时济南只有一流动电影与二茶园演戏)与商务印书馆分设山东, 彩票等, 其馀不同。又电影广告语虽同, 但钱的单位不同, 不说十千, 而说十吊, 可见当时济南千与吊的用法同时存在。

除《电谕》与《辕门抄》两栏和《简报》基本相同外,其他各栏内容两报皆不相同。但显见《官话日报》的内容远比《简报》丰富,其中反映的国家形势、社会现象甚至于语言特点都已在按语中说明,此处不赘。

这两份报纸去今正好整整九十年, 能保存下来实在不容易。近代出版物并非都不值一提,尤其是对于治史者,什么资料都是有用的,希望有心人能注意及此,尽量保存一些表面看起来似乎不太珍贵的文献。

中国最早的科技杂志

——从“中西闻见录”到“格致汇编”

田 涛

期刊我国久已有之，明清两朝著名的《缙绅》，就是每年四期，按春、夏、秋、冬分四季刊出，其中主要内容为记录当时封建官场的设置与变化，如某年某季某人现任某官，或某地有缺官待补，某官某吏升迁贬斥的变化等等，是专门提供仕途官场人士的参考书，有很强烈的时间局限性，即所谓“过期作废”。由于是属于官场读物，封面很隆重地一律采用红色，很是引人注目，俗称“红皮书”，过去并不为藏书家所重视，不过眼下也已十分难得一见了。

近代意义上的期刊杂志，是鸦片战争以后产生的，其中《中西闻见录》与《格致汇编》是最有影响的两部科技杂志。前者于同治十一年（1872）七月在北京创刊，至光绪元年（1875）七月停刊，每月用木版刷印线装一期（当时称“每月一号”），共出刊36期（其中1874年8月号脱刊未出版）。《格致汇编》于光绪元年（1875）于上海创刊，先后断续出刊七年，中间曾有两次停顿，其中前四年为月刊，后又改季刊，共计发行60期。两种期刊从形式到内容均存在连续性，故在《格致汇编》创刊之初，曾提出自己即是《中西闻见录》的“续编”，以提请读者注意。两刊的内容均以介绍西方文化、自然科学，并以报导当时国内外时事新闻为主，主要宗旨为介绍与引进当时西方的先进科学技术。稿源以翻译西方人的文章为主，

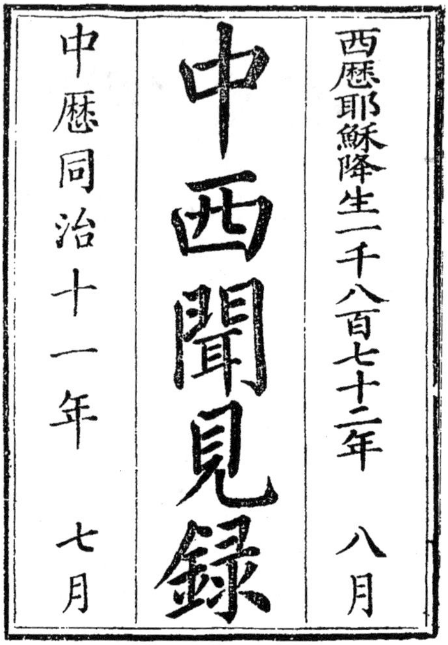
西歷耶穌降生一千八百七十二年 八月
中西聞見録
中歷同治十一年 七月

少量采用当时官方政要人物的见解与评论，同时也有一些是从当时西方报纸上摘译的时事新闻。这两部杂志出刊之时，即在全国引起轰动，并且成为当时发行量最大的刊物之一，成为我国近代科技期刊的开山之作，对我国近现代的科技发展起到了极大的推动作用，同时也是当前藏书界受到青睐颇富价值的重要藏品。

中国封建社会的科学技术，经历了漫长的两千馀年的发展，逐渐形成了一套封闭的，适合于中国农业经济的传统的科技文化，并且以其“四大发明”强烈地震撼过世界，在世界文明史上，产生过深远的影响。明清之际，西方科学技术开始输入中国，使

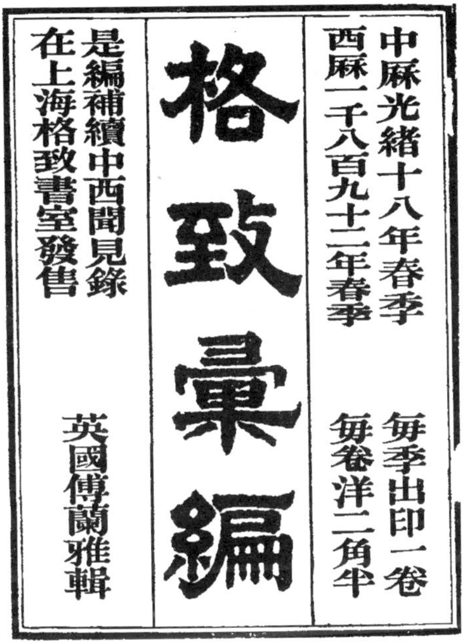
中厤光緒十八年春季
西厤一千八百九十二年春季
每季出印一卷
每卷洋二角半
格致彙編
是編補續中西聞見錄
在上海格致書室發售
英國傅蘭雅輯

中国传统的文化和科学都受到过冲击。当时的输入，一方面由于海洋贸易的发展，一方面则以宗教的传播为媒介，其中以利玛窦、湯若望、艾儒略、南怀仁等为代表，将西方的文化及文艺复兴运动以后新兴的科学技术介绍到中国来。但是这种引进是较为零散的，除西方宗教外，局限于天文、历史、地学、语言文字等少数领域。鸦片战争以后，外国资本主义的入侵，国内资本主义经济的产生，改变了中国社会的经济结构，传统的中国文化与其相应的科学技术，难以适应新的社会形势，西方先进科学技术的引进，成为当时的必然趋势。各种各样的新的思想与理论的输入，促进了中国传统的科学技术与外界的交流与发展，其结果不但形成了中国近代科技的新开端，而且最终也加速了中国封建社会的解体。

一

十九世纪中期，“一批先进的中国人，睁开眼睛看世界”时，才真正接触到西方科技文化。林则徐、郑观应等对于“泰西新法”的介绍，开创了先河。鸦片战争以后，科技水平在军事力量对比中的反映首先刺激了清朝政府，即所谓“欧洲各国，动以智勇相倾，富强相尚，我中国并立，不得不亟思控制，固变达权”。（郑观应《易言》卷上《论公法》）并且认识到“今语言不通，文字难辨。一切隔膜，安望其能妥协”。因此官方得以提倡延请“认识外国文字，通解外国语言之人……携带各国书籍来京”。（《筹办夷务始末》卷十七）咸丰十年，（1860）奕䜣等奏《酌拟章程六条》中主张设立同文馆，翻译并且研究各类“西学”。外国传教士的涌入和洋务运动的兴起，为当时大量翻译“西学”书籍作了组织上的准备。《中西闻见录》与《格致汇编》正是在这种环境下得以产生，而且这两部杂志的主持者及主要撰稿人，正是当时先后被延聘到同文馆的“洋教习”。

同治元年（1862）七月，总理各国事务的奕䜣在北京开设同文馆，从事“西学”引进，尔后各地纷纷效仿。上海设广方言馆、江南制造局，广东设同文馆、实学馆，福州设船政学堂等。其中以北京同文馆与上海江南制造局为代表，作出的贡献最为显著，而其中的主要作品先后集中于《中西闻见录》与《格致汇编》中，这两部杂志不仅代表了当时南北两大城市“西学”引进的成果，并且因其联袂成书而成为姊妹篇，这一现象，也是中国近代书刊史上的首创，因而倍受后人推崇。值得一提的还包括当时的翻译方法，往往先由洋教习口述，再由国内人士笔录，最后再经加工润色而成。这种翻译方法造成的语言上的差错是十分显见的，因此我们今天读到当时的译作时，往往会碰到音译过多且语义不准确的困难，但作为最初的创举，却又不失为唯一可行的方法。

《中西闻见录》一书的主编为当时著名的美国传教士丁韪良(Martin, Willian Alexander Parsons 1827—1916)，丁氏原为美国北长老会教士，1850年来华，先在宁波传教。1858年担任美国首任驻清公使列卫廉的翻译，参加了《天津条约》的起草。同治二年(1863)由浙江调北京进行传教活动。同年进同文馆教授英语，兼在北京崇文门内京都施医院(今北京同仁医院的前身)供职。同治七年(1868)于同文馆讲授《万国公法》，并将此书翻译出版。同治八年(1869)经当时海关总税务司赫德推荐，于是年11月出任相当于校长职务的总教习。丁氏将同文馆的教学与翻译工作，进行了重新调整，使同文馆的译著能力在原来的基础上有了不少提高。丁氏还给自己起了个很具中国味道的字号，曰“冠西”，至1894年止，丁氏任同文馆总教习共二十五年。1898年，京师大学堂成立，丁氏又被聘为洋人总教习。1900年夏天，义和团运动暴发。丁氏避居东交民巷美国使馆，此后曾返回美国一段时间。后张之洞拟于武昌设立大学，曾聘丁氏，但不久张之洞调离武汉，故丁氏来曾就职。1908年，丁氏回到北京，主要从事教会活动并完成他的回忆录，1916年12月客死于北京，终年89岁。

丁氏在华期间，曾经主持翻译了《万国公法》四卷、《西学考略》三卷、《格物入门》七卷等大量作品。《中西闻见录》是他在同文馆任总教习期间，与其他传教士及国内人士一起编辑出版的，于同治十一年(1872)由京都施医院出版。这是我国较早的一种专门以介绍西方科学技术、文化动态、新闻时事为内容的一种期刊。每月刊出一期，并以木版雕版刷印，手工线装，选用纸墨均为上乘，刻工大部分利用北京当地的工匠，版式风格仍具有传统的中国线装古籍的特色。前后共计出刊36期(号)，每期一册，内容繁杂，书刊前有目录，并附征集文稿的广告。除“西学”科技外，间或也有些寓言故事以曾加其可读性，并配有一些木版插图。在“西学”输入的书刊中，是第一部最为系统地较全面地反映当时西方科学技术与政治、法律、社会文化等综合性的刊物，在中国近代科技史、法律发展史及新闻学史上，有着显著的地位。此书刊出版，即在全国产生了较大影响，各地纷纷效仿，类似的刊物开始大量出现。而原版的《中西闻见录》在出齐三年之后，即已十分难得搜齐。为此，丁韪良又于光绪三年(1877)将原书删繁就简，撮其要旨，缩编成《中西闻见录选编》四卷，分四册出版，成为我国近代第一部正式出版的报刊文选。其中主要保留了天文学、地理学、物理学、化学等内容。目前，这一部《中西闻见录选编》也已难得一见。原版的《中西闻见录》唯国内北京图书馆、南京图书馆收藏较为齐全，少量零本，偶然可于冷摊出现，也久为藏界留心搜求。

二

十八世纪英国的以机械化生产为特征的工业化运动，到十九世纪中期，已经在全世界范围形成了工业革命的浪潮。清朝政府此时也掀起了“洋务运动”的高潮。李鸿章曾指出“洋机器于耕、织、刷印、陶埴诸器，皆能制造，有裨民生日用，原不专为军火而设。妙在借水火之力，以省人物之劳费。仍不外乎机括之牵引，轮齿之相推压，一动而全体动。其形象固显然可见，其理发亦确然可解”(李鸿章《李文忠公奏稿》卷九《置办外国铁厂机器折》，同治四年八月初一日)。于是在他的倡导下，于同治四年(1865)在上海设立了江南制造局，主要从事生产船舶、枪弹及其他机械。同治六年(1867)，江南制造局开始下设“翻译馆”，引进与翻译西方新兴科学技术，并奏请从北京同文馆调员参理其事。于是傅兰雅调至上海，并且于上海主编了《格致汇编》。

傅兰雅(John · Fryer, 1839—1928)原为英国教士，1861年到香港任圣保罗书院院长，不久即受聘于北京同文馆任英文教习。1865年江南制造局设立之初，即应李鸿章之请，转任上海江南制造局翻译馆翻译。这期间他先后主持了《法律医学》十卷、《开煤要法》十二卷、《宝藏兴焉》(冶金学)三十二卷、《化学鉴原》六卷、《化学鉴原补编》六卷、《化学分原》八卷、《化学考质》八卷、《西国名菜嘉花论》二卷、《工程致富论》十三卷、《国政贸易相关书》二卷、《佐治刍言》三卷、《保富述要》一卷、《海防新论》十八卷及《各国交涉公法论》、《各国交涉便法论》等大量译作，是清末西学翻译与引进数量最大、涉及学科最多的一人。在此基础上，傅兰雅于1875年主编发刊《格致汇编》。由于傅兰雅曾在北京同文馆工作，因此他所主编的《格致汇编》是《中西闻见录》的延续。其宗旨相同，体裁相近，但内容则有所更新，除继续保留了原有的政论文章、海内外见闻外，加强了对于物理学、化学、数学、天文、地理、机械制造等专门学科的介绍。后曾有人认为《格致汇编》是《中西闻见录》的更名，其实这种看法是不正确的。这两部刊物是前后连接，甚至于有延续性的，这只是当时引进与翻译“西学”的中心从北京转移到上海的客观表现。实际上，这是两种不同的刊物，其刊期、印刷、装订的区别也是十分明显的。《格致汇编》最初也是月刊，每月一期一册，后改为季刊，按春、夏、秋、冬每三个月出刊一期一册。其印刷采用了在上海刚刚兴起不久的铅字排印技术,使用西方造纸技术生产的有光纸印刷,并配有大量的欧洲金属版插图。虽仍然使用线装折页装订，但已显然具有了近代期刊的色彩。《格致汇编》在编辑人员的组织上，由于吸收了更多的中国人士的参加，使译文更加准确流畅，翻译质量也在《中西闻见录》之上。当时国内人士参与其事的主要有徐寿、华蘅芳、李凤苞、王德均、赵元益等多人。据《清史稿・畴人传》载,“华蘅芳,字若汀,金匮人,能文善算……于同治十三年(1874)与英人傅兰雅共译《代数术》二十五卷、《微积(分)溯源》八卷、《三角数理代数难题解法》十五卷”。华氏实为中国近代数学的奠基者,此外,他还与傅兰雅共同翻译了前面我们提到了《海防新论》。又据《清史稿・艺术传》称“徐寿,字雪村,江苏无锡人,道咸间东南兵事起,遂弃举业,专研博物格致之学……寿所译述者《西艺知新》及续编、《化学鉴原》及续编补编、《化学考质》、《化学术蒰》、《汽机发轫》等,刊行者十三种”。可知徐氏亦当被推为我国近代化学的开山者。学有专长的中国人士参加，使江南制造局所翻译与引进的作品，无论在质量或数量上,都代表了这一时期引进“西学”的最高水平。因此,傅兰雅编辑出版的《格致汇编》也自然成为清末“西学”刊物中的佼佼者。《格致汇编》前后陆续出刊 60 期,1885 年,傅兰雅创办格致书屋,又再次将其中二十八册分七年重新再版，目前市场上偶或一见的,大多是此次再版的本子。1896 年,傅兰雅赴美国任加利福尼亚大学东方语言文学教授,离开了中国。

三

清代末期对于“西学”书籍的引进,伴随着国内政局动荡而不断发展变化，按傅兰雅在1878年《翻译西学事略》中称，江南制造局共译各类“西学”图书143部，但据《上海制造局图书总目》所载，实际收录163部。此后到傅兰雅离开中国的1896年时，据《西学书目表》所作的不完全统计，这一时期共译著“西学”图书354部。至1899年《东西学书录》的统计，此时翻译引进的外国著作已达568部，可见仅二十年时间，译著“西学”图书成倍增长，从中我们不难发现《中西闻见录》与《格致汇编》所起到的带头和推动作用。清末“西学”的引进是在“中学为体，西学为用”的指导方针下进行的，因此当时所引进的“西学”带有明显的实用倾向。同文馆设立之初，在《奏请京师同文馆添设天文算学馆疏》中曾提到“若夫以师法西人为耻，此其说尤谬。夫天下之耻，莫耻于不若人……独中国狃于因循积习，不思振作，耻尤甚焉。今不以不如人为耻，而独以学其人为耻，将安于不如而终不学，遂可雪其耻乎！”这样的疾呼，虽云痛心至极，在“夜郎自大”的中央大国，是首发其难的，只是过了很久很久，尚未被后人所真心地乐于接受。

从《中西闻见录》到《格致汇编》，将最初的对“泰西”的认识与交涉的需要，发展到对西方先进科学技术有系统的引进，是一个飞跃的过程，而且这种引进又发展到在江南制造局将刚刚学来的技术与工艺付诸生产实施，正是这一飞跃的结果。在《中西闻见录》产生之前，曾有少量的西方科学被零星地介绍到中国，道光十三年至十七年（1833—1837）广州曾出版过《东西洋考每月统纪传》共四卷；咸丰七年（1857）在上海曾出版由伟烈亚力（A·Wglie）主持编辑的月刊《六合丛谈》，但均以宣传宗教为主要内容，并且提出了“宗教为主，格致为辅”的办刊宗旨。又因出版时期较短,流传不广而影响不大。其所提出的“格致”,在当时泛指科学,按《续修四库全书提要》的说法“格致广义指科学,特言之指物理学。前者(科学)曰格致总学,后者(物理学)曰格致质学”(《续修四库全书提要》子部·西学格致类),这些词汇今天已经不再继续使用,同文馆也已成为历史,江南制造局的成败也尽可交付后人研究讨论。但是《中西闻见录》与《格致汇编》却为我们开创了近代中国科技文化的先河,使我们可以从中找到近代数学、化学、物理学、天文学、地理学等各种学科的引进脉络,也可以从中寻求出近代动物学、植物学、印刷机械、摄影技术、造纸工艺、军事理论、环境保护与卫生管理等很多新兴科技领域在中国的缘起。作为期刊本身,这两种刊物横跨于传统的雕版印刷与铅字排版印刷的变革时期,表现出了全然不同的印制工艺的变化过程。特别是这两部刊物,都在文章的结尾刊登了各种广告,也成为我们今天研究期刊史时的重要资料。因此,从收藏意义上讲,这两部书刊受到藏书界的重视,是顺理成章的。

近一百年以来,我国的科学技术水平不断发展,很多领域在世界上居于领先地位,但是我们不能不承认,中国的近代科技最初是从西方引进的,而当初积极从事翻译与引进的中外人士所作出的努力和贡献,也应该为我们所称扬与纪念。学习他人的长处,是我们中华民族的优良传统,“不以不如人为耻,而独以学其人为耻”也早被前人摒弃。因此,在深入改革开放的今天,重新认识这两部重要的书刊,更显得很有意义。

漫谈古书的刻工

李国庆

在中国古代,一部书稿杀青付梓而成雕版印本,需要经过多道工序:书工依设计好的版式将文字缮写于纸而成版样;刻工将版样扣于木板,持刀刻字而成印版(阳文反字);印工将纸覆于印版刷印而成印页;装订工将印页合而订之是为雕版印本。这个雕版印书工艺就是雕版印刷术,世人把这门技术的发明权归属我国古代劳动人民,这是公道合理的。

雕版印刷术因简便易于掌握,自隋唐发明以降,绵亘千载,久盛不衰,为世人留下了浩若烟海的图籍。历代刊印的古籍在公库及私家藏书楼中得以保存、流传和利用。然而这些曾经为雕版印刷业的发展,为传播祖国传统文化作出了重要贡献的工匠们却名不见典册,其踪迹也就难觅了。幸好一些雕版刻工在镌版时随手把自己的姓名也刻在了书中,这就成为我们现在赖以掌握的有关刻工情况的第一手资料。

刻工在印本书中有意或无意留下的姓名我们称之为刻工题名资料。匠户出身的刻工社会地位低下，时人未予注意，其事迹不见载籍，偶有记述，大都是只言片语，未道其详。历代文人墨客对印本中的刻工题名资料更是不屑一顾，视而不见，结果在古书版本鉴别上出了问题。这里列举一个实例。厉鹗这位康乾时期著名文人，家富藏书。曾收得一部《史记》残本，存卷九十二至一百一十六，凡 25 卷。甚是喜爱，赏鉴玩味，于得书之日，在是书《西南夷列传》五十八末信笔写下题识二行，文曰：“南宋罗纹纸《史记》残本，得于扬州故家中，可宝也。乾隆二年四月望后一日，樊榭山民厉鹗识。”下钤“厉鹗私印”白文方印。这部残帙无序跋，更无刊刻牌记，可供鉴别的依据是下书口所载的刻工题名。细检下书口，见题李潮、陆先、六（陆）宗华、张敖和周永日等刻工姓名。经过查检，发现这几位刻工并见明嘉靖六年震泽王

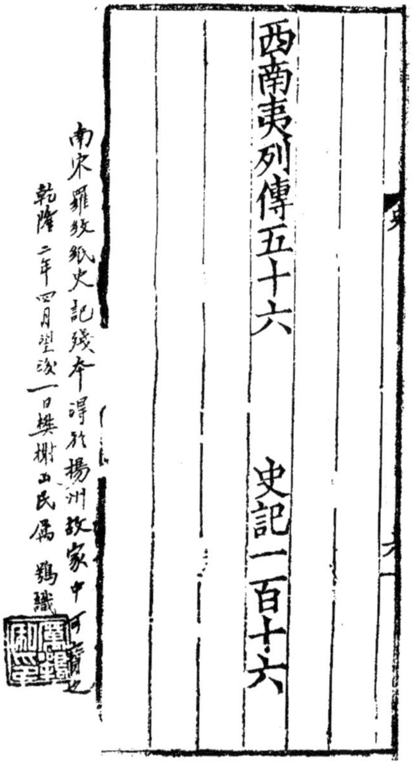

厉鹗藏宋残本《史记》卷末书影，有厉鹗墨笔题识。

延喆恩褒四世之堂翻刻宋本《史记》。王刻《史记》"工始嘉靖乙酉(四年)腊月,迄工于丁亥(六年)之三月。"经比较,这两个本子的行款、字体、版框高广俱合无异。为了进一步确定这几位刻工的活动年代,经查检得知,刻工李潮和张敖在明嘉靖三年时曾为徐氏刊刻《唐文粹》(此书今北京图书馆藏),李潮、陆宗华和周永日在明嘉靖九年时曾为南京国子监刊刻《史记》(此书今藏天津图书馆)。由此可见,这几位刻工生活在明嘉靖年间。厉鹗收藏的这个《史记》残本与明嘉靖六年王氏翻刻宋本《史记》是同版印本。明版书在清初时犹如今天见到清版书一样,举手可得,无足轻重。倘若厉鹗作为一名文人和藏书家有一点点古籍刻工方面的知识,也不至于搞成这个样子。然而,厉鹗视书中所载刻工而无睹,将普通一部明版残本定为南宋本而宝之,注成大误,可谓智者一失是也。

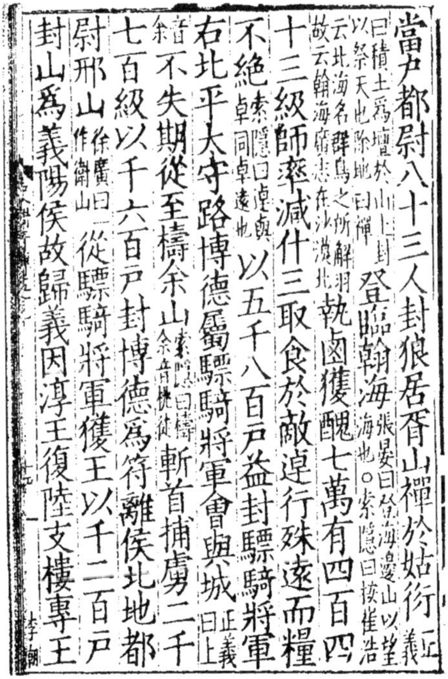
當戶都尉八十三人封狼居胥山禪於姑衍正義曰積土爲壇於山上封以祭天也除地曰禪登臨翰海張晏曰登海邊山以望海也。索隱曰按崔浩云北海名群鳥之所解羽故云翰海廣志在沙漠北執鹵獲醜七萬有四百四十三級師率減什三取食於敵逴行殊遠而糧不絕索隱曰逴與卓同卓遠也以五千八百戶益封驃騎將軍右北平太守路博德屬驃騎將軍會與城正義曰上音余不失期從至檮余山索隱曰檮余音桃徐斬首捕虜二千七百級以千六百戶封博德爲符離侯北地都尉邢山徐廣曰一作衛山從驃騎將軍獲王以千二百戶封山爲義陽侯故歸義因淳王復陸支樓專王

李潮

明嘉靖六年震泽王延喆恩褒四世之堂翻刻宋本《史记》书影之一,下口题刻工"李潮",与厉鹗藏所谓宋残本同为一书。

有鉴于此,民国

以来学人开始认识到刻工题名资料的实用价值，并利用刻工对古书版本进行鉴定，纠正了前人在古书版本鉴定方面存在的错误，取得了不小成绩。实践证明，利用刻工题名资料鉴别古书版本是一种行之有效且比较科学的方法，这个观点逐渐被同仁接受，并形成了一股风气。利用刻工鉴别版本，主要采取甲本与乙本互证之法，即把有版刻年代的甲本所载刻工作为依据，取与无版刻年代的乙本所载刻工比较，如果甲乙两本有几位刻工题名相同，那么一般便可判定乙本的版刻年代略等同于甲本的版刻年代。同时对甲乙两本的其他方面，诸如行款、字体、讳字、印纸及所载内容等进行比较。利用刻工鉴别版本时还应当注意刻工同姓同名、流动外迁、印版补修及影刻印本等问题。经过综合考察，搞清一部古书的版本是可以的。这类例子，藏书家大都能列出一二，此不叨述。

利用刻工题名来鉴别版本，最重要的是选择一个能够充当甲本的版本。甲本的版本应当具备两个条件：一是与待定版本的乙本有相同的刻工，二是有明确的版刻年代。如果刻工题名前冠加籍贯，那么还可以作为判定一书版刻地点的参考依据。从现在所知宋元刻工题名资料来看，最有充当甲本价值的是宋元雕造的《大藏经》。一部《大藏经》的雕印，往往集一个地区雕版良工于一帙，人数一般在五、六百位，题名时多冠籍贯，而且单经之后附载刊版年代。笔者曾将宋元刊《碛砂藏经》(影印本)所载刻工及书工逐一摘录下来，共得刻工及书工660馀位，经稍加排比后，利用起来甚感方便。现存原版宋刊《大藏经》借阅不便，倘若典守者有志于此，分别将所藏《大藏经》(或零本)所载刻工摘录下来，通力合作，编成一个单经刊载刻工，刻工刊刻单经的

《刻工表》，无疑将具有极高的实用价值和史料价值。

刻工乃一介匠氏，以雕版刻书业谋生，从业时间一般在二三十年。个别长寿刻工在耄耋之年仍在执刀刻字，清代雕版良工穆大展是一位代表人物。他73岁时刊刻成《两汉策要》一书，题署“玩松山人穆大展时年七十有三刻”及“玩松子穆大展时年七十有三钩刻”，此书刊于清乾隆六十年。在此以前，曾于乾隆四十一年刊刻《金刚经》，三十二年刻《昭代词选》，又于嘉庆七年刻《关圣帝君圣迹图》，笔者见到的这几种刻本俱刊印精工，书中题名“金陵穆大展刻字”、“玩松子穆大展刻”及“玩松穆氏局刻”等。近因编写现代著名藏书家周叔弢先生藏书年谱，从原天津古籍书店经理张振铎先生那里得到弢翁早年抄示张先生的一则穆大展传略资料，未见时人提及，今

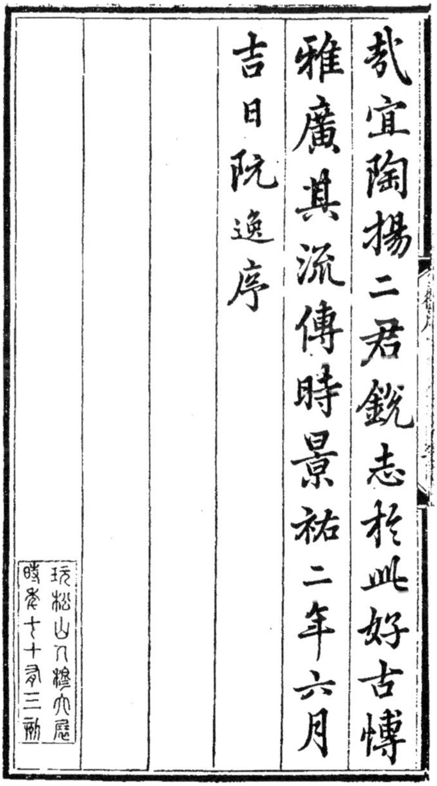
哉宜陶揚二君銳志於此好古博
雅廣其流傳時景祐二年六月
吉日阮逸序
玩松山人穆大展
時年七十有三刻

清乾隆六十年刻本《两汉策要》刻工穆大展题名

录下:"穆近文字大展,一字孔成,金陵人,元和籍,诸生。少游沈德潜归愚之门,工诗古文,精鉴别,多蓄三代秦汉钟鼎彝器,擅篆刻,而碑版尤精。尝获晋右军将军王夫人墓志于吴门,影刊行世,几于乱真。设肆自给,躬任剞劂,所刻书校写精审,名与汲古阁埒。穆氏生于康熙六十年,卒于嘉庆十七年,享年九十一岁。子廷梅,字君度,能世其业。吾友黄公渚藏《摄山玩松图》,是穆大展五十六岁时娄东星山灿为穆氏所绘,题咏者八十一人。"毛氏汲古阁雇刻工刊书,自己并不执刀刻字,而穆氏躬自剞劂,设肆经营,这是两者不同之处。在清代嘉庆以后的刻本中,刻工题名出现了某某"局"刻款式,上举穆氏题名外,诸如刻工汤晋苑于咸丰二年刻《仪礼正义》时署"苏州汤晋苑局刻",刻工毛上珍在光绪间刻《风世韵语》时题"吴郡毛上珍局刻印"等。盖"局"与"肆"相类,设肆刻书,自任刊工,此又一类刻工是也。

刻工从事雕版业的组织形式是多样的。宋元时期,书版文字崇尚颜欧柳,精雕细镂,费时费工,需众工合作为之,反映在宋元传本中,在下书口处可见一书多载数位刻工。到了明清时,社会对图书的需求量增大,为了适应这个形势,刻刀得以改进,技艺更加纯熟,并出现了一种横轻直重易于刊刻的仿宋体字,这样往往一人就能承担一部书版的刊刻工作。反映在明清印本中,有时在卷一首页下口处,在卷首目录之后,在卷尾跋文之后可以检到一位刻工题名。刻工刻书除异姓合作外,同姓同族合作也是较为常见的一种组织形式。其中尤以徽州歙邑仇村黄姓刻工名气最大,成就最高。黄姓刻工与其他刻工不同之处还在于他们的生卒名号、长辈子嗣及事迹等资料被完整地保存在一部《虬川黄氏重修宗谱》中,这是目前所知记载雕版刻工情况的最为翔实的史籍。笔者于1996年冬在北京图书馆分馆借阅是谱，得睹真容，倍感亲切。此谱共四册，大开本。首载朱文翰序，称"今黄子开簇复承祖父(康熙己卯师浩公又为重编)遗志，增修复梓"云云，得知是谱由黄氏三十三世开簇刊印，时间是清道光十年。书中钤"仕珦公（二十四世，生正德四年，卒万历十五年，享年78岁）支下领谱，地字号"。书品34×22.4厘米，版框25.8×18厘米。谱中所载黄氏男丁始二十一世积善，终三十五世立功，共计1087人。其中二十一至二十七世历明洪武至明末年间，二十八至三十五世历明末清初以至道光八年止。其中参加刻书者，以今见有传本为限，共计212人，占已知黄姓男丁总人数的五分之一。这部《宗谱》传本甚稀，见者不多。有的学者曾据此编写有关论著，但讹误甚夥，不便引用。为了深入研究黄姓刻工，有必要将是谱影印出版，供大家利用。

黄姓刻工从业时活动范围较小，一般不出周围地区。与黄姓刻工相反，一些散户刻工身怀技艺，受雇于人，远走他乡，到外地刻书，甚至更有到国外刻书者。据日人义堂《空华日工集》"应安三年九月二十三日条"记载："唐人刮字工陈孟千、陈伯寿二人来，福州南台桥人也。丁未年(日本贞治六年，1367年，元代至正二十七年)七月到岸。大元失国，今皇帝改国为大明。"文中所称"唐人刮字工"，即指中国雕版刻工。这是最早记载中国刻工赴日本从事刻书工作的史料。据传本考知，当时在陈孟千、陈伯寿来日本之前后，有相当数量的刻工也来到日本刻书，如陈孟荣、陈尧及长有等。其中刻书传本最多、影响最大、成就最著者，当首推俞良甫。这位俞姓刻工家住福建莆田县仁德里，身怀雕版技艺，携带部分藏书，来到日本刻书，与清代穆大展相类，经营雕版业，并躬任剞劂。据传本考知，他刻的最早的一部书是与刻工彦明合刻的《月江和尚语录》，时在应安三年（1370年，明代洪武三年），他刻的最后一部书是在应永二年（1395年，明代洪武二十八年）刊刻的《般若心经疏》。据此推算，良甫抵达日本的时间其下限是洪武三年，在日本从事刻书时间不少于26年。其刊刻之书今有传本者凡13部。良甫刻书以精审名世，在日本书志学上被誉为“俞良甫版”。中国雕版刻工于元亡明兴之际，无论出于什么动机，促进交往抑或逃避战乱，东渡扶桑，在日本继续从事刻书业，为中华文化在日本的传播，为日本刻书业的发展做出了贡献。从中国各级图书馆里庋藏的三千种日本翻刻汉籍——和刻本来看，除于正文某些字词施以日文训点外，绝大多数和刻本与中国古籍版式字体、刊书风格并无两样，由此观之，这与中国刻工直接参与日本刻书活动不无关系，中国雕版刻工在古代中日民间交往史上写下了有价值的一页。

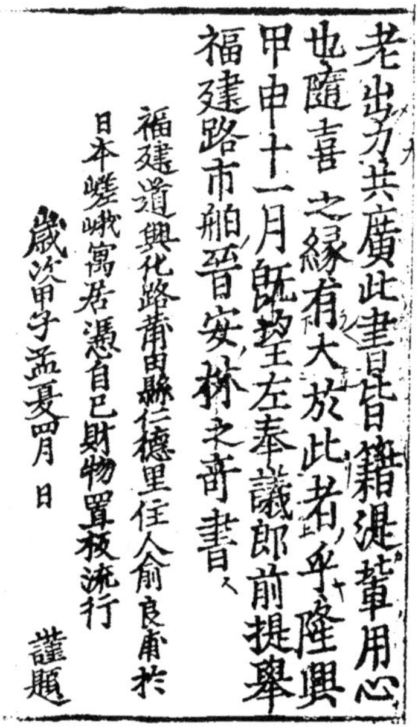
老出力共廣此書皆籍緹輩用心
也隨喜之緣有大於此者乎隆興
甲申十一月既望左奉議郎前提舉
福建路市舶晉安林之奇書
福建道興化路莆田縣仁德里住人俞良甫於
日本嵯峨寓居憑自己財物置板流行
歲次甲子孟夏日 謹題

日本至德元年（1384年·明洪武十七年）刻本《传法正宗记》中国刻工俞良甫刻书《刊记》

从海源阁书目整理谈到海源阁藏书聚散

王绍曾

一

山东聊城杨氏海源阁是晚清四大藏书家之一，向有“南瞿北杨”之称，在中国藏书史上负有盛名，我一直想整理海源阁书目，使其广为流传，并摸清海源阁遗书的聚散，使现存的海源阁遗书得到充分利用。我从1987年开始整理，首先参加的有崔国光同志。因为我手头正在搞《清史稿艺文志拾遗》，腾不出手来，一停就停了几年。到1992年又重头开始。继续参加的有杜泽逊、刘心明、王承略三同志。直到1994年才全书告成，先后用了三年多时间。

原来我只知道海源阁书目有下列四种：

(1)《楹书隅录》五卷，《楹书隅录续编》四卷，清杨绍和撰，清光绪二十年聊城杨氏家刻、民国元年武进董康补刻本。

(2)《海源阁藏书目》一卷，清杨绍和撰，清光绪十四年元和江标刻《江刻书目三种》本，习惯上称《江目》。

(3)《海源阁宋元秘本书目》四卷，清杨保彝撰，原系抄本，民国二十年日照王献唐在济南市肆购得，经校订后作为《山东省立图书馆丛刊》第二种排印问世。

(4)《海源阁书目》不分卷，清杨保彝撰，清聊城杨氏海源阁抄本，现存山东省图书馆。

以上这四种书目，除第一种是解题目录外，其余均系简目，而《海源阁书目》则是杨保彝所谓“版刻较近，抄胥弗精，为世间经见之书”，也就是所谓“普通版本”书目。这个书目，为海源阁第四代主人杨敬夫所收藏，1957年6月20日向山东省文化部门捐献。在此之前，王献唐于1930年匪乱后前往聊城实地调查时曾获见于杨氏后宅，记其著录部数、册数，此后即不为人知。

我在《北京图书馆善本书目》中发现有杨绍和撰《宋存书室宋元秘本书目》四卷，清聊城杨氏海源阁抄本。1991年9月，我去北京图书馆观书时，由杜泽逊同志代为过录。经过与《江目》核对，知道此目写就在《江目》之后，故远较《江目》完整。又从而了解杨保彝的《海源阁宋元秘本书目》，实以乃父《宋存书室宋元秘本书目》为依据，变更其体例而加以扩充。根据杨绍和《楹书隅录·自序》，杨绍和先编成《海源阁书目》(普通版本书目)，然后撰成《楹书隅录》和《隅录续编》。但杨绍和撰的《海源阁书目》未见流传。我在整理杨保彝《海源阁书目》时发现，杨绍和在《楹书隅录》中提到著录在《海源阁书目》中的著作，在杨保彝《海源阁书目》中都有著录，可见杨保彝的《海源阁书目》，也是在乃父的《海源阁书目》的基础上扩编而成的。现存山东省图书馆杨敬夫捐献的《海源阁书目》，原未署撰人，有杨保彝后记，严格地说，应该是杨绍和撰，杨保彝增补。

1991 年 9 月，杜泽逊同志在北京文津街北图分馆观书，无意中发现《海源阁藏书目》的孙传凤抄本，上面有江标硃笔批校，经过核对，这是《江目》的底本，但与《江目》稍有出入，这个本子后来为文禄堂主人王文进所得，王文进又在上面加了批注，在海源阁书散出时，就他所知见的版本特征及授受源流作了扼要的记录。这个发现，极为重要。我在整理《江目》时就是根据这个过录本分别加注的。与此同时，中华书局李肇翔先生，向我提供了中华书局收藏的《海源阁宋元秘本书目》佚名批注本。1994 年北大周一良教授又为我寄来了《弢翁藏书活动四录》、弢翁《楹书隅录》批注和题记复印件。这样使我对海源阁遗书的流散情况，了解得更为全面。

二

整理《海源阁书目五种》，重点在《楹书隅录》和《楹书隅录续编》。《楹书隅录》和《隅录续编》共著录宋元校抄二百六十八种，其中宋本八十五，元本三十九，明本十三，校本一百零七，抄本二十四。整理结果，这二百六十八种中，去向不明者六十四种，计宋本十三，元本十六，明本五，校本二十七。约占总数的四分之一。这与弢翁所说的“杨氏藏书散失，合余所见所知者盖十存八九”（见《楹书隅录》题记），大体上是符合的。海源阁的精华，基本上都保存下来。这应该说是不幸中的大幸。我所说的“去向不

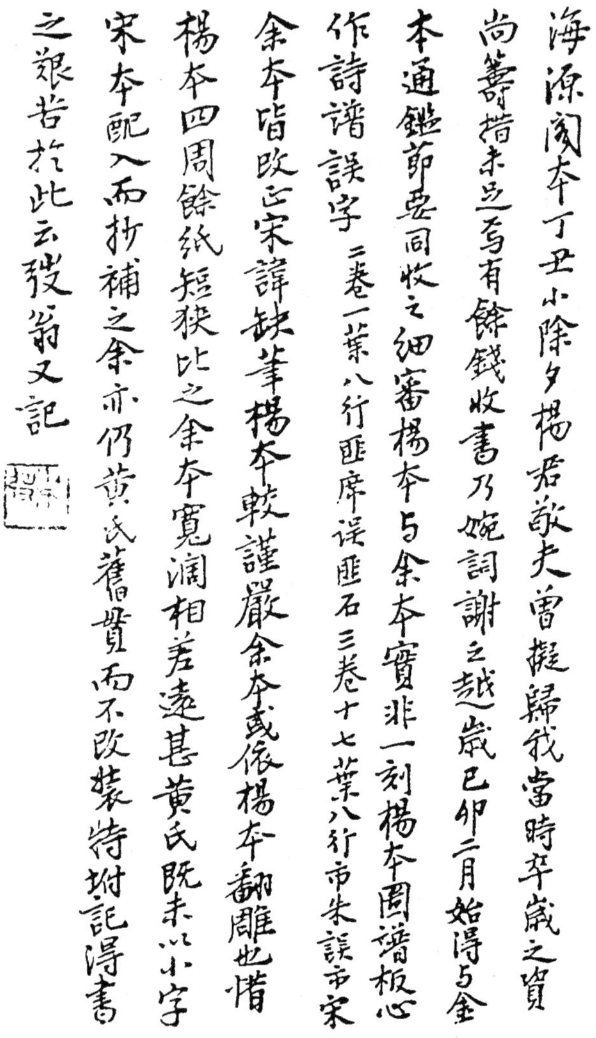

海源閣本丁丑小除夕楊君敬夫曾擬歸我當時卒歲之資尚籌措未足焉有餘錢收書乃婉詞謝之越歲己卯二月始得與余本通鑑節要同收之細審楊本與余本實非一刻楊本周譜板心作詩譜誤字 二卷一葉八行匪席誤匪石 三卷十七葉八行市朱誤市宋 余本皆改正宋諱缺筆楊本較謹嚴余本或依楊本翻雕也惜楊本四周餘紙短狹比之余本寬闊相差遠甚黃氏既未以小字宋本配入而抄補之余亦仍黃氏舊貫而不改裝特附記得書之艱苦於此云 弢翁又記

周叔弢先生跋海源阁旧藏《监本毛诗》手迹

明”,只是暂时不知下落,以后还可能陆续发现。

在整理《楹书隅录》的过程中,有四件事值得一提。一是经过校勘,并吸取了彊翁批注的成果,共计出校一百九十二条。其中绝大多数是文字上的舛误,例如元本《文选》杨绍和跋:“托书贾从角直严氏得来者”,“角直”,显然是“甪直”之误。甪直在江苏吴县东,接昆山县界,清为元和县驻地。又如元本《东坡乐府》黄丕烈跋:“此种宝物意以贱值得之”,“意”是“竟”字之误。又如宋本《三谢诗》黄丕烈跋:“郡中赐书楼蒋氏”,黄跋所云蒋氏,即蒋杲,字子遵,号篁亭,清长洲人。叶昌炽《藏书纪事诗》称其“家有贮书楼”,是正确的。胡玉缙在《影印宋嘉泰重修三谢诗附识》中说,荛翁之所以把贮书楼改为赐书楼,“误以为宁字避写,实则贮字不避”。此类出校异文,为数不少。更多的是杨氏迻录的藏书印记,由于对古文字鉴别不精,印文出现舛错。根据近人迻录的评跋,出校《隅录》的脱文,是这次整理一大收获。例如宋本《莆阳居士蔡公文集》少何山人跋:“总为七十四卷,而刘刻讹倒其文为十七卷耳”,“讹”字下脱“舛”字。有脱去一行二十字的,如校旧抄本《蜕庵诗集》黄丕烈跋:“涧蘋抄补缺叶”前有“蜕庵集刻本,顾氏仍以归余,余复备漪塘所藏嘱顾”二十字。《士礼居藏书题跋记》、《荛圃藏书题识》均不脱,说明是杨氏原稿不脱,凤阿舍人刊刻时始脱之。《隅录》最多的脱文是校影宋抄本《剡录》黄丕烈跋:“中多红笔”下脱九十八字,几乎读不成句。原来我以为《隅录》原稿,经过杨凤阿“详加校补”,应该是百无一讹,事实证明,并非如此。有些舛错是因为杨氏迻录前人题跋出于抄胥之手,迻录后缺乏严格的校对所造成。这样一些问题,过去很少有人发现过。

二是这次整理，共计增补近人题跋批注四百五十则（不包括《补遗》中一三五则），附于每书原有题跋之后；其中绝大部分题跋，远在前人题跋之上，或者可以相互补充，相互发明。对这一点来说，海源阁书有着得天独厚的条件。海源阁书遭到浩劫，四处星散，固然是藏书史上的一大损失，但正由于四处星散，才能为不少藏书家和版本学家所经眼，写出那么多题记和批注，光从这一点来说，应该说坏事变成了好事。归安陆氏、钱塘丁氏、常熟瞿氏，尽管他们的藏书在海内外完好无恙，可是就没有这样的条件。为了使这些藏书家和版本学家的心血不致湮灭，并充分发挥其作用，我们这次把大量的近人题记、批注汇集整理，就有其十分重要的意义。

三是订正了《楹书隅录》和《续编》中杨氏误定的版本。杨氏由于时代的局限，同一种书，很难见到不同的版本加以对比，因此鉴定版本，不可避免地会出现一些失误。例如宋本《春秋经传集解》，宋本《东莱左氏博议》，都是明本而非宋本；宋本《履斋视儿编》，实系元本；元本《史记集解索隐》，应为明正统本；宋本《脉经》应该是明嘉靖刻本；而《增刊校正王状元集注分类东坡先生诗》，实为地地道道的宋虞平斋务本堂刻本，却误定为元本。此类误定版本共计十五种（其中不包括杨保彝《海源阁宋元秘本书目》中误定的七种）。这对古书版本的鉴别，可以增长智慧；对《楹书隅录》和《续编》的利用也是有好处的。

四是在这次整理《隅录》时，发现近人有题跋批注而为《隅录》失收之书一百十一种，移录题跋批注一百三十五则，辑为《楹书隅录补遗》四卷，计宋本十四，蒙古本一，元本十三，明本十六，清本一，校本九，抄本五十六，高丽本一。其中宋元刻有至精之本。如宋刻本《诗集传》二十卷,清吴寿暘跋并录陈鳣跋;宋嘉熙四年新定郡斋刻本《礼记集说》一百六十卷《统说》一卷,黄丕烈跋;宋淳熙二年镇江府学刻公文纸印本《新定三礼图集注》二十卷,钱谦益跋;宋鹤林于氏家塾栖云阁刻元修本《春秋经传集解》三十卷;宋刻本《史记集解》一百三十卷(杨氏四经四史之斋旧藏宋本《史记》第三部);宋淳熙十年象山县学刻本《汉隽》十卷;宋嘉定四年刘甲刻本《经史证类备急本草》三十一卷《目录》一卷;宋淳祐刻本《兰亭续考》二卷(卷二配劳健抄本);宋本《孟东野文集》(存一至五卷);宋咸淳廖氏世彩堂刻本《昌黎先生集》四十卷《外集》十卷《遗文》一卷;宋刻本《新刊经进详注昌黎先生文集》四十卷《外集》十卷《遗文》三卷《韩文公志》三卷;宋婺州吴宅桂堂刻本《三苏文粹》七十卷;元雪窗书院刻本《尔雅》三卷;元元统间刻本《中菴先生刘文简公文集》二十五卷;元至元六年益友书堂刻本《范德机诗集》七卷。说明杨氏海源阁所藏宋、元、校、抄本,的确不止正续编著录的二百六十八种。杨绍和在《楹书隅录续编序》中说:“若干年来,嗜好所在,不乏珍笈,手校诸籍,亦颇罕秘,三编之纂,拟俟诸他日。”这次编的《补遗》四卷,实际上就是杨氏的《三编》,完成了杨氏当年未完成的遗愿。

三

因为《海源阁宋元秘本书目》是集杨氏善本书之大成,它既包括《楹书隅录》和《续编》著录之书,又收录杨绍和、杨保彝父子晚年所得之书,所以我特意把它详细加注,使读者对海源阁宋、元、校、抄一览了然。我先把它跟《隅录》和《续编》核对,凡《隅录》和《续编》收与未收之书分别加注,又根据近人题跋及各家书目可以考见者,加注存佚及现藏处所。对于星散后的授受源流,作简要的叙述。其书名、卷数、册数及版本全称,凡有近人题跋及各家书目根据者均逐一加注,从中可以看到著录的异同,并订正杨氏的舛误,这对于利用海源阁遗书是至关重要的。

《海源阁宋元秘本书目》著录宋元校抄四百六十九种,较《隅录》、《续编》多出二百零一种。这四百六十九种,计经部七十七,史部八十五,子部一百零八,集部一百九十九。若以版本分,计宋本一百零八,元本八十二,明本三十三,校本一百四十一,抄本一百零四。整理结果,去向不明者一百七十四种,计经部二十八,史部三十三,子部三十,集部八十三。实存二百九十五种,超过著录总数的五分之三强。另有一百二十种近人所见而为《海源阁宋元秘本书目》失载者,辑为《补遗》一卷。其中宋本八,元本十六,明本五十,清本一,校本八,抄本三十五,高丽本一,其他一。由此可见海源阁宋元秘本,不止四百六十九种,应该有五百八十九种。在一百二十种补遗中,去向不明者五十六种,实存六十四种。如果以《海源阁宋元秘本书目》实存的二百九十五种,加上《宋元秘本书目》补遗实存的六十四种,那么海源阁实存的宋、元、校、抄,应该有三百五十九种。至于去向不明的,还会陆续发现。这里我举一个例子,今年五月,杜泽逊同志应邀赴台湾参加淡江大学举办的四库学研讨会,他在参观台湾大学图书馆时,无意中发现一部元本《集千家注分类杜工部诗》,卷首赫然出现海源阁印记,为之震惊不已。这个意外的发现,使流散到台湾的海源阁宋元秘籍,又增添了一种。以上海源阁现存的宋、元、校、抄数字并不包括《海源阁书目》中收录的现存山东省图书馆的宋、元、校、抄在内。

根据《楹书隅录》、《隅录续编》、《海源阁宋元秘本书目》整理的结果，我对海源阁书的去向作了一次统计。通过各种渠道直接间接归于北图者二百六十一种，其中有三十六种，于抗战期间移存美国国会图书馆，五十年代移存台湾中央图书馆。在二百六十一种中，除北图陆续零星收购外，直接收购天津盐业银行存海学社者九十二种，由周叔弢转归北图者五十七种，由刘少山转归北图者二十种，由邢赞亭转归北图者六种，由王贡忱转归北图者一种；归陈澄中六种，转归北图者五种；归傅沅叔七种，转归北图者五种；归莫伯冀二种，转归北图者一种；由潘明训转归北图者三种；归吴兴张氏九种，其中归北图二种，七种则转归南京中央图书馆，现存台湾中央图书馆。在七种中有三种为张均衡之孙张珩所得，先归吴兴蒋氏密韵楼，复由蒋氏转归中央图书馆。中央图书馆自购者尚有三种。故现存台湾中央图书馆者，共计四十一种，存台湾大学图书馆者一种。此外归大连图书馆者六种；由李木斋转归北京大学图书馆者三种；归张允亮、张子厚、谢国桢者各一种；归王献唐二种；归山东省立图书馆、现存山东省博物馆者二十九种；由齐鲁大学图书馆转归山东省图书馆者一种；归南京图书馆、美国国会图书馆者各一种。这些数字，未必完全准确，但大体上是可信的。

《海源阁书目》著录之书，经山东省图书馆核实，凡三千四百零四部，十七万六千三百七十七卷（《海源阁书目》原无统计数字，中间夹有签条，计经史子集四部三千二百三十六部，二十万八千三百卷有奇。此即王献唐在《聊城杨氏海源阁之过去现在》中所云部数、卷数的根据），较原目中所附签条数，略有出入。其中宋本三（一种实系明刻），元本十三，明本五百九十一，校本十九，抄本一百八十六，其馀均为清刻本，类皆精刊精印。其中为山东省图书馆收藏者，凡一千九百十一部，计经部二百三十八部，史部四百六十四部，子部三百七十一部，集部八百三十八部。较《海源阁书目》著录者尚少一千四百九十三部。此外尚有目外书二百九十一部，合计实存山东省图书馆者二千二百零二部。这部分书，在杨氏看来，都是所谓“版刻较近，钞胥弗精，为世间经见之书”（见杨保彝《海源阁宋元秘本书目》题识）。但是令人疑惑不解的是：《海源阁书目》中著录的校本、抄本，姑且不论其精粗美恶，就拿著录的宋、元、明本来说，怎么可以得出“版刻较近”的结论？在三个宋本中，除宋本《脉经》十卷，实系明刻外，宋本《本草衍义》三十卷，宋本《经史证类备急本草》三十一卷，都是地地道道的宋本。其中《经史证类备急本草》为北图收购天津盐业银行九十二种之一，经北图鉴定为宋嘉定四年刘甲刻本，冀淑英先生称为宋刻至精之本，这又将如何解释？不仅如此，这次整理，我们还发现很多书见于《海源阁宋元秘本书目》。可见杨氏所说的“海内孤本”与“世间经见之书”，界限不是很清楚的。我们如果把《海源阁宋元秘本书目》、《补遗》、《海源阁书目》、山东省图书馆目外书四种目录的宋、元、校、抄合并起来（清本及其他除外），共计一千四百七十二种，其中宋本一百十九，元本一百十二，金本一，明本七百三十，校本一百七十三，抄本三百三十四，稿本二，高丽本一（案：以上所说的宋、元本，均依照杨氏原定版本计算），加上精刻精印的清本，这应该可以说是一笔很大的文化遗产。就馆藏质量而言，自然首推北图，但山东省图书馆，遥遥相对，亦有其举足轻重的地位。

杨氏藏书号称数十万卷，到底有多少呢？这次整理，基本上摸清了家底。统计数字如下：

《海源阁宋元秘本书目》著录四百六十九部，一万一千二百卷；

《海源阁宋元秘本书目补遗》著录一百二十一部，三千九百四十六卷；

《海源阁书目》三千四百零四部，十七万六千三百七十七卷；

山东省图书馆海源阁目外书二百九十一部，五千二百二十三卷。

以上共计四千二百八十六部，十九万六千七百四十六卷(内有部分书不分卷，实际卷数，应高于此数)。因此我们可以得出结论：海源阁藏书应该有四千三百种、二十万卷左右。

在谈到海源阁遗书时，我们还不能不想到归大连图书馆的六种孤本。我原以为抗日战争胜利后被日本人席卷而去，后来见到《大连图书馆藏善本书目》，在序言中说得很明白，大连解放时，尚妥善保存，不料由于种种原因，竟遭散失。其实所谓“种种原因”，一句话就说清楚了。当时与海源阁书六种同时散失的，尚有宋本《通鉴纪事本末》、《永乐大典》等九种，1954年前苏联列宁图书馆送还我国外交部《永乐大典》五十二册(原系五十三册，缺一册)，外交部仍送还大连图书馆收藏。至于海源阁遗书六种和其他八种，则杳无消息。现在世界各国都在清理战时被掠夺的图书文物，我希望海源阁遗书六种，有一天能重归故土。

1998年8月于山东大学寓所

半世纪前南京买书小记

黄永年

这里以“半世纪前”为题目，只是取其整数，其实是讲抗战胜利的上一年即1944年，我在日伪统治下的南京读书时买旧书的事情，距今1998年已有五十五个年头了。

我读书的学校，现已正名为“中央大学1940年至45年南京部分”。虽由日伪管辖，却仍有共产党的地下组织，和我同宿舍的徐志刚兄即是一位积极分子，胜利后回山东成为党的干部在泰山一带活动，现仍执教于济南大学。我则是个钻书本而且好玩线装书的人，觉得所选课程多欠精采，就一有空便跑旧书店，尽管穷学生囊中羞涩，总还想买几本过瘾。

我上高中时买过其时古今出版社出的《蠹鱼篇》，其中纪果庵的《白门买书记》是讲南京沦陷后旧书店的情况，不啻是篇买旧书的导游。不过记忆中第一次还是和初中时老同学吴敬业兄一起去的，是去夫子庙的小书店，只买了二册范希曾的《书目答问补正》，是国学图书馆1931年的初印本。吕贞白师曾在《书目答问》的原刻古本上作了详细的批注，我很想过录下来，后来未能如愿，只怪我懒于动笔。

当时南京古一点的旧书店多在朱雀路、太平路，《白门买书记》里讲到的有保文堂、翰文斋、以及国粹、艺文、萃文、庆福等好些家。国粹等在我记忆中已无印象，翰文的印象是价贵态度又不好，常去的是一家门面最大的保文堂。因为它不光货色多，价钱也比较公道，从不乱敲。我第一次是和吕贞白师还有老同学张寿平一起去的，在《回忆吕贞白先生》的文章（发表在《文教资料》1993年第4期上）里曾讲了详细的经过。说我们"看到了一部嘉庆时张海鹏刻的《太平御览》，还有用各种原刻凑起来的所谓《苏斋丛书》，吕先生都很喜欢，只因价大而没有买。我看了一部缪曰芑仿宋原刻黄纸印本《李太白集》，有卢氏抱经楼大方印，踌躇好久还嫌贵，只买了部价廉的陶兰泉影宋本《孟东野集》，回吕先生寓所后还请他在书上题了几行字"。

陶兰泉影印《孟集》所用的海源阁藏宋本归李盛铎后又转入北京大学，今年为庆祝百年校庆印制的《北京大学图书馆藏善本书录》里就有它精美的书影，而这个陶印本今天再要找恐怕也不容易了，不过当时自还不算怎么珍贵的货色。可珍贵的我居然也买到，而且并非在冷摊捡破烂捡来，仍是从保文堂这个大店铺按标价购取的。其中一部就是配在上面所说《苏斋丛书》里的《两汉金石记》，清汉军杨继振字幼云者的旧藏本，不仅印记累累，还在书尾行间写了许多题识，书衣签条尤其做得精致。我问能不能把它从《丛书》中拆出来单买，店里竟也同意，因为架上另有部《两汉金石记》的白纸印本仍可配进此《丛书》。加以店里对此杨藏杨批也不注意，价钱自然很便宜。还有一部也是金石书，是向受爱玩碑刻者珍视的刘喜海的《金石苑》，其便宜就更非意料所及了。我知道此书的道光原刻本一向少，所以民国时陶兰泉曾借徐钧字晓霞者的藏本按原大影印六厚册。影印本未作双色套印上面的徐氏藏书图记当然变成黑色的，可保文堂架上放的两部《金石苑》中竟有一部的徐藏图记是朱红的。原来此徐钧是南京人，这一部有朱红图记的就是他收藏的原本，不知怎么和影印本混在一起流入了保文堂，被误认为也是影印本随便放在架上出售，标价自然和影印本一样。在这种场合我只好权且装糊涂，将错就错把这徐藏本当影印本买了下来，让营业人员包好后拿起来就走，生怕他们发觉了要反悔。

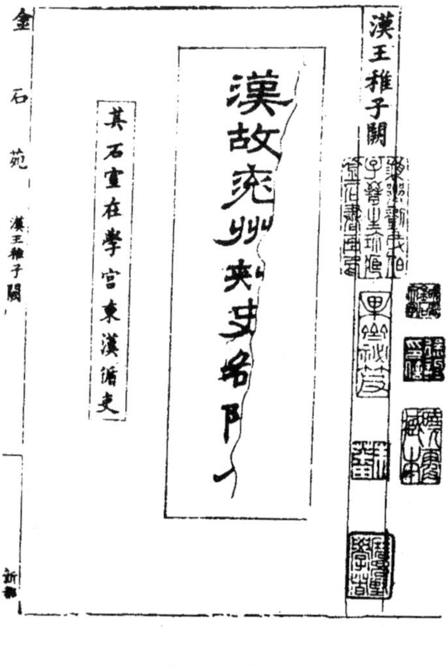

《金石苑》

这两部是在南京得书中比较称心满意的，所以过不久就请龙榆生师分别写了题跋，榆生师还给《两汉金石记》题了两首诗：“苏斋此学古无俦，想见银灯细校雠。珍本流传谁护惜，吴门戈与贵池刘。”“摩挲合遣有涯生，回首承平一怆情。犹喜汉唐文物在，宵深疑听忽雷鸣。”这里的吴门戈指书上钤有戈襄、戈载的印记，贵池刘则此书复自杨氏归于刘世珩玉海堂，而刘乃江西贵池人，所藏尤以唐人乐器大小双忽雷著称，所以诗里这么说。再顺便说一下，我往年买的旧书，在1957年扩大化后不得已卖掉了不少，自然还有许多未曾割爱。因此前年参与编撰《清代版本图录》时，得把这两部金石书摄成书影收进去以公同好。

除此以外，在这家保文堂购买至今仍留寒斋并影入《清代版本图录》的，还有清初高珩的《栖云阁诗》和嘉庆时吴志忠仿宋刻《四书章句集注》。前者乾隆原刻板初印，尚未增入后来的《补遗》，后者则已是后印。五十年代在上海修文堂孙实君处还见过这吴刻《四书》的白纸初印本，是陶兰泉的藏书，只因已有了南京买的这一部就未重置。

再继续讲南京的事情。当时保文堂的书实在多，但回忆起来架子上没有见到什么明刻本，是否藏在里边就没有问了，自知明刻售价一般要比清刻贵，即使有也无力购求。加之吕贞白师提倡购藏清刻精本，我多少受其影响也就没有醉心于明刻。记得有天在另一个小书铺里见到部明万历时朱东光刻的《中都四子》，还是极少见的白棉纸红印本，只是缺掉了后两种《管子》和《淮南子》，虽然前两种《老子》、《庄子》齐全仍未想买，其实当时要价不高还是买得起的。

在别的铺子里还买点什么?记得起来的有一部朱彝尊的《曝书亭集》。此书我上初中二年级时曾买过一部,只是看到这部印得早一些,而且要价不高就买下,并无更多的故事可说。可说的倒是部《百衲本二十四史》的零种《三国志》,仍是保文堂的书,黄纸印本又配了本白纸的,要价却不低,可能是因为名目好,而且此《百衲本》的零种也确实不易见到的缘故。吕贞白师则因为它是影印南宋建本配衢本,文字上有胜处,想买又嫌价贵,我当时也自无钱。直到临近寒假我决定休学回常州家里自己用功,把不想带走的热水瓶让给吴敬业兄,再凑上些钱才把它买了下来。可惜回家后并没有把它认真读完,后来仍和《曝书亭集》等先后易主不为我所有。

当时的中央大学南京部分是用汉口路金陵大学的房屋,从学校到朱雀路路很远,可我总是步行。这不光是其时年方十九,很能走,更因为南京在那时并无公共汽车之类可乘坐。记得有一个星期天上午我去保文堂买了部徐乃昌覆刻明末小宛堂本《玉台新咏》,薄薄两大册,用纸包好夹在腋下匆匆赶回学校吃午饭,遇到同学还以为我在新街口商场买了件高级衬衫。因为这书的尺寸大小看上去和装衬衫的纸匣子差不多,人家没有想到我会一早去朱雀路买书。

离学校近一点记得也有个小书铺,但其中尽是些平装、精装的旧书,我不感兴趣。朱雀路、太平路的旧书铺除保文堂等少数几家外也都带卖旧的新书,同样对我无吸引力,不知其中有无好东西。至于当时流行在社会上的杂志、小说,像张爱玲、苏青等人的,很抱歉概不阅读。而且不仅我个人,当时同学中读这些书的也确实很少见。

在抗战胜利之初,我还到南京去看过龙榆生师,顺便也去朱雀路转了一圈。保文堂门市依旧,而且还多了几部过去见不到的明刻本,只是多少都有点毛病,像有部玉兰草堂刻的《辍耕录》就抄配了一本。我买了钱谦益的《有学集》,康熙时金匮山房刻金镶玉装,也够得上善本,还有明嘉靖时耶山精舍刻白文《六子》中的《扬子法言》和《文中子》,棉纸印订成两小册。遗憾的是困顿时仍变了钱,不知滚落在哪里?

这时南京书店里还有个景像,即多的是日文书,而且有大量印制确实精美的考古发掘资料和大型艺术类书籍,价钱则已大大压低,这自是日本战败侨民准备回国而贱售之物。只缘彼时我对此兴味不浓,更缺乏雄厚的财力,不能像郑振铎在上海那样广事搜罗。

南京还有一些私家藏书。1944年秋天我和张寿平兄陪同吕贞白师去看过一家。主人卢姓,已去大后方,其子留在中央大学南京部分上学,是读理科的。书不少,装了好些书箱、书柜,但多半是通行本子,并无明刻、抄校,更谈不上宋元。我挑了一部宋荦刻的《施注苏诗》,是因为书后附有一册罕见的康熙时马寒中刻软体字本《乌台诗案》。带回宿舍放了好久,还未讲价钱,那位卢君又说不卖了,只好让他拿了回去。所以像解放初赵敦甫君在南京以贱值买到甘氏津逮楼流出的宋本《金石录》,实在可称奇遇,说句笑话鄙人就无此福分。至于赵君之能捐献此宝归公,让它进入北京图书馆的善本库,自也是很不容易的事情。

台北访书记

杜泽逊

1996年2月余从王绍曾师赴台北交流学术,2日下午抵台,16日上午离台,实访问14天。此次赴台是应台湾大学中文系、台湾中央研究院中国文哲研究所、台湾中华易经学会之邀,故三处均访问两次,其中台大、中央研究院各作一次学术演讲。其馀则故宫博物院访问三次,东吴大学中文系、中央图书馆善本书室各访问一次。绍曾先生早岁就读于无锡国学专修学校,毕业后被推荐到商务印书馆从张元济先生校理百衲本《二十四史》。"一·二八"事变后,曾任无锡国专图书馆主任、江阴尚仁中学校长,抗战中曾任西康省西昌《新宁远月刊》主编、国民党中央党史史料编委会编撰科长等职。"文革"后海峡两岸民间开始互访以来,台湾学术界来大陆参观交流,登门求益者往往而有。是以此番赴台,旧雨新知,应接无虚日,谈燕之欢,可以想见。是时余方从事《四库存目标注》并与辑《四库全书存目丛书》,尝以四库存目书之藏台湾者别立一目,皆罕传之本,既已至台,必欲一览而后快。遂因台大黄沛荣教授之介,数数乘隙往中央图书馆看书。

唯每次到馆，仅阅一二种，旋即离去，十馀日内，观书不足二十种，尝鼎一脔，聊慰我心而已。今叙所见如次，以资纪念。

1. 哈密事迹一卷附赵全谳牍一卷，不著撰人，清光绪间顺德李氏读五千卷书室传录明抄本，一册，清李文田手校并跋。此本半页十行二十字，蓝格，白口，单鱼尾，四周单边。前有“读五千卷书室”朱文方印。首四库提要一则。正文首行低四格题“土鲁番侵掠哈密”。正文末有“出皇明纪略”五字。《赵全谳牍》接写，空一行。有朱批：“以上系《哈密事迹》，与下本原不相连。”又眉批：“刑部以下系《赵全谳牍》，原本另一页，此抄手致误。”卷末李文田手跋：

右《土鲁番侵掠哈密事迹》一卷，旧系明抄本，每半页十一行，每行二十字。后附《赵全谳牍》。在翰林院清秘堂据原本抄出。原本即乾隆中馆臣据以序录者也。光绪丁亥腊月除夕前三日五千卷室主人

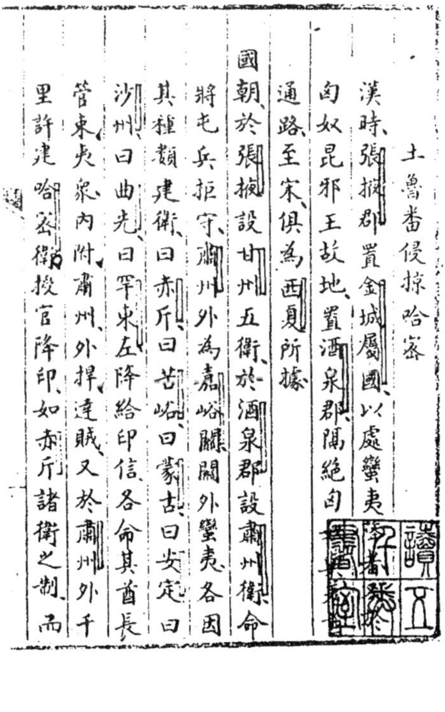
土魯番侵掠哈密
漢時、張掖郡置金城屬國、以處蠻夷
匈奴昆邪王故地、置酒泉郡、隔絕匈
通路、至宋、俱為西夏所據
國朝、於張掖設甘州五衛、於酒泉郡設肅州衛、命
將屯兵拒守、肅州外為嘉峪關、關外蠻夷、各因
其種類建衛、曰赤斤、曰苦峪、曰蒙古、曰安定、曰
沙州、曰曲先、曰罕東左、降給印信、各命其酋長
管束夷衆、內附肅州、外捍達賊、又於肅州外千
里許建哈密衛、授官降印、如赤斤諸衛之制、而
讀五千卷書室

记。

卷内有朱校，李文田笔也。按：丁亥为光绪十三年，又十三年，即光绪二十六年庚子，八国联军侵略北京，翰林院所藏四库进呈原本毁于兵燹。所幸李氏借抄副本，此书才得传世。

2. 夷齐考疑五卷，明胡其久撰，旧抄本，一册。此本半页九行十九字，无栏格。首行："夷齐考疑卷之一"，次行："明西浙御儿逸史胡其久著"。首页钤"翰林院印"满汉文大官印，是四库进呈本。卷内玄字或避或不避，盖清初写本也。

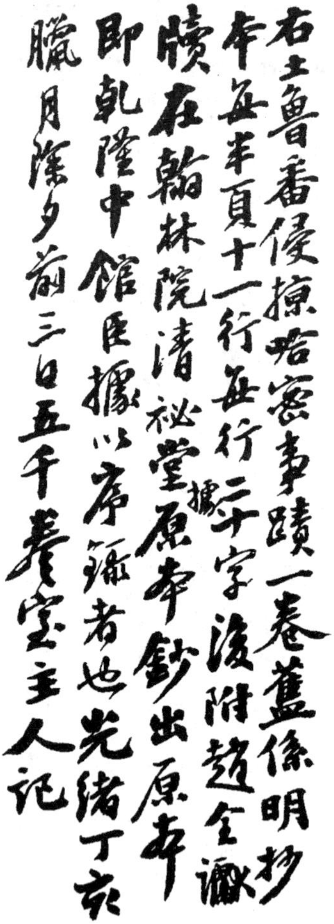
右土魯番侵掠哈密事蹟一卷蓋係明抄本每半頁十一行每行二十字後附趙全讞牘在翰林院清祕堂據原本鈔出原本即乾隆中館臣據以序錄者也光緒丁亥臘月除夕前三日五千卷室主人記

3. 南宋名臣言行录十六卷，明尹直撰，明弘治间刻本，八册。此本半页十行二十二字，黑口，四鱼尾，四周单边。前有目录。正文首行："南宋名臣言行录卷一"，次行："澄江居士尹直纂集"。黄纸，印本不精。

4. 槜李往哲列传一卷，明戚元佐撰，清康熙退圃刻本，一册。此本半页十行二十字，白口，四周单边。前有王世贞序。次目录，作《槜李往哲传目》，题"同里后学戚元佐希仲撰”。次正文。版心上题“槜李往哲初编”,下镌“退圃藏板”。卷内钤“臣庭芬印”、“管庭芬印”、“培兰一字芷湘”、“培兰”、“泽存书库”等印。

5. 槜李往哲续编一卷，清项玉筍撰，清康熙退圃刻本，一册。此本行款同上。版心上题“槜李往哲续编”，下镌“退圃藏板”,偶作“嬾真堂”。前有康熙二十一年壬戌项玉筍序,末署“项玉筍书于嬾真堂”,知嬾真堂即项玉筍室名。次目录,作《槜李往哲续编目》,题“同里后学项玉筍嵋雪撰”。共十一人传,每传页码自为起迄。正文首行:“嬾真堂文集”。卷内钤“管庭芬印”、“海昌管庭芬读”、“培兰”、“泽存书库”等印。按：此册与《槜李往哲列传》原系同帙，书根分别有上、下二字。盖同为项氏所刻也。

6. 昆山人物志十卷,明方鹏撰,明嘉靖刻本,二册。此本半页十一行二十字,白口,左右双边。前有嘉靖十年辛卯六月方鹏序，后有嘉靖十五年丙申四月二日邑后学顾梦圭识语。卷内钤“吴郡张绍仁学安氏印”、“执经堂印”、“绍仁之印”、“长洲张氏执经堂藏”、“学安”、“希古右文”、“郁松年印”、“泰峰”、“田耕堂藏”等印记。

7. 历代忠义录十四卷,明王蕡撰,明嘉靖刻本,十册。此本半页十行二十字,白口,四周单边。白棉纸,后印本,偶有漫漶断版。前有嘉靖三十一年壬子秋抚州知府琼山黄显序，嘉靖八年已卯浙江等处提刑按察使金陵东石王蕡时桢序。正文卷十四第二十二页以下缺。卷内钤“合肥李氏藏书”、“省心阁珍藏”二印。

8. 古今贞烈维风什四卷,明许有穀撰,明阳羡许氏刊本,四册。此本半页八行二十二字，白口，四周单边。前有《刻古今贞烈维风什凡例》，无年月。正文题："阳羡许有榖子仁甫著，弟有节子和甫考正，侄用宗、允泰、允恭、允中、际熙、际昌校。"白棉纸，初印。钤"刘承幹字贞一号翰怡"、"吴兴刘氏嘉业堂藏书印"等印记。按：刘承幹嘉业堂藏书以明刻本为大宗，抗战间，售归中央图书馆，经收者郑振铎先生等。

9. 阙里书八卷，明沈朝阳撰，陈之伸增补。明崇祯间原刊本，四册。此本十行二十字，白口，左右双边。前有武林王道焜序，陈之伸序。次目录，题"金陵沈朝阳宗明甫纂编，盐城陈之伸申父甫增定"。卷一正殿先师孔子，卷二四配，卷三十哲，卷四卷五东庑，卷六卷七西庑，卷八启圣祠、配享、从祀。黄纸，初印。卷四末稍残。卷内钤"刘承幹字贞一号翰怡"、"吴兴刘氏嘉业堂藏书印"等印记。

10. 治河管见四卷，明潘凤梧撰，明万历刻本，六册。此本十行二十一字，白口，左右双边。首《管见目录》。卷一黄河图、浚河图、浚河疏草。卷二神浚九难十易经、浚本、神浚法、神浚利具、浚意、阵浚并图、浚政、全浚图。卷三地水师条陈。卷四治河左坦，附聘勘河书札记，附三吴水利。

11. 东天目山志四卷、西天目山志四卷，明张之采撰，天启元年杭州刻本，附图，二册。此本半页十行二十字，白口，四周单边。前有孙昌裔《修天目山志序》云"庚申之冬至辛酉之季秋及期而告成"。又孙昌裔《东天目山志序》。天启甲子春日海阳徐文龙《东天目山志序》。天启甲子陈懋德《东天目山志序》。甲子高金体《东天目山志小引》。张之采《修东天目山志述》。次东天目山志凡例，目，图考。《东目总图》，仁和徐元玠画。《瀑布垂江》、

《经台华雨》、《云窝深锁》、《龙冈独步》、《驴庵禅定》、《飞桥偃翠》诸图均仁和张锡兰画，皆精致。次《东天目山志》正文，题："西湖守李烨然文若父辑，郡丞徐文龙田仲父、司理陈懋德维立父核。"末有天启甲子姚镗跋。以上一册。二册前有天启改元仲冬陈懋德《三修西天目志叙》，吴焕《天目纪游引》，张之采《修天目山志述》。次西天目山志凡例、目录。次图。《西目总图》，张锡兰画；《幻住云峦》、《玉柱孤撑》、《炉峰兀峙》、《双清银海》、《西方危灯》、《邱止扶筇》诸图均徐元玠画，甚精。次《西天目山志》正文，题："西湖守孙昌裔子长父辑，郡守徐文龙田仲父、司理陈懋德维立父核。"卷内钤有"吴兴刘氏嘉业堂藏书印"、"马泰荣印"、"别号秋浔"等印。

12. 雁山志胜，存卷一卷二，明徐待聘撰，明万历刻本，二册。此本半页九行十九字，白口，左右双边。白棉纸，初印。前有万历三十四年丙午徐如翰序，凡例，目录。目录仅存卷一卷二，以下被割去，以充完帙。正文卷端题"乐成长徐待聘廷珎父著，南沙人姚宗仪凤来父校"。卷内钤"汪鱼亭藏阅书"、"旧雨楼书画印"、"吴兴刘氏嘉业堂藏书印"、"刘承幹字贞一号翰怡"等印。

13. 历代党鉴五卷，明徐宾撰，康熙刻本，四册。此本十行二十字，白口左右双边。前有宋实颖题辞，次徐宾序。正文题"东海徐宾辑"。卷一分上下二子卷。各页下方残破，缺一两字。首页有"翰林院印"满汉文大官印。书衣有进书木记："乾隆三十八年十一月□□□抚三宝送到汪启淑□□历代党鉴录壹□计书贰□。"（缺字当为：浙江巡、家藏、部、本）卷内又钤"徐宾之印"、"用王"二印，知为著者家藏原印本。四库馆采进时为二册，后被改装为四册。

14. 史砭二卷，明程至善撰，明末刻本，二册。此本半页九行十八字，白口左右双边。前有程楷叙，缺第一页。又唐汝洵小引。正文题“海阳程至善于止著，程楷畸人较”。卷二第三十六页以下缺。

15. 史拾载补十九卷、众断五卷，明吴弘基撰，明末刻本，十二册。此本八行二十字，白口，左右双边。前有郎壁金序。正文题“史拾载补”，下注“八书”，次行题“明陈子龙卧子鉴，仁和吴弘基柏持笺，门人锺禾士宏先校”。钤有“课耕山庄”白文印。

16. 雪航肤见十卷，明赵弼撰，旧抄本，二册。此本八行十六字，无格。前有景泰元年胡肃序，正统十三年戊辰余铎序，景泰元年济南府德州平原县儒学训导新城陈仪序。陈仪序后有“成化甲辰岁仲春元旦书林魏氏仁实堂新刊”二行。卷末有“成化甲辰仲春魏氏仁实堂刊”二行，又“万历辛卯年十二月吉旦钦差总督东厂官校办事司礼监掌监事兼掌内官监印太监张诚校证重刊”二行。盖此本即从万历十九年辛卯太监张诚重刻本录出者。卷一首页题“门人麻城县儒学教谕陈祖舜详正，均州儒学训导邓诚校录”。卷内钤“宋氏兰挥藏书善本”、“筠”、“雪苑宋氏兰挥藏书记”、“緜松庵”、“己丑进士太史图书”等印。

17. 山东盐法志四卷，明查志隆撰，徐琳续补，明万历十八年刻本，八册。此本半页九行二十字，白口四周单边。白棉纸，后印本，偶有漫漶。前有万历十八年庚寅仲夏詹仰庇《续刻山东盐法志序》。万历十七年七月刘应龙《续山东盐法志叙》。万历十七年仲秋查志隆《续山东盐法志叙》。次公移。次《东盐制规》，存第

八、第十一两页。次凡例。次正文。卷一目录题:“明巡按直隶督理长芦山东盐课兼理河道监察御史岭南谭耀裁定，山东提刑按察使司副使古闽詹仰庇、山东都转运盐使司同知西浙查志隆编辑,经历荆门戴相尧校阅。”卷一正文题:“钦差巡按直隶等处督理长芦山东盐课兼管河道监察御史岭南谭耀裁定，邵陵刘应龙裁定，山东按察司盐法道副使温陵詹仰庇校订，大梁胡希舜重订,山东都转运盐使司运使豫章甘一骥校阅,同知西浙查志隆编辑，同知云间徐琳续辑。”卷一目录末有“经历司经历荆山戴相尧校梓,知事永年李廷华校梓”二行。

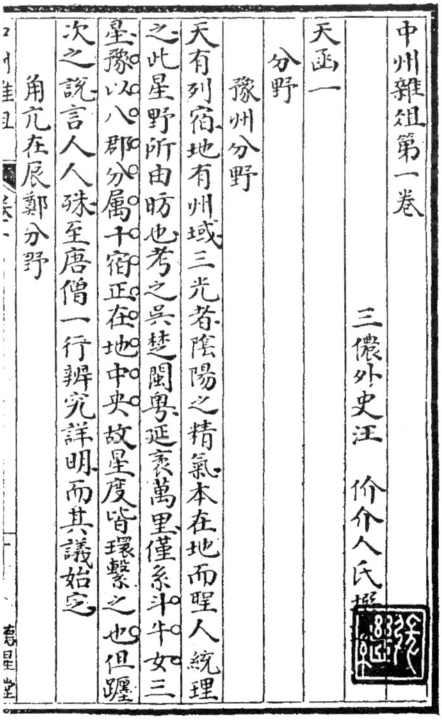
中州雜俎第一卷　　三儂外史汪　价介人氏撰
天函一
分野
豫州分野
天有列宿地有州域三光若陰陽之精氣本在地而聖人統理
之此星野所由昉也考之吳楚閩粤延袤萬里僅系斗牛女三
星豫以八郡分屬十宿正在地中央故星度皆環繫之也但躔
次之說言人人殊至唐僧一行辨究詳明而其議始定
角亢在辰鄭分野

18. 中州杂组三十五卷，清汪价撰，清陈氏德星堂乌丝栏抄本，八册。此本半页十行二十四字,白口,四周双边。版心下刻“德星堂”三字，卷内钤“德星堂”、“陈氏家藏”二印，又“张继”印。清道光十五年方载豫手跋：

写本《中州杂组》三十五卷，三依外

史汪价介人撰述，无序，德星堂陈氏旧藏本，道光十五年七月以钱二千文买自考棚书肆。考《虞初新志》中载有三侬赘史汪价广自序一篇，内有余行李半天下，言两河者前后十数年，始于李御史察荒幕，后为贾大中丞召修省志。又曰庚子修豫志，午日中丞邀饮，令草葛王优劣论。又曰豫游最久，作《中州杂俎》二十四卷云云。据此，是书或其修志时芟落之稿，未可知也。以时考之，庚子则顺治十六年也。唯广自叙云二十四卷，今写本乃三十五卷，又不知谁氏所分。书极辩博，不无庞杂。如以金龙四大王为洛口大王，杨应龙非杨行祥辩之类，存之以备考核可也。道光十五年九月初五日松槊方载豫书识。

又民国张继手跋：

民国十三年居汴，偶于小书店购得此抄本，价二十五元。张凤台曾刻行，缺天函二卷，此则全璧也。当时借于允丞，十四年国民军败，允丞仓卒携至晋，嗣乃还余。倭寇陷兰考，藏书遗失殆尽，而此本仍随余行，抚之慨然。民国二十八年二月二日张继识于重庆廋田湾。

按：张凤台本即民国十年安阳三怡堂排印本，前有民国十年张凤台序，后有民国十年张凤台跋。据张凤台序，知所据底本为购自北京琉璃厂抄本。彼本天函一类缺如，可据此本补完。

1998 年 3 月 31 日写定于槐影楼

东京淘书琐记

陈子善

昔日读知堂老人的《东京的书店》，对东京颇有特色的旧书店，不禁心向往之。当然，时过境迁，今日的东京早已不是知堂老人那时的东京了，丸善书店与老人笔下所写的也已大不相同。但东京的书店仍然很多很多，大书店，小书店，新书店，旧书店，各式各样的专业书店、连销书店，仍足以让爱书人流连忘返。著名的神田神保町旧书街，更是号称世界最大旧书区，我第一次去，只走马观花逛了三家书店，整整一个下午就消磨掉了，而这条街上及其周围的新旧书店竟有近百家之多！因此，旅日半年，我每周至少一次去逛书店，每次都有所收获，现在回想起来，真是有意思。

我是从事中国现代文学研究的，我的搜书范围很明确，尽可能搜集与我专业有关，直接有关或间接相关的各种初版本、签名本和稀见书刊。在东京有时也能见到明清刻本，包括珍贵的善本，和刻本和高丽刻本更是多得不计其数，单是翻翻各大小旧书店的古籍书目就令人眼花撩乱了。但一则古籍线装书不属于我的搜书范围，二则书价之昂令人咋舌，所以我也就不去问津了，本文所谈，只能以我的搜书范围为限。

大名鼎鼎的内山书店现在主要出售大陆和台港版的文史哲新书，旧书已难见踪影，我光顾多次，终于“皇天不负有心人”，淘到了二本旧书。一是1937年6月上海三闲书屋初版《鲁迅书简》影印丙种本（胶布书脊本），完好如新，而且可通过我所访学的东京都立大学图书馆以标价的八折购买；二是在该店的特价部无意中挖出一本1936年3月东京文求堂初版，鲁迅当年曾购置的《聊斋志异外书磨难曲》，都毫不犹豫地购下了。在另一家与内山书店齐名的东方书店，我没有遇上这样的好运气，只得到一本《留东外史》初版影印本。《留东外史》近年国内已重印，但有所删节，以区区百元日元之价买到未作删改的影印本，也算是物有所值了。

东京另有一家台湾人开设的东丰书店，颇有名气，日本许多教授常来此店访书。但店堂狭小，台港版旧书堆积如山，读者置身其间，随时有被书倒下来砸伤的危险。尽管如此，我还是去了数次，淘到我感兴趣的《采访新记》（曹聚仁著，1956年1月香港创垦出版社初版）、《旅人小记》（殷海光著，1980年1月台湾水牛出版社再版）和《浪漫的与古典的》（梁实秋著，1980年4月台湾大林出版社重排再版本，有梁实秋的新序）等，特别是已故台湾大学外文系教授侯健的《从文学革命到革命文学》（1974年12月台湾中外文学月刊社初版）一书，我久觅不获，托台湾友人代找也未果，却在东丰书店检得，快何如之。此书中《梅光迪、吴宓与学衡派的思想与主张》颇有见地，比我们这里重评吴宓早了整整二十年！店主简先生与我一见如故，还邀请我到“居酒屋”去喝了一次日本清酒，这也算是在东京淘书的奇遇之一。

不过，许多日本人开设的旧书店没有门市部，只定期向读者寄发书目，读者根据书目向书店邮购。由于书目所列大都仅有一本，以至读者稍一迟疑，所需之书往往就会被他人捷足所得。有一次，我在一家旧书店书目上见到日本太阳社八十年代初出版的图文集《书之美》，这是研究日本近代文学装帧的必备书，印制十分精美。我对中国现代文学装帧受日本影响这个题目甚感兴趣，早就想得到这本《书之美》以为参考，但书目上之索价高出原价一倍，犹豫再三，待到下决心去电邮购，都已售出了，失之交臂，至今犹感怅怅。但我毕竟通过东城书店、鹤本书店等几家有名的邮购书店入手数种我所喜爱的书，计有：

鲁迅《呐喊》，1929年4月北新书局第12版毛边本；《彷徨》，1930年1月北新书局第8版毛边本。两书书品甚佳，前者的毛边尚未裁开。鲁迅这两部小说名著的艺术价值自不必在此饶舌，就版本价值而言，当然也是初版本为最，但因鲁迅著作版本复杂，现在若想搜齐《呐喊》和《彷徨》的各种版本已无可能，能得手较早且较好的版本也就心满意足了。何况《呐喊》这一版是改版抽出《不周山》之前的最后一版，也还是值得收藏的。

林语堂《大荒集》线装上下册，1934年6月生活书店初版本。这是林语堂的杂文代表作，虽然近年已有影印本和重排本问世，能得到线装初版本仍属难得。记得八十年代中期在上海旧书店的一次书展上曾见到《大荒集》初版本下册，因不成全璧而未购，此次终于如愿以偿。有必要补充一句的是，新文学作家的线装作品集，以诗集为多，散文集就我所见到的，就只有《大荒集》、章克标的《文坛登龙术》、俞平伯的《燕知草》和徐志摩的《爱眉小札》四种而已。

俞平伯的《杂拌儿之二》，1933年2月开明书店初版本。我对俞平伯凝练平正的散文本来就很欣赏，这本《杂拌儿之二》被知堂老人誉为“文词雅致”和“思想之美”兼而有之，书品又那么好，“疑古玄同”题写的书名就古色古香，惹人遐思，能在东京得到，也堪称幸事。

张资平《不平衡的偶力》，1927年4月商务印书馆再版精装本（中华学艺社文学丛书之三）。张资平的小说在现代文学史上褒贬不一，而从版本学的角度考察，他的书既杂且乱，国内图书馆所藏大都破烂不堪，能找到这样一本有精美插图的张资平早期代表作的精装本，殊出意料。

叶绍钧《倪焕之》，1932年7月开明书店第4版精装本。这部现代文学史上的名著初版于1930年8月，不到二年就重印四次，可见很受欢迎。从这个意义上讲，除了初版本，再版本和历次重印本也不是毫无价值的。实际情形是，现代文学史上许多著作的初版本还不难找，而要弄清其版本源流，最后一版是何时印刷的，反而难上加难，目前只有鲁迅一人才出版了《著译版本研究编目》，其他所有作家都是空白。这本第4版的《倪焕之》书品也不错，书脊上的烫金书名还清晰可见呢。

高罗佩藏《北京黑幕大观》，不幸我生喋喋著，共六册，小32开本，1918年6月上海广文书局初版。这部书乍看书名，我还以为是笔记体，其实不然，这是一部六卷三十回的章回体小说，是一部揭露清末民初北京政坛黑幕的政治小说。它在当时五花八门的章回体小说中不算很有名，但还值得研究，作者“不幸我生喋喋”是谁？就值得考证探究。这部书原是东京都立大学教授平井博先生邮购的，我拿来一看，发现每册目录页右下角均钤有“高罗佩藏”阳文藏书印，这不是荷兰著名汉学家、《中国古代房内考》作者高罗佩的旧藏吗?我不禁惊喜交加。高罗佩还曾以公案小说《狄公案》名世,他收藏《北京黑幕大观》也就在情理之中了。我以前只知道长期担任驻日大使的高罗佩逝世以后,他的藏书已捐赠荷兰莱顿大学汉学研究中心图书馆,没想到还有藏书流散在外。日本旧书店的老板都精通版本目录之学,一旦发现签名本和名家藏本,书价立即飚升。我在东京的旧书店见过川端康成、谷崎润一郎、三岛由纪夫和安部公房等日本大作家的签名本,还见到T.S.艾略特的签名本,都是天价。这部高罗佩旧藏,所幸旧书店主不知道Robort Hars Van Gulik的中文名是高罗佩,以至成漏网之鱼,否则这部书的书价起码要比现价高出三、四倍。平井博教授见我爱不释手,慨然相让,使我的东京淘书增添了光彩的一笔。

除此之外,东京好几家大百货公司每年都要举行定期的旧书集市,成为东京一道诱人的文化景观。我曾在早稻田大学附近的一家百货公司的春季旧书集市上以二百元日元的超低价觅得黄裳的散文集《〈西厢记〉与〈白蛇传〉》(1953年7月平明出版社初版),还在一大堆乱七八糟的日文书中翻出一本张爱玲前夫胡兰成的《心经随喜》(1967年4月日本"筑波山梅田开拓筵"发行)签名本,也都是意想不到的收获。

我在东京淘书最得意之笔是为上海鲁迅纪念馆觅到鲁迅1936年3月20日致内山完造的亲笔信一通,此事我已另有专文记述,这里就不多说了。

东京淘书其乐无穷,下次如再到东京,一定会再去逛新旧书店,也一定会据书目邮购旧书,说不定又会有令人惊喜的发现。

1998年7月15日急就

程千帆与《校雠广义》

徐有富

程千帆先生于1932年8月考入金陵大学中文系。当时南京的高等学府大师云集，所开设的课程也非常多，作为一名新生，他感到既兴奋，又紧张。学什么？怎么学？他带着这些问题去问老师，老师们的回答也不一样。黄侃先生说首先要通章句之学，要先把书读懂读通。刘国钧先生说先要通目录之学，治学就容易摸着门径了。刘国钧讲目录学兼及版本、校勘，事实上即校雠学。程千帆在师从刘国钧的同时，也常向汪辟疆老师请教校雠学方面的问题，逐渐对这门科学产生了强烈的兴趣，并且也接受奉行了治学应从校雠学入手的观点。

1934年秋天，程千帆跟刘国钧学目录学，写了一篇题为《〈汉志·诗赋略〉首三种分类遗意说》的课程论文，将《七略》和《汉书·艺文志》中屈赋、荀赋、陆赋三家的分类标准，作了合理的说明。此文发表于1935年《金陵大学文学院季刊》第2卷第1期。这是程先生发表的第一篇论

程千帆与徐有富合影

文，那时他是大学三年级学生。为了巩固自己的学习成果，程先生于1934至1937年间连续撰写了好几篇校雠学论文。其中有6篇后来收在中华书局1939年出版的《目录学丛考》中。程先生家境清贫，在金陵大学读书时，甚至连袜子都没有穿的。他在1938年写的一首诗中，记录了他在极其困苦的情况下钻研校雠学的情形："恒情恶贫贱，得饱更求馀。吾亦常苦贫，而不乐簪裾。撑肠借旧业，发箧著我书。注杜称千家，幽闷烦爬梳。孳孳事目录，琐琐及虫鱼。"

1942年秋天，程先生在四川成都就母校金陵大学之聘，刘国钧仍担任着该校文学院院长，工作非常忙，得知程千帆还在继续钻研校雠学，并且计划写一部比较全面的书，就将这门功课的教学任务交给了他。于是程先生一边讲授，一边撰写《校雠广义》。对于刘国钧先生的教诲与知遇，程先生始终怀着感激之情，直到晚年还写了《上衡如先生》诗二首，其二云："争关梦觉叹何曾，敬业传薪愧不能。未死白头门弟子，尚留孱魄感师承。"1945年，程先生到武汉大学工作，担任的课程中，仍然有这一门，积稿也随之逐渐充实。解放后进行教学改革，这门功课被取消了。随后程先生又因人所共知的原因，离开了工作岗位近二十年，对这部没有完成的稿子更是理所当然地无暇顾及了。

1978年，程先生受匡亚明校长之聘，在南京大学指导研究生。考虑到研究生需要独立进行科学研究，则校雠学的知识和训练是必不可少的，于是就从十年浩劫中被抢夺、被焚烧、被撕毁、被践踏的残存书稿中去清查那部未完成的《校雠广义》，结果是校勘、目录两部分还保全了若干章节，至于版本、典藏两部分，则片纸无存，但因工作需要，仍然勉力讲授。这就是后来由南京大学研究生徐有富、莫砺锋、张三夕和山东大学研究生朱广祁、吴庆峰、徐超等同志记录整理的《校雠学略说》。

我毕业后留校任教,因为跟程先生学过校雠学,所以承担了本科生目录学的教学任务。程先生像过去一样继续对我施加友善的压力,不仅将为研究生上校雠学的任务交给了我,而且还将与他合著《校雠广义》的任务也交给了我。对我来说,这当然是既求之不得又诚惶诚恐的事。我们又花了十多年的时间,终于完成了这部书的写作任务。当我们手捧着这部还散发着油墨香味的130万字的《校雠广义》时,都有一种难以形容的轻松愉快的感觉。

程先生在《校雠广义叙录》中指出:"根据我国民族传统文化而建立的包括版本、校勘、目录、典藏四个部分的校雠学,也许这是第一次得到全面的表述。"关于这部书的学术价值,我就不再多说了。我只想就程先生为什么锲而不舍地撰写《校雠广义》,为什么特别重视校雠学的教学工作的问题,谈点粗浅体会。

首先,他想把钥匙交给学生,让学生自己去打开知识宝库的大门。他说过:"多年来,学生多半注意接受老师们传授的知识,而不够注意学习老师们获得知识的方法。每位老师都有一个知识仓库,学生往往等老师将仓库打开,拎着口袋去装,而并不一定会想到应当自己去打开。研究生如果还不注意这一点,他们获得的知识终将是有限的。"所谓打开知识宝库的钥匙,在程先生看来就是校雠学的重要组成部分目录学。有位研究生曾经问他:"假如你现在年轻二、三十岁或更多,你将如何着手?"他回答道:"假使说我现在是一个大学生,我还是首先注意从目录学入门。"为了把钥匙交给学生,他特地为学生开了校雠学、工具书使用法等课程。校雠学的作业是将《四库全书总目》提要读一遍,写一篇论文;工具书使用法的作业是利用工具书所提供的线索为一篇古诗文做注释、校勘工作。在指导我们读专业文献时,他还特地为我们开了《专业文献选读书目》。我感到从目录学入手可以全面而迅速地了解文献信息,大开眼界,少走弯路。

其次,他要为学生今后治学奠定坚实的文献学基础。程先生认为"任何真正的科研,必须经过两个阶段。第一个阶段叫做收集材料的阶段。""一般说来,凡是属于征集、排比这样一种工作,都可以称为收集材料的过程。比如说,给一个作家作年谱,或者把他的诗文按年来考订,或者是给一个古书作注解,作校勘。这一类的工作,都属于收集材料的阶段。"而校雠学或者说文献学的任务正是探讨收集、鉴别、整理材料的规律。我们如果要扎扎实实地做学问,都应掌握丰富的文献学知识。

程先生文史兼治,在文学研究方面的成就尤为突出。数十年来,他的研究方法虽有发展变化,但始终将文献学作为基础。如早期,他在撰写《古典诗歌论丛》时,尝试着"把批评建立在通过考据而得出的坚实的材料的基础上。"而晚年,他在与研究生谈话时,则进一步指出:"文学研究,应该是文献学与文艺学最完美的结合。文学研究首先要有文献学作基础,有什么材料说什么话,这才是唯物主义的态度。"只要我们翻阅程先生的论著,都会为他占有资料之详细,鉴别资料之精确,运用资料之恰当所叹服。他的《唐代进士行卷与文学》如此,他的许多诗学论文也是这样。凡师从程先生,学过校雠学的研究生,通常具有较为扎实的文献学功底,这已成了南京大学中文系中青年学术骨干的共同特色。

此外,他还想提倡实事求是的学风。无庸讳言,学术界长期存在着一些不正之风,仅程先生批评过的就有"见风使舵"、"以论带史”、“轻浮”、“弄虚作假”等不良倾向。为了克服学术界的不正之风，程先生一再指出：“实事求是仍然是我们应当提倡的学风”，呼吁“发扬实事求是学风。”我体会程先生长期坚持撰写和讲授《校雠广义》的目的，不仅在于让人们掌握从事科学研究的基本知识、基本方法，而且还希望人们掌握从事科学研究的基本材料、基本操作规程。因为校雠学旨在求真，着重研究如何全面掌握与运用真实可靠的资料，所以他反对根据几个概念再加上几个例子就写成一篇文章，或者把从图书馆借来的十本书变成第十一本书的作法；反复强调“必须注重亲自搜集第一手的资料，对于他人引用的资料，必须核实”，注意辨别真伪、先后以及实证与推测的区别。他曾一再对自己的研究生说：“你们写作业所引用的任何材料都要有出处，都要有篇名、卷数和版本。凡是能找到第一手材料的，不可以用第二手材料；凡是有不同版本、异文的，应该加以注明。这些，都要求你们必须有一种严肃认真的学习态度，都应该十分注意。”

就古代文学研究而言，程先生认为“从理论角度去研究古代文学，应当用两条腿走路。一是研究‘古代的文学理论’，二是研究‘古代文学的理论’。前者已有不少人从事，后者则似乎被忽略了。”程先生特别重视后者，因为在程先生看来：“搞文艺理论的同志，一定要念作品。没有作品的话，理论从哪儿来？理论是从作品总结出经验来，又指导后来的作品的。如果搞空对空的导弹，理论有什么用处？”他本人研究古代文学坚持直接研究创作，从中抽象出诗人和作家的文学思想、艺术手段以及创作规律，并形成了自己的研究特色。应当说这也是程先生提倡实事求是学风的一种反映，一个突出贡献。

《清代版本图录》读后

宋平生

在我国，编辑出版古籍版本图录，大约肇始于民国早期。不过当初多称“书影”，而不称图录。如《铁琴铜剑楼宋金元本书影》、《故宫善本书影初编》等。“图录”之称，似始于顾廷龙、潘承弼合编的《明代版本图录初编》。当时的图录，主要收录宋元古本，没有收录清代版本的。这主要是贵古贱近的意识在作祟的缘故。其实，在清代刻本中，有不少精善之本或珍稀之本，在文献价值、艺术性方面，并不逊于宋元古本。当然，它们的自身价值尚需一段时间才能逐渐被更多的人所认同。

1960年，文物出版社出版的《中国版刻图录》，首次将清代版本收入卷末。但限于篇幅，远不能反映清代版本的全貌。

1992年，齐鲁书社出版的黄裳所编《清代版刻一隅》，可称是第一部专门收录清代版本的图录。但由于资料仅限于编者自藏，且侧重于版刻艺术鉴赏，所以殿本、官书局本、活字本等多有未备，仍不足以反映清代版本的全貌。因此，编者在序言中诚恳地希望今后有"更完整、成熟的著作的出现加以补救"。这不仅是编者的个人愿望,也是广大读者的共同心声。

近年来,人们对清代刻本的学术性、文物性、艺术性日趋认同与重视,但又苦于清代刻本存世量大,珍品劣品鱼龙混杂,翻本仿刻亦层出不穷,使人难以窥其全貌,辨其源流,更遑论鉴别真伪优劣了。因此,人们都热切地企盼着有一部能全面系统地反映清代版本全貌和特点的图录问世。正是在这样的背景下,浙江人民出版社适时地出版了由黄永年、贾二强两位学者编著的《清代版本图录》(以下简称《图录》)一书。

由于《图录》出于专家之手,故甄选精当,立论警辟,所收图版颇具代表性。无论殿版、坊本、家刻,乃至官书局本,还是活字本、套印本、插图本,无不应有尽有。可谓是名副其实的第一部充分反映清代版本全貌与特点的大型版本图录。读者一书在握,既可了解清代版本概况,又能鉴赏平日难得一睹的珍稀秘籍。而图版所附按语,或言版刻优劣,或言传世多寡,或言版本源流,尤见功力。黄永年先生治学之馀,平生雅好藏书,其鉴别版本源流与真伪优劣的经验和能力,当世鲜有能与之比肩者。故寥寥数语,实为厚积薄发者言,读者尤当珍重。

由于其有上述诸多优点,故《图录》一经问世,便不胫而走,成为专家学者、研究人员、藏书爱好者案头的必备之书。美中不足的是,《图录》的印刷质量尚存在一些问题,如部分图版模糊不清,印章和牌记套红有误等。此外,清代独有的合璧本、活字套印本、磁版本等似不应阙如,版画部分亦略显薄弱。这些问题(主要是印刷质量问题),若能在修订重印时加以改进,那么这部《图录》就趋于完美了。

编 后 记

在我们可以隐约听到新世纪到来的脚步声之际，这本仍洋溢着浓郁的本世纪读书、藏书气息的《藏书家》问世了。

对于有着优良的爱书传统的中国，对于有着悠久历史并保存了大量珍贵文献的民间藏书而言，在本世纪曾饱经劫难。不论是世纪初江南著名的皕宋楼藏珍本秘籍悉数被舶载东瀛、敦煌莫高窟藏经洞大批古写本经卷被外国文物贩子强取豪夺而流落海外；也不论是二十年代雄踞山东的海源阁藏书惨遭兵匪洗掠；还是八年抗战期间日寇飞机炸毁上海著名的涵芬楼，大批善本化为灰烬，在侵略者的铁蹄蹂躏下，民间藏书的损失不可胜计。这都是全民族的灾难和损失，将被历史永远铭记。而六十年代中期开始的“文化大革命”，民间藏书又遭到空前浩劫，全国的古书旧籍均被当做“四旧”而焚毁殆尽，凡亲身经历过的人迄今仍痛心疾首、义愤填膺。幸近二十年来中国走改革开放、科教兴国之路，社会稳定，人民安居乐业，“读书热”“藏书热”又悄然兴起，并正方兴未艾，为爱书人提供了良好的读书、藏书的氛围和际遇，也为《藏书家》的诞生创造了条件。

《藏书家》的宗旨，是联系世间所有爱书的朋友，倾听他们求书若渴、爱书如命 的心声，记载他们访书的苦辛、读书的痴情和藏书的乐趣，从而展现爱书人的思想境界和生活追求。

书籍是人类文明的结晶。《藏书家》愿为天下爱书人提供一块可以自由地交流读书、藏书心得及经验从而书香四溢的园地，也愿天下爱书人辛勤地耕耘、播种，让人类文明之花永不凋落。

本书创办之际，承蒙国内学术界、出版界许多专家学者给予真挚的关怀，或题辞鼓励，或赐稿支持，我们谨表示衷心感谢。而顾廷龙先生的题签题辞，竟成为绝笔，但也成为我们办好《藏书家》的巨大动力，"网罗放失"，集萃古今，以不辜负藏书界前辈及所有作者、读者的厚望。

封面题签　顾廷龙
责任编辑　周　晶
封扉设计　韩济平
版式设计　徐方中
　　　　　李　生

藏书家·第1辑

本　社　编

出版发行　齐鲁书社
社　　址　济南经九路胜利大街39号
邮　　编　250001
印　　刷　山东新华印刷厂
开　　本　850×1168　1/32
印　　张　5.5
字　　数　111千
版　　次　1999年4月第1版
印　　次　2000年10月第2次印刷
印　　数　4001—7000
标准书号　ISBN 7—5333—0720—8/Z·80
定价:8.00元

ISBN 7-5333-0720
Z·80 定价：8.00

廿乙下

封面题签　顾廷龙
责任编辑　周　晶
封扉设计　韩济平
版式设计　李　生

藏书家

藏书家

第2辑

齐鲁书社

图书在版编目(CIP)数据

藏书家．第2辑/齐鲁书社编．—济南:齐鲁书社,2000.6
ISBN 7-5333-0872-7

Ⅰ.藏...　Ⅱ.齐...　Ⅲ.藏书-文集　Ⅳ.G253-53

中国版本图书馆CIP数据核字(2000)第09367号

藏书家·第2辑

本　社　编

出版发行	齐鲁书社
社　址	济南经九路胜利大街39号
邮　编	250001
印　刷	山东新华印刷厂
开　本	850×1168　1/32
印　张	5.25
字　数	110千
版　次	2000年6月第1版
印　次	2001年6月第2次印刷
印　数	4001—6000
标准书号	ISBN 7—5333—0872—7/Z·106

定价:8.00元

金匱石室藏方
民間雅士之家收藏至
通信息補缺取長書
社義舉善舉於囊
公元两千年元旦丹翁大吉為
藏書家題
桓元於大連

姓字猶聞書卷香負瑯嬛手
意悽涼海源秘籍久星散
空對冷紅語弆藏

己卯秋日山東省圖書館出示海源閣藏書印數方
口占一絶錄奉藏書家 庚辰二月梁脩

目　录

断简零篇室摭忆

黄 裳

我的买旧书，是从收残本开始的。一直乐此不疲，至今架上所存，残本多于全本。这恐怕不是正统藏书家所能理解的。那原因说起来也平常，一是限于力，再就是缺乏鉴定的眼光。而又书癖日深，凡有所见，只要力所能及，总想弄到手才舒服。因此上当受骗总是免不了的。这就是买旧书付学费的阶段，是难于跨越的必经之路。

我入手的第一种旧书，是七册《四印斋所刻词》。那是在天津南开中学读书时，从劝业场的书摊上买得的。劝业场里有几家北京琉璃厂书店的分号，如藻玉堂等。明窗净几，满壁琳瑯，我曾大胆地走进去过，看到吴伯宛所刻的翻旧刻《双照楼所刻词》，还是罗纹纸的初印本，漂亮极了。不敢问价，不好意思的退出来。就在转角的书摊上看见了这部《四印斋所刻词》，虽然不过是光绪刻本，可是初印精善，立即付了三块银元买下了。这在一个中学生说来，也可以算得“豪举”。回到宿舍里细看，才知道这并非全书，《稼轩词》只存其半，五十年后才得补全。其实这也不好说是残书，是王鹏运随刻随印的初印本，册首还有小珠玉词人“辛卯杪秋得于凤城，幼遐侍御持赠”的题记。

移居上海以后，在我家左近的徐家汇街上，有一家旧纸铺，主人姓唐，南汇人。他是经营旧纸的，店里铺天盖地都是旧报纸杂志，还有零碎的法文英文书。时在"八一三"抗战之初，街口就是封锁线，每天有多少逃难者进入，身边杂物就随手处理掉了，书报杂志都归了这家旧纸铺，当时想配齐一套《文学》、《中流》、《作家》……绝不是难事。我就配齐过全部沈雁冰接编后的《小说月报》。这家店里很少线装书，不过我也在这里买到过不全本汲古阁刻的《剑南诗稿》和万历白棉纸本的《六代小舞谱》，这是我收藏旧本的开始。当时曾取过一个斋名，"断简零篇室"，就是说明自己每天以戋戋的点心钱只能买些残本的意思。

在徐汇唐氏肆中所得的残本好书还有元刻残本《文章正宗》，皮纸精印。其中选有杜诗不少，后来捐赠成都杜甫草堂了。又买得崇祯刻《梦林玄解》一叠，从衬纸中抽得康熙精刻本《半园倡和诗》一册，都是很有意思的。

1949年冬，去香港转赴北京，一路上也到书肆看看，记得在南昌市上，曾见康熙刻《楝亭集》和抄本《许鸿磐集》，未能谐价。香港没有书。转道天津，曾在东门里的铺子里买得阮元的《积古斋钟鼎彝器款识》，是用琉球纸精印本，前有阮元手题。又刘喜海抄本《河东集》。到北京后，一头扎进琉璃厂和隆福寺就出不来了。其间所买也以残本为多。

最有趣的是在琉璃厂得到一册抄本《痴婆子传》，是书铺徒弟用旧本影抄的假古董。到清华园去看钱锺书，闲谈中提到，锺书听了大笑。几天后他进城回访，出一笺相示，录一联断句云，"遍求善本痴婆子，难得佳人甜姐儿"，说"幸恕其唐突而赏其混成"，真是语妙天下。

来薰阁铺子里架上摆满了各种本子的《金瓶梅》，这我不感兴趣。问陈济川可有残书可看，他就引我到后进去，这里真是满坑满谷的残书，都是奇零小册和待配的残卷。我选得嘉靖刻《宋文鉴》一叠，棉纸大册精印，有会稽钮氏世学楼藏书大印。每册有莫友芝题名，是见于所著经眼录的得于皖口行营的本子，本来就是残书。原来想配全旧有李南涧旧藏的一本，不料还是配不成。

又抽得正统刻《诗林广记》一厚册，黑口，用纸系极薄但坚韧异常的皮纸，是明初宁夏刻本。《广记》有元刊明刊本不少，俱常见，只此罕传，疑是天一阁故物。存后集卷六之十。又嘉靖重庆府刻《蓝关记》，系记韩湘子事者。

最有意思的是一册《平海图》，崇祯刻本。书已被鼠啮去下半。附图精绝。这是一册剿平海盗的纪功之作。大似连环画，凡海战、阅兵、商略机宜、枭斩盗犯、收船散众等俱一一写出，有人物多至数十百人者，而纤细精微，刻工又足以副之，是晚明板画极精之作。后见王重民记美国国会图书馆有木活字本《壬午平海记》二卷，程峋撰。即是此书。首册因残蚀过半，遂为估人截留，未随全书俱去。后于吴下文学山房以重直得《平海图》残叶二番，乃得见其中全貌，遂损旧装重订之，也算得是巧遇了。

隆福寺修绠堂孙氏，颇有旧书。此次所得有残本弘治刻《梦溪笔谈》一册，黑口精印。传本极稀。只见群碧楼旧藏一全本，今归上海图书馆。修绠堂得到李木斋木犀轩藏书原印数方，随意钤于所得旧本之上。印虽真但书非李氏旧物。又有季振宜伪印，亦随手钤之，这是一种恶作剧，书册有此，有如美人黥面，也算得书卷一劫。同时所收还有旧抄《九灵山房集》，存三册，是鲍以文校本。买回后重装,见每卷卷尾都有以文校书记事,精妙可爱。后来曾见乾隆知不足斋刻大册《九灵山房集》,即以此为底本。

在修绠堂还得到过一册鲍校《东山词》,是张葱玉故物。此书宋刻残卷今在北京图书馆,取校鲍以文本,知即从残宋本出。古书流传端绪,历历可见,最是妙事。

隆福寺三槐堂,是一家老店。我在此店得《诗人玉屑》,是明翻宋刻本,只存一至十六卷,明人包背原装,题元亨利贞字样,可知前人亦不弃丛残,珍重收储。仿佛找到几百年前收藏残本的同志,格外觉得可喜。

五十年代初,宝礼堂藏书从香港归来,徐伯郊在自宅中布置了一个小型展览会,邀友人参观。给我留下深刻印象的是,宋建刻周美成集竟有两本,纸墨晶莹,夺人目睛。赵斐云(万里)正在身边,用臂肘推推我去看另一部宋板书,这是绍定严陵郡斋刻的《钜鹿东观集》十卷,却是残书,其卷四之六配的是元人补钞,写手精极,雅韵欲流,斐云小声对我说,"这种抄配岂不比全本更妙。"彼此相视而笑。这是狂论也是怪话,我懂得他的意思,是真正爱书人的心里话,也是对残卷大胆的肯定。

斐云是当代著名版本学者,眼力、见闻都是第一流的。过沪时每过我家观书,遇未见之书,必取怀中小册,笔录行款、序跋以去,其好学如此。我曾无意中于萃古斋检得残本一册,是海盐姚叔祥旧物。大字写刻,薄棉纸精印,前失序目,不知书名,只知为明初藩府刻本而已。斐云一见即曰,此洪武原刊《太和正音谱》也。此书久佚,汪阆源曾有影抄本,后归八千卷楼,曾影入《涵芬楼秘笈》。取视果然。斐云这种眼力学养,是不能不使人佩服的。

上海四马路有传薪书店,主人徐绍樵。我从这家店里买残本至多。绍樵对手中的残书总是说头本在郑先生(西谛)那里或书主家还有旧书一屋,残本必尚在,不难配全。可是开出的支票到底也不能兑现。我也不以为意,残卷又有什么不好。从绍樵手中所得残本有两种值得一说。其一是淮阴张致中的《符山堂诗》,存二册。绍樵说馀卷在郑公处,不知信否。书是致中子张弨手书上板的,极工整的颜体楷书,世人只知他所刻的顾炎武《音学五书》,而不知有此。卷中遇钟陵、皇祖处都空一格,可知是明清之交墨板。撰《茶馀客话》的阮葵生是张氏乡人,也未能见,甚可珍重。

另一种是王符的《潜夫论》,大册,刊印极精。卷耑书名下但标王符二字,与传说冯研祥所藏金刻正同。传世只有述古堂钱氏影宋抄本,取校此书,一一俱合。曾给徐森玉先生看过,他极赞此本之佳,定为元刻。卷前护叶用红筋罗纹旧笺,有金氏凝香室和焦里堂藏印。书出淮上是可信的。但藏书人尚有书一屋未出,馀卷尚在,则多半是绍樵信口宣传而已。

解放初期,上海、杭州、苏州市上出现残本极多,大部头的明抄本如《册府元龟》、《太平御览》、《说郛》等,多半是棉纸蓝格黑格写本,亦有出于天一阁、世学楼的。但卷帙浩繁,藏书无地,没有法子多收。而且其中多有明人恶钞,写手粗劣,不堪藏弆。我只留下了半部《通典》,却是精写本,工楷细如毛发,宛如佳帖。有大德王虎跋。知从元本出,世无著录,可为《通典》异本之一。

明刻版画,则得于吴下者为多。虽多残卷,价殊不廉。如《人镜阳秋》初印本,估人从洞庭东山收得,凡三次,俱以见售,仍缺数卷。这是可遇不可求的东西,不能以完缺定取舍的。

《广川画跋》,嘉靖刻,也只存一二两卷,得于苏州。可珍重的是曾为冯梦祯快雪堂所藏,钤有四印,俱绝精。不见此不能知明人治印本领,绝非《学山堂印谱》之类所可范围。

我的广收明刻残本，曾为故友汪曾祺所笑。不过将沦于还魂纸炉的残零故籍,于千百中救其一二,也不是没有意义的事。还有一种副产品,就是于残本中各取一叶,集成书影,自宋元起都数百叶,俨然一部名实相符的“留真谱”,暇日展观,也是极有益有趣的。

这样无休止无限制的买书,远远超越了我的经济能力,不能不时时陷于困窘之中。徐森玉丈曾给我写过一纸条幅，写的是吕岩诗,记得末两句是,“白酒酿成因好客,黄金散尽为收书”。借仙人的话相劝,老人的拳拳的心使我铭感的。

1957年冬,来青阁收得馀姚谢光甫遗书一批。我昏夜往观,在二百馀种旧本中，只选得一部残本。这是崇祯中茅元仪辑刻的《江村简寄》四卷,佚去卷二。鹿善继世居定兴江村,他是东林中人,与左光斗、周顺昌、魏大中交往密切,三人死珰祸,三氏子弟皆主善继家,一时义声动天下。崇祯九年清兵攻定兴,善继殉国。茅元仪取善继所藏友朋书札,辑而刻之。是为《江村简寄》。三卷中存四十六人札，世所习知者不过二十人。诸札皆及时政边事,是晚明史的绝佳素材。前有范景文、孙奇逢、茅元仪三序。书当刻于甲申前五六年。一望可知是汲古阁刻本。卷前有朱文小长印,文曰“三年北上东西岳,独马全游内外边”,止生印也。此后我就基本不再买书,阅肆十年,最后所得仍是残卷,看来我对断简零篇的缘分,是始终如一、始终不替的了。

1999年12月18日

我的日文藏书

于植元

我的日文藏书达万册以上，全为日本友人的捐赠。这其间，有着在国内外被人传诵的故事，不妨略为叙述。

近二十年来，我应邀出访日本近六十次，出访的内容为：讲学、参加国际学术会议、书法交流以及其它有关友好事宜。我所接触和结识的朋友很多，包括各个阶层的代表人物，诸如首相、议长、大臣、省市长官、高僧、艺术家、学者、企业家和平民。和十三位首相有文字之交，而关系较好的当推两个人，一是已故老首相福田赳夫，一是前首相竹下登。这里着重要讲的是竹下登以及他赠给我四吨日文原版图书的故事。

竹下是一位著名的友好人士，对中国的传统文化有着浓厚的兴趣。他在任大藏大臣期间，曾通过日中长期友好研究会向我求字，我给他写了郑板桥题画竹的诗，他非常高兴，并派人表示感谢。1986年夏天，日本前参议院议长木村睦男先生和我是旧交，他来访时随员中有一位中川孝三郎，他的父亲是竹下登读大学时的旧友，竹下又曾是他的英文教师，他当时任日中长期友好研究会的事务局长，前次替竹下求字也是他经手办理。此次他极为郑重地对我说："竹下先生准备明年参加首相竞选，他希望您能给他写一幅预祝胜利的中堂。他有个要求:一,把'竹下'二字嵌上,因为这是他的姓氏;二,把他的名字也一起嵌上,这个'登'字与姓氏连在一起;三是龙年(1988)上台;四是用一句话表达这几重意思。"我当即写了"能从竹下登龙门"七个大字的一幅中堂,由他带回东京。第二年夏天,我从九州地区到东京,中川先生陪同我到竹下事务所将这幅用百万日币裱好的大中堂当面交给竹下的贴身秘书。就在这年的11月一个深夜,东京打来长途电话,说竹下登刚刚就任日本首相,希望我能写首诗和一封贺信。我把诗和贺信寄去后,12月4日晚上8点,竹下登谢绝了来访和会见,专门接见送我的礼品的代表:一是他早稻田大学的同班同学小藤清己,另一个是中川孝三郎。12月31日,此二人特从东京赶来,送来竹下登的谢礼,并表示有大批日文图书将要专机运到大连赠给我。不久,四吨重的日文原版图书正式运到。体积太大,我无处存放,只得借用学院的空闲房间。这期间书多

次被迫搬移，丢失了不少，我只能焦急不安而毫无办法。后来，有一个办日语学校的领导商议要借用这批图书，我觉得能够发挥作用，总比放置无用要好些，我让他们搬去好好保管和使用。不料他们辜负了我的好意，非但不曾很好利用，反而又丢失了一部分。谁能想到，我这些图书竟成为意想不到的负担。我曾经想过，我必须为这四吨书找一个可以长期存放、充分发挥作用的地方。我自己的住处虽不算太小，但已有我和夫人两人的专业用书达三千册以上。这仅是上架的数目，而大批成捆成箱的书都找缝插针，塞在许多角落。如果我有一定的财力，我会另买专室，建一个小型图书馆，但这个奢想大概终生难偿；我也曾设想捐给学校的图书馆，但我的学校的图书馆的名字，已被一个海外人花钱买去，成为以他个人姓名命名的图书馆，它已不适合存放我这批图书……。

这时候,我想到“威海于植元书法艺术联谊会”,这是我的故乡一批热心人建成的民间组织,他们有专人主持日常工作,他们用巨资出版了我的书法作品集,并请许多海内外知名人士举行了一个隆重的首发式,他们办了学校并着手派出留学生……。事业正在发展,我应当把这批书捐赠给他们。就这样,我下了决心,他们派专人将这批书运到威海。从重量看,因为竹下登赠我图书时,实际重量超过四吨,所以,虽然丢失了将近三千册之多,现在还保有四吨左右。只是册数只剩下8724册。初步略作分类,按哲学、社会科学和自然科学分为三大部分,涉及22个科目,包括:政治、历史、党派、宗教、地理、天文、气象、农林、水利、畜牧、经济、外交、军事、法律、教育、文学、艺术、建筑、物理、化学、医学、生物学等。其中三分之一是昭和十四年(1939)以前出版。这些书,初步按分类上架,辟专馆存放,称为“于植元日文藏书部”,向社会开放,供各界借阅参考。

威海市领导对赠书一事极为重视,1999年8月1日,在威海举行一个赠书仪式,由司法部门予以公证,并同时开放,至今运行良好。

大概因为我出访日本次数较多,交往较广,而日本朋友赠给我的图书也连绵不已,小批量的就不多说了,除上述的一次达四吨以上者外,尚有几次也值得一提。比如开始时提到的日中长期友好研究会,他们在1986年即曾一次赠给我新版的日本小学教材三千馀本。除不赠历史教材外,其馀各科皆备。我把这些图书分赠给有关学校、教育主管部门和研究部门,供他们参考研究。又如田中内阁时的参议院议长木村睦男先生,也曾将他的自传《春来秋逝》上下两卷赠给我五十部。这位多年来从事中日友好事业的学者型老政治家，他的自传贯穿了近六十年来的日本历史，以及他本人和中国的密切关系，有重要的史料价值，我对他的这些赠书以极为慎重的方式予以处理。我刻了一方“木村睦男赠书”的专用章，每部书加盖此一印章后，我题上受委托赠送字样，分赠给国内各大图书馆，并请他们在我提供的接受函上签字为证，再请他们直接寄信给作者表示感谢。在半年之内，将此事处理完毕。我为什么对木村睦男先生的委托如此重视？当然有一定的因由。此人幼时家贫，弟兄六七人，几乎难以维持家计。哥哥到大连打工谋生，将他带到大连，在当时伏见台小学读书。别的同学中午有人将面包牛奶送到学校，而他却必须快跑回家吃一口冷饭。他说：“是当时的中国人帮我养大，所以我有两个故乡。”直到七八十岁以后的暮年，常常对家人说：“我得回去看看！”这里所说的“回去”即指到大连。他作过交通大臣，对日本的铁路建设有历史性贡献；在田中内阁时，他努力劝说田中首相早日实现中日邦交正常化。有人阻拦说，一旦邦交正常化，日本在许多方面多出一个竞争对手。他回答说：“多一个竞争对手是好事，可以互相促进，……”可以说，中日邦交正常化木村先生是与有力焉。他任参议院议长时，曾在北戴河会见邓小平同志，一起讨论过一国两制的问题。所以，他委托我的事，我愿意认真做好。他已是将近九十高龄的耆宿，和我多年来保持着友好往来。

学运小书十种

姜德明

回想当年留连京华旧书摊的岁月，真是如梦如幻，一去不复返矣。那时的书多，稀见本也不少，只是我口袋里没有馀钱，心有馀而力不足，眼见着一些心爱的书都擦肩而过了。没有办法，只好寻觅那些不被书贩重视的零本薄册，定价很低廉。这其中就有抗战胜利后国统区学生运动时期各大学学生们印行的小书。这类书均非名家名著，有的仅有几页，夹在书丛中连书脊也看不见，得在架上摊前一本本地翻检过去（书脊太薄也无法印书名），偶有发现，心中大喜，却又不敢声张。拿去交钱实在有点不好意思。每笔不过两三毛钱的交易，为此常遭人家的白眼。当时我还颇有点阿Q式的自负，心中自我安慰道：谁让你们不识货，瞧不起这些没有版权页，又非正式书局出版的小册子！此乃国民党的禁书，是急风暴雨中的产物，历史斗争的见证。在推翻国民党政权，建立新中国的解放战争中，毛泽东曾评价除了前线的军事行动外，国统区的学生运动正是人民解放战争中的“第二条战线”。在这一点上，卖书的却没有买书的精了。其实定价订得再高点亦不为过。

令人遗憾的是多年来收获不丰，仅得四、五十册而已。时隔半个世纪，几无人再道及，今检出十种作一小记，未知贤者以为然否？

《昆明惨案真相》

1945年12月1日发生在昆明的“12·1”惨案，有四名同学被害，引起全国各界的抗议。这本小册子列有被害和受伤同学的名单，主要为昆明当地的情况，绝少平津京沪各地的抗议和声援文字，因想是在事件发生数日后在昆明印行者。

书内无版权页，书前以鲁迅当年抗议段祺瑞枪杀学生的言论作代序，题为《历史的镜子》。书为32开本。

又载1945年11月12日，老舍在重庆复旦大学纪念孙中山80诞辰晚会上的讲话：“我是中国人，我爱中国，我不属于任何党和派，我没有当汉奸，我八年来的言论作品，没有一篇不是为了抗战，而我后面却一直跟着一个黑影。”国民党特务连温善如老舍先生者也不放过。

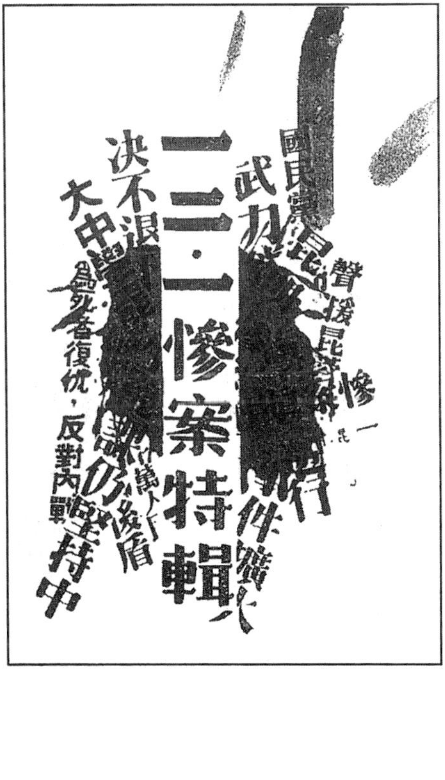

《一二·一惨案特辑》

此书无出版处，专收解放日报、新华社有关“12·1”惨案的有关言论和通讯，属言论文件汇编性

质。书为32开本，亦无出版年月，疑为张家口印行，专门发往国统区者。

《一二·一惨案死难四烈士荣哀录》(增订本)

32开本，昆明学生联合编印，近200页，为记录12·1”惨案最详尽的版。计收潘琰等烈士小传及相，各界祭文、悼诗、挽联等。增订部分有烈士殡仪照多幅。

卞之琳先生以《血说了话》悼死难同学，当为作家集中的佚文：

“为了争取说话的自由，血说了话。专帮凶，专堵人嘴，专掩人耳目的报纸也终于露出了血渍。死难者的血渍也正是流氓政治的伤痕。”

书内未印出版年月，估计为1946年下半年出版。

《美国兵滚出去》

本书无出版地点，署1947年2月爱国运动出版社印行，为抗议美军在北平强奸学生的暴行而出版。内收抗暴游行照片及漫画多幅，又“古城怒吼”、“暴行震动了上海”、“反对美军暴行运动在南京”、“浙潮也在奔腾”、“重庆是不朽的”、“革命圣地复活了”、“南中国能沉默”、“解放区的响应”等。其中“台北一条铁流”，载有台万馀工人学生游行记事及照片两幅。出版单位当为虚拟，疑上海印行。

《新五月史话》

1947年6月上海学生联合会出版，32开本，共24页。开篇即公布上海复旦、同济、交大、暨大等各校被捕受伤和失踪学生名单数百人。最后的“难忘的五月”记录了是月上海学生反内战反饥饿的斗争大事记。

另外收有两支歌曲，其中之一为被捕交大同学在狱中集体作词的《坐牢算什么》，由音乐家舒模作曲。

《新五月演义》

32开本，共14页，

仍由上海学生联合会编印，约于1947年6月出版，特别标明为“绣像全图，通俗小说”。全书为反内战的内容，却出自章回小说的形式，共十二回。如第一回的“坏政府兴兵内战，老百姓走投无路”；第十二回为：“达姆弹下学生遭惨死，珞珈山上教授祭英魂”。所谓“绣像全图”，仅为漫画三幅。

编后称这本通俗小说为几位同学连夜赶写而成，抢着“写老百姓都能看都能懂的文章”。声明若有赐教者，请寄交大学生自治会转上海市学联宣传部收。

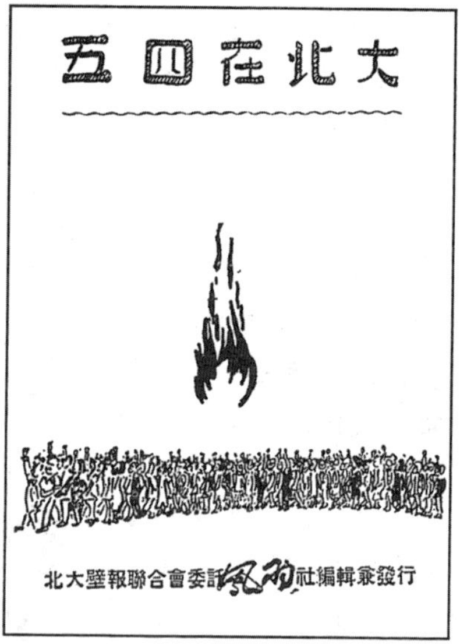

《五四在北大》

北京大学壁报联合会委托校内社团风雨社编辑发行，32开本，64页，出版于1947年。封面画为“五四”营火晚会速写，内收《营火记》，并朱自清、冯至、丁易等教授的讲话。

当时北大纪念“五四”的标语有：“迎接五四，认识五四，跨过五四”。本书扉页又载鲁迅致胡适信手迹，开篇是《蔡孑民先生赞》。“壁报文摘”中有“人物记”四则，除李大钊外，馀傅斯年、朱家骅、段锡朋三人都是批判的对象。开“五四”纪念会时，当时正在北平的周扬曾两次到北大参加活动并讲演。这正是周扬事迹中少为人知的篇页。

《南京的五四周》

本书为南京市大中学生联合会纪念“五四”二十九周年大会编印，32开本，1948年5月21日出版。书前刊有南京市大中学生联合会纪念“五四”二十九周年大会名义的《纪念“五四”保障人权保障教育抢救民族危机宣言》，又有张西曼、贺昌群、潘菽等教授发言，并《斥反动文艺》的散文朗诵。按郭沫若在香港发表的这篇文章，很快便传入内地，引起各方关注，甚至搬上舞台。在这篇朗诵郭氏的文章里，不仅出现了工农学群众，也出现了被批判的沈从文、朱光潜、萧乾、无名氏的形象，并徐讦、张爱玲的名字。最后是这批“反动文艺”的代表人物慌忙逃至“统治者”跟前，“工、农、学上前把统治者也给推翻了，歌声大起，幕急闭”。显然，这是左倾思想的产物，证明郭文出世后在社会上并非毫无影

响。

《激怒的铁流》

1948年6至7月由上海交大学生自治会出版，32开本，46页，书名副题为“反美扶日运动在交大”。开首发表有《上海市学生反对美国扶植日本抢救民族危机联合会成立宣言》，又《驳司徒雷登大使》、《驳王外长世杰对日政策的声明》、《致吴国桢抗议书》等。在《公断会的记录》总题下，发表了陈叔通、马寅初、张志让、史良、许广平等人的讲话。陈叔老慷慨陈词为爱国学生作辩，他在报上看到有“职业学生”一说，很不解，后来方知是上海市长吴国桢给学生们戴的“红帽子”！最后是《反扶日大事记》。编者特别刊出“谨以此册敬献于八年对日抗战的死难军民与正在缔造新中国的斗士们”。

《独幕剧集》

1948年秋，北平学生戏剧团体联合会主编的“学剧联创作丛书”第一辑，32开本，84页。书前有编者“前言”称：“学生剧运，作为新演剧运动的一支激流，在民主斗争里，始终无懈地，勇敢地前进着。”书中的五个独幕剧即完成于1947年到1948年间，都“真实的呼唤出人民大众的愿望、痛苦、仇恨和希望”。计收北大剧艺社创作的《开锣以前》、《夜歌》；清华剧艺社创作的《控诉》；燕大燕剧社创作的《大江日夜流》；燕大海燕剧团创作的《第四十一》。后者改编自苏联小说。又一篇《置身在民主的斗争里》，介绍了北平几所大学的演剧活动，亦珍贵的学运和校园文艺史料也。

来燕榭书跋（续）

黄裳

瑶华集

清初词选总集不下二十许种。然多通代选本，其专录明清易代人作者仅五七种。此《瑶华集》则其中之著者。此类总集往往附词人姓氏爵里，足资寻撦。其时作者如林，词坛鼎盛，然诸家单刻别集，百无一存。赖此选本而活者多矣。此本所收之富，不下《倚声初集》，而时代较近，亦罕传本。数年前曾一遇之，以少敝坏未收。后欲更求而绝不可得，乃甚悔前之轻弃也。此本为南陵徐氏故物，初印而颇风蚀，不敢更失，遂以重直收得。当重装善储之。余年来颇收旧本词集，初未经意，后乃肆力收之，所得不少。而江南旧家，扫地以尽，以为不复能得，今乃陆续得此诸种，不禁大快。旧槧因缘，固未尽也。乙未秋分前四日，黄裳记。

《瑶华集》二十二卷附二卷，康熙天藜阁刊。十行，二十一字。上下黑口，左右双边。康熙二十五年雪苑宋荦序。次刻瑶华集述，属蒋景祁授，子运昌录。次瑶华集词人，康熙丙寅夏编，爵秩遵照现官。卷末附名家词话，沈氏词韵略。收藏有“积学斋徐乃昌藏书”朱文长印。

古今词选

沈时栋《瘦吟楼词》,余收得康熙原刻于吴下,颇自珍重。知其尚有此选，而一时难遇。今于闽县林氏遗藏中得此，大为快意。刊刻精好,而选词手眼,非竹垞《词综》一路,可为吴江词派说法。漫识卷耑。乙未九秋十五日。

《古今词选》十二卷,吴江沈时栋焦音选。康熙丙申至山堂刻,九行,二十字。白口,左右双边。版心下有瘦吟楼三字。前有康熙丙子长洲尤侗序,康熙甲午梁谿顾贞观序,康熙乙未沈时栋自序,总目,选略八则,历代词名家目。收藏有“暗香姜白石残月柳屯田”(白文大方印)、“词原倒流三峡水”(朱文大圆印)、“南陵徐乃昌校勘经籍记”(朱长)、“讱庵经眼”(白方)、“讱庵老人六十以后所聚之书子孙保之”(白方)。

玉壶山房词选

此亦云间沈氏所刻也。余与《四妇人集》及《梅花喜神谱》同得之。余旧藏一本系竹纸印本,似别有所增,忆跋尾有题光绪纪年者矣。此尚是初印本,雷氏跋尾后尚钤二印,可珍重也。南陵徐氏所藏清刻,至富而精,年来散佚殆尽矣。余所得不少,近尚时时得之其家也。此是早岁流出者,展转又集余斋,故书有缘如此。癸巳新春二月初二日,黄裳记。

《玉壶山房词选》二卷,大题下双行题“玉壶山人改琦自编,华亭鹤使沈文伟较刊”。道光刻,八行,十六字。白口,四周双边。前有道光戊子沈文伟校刊词引,同里姜皋撰诔辞。

次目录，目后有文伟识语三行，云“先生词凡四种。是编较勘既竣，爰列目次如左。尚有《寒玉词》一卷，《壶中词》一卷，《画馀词》一卷行将汇钞，续付剞劂。”次王芑孙、曹言纯、陈文述、姜孺山、郭麐跋，次小像，卷尾有道光庚戌雷葆廉跋。每卷尾有双行牌记：“道光戊子冬云间沈氏来雀楼镌行”。收藏有“云轮阁”（朱长）、“荃荪”（朱长）、“华亭雷良树权人父校藏”（朱长）、“积学斋徐乃昌藏书”（朱长）。

玉 涂 词

三十五年九月十七日，漫步山西路旧肆中看书，得见端木子畴先生手校本多种，检得此册。卷首泥金识语，端整可爱。先生金陵耆宿，旧寓春明。战前移家南来，遗书散出。同见者尚有潘祖荫著书多种，都有先生手批。四日后秋雨新凉，题记于小虹桥畔寓庐。裳。

此书归我三十三年矣。六年前群盗过我家，藏书尽失。近乃得归，此册先至，展卷如遇故人，因更题记卷耑。己未立秋前六日，黄裳记。

十二年前余曾以文汇报事，小住金陵，寓户部街，即南唐宫禁小虹桥故址也。余是时始收旧本，而不知书籍美恶，市估每出通常明刻见示，幸其时无钱，未受其愚。暇过城北图书馆观书，街上有小肆，书不甚多，而时于人家买得故书，有精本多以之转售大肆。主人颇知书，亦熟于故家门路，一夕秋雨中过之，见案头旧书不少，皆端木子畴先生手校藏书。余知先生为词人而不知其校本之可重，徒取此精刻小册而归。泥金小楷，悦目赏心，叹为名物。当时赏鉴目光如是，可为一笑。转眼此已十年前事。

近日故书垂尽，余亦不更收藏，暇理故箧，又见此本。以其为始收书时所得，故剑之情，其何能已，遂研朱跋之。戊戌九月，重阳前七日，秋雨廉纤，记此。

《玉洤词》，吴县潘曾玮季玉撰。咸丰刻。九行，十六字。白口，左右双边。咸丰四年冯桂芬题耑。道光甲辰姚燮序，陈克家序，徐子苓序，汪锡珪序，兄曾莹序，自序。张曜孙、董思诚、尤坚、韩崇评跋，宋翔凤等题赠词。写刻殊精，然是馆阁体小楷，颇肥重。卷尾有苏城徐元圃局刻一行。磁青书皮上端木先生泥金端楷题“吴县潘曾玮著庚申初春寿阳师相持赠古建康端木埰藏”一行。

比竹馀音

吴兴沈砚传与大鹤山人交甚密。二十年前曾得《樵风乐府》，前有沈氏手跋云，曾先为叔问刻词数种，而流转颇稀，阅市十年，未尝一见。近乃于书肆架上得此，为吴眉孙遗书，甚可喜也。此为郑氏少作，后多删替，以是可重。癸卯夏至书。

润州吴庠眉孙，颇有藏书。其人尝客湘中，得旧本不少。久居沪上，十五年前曾得其手批莫氏书目，所藏尚谨守未去。后乃于肆中得所藏正德翻宋本黄御史集，甚得意。又数年身故，书籍扫数为古书店载去，无缘得见，只得此奇零小册以为纪念耳。甲辰十一月廿九日重阅漫题。黄裳。

《比竹馀音》四卷，北海郑文焯叔问撰。光绪刻，十行，十七字。白口，单边。扉叶题“光绪横艾之年吴兴沈氏墨板，鹤记”。壬寅王闿运序，次目录。收藏有“润州吴庠眉孙藏书”(朱长)。

济南书肆记

张景栻(亦轩)

读李南涧《琉璃厂书肆记》，辄为之神往。京师为人文荟萃之地，琉璃厂及隆福寺等处，书肆林立，文人墨客、达官贵人，日夕流连其中，屡见记载，传为一时佳话。济南仅为一省会，书肆之数量质量，较之京师，相去天渊。大抵规模狭小，多属个体经营，杂厕于古玩店之间，亦多兼营碑帖字画，而古玩店亦偶有兼售古旧书籍者。盖货源短缺，生意萧条，为谋衣食计，不得不兼收并蓄，以广开财路。书肆及古玩店，多设于城内省政府前街(旧布政司大街)、省政府东街(旧布政司小街)，以及迤东之芙蓉街、东花墙子街、辘轳把子街、曲水亭街、后宰门街等处。

余生也晚(生于民国二年)，涉足书肆之时，书业已呈颓势。及至日本侵华，战乱频仍，水深火热，每况愈下。七十年来，目睹书业之兴衰，书友之零落，俯仰今昔，曷胜怅惘。

集古堂

集古堂设省府东街西首路北，门市房二间，商号匾额为刘春霖状元所书。贡世卿、贡文毓、王茂卿三人合资经营，贡世卿与王茂卿先后退出，归贡文毓自营。然柜架全无，店徒四壁，陈书于地而卖之。不二年即退房歇业，于集市上摆摊撂地，潦倒穷困而终。文毓为贡世卿族侄，为人诚笃而讷于言辞，售书不持高价，零星书册则赠送不受值，乃书业中之君子。

贡世卿　附萧应椿　张英麟

贡世卿，河北省衡水县人，北京某书店学徒出身，流寓济南，以贩书为业。退出集古堂后，个体流动经营。五十年代，生意萧条，难以维持生计，已准备还乡，至舍间辞行。适城内蕃安巷萧氏藏书散出，省府前街张英麟家藏书论斤出卖，陆续购售，获利甚丰，遂卜居于省府东街路南。1957年，公私合营，并入古籍书店。退休后病卒，年八十馀岁。

萧应椿，字绍庭，号大庸，原籍云南昆明，父培元，字质斋，陈臬山左，因家济南。应椿清举人，官山东道员，入民国不仕，经办盐务。工书法，能诗，著《紫藤花馆诗集》二卷。收藏甚富，法书名画，多宋元以来名迹，碑帖亦重宋明旧拓，书籍搜求善本。其宋元精椠，秘置复壁，老房漏雨，尽数霉烂。明清刊本亦择善而存。殁后数十年，书画先散出，碑帖书籍继之，至是斥卖一空。

张英麟，字振清，济南人，故清翰林，官都御史，入民国，以遗老终。故居在省府前街南端路东，今已拆迁改建，其后人移居西乡。张氏藏书，质量逊于萧氏，而数量则远过之，前后散出不下万斤。其中清人集部居多，张氏殆欲聚有清一代之文献，藏之名山，传之其人。惜乎私人无力，公家不收，坐视其大秤论斤，包花生、卷炮仗，爱莫能救，徒唤奈何而已。

山根子

刘耀齐，乳名山根子，人皆以乳名呼之。济南人，原为瓦匠，后从事沿街收购故纸旧书，间及碑帖字画，于山水沟集日出摊售卖。住南关窑窝街，熟人多就其家交易。其人能大量寻找货源，买来即卖，并不存货，故售价亦廉。“文革”中停业，八十年代病死。

尚志堂

主人王茂青，济南人，原为逢源阁书店伙友，于省府东街路南开设尚志堂书店，门市房二间，赴北京赊销一批“压架货”，一时白纸大版，充牣店中，生意颇为兴隆。抗日战争胜利后二年，患脑肿瘤病卒。

大观阁　附唐仰杜　庞镜塘

主人王殿检，绰号王疯子，济南人，主营书画。肆设于省府前街路西，匾额为王献唐所书。抗战军兴，献唐先生载书入川，济南沦陷，撤换为伪山东省长唐仰杜书。抗战胜利，唐仰杜锒铛入狱，又改为山东省国民党委员庞镜塘书。济南战役结束，庞镜塘被俘虏，关店大吉。三易其匾，人皆笑之。后改业收购废品。

唐仰杜，字露岩，别号露园主人，回教徒，世居济南西关徐家花园，仕宦后裔。先世喜收书画，颇蓄宋元以来名迹，后家道中落，斥卖殆尽。日本侵华，济南沦陷，继汉奸马良为山东省伪省长，大量收购书画，皆付工装裱，手自署签，间题作者小传。后以汉奸罪伏法，书画均散出。

庞镜塘，籍贯不详，抗战胜利后任国民党中央执行委员兼山东省党部主任委员。好聚书，旁及碑帖字画，书贾趋之如鹜。济南被围，妻杨宝琳乘机翔去，庞氏恋其书帖字画，未与偕行，游移之间，空运断绝，被俘死于狱中。

英宝斋

主人王撰三，济南人，肆设省府前街路西，门市房三间，专营金石书画，为人善交际，工于辞令。买卖走洋庄，与德国、美国、日本人常交往，沦陷时期曾任济南市古玩业公会会长。五十年代初病卒，其子不能继父业，营业随即收束。

刘希增

刘希增，籍贯不详，肆设省府前街路西，门市房二间，专卖书籍。刘氏战前时期曾任山东省立图书馆小职员。五十年代，济南市博物馆筹备处成立，有马某介绍其任副馆长。文化革命中以其在日伪时期曾任伪职，遽加揪斗，刘氏身体素弱，至是一病不起。据济南市博物馆职员王建浩君言：刘在伪公安局任挂名差使拿干薪，其实在局长家当家庭教师。

敬古斋　附霍介秋　王献唐

主人王仁敬，历城人，绰号王大个子。专营碑帖，肆设省府前街路东，门市房三间。战前时代，聊城杨氏海源阁驻兵，藏书被掠，一军人挟书一柳条箱至肆求售，内皆杨氏所藏善本书，王氏以贱值收得，陆续售出，获利无算。王卒后，其子王升甫能继其业，往来于潍县陈氏（陈介祺家）、新城王氏（王渔洋家），开辟货源。五十年代中关店，移居尚书府街，与古玩商霍介秋同院居住。公私合营后，与霍介秋并入山东省文物总店，后病卒，年七十馀岁。

霍介秋，历城华山人，精于鉴别瓷器，退休后归家病卒，年八十馀岁。

王献唐先生于战乱(中原大战)中在敬古斋购得海源阁旧藏黄荛圃手校《穆天子传》、顾千里手校《说文解字系传》，镌刻印章曰“顾黄书寮”。五十年代初，献唐先生告我“黄校《穆天子传》已出让于周叔弢”。余为之惊叹，坚请其顾校《说文系传》割爱时勿再让与他人。先生旋即举以归我。

春浦阁　附刘子逸

主人刘桂锡，字春浦，济阳人。文宝斋学徒出身。于鞭指巷北首路东斌兴店内租住北屋二间，主营文物书画，经常往来于曲阜故孔继涑府第，多得孔府遗物。公私合营后并入山东省文物总店，以癌症卒于千佛山医院，年七十馀岁。

弟刘桂全，助其兄料理店务，兄死月馀，亦病卒，兄弟皆无子女。

刘子逸，河北省南宫县人，主营字画，亦常住店内。以病胸膜炎归故乡，卒于家中。

奎文阁

主人赵级三，名连升，历城遥墙人。肆设省府东街路北，门市房一间。原逢源阁书店伙友，工于装修书籍。五十年代初，营业不振，曾邀致舍间装书。旋歇业还乡，改习中医，四十年来，音问不绝。先人敝庐，圈地播迁，久未得其消息。

汉宝斋

字号匾额为王献唐所书，主人刘寿亭，济阳人，文宝斋学徒出身。肆设省府东街路北，门市房一间，专营字画文玩。曾于淄川西铺购得明户部尚书毕自严万卷楼遗书《度支奏议》，售得善价，载《山东省图书馆季刊》。五十年代初关店，于集市出摊。南门外新桥街有住房一所，以兴建济南剧院被拆迁，流落以死。其为人颇豪爽，售物不居奇持高价，能谋取一醉而快然自足，可谓廉贾。

怀古斋　附吴友石

主人郑静轩，名广仁，历城人，文宝斋学徒出身。肆设省府东街路北。门市房一间。五十年代中期，改营陶瓷盆碗用具，不久歇业，至萃宝斋干临时工，后退出病卒，年约七十岁。

郑氏曾购得吴友石家文物，获取厚利。人言其大发财源，城里买房，乡下置地，皆莫须有之谈。吴氏子闻之，不胜其忿，扬言将捣毁其门面店房，但查无实据，未敢造次，以不了了之。

吴友石，名鹗，原籍苏州，定居济南，供职于财政界。好聚书，建爱日楼以藏。收书重孤本秘籍，所藏书多旧抄本及原稿本，刊本亦皆稀见之品。王献唐先生尝言，济南之藏书家，以吴友石为第一。吴氏所藏碑帖亦富，不重旧拓，而新出土之精品，成套之石刻全份，数量众多，蔚为大观。吴友石卒后，所藏书籍碑帖，其后人陆续售于友竹山房。

忠雅堂

主人李荣华，肆设省府东街路北，门市房二间，经营旧书及碑帖字画。约在抗日战争胜利后歇业。

缘古阁

主人李晋斋，济南人，文宝斋学徒出身，肆设省府东街路南，门市房一间，字号招牌为王献所书。经营书籍碑帖，一度在南门集市摆摊。公私合营，其子李大经并入古籍书店。李氏八十馀岁尚健在，而其子李大经先卒。

李杰三

李杰三，济南人，肆设省府东街路南，门市房一间，专营旧书，兼卖字画。其人举止阔绰而存货无多，未几，架上空空，改赴集市摆摊，同行间戏谓其“下野”，后不知所终。

建古斋　附夏金年　黄西岳

主人孙积平，绰号小孙儿，济南人。肆设省府东街路南，门市房一间，字号匾额为夏金年所书。专营碑帖，粗能捶拓石刻，尝助我扛抬长梯登佛慧山，拓取宋人重镌大佛头题记。黄西岳常至肆中选购碑帖，每以贱价获得精品。六十年代灾荒时期，营业停滞，以穷饿死。

夏金年，字丽生，云南曲靖人，定居济南。精金石之学，民国《续修历城县志》金石门为其撰写，成《历城金石志》。工书法，精篆刻，藏书颇富，间有善本，碑帖亦多旧拓精品。无子，以族侄过继为子。卒后所藏立即散出。

黄西岳，名肇莲，即墨人，定居济南，工书法，精金石碑版之学。为一时鉴定名家。收藏书籍碑帖字画颇多，沦陷时期病卒，年七十馀岁。其子不能守，遗物散出。其所藏之金源拓本《沂州普照寺碑》归余。

宝丰泰

主人刘汉卿，绰号刘大脚，济南人。肆设省府东街路南，本业楠木制作，修理红木傢具，亦能修治七弦古琴，兼营书画。公私合营后并入山东省文物总店，病卒于司里街寓所，年七十馀岁。合营后，刘汉卿与刘春浦、霍介秋、王升甫，余戏呼之为商店四皓。

郑家书铺

主人郑某，佚其名，绰号郑大个子。肆设芙蓉街北首路东，门市房一间，专业旧书。郑氏售书好持高价，顾客议价不成交，出门离去，追回再议，仍不成交，再离去，再追回。三进三出，七擒七纵，仍未必成交，顾客苦之，多裹足不前。抗战胜利后歇业。

茹古斋　附台继武

主人钱汝英，绰号钱眼子，博山人。肆设辘轳把子街路南，门市房一间，而后座房屋院落颇宽广。专营古玩，兼及书画旧书。钱氏精于鉴别古器物，不识字而能望气审定书画之真赝，亦一奇人。战前王献唐先生任山东省图书馆馆长时，常与其交易往来。五十年代初，献唐先生与余同至茹古斋，其时钱氏已故，歇业已久，伙友杨疯子回张店原籍，店中惟存台继武留守。壁上尚悬钱氏遗像，旁挂王献唐题台继武手拓秦瓦量立幅，景况至为凄清。

台继武，潍县人，摹拓古器物得乡人陈簠斋家真传，后在山东省博物馆服务，退休后病卒，年八十馀岁。杨疯子似名杨德新。

文宝斋

主人刘文启，肆设东花墙子街路东，门市房二间，经营古玩字画，碑帖书籍。培养弟子不少，如郑静轩、李晋斋、尤崇基、辛友三、刘寿亭及其族侄刘桂锡等，后皆独自经营，各立门户。约战前刘死停业。

聚文斋　附路大荒

主人彭辑五，河北冀县人，肆设东花子街路东，门市房三间，专营古旧书籍。伙友数人，能装修书籍、制作书套，破书烂册，皆能金镶玉嵌，修补完整。亦好作伪以欺人，手段不甚高明。约在沦陷时期病卒，留伙友二人，继续营业，支撑残局。后将店底倒与路大荒之亲戚某，由大荒主其事，不久即歇业。

路大荒，字笠生，大荒山人其别号。淄川人。颇留意于乡邦文献，搜集乡贤蒲留仙遗文甚勤，辑有《聊斋全集》，战前经王献唐先生介绍在上海世界书局出版。五十年代，又加以补充整理在上海出版。卜居于大明湖畔秋柳园，后移居曲水亭街河东。于金石书画书籍皆有所藏，尤注意搜集乡贤手迹。晚年服务于山东省图书馆，文化革命中惨遭迫害，一病不起，卒年七十馀岁。后平反昭雪，开会追悼，余挽之以联云："网罗三百载，集聊斋之大成，柳泉故居共说鬼；论交四十年，忆秋园于旧梦，曲水新亭独怆神"。

彝古斋

主人王思训，绰号王长脖，历城人，家在唐王道口，肆设曲水亭街南首路西，门市房二间，主营古玩字画。五十年代初，歇业回籍，卒于家中。

高家古玩店

高老七，忘其名。肆设曲水亭路东，门市房一小间。五十年代初，以老病去世，其家人清理店房，店中旧存唐造像残塔，高二尺馀，方尺许，生前悬高价不售，至是弃置道旁，无人过问。高亦有心人，沦陷初期，于山东省立图书馆废墟中捡拾汉魏石经残字碎石片，积成一簏，待价而沽。溥心畲来济南开画展，出资收之。亡友张海清代送至北京颐和园寓所。

居家书铺　附刘伯峰　盛北溟

主人居万祥，济南人，肆设曲水亭街路东，门市房一间，专营旧版书籍。刘伯峰先生时以藏书托卖，亡友盛北溟先生亦常与交易。居氏病死，学徒郑守珠继其业。郑历城人，公私合营后并入新华书店，售卖新书。郑于旧书版本颇为熟练，用非所长，殊属可惜。退休后回原籍。

刘伯峰，名峙，河北省固安人，宦游山东，战前曾任沾化县县长。晚岁定居济南，工书法，精版本目录之学，藏书甚富，其所藏明刊精图《吴骚合编》、傅山手校《隶释》等善本书，辑印于《四部丛刊》行世。晚景凄凉，藏书散出殆尽。临殁前手写告别亲友文一通，排印散发，余得其一。

盛北溟，湖北省武汉市人，宦门之后，流寓济南，精词章之学，工诗，人贫而藏书颇富。貌奇古，酷似神州国光社所印行之屈原画像。为人不修边幅，破衣褴衫，口不择言，时发狂论，人呼为盛疯子。沦陷时期，执教于正谊中学，虽学识优长，而体貌衣着，不堪为人师表，校方谢绝其赴教室讲课，仅于家中批改学生课卷。月发薪金，入手辄尽，馀日则蔬食饮水，怡然自得。蔡新雨、崔复瑗与余发起"湖上诗社"，邀北溟入社阅卷。后以年老无依，尽鬻其藏书于居家书铺，返回武汉，归骨故乡。女盛祖棻，有才名，嫁四川大学校长某，以发狂疾为夫所弃，抗战胜利后报刊曾载文称"盛祖棻流落街头"，后不知所终。

鉴古斋

主人李子谦，历城人，肆设曲水亭街北首路东，门市房二间。主营书画，间售旧书。问津乏人，门虽设而长关。年逾七十，日挟书画包裹扑扑于公共汽车道上，或彳亍独行于街巷之间，投其所好，送货上门。文化大革命中，肆中字画书籍，扫数抄出，付之一炬，回家后郁郁而卒。

山东书局　附张韵皋

山东书局，创始于清末，原为官办，刊版印刷《十三经读本》、

《农政全书》、《蒿庵集》、《圣武记》等书行世。入民国书局撤销，改归私人经营，主人孙达卿，肆设后宰门街西首路南一院落内，北屋三间，除木版书籍外，兼售石印及排印本线装新书。余十馀龄时，常随先父韵皋公至肆购书。约沦陷时期歇业。

韵皋公讳鹤元，其先自历城白土岗迁济南，已历五世，以耕读为业。韵皋公下帏攻读，设帐授徒，而屡举不第。科举废，改业医，任军医垂二十年，历职至陆军二等军医正。工书法，能绘事。好聚书，尤重视医学书籍，广事搜求，有稀见之本则手自借抄。以日本人尚重视皇汉医学，著《医籍考》，发愿编写《中国医籍总目提要》，并从事辨伪考证工作。所收医籍，大部随身携置于后防医院，以供研读。时值军阀混战，前军败绩，所存医院之书籍，尽付劫灰，仅以身免，居家仍复购求著述不辍。晚年在济南哲院任医师，抗战胜利前一年冬病卒。时日寇败局已定，临终惟以不获亲见光复失地为恨，终年七十五岁。所遗之书籍及著述手稿毁于丙午浩劫。

逢源阁

主人王采廷，字贡忱，桓台县人，前清举人，入民国曾任山东省议会议长。肆设省府东街路南，主营旧书，兼营书画文物。王采廷为财东，以王茂青为经理，有伙友赵级三等。王茂青曾对我言，门市每收得善本书籍及书画精品，王采廷以原收购价自留，不入公帐，因忿而辞柜。约沦陷时期歇业。据茹古斋杨疯子谈，“王所得善本书，多捎往芝加哥销售。”五十年代，齐鲁大学以哈佛大学赠款收购书籍，聘王献唐先生来校参加鉴定工作。王采廷不知，以其子借自献唐先生之陶器拓片四巨册，委托书贾吕狠子赴校求售。献唐先生识为己之故物，当即予以扣留，并附函令吕贾带回。吕贾不敢持函复命。此函即留余所，今历劫尚存。

刘仲华书铺

刘仲华，济南人，好聚书。晚年在南关正觉寺街西首路北，租借门市闲房二间，出售自存书籍。书皆常品而持高价，盖老人不悉行情而惜售。问津乏人，不久即歇业。仲华旧藏多善本。

国华书局

主人冯国华，济南人，肆设正觉寺街西首路南，门市房一间，专营外文旧书。地区虽偏僻，距离外国教会所办之齐鲁大学、齐鲁医院、广智院等处较近，故生意尚能维持。歇业时间不详。

萃宝斋

主人辛友三，名长增，历城人，文宝斋学徒出身。肆设经三路纬一路，门市房三大间，附后院为自己住宅，经营字画、古玩、旧书。规模弘大，生意兴隆。公私合营后，加入人民公园门旁明古斋古玩店之杨肇江、书画商吕淦臣，以辛友三为经理。吕淦臣以奔父丧受暑病卒，加入怀古斋郑静轩为临时工。后辛氏以私生活不检点被撤销其经理职务，勒令还乡，不久死去。萃宝斋改为济南市文物店。

尤崇基

尤崇基，绰号油罐子，济南人，文宝斋学徒出身。经营书画古玩，无固定场所，晚年移居南关离明街，以租赁小人书为生。

工书法，精于小楷，而从不炫露，亦古玩业中之奇人。离明街被拆除，不知所终。

侯素庵

侯素庵，济南人，多才艺，能书画及镌刻印章，经营字画文物旧书，以伪造书画为主业。尝伪刻汉砖数方托人运至山东图书馆求售，王献唐馆长识其伪而惜侯之才，约其来馆相见。时潍县上陶室郭氏尽鬻其所藏古砖瓦于日本人，在青岛为政府人员查获，运归图书馆，馆中整理捶拓，编制《上陶室砖瓦文录》，其中精好之数砖已为日本人事先携去，献唐馆长即命侯氏依照旧拓片重刻数方，辑入陶文集内，后注“侯素庵补刻”字样以志其始末。又图书馆自临淄运来魏造像二躯，其高等身，失其头颅，亦命其补刻，置于走廊，皆给厚酬。晚年赁居县西巷路西一宅内，家徒四壁，穷困无聊，后以老病赴北京依其女，卒于北京。

友竹山房　附栾调甫　陈冕　胡小琢　邹允中　范之杰　蔡新雨

主人吕川升，字小舟，绰号吕狠子，历城东乡人，后宰门街某书店学徒出身。父吕随舟，业碑帖，早卒。肆设南门内舜井街南首路西，门市房一间，专营古旧书籍，兼营碑帖字画。南门内外多旧家老户，如本街之陈冕、南门外东燕窝之范之杰、南关新街之邹允中、南关后营坊之胡小琢，皆富收藏，身后藏品大量散出，近水楼台，多就便与友竹山房交易。又吴友石家藏品，怀古斋郑静轩既被得罪，亦持来求售，故营业尚不恶。抗战胜利后，营业扩大，租赁对过门市房二间，并出资于附近葛贝巷购房一所另居。济南战役，南门一带，适当其冲，遭池鱼之殃，充栋之书，尽付劫灰。平定之后，重整旗鼓，迁回路西故址。公私合营，并入古籍书店，退休后病卒，年八十岁。余十许龄时，读书于南城根街之师范附属小学，课馀常往友竹山房就近购书。嗣后交往频繁，垂七十年，书林旧友，无有如余两家历史之长者。

吕贾尝以自拓钱谱乞王献唐先生题识，先生题曰，“吕狠公以贩书起家，然较他人尚不甚狠”。余谓吕狠子居然升公爵，加官晋级。先生援笔续书曰，“以子爵升公爵，连升三级”。相与大笑。吕贾继以钱谱求栾调甫先生题，调甫题为“佷公”。又使余题，余题作“很公”，盖欲使其从犬到人。献唐先生曰，狠公可传。

蓬莱栾调甫先生，以无学历又无资历由学校学生推举而被聘在齐鲁大学国学系执教，课馀常步至书肆，往往挟书而归，归则调朱研墨，伏案批注，孜孜不倦。积书盈室，仍日事搜求。尝笑余收书好买奇奇怪怪，然调甫先生其后收书亦好买奇奇怪怪。

陈冕，字冠生，占籍济南，光绪间进士第一，授翰林院修撰。藏书颇富，兼及书画，室名“小墨墨斋。”《书画过目考》著录其所藏书画多种，所谓“陈冠生殿撰”即其人。故宅在城内鞭指巷北首路西，大门内旧悬“状元”二字匾额。南门内舜井街路西为其东宅。

胡小琢，名春华，济南人，以收藏金石书画名于时。身后所遗书画多归泰州宫子行本昂。子行殁后又归廉南湖泉，南湖之妻吴芝瑛手书《帆影楼纪事》，其中著录之“四王恽吴”绘画精品数十件，几全属胡小琢家旧物。

邹允中，字心一，湖北武昌人，宦游山东，定居济南。工书法，善绘事，收藏碑帖书画书籍甚富，殁于南新街寓所，所藏皆散出。

范之杰，字隽丞，又字瘖公，别号历山农。原籍浙江绍兴，入济南籍，光绪二十九年进士，授翰林院编修。入民国，任山省议会副议长、湖北高等审判厅厅长等职。擅诗文，工书法，宗苏东坡，自号“佞苏居士”。收藏书籍字画多精品。五十年代初，所藏由其侄辈经友竹山房吕贾手卖出，其中杨守敬先生旧藏日本卷子本一批，大都归余。时范隽丞先生尚健在，客居上海，被聘为上海文史馆馆员，济南家中藏品斥卖罄尽，尚懵然不知。1957年卒于上海，年八十五岁。

蔡新雨，字元瀚，济南人，善属文，尤工于诗，所至为骚坛盟主。好聚书，所收多集部文学书类，藏书室名“抚壮室”。年廿二岁时任《新鲁日报》编辑。以毕业于法政学堂，服务于司法界，然值世乱，播迁无宁日。晚岁居上海，执教于卢湾中学，退休后回里，藏书荡然，或云为家中所用之保姆所窃卖，疑莫能明。后以肺心病卒于南门外顺城街寓所，年七十岁。余与新雨中表亲为尊行，呼余为二叔而年长于余八岁，余十馀龄时授我以诗古文数十百篇，皆熟读成诵，架上书随意借读，实不啻为余之良师益友。著有《紫桐花馆诗草》、《饷口文存》。

朱彝尊与曝书亭

刘玉才

北垞南，南垞北，中有曝书亭，空明无四壁。八万卷，家所储，鼠衔姜，獭祭鱼，壮而不学，老著书。一片端谿石，晨夕心相于。审厥象，授孙子，千秋名，身后事。

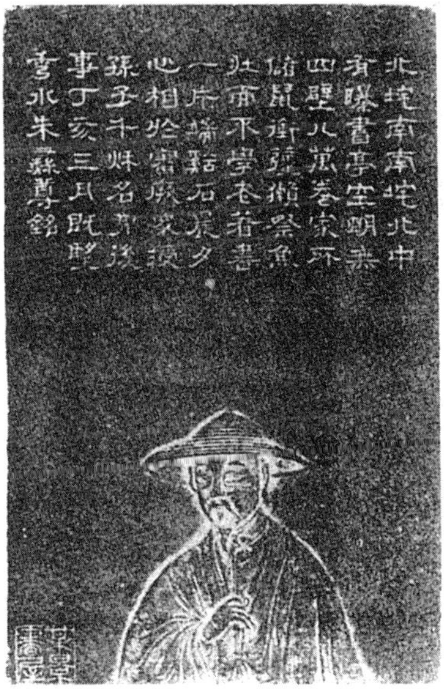

竹垞著书砚背面

清初名耆朱彝尊晚年在其朝夕相处的“竹垞著书砚”上刻下如许砚铭，砚的背后在砚铭之下还镂有竹垞老人的戴笠小像。原砚现藏上海博物馆。朱彝尊身为明显宦之后，磨剑十年，结客五陵，率尔出应“博学鸿词”之征，屈节仕清，颇遭时人物议。但是他的仕途并未因此而平坦，居官前后仅有七八年，大半时间还是过着读书治学的文人生活。归田之后，更是终日与书为伍，著述自娱。出仕没有为朱彝尊赢得多少功名。《经义考》、《曝书亭集》却使后人永远记住了这位性格略带伤感耿直懦弱的读书人。

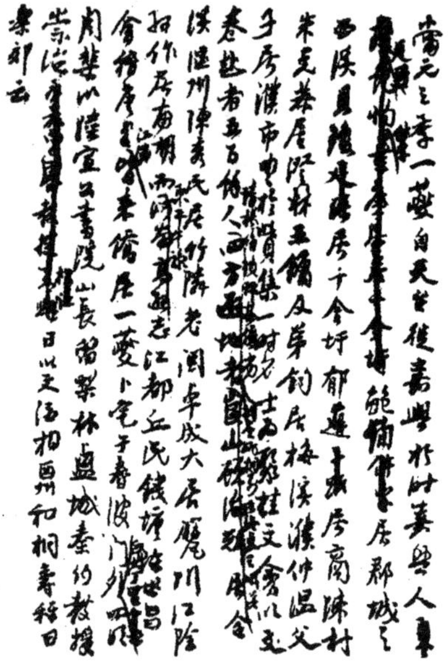

朱彝尊手迹

在清初儒林，朱彝尊以学富才高、文备众体而著称。清代论者认为，当时王渔洋工诗，汪苕文工文，阎百诗、毛西河工考据，独竹垞兼擅众长。朱彝尊获得如此奖誉，应该说得益于其对图书的酷爱，著述等身的背后，是竹垞老人钞书聚书、手不释卷的一生。

朱彝尊出生于浙江秀水的书香门第，曾祖朱国祚，明万历状元，官至户部尚书兼武英殿大学士，但到朱彝尊的父亲时，家道已经败落，清兵屠戮江南之后，更是“研北萧然，无书可读”，先人遗泽，仅一部《大明集礼》而已。明清易鼎之际，朱彝尊积极联络抗清志士、遗民诗人，其中与山阴澹生堂后人祁理孙、祁班孙兄弟过从最密，藏书世家的独特氛围，对立志古学的朱彝尊自然有所影响。清顺治十五年，朱彝尊自岭南归里，阅豫章书肆，购得图书五箱，这是他最早购藏图书。不过正赶上庄氏明书之狱，相关书籍，争相焚弃，五箱图书全部散失。此后，朱彝尊迫于生计，开始长达十馀年的游幕生涯，足迹遍及大江南北，黄河上下。行旅之中不废读书，随身携带十三经、廿一史，遇到丛祠荒冢、破炉残碣之文，莫不搜剔考证，与史传参校同异，积累了丰富的资料。游幕生活，依人作客，没有丰厚的进项，但并不影响朱彝尊好书之笃，他曾用二十金购得明项笃寿万卷楼残帙，且借抄范氏天一阁、曹氏倦圃、黄氏千顷堂秘本。北平名宿孙承泽，见朱彝尊行旅之中仍橐载众书，颇为感慨的说："吾见客长安者，务攀援驰逐，车尘蓬勃间，不废著述者，惟秀水朱十一人而已。"

康熙十八年，朱彝尊应"博学鸿词"之征，以布衣身份除翰林院检讨，充明史纂修官，后又充日讲官，入值南书房。官位虽然不高，但可以交接天下名士，观览内廷藏书。朱彝尊充分利用这些机会，传抄公私善本秘籍，充实自己的收藏。北平孙承泽，无锡秦砚斋，昆山徐乾学，晋江黄虞稷，钱唐龚翔麟，均曾借书给朱彝尊传抄。康熙二十年，朱彝尊典江南乡试，公务馀暇，观览衔巷坊肆，拜访藏书之家，购得不少罕见之书。其间还留下了一则脍炙人口的传说。著名藏书家钱曾著录家藏善本秘籍为《读书敏求记》，书成锁入书箱，随身携带，秘不示人。竹垞多方谋求，终不得见。遂利用典试江南之机，约请钱曾及当地名流，置酒高宴。私下以黄金翠裘买通书童启开书箱，预先雇请数十名抄书手，连夜抄成副本。《读书敏求记》这部名著由此得以流传于世。

朱彝尊供职史馆，能够见到各地进献的图书。他携带一名抄书手，出入史馆，随时抄录。此事遭人告发，结果被罢去官职，时人谓之美贬。朱彝尊对这件最终断送了自己前程的事件，似乎并不后悔，他在其书椟作铭曰："夺侬七品官，写我万卷书，或默或语，孰智孰愚。”罢官后，因家贫无力归乡，寓居京师古藤书屋，仍著述不辍，将自己入仕之后的作品集为《腾笑集》，还采摭群书，编成北京地方文献《日下旧闻》。

康熙三十一年，朱彝尊去官归田，经过几十年的辛勤采访、抄录，他已拥有图书三万多卷。归田后，在勤勉著述的同时，仍广事交往，不遗馀力地搜求未见图书。邓实编辑的《古学汇刊》收有“竹垞老人晚年手牍”十一通，都是写给藏书家马思赞的。马思赞，字寒中，浙江海宁人，藏书颇富，插架多宋元精椠及金石秘玩绢素真迹，藏书之所名道古楼。书信的内容都是讨论典籍之事，或辗转传抄，或多方购置。《古学汇刊》如今也不容易看到，不妨摘录一通，以见竹垞老人好学之勤，嗜书之笃。

> 接查浦信知宝灵通抱恙，心甚虑之，及素村到镇询知痊可，始释于怀。老莲之见，万勿期速效，多用汤药，自然平复，勿听我藐藐也。旬日前晋贤过长水，适小童取回《咸淳志》在案头，渠见之，据云有残本在桐乡，许愚往检，若可补七卷，渠欲易我重本，此事俟渠查明熟商方法，非愚有所靳也。《李迂仲摘志》细观乃假托，乃不全兔园册，无益之书，衎斋不必给又皋价也。《枣林杂俎》正在抄录，不至迟延，容陆续完上，断不遗失耳。咸三处书尚未见面，俟晤后再复。《学古编》止数页，须从乱书堆检出附咸三持上。贱辰承色酒之贶，当之不安，敬谢。已与查浦面订廿四五当一渡江至真州，若魏黄诸家诗话能借我往劝荔轩刊之，甚盛事也，不审衎斋能概然否?《刘三吾集》千乞觅便借愚一观，缘集中记有为耿炳文作墓碑乃卒于洪武二十七年，此明征也。今正史野纪俱载建文命之帅师讨燕，此一大可疑事。盖实录为西杨改削，文献无征，不可不为辨明，恐贻误国史，所关非小耳。率谢不一。八月廿二日　醧舫手复衎斋主人。

朱彝尊归田之后，又陆续获书四万馀卷，此间，老友李彦贞慷慨馈赠图书二千五百卷的故事，可称佳话。康熙三十六年十一月，朱彝尊到平湖探望病重的李彦贞，李将自己的著作《放鹇亭集》和二千五百卷藏书一并托付给朱彝尊。查慎行有诗纪其事。诗曰："叹息诗人失李颀，柘湖回首旧游非，自怜老友今无几，且喜藏书得所归。万卷又增三箧富，千金直化两蚨飞。平生谬托知交在，恨不从渠借一瓻。"

七十岁时，朱彝尊前后获书总计八万卷，建曝书亭贮藏。既没有先世积累，又没有雄厚的财力，藏书达到如此规模，应该说相当不易。《曝书亭集》收有竹垞老人的多篇书跋，内容主要是考订学术，辨证源流，附带也讲了不少聚书、抄书的曲折经历。《太平寰宇记》跋："康熙癸亥抄自济南王祭酒池北书库，缺七十馀卷，后二年复借昆山徐学士传是楼本缮写补之，尚缺河南道第四卷，江南西道第十一至十七卷，闻黄冈王少詹购得上元焦氏所藏足本，及询之，则卷数残缺同焉。"《绛帖平》跋："鄱阳姜尧章撰《绛帖平》二十卷，予搜访四十年始抄得之，仅存六卷尔。记在都下，于孙侍郎耳伯所获观宋拓绛帖二册，光采焕发，令人动魄惊心。过眼云烟，至今搅我心也。"此种近乎书淫书痴的嗜好，足见朱彝尊对典籍的情有独钟。

朱彝尊大部分的藏书是传抄的，目的显然是阅读治学，有别于一般藏书家的聚珍纳奇。《日下旧闻》、《经义考》、《词综》、《明诗综》诸书的编纂，无一不是建立在曝书亭丰富的藏书基础之上。现存的《潜采堂宋元集目》、《全唐诗未备书目》、《明诗综采摭书目》、《两淮盐筴书引证书目》、《竹垞行笈书目》，都是朱彝尊为利用藏书进行著述研究编纂而成。朱彝尊还编纂了曝书亭藏书的总目，分经、艺、史、志、子、集、类、说八个门类，书名《曝书亭著录》，共八卷。

朱彝尊非常珍惜自己来之不易的藏书，每每钤印于卷首，一面刻朱文戴笠小像，一面镌白文十二字曰："购此书，颇不易，愿子孙，勿轻弃。"他原本希望同样嗜书的儿子昆田继承藏书，不料昆田早死，给了他沉重一击，"呜呼，今吾子夭死矣！读吾书者谁与？夫物不能以久聚，聚者必散，物之理也。吾之书终归不知何人之手？或什袭藏之，或土苴视之。书之幸不幸，则吾不得而前知矣"。朱彝尊已经预见到了藏书的归宿，他死后，曝书亭的藏书只保存了几十年。据《蒲褐山房诗话》记载，竹垞的孙子稻孙晚年贫不能支，藏书陆续散佚。乾隆间开四库全书馆，竹垞后裔进呈珍本六十九种，最终著录五种，存目二十八种。《国朝耆献类征初编》的《词臣》记载，朱彝尊死后，曝书亭废为桑田，南北垞种桑皆满，亭址无片甓存，只有匾额无恙，而荷锄犯此地者，其人辄病。或许竹垞老人还在眷恋着他的八万卷藏书吧！

·新书架·

二十五别史 齐鲁书社出版 精装大32开 全套22册附光盘索引 定价1380元

正史向被视为"帝王家谱"，并且官修的正史往往慑于强权，史官不敢秉笔直书，而采取"隐恶虚美"的态度，使一部二十五史不尽真言，不知掩盖了多少历史真相。而在中国史书体裁中，有别史一类，多出自私家著述，自视为名山事业，遵循"文直事核"的史学传统精神，往往仗义直言，保存了许多真确的历史资料，所以，被众多的历史学家公认为比正史更可靠的历史著作。由山东大学等八所高校十数位教授、副教授整理点校的《二十五别史》，选取从上古到清代的二十五部著名别史著作，按朝代排列，成为"二十五史"姊妹篇，是可以与二十五史互相参资的一部重要的历史丛书。(思陶)

风雅嗜古的刘燕庭

沙嘉孙

刘喜海自镌泉匣小像

刘喜海是清代道光年间著名的藏书家、金石学家，字吉甫，号燕亭，后改作燕庭。诸城县逄戈庄人[①]。诸城刘氏在清代是一个很显赫的家族。刘喜海的高祖刘棨官至四川布政使，为官清廉，尤善应变，受到康熙皇帝的赏识，特赐他御书“清爱堂”匾额一块，予以褒奖。曾祖刘统勋、伯祖刘墉是乾嘉时的父子宰相，为清王朝的兴盛做出了很大的贡献。尤其是刘墉，他外娴政术，内通经史，长于古文考辨之外，又能诗赋，擅题跋，尤工书法。一生嗜读书，格外喜观词曲小说，经常置于案头，每天都要照本吟唱几段。有意思的是,后来他自己也成了民间传说中的重要人物,其故事世代流传不绝,至今仍为人所称道。刘喜海的祖父二十一岁就病故了。他的父亲刘镮之由刘墉教养成人。刘墉自己的儿子无有成大器的,倒是这个侄儿后来官至内阁大学士,成了国家的栋梁。乾隆五十九年(1794)刘喜海就出生在这个世代为官,被誉为“海岱高门第”的家庭里。他有一方“甲寅人”的印章,就是为纪念他的生年而刻制的。

刘喜海从小就喜爱收藏古物,这除了家庭的因素之外,对他影响最大的就是他的老师金赐឴和著名学者阮元。金锡鬯本人就是一位钱币收藏家，他对刘喜海进行了泉学的启蒙教育。临终时将其著作手稿及所藏古钱全部送给了他的这位学生。阮元是刘统勋的门下生，又是门下士；刘墉也曾是他的馆师；又与刘镮之为同榜进士,二人亲密无间,情同手足。阮元身历乾嘉文物鼎盛之时,主持风会数十年,海内学者奉为山斗；又为收藏大家,阮氏文选楼、琅嬛仙馆丰富的藏品,燕庭多得寓目。在诸名流前辈的提携下,刘喜海很快就进入了收藏名家的行列。

嘉庆二十一年（1816）刘喜海考中了举人，在京任兵部员外郎。清代嘉道承平时，京朝官吏政务多暇，名辈以主持风雅为事,后进承流仰风,成为习尚。刘喜海日与好友叶志诜、徐松、李璋煜、许瀚、许梿、吴式芬等人朝夕过从,互观所藏,眼界更加宽广。又与朱锡庚交往,尽观朱氏藏书,是最知椒花吟馆底蕴者。后朱氏藏书散出,燕庭所得甚夥。其中最著者为宋刻三十卷《张说之文集》,是海内孤传蜀本。

道光元年（1821）刘镮之病逝，刘喜海以荫监生赐官户部郎中，他的收藏活动从此进入了深入系统地研究时期。他来往于北京、杭州等地，有计划地大批购进古书、碑帖及钱币。据传他的味经书屋、嘉荫簃中多奇书，仅宋刻唐人集就有数十家。但我们现在仅知道九种：除上面提到的《张说之文集》外，复有《司空表圣一鸣集》、《李长吉集》、《许用晦集》、《郑守愚云台集》、《孙可之集》、《张文昌集》、《元微之集》、《权载之集》[2]。又大力抄录罕见古籍，今可见者一百六十馀种。其中书目六十一种，多为未刊之书。诸城刘氏抄本，不少出自刘喜海的本家兄长刘雯之手。道光十年(1830)在他七十四岁时改名为如海。因此，在刘氏抄本有署刘雯抄本者，又有刘如海抄本者，实为一人所为。刘氏抄本不但内容上有很高的学术价值，而且抄工也精雅可观，又多有燕庭手跋，考证各书流传原委甚详。现在讲古书版本，都要提及诸城刘氏抄本，可见它在中国古籍版本学上的地位。

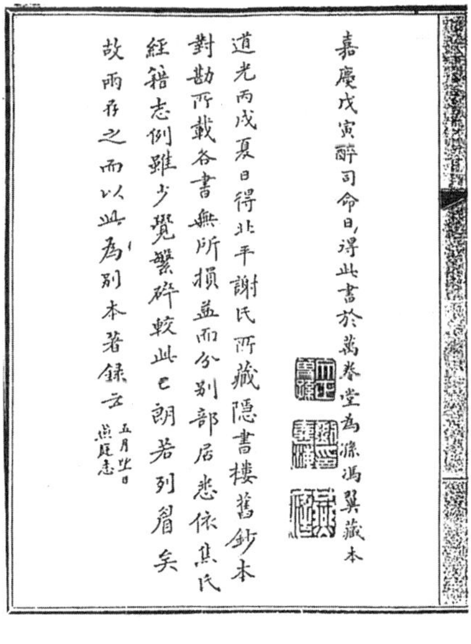
嘉慶戊寅醉司命日，得此書於萬卷堂，為滁馮翼藏本
道光丙戌夏日得北平謝氏所藏隱書樓舊鈔本
對勘所載各書無所損益，而分別部居悉依焦氏
經籍志例，雖少覺繁碎，較此已朗若列眉矣
故兩存之，而以此為別本著錄云 五月廿日 燕庭志

旧抄本《传是楼书目》刘喜海手跋

在京十八年，也是刘喜海与朝鲜士人频繁交往的时期。诸城刘氏与朝鲜人士的交往可追溯到乾隆五十四年(1789)。当时刘墉任吏部尚书，其诗文、书法在朝鲜已享有盛名，这时朝鲜著名诗人赵秀三随冬至使团来京，拜

会了刘墉，并与刘镮之互相酬唱，与刘家结下了深厚的友谊。乾隆五十九年(1799)正月，刘镮之与阮元同车来到朝鲜使馆，结识了朝鲜著名诗人柳得恭。柳氏《滦阳集》卷二记其事云："阮元，字伯元，江南仪征人，翰林编修。刘镮之，字佩循，号信芳，山东诸城人，翰林检讨。余在馆中，二人同车而来，徘徊庭际，无人酬接，怊怅欲返，余请之炕上，与语皆名人也。"从这则记载来看，刘喜海的前辈是十分重视与朝方人士的交往，其方式也是比较自由的。

嘉庆十四年(1809)，冬至使团副使金鲁敬及其长子金正喜来京，会见了刘喜海，从此开始了他们长达三十年的学术交流活动。金正喜是朝鲜著名学者，多次来中国，会见过著名学者翁方纲、阮元等人，讨论学术文化，把朝鲜金石学引上了科学发展的道路，被称为"阮堂大师"。他对刘统勋、刘墉的书法艺术推崇备至，由此对诸城刘氏产生了特殊的敬仰之情。这时刘喜海正在有目的地收集朝鲜金石，准备编撰《海东金石苑》一书。这一计划，得到金氏的大力支持。他们回国后又联系赵氏，开始了全面收集东碑的活动。嘉庆二十年(1815)十月，赵寅永随兄冬至使团副使赵钟永来到北京；二十一年春，在琉璃厂书店街会见了刘喜海，送给他海东碑帖数十种。在朝鲜学者金正喜、赵寅永等人的帮助下，燕亭编成了《海东金石存考》不分卷、《海东金石苑》八卷、《朝鲜书目》一卷。这是中国学者全面研究朝鲜金石与书目的开始，受到中外学界的高度重视③。也使刘喜海成为中朝文化交流史上的一位重要人物。

道光十三年(1833)刘喜海出守汀州，十九年升陕西延榆绥道道员，二十五年(1845)迁四川按察使。这期间，他编撰刻印了

《苍玉洞石刻题名》、《长安获古编》、《三巴舂古志》等书。这些书的拓本，多出自著名拓工陈畯之手[④]，又由陈氏缩临成册，再选良工刊印。书中所绘器物图形花纹，凤舞螭螭，惟妙惟肖。所摹铭文碑文，波磔毕具，真行各极其态，十分精审，为中国印刷史上所少见。

道光二十七年(1847)夏，刘喜海调任浙江布政使。当时浙江形势十分糟糕：洋面不宁，水灾不断，官吏腐败，府库空虚，账目混乱。前布政使存兴即因此被清廷查办。刘喜海到杭州后，巡抚梁宝常没有遵照清廷的命令，按期查清账目，而是投其所好，让他去清点天一阁藏书。天一阁是我国现存最早的私人藏书楼，多有人间未见之书。这对于刘喜海当然具有很大的吸引力。他多次亲至宁波，登阁观书，并撰写了详细的提要，编辑成《天一阁见存书目》十二卷，为后人研究天一阁藏书留下了一份珍贵的资料。同时，他的聚书、抄书、著书及收藏古物的活动也在百忙中加紧进行。在杭州庙市购得季振宜所藏汇集宋刻本《史记》四种，这使他惊喜不已。从天一阁及厦门旧家抄录出一批罕见古籍，是他来浙之后又一大收获。他的著述三十七种及一批罕传古籍，也准备在浙江任内刊刻行世。并准备接受陈介祺的举荐，聘请嘉兴徐同柏来协助完成这一工作。可是至道光二十八年(1848)因梁宝常的被革职，这一切都被迫停止了。更糟的是，他自己也因风雅嗜古，于道光二十九年(1849)三月，被召回京师，降四品顶戴休致，从此结束了他的官宦生涯。

燕庭罢官之后，闲居北京黄华坊，继续进行泉学研究。道光三十年(1850)，阮元、赵秀三、赵寅永相继去世，这给他本来就不好的心情又增添了新的忧伤，健康状况更加恶化。咸丰二年，他将一生的收藏事迹逐条记于《竹汀先生日记》的书眉上，其中很多是写他得书的经过。不久，他就于咸丰三年(1853)三月辞世而去了。留下古书一千四百馀种，藏书印三十三方，古钱四千六百馀品，碑帖五千通，其他古物尚无精确统计。幸运的是，他的许多藏品流传至今，被国家永远保藏，成为中华民族共同的文化财富。

2000年元月16日撰于山大寓斋清风轩

注：

①逄戈庄今划归高密县。

②光绪末，北京述古堂书贾于瑞臣购书诸城，得此八种。事见王献唐《双行精舍书跋辑存》续编177页，齐鲁书社1986年排印本。

③韩国顺天乡大学学者朴现圭博士撰有研究刘喜海与朝鲜学者交游的论文六篇，1996年来山东大学访余，译成中文，打印持赠。此段文字多引用其大作。

④陈畯，字粟园，号南叔，海盐人。

赵烈文与天放楼藏书

江庆柏

在我国近代史上，赵烈文之所以被人关注，主要是因为他与湘军首领曾国藩的关系，以及他那部《能静居日记》，而对他的藏书活动则研究不够。实际上，赵烈文一生都在积极收藏图书，他的藏书事迹也是值得研究的。

赵烈文（1832—1893），乳名来求，字惠甫，也写作惠父，号能静居士，江苏阳湖（今常州）人。赵烈文三应乡试不售，遂绝意科举，到外地就幕。他与清军几大统帅如曾国藩、曾国荃、李鸿章等都有交往。他对曾国藩尤为佩服，先后四次入曾幕，曾国藩对他也非常倚重。赵烈文与周腾虎、徐寿、华蘅芳、莫友芝、龚橙等相交也很深，他们或是著名学者，也有不少藏书家。与他们的交游对赵烈文的治学、藏书都起到了很重要的作用。

赵烈文一生著作很多，但大都是未经刊印的稿本、抄本。这些著作中，最重要的是他的两部日记，尤其是《能静居日记》(以下简称日记)。这部日记稿本共有五十四册，记录了大量清军(主要是湘军)与太平军作战的详细情况，对当时的其他重要史事也有记载，是我国近代史上著名的几部日记之一，历来为近代史研究者所重视。日记还逐日记下了自己的活动，记载了大量与读书、购书、藏书有关的事情，所以也是我们了解其藏书活动的最基本的资料。民国年间陈乃乾在日记的基础上编成了《阳湖赵惠甫先生年谱》。我们今天研究赵烈文的藏书活动，主要就是根据其日记与年谱。

赵烈文藏书处名天放楼，是他在常熟定居后构筑的，但他在常州时已开始有藏书。据《落花春雨巢日记》所记，咸丰二年五月初四日至初九日，他整天都在家整理藏书，可见这时的藏书已有一定规模。另据《能静居日记》咸丰八年五月初五日所记，日记中原有“待购书目：艾儒略《万国全图说》、汤若望《坤舆全图说》、南怀仁《坤舆图略》、陈伦炯《海国闻见录》”一行半字，后涂去，不知何故，但它透露出赵烈文的一种购书意向。此外，在其以后几年的日记中，也多次附记有“待访书目”，如咸丰九年十二月三十日的日记中开列的“访求各书”多达四百馀种，反映了他对图书收藏的迫切愿望。

正当赵烈文广泛收藏各类图书时，太平军开始进攻苏州，紧迫之中，赵烈文带着家眷、图书仓促出逃，辗转各地。咸丰十年四月，他雇船两只，将行李书橱二十馀件装在一船上，他的三十馀函四百馀册图书也散放在船上。先到湖州，又到上海，最后到崇明，住在崇明城东南的堡镇。

自此之后至咸丰十一年六月，他第二次入曾国藩府，他的生活相对安定。他一有机会，仍经常出入各书肆。

从咸丰十一年六月离开崇明,到光绪元年十月重回常熟,尽管他长期奔波于南北各地,案牍繁剧,事务杂错,生活很不安定,但也因此使他结交了更多的朋友,并有更多的机会出入各地的书肆。这对他的藏书是极为有利的。这一时期的日记中,经常有图书收藏的记载。

同治四年十一月,赵烈文一度接家眷移居常熟。常熟的住宅非常幽雅,室外湖光山色,宅内碧草绿树。赵烈文在这里藏书、读书,自得其乐。"清泉几旁,名山砚北,居稽一室,乐莫与俦矣。"(日记同治四年十二月初七日)同治五年十月,他写成《卜居诗》十八首,其中第一首诗写道:"平生囊箧藏,四壁罗图书。"第七首写道:"读书东房南,广几罗典坟。上下数千载,咏歌訇以殷。得间遂研别,遵途无限屯。忽尔与古会,慰怀胜饮醇。恢诡炫奇博,饕餮矜多闻。譬彼珍错过,朵颐灾我身。人己学良殊,默默观群文。"可以看出他这一时期的生活和心境。次年七月,他原藏在崇明的图书也用船运到。

同治八年后赵烈文又到天津、保定、磁州、易州等地入幕供职。在这一时期,他得到了其他人寄赠的许多图书,有些还是很珍贵的。他也赠送或为人代购了一部分图书。这反映了当时学者文人之间广泛的图书交流情况,这也是我们研究近代图书流通史时可以值得注意的。图书的流通除了主要通过书肆这一途径外,还广泛地存在于民间的其他各种形式中。

光绪元年十月二十五日,赵烈文回到阔别多年的常熟。他除继续购置图书外,还修缮了藏书楼,系统整理了自己的藏书,从而最终奠定了他在藏书史上的地位。

这一时期他生活比较安逸,同时也不再有外出之意,故得以专心于图书金石的收藏。赵烈文这时所逛的主要是常熟、苏州两地的书肆。由于这一带本来就是藏书的中心,文化经济发达,所以好书不少,赵烈文尽自己能力,予以收藏。一些书肆主人闻其大名,也纷纷上门推销图书。赵烈文通过各种渠道收藏了大量藏书,宗源瀚说他“四部狂搜目光炯”(《颐情馆诗续钞·赠赵惠甫》),十分传神地显示了他网罗图书的热情和专注。

这一时期的赵烈文不仅非常关心藏书的建设,而且还非常关心自己藏书处的建设。他结合自己住宅的修造,对藏书处作了精心的安排。赵烈文在常熟的居所曾经多次修整、改建。光绪元年冬十一月,缮修西楼落成,命名为黛语楼。赵烈文描绘其格局云:“西窗正对虞山,峰岚紫翠,爽若列眉,近可晤晤,故标是名。楼下仍名能静居,西为卧室,中间、东间敞开,设书案文具,生平所得法书名画金石图籍,择最精者藏诸。俯仰是间,足以忘老。”光绪八年,桐城方宗诚来访,观其亭榭,极为叹赏,以为非凡俗能及。

这时赵烈文个人生活中的一件大事是他于光绪九年正月纳俞姬。俞姬父俞鹤龄性喜书籍,藏旧本颇多。曾在苏州开设万卷楼书肆,后破产。俞姬兄俞达(?—1884),字吟香,善词曲,著有《青楼梦》小说,亦好藏书。受家庭影响,俞姬亦知诗书,且能写记书目,装订书本。赵烈文《定情十首》之六云:“胸中珠玑我自夸,愿将采笔付如花。便参玉局知文史,碧榜新题小奉华。”他自注道:“姬文字未全通,而性颇敏慧,又家世业书,善整比旧籍,余黛楼所藏善本拟均付之。辄题楼下书堂为‘小奉华’,志幸也。”俞姬的到来给赵烈文的藏书以很多帮助。

光绪十二年,赵烈文以其庭院西南隅荒芜犹昔,于是决定重为整治。他在制定全园结构时特别关注藏书处的设置，“南洲之上为楼五楹，移天放楼名名之，家藏典册，悉庋其中。四围皆水，无毗连屋舍，庶期永久。”(日记光绪十二年二月初一日。)五月，他撰《上梁忏记》云：“法书典册居兰台，越千万年无乱灾。匪籯珠金侈富财，子孙保之其念哉。” 表现了他对藏书安全的关注和对藏书久远的期盼。六月，天放楼成。其好友宗源瀚记其居所云：“惠甫于二十年前买其地，积年修筑，今已有修廊长桥，书楼层台矣。余赠惠甫楹帖云：‘尽楼台池馆，比蕃锦争春，谁办此千帙传家、万言倚马；视将相王侯，如飘风过眼，才销得四围烟水、一榻云山。’”(抄本《颐情馆笔记》)经过自己的精心整治，赵烈文的生活环境变得十分舒适。黛楼之外，虞山列如张屏，静溪圆如环玦。帘幕之际，图书纵横，亭榭之间，梅柳争发。同苏南大多数士大夫一样，赵烈文为自己构筑了一个完美、安适的藏书、读书环境。

赵烈文藏书印

赵烈文曾为自己的藏书编写过一部目录，他在光绪四年二月二十六日的日记中记道：“天放楼藏书检点写目，至今日竟矣。”但对这部书的情况没有作进一步的说明。这部书目后来也未有人看到过，其具体情况已不得而知。但赵烈文的藏书在国内各大图书馆还多能见到。

藏书外，赵烈文的另一爱好是读书。他曾在咸丰年间的日记中写道：“少时读书多不肯竟学。今发愿句读二十四史一过，自非有故，不得间止。后废业者无颜展此卷矣。”他是这样说，也是这样做的。自此之后，他长年不懈，坚持读书。他有时能花几个月时间精读一些要籍，一些重要的图书他还反复读过。在他的日记中，有大量关于读书的记录。他每次出门，首先也总是检点图书，常常是一路坐船，一路看书。赵烈文丰富的藏书为他的读书提供了非常有利的条件。他每次出门时随身所带的图书，都是从自己的藏书中精心挑选出来的。

赵烈文读书善于联系现实，他结合自己的思考，写下了大量的读书笔记。咸丰年间，赵烈文得到过几种日本图书和太平天国印书，这些图书对赵烈文震动很大。他在读了几种日本书籍后写道：“元世祖威遍华夏，兴十万之师而不能得之于日本，虽若有天助，然亦其国政治修明，足以御侮，非尽侥幸也。迩来泰西与之通商，炮火之精，舟楫之利，以蕞尔小国，夷然处之而不惊。嗟乎！安在地广人众始为强哉？”（日记咸丰十年十二月二十四日）感慨是很深的。他对洪仁玕的《资政新篇》评价也非常高，特别对其中“法法类”一项称颂尤多，认为“其长处颇能变通用之，亦未可抹杀”。这实际上也反映了赵烈文自己的“变通”思想。赵烈文以读书人的敏锐眼光看到了清王朝的许多弊端，并力图寻找解脱的方法。洪仁玕提出的纲领恰好合乎赵烈文的意愿，因此《资政新篇》虽是“贼书”，赵烈文仍十分推崇，并进而赞赏其作者，“观此一书，则‘贼’中不为无人”[①]。从这里也可以看到，他收藏图书，不仅重视图书的形式要素，还非常重视图书的内容要素，更难能可贵的是，他还认真研读了自己的藏书，并能联系现实作出客观的评价。他的女婿方恰在《赵府君墓志铭》说：“先生之学，期于有用。”这在他的读书笔记中体现得最为充分。这些读书笔记大多保留在他的日记中，它们是其日记的精华部分。

赵烈文生前藏书主要得到其长子赵实帮助，但其身后的藏书却主要是由其次子赵宽来继承的。赵宽自己的藏书处名小脉望馆。赵宽为自己的藏书编有《小脉望馆书目》,此书今有稿本[②]。《书目》共五册,前四册为藏书目录,分为元、亨、利、贞四册,第五册题“出行川赀记数”。据赵宽自己统计，全部图书总计近二万三千本。如此数量的藏书,当然不可能全部是赵宽自己入藏的,其主体部分应该是其父亲赵烈文天放楼的藏书。所以说，通过《小脉望馆书目》，人们对天放楼藏书的大致情况也可有所了解。值得注意的是，在这部书目中还详细著录了赵烈文的著作目录,这对研究赵烈文的著作情况也很有帮助。

由于经济方面的原因，赵烈文的藏书在赵宽生前即已开始逐渐散出。武进陶湘在宣统三年所作的《昭代名人尺牍续集跋》中说到自己收集清人尺牍的情形时说:“江南某故家,其先人久佐曾文正公幕府,集成函牍最夥,后大半散佚,剔其丛残犹存百数十通。乃辗转以厚值得之。”这里虽未具体说是何人,但显然是指赵宽。赵氏为苏南望族,赵宽父赵烈文长期在曾国藩幕中,是曾国藩最亲密以待的幕僚。曾国藩来往信函甚多，赵烈文能广泛收集。在他的日记中,确实也有大量来往信函的摘录。所以说陶湘这部分尺牍是从赵宽那里得到的。赵宽去世后，其藏书即散尽。光绪末年曾与赵宽同在端方幕中的叶景葵记道:“天放楼馀籍,去年(1939)经京贾囊括而去。”(《卷盦书跋·赵君闳行略》)赵宽小脉望馆藏书主要就是天放楼藏书，所以叶氏有此说。

常熟赵烈文故园后被他人买去，复舍为寺院，即宁静禅院。1931年，赵烈文四女婿邓邦述曾偕宗舜年策杖重游旧地，于黛语楼下兀坐移时。看到物是人非，书去楼空，邓邦述不觉感慨万端，凄然而归(邓邦述《沤梦词》卷三《忆旧游》)。

注：

①太平天国忠王李秀成被俘后，作为曾国藩的机要幕僚，赵烈文曾亲自到囚室看视，并与之作过一段著名的对话。事详《能静居日记》。这说明赵烈文对太平天国非常关注，所以他注意《资政新篇》不是偶然的。

②南京图书馆检索书卡作“抄本”，笔者认为当是赵宽手书稿本。

·新书架·

校雠广义（全4册：版本编、校勘编、目录编、典藏编）　程千帆　徐有富著　齐鲁书社出版　平装大32开　定价117.40元

本书是一部全面研究版本校勘、编目收藏的校雠学理论专著。首先，作者总结吸收了西汉至清代学者刘向、刘歆、章学诚等校雠学的精髓，第一次完善和建立了包括版本、校勘、目录、典藏四个方面内容的广义校雠学体系。尤其是将典藏编的增入，更是一个超越自清代乾嘉以来版本、目录学研究的创举，弥补了治学书中的一个不可缺少的重要环节。其次，从治书的目的是为了治学这一准则出发，继承清代学者章学诚“辨章学术，考镜源流”的优良传统，全书在阐述版本校勘和图书分类时，非常注意对学术流派、学术思想的分析与总结，使人在学习版本目录知识的同时，能够了解到各个不同历史时期的学术渊源流变，及其与各个时代的政治、经济和文化发展的关系。本书曾荣获第四届国家图书奖。(昭典)

扬州淘书记

韦明铧

扬州旧家多，文风盛，大抵中等人家都有一间书斋，几架古籍。子孙首先要读书，以为读书才有出息，可望成器。实在读不下去，那就只好去经商了。而扬州的商人，又多为儒商，他们家中经常悬挂的对联是："数百年人家无非积善；第一等好事只是读书。"似乎经商倒是次要的。

读书人多，书店便多。旧时有一种说法，称扬州有两多，即城外的船娘多，城内的书肆多。远的不去说，就近代而言，扬州也的确是淘书的好地方。据一本民国三十一年(1942)出版的游览手册《扬州览胜录》记载，当时扬州的书店就有教场街的商务、梅枝、文海楼、陈恒和、世界书局，多子街的会文堂、同文余记，左卫街的扬州书店益记，小东门的聚盛堂和辕门桥的文富堂等。难怪像阿英、郑振铎、谢国桢这样的藏书家都到扬州来淘书，并因得到扬州旧家的藏本而津津乐道。

但今天要在扬州淘到孤本秘籍却不是那么容易的事了。物换星移，时过境迁，当年易君左在《闲话扬州》中描写的"书店书摊随地点缀，旧书破籍汗牛充栋"的令藏书家怦然心动的情景已

清同治刻本《海陵竹枝词》书影

经不再。

自然，比起其他城市来，扬州现在仍可以说是淘书的好地方。

一二十年前，达士巷里的古旧书店书库是收藏古旧书籍最丰富的地方。明清风格的传统住宅，前后若干进，每处可以放书的地方都堆码着书，总数达几十万册。最令人神往的是这里的特别安静的气氛，静到空气仿佛都凝固了。这里并不是任何人都能进来挑书的，只有经过特许的人才允许进来。我那时去主要是看书，买得很少。我买的都是风俗和戏曲方面的书。例如《海陵竹枝词》，收清人金长福、康发祥、赵瑜、储树人、朱余庭、王广业、朱宝善咏海陵的风土诗七卷，是同治三年(1864)刻本。书刻得并不精，但内容很有意思。海陵即今泰州，原是扬州属邑，故风俗也略似扬州。其中有一首诗说到当地有卖女作人小妾之陋习，注云："兴、泰、盐、阜地方，小户生女，稍有姿色者，父母以为奇货。袁子才云：美人多作妾。郑板桥云：千家养女先教曲。王梦楼云：二八红颜作小星。习俗相沿，由来久矣。"明清时代，扬州人好买贫家女加以调教，再高价卖给他人作妾，称为"瘦马"。泰州此俗，正是扬州瘦马之遗风。另一本《小游船诗》，系晚清时人辛汉清著，光绪二十八年(1902)刻本，也关系到扬州风俗。辛汉清，字补芸，是清末扬州名士。《江都县新志》卷末《人物传前志补遗》有传，说他性豪放，喜为诗，“与臧吉士谷、吉孝廉亮工诸名士游，日徜徉于湖上，以饮酒赋诗为乐。著有《小游船诗》百首，一时传诵”。清末民初，扬州瘦西湖上游船甚多，操舟者大抵为近郊少女，称为“船娘”。这些船娘虽说乱头粗服，素面朝天，野花插鬓，不施粉黛，其实比较城内卖笑的歌女来别具天然的风韵。也惟其如此，后来的郁达夫、洪为法、易君左、朱自清诸人，都曾在各自的妙文中不惜笔墨，大谈瘦西湖的船娘。然而若论起瘦西湖船娘有无专书记之，便只有推这本《小游船诗》了。据《小游船诗》记载，清末的扬州船娘大抵出自瘦西湖畔的陆家庄和钟家庄，其中钟莲娘、钟转娘、钟挡子等钟家姐妹最为知名。李涵秋在小说《广陵潮》中，也曾写到所谓“钟家大丫头”，实即指钟莲娘。晚清之际，国事日非，士大夫仕进无望，只得在酒色冶游中销磨自己。扬州船娘在那时的兴起，现在看来也是上一个世纪末的必然现象。《小游船诗》给我们描画了一长卷世纪末扬州士大夫的行乐图。

清光绪刻本《小游船诗》书影

达士巷的古旧书店后来迁到了盐阜路，但在国庆路仍保留着一个老门市部。而真正经营旧书业务的，只有盐阜路门市部二楼。在这里淘得的既便宜又有用的书，是曹寅的《楝亭集》、金农的《冬心先生集》、马曰琯的《沙河逸老小稿》、周明泰的《道咸以来梨园系年小录》等。除《沙河逸老小稿》是民国时出版的洋装书外，其馀都是线装书。在十年前，这些书加在一起，价钱也不过百元。

现在扬州的古旧书店已易名为古籍书店，基本上以经营新版古籍为主。有意思的是，当古籍书店大卖新书的时候，新华书店却在石塔寺附近卖起了旧书。石塔寺旁的书店，号称特价书店，迄今大约已有十几年历史。它卖的都是近二十年新出的“旧书”，价钱是原价的五折至九折不等。一本上海人民出版社1991年出版的《北京:城与人》，原价五元四角，只卖三元；一部江苏古籍出版社1990年出版的《吴梅村年谱》，多达六百多页，原价十二元五角，我只以半价得之。到扬州要淘“新版旧书”，石塔寺是不能不去的。

至于私人开的旧书店，上规模的，现在只有文昌东路琼花观对面的别宝斋。主人很年轻，姓徐，原来有工作，但热衷于旧书业，便辞职开了一间旧书店。说起来，“别宝斋”的名字还是我给起的。原来的名字叫斌宝书店，常去淘书的朋友都认为没有什么特色，还不如叫做“别宝书店”。因为扬州民间有一句俗语叫“别宝回子”，旧时指能够慧眼识宝的阿拉伯商人。古代扬州多有胡人来经商，历史上流传着许多胡人（回回或回子）在民间识宝的故事。识宝在扬州称为“别宝”，意即“识别宝物”。这样，店主便欣然接受了我的建议，正式将店名改作别宝斋，并央我题写了“别宝斋”三个字。别宝斋的业务以收售旧书为主，兼营新书与租书。在这里常能觅得四五十年代的出版物，以及私人印刷和内部出版的书籍，价钱也便宜。今年初，我正撰写《两淮盐商》一书。一日，徐老板打电话告诉我，说他收到了一本有关盐业的旧书，让我去取。我连忙赶到别宝斋，老板却无论如何也找不到那本书了。几天之后，终于在一堆旧书中重新发现那书，原来是中国盐业公司1951年编印的《盐业教材》。这虽是一本很薄的书，但是却出版于半个世纪以前，对于研究现代中国盐业制度的变迁无疑十分有用。如今，我的《两淮盐商》已经出版，但那本《盐业教材》我仍什袭珍藏着。在别宝斋淘得的好书，还有《野叟曝言》、《晚清谴责小说精品》、《洪宪纪事诗三种》、《毕倚虹代表作》等，都是价廉而物美的。虽然是旧书，品相都很好。

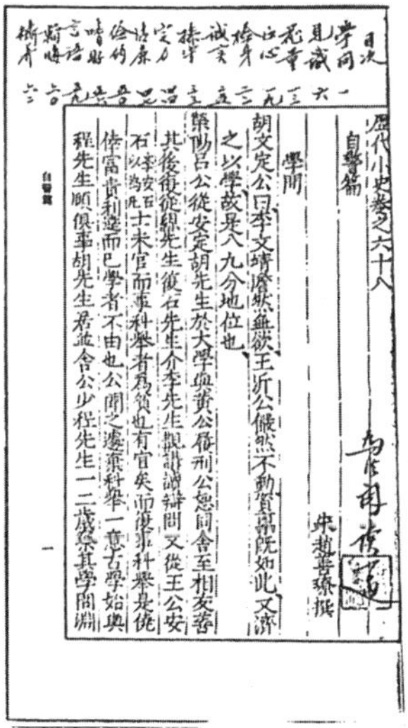
歷代小史卷之六十八
自警篇
宋 趙善璙 撰
學問
胡文定公曰李文靖澹然無欲王沂公儼然不動資禀既如此又濟之以學故是八九分地位也
滎陽呂公從安定胡先生於大學與黃公履刑公恕同舍至相友善其後復從孫先生復石先生介李先生覯講論辯問又從王公安石李安石以為凡士未官而事科舉者為貧也有官矣而復事科舉是徙僥富貴利達而已學者不由也公聞之遂棄科舉一意古學始與程先生顥俱事胡先生居並舍公少程先生一二歲深其學問淵

《自警篇》首页，有创造社成员洪为法手迹与印章

最近，在国庆路又开张了一家兼卖旧书的龙门书店。老板姓王，是下岗工人，曾出版过一本《阮元传》，也是我的老朋友。龙门书店刚刚开门，因为架上书少，所以王老板不得不将自己的藏书拿出来装装门面。我买到一本《金明馆丛稿二编》，陈寅恪著，上海古籍出版社1982年印刷，一般书店早已脱销，现售价仅十元，不能说不便宜。有意思的是，书上还钤着店主人的藏书印。现在这家书店最有价值的书，当数几百册民国时出版的

《丛书集成初编》。我以十元购得其中的一本《自警篇》，系宋人赵善璙撰。购《自警篇》的目的，与其说是为了书中的内容，不如说是看中了书前的题款。当时我在架前挑书，随手抽出一本《自警篇》，打开首页，赫然看到"为法阅读一过"一行字，下钤一印，印文是"洪为法"三字，心中便一喜。洪为法，扬州人，早年毕业于武汉大学，创造社成员，与郭沫若、郁达夫、成仿吾、赵景深等都是好友。创造社出版《洪水》半月刊时，洪为法曾任编辑。《洪水》的名称，意为上帝用洪水来洗荡人间的罪恶，由此亦可见洪为法青年时代的激进倾向。1925年初，郁达夫邀请郭沫若往武汉任教，但郭沫若谢绝了。当时洪为法也力劝郭沫若去任教，后来郭沫若在《创造十年续篇》中写道："武大出身的洪为法，当时是常在和我通信的，他的劝法尤其直率。他说，要在中国文化界树立一势力，有入教育界的必要。中国人是封建主义思想的结晶，只要正式地上过你一点钟的课便结下了师生关系，他便要拥戴你，称你为导师，而自称为弟子。"洪为法的著作有《绝句论》、《律诗论》、《为法小品集》等十多种。他后来以执教为业，于1970年去世。我淘得的这本《自警篇》，无疑原属洪为法所有，页眉上还有洪为法用毛笔书写的目录(原书无目录)。这在我近日的淘书生涯中，可算是个意外的收获。

除了公私书店，另一处寻觅旧书的必去之地是扬州天宁寺。近年来，每逢双休日，天宁寺内都有民间收藏品交易集会。届时，殿廊之下，草坪之上，行道之侧，到处摆满了旧陶瓷、旧玉石、旧家具、旧铜器、旧邮票、旧钱币，当然，还有旧书籍。许多来自闽、浙、皖、鲁的客商，也赶来交易。我关注的是旧书。天宁寺里的商贩，专营旧书的不多，货色也良莠不齐。大致上看，以卖

《紫罗兰》杂志封面，周瘦鹃主编

旧杂志、旧挂历、旧连环画的居多；其次，则是建国后的出版物占了一定数量；再次，才是很少的真正的旧书。天宁寺里卖的旧书，有两点好处，一是价钱便宜，通常几元一本，至多几十元而已；二是不会有赝品，这些小商贩还没有制作假书的本领。我在天宁寺里曾以极贱之价钱淘到几本好书，如：

《扬由常关税则》，清末刊本，八元；《破涕录》，李警众撰，民国三年（1914）刊本，八元；《紫罗兰》杂志第十四、十五期，周瘦鹃主编，民国三十三年(1944)出版，五元；《藏书纪事诗》，叶昌炽撰，古典文学出版社1958年出版，首页钤有“曾经为扬州陈履恒访书过眼”印，五元。……

这些书虽非珍本、孤书，但在如今书价居高不下之际，以区区之数即可将几十年乃至上百年前的出版物据为己有，实在也是一大快事！

扬州，仍是淘旧书的好地方。

1999年深秋于维扬醒堂

西安访书记

止 水

1996年秋，为筹办《东方文化周刊》，曾专程去西北、西南数省组稿，8月下旬在西安，冒雨寻访西安古籍书店。其时该店为拆迁事，正处于最难堪的境况中。

大约是南苑街旧城区改造，古籍书店的原址也划定在改造范围之内。古籍书店的工作人员，纵然多少会沾染些书呆气，也不至于呆到想做阻碍历史前进的“钉子户”，故而对于拆迁并无异议。遗憾的是，提供给古籍书店搬迁的新址决不适合经营古籍，且书库居然是潮湿不通风的地下室，所以书店要求调换。然而城区改造兹事重大，关系到历史文化名城西安的市容市貌，一个小小不言的古籍书店竟然不识抬举，不免弄得天怒人怨：负责拆迁的公司首先就看不下去了，于是不待书店迁出，就果断采取促进举措，派了工人奋勇上房，将整个房顶给都给掀掉了，只留下一层天花板让书呆子们和书们遮太阳，算是发扬革命的人道主义；老天爷还觉得这未免太便宜了他们，于是不出太阳，改了连日下雨。薄薄一层天花板如何挡得住雨水?我踏进书店时,店堂里正布起了八卦阵，地面上诸葛孔明七星灯似地摆满了大大小小接水的盆,书架上蒙着云山雾罩的塑料布,收款台的上方倒悬莲台般支开了一把伞……只有一小块“安全地带”，架了一张台子,码放着若干新印古籍坚持着营业。我才一开口打听,店员们便纷纷诉苦,也算是争取舆论同情;无奈我辈读书人自知人微言轻,只能表示道义上的支持。值得庆幸(?)的是,其时适逢杭州古籍书店亦面临迁址问题，几家读书报刊仗义执言，喊出了“救救古籍”的口号,引起有关方面的关注,据说后来总算比较妥善地解决了问题。

时隔两年,1998年10月西安书市期间,适逢陕西师大出版社推出“华夏书香丛书”,内有拙著《止水轩书影》,遂得与众书友共聚西安。此番西行的目标就是看书，四天里跑了两趟全国书市,倒跑了三趟古籍书店:第一趟是自己去挑书,第二趟是陪南京大学的张志强，第三趟则是陪上海的陈子善和刘绪源。旧地重游,西安古籍书店已同南苑街一样,旧貌换了新颜,建筑古色古香,店堂宽敞明亮。可见“道路是曲折的,前途是光明的”,这条“最高指示”永远是真理。最令我辈庆幸(!)的是,店堂后方,还辟出了经售古旧书的专室，十来个书架书橱环列，中置桌凳，使读者能够舒心称意地看书选书。上架的书，虽说不上有什么珍善本,但清初的精印本不少,碑帖中似还有明拓;当然更多的是晚清至民国年间的影印排印本,这些对我来说是正中下怀,前后三次共选出旧线装本二十馀种。

我选书的标准，完全是不入流的“野路子”，既不同于藏书家,也有别于学问家。相对于藏书家,我的买书可说是不论版本的，尤其经、子二部的正经书，版本再好，也很少让我动心。而在学问家眼中，我买的书则太乱太杂，几乎谈不上什么专题或范畴，要让他们来归纳研究恐怕全然无从下手。令我怡然自得的常常便是这样一些人弃我取的“杂书”。当然私心里也还是有一个标准的。说得冠冕些，我搜集的主要目标有二，一是南京及周边地区方志史料，一是本世纪以来的文献资料；说得浪漫些，那就很简单，看在眼里喜欢上了，就成。

在外地搜寻南京地方史料，往往比南京容易且便宜，是我的一个经验。此次在西安古籍书店，就买到了在南方久觅不得的《金陵古今图考》民国十八年中社影印本，虽说薄薄的一册开价八十元，仍不觉其贵。而1943年潘承弼手书影印的《霜崖诗录》标价二十元，张惠衣所编《历代平民诗选》标价三十元，更可谓价廉而物美了。

我因读《金陵大报恩寺塔志》，记住了著者张惠衣的名字。后来看到他家乡浙江海宁的一种文史资料，知道他幼时家境极艰难，襁褓丧父，靠母亲针黹度日；成年后靠教书挣了钱去北京大学求学，并成为中央大学的教授。这更给我留下了深刻的印象。然而着意搜寻他的其它著述却久无所获，直到十年之后才在苏州古旧书店觅得他的诗集《灵琐阁诗》，时隔五个月，竟又于西安古旧书店访得他所编的《历代平民诗集》，亦是意外的缘分。

《历代平民诗选》，民国二十五年九月商务印书馆初版，仿雕版样式排印，线装一册，据编者在凡例中说，此书“原名《冰玉集》，取苏子瞻‘佣奴贩妇（夫？）皆冰玉’句”，付印时大约为了通俗，才改为《历代平民诗集》。“平民”一语，早已成了某些失意官僚和牢骚文士的自矜，泥沙俱下，所以编者在凡例中明确规定了自己的取舍标准："本书作者，俱出工艺负贩隶下之流。凡曾补生员而沦为杂流者，布衣之以文术知名者，或虽处贱役而近于隐逸者，俱不录。"这不禁令人想起今天的编选家、出版家，唯名人是取，即或以"民间"、"隐者"为号召，亦必是化装了的名人；至于报章杂志选稿，只论名而不论文者更比比皆是。其眼光胸襟，不如半个世纪前的张氏远甚。《灵琐阁诗》中有《辛未夏编冰玉集竟作》七律一首："长夏编诗自校诛，钩沉零简胜巩珠。从知陋巷得天厚，始识佣舂向学劬。订律汉郊尊乐府，采风盛世有康衢。眼前充栋真何用，但见灾梨到腐儒。"说的也正是这个意思。

南京周边地区的史料，此次所得有苏州陶社同人抗战间避居上海时辑印的《陶社丛编丙集》，泰县姜堰的《冷香吟社诗选初集》，常州唐玉虬的《五言楼诗草》等；值得细说的是敝乡绍兴的《顾氏家集》。此乃是敝乡绍兴长安桥河头石潼坊顾廷纶、顾淳庆、顾寿桢、顾迪光祖孙四代的著作合集。顾廷纶字郑乡，清嘉道间人，先后在阮元、铁保幕中，亦曾在西泠诂经精舍俞樾门下苦读，其《玉笥山房要集》四卷中诗，多杭州与阮氏师友唱和、金陵纪游唱和及北行激昂慷慨之作，"越水吴山，尽入诗囊"。廷纶子淳庆，字古生，号鹤巢，道光十二年举人，"所至勤政爱民，德声载道"，曾被林则徐誉为"秦中四循吏"之一。淳庆长子寿桢，字祖香，咸丰九年举人，身后无子；其过继子迪光，光绪庚子、辛丑恩正并科副贡。这一部《顾氏家集》，虽是民国十八年上海金佳石好楼的排印本，可纸白墨黑，有雕版风，着手沉实，开卷喜人；线装六册，约三十万字，价不过百元。书中除顾氏祖孙四代的十多种著述，还有大量同时代人的序跋与题词，以及顾氏传人的传记年谱，综而观之，不但可窥见一个封建大家族的兴衰生息，更可看到由其映射出的那个社会的一种缩影。

此次所得本世纪文献资料中，为几位书友最感兴趣的，是陈独秀的小学著作《字义类例》。陈氏的著述大致可分为三块，新文化运动的作品最为世所重，担任中共领袖时期的革命文字也有人在研究，而旧学著述则往往被人忽略。此书著于1913年冬，至1925年陈氏方交上海亚东图书馆石印出版，自以为“近代学问重在分析，此书分析字义底渊源，于中学国文教员或者有点用处”，并强调其中的假借部份“有点特殊的意见，要求读者加以注意！”可见要全面了解陈氏其人，亦不可轻忽这一方面。更有史料价值的是伪满洲国水力电气建设局出版的《松花江第一发电所工事写真帖》，其中有多幅照片反映出中国“苦力”在零下35度的酷寒中昼夜轮换、艰辛劳作的情景，当时所以为功者，今日当正是罪证！书店定价仅三十元，实在有点小看了它的意义。

另见有《桐自生斋诗集》八卷《后集》二卷，署“秦州任承允文卿甫著”，民国年间排印本，仿雕版本式，版心下方有“南京国华印书馆印”字样。尽管对任承允其人并无所知，我还是立刻对它产生了兴趣。淘书人喜欢讲缘分，一个陕西人，不远千里到南京去印行自己的著作，半个世纪后再由我从西安把它带回南京去，不是很有点缘分的意味么！按南京确有国华印书馆，据张志强《江苏图书印刷史》，国华印书馆创办于1932年，位于南京中山东路上，属较为有名的铅印印刷机构。此书中至少有两部份颇有价值，一是义和团运动期间著者正在北京做官，庚子年的诗作编为二、三两卷，多达一百馀首，超过全书五分之一；二是光绪三十二年（1906年）秋他再度应召回京后对当局变法措施的态度，自卷六后半到卷八，亦在百首以上。对于西学东渐、新开学校、派遣留学生、操练新军、发行报纸等一切新政，此公无不极力予以嘲讽，甚至公然发皇帝的牢骚："宵旰忧勤理亦宜，近来图治太离奇。纵停科第招群少，敢议伦常抉四维。震旦天然专制体，欧罗心醉改良时。荆公变法终亡宋，慎尔输赢一著棋"。辛亥革命后他决意还乡做遗老，临出京时作诗赠别相好的婊子，还要一本正经地说什么"万古中原堕劫尘，莺花那解恋馀春。秦川学种瓜千本，愁见桑田事事新"。其立场顽固如此，可笑如此，难怪他此后只能悲悲痛痛切切、凄凄惨惨戚戚地度其馀生了。不过诗作中对于重大历史事件和时人反应那种身历其境的描述感怀，读来终比局外人的揣测分析更有兴味。

值得一提的还有《海印楼诗集》一册，仿雕版式铅排，土纸印刷线装，浑朴可爱，略略翻阅，知著者温自知是渭北三原人氏，亦系明遗民之类，诗中多涉明末清初人事，固是我所有意关注者，而定价仅二十元，遂携之回江南，以待日后消闲。不想在家随手翻书，竟于武新立《明清稀见史籍叙录》中，赫然见《海印楼集七卷获音十卷获音二刻十卷获音三刻八卷》一条在列，不禁顿生意外之喜。当然武先生所言系指清康熙间刻本，而我所得，不过是民国三十年冬的校印本，自不应同日而语。校印本卷首温自知十世裔孙良儒叙中说："《海印楼文集》于二十五年编入《温氏丛书》第二集中，其《海印楼诗集》求之十年未得，二十九年以友人钱润民介绍，始以重价购得一部于三原龙桥书肆，亟照抄一部交族兄宾阶分存，以备重印丛书时与第四集存稿一并编入。今国际风云日急一日，德苏交战将近两月，敌寇南进北攻，必有一逞，世界大战方兴未艾，交通阻塞，物价腾贵，恐重印丛书之愿未易卒达，爰重托吾友薛道五、陈伯言、侯训古、杨友原诸君子，用土纸移印《海印楼诗集》二百部，分赠送友好，亦犹前印丛书第四集存稿之意也。”

可见武先生将此书定为“稀见史籍”是不错的，但《海印楼文集》在民国二十五年曾“编入《温氏丛书》第二集”印行，存世者尚多此一种版本；而《海印楼诗集》较《海印楼文集》似更为罕见，温氏子孙在三、四十年代“求之十年”方得“以重价购得一部”，其“土纸移印”本也仅二百部，经过这半个多世纪天翻地覆的大劫难，幸存者亦堪称凤毛麟角了。

同为晚明史料的尚有上海中华图书馆民国二年影印本《明季稗史汇编》。有清一代，曾出现两次“明史热”。一次在清初，一次在清末；一次是撰著，一次是出版。而两次的共同之处，一则都是借明史以鼓动反清热情，二则都是重野史而轻正史。而论及晚明野史，则不能不提到《明季稗史汇编》，因其当属收罗较富、出版较早而编次又较为可取的一部晚明野史汇集。全书二十七卷，收晚明史料十六种，即《烈皇小识》八卷，《圣安本纪》二卷，《行在阳秋》二卷，《嘉定屠城纪略》一卷，《幸存录》二卷，《续幸存录》一卷，《求野录》一卷，《也是录》一卷，《江南见闻录》一卷，《粤游见闻》一卷，《赐姓始末》一卷，《两广纪略》一卷，《东明闻见录》一卷，《青磷屑》二卷，《吴耿尚孔四王合传》一卷，《扬州十日记》一卷。这些史料，今天来看，多已属通行习见之书，但如追根溯源，则诸多通行本所据底本，便正是这部《明季稗史汇编》。

《明季稗史汇编》的版本也算不得古老，据谢国桢先生《增订晚明史籍考》，此书有“光绪十三年尊闻阁刻本、商务印书馆印本”。不过，不知是因为前者早已难得一见，还是因为后者使用较为方便，学人使用较多的，似乎都是商务本了。但以我所见，处于这两者之间的中华图书馆本当不应忽略。中华本线装六册，其影印底本是一种三号扁体字(俗称“美查体”)排印本；书叶仿雕版式，半页十三行，行四十字，与上海图书集成印书局所印诸书完全相同；书前尊闻阁主人序中，明说光绪十三年尊闻阁本为“排印”之本，而非谢先生所误定的“刻本”，故中华本所据影印底本应即谢先生所言之尊闻阁本。

之所以要弄清中华本的版本渊源，实因商务排印本错讹之处颇多，而据中华本可以知道，其误多非出自尊闻阁本。在此仅举一例，江苏古籍版《南明史料(八种)》之第二种《圣安皇帝本纪》，“校点说明”中说，“此书有两种刊本，此次校点以《明季稗史》本为底本，用《亭林遗书》本参校，《稗史》本的明显印刷错误……均据《亭林遗书》直接改正，其稍需斟酌者，酌作校记附后。”所出校记十二条，其中与《明季稗史汇编》文字正误有关者九处，查中华本则均不误。该书校点者仅言“以《明季稗史》本为底本”，而不说明系以某一版本为底本，是不够严肃的。

此次所得，还有一种辑录自唐至清历代试场异事的《科场异闻录》，就在戊戌变法那一年由上海顺成书局石印问世，或可算千载科举制度的一种总结，今日读来，颇有《聊斋》味。这是一个叫吕相燮的浙江新会人，花费三年心血，苦心搜集编纂而成，计有《国朝科场异闻录》九卷，《前明科场异闻录》五卷，《唐宋科场异闻录》三卷，《直省科场异闻录》四卷，《小试科场异闻录》一卷附《科名佳话、梓里纪闻、教学微言》，篇幅多达十馀万字。吕氏在自序中说，他小时候听母亲说过许多有关科场的“因果佳话”，成年后接连科考不利,“痛定思痛,几不堪回首”,所以要辑录这一部别出心裁的“善书”,从历代笔记和前人著述中,搜罗有关科场成败的善恶报应故事,劝戒那些科举不得志的人,应从自己的过失甚至前世的罪衍中找原因。这是非常符合正统文化的优良传统的,就是当个人与制度发生矛盾时,只能从个人方面找原因,而决不可对制度有任何怀疑。若想解决这些矛盾,唯一的办法也只有从改善个人方面进行补偿。吕氏的这份苦心同样没能挽救腐朽至极的科举制度的命运,不过数年之间,血腥镇压了戊戌变法运动的清王朝不得不在某种程度上接受维新思潮,兴学校,废科举,彻底断绝了吕相燮们的进身之路,也粉碎了他们的幻想。

此书后的几种附录中,最有趣的是“江南程氏求无愧我心斋著,南海悟前非居士述”的《教学微言》。过去读前人笔记,知道有一些迂腐士人,每天要记“功过格”,但不得其详,这里录存的便是一种。所谓“功格”,从无量功到一功,各有具体内容,如“立德足以化俗,不特学者知向善,即乡间亦知向善”记万功,“谆谆以敦伦务本之学教人,而自身垂范使人取法”记五百功,“在内不许赌博饮酒,在外不许挟妓看戏,立法严肃能使学徒积习革除”记五十功,“闻人谤己刻意内考”记三功,“己所未能不事隐讳”记一功。概而言之,越是大功越玄虚,越是具体者功越少。“过格”则甚琐屑,“昼寝”、“晚起”均记一过,“好指摘前贤,快一时议论,惑生徒听闻”记十过,“容任馆员狼藉米粒”记三十过,最为严重的是“私狎生徒作为男风”,要记一千过。当真如此逐日记来,唯一的可能,就是成为无可救药的伪君子!

出于喜爱所购取的几种书,多是因其版本之美。如四明张氏约园刊本当属民国年间的精刊本，此次得见数种，遂选取《千之草堂文钞》一种作为出版资料以存。古典文学出版社1958年版《郭天锡手书日记》，全依元刊本影印，开卷如见原书。伪满康德二年珂罗版精印的《历朝名画》，自初集至八集全套无缺，品相佳好，亦属难得。又如光绪末年雕版印刷的《续增科场条例》和《秋审条款》，从一种特殊的角度，反映出其时统治阶层对待新思潮的维妙态度。民国初年排印本《盘亭小录》，则记载了与散氏盘、毛公鼎同被誉为我国西周三大青铜器的虢季子白盘出而复隐、失而复得的经历，颇富传奇色彩。

顺便说一句，在西安碑林旁的古玩店中，还曾购下一部袖珍本《新选小题一字文准全函》，石印四册，蓝布函套，长8.5厘米，宽5.1厘米。此类印本，从内容到形式，均无甚价值，只因近年来从《人民日报》到各地大小报纸，不断有报道“发现”此类“珍本”的消息，甚至声称“价值连城”，令人发噱，遂购此以存，以免日后口说无凭。此书店家开价八十元人民币，还至半价成交，不敢自秘，谨供“发现家”们参考。

平心而论，西安古旧书的定价决不算高。我淘得这二十馀种五十馀册古旧书，所费不过千五百元，若在北京或江南，只怕要数倍尚不可得了。

香港读书记

罗 岗

香港素有“购物天堂”的美誉，但对一个读书人来说，他最想购的“物”大概首推“好书”，特别是那些久闻其名，却无缘睹得真身的“好书”。香港中文大学的书店，西文书的数量和质量都明显优于中文书，在那儿我看见了编选精良的《福柯文选》、《拉康文选》和《哈耶克文选》，特别是德里达的著作，除了他的名作如《言语与现象》、《书写与差延》和《文字学》的英译本外，我还意外地发现由法国的伽利略出版的德里达的新书：《与勒维纳斯告别》。德里达早年曾追随勒维纳斯(Emmanual Levins，1905—1995)研究现象学，两人结下了深厚的学术友谊，担任勒维纳斯著作编辑工作的雅克·罗朗(Jucqes Rolland)称赞德里达作为勒维纳斯最初的读者，就像勒维纳斯作为胡塞尔最初的读者一样，充满着哲学洞察力和敏锐感。人们或许还记得，德里达崛起的第一篇论文《暴力与形而上学》就是评论勒维纳斯的。随便说一句，勒维纳斯1975—1976年在索尔邦的巴黎大学的讲课笔记《上帝·死亡和时间》，已由余光中先生译成中文，三联书店去年出版了此书，而他的另一本著作《生存与生存者》虽也出了中文本，却连作者的国籍都搞错了。德里达的新书是为纪念勒维纳斯而作的演讲，但在纪念逝者的演讲中，他清楚地表达了自己与勒维纳斯思想的分歧，体现出“吾爱吾师，吾尤爱真理”的思想家风采。可惜这些书索价昂贵，且大多以美金标价，对于囊中羞涩又没有硬通货的我来说，只能是可望而不可得，留下了很多遗憾。

好在后来在旺角的二楼书店，我的遗憾得到了某些补偿，尽管这里港台出版的汉译外国学术名著动辄也标价上百元，甚至两三百元，但书店均打二折至三折出售，所以碰上好书，一咬牙还是能够买下来。譬如这本汉娜·阿伦特(Hannah Arendt, 1909 - 1975)的《极权主义的起源》(The Origins of Totalitarianism)，林骧华译，台北时报出版公司1995年版，厚达七百多页，标价一百九十六元，我在田园书店一见到，便毫不犹豫地掏钱买下。

阿伦特的名字近来逐渐为人们所熟悉，但就像台湾将她译为“鄂兰”一样，她的身边似乎奇怪地弥散着一股“香艳气”。那是因为阿伦特不是以杰出的思想家，而是以海德格尔的情人进入人们的视野。前几年有人在《读书》上撰文，介绍耶鲁大学出版社出版的新书：埃廷格(Elzbieta Ettinger)写的《阿伦特与海德格尔》(hannah Arendt, Martin Heidgger)，由于介绍者对阿伦特缺乏了解，因此他的重点自然就在海德格尔身上。也许最初吸引他读这本书的就是海德格尔，而非阿伦特。正如台湾出版此书的中译本，将题目译为《哲学家和他的情人》，不仅把原书标题的秩序颠倒，而且将并列关系改为所属关系，流露的或许是某种难以言传的“男性潜意识”吧。

我早在八十年代就得闻阿伦特的大名，当时读林毓生先生介绍芝加哥社会思想委员会的文章，林先生说哈耶克每年只在冬季讲授一门《西洋经济思想史》，1962年他退休后，遗留的教席由政治哲学家阿伦特女士继任，她每年只在两季中授课，讲授西洋政治思想史专题。我就想阿伦特为何方神圣，竟然接替大名鼎鼎的哈耶克的教席。后来也陆续获悉一点她的资料，知道她是德国犹太人，曾师从海德格尔和亚斯贝斯。第二次世界大战期间，她和许多犹太人一样，远赴重洋，最终在美国打开了一片学术天地。据在美国攻读政治学位的刘擎先生介绍，近来阿伦特的著作在美国学术界备受推崇，因此我也想一睹真容。

这本《极权主义的起源》当然不是轻松的著作，阿伦特于1949年完成，1951年出版，初版的名称为《我们当前的负担》(The Burden of Our Time)，1958年出版了修订版，阿伦特增写了一篇类似结论的文章《意识形态与恐怖统治》，书名也改成了《极权主义的起源》。这本著作甫一问世，便引发出了激烈的评论和批评。就我粗略翻看的印象而言，阿伦特不是把极权主义当作西方社会兵变的“异象”，而是在西方社会历史发展的脉络中追索极权主义的渊源，她对纳粹德国的检讨，不从第一次世界大战后德国特殊历史处境出发，而是把它视为可以表露西方现代性之黑暗面的“巨大事件”，在反犹太主义、帝国主义和极权主义渐次展开的历史系列中，阿伦特反复追问使什么力量蕴藏于西方现代文明社会中，可以一次又一次使文明翻转为野蛮，人性堕落为兽性。她锥心透骨地追问最终化作杜鹃啼血般的吁请，“反犹主义(不仅仅是仇视犹太人)、帝国主义(不仅仅是征服)、极权主义(不仅仅是专政)——一个接着一个，一个比一个更野蛮。这说明人类尊严需要一种新的保障。这种保障只有在一种新的政治原则，在一种新的世界法律中才能找到。这一次，它的有效性应该包括整个人类，而它的权力应该受到严格限制，在新界定的地域统一体中扎根，并且受到控制”。阿伦特的吁请很容易让我们想到德里达在《马克思的幽灵》中的呼吁，他指出在跨国资本主义时代，强权与弱势集团的冲突已经超越了传统的民族国家的疆域，必须重新界定国际法的范围，寻找新的国际法的形式，才能遏制强权，保护弱势。可惜他们的呼吁至今离现实还相当遥远。

伟人有诗云：“一篇读罢头飞雪”，阿伦特这本厚重而艰深的著作的确对我们提出了很多方面的挑战，特别是在这个一切讲究快速、轻便、简洁的时代里，又有多少人愿意坚持艰苦的阅读和思考呢?

天南访书记

辛德勇

历史上中国周边积极输入中国典籍并使用汉文从事过撰述的国家主要有朝鲜(韩国)、日本和越南。其中日本保存中国失传或罕见古籍最多,因而从清朝末年的杨守敬等人开始,就不断有人到东瀛访求稀见秘本,直到近年还有李裕民教授在东京静嘉堂文库访得久已视作佚书的宋版《司马光日记》,为宋史研究挖掘出惊人史料。不过访书不比投谒权贵,勇于东奔西走便可取得成功;若是没有相应的文献学素养,恐怕很难找到门径。韩国,我只匆匆去过一次。由于是由组织统一安排行动,仅挤出半天时间,去了十几家旧书店,走马观花,不可能有什么发现。日本,倒是逛过上百家旧书店,并拣到过一两本稍显稀僻的中国古书,可终究没什么了不起的学术价值,不过是因稀自珍,聊供清赏。过去去日本和韩国,所以会偏重逛旧书店而不是着意于探访图书馆,是因为不消说杨守敬那一班版本目录高手早已捷足先登,就是改革开放以来去这两国讲学、访学、游学乃至留学的学界英华,摩肩接踵,也已经不知凡几,以我对于古籍所知之疏陋肤浅,自然不敢再存有非分的奢望。最近有机会到越南公干,由于那里过去很少有人眷顾,行前倒是心怀侥幸,希冀在书肆上和书库里都能有所发现,不料却是近乎一无所得。失望是难免的,但初识越南古籍面目,并且还了解到许多过去不知道的情况,写在这里,权充与喜好旧书的朋友交谈。

现在写在越南访书的见闻,文章标题采用“天南”来代替其现行的正式国名,这种用法人们或许觉得有些生涩,然而却决非出自本人杜撰,在越南人的古代著述中即常常用它来代称本国,甚至黎朝的贤明君主圣宗还曾以“天南洞主”自居。

包括从中国传入的古籍在内,越南现存古籍大致可分为中国古籍、越南纯汉文著述和越南人仿效汉字创造的喃文著述三大类,越南人统称之为汉喃文古籍。首都河内的越南国家社会与人文科学研究中心,相当于我们的中国社会科学院,下设有“汉喃研究院”,收藏着近六千种、一万七千册上下的汉喃古籍,约占全国现存汉喃文古籍的80%以上。这次到越南,是与我所供职的中国社会科学院历史研究所图书馆馆长罗仲辉先生同行。历史研究所图书馆藏有线装古籍数十万册,其中善本就有几千种,罗先生在古文献学方面是行家里手。我们此行的主要目的,便是了解越南所存中国古籍和汉文著述的基本情况,一是寻找本土佚传或罕见的中国典籍,二是考察越南汉文著述对于中国古代史研究的学术价值。于是,便以汉喃研究院为中心,同时也到越南国家社会与人文科学研究中心下设的历史研究院,看了那里收藏的一些汉喃文古籍。首都河内之外,还访问了越南最后一个王朝阮朝的都城顺化。本打算看看顺化师范大学所藏汉喃文古籍,却因遭遇洪水等原因未能如愿。

就前一目的而言,前面已经谈过,可以说是大失所望。1993

年，汉喃研究院曾与法兰西远东学院协作编纂出版了一部该院的典藏目录，所载中国典籍均极平常，且层次不高。虽然这与晚近以来越南长期处于战争状态，古籍损失严重不无关系，但总的来看，越南输入中国书籍的层次显然较低，远远不能与日本和朝鲜相比。

输入中国书籍的方式不外乎两种，一是直接从中国购买或得自中国方面的馈赠，二是在当地重刻。就重刻中国古籍而言，这次在汉喃研究院读到的一本《北书南印板书目》，似乎可以反映出其大致情形。这是一部写本，从所载书目中有如《公车上书记》等可以判断，大致写作于中国的清朝末年或民国初年时期。从书名和所收书目来看，书中收录的显然是越南重刻或重印的中国书籍。在这本书目上，释、道两家首先占去一大半以上，其馀还有大量善书、阴阳风水书、蒙学书、医学书和科场用书，如：《分类功过格》、《幼学故事寻源》、《教女遗规》、《四书大全》、《五经大全》、《四书节要》、《五经捷要》、《小学集解》、《明清状元策体式》、《试策便览》等等。在大量释家书中，关涉史传的仅有《佛祖统纪》、《五灯会元》、《百丈清规》、《竹窗随笔》数种。其他稍可称道的书有《贞观政要》、《孔子家语》、《大学衍义》、《性理大全》、《畜德录》、《昨非庵日纂》、《阅微草堂笔记》、《三教搜神大全》、《一夕话》、《燕山外史》、《邵子诗抄》、《唐诗鼓吹》、《明诗别裁》、《金玉奴棒打薄情郎》、《芙蓉屏》等，实际上也都是极平常的大路书。《来氏周易》在此书目中已属上乘，而真正高水平的学术著作，只载有全祖望的《经史问答》一种，足见越南输入中国典籍，层次本来不高，从而也就更为不易找到什么重要典籍。

粗粗翻检汉喃研究院藏书目录，唯一使我砰然心动的一部书是题为唐代高骈撰述的《安南地稿录》和《安南九龙经》。因过去主要研究汉唐地理,稍熟悉唐代文献,记忆中中国未见有高骈撰著此等书籍。殊不料取来一看,序言即文理不通,且为记越南风水之堪舆书,一望而知必为彼国俚人妄托高骈大名,决非中土佚籍。

此番访书,来去匆匆,真正看书的时间不足四天,虽然没有找到佚传或罕见中国典籍,却也看到一批对于研究中国史具有重要价值的史料,这就是越南使节入华行记。在汉喃研究院见到的这批越南使节入华行记,基本上属于越南最后一个王朝阮朝。行记包括驿程图记、文字记录和纪行诗三种类型,出使的目的地主要是北京,另外也有个别到天津和福建等地的行记。下面举述此次随手翻检过的几种行记,以见其史料价值。

①《使程图本》。佚名撰,写本,彩绘整个途程,始自"河内省会",经镇南关(此图上绘作"南关",其他行记亦多类此标注)、凭祥、南宁、梧州、桂林、衡州、长沙、信阳、确山、郑州,北行至北京。此书具体写作年代不详,然书中"岳州岳阳楼"下记云:"楼年前为粤匪毁破,同治年间又重修。"从而约略可知作者使华是在清同治年间。其记南宁府永淳县文庙云:

> 隔江是文庙,四围红墙。第一重门内开半月池,上架石桥,两角横门题"礼门"、"义路"。第二重门右祠乡贤,左祠名宦,正中是大成殿,上挂"万世师表"御匾,牌位书"至圣先师孔子",附四配、十哲;后是崇圣殿,尊祀圣人五代,右是明伦堂,学官讲习于此。其各省府县规制略同。

这是对其所见各地文庙建筑布局形式的概括。其记梧州城市景观云:

此处漓、郁两江合流，下通粤东，洋货多聚于此，为粤西大码头。城内街铺联络，珍宝罗列，江津水榭层层，帆樯凑集，茶亭酒舫，彻夜笙歌，诚都会之地。唯妓女太多，为不美风俗耳。

其记书坊情形云：

衡州府：城内多卖书坊，其价颇廉。

长沙府：城内街坊交错，商货大聚。书坊数十家，其价颇廉。

其记各地地理特征之差异云：

信阳：自此以北，一路多石碑(牌)坊，表诸名节者。

确山：自此以北，一路平坦，四望均不见山。车马往来，尘埃暗面，夏日最难行走。民食唯面，若稻米则宾客祭祀方有之；果品则桃、杏、柿、梨、枣甚多，寻常人食之以代谷。

这些都是研究清代地理很有用也很难得的资料。此外，此类行程图多详细绘有所经水路航道的滩险、塘汛情况，也是难得的历史地理研究资料。

②《使程括要》。写本，前文后图，署“绍治元年嘉平下浣永顺李文馥邻芝编”。案绍治元年为清道光二十一年。此书所记途程与前书同。其记沿途地理景观变化云：

郾城县：一路柳树成行，高粱遍野，米极少，其价甚贵。民居土屋土墙，服朴简。自此以往，风俗大略相〔似〕。

此类记载，同样是研究清代地理区域的绝佳资料。

③《如清日记》。写本，署嗣德二十一年，即清同治七年。此书无图，对于沿途地理风物鲜有记述，然而却详细记录了与清朝各地官员酬接应答的情况，是研究清朝接待越南使节礼遇规格、

形式的重要资料。

④《如燕文草》。写本，署“嗣德二十一年岁贡例”，无图，亦无途程记录，集录进贡时所上表文。内有《详叙边情疏文一道》。

⑤《北行图本》。彩绘整个途程，写本。途程与前述《使程图本》不同，即出湖南到汉阳后，顺江而下，经蕲州、安庆、芜湖、南京、仪征、扬州，沿运河北上至北京。作者及年代不详。其记昭平县附近桂江航道云：

昭平而上，江滩如织，水势又猛又险，舟人溯流，并力牵缆，日行不上数里。其最猛者曰象棋滩，岸崖刻有“广西布政使黄国材捐修水陆险径”等字样（按黄国材为清初人，其任广西布政使是在康熙年间，事具《满洲名臣传》卷三一）。

又其记灵渠水道云：

大容江而上，古无河道。……史禄凿灵渠通漓水以便行舟。……自马头山至水分处有三十六石陡，七十二水湾。今见完陡二十八，废陡一。渠心浅狭，仅容木马小船，为此设陡蓄放，舟才不碍。谚云：“三

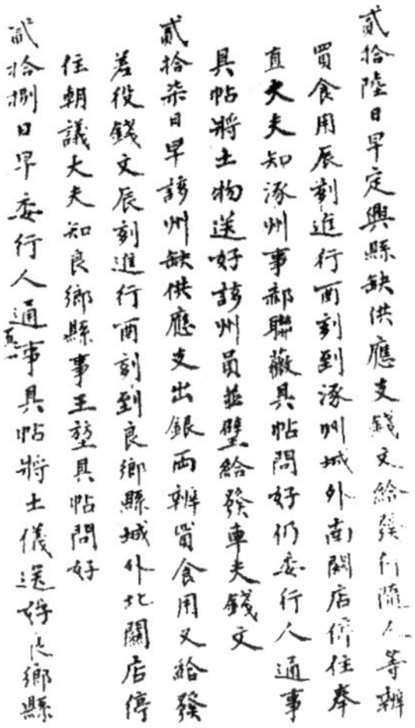
貳拾陸日早定興縣缺供應支錢文給發行隨人等辦
買食用辰刻進行酉刻到涿州城外南關店停住奉
直大夫知涿州事郝聯薇具帖問好仍委行人通事
具帖將土物送好該州員並璧給發車夫錢文
貳拾柒日早該州缺供應支出銀兩辦買食用又給發
差役錢文辰刻進行酉刻到良鄉縣城外北關店停
住朝議大夫知良鄉縣事王塈具帖問好
貳拾捌日早委行人通事具帖將土儀送停良鄉縣

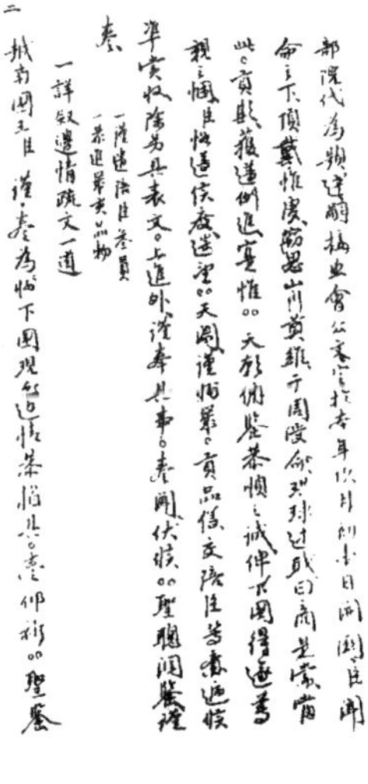

十六陡，七十二湾，望见马头山。”分水处又有四陡。

这是研究清代桂江和灵渠航道的重要资料。又其记汉阳商业及交通繁盛情况云：

汉口铺商肆大集，无货不有，人家烟火，不可数计。汉江中帆樯林立，中唯一线通舟。大江滨亦连属极望，为十四省大码头。

同样，其记扬州城之繁盛云：

城郭峻整，街铺郁焕，江两岸上下十馀里，并叠不断。舟舫塞流，中唯一线条通行。繁华之胜，列省鲜有。铺有芍药三十二类，其金带圆球为最不易得。有隋苑迷楼及二十四桥遗迹。初见九峰园，疑已绝胜，及过桥历览山亭水榭，金碧荧煌，名花异卉，锦秀绚烂，千态万状，有穷目力不能遍及者。

与此相类者，还有其所记济宁情形：

城外街铺，两岸连叠，众货俱有，为山东大码头。前部多于此起陆。

关于沿途都邑，这部行记还记载了一些县城未设城郭的特殊情况。如：

清河县（怀安府属）：县治无城。

桃源县（怀安府属）治：县无城。

这是研究清代城市构造很有用的资料。

⑥《往使天津日记》。写本。范慎、阮述于嗣德三十五年（清光绪八年）十二月奉使往天津，建福元年（清光绪十年）二月奏上沿途交接往来及见闻起居情况。范慎等乘广东招商局轮船，经海南岛、澳门、香港、宁波、上海、烟台等地至天津。其记在天津

观看新军操练情形云：

> 带随属……往北门外窑窝处，看诸练军营演洋枪阵。是处会演四营，每日早晚二次，兵数共二千人，戎服皆著黑色，足穿黑靴，步武皆与洋人无异。操演之法，或为鱼队〔每队约百人，每什人有什长，一百人有哨长〕，或为雁行〔分为三行，每行不及七百人〕；有辰同立，有辰前一行坐，后二行立，一齐放射。其间举手投足，开机纳弹，一皆灵捷谙闲，盖有合千人而如一焉。

这是越南使节眼中的北洋新军。

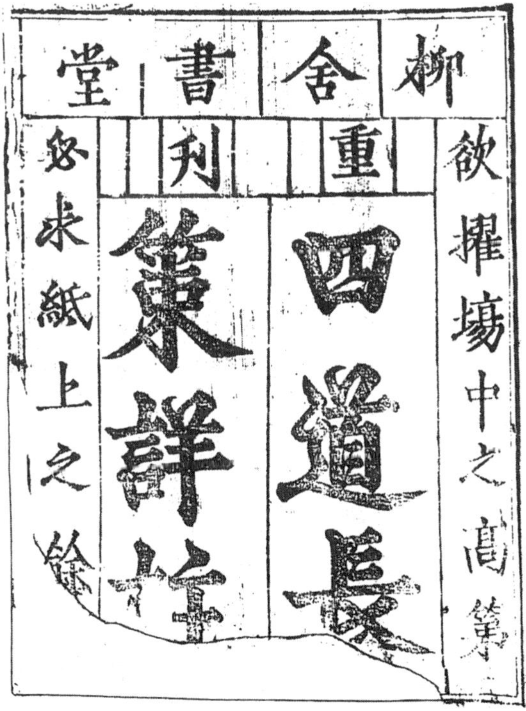

大越正和四年歲在癸亥孟冬穀旦

匆匆阅读部分行记后，我设想如果能从这批行记中挑选出一批史料价值较高的印行于世，不管对于研究中越交流史，还是研究清代地理，都是一件很有意义的事情。只是越南方面对此似乎还比较审慎。我本打算随意复印两页行程图，作为本文的插图，以使读者获得形象的认识，结果却未获汉喃研究院负责人批准（当然这是管理制度方面的原因。事实上此番在汉喃研究院访书，得到该院上下普遍大力帮助）。所以能否顺利实现选印行记的设想，尚且未可预期。

以上所谈的访书情况，都是从目录学（或称史料学）角度着眼。那么，从版本学角度看，又有那些值得介绍的收获呢？经汉喃研究院朋友丁文明教授介绍，得以获睹其馆藏最早的越南刻本《四道长策详注》。此书内封面镌“大越正和四年岁在癸亥孟冬谷旦”，乃公元1683年，清康熙二十二年。从字体上看，犹存中国明末书坊刻书体式。盖刻字技术传播至越南要经历一段时间。我对版本学和印刷史都没有化过功

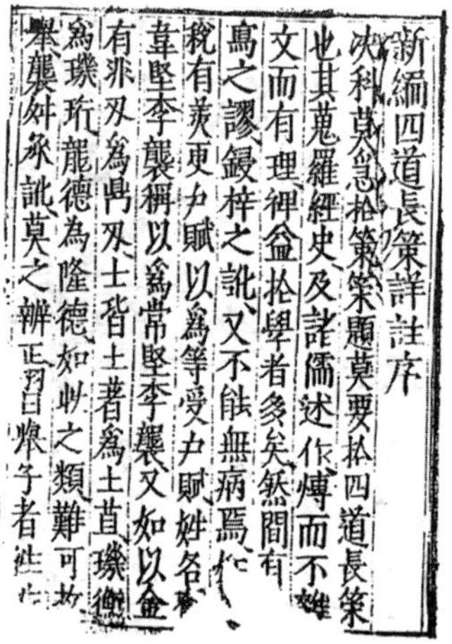

新編四道長策詳註序

決科莫急於策策題莫要於四道長策也其蒐羅經史及諸儒述作博而不雜文而有理裨益於學者多矣然間有焉之謬鋟梓之訛又不能無病焉於税有羨更户賦以為等受户賦姓名韋堅李襲稱以為常堅李襲又如以金有非及為冉及士皆士著為士苴璣衡為璣琉龍德為隆德如此之類難可枚舉襲舛承訛莫之辨正予日喙予者往往

夫，不知道国内有没有系统介绍越南印刷史的著述。汉喃研究院的吴德寿教授介绍说，据他研究，根据越南古籍《禅苑集英》的记载，李朝时有一禅僧，祖上累世雕刻佛经，由此可以把越南开始从事雕版印刷的历史，上推至十一、十二世纪；而过去传统的说法，一般认为后黎朝（十五世纪）的探花郎梁如鹄是最早到中国学习刻书的人。吴德寿教授还介绍越南古活字本仅有一部《传奇漫录》存世，现存日本东洋文库（由于交谈中语言略有障碍，以上转述的内容或许不够准确）。可惜几年前我在东洋文库读书时对此一无所知，未能一睹其容。在汉喃研究院访书时遇到一位该院在读的名叫阮氏杨女硕士研究生（越南称硕士为“高学”），正准备以越南版刻史为题做学位论文。或许今后我们能有机会，通过她的论文，对越南古代版刻有一全面的了解。

最后谈谈这次在商肆上仅见到的一册古书，来说明越南书肆的境况。一到河内，越南朋友就告诉市场上决不可能有古书出售，偶尔一见，国家相关机构也早已收购。因此我也没有兴趣去找旧书店逛。散步时偶然碰到过一家旧书店，果然绝无古书。后来去一些古董店和旅游点的古董摊儿，基本上同样一无所有。唯一的例外是在河内文庙的古董摊儿上，见到一册清末坊刻的傅青主《产后方》。这书当然送我也不会要，但是想试探一下越南古籍的行情，便询问索价几何，摊儿主应声答曰 25 美元。后来仔细一想，若整个河内市场上仅此一册古籍，自然也就无所谓行情可言，我去问价，本来多此一举。

王士禛跋藏《左氏传说》及其他

黄永年

友人来新夏先生给齐鲁书社出版的《藏书家》第一辑写了篇《池北书库与王士禛》，介绍了这位山东籍的大诗人兼藏书家。我虽籍非山东，但自小就是王士禛诗的爱读者，还买到过他跋藏的明钞本《左氏传说》。于是也想借《藏书家》的篇幅写一些这方面的旧闻遗事。

先说这《左氏传说》。它本非僻书，南宋大学问家吕祖谦人称东莱先生者所撰，《四库全书》著录，《提要》说吕氏“生平研究《左传》，凡著三书：一曰《左传类编》，一曰《左传博议》，一即是编。其《类编》取《左氏》之文，分为十九目，久无传本，惟散见《永乐大典》中，颇无可采。《博议》则随事立义，以评其得失。是编持论与《博议》略同，而推阐更为详尽。陈振孙《书录解题》称其‘于《左氏》一书，多所发明，而不为文，似一时讲说，门人所钞录者’，其说良是。”“《书录解题》载是书为三十卷，此本仅二十卷，考明张萱《内阁书目》所载《传说》四册外，尚有《续说》四册，知陈氏所谓三十卷者，实兼《续说》十卷计之。今《续说》别于《永乐大典》之中裒采成帙”云云。《提要》所说是不错的。但事实上题为《东莱左氏博议》者最受旧时读书人欢迎，传世的明代旧刻本便有好几种，有一种节选的十二卷本题为《东莱博议》的在清季更为流行，和《古文观止》、《唐诗三百首》等同样成为村塾中的热门书。甚至通行辞书《辞源》（1988年版）、《辞海》（1979年版）的吕祖谦条都只说《博议》而不提《传说》。这当系《博议》的思路文体，最接近其后的八股文，而为明清科举中人所珍视摹仿。1942年吕诚之（思勉）师在苏州中学常州分校国文课上尝讲授及此，略见我整理的笔记、发表在1995年版《学术集林》卷三题为《古文观止评讲录》的“晋献公杀世子申生”条里（尽管诚之师疑《博议》为明人所伪似属过当，但对这类文字的认识透辟，实非寻常编写文学史者之能企及）。

正因为如此，这个《左氏传说》宋以后就只在《通志堂经解》里刻过一次。这《经解》是康熙时徐乾学为讨好大学士明珠的大公子词人纳兰性德，用他的名义（当时叫纳兰成德）编刻的，清季广东又翻刻过一次。但原刻的零种当年还不难得，这《左氏传说》就是我上高中时从常州的传古斋旧书铺用很便宜的价钱买来的。彼时我喜爱《左传》，所以《左传事纬》、《春秋大事表》等都曾买来翻看过。

这里要讲的王士禛跋藏《左氏传说》，是1950年我从复旦历史系毕业后见到的。我最初本醉心于读北大，读复旦是不得已而想混张文凭到学术界谋饭吃的。可正逢新中国第一次大学毕业生统一分配，分配我去上海交通大学充任政治课助教。可能是大势所趋吧，当时也没有多大勉强就服从了。要学过去不熟悉的马克思主义，还有许多急用的理论和方针政策，原先的李唐文史研究只得搁在一边。但作为业余消遣，沪上汉口路、广西路、福州路以至淮海路、常熟路的旧书店还是得空即去的。其中去得最多的是淮海路某坊一号孙实君的修文堂，福州路近河南路徐绍樵的传薪书店，以及广西路近汉口路处的温知书店。这温知书店设在楼上，得从靠马路的一长条楼梯走上去，由王兆文和

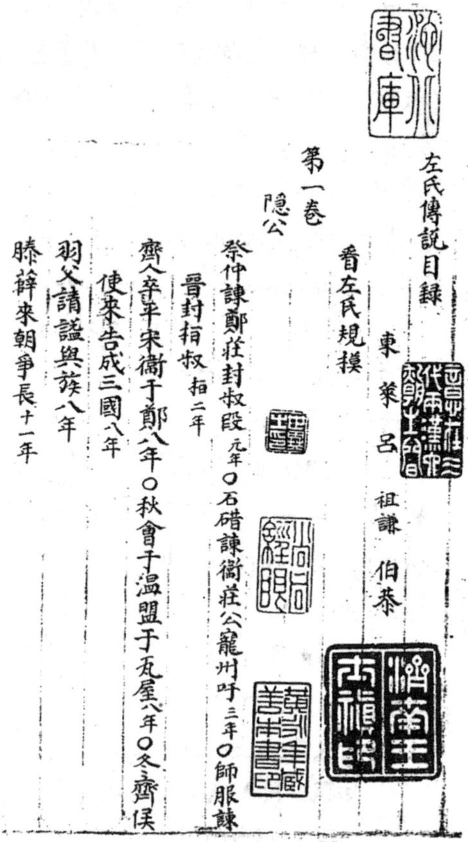

左氏傳說目録
東萊呂 祖謙 伯恭
看左氏規摸
第一卷
隱公
祭仲諫鄭莊封叔段 元年 ○石碏諫衛莊公寵州吁 三年 ○師服諫
晉封桓叔 桓二年
齊人卒平宋衛于鄭 八年 ○秋會于温盟于瓦屋 八年 ○冬齊侯
使來告成三國 八年
羽父請謚與族 八年
滕薛來朝爭長 十一年

《左氏传说》目录页

一位姓魏的在实际主持（魏君的大名忘了，抗战时是南京保文堂的伙友），一大间前后房，书不少，用今天的标准多半可算得上善本。这部王士禛跋藏的《左氏传说》就放在左边架子上。其时尚在“三反”“五反”之前，标价高至旧人民币四十万（相当于后来的人民币四十元）。我是供给制待遇，自然不敢萌购买之想。幸运

的是从1952年下半年起高教部有文，凡在大学里从事教学工作者一律改发工资，我这个干了两年的助教居然一改便是每月八十四万五千元，而当时在教工食堂每顿吃好饭好菜也不过月费十五万元，大有馀钱可买线装书。加之时在“三反”“五反”以后，线装书即使是上好善本也很少有销路，于是打个对折用二十万买了下来，成为寒舍藏有的最像样的明钞本书。

它是典型的白棉纸蓝格明钞本。白口，双白鱼尾，每半叶十一行，行廿二三字至廿六七字不等，字写得不好，非名家手笔而出之钞胥所写的明钞本照例如此。二十卷订四册，外加后人所制的褐地花锦书套。册尾是王士禛手跋，作：

> 吕东莱《左氏传说》二十卷，钞本，二十年前得之青州，高唐王府藏书也。康熙丙寅岁，皇上诏求遗书，唯重经史。张南溟中丞方巡抚二东，使来宣索此书。是冬中丞擢刑侍北上，以元本见还。卷中硃字乙注，即中丞所雠较也。其书法似吾友朱竹垞太史之子昆田手迹，或方客中丞幕中。又渤海王太史家植《史荟》，渠丘马礼部应龙《古本周礼》，与此书同经进呈，凡三部。士禛。

下钤“宫詹学士”蓝色文方印，又卷首“目录”钤“池北书库”朱文双行长方印、“济南王士禛印”白文双行长方印，“看左氏规模”前钤“王阮亭藏书记”朱文双行长方印，次册卷四前钤“石帆亭图书印”朱文双行长方印，三册卷八前钤“大司成章”朱文方印，末册卷十四前钤“国子祭酒”朱文方印，都是王士禛的印记。又每册册首空白叶上都钤“宝翰堂章”朱文方印，则似是在高唐王府时所加。另有“华阳高氏鉴藏”白文方印、“尚同校定”朱文方印、“尚同经眼”朱文双行长方印、“世异之印”白文方印、“意在三代

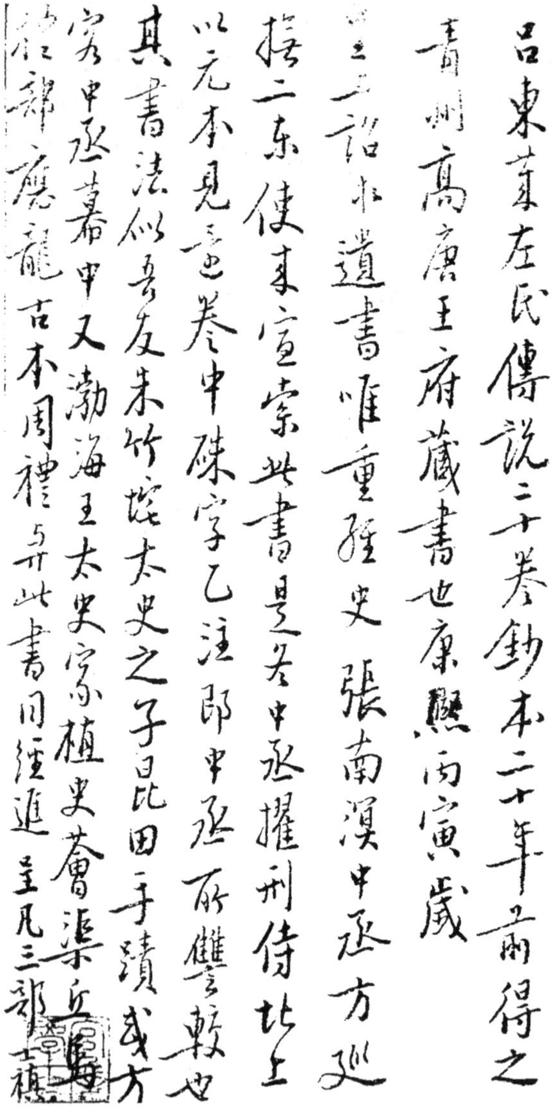
吕東萊左氏傳說二十卷鈔本二十年前得之
青州高唐王府藏書也康熙丙寅歲
奉上詔求遺書唯重經史 張南溟中丞方延
攬二東使來宣索此書是冬中丞擢刑侍北上
以元本見還卷中硃字乙注郎中丞所讐較也
其書法似吾友朱竹垞太史之子昆田手蹟或方
寓中丞幕中又渤海王太史宗植史蕃會渠丘
徐禮部應龍古本周禮與此書同經進 呈凡三部 士禛

《左氏传说》书后王士禛手跋

两汉六朝之间”白文三行长方印、“郭海侯胄”白文方印、“华阳高世异印”白文双行长方印，则是民国时高世异字尚同者所加盖。后来我买到民国三十一年印琉璃厂书店主王文进所编《文禄堂访书记》，已著录此《左氏传说》，并记下“华阳高氏鉴藏”等印，可见高氏收藏此书应在抗战之前。至于王士禛收藏后还曾入谁家，已无印记可稽。如何从文禄堂或北京谁家流入上海温知书店，当日也未暇追询。

《文禄堂访书记》也钞录了《左氏传说》的王跋，只是把“张南溟中丞方巡抚二东”的“二东”错成了“山东”。其实此“二东“当从《诗·小雅·大东》的“大东小东”而来，或是彼时对山东的雅称，传钞时不明此等故实而妄改。这张南溟是张鹏，南溟是他的字，《清史稿》卷二〇一《疆臣年表·各省巡抚》载康熙二十三年九月辛巳张鹏山东巡抚，二十五年张鹏十月乙丑迁。王跋所说的“康熙丙寅岁”即是二十五年，这年张鹏十月乙丑迁即是“是冬中丞擢刑侍北上”。又检金荣《渔洋山人精华录笺注》卷首所附《年谱》，康熙十九年迁国子监祭酒，二十三年冬迁詹事府少詹事兼翰林院侍讲学士，二十四年九月其父名与敕者卒。所以这《左氏传说》题跋后加盖的“宫詹学士”印记要用居丧时的蓝色。至前记王氏诸朱色印记均前此得书时所钤，“大司成”即国子祭酒之雅称。则王氏得此明高唐王府钞《左氏传说》，可能在康熙十九年任国子祭酒之后，至二十三年迁少詹事之前。

这位明高唐王，还见于王士禛的《居易录》卷一九里。说“高唐王讳某，号岱翁，工篆隶，癖嗜古书，写录多秘本，鼎革后散落市肆，纸墨精好，装潢工致。康熙乙巳，余归自扬州，一日至青州，与杞园观书市中，得刘贡父《春秋权衡》、《意林》二书，亦高唐府中物。杞园云：曾见岱翁篆书《入药镜》一篇，淳整茂密，亦希有也”。这康熙乙巳是四年，其时自未见到此《左氏传说》，因而只提《春秋权衡》和《意林》。所说岱翁篆书《入药镜》当是墨迹，未见流传。但流传有题“皇明宗室高唐王岱翁集篆”的小篆并楷字刻本宋词《阳春白雪》，郑振铎尝得残本并为题记，今收入1998年文物出版社本《西谛书跋》，定为嘉靖间刻，并据《明史》卷一〇四《诸王世表》有“高唐悼僖王厚煸，懿庶八子，嘉靖二十二年封，二十六年薨，无子，除”之文，谓即是其人。按“懿”者是明英宗子德庄王见潾之子德懿王祐榕，高唐王仅此厚煸者一封，旋以无子国除，则说即此岱翁是不错的。但嘉靖二十六年岱翁之卒至明亡几及百年，此百年中高唐王府旧藏图籍何以讫告无恙，至“鼎革后”始“散落市肆”？我对朱明藩封故事夙未究心，自不得而知。

王士禛的藏书后来多不知下落，所以叶昌炽撰《藏书纪事诗》就举不出一部传世的王藏旧本书。1989年上海古籍出版社出版了王欣夫的补正本，也只用《文禄堂访书记》补了这个明钞《左氏传说》。《文禄堂访书记》著录标准是比较严格的，凡例就说“宋十行本群经、元纂图互注诸子等书以习见不录”，更无论明嘉靖以下的习见刻本。而王士禛的藏本除《左氏传说》外也只著录了一部宋岳珂的《玉楮诗稿》，说也是有王士禛跋的高唐王府钞本。我在温知书店买此《左氏传说》时放在一起的还有一部《啸翁老人村居以后诗》，是释显鹏撰，丁文衡选，清钱唐吴氏绣谷亭钞本，毛太纸印黑格，有吴城题跋。要讲罕见它更胜过王跋《左氏传说》，说不定还是孤本，何况钞手也雅洁胜于《左氏传说》，标价则似和《左氏传说》相同，也许还稍便宜些只标三十万光景。但我仍舍此而取《左氏传说》者，乃系迷恋王跋的缘故，而且当时精善奇秘之书实在太多，失收一些初不在意。幸好此《啸翁诗》后来卒入上海图书馆，著录进 1957 年该馆编印的线装《善本书目》。

我获得这《左氏传说》后，曾用通志堂本粗粗对看过。发现它如前所说虽字写得不好，且多破体甚至错误，但遇宋讳如“桓”字多缺末笔，讲到赵宋祖宗处也常空格以示恭敬，知必从宋本钞出。所以通志堂本阙失处它都完好。遗憾的是我常自恨毛笔小楷写不好，不愿在线装旧书上校改或写校语，如今老了自更无此雅兴和精力，不能如前贤那样以手校本传世了。

这里再谈我和王士禛诗的因缘，这已是抗战第二年整六十年以前的事情了。当时很偶然地得到一册商务印书馆学生国学丛书本《王士禛诗》，选者是哪位先生已记不起，后来得到金荣的《渔洋山人精华录笺注》已认为他选得并不好。但毕竟这是我第一次接触到整本的旧诗，接触《唐诗三百首》和原先村塾通行的《古唐诗合解》尚在其后，所以就对此讲神韵的王士禛诗有了特殊的兴趣。在初中二年级时买了部后印的金荣《笺注》本，甚至星期天都带上去校园阅读。接着是搜求久负盛名的林佶写刻本王诗《精华录》，还先后买过王撰《居易录》、《池北偶谈》、《香祖笔记》和惠栋的《渔洋山人精华录训纂》以及王氏《带经堂集》。不过《带经堂集》是残本，《训纂》是光绪时重刻本，《居易录》等也都非早印，到 1957 年困厄后已陆续送旧书店卖钱。只有林佶写刻的《精华录》仍有好些留在寒舍，有点故事可说。

我当初搜求林佶写刻《精华录》，是因为看了莫友芝的《郘亭知见传本书目》。这是当时最通行的版本备查目录，其中就说

《精华录》"康熙中林佶写刊本佳"。又从《四部丛刊书录》知道所收《精华录》即用这写刊本影印，并认为该《丛刊》所据以影印的必是难得的本子。其实这林佶写刻本流传甚多，在彼时极为易得。记得五十年代初，在上海合众图书馆(顾起潜廷龙先生所主持后并入上海图书馆者)附近地摊上见到一部干净的早印本，只要价人民币一元，我都不感兴趣，因为前此我已得到了好几个印本，已知其并不难得。这自然是由于王士禛当年诗名大，《精华录》成为畅销书印得特多的缘故。

不过这林佶写刻《精华录》还有原板和翻刻之分。过去公私书目和藏书题跋上都没有讲过，是我买多了比较后发觉的，近检1993年中华书局版傅增湘的《藏园订补郘亭知见传本书目》，才知道这位精于版本的傅老先生也已觉察到此秘密，批了"此书有翻本，颇肖"的话。我回忆先后得到的林佶写刻《精华录》有七部，其中翻刻的便占了三部，这翻刻的和原板印的都有早印和晚印，我仔细比对后才明白哪是原板哪是翻板所印。当时还写了篇未能发表的小文章，大约是1949年的事情。如今手边还留有的四部中有部乾隆时苏州篆刻名家徐坚的藏本，盖满了他手刻的印章，还有几处墨笔加批，可仍是部翻刻本。翻刻这畅销书当然是其时书商图利，但也实在翻得像，恐怕徐坚此公也是当原板书买来阅读收藏的。

这里还该讲一个林佶写刻《精华录》的原板最初印本，是1960年谢刚主(国桢)先生送我的。我虽然青年时就看过刚主先生的文章，但和他并不相识，何况彼时我早罹"扩大"之灾，只是从报纸上见到刚主先生讲清初金埴稿本《不下带编》的文章，而我正好有金埴的《巾箱说》和另一人的《听雨录》，是据八千卷楼藏钞本的旧影钞本。于是去信告诉他，稍后把书寄去送给他，他就以此《精华录》和罗振玉跋藏的旧钞本《司空表圣集》回赠。现二书仍珍藏寒舍，《精华录》卷首还装上1960年6月26日刚主先生的题记。我和刚主先生通音问时是附带表明了身份的，而刚主先生不以为嫌，和我成为忘年之交，实在是很感人的。

刚主先生所赠的这部《精华录》，经朱笔圈读，且有墨笔评语多处。其中有“省钦云”等字，前人认为是乾嘉时吴省钦白华的手笔，其实只是他人传录吴省钦等人的评语。旧时在《精华录》上加批加评者极多，五十年代我在上海还见到把诗人黄景仁的评语过录在金荣《笺注》本上的。这传录吴省钦等人评语的是谁已不可考知。我重视的是卷十第二十九叶《春城堆》的末句作“春城堆自忆僧施”，而其他我所见的原板印本包括《四部丛刊》影印本，都已改作“风流犹自忆僧施”，更不必说翻刻本了。足见这很可能是仅存的最早印本。所以我与贾二强同学编集的浙江人民出版社版《清代版本图录》，就收入了这个印本。

最后还可告诉版本书的爱好者，金荣的《渔洋山人精华录笺注》原书本只十二卷，加上《补注》一卷，通行康熙五十一年金氏凤翙堂刻本，即早印者当年仍不算难得。难得的是到乾隆二年金氏又补撰补刻了一卷《渔洋山人续精华录笺注》和四叶《笺注续补》，是以后出未采入《精华录》的王氏《蚕尾后集》二百馀首中选了八十四首加以笺注而成的，行款全同康熙本《笺注》，惟字体略见肥重。我是“文革”后在上海古籍书店门市架上很偶然地以平价获得的，时在1985年或稍前。后见《藏园订补郘亭知见传本书目》也已补了这《续笺注》本，但公私书目仍少著录。爱书者大可留心这类通常不被人们注意的好东西。

搜集新文学初版本的乐趣

朱金顺

二十世纪已经过去，当我们回眸这百年岁月时，将不会忘记八十多年前那场文学革命。是它推动了中国文学发展的现代化，使我们产生了勃勃生机的新文学。

过去，在藏书家眼中，珍贵的版本，应当是宋刻、明刻，起码也是清初刻本，才能称为善本。民国以来的出版物，是无足轻重的。我认为，这种看法并不全面，“五四”以来的新文学书刊，也有很高的收藏价值。新文学初版本，记载了这一段文学发展的历程，其中有着丰富的文献价值。特别因为新文学发展的三十年，国家内忧外患，灾难重重，新文学作品的初版本，留存下来的并不多，就使我们更有宝重、珍藏的必要了。

从五十年代我在中学、大学读书的时候起，便留心搜集新文学的初印本，虽然收藏不多，也有些可以说说的地方，那其中充满了收藏的乐趣。以下举例略说一二。

一

胡适的《尝试集》,公认为新文学发生后,出版的第一本白话诗集。1949年之前,《尝试集》曾多次重印,五十年代要在旧书店找到一本并不难,但要找那初版本,却不容易见到。

《尝试集》1920年3月由上海亚东图书馆初版印行。同年进行了第一次增补,加上新写的六首诗和《再版自序》,九月由亚东再版发行。1922年10月,亚东图书馆又印行了增订四版,胡适对内容进行了较大改动,除了诗的增删之外,还删掉了钱玄同为初版本《尝试集》写的长序及他自己的初版、再版"自序"。这个版本后来多次重印,到1940年已出至十六版了。

这样,要找一本那极具史料价值的《尝试集》初版本,可就不容易了。五十到六十年代,我是北京那些旧书店的常客,曾经热心地寻找这本初版本。购买旧书,要讲缘份,终于有一天,在琉璃厂某个角落,找到了初版本的《尝试集》,定价仅三角。当时我那高兴,是可想而知了。此书为黄色封面,没有过多的装帧,保留了极古朴的样式,封面由胡适自己题签,连这题签也是白话的。自右至左,有三行直写的字,是:

胡适的

尝试集

附去国集

胡适确为白话文大师,使人想起他那颗白话的藏书印,为阳文"胡适的书"。在封面上不是常见的"胡适著",而是写作"胡适的尝试集"。这册初版本《尝试集》得之于六十年代初,是我毕业后工作了两三年的时候;如今四十年过去了,时间过得真快呀!

八十年前出版的《尝试集》,是新文学产生的历史见证,也记载中国新诗创作的开始。收藏这种版本,仿佛珍藏了一段历史。

二

《呐喊》是鲁迅先生的第一本小说集,也是新文学的最丰硕成果。它的初版本,也是我多年寻找的目标。

《呐喊》1923年8月由新潮社初版,为周作人编的《新潮文艺丛书》之第三种。该书为大32开毛边本,道林纸印,内收短篇小说十五篇,鲁迅先生那些烩炙人口的名篇,多收其中。因为鲁迅先生亲自校对过,书中错字极少。同年12月再版发行。《呐喊》从第三版起,改由北新书局出版,为鲁迅编的《乌合丛书》之一种。后来一直由北新出版,到1930年1月,出十三版时,抽去《不周山》,重新排版,开本、版式没有改动,但误字却较初版为多。直到1938年《呐喊》收入《鲁迅全集》时,已印过二十三版了。

在五十年代,北新版毛边本《呐喊》,在旧书店时有发现,而新潮社本《呐喊》,则极难见到。某次,在东安市场旧书铺里,我终于寻到了一本新潮社本的《呐喊》,虽然它是1923年12月再版本,而且有些残缺,我还是赶紧买下了。我知道这是世间珍贵的一个版本呀!经与初版相比较,它是用初版纸型重印的,唯版权页上所署印刷者有改动。初版为"京华印刷局",再版的印刷者改为"京师第一监狱"了,其他则相同。《呐喊》初印本,不仅有很高的文物价值,而且有很高的文献价值。

这里举一个例子。《呐喊》的版式是直行排,每页十二行,每行三十字。各篇的标题占三行,有标题的一页,正文为九行。书中《孔乙己》一篇，在21—29页。初版和再版的《呐喊》，在《孔乙己》中有一处拼版错误，这是它的版本特征。在第21页标题“孔乙己”三字，占了两行，正文却有九行；第28页，全页仅十一行，恰恰少了一行。名篇《孔乙己》里，第四自然段和第六自然段，在结束时有一句类似的话：“众人都哄笑起来：店内外充满了快活的空气。”《呐喊》归北新出版后，不知什么时候，发现了拼版错行问题，并做了改动。将21页多出的一行，逐页推后，直到28页也成为十二行止。但在移行过程中，第23页错了一个标点符号，将上引第四段(在第23页第十行)的冒号，变成了分号。于是类似的一句话，标点符号却不同了。这一错就是几十年，从北新版《呐喊》，到二十卷本《鲁迅全集》，又延续到十卷本《鲁迅全集》，同时还影响到据“全集”选的各种选本和教材，直到1981年版的十六卷本《鲁迅全集》，才得到纠正。影响之大，可想而知！

近日有一部《鲁迅自编文集》出版。将鲁迅先生自编的十九部文集，汇辑影印出版，并声明所据为初版本。由于影印时去掉了原书的版权页和扉页，为我们的考订增加了困难。其中的《呐喊》一书，收小说十五篇，《不周山》没有抽掉。但第23页第十行，那句话的标点是分号而不是冒号。因此可知，影印本《呐喊》的底本，不是新潮社的初版或再版本，而是北新书局第十三版之前的一个版本。这是由新潮社本的版本特征可以证明的。

初印本的《呐喊》，具有较高的文献价值和收藏价值。在上述考据之中，藏者便得到了极大的乐趣。

三

创造社的诗人，郭沫若之外，冯乃超也是重要的一位。他被评论者称为"唯一可以算真正象征派的'创造'诗人";说他"在方向转换之前的诗歌创作,应该算是创造社文学中真正的象征主义作品"(朱寿桐:《情绪:创造社的诗学宇宙》)。冯乃超有诗集《红纱灯》,创造社出版部1928年4月初版,列为《创造社丛书》的第二十种。这是本印制精美的小书,小32开毛边本,道林纸印,正文仅94页。初版印二千册,恐怕没有再版过,所以此书世间流传不多,是册难得的初版本。五十年代中期,我得之于北京东安市场的旧书店。

《红纱灯》是作者1926年的作品,全书收诗四十三首,分为"哀唱集"、"幻窗"、"好像"、"死的摇篮曲"、"红纱灯"、"凋残的蔷薇"、"古瓶集"、"礼拜日"八辑。这正是冯乃超方向转换之前的作品,诗中充满了象征主义的气息。唐弢先生说它"感情细致,意境深远,而受旧诗的影响也较深"(《晦庵书话》)。此书不仅少见,且书品极佳,我收藏了几十年,视为珍品。

解放后,冯乃超长期在中山大学工作。八十年代初,中山大学为他们的老校长编辑《冯乃超文集》,在广州却找不到《红纱灯》和《傀儡美人》,后来专程到北京找作者本人。因为冯乃超也没有保存这两本二十年代的出版物,那收入《冯乃超文集》上卷的《红纱灯》(中山大学出版社1986年9月第1版),便是据我的藏本复印后排印的。记得"文集"编委会的同志们,曾拿了我那《红纱灯》请冯乃超先生过目,他也认为很珍贵,是本不易见到的书。《冯乃超文集》上卷出版后,编委会曾寄赠一册,算是感谢我提供了《红纱灯》原本吧,我至今留作纪念。

我的初版本《红纱灯》,能够派上用场,为它的重印帮了忙,我是很高兴的。这是一种机缘,也是一种乐趣。

四

三十年代，在鲁迅先生帮助下，三个年轻人出版了三本“奴隶丛书”，那便是叶紫的《丰收》、萧军的《八月的乡村》和萧红的《生死场》。这是一段文坛佳话，也是一套有名的版本。五十年代中期，在西单商场旧书店的残旧书堆中，找到了一本《八月的乡村》。大32开毛边，报纸印刷，虽然没有了封面、扉页和版权页，但一看便知是《奴隶丛书》之二的《八月的乡村》。我知道这是初印本，但无法断定是第几版。我还是买了这残本，好在前边鲁迅先生的《序言》和后边萧军以田军署名写的《书后》，都是完整的。过了些年，还买到了周而复编《北方文丛》本的《八月的乡村》，那上边还多出了一篇萧军“为抗战后《八月的乡村》初版而写”的《前记》。但不知为什么，我还是更珍视那册毛边的《八月的乡村》，尽管它是残本。

《八月的乡村》是萧军先生的代表作，也是三十年代东北作家群贡献于新文学的硕果之一。我们只要想到“九一八”，想到东北人民的浴血抗日，就不会忘记这《八月的乡村》。这是萧军先生在文学界的不朽功绩！这册残旧的《八月的乡村》被我修补后，一直珍藏着。七十年代末，一位友人要去拜访萧军先生，承他好意，带了这册《八月的乡村》请作者鉴定。萧军先生看后，用毛笔在书后空白处，直行写下了这样的话：

这本书应为第一版印者，因无“再版感言”故也。

萧军　一九七九，三月三日

这句话的左侧，连用了四枚图章，除了那常见的阴文“萧军”名章外，还有阴文的“三十年代人物鲁门小弟子”和阳文“辽西凌水一

匹夫耳”两枚方形大章。并用毛笔在第二枚章下，写上了“辽西凌水一匹夫耳”八个字，为图章释文。在这一页的左下角，印了一枚阳文长形章：“银定桥西海北楼”，这是萧军先生当时的住址，他那时正住在北京地安门北边银定桥之西的旧式小楼里，那房子在安静的什刹海东侧。

年华似水流，转眼二十年过去了，萧军先生去世也快十二年了。萧军先生的墨宝和图章，使这残册增色不少；它的史料价值，因作者的鉴定得以存在。展读这经历了六十五年人世沧桑的新文学初版本，心中总会产生一种历史感，这也是一种收藏的乐趣吧！愿这带着历史遗迹，经过作者题字的《八月的乡村》，不被湮没，留存人间。

五

夏衍先生的书，我有不少册，而且还有两三册是有题字的。这里要说的是《戏剧春秋》，它是夏衍、宋之的、于伶三位集体创作的。1943年9月，重庆戏剧界为应云卫庆祝四十岁生日，有一系列活动。在宋之的创意下，以应云卫为模特儿，三人合作创作了这部五幕七场话剧，用一个人串连了整个话剧运动。三人合作，一个多月就完成了剧作，在重庆公演，获得成功。该剧由重庆未林出版社1943年11月初版，列为《现代剧丛》的第一种。《戏剧春秋》演出和出版后，文艺界反映热烈，发表了不少评论文

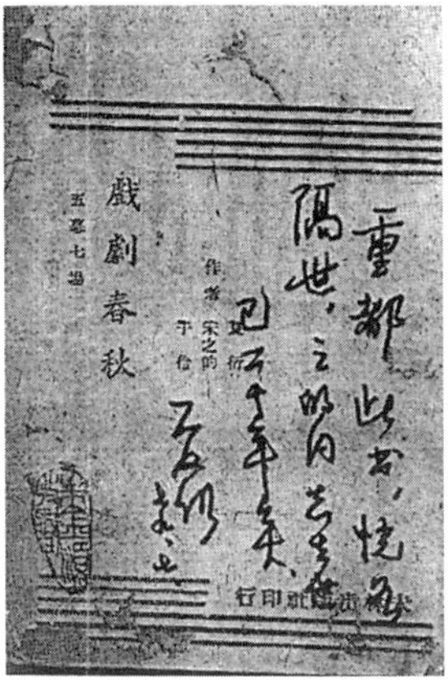

章，盛赞它的成功，也指出了某些不足。于是，未林出版社在1944年5月又出版了“增订版”初版本。

六十年代初，在西单商场楼上，我买到了《戏剧春秋》“增订版”初版本。那是在艰苦抗日年代出版的那种黄色土纸本，纸极薄，字迹不清楚；而且这本书还被虫蛀过。但我很珍视它，这不仅是本在中国话剧运动史上值得纪念的书，而且也是中国抗日时期艰苦岁月的历史见证。保留它，叫我们记住1944年那黎明前的苦难，记住伟大的抗日战争！

七十年代末，这本书给夏衍先生看过。他在扉页上写下了一句深情的话：

重都〔睹〕此书，恍如隔世，之的同志去世已二十年矣。

夏衍　七九，七

距离夏衍先生写这句话，又是二十年了。而在五年前，夏衍先生已经逝世。时光就是这样过去了，这册五十五年前的土纸本小书（仅194页），能够留存至今，也是不容易了。

请珍视那些新文学的初版本吧；特别是留着岁月痕迹的版本，更应当宝重。翻阅这些新文学初版本，仿佛在阅读着历史，那乐趣是无穷的，也是悠长的。

2000年1月20日于北师大

静向窗前阅《古今》

谢其章

唐弢先生《晦庵书话》中有这样一段话："由于研究项目的变动，近年来，我买的主要是'五四'以来的旧书，尤其是期刊。我有一种想法，要研究某一问题，光看收在单行本里的文章是不够的，还得翻期刊。期刊可以帮助我们了解一个时期内的社会风尚和历史面貌，从而懂得问题提出的前因后果，以及它在当时的反应和影响。"(《书林即事》)笔者非专门的研究人员，只是从个人趣味出发，偏爱期刊，尤其对沦陷时期上海北平二地所出期刊特加关注，除非价格高的不讲理承受不起，见一收一，见二收二，几达痴迷地步。上海沦陷区几种重要期刊《杂志》、《天地》、《风雨谈》、《万象》、《大众》、《春秋》，北平沦陷时期的《艺文杂志》、《朔风》、《中国作家》等均先后落掌。凡事皆有遗憾，刊有张爱玲成名作《第一炉香》、《第二炉香》的《紫罗兰》(周瘦鹃主编)、北平最大型文史杂志《中国文艺》常在念中，但至今与我无缘。

对于沦陷区文学的研究，很长一段时间是禁区是盲区，或一笔带过，或因人废文，生硬武断。近年来这种情况大有改观，毕竟历史上存在过的东西是绕不过去的。倒是海外的学者对沦陷区文学评价颇高，与我们形成冷热反差，如小爱德华(美)在《被冷落的缪斯—1937至1945年的中国现代文学》中认为1937—1945年中国真正有价值的现代文学是产生在沦陷区的作品，这样的认识也许不被大多数研究者认同，但最起码我们应该做的是不要再忽略和轻视沦陷区期刊的史料价值，让它们浮出水面，任众人评说，总不致于还是“深锁螂嬛饱蠹鱼”吧。

《古今》是上海沦陷后出版的第一种文史类期刊，起于1942年3月，止于1944年10月，共出57期，初为月刊，自第9期改出半月刊，周黎庵主编，周曾于抗战前主编过《谈风》等杂志。说起自藏的这套《古今》，其中一段淡淡的哀情至今不能释怀。十几年前开始迷恋旧杂志，中国书店仲师傅帮忙不少，递上书单，不久即取来一堆让我挑选，后得知照单给我配刊的是琉璃厂书肆有名的“杂志大王”刘殿文之子刘广振先生，心存感激，但一直未得机会当面道谢，只是一次楞闯书库，隔着玻璃窗望了一眼白发弯腰伏案理书的老人，以后听说老人病故，一辈子埋首旧刊灰堆中的人恐怕是断了。《古今》以前从未耳闻，一次从仲师傅手中购下一拨旧刊，其中有三册《古今》，一读之下，相见恨晚，第42期的一篇《聚书脞谈录》(下)令人把读不释，作者挹彭，不详何人，所聚书刊都是今人“百计求之”的珍本佳籍，令人心驰神往，真愿时光倒流，回到二四十年代旧书业繁昌时候与挹彭者一起抢书。此“脞谈录”只有下篇而无上篇，为求全璧，必购求《古今》全套。心想事成，一年多以后，竟于中国书店架上见到完整57期之《古今》，且均为单本(我不喜合订本)，书品完好，绝大部分新若未触，实属可遇不可求之机缘。索价九百元，于今看来并不贵，但当时家遭变故，一时竟凑不出这笔钱。良机岂能当面错过，遂将历年所购藏旧刊《红杂志》、《礼拜六》、《小说世界》、《侦探世界》、《女声》、《京报副刊》、《大风》、《光》、《永安》、《半月》、《上海生活》、《创世》、《三六九》、《艺术生活》、《文友》等几十种装了两纸箱卖掉，才换回《古今》，这些旧刊中的《文友》是全套不缺一期的上海沦陷区期刊，至今思之犹痛。《古今》落掌，置于书案伸手可及之处，朝夕相晤，曾与书友戏言“夺吾命先夺吾旧刊，夺旧刊先夺《古今》”，不为同好，难以理解这股傻乎乎的劲儿。

《古今》的作者阵容基本分属京海二派，京派周作人领衔，下率沈启无、徐一士、徐凌霄、瞿兑之、大小二谢（大谢国桢、小谢兴尧），海派诸贤人多势众，周越然、文载道、柳雨生、陈乃乾、纪果庵、潘予且、冯和仪、陶亢德，张爱玲等。人分南北而居，文风却如出一脉，有评论《古今》为同仁杂志，说的是。由于北平沦陷于前，上海沦陷于后，所以亡朝之下的“清谈风”实际是自北方吹来的，而后在《古今》聚集，成一时气候。周作人行文依然冲淡平和，前后有十馀篇刊于《古今》，先是《药味集序》，周在序中言“拙文貌似闲适，往往误人，唯一二旧友知其苦味”。如此看来，大多数人是误读知堂了？存亡之际，附逆事敌，毕竟百口莫辩，当初若听从了胡适劝告“放下茶钟出门去，飘然一杖天南行”，何至于此？本该“智者识得重与轻”，鲁迅说周作人“昏”，真一语中的。有人说知堂舍不得苦雨斋的万卷藏书，倒似是说对了一点。《古今》连载周的《旧书回想记》，“引言”说“近几年来在家多闲，只翻看旧书，不说消遣，实在乃是过瘾而已，有如抽纸烟的人，手嘴闲空，便似无聊，但在鄙人则是只图遮眼也”。《古今》另有周作人《我的杂学》、《陶集小记》、《甲申怀古》、《遇狼的故事》、《庚戌蒙难实录序》、《怀废名》、《文抄序》。《古今》刊行之际，周作人曾有一次南游，于苏州留下“豆腐”诗：“多谢石家豆腐羹，得尝南味慰离情，吾乡亦有如家菜，禹庙开时归未成。”纪果庵《知堂老人南游纪事诗》、《知堂先生南来印象追记》两文详叙其事。

《古今》前期撰稿最多的还要数被新加坡学者朱鲁大称之为“火中取栗”的黄裳，周黎庵说“《古今》初期那位帮忙最多的作家”黄裳当年笔名很多，有南冠、楮冠、鲁昔达、何戡、吴咏，韦禽、默庵、庾持。检索《古今》，黄裳旧作如下：《蠹鱼篇》(上下，第1、2期，属楮冠)、《龙堆杂拾》(第3期，属鲁昔达)、《谈李慈铭》(第4期，属南冠)、《读知堂文偶记》(第6期，属默庵)、《四库琐话》(之一之二，第6、7期，属庾持)、《龙堆再拾》(第7期，属鲁昔达)、《关于李义山》(第8期，南冠)、《说欢喜佛》(第9期，韦禽)、《朱竹坨的恋爱事迹》(上下，第10、11期，吴咏)、《四库馀说》(第10期，庾持)、《关于墨》(第12期，何戡)、《宣南菊事琐谈》(第17期，韦禽)、《关于李卓吾——兼论知堂》(第18期，南冠)、《谈善耆》(第18期，鲁昔达)、《记戊辰东陵盗案》(第18期，何戡)、《谈“药堂语录”》(第20、21合期，南冠)、《从鉴定书画谈到高士奇》(第22期，韦禽)、《谈张之洞》(第22期，楮冠)、《春明琐忆》(第25期，吴咏)、《曾左交恶及其他》(第32期，鲁昔达)。另外，第一期的《谈清代的太监》、第二期中的《谈明代的妓女》、第四期的《关于珍妃》等文，均属“笠堪”，从行文风格上看，我也疑为黄裳之作，但也仅是胡猜而已。到今日，除《蠹鱼篇》收入辽宁教育出版社“新万有文库”外，其馀的都不曾再刊印过。我本喜读黄裳文章，得知黄裳“少作”隐藏《古今》之内，对这份杂志更是宝爱有加了。挹彭《聚书脞谈录》中有云：“《古今》创刊后，最初三期，系艺风老人之文孙某君，自沪上带来，由东安市场一书摊代售，为数无多，我仅得第三期一册；至十二期起始在北京销行，每不及买，辄已告罄，于是请友人丁力君在沪为补前十几期，中途邮寄时又遗失数册，现在屡有人以重价征求，殆难补齐。其创刊号及第二期，系以《药堂语录》及《药味集》经丁君之介与楮冠君换来。”再回过头看黄裳的《读“药堂语录”》中有云“三十一年十二月十一日晨，往访荤斋兄，在案上见适自北平寄来之《药堂语录》一册……此一小册出版于三十年五月十五日，在《药味集》之前，然而却后到手，系托北平朋友买寄，以《古今》第一、二两期交换得来者也。”几十年前书人书事如在眼前，不是很有趣吗？《古今》在当年也属不易得之物，据周黎庵讲，创刊号仅印一千五百册。去夏，我的一位赵姓书友于北京潘家园旧书摊觅得《古今》零本十馀册，内有“周年纪念特大号”，有第 57 期“休刊特大号”，虽非全套无阙者，也要算访书奇遇了。

《古今》中纪果庵的文章也颇令人喜读，如《北游记》，纪居南京，写的是在北平访故人的事。爱书人到别人家作客，最先注意的莫过于主人的藏书了。纪果庵记“于削面北风中两次访谒知堂老人，苦茶庵有与先生散文一样的清净无尘的风格。可惜我未得机会到书室去谈，客厅中书并不多，只有书道全集之类的大部头书，仿佛是摆在那里而不是看的。此外则有画像一帧，极为神似，又晋砖数事，殆即无端所玩之骨董欤。”对于“道德日负于初心”的知堂，来京的文人骚客仍以登临苦雨斋为幸事，没能来的只有引为憾事。纪果庵又记“启无兄的家比苦雨斋更其寂静偏僻，去访他是晚上，我的车夫地理不熟，过去北池子便一路打听，亏了北平人有帮助别人的热忱，每次总是往北、往西、小庙后面、过桥……一大串的解释着……经过两次转折，竟碰对了，是

南北向的胡同，在口外可以望见北海的白塔，的确是一个诗人理想的家。启无的书室很宽大，藏书甚多而整齐，在我所见的友人中，要算最可观了。我吃着芝麻糖和甜杏仁，听启无讲这房子的历史。”《北游记》中还有“尤炳圻兄是笃厚君子，房子是西式的，在故都很不多睹，外面几竿翠竹，凌雪青葱，格外可爱。藏书也很富，尤其是日本书籍。同座有周丰一兄，和傅惜华先生等。”“在旧京到处皆是可敬佩的学者，每一个学者都有可爱的、朴实的家，如谢刚主兄，房子既幽静深邃，书籍更插架琳琅，我也是晚上去的，上弦月色正好，小水车胡同已极近西城根，我从先在北平的住处亦邻近此处，知堂先生曾说，西城比东城特别安静，读书似较合适。”

封面设计素雅飘逸也是《古今》一个特色，上书隶体“古今”两个大字，空白处或诗或画，多为书画联璧，吴湖帆的“静向窗前阅古今”图、石涛的“二人山际论古今”图常踞封面，后来被选用的扇面画出自廉南湖小万柳堂所藏《扇面萃珍》，均明清珍品。

还有一个有趣的现象，凡是选用于封面装帧的诗句必须含有“古今”二字，如黄山谷句“鸟度云行阅古今，溪滨水未听竽籁”，陆游诗“万卷古今销永日，一窗昏晓送流年”，俞曲园联“闲谈古今静玩山水，不言是非勿论官事”，郑孝胥联“含毫不意惊风雨，论事真能鉴古今”。

《古今》停刊之后，文载道利用《古今》馀稿又主编了三期《文史》，从藏刊的角度讲，《古今》有创刊号，有纪念号，有休刊特大号，一本杂志到此可算寿终正寝了，可偏偏又续了个《文史》，《文史》即为《古今》馀声，虽名称不同，也应该一并收藏。《古今》罕有，《文史》更罕有，很长一段时间我都收不到它，撩人情绪。我甚至给远在上海的当年《文史》编者去信探询，老人已年过八十，接信后十分惊诧，说“难得还有人想到我这样的‘过时货’”，并说《文史》早已“片甲不留”了。我真愚，五十多年风雨过后，历经磨难的老人还能剩下什么呢？上天助我，《文史》创刊号居然鬼使神差地在一次书刊拍卖会上露面了，虽斥资六百元买一本杂志，于今并无悔意。《文史》创刊号落掌，得陇望蜀，又向热心的姜德明师商借了《文史》后两期，复印下来，装订成册，至此《古今》与《文史》的收藏因缘告一阶段，也许某一天原版的《文史》后两期又突然从哪个角落冒了出来，谁又说的准呢。人往风微，几十年前的作者现在已不剩几位了。周黎庵、文载道、黄裳现在上海，几位老人仍健笔如飞，时有大作问世，后学真惭愧不如；谢兴尧在北京，年过九十，老人的《堪隐斋随笔》、《堪隐斋杂著》是我爱读的书。每每得闲，“静向窗前阅《古今》”，总会想到孟浩然句“人事有代谢，往来成古今”，日子便在追思中一天天如流水般逝去了。

“借书还书”与抄书

——兼谈《此君轩漫笔》

范景中

观昔人藏书题跋和藏书印语，可知其眷眷惜书之意。张舜徽先生在说明这个意思时，曾引了唐人杜暹的一则跋语：“清俸买来手自校，子孙读之知圣道，鬻及借人为不孝。”①今天读来，虽未免自私过甚，但其爱书之心，还是不难想见的。平心而论，藏书之家，秘之甚深，固非为是，而必借出与人，实行起来却也不是一件方便的事，更何况借书不还者，往往多有。昔人谈藏书难，守书更难，绝非虚语，其谆谆告诫之心，是完全可以理解的。实际上，借书还书的问题，大概自从有了私人藏书以来，便是藏书家所面临的一个重要问题。也正是由此，“借书一瓻，还书一瓻”才成了藏书史上最有名的一句套语，成了藏书观念史上的一个重要思维单元。所谓“一瓻雅故”、“借瓻麇至”等隽词，所谓“平生谬托知交在，悔不从渠借一瓻”（查慎行）、“此去鸡林求易得，他年邺架借应痴”（陈坤维）等雅诗，全从此来。然而，要弄清这句套语的来历，却并非唾手可得②。所以，曩年读《此君轩漫笔》，看到作者论“借书还书”的衍变，用短短的篇幅便写下了关于这一题目的绝佳文字，自然在心中留下了深刻的印象。

近来偶翻民国初的《文艺杂志》，又看到颠公所写的同类文字，不免好奇，细读一过，觉得似曾相识，便想把它与《漫笔》的记述比较一番，以理出更精细的脉络。于是，发箧翻书，检出《漫笔》与之并观。阅后不禁一惊，原来颠公几乎是全文照抄了《漫笔》的考证。为了醒目起见，下面用双栏过录两家的文字如下：

借书还书

寒士无兼金广购书籍。则问亲友有异书。势不能不出于通假。故古人之好学者。远则藉邮筒以往还。近或遣僮奴为传递。彼来此往。固不异苏公之调水符也。鄙人年来闭门却轨。于尘俗事概不过问。惟因佣书坊肆。有时须书籍引证。不免求助于亲朋。于是终日书翰纷纭。无非为借书还书之事。因思昔人有一痴之说。其字写法各有不同。未知究以何为准。兹考艺苑雌黄。李济翁云。借书一痴。惜书二痴。索书三痴。还书四痴。此一痴之一说也。又闻见录。俗语借书与人为一痴。还书为一痴。或谓借书还书理也。何得云痴。因思王乐道与钱穆四书云。出师颂绝妙。古语借书一瓻。还书一瓻。乃知今人讹以瓻为痴也。此一瓻之又一说也。又酉阳杂俎。今人云。借书还书。等为二痴。据杜荆州书告觊云。知汝颇欲念学。今因还车。致副书。可案录受之。当别置一宅中。勿复以借人。古谚云。有书借人为嗤。借人书送还为嗤也。资暇录亦云。古谚借书一嗤。还书一嗤。据此又可作一嗤矣。又扬子云酒箴云。自用如此。不如鸱夷。颜注。盛酒者也。黄山谷借书诗。时送一鸱开锁眉。春渚纪闻作锁鱼 王次回诗。秋来始拟今宵醉。远客还书有一鸱。韵会亦云瓻通鸱。则又可作一鸱矣。夫众说纷歧。莫衷一是。然果有所依据。实不妨随意引用。固不必存胶柱鼓瑟之见。断断焉以何者为是。何者为非是也。[3]

借书还书众说

艺苑雌黄李济翁云借书一痴惜书二痴索书三痴还书四痴此一痴一说也又闻见录俗语借书与人为一痴还书为一痴尝疑借书还书理也何痴之云后见王乐道与钱穆四书云出师颂绝妙古语借书一瓻还书一瓻 瓻酒器谓盛酒酬之也 乃知今人讹以瓻为痴也此一瓻又一说也又酉阳杂俎今人云借书还书等为二痴据杜荆州书告觊云知汝颇欲念学今因还车致副书可案录受之当别置一宅中勿复以借人古谚云有书借人为嗤借人书送还为嗤也资暇录亦云古谚借书一嗤还书一嗤 嗤笑也 据此又可作一嗤矣又扬子云酒箴云自用如此不如鸱夷颜注盛酒者也黄山谷借书诗时送一鸱开锁眉 春渚纪闻作锁鱼 王次回诗秋来始拟今宵醉远客还书有一鸱韵会亦云瓻通鸱则又可作一鸱矣众说不一只要有本随手拈用安住而不可哉[4]

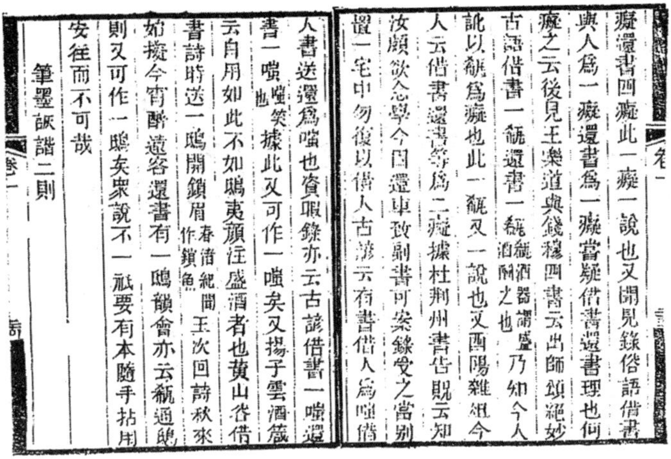
癡還書四癡此一癡一說也又開見錄俗語借書與人爲一癡還書爲一癡嘗疑借書還書理也何癡之云後見王樂道與錢穆四書云出師頌絕妙古語借書一瓻還書一瓻瓻酒器謂盛酒酬之也乃知今人訛以瓻爲癡也此一瓻又一說也又酉陽雜俎今人云借書還書等爲二癡據杜荆州書告耽云知汝頗欲念學今因還車致副書可案錄受之當別置一宅中勿復以借人古諺云有書借人爲嗤借人書送還爲嗤也資暇錄亦云古諺借書一嗤還書一嗤嗤笑也據此又可作一嗤矣又揚子雲酒箴云自用如此不如鴟夷顔注盛酒者也黄山谷借書詩時送一鴟開鎖眉春渚紀聞作鎖魚王次回詩秋來婦撥今宵酔遣客還書有一鴟韻會亦云瓻通鴟則又可作一鴟矣衆說不一祇要有本隨手拈用安往而不可哉

筆墨詼諧二則

《此君轩漫笔》中《借书还书众说》

以上所录，除左侧的“杜荆州”原误为“社荆州”已径改外，其他文字，连同标点和小字夹注，一仍其旧，以存原貌。我们看到，颠公写得很洒脱自然，先是交代背景，提出问题，然后使用“兹考”带出正文，并开始大段抄袭。在抄到结尾的时候，又照原义略改几句，便轻轻松松地完成了考证。

颠公，即清末民初的雷瑨，字君耀，有笔名别号多种，曾担任《文艺杂志》的主编，只是不知为何，作此行径。

我猜想，大概是《此君轩漫笔》难得一见，才萌生“抄抄无妨”的念头吧。《漫笔》刊于道光三年，《贩书偶记》及《续编》均未著录。原书共八卷，我的藏本已缺一半，只剩前四卷。记得当时，因是残书，本不欲购，忽然想到了复翁关于“惜字”的说法，才毅然携归的。

《漫笔》卷前没有作者的序，各卷后的恭校者都是作者的儿

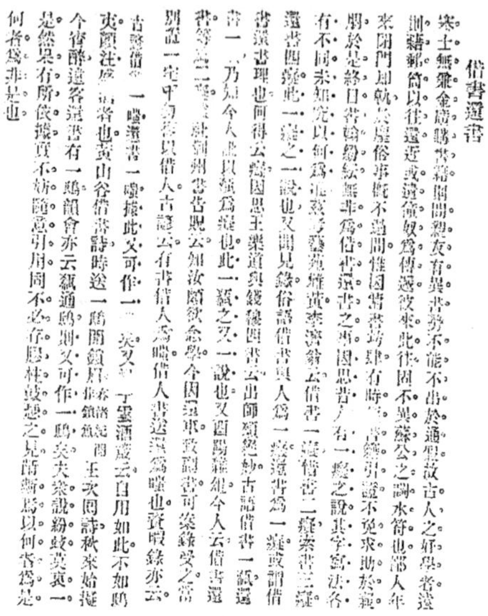

颟公《嬾窝笔记》中《借书还书》

子，大概那时作者已经作古。卷前只有马若虚的题诗五首，其中有两首云："古今瓌迹细搜罗，万卷填胸气自和。想见此君轩里坐，几番阅历感怀多。""《酉阳杂俎》多荒诞，干宝《搜神》亦渺茫。何似先生闻见确，闲将直笔写书堂。"是书虽亦不免谈玄怪，述因果，但笔调基本上是征实的，仍是一部有资参稽的的著作，马氏的谀词还不算过分。

《漫笔》为巾箱本，半页八行十九字，单鱼尾，粗黑口，左右双边，书名页有"道光三年新镌"六字。另见上海图书馆所藏后印本，书名页已换，无道光等字，卷前并多出"采町杨隽"和"晓峰愚侄郗应辰"二题。

作者李心衡，系《四库全书》总纂之一陆锡熊的表弟，字湘帆，上海人，活动于乾嘉年间。生平踪迹，《漫笔》中多有所记。对他的另一部著作《金川琐记》也曾述及，并在卷四与卷五中作了四则增补[5]。特别值得注意的是，他的姐姐李心敬是著名的女诗人归佩珊的母亲，归佩珊与母氏合刻诗集《二馀诗草》[6]，即《蠹馀草》和《绣馀小草》的事，在《漫笔》中也有记载。由于这部诗集胡文楷先生未见,所以他在《历代妇女著作考》中把《清史稿》著录的《绣馀小草》和《绣馀续草》混为一书了⑦。

有意思的是,归佩珊不仅是李心衡的外甥女,而且还是他的侄媳妇。因为她的丈夫李学璜是李心衡的侄子,也就是说,她是近亲结婚。她称李心衡为母舅,其所题《金川琐记》的诗名即为《题李湘帆母舅〈金川琐记〉后》。在《漫笔》卷三中,李心衡很欣赏这对伉俪,不但写了赞扬他们的话,而且还特地记录了归氏的《舟行杂咏》九首⑧,这九首诗与《绣馀续草》卷一所载有数处异文,可用作校勘的资料。

注:

①此跋由于古老而又能道出藏书家之心,所以颇为有名,频频为人援用。此处所引见周煇《清波杂志》卷四。据《渑水燕谈录》卷六《文儒》,其跋尾"圣道"作"圣教",馀同。宋钱易《南部新书》辛作"清俸写来手自校,汝曹读之知圣道,坠之鬻之为不孝"。唐阙名《大唐传载》除"子孙"作"汝曹"外,馀均同。见刘永翔《清波杂志校注》,中华书局,1994年,第135—136页。刘先生校注未引《全唐诗》卷八百七十三杜兼之《题书卷后语》,当为一失。《新唐书》卷一百七十二记杜兼"家聚书至万卷,署其末,以坠鬻为不孝戒子孙"。颇疑此跋应为杜兼所作。

②这句套语亦见于《清波杂志》卷四,刘永翔先生有校注,且极佳,现录之如下,以资和正文比较:《酉阳杂俎续集》卷四《贬误》:"今人云:'借书还书,等为二痴。'据杜荆州书告觋(按:"觋"当作"耽",杜预子名。见《新唐书》卷七二上《宰相世系表》二上及唐林宝《元和姓纂》卷六)云:'知汝颇欲念学,今因还车,致副书,可案录受之。当别置一宅中,勿复以借人。古谚云:有书借人为嗤,借人书送还为嗤也。'"唐李匡文("文"原作"乂",兹据《四库提要辨证》卷一五《子部》六《资暇集》考证改)《资暇集》卷下《借书》云:"借借

（上子亦反，下子夜反）书籍，俗曰：借一痴，借二痴，索三痴，还四痴。又案《王府新书》：杜元凯遗其子书曰：书勿借人。古人云：古谚借书一嗤，还书二嗤（嗤，笑也）。后人更生其词至三四，因讹为'痴'。"按杜预书亦见宋叶廷珪《海录碎事》卷一八、宋曾慥《类说》卷四九及宋潘自牧《记纂渊海》卷四六所引殷芸《小说》，所录较略。宋张世南《游宦纪闻》卷四云："'借书一痴，还书一痴'，或作'嗤'字。此鄙俗无状语。前辈谓借书、还书皆以一瓻。《礼部韵》云：'瓻，盛酒器也。'"《春渚纪闻》卷五《瓻酒借书》云："孙愐《唐韵》《五之》字韵中'瓻'字下注云：'酒器，大者一石，小者五斗，古借书盛酒瓶也。'"见刘氏《清波杂志校注》，中华书局，1994年，第135页。然而，嘉庆年间著名的藏书家吴兔床对瓻的解释则另有看法。他说："昔人云：借书一痴，还书一痴。或曰：痴乃瓻之讹。盖借书还书并当以瓻酒往耳。元吾丘衍《闲居录》云：瓻乃瓦瓮，以承其书籍。古书无方册，恐其遗落耳。愚谓古人承书者或以衣，（《说文》：帙，书衣也。）或以匮，（《尚书》：乃纳策于金縢之匮中。郑氏曰：凡秘密书藏之于匮。）或以囊，（《说文》：袠，书囊也。）或以匧，（出《道藏》。）或以笥篚之属，独未闻纳于瓦瓮者。况道路挈携，瓦瓮非便。且书则有繁简，安在其必为一瓻耶？"见《尖阳丛笔》，卷一，第12—13页，宣统三年扶轮社排印本。

③见颠公撰《嬾窝笔记》"借书还书"条，刊于《文艺杂志》，扫叶山房印行，第六期，第66—67页，未署出版年月，可能为1915年6月。

④李心衡撰《此君轩漫笔》，道光三年刊巾箱本，卷一，第23—24页。

⑤《金川琐记》，嘉庆戊午初夏本衙刊巾箱本。

⑥《二馀诗草》，李心耕辑，乾隆五十六年辛亥精刊本。《历代妇女著作考》作"三十六年辛卯（1771）刊本"，误。

⑦胡文楷《历代妇女著作考》，上海古籍出版社，1985年，第784—785页。

⑧《此君轩漫笔》，卷三，第20—22页。《舟行杂咏》共十首，全诗见《绣馀续草》卷一，第18—20页。

古书价格漫谈

任中奇

一 漫谈的缘起

最近几年，各地的拍卖会风起云涌，盛极一时。报刊和电视等媒体有前瞻预告，有回顾点评，也不断报道拍卖情况。拍卖会上的物品大都是昂贵的艺术收藏品，书画、邮票、玉器、古玩等等上拍理所当然，然而近年的拍卖会上也常有线装古书。本来线装书这种东西已经退出历史舞台，书店里一般看不到，即使有，普通人也不会买。谁都知道线装古书通例没有标点，而且是繁体字竖排版，现代读书人大都习惯简体横排，这种书看起来不方便。而且少说也是几十年前的旧东西，无论刚问世时装潢得多么光彩照人，到今天已经灰头土脸，弄不好还破破烂烂，放着新印的精装本、豪华本不买，谁会光顾这些不中看、不中用的旧书呢？然而，就是这样一些似乎已经无人问津的古书，如今赫然出现在拍卖会上，不少地方还有古书拍卖专场专拍，跟其他艺术品一样，成为人们关注的焦点。

不管什么东西，一上拍卖会，大家首先关心价钱。拍卖前后，爱书的朋友坐在一起，免不了要议论一番。拍卖前，要估量一下书的底价定得高还是低。哪些可以考虑，哪些不能考虑。拍卖时，有时间就到现场看看，看看竞拍的结果是不是跟自己估计得一样。事后免不了要总结一下，对古书市场就有一些看法。上一点年纪的读书人，经历了古书市场的沉沉浮浮，看到古书的价格十年河东，十年河西，颇有感触。随手写下来，就成为这篇漫谈。

二　价值和价格

谈东西的价格高低，首先要知道它的价值大小。我们知道艺术品的价值在欣赏，在收藏。书本来是给人读的，拿它当艺术品欣赏和收藏，似乎有些出格。不过人间的事情大抵都是这样，吃饭本来只为吸收营养，维持生命，可我们还是讲究烹调，不光考虑有没有营养，还要讲究色香味。如果有人买书只关心纸墨装潢是不是漂亮，或者只关心是不是人间孤本，而不去阅读，那也没有什么可奇怪的。这跟我们只图好吃，没什么营养的东西照样吃，也没有什么两样。像河豚鱼本来有毒，稍一不慎吃了就会中毒，但是味道鲜美，人们照吃不误，连苏东坡都说“也值那一死”。所以，尽管二百多年前的洪亮吉把藏书家分成三六九等，有考订家、校雠家、收藏家、赏鉴家等等名目，有意褒贬，我们把书当艺术品，开心怡悦地收藏赏鉴一番，也无可厚非。

不过话是这样说，考订和校雠是入乎书之中，赏鉴和收藏是出乎书之外，毕竟各有各的要求，评价标准不会完全一致。阅读要求书的内容好，赏鉴要求书的外表好，收藏要求书的身价高。

一部古书价值高低，就看它在这三方面能打多少分。要说价值，内容、外表、身价都算数。同一本书，学者看见的是它能校正几个错字，收藏家夸耀的就是它多么稀罕。连有没有用处或者有没有好处也不好讲，不值钱的空气和水是人人必需的生命线，无比昂贵的毒品对人有害。

决定价格的是市场的供求关系，不管东西多好，没有人要，就不值钱；供大于求，就卖不上价。你也买，我也买，价钱就能抬上去。赶上背时，没人识货，多好的东西也能贱卖。在拍卖会上，买主面窄，几分钟就要成交，没有太多的考虑馀地，这一点表现得尤其明显。

三　内容和价格

书本来是读物，价值首先在内容。人人要读的书，买的人就多。过去用木板手工印书，一次印上几十部就了不起，几十年几百年之后留不下多少，要的人多就容易抬价。过去的读书人想要知书达理，挣个功名，就要读经书学习义理，读史书博雅通洽，所注重的自然是经史要籍。文学作品的功利性虽然差一些，但是为了进考场，为了能当官作幕处理文字事务，正经文章还是要看一看的。何况闲下来也免不了要讽咏诗文，名家文集也还是必备的。至于笔记小说和野史杂说之类，既非必需，那就排不上队了。

从清末废除科考开办现代教育以来，兴起学术研究，情况就有不同，许多过去不登大雅之堂的东西现在成为学者研究的对象。像戏曲小说之类，本来正统读书人很少过问，进入民国以后，竟是一些俗文学研究者竞相追逐的焦点。郑振铎曾经看到明代蓝印本法律珍籍《清明集》,他不是不知道它珍罕难得,但还是毅然放弃,而买了清代戏曲作品《小四梦》,因为法律书不是他要研究的东西。看看《中国古籍善本书目》,就可以发现,《清明集》仅仅两处有此书,一处还是残本。正是由于这些学者大力搜集,戏曲小说陡然走俏,价格立时暴涨。也是在那个时期,木版图画开始走红,像郑振铎为买《墨苑》、《十竹斋画谱》等版画名作费尽心力,简直是梦寐以求。

五十年代开始,线装古书在大陆逐渐退出历史舞台,书和买主都一天天少下去。即便有人买,过去排在首位的经学也是"门前冷落车马稀",身价一落千丈。线装本正史由于平装校点本出现,地位也不那么重要了。笔记野史中往往有些别处见不到的遗闻逸事或者治学心得,对增益见闻、考证史事有帮助,而且部头一般不大,学者买起来也不那么沉重,所以还是不断有人买,像谢国桢先生就专门收集这些书。

戏曲小说过去没有什么人当宝贝收藏,留下来的东西很少,经过学者一番搜罗,市面上轻易见不到。再说重要的作品已经陆续出版,研究者有充足的资粮,也不必像当年那样自己去搜罗。所以除个别学者以外,没有什么人热衷搜集这些书。

从民国初年以来历久不衰的似乎只有版画书,直到今天也是大家注目的热点所在。想当年郑振铎、傅惜华等人买版画不能说没有收藏的目的,但是他们主要还是着眼于版画艺术,郑振铎编辑出版了许多版画图谱,傅惜华编过版画书目,给各方面读者提供了许多重要的资料。当时版画书虽然贵,但是上得了台盘的都是有数的名品,并不是书上有图就算数,就有人争买。今天版画书名品大抵已归公藏,市面上已经难得一见。虽说版画书仍旧热门,货源却没有多少,所以书上有图就沾光。

看看民国年间和五十年代旧书店的目录真让人感慨，像《晚笑堂画传》、《赏奇轩四种》、《百花诗笺谱》等等都是一般书，家家都有，可是今天就不得了，哪一种的身价都够普通人家半年甚至一年的开销。相反，光绪四年武昌张氏刻归有光评《史记》当时的价钱一部超过它们三种的总和,如今二十册书,只要二百元就拍到手，还不到一个人的最低生活费，这是多大的反差!

此一时,彼一时,不同古书之间的价格比例在不同的时期可以颠倒过来，再打几个滚。我们都不能不承认市场规律的决定作用,好货不如好行市。一朝得志平步青云,走上背字提不得当年勇,古书何尝不是这样?

四　书品和价格

一部古书品相如何要看它的字体、刀工、墨色、纸张、刷印、装帧,包括是不是完整如新,有没有名人批点。中国古书开始一般用手写体，明代开始风行横细竖粗的宋体字。手写体自然好看,工价高;宋体字整齐好刻,工价低。不妨看看清内府武英殿刻印书籍时不同字体的工价:写宋字千字工银二钱,欧字千字工银四钱,软字千字工银三钱;刻宋字百字工银八分,欧字百字工银一钱六分,软字百字工银一钱二分。所谓软字,就是楷体字。手写体工价高,印出的书自然就要贵一些。

字写得好,刻得好,还要选用好墨好纸。好墨印在纸上,漆黑光亮,甚至带有一股香气。不同时期生产的纸张有所不同,像白棉纸、开化纸、太史连以及后来的宣纸,都十分出名。木版印书会磨损，印得越早字迹越清楚，越漂亮。装帧以保持原样为宗旨，讲究原装未动。书以天地头宽大、完整洁净为好，不要随便写字，看起来赏心悦目。如果有名人批校墨迹，或校善本，或注心得，甚至仅仅盖上个印章，都会给书增加身价。旧书店目录一旦给书注上"写刻、精刻、初印、开化纸、原装、某某批校"等字样，肯定要加钱。

不妨以本世纪三十年代的书价为例，看看书品是怎样影响价格。一般地讲，同样的印本，连史纸本至少比竹纸本贵二成，要是有名的纸，价钱更高。例如清末金陵书局刻《史记》二十册，本世纪三十年代宣纸本要卖二十元，几乎比竹纸本贵一倍。《春秋传说汇纂》清内府刻本二十四册，一般印本三十元左右，开化纸要八十元，还有罗纹纸精印大开本，非二三百元不可，高出十倍。清嘉庆胡克家仿宋精刻《资治通鉴》是清代名刻，一般装成一百册，竹纸初印本二百元上下，白皮纸本装成一百六十册，要加五成，宣纸本还要加倍。这副书版后来归了江苏书局，经过修补再印，仍装一百册，已经不能跟胡氏印本相比，白纸初印者也不过一百元，印得晚一些就要折去三成，竹纸折五成。清殿版《周易折中》同是开化纸印本，书品宽大洁净者六十元，书品小一些印得再好也要减十元，差一点的只能卖上三四十元。

五 身价和价格

古书珍罕难得对价格的影响十分明显，宋本在三十年代动辄几千元，明本则一般论百不论千，根本原因就是明本流传较多，不如宋本珍罕，所以不受重视。同样的书，红印本、蓝印本比墨印本贵，这不能完全归因于前者书品好，很重要的因素还是墨印者随处可见，不足为奇。

古书的买主大抵是学者和藏家，他们的需求决定古书的商品价值。学者注重内容，有珂罗版影印本就能满意，不一定非要宋元本不可。而藏家注重争奇斗胜，他们追求的是“十万卷”、“五十万卷”的数量和“世无二帙”的珍品。藏品数量多不多，谁都能点数；藏品名气大不大，需要有些判断，不过根据年代划个线，倒也简单。至于内容如何那是学者的事情，藏家大都另有所务，收藏还忙不过来，哪里顾得上考究不同版本的差异。

当然，收藏古书也不这么简单，同是收藏家眼力也有高下之分。古书真正的身价不能以年代划线，凡明刻、写刻就贵这是现在的风气，过去可不是这样。红印本、初印本好看，内容却不一定比后印本好。像嘉庆张敦仁影宋刻《礼记》开化纸初印本确实漂亮，然而《释文》部分没有见到宋本，不得不以通志堂本代替，十四年后根据宋本重校修版，连《考异》也有改动。纸墨板片虽然要差一些，内容却胜过初印本。事实上确定古书的身价需要相当的阅历和知识，不是随便谁都能办到的，要想成为行家里手也不容易。花钱买东西人人都会，能不能花到好处，那就是另一回事了。

藏家比读书人少，然而由于藏家财力足，胃口好，吞吐量大，对古书市场的影响远远超过学者，他们的嗜好和取向左右着古书的价格。藏家要珍奇，学者也不反对珍奇，而且有些学者也搞一点收藏，两力夹攻，所以从古到今，古书珍罕与否一直是影响价格的第一因素。这个道理人人都知道，跟古书打交道的都有切身体会，不需要多说。

六　书林随想

说来说去，还忘记一个重要的因素，古书价格的升降实际还反映着社会状况和世人心态。本世纪二三十年代，古书身价呈现上升趋势。抗战一开始，社会陷入混乱，人心惶惶，无心买书，书不值钱。郑振铎《劫中得书记》说当时书店收市，有就地摆摊给钱就行的，有挑担沿街叫卖的，这是人和古书同遭劫难的时期。后来稍稍安定一些，公私藏书经过战乱散出，陆续上市，书价也逐步回升。由于外国公私大力搜罗，中国古书外流，价格飙升。五十年代初期，社会经历变动重组，私家著名的大宗藏品归公库，规模较小的陆续散出。人们忙于其他事务，顾不过来，古书再次廉价上市。记得先人讲，当时书店论斤卖古书，如今要几万元的书也不过卖几块钱。

其实直到五十年代中期，书价逐渐回升以后，大家对古书也不很在意。当时有一部清雍正铜活字印本《古今图书集成》，仅有少量缺册，竟散为废品，无人收买。如今一册零本怕也要卖上几千，听听当时的情况岂不是天方夜谭？道光开化纸印《六朝文絜》是现在竞相争买的珍品，1958年最多卖十块钱。进书店看看，一般清代刻本一册一块钱就不错了。明刻本也不值钱，不是历来有盛名的东西还不是一块钱一册？明姜道生刻《李商隐诗集》并不多见，记得只要两元，摆了很久，没有人买。闵刻凌刻白棉纸套印本，不过三五块钱一册。记得明白棉纸仿宋本王逸注《楚辞》要一百元，已经是了不起的大价钱了。

不过值得注意的是那时的价值观跟今天有明显的不同，那时买书主要是为了读书做学问，而不是收藏。决定书价高低的是学术的需求,不是收藏家的眼光。刚刚出版的新书,往往由于学术价值所在,比纯供收藏的旧书贵得多。记得1957年出版郭沫若的《两周金文辞大系图录考释》八册书将近五十元,当时买一部刘氏嘉业堂影宋刻罗纹纸印本《史记》三十二册也不过如此。这个数目可以买两部明白棉纸红印《集古印谱》,其他印谱就更不能相比,三五块就能买,十几块就是大价钱了。由于经学衰落,清道光汪士钟影宋刻本《仪礼疏》只卖十几元。清康乾刻本当时也很便宜,不过两三块钱一册,记得一部康熙刻徐乾学《憺园集》三十六卷初印本,只要二十元。

今天古书市场的情况完全不同,买版本书大都是为了收藏,所以红印本、蓝印本、开化纸、写刻本成了俏货。民国蓝印《丛碧词》一册拍到两千五百元,双照楼刻红印《花间集》拍到五千元。康乾刻本竹纸本一两千一册,开化纸加一两倍是常事。不管有用没用,哪怕过去没人要的东西,是明刻本就值钱。纯粹的玩物身价暴涨几十倍、几百倍,价钱越抬越高,有使用价值的书反而无人问津。

三十年代的老皇历是读书为主,收藏为辅,读书和收藏都是行家里手。五十年代的眼镜是纯读书,当然也是行家。如今是纯收藏,这本来已经断了档,现在"无"灰复燃,已经无传统可言,一切重新开始。从买书者的角度看,三十年代是中庸之道,价钱高低都有所值。五十年代偏于一端,有收藏价值的书物美价廉,买了上算。今天偏于另一端,按说做学问的书会便宜,可以买一点,然而事实却不然。这里面另有内情。

如今买版本书虽说是收藏,眼光却跟以往的藏家不同,过去不值钱的东西价钱会高得让老收藏家大跌眼镜。古书店的从业人员可不同，一代一代有传授，新风气在行，老传统可也没有丢。既然连数不上的小鱼小虾今天都可以跳龙门，过去的龙族鳌鱼就更需要连升三级。新旧两把尺子倒换着用，够上哪一把就用哪一把，今天的新贵定今天的价，过去的宠儿用过去的尺子量。

这一来苦了读书人，想躲开时髦溜边走，买一点做学问的好书，这条路也不通。像清道光刻《洛阳伽蓝记》不过一册书，要五千元，这肯定会让人感到迷惑。不过平心而论，按比例讲，过去值钱的书今天还是有点掉价。过去在数的明刻白棉纸经典要籍跟普通明版和套印本价钱差不多，不能不说是龙游浅滩，虎落平阳。

不过着眼于收藏和玩赏，说这些话实在多馀，只要自己喜欢，该出手就出手。有无价值，价钱高低，没有必要考虑。有些书也许我们一生只能见到一次，一旦错过，可能是终身的遗憾，什么时候想起来都会后悔。郑振铎先生爱书成癖，他说的话是："我最恨市贾的把'书'和'金钱'作相等的估计。无数的古籍、名著决不是区区金钱所能获致的。以古香古色的名著较之金钱，金钱诚如粪土。"想想这个道理，谈古书价格不过是白发宫女说玄宗而已，等之齐东野语可耳。

启元白先生论学书

来新夏整理

近近几年，我多有习作，每成一书，必寄请诲正，元白先生复函往往于学术多所指教。1997年春，我将所编《古典目录学研究》及随笔集《冷眼热心》二书寄呈，不久就收到元白先生的复函，奖勉有加，并对有关古典目录学的问题有所提示说：

“大著二种拜领，正在反复拜读中。此次邮递无误，请释廑念！《古典目录(学)研究》，深入浅出，于初学、宿学，俱有裨益。盖以往学者于此道有两极端：一者仅视为但愿备检索之工具；一者又视为自古学术流别之大道。古代不言，至章学诚仍摆起架子，几以斯学道统自任；而余季老(注：余嘉锡师字季豫)度越章氏，何止百里，而目录学之巨著仍标‘发微’二字，以视季老之另一讲义《古籍校读法》(新印本籍改为书字矣)，未免一仍章甫在身，一则放下架子矣。尊著独辟蹊径，每发潜幽。弟正读至胡应麟、张宗泰部分，尚未卒业。又略见特拈旧目中涉及自然科学之书，与另册大著《冷眼热心》中之《科普》一条合读，不禁击节称快焉！

“又目录书中，特表彰刘氏父子之大功。其开辟之功何在，似值得详告后学。子政之录只存数篇，已详记之，而子

新夏老兄：前者来到（约两个月前）
大著「古典目录学研究」及「冷眼热心」「邃谷文
丛」二册，当时未及细读之，便匆作一笺，报
告已收到无误。其中并言及一二小问题，
奉询求教。旋即因心脏病住进此医
院，住院期间无书可读，反复详读
「冷眼热心」，已无一字遗漏，而前书所询
之小问题，仍不知能否得解
答。前数日又来到
手教，言林则徐年谱已寄出，昨日（六月
十六日）始获得邮包，即 大著林公年谱，
同时又读到东方文化杂志中有
大笔「撵客」之文，其中涉及不佞见义事，
因及其证，并及薛平贵之典故。回忆
前尘，我平生履历，以不佞无曾自言「王
宝钏也曾有今日」之语，盖出身世家自不
同，而平民之素蕴别一，抵掌而心，值当
感谢，半世苦节之余，偏地知音！年谱
一厚册，非一夜（昨夜至半夜）可读，容
详读后，当再书求教之问题，再行奉
询。专此奉复，顺颂
撰祉！即颂
阖第均安！！ 弟功再拜 十七

收到目录、热心二书后，奉托一函，似未寄
达，可见今日邮件之不可靠，来信无误。
去年亦寄广州拙著一函，久未得达。
收信者电话催询，又用专用快递寄纸段
寄之函等等，结果收到之函，亦查
无此人，再次快来电话，云挂号之年代
始到，乃知东广之信如是矣。可诧可叹！

骏之略已另换面目而存，其原作已佚，后学仍有未知者。尊著既兼为导俗便蒙，则前人已言之事，是否仍以略加启示为宜？又功于别录之‘别’字，颇有久蓄之疑，是谓所录别于原书，抑谓进呈帝览之外私存底稿？钱宾泗之“年谱”中似亦未有确述，用敢上问，祈便中赐教！”（1997 年 4 月 13 日）

信中的两段话，应说是元白先生对古典目录学的一种精辟见解，也是对老学生的一种真挚教诲。我年过古稀仍然能得半个世纪前的业师来授业，真是人生最难得的际遇，亦是最大的幸福！

1997 年 6 月，《林则徐年谱新编》问世，即奉寄一册求正，很快受到先生的复函，内称：

“新夏老兄：前者奉到（约两个月前）大著《古典目录学研究》及《冷眼热心》杂文共二册，当时略翻之后亟作一笺，报告已收到无误。其中并言及一二小问题，奉询求教。旋即因心脏病住进北大医院。住院期间无书可读，反复拜读《冷眼热心》，已无一字遗漏，而前此奉询之小问题，仍不知已否得登台览？前数日又奉到手教，言林则徐年谱已寄出。昨日（六月十六日）始获得邮包，即大著林公年谱。同时又读到《东方文化》杂志中有大笔《捧柴》之文（即林谱序），其中涉及不佞题签事，因及旧谊，并及薛平贵之典故。回忆前尘，几乎堕泪，以不佞亦曾自言‘王宝钏也有今日’之语，虽然身世各自不同，而其为患难则一。抵掌印心，倍有感触，半世旧交，弥堪珍重！年谱一厚册，非一夜（昨看了半夜）可竣。容详读后，遇有求教之问题，再行奉询。专此奉复，谨释廑注！即颂阖第均安！弟功再拜　十七日。

“收到目录、热心二书后，奉报一函，似未寄达，可见今日邮件之不可靠，京津无异。去年弟寄广州挂号一函，久未得达，收信者电话催询，又用专用快递蓝纸硬皮之函寄去，结果蓝皮之函退回，云查无此人。再久始来答复电话，云挂号之平信始到，乃知京广亦复如是矣。可诧可叹！”（1997年6月17日）

1998年是元白先生给我写信论学最多的一年，当年他的视力已大不如前，写字视物都较困难，但仍不吝赐教，仅10至11月间即赐函四件，看到信纸上行格略显斜势，总有一种辛酸难言的感觉。元白先生高年体衰，犹念念不遗远在异地的驽钝，益当自我鞭策以无负师教。1998年10月间我寄呈新作随笔集《依然集》等书，很快收到复信，信中既讨论学问，也有些打趣的话：

“新夏教授如面：累奉赐示大著，拜读获益非浅！尤以论及我辈交谊，字字深见性情，不佞一门凋谢，先母先姑去后，先妻继又长往。小子零丁一身，偶膺虚荣，或获笔润，衷心哀乐，殊不自知，惟有至交，方能垂鉴！近年偶弄笔墨，灾及稿纸，友人裒集成册，竟费梨枣，朋好见索，出手弥觉羞涩。兹呈一册（注：先生见赐《汉语现象论丛》一书），权资纪念，并求教二字，俱不敢题，以其不堪救药耳！

“今年，眼底出血，于黄斑处，已成‘病变’之痼，左手执放大镜，右手作字，其苦殊难言状。屈指春秋，马齿已届八十又六周矣，前程可计，老友如赐挽章，幸使八识（注：佛教用语，大乘唯识宗把人内在的心识分为八类。如眼识、耳识、鼻识、舌识……等八类）未离之际，得获一读，来朝“火路”（非泉路）堪增快慰矣！

“更有奉询二事：大著中有‘贩卖’一章（注：此指拙作《依然集》中《稗贩》一节），言及明太祖指示文臣，有关八股最初模式，此八股文真正源头，纷纷臆测俱如瞎子摸象，鄙人拙稿（注：指先生所著《说八股》）其一也。倘荷不吝指示：此书见于何处，其所据出处曾否提及？（尊著某册，此时亦忘记，半盲双目，翻检维艰，幸谅其琐渎！）又尊著中曾及《颜光敏集笺注》事，其作者似近代人，鄙人未闻其名，亦不知其书何处出版，并望不吝赐示！弟曾见颜氏行乐图卷，作骑射之景。颜氏清代冠服，有顶有翎（忘其顶色），乘马张弓，居然武将风度。按冠上有顶，顶分数色引别品级，始于雍正前数年，如其系不伪，则颜氏已及雍正矣。拉杂笔谈，以代晤对。气候初寒，望多珍摄！弟功再拜　十月十八日灯下。”（1998年10月18日）。

元白先生的《说八股》一书，论证甚为精详，足为后学楷模，而先生犹不肯止步，略有所闻即不耻下问，使人感动。我很快写了复信，回答了下问二题。可能答题不够完善，几天之后，元白先生又专函垂问《稗贩》一书，逐条查问，态度认真，表现了前辈学者对学问的执着。信中说：

“新夏先生（恕忘了台甫）惠鉴：奉到手示，殷勤见慰，足征高谊之深挚！弟有一问题，敢望详示：在大著《依然集》中得见所引《稗贩》书中关于明太祖指示文臣有关八股之语。弟学识荒陋，不知《稗贩》一书在何处可见，现在承惠之《依然集》一册亦被人借去失踪，即在尊著中，亦觉有未能详知之问题。如蒙拨冗惠示，实感谢无涯矣！弟之琐碎问题如下：

(1)《稗贩》一书是否希见之本，在何处可见？是否丛书中本?

(2)尊著所引是否其文之全语?

(3)《稗贩》书中是否各注出处?

(4)其语是否引自《明实录》,抑出《明太祖文集》(此书北图有藏本)。

(5)其书大约多少卷?

"大著《依然集》,可否惠借一本,弟复印后,再行奉还。今即再读尊著,亦觉仍有如上诸未知处,故烦渎清神,无厌清教,务望详加指教,因《依然集》所引,疑有删节,即仅知卷五,亦不解决诸问题也。叨在知交,谅不厌其烦琐耳!即颂

撰安! 弟功 一日"(1998年11月1日)

我当即奉答所问,封邮寄京,仅隔二日,赐函又至,信中云:

"新公老兄:今午收到手教,喜出望外!承条分缕析赐答,使弟顿开茅塞。又承复印《稗贩》原文,又承重惠《依然集》,感何可言!此条(或有关此事之文),一定载于《明实录》,当嘱人去查。此条于八股之最追源头,关系至大。弟有《说八股》一稿,多所猜度,想已蒙赐览,得此一条,将来补入,决不忘发现新大陆之哥伦布也。惟'八脚韵'一语,似是《稗贩》作者引原文时将后来之'传称'连引于此,想明祖当时不可能即有此称。书生迂习,遇文必作猜度,高明以为如何?

"赐联二稿俱佳,看不出高低分别。倘承赐书,以小幅合书一纸为妙,因斗室堆积已无隙'墙'(更无隙地),不能悬挂也。知承悬念,立即奉复。大著收到后,再行续报。即颂

撰安! 弟功上言 六日。

“弟眼病日剧，画已不复能作，待于阳光下拟写祝词，检其中稍可者再行奉寄也。又及”（1998年11月6日）

信中所说“赐联二稿”，指元白先生于前函中命作二联事，当时因先生所交多高雅硕学之士，诗词酬唱，必多佳什，小子何才，敢与大人先生并论！人贵自知，乃以浅言撰白话联以娱先生，不意备荷奖勉，惶悚汗面，几难自容，录此以见白发师生之情谊。拙联云：

“字也好，画也好，字画都好，令后学景仰；

动得宜，静得宜，动静俱宜，让自己安闲。”

不过因书法拙劣，难入人目，所以一直藏诸箧中，未敢写呈。

这封信收到不久，又收到另一赐函，复告已收到重寄之拙作《依然集》，并告在增补《说八股》一书时，将附注贱名，不禁汗颜无地。前辈学者之品德，于此可见。信中说：

“新公老友：《依然集》承重惠一册，至深感谢！最近中华书局将拙文三种重印，一《汉语现象论丛》，二《诗文声律论稿》（印单行本），三《说八股》（亦单行本）。弟引尊著中述《稗贩》中语，补入拙文篇后，此时不及抄出，不日印出，当先呈览，先此敬申谢悃！

“大著诸册，内容扎实丰富，可惜敝躯日劣，双目日昏，每日服药，效果毫无，遂深负高文，不克详读。今日阴霾，张灯作书，书不成字，即颂 撰安 弟功上 十四日”（1998年11月14日）

这封信确有字迹深浅不一，行格欠整之处，是先生之目疾，时在念中矣！

此后未敢再以文字干扰，仅假去京之便趋谒，晤谈面对而已，而元白先生仍一本既往，谆谆教诲。我今年七十六，先生长我十一岁，已臻望九之年。我于垂老之年，犹能得师教如此，宁非前世缘分所在？

1997年初稿

1999年修改

·新书架·

中国古籍版刻辞典　瞿冕良编著　齐鲁书社出版　精装16开　定价168元

全书收辞目二万馀条，收录范围包括四部分，计有版刻术语六百馀条，刻书家、抄书家八千馀条，刻工一万馀条，参考工具书三百馀条，共计一百八十馀万字。本书的特点是：一、填补了文献学研究的空白，是版刻史研究领域的开创之作。特别是对向不为人所重视的刻工，按人按年代分列辞目，有利于版本的鉴别与研究。二，为古籍工作者、图书馆工作者提供了一部必不可少的工具书。过去的书志家对于有关典籍版刻的论述，多半散见于题跋和札记之中，尤其是那些与刻本同时并存，至今在校勘史上还发生重要作用的各家抄本，都向无系统整理。本书作者即将上述文献中有关版刻的名词术语、版刻的历史、历代重要书目及刻书家、抄书家资料汇编成一部辞典。三、本书分别部居，有条不紊，为使用者着想，便于检索。书中有关条目都相互参见，并附有索引，凡与古籍版刻有关的人名异称、室名别号，皆可以从索引中查到；各代刻书、抄书、刻工都注明资料出处。（茜子）

共续藏书纪事诗

——漫记黄永年先生的访书藏书

贾二强

黄永年先生近照

初登业师永年先生家门，是在1982年冬季，是为了投考永年先生的历史文献学专业研究生而上门求教，说来已经是十七年前的事了。因为在大学本科学习时，曾选修过永年先生唐史研究方面的课程，对先生渊博的学识尤其是深厚的文献功底极为钦佩，遂有做其门生的意向。尽管久已风闻先生富于藏书，那次在先生家里所看到的还是令我大为吃惊，谈话的内容淡忘了，可是当时的感觉至今记忆犹新，当得上“瞠目结舌”四字。那是一幅此前只是在影视作品中见过的老派书香门第景象：不算宽畅的居室里，一面墙竟是斑驳的前开门旧式书箱堆叠而成。这里到底都藏有什么宝物呢？不禁产生了一窥究竟的心思。从那以后直至今日的朝夕受业，使我当年的这门心思渐得满足,也可谓此生的一桩幸事。

永年先生对书的感情，我刚刚成为受业弟子就领教了。一日外出,永年先生托我代购一书,记得很清楚,是孙楷第先生的《中国通俗小说书目》，只是永年先生提出要求让我觉得不可思议:“不许书店盖戳子,像是给猪屁股上打的,难看死了。”买书盖印,这是敝地书店的惯常做法,至少是我从小就知道,店家认为，不盖印何以证明确实已钱货两清而非顺手牵羊？刚对那位按照如今时兴称呼应叫“小姐”的售货员张口说出,不等她白眼翻起来,我就抢先解释道是老先生的特殊癖好,尽管永年先生当年确实还算不上老。

承永年先生亲自开设版本学课程，我是眼界初开。对于买书,永年先生自有一通高论:“过去真懂版本的无非两种人,一种是干旧书业的,这是他们的饭碗子,一旦走眼,轻则白丢银两,重则倾家荡产,以此如履薄冰、战战兢兢的心情从业,焉得不精？另一种则是读书人,有钱阔少如嘉业堂主刘承幹之类还不行,大把的银子撒出去,由那些帮闲文人哄骗,所以所谓《嘉业堂善本书影》中就有若干假货;而只有穷读书人如我辈,囊中羞涩,没有几个大子用来买书,还净想买好书,挑来挑去,自然就精于此道了。”可是如今学习版本学,已无此际遇,书肆上宋元旧本久已绝迹,明本也是寥若晨星,偶一见之,也多是当年藏家不屑一顾的万历以降刊本,加上令人咋舌的天价,只有自叹生不逢时了。就在永年先生的课堂上,我见识了若干明清精刻、钞本及名家批校本,当然,是来自先生的藏品之中。尽管先生惜书,眼睛紧紧盯住诸弟子,弄得我等好不紧张,但毕竟有了一段亲手把玩善本书的经历,相信这种好运如今已没有多少年轻人能碰上了。

几年前，承北京田涛先生惠赠大作《田涛说古籍》，获益不浅。书中言及据他所知，当今够得上藏书家的舍他以外两人而已,一位是不久前故去的顾起潜廷龙先生,一位就是永年先生。不过也许是得诸传闻，他说永年先生藏书偏重明人文集则并非事实。永年先生仍是传统藏书家的路子，讲求版本，四部皆收，用先生自己的话说,要得是“好玩”。所以藏书并没有专精某类。譬如,过去藏家不太在意的佛藏,他就有宋刊《碛砂藏》零册。就此先生曾说：“前些年有人就鲁迅先生收藏碑帖拓本横加发挥，说是体现了鲁迅先生崇高爱国主义情怀。哪有此事！这如同我黄永年买书藏书一样,爱好而已,不必牵强附会,什么事都非要同政治扯到一起。”先生还说到,自己虽多藏有珍善之本,但与做学问却并无必然联系,如藏有明嘉靖闻人诠刻《旧唐书》(即当年商务印书馆影印《百衲本二十四史》用以配残宋本者),是十分少见的善本,可是几十年研治唐史所用不过中华书局点校本,不也照样写出文章来?

用永年先生自己的话说，他是从当小朋友时起就开始了买书生涯。大半个世纪的访书经历,当然久已成为个中老手。在京沪两地的藏书界及旧书业中,永年先生精于鉴别,可以说负有盛名。沙里披金，自是买书人的至高境界，永年先生二三十岁时，就已练就了不凡身手。当年的访书经历，是先生与我等的经常话题,一些津津乐道的奇遇,近年来也不断见诸报章。如五十年代，在上海以三元钱从传薪书店老板徐绍樵手中买到迄无人知的清嘉道时藏书家倪模《经锄堂书目》手稿，在《书城杂志》

1997年第6期，先生已为文提及。敌伪时在南京的访书，也已见于《藏书家》第一辑。那种得到好书的快意，可窥一斑。一次听人说起，先生在北京厂肆转书铺，书不必从架上取下，随口就可报出是何种刻本。后来我专门就此询问先生，他笑答道：“这其实并没有什么神秘。许多书有哪些刻本我本来心中有数，架上之书，看本头开本及书根纸色，知其必是某本无疑。”他的藏书进进出出，新陈代谢，尤其是所谓“倒运”（指57年反右扩大化被戴上右派分子帽子）后许多藏书被用来换米果腹，因此，现有之书，可以说多是精品。1998年在西安举行全国书市，某出版社编辑慕名前来拜望永年先生，我叨陪在座，因有同好，永年先生取出若干心爱之物请其寓目。我看到一部清康熙项絪群玉书堂刻《山海经》黄纸印本，脱口说出：“我有一部是白纸的（已收进永年先生与我合撰的《清代版本图录》）。”永年先生立刻接道：“我的这部有焦理堂（循）的批！”我一面暗中发笑，这口气怎么像是小孩子比赛玩物一般？一面也不由再度发自内心赞叹道，老先生的书可真是部部有讲究啊！

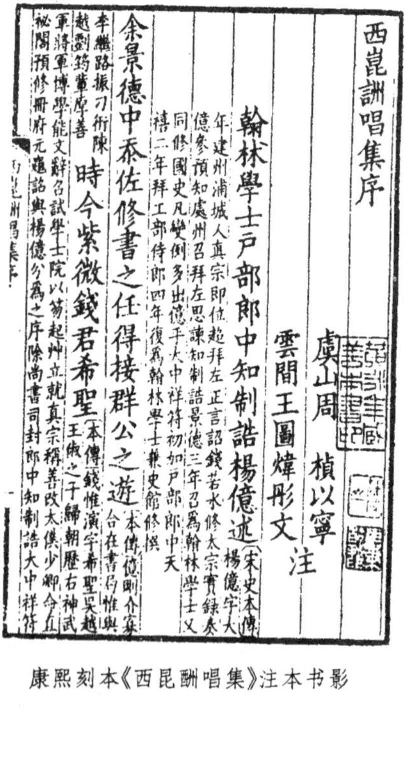
西崑詶唱集序
虞山周　楨以寧
雲間王圖煒彤文　注
翰林學士戶部郎中知制誥楊億述（宋史本傳楊億字大年建州浦城人真宗即位超拜左正言詔錢若水修太宗實錄奏億參預知處州召拜左思諫知制誥景德三年召爲翰林學士又同修國史凡變例多出億手大中祥符初加戶部郎中天禧二年拜工部侍郎四年復爲翰林學士兼史館修撰
余景德中忝佐修書之任得接群公之遊（本傳億剛介寡合在書局惟與李維路振刁衎陳越劉筠輩厚善
時今紫微錢君希聖（本傳錢惟演字希聖吳越王俶之子歸朝歷右神武軍將軍博學能文辭召試學士院以笏起艸立就真宗稱善改太僕少卿命直祕閣預修冊府元龜詔與楊億分爲之序除尚書司封郎中知制誥大中祥符

康熙刻本《西昆酬唱集》注本书影

1996年，《清代版本图录》编撰进入最后阶段，永年先生所藏大批珍贵的清刻本一部一部展现在眼前，琳琅满目，而且是有暇目接手摩。想一想，这可是一位富学识精赏鉴的行家大半生心血所聚，绝非徒以数量取胜者比，是精华中之精华啊！尤其是老先生从旁一一道其归于邺架的种种掌故以及各本的独到之处，真真是如今可遇不可求的难逢良机。事后我时常感慨，余小子其生何幸！《图录》内若干精本多是永年先生提供，相信明眼人望而即知。由于体例所限，诸本的相关趣话，未能尽入书中，略举数端以飨同好。

永年先生的藏书多来自沪、苏、宁及京中，清周桢、王图炜注《西昆酬唱集》康熙刻本是先生少有的几部得于西安的珍爱之书。时在文革后期，一次先生访书于古旧书店，恰逢书店刚收进一批旧籍，尚未作价，此书被永年先生在这堆书中淘出。有周、王注之此集从前仅海源阁曾藏有一钞本，康熙刻本各家书目迄未著录，先生自然爱不释手。可是此时流露出欲购之意，难免不被加价，待定价后风险太大，恐失之交臂悔之不及。斟酌再三，还是决定稳妥为上。书店当然知道得到先生青睐者绝非寻常之物，结果原本三两元就可到手，却被敲去了五个大洋。后来此书由上海古籍出版社影印出版，古旧书店经手的老师傅发觉，向永年先生谈及，令先生大生买书人的得意。

道光七年龚氏原刻《破戒草》，是龚自珍诗最早的单刻本，极少有人知晓，1994年先生得于京肆。说来难以置信，竟然是在书市上大堆堆放的残书堆中捡取的！永年先生的爱徒也是我的挚友中国社会科学院历史所副所长辛德勇学兄事后对我讲，书市开张当天一早，他与夫人韩茂莉女士（也是永年先生的学生）赶到永年先生寓处，陪同前往。一路上直犯嘀咕，这种场所秩序混乱，有否收获在次，只是绝不能让老先生有任何闪失。店门一开，大出预料，老先生矫若游龙，冲上前去，一把就抓住了这部极为难得极有价值的卖品！当时年止及半的德勇兄只有自叹既生瑜何生亮的份了。据德勇兄讲，正在北京图书馆编《中国古籍善本书目》的沈燮元老先生得知后，连连说黄先生运气太好。

由于永年先生与吕贞白、谢国桢、启功、周绍良、潘景郑等当代学界闻人、版本家藏书家多有交往，因此永年先生的一些藏书与这些时贤有关。

顺治原刻《丰草庵诗集》，入乾隆时《全毁书目》，传本绝少。永年先生得后欣喜异常，因请启功先生专为题签。一部罕觏之书，有当代大书家墨宝，经永年先生这样的藏家收藏，也称得上是当今书林三绝了。

1995年，是永年先生的七十寿辰，周绍良先生举文为贺，文末识曰："老友黄永年兄，好版本目录之学，所蓄佳椠秘籍颇富，日拥书城，怡然自乐。"可谓传神。《四松堂集》因与《红楼梦》作者曹雪芹有关，民国初年治小说史的胡适得到此书的清写付刻原稿，颇为重视。《图录》收入的罕见嘉庆原刻本即是周绍

启功先生为《丰草庵诗集》题签

良先生的旧藏,文学古籍刊行社、上海古籍出版社曾两度据以影印。几年前,一次永年先生在绍良先生府上提到此集,戏言道:“此宝书能否出让?不过大价钱可出不起,一棵松树一百元怎么样?”绍良先生本是爽快人,当即取下包好交给永年先生。谈得兴起,又请永年先生到前门吃烤鸭,书值花掉一大半。

永年先生嗜书如命,爱书如命,不仅仅是诸多受业弟子,相信还有不少圈内圈外人也深有感受。一次,我校历史系一位老先生,也是永年先生的友人,对我忿忿然道:“你们黄先生也太小气了!我借他一部书,还不到一个星期,就打发儿子来要回去了!”我宽解道:“能借出黄先生的善本,已是莫大的情面了。”“哪里是什么善本,普普通通的书!我是上了年纪,跑图书馆不大方便了,否则我早去了!”我可是有幸借出过黄府的大善本!那是在与先生合撰《清代版本图录》时,一次因摄制书影的需要,万不得已,永年先生取出心爱至宝有何义门批校的席刻《唐诗百名家全集》本《刘随州诗》交到我手里,千叮咛万嘱咐次日务必璧还。据我所知,像这类爱物,永年先生大约连离开自己的眼皮之下都不会放心。那一夜真不知先生是怎样合眼的。庆幸的是十年浩劫永年先生时在西安交通大学,据他说那里的学生文化素养较高,因此抄家者只是对他的书橱贴上封条而已,藏书也就逃过了此劫。我经常有这样的念头,像他这样一位视书如命的读书人,如果眼睁睁看着多年心血被付之一炬灰飞烟灭,结局如何真是难以预料。

四库存目标注（《读书敏求记》条）

杜泽逊

余草《四库存目标注》忽忽已越八载，其间四方师友答疑释惑，惠我良多。今长编初就，杀青有日。兹将《读书敏求记》一条先行刊出，以当嚆矢。海内同道，幸垂教焉。庚辰正月十一日记。

读书敏求记四卷　国朝钱曾撰

江苏巡抚采进本(总目)。〇手稿本一册，北京图书馆藏。首行题“虞山钱遵王述古堂藏书目录题词”，半页十四行，行二十一字，无格。有莫友芝跋，丁日昌批注并跋。二跋见章钰《读书敏求记校证》末附《序跋题记》。章钰《校证》后记云：“托江安傅沅叔增湘转借上海涵芬楼藏遵王《题词》一册，审为《敏求记》之初稿。”又《校证补辑类记》云：“写本之残者，……计存二百八十余条。”即是本也。〇北京图书馆又藏清抄本一卷一册，书名同前本，半页十行，行二十二字，白口，左右双边。有清周星诒校并跋。当即从前本录出者。〇重庆市图书馆藏清雍正四年赵孟升松雪斋刻本，正文题“也是翁钱曾遵王”，目录题“钱后人也是翁钱曾遵王”，目录末题“吴兴赵孟升用亨校”，目录版心下刻“松雪斋”。半页九行，行二十字，黑口，四周单边。前有王豫立序。又雍正四年赵孟升序云：“余惜其尚未克流布通邑大都，爰付开雕氏以传焉。”后有曹一士跋。卷前有清福庭题记二则。其一云：

“此记系初刻本，道光间已罕有见。阮氏福所刻足本自序，当时亦仅见通行重刻之本。书中有固始殿撰吴瀹斋其浚(旁注：嘉庆丁丑进士一甲一名)二印，并有朱笔校改误字，盖亦瀹斋先生手笔也(旁注：曾见吴书屏条，笔法近董，与所校之字相同)。辛丑仲夏购于吴门拥百堂书铺，计洋银三圆。福庭记。”另一则引《拜经楼题跋》言赵用亨刻此书事，不录。卷内钤“吴其浚印”、“瀹斋”、“吴兴许氏怀辛斋藏”、“怀辛秘笈”、“怀辛居士”、“博明鉴藏”、“许久印”、“博明氏”等印记。《存目丛书》据以影印。上图藏是刻有清范深泉录黄丕烈校。上图又藏一部，有罗振常录清吴焯、吴骞、朱文藻、陈鳣、胡重校并跋。台湾中研院史语所藏是刻，清徐栋手校，系北京人文科学研究所旧藏(见梁子涵《中国历代书目总录》)。湖北图书馆藏是刻，有刘剑白录清吴骞、陈鳣等批校，徐恕录清黄丕烈校跋。〇清雍正四年赵孟升松雪斋刻雍正六年濮梁延古堂印本。行款版式字体同前本，唯卷前目录版心下无“松雪斋”三字。前有雍正六年濮梁序云：“惜此编未克流传，爰付诸梨枣，以公同志。”自署“雍正六年小春月濮川濮梁书于延古堂”。章钰记蒋汝藻藏是本云：“封面题濮川延古堂藏板，前有雍正六年濮川濮梁序，鱼尾下涂去‘松雪斋’三字，映日可见。”(《读书敏求记校证》卷前《据校各本略目》)孟宪钧曰：“雍正六年濮梁延古堂刻本，实即得赵氏松雪斋版片而重刷之，故历来研究者均将二者视为一本。”(《读书敏求记版本小记》，载《藏书家》第一辑)《中国古籍善本书目》、《北京图书馆古籍善本书目》均著录为“清雍正六年濮梁延古堂刻本”，未确。北图藏是本有清吴志忠录黄丕烈批校，周星诒批注并跋，蒋凤藻、陆心源批注。上海图书馆藏是本有清邵恩多校并跋。〇清雍正四年赵孟升松雪斋刻乾隆十年沈尚杰双桂草堂修版印本。行款版式字体同赵本。有赵孟升原序，曹一士原跋。又增乾隆十年沈尚杰序云:“因举吴兴赵氏之本,重加校雠,付诸剞劂。”自署“乾隆十年岁次乙丑仲冬既望东里沈尚杰书于双桂草堂”。清劳权曰：“嘉兴沈氏重校,加以己序,并刓去卷末板心之字,诡谓重刊,实则赵氏旧本也。”(《读书敏求记校证》末附沈尚杰序劳权批注)徐忆农女士以赵、沈二本详校,亦审为赵刻沈氏修版,详后。《中国古籍善本书目》、《北京图书馆古籍善本书目》及丁瑜《读书敏求记》点校《前言》等均著录为“乾隆十年沈尚杰双桂草堂刻本”,当予更正。上海图书馆藏是本一部,有清黄丕烈校。又藏一部,有清顾锡麒校。又藏一部有清管庭芬跋并录清吴焯、吴骞、朱文藻、陈鳣、胡重校,清宗舜年校并跋,徐鸿熙、章钰、邓邦述跋。南京图书馆藏一部有邓邦述校跋并录清宋宾王、吴骞、陈鳣、黄丕烈、严元照、管庭芬、劳权批校题跋。北京图书馆藏一部有佚名录清袁廷梼校。北图分馆藏一部有单不厂录清何焯、荄庵漫士(陈其荣)题识。北京大学藏一部,华阳高氏苍莽斋集诸家校,有题记。

○清雍正四年赵孟升刻乾隆十年沈尚杰双桂草堂乾隆六十年沈炎耆英堂递修本。行款版式字体同前本。增乾隆六十年沈炎跋云:“此书原刻颇有错误,今俱改正,一一开列于左(凡二十四条,今略去)。此外凡蛀损模糊廿馀页,俱重刻完善,庶藏书家得旧本,可以互勘矣。乾隆六十年乙卯夏日槜李沈炎记于耆英堂。”又乾隆乙卯胡重跋云：“雍正丙午吴兴赵孟升用亨氏始授诸梓,乾隆乙丑嘉兴明经东里沈公重校以行。……今明经文孙葭士因斋中板片岁久漫漶,乃取善本雠勘,讹者刊之,阙者补之,剞劂之工,浃旬乃竣。”胡重跋仅称“沈公重校以行”,不云“重刊”,是已隐含沈尚杰因赵孟升刊板重修印行之意。至乾隆六十年沈尚杰之孙沈炎又将旧板重加修补印行。封面刻“耆英堂藏板”。徐忆农女士函告:南京图书馆藏有雍正四年松雪斋本、乾隆十年沈尚杰本、乾隆六十年沈炎本。三本行款版式字体相同，断板处亦同,唯愈晚断板愈多。又三本“真”字均缺末笔,而“弘”、“曆”均不缺笔,是雕版在雍正之旁证。雍正四年本目录版心下有“松雪斋”三字,乾隆本无,但有挖改残痕。由是可知沈尚杰本系用赵孟升版重修,而耆英堂本又系赵孟升刻沈尚杰、沈炎递修本。泽逊按:徐说甚确。《中国古籍善本书目》、《北京图书馆古籍善本书目》著录为“乾隆十年沈尚杰双桂草堂刻六十年沈炎耆英堂重修本”,则欠妥当。台湾中央图书馆藏是本,其《善本书志初稿》著录为“乾隆十年东里沈尚杰刊本”，亦未确。彼本有清吴骞硃校并跋,又吴氏绿笔过录朱文藻等诸家校跋,又己未元夕章钰跋云“孟苹道兄通假”,即《读书敏求记校证》所称“吴槎客原校本”也。《拜经楼藏书题跋记》著录。钤“兔床手校”、“沈树镛印”、“莛圃收藏”等印记。北图藏一部有清黄丕烈批注,清陈鳣校跋并录吴焯、吴骞等题识，清张时宜跋。又藏一部有清黄丕烈批校并跋,佚名批注。又藏一部有清杨尚文录黄丕烈校跋。又藏一部有清傅以礼跋,佚名录黄丕烈校。又一部有佚名录清胡重校跋。又一部有孙廷翰跋并录吴焯、吴骞、陈鳣等批校题识。又一部有吴慈培校并录黄丕烈、管庭芬校注及赵昱、邓邦述题识。又一部有章钰校跋并录吴焯、吴骞、黄丕烈题识。上图藏一部有清吴卓信校并跋,宗舜年校。又一部有潘祖荫校跋。又一部有清蒋凤藻校并录清张宗楠、许昂霄、黄丕烈校。南图藏一部有清姚觐元校并录管庭芬批校题识。湖南图书馆藏一部有叶德辉批校并跋。上海博物馆藏一部有罗振常录陈其荣校跋，高世异、章钰跋。北图分馆藏一部有约园张寿镛校记。〇清道光五年阮福小琅嬛仙馆刻本。半页十行，行二十二字，白口，四周双边。每卷末有"道光乙酉年八月依武林严氏书福楼本重雕" 篆书二行。北图有清翁心存校跋本，又翁同龢校跋本，又伦明校跋本。〇清道光五年阮福小琅嬛仙馆刻道光十五年增刻本(增刻《补遗》一卷。《文选楼丛书》所收即是刻)。湖南图书馆藏一部有清徐松题款，叶启勋题识。又一部有叶德辉跋。〇清道光二十七年潘士诚刻《海山仙馆丛书》本。〇上海图书馆藏清初抄本，清陈昱跋。〇清初抄本，清宋宾王(蔚如)康熙丙申、雍正丙辰校，近人邓邦述跋。台湾中研院史语所藏。〇南京图书馆藏清抄本，有清吴玉墀手跋："是抄为知不足斋藏本，癸巳夏鲍兄举以赠予。昔竹垞太史乞抄于也是翁小胥，与以金不应，脱所衣青裘益之。先子乞钞《咸淳临安志》于花山马氏，予钱二万，经半年乃得半部。复予钱二万，始允借抄。前辈爱书如此。今藏书家如市儿说合矣。世风不古，即此可证。丙申春仲苦雨，小谷跋。"钤有"小谷"、"吴玉墀印"、"吴兰林西斋书籍刻章"及八千卷楼丁氏诸印记。又丁丙跋。《善本书室藏书志》著录。〇清小山堂抄本，残存卷四，板框外有"小山堂抄本"五字，清朱文藻硃校，吴骞绿笔校。丁氏八千卷楼旧藏，后归江南图书馆，宣统二年章钰尝经丁国钧借校。(《见章钰《读书敏求记校证》卷前《略目》)徐忆农女士函告：此本南京图书馆现未见收藏，查《善本书室藏书志》亦未见著录。〇北京图书馆藏清翁汝明抄本，半页十一行，行二十三字，白口，左右双边。清翁心存校。〇北图又藏清抄本，清张宗檱跋并录许昂霄校。半页十二行，行二十字，无格。〇北图又藏清抄本，半页九行，行二十字,无格。清叶名澧跋并倩人录黄丕烈批校题识。〇北图又藏清抄本三部,均半页十二行,行二十字,无格。〇缪氏云自在龛绿格抄本,台湾中研院史语所藏。〇民国三年上海扫叶山房石印本。湖南图书馆藏一部有叶德辉批校并跋。北图分馆亦藏一部。〇民国二十五年商务印书馆据《海山仙馆丛书》本影印,收入《丛书集成初编》。〇一九八四年北京书目文献出版社排印丁瑜点校本。据沈尚杰本,校以阮刻、潘刻及佚名临吴焯、吴骞校本。末附序跋十三则。〇《钱遵王读书敏求记校证》四卷首一卷末一卷,民国十五年章钰刻本,题"海宁管庭芬原辑,长洲章钰补辑"。卷一分上下二子卷,卷二卷三卷四均分上中下三子卷,实十一卷。前有民国十三年《补辑类记》,又《据校各本略目》,《四库提要》本条,又《读书敏求记补目》。后有《钱遵王读书敏求记佚文》、《序跋题记》、《附录》、《后记》。《后记》后有"京都杨梅竹斜街文奎斋王孝艾缮刻"一行。又后为《补遗》。封面刻"长洲章氏丙寅年刊成"一行。一九八七年广陵古籍刻印社据以影印。一九九〇年中华书局又据以影印,列入《清人书目题跋丛刊》。〇《校证读书敏求记》存卷一壹册,江宁邓邦述群碧楼抄本,北图分馆藏。按:此本未题校证人。考章钰《钱遵王读书敏求记校证》卷前《据校各本略目》云:"时江宁邓正庵(邦述)亦从事此书,又得劳巽卿精校本,正庵通怀乐善,每有新获不吝沾溉,又尝手写各家校语数纸,约钰排比成编。人事变迁,未克成卷。"疑此卷即邓邦述未成遗稿也。

附注:去岁在京晤宋平生先生,谈及《读书敏求记》版本,知先生数年前曾在《上海高校图书情报学刊》撰专文论述,亦主雍乾诸刻为一版先后刷印者,惜匆匆未及检阅也。

中国藏书史书话三题

徐 雁

一、《文献家通考》

二十世纪以来，中国藏书历史的研究取得了丰硕的成果。陆续有《藏书纪事诗》、《书林清话》、《古今典籍聚散考》、《藏书与文化》、《天一阁论丛》、《中国历代藏书家辞典》乃至《中国藏书楼》、《中国藏书通史》等等问世，但汇编清代以来文献家事迹于一编，却是长期以来的一个空白。1999年，中华书局出版了郑伟章先生撰著的《文献家通考》三大册，该书在一个极高的学术水准上填补了这个令人遗憾的空白，对于全面总结清以来文献家对中国学术文化所作出的特殊贡献，深入研究浩瀚的中国文献史，都具有极其重要的学术价值。

在我国文献学界，对于自孔子、刘向父子以来形成的传统治书之术，久有观点派别之争。其始，清人洪亮吉有考订、校雠、收藏、赏鉴、掠贩之“五家说”，随后缪荃孙持收藏、赏鉴“两家说”，叶德辉持目录、版本“两派说”，汪辟疆持目录、历史、读书、藏书

"四家说",程千帆和徐有富则持版本、校勘、目录和典藏"四分法",百年之间,众家各说,往往莫衷一是。郑伟章先生在他的《文献家通考》中,却不囿众说,去名存实,概以"文献家"视之。所谓"文献家",在本书中是指那些在典籍文献领域作出过贡献的人,即在藏书、校书、勘书、刻书、辑书和书目题跋等方面有成绩可纪者。

作者在《文献家通考》的前言中,曾经高度评价历代文献家的成就和贡献道:

> 中国数千年文明之发展,在在离不开书籍!……中华民族是一个热爱书籍的民族,故历史上文献家辈出,代不乏人。聚书、抄书、校书、刻书、编目、题识等活动,便成为几千年来中国文坛上重要历史活动内容。尤其是清以来,这些活动更是空前活跃,成就卓著。……他们爱书如命,饥以当食,寒以当衣,病以当药石,寂寞以当友朋,佞宋癖元,达到痴绝傻绝的程度。现存十数万种古籍无不凝聚他们辛勤耕耘的汗水和心血。他们为中国的文化昌盛作出了不朽贡献。他们的历史大有可纪者。

《文献家通考》(清—现代)分为三十卷,共收录清代以来的文献家一千五百馀人,明代以前部分积稿盈箧,有待定稿。其书体例,大致传记一人,必先述其生平事迹和文献建树,所刻所辑书目录,并详考其人藏书、读书、校书和刻书处所,收藏印章和书目题跋,及其所藏的珍本秘籍的承传源流,并注明引文文献和参考书目的出处。因此,本书层次分明,内容明晰,是一部甚便读者参考的文献家学术传记。

本书的结撰,首先得益于著作者二十馀年来"读万卷书,行万里路”的孜孜以求的治学精神。仅据郑伟章先生回忆所及，他为搜集有关文献家史料，就先后访书于北京、天津、上海、南京、济南、青岛、扬州、苏州、杭州、宁波、长沙、武汉、广州等地的三十家公共、大学图书馆和藏有古籍的博物馆，检阅过一千四百六十馀种古籍，其中仅古籍丛书就多达二百二十种。他说：“拙著耗时二十年，读书江南北，足迹曾至三十家图书馆”，“予每至馆，终日抱书累数十种，或单册，或巨函，分秒必争，检读不辍。遇新资料，辄一一手录。”“积二十年，摭拾卡片三巨屉，凡数百万乃至千万字”。

如以每种古书十卷的约数计，则作者为完成《文献家通考》而检读古书的数量就在一万五千卷以上。如今我们从该书所附录的“引用书籍分类目录”中尚可窥其检读古书、博征群籍之一斑。大致在正史之外，著作者还大量参考了《碑传集》和《列朝诗集小传》等清代史籍，《南雷文案》和《曝书亭集》等文集，《知不足斋丛书》和《学海类编》等丛书，《钱牧斋先生年谱》和《渔洋山人自订年谱》等年谱，《松江府志》和《常昭合志稿》等方志，《绛云楼书目》和《千顷堂书目》等书目，《读书敏求记》和《荛圃藏书题识》等藏书家题识，《藏书纪事诗》和《续补藏书纪事诗传》等有关文献家的专著，以及笔记、日记、尺牍、金石、书画录和近现代学者的论文等。显然，本书作者“甘坐板凳十年冷”的勤奋刻苦精神，为《文献家通考》奠定了严谨扎实的史料基础。

在郑伟章先生的《文献家通考》问世以前，谈我国文献家掌故者，总是离不开晚清学者叶昌炽（1849—1917）的《藏书纪事诗》七卷本。先是，郑伟章先生就曾对叶昌炽其人其书做过认真的研究考证，其成果即为所纂《叶鞠裳先生年谱》(载于其学术论集《书林丛考》之中)。在《文献家通考》的后记前言中,著作者说自己早在二十年前,“读清叶昌炽《藏书纪事诗》,如游宛委郷嬛,风流文采照人,深为宋元明清历代文献家孜孜以求、昌盛文化之精神所深深感动”。但他也因此发现“其书史料亦不丰,漏略又多,体例且欠佳”,于是立志“另创新体,增其遗漏,补其不足,续其后出,成一系统读物”,乃积年二十,成此《文献家通考》三十卷。

以文献学的价值尺度来评估《文献家通考》一书的学术贡献,论者以为,凡百三十万字的《文献家通考》,是著作者征文考献、集文献家事迹于一编的重要学术成果。该书对于版本的求证、书目的编撰和旧籍的校雠,都具有不可低估的学术价值。全书收录自清初钱谦益(1582—1664)以来的文献家一千五百馀人,仅清代部分,就较叶氏《藏书纪事诗》多收将近四分之三,且大大增益了所知见的新史料。且对于为叶书所漏收、未收人物的考证补辑尤力,足见著作者的文献学功夫,往往如法官办案,循蛛丝马迹穷探细索,务在尽获,故本书中甚多发前人所未发的史料。

本书著者还充分认识到了私家藏书聚散对于文献史乃至中国学术文化史研究的非凡意义,而书目的编纂和题跋的撰著,则是中国文献家对学术文化所作出的别具一格、具有特色的贡献,因此对于清以来文献典籍的散佚和书目题跋的编撰多所关注,往往由此及彼,过眼必录。至于藏书家所刊刻的典籍,历来为中国文献传播的重要方式之一;藏书家的收藏印记,则是我国文献传承的重要线索之一,凡此《文献家通考》的作者都细大不捐,条分缕析,务使自己在各级各类图书馆中检读所得的珍贵资料能够一一载录在册,以津逮后学。

郑伟章先生能够在本世纪末成功地完成这部《文献家通考》巨著,并不是偶然的。他早年毕业于北京大学图书馆学系,曾经留系任教多年。1978年以后,开始从事报刊杂志的编辑、编审和领导工作。他与国家图书馆李万健先生合著的《中国著名藏书家考略》(书目文献出版社1986年版),为我国历史上近六十位著名藏书家作传,系统地介绍了其生平事迹、藏书源流以及学术贡献。他的学术论集《书林丛考》(广东人民出版社1995年版),更是集中体现了其文献学上的成就。该书分为"古文献丛考"和"《四库全书》献书人丛考"两个部分,所考唐代集贤院、宁波二老阁、常熟张海鹏、《四库全书》献呈人的文献事迹,翔实严谨,久有口碑。

有此扎实的学术功底和严谨的学风,所以《文献家通考》尚在稿本阶段,就得到了当时在世的著名版本目录学家顾廷龙先生"阐献征之潜德,述典籍之源流"的十二字好评。如今翻阅全书,对照顾先生的评语,堪称名至于实归。

二、《中国近代藏书文化》

《中国近代藏书文化》,作者系供职于中国政法大学的李雪梅博士。全书凡二十五万馀字,是在其北师大史学博士的学位论文基础上修改和充实而成的。

《中国近代藏书文化》在《绪论》以外,分为六章,依次是《近代藏书文化产生的背景》、《近代藏书文化的形成与发展》、《近代藏书的构成》、《近代藏书风尚》、《近代书厄及典籍外流》和《近代藏书与社会文化》。

作为作者的博士生导师，龚书铎先生为该书作了一篇序言，指陈我国古代藏书与近代藏书事业作比较以后所发现的若干不同之处，并认为："藏书事业作为一种社会现象，它不可能孤立于社会之外，其盛衰变化必然要受经济、政治、文化等诸多方面的制约和影响。因此，对藏书文化的研究，既要在藏书事业本身下功夫，又要与社会经济、政治、文化联系起来考察，才能更好地阐明近代藏书文化的变化。"

诚然，善于在近代东、西方的思想背景、文化观念和学术风气这种多维空间中，探讨我国近代藏书文化的形成、发展、嬗变，以及近代中国藏书所曾经走过的尴尬道路，是本书的重要特点之一。

作者在本书《近代藏书文化的背景》和《近代藏书文化的形成》两章中，就中国近代社会在政治、经济、学术、文化、科技、书业六个方面对于藏书活动的实际影响，以及国门初开之时，若干先知先觉者对西方公共藏书制度的初步"感知"、"认识"、"理解"和"借鉴引进"的为时不常的演化过程，作了简要的条分缕析。从而指明："中国民族资本主义经济的发展和资产阶级维新派的改革变法实践"，对于中国近代藏书文化的形成发展发生了重要的刺激作用，随着"国人对西方公共藏书内容的不断加深理解"，这一作用更转变为实际的行动。因此，"近代藏书文化是在近代中国的变局中，在西方公共藏书思想的影响和中国传统藏书的基础上形成和发展的"。

然而，由于我国国门的开放，不是基于温和平等的国家自觉行为，而是被西方列强的快舰洋炮强行轰开的，所以外国入侵者对于我国传统的皇家和私人藏书，乃至初生的公共藏书事业，均造成了不同程度的损害。作者在《近代书厄及典籍外流》一章中，以四节专门讨论了这个问题。

尽管当年有“不少藏书家及图书界人士为保存和抢救中国传统文化典籍，作出了艰苦的努力，并取得一定成绩”，作为我国第一部系统分析和研讨中国近代藏书文化的专著，《近代藏书文化》一书并不以全面叙述近代藏书事业的整体面貌和全面贡献为旨归。但是，本书还是设立了《近代藏书的构成》、《近代藏书风尚》和《近代藏书与社会文化》三章，作了若干必要的叙论。因为她认为：“正因为典籍系载着国家的命脉和民族的盛衰，因而藏书家无不视保存典籍、珍护所藏、刊刻传布为自己的职责和使命。尤其在近代内乱外患频繁，传统典籍面临空前劫运之际，藏书家责无旁贷地肩负起保护典籍的神圣使命。”

在《近代藏书的构成》一章中，作者特别关注了“晚清藏书四大家”（瞿氏铁琴铜剑楼、杨氏海源阁、陆氏十万卷楼和皕宋楼、丁氏八千卷楼）与民国藏书家“北傅南叶”（傅增湘、叶德辉）、“海上三大家”（张钧衡、刘承幹和蒋汝藻）或“民国四大家”（李盛铎、傅增湘、叶恭绰和罗振玉）等之间的关系，近代私人藏书的地域性布局和公共藏书单位崛起的特点，近代典籍及其收藏的聚散传递特征，以及私人藏书活动对于近代公共图书馆藏书事业的补给和支撑等等，都有史料和论点俱备的特色。在《近代藏书风尚》一章中，作者首先探讨了我国古今“善本观”的演变，分析了近代藏书家“嗜宋本”风气的形成，叙述了近代刻书事业的成就（刊刻丛书多、重视校勘和量大面广）及其原因，并简述了近代书肆经营活动与藏书事业之间的关系。

最后一章《近代藏书与社会文化》，是作者进一步深入探讨近代藏书活动和典籍收藏事业与社会文化之间关系的部分，但因为前面数章叙论充沛，所以这一章在铺叙上不免显得薄弱。如她所总结的历代私人藏书对于文化学术的三大主要贡献（保存图籍、传留后世，推动学术演进，嘉惠学者），另外对近代公共藏书事业也缺乏必要的批评等等皆是。

阅读《近代藏书文化》一书，我们不难发现作者在研究视角上的另一个显著特点，那就是充分给予“西学东渐”背景下的中国人藏书观念的改变轨迹以关注，深入地讨论了近代藏书家们在收藏思想尤其是藏书行为上的改弦易辙和革故鼎新。作者通过对古典藏书精神在近代社会的衰落，中国人对近代西方“公共藏书”的认识和接受，西方人士在华创办的藏书楼和图书馆的影响，晚清“维新派”和开明官绅以及近代图书馆组织的推动等单元的叙说，充分地论证了“中国近代藏书”的总体特点是“化私秘为公开”这一结论。

三、《校雠广义·典藏编》

由南京大学中文系程千帆、徐有富两先生合著的《校雠广义·典藏编》，继该书的“目录”、“版本”两编之后，与“校勘”一编同时于1998年春出版。至此，该项延续十年之久的编辑出版事业，终于由齐鲁书社卒成其终始之功。

“校雠”是我国传统的治书之术，自有其历史渊源。汉代目录学家刘向就曾经校勘旧籍《荀子》三百篇，留下了“一人读书，校其上下得谬误，为‘校’；一人持本，一人读书，若冤家相对，故曰‘雠’”的工作方式。刘氏“校雠”，志在是正文字。但流风所被，校雠之义引申渐广，至于众说纷纭。至晚近以来，更多达数说。

作为刘国钧、汪辟疆传人之一的程千帆先生早在四十年代，即有感于此，发愿综析诸家，成其一家之言，并为之形成了若干初稿。“文化大革命”结束以后，程先生与其弟子徐有富经过十馀年的孜孜以求，终将这一部凡四编的《校雠广义》告竣。

著作者通过《校雠广义》，旨在于清代以来的“洪说”、“缪说”、“叶说”和“汪说”之外，“折中旧说，别以四目为分”，“俾治书之学，获睹其全，入学之门，得由斯道”(《校雠广义 · 叙录》)。其大意为：

> 若乃文字肇端，书契即著；金石可镂，竹素代兴，则版本之学宜首及者一也。流布既广，异本滋多。不正脱讹，何由籀读？则校勘之学宜次及者二也。篇目旨意，既条既撮，爰定部类，以见源流，则目录之学宜又次者三也。收藏不谨，斯易散亡；流通不周，又伤锢蔽，则典藏之学宜再次者四也。
>
> 盖由版本而校勘，由校勘而目录，由目录而典藏，条理始终，囊括珠贯，斯乃向、歆以来治书之通例，足为吾辈今兹研讨之准绳。而名义纷纭，当加厘定，则“校雠”二字，历祀最久，无妨即以为治书诸学之共名；而别以专事是正文字者，为校勘之学。其馀版本、目录、典藏之称，各从其职，要皆校雠之支与流裔。

《校雠广义》中的“典藏编”一编，凡三十四万馀字，从典藏单位、图书收集、书籍亡佚、图书宝贵、图书流通六个方面，叙述了我国历代公私藏书的源流、典藏经验，及其保藏中华典籍以裨益读书治学和图书出版的杰出贡献。该《典藏编》以“典藏学的建立与典藏的功用”一章为开篇之作，并提出了建立“典藏学”的问题。著者指出:“本书所谓‘典藏学’则是研究我国古代书籍保管与利用规律的一门学问。”并说明道:“古代已有大量论著对书籍的保管与利用规律进行了探索。……前人在探索图书收藏与利用的规律方面所取得的丰硕成果,不仅对典藏工作起着指导与借鉴作用,而且也为我们进一步研究与建立典藏学创造了条件。”

所谓“典藏”之“学”,自然离不开藏书之“术”和藏书之“道”的积累。缪荃孙在研究“黄跋”之后,曾经感慨说:“昔人不轻借书与人,恐其秘本流传之广,此鄙陋之见,何足与语‘藏书之道’?”(《荛圃藏书题识》卷首序)陈登原也说:“收藏之量愈富,则措理之术愈精。”(《古今典籍聚散考》卷三)程千帆先生更在本书的《叙录》中宣言:“藏书亦自有其道,非目录、版本而兼校勘即可尽者。”

本书首章,是著作者为“典藏编”立论的部分。开卷便分析了支撑其所谓“典藏学”的史料源,如书目提要、书序书跋和专门论著等,概述了典藏与政治、与读书治学、与图书出版、与文献保存之间的关系,从而认为:“出于巩固政权、培养人才的需要,古人都十分重视图书典藏工作”,“藏书除有益于读书、治学、创作外,也丰富了藏书家的生活内容,使他们获得高层次的精神享受”,“藏书家刻书的目的主要在于传播知识……还特别注意流传善本秘册”,“藏书单位出版图书,一般都能精于校雠,提供好的底本”,“在文献保存方面,古今藏书家也作出了杰出的贡献”。统观中国藏书史,这样的论述大抵是得当的。

至于该编其馀五章的编述手法,则大抵有所阐论,必征文考献以为据,条分缕析而不假空言。如在第三章《图书收集》中,著者叙述到“收集的标准”这一问题时，著者认为“收集图书以适用为最基本的标准”，并一一列举宫廷藏书、学校藏书和私家藏书之例说明之，在谈到私人收集图书时，他又举出以下类型，并各系以例证：提出“一般士子都视参加科举博取功名为正途，……藏书也偏重正经正史”的观点时，即引孙庆增《藏书纪要》中语说明之；谈到“也有一些知识分子不以功名为意，而以读书、治学、写作为乐，他们收集图书的标准往往突破正统观念，或兼综四部，或各有专藏，而这恰恰是私家藏书的特点价值所在”时，便据宋代蔡家和明代祁家藏书为例；指出“有的藏书家则偏重收集某类图书，形成专藏”时，更举出宋代宋次道专藏唐人诗集、明代曹溶专藏宋元人文集等丰富的例证，加以申说；提出“有些藏书家在确定收集标准时，侧重形式，不少人酷爱宋元善本”时，则以“绛云楼”主人钱谦益、“士礼居”主人黄丕烈、“拜经楼”主人吴骞、“百嘉室”主人吴梅爱书事迹系述之，等等不一而足，而读者则在如此条块结合的叙述中，一路读来，便也得到了丰富的知识和教益。

由此可见，徐有富先生经手是编，已然尽得程门章法。故《校雠广义》全编四册虽然引述綦富，但端绪明了，脉络清晰。“目录编”八章二十五万馀字，俱谈古今目录源流；“版本编”七章三十四万馀字，倾述版本鉴别要领；“校勘编”七章三十四万馀字，尽讲汉文校勘关节。凡百馀万字的《校雠广义》，允为一部登堂入室于中国历史文献学乃至文化学术史殿堂的门径之书。

编后记

自《藏书家》第一辑于去年秋天问世后，短短几个月时间里，此一尚属草创阶段的戋戋小册，即得到国内书界许多德高望重的学者和广大读者的首肯和欢迎，使我们深受鼓舞。

今年适逢新世纪肇始，现又正值春暖花开的季节，既弥漫着书香又洋溢着春天气息的新的一辑《藏书家》已展现在读者眼前。读书是人类文明的标志，而藏书又是人类文化活动的重要内容。所以在这一辑中，不论是藏界耆宿的新作，还是后进新秀的美文，尽管所写文章视角不同，命题有异，写法不一，但字里行间都流露出对人类知识结晶——书籍的热爱，谈起来如醉如痴，情有独锺。正是这种精神和热情，才使一代代读书人、爱书人历尽劫难而无悔，读书种子绵绵不绝，才使中华文明得以延续发展。基于这种历史责任感，我们愿意坦陈编者真诚的心愿，即借《藏书家》这块小小的园地，通过学者、藏书家、爱书人从不同角度、视点谈书、侃书，让现代与传统交融，今人与古人对话，使广大读者既能增广见闻，汲取知识，又能因之陶冶性情，增强读书品位……从而能站在时代的高度，认识和总结中国的书文化，并进而了解书文化对中国数千年文明的深远影响，做为后人，我们薪尽火传，继往开来，使书香飘溢万代。至于冠以《藏书家》，无非是借用“六亿神州尽舜尧”之意而别出之，泛指爱书人也。

但需要说明的是,《藏书家》既不是一本版本知识的普及读物,也不是研究版本学的学术书籍,更不具有厚古薄今倾向。我们的生命刚刚开始,我们愿向所有的爱书人敞开我们的心扉,在这里,你们看到的将是书的历史、书的故事和读书人的足迹。

在本辑里,值得特别向读者推荐的是我们不惜篇幅刊出的济南著名藏书家张亦轩先生的《济南书肆记》。张先生已是年近九旬的老人,当年曾与已故著名学者王献唐先生过从甚密。这位饱经历史沧桑的老人的大半生的藏书经历及其对济南旧书肆的回忆,为后人留下了难得的地方文化文献资料,是值得阅读和回味的。至于本辑其他文章,也多美不胜收,广大读者自会各有所取、各有所得的。

另外,由于编者学识有限,经验不足,所以竭诚期盼批评意见,并热切欢迎书界朋友赐稿。当然,我们欢迎的是既有思想,有内容,又生动活泼的文章,而不是说教式的宏篇大论。我们将努力使《藏书家》的内容越来越充实,以不辜负专家和读者的厚爱。

ISBN 7-5333-0872

9 787533 30872

ISBN 7－5333－08

Z·106　定价：8.

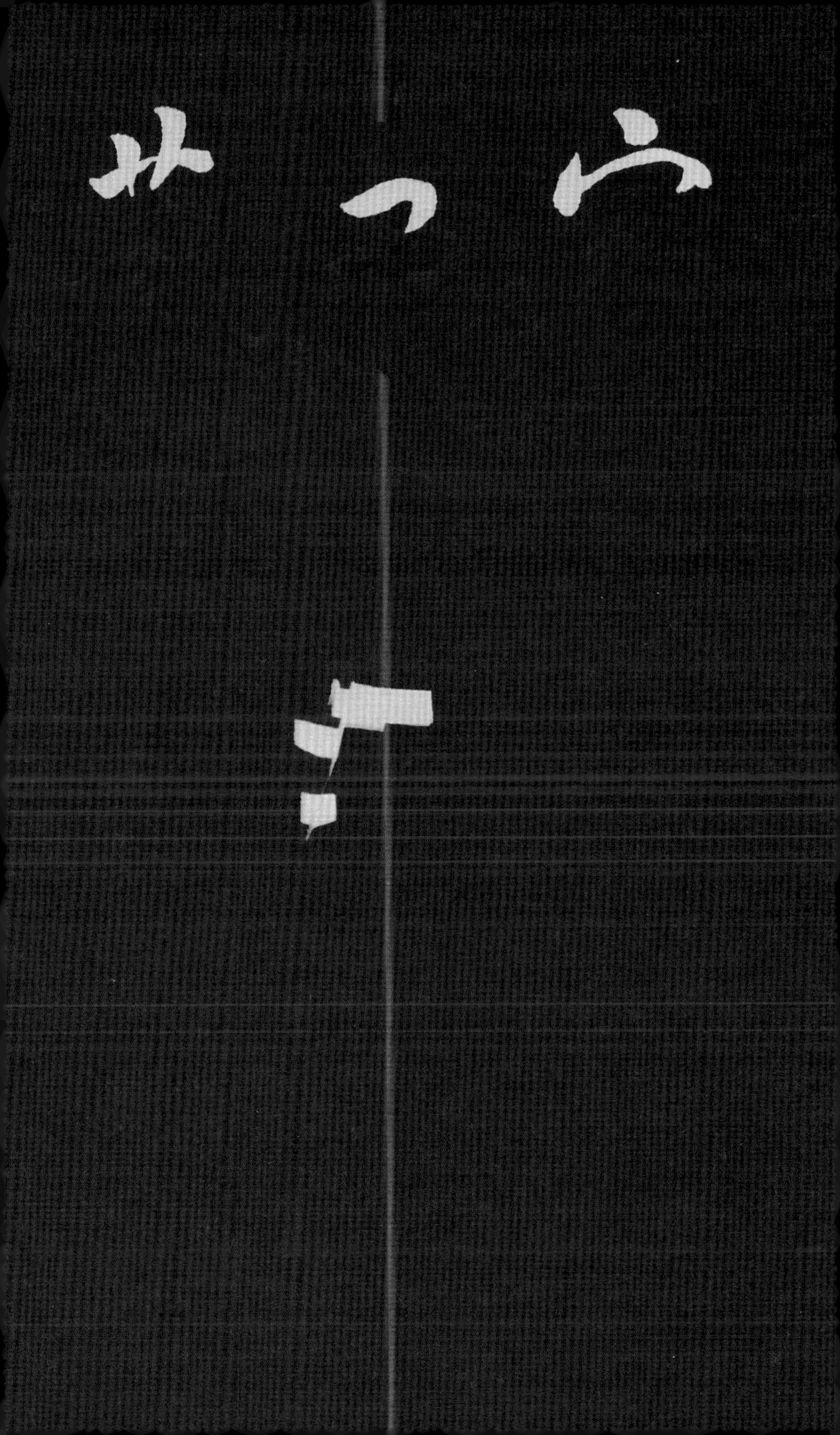

封面题签　顾廷龙
责任编辑　周　晶
封扉设计　韩济平
版式设计　李　生

藏书家

藏书家

第3辑

齐鲁书社

图书在版编目(CIP)数据

藏书家.第3辑/齐鲁书社编.—济南:齐鲁书社,
2001.6

ISBN 7-5333-0938-3

Ⅰ.藏…　Ⅱ.齐…　Ⅲ.藏书—文集　Ⅳ.G253-53

中国版本图书馆CIP数据核字(2001)第03578号

藏书家·第3辑

本　社　编

出版发行	齐鲁书社
社　　址	济南经九路胜利大街39号
邮　　编	250001
印　　刷	山东新华印刷厂
开　　本	850×1168　1/32
印　　张	5.5
字　　数	123千
版　　次	2001年6月第1版
印　　次	2001年6月第1次印刷
印　　数	1—4000
标准书号	ISBN 7—5333—0938—3/Z·118
	定价:8.00元

目　录

藏书·读书·治学

来新夏

一

藏书是关乎一个人文化素养的问题，也是一个人读书、治学的发轫点。宋朝藏书家晁公武曾论及汉王粲、宋宋绶之能称一代博学者，就因为他们“自少时已得先达所藏故也”。此可见藏书之能涵育人才。当然藏书之功尚不仅于此，其更重要之作用乃在于保存、传递一国、一民族之文化，使之世代相传弗替，为立国之基。藏书一词可能最早见于《韩非子·喻老》，文中说有一名徐冯者，曾告人说：“智者不藏书”，这当然是指私藏而言。“藏书”既已成为专用名词，则藏书的事实当已较为普遍了。

中国最早的正式藏书是官藏，始于周秦。它与公藏、私藏，并成中国藏书事业的三大系统，而私藏则历来备受学者注意。私藏与私学兴起有关，私学的兴盛使图书开始由官藏传入民间，一些“士”为了谋求利禄，到处发表政见以取悦国君，因而需用大量图书来丰富和充实自己的论点，如苏秦在各国游说失败后回家，受到冷遇，于是“陈箧数十”，发愤读书，说明苏秦有几十箱私藏。名学家惠施有简书五车，成为“学富五车”成语的原始。自此以后，历朝学者几乎都有相当数量的藏书，流传着许多动人的故事。

中国的私藏事业一直贯穿者“仁人爱物”的精神，虽然以藏为主，但不少藏家都愿意藏书为人所用。如东汉的蔡邕因爱王粲之才而举私藏相赠。南齐崔慰祖聚书万卷，邻里少年来家借书，他都“亲自取与，未尝为辞”。晋范蔚藏书七千馀卷，远近来读者常有百馀人，他不仅允许借阅，还为读者“置办衣食”。这种慷慨借阅的观念一直存在于不少藏书家头脑中，明末有一位藏书家李如一就持一种“天下好书当与天下读书人共之”的态度。所以他“每得一秘书遗册，必遗书相闻；有所求借，则朝发而夕至”。当然在当代，我们的仁人精神已不是局限于“当与天下读书人共之”，而是有“当与天下人共读之”的气概。清末绍兴人徐树兰父子建古越藏书楼，出家藏向社会公开借阅，开藏书楼走向现代图书馆的先声。至于对书的“爱物”，从汉以来就有文献可稽。汉代已开始用竹制小箱子（箧）分类置放图书，以免图书受损。魏晋有一个名曹仓的人修了一个石窟藏书，命名为曹氏书仓。隋炀帝是为后世所非议的皇帝，但他对图书的爱物之心，却极为后世所称道。如《旧唐志》即盛称；“炀帝好学，喜聚异书”，并创制了多种图书储存设备。明代范钦建天一阁藏书楼，对防火、防蠹、防潮和防散失都有相应的措施。有的学者为了访求有价值的书，不惜纡尊降贵，亲到书市去搜寻图书，如清初的王士禛就按期在书市出没，把许多有价值的图书收藏、保护起来。正由于我国对图书有这样一种仁人爱物的人文精神，才使中国成为世界上善于保护图书文献的一个国家。

清朝学者多好藏书，但在认识上却有藏书家藏书与读书家藏书之分。如钱曾、黄丕烈以佞宋,即专一注重宋版书为藏书的宗旨,视书如古董。孙从添则以藏书为个人癖好,用做鉴赏,这些似非藏书正道。更有以藏书做市易以谋生者,则更无足与论了。我认为只有读书家才是真正有意义的藏书家,清代中叶江阴有一位藏书家名承应韶者,藏书极丰,“广求佳本,必依次读终卷”,这是为读书而藏书的藏书家。另一位著名的藏书家张金吾对藏书与读书有着很精辟的论述,他说:“欲致力于学者,必先读书,欲读书者,必先藏书。藏书者,诵读之资,而学问之本也”;又说“藏书而不知读书,犹弗藏也”,“读书必藏书,藏书为读书,乃历代藏书家之宗旨”。这些论述把藏书与读书的关系说得很透彻。所以说,藏书的主要目的是为读书。

二

读书是藏书的主要目的,而读书是为了做学问,也就是为了治学。但并不是所有读书的人都做学问。有人读书只为消遣和享受,一目十行,匆匆而过,凭自己的兴趣,愿看就看,甚至废寝忘食地看;不爱看则或加浏览,或翻不数页就掩卷而眠,这些人即使读书破万卷,也如烟云过目,一纵即逝,最多留下点模糊“书影”而已。另一种人很明白怎样读书,也知道如何读书才能有得;但只进不出,吞噬着别人的成果,以填塞自己的知识空白。这类人既不像牛那样,吃草出奶;也不像春蚕那样,啮食桑叶而吐丝不止,直到献出自己的生命。这类人可能博览群书,满腹经纶,却就是不出奶吐丝,不再创造新的知识,不使旁人受益,还自鸣为述而不作。这类人不是怕别人看透自己腹笥深浅的懦夫,便是自私者、守财奴。明明是掠取前人的精神财富,偏偏要深藏不露，自以为独得之秘，不愿有益社会，宁肯烂在肚里，最终与自己共化灰烬。我鄙视这两种人，却敬重另一类读书人，他们不放弃吮吸一切可取的知识，不吝惜自己的精力，焚膏继晷地反复咀嚼，像蜜蜂酿蜜一样，创造出有用的知识，贡献自己的成果，济世利人；其中更有一些人，甚至把读书方法和窍要都毫无保留地对后学倾囊相授，他们是值得尊敬的真正读书人。

谈到读书，必须先知道读什么书？当然要读好书，但也不能采取封闭性的态度而应比较广泛地读书。不要视离经叛道之作如洪水猛兽，避之惟恐不及，成为新道学先生，而应在博览群书的基础上，吮吸精华，排除糟粕。这样的长期积累，读书必能有得。对于反面的图书，只要能善于分辨，又何所畏惧？如果这部书持之有故，言之成理，也可能得到某些启示。至于对那些低级、鄙俗、甚至淫秽下流的书，还是节约点生命为好，不做无谓的牺牲。读书要由浅及深，循序渐进。不要贪多务得，而要不断回味咀嚼，创造新知识。

凡读书要先读序或前言，这一点常被人忽略，但它却是非常重要而必须养成的一种习惯。因为书的序或前言是严肃的作者对全书写作缘起、目的和主要内容的概述，是为让读者对自己的著作有一种轮廓性了解。当你读完作者的序或前言，你就会抓住全书的纲。至于他人所写的序，有的人严肃认真地写序，对全书进行评论，则应一读以帮助对本书的阅读与理解。而某些捧场敷衍的序则大可弃置若粪土，无须为之消耗精力。其次是从头到尾地读一下目录，就可以知道这本书的主要内容与篇章结构。一位负责任的作者所写的目录，往往是各篇章的提要。读了这些再去读全书，就比较容易通贯了。

在通读全书时，不要羡慕古人所说的“一目十行”，那是“英雄欺人”的骗人鬼话。读书不要一掠而过，而应该“十目一行”地去读，即精神贯注地认真阅读，养成一种“好学”的学习态度。这是读书的基本出发点。努力多读些书叫“博观”。“博观”是为扩大知识面的基础。但是，仅仅“好学”与“博观”是不够的，而是要再经过“深思”来“约取”才行。如果不把“博观约取”与“好学深思”紧密结合好，即使读书破万卷，也如入宝山，空手而归。如果把前二者结合得好，那就为做学问提供了广袤的用武之地了。

三

读书不是为读书而读书，而是为了能掌握更多的知识和资料，做有益于社会的学问，也就是人们所说的“治学”。“治学”不是读几天书就能一蹴而就的，它需要有一个艰苦的积累过程。在积累过程中，既会有“目轮火暴，肩山石压”的苦状，也会有“时或得之，瞿然则喜”的乐趣。但在走了一段路后，回头检阅所得，往往感到所积累的资料有许多是无用而嗒然若失，甚至认为自己干了蠢事。实际不然，因为当初在读书中所积累的资料绝对认为是有用的，只是由于现在眼光水平有所提高，所以才有“觉今是而昨非”的感觉。因为有了这些“无用”的基础，才能锻炼出抉取“有用”的能力，而且这些“无用”是否真的“无用”，也许是水平所限，未能看出其有用的内涵，也许虽不能当正面材料用，还可用做旁证或背景材料，所以在“治学”的起始，应审慎地对待“无用”。

在“治学”上，务必要尽量求读原著。清初的大学者顾炎武曾说过这样一段话：“尝谓今人纂辑之书，正如今人之铸钱。古人采铜于山，今人则买旧钱，名之曰废铜，以充铸而已。”有位学术前辈曾告戒我说：“‘采铜于山’与‘废铜铸钱’确是亭林不磨之论，但难被放言空论者所接受。甚或被嗤为舍近求远”，他还说：“挑水者，用桶从源源不断的河里挑水，用完再挑，水无穷尽；倒水者，则由别人从河里挑来的水桶中倒水，虽云轻而易举，但倒水时洒一些，势所难免，一如资料一转再转而走样。一旦别人之桶空，则不知别人桶中之水从何而来，只能‘望桶兴叹’，继而环顾四周，是否有挑好水之水桶等人来倒，如一生中只知倒别人桶内的现成水喝，而不论清水混水，只要是水就行，其后果实不忍设想。”我静聆教诲，不禁叹服前辈功底之厚，见解之深，能以浅近语言阐明深刻至理。

治学的基本点是勤奋与坚韧。勤的要求是四勤：勤听、勤读、勤思和勤写，而其根本在勤读，勤读方能博涉，博涉方能使知识源源输入，方能逐渐走向专精。在读的过程中要善于发现问题，即所谓“致疑”。有疑就要不断寻根究底，即所谓“勤思”。疑而后思，思而后得。思而不得，就一面再去涉猎，一面就要勤问勤听，不仅要听前辈、同辈的高见，更要听后辈的新说，只要有一得之见，就要吸取，一字可以为师。四勤的最后是落实到“勤写”。“勤写”说起来容易，做起来则比较难，特别在青年时期，常因贪多求快，自恃记忆力强而忽略记写资料与思想，但岁月推移，读书所得的痕迹日见淡薄，似是而非，终而等于白读。如果随读随写，日积月累，自然成一文章仓库，随时取用，得心应手，由片段成整篇，由多篇成专著。这不仅只是积累，而且还是一种磨砺。一般情况下，勤是治学的不二法门；但人的一生不可能永远一帆风顺，遇到点挫折与逆境，往往消沉、颓废、懒散、嗟叹，以致把一二十年的岁月都在无形中蹉跎和荒废掉而追悔莫及。越是挫折，越应该以韧相待而勤读多读，一以解挫折的抑郁，一以充实腹笥，等待“用世”的机遇。

治学要冷而不能燥，冷能冷静地搜集资料，构思撰写，不是闹哄哄地赶时髦，发高论，迎世媚俗，写空洞无物的文章。这正是历史学家范文澜教授所说“板凳宁坐十年冷，文章不写半句空”的真谛所在。成文之后，也不要急于发表，因为这时最容易昏头昏脑地自我陶醉，而应先冷处理。请水平比自己高的，与自己水平不相上下的以及稍逊于自己的三类人看，集思广益，然后冷静下来，反三复四地思考、修改，直至定稿。待文章或著作问世后，更不能热气腾腾，不可一世，而要冷静地听取意见，增订纠谬。如此，才有可能慢慢地走近大学问家的座位。

四

最近几年，我对藏书、读书与治学诸问题曾写过一些片段小文，也常和一些年轻朋友谈过这些方面的内容。为了把我对这些方面关系的看法和想法连贯成一体，遂从一些小文和谈话记录中摘引部分资料，草成本文，以表述个人的见解，那就是：藏书是中国有悠久历史的传统文化现象，不是单纯为收藏和鉴赏而藏，而主要是为读书人读书创造条件。读书也不是为读书而读书，而是从读书中撷取精华，形成思想观点，为治学奠定基础。至于治学必须要恪守“立足于勤，持之以韧，植根于博，专务乎精”的规则。这些见解，纯为愚者一得，仅供参考。是否有当，至祈指正。

藏书与借书

徐北文

童时过春节，见先外祖父王建屏先生的书房门扉上贴春联云：

家藏图书八千卷；

虚度光阴六九年。

我那时对于对仗作法已略知一二，凭着一种过于认真的稚气向老人家质问:“六九对八千,不贴切。按虚岁,过了初一您已七十岁了。再说,按书籍编目已经超过万卷了,为什么偏要写八千?”外祖答云:“八千,取个成数儿。说我七十又不足岁,还是谦虚一些好。当年边华泉在大明湖畔筑万卷楼自夸，还不是失火被烧了。其实藏书是在读不在多。”外祖父殁后,舅父次通先生又继续添购,那时王氏藏书已是名声在外了,他却在书房中悬了一块窄窄的横匾,曰:“仅好书斋”。他说:“仅好,在这里是正好、恰好之义。藏书在用不在多,主要是合我所用。比如我是考究泰山文献的,藏书就以这类为多,在我就为仅好。他人的藏书再多,对我说也不一定是仅好的。”二位先辈已先后逝去,如今已五十馀年之久了,他父子的事迹也被载于王绍曾等著的《山东藏书家史略》。但他对家中子弟说的这几句平常话,却使我至今不忘。

世间以藏书名世者多矣，有的炫博矜奇，有的装潢门庭，有的待价而沽。自然是萝卜白菜，各有所爱，理应都受到理解而无可厚非的。例如时下青年布置新房流行购一对漂亮的书架，装进一排排精装烫金的新书，金碧辉煌，很是壮观。不免引起某些爱挑刺的人窃窃私议："买了不读，装啥幌子？"我却以为有钱买书润屋，总比把钱花在吃喝玩乐上好得多。且莫轻视"附庸风雅"，这要比那种趋炎附势的人高尚，更比那聚敛财货的要安全一些。藏书纵使自己不读，留给后人也大有裨益。不管是为了什么目的，购买书籍，就是看重文化的表现，此君应非俗人。话又说回来，若要对自己而论，藏书的目的当然是为了读书。读书虽是学以致用，但这个用字也有多途，会因事因人因时而不同：有的研究问题，有的获得知识，有的为启发文思，有的则为愉悦身心、陶冶性情。虽各有异，但却都同是得到开卷有益的效果。

有人在书的扉页上钤了方图章："读有用之书"。这话很对，但有用与否，千万不要以自己为标准，干涉旁人。《儒林外史》中的以作八股而求官的先生们，就以为司马迁、苏东坡的书是"杂学"，有害而无用的。古板的家长们也往往不准子女读《红楼梦》；甚至对《格林童话》也说什么"这种书上的小猫小狗都穿衣戴帽，说人话冒人形，读了要玩物丧志的"。雍正、乾隆等皇帝更把读"禁书"的人满门抄斩，甚至夷及九族。却也有不怕杀头的李卓吾之流，以"雪夜闭门读禁书"为人生一大快事。庄子在两千年前早就说过：连牛溲马勃都可入药，全在怎么用。鸦片是毒品，处理得当仍可治病救人。唐代白行简的《天地阴阳交欢大乐赋》，诚然对未成年人不宜，然而在社会人类学者、心理学家等看来，也还是有用的资料。有的书籍作者的确心术不正，写些诲盗海淫的黄书来赚青少年的钱，也有些骗徒巫棍胡诌了迷信鬼话来哄骗老年人上当入套。奉劝青年人和文化修养浅的成年人，对于这类怪力乱神以及色情的坏书，千万要提高警惕，且莫以“穿衣戴帽，各有所好”为借口去乱读这些渣滓和毒品。至于有关专家学者为研究起见，径去翻阅，正如医药家摆弄毒蛇一样，咱们一般人无须学样。

书籍是藏书家的宠物，对不仅是藏书，还是爱读书的人来说，则更要呵护，这是不言而喻的。但在现实中也未必全都如此，个别爱读书者却对于书籍漫不经心，一部崭新的书，经他手触之后，不久即成了油污的千层饼一般，令人惨不忍睹。人不仅要爱护自己的东西，也要爱护他人的或公众的东西；对于已有用之物要爱护，对于无用之物也应爱护。先父芝房先生为我开蒙讲《孟子》，讲到“推恩及于四海”时，就说到儒家“仁民爱物”的道理。儒家反对“暴殄天物”，就是反对任意破坏大自然的生成之物，以为无故揠苗拔草，践踏虫豸是不仁；即使对于无生命之物如土石和器皿成品，也不忍损伤，这才是一个仁者。推而广之，对于书籍更应特意爱护，并非出于吝啬，而是求得良心的安适。书籍无情人有情，和书籍打交道，久而对它也产生了友情，怎能不珍惜它呢。外祖父生前对书十分珍惜。他拿书前先要清案洗手，轻掀轻翻，不轻易用笔批点，不盖多馀的图章。有时买了旧书，把皱折处压平，缺页开线处要修补。他对借来的书更是爱护有加，往往在封皮之外再加临时护皮，对污秽处用毛刷或海浮石予以清除，读毕压平展齐整后再送还主人。好借好还，并且整旧如新，友人自然愿意借给他。然而个别先生并不如此，其人本不好读书，到亲友家里看见好书满架，一时眼热，伸手就要借阅，及至借去，放在一边，久之就淡忘了。那书的主人本是割爱借出，一旦需用，却不在手头，登门索要又不好意思，日日盼其归还，不料此书却被该先生闲置一旁，或损伤，或丢失，早已置之度外了。

有的书并非是随时可以买到的，特别是专业书，印数不多，而印过一版后，再版却遥遥无期，到书店及书摊寻觅，却是可遇而不可求的。朋友借丢了书，只好去书店，搜求不到，就托外地的熟人代购，或到图书馆查目询问，真是人生麻烦在于借出薄薄的一本书开始。古人云："借书一痴，还书一痴"，是说借者还者都是一痴，说得未免过分，但是借给他人书者，总归是一个傻子而已。有的文人以散漫为风雅，平日放浪作秀，作漫不经心状，借了书硬是不还，如要催要，他眼珠一翻，冷笑人家气小心窄。奉劝这种人：书是要花钱买的，一部长篇小说，价或在百元以上，一函线装书，价在千元左右。你借了朋友的钱不还，就是赖皮；你借了书不还，只能等于是掏朋友钱包的小人，有何"风雅"之处？设若朋友用一千元买了部清刻《章丘县志》，我随便借去，不慎丢失，即使我拿出一千元补偿，还是对不起人家。因为人家买这部书是偶然幸遇，过此机会，再花五千元也买不到了。我欠的情分就不是区区一千元而已，而是造成人家的终生遗憾。所以我奉劝读者，千万不要轻易借人家的书；若不得已借书，也要倍加爱护，如期归还。

至于我个人呢，我不但不敢轻易借人之书，而且在自家的书架上更贴着"书不出借"的条子，虽屡经妻儿反对，至今却仍赫然地贴在上面——亲友莫怪啊。

2000.9.26 于海岱居

读书和藏书

林 夕

常言说读书读书，书是读的东西，何以有“藏”这一说？然而喜欢读书的人，对书有特殊的感情，见了书随手就会买下。治学之士需要查阅大量文献，见了什么书都会觉得有用，更会放手买书。今天买，明天买，一旦积攒多了，旁人就会说他是藏书家。

按说成名成家是好事，一个人被称为数学家、哲学家、文学家，谁不肃然起敬？可是藏书称家，却有一缕抹不去的阴影，不一定是足赤的褒奖之词，让人不敢放心领受。众所周知，清代洪亮吉曾经细加分别，把藏书家分为五类：考订、校雠、收藏、赏鉴、掠贩，成色越来越差。他说赏鉴家“第求精本，独嗜宋刻，作者之旨意纵未尽窥，而刻书之年月最所深悉”，这里有没有微辞呢？如果这还不算是明说，那么掠贩是不折不扣的贬义，却也在藏书家之列，未免令人不堪。

因收藏而成家不一定要遭白眼，说谁是集邮家，就没有贬义。集邮家也不见得都手持一柄放大镜，整天在邮票上找变体，辨刷色，量齿孔。分辨版次，考证史实，那是邮学家的事情，集邮家尽可不闻不问。同是收藏，为什么藏书就要分为三六九等？说来说去，恐怕主要是“读书”二字在作怪，邮票只能收藏，没有“读”这回事。当然洪亮吉的藏书家分类意存褒贬，已经定了调子，读书人无人不知，这也是影响藏书含义的因素。尽管我们的见解可以跟洪亮吉不同，大可抹去心头的阴影我行我素，但是既然有人说话，心里也还不能毫无芥蒂。

其实人各有所好，藏书也是一种爱好。郑振铎先生说自己不是藏书家，他收藏一些古书完全是工作需要，即使当时不用，也是为将来使用作准备。话虽如此，他买书的热情和规模都不是一般学者所能比拟的，据1965年北京图书馆油印本《西谛书目》所载，全部藏书竟有一万七千多部，九万四千馀册之多。不说他是藏书家，却不能不说他有藏书的爱好。惟其如此，他才会说人们除了手头必备的工作用书之外，如有购书的癖好，也是好事。他说：“有的人玩邮票，有的人收碎磁片，有的人爱打球，有的人好听戏，好拉拉小提琴或者胡琴。有的人就不该逛逛书摊吗？夕阳西下，微飔吹衣，访得久觅方得之书，挟之而归，是人生一乐也！”这几句话恰好道中购书的乐趣，谁听了会不跃然心动？

许多爱买书的人跟郑振铎先生一样，初衷也是为了使用，不是为了收藏。开始是眼下使用，后来就扩大到留备后用，家里的书就会一天天多起来。正巧，我的书桌上放着两本书，说说它们的来历，也许可以为读书和藏书的关系作个注脚。

《和陶诗》一卷　清嘉庆刻本

记得几年前，准备选印一批传统文化书籍，《陶渊明集》不能不收。然而这本书经常出版，并不冷僻，依样葫芦地重复出版对读者没有多大意义，总要有一点新意。忽然想到，不妨把各家的《和陶诗》收集起来，附在后面。不同时代的作家的身世、造诣和风格都会有所不同，相互比较比较，对一般读者和文学工作者都有用处。袁行霈先生当时正在整理《陶渊明集》，于是约请他顺便整编成集。

《和陶诗》的本子虽不珍秘，但是一一搜集齐全也不容易。例如舒梦兰的《和陶诗》是清嘉庆刻本，北京大学图书馆藏本是后印本，开卷第一首诗题第一行缺末三字。开始我以为缺字不难补上，到最后看校样时，先到中国社会科学院有关各所搜索一番，毫无所获。我也不以为意，心想北京图书馆肯定会有，兴冲冲地跑到北海馆。不料人名和书名两种卡片一再翻检，不见此书，我的心一下子沉了下去。我知道上海图书馆藏有舒梦兰的全套著作，可是两天后就要出胶片，不能延误出版限期，来不及去查。北京各馆，除了北京图书馆，中国科学院图书馆富藏清刻本，或许会有此书。但是当时科学院图书馆正在搬迁，书籍已经不能借阅，而且时值春节，去了几次都是大门紧闭，失望而归。

从北京图书馆北海分馆出来，一筹莫展，只好坐车东行到朝阳门内交清样，清样一交立刻出胶片付印。可是清样上还有三个空格，它们像铅块一样，沉甸甸地压在心头。公交车很快东进，离朝阳门越来越近，铅块也变得越来越沉重。

车到了美术馆，科学院图书馆就在附近，像人落到水中连一根稻草也要抓一把一样，明知是白费力气，绝望之中还是下了车。聊尽人事吧，无精打彩地走到科图所在地考古所门前，歪着头看了一眼，也不过是再证实一下门关着而已。然而那一天有些异样，意外地发现科图的门似乎开着一点。没抱什么希望，姑且走进去看看。里面已经不是原来的样子，门口的登记处和存包处都没有人，可以背着书包往里走。大厅里空空荡荡，没有什么灯光，只有借阅处柜台内外有两位先生在说话。外面站着的先生过去在科图工作，后来调到社科院，那天是来看老朋友。看看出纳台里面的先生，我过去来过，也还面熟，只是没有通过姓名。

看这个清汤冷灶的光景，已经不是可以借阅的样子。我不敢指望，随便问了一句：“还能看书吗？”意外地听到“能！”问过之后，才知道旁边有一个空柜子，可以把书包放进去，登记和存包的手续全免了。我赶紧查卡片，发现果然有舒梦兰的《和陶诗》。喜出望外，急忙填写借书单。出纳台里面的先生接过单子进入书库，一会儿取出书来交给了我。

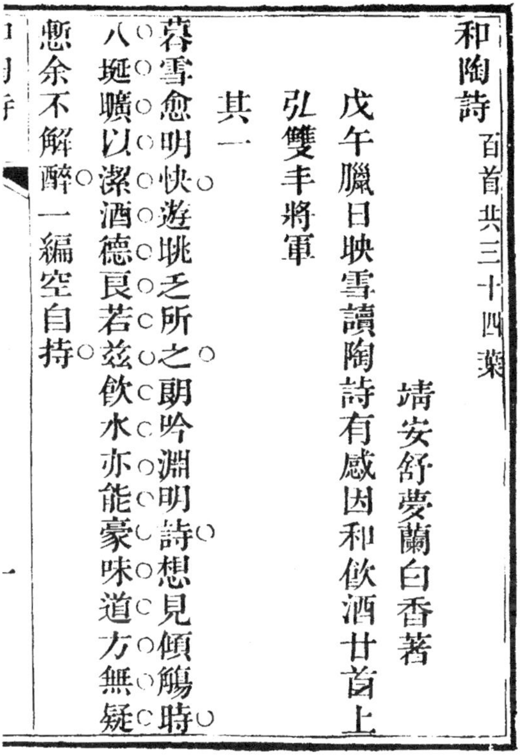
和陶詩 百首共三十四葉
靖安舒夢蘭白香著
戊午臘日映雪讀陶詩有感因和飲酒廿首上
弘雙丰將軍
其一
暮雪愈明快。遊眺乏所之。朗吟淵明詩。想見傾觴時。八埏曠以潔。酒德良若茲。飲水亦能豪。味道方無疑。慼余不解醉。一編空自持。

嘉庆本《和陶诗》开卷第一首诗

我接过书高兴得不得了，急忙找了个座位坐下来。打开书套一看，愣住了：这是民国初年医学书局排印本《陶渊明诗集》，不是《和陶诗》！好象一盆冷水劈头浇了下来，心情陡然沉重起来。赶紧到出纳柜台说明就里，大家都莫名其妙。灰心之馀，又走到卡片柜前翻阅作者卡片。忽然看到有《舒梦兰杂著》这部书，心里又燃起了一丝希望。顺便查了一下卡片，看见卡片中有医学书局排印本《陶渊明诗集》，这本书在《和陶诗》的书套中，那么《陶渊明诗集》书套中装的又是什么东西呢？会不会两本书交换了书套？于是又填了两张借阅单，交到出纳台。

过了一会儿，两部书都拿出来了。打开《陶渊明诗集》一看，赫然入目的是《和陶诗》。再打开《舒梦兰杂著》，发现这是把舒梦兰的几种著作的单行本汇集而成的一部所谓丛书。古人用木版印书，刻成一种印一种；书版积攒多了，可以汇集起来印成一套书，也可以抽取其中若干种印一部分，几种书合在一起就是所谓丛书。由于随时刷印，一部丛书到底包含哪些书，有时候很难确定。历来编印的丛书目录，包括《中国丛书综录》，大抵以种数最多的为准。像舒梦兰的著作，不是同时刻成，随刻随印的本子是初印本，字迹清朗，汇印本就差，版越印越差，难免断版缺字。科图这部《杂著》汇集的大都是各书的初印本，有黄纸，有白纸。其中《和陶诗》版印整齐完整，不仅可以补上缺字，还有意外收获。

原来在看《陶集》校样时，我看到说明中提到书前有“嘉庆庚申”曾昱序，又有“乙未长洲王芑孙”序，曾经生疑。乙未应该是乾隆四十年，在嘉庆庚申之前，相去有二十五年之多。当时王芑孙仅二十岁，竟然请他这个毛头小子作序，而且这篇序也不急用，迟至二十多年之后才刻书，这似乎不合常情。但是怀疑归怀疑，没有根据，只能打个问号，悬在那里。为三个缺字发愁，这档事就搁起来了。如今有两本《和陶诗》在手，正好看看这是怎么回事。

《杂著》中的《和陶诗》有王芑孙的序，落款是“己未”。己未是庚申前一年，正是刻《和陶诗》的时候，当时王芑孙已经将近五十岁，写序合情合理。而单本《和陶诗》没有这篇序，如果不是装错书套，开始就借到手，补上缺字也就心满意足，不会再去查作者索引卡片，也就不会看到《舒梦兰杂著》，乙未的错误也就得不到纠正。幸亏错装书套，迫使我不得不进一步搜索，结果歪打正着，改正了这个不明显的错字，真是喜上加喜。心里无比高兴，多少年来第一次请教借阅台的先生姓名，才知道他是李明先生。多亏他在非常时期还如此耐心，圆满地解决了我的心病。我谢了又谢，心情无比欣幸地走出门来，送出校样。

有这么一番不平常的经历，我对舒梦兰的《和陶诗》自然要有特殊的感情。书现已经出版，前不久一个偶然机会，又看到一部嘉庆刻本《和陶诗》，印本还好，没有缺字，虽然要破费我半月粮——这是西谛的习用语，虽然同是半月粮，穷书生的半月粮实在区区——还是勉力买下。看是未必看的，只是闲下来翻翻，还是蛮有趣味的：回想起当日是怎样为它劳心，命

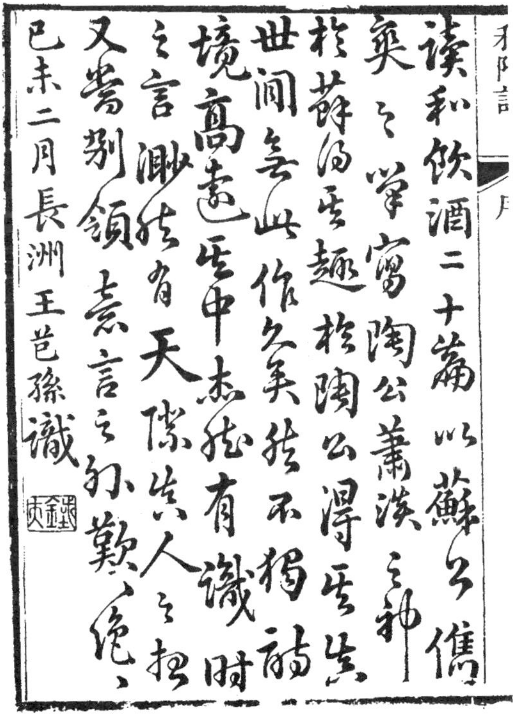
讀和飲酒二十篇以蘇公之儁
爽之筆寫陶公蕭淡之神
於蘇得其趣於陶公得其真
世間無此作久矣然不獨詣
境高遠其中悉稱有識時
之言渺然有天際真人之想
又嘗别領其言之外歎絶
己未二月長洲王芑孫識

嘉庆本《和陶诗》王芑孙序末页

运之神又是怎样地捉弄人，在千回百转之后，一波三折地促成了这段意外的经历，平静的心境立时泛起几丝喜剧的涟漪。一本书能够引出一段值得纪念的往事，给人欢乐给人愁，在内容之外也就有了另一层意义。为了纪念往事而买书，不知道这是读书还是藏书。洪氏分类法虽然详细，怕也没有这一类。

《也是园书目》 罗振玉刻《玉简斋丛书》初印本

不知怎么从小时候就喜欢古书，连带注意搜集古今书目。五十年代上海古典文学出版社出版过一批书目，其中有瞿凤起先生编的《虞山钱遵王藏书目录》，以《也是园书目》为主，用《述古堂书目》和《读书敏求记》增补，汇编成册。钱曾是清初著名藏书家，声名卓著，他的书目不能不买。三部书目一起对照，看起来也有方便之处。在那之前看过孙楷第先生的《也是园古今杂剧考》，里面提到《也是园书目》有《玉简斋丛书》刻本，跟钱氏稿本核对，颇有异同，而且有大段脱漏。瞿先生汇编本凡例说用传抄本核对，做了增补，看来缺憾已经得到弥补。只是天性认真，觉得如果能亲手跟其他本子校一校，就更放心了。当时年幼，后来则为生活奔走，许多重要的事情还忙不过来，《也是园书目》的事情久已置之度外。

一晃就是三十多年，一天在书店中看到一部《玉简斋丛书》残本。书根显现的纸色有些特别，拿下一看，原来是初期皮纸刷印本，跟一般常见的白纸印本不同。立时想起旧事，恰好《也是园书目》还在，天头行间有许多朱墨批校，大段缺失则一一夹叶抄补。后面有墨笔书写的一段跋语，笔力劲健，不是俗手，看着十分眼熟。虽说是残书，索价却不菲——当然跟时下书价相比是廉之又廉。本来我买书未能免俗，一部书是不是完整无缺，还是很在意的。但是有《也是园书目》这一层关系，看在有批校的份儿上，不管它残不残，还是买了下来。

回家之后，翻开《也是园书目》反复审视，除书中有大量朱墨校勘以外，后序末叶还录有莫棠的跋语：

> 《述古堂书目》，传本皆无卷数，部居杂厕，舛谬百出。《四库存目提要》深诋之，“粤雅”所刊是也。此写本分十卷，不曰“述古”，而曰“也是园”。分类与行本迥异，《提要》所讥仅十馀条相合（如以《篇海》入韵书，《啸堂集古录》入字书，《东观馀论》、《宝章待访录》入碑刻，《班马异同》、《两汉刊误补遗》、《两汉博闻》、《唐阙史》入杂史，《沧海遗珠》入类书，《诗律武库》、《沧浪吟卷》入诗话，汪藻为汪应辰之类）。目内之书较刊本颇有溢出，释道藏、杂剧又皆传刻本所无。或此为遵王定本欤？然椠本钞本均未分注，不如粤本之详，门类虽稍清晳，亦仍繁琐。盖收藏既富，势难遍及。未开四库以前，藏书家各以意分隶，不能折衷至当，不独此书矣！也是翁负牧翁于身后，其人殊不足观，然《敏求记》一编，文辩滔滔，其言纵肆，绝非今苕霅间刊“藏书志”、“题跋记”以自炫耀者所及也。光绪壬辰四月，莫棠。

批校字迹越看越熟悉，分明是在哪里见过。沉思了一刻，忽然想起往年曾得到叶德辉旧藏的一部诗集，前面有叶氏手书题识一叶，字迹与此一般无二，看来这部《也是园书目》应该是叶氏校本。得到《也是园书目》校补本已经可以满意，没有想到它还是出于名人之手，真是意外的幸事。书中朱墨笔都提到莫本如何，卷四末叶栏外有墨笔一行，题“丁巳中秋再校莫氏抄本用墨笔”。莫棠是清末民初著名藏书家，他是贵州独山人，久居苏州。叶德辉世居湖南，但是经常住在苏州。丁巳是民国六年，正是叶德辉说“辉居苏清闲著书，较在湘为安乐”之时（见《艺风堂友朋书札》563页）。他跟莫棠交好，藏书互有通假，由题记可知他向

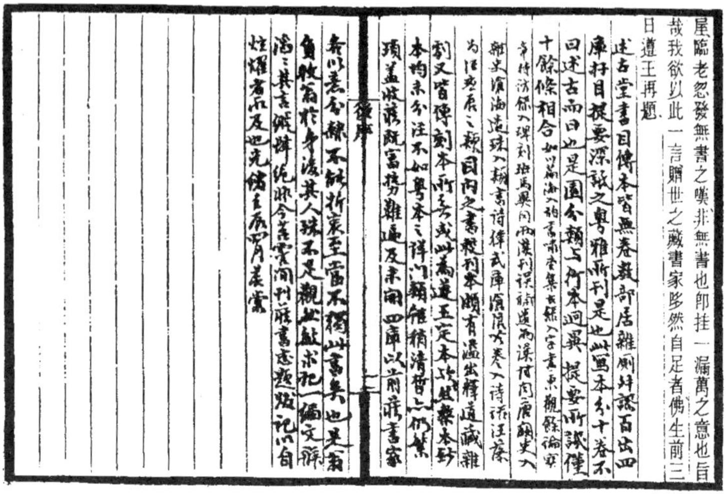
屋臨老忽發無書之嘆非無書也卽挂一漏萬之意也旨
哉我欲以此一言贈世之藏書家哆然自足者佛生前三
日遵王再題

《玉简斋丛书》本《也是园书目》书后莫棠跋(叶德辉录)

莫氏借来抄本一再校勘此书，而且补写了缺文。《玉简斋丛书》初印原装八册，叶德辉说罗振玉“所刻《玉简斋丛书》甚精”(见《书林清话》卷九)，欣赏的就是这部书。看书根题字，这部丛书已经缺了一半，幸好经过叶氏详细校勘的《也是园书目》还在，无意中为我所得，可以跟《虞山钱遵王藏书目录》核对一下，了却旧日的心愿，真叫人高兴。

《也是园书目》世传抄本很多，翻翻《中国古籍善本书目》可以看到竟有十几种之多，古籍书目还少有这种情况。虽然如此，不知道民国初年一些藏家为什么很少见到善本，《玉简斋丛书》本脱漏严重，不是佳本，然而当时许多人手中只有此本。叶德辉喜欢刊刻书目，而且注重版本，他校勘此书只见到莫棠藏本。《艺风堂友朋书札》载有王秉恩给缪荃孙的信，其中有三封提到《也是园书目》，摘录如下：

罗刻、粤刻二种，弟均有之。粤刻最劣，罗刻尚好。因中缺约一卷，借楚生钞本来校。中间烂数页，首尾亦缺。意者尊藏必有《也是园》十卷钞本，假来补莫本之残缺也。不知有此十卷钞本否，如有，务恳相假，亦快事也。

《也是园》十卷本，莫仅缺六壬门十二种耳。如《述古》有，望费心饬钞其目，至感。

敝处借得楚生所收《也是园（即述古）书目》十卷，缺六壬太乙类三四叶，又前后叙跋亦有缺，拟假尊藏补之，谅不吝也。

这三处说的都是这件事，罗刻即《玉简斋丛书》本，粤刻当即《粤雅堂丛书》本《述古堂书目》。楚生是莫棠的字，可见王秉恩也是用莫棠藏本校勘罗本。缪荃孙有无别本则不可知，《艺风堂藏书目》没有著录，《艺风老人日记》仅记载丁巳岁末曾借用莫棠藏本。可见当时莫藏抄本曾在友朋之间广为传阅，一时多有传校之本。

由叶德辉校语看，用莫棠藏本校勘罗本，补缺正讹，确实大有所得。特别是根据莫本可知，罗本卷五末尾至卷六开头缺九叶，结果卷六并入卷五，卷七被分为两卷，借以补足十卷之数。然而莫棠藏本也不完善，王秉恩提到莫本前后有缺，中间有烂叶。从叶氏校语看，情况确实如此，卷五至卷六的缺文虽然大部分可以补上，但是“六壬”类中残缺空白仍有九条之多。

人心不足，得陇望蜀，自得此本又萌念亲自看看莫本。由《中国古籍善本书目》获知上海图书馆藏有莫棠跋清抄本一部，近日获见，竹纸一册，无格，一行列两种书。抄手尚可，前面残缺，“俞石磵易外别传一卷”一行，“磵”和“传”都只存左偏旁，“易外别”三字缺，叶氏校本于此行后书眉墨书“莫氏所藏钞本以上缺”。书末也缺，至“献祯祥祝延万寿”止，有夹签书“以下缺三篇半”，小字旁注“玉简丛书有”；叶校于其后“西王母祝寿瑶池会”

一种小字注“以下莫本缺”。“六壬”类第六种已残损，下一种只存“经秘诀一卷”，上缺三字；“经”字不完，叶氏补抄此字空格。此叶版心处残损，以下缺书七种，后为“大定续编纂要二卷”；叶氏补抄同，惟用朱笔补“六壬毕法二卷”一种。书前另叶有跋，与叶氏转录莫跋相较略异，文末“光绪壬辰四月”下有“于吴下地摊得之重装并记”十一字，无署名，下钤朱印“莫棠字楚生印”。叶氏所校，应即此本。

小时候的一点心愿促使我注意这本书，然而为此去买一大套书，既增加书堆的臃肿，又有无谓的花费，所以从来不曾作买一部《玉简斋丛书》的打算。然而，这部《玉简斋丛书》从南到北，经历了八十来年的风风雨雨，已经残缺不全，却还保存下名人批校的《也是园书目》，而且完全是在意外送到向往者手中，圆了他昔年的梦，看来书跟人也是“有缘千里来相会”。

看看自己书斋中的书籍，几乎本本都可以倾诉一段遇合之缘。即使当初靡费了一月之粮，甚至笔耕一年的辛劳，得到的只是其貌不扬的一部旧书，东西能够到手，闲下来翻翻，或多或少，总有些成功的欣幸和安慰。眼看着屋子里的书籍逐渐堆积成山，甚至找不到下脚之处，主人则陶醉此中，物我两忘，分辨读书和藏书还有多少意义呢?

书之忆

汪家明

回忆读过的书，就是回忆自己走过的路。

——题记

我的第一本藏书

我的第一本藏书，记得是《普希金抒情诗一集》，查良铮译，新文艺出版社1957年版。在此之前，我读普希金入了迷，《抒情诗一集、二集》、诗体长篇小说《欧根·奥涅金》、叙事诗《青铜骑士》、《波尔塔瓦》、《巴奇萨拉喷泉》……但都是借读的，很快便被人索回。我多么盼望自己有一本普希金的书啊！后来，我少年时代最要好的朋友李界平，用他父亲的《鲁迅全集》中的一卷，换得了这本书，赠与我。这是1968年间的事情。

那年我十五岁，正在学写诗。在这本书中，收有普希金十五岁前写的诗约十首。其中有些句子，美得令人目眩："沉郁的夜的帷幕／悬挂在轻睡的天穹／山谷和丛林安息在无言的静穆里／远远的树丛堕入雾中／隐隐听到溪水／潺潺地流进了林荫／轻轻呼吸的／是叶子上沉睡的微风……"我曾经将诗集中的许多词汇，抄在一个本子上，像"沉郁"、"静穆"、"幽寂"、"倦慵"等，并且模仿着开始写诗，比如有一首《生活的小曲之八》："每当一些思绪把我带回了往日/我便会呆呆想它几小时/生活的海洋总是点缀着一只小帆/在风的威胁下轻驰/又是一些日子过去了/时光很快地流逝/痛苦和快乐复杂地交织着/心中总是吟着古老的诗……"现在读来，简直不知所云。

查良铮译《普希金抒情诗集》封面

记忆中所喜爱的，还是普希金的那些抒情小诗，如《假如生活欺骗了你》、《一切都完了》、《我曾经爱过你》。《题索斯尼兹卡娅的纪念册》我至今仍能背诵：

> 您迷人的眸子含有奇异的火焰，
> 这火焰却结合了内心的寒冷。
> 谁要是爱您，他是非常的不智，自然；
> 但若不爱您，他更是百倍的愚蠢。
> ……

通过这本书，我还知道了普希金时代的俄罗斯诗人茹科夫斯基、杰尔查文，知道了那是一个诗的时代。

后来，我和界平又对换到了好几本普希金的书收藏，并正式编号，写上“平明藏书”字样。几年间，各种书集到三十多册，整整一小箱。除普希金的书外，还有屠格涅夫的《世外桃源》、哈代的《德伯家的苔丝》以及《巴尔扎克传》等。多年过去，藏书流失。我远离家乡，留在身边的，只有一本《欧根·奥涅金》了。前些日子，界平来泉城看我，说起往事，他那里还有几册旧书，已多年未翻，也记不清是哪几本了。不知《普希金抒情诗一集》尚在否？

早年的读书笔记

调整房间，翻出了我十九岁时的一本读书笔记。那是一本天津生产的绿塑料皮笔记本，中间有多幅天津风光彩色插图。扉页上记着：1972 年 8 月 27 日购于青岛百货公司。在那个年代，这种笔记本称得上高级贵重。所以，不满十九岁的我，在上边认认真真写下了密密麻麻的笔记，其所涉及的书之多，内容之杂，记录之详，令今天的我吃惊。许多那时读过的书，已经忘记，比如《林肯逸事》、《帕尔玛宫闱秘史》等。翻看笔记，忽然记起，于是遥远往事涌上心头。

兹选录《帕尔玛宫闱秘史》笔记中的一段：

> “读完此书，我好像看到一出历史剧。这是真实的、动人的，而且复杂的。我有点后悔一开始因觉得此书不好而没做详细的笔记，而现在这本书要去了，许多人在等着读它。我们的书是何等可怜的少啊！我要感谢祖龙，借给了我这划时代的作品。我很愿意再拜读一遍这本书，但这只有待于将来了。我的日子还长着呢！”

看了这段笔记，我记起当时读的书，有许多是通过好友江祖龙借来的，期限一般都很紧，而且是“地下阅读”。在 1972 年，《帕尔玛宫闱秘史》应被视为禁书。通过笔记，我知道了，这本书是四十年代版本，作者是《红与黑》的作者、法国的司丹达尔，译者是徐迟。1979年又有了新的译本出版，译名为《巴马修道院》，译者郝运。遗憾的是，至今我也未能“再拜读一遍”，而我已到了不敢说“日子还长着呢”的年龄了。

其实，笔记本中提到的许多书，如《安吉堡的磨工》、《奇婚记》、《神的儿女》等，我都未再读，但当时抄录的一些句子，我却一直未忘：“真正的医生是这样的，他知道一切，却只说他应该说的”（《奇婚记》），“只有心灵的高尚，没有高贵的阶级”，“只要有墨水，就永远有污点”（《九三年》）……这说明，凡是读过的书，尽管大多已忘记，但在你的潜意识里，它们并未消失，不过是被封存起来收藏起来罢了。

寻找旧友

少年时代，正逢动乱，在家无事，惟有读书。书的来源，大都是辗转借到的。1978年后，名著再版，我可以把自己所爱的书购来收藏，那份快乐，简直无法形容。然而因种类太多，又不了解出版行情，所以，在许多年里，寻购心爱的读过的名著，成了我的一项苦差乐事。如果以书为友，那么这差事也可称为寻找旧友吧！

还记得1980年春，听说大学校门口的书店来了《约翰·克利斯朵夫》，我利用课间十五分钟，跑步去书店，以4.3元购得四册一套，捧着跑回教室时的快乐心情。我的思想，我的生活乃至我的生命，似乎因有了这四本书而充实了许多。那些优美醇厚令人激动的篇章，现在可以反复阅读、回味了。好精致的四本书啊！

购《约翰·克利斯朵夫》是我“寻找旧友”的初期。以后随着重版名著事业的兴盛，我又寻到了《战争与和平》、《猎人笔记》、《鲁迅全集》、《金蔷薇》、《大卫·考坡菲》……每一部书都记载着我的一段青春，都能勾起我对无限往事的怀念。有时候，去一次书店，能寻见数种，于是，我便倾囊中所有购下。借钱购书、跑回家取钱的事也经常发生，总怕失之交臂，不知哪年再能相见。我曾惊奇于像《初升的太阳》、《一个匈牙利的富豪》这样一些冷僻的书，居然也能再版；我不满意有些新版书装帧粗劣。

许多名著，又有了新的译本，据说比旧译更精确更完整了。然而，既然我是以寻找旧友的心情去做这件事，所以就偏爱老译本，甚至到了非老译本不买的地步。比如普希金的诗集，除了查良铮的译本，别的看不上。连查良铮本人重新修订的新版本也不满意。

由于错过了时机，有一些“旧友”怎么也寻不到，使我耿耿于怀。到外地出差，逛书店是工作之外第一要事。在偏僻的县城书店里，常有一些书积压，其中偶有我的“旧友”，这已经是一种经验。所以，无论那里的书店是多么简陋，我都会兴趣盎然地“逛”。也有些“旧友”是从书友那里讨来或在古旧书市上廉价得之，那种出乎意外的喜悦，更令人难忘。

渐渐地，我把“旧友”一个一个寻找回来，并决心再也不与它们分离。随着工作的调动，我带着它们辗转数千里，并为它们设计制造了可心的书架，令它们安居。我与它们的感情与日俱增。有时，在擦拭书架、整理存书时，忽然找不见哪位“旧友”，会立刻出一身冷汗，翻箱倒柜，费上大半个时辰。其实往往是被人借走了。但也确有一些书神秘地失踪了，于是我便想法再寻购一册，有些书，曾购过三四次。

坐在书房里，看着我的“旧友”们，我为可以随时造访它们，与它们交谈而感到由衷的欣慰。

难忘的插图

鲁迅做出版时，是相当重视插图的。这也是新文学作品的一大特色。一些域外小说，都是选用最好的插图复制品，以较大的篇幅、较好的纸张印制。这种传统，一直保持到六十年代。在我的读书生涯中，是无法把书与插图分开的。有一段时间，我喜爱插图达到狂热的程度，把自己仅有的几本藏书《欧根·奥涅金》、《巴黎圣母院》、《德伯家的苔丝》等的插图小心翼翼地揭下来，裱到硬纸上，作为独立的艺术品收藏。如今除了《欧根·奥涅金》，其他的藏书都已不知去向，惟有那些插图仍裱在硬纸上，看到它们，我就感受到当时读这些书的氛围和心情。

保存下来的《巴黎圣母院》的插图有四幅，是极其精细的铜版画。一幅是月色下的古堡，隐约的小桥、河水、树丛和土路，土路上正有人和马在夜行；一幅是被锁在牢狱中的少女，披散的柔发、铺展的长裙和扭曲的身子，使少女看上去十分娇羞和柔弱；一幅是巴黎圣母院中火光充天，两股铅水如瀑而下，抗击着众人的围攻；还有一幅是艾丝美拉达跪在绞刑架下做最后的忏悔……

雨果《巴黎圣母院》铜版画插图

看着这四幅插图，我又记起了读过的许多书中的难忘的插图：普希金抒情诗集中《秋·断章》的插图，画的是几株叶已落光的白桦树，遍地泥泞，空中飞舞着落叶，一个人骑着快马在树隙中飞驰，斗篷被风吹起；海涅《诗歌集》中《北海》一章的开头，一对恋人坐在摇曳的船上，人物十分美妙，整幅图是为蓝色印刷；《大卫·考坡菲》里的铜版画插图则细致、夸张，人物充满风趣和个性；《钢铁是怎样炼成的》插图，可称之为经典之作；还有《契诃夫小说选》、托尔斯泰的《童年·少年·青年》里的许多插图杰作……

海涅《诗歌集·北海》插图

遗憾的是，近年来出版的文学作品，几乎见不到有插图者。有些再版名著，虽然保留了原来的插图，可能由于找不到好的底本，印刷得大多不好。我多么想念那些老书，那些老书中的插图啊！

来燕榭书跋(续二)

黄 裳

荆溪词初集

此亦清初刻地方词总集罕本之一，诸家藏目俱未见。陈其年、潘原白、吴天石尝有《今词苑》之选，康熙中南硐山房刻，余旧藏一帙，则不限于荆溪一隅矣。亦绝罕也。此本旧藏云轮阁、积学斋，叶玉虎亦有经眼印，知为藏书家珍重久矣。乙未七夕后二日灯前漫记。黄裳小燕。

《荆溪词初集》七卷，同里曹亮武南耕、陈维崧其年、潘眉原白选，吴雯天篆评。康熙刻，九行，十九字。白口，左右双边。康熙戊午曹亮武序，潘眉序，吴雯赋。次姓氏。收藏有“三乐堂”(白方)、“群玉山房藏书记”(朱长)、“紫筠堂”(朱方)、“漱芳”(朱长)、“曾在龚野夫处”(朱长)、“潜绿”(朱长)、“野夫”(白方)、“野夫”(朱长)、“字字禅”(朱文腰圆)、“种松野夫文照之印”(朱方)、“云轮阁”(朱长)、“荃孙”(朱长)、“积学斋徐乃昌藏书”(朱长)、“叶恭绰”(白方)、“遐庵经眼”(白方)。

续词苑丛谈

此《续词苑丛谈》稿本，毛订六帙，尚未分卷。长洲严豹人原稿，未经刊刻，甚可重也。吴下估人挟来沪上，索重直，未之收也。估人告豹人与荛圃为朋辈，黄跋旧钞《纬略》中曾及之。日昨检得原跋，荛翁云，余友严豹人向住县桥巷，家多藏书，曾见其收得唐诗手录《纬略》一册，心甚羡之。后迁居甫里，豹人亦故，所藏书往往散佚云。是豹人亦吴下藏书之有名者，且较黄氏尚早逝二十馀年，行辈亦较先也。估人更告此书原藏之人更有杨复吉手抄《北轩笔记》一册，有题识，系杨氏录赠豹人者。书在吴下，亦允归余，遂更忆之，今晨估人又来，询知此本尚在，遂嘱持来，以重直收之。家藏词籍遂又多一秘本矣。时方得故书十数种于徐绍樵许，词本有康熙刻《林下词选》，为徐紫珊旧藏，两美作合，书缘美甚。灯下展卷，因题记焉。乙未春分后一日，来燕榭记。

《续词苑丛谈》十卷，长洲严蔚豹人编辑。手稿本。半叶十一行，二十字。抄白。有朱墨笔校。分体制、音韵、品藻、纪事、辨证、谐谑、外编等七部。重装二册。

情 田 词

此《情田词》三卷，旧钞本。有周松霭藏印。余得之沈某许，甚得意也。此书道光中六世孙甲名曾墨板于粤东，此钞远在百年以前，岂不可重。挟书归来，漫记数语于此。壬辰五月十八日，黄裳小燕识。

上月在京观周叔弢氏藏书，中有宋板《陶集》，有松霭藏印累累。前有荛翁长跋，言其挥泪去书之状，殊堪怅惋。此册亦出礼陶斋，故自可珍也。壬辰九秋，黄裳记。

《情田词》三卷，大兴邵瑸柯亭著。旧抄本。九行，二十二字。前有康熙二十年辛酉龚翔麟序，康熙戊子自叙，石帆山人自识题词，目录。收藏有“周春”（白方）、“松霭”（朱方）。

风雨闭门词

此书余旧有一册，系徐积馀物。割去天地头，装裱成册，颇不耐观。今又见此册于袁估西江许，尚是毛订，因更收之。丙申三月廿五日，黄裳记。

列星诗《旧雨草堂集》，余亦收一本。嘉庆刊，却非写刻。知与非同时刊也。此本掠去十年始归，检书漫记。癸亥岁晚。

《风雨闭门词》，秀州顾列星撰。乾隆刻。大题“深竹闲园集附，词一，风雨闭门词”。十行，十九字。白口，左右双边。乾隆写刻本。前有辛卯秋吴下兄德懋序，杭世骏、盛锦、王藻等题词。

忆江南馆词

此陈兰甫词，余儿时曾有一册，后失去。近广搜词集，所积都数百册，乃未更遇此本，甚憾。今日过市得之，如逢故人，快慰何似。丙申芒种前四日，黄裳记。

廿五年前，余家始来海上。僦居徐家汇。有纸铺在小街上，以秤入旧书报为生理。主人唐氏，不识字而好书，余每日放学必过其肆，于杂书堆中选买一二杂志以归。饼饵之资，几尽捐于此肆。更见旧板书亦少少买之。力不能得佳册，所得忆有此册及汲古阁残本书，极珍重之。其肆后于储礼堂家秤得精本不少，几皆为袁估西江以廉直易去，余所得有元刊《诏诰章表机要》及万历刻《六代小舞谱》等。后间关入蜀，遂断知闻。战后归来又过之，而新居远在十里以外，踪迹浸疏。主人亦以所得储氏馀烬，珍藏密锁，不更肯出矣。余以故人，尚时出一二小册见遗。忆有嘉靖黑口本张士家《兰雪集》，天一阁钞道藏六种等。四年前以中风不治。近更过其肆，其妇尚在，书已扫数归之他人矣。此亦书林一段小沧桑，不可不一记之。其人唐姓，名伯花，南汇人，妇则奉贤南桥人也。尝镌一章曰不读书人藏，钤于所得书上，亦有趣致。辛丑小雪前二日，黄裳书于来燕榭中。

《忆江南馆词》，番禺陈澧兰甫撰。甲寅微尚斋刻。十一行，二十一字。白口，左右双边。甲辰自序，壬子男宗颖跋。卷末门人汪兆镛跋。

花影吹笙谱

古书肆楼上，余已数年未登。今日友人邀过一观，书亦充栋，唯旧本则稀若星凤矣。无已，仍选数种以归。此《花影吹笙谱》，有光绪重刻，此尚是原刻，可喜也。灯前作记。壬寅二月初七日，黄裳记。

《花影吹笙谱》，大题“横经堂诗馀”，二卷，钱唐张泰初安甫撰。道光刻。九行，十九字。上下线口，左右双边。道光乙未戈载序，咸丰元年金安清序，评语。题词，戈载跋。

金陵书肆记

徐 雁

《藏书家》第1辑有黄永年先生《半世纪前南京买书小记》，谈到他1944年在南京中央大学读书时，流连金陵书肆的情景，在书业掌故方面可续纪庸《白门买书记》。现采掇史料，略述二十世纪前叶的南京书业状态，乃抛砖引玉之谓也。

金陵三山街和夫子庙地区，是明清以来在江南乃至全国都有影响的图书集散之地，也是数百年间藏书家们所钟爱的淘书乐园。

金陵三山书肆街位于今南京市区三山街一带，原系明代中国四大书业中心之一。胡应麟说:“今海内书，凡聚之地有四:燕市也，金陵也，阊阖也，临安也。”而金陵不仅“擅名文献，刻本至多，巨帙类书，咸荟萃焉”；而且其书肆“多在三山街及太学前”（《少室山房笔丛·经籍会通四》）。

所谓聚书之地，即各地刊本的荟萃之地。外埠书商将刊印之书贩至此地，再由该处批发给各个书肆零售。金陵一带的刻书和批发业务集中在三山街，南京市面上这些包括书贾在内的手艺人行风甚好，往往“甘与文人为知己，不肯向富贵家乞怜”。

据续刊《江宁府志》卷十五所引陈毅（古渔）之《金陵闻见录》中语："往年金陵市上，有一材一技自负者：或修琴，或补镠，或作竹扇，或鬻古书，或装字画，或刻木石、墨迹……。"下迄清末，此地的书肆分布仍很密集，如"世德堂"、"继志斋"等，书业活动颇为活跃。直至清季，废传统科举，兴新式学堂，三山街书肆的线装书刊刻和营销业务才日益萧条，终趋衰落。但继之而起了南京花牌楼书店街。

南京夫子庙书肆区位于秦淮河畔贡院一孔庙（俗称"夫子庙"）附近。夫子庙地区泮宫内外和状元境、贡院西街一带的书肆书坊，不仅是明清两代金陵书业中心的一个重要组成部分，而且名播国中，与三山书肆街一起成为士人们乐于踪迹之地。先后存在的名著一时的文林山房、天禄阁、鸿雪山房、瀛州书馆、文渊阁、宏文书店、同文山房等三十馀家书肆，经营诸子百家、"四书""五经"、方志史乘、诗赋词集、历书时艺一类图书。其中创业于清初的以刊刻蒙书如《三字经》、《百家姓》、《千字文》、《幼学琼林》、《龙文鞭影》等私塾用书闻名东南的李光明书庄，生意甚隆，后毁于兵火。创办于清同治二年（1863年）的金陵官书局，以刊刻史著、经籍和集部书著名，具有本善、刊精、价廉的特点，至光绪初年改称"江南官书局"，于二十世纪三十年代初停业。据甘熙《白下琐言》卷二记载："书坊皆在状元境，比屋而居有二十馀家，大半皆江右人。虽通行坊本，然琳琅满架，亦殊可观。廿馀年来，为浙人开设绸庄，书坊悉变市肆，不过一二存者，可见世之逐末者多矣。"

夫子庙一带的旧书肆在民国年间多为小本生意，以出售线装旧书为多。科举考试终结以后，陆续出现新旧小说租售活动。凡是游南京的文化人，一般都会到夫子庙东侧的旧时贡院流连一番。在科举取士的明清两代，南京贡院是江苏、安徽两省读书人前途所系之处。按制，每隔三年为“大比”（指选拔举人的乡试）之年，到此地赶场应试的两省秀才往往多达二万人。由于读书人汇集一时一地，所以这里就发育成为一个特殊的集市。据记载，该集市与“大比”之年同步，范围从东牌楼沿秦淮河东岸展开，北抵学宫贡院，南达下江考棚。每当“大比”之年，各地商贩云集。凡是考试所需物品，如书籍、笔墨、纸砚、文玩乃至土特产品，都有摊位出售。南京人称之为“考市”。

清初著名的浙江文人吕留良（1629—1683）就曾经在“大比”之年的四五月间，专程坐船赶此“考市”，把在浙江老家预先印刷好的“时文程墨”等考试用书运到这里发售。他留下了这样的记载：“此间北客陆续有到者，要等全场会墨出，方买书。而金陵、姑苏近地买者甚众，气色殊噪也。吾所最快者，得黄俞邰、周雪客两家书甚富，而恨不能尽抄耳！”此处所谓“北客”，大概是指苏北、皖北来赶场应试的秀才们。

清光绪二十八年（1902年）七月，有一位年轻的秀才夏颂莱（名清贻，笔名公奴）从上海到南京应考。由于他家开着开明书店，他就同伙伴们一起，顺便选择一些他们认为年轻读书人会感兴趣的图书，到此地边备试边卖书，旨在流传文化，开启新风。没想到，此番生意做下来，出乎意料之外的事太多了。回到上海以后，他有感而发，写下了一篇长文，这就是颇有文献价值的《金陵卖书记》，其文章下半部分谈及南京“有金陵书社”，系“彼都人士所创以广见闻者也。主其事者，见解颇高，顾披寻阅书之人，寥落乃若晨星。现藏书未富，动人自难，然渺此种子，将来必鲜巨大之结果”。

关于1927年前后的南京书肆业态，我近在《中华图书馆协会会报》第二卷第四期上，发现了一份刘纯所撰的《南京书肆调查表》，他将南京书店的名称、店址、经理姓名、经营方向、卖书种类、有无营业书目、买书有无折扣、创办时间一一作了调查，并列表公布。

在《南京书肆调查表》的前言后记中，刘纯先生分别有两段说明文字：

> 南京素为文物中枢，书业向称发达，就其性质可分新、旧两种。凡售石印、铅印或西籍、教科等书者，皆属新书业。所谓旧书业者，即专售木版书籍，此种书贾大都贩卖性质。其能全售自刊之书者，在官局方面，仅有江南、淮南、江楚三局，今已归并江南书局矣。商店方面，亦只李光明、汤明林二书铺，近汤明林已改营石印，所有版片大都为李光明吸收。此外自刊善书者，则有一得斋善书局。关于佛学者，则有金陵刻经处、佛经流通所、支那内学院三处。馀皆随收随卖，毫无定准。纵有一二书肆印有署名，因系贩卖贩买，故恒有目无书，有书无目，学者欲购何书，势非挨铺搜求，难期必获。然木版旧书，又非在此中觅取不可。……
>
> ……书肆之中心，旧书业荟萃于状元境，新书业集中于花牌楼。考其历史所在，因清季科试场，邻近状元境，故业旧书者咸以其地邻近贡院，又有“状元”之名，投一班学子之所好，故群众书店均荟萃于此。嗣虽停科，而因历史之关系，至今仍以该境为旧书之窠巢。至新书业，始创于清季光、宣之间，民国以来日渐发达，花牌楼一带本为北城之大市，各种学校大都偏近于北城，业新书者，为营业便利起见，故皆集中于此。
>
> 总之，欲购旧书者，必至状元境；欲买新书者，须赴花牌楼。至善本书籍，无论何种书肆均不易见。另有专作书贩一业者，代人买卖，必须经若辈经手，较易搜求。

现据《南京书肆调查表》中所提供的书店资料，按其创办历史先后，兼以区域所在，分类排比如次。将此项资料与纪庸的《白门买书记》的记载相对照，足以明了二十世纪前叶南京书业的盛衰兴废之迹。

“欲购旧书者，必至状元境”。清末同在状元境的书铺，有清光绪二年创办的时由康祝三经理的“渊海书局”，专营经、史、子、集四部旧书；有光绪二十六年创办的“天禄山房”，由刘信成经理之，专营四部旧书。同年，由朱俊之经理的“奎照楼”开业，专营木版、石印旧书。光绪三十年创办的“同文书局”，时由钱仁美经理，专营木版、石印旧书。这一带书铺的共同特点是都没有书目，顾客购书也没有折扣优惠。

宣统元年（1909 年）创办于此的由姚永福经理的“文奎阁”，主营旧书，兼售自刊童蒙读本和石印书籍；同年创办的“昌明书局”，由沈泽山担任经理，主销旧书、石印书；宣统二年创办的由朱甸清经理的“萃文书局”，主营四部旧书，该书局与上述数家书店不同，它备有营销书目，常年六折优惠淘书客。

民国元年（1911 年）设在状元境的书店，有冯培基任主持的“文海山房”，经销木版、石印旧书；同年设址于此的“学海书局”，则由杨开鹏任经理，该书局所经销的是木版、石印旧书；民国八年创设的傅氏“华荫堂”，营销石印旧书等；1922 年创办的葛氏“集古书局”，主销木版、石印旧书。1925 年设址于此的由王仁权经理的“保文堂”，主要经销四部旧书，有书目，照价九折优惠顾客；同年开设于此地的“聚雅书局”，则由刘少卿任经理，经销碑帖杂书等。次年开业的以洋版石印旧书为营销对象的“聚珍书局”，则既无书目，也不设折扣。此外，还有一家附设在渊海书局内的“一得斋”，亦设址于状元境，时任经理为康祝三，主要经营劝世善书，备有书目，但顾客购书没有折扣优惠。

位于贡院街的“江南官书局”(清咸丰五年设立的“淮南官书局”、光绪二十五年同地设立的“江楚编译官书局”,时已均并入此),时任经理为李士涛,主要经销自刊自印旧书,编有书目,但无折扣。1917年创办于贡院西街的“文苑阁”,由王成之担任经理,经销木版、石印旧书;同年创办于此的“萃古山房”,由刘雨亭担任经理,经销四部旧书。

“欲买新书者,须赴花牌楼”。所谓“花牌楼”,大抵是指今日太平南路以杨公井为中心的南北地段。作为新崛起的书店街,一度鳞次栉比,衡宇相望。不仅私家书铺前仆后继,集中于此,而且国内各家出版单位也在此竞设门市部或分店挂牌经营。此地有清光绪二十年(1894年)创办的时由王成章经理的“商务印书馆(南京分馆)”,专营自刊中、西文书籍,有书目,有统一折扣;同年,设址于此的有唐德元经理“国学书社”,专营木版、石印旧书,无书目,无折扣。宣统元年开设的史久成经理的“共和书局”,主要经销自刊新书和外版书刊。

民国元年设立的“中华书局(南京分店)”,时任经理为沈仲约,专售自刊中西文书籍。编有书目。1921年在此一带开设的“世界书局(南京分店)”的经理为史久成,主营自刊书籍,兼及其他新书,亦有书目;1923年,由陈子青任经理的“南洋书局”开业于此,该书局专销新书;次年,由冯伯揆任经理的“中国图书公司”挂牌营业,主销中西文新书和石印教科书;同年,还有赵南宫担任经理的“泰东书局”开业,经销自刊新书和外版书籍。1925年,先后开店的有钱长美任经理的“合作书店”和由吕镜清任经理的“华东书局”,前者经销木版、石印旧书,后者专售新书。同年开设在花牌楼的,还有魏兆明任经理的“交通图书馆”,专售石印书籍;还有黄挺生任经理的“南京书店”,专售新印书籍,1926年与中华图书馆协会联合发行由知名学者刘国钧先生

(1899—1980)任编辑主任的《图书馆学季刊》。

除了状元境、花牌楼两地外，在南京城区的其他一些地方，当年还有一些新旧书店，如总店设在秦状元巷、分店在状元境的“李光明书铺”，创立于清同治初年（1862年后），时由李仰超经理自刊旧书；光绪二十六年（1900年）开设在黑廊的“汤明林”书铺，时由汤承斌经理，主销自有刊本，时已不常刷印。两家书业“老字号”皆有营业书目，对顾客并无折扣优惠。其实自民国以后，新文化大兴，在相当长一段时期内，几乎每年都有书店在南京开业。

如民国初年开设在奇望街的周绍堂“有正书局”，主营碑帖、金石；1916年开设在益仁巷的杜仁记“幼海书局”，由沈仲约任经理，经销木版、石印旧书，无书目，无折扣；次年开设在五马街的“崇古山房”，由葛子珍经理，主销木版、石印旧书。这几家书店都没有营销书目，也没有折扣。

1919年创办于四象桥的杨老四“蕴古斋”，营销木版、石印旧书；次年创办的蔡氏“天一书局”设在成贤街，营销铅印、石印新书和教科书等，有书目，顾客购书无折扣；1922年开设在龙门街的孟子卿所办“怀仁书局”，主销木版、石印旧书。

1924年开设在北门桥的“教育图书馆”，由麦穗歧负责，经理伊文思图书；同年开设在北门桥的“光天书局”，则主销文具、课本；1925年开设在龙门街的丁氏“松鹤山房”，主销木版、石印旧书；同年开设在唱经楼的应书华“华美书局”，主营新书买卖；同年开设在龙门街的丁氏“松鹤山房”，主销木版、石印旧书；与之营销范围相同的有1926年设址在马府街的“庆福书局”，由谢衍甫经理；同年设址在此地的“金陵图书馆”，则专售新书。

此外，清光绪年间创办于延龄巷的“金陵刻经处”，时任经理为萧屏阁;也在光绪间设址在羊皮巷的“佛经流通所”,时由妙莲和尚主理;1918年创办的设在大中桥的“支那内学院”,时由欧阳渐经营,三家均销自刊佛经佛书,编辑有书目,是当日南京和周边地区人员购买佛经的主要去处。

1928年,时任中央大学教授的汪辟疆(晚号方湖,1886—1966)在他的日记中曾有《购书》一则,其中写道:

……比年旧籍益稀,售直遂巨。通行典籍,在十年前所谓易得之本,今皆以奇货视之。其原因,一以累经兵燹,板片散亡;一以西方喜究东土学术,名都书藏以网罗中国旧籍为矜异,精椠名钞,轶在海外。即新刻通行之书,亦复捆载去国,宜古籍之益稀也。

金陵旧称文化之区,近则新出之短书小册充牣市间,花牌楼尤为总萃之地;其售旧籍者,则在状元境附近。收藏较多者有朱姓之“萃文书店”,张姓之“保文堂”,惟售值奇昂……

这一段记载见于《汪辟疆文集·方湖日记幸存录》,所述当是1928年12月以前的南京书肆和书业情景。而1940年到南京任汪伪政府时期中央大学教授的纪庸(号果庵,1909—1965)所记已是十四年后的状况,中经日本侵略者对南京城的残酷洗劫和无情破坏,古旧书业自然是不同往昔,令人扼腕。

纪庸自述其逛书肆淘书,往往从朱雀路北的“翰文斋”(斋额为胡小石所书)开始。翰文斋主人钱氏系扬州人,以售书致富,“然侩气殊浓,每有善本,秘不示人。实则今所谓善本,即向之通行本而已”。该肆当年有影印本《初月楼丛书》、《汲古阁丛书》寄售,其货源则取诸莫愁路一带的“黑市”(俗称“鬼市”)。其南有“保文堂”,是1936年以后从状元境移来的一家书肆。保文堂主人张氏系河北衡水人,该肆同北京琉璃厂书肆有些渊源。其彭姓徒弟，“道掌故娓娓如数家珍”。纪果庵在此斋购得《通志堂经解》、《知不足斋丛书》、《适园丛书》、《清儒学案》、《四部丛刊》和《二十四史》(百衲本)、《古今图书集成》等大部巨帙。再南有总部设在上海的“国粹书局”。该书局旧藏待售之书甚多，因南京遭日寇之劫而毁。此书局有关地方掌故之书特别多，纪氏曾在此以高价购得印制精美的《旧都景物略》。此书局对面有新设的“艺文书局”，所售之书往往杂乱无章，经营也不善，纪氏于此购到梁启超《饮冰室全集》。与艺文书局相邻的，是专门营销商务版图书的“南京书馆”。纪氏所藏《越缦堂日记续编》、《营造法式》影印本和各种法帖画册等，都得自该处。但此馆所售图书，均被擅自加价。

在太平路最南端路东，有肇始于状元境的老字号“萃文书店”。该店颇有佳本，但轻易不示于人。纪氏自述于此地购书极多，其中所得常熟著名藏书家张金吾（1787—1829）旧藏明刊本《文选》三十一册最为珍贵。在萃文书店之北有“庆福书局”，也是金陵旧书业的老字号。该店主人虽然藏书不少，却轻易不肯出售。如1942年秋，陈中凡教授的清晖山馆有若干藏书售出，其精品为该店获得后，却并不投入流通，旨在囤积居奇，牟取暴利，所以被纪氏称为“恶侩”。在庆福书局对面，有新设的“文库书局”，老板姓林，系扬州人氏，以出租小说为主要业务，兼卖旧刊和西文图书。该书局所得西文图书中有不少是原来属于北平图书馆的藏书，大概是该馆南迁途中散落出来的。

在历史悠久的状元境一带，到纪氏购书的时候，自东而西，仅有“幼海”和“文海”两个书局。这两个书局不知由于什么因缘，居然得到了江南图书馆旧藏之书。纪氏于此购到丁氏嘉惠堂旧藏明本《玉台新咏》等书。文海书局还有不少有关太平天国的文献史料出售。在其附近还有“善文书店”，老板姓殷，早年系

“保文堂”学徒，日寇劫后自营门市于此。1939年秋，纪氏曾经用三元之贱价获得巾箱本《七修类稿》等书。善文书店之西侧为新设的“会文书局”，店主人姓韩。纪氏对他颇有好评：“其人谨愿，书价和平。余每月必买少许，而不易得之书，往往彼能求获”；“韩为人市侩气较小，亦使人乐就之一因。”

在贡院西街，“书坊历历，唯‘问经堂’最大”。问经堂主人姓陆。纪庸说此人“干练有为，贩书南北，结纳朱门，以乱前萃文书店之伙友，一变而为南京书业之巨擘。其人不计小利，而每于大处落墨，又中西新旧杂蓄，故门市最热闹。余买书甚多，不能详记”。而“状元境旧肆，如天禄山房、聚文书店今皆不存，唯‘集古’一肆伶俜路北，尘封黯壁，长日无人，徒增观感。萃古山房原亦在此，且书板甚多，事变前龙蟠里所得段氏《说文》手稿、信札等，皆此肆所售，乱后生活无着，书板多充薪灰，或以微值鬻人。今其老店主每谈及此，辄欷歔不止。顷另设门市于贡院西街，门可罗雀”。

以上是二十世纪前叶南京书业界的一个梗概。经抗战初期战火延烧、日寇践踏以后，南京作为当日全国的一个重要书业中心日益毁坏。以致于当纪庸在四十年代初提笔写作《白门买书记》时，感慨系之地张口说出这一篇令人闻之丧志的话来：“金陵非文物之区，自经丧乱，更精华消尽；徒见诗人咏讽六朝，惓怀风雅，实则秦淮污浊，清凉废墟，莫愁寥落，玄武凋零！售书之肆，唯以旧货居奇，市侩结习，与五洋米面之肆将毋同；若南涧所亟亟称道之五柳老陶、延庆老韦、文粹老谢，徒供人憧憬耳……”，这与当年刘纯所曾自豪道出的“南京素为文物中枢，书业向称发达”的观感，已有天壤之别。由此益见日寇戕害文化金陵之深重矣。

藏书访古日记

——浙江之行

韦　力

爱好藏书，自然会对前代藏家引为同调，萌生景仰之心。闲阅时下有关资料，旧日藏书楼现在何处，境况如何，语焉不详。偶有所述，亦不免辗转抄录，文字雷同。暇日忽发奇想：何不亲自踏访，一瞻其今日风貌？遂有此九九年秋浙江之行，行程之中风土人情略有所记，遂成此篇。偕行者津门著名医学古籍藏家陈景林先生，说古道今，颇不寂寞。

曝书亭　潜采堂

11月29日早先从上海乘旅游列车到杭州，一小时后再到嘉兴市，再坐出租车去王店。车开了半小时就进了王店镇，镇不大，没有感觉出哪里有特色。进镇以后，打听了几个人，问曝书亭怎么走，他们马上就能指点方向，看来朱彝尊的名声在当地确实是深入民心了。一个距今几百年的读书人到今天当地百姓仍以之为骄傲，这说明当地文化底蕴深厚。

曝书亭的正门不大，类似于北京四合院的门厅，门口挂着

“嘉兴市王店曝书亭文保所”和“王店镇文化站”两块牌子。门口的右墙上镶嵌着一块“浙江省重点文物保护单位”的石刻牌子。外墙没有什么特别之处，感兴趣的是门口有一对石狮子，现在只剩下一只，其形制与北方的迥异，与江南所见的也有很大的区别。它长颈小颅，跟福建沿海地区的石狮子有些相似。

作者在曝书亭正门外留影

曝书亭正厅

至于为什么在此地有这样一只石狮子，不得而知。

进门后，迎面是两亩见方的水塘。沿着边路走到正对面，有一个四米多高的亭子，从用料看，不像当年的旧物。我想这就是大名鼎鼎的曝书亭了，走近一看，在亭檐的遮挡处确实挂着一匾，上书“曝书亭”。常言说“看景不如听景”，这样一个小亭子，在近三百年的时间里，一直是学者敬仰的地方，它在学者心中已经不是一个简单的亭子，而是一种精神的象征了。

朱彝尊在康熙年间仅以布衣应博学鸿词科，授检讨。在科举制度森严的当时，能够受到皇帝如此的赏识，不仅折射出社会的开明，而且说明朱彝尊学问精博。他精于考古金石，长于古文诗词，名满天下。当然对我来说，最感兴趣的是他的藏书。转过亭子，走到后面，见一明两暗一栋房子，江南的高飞檐起脊旧式房，开着门，不收门票，可以自由参观。

潜采堂似乎也是后人重建的，室内已看不到一本藏书了，只馀一张条几，几把椅子。我想这也一定不是朱老先生当年所用的遗物了。

王店镇比较小，曝书亭没有门牌号，好在王店镇人几乎都能马上指点路途，同好来此拜访，到了王店很容易打听。

衍芬草堂　别下斋

11月30日早晨按照计划乘车前往海宁县县城硖石镇。顾志兴先生的《浙江藏书家藏书楼》说衍芬草堂在硖石镇通津桥畔东河街，但打听了几位路人，都答以“不知”。想到通津桥畔一定是在河边，于是沿路一边走一边探问。在河边幸遇一乘凉老者，蒙他为我带路，走了约一里地，指着河边的一处破旧宅院又说了许多话，虽然听不懂，但我心想这就是著名的衍芬草堂了。

衍芬草堂处在河边，其馀三面均已拆迁，在这些新式的钢筋水泥的衬托下，更加显现其破败衰落。即使这样，从整个房屋的结构布局及所处的地理位置上讲，仍能感受其当日的辉煌。现存衍芬草堂的旧址还有房屋十几间，听说以前的规模要大得多。乾隆末年衍芬草堂鼎盛时期总计有三个大院、七座厅堂和书宅。但在七十年代末期，海宁县搞排涝工程，将院子的临河部分都拆迁掉了，现今残存

作者与衍芬草堂

部分正门紧锁。我围着楼转了几圈，旁边挤满了建设工地，难以选到拍到一个较好的摄影角度。

最让人感兴趣的是衍芬草堂的大门，整个门是用方砖菱形排列，用铁门钉铆在木门上。一眼望去，像一面花墙似的砖门。以前我从没有见过如此装饰的大门，我想这可能是蒋光焴受其表哥蒋光煦的影响，感受到了独特的审美观。

蒋光焴的藏书水准并不次于其表兄，但是“别下斋”主人蒋光煦在藏书史上似乎更有名气。一个人的名声主要靠书载笔传，自身功力固然重要，交游情况也有很大关系。蒋光煦好客，道光年间的社会名流如张廷济、管庭芬、张子祥、费晓楼等，都曾是其座上常客。在这些人的文章日记中，时时出现蒋光煦的大名。

在衍芬草堂四周拍了近两个小时的资料片后，开始寻找别下斋。史载别下斋毗邻衍芬草堂，费尽周折总算在其右侧打听得知别下斋已经基本拆平，现在旁边的副食品商场就是其旧

址。衍芬草堂虽然破烂，但毕竟还有其踪迹可寻，听说海宁已经引起重视，准备整修为纪念馆。而别下斋就没这么幸运了，在太平天国战争中已经被毁。尤其著名的《别下斋丛书》和《涉闻粹旧》等书版和别下斋的全部藏书也同时变为劫灰了。

西涧草堂

12月1日一早，踏上寻找西涧草堂的旅途。按书上的记载，西涧草堂在海盐县的澉浦镇，查看所带的交通图册，算了一下距离，大约离海盐县城五六十公里远，与同伴商量一下，只好打车前往。

到了澉浦镇，方才得知西涧草堂并不在澉浦镇内。几经周折，才找到西涧草堂。原来西涧草堂在现在海盐县的著名风景区南北湖畔的一个小山的半山腰上，这是此行中最难寻觅的一座藏书楼，从海盐县城出发算起，总共用去将近一天的时间。为了今后看书人再来寻访他们的踪迹时不再多费周折，我到了院门口第一件事就是把藏书楼的门牌地点记了下来：澉浦

西涧草堂正厅

镇北湖村詹家湾 24 号。

西涧草堂是一座不大的藏书楼，整个院子建在一个半坡山体上，占地大约一亩多。正中依坡而建楼房两层，整个楼房占地最多有二百平米。一楼庭堂是正庭和左右厢房，登上二楼，上面很矮，不足二米高，人去楼空，不见一本藏书。整座楼房一层是砖木结构，二层是木结构。整个楼房规模竟然如此之小，也许由于自己对先人的崇拜之情在心中无限放大后形成了巨大的反差，反正出乎我的意料。

参观了一个多小时，远远近近拍了一些片子之后，与售门票者聊了起来。此人四十岁上下，谈吐很诚恳，他自我介绍说是蒋光焴的后人，向我详细介绍了西涧草堂的所知所闻。原来西涧草堂只是海宁蒋氏的祖茔，而这座楼当初是蒋氏守墓时的房舍，建于道光年间。咸丰七年太平军打到江南，蒋光焴为安全起见，就把自己的藏书全部移到西涧草堂，并将其中一些最珍贵的善本藏在坟墓里面。由于西涧草堂位置很偏僻，太平军没有到这里，这些珍贵的典籍也就没有像别下斋一样毁于一旦。这些善本几经周折，到五十年代初期，由蒋氏后人全部捐赠给国家，得以流传至今。蒋光焴为保存中国典籍功不可没，他的藏书现分藏北图、浙图和上图三大馆。可是不知什么原因，后人撰藏书纪事诗很少提到他，我觉得这种有功于民族、有功于后学的人物，应当大力鼓吹。

在整个参观过程中，除了我们一行三人，再没有见到一个参观者。我想这除了宣传不力以外，也反映出社会所普遍追求的东西根本不在这里。我不懂这种现象究竟是社会的进步，还是对传统文化的扬弃。

嘉 业 堂

12月2日一早从海宁县长途车站，乘坐中巴车前往湖州南浔镇。南浔镇在浙江的最北边的江浙交界地区，离海宁大约一百公里左右，不通火车。由于南浔有几位赫赫有名的大藏书家，无论多么难走都有强烈向往的心态。

整个公路似乎在田间拐来拐去，路很狭窄，迎面错车时往往刮到两边的树枝。我一边闻着破旧车厢内的各种气味，一边在想嘉业堂、适园、密韵楼等在藏书界有如此大的盛名，为什么却建在这么一个偏僻的地方呢？越想越盼望车快点到，以解心中的疑惑。

车刚一进南浔镇，我的想法马上为之改观。南浔镇布局宽阔整齐，镇内的公路全部是水泥路面，绿化得很好。镇内所建的楼房也都很漂亮，远过于一般的县级市。然而它仅仅是一个镇，让人难以理解。

当晚住到了南浔镇一家私人宾馆。与老板闲聊起来，知道南浔镇有此类宾馆几十家，这让人想到富足的鱼米之乡。刘承幹的父辈经营蚕丝发家致富，有足够的金钱供刘承幹藏书。张钧衡和蒋汝藻等都是南浔镇巨富人家，从这个意义上看，藏书家的诞生大都是文化底蕴加雄厚资本的结果。

第二天一早前往嘉业堂，不足一公里路就到了小莲庄旁边的嘉业堂藏书楼。正门并不大，购票进院，才发现里面有十几亩大的院落，迎面是一池清水，旁有玲珑假山。院子中树木很多，浓荫遮盖了整个院落。池边用太湖石堆起几座假山，其中有一块二米多高的太湖石上刻“啸石”两字，据说石上有一孔，用嘴对孔吹，能发出呜呜的虎啸声。院子的北面就是心仪已久的嘉业堂了。

对于嘉业堂，我看过许多介绍，有的资料附有照片，但在感觉上是一排两层西式洋楼。而今身临其境，才知道嘉业堂比自己想象的大许多倍，又一次想起行万里路的古训。整座楼其实是一个院中之院，它呈“回”字形。进得楼来，是一个正方的院落，整个院子全部用砖满铺。院子占地二亩的样子，四周全是二层楼房，总计有五十二间房。整个形式类似北京四合院，不同之处在于一则是所有的房屋是一个整体建筑，二则全部是楼房。我站在院子中间，静静地看着这心目中的圣殿，感受着整个藏书楼给我带来的震慑，心中默念，这才应该叫藏书楼。

一进门，左右两侧一溜厢房，摆放着一排排的木架，上面满满地整齐排放嘉业堂所刻的丛书书板。嘉业堂不只是近代最大的藏书楼，同时也是民国以后刻书最多的人家之一。它刻过的丛书有《嘉业堂丛书》五十七种，二百二十册；《吴兴丛书》六十六种，二百三十八册；《求恕斋丛书》三十五种，一百四十五册等等，这些书的书板就陈列在左右两厢。

嘉业堂院内

正厅是刘承幹接待客人的厅房，至今仍然陈列着全套的硬木摆设家具，有几十只木箱，都是藏书柜。尤其让我感兴趣的是整个护栏以及门窗、窗棂，用铁或木组成“嘉业堂藏书楼”几个字，可见当年刘承幹为藏书楼所下的苦功。

不仅藏书楼的规模，而嘉业堂的藏书总量也是近代之最，具体数字很难计算。有资料说，嘉业堂鼎盛时期，藏书量有一万二千四百五十部，十六万多册，六十万卷以上。就这个数目而言，已知的藏书家都难以望其项背。如此规模的嘉业堂，它不仅为藏书楼之最，而且也是中国千百年来传统的私家藏书楼的最后一座。我不知鼎盛是否就意味着消亡。

看来嘉业堂在南浔人的心目中也有一定的份量，去嘉业堂的路就称之为嘉业路。而嘉业路是南浔镇最宽的大街之一，从镇中心起沿着这条路向南走一公里许，见到适园路再向东五百米，又见到向南的一个路口，这条街叫“江南水乡街”。整个街两边均是在各个城市中常见的仿古建筑，类似于北京的琉璃厂建筑方式。一家家的小门脸出售各种真假古董及工艺品，无甚特色。穿过这条二百多米的仿古街就是小莲庄风景区了，在这风景区的右边就是嘉业堂藏书楼。有兴趣的同好不妨沿此路线追寻前人走过的路。

适　　园

12月3日一早，我沿适园路寻找适园，打听了很多当地人，却都一问三不知。看来嘉业堂的盛名掩盖了其他藏书楼应有的名份了。在历史上，张钧衡的适园和蒋汝藻的密韵楼名声并不比嘉业堂小。最后在适园路端尽处见有南浔镇儿童公园，进了门来，见一六十岁老者，向其探问。老者回答：“你真问对人了，这里很少人知道现在的儿童公园就是适园的旧址了。不过，当年的适园在日本侵华期间，其主要建筑基本都毁于战火了，不过这里还有一些塔和碑仍然记载着适园的各种事情，足可供你凭吊了。”

依老人指点，我走进一座院子。院中仍然是江南建筑风格，中间自然是池塘、假山，整个院落占地约二十亩许，想起当年规模不会比嘉业堂差，只是没有能像嘉业堂那么幸运地留到今天。在院子的西北角，现尚存一座二十馀米高的石塔，上面遍刻着当时一些著名藏书家和学者给适园的题辞，这也是整个院落中唯一能说明是适园旧址的遗物了。

在适园路的路头，是张钧衡的故居，占地几十亩，有几百间房，据说是江南保存最大、最完整的民间旧居了。看完适园遗址，来到了张氏故居，见其规模宏大，砖雕也十分精美，但与我心中所追寻的藏书楼却不能相提并论。看到来参观的游客们不停地赞叹张氏故居的宏大与壮丽，而除自己之外，这一天中却没有看到一个来探寻适园藏书楼的人，心中不免感叹，难道自己真的走入死胡同了，为什么偏好这些大多数人毫无兴趣的事情。

适园(南浔儿童公园)

张钧衡的适园，当年是吴兴三大藏书名家之一。他是南浔镇的首富，靠着雄厚的实力大批收购了朱学勤的结一庐、吴骞的拜经楼、张蓉镜的小琅环福地等数家的旧藏，尤其难得的是他是当时藏“黄跋”本最多的一家，拥有百部。对于藏书之外的人，这可能没有什么感受，而对一个藏书家或者一个爱书者来说，这个数字就足可以令人瞠目了。如我经过几年苦心经营，至今不过有一部黄跋本而已，而且得来不易，百部黄跋对我来说是无比的汪洋大国了。

眠琴山馆

上午看完适园，下午就想去探寻刘桐的眠琴山馆。过去认为它是小藏家，没有在意。但是后来在其他清人的著作中续有所见，如郑观应所作《藏书》一文中提到“南浔刘氏之眠琴山馆，所藏古籍，宏富异常”，陆心源的《皕宋楼藏书志序》等也常常提到眠琴山馆。不过刘桐在嘉庆八年病故后，其藏书全部被后人卖掉，过早地失散了，以后名声渐渐湮没。

由于眠琴山馆的藏书这么早就散失了，旧址是否还存在，我更觉得没有把握。正在为难之际，突然想起上午告诉我适园遗址的那位老先生，并终于又找到他。我向他问及眠琴山馆，老先生不慌不忙地娓娓道来，向我详细讲述了眠琴山馆的结局。按照一般书的记载都是说刘桐去世后，他的孩子刘焕年幼，被人欺骗，藏书全被骗走了。但没有任何资料提到究竟是谁骗走了这些藏书，刘桐生前好友范锴在文章中曾经提到其藏书“为戚族鼠窃鲸吞”，但老先生告诉我其实并非是其亲戚，而是被当时南浔有名的画家金巩伯全部买下。不知什么原因，历来一直不说出这件事的真相。这个谈话使我受益匪浅，又弄清了一段史实。我提出要到遗址拍照，老先生给我详细画了一张地图，以便我探寻。

按着老先生所画的地图，我一路打听，地址在现今南浔镇东大街，看到南浔镇中粮公司的牌子，这就是眠琴山馆的旧址了。进了院子，几间高敞大屋，从地面到房梁至少有六米高，门窗都熏黑了。门敞开着，到里面一看，全部是火烧后的灰炭，我很吃惊地向旁边几个好奇地围着我的职工问询这是怎么回事。他们告诉我在九五年，中粮公司也就是眠琴山馆的旧址的邻居家失火，火很大，泱及了眠琴山馆，将整个院内房屋的木结构均已烧毁，幸亏扑救及时，方才将房屋保住，没有坍塌下来，此事已过去几年了，至今还没有处理完毕。

想当年刘桐是南浔第一大藏家，他当年对书贾来者不拒，几年时间他就聚书万卷。按当时的说法他买的书是真假参半，但刘桐毕竟是读书人，很快就请一些学者和朋友教他如何鉴别古书的版本，收书的水平大为提高。后来又收购了杭州卢文弨的“抱经堂”和吴焯的“瓶花斋”的藏书，要知道这些都是当时有名的大藏书家，这些藏书的收购使刘桐的藏书楼在历史上占了一定的地位，不仅使其藏书数量达到了十万卷以上，而且质量也有了很大的提高。

刘桐眠琴山馆的藏书，去世后归了金巩伯，金巩伯晚年因生活窘迫，将藏书全部卖出，大部分转归陆心源的“皕宋楼”。而皕宋楼的藏书在光绪年间又卖给了日本的“静嘉堂”，估计这就是眠琴山馆的部分藏书的归宿。

密 韵 楼

在南浔儿童公园时，向老先生一并打听了蒋汝藻的密韵楼和传书堂的位置。我觉得自己真是幸运，遇到了这么一位通晓当地人文的老先生，不然费尽周折也怕难以找到这些遗址。老先生又给我画了一张图，标明所在的位置及路线走法。原来密

密韵楼

韵楼离眠琴山馆并不很远，见一两层小楼即是密韵楼。今天的门牌号码是：唐家兜 24 号院。

蒋氏三代藏书，是南浔有名的藏书世家，藏书处原名传书堂，便是祖孙相继之意。到蒋汝藻时，更加发愤购书，其鼎盛时达到八十八部宋版和一百零五部元版。其中有很多递藏名家，如袁芳瑛的“卧雪庐”和同乡前辈吴云的“西罍轩”中许多善本都转归蒋汝藻。蒋氏爱书近乎痴迷，他在表弟刘承幹处看到魏了翁的《鹤山先生大全文集》宋刊孤本，爱不释手，借回亲手影抄。全书一百一十卷，用两年时间一丝不苟影抄完毕。当年王国维见到这部影抄本，惊叹为古今所无。蒋氏爱书如命，藏书宏富也就不足为奇。

蒋氏藏书中人所艳称的是宋刊周密的《草窗韵语》，此书数百年来不为人所知，字体清丽飘逸，极似周密手写上版。内容和字体两臻其妙，是极其难得的艺术珍品。当年沈曾植曾惊呼为“妖书”，叶昌炽则称之为“尤物”。蒋汝藻在民国五年以千五百块银元巨值买得，十分喜爱，特意称自己的藏书处为“密韵楼”。

走到密韵楼正门前，看到沿街的几间房屋改成了发廊，在发廊的墙基右下角看到一方界碑，高一米左右，镶在墙角上，上刻“蒋氏宅基”四字。看到这些，我知道这确实就是密韵楼。南浔四大藏书楼之一的密韵楼竟然改成了发廊，我不知说什么好了，内心隐隐感到丝丝悲哀。

我慢慢浏览，见密韵楼有三进院落，大约占地两三亩的光景。除邻街租给发廊的是二层楼外，其馀都是平房。整个房屋院落基本保持原貌，从镶嵌在墙上的砖雕的精细程度，可以窥见当初密韵楼的豪华壮美。而今虽略显破败，可是仍然让人感受到当初的辉煌。但院中已没有蒋家的后人了。

在南浔镇，嘉业堂保持得如此完整，而与之相颉颃的密韵楼却并无保护，这也是难以理解的事情。

潜　园

12月5日，乘车前往湖州市，寻找清末著名藏书家陆心源的“潜园”。车开到湖州，出了车站就寻觅潜园所在地。走了不到一公里，马路突然变成了丁字路

潜　园

口，而马路对面像是一个公园，上写莲花庄。走到售票处询问，售票员告知潜园就在莲花庄的最里角，购票即可入内。购票入园一直向里走，约一里许即将到园尽头，可以看到全部用太湖石堆起的方圆百米的假山。在假山的旁边耸立着两块巨大的太湖石，造型十分奇特，高一丈有馀，上刻“莲花峰”三字。据说这是北宋时期给宋徽宗进献生辰纲的遗物，日本侵华时对这两块奇石心怀觊觎，一直想把它们运回日本。但因为石头太大太重，所以只好罢手。这里就是当年赵孟頫所建的莲花庄。陆心源发达了之后，就设法在莲花庄的北角购下了一片地皮，建立了潜园。

潜园的正门在莲花庄的另一边，也可以直接购票进入。正门为飞檐亭阁式建筑，虽不很高大，但很精致，透空花墙上嵌有半米见方的“潜园”石刻字。我最感兴趣的是，门口的一对石狮子半蹲半站，似乎还在微笑，风格独特，绝不像惯常所见的石狮子那样威猛庄严，看来陆心源的审美观与众不同。

清末有四大藏书楼并称，它们是江苏常熟的“铁琴铜剑楼”、杭州的“八千卷楼”、山东聊城的“海源阁”和陆心源的“皕宋楼”。我一直以为“皕宋楼”就在潜园之中，到湖州找到潜园之后，仔细探问方知皕宋楼另有其址。花费一天时间反复寻找，始终没有找到皕宋楼。潜园是陆心源的庄园，只能在潜园游览一番，聊申景仰之情。

说起陆心源的藏书，很有发人深思的地方。他靠一己之力，几年就成为中国四大藏家之一，这得益于时运和契机。陆心源收书时，正赶上太平天国军打到江浙之际，各家藏书纷纷散出，而陆心源恰恰在这时敢于抓住机会大力收购。他的藏书一个重要来源是郁松年的宜稼堂。当年郁氏十分富有，获有嘉道时期著名藏书楼艺芸书舍、小读书堆、五研楼的精品，“俨然乾嘉时之黄荛圃也”。同治年间，郁氏藏书散出，陆心源抓住时机挑选佳本，所得有四万八千馀册，奠定了他藏书的基础。他还陆续收得十馀家藏书的精华，包括刘桐眠琴山馆、严氏芳椒堂等大家之物，使他在十馀年间就达到了十五万卷的规模，四分天下而占其一。

但令人惋惜的是陆心源去世后，家境败落，其子陆树藩将皕宋楼的全部藏书以十万银两的价格卖给了日本的静嘉堂文库，被学者称之为我国文化史的惨祸。据说当年陆树藩首先找到国内藏家，当时无人能出得起价钱。后来与日本人谈判过程中，陆树藩曾说只要国人能出一半价钱，他就不外售，遗憾的是仍然没有人响应。看来这部分藏书流失不只是个人的原因，当时的社会氛围也是重要因素。不过话说回来，虽然售与日本，但是这些民族遗产毕竟还在人间，东渡还可以看到，比起毁掉、烧掉，“春归天上”，不是好得多吗？

文 澜 阁

12月6日乘长途大巴离开湖州，直奔杭州。来杭州首先想拜访的就是江南三阁之一的文澜阁，因为它也是南三阁中硕果仅存的一处。当年乾隆皇帝考虑到江南文人聚集，应用皇家的“文治”予以制约，于是在江南唯一的皇家园林中建立文澜阁庋藏四库全书。从这个意义上讲，文澜阁也是江南最大的藏书楼了。

想到文澜阁这么有名，一定也是杭州著名的一景。下车伊始，没有顾上找旅馆，直奔西湖的孤山拜访文澜阁。出乎意料的是，见一大殿式的建筑，楣额上有“文澜阁”三个大字，但这前大殿已改作茶馆。我心中一惊，但仍然觉得不可能，这么有名的藏书楼就这么完结了吗？继续向前找，走了不远，就看到了“浙江省博物馆”的牌子，马上向售票处探问文澜阁，才知道文澜阁就在

文澜阁

这院子里面的一角。进了院子，迎面是高大巍峨的文澜阁，建筑格局与北方的文渊阁、文津阁类似，迥异于江南的建筑风格。但在楼的正前面是一水池，堆砌的太湖石假山十分秀美，这又是江南风格的特点。就此看来，文澜阁的整个建筑是南北风格的统一体。阁分三层，阁楣上所书文澜阁三字是光绪皇帝的手笔。建阁时本来是乾隆皇帝御笔题字，咸丰十一年太平军攻入杭州，楼阁坍塌，阁书散落，丁氏兄弟不顾个人安危，总计收回九千馀册，缺失者自费雇人补抄，使文澜阁藏书基本恢复原貌。现在的楼阁是光绪六年浙江巡抚谭钟麟与杭州八千卷楼主人丁丙共同商量重建的。一个藏书家能够舍弃私利，为民族利益筹资兴建皇家藏书楼，这不正是藏书家对民族的贡献吗？

阁的右前方建立了一座碑亭，亭正中耸立着一块高约丈许的石碑，正面满汉文书文澜阁，背面则是谭钟麟所书的重建文澜阁碑记。进阁看到里面正在搞文物展与浙江省工艺展，阁内所藏《四库全书》已经转移到孤山战略库去了。

白房子　诂经精舍

从文澜阁出来，即去寻访阮元的“诂经精舍”。按资料记载，诂经精舍也在西湖孤山上。突然想起浙江省图书馆古籍特藏部似乎也在孤山上，于是转而打听，结果很容易地找到了这座也应是藏书楼的特藏部。

浙江省图特藏部，俗称“白房子”，外形为一西式建筑，因整体是白色而得此名。今年浙江省图迁新馆，里面的藏书已经全部搬走，但仍然是浙图的一个办公地点。

到里面才知道，白房子真正是一西式建筑，木地板结构，还有废弃的老式壁炉。办公室的房间也很大，大约四、五个人一个房间，足有五十多平米。到处都放着工具书，在靠墙的书架上看到有杭州严宝善先生的《贩书经眼录》，我马上找到话题，向室内工作人员说我跟严先生如何熟悉。其实我只见过严先生几面，到他的书店买过一次书而已。这一招儿果真奏效，一谈到书，大家的话就多了起来。谈话之中，我说起自己准备遍访藏书楼的计划，他们几位很感兴趣，我顺便问起了阮元的诂经精舍的所在。其中有一位赵先生，年纪比较大，说起在他小时候听人说过诂经精舍就在西湖十景之一的平湖秋月旁边。那里的旧房大部分已在几十年前拆除，现在还留下一些房屋，如果慢慢寻访，仍然可以找得到。

听到这个令人振奋的消息，我马上谢过他们，出门直奔平湖秋月而去。结果费尽周折，最终总算如愿以偿，找到了诂经精舍的遗址。诂经精舍原主体建筑早已毁弃，现在所能看到的已经是民国年间重建的房舍。五十年代仍称诂经精舍，现已改为浙江省离休干部书法家协会和美术家协会办公处所。看来毕竟是老干部们独具慧眼，能够在风景秀美的西湖上建立自己的活动中心。

嘉庆二年阮元做浙江督学时，与当时许多著名学者共同筹划在孤山选址，建房五十间，成立了诂经精舍书院。在诂经精舍担任主讲的都是名重一时的著名学者，包括阮元、王永日、孙星衍、俞樾、谭献等。为了讲学的需求，史载有大量书籍藏在诂经精舍。这些书在太平天国战争中毁于战火，同治五年诂经精舍重建时，重新构建了藏书楼。当时各方面都有图书捐赠，仅布政使蒋益澧一人就捐赠一千三百多册，不难想象当时藏书的规模。可惜今天书已与楼俱亡，江山未能留胜迹，我辈徒然登临，不值达者一笑。

尊经阁　约园

12月7日，按即定方针，今天是去找杭州的尊经阁。在这次寻访藏书楼过程中，顾志兴先生的《浙江藏书家藏书楼》帮了很大的忙。虽然有些地点书中所述不详，有些地名也已过时，毕竟提供了线索，有迹可寻。书中记载的地方有一些如今已经了无踪影，例如杭州的西湖书院、虎林书院等，费尽周折也未能找到遗址。但是尊经阁一处，却是按照顾先生书中所标明的地点找到的。

尊经阁为杭州府学所在地，延续明清两代。明洪武七年初建时就有大量藏书，历代官府也有赠书。明中期，据史记载仅一次购书量就达万卷以上。一些重要典籍，如《大明一统志》、《大明会典》等，都有收藏。在清代，也曾接受大量的捐赠图书，因此尊经阁的藏书规模恢弘，相当可观。

顾先生的书中确指尊经阁在现今杭州碑林里面，便很顺利地来到了目的地，地点在杭州市劳动路57号。它不邻街，穿过近百米长的胡同才能找到杭州碑林的正门。进了院子，首先看到的是墙壁上镶嵌的历代碑刻。我对碑帖也很感兴趣，但我做事认死理，既然此行是探访藏书楼，对这些珍贵的碑刻仅仅走马观花地浏览一下而已。如果我专门来看碑刻，心态则会完全不同。例如其中有南宋高宗皇帝赵构和吴皇后的手迹模刻，很是著名。

穿过碑林继续向里走，从左手转进另一套院，眼前豁然开朗。内院很大，古时候是文庙，现仅存主殿大成殿。两侧的迴廊是后建的，已经改成碑廊。在碑廊尽头的墙壁上镶嵌着四块石碑，呈凹字形供桌状：中间最大的一块有篆书“约藏”二字，并有百馀楷书小字的注释；两侧是约园主人张寿镛的一副篆书对联；上面一块是新刻的对于约园的介绍，碑名是“张寿镛碑藏约记”，内容总计三百字左右，由赵朴初先生以篆文书写。

这真令人惊喜，此行获见这么重要的史料实在是意外的收获。张寿镛先生是民国年间著名的教育家，在上海成立光华大学并担任校长。我由于收藏他所刻

尊经阁

的《四明丛书》，了解他的一些事迹。他收藏和刊刻乡邦文献不遗馀力，约请宁波名贤精心审订，刻成有很高的学术价值的《四明丛书》。前不久，我在北京琉璃厂书店还看到了纪念张寿镛的文集，看来人们还是没有忘记他。正像臧克家说的那样，“有的人死了，他还活着”。

我不远数千里，连续多日在浙江奔波，寻访向往已久的著名藏书楼。或许有人认为我痴，谓我已经走火入魔，我想起明代张岱说过，“人无癖，不可以与之交，以其无真情也；人无痴，不可以与之交，以其无真气也”，这多少还可以为自己解嘲。

瞿氏铁琴铜剑楼与范氏天一阁比较谈

曹培根

常熟瞿氏铁琴铜剑楼被誉为清代四大藏书家之翘楚，常熟藏书家之近代鲁灵光，她又是常熟派藏书家的集大成者，与宁波范氏天一阁反映出不同区域历史藏书和文化特色。

首先是收藏志趣上的差别。叶德辉在《书林清话》卷九“吴门书坊之盛衰”条中称：“国朝藏书尚宋元板之风，始于虞山钱谦益绛云楼、毛晋汲古阁。”瞿氏铁琴铜剑楼继承了常熟派藏书家好宋元刻本、抄本和稿本的传统。瞿镛在《子雍先生乔梓画像》跋文中自称：“余有爱古之癖。”李芝绶《虹月归来图序》云：“海内藏书之聚而且久者，首推天一阁范氏，抑吾闻天一阁所藏多罕观之籍，不专求宋元精椠，而讲宋元者，惟吾乡绛云楼钱氏最聚而悉毁于火，踵而聚之者瞿镜之、浚之，见所谓宋元精椠者以原值收之。”宋翔凤《〈铁琴铜剑楼藏书目录〉序》称：“其所藏皆宋元旧刻暨旧抄之本，至明而止。”瞿启甲在《〈铁琴铜剑楼藏书目录〉跋》中说到：“吾家藏书之富权舆于曾祖、祖考两世，凡宋之暨前明善本不惜重价收购，储积至十万馀卷，遂成巨观。”而范氏天一阁比较重视收集当代人的著作。赵万里在《重整范氏天一阁藏书记略》中称范氏选书的标准是“取法乎下”的，“明以前刊本书籍，很少受他收容，除了吴兴张氏藏的宋小字本《欧阳文忠公集》，是天一阁旧藏外，很少有此例外。惟其如此，明人著述和明代所刊的明以前古籍，因他保存了不少。”阮元嘉庆十三年(1808)撰《宁波范氏天一阁书目序》中曾指出：“此阁所藏五万三千馀卷，皆明天启以前旧本”，并希望范氏后人继藏后出之书。金涛在《新编天一阁书目序》中也谈到：“范钦不像一些藏书家以搜求珍稀古本为己任，而主要致力于收集当代的著作和文献，从而形成了天一阁独具一格的藏书特色。天一阁藏书中最多的是明代地方志、科举录、政书、实录和诗文集，这些当时的通行书乃至内部资料，由于搜罗齐备，保存完好，随着岁月的推移，就成为弥足珍贵的历史典籍。范钦的这一收藏经验，至今仍给人以有益的启迪。”对于这种收藏，常熟派藏书家的瞿氏也许是不屑一顾的，而从今世来看，这种收藏的史料价值和特色自然是不可低估的。

其次是收藏内容上的不同。常熟派藏书家收藏的图书偏重正经正史，尤其尊经。孙庆增在《藏书纪要》里总结常熟派藏书家收藏经验说：“藏书之道，先分经史子集四种，取其精华，去其糠秕，经为上，史次之，子集又次之……所以书籍首重经史，其次子集。”瞿氏铁琴铜剑楼所藏精华就在于经部。翁同龢《虹月归来图记》称：“瞿氏三世聚书，所收必宋元旧椠，其精者尤在经部。”咸丰十年，太平军攻克苏州，瞿秉渊、秉清兄弟将图书藏于乡间，又将自以为最重要的经部书汇粹入箱，秘藏周泾口张氏家，可见其尊经之一斑。范氏天一阁比较重视收藏史部、集部图书，史部也不限正史。现存天一阁藏书中可见明代地方志、政书、实录和诗文集特别多。天一阁原藏各种省、府、州、县志四百三十五种，超过《明史·艺文志》著录的方志，今存二百七十一种，《天一阁藏明代地方志选刊》及续编影印了其中的二百十八种。天一阁藏进士登科录六十八册、会试录六十二册、乡试录二百九十七册、武举录三十三册，至今尚存明科举录三百七十种，多为海内孤本。此外，还藏有大量家谱，今存四百零三种千九百八十二册，以及大量碑碣拓本等。据《天一阁遗存书目》统计，天一阁共有图书千六百七十六部，八千四百七十二册，二万一千二百四十五卷，其中经部六十四部，子部二百四十二部，集部二百四十三部，史部千一百二十七部，占 67%。赵万里在《重整范氏天一阁藏书记略》中说："天一阁现存的书，以史部占最多数……天一阁之所以伟大，就在能保存朱明一代的直接史部。"

再次是藏用原则上的区别。中国私家藏书文化的基本理论是以藏为主、藏用结合，对于范氏天一阁来说，更偏重于藏。诚然，其注重收藏当代图书，也是从实用出发，但在图书流通使用方面显得十分保守，天一阁自 1566 年左右到 1909 年间主要是封闭式的，封闭保存的制度十分严格。康熙十八年(1679)黄宗羲撰《天一阁藏书记》中也谈到"封闭甚严"，1673 年"至甬上"，范友仲才"破戒引余登楼"，抄为书目，黄氏仍称赞其"久而不散"之可贵。清乾隆后，禁例才稍懈，但只有全祖望、袁枚、阮元、钱大昕、薛福成、缪荃孙等少数著名学者才得以先后登楼观书，其"束之高阁，秘不示人"可见一斑。阮元在《宁波范氏天一阁书目序》中记："司马没后，封闭甚严，继乃子孙各房相约为例，凡阁厨锁钥,分房掌之。禁以书下阁梯,非各房子孙齐至,不开锁。子孙无故开门入阁者,罚不与祭三次;私领亲友入阁及擅开厨者,罚不与祭一年;擅将书借出者,罚不与祭三年;因而典鬻者,永摈逐不与祭。其例严密如此。"封闭,也是范氏天一阁藏书所以久而不散的原因之一。常熟派藏书家虽然也有秘守己藏不以示人的吝书守籍奴,但流通古籍、藏书致用思想占主导地位,他们通过传抄、编目、刻书、借用等来传播典籍,提供利用,瞿氏铁琴铜剑楼便是代表。瞿氏不把私家藏书仅看作私有秘产,而是公开其藏书,供读书人士前往浏览、校勘、转抄、参观,让图书得其所用。不仅许人入楼参阅,还别辟专室,供人坐读,备茶水膳食。瞿氏编印藏书目录,精印《宋元善本书影》以饷海内外人士。商务印书馆等影印《四部丛刊》、《续古逸丛书》,瞿启甲不仅为发起人之一,且为丛书编刊提供所藏善本不少。其中,《四部丛刊》初编收瞿氏书二十五种,续编收四十种,三编收十六种,让珍贵的典籍化身百千。特别是新中国成立后,启甲子济苍、旭初、凤起秉承遗志,将私家藏书捐献国家。其中,精品藏书五百九十五种四千多册捐献给北京图书馆,二百四十二种二千五百零一册列入《北京图书馆善本书目》;瞿氏所藏另一部分九百九十三种三千三百六十六册捐献给常熟市图书馆,一部分捐赠上海图书馆,部分名人书札、文物拓片、拓本等捐赠常熟博物馆。可见,瞿氏确非秘藏高庋之辈。

清代藏书家三传

刘 墨

一 袁 枚

袁枚（1716—1797），字子才，号简斋，晚号随园老人。浙江钱塘（今杭州）人。天姿聪颖，七岁始受《大学》、《论语》，并学作诗文，十二岁中秀才，被目为神童。为文操笔立就，主性灵。

他三十九岁时辞官。此前，他在江宁知县任上花了三百金买了隋织造的废弃了的隋园，稍加整理，改名随园。此后他就优游于园中，以读书以及作诗赋自娱。姚鼐在为袁枚所作的墓志铭中这样描写道："君园馆花竹水石，幽深静丽，至棂槛器具，皆精好，所以待宾客者甚盛。与人留连不倦，见人善，称之不绝口。后进少年诗文，一言之美，君必能举其词为人诵焉。"

通籍后，以俸易书，积至四十万卷，他专门建了小仓山房所好轩以藏之，轩中凡清秘之本，十得六七。在《所好轩记》中，他解释为什么用"所好"这两个字来为自己的藏书所在命名的原因是：味、色、葺屋、花竹泉石、珪璋彝尊、名人字画等等，所好者皆为时有限，只有书可以不分少壮、老病、饥寒、风雨，而且对于书的研读与搜讨，又总是兴味无穷的。在《送嵇拙修》一诗中，他这样说："我自挂冠来，著述穷晨昏。于诗兼唐宋，于文宗秦汉。《六经》多创解，百氏有讨论。八十一家中，颇树一帜新。"从这首诗来看，可见他治学的兴趣与藏书范围之所在。

乾隆癸巳（1773）二月，皇帝下诏书命自《永乐大典》等书中辑佚书，袁枚将自己藏书中传抄较稀者都献了出去，并专门写了一篇《散书记》以纪之，文存《小仓山房续文集》卷二十九："天下宁有不散之物乎？要使散得其所耳，要使于吾身亲见之耳。古之藏书人，当其手抄缣易，侈侈隆富，未尝不为十倍于余。然而身后子孙有以《论语》为薪者，有以三十六万卷沉水者。牛弘所数五厄，言之慨然。今区区铅椠，得登圣人之兰台、石渠，为书计，业已幸矣。而且大府因之见功，宾朋因之致谢，为予计更幸矣。"对于书的聚、散，袁枚可谓达观者矣。

袁枚曾被人称为"通天神狐"，博极群书，在诗文中驱使简策已能达出神入化的程度，这与他丰富的藏书显然是无法分开的。他著作等身，有《小仓山房诗文集》、《随园尺牍》、《随园诗话》等。

二　周永年

周永年（1730—1791），字书昌，山东历城人，乾隆三十六年（1771）进士。周永年藏书近十万卷，精本汇萃，学识渊博，曾参加过《四库全书》的纂修和《四库全书总目》的编写，是乾隆时期有名的学者和藏书家。他的室名"水西书屋"、"林汲山房"，藏书印有"籍书园本"、"林汲山房藏书"、"传之其人"。

周永年年轻时肄业于泺源书院，能读《通志堂经解》，其时沈子大光禄主讲席，极奖誉之。桂馥《晚学集·周书昌传》谓："书昌结茅林汲泉侧，因称林汲山人。先生衣服饮食声色玩好，一不问，但喜买书。有贾客出入大姓故家，得书辄归先生。凡积五万卷。先生见收藏家易散，有感于曹石仓及儒道藏，作《儒藏说》。约余买田，作籍书园，祀汉经师伏生，聚书其中，招致来学，苦力屈不就。"

他在中进士之前，即提出"儒藏"之说。虽然在明代末期的藏书家曹学佺就已经提出过"儒藏"说，但曹氏的"儒藏"说不过是想以一个人的力量搜集历来的儒家经典和解经著作汇为一处以与释、道两藏相媲美，而对于这些书籍的保存和流通等问题就没有涉及。周永年的"儒藏"说远较曹氏之

“儒藏”说为具体，因为他跳出了历来私人藏书家的小圈子，起而提倡由社会承担起藏书的责任，使藏书为社会服务。他还主张将天下图书分藏于天下学宫、书院、名山、古刹以便让那些负超群之姿、抱好古之心欲购书而无从的寒门窭士使用。尽管他的这一设想未必能够实现，但他毕竟开始将这一理想付诸于实践。他提出由各县之长官、各地之巨族出面倡议，于当地名胜之处建立义学义田，接受藏书家之捐书和赠款。各地义学，应将其藏书编为《儒藏未定目录》并互相传抄，从而使士子知古人著作之存佚情况。同时，各义学各置活版一副，将秘书不甚流传者刊印行世，分而藏之，以使“奇文秘籍，渐次流通”。

为了这一理想，他除在相识的学者中广为宣传之外，还以身作则，置买田地，建“藉书园”。因为周永年藏书不在炫私，而在于给大家提供方便，因此他的藏书园就像一个私人的图书馆。他的朋友章学诚被他的这种热情所打动，为他写了一篇《藉书园书目叙》，其中有这样的话：

> 《藉书园书目》者，历城周林汲所藏经史百家之书，用隋、唐四库例，粗具孔目以备稽检者也。周君尝患学之不明，由于书之不备；书之不备，由于聚之无方；故竭数十年博采旁搜之力，弃产营书，久而始萃。今编目所录，自经部以下，凡若干万卷，而旧藏、古椠、缮钞、希觏之本亦略具焉。然周君之志，盖欲构室而藏，托之名山，又欲强有力者为之赡其经费，立为纪纲，而使学者于以习其业，传抄者于以流通其书，故以藉书名园。

他的这一举动也感染了他的好友桂馥，也将自己的全部藏书捐给藉书园。但由于种种原因，在周永年的生前，其中的藏书就一再地散失，待周永年死后，他的藉书园也随之夭亡了。可以说，周永年除了是一位著名的私人藏书家外，还是十八世纪中国图书馆事业的先驱者。

三　张海鹏

张海鹏（1755—1816），字若云，号子瑜，江苏昭文（今常熟）人，诸生。自父辈张仁济（1717—1791）起即好藏书，多至万卷。其兄张光基（1738—1799）亦好学嗜古。家有照旷阁、借月山房、丛善堂，用以藏书，多宋元旧刻。室名曰“借月山房”，藏书、刻书之所曰“传望楼”。

张海鹏早年是国子监生，二十岁时补博士弟子员，以州同职衔加级授朝议大夫阶，后弃科场名利，立志于读书、藏书与刻书。

张海鹏屏绝时趋，以古朴自喜，生活上自奉俭约，其家产都用在了搜书以及刻书的事业上。每天清晨即起，矻矻陈编，丹铅满布，订讹析谬，悉心钻研。一直到深夜才休息。张海鹏亦治经，治经之暇，专以刻书为己任。因为在他看来，藏书不如读书，读书不如刻书。盖读书只为己，而刻书却可以泽惠于人。于是倾其家产用于刻书，所刻无不精心刊校，终生不怠。他的侄子张金吾在《叔父若云府君家传》中说：“金吾自读书外无他嗜，田租井税，尤不措意，惟日究心于声音训诂名物度数之学。见有宋元旧椠，及秘不经见而有关经史实学者，不惜重金，要以必得。叔父既卒，益以聚书为事，盖四方书贾奔走门墙者二十年，而家业尽矣。”从中可见张海鹏叔侄二人聚书的大概。

又据张金吾自述：诒经堂凡三楹，古今诂经之书藏焉。堂之西曰爱日精庐，则金吾读书之所，而驻以藏先君子手泽者也。庐之南曰世德斋，则曾大父、大父诗集暨十世祖端严公、从父若云公校刊各书在焉。又其南曰青藜仙馆，毛子晋、何义门诸先辈手校诸书在焉。庐之西有阁曰诗史，以藏元刊《中州集》……阁之南曰巽轩，昔年从锡山得活字十万有奇，排印《长编》二百分，于焉贮之。堂之东曰求旧书庄，宋元明初刊本藏焉。庄之南曰墨香小艇，元明旧写本藏焉。循庄而北，长廓数十步，有精舍三楹，榜曰积书，则先君子创建以贮书者，凡史、子、集三部通行之本咸在焉。叔侄二人的收藏，于此可见一斑。

张海鹏感到汲古阁《津逮秘书》十五集版久漫漶，取而损益，刻成《学津讨原》二十集。此书在嘉庆七年（1802）开雕，嘉庆九年（1804）刻成。这部书广为收罗了明朝以来的罕见旧本，又请著名学者、藏书家何元锡从杭州的文澜阁抄写了外人所不能见到的副本，编为二十集。洪亮吉《学津讨原序》云：“张君若云，生于海隅，而嗜古若渴，家藏书至数十万卷，而又校雠精审，登采谨严。其伪者黜之，无关紧要者削之，又益以家藏及新购得者共三七十馀种，刊布远近，名曰《学津讨原》。虽本毛氏之书而增损之，而义理益严，复加之考证，可云善之善者。嗣又得宋本《太平御览》，不日将刻成以公同好。”

另外，张海鹏又择四部中有关实学而传本将绝者，刻成《墨海金壶》七百馀卷；《借月山房汇钞》十六集，专收明清两代著作，花了六年的功夫刻成。书成之后，海内争购，享有盛名，流布颇广。此外，他还据影宋抄本重刻《太平御览》。因旧本讹谬百出，贻误不浅，因此他花了极大的力气进行校雠，使之成为善本。他从张燮那里借到明人旧抄本为底本，还向何元锡借到影宋抄本，并到天一阁抄补了所缺的两册，详加雠对，然后雕印。他又辑金代文献，刊《金帚编》，惜未成而逝。后来他的侄子张金吾辑成《金文最》，不能不说与他的先前奠基性工作有关。

道光六年（1826）七月二十九日，张金吾的从子张承涣将张海鹏叔侄二人费尽心血收集来的全部藏书豪夺而去。

北方之朴学，岭南之循吏

——记清代山左藏书家李文藻

李勇慧

唐宋以来，青州藏书家居山左之冠。清叶昌炽《藏书纪事诗》有诗云：

青州万卷一书生，灯灺篝香秫下城。

羡煞故乡杨从事，但司藏室不论兵。

此诗即叶氏有感于唐、五代时青州藏书家王师范、朱遵度藏书故事而发。至清初，“青齐、海岱间，人文之盛，足与大江以南相匹敌”。时青州籍知名学者，如冯溥、锺谔、杨邦禹、朱承煦、李文藻、段松苓等举不胜数。文人学士藏书之风亦愈来愈盛。乾嘉之际，山左藏书以青州李文藻为最。

李文藻(1730—1778)，字素伯，一字茝畹，号南涧，先世由枣强迁居城东门外青牛街。天姿俊朗，年十三，从父远游曹家亭，作一记，体仿《赤壁赋》，卓然有大家手笔，见者以为神童。乾隆二十四年(1759)以第二人举乡荐，二十六年成进士，三十四年谒选得广东恩平县知县，到任后奉檄署新安县，又奏调潮阳县知县。庚寅(1770)、辛卯(1771)二科，分校广东省试，以海疆三年俸满保荐，擢桂林府同知，未及一年，卒于官。时为乾隆四十三年八月初四。文藻嗜古穷经，为学无所不赅，尤肆力于汉唐注疏。工诗古文，雅善骈体。其诗古文皆自摅所见，钱大昕赞之曰："南涧既以磊落英伟之文登进士第，乃捧檄瘴疠之乡。舟车奔走，日不暇给，而诗益奇而工。"其诗"读之似近而远，似质而雅，似浅而深，不徇乎流俗之嗜好，此非有不平而鸣者也，止不言穷而工者也，此真合乎古诗人之性情而必传之诗也。"有《南涧文集》三卷、《岭南诗集》八卷、《青社拾遗》四卷、《南北史考略》、《国朝献征录》、《尧陵考》四卷、《毛诗本义》、《泰山金石考》、《粤东金石略》、《(乾隆)诸城县志》四十六卷、《(乾隆)历城县志》五十卷(与周永年合修)、《南涧文稿》、《李南涧先生古文》三卷、《恩平程记》一卷等。

李文藻画像

李文藻"性好聚书,每入肆见异书,辄典衣取债致之"。居京师谒选约半年,"茶园酒馆,足迹未尝至。惟日借书钞之,暇则步入琉璃厂观书。虽所买不多,而书肆不到者寡矣。"正如叶昌炽《藏书纪事诗》所云:"所见所闻所藏弆,发凡真有著书才。安知散佚非全帙,赶庙驱车日又来。"文藻流风馀韵,琉璃厂至今传为佳话。

李文藻藏书以自友朋借抄藏弆居多,无晚近俚俗之本。其借抄藏书更是痴迷。尝于纪晓岚家,假录《易汉学》诸书,浸肤多汗,沾渍衣襟,不以为苦。《海岱会集》,为明青莱二郡乡先达所作诗文,文藻多年寻求不可得,偶闻书贾刘雪友藏之,即登门求观;而刘氏秘不示人,文藻重金买一裘送之,始许抄录。时值冬寒,呵冻手抄三旬乃毕。其聚书之癖,由是可见一斑。清贡生、山东昌乐人阎湘蕙辑《李南涧先生古文》时叹曰:"南涧先生于乾隆壬申钞成《海岱会集》四册,是时年甫弱冠,又七年己卯,始登乡榜。在他人当此年少,非逐逐于纷华,即营营于举业。谁能以一裘重费,借钞不急之陈编乎?好古之笃,世岂复有此人哉!"

他自谓"癖嗜惟金石",弱冠时搜罗亦富。居官岭南,所过学宫、寺观、岩洞、崖壁,必停骖周览。仆人携毡墨随从,有所得,尽拓之。一次乘舟出迎总督,小憩南海庙,命仆拓碑,秉烛竟夜,待晨晓,总督舟早已过矣。其《岭南诗集》有《病中诗》一首,言其于金石之痴迷,读来令人感叹:

余与秦黄一例奇,蛮山不要冷官诗。
归帆还驻三吾驿,好遣游魂读古碑。

历官岭南,皆载书籍金石数千件自随。有诗为证:

人称旧尹名籍甚,我是书生迂可怜。

父老无须迎道左，先求收拾满怀砖。

他又尝曰：“居官之贫，山水之奇，金石文字之富，天下未有也。”慨叹天下藏书之家，尤其是齐鲁间藏书家，自章丘李中麓、新城王士禛，身后藏书尽散，慨然以裒辑为己任。将其平生经眼之书著为《所藏书目》、《所见书目》、《所闻书目》，详其序例，志其抄刻年月。其《琉璃厂书肆记》备述至恩平前在京师访书情景，既详记各书肆名号、店主及其售书之来源，又记述自己购书及经眼珍籍，甚为谈书林掌故者所喜闻乐道。

李文藻藏书皆自校雠，丹铅不去手。张之洞《书目答问》将卢见曾、李文藻、周永年同列为校勘家，其言不虚。其校刻有《贷园丛书》、《山左明诗钞》、《易例》、《古文尚书考》等。且乐道人善，乡先生诗文可传者，必撰次表章之。元和惠定宇（栋）、婺源江慎修（永）皆素未相识，访其遗书刊行之。德州梁鸿翥，穷老笃学，每月必诵九经一过，乡里以为痴人。南涧一见奇之，为之延誉，遂知名于世。其藏书处为大云山房、竹西书屋、训厚堂，所藏达数万卷之多。

李文藻不仅是驰名海内的学者，而且也是造福一方的循吏。《（光绪）益都县志》称南涧“居官以清白强干称”。岭南有窃牛之风，因牛毛颜色相似，即使人赃两获，盗贼多不承认，有司亦无可奈何。李文藻上任伊始，即令有牛者各于牛角印烙私记，凡赴墟卖牛者，牙侩以印烙登簿，将印交于买主。若告失牛，失主将印呈官，牙侩持印验墟簿，无得隐者。居官潮阳时，其民好械斗，往往杀伤多人，文藻悬钲于堂上，有将斗者，令地保驰入城击钲以告，立往拘治，乱民四散，自是械斗稍息。又作《劝农诗》一首，曰：

墓有碑题田有畔，触蛮争斗欲何如？

请收刀剑驱黄犊，容我西斋理旧书。

并于本县东山书院延师讲学，教化民众，士风顿振；潮阳与海阳、揭阳俗称三阳，仕其地者多致富，文藻离官日囊橐萧然。还至番禺，命工匠摹光孝寺贯休所画罗汉四轴以归，笑曰："此吾广南官橐也。"翁方纲表李文藻墓曰："北方之朴学，岭南之循吏"。盖得其实也。

南涧笃于友谊，广交游，一时硕儒，如戴东原（震）、纪晓岚（昀）、翁覃溪（方纲）、邵二云（晋涵）等皆与友善，尤与钱竹汀（大昕）、周书昌（永年）情笃。

乾隆己卯（1759）嘉定钱大昕主山东乡试，得文藻时喜曰："南涧天下才也！"自此而往，钱大昕与文藻虽谊属师弟，而情好尤笃。钱大昕序《岭南诗集》曰："南涧之性情与予略相似：予好聚书，而南涧钞书之多过于予；予好金石，而南涧访碑之勤过于予；予好友朋，而南涧气谊之笃过于予；予好著述，而南涧诗文之富过于予。世俗以乡会试所得士与试官相称为师弟，特以名奉之，而吾两人乃以臭味想合。方其在京华，

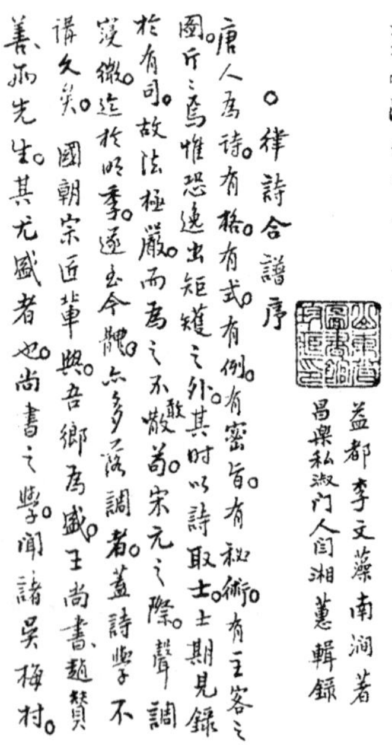
李南涧先生古文卷上
益都李文藻南涧著
昌乐私淑门人阎湘蕙辑录
○律詩合譜序
唐人爲詩。有格。有式。有例。有密旨。有秘術。有主客之圖。斤斤焉惟恐逸出矩矱之外。其時以詩取士。士期見錄於有司。故法極嚴。而爲之不敢苟。宋元之際。聲調寖微。迄於明季。逐至今體。亦多落調者。蓋詩學不講久矣。國朝宗匠輩興。吾鄉爲盛。王尚書、趙贊善。而先生。其尤盛者也。尚書之學。聞諸吴梅村。

抄本《李南涧先生古文》卷上首页

每一日不相见，辄恤然若失，不知其何以然也。”师生气谊之相投有如斯者。并曾戏论文藻曰：“南涧有三反：长身多髯，赳赳如千夫长，而胸有万卷书，一也；生长于北海，官于南海，二也；湛思著书，欲以文学显，而世称其政事，三也。”此虽钱氏戏言，亦略尽南涧生平矣。

李南涧与周书昌相交尤深。二人同生于雍正八年，分为乾隆辛巳、辛卯科进士，二人喜好亦尽相同。南涧尝自言：“好书与书昌同，惟不及书昌能读耳。”周书昌亦曰：“余交南涧三十年，凡相聚及尺素往来，无不言传钞书籍之事。”文藻殁后之十一年，书昌由济南至青州，慰其诸孤，并尽携其书版以归，辑为《贷园丛书初集》四十六卷。贷园，乃书昌斋名。其意尚思续刻，以为凡藏书版者，又将多所借以广之，不必限以一家，故不云《大云山房丛书》，而以“贷园”名之。周书昌序曰：“倘果由此多为流布，庶几可以少慰南涧之志。”二人交谊深厚由此可见一斑。而李南涧之《岭南诗集》更留下两位山左先贤相识相知的动人故事。现摘取一二，以飨读者。

李文藻居官清贫，为刻藏珍籍自己亦是“典尽羊裘买胶墨”，无力实现对老友的承诺，甚是愧疚，著诗曰：

> 君家林汲生，于我意甚厚。力筑借书园，钞副雇百手。磬产不能继，待我应已久。我夙好著录，图籍载车后。羊城僦舍仄，乱帙填窗牖。濒行衣食尽，鬻书以糊口。朝廷开石渠，万卷罗二酉。无钱写秘本，何以娱衰朽。未到已怅惘，到日共疾首。岂徒草堂赀，贫吏负良友。

周永年于乾隆三十六年（1771）成进士，改翰林院庶吉士，授编修。三十八年四库馆开，与邵晋涵、程晋芳、戴震等因有夙望，以乡人大学士刘统勋荐，特诏征修《四库全书》，任校勘《永乐大典》纂修兼分校官，充文渊阁校理，士林引以为荣。文藻为老友高兴，“同门衮衮多才彦，尽被提携到石渠”；“济南名士同庚戌，昨被温纶上木天”。但亦有诗句透出些许怅惘，使我们对这位山左才子、这位远别故乡，“力除五瘴寻安乐，不向人间问菊潭”的儒吏有更全面的了解：

一堕黄茅瘴，痨痨鬓欲斑。
家书诸弟泪，春梦故乡山。
更事忙中拙，诗怀病后悭。
同人多馆阁，未敢相追随。

钱大昕为撰《墓志铭》，亦悯其“不与石渠兰台之选”而“以能吏终”，这是怎样的一种无奈和遗憾啊！文藻擢桂林同知未及一年，即以痈不治。病榻之上，李南涧为《岭南诗集》写下绝笔《寄周书昌》：

孰通经义孰文章，历下追随似雁行。
连岁摧残梁邓李，岿然君是鲁灵光。

数日后，这位山左才子怀着对故乡、对故交的深切思念，对未竟事业的遗憾客死异乡。

李文藻身后家道中落，书稿藏书散失。三十年代，王献唐先生主山东省立图书馆时，致力于搜集山左先贤文献，“周林汲、桂未谷、孔荭谷等旧藏，辄连翩得之。遂决意为诸藏书家考略，以南涧一家为诸事发动”，乃撰《李南涧之藏书及其他》，文末曰：“综观南涧生平，有可纪述者四

李文藻藏书印

事：一曰藏书，二曰读书，三曰刻书，四曰著书。藏书而不能研读，如不藏等；读书而不能流通，但供一己之受用，与人群何豫？刻书而无学识以济之，则斠校不精，鉴别不明。故善藏书者，必能读书；善读书者，必能刻书；善刻书者，必能著书。以自身求书之不易，推及他人，故能藏者必能刻。以自身探讨之心得，启示他人，故能读者必能著。南涧有四者兼备之长，抱利己利他之愿，求诸历代藏书家中，实为少睹。同时在山左一隅，堪与南涧相伯仲者，只一历城周林汲耳！今两家藏书，已散佚殆尽，无人肯为收拾网罗，存一时一地之文献。甚有即南涧一名，亦有不能举其姓氏者，呜呼！鲁人之负南涧深矣！”经王献唐先生多年访寻搜集，致使李文藻许多遗稿留存于世。现藏于山东省图书馆的有李文藻手书《与登郡学生于君墓志》一卷、佚名跋《李文藻先生古文》三卷（第三卷存山东省博物馆，有王献唐跋）。山东省博物馆另藏李南涧稿本有四：《南涧先生文稿》二卷、王献唐跋《南涧文稿》不分卷、《恩平程记》一卷、《长途备忘录》一卷。

另据王献唐先生《李南涧之藏书及其他》一文载，李文藻藏印有二十八方。七十年代，苏州某中学一退休教师向山东省图书馆捐献李文藻藏印十二方，计有：“李文藻印”（白文大方）、“素伯”（白文）、“拙斋先生伯子”（朱文横方）、“青州东郭李氏藏书”（白文横方）、“人当风雨散，花到别离开”（白文大方）、“李生”（白文）、“李静叔之伯兄”（白文大方）、“与朋友共”（白文方印）、“己卯庚辰”（白文大方）、“文藻”（白文方印）。

弢翁购藏敦煌遗书散记

李国庆

万劫纷来汔可休,此心安稳复何求。

点金有术翻惆怅,要向仙人借指头。

这是方尔谦在自己收藏的敦煌遗书上题写的一首诗。诗后自注云:“旧说有乞儿,闻仙人能点石成金,往求之。仙果指一石,立变金,与乞儿。乞者弗去,仙问何为?曰:‘金易尽,不如割指头与我,随意点石,用之不竭也。’”方氏在敦煌遗书上写出这样一首诗何意?是喻指李盛铎等人打劫敦煌遗书之贪婪?抑或悔恨自己参与行窃国宝之过错?不得臆断,搁置俟考。这件题了诗的敦煌遗书及其后来被爱国藏书家周叔弢先生(自号弢翁)收去这件事,在敦煌痛史中恐怕知道的人不多。

方尔谦为扬州名士,善作联,喜藏泉。泉束腰间,随时与人摩挲,昂首高谈,狂态逼人。时与人交易,从不谐价,出手阔绰,人称大方,遂取“大方”为号。寓居津门,与时贤弢翁交善,过从甚密,无言不谈。他参与劫掠敦煌遗书事也不加掩饰地表白一番。他说的是行话:“唐人写经是抄书,不是临帖,如过去穷书生代人抄书院卷子,不欲过好,不得过丑。”这种依字体识别敦煌卷子优劣的办法,可谓是一条经验之谈。说者无意,听者有心。弢翁后来以重值把大方手中的一批敦煌遗书接收了过来,终使国宝留在了国内。当时李盛铎却把劫得的大部分敦煌遗书卖到了日本，另一小部分被书估弄去。为了尽快收回这些散出的宝物，弢翁奔走厂甸，与书估接洽，在来熏阁、中国书店等处收获颇丰。笔者曾见唐朝写本《咸亨二年沙州胡萨坊口户牒》，即是李氏旧藏，钤有李氏“德化李氏凡将阁珍藏”及“木斋真藏”二方朱文方印，又有弢翁“周暹”白文小方印，是弢翁收得李氏书的明证。弢翁钤盖的这方印章，长宽各 1.1 厘米，出自镌刻家童大年之手，仅用于自藏甲级善本及偏爱之书，足见弢翁重视此本。除自己访求外，弢翁还发动子侄代为寻觅，甚至建议子侄把属于他们旧藏的宝物让出来，如从侄震良那里得到了唐朝写厚白麻纸本《维摩诘所说经》和《大般涅槃经后分》，从侄绍良处得到唐朝写薄潢棉纸本《维摩诘所说经》，外甥孙鼎赠《敦煌石室秘籍留真新编》一书。子景良以重值代购《故旧帖》、《户口单》、《社转帖》及《信稿》等，弢翁见后觉得这批东西可疑，就请赵万里审定，认为确是赝品，弢翁毫不犹豫地付之一炬，说：“这种东西不能留在世上骗人。”这些访书逸闻不胜枚举。

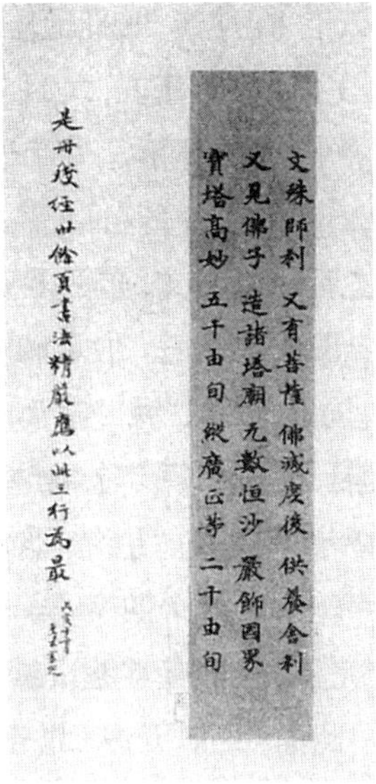

周叔弢在敦煌残经后的题跋

笔者因编《弢翁藏书年谱》，有幸在弢翁哲嗣处得睹弢翁《日记》及寄家书，偶一过目，即得数条购藏敦煌遗书之记载，兹择录如下，以窥大概。

1962年10月5日《日记》:“去(子)珏良家,阅彼代购写经一卷,首尾完美,字体甚古,大约在隋以前。此次所得共计八卷,除其中二卷外,字体都精。另有显德五年款一卷,字殊不佳。”

1962年10月6日《日记》:“看昨日新收唐人写经八卷。其中四种经之后皆有愿文,亦不多见。另有一卷是武周时写本,有武后新字,惜首缺不完。伯希和亦有《四分律藏》一卷,是武周写本,当是同时所写。另《佛为心王菩萨说投陁经》一种,首尾完好,斯坦因、伯希和只存上卷注本。此恐是孤本。”

1963年寄家书:“伯鼎(名震良,周达长子)前在京得大业写经,大字宽行,每行十四字,异于常品。我在津得大业写经,乃小字,首尾完具,有轴有签题,良可爱玩。我藏敦煌经卷百馀轴,有年款者并此而四:曰天保(北齐),曰开皇(隋),曰至德(唐)。以字而论,开皇卷为最精也。敦煌经卷为英法劫盗以去,国内则以北京图书馆所藏为最富,几及万卷。若私家所有,以意度之,不过四、五百卷耳。今年我二人各得隋经一卷,亦不平常。”

1963年寄家书:“我现在工作、读书之外,经常到古玩铺、古书铺一走。我不买字画,但时时买到敦煌所藏隋唐人写经。有时书法精美,亦可怡情养性。”

弢翁购藏敦煌卷子量多质精,数量多达二百五十多卷,堪称私家藏卷巨擘。精品颇富,有六朝写卷《大戒尼羯磨文》,目前所知敦煌戒律写卷最早的为十六国时,本卷亦早期精品。又有一种与上卷时代相近的北齐写卷《羯磨》,此卷有北齐天保九年题款,更为难得。隋朝写卷《禅数杂事》,为开皇十三年写成的,此经内容不见历代《大藏经》中,为藏外佛经,弥足珍贵。隋代写卷《金刚般若波罗密经》,字体古朴有力,颇具北魏古风,每行仅十三至十五字，在写经亦属少见。隋大业四年写卷《大般涅槃经》卷第十七、隋大业九年写本《金刚般若波罗密经》、唐开元二十年写本《大般涅槃经》、后周显德五年写本《佛说无常经》，等等。除此以外，唐写卷子本《文选》卷第二十四，为日本金泽文库旧藏，列为日本国宝，后被弢翁收得。北宋治平四年写卷子本《摩诃般若波罗密经》卷第三十四，为清宫宝藏，都成为自庄严堪插架之物。

弢翁作为藏书大家，名重海内外，素喜宋元版古籍，兴趣并不在此，那么为何斥巨资访求敦煌遗书呢？忧国之情使然！解放后，弢翁实现了早年购藏古书、文物的夙愿——陆续无偿捐献国家。1981 年弢翁向天津市艺术博物馆捐献历代文物一千二百六十二件，其中敦煌遗书二百五十六件。1996 年 6 月上海古籍出版社出版了《天津市艺术博物馆藏敦煌文献》一书，该馆馆长云希正先生在《序言》中对弢翁捐献敦煌经卷予以高高评价，他说："天津市艺术博物馆珍藏的敦煌遗书享誉海内外，迄今为止入藏数量达三百五十件，在国内除北京图书馆外，居省、市级收藏单位的前列。这主要应归功于已故爱国文物收藏家周叔弢先生生前的鼎力襄助和无私捐赠。1981 年周叔弢先生将以毕生精力搜藏的敦煌遗书二百五十六件，悉数捐献本馆。这批文献不但量多质精，而且保存完好，极大地充实了本馆的敦煌遗书特藏。"

赠书后，陈邦怀题赞诗一首，诗曰：

爱国同人周叔弢，鉴藏明察到秋毫。不甘独乐归公有，众誉弢翁风格高。建国之初尝献书，一廛善本尽珍储。而今再献皆文物，压倒当年士礼居。玺印累累存史料，古文奇字更希奇。愿钤万本流传远，古为今用贵及时。唐人写经美无度，俯视唐碑八百通。更有双双文选注，千秋秘籍未俄空。

孤本《石鼓斋印谱》跋

卞孝萱

《中国人名大辞典》:“张肇岑,清江都人。字兰坡。工篆隶。足迹几遍全国。喜金石文字。阮元督滇时,大理石画,镌刻皆出其手。官按察司照磨。有《石鼓斋印谱》。”有谁见过《石鼓斋印谱》呢?没有。所以我写这篇文章,予以介绍。

印章是中国特有的一种艺术品。篆刻家(或收藏家)把印章钤盖在纸上,汇集为一本书,通称印谱。《石鼓斋印谱》是张肇岑生前所刻印章的一份留底,他死后由子孙珍藏,未公开出版。

《中国人名大辞典》说张肇岑“工篆隶”,墨迹罕见。我曾在亡友王瓘家中,见过一副张肇岑写的隶书对联,不知现在是否还保存完好。张肇岑有书法功底,又“喜金石文字”,故所刻印章,清真雅正,古趣盎然,不同凡俗。

回忆我少年时,爱刻印章。张肇岑的后裔,与我家为世交。张家的人,对我谈过张肇岑做阮元幕友的佚事,我很喜欢听。阮元是清代扬州的大名人,其故居与我家相距甚近。从我家到学校,经过阮元故居。我从初中时代起,就熟悉阮元之名,对《石鼓斋印谱》中阮氏印样，倍感兴趣。张家因我爱好艺术，把他家珍藏了几代的这本印谱，赠送给我。

六十年来，我南北奔走，不少书籍散失了，但这本《石鼓斋印谱》一直携带在身边，保存完好。因为这是孤本，如果丢掉，就是无法弥补的损失了。

《石鼓斋印谱》中钤盖着张肇岑为当时许多名人所刻的印章，最宝贵的是为阮氏一门所刻者。所以这篇小文以介绍阮元、阮常生、阮福父子二十五方印章为主。

①“阮元之印”（白文）

②“阮元之印”（朱文）

③“阮元伯元甫印”（白文）（大）

④“阮元伯元甫印”（白文）（小）

⑤“阮伯元印”（白文）

⑥“仪征阮伯元章”（白文）

孝萱案：阮元（1764—1849）字伯元，江苏仪征人。《清史稿》有传，缪荃孙《续碑传集》选录刘毓崧《阮文达公传》、李元度《阮文公达公事略》等三篇。

⑦“云台”(白文)(大)

⑧“云台”(白文)(小)

⑨“云翁”(朱文)

⑩“云翁”(白文)

孝萱案:阮元一字云台。据⑨、⑩两印,知阮元晚年自称“云翁”。

⑪“揅经老人”(白文)

孝萱案:《清史稿·阮元传》:“自著曰《揅经室集》。”阮元《揅经室集自序》:“室名揅经者,余幼学以经为近也。”阮福《小琅嬛丛记·文笔考》录阮元《文言说》、《书梁昭明太子文选序后》、《文韵说》、《学海堂文笔策问》四篇,均代父署名“揅经老人”。《石画记》卷二阮元自署“揅经老人”。

⑫“文选楼”(朱文)

孝萱案:阮元《扬州隋文选楼记》:“嘉庆九年,元既奉先大夫命,遵国制,立阮氏家庙,庙在文选楼文选巷之间。”《扬州文楼巷墨庄考》:“元居扬州文楼巷文选楼侧。”阮元诗集名《文选楼诗存》。《清史稿·阮元传》:“刊当代名宿著述数十家为《文选楼丛书》。”

⑬“积古斋”(白文)

⑭“积古斋”(朱文)

孝萱案:《清史稿·阮元传》:“编辑《积古斋钟鼎款识》。”阮元有《积古斋钟鼎彝器款识序》。

⑮“宫保尚书”(朱文)

⑯“宫保光禄大夫”(朱文)

孝萱案:据刘毓崧《阮文达公传》、李元度《阮文达公事略》,嘉庆十九年阮元调江西巡抚,“加太子少保”。清总督例带兵部尚书衔。光禄大夫是清文臣最高之阶官。

⑰“阮常生印”(白文)

⑱“阮常生印”(白文)

⑲“阮常生印”(朱文)

⑳“阮长生印”(白文)

㉑“阮常生字寿伯号小云又号彬甫之印”(朱文)

㉒“小云又号伯长”(朱文)

㉓“阮小云藏金石书画印”(朱文)

孝萱案：阮常生（一作长生）是阮元长子，是族子过继的。《清人室名别称字号索引》只载阮常生有彬甫、小云二字号，据㉑、㉒两印，知阮常生还有寿伯、伯长二字号。

㉔“阮福私印”(白文)

㉕“子备”(朱文)

孝萱案：阮福是阮元次子，是亲生的。《清人室名别称字号索引》只载阮福字赐卿，据㉕一印，知阮福还有子备之字号。

甘泉张肇岑印(白文)

兰坡六十以后书(朱文)

附带说明,《石鼓斋印谱》中钤盖张肇岑为自己刻的印章很多,其中有"甘泉张肇岑印"(白文)、"兰坡六十以后书"(朱文)二方,可以考证张肇岑籍贯(江苏甘泉人。甘泉、江都都是清扬州府的附郭县。《中国人名大辞典》说"江都人",误。)与享年。

张肇岑为阮氏父子刻印如此之多,可见其关系密切。《中国人名大辞典》云:"阮元督滇时,大理石画,镌刻皆出其(张肇岑)手。"我们可以从大理石画来进行阮、张宾主之谊的探讨。

大理石,变质岩之一。具有美丽光泽,盛产于云南大理点苍山。一般白色,如含不同杂质,就有各种不同的颜色。大理石上的彩色花纹,如同图画,是天然的艺术品。阮元特别喜爱它,称为"石画",亲自品题,嘱幕友张肇岑镌刻于石上,著有《石画记》,详记其事。

阮元《石画记序》云:"余到滇数年以来,所见不少,已如云烟过眼。又于到点苍时,张氏兰坡为余亲至石屋,选买数十幅,间有题咏,或持赠戚友,或儿辈乞去。又兰坡诸公,在省肆买石,各请品题。余择其得古人诗画之意者,不假思索,随手拈出,口授指划,各与题识,付兰坡暨侄磵曾,或镌或记,……"末署:"道光十二年扬州阮元序于滇南节署石画轩。"

《石画记》卷一、二、三阮元提到张肇岑者,如:

《雪林图》:"雪林图石砚屏,高八寸四分,宽六寸八分。石质白润如玉,……"。注:"兰坡又摹'快雪时晴,羲之'六字于上方。"

《日观峰图》:"日观峰小幅,高八寸半,宽一尺五分。……张公肇岑刻之曰:'云台先生嘉庆八年登岱诗曰:日观开扶桑,元气浴滉漭。色铸黄金天,岳形摇清旷。阳乌突跃出,鼍采忽飞飏。'

谓此石能画出诗意。"(以上卷二)

《天际乌云》:"小幅,高四寸半,宽七寸半。……张兰坡摹刻苏帖云:'天际乌云含雨重,楼前红日照山明。'此君谟梦中诗也。又刻'阮氏梦诗书画石'七字印。又刻'苍山画仙仿小米画法'九字印。"

《桂岭图》:"高九寸半,宽九寸。……张兰坡摹《圣教序》'桂生高岭云露方得泫其花'十一字于上方。旁刻'苍山画仙仿燕文贵款,画法古茂,真宋笔也'。"(以上卷三)

《石画记》卷四、五是阮元第三子阮祜所编。阮祜在卷四开头说:"祜于癸巳秋,随严亲到滇。甲午稍暇,时张兰坡世兄、家琴士兄磨刻佳石甚多。严亲检新旧石画之未记者,命祜记之如左。"癸巳是道光十三年,甲午是道光十四年,这是阮元在云南的最后两年。阮祜又在卷五开头说:"乙未贡茶船至汉江,寄石来扬州,祜因续记之如左。"乙未是道光十五年,阮元"召拜体仁阁大学士,管理刑部,调兵部。"(《清史稿·阮元传》)这时阮元全家及张肇岑已离云南。

《石画记》卷四、五阮祜提到张肇岑者,如:

《初月残阳》:"方九寸。……张兰坡刻曰:'初月残阳交弄影,绿杨红杏共扶春。云台先生句也。'此石画之。"(卷四)

《海涛夕照》:"高一尺五分,宽八寸五分。……刻曰:'云台先生观海诗云:天风吹大水,落日满群山。'此石画之。兰坡选。"

《碧鸡金马》:"高七寸二分,宽九寸三分。一面刻曰:'云台先生看碧鸡山诗云:况当落日馀霞后,正是涂金刷翠时。'此石画之。一面刻曰:'云台先生看金马山诗曰:夕阳无限好峰峦。'此石画之。兰坡选。"

《石壁水田》:"高八寸,宽七寸。……刻曰:'石壁岚光生翡翠,水田天影冻玻璃。云台先生句也。'兰坡选。"(以上卷五)

张肇岑也收藏大理石画。《石画记》中阮元说:

《梅花道人水墨云山》:"高一尺二寸半,宽一尺四寸半。刻云:'此幅山壁苍莽,云烟活泼,酷似吴仲圭得意之笔'。"注:"此石极精,乃神品。"

《秋山萧寺》:"高一尺二寸半,宽一尺六寸。刻云:'石画中少有林屋,惟此石方有山寺楼塔之景,罕见之仙画也。'背刻:'思入风云变幻中'。"

《青山缺处日初上》:"高一尺四寸,宽一尺六分左右。皆峰岭嵳峩,中间凹缺处独见红色。余题曰:'青山缺处日初上',放翁句也。"

"以上三石皆兰坡所珍藏。"

《桂岩转月》:"高四寸半,宽三寸二分。……此石为卖石人跌缺,兰坡买而裁之甚小,且手琢之,反以小而为研屏极宜。"(以上卷三)

《石画记》中阮祜说:

《湖山倒影图》:"高一尺一寸,宽八寸。……此石乃张氏兰坡所宝藏,刻曰:'云台先生曾有句云:烟静湖水明,山影向湖倒。碧镜舒黛眉,绘事逊兹巧。'此石下半,恰是湖山倒映之影,真巧绘也。"(卷五)

从上引文字,可看出阮氏父子与张肇岑同赏大理石画之乐。《清史稿·阮元传》云:"元博学淹通,早被知遇。""历官所至,振兴文教。""身历乾、嘉文物鼎盛之时,主持风会数十年,海内学者奉为山斗焉。"作为大官、大学者的阮元,不摆架子,称张肇岑为“氏”为“公”；作为贵公子的阮祜，不骄不亢，称张肇岑为“氏”为“世兄”，可见宾主相处，极为融洽。这是张肇岑离乡背井，只身远赴云南，追随阮元，不愿另谋他职的主要原因。钩稽文献，并结合张家人所谈，考出以上情况，有助于加深对张肇岑其人、《石鼓斋印谱》其书的理解。

附记：乾隆五十八年，阮元提督山东学政。又，阮元继配孔氏，是曲阜衍圣公孔昭焕孙女，孔宪增女。阮元与山东有缘。我应齐鲁书社之约，撰成此文，在《藏书家》发表，愿再结缘，缘上加缘。

小斋雨窗闲话(稿本)

——苹楼藏书题记

涂宗涛

我藏有一本清人稿本，封面笺题“小斋雨窗闲话”，长24.2厘米，宽13厘米，纸捻装，竹纸，无界格，共三十八页，每半页八行，行二十八字，字作行草，文字间有改动，也有个别笔误处未改者。内文未标作者和抄录者姓名。前为文，后为诗。计文十篇，其中志怪小说四篇、游戏文一篇、八股文与论说文各一篇、骈文、赋、书启各一篇。诗九十七首。稿本末载《题为题补知县事》一篇。

《小斋雨窗闲话》(稿本)(以下简称《闲话》)，不见任何文献著录，其作者姓名和抄写年代，只能从内文找内证和根据稿本的纸张、墨色等方面来判断。按《闲话》载《水患二首》(并序)，“序”称：“滦阳南七十里，旧有陡河一道，源于山而入于海，国朝初年间，河决，水不可遏，官民顺其下流筑石堤一道，名为坝，逼水流入旧河。近数年因横坝增高，老河淤仄，时值大雨，辄决堤而泛滥两岸村庄，自是为吾乡之患云。”本此可知，滦阳即河北省丰润县，作者既称滦阳为“吾乡”，则当为丰润县人；又空格尊称“国朝”，从纸张、墨色来看，当属清代手抄。又，《和原任乐阳明府刘君署中八景诗》(并序)，“序”称：“刘君嘉庆科名进士也，出掌是邑，迄今数十年矣。观其重修县志，则吏治可思；闲吟诗章，则文教可想。家大人以丁未得捷南宫，亦为是邑令，…嗟夫！家君作宰也，司长子之官师；长子无才，谁继家君之衣钵……”。按：乐阳即山西省长子县之古称，“序”中提到的“乐阳明府刘君”，即刘樾，嘉庆六年进士，曾任长子知县，并修《(嘉

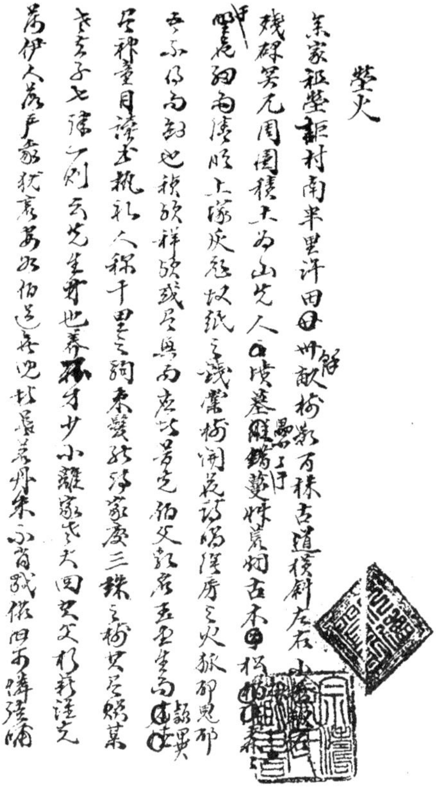

庆)长子县志》。嘉庆“数十年”之后的一位丁未科进士，又继刘之后为长子知县，这位知县即作者之父。嘉庆后之丁未年，即道光廿七年(1847)。复检《明清进士题名碑录索引》和《(光绪)丰润县志》，前者在道光廿七年丁未科内有万年其人，系正蓝旗汉军籍；后者记载曾任长子县知县者为赵万年，旗籍，魏庄人，有《竹棠轩诗文集》；而《闲话》中有七律诗题《予家竹棠轩前后有荷塘二，时值七夕……》，又有另一首七律诗题《己酉暑月廿有一日，予初度也。呜呼！二十三秋初度竟成虚度……》，据此可知：作者生于道光六年，家有室名“竹棠轩”，则那个丁未进士、又做过长子知县的丰润县旗人“万年”和“赵万年”实为一人，因旗人后代改为汉姓，乃常见现象，即道光丁未科进士原名万年，后来光绪年间所所修县志，因其后裔已改为赵姓，故称之为“赵万年”。再从《闲话》后附《题为题补知县事》来看，中称“兹据藩臬两司查有新班遇缺即补知县万，堪以补授长子县知县”、“查万现年四十八岁，系正蓝旗汉军文奎佐领下人，由附生中式道光戊子科举人，十五年乙未大挑二等，选授永平府卢龙县训导，丁未科会试中式进士，登第后，万签掣被分到广东候补，因亲老告近，改掣山西，于(道光)二十七年十月初五日到省，在顺天捐输，于二十九年正月十九日奉旨候补知县万着归新班，遇缺即补。钦此”。这篇抄录的公文标明年代为“(道光二十九年)闰四月廿六日具题”。这是作者为保存其父任长子知县的档案而抄存的，也说明万年于道光廿九年接任长子知县。

以上说明《闲话》作者为河北省丰润县人，正蓝旗汉军，系万年之子，生于道光六年(1826)。再从《闲话》所载如下资料得知：(一)、《诫弟草》“父母生我兼生汝，同胞兄弟正两人。我今落魄廿三载，汝亦成童十九春。望我初非池中物，励汝堪充席上珍。吾已伏枥甘驽马，尔岂步昭之后尘?”则作者姓万名昭，是万年之长子。(二)、《吾家詹话》“匹夫致千金，必有过人智，阿祖少年时，创业多奇异，弓冶绍箕裘，草莱阚土地，教子扬其名，有谷贻孙利”。万昭的祖父原为“匹夫”，后来发家，其父万年登进士第，并为长子知县，称得上是富贵之家。(三)、《读织云兄水灾诗有感而作》“忆昔戊申年，家君登第后，需次在并州，省亲来山右”。按戊申为道光廿八年，此时作者年廿二岁，已来到山西太原，翌年其父为长子知县，作者时年廿三，已到长子县；再从他咏《署中八景诗·步月轩》“曾向广寒空折桂，孰能平地再鸣雷。当头无限姮娥恨，梯上蟾宫望后来”，说明作者廿三岁时仍未“游泮”即起码的“秀才”也不是。从《闲话》中透露，作者除提到“我今落魄廿三载”外，还提到“已到人间二十春”(《自咏七律五首》)，从未表露过“老大”、“迟暮”、“衰老”之类的内容，可知《闲话》是万昭从幼年到廿三岁之间的习作。

《闲话》虽是清代中叶一个不第青年士子的习作，但却有一定的史料价值。因为这本习作，可作为研究当时出身于一个县令的富贵之家的青年士子的第一手史料。例如：有关他的志向、眼界、知识面、识字要求、写作水平等方面，都值得研究，而且还有值得我们借鉴之处。从这本习作的全部诗文来看，作者的志向就是为了追求个人功名，登第当官，享有荣华富贵，扬名显亲，没有爱国忧民观念，也没有“民胞物与”思想，在他的笔下，除反映水患之外，看不到一点民间疾苦的影子，描绘的只是自己的闲适生活和功名未就的苦闷，总之，作为当时统治的儒家思想的积极面，在这个青年士子身上几乎没有什么反映，从这个侧面，反映出封建王朝企图以科举为手段去加强儒家思想的统治，结果是并不理想的。再从作者的经历来看，他曾去过北京、太原、天津、长子等地，并非蛰伏乡野之辈，但在他的诗文中，反映的现实面非常狭窄，除了田园风光，就是纪游之作，没有生活困厄的经历，唯一的一次例外，是他戊申年从北京到天津，因大水为患，在返回丰润的途中，“骑马又投鞍，泥涂更水垢，倦鸟无宿枝，幸遇故中叟，烧枝偎爆衣，煮米聊糊口”（《读织云兄水患诗有感而作》），曾尝到过旅途的艰辛。作者是八旗子弟之一，缺乏生活磨炼，正是那时八旗子弟的普遍现象。

当然，也不能否认，万昭毕竟出身于仕宦之家的书香门第，从小就受到良好的文化教育，因而具有一定的学识和写作水平。《闲话》中的诗文，使事用典，体现作者有较为丰富的传统历史文化知识；在写作上，除会写当时科举要求的八股文和试帖诗之外，还能写骈体文、赋、论说文、书启和志怪小说；对于诗，应该承认，作者是有诗才的，除无五绝之外，其馀各种诗体都能写，而且其中不乏佳句，如“下榻已无徐孺子，听琴安有卓文君”（《小园即事》）、“顺风鸿雁凌云易，远水楼台得月难。不改诗书真面目，依然布帛旧衣冠”（《忆榜后》）、“架老黄瓜蔓，篱翻紫豆花”（《小园即事》）、“破屋三间无长物，一纲鱼网挂墙头”（《宋各庄题壁》），都不失为佳句。作者在《消闷》一诗中写道：“若果终身不遇时，丈夫何用表须眉。每思往事愁贪酒，敢说良能爱赋诗。静僻全无才子访，牢骚空对古人悲。琴弹流水高山曲，斯世知音更有谁?”此诗能代表作者的风格，属于性灵派，虽仍有浅俗语，但他自称“敢说良能爱赋诗”却是符合实际的。

再从《闲话》来考察作者的阅读范围和识字训练。作者自知“文章叔季重科名”（《自咏七律五首》），科举时代要求青年士子熟读“四书”、“五经”，将传奇小说视为闲书，是不主张阅读的，而万昭的情况却不一样，他不但读传奇小说，如唐人李公佐撰传奇《谢小娥传》，不仅是熟读，还深受感动，情不自禁地写下五十二句的七言长篇古诗《吊谢小娥》；再从他写的“志怪小说”如《茔火》、《屋妖》、《狐女堪舆》、《猿师拳勇》来看，也可说明，正是读了前人的小说作品而仿作的。万昭到廿三岁时虽未曾一第，但不能抹煞其才华，这和他扩大阅读范围是密切相关的。另外，《闲话》以行草抄写，可见作者已颇具书法功力。

末了，还应指出，《闲话》也保存了少量社会史料。如对清道光年间京畿一带的水患，用诗作了形象描绘。又如后附《题为题补知县事》(抄件)，从中说明：被举荐报批者，只称姓而不称名，即称“查有新班遇缺即补知县万”，而不称“万年”；再是从万年于道光廿七年十月初五日即到山西省候补，但过了一年多仍未实授知县，直到他“在顺天捐输，于二十九年正月十九日奉旨候补知县万着归新班，遇缺即补，钦此”之后，才在这年的四月轮上“即补”长子知县的机会，这是他用钱“捐输”才促成的。这也说明清代中叶的吏治已相当腐败，只有“进士”资格不行，不花钱“捐输”，只能无限期地“候补”下去，这和花钱买官在本质上是无区别的。

一部未见著录的太平天国史料

——述《金陵述难诗略》

辛德勇

有关太平天国的文献，从民国时起，就是历史学者着意罗致的对象。不过当时主要出自学者个人的兴趣和力量，所得毕竟有限，遗略尚多。建国以后，注重研究农民起义，四处搜讨，更是不遗馀力。这下有了组织的力量，网罗之周密，可谓疏而不漏，差不多到了一网打尽的地步。所以现在要想再找到尚未为人所知的这方面文献，的确是很不容易的事了。这里所要介绍的自己箧中所存的《金陵述难诗略》，就是这样一部难得的稀见著述。

此书为清代同治年间的墨格抄本，作者不详。全篇共有七言律诗三十五首，附有作者自注，写在一本杂记物主诗文并抄录他人诗作的书册内，殊难断定此诗是物主的稿子，还是抄录他人的东西。书册篇首有物主撰《造董山人闲亭记》一篇，是同治三年在秦州躲避回难时所作。文中自述云："余干戈扰攘，逃窜南北，不睹风月已三年矣。"好像这个人此前曾到过南方，《金陵述难诗略》也有可能就出自此公手笔。观此书册卷末尚写有试帖

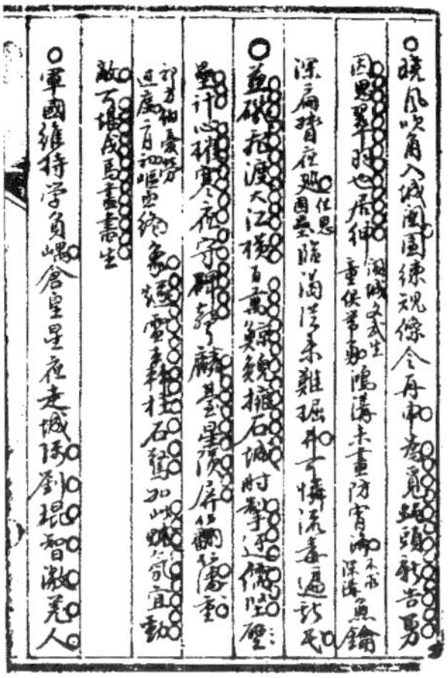

诗多篇，可知其人还没有个正经出身。盖试帖诗乃专为应试而习作，一旦登科入仕，谁也不必再为此花费功夫。

有关太平天国的纪事诗留传下来不少，但由于记述同类事情的官私史乘为数更多，就研究历史事件本身来说，纪事诗的价值都不是很大，只能起到补充、参证的作用。

《金陵述难诗略》的价值，首先体现为反映作者所持的态度和看法。如此书开篇叙太平军攻克金陵经过云：

专阃原思奏大功，扁舟一夜遁江东。〔陆制军遇贼未战，自九江星夜回。〕出师屡滞黄州月，〔耽延一月始行。〕纵火空逢赤壁风。诰锡泥金书印紫，江沉铁锁血流红。劫灰倖未遭罗网，矍铄由来是此翁。

模糊文诰赚蚩氓，温语从容出拊循。〔制军回省，鸣锣出示，申言贼退，令民照常贸易。〕槐市已经歌楚调，〔贼伏城外，无人知者。〕桃源不入避秦人。〔迁徙者百中有一。〕虎狼直捣窥狮岭，〔在仪凤门内。〕鹁鹳无军守凤闉。多少桑麻称乐土，迟疑从悔落迷津。〔亿万生灵，俱陷城中。〕

南都形胜壮龙蟠，二百年来堵尽安。杨柳解愁随水逝，〔杨抚军必欲回苏，即日出省。〕梅花有信渡江难。〔各邑被陷，省城得信最迟。〕鹿方走险奔群鸟，鹤欲乘轩御蠹蛮。

〔邹抚军驻省筹防。〕一自孤山飞羽檄，烽烟逼近古长干。

晓风吹角入城闉，团练规条令再申。为觅蝇头新告勇，因思翠羽也居绅。〔阖城文武生童俱带勇。〕鸿沟未画防胥济，〔不求深沟。〕鱼钥深扃督夜巡。〔但思固垒。〕临渴从来难掘井，可怜流毒遍斯民。

燕矶飞渡大江横，百万鲸鲵拥石城。肘掣迂儒坚垒计，心摧寒夜守陴声。麟台星陨屏藩重，〔祁方伯忧劳过度，二月初，呕血终。〕象燧雷轰柱石惊。如此贼氛宜劲敌，可堪戎马尽书生。

军国维持学负嵎，仓皇星夜走城隅。刘琨智激羌人散，〔上邑尊刘青溪"勤劳惠爱"四字。贼亦知名。殉难时，大书"勿伤吾民，愿以身代"八字。〕祈父哀闻士女呼。幕燕营巢楼孰定，游鱼沸釜泣先枯。金铸浪掷终无补，覆辙方知决策纡。

诗中提到的清方官员有两江总督陆建瀛、江苏巡抚杨文定、江宁布政使祁宿藻、原广西巡抚邹鸣鹤等，对陆、杨二人尤多怨词（"鹿方走险"之"鹿"亦指陆建瀛）。盖其本事为咸丰三年正月，太平军由武昌乘江流东下，兵锋甚厉，而陆建瀛自信轻敌，仅带兵三千馀人，进次九江阻击。结果遇太平军一触即溃，建瀛驾小舟经小孤山一路逃归江宁，闭城固守。而江苏巡抚杨文定，则一见大事不妙，竟擅自撤出江宁，退守镇江，更加削弱了江宁的城防力量。祁宿藻等上疏弹劾陆、杨，文宗降旨将陆建瀛革职拿问，并籍没家产，同时还革除了他儿子陆钟汉刑部员外郎的职务。不过陆建瀛还是登城督战，最后城破被杀，所以朝廷又追复其总督官衔，归还家产。原广西巡抚邹鸣鹤本获罪褫职，居家赋闲，被陆建瀛请来协办江宁防守事宜。及建瀛获罪，命宗室将军祥厚兼署总督，祁宿藻、邹鸣鹤协同筹办防御事宜。最后祁宿藻劳累呕血而死，祥厚与邹鸣鹤则均战殁。《诗略》的作者显然是把金陵失守的责任全部归咎于陆、杨二人，虽然这算不上十分公允，却可以代表当时的一般看法。所谓"劫灰侔未遭罗网，矍铄由来是此翁"，稍显费解，疑指陆建瀛身后仍得恢复原有官衔，没有受到作者认为应有的惩治。但若是换了别人，难道会有比陆建瀛更高明的办法吗？依我看当时没人能阻遏太平军所向披靡的兵锋，陆建瀛若是据守九江不动，非但守不住九江，恐怕还会加速金陵的溃败；退守金陵，坐以待援，应当是当时唯一可行的选择。令陆氏遗憾的是朝廷并没有调集来援兵。

说起陆建瀛和金陵的失守，还有一段书林掌故。这就是道光三十年陆建瀛出资在金陵刊刻了郝懿行的名著《尔雅义疏》，即所谓木樨香馆刊本。甫成未久，陆氏与金陵偕亡，而如《诗略》所记，太平军入城后即"烧毁书籍"，"草泽焚书后祖龙"，加之攻守之间的连连战火，《尔雅义疏》书板亦荡然无存，印本传世颇罕。郝氏学问，本来平平，《义疏》原稿芜蔓冗杂，陆氏刊印时尝倩王念孙、陈奂诸饱学硕儒删削润色，去掉不少冗滥词句，洵为最佳定本。殊不料由于此本流布未广，咸丰六年时南河总督杨以增竟又完全依照郝氏原稿，重刻此书，并妄以足本相标榜。杨氏是清代藏书名家，雅好文事，然而即此一事，可见其学识远非陆氏之俦。《尔雅义疏》杨刻本亦流布不多，后人翻刻重印，类皆依据杨本，陆氏木樨香馆刻本自然弥为珍贵，已成为公认的清刻善本，这也是陆建瀛留下的文化遗产。

审度诗中内容，似作者夫妇同陷金陵城中，并分住所谓男馆、女馆,故诗中对于女馆情况叙述较详;最末一首还有“荆裙同历围中厄”的诗句,因此所述应多为亲身见闻。抛开其阶级立场以及由此产生的诋毁之词不论，所记事项尚有一定参考价值。这里姑且摘录几首,以见一斑。如叙述太平军入城后举措云:

金陵占据僭称王,倒置高卑灭五常。燕雀有居皆隔越,〔离间骨肉，不准言家。〕螟蛉负子特荒唐。〔掳孩童为己子。〕雷斤夜凿桓公壁,〔拆毁圣庙。〕磷火春颓宋玉墙。〔拆毁民墙。〕试向白门惆怅久,东风无语暗斜阳。

操戈入室拾巾箱,四境搜罗到虎狼。〔搜掠刻无宁晷。〕不辨雌雄群走兔,〔女贼男装。〕更求输纳令牵羊。〔令民人贡。〕朱门是处封蛮纸,画阁谁家侧燕梁。却笑女酋蠢见恶,晨昏遍服绮罗香。

土木经营扰未停,〔各处改造房屋。〕遍抄华屋绘丹青。〔满壁彩画。〕蛙能说法徒饶舌,〔贼每登台说法，概无君父之□,谓之讲道理。〕蟹亦朝冠自秽形。〔伪官亦行上朝。〕削竹苦供中妇役,鞭蒲酷设伪官刑。〔女馆有削竹尖之役。男女犯令,加杖数百。〕生民涂毒书难尽,日望囚俘献大廷。

痛楚由来妇辈多,弓鞋争禁绣红罗。金莲妒杀潘妃步,〔严禁裹足,迫令薰放。〕茜草生憎越女拖。〔不许穿裙。〕翠带谁夸裙贴地,湘纹不许韈凌波。骇闻旷古真乌有,太息闺门受折磨。

由于形势混乱,传闻异词,有些非亲预其事无法得知内情的事情,诗中记述得很不准确,如张继庚叛乱一事就是如此。诗中写道:

报韩誓复旧河山，暗约春风往复还。〔廪生张继庚，约数万人，谋办内应，独来大营暗议。〕意外赚他军半壁，术中堕我计连环。雪天整顿潜平蔡，〔初次定计，夜入太平门。〕月夕安排突斩关。〔二次定计，元夜放火。〕终是儒生能爱国，胆薪尝遍泪频潸。

泣血椎心痛不辰，维持残局在斯民。虎符迭试探骊手，〔至三次事偾。〕马革旋焚葬骝身。〔该生受酷刑，卒不招供，受马奔之刑死。〕满望戈挥回白日，可怜车裂振黄尘。田横一死无馀恨，哭墓犹从五百人。〔株连多人，均受极刑。〕

参与张继庚叛乱密谋的核心人物之一金树本，撰有《张邴原先生金陵内应纪略》，详细记述了他们谋反的经过，知人数最多时不过是计划发动五百人而已，实际参与起事的则只有几十人，决无数万人内应谋反之事，诗中所记未免失实过甚。又金树本云张继庚被捕捉后伪供同党三十四人，其实都是积极支持太平天国的人士。这些人虽然同受斩刑，但皆非所谓“田横哭墓”之人，与《诗略》明显出入，也需要细心甄别。

《诗略》的作者显然极端仇视太平天国。太平天国固然有失宜的举措，但这种仇恨情绪首先是发自作者的阶级立场。洪秀全当然不可能为中国的亿万农民找到通往天国的道路，但却指给他们挣脱地狱苦难的希望。现在有些议论认为太平天国运动破坏社会经济，阻碍了中国社会的正常发展。这种论调或许有它合理的依据，好像是一种很冷静的理性分析，可我觉得未免太冷静，失去了情感。不管太平天国运动带有多少愚昧和缺陷，也不管洪秀全本人后来有多么堕落，我们总不能忘掉一个简单的事实：那就是官逼民反，民不得不反。

说《说部丛书》

陆 昕

今日讲新文学版本及其他种种旧书的文章已经很多，一般喜读书话的爱书人对这类书也都拥有一定的鉴赏力。但我感觉除去阿英的《小说丛话》中偶然提及外，其他书话里都忽略了一部非常重要，在旧文学与新文学的衔接上，在中西文化的相互交流上以及对老一辈学者在了解并接受西方文化上起到相当作用的书，这就是商务印书馆从二十世纪初开始陆续出版发行的《说部丛书》。

清末，百日维新虽告失败，西学东渐之风却兴盛起来。因为维新的需要，最初传播过来的书籍以政治科技为多，而文学作品稍后亦接踵而至。且文学不仅有助于了解他国政治及民情，亦有功于改造国民之性，所以很受欢迎。商务的《说部丛书》，正是在这一大的背景下诞生的。

《说部丛书》共分四集，前三集每集一百种，第四集四十种，多是用文言文将欧美的作品翻译过来，供时人阅读。翻译者中名声最著的即是古文家林纾，所译作品也最多，约近两百种。惟林氏不懂外文，乃由通外文者口述，林氏以意译之，而文笔之佳，极受学人称誉。

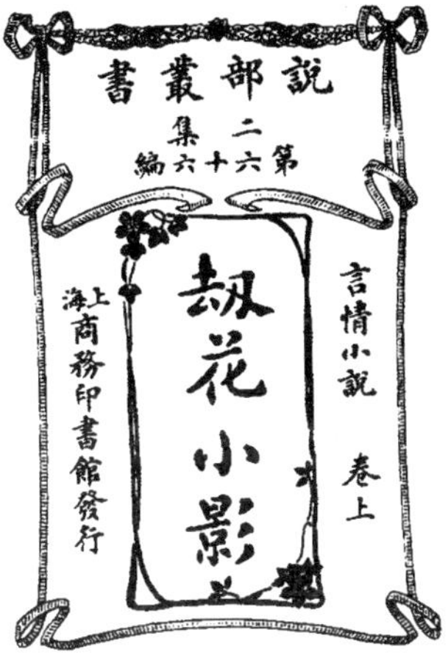

此书之初集一百种，成于光绪末年。这种版本，纸用道林，印刷考究，尤其封面一律以柳树与桃花为衬，柳枝碧绿，桃花浓艳，中间为黑色竖体书名，格外醒目。

民国二、三年时，此书重印，则改为报纸本，封面亦改用蓝色花纹红色竖体书名，以美观和醒目而论，则较清末版稍差。商务先是以此装帧重印初集，继又以此形式印刷二集一百种。

三、四集出版时，纸仍用报纸，而封面又为之一变，每种书皆绘彩色图画，以合于书中主旨。或风景，或贵妇，或侦探，或战争，煞是好看。三集仍一百种。四集四十种，封面同之。

《说部丛书》的其他版本尚有《林译小说丛书》本。因《说部》中林纾所译甚多，商务乃从中选出五十种以《林译小说》名目单独发行，其实也并未改版重排，只是将封面一换，其页码用纸一仍其旧。《林译小说》封面也与《说部丛书》大致无二，只是将蓝色花纹换成绿色花纹，书名仍为红色竖体，封面上端横排《林译小说丛书》六字。

又一种为48开小本，封面单色，皆为月白，书名的颜色略有变化，有紫、绿、监、棕诸色。

又见一种为小16开本，封面为多种单色，或蓝、或紫，皆成鱼网状花纹，中间书名竖体，其颜色与封面合。

所以，仅以我的有限所见，《说部丛书》共有六种形式：清末的初集道林纸本，民国间初二集的蓝花红字本、三、四

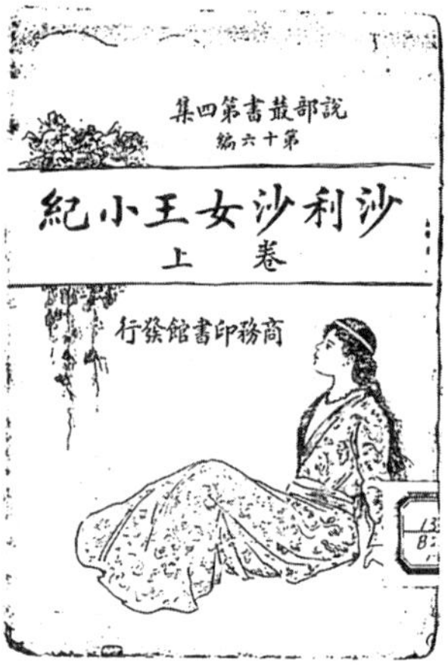

集的彩色封面本、《林译小说》本、48开小本、小16开本。值得说明的是，《林译小说》本以及48开、小16开本并非《说部丛书》的全部再版，只是选本。但《说部丛书》距今已将百年，寻得完整的三百四十种已不可能，所以可用后三种进行集配。我收藏的《说部丛书》共有二百四十五种，其中初集九十一种，二集八十七种，三集六十三种，四集四种，有一些种类即是用《林译》本、48开本、小16开本补入的。

《说部丛书》在近代中国文学史上影响巨大，它首次搭起了外国文学进入中土的桥梁。其翻译的作品有不少名家名作，如英国有莎士比亚、狄更斯、高尔斯华绥、哈葛德等等；法国有大仲马、凡尔纳、巴尔札克等等；俄国有托尔斯泰、契诃夫等等；挪威有易卜生，美国有华莱士。我幼时喜读的《天方夜谭》、《鲁滨逊飘流记》和《格列佛游记》即是看的这种文言本子。周作人化名周逴，亦在其中译了两部，一为《匈奴奇士录》，一为《红星佚史》。阿英先生介绍晚清文学时，在《小说戏曲卷》中选用了数十篇林纾译作的序，又选了读此丛书后一些名家作的诗词，其中便有语言学大家黄侃。我家原保存有数十种零本，“文革”后语言学家吴晓铃先生专门来借，一次借十本左右，并认真打借条按期来还。我的祖父也是语言学家，每晚睡前必置一二帙于枕前，随时浏览。黄侃、吴晓铃及我祖父，全是一生精研于古汉语者，对此书如此有兴趣，推之文学界，影响力自然可知。如解放后，巴金即嘱书店中人，托其留心配全一套。

十馀年前，我初买此书零本时，问者尚少。几年之后，则有日本人、韩国人来争购。幸得书店师傅们与我相熟，仍时有所得。前四、五年时，此种书已再无踪迹可寻。想我寻寻觅觅十来年，所得者虽与全套所差尚近百种，然亦是海内所存不多之书。特别是上海商务印书馆及印刷厂遭日机轰炸时，此

《说部丛书》纸型及未及发出之书，全遭焚毁，故流布极稀。好几位在书店工作六十馀年的老师傅都告诉过我，此书初集较多，二集即少见，三集极罕见，四集基本见不到。所以他们得出的一个共同结论是，配齐三百四十种，不必妄想。

然而正是此书的少见稀传，使许多专业文史工作者对其均不甚了了。有感于此，故作是文，疏漏错谬之处尚请求正于方家。

新书架

清代笔记丛刊　精装 16 开　全 4 册　齐鲁书社出版　定价:650 元

清代是笔记小说蔚为大观的时代，许多文学大家钟情于笔记小说，创作了许多优秀的作品，如张潮的《虞初新志》、王士禛的《池北偶谈》、纪昀的《阅微草堂笔记》、袁枚的《子不语》、沈起凤的《谐铎》等，都是脍炙人口的名作。这些作品所记或朝野佚闻，或市井琐事，或工艺游戏，或神仙志怪，反映了清代政治、经济、文化活动和广泛的社会生活。有鉴于此，民国年间文明书局继《说库》(偏重汉魏至明代)之后，又将清代笔记小说选辑四十一种，汇编为《清代笔记丛刊》，石印出版。但由于该书卷帙繁多，距今年代已远，读者罕觏。为此，齐鲁书社为满足广大笔记小说爱好者和研究者需求，收之重新影印出版。其细目如下:

1. 广阳杂记　2. 岛居随录　3. 今世说　4. 觚賸　5. 虞初新志　6. 虞初续志　7. 蒿庵闲话　8. 渌水亭杂识　9. 池北偶谈　10. 香祖笔记　11. 阅微草堂笔记　12. 谐铎　13. 坚瓠集　14. 东城杂记　15. 茶馀客话　16. 子不语　17. 熙朝新语　18. 重论文斋笔录　19. 耳食录　20. 归田琐记　21. 退庵随笔　22. 履园丛话　23. 初月楼闻见录　24. 清嘉录　25. 两般秋雨庵随笔　26. 冷庐杂识　27. 吹网录　28. 鸥陂馀话　29. 瓮牖馀话　30. 壶天录　31. 金壶七墨　32. 夜雨秋灯录　33. 庸闲斋笔记　34. 郎潜纪闻　35. 客窗闲话　36. 燕下乡脞录　37. 三借庐笔谈　38. 春在堂随笔附小浮梅闲话　39. 荟蕞编　40. 埋忧集　41. 庸庵笔记

《人民文艺》小记

姜德明

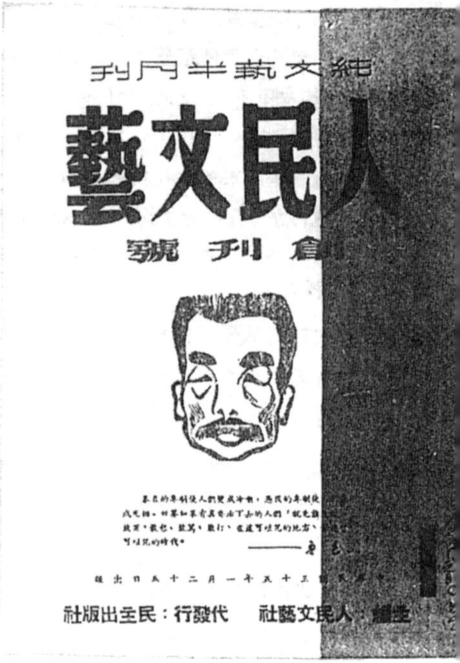

抗战胜利之后，北平出现了一批新办的文艺刊物。刊期都不长，一两期便自生自灭。1946年1月创刊的《人民文艺》刊期较长，但随着政局的恶化，终被当局扼杀，出到同年9月第6期不得不终刊。

刊物标明“纯文艺半月刊”，实际月出一期，成为月刊。此刻能够打出“人民文艺”的旗号，当会引起社会的重视，也会被当局注意。最后一期北平不让印刷，转移到天津去印也未办成，不得不到东北的沈阳去印，因此迟了三个月才出版。这种异地印制出版的刊物，足证国民党的文网之严，亦出版社史一段斗争史话。

这最后一期的《人民文艺》，正式标明为“中华全国文艺协会北平分会会刊”，而前五期，从内容看已作了一定的准备，特别是发表了一些来自解放区的作家文章，更使读者耳目一新。其他都是来自国统区作家的作品，而“收复区”即沦陷区作家的作品几乎未见。这也是值得注意的倾向。尽管编者在“创刊号”上曾经声明：“在中国政治正走向民主的时期中，我们不希望有一些的隔阂，更不希望有什么‘后方’‘前方’‘抗战区’‘收复区’等的歧异，在这一点上，我们预备作个沟通和融洽的桥梁！”看来照此实践亦难。

按北平文协分会成立于1946年3月24日，地点在中山公园的水榭。当场选出时在北平的张恨水、马彦祥、盛成、张光年、周扬、徐盈、高兰、刘白羽、凌叔华、齐如山、陈北鸥为理事；朱葆光、王语今、李辰冬为候补理事。彭子冈、俞平伯、沈兼士、扬振声、顾颉刚为监事；金山、盛家伦为候补监事。名单中除齐如山、俞平伯为留在沦陷区的作家外，馀皆来自解放区及国统区。

当时周扬还是初到北平，他和周而复、刘白羽等都参加了中共办的北平《解放》三日刊的工作。张光年在《人民文艺》发表的作品最多，稍后他便进入华北解放区。刊物发表了赵树理的《小二黑结婚》、孙犁的《荷花淀》、杨朔的《乱人坑》，以及韦明的报告文学和刘白羽的散文，艾青的论文《文艺和政治》等。同时又连载了茅盾的小说《生活之一页》。只有张恨水的一篇《江边野哭人》，写战时一个孤苦妇人的遭遇，似专为刊物而作。

第3期上的《人民文艺问题的谈话》，主要是周扬、张光年、周而复、马彦祥在刊物举办的座谈会上的发言。会上有人提出:“现在‘收复区’所写出来的‘人民文艺’,它的内容离着真正的人民实在很远,而人民群众也还不能接受”。第4期发表的署名文仲衡的《论今时今地的人民文艺》,似乎在强调“大后方”和“收复区”与“解放区”的社会政治条件不同,文艺还不能与工农结合,“忽略了这个而高喊人民文艺,便完全是空谈”。因此他以为在当时当地的文艺也可以“反映小资产阶级知识分子自己的生活”,但“应当是站在工农立场上的批判的反映。这样的文艺作品不止要暴露小资产阶级知识分子的一切根性和缺点,更要严格地批判那些根性和缺点”。一句话,貌似纠偏的文章,仍认为知识分子在人民文艺中的地位只能是被批判的对象!

周扬在第5期上发表了《“五四”文学革命杂记》。为了纪念“五四”,北平文协分会原定在辅仁大学举行晚会,馀兴节目有金山、马彦祥的相声,张瑞芳等演曹禺的《正在想》等,终因辅仁大学受到压迫,临时拒借礼堂而作罢。此亦战后北平进步文化界斗争复杂艰苦之一瞥。

北平文协分会存在的时间不长,留下的资料极少,《人民文艺》的有关活动还是值得一记的。

2000年8月

《爱的教育》在中国

龚明德

《爱的教育》的原始文种为意大利文，原书名是《Coure》，中文音译是《考莱》，意译该是《心》或《真心》，也有译成《爱的学校》和《一个意大利小学生的日记》的，最终在中国以夏丏尊译《爱的教育》为定名。作者 Edmondo De Amicis，全译成中文可以音译作“埃德曼多·德·亚米契斯”。中国译界都只简译出作者姓氏，分别译为各小有不同的“阿米齐斯”、“亚米齐斯”、“亚弥契斯”等，最终以夏丏尊译的“亚米契斯”为通用译名，沿用至今。

亚米契斯（1846—1908）的《爱的教育》是 1886 年在意大利公开出版的，深受意大利教育界的欢迎，几乎是在校学生人手一册，达到了家喻户晓的普及程度。到 1904 年，意大利原文版《爱的教育》在仅有两三千万人口的意大利已重印近百次，而且有大量的外国文译本出现，成为广受全世界欢迎的文学名著。就在原文版《爱的教育》重版近百次后的第五个年头即 1909 年 2月，商务印书馆创办的《教育杂志》月刊自创刊号起，到次年的第一期，连载了一部“天笑生”的“教育小说”《馨儿就学记》。这部名曰创作即“著”的小说，其实是缩编改写了的翻译小说，依据的就是日本文译本《爱的教育》。

《馨儿就学记》是中国最早的《爱的教育》"译本"

把天笑生的《馨儿就学记》当作"译本",有点勉强,加上引号,表明的便是这个意思。"天笑生"即著名的中国现代通俗小说大家包天笑,他接触亚米契斯《爱的教育》时刚三十岁出头。包天笑除了十六七岁在家中私塾设帐授徒外，此时他在山东青州府中学堂又担任了校长，当年称之为"监督"。对本职行当的热切关注使包天笑一见到《爱的教育》就产生了浓厚的兴趣,立即动手"翻译"。

没有找到包天笑当时的有关自述，在其晚年所撰《钏影楼回忆录》一书中，他是如此回忆的:"这时我每从青州回苏州,或从苏州去青州,每次必道经上海。到上海后,必到虹口的日本书店,搜寻可译的日文书,……于是第一部给《教育杂志》的便是《苦儿流浪记》,第二部给《教育杂志》的便是《馨儿就学记》,第三部给《教育杂志》的是《弃石埋石记》。"由于年老健忘,在将《埋石弃石记》误为《弃石埋石记》的同时,包天笑还把给《教育杂志》发表的第一部"教育小说"《馨儿就学记》当成了第二部。包天笑所"著"的三部"教育小说"中,《馨儿就学记》是最畅销的一部,其单行本的发行量高达几十万册。这个数目，在那时几乎是个天文数字。到 1948 年,单行本《馨儿就学记》已印至第十八版。

包天笑自己晚年曾回顾当年《馨儿就学记》畅销的原因:"《馨儿就学记》何以销数独多呢?有几个原因:一、那书的初版是庚戌年，即辛亥革命的前一年，我全国的小学正大为发展。二、那时的商务印书馆，又正在那时候向各省、各大都市设立分馆，销行他们出版的教课书，最注重的又是国文。三、此书情文并茂，而又是讲的中国事，提倡旧道德，最适合十一二岁知识初开一般学生的口味。后来有好多高小学校，均以此为学生毕业的奖品，那一送每次就是成百本。那时定价每册只售三角五分。所以书到绝版止，当可有数十万册。”

何以将“日文书”转译为中文书，就成为“讲的中国事”呢？包天笑解释道：“《馨儿就学记》我是从日文转译得来的，日本人当时翻译欧美小说，他们把书中的人名、习俗、文物、起居一切都改成日本化。我又一切都改变为中国化。……有数节，全是我的创作，写到我的家事了。”包天笑所言“我的家事”最突出的莫过于被编入商务印书馆的高小国文课本中的一节描述清明扫墓的文字了，这节近千字的绘声绘色的段落是《爱的教育》原著中所没有的。原来，“馨儿”这个书中小主人公的名字是借用了包天笑一个儿子“可馨”的名字而来的。可馨活泼、聪明，极受包氏夫妇宠爱，当《馨儿就学记》编译到一半时，可馨不幸因病夭折。为了悼念可爱的儿子，包天笑和泪插入了一段祭文。

原著《爱的教育》是采用日记体并使情节发展前后呼应相互连接的小说，但不宜像一些工具书将其定为“短篇小说集”。《爱的教育》共分十卷，每卷大多为十个故事，共八九十个故事。包天笑没有全译出来，他只编译出约八万字，而原著译成中文至少有二十多万字。《馨儿就学记》只有五十个故事，比原著将近少了一半，自然是精选的，那就更吸引读者了。《馨儿就学记》使用的语言是浅显的文言文，书中所有的国外人名都被换上了道地的中国式的人名甚或被改成土得乡俗气十足的如“馨儿”、“张生”等。书中的原意大利等外国地名、称呼，统统也被包天笑“改变为中国化”了。

《馨儿就学记》先在《教育杂志》上连载，起于1909年2月第一卷第一期即创刊号，止于1910年2月第一卷第十三期，其中第一卷第二期缺载，实际共连续刊载十二期。庚戌年即1910年8月由商务印书馆以单行本初版发行，正三十二开本，从头至尾，密密麻麻地连排了一百六十九面，无前言、后记之类的文字。

如前所述，《馨儿就学记》是一部畅销书，产生的社会效益尤其令人满意。所以，中华民国成立后不久，担任教育部次长的袁观澜（希寿）就为《馨儿就学记》等包天笑“著”的三部“教育小说”颁了奖。包天笑“译”的《馨儿就学记》即《爱的教育》的缩编改写本到四十年代末还一直是在销行，可以说是近代出版史上的一个奇迹。

第一个真正的中译本《爱的教育》

就在“天笑生”即包天笑的《馨儿就学记》广为流行的二十年代初，也是教育工作者的三十五六岁的夏丏尊读到了日译本《爱的教育》，他又参照英译本，较为忠实地翻译出《爱的教育》。

夏丏尊自述他是1920年接触到日本三浦修吾的日文译本《爱的教育》的，并流着眼泪读完了这本书。夏丏尊认为这不是一般被认为的“儿童读物”，应该视为成人、儿童都应该阅读的“普通的读物”，他说：“特别地敢介绍给与儿童有直接关系的父母教师们，叫大家流些惭愧或感激之泪。”

夏丏尊说的“流些惭愧或感激之泪”，是希望读者们读此书时像他一样兴奋。作为“二子二女的父亲”和“执过十馀年的教鞭的教师”，夏丏尊从《爱的教育》所描述的

“亲子之爱，师生之情，朋友之谊，乡国之感，社会之同情”和由此构成的“近于理想的世界”，受到很大的感动。感动得“流泪”之后，又联想到“学校教育”的现实——

> “学校教育到了现在，真空虚极了。单从外形的制度上方法上，走马灯似地更变迎合，而于教育的生命的某物，从未闻有人培养顾及。好像掘池，有人说四方形好，有人又说圆形好，朝三暮四地改个不休，而于池的所以为池的要素的水，反无人注意。教育上的水是甚么？就是情，就是爱。教育没有了情爱，就成了无水的池，任你四方形也罢，圆形也罢，总逃不了一个空虚。”

夏丏尊“早想把这书翻译”，但“多忙的结果”，延至1923年夏才准备译，不料正欲开手时他的“惟一的妹因产难亡了”。终于，夏丏尊以纪念亡妹的动力，勤勉地译完《爱的教育》，始连载于1923年胡愈之主事的《东方杂志》，1926年3月由开明书店列入《世界少年文学丛刊》初版发行。

夏丏尊译《爱的教育》，之所以被人们视为七十多年来惟一可视为信本的译品，除了译者本人的知名度和文学功底，还有他的“白马湖”平屋时期的同事刘熏宇和朱自清在译就的当时就予以磋商所尽的“校正之劳”，初版本的封面和插图是丰子恺的手笔。这三位被夏丏尊称为“邻人”的大教育家、大作家和大画家的投入，使得夏译《爱的教育》更具备了可信度。即便现在欣赏丰子恺的插图，仍觉简直与原著是融为一体的，更不用说三位大家在译著文字风格上所进行的辛勤劳作而使得有点略嫌别扭但静心阅读

却又蕴味十足的妙译了。

夏丏尊译《爱的教育》的民国版本可分为《东方杂志》连载本、初版本、修正本三种版本。对于连载本，夏丏尊不满意之处在于“殊愧未能流利生动，很有须加以推敲的地方”，所以在重排为单行本时，他“重读一过，把初刷误植随处改正”，还在译者序言中恳切表示“静待读者批评”。按照叶圣陶《〈爱的教育〉指导大概》文首讲的：《爱的教育》初版十多年后，译者修改过一遍，“把一些带有翻译调子的语句改得近乎通常的口语，其他选词造句方面也有修润”。——叶圣陶说：“这便是修正本。”修正本仍有编校失误，叶圣陶就指出了好几处，让读者改正后再读。

叶圣陶说的修正本是初版十年之后印行，他有书为证，我手头就有“民国二十七年九月修正二版发行”的本子。“修正二版”其实就是现今的“修正本第二次印刷”，当年印一次就叫一版。

夏丏尊译《爱的教育》的民国年间印本一律由丰子恺设计封面，不少当事人回忆都说前后共再版三十多次。上海书店 1980 年 6 月重印了《爱的教育》，版权页上端有一行字：“本书根据开明书店 1949 年版复印。”虽然标明“复印”，其实是重排为横行简体字，而且没有交待封面是重新设计还是照原样，所据版本只说“1949 年”，月份也不讲……

如果上海书店 1980 年重排本《爱的教育》的封面是依所印版本 1949 年原样，我手头就已有了三种不同的夏丏尊译《爱的教育》的封面。最简单的只有丰子恺题写书名和作者、译者名及出版社名的那种封面估计是在抗战最艰难的年头出版的，这一本恰恰失落了版权页。

夏丏尊译本《爱的教育》自五十年代起，直至1980年6月，一直没有再印过。知晓内情的叶至善在《序译林版〈爱的教育〉》中说："等到一解放，《爱的教育》就不再印了。这是怎么回事呢？是不是受到了哪方面的压力或指斥呢？完全不是，停印这部小说是开明书店编辑自己作出的决定。我当时在开明书店编辑少儿读物，我是这样想的：如今解放了，咱们中国要走向社会主义共产主义，一切都必须改变，为了美好的前途，教育更必须改变，资本主义的东西都得立即抛弃——什么爱的教育！完全是小资产阶级的空想！"叶至善甚至断言："《爱的教育》如果照常重印，在一个时期内可能会一本也卖不出去。"从当时的大环境和销售市场来看，《爱的教育》的停印是无法避免的。

八十年代初，在以"复印"为名的出版项目中，上海书店出版了一系列"五四"后三十年间的文学名著和译著，《爱的教育》为其一。这个"复印"本头一次就印了五万册，解决了"书荒"年代读书人的饥渴。上海书店"复印"本《爱的教育》没有对内容作修改，夏丏尊的亲属可能也没有插手。在研究者一面，这个印本可以据为可信文本对夏译本进行考察。

1984年7月，浙江文艺出版社出版的《夏丏尊文集》"译文之辑"全文收编了《爱的教育》。这是一个经过不少"处理"后印出的文本，而且一些地方改得不伦不类。相反，开明书店所印版本的错漏却没有得到认真的订正。

得到夏丏尊的长孙夏弘宁的允可，夏丏尊译《爱的教育》1995年12月又交给华东师范大学出版社以小三十二开平装出版。截至1998年1月，此书已印了五次，共印九万九千本。但这是一个编校质量不合格的印本。

1997年5月，译林出版社印行了编校认真、装帧考究的脱离式护封硬精装大三十二开的夏丏尊译《爱的教育》。和《夏丏尊文集》"译文之辑"一样，这个"译林"本也附印了孟德格查著、仍由夏丏尊译的《续爱的教育》，"译林"本《爱的教育》已多次重印，成为读者的典藏珍本。但是，这个版本依据的是《夏丏尊文集》。如果完全依照《东方杂志》连载本照排，把其后的异文一一在当页显示，就会是一部全面体现夏丏尊译本特色全貌的集学术性、史料性为一体的好版本。起码，夏丏尊的生前最后的改定本，任何人都无权更动。当然，只要严谨考察之后能确认为是译者笔误和手民之误的差错，应该订正。

对比之下，上海书店1980年"复印"的夏丏尊译《爱的教育》是可信的版本。从事研究和教学工作的读者最好使用这个印本。当然，如果有条件，使用民国时期印本就更好了。

夏丏尊译《爱的教育》的"搭车"译本

在夏丏尊译本《爱的教育》畅销时，尤其是后十多年即三十年代后几年和四十年代，有几家小书店也出了各自的译本。现在知道的夏丏尊译《爱的教育》的"搭车"译本《爱的教育》已有四种，分别是1935年10月已印至第二版的上海"龙虎书店"出版的张栋译本《爱的学校》，书名直袭日文译本之名；1941年由长春"大陆书局"出版的知非译本，译名与夏丏尊相同；还有未标明出版年月的上海"大江书局"出版的夏云山译本《爱的教育》；最后一本是已见到了实物的施瑛译本，书名也是《爱的教育》。

施瑛的译本《爱的教育》在书脊的书名下特意括注"足本"，1936年5月在上海由"启明书局"初版，十年后的1947年已印至第三版。该书版权页书名下有 Heart, A Schoolboy's Journal 的英文，估计是据英文版译出。1934 年上海“世界书局”出版过《爱的教育》的英文版本。施瑛在他译的《爱的教育》之前有一篇《小引》，细读后，感到译者相当诚恳。他在《小引》中不仅一开始就明讲他动手翻译时市面上已有“开明版《爱的教育》和龙虎版《爱的学校》”，他还尊称夏丏尊为“文坛先进”。后来的译者能这样，是值得赞扬的。

施瑛译本《爱的教育》在表述上克服了夏丏尊译本文字上的不顺处，如将“始业日”译为“开学日”、将“灾难”译为“不幸的意外”等等。施瑛译本比夏丏尊译本要多出两三万字来，或许标明“足本”也有它的理由。

施瑛 1947 年夏曾供职于上海《新闻报》，他更多的时候为青少年编著历史知识小册子，是一位颇富正气颇具才华的中青年文化人。他出版过短篇小说集，翻译过外国的戏剧和散文等文学作品，有德国的，也有俄国的，可能都是据他熟悉的文种转译的。查不到施瑛的生平事迹，但是他不会被淹没，因为他做了那么多的文化贡献……

一部生动感人的外国名著可以在几十年间突然消失得无影无踪，足以证明中国国民在某些地方所具有的集体无意识的劣势。恶梦醒后，应该反思。就在中国大陆《爱的教育》绝版的几十年中间，小小的中国台湾省不足三千万人中却拥有十几种译本的《爱的教育》，而且据说售卖得都不错。我希望治台湾文学的同行写一篇《〈爱的教育〉在台湾》，再加上《〈爱的教育〉在香港》、《〈爱的教育〉在澳门》，这样我这篇《〈爱的教育〉在中国》就具备了不可缺少的补充章节了，否则仅述说中国大陆就难名副其实了。

田雅菁译本《爱的教育》

就在上海书店 1980 年版“复印”本《爱的教育》上市后一季

度，中国少年儿童出版社出版了新译本。我尚未找到这本二十年前在北京出版的书，只在1981年第三期南京《文教资料简报》上读得一条消息：“田雅菁译《爱的教育》，1980年9月由中国少年儿童出版社出版。较之夏丏尊译本，田译本文字更为通俗，如开卷第一篇日记，夏译题作《始业日》，田译改为《开学的第一天》；十二月的‘每月故事’题目，夏译作《少年笔耕》，田译改为《佛罗伦萨小抄写匠》。田译本有田雅菁《译后记》、叶君健《代序》、叶至善《挖池塘的比喻》。叶文介绍夏译本出版、停印情况和当时重新出版的必要性。文关旺插图。310页，0.72元。”

在成都这么大的城市的书店里，却买不到中国少年儿童出版社近二十年内出版的文学名著，可见此本田译《爱的教育》发行方面的尚须改进。

田译本努力的方向，早其四五十年前的施瑛译本已付出了劳动。当然，没有细心对比田、施二位的译本之前，无法下定论。

李紫译本《爱的教育》

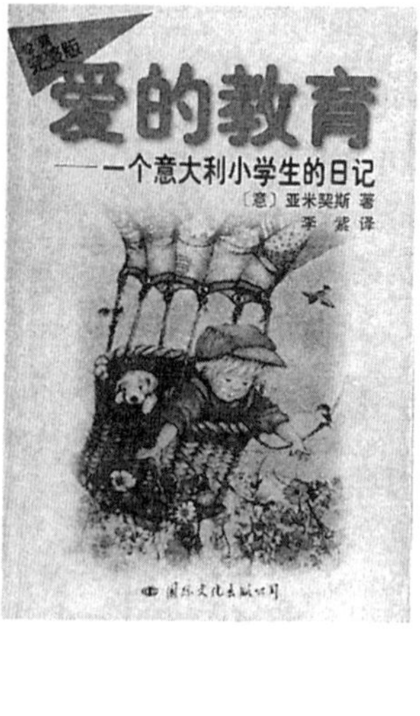

就在我努力搜罗《爱的教育》时，在一元一本的一堆新书贱卖中得到了一本由北京“国际文化出版公司”1997年8月出版的李紫译本《爱的教育》，却在我寄居的成都“华西医科大学印刷厂印制”，“版权页”标明二十万字，印一万册。

李紫译本《爱的教育》含有副标题“一个意大利小学生的日记”，封面花花绿绿，左上方有“珍藏完整版”的广告语。仅仅将“完整版”放入书名号之内这一点，就表明此书非内行所操持。果然，一读内文，光《译者序》头三行就错了关键的两处：一是将《爱的教育》之意大利原文 Coure 错成 Cuore；二是将此书初版年份“1886年”误为“1866 年”。

李紫说他的译本是据 “1934 年上海世界书局发行的英译本《Heart：A Schoolboy's Journal》”，他没有写出这个英文译本的出版月份，也是一个小的疏忽。

从意大利文原版翻译的《爱的教育》中译本

几乎与李紫同时，一位曾有幸在《爱的教育》作者的祖国工作了一段时间的名叫王干卿的懂意大利文的业余翻译家于 1996 年 11 月下旬从意大利文译完了《爱的教育》，交给人民文学出版社在 1998 年 5 月初版发行。作者在《前言》中开篇就讲，这个译本是“从意大利文原版翻译的《爱的教育》(原名《心》) 中译本第一次跟我国读者见面”。此处表述存在一点危险，因为如前面讲过的，我国台湾有十多种《爱的教育》译本，加上香港和澳门，很难说完全没有据意大利文译出的版本，所以，在没有进行“地毯式排察”之前，还是应该最好出言谨慎些。然而，这个王干卿译《爱的教育》在中国大陆是第一本从意大利原文译过来的中译本，倒是千真万确的。

王干卿译《爱的教育》用正三十二开开本，不足二十一万字，列入“世界儿童文学丛书”。从装帧设计、版面用纸等来看，人民文学出版社印行的这个版本还算得上一个认真严肃的印本。此外，这个印本有一些插图，是意大利原版插图，还是中国画家画的，没有交代。

正因为王干卿在意大利生活过一段时间， 他还专程采访了《爱的教育》作者的家乡，带给我们的有关新讯息，都写在《前言》中。我们得知：当地的市政府举办了《爱的教育》作者生平事迹和遗物之展览，展厅除陈列作者一些手稿外，还有复原的作者生

前的私人书房和文具等遗物。我们还得知：虽然《爱的教育》手稿在寄送诺贝尔奖评审委员会的邮途中失落，并最终没获诺贝尔奖，但书的内容在意大利已被电影制片厂摄制成故事片，电影剧照还张贴在展厅中。更有一个令人惊讶的消息让我们得知：作者的个人生活屡遭不幸，半世坎坷，而且夫妻长期不和，导致离异；作者的后代也被这桩失败婚姻的阴影笼罩，长子二十二岁时自杀身亡……一个能写出作品感动几十个国家的读者使之相亲相爱的作家，他本人却处理不了一个小家庭的琐细矛盾，真是太难理解了。

最后，说一说前几种《爱的教育》印本的插图。田雅青译本是文关旺插图，如前所述，见不到书，也说不出意见。丰子恺给夏丏尊译本配的插图，被李紫译本全部借用，不太合适。比如丰子恺画的《斯带地的图书室》一幅图，图上有章题，李紫为了显示他没抄袭夏丏尊译文，特意把人名“斯带地”改译为“斯塔笛”，就对不上了。而且，李紫译本的丰氏插图和华东师范大学出版社重印的《爱的教育》的插图一样，完全丧失了丰子恺的韵味。似乎这两个印本都是由美工用纸蒙在原图上匆匆忙忙描就的，根本传达不出丰子恺一笔不苟的神情。

书话三则

陈子善

《杨杏佛文存》

《杨杏佛文存》，小三十二开本，1929年11月上海平凡书局初版。封面浅蓝色，朴实无华，书名题签疑出自杨杏佛本人手笔。我所藏这部得之于上海文庙旧书集市，书品上好，封面上有作者本人的毛笔题签："语堂我兄　教正　铨　十九年六月"，显系林语堂旧藏，弥足珍贵。

杨杏佛（1893—1933，原名杨铨）在二十世纪中国文化史和政治史上的地位，因其三十年代在中央研究院总干事任上，与宋庆龄、蔡元培、鲁迅等创建中国民权保障同盟惨遭暗害而愈显重要。奇怪的是，宋、蔡、鲁诸公早已有全集或文集行世，唯独杨杏佛的著述至今未见整理重印。其实，杨杏佛学识渊博，早年留美，先攻机械工程，后入哈佛转学工商管理，可谓得风气之先。返国后除了办实业、执教、从政（他当过孙中山的秘书），在政治学、教育学、经济学等众多领域里均有建树。他在本书自序中说：

> 回国以来，十一年矣。十一年中由实业而教育而政治，所至酱柄。凡所努力梦想之实业改造，教育革命，民族独立

百无一成。箧中所存是为个人鞭策愧汗之迹者此十馀万言不文不白无头无脑之文稿而已。半生劳瘁，未尝以文人自期，《文存》所载皆有触而发不吐不快之言。昔石达开有句“我志未酬人亦苦，东南到处有啼痕”。此十馀万言者,亦吾十一年中之啼痕而已。

杨杏佛这十一年中之“啼痕”，在本书中集为三辑，第一辑为《社会自救与中国政治之前途》、《教育革命与中国学术及政治前途》等一系列探讨当时中国政治、教育、经济制度以及与思想界互动关系的文字；第二辑系“五卅惨案中的呼吁”和“各国退还庚款问题”两组专题文字；第三辑是与章行严、张东荪、江亢虎、梁任公等关于“农国”、“科玄之争”、“社会主义与新民主主义”和“翻印《四库全书》”等问题的论争文字，不乏深刻独到之见，足资今日治民国时期思想史、政治史、教育史者参考。如有有心人为之重编，并补辑杨杏佛散见于当时报刊的其它文字，付梓出版，则功莫大焉。

姜德明先生在《杨杏佛讲演集》（载 1999 年 5 月南京《书与人》第 34 期）一文中提到“听说有《杏佛文存》存世，余未见”，我正好有这部《杨杏佛文存》签名本，故特稍为绍介。

项美丽的《中国与我》

美国女作家项美丽（Emily Hahn，这个中文名字据说是邵洵美为她起的）与现代诗人、编辑家邵洵美（1906—1968）的恋情在中国现代文化史上是个“异数”，而今已传为美谈，去年美国还出版了项美丽的最新传记（Nobody Said Not to Go: The Life, Loves and Adventures of Emily Hahn，作者为 Ken Cuthbertson），对这两位中美作家的“倾城之恋”颇多描绘。

虽说邵、项两人的情侣关系在二十世纪三十年代的上海文坛社交圈内早已是公开的秘密，但最早公开这段恋情的正是项美丽自己的回忆录《中国与我》。我所藏的是中译本，八十馀页的薄薄小册，署仓圣译，1945 年 10 月上海复兴出版社初版。

仓圣者，当然是个笔名，究为何人，待考。但从书前的《译者小言》可知，译者与项美丽“在上海见面过无数次”，也“承认邵洵美是我的朋友”，自认“更明瞭邵项两人之间真正的友谊的经过的”，“这一段文艺界的佳话，我常想来一次忠实的报导”，只是苦于“没有生花妙笔来写成”。因此，当他读到项美丽的《中国与我》，尽管认为书中关于邵洵美的部分有夸大的成份，还是觉得应该把作者的“悲欢离合”译成中文，于是才有了这册中译本。

平心而论，此书中写到作者在中国文坛的交游，还是颇具史料价值的。据项美丽回忆，当时与她“很是莫逆”的邵洵美的朋友，就有郁达夫、温源宁、全增嘏、叶秋原等几位，“他们都擅长英语而又爱好美国与英国的”。书中还写到了邵洵美参与编辑英文文化杂志《天下》的经过，这些都是别人很少提及的。

特别有意思的是，在“一二八战事”中，项美丽以美国人的身份为掩护，抢救邵洵美藏书的惊险过程，不妨照录如下：

> 洵美有一个极宝贵的图书收藏，大部是明版，有的更古。这天我正装上卡车，当然想不到普通卫兵会注意到这许多古书上去的。运气真坏，这一个卫兵倒并不普通，他是一个受过教育的人，当他看见了这书，他就喜欢它。他立刻喝停我们，他要没收这所装的东西，除非他能决定这里面没

有共产党的宣传品。足有三个小时之久，我等待在桥的北首静候这事的解决。一个戴着海军帽子讨厌相的小胖子——至少看上去像这样的——摇着我的手臂再三的说，“你回去。不能过桥。回到杨树浦去”。我打电话给日本人认为不重要的马尔康，他派了一位翻译来，他们大家立刻讨论这件事，结果他们声明我是一个研究中文的学者，就放我走了。这是很冷的一天，但我汗流不止，当我回到邵家的时候，我觉得我是一位女英雄。

项美丽大概没有想到，她从日本侵略者魔爪下抢救出来的邵洵美这批珍贵的古籍，三十多年后却毁于“文革”浩劫，幸耶，不幸耶，只有留待史学家去评判了。

《爱山庐诗钞》

《爱山庐诗钞》，朱经农著，朱文长笺注，连史纸线装一册，1965年9月台湾商务印书馆初版。书前有王云五序、朱文长序，正文收五古、七古、五律、七律、五绝、七绝和长短句共二百馀首，书末附录朱经农简传、遗作《在我记忆中的熊秉三先生》、王云五《我所认识的全面教育家朱经农先生》和蒋梦麟、陈立夫、胡适等致朱经农函数通。

朱经农（1886—1951）的名字已久不为人提起了，其实他是民国时期的著名教育家，早年留学日本和美国，曾先后执教于北京大学、北京女师大、沪江大学、齐鲁大学、中央大学和光华大学，主编有《教育大辞书》和教材多种，中英文著述也甚丰。《爱山庐诗钞》原名《碎锦集》，曾多次誊录，每次誊录都有所增删。而之所以改名《爱山庐诗钞》，固然有“仁者乐山”之意，也因为朱经农续弦名静山之故。1948年朱经农以中国首席代表身份赴黎

巴嫩参加联合国文教会议时，除了一本日记，随身携带的就是这部《爱山庐诗钞》书稿，可见作者对这部诗集的重视。朱经农逝世后，这部诗集由其子朱文长笺注付梓。

《爱山庐诗钞》涉及作者的治学、工作、生活、交游和个人情感众多方面，是研究朱经农其人其事及当时文化史的不可多得的历史资料。早在哥伦比亚大学求学期间，朱经农就与胡适、杨杏佛、徐志摩等过从甚密，曾积极参与"文学革命"的讨论，查《胡适文存》、《胡适诗存》和《胡适来往书信集》即可复按。诗集中收录朱经农五绝《美洲夜月》(三首)时，附有胡适《生查子·昨夜月来时》一阕，就与通行版本在字句上颇多出入。诗集中又收有《吊徐志摩》、《再哭志摩(用志摩本人诗意)》，均为迄今为止各种徐志摩研究资料所失收。现把《吊徐志摩》三首抄录于后：

"一笑凌云意境奇，翩翩鸾鹤比丰仪。
焚机毁稿乘风去，如此人生也是诗。"
"一机千里破云烟，不测阴霾泰岱边。
从此诗魂归胜地，万山红叶晚秋天。"
"鸿鹄凌云万里心，天风无路可追寻。
琴荒瑟老诗人去，碧落无声月半沉。"

由于《爱山庐诗钞》早已绝版，大陆学界见者甚少。《文汇读书周报》2000 年 9 月 2 日刊有智效民先生《"爱山庐"一瞥》，作者也仅见到此书的部分影印件而已。我所藏的这部系现居美国的爱书人余东郊先生远道寄赠，极为难得也。

五十年代前期沪苏市上的宋元本书

黄永年

宋元本书，今天在市场上几乎见不到了。偶而出现一两册残本，拍卖价之高也绝非知识分子之敢问津。但在解放初还不是这样。

我是1956年才随学校迁来西安的，其前在上海任教，得暇可去汉口路、福州路、淮海中路、复兴中路等处的旧书店看线装书，有时还到苏州访书。当时有的是明清刻本。宋元本已不能像乾嘉时黄丕烈那样在书摊上随便捡到了，但残本以及普通一点的仍不时会出现，而且价钱并不昂贵，比明刻精本、批校本贵不了许多。

淮海中路某里弄一号当时开着修文堂书店，店主孙实君是古书业中老一辈人物，时常有些好东西。大约是1951年，我在这里见到一叠三四十册的《资治通鉴》，南宋建阳刻残本，盖有“钱后人”等算是钱谦益的印记，和原藏铁琴铜剑楼后归北京图书馆的是一部书分散开来的，金镶玉虎皮笺书面，江标藏书，有费念慈题字。要价呢，不过七八十元①。我当时是供给制，买不起，只要了一册作样子,付了两元。

复兴中路有家很小的铺子，好像叫春秋书店。有天偶然进去,看到一堆经折装大约三十来册,审是南宋至元初在苏州刊刻的《碛沙藏》。店主不懂,随便开价每册三角。当时身边只有两元钱,总得留些零花,只好挑了三册首尾齐全的。其中一册厚些的是《波罗提木义僧祇戒本》;一册是《佛说求欲经》等三经同卷,因为字体厚重好看;一册《佛说分别布施经》等三经同卷,卷尾有元时僧人手书“喜长老住持寿峰禅寺时分置藏经来,大德七年九月日谨题”两行。

1950年刚从复旦毕业回家路过苏州，在人民路夏淡人开设的琴川书店里买了号称元刻的建本《纂图互注南华真经》残本，存一至五卷,有湘潭袁氏卧雪庐藏印,可惜蛀得厉害,当时花了二元五角钱。过了二十八年送给陕西师范大学图书馆，成为镇库之物了。在同条路上,还有吴翰开的翰海书店,大约在1951年有过一部元刻《隋书》和残本元刻《晋书》。《隋书》是版入南监后的清初竹纸印本,字迹模糊,虽完全我却不喜欢。《晋书》半页十行,行二十字,薄棉纸印,赵体字特别美观。傅增湘曾得到过两卷,见最早的大公报馆印《藏园群书题记》,这里虽也残却有一大堆。无奈手头仍紧,只好从《载记》中挑了一册苻氏四卷齐全的,付了五角钱。

回过来再说上海的事情。也是在复兴中路上，有一家余姓开的诵清阁，据说其人和清中叶藏书家倪模经鉏堂的后人是亲戚,店里有一些经鉏堂的旧藏书,还弄到解放前因国民党内部矛盾被处死的特务戚再玉的藏书有十几部，我也曾从中买过少许。有一天,此人弄来一部完整的建本《纂图互注南华真经》,金镶玉装，嘉业堂旧藏，比我在苏州买的那半部漂亮多了，要价六十元吧，贵了点。不过我当时已改成薪给制，月薪八十四元五，而其时吃教工食堂顿顿好菜每月不过花十五元左右，已很有馀钱可买书。没有买者，还是对这《纂图互注》的六子书有点看不起（要是五经的纂图

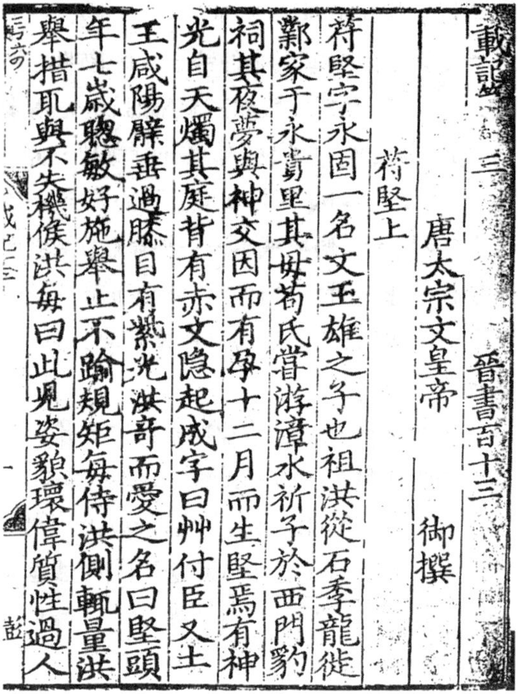
載記第三 晉書百十三
唐太宗文皇帝 御撰
苻堅上
苻堅字永固一名文玉雄之子也祖洪從石季龍徙鄴家于永貴里其母茍氏嘗遊漳水祈子於西門豹祠其夜夢與神交因而有孕十二月而生堅焉有神光自天燭其庭背有赤文隱起成字曰艸付臣又土王咸陽臂垂過膝目有紫光洪奇而愛之名曰堅頭年七歲聰敏好施舉止不踰規矩每侍洪側輒量洪舉措取與不失機候洪每曰此兒姿貌瓌偉質性過人

元刻本《晋书》

互注本就名贵了）。在这家店里还见过一部元刻明印的《通鉴总类》，倒是用的棉纸，黄裳藏过，标价十几元吧，因为不喜欢也没有要。后来此店关闭，据说是余某在解放前当过律师，有问题被抓起来了。

汉口路的来青阁，是苏州分来上海开设的，我也常去看书买书。有次看到部元建阳坊刻宋林尧叟的《春秋经左氏传句解》，缺了几卷，堆在小桌子边，问了问价，也不过十几元，大概因为是宋元人经解吧，不古雅，没有要。在这以前，邻近一家扬州人开的书店，店名记不起来，有一部元陈栎的《尚书集传纂疏》，也是

元建阳刻本，标价八元，没有买。当时想，如果是宋元刻的《尚书》伪孔传就好了，这我不要，原因同样是宋元人注有欠大雅之感。

广西路靠近汉口路处有一家常去的叫温知书店，开在楼上，要从一条狭长的楼梯走上去，经营者是王兆文和位曾在南京保文堂工作过的姓魏的。店里曾有过徐乃昌、孙毓修、王绶珊等人的藏书，好东西颇多，不过完整的宋元本不曾见过，见过的是些残宋元本。一次是一包有三四册，一册南宋本《资治通鉴目录》最好，和《四部丛刊》影印的是同一个版本，要两元，还有的是元刻刘瑾《诗传通释》，每册一元，我都没有要。有一次也是几册残书，其中有松江韩应陛读有用书斋旧藏的《韩昌黎集》，只剩头两册，其藏书目说是宋本，其实字体方板，当是明中叶的建阳坊刻，要价一元一册，我也没有想要。还有一次是元建阳坊刻的《楚辞集注》，和《古逸丛书》影刻的是同一个版式，只剩前半部订四册，蛀得凶。当时来青阁另有一册记得是《天问》，倒干净不蛀，我曾想把这两处的都买下来，把温知中的《天问》换上来青的，重新装过。但怕麻烦，没有真去买了这么办。

还有一家叫汉文渊的，好像在福州路上，我很少去。只在上海全行业公私合营之前，在这里花七元买到一册魏了翁的《鹤山师友雅言》，元至正二十四年刻本，赵体字，半页十二行，行二十一字，张钧衡的《适园藏书志》也著录过一部。

在修文堂孙实君处还见过一部两册的宋刻佛教书，好像是《读教记》，标五十元，我当然不会要。后来在全行业公私合营时，看到他原先藏在内室里的南宋建本大字《汉书》、《后汉书》，本是刘体智的藏书，标价五百元。当时如凑了钱也买得起，不知怎么无此雅兴。另外在福州路徐绍樵开设的传薪书店里，见到一部南宋宝祐五年湖州刻大字本《通鉴纪事本末》，此书后来收入明南监刷印，但这部用白棉纸字迹清楚，至少是嘉靖以前的旧印本，不亚于《四部丛刊》用来影印的本子，厚厚的四十二册，磁青洒金纸书面，装了个大书箱，要价也只二百元。当时我正准备随学校西迁，无意及此，随便开玩笑说："一百二十行不行?"徐老板说："太少了，加点吧!"我没有加而作罢。同时还在广东路古玩商场见到一部印得很晚的，标五十元，我当然连价都不想还。

关于宋元本书想得起来的就这一些。明清精本、批校本、抄本在其时见到的自然更多，其中可当作故事写的也不少，等以后有暇再动笔吧!徐绍樵的事情当年郑振铎、如今黄裳都有文字讲到过，我也写过一篇《记传薪书店》，发表在前些年的《书城》杂志上，近又编入华东师大出版社要出的拙撰《学苑零拾》里，这里自不用再多说了。

注：

①当时是旧人民币，一万元折合今人民币一元。为方便起见，这里就都折成今人民币来写，否则一开口便是若干万，反会使今之读者弄糊涂。

东京读书杂忆（三则）

黄霖

东大图书馆中的中国捐赠本

前一阶段，我稍稍注意了中国古代文学批评的研究史，刚刚搞完了明清两代《文心雕龙》各种批本的评语汇辑，所以对《文心雕龙》的批校本比较留意。一到东京，见《东京大学综合图书馆汉籍目录》著录的一本《文心雕龙》，注着“有光绪十七的梁启超识语”数字，自然引起我莫大的兴趣。因为我孤陋寡闻，从来没有听说过有梁启超批校过的《文心雕龙》，假如在这个本子上发现梁启超的批语，那岂不是这次不枉东行？

于是我第一次去东大综合图书馆办理入库手续时，就冲着这本书去。结果在编号“E45－2612/四”的书架上找来找去，硬是找不到这本书。一问管理员，才知道它是属于“广东筹赈日灾总会寄赠本”的书，被集中到另外一个地方去了。一到那里，打开电动书架，只见按经史子集的次序放着好几架线装书。这里的书都用统一的蓝色防虫硬纸套作函封包好，因而显得特别整齐和神气。找到这本《文心雕龙》一看，原来是一部比较常见的道光廿三年涿州卢坤两广节署刊本，里面有黄叔琳注、纪昀等批语，是用朱墨两色套印的（附带说一句，前年曾见到有家出版社将此本影印，这原是好事，但由于没有套印，一律黑色，就把不同人的评注都混为纪昀一人的了。这就误人不浅)，但没有梁启超的一字评注。不过，这确是梁启超的书，因为在封面上，用毛笔赫然写着："光绪十七年秋九月新会梁启超赠。"

初见此书，一想到这毕竟是梁启超亲笔题识的救灾赠书，尽管书中没有评注，也可算是开了眼界。但回到家里仔细一想，觉得颇有蹊跷："光绪十七年"是1891年，还在戊戌变法之前，离开日本关东大地震有三十馀年，看来这里颇有问题。

为了搞清真相，我不得不特地从郊外乘车再去图书馆看个究竟。一看，见封面"光绪十七年秋九月新会梁启超赠"数字下，以及每一册书的内页都盖有"南海"某单位(模糊难辨)的印章，且这行毛笔字与我家所藏梁氏手卷的笔迹大异。显然，这是当年梁氏赠给某单位，后由该单位通过"广东筹赈日灾总会"转赠给东京大学的。这一行字，也就是该单位当年收到梁氏赠书后所写，并非是梁氏亲笔。看来，稍一粗心，就会上当的。

此书著录有"梁启超识语"是不正确的，但确是广东人送的，因为在每一册书上又都盖着"广东筹赈日灾总会敬赠"的大印。所谓"日灾"，是指1923年9月1日关东大地震。这次大地震，把自1877年东京大学创办以来苦心经营所得的十万册藏书几乎全部化为灰烬。事后，当时的国际联盟作出了援助复兴东京大学图书馆的决议，共有三十六个国家的有关部门伸出了援助的手，中国也不例外。当时中国"广东筹赈日灾总会"就捐赠了一万五千馀件书物，其中汉籍书就有七千三百册。东京大学图书馆馆长开元成允就说，汉籍书库的重建，就是由中国广东捐赠的这批书和另外一个日本的德川家族捐赠的"南葵文库"而开始逐步丰富起来的。

广东捐赠的这批书究竟价值如何？由于数目不小，我一时也无法一一翻阅，故不知在这批书中究竟还有没有像梁启超一类名人的书？不过有一点是可以肯定的，就是这批书确实成为重建后的东京大学图书馆所藏汉籍的重要组成部分，其中也不乏珍贵的本子。比如，集部的明刊本就有嘉靖十六年南平游居敬宁国郡校刊本《柳文》、万历中刊宋李廷忠撰、明孙云翼注《校注橘山四六》、吴文奎撰《荪堂集》、钱希言撰《松枢十九山讨桂集》、刘文卿撰《新直刘直洲先生文集》等。另有一种嘉靖二十年新会何孟伦辑注的《昭明文选》，就相当罕见。据大家秀高介绍说，在《文选诸本研究》一书中就没有提及。何孟伦就是广东新会人，嘉靖二十年进士。在这部书的卷首，小有名气的田汝成写了一篇《重注文选序》。他说，这部书是为祝贺何孟伦会试夺魁而印的。看来，这部书确实流行不广，就在何氏家乡一带流传。而现在用它来赈灾捐赠，也是表达了广东家乡父老的一片心意吧！

日本人受灾，最高学府图书馆遭毁，中国人以书相赠，以礼相待。想不到十几年后，“八一三”、“九一八”等事件接连发生，在军国主义统治下的日本，竟动之以兵戈，报之以杀伐。我不知道一届一届的东京大学的学生在翻阅这些中国人赈灾捐赠的书籍时，心中有何感想？现在，历史又翻开了新的一页，但愿两国人民，世世代代都能以诗书相交，不要再以兵戈相见了。

日本大学图书馆中的“文库”

日本一些历史较为悠久的名牌大学的图书馆，往往建有许多“文库”。所谓“文库”，就是将一些本校教授或社会人士晚年或身后捐赠（也有购买来的）的图书专藏在一起，或特别加以标明，名之为某某文库。如东京大学于 1923 年关东大地震后重建图书馆时，第一批入库而奠定了汉籍库藏基础的，除了中国“广东筹赈日灾总会捐赠本”之外，就是由侯爵德川赖伦以来德川家族收藏的书，计有二万五千多部九万六千馀册，名之为“南葵文库”。后来，如著名的文学家森鸥外捐赠的近四千部约一万六千册书，就名之为“鸥外文库”；幕末明治年间汉学家冈千仞的旧藏五千四百多册书名之为“冈文库”，等等。目下，东京大学综合图书馆就有“文库”十四种之多。另外，在东京大学东洋文化研究所中的“大木文库”（大木干一）、“仁井田文库”（仁井田升）、“双红堂文库”（长泽规矩也）、“仓石文库”（仓石武四郎）等也都著名于世。东大之外，如京都大学文学部的狩野直喜的“狩野文库”、铃木虎雄的“铃木文库”、人文科学研究所的松本文三郎的“松本文库”、东北大学狩野亨吉的“狩野文库”、长崎大学的小曾根丰明的“小曾根文库”、武藤长藏的“武藤文库”等等，也都非常有名。由于“文库”的原藏者是学问家或者是藏书家，收罗的书往往有一定的专门化，且不乏佳本。比如医学博士出身的著名文学家森鸥外，就藏了相当丰富的中国文学作品，有的就是海内外孤本。再以收藏明清文学、特别是小说戏曲著称的长泽规矩也来说吧，他分别于1951、1953年捐赠给东洋文化研究所的三千一百五十部书中，就有许多罕见本和孤本。在小说中，如《三教偶拈》、《天妃娘妈传》、《一片情》、《风流十传》、《百花魁》、鍾惺批本《三国志演义》等等，都是"天下孤本"。戏曲及说唱文学作品尤多，如尊生馆本《西厢记》、弹词《金瓶梅》等也未见他处收藏。特别是一些钞本，如"清百本张钞本"、"清汇剧堂钞本"、"清野堂钞本"、"清敦厚堂钞本"、"清陈氏百本堂钞本"等，都较珍贵。其中尤以"内府钞本"《阐道除邪零片》、《昆曲十二种》及"车王府钞本"《二黄全串贯》等更是名重于学界。其他一些文库的情况也大致如此。所以从读者来说，对于大学图书馆中的"文库"一般都比较重视。

从图书馆的角度来看，建立"文库"是一个好的传统。好在哪里?我想至少有这样几点：一，使自己的图书馆丰富馆藏，并能眉目清楚地建立特色；二、对捐赠者来说是一种具有永久意义的鼓励和纪念；三、对后学者来说树立了生动的榜样；四、归根到底，也有利于学校建设，提高声誉，不失为"创一流"的一种具体措施吧!

但这种风气在我们过去比较强调"国有化"的土地上似乎不常看到。大名鼎鼎的郑振铎的藏书赠给国家图书馆后，开始印了一册目录，不知现在的情况如何?远的不清楚，就说眼前我们复旦大学的图书馆，予生也晚，诸如嘉业堂、丁福保等旧藏，我也说不清。只说我们见到过的中文系的陈望道、王欣夫、刘大杰等先生，身后都将书赠给了学校，有的还在书上留着一个"某某捐赠"的图章，有的就完全无影无踪了。曾听说，第一个全译《共产党宣言》的陈望道先生藏有较全版本的《毛泽东选集》，我在七十年代末一度想找来校读一下《在延安文艺座谈会上的讲话》，结果找了一阵子也找不出个所以然，只好不了了之。再如著名版本学家、藏书家王欣夫先生的书，尽管在"文革"中散失了一些最珍贵的本子，但留在复旦的还有相当多的善本，似乎也没有一本帐。前年我查《文心雕龙》，竟发现他原藏多种明刊本，其中一种隆庆年间的刊本，竟为当时所有的"龙学家"未曾著录过（近见杨明照先生在《学术集林》上始著录）。比较起来，还是稍后的赵景深先生有点运气。他在通俗文学方面富有特点的赠书，在章培恒先生等努力下，总算专门印了二大册目录，这给学界带来了极大的方便，也给复旦图书馆带来了一定的声誉。笔者就接待过一些冲着赵先生的藏书而来的海外学者。至于再后来的郭绍虞先生，也曾有意将身后的藏书捐赠给复旦。作为研究中国文学批评史的权威，在他的藏书中，至少有一些诗话是有点特色和价值的吧。可惜的是，最后还是眼睁睁的看着这些书流到了其他图书馆中去了。当然，书还在“社会主义大家庭”里，也不必过多的斤斤计较。不过，假如后来者追问起来，为什么原来要赠给复旦的书最后未能留在复旦时，我作为在郭先生所创始的研究所里还在搞文学批评史的一个人，内心是感到痛苦和羞惭的，总觉得是难以向后来的复旦人交待，但不知当时任校长的一些先生们，心中作何感想？

女性图书馆中读《西厢》

日本的盐谷温教授是著名的中国通俗文学研究家。由于他当年曾执教于东京大学，且注意过《西厢记》的研究和翻译，故在东大的图书馆里藏有不少《西厢记》的善本，这就引发了我对这部名著的兴趣，想遍览一下明代早期的一些刊本。好在曾经在东大工作过的传田章教授做过一本《明刊元杂剧西厢记目录》，我就按图索骥，一一去搜阅。可是使人纳闷的是，他著录的一种万历七年（1579）刊的“少山堂刊本”，明明写着“御茶之水图书馆藏”，却接着又写“未见”。他的有关著录，都是用的第二手的材料。另一位当今著名的中国戏曲研究家、东京大学的退休教授田仲一成先生在其洋洋洒洒的《论十五、十六世纪为中心的江南地方剧的变质》书稿中详论《〈西厢记〉诸本的地域分化》时，用了许多版本加以对比研究，可是也没有用到这一“少山堂本”。“少山堂本”是目前能见到的万历年间最早的《西厢记》刻本，御茶之水图书馆又离东京大学很近，他们又都是正宗的《西厢记》研究专家，怎么都会“未见”这部珍贵的刊本呢？

于是我向东大的一位教授打听说：“我想去御茶之水图书馆看一部《西厢记》，不知要办些什么手续？”他马上回答我说：“这恐怕有点困难，因为这是一家‘主妇之友’出版社办的、专为十八岁以上女性开放的图书馆。男性是不能去的。”他怕我不相信，还特地翻出了一本介绍日本各图书馆的书，书上确是这样写的。这真是闻所未闻！世界上的图书馆竟还有专门对女性开放而将男性拒之于门外的。看来我也是无缘亲睹这部曲本，而只能请我的女性学生或朋友去代读了。但想来想去，觉得实在难以启齿去麻烦人，而这类书也总究是不能随便请人去代读能解决问题的啊。于是，我只能断了读这部书的念头。

真想不到，眼看着“山穷水尽疑无路”时，却遇“柳暗花明又一村”。后来一次与日本的中国小说研究专家“合宿”时，大冢秀高教授告诉我说，这家图书馆的一般书籍确实是只对女性开放，而善本书，男性的专家也是可以去利用的，只是要事先联系。他还说，他的一位研究生想搞《三国》插图的研究，就去过，只是不能复印，最后也难以做成这个课题。这样，我又死灰复燃，马上请朋友帮我联系。想不到电话里把我的情况一谈，发了一个传真，即得到了一份同意“特别阅览”的通知，且还附了一份图书馆的介绍。只是他们说忙，约定我去看的日子太后，过了我的签证日期，我希望他们能提前几天，他们也爽快地同意了。这样，我就于约定的那天冒着雨，一大早兴致冲冲地赶去看个究竟了。

御茶之水图书馆原来新搬在一座大楼里（后来知道，传田章先生当初没有看成就因为是图书馆搬家的缘故），占一个楼面。我一下电梯，当着大门口，我还来不及对隔着服务台的里面的书架看个清楚，一位女性的管理员即将我引到里间，交代给了一位男性的汉籍管理员。一走到里面，原来这家为女性服务的图书馆里也有不少男性的工作人员，包括他们的头头。那位汉籍的管理员，很礼貌地把我引到“特别阅览”处。这原来是大阅览室的一角，他们用屏风围了起来，里面放着二只书桌，一只供我阅读，另一只则是他用。他就在那里边工作，边对我进行“管理”。他领我放好了书包，交代了洗手间，收了我一千日元的阅览费后，即很快地将两册书与几枝削好了的铅笔送上。我就开始紧张的读书了。中间偶而抬起头来看看，只见管理员专心致志地在旁边抄录着什么，再从屏风的缝中看过去，似乎真正来阅览的人也并不多。中午休息，他们也怕男女授受不亲，不让我进入专门为阅读者提供的休息室，而把我引入了一间小会议室。我独自一人狼吞虎咽地把带去的面包和豆奶吃喝完，管理员知道我时间宝贵，就提前来叫我去阅读，这样我就一口气看到了下午五点。匆匆忙忙地走马看花，也算把我要做的事基本上做了，留下的，就只能待之于他日了。

结束时，管理员一直送我到了电梯口，等着电梯门关上。这时，我不由得深深地感到他们服务的周到与待人的礼貌，但这种周到与礼貌，同时也使我若有所失：因为这一天我不能东张西望、东走西跑，似乎失去了自由，以致这个图书馆的真实面貌究竟是什么样的，可以说我还是一无所知。于是又不能不使我想到，他们的这种周到的服务，究竟是对读者的尊重，还是对读者的防范？或者是兼而有之？

新书架

民俗文化面面观　大32开　全4册　齐鲁书社出版　定价:56元

全书分“婚丧礼俗”、“姓氏名号”、“神秘方术”、“十二生肖”四个分册，作者将民间婚丧礼俗的形式加以列举，并揭示其文化象征和文化意义；分别介绍了姓氏的起源和演变，论述了姓氏的符号性和社会性；概述作为民俗事象的神秘方术的产生、原理和流行方式，对其中违反科学之处进行深层次的批判；从不同角度审视十二生肖存在方式和文化涵义，介绍与十二生肖相关的故事。全书以专题问答形式叙述，深入浅出，趣味横生。

藏书铭印记

范景中

藏家惜书，多钤朱印。藏园记张绍仁校本《小畜集》，其各卷所钤印凡七十馀枚，无复出者，可谓书癖兼印痴者矣。然亦另有深意，越缦主人述其用印云："每念此物流转不常，日后不知落谁手，雪泥鸿爪，少留因缘，亦使后世知我姓名。且寒士得此数卷，大非易事，今日留此记识，不特一时据为己有，即传之他人，亦或不即灭去。"李词堪跋明刻本《十七史百将传》云："癸亥仲冬十日，将以此书易米，因以所用私印遍钤之。后有续《藏书纪事诗》及《书林清话》者，或拓数行地记我。"此皆肺腑心声，真情之言也。

专记藏书印者，首推《东湖丛记》。自兹以降，流风弥繁，著录之书匪一，而述作之旨未殊：资谈助，辅考证，察心迹也。新版《藏书家印鉴》更将藏印举为九类，所论益加精细。然未析藏书铭印为一类，殆智者之失，或归入闲章，似亦未中肯綮。盖书籍典册乃昔贤精神之所寄、灵爽之所凭也。所谓藏书铭印者，即此心此志也。或示人以爱护之法，或诫子以保守之道，或明己之聚书之艰，词意拳拳，其用心可谓苦矣。每一观览，便兴深慨，良有以也。元人孔文升尝作书铭曰："宁人负我，毋我负人；宁存书种，无苟富贵。"翰墨因缘，艰于荣名利禄矣！浮生之怅，全赖此图史以慰怀岑寂。一旦感怆别离，能无心折意惘乎？

余经丙午之乱，藏书遭艰，未免往来于怀，后读孙溦之藏书铭，始心神莹净，释然不复芥蒂。于此种印式，亦窃留意焉。丛零掎拾，裒辑有年，爰就所录，勒为一卷。无关学术治道，自备遗忘而已。或俾今世藏书家刊印钤书取为稽式，或为观念史留一思维单元，亦未可知。己卯冬月廿三日漫记于映波桥畔，时湖上环山一色，烟水明净。

唐杜暹家藏书，末自跋云："清俸买来手自校，子孙读之知圣道，鬻及借人为不孝。"《全唐诗》卷八百七十三有杜兼《题书卷后语》诗，与此文字稍异。据《新唐书》卷一百七十二杜兼传，颇疑此跋应为杜兼所作。笃素堂张晓渔曾仿此作朱文五行五字方印为："清奉买来，勤加雠校。鬻及抛残，谓之不孝。唯张氏子孙，手泽是好。"其时之藏书印，传世甚少。《印典》卷五引怡轩先生语曰："书籍间所用之印，名为图书记者，始于赵宋。"盖误。《述书赋》及《历代名画记》所载诸印，虽多为法书名画所用，然李泌之"邺侯图书刻章"想必已钤之于书。故藏书印，唐时已有，似无疑义。《全唐诗》卷六百二十八陆龟蒙《戏题袭美书印囊》："鹊衔龟顾妙无馀，不爱封侯爱石渠。应笑休文过万卷，至今谁道沈家书。"又卷六百十五皮日休和诗《鲁望戏题书印囊，奉和次韵》："金篆方圆一寸馀，可怜银艾未思渠。不知夫子将心印，印破人间万卷书。"北京图书馆所藏敦煌石室古写本《杂阿毗昙心论》残卷，则有南齐官印"永兴郡印"。然藏书铭印或殆源于此。后世以借鬻为大患，即官书亦然，宋刊本《青山集》卷中有朱色木记二，文曰："嘉兴府学官书准/令不许借出咸淳贰　官/年拾壹月旦日重印。""嘉兴府府学官书依条不许借出系知府/何寺正任内发下嘉定甲戌七月　日记。"北京图书馆藏《欧阳先生文粹》,上钤朱文官印为:"安抚提刑汪郎中置到绍兴府学官书,许生员关看,不许带出学门。"或亦源于此。万历间施大经藏印"古人以借鬻为不孝",按《晦庵书话》"藏书印"篇,将施氏四方藏书印误读作一方为:"施氏获阁藏书,古人以借鬻为不孝,手泽犹存,子孙其永宝之。"云间褚氏"祖父书籍,子孙是教;鬻及借人,大为不孝。云间褚氏,世家垂训",嘉庆间人学室朱文印"读书藏书,守之弗失。三千部居,不许借出",即此嗣响。是类印文尚多,兹不一一覼缕。盖古人以书田为福田,以读书之道为修福之道。曾见一藏书印作朱文方形:"人能孝弟忠恕,造化渐可转移。躬行慈悲接引,务期声觉圆通",殆由此而发。且夫藏书于家,传之于后,其非"留有馀不尽之福以贻子孙"钱名振藏书印,朱文双行,见于道光本《绝妙好词笺》。者欤?此书种不坠,胜于名利矣。

藏书铭印,首以惜书为鉴。《藏园群书经眼录》卷一记徐坊旧藏元刊本《诗地理考》,钤有"尚宝少卿袁氏忠彻"。别有朱记,录《颜氏家训》:"借人册籍,皆须爱护。先有缺坏,就为补治。此亦士大夫百行之一也。四明袁氏静思斋志。"日本内阁文库藏宋刊残存二十三卷本《东坡集》,首册护叶有长方朱文楷书大木记,亦录此语,款为"鄞江卫氏谨志"。

士礼居旧藏宋本《新序》卷首副叶有信阳王氏朱文木印温公训子语云:"温公独乐园之读书堂,文史万馀卷。公晨夕取阅,虽累数十年,皆新若手未触者。尝谓其子公休曰:'贾竖藏货贝,儒家惟此耳。然当知宝惜,吾每岁以上伏及重阳间,视天气晴明日，即设几案于当日所，侧群书其上，以曝其脑，所以年月虽深，终不损动。至启卷，必先视几案净洁，藉以茵褥，然后端坐看之。或欲行看，即承以方版，未尝敢空手捧之，非惟手汗渍及，亦恐触动其脑。每至看竟一版，即侧右手大指面衬其沿，而覆以次指面撚而挟过，故得不至揉熟其纸。每见汝辈多以指爪撮起，甚非吾意。今浮图老氏，尤知尊敬其书，况以吾儒反不如乎？汝当志之。'信阳王氏四部堂识。”四部堂者，明隆万间人王祖嫡也。

柳氏序訓云余
藏書皆有三本
一紙墨精者鎮
庫一次者隨行
披覽一又次者
後生子弟爲業

司马温公语，屡被人援引，万历间刻陈与郊《文选章句》亦取为牌记，其目录后空页上方刊方形木记，文云：“柳氏序训云：余藏书皆有三本：一纸墨精者镇库；一次者随行披览；一又次者后生子弟为业。”下方即为长方形木记录温公语：“司马温公谓子曰：吾每岁于上伏重阳，出曝书脑。每启卷，必洁几案，藉茵褥，端坐观之。欲行，承以方版，未尝敢空手捧持，非惟汗渍，亦恐触损。每竟一叶，即侧大指衬其沿，覆以次指挟过，纸不柔熟。见汝辈爪撮，甚非吾意。浮图氏犹知敬其书，岂以吾儒反不若乎？汝当志之。”

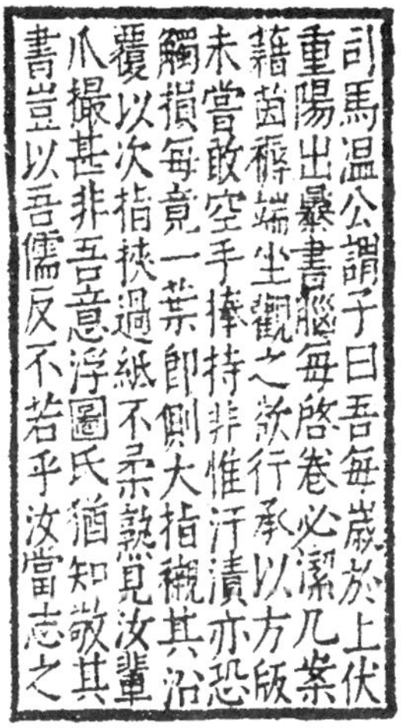
司馬溫公謂子曰吾每歲於上伏
重陽出暴書腦每啓卷必潔几案
藉茵褥端坐觀之欲行承以方版
未嘗敢空手捧持非惟汗漬亦恐
觸損每竟一葉即側大指襯其沿
覆以次指挾過紙不柔熟見汝輩
爪撮甚非吾意浮圖氏猶知敬其
書豈以吾儒反不若乎汝當志之

此二方藏书铭牌记，原刊于万历刻本陈与郊编《文选章句》目录后。此种格式，民国间亦有仿效者

《东湖丛记》记一藏印云："昔司马温公藏书甚富，所读之书终身如新。今人读书恒随手抛置，甚非古人遗意也。夫佳书难得易失，稍一残缺，修补无从。每见一书或有损坏，辄为愤惋，如对残废之人。数年来搜罗略备，卷帙斩然，所以遗吾子孙者至厚也。后人观之，宜加珍护。即借吾书者，亦望谅愚意也。遗经堂主人记。"惜其姓名不可考。清人程式钧室名遗经堂，不知是否即此主人。顾锡麒有朱文大方印，亦录此训，唯后部文字稍异，作"辄愤惋浩叹不已。数年以来搜罗略备，卷帙颇精，伏望观是书者倍宜珍护。即后之藏是书者，亦当谅愚意之拳拳也。谀闻斋主人记"。

钱罄室手钞本《南唐书》有汲古阁朱文大方印："赵文敏公书卷末云：吾家业儒，辛勤置书。以遗子孙，其志何如？后人不读，将至于鬻。颓其家声，不如禽犊。苟归他室，当念斯言。取非其有，无宁舍旃。"

吴兔床跋冯已苍、冯定远评本《瀛奎律髓》云："每册副页钤以朱文木印云：'聚书藏书，良匪易事。善观书者，澄神端虑，净几焚香。勿卷脑，勿折角，勿以爪侵字，勿以唾揭页，勿把秽手，勿展食案，勿以作枕，勿以夹刺。随损随修，随开随掩。后有得吾书者，并奉赠此法。'余尝仿此刻一印，惟易末二句云：'后人宝遗书者，必当谨守此法。'"此"八勿"禁忌，为藏书史名箴，亦为赵文敏公跋书语，汪宪、陶崇质诸人均取以刊为楷书印。其后徐时栋又变衍其字句，刊为竹简式五行分书大方印："烟屿楼藏书约曰:勿卷脑,勿折角,勿唾揭,勿爪伤,勿夹别纸,勿作枕头,勿巧式装潢,勿率意涂抹,勿出示俗子,勿久借他人。”民国间丁福保氏印《说文目录》、《西洋古格言》诸书,亦用为牌记:“赵文敏曰:有人得我书者,毋卷脑,毋折角,毋以爪侵字,毋以唾揭幅,毋以作枕,毋以挟刺。随损随修,随开随掩,则无伤矣。用弁诸端,敬告同志。大雅宏达,或无诮焉。”

近世藏书家,余最景仰吾乡周叔弢先生。犹记老人谆谆告戒之语。其《自庄严堪手写自订善本书目》云:“当赠书时,须附一条例,即展阅者应严守赵文敏毋以爪侵字,毋以唾揭幅之训,保存古籍,斯为最要,典掌者宜熟知而谆戒也。”又题《双鉴楼善本书目》云:“余每见人以爪侵字,以唾揭幅,心痛之如割截肌肤,不知天下多少好书为此辈毁却。纸之筋络极细,一断即不可复续矣。”

“八勿”印记,不见于名画,此或藏书印与藏画印之别也与?设有之,定当取《历代名画记》警语:“夫金出于山,珠产于泉,取之不已,为天下用;图画岁月既久,耗散将尽,名人艺士不复更生,可不惜哉!夫人不善宝玩者,动见劳辱;卷舒失所者,操揉便损;不解装褫者,随手弃捐。遂使真迹减少,不亦痛哉!非好事者不可妄传书画,近火烛不可观书画,向风日、正飡饮、唾涕、不洗手并不可观书画。”

《荛圃藏书题识》记宋刻《颜氏家训》七卷、考证一卷,每册首尾纸背有一长方钤记,其文云:“国子监崇文阁官书,借读者必须爱护。损坏阙失，典掌者不许收受。”皆楷书朱记。印长二指四寸五分，阔不一指一寸六分。此为官印，不特申明鉴戒，直是颁布律令。

台湾中央图书馆所藏日本元禄庚辰刊本《东莱博议》有朱文方印：“岁寒堂所藏，附与明伦堂。敬承蕴义塾，不敢出他方。同门看读者，肃无致孟浪。”此为捐赠义学所钤，殊为少见，令人忆及黄树谷广仁义学用印：“敬以此书义助于浙江杭州府武林门外广仁义学，永远为有志之士公读者。”印为朱文长方形，楷书五行，行七字，惟首行为二字，居下，前空格备填名用。

吕北野藏书印严警子孙曰：“吕氏典籍，传家读书，子孙共守。不许损失借卖，违者茔祠除名。万历七年坤记。”

《爱日精庐藏书志》卷二十九记赐书楼钞本《昼上人集》首末页之木记，文云：“百计寻书志亦迂，爱护不异随侯珠。有假不返遭神诛，子孙不宝真其愚。”张氏断为钱叔宝印。余则疑为叶恭焕仿钱氏印所另制，否则《藏书志》所记或误。因曾见钱叔宝稿本《北史摭言》护叶上所钤墨文长方印文字与此不尽相同，其木戳黑印亚字边楷书四行曰：“卖衣买书志亦迂，爱护不异随侯珠。有假不返遭神诛，子孙鬻之何其愚。”罗振常《善本书所见录》卷二《南唐书》条所记与此悉同。《书林清话》卷十对此亦有所记，然叶氏未敢遽断归属。

徐𤊹《藏书屋铭》云：“少弄词章，遇书辄喜。家乏良田，但存经史。先人手泽，连篇累纸。珍惜装潢，不忍残毁。补缺拾遗，坊售肆市。五典三坟，六经诸子。诗词集说总兼，乐府稗官咸备。藏蓄匪称汗牛，考核颇精亥豕。虽破万卷之有馀，不博人间之青紫。茗碗香炉，明窗净几。开卷朗吟，古人在此。名士见而叹嘉，俗夫闻而窃鄙。淫嗜生应不休，痴癖死而后已。此乐何假南面百城，岂曰夸多而斗靡者也。”又《题儿陆书轩》：“菲饮食，恶衣服。减自奉，买书读。积三年，堆满屋。手有校，编有目。无牙签，无玉轴。置小斋，名汗竹。博非厨，记非簏。将老矣，竟不熟。青箱业，教儿陆。继书香，尔当勖。”又《笔精》一则云：“余尝谓人生之乐，莫过闭户读书。得一僻书，识一奇字，遇一异事，见一佳句，不觉踊跃。虽丝竹满前，绮罗盈目，不足喻其快也。六一公有云：‘至哉天下乐，终日在几案。’余友陈履吉云：‘居常无事，饱暖，读古人书，即人间三岛。’皆旨哉言也。”不知谁人将取以入印。

澹生堂朱文方印：“澹生堂中储经籍，主人手校无朝夕。读之欣然忘饮食，典衣市书恒不给。后人但念阿翁癖，子孙益之守弗失。旷翁铭。”此印《东湖丛记》曾著录，三百年后澹生堂藏书再度显世，其名益著。观此印即令人忆及《藏书约》中寄语：“然而聚散自是恒理，即余三十年来，聚而散，散而复聚，亦已再见轮回矣。今能期尔辈之有聚无散哉。要以尔辈目击尔翁一生精力，耽耽简编，肘敝目昏，虑衡心困。艰险不避，讥诃不辞，节缩饔飧，变易寒暑，时复典衣销带，犹所不顾，则尔辈又安忍不竭力以守哉！”

尝见阮元刻本《王复斋钟鼎款识》有杨继振长方木朱记，宽二厘米，高倍之，刻字十一行，行二十五字，皆宋体，文曰：“予席先世之泽，有田可耕，有书可读，自少及长，嗜之弥笃。积岁所得，益以青缃旧蓄，插架充栋，无虑数十万卷。暇日静念，差足自豪。顾书难聚而易散。即偶聚于所好，越一二传，其不散佚殆尽者亦鲜矣。昔赵文敏有云：‘聚书藏书，良非易事。善观书者，澄神端虑，净几焚香。勿卷脑，勿折角，勿以爪侵字，勿以唾揭幅，勿以作枕，勿以夹刺。予谓吴兴数语，爱惜臻至，可云笃矣，而未能推而计之于其终，请更衍曰：‘勿以鬻钱，勿以借人，勿以贻不肖子孙。’星凤堂主人杨继振手识，并以告后之得是书而能爱而守之者。”别行低一字又曰：“予藏书数十万卷，率皆卷帙精整，标识分明，未敢轻事丹黄，造劫楮素。至简首卷尾，钤朱累累，则独至之癖，不减墨林，窃用自喜，究之于书，不为无补。”

予席先世之澤有田可耕有書可讀自少及長嗜之彌篤積歲所得益以青緗舊蓄插架充棟無慮數十萬卷暇日靜念差足自豪顧書難聚而易散即偶聚于所好越一二傳其不散佚殆盡者亦鮮矣昔趙文敏有云聚書藏書良非易事善觀書者澄神端慮淨几焚香勿卷腦勿折角勿以爪侵字勿以唾揭幅勿以作枕勿以夾刺予謂吳興數語愛惜臻至可云篤矣而未能推而計之于其終請更衍曰勿以鬻錢勿以借人勿以貽不肖子孫星鳳堂主人楊繼振手識并以告後之得是書而能愛而守之者

予藏書數十萬卷率皆卷帙精整標識分明未敢輕事丹黃造刧楮素至簡首卷尾鈐朱纍纍則獨至之癖不減墨林竊用自喜究之于書不為無補

杨继振藏书铭记，此印有名而少见，被引用时常有脱误

藏书铭印乃斯文之物，用语须真挚高雅，若半雅轩“看书爷

台万勿撕书并向书上胡乱写字，君子自重”一印，便选词落俗，不特“半雅”，且污藏书，反不如旧钞本《春秋左传摘奇》所钤朱文方印“读好书，说好话，行好事，做好人”用语通达。

贝简香藏书，中夹一小叶，上刊司马温公、赵文敏及梁谏庵《庭立记闻》论爱护书籍事三则，凡二十四行，并跋曰：“道光癸巳年子月朔日，录惜书说三则于晚学炳烛光南窗下，粘之书帙，以自警勉。勤学人贝墉识。”

古人又有书厨铭，惜无人专记别述。《箓竹堂书目》序后有文庄《书厨铭》：“读必谨，锁必牢，收必审，阁必高。子孙子，惟学敩，借非其人亦不孝。”吴兔床《尖阳丛笔》卷五记朱子藏书阁书厨字号铭，其文曰：“於穆元圣，继天测灵。出此谟训，惠我光明。永言宝之，匪金厥籯。含英咀实，百世其承。”此铭亦堪入印。

《知圣道斋读书跋》卷端小序：“一领文渊，再校天禄。善和千卷，尚未能读。幼即焚膏，老犹炳烛。有见辄书，璅缀末幅。过此以往，庶几日读。南州彭元瑞。”颇疑其亦有此铭印。

王述庵藏书印云：“二万卷，书可贯。一千通，金石备。购且藏，剧劳勚。愿后人，勤讲肄。敷文章，明义理。习典故，兼游艺。时整齐，勿废置。如不材，敢卖弃，是非人，犬豕类，屏出族，加鞭箠。述庵传诫。”

栩缘曰：赵文敏跋书语，藏书家率取以刊印。王述庵司寇又编三字韵语,用以钤书。皆可为法。余虽插架无多,亦颇有志于此。姑先撰印文以俟他日。其文曰:“寒家蓄书,匪伊朝夕。研田有馀,乃置坟籍。铢积寸累,遂盈几席。子孙能读,宜加珍惜。随手整理,无任乱叠。一切禁忌,吾师松雪。狼藉委弃,胜造恶孽。借读借钞,勿出门阈。借非其人,毋宁决绝。”

朱竹垞朱文短语方印:“得之有道,传之无愧。”最为忠厚、警人。

潘氏滂喜斋藏明刻《刘屏山集》,前有朱文大方印,刻藏书铭曰:“名山草堂,萧然独居。门无车马,坐有图书。沈酣枕藉,不知其馀。俯仰今昔,乐且宴如。萧寥亭铭。”按:萧寥亭即清初闽中藏书家萧梦松。其又有朱文大方印:“杜门谢客,斋居一室。气味深美,山华野草。微风摇动,以此终日。”白文大方印:“天地奇文,圣贤遗泽。蓼亭藏之,珍若圭璧。爱日轩中,以朝以夕。传诸后人,其永无斁。”又有诗印曰:“茶社未忘铜井约,草堂比似玉山灵。家藏四世以身守,谁得吾书视此铭。”

《藏园经眼录》卷一记元刊本《春秋诸传会通》,书衣有王闻远六行竹简式藏书铭印,文曰:“我性最喜读书,所藏数十万,皆从减衣缩食而来。每当披览,拭几焚香,松雪六勿之戒,毕生谨守弗替。子孙得我书者,岁必缗阅,暑必曝晒,慎毋滥借亲朋,慎毋涂鸦损坏,慎勿善贾求沽,世世保之,守而勿坠,真我孝子顺孙也。时康熙丙戌七夕前三日莲泾居士识。”

又，卷十记宋刊本《古今合璧事类备要》各卷所钤墨记："予性颇爱书，一书未有，必罄囊市之，窘于厥志未伸，群书无由悉备，凡所有者不过薄于自奉以致之耳。间有先世所遗，十不一二。凡我子孙宜珍惜宝爱，以承厥志。苟不思得之之难，轻视泛借，以致狼籍散失，不孝之罪莫大焉。至于借匿阴盗之徒，又不仁不义之甚者矣。予故著之简端，使借者守者惕然知警云。大冢宰从孙句容曹淇文汉谨识。"

吴兔床朱文长印："寒可无衣，饥可无食，至于书不可一日无。此昔人诒厥之名言，是可为拜经楼藏书之雅则。"

《曝书亭著录》，李富孙编次。序曰："竹垞先生好聚书，多秘钞善本，其最难得者，首页识以'购此书，甚不易，愿子孙，勿轻弃'印章。"辗转效仿者多有，如沈廷芳之"购此书，甚不易，遗子孙，弗轻弃"，南湖徐氏之白文方印"积此书，良匪易，愿子孙，勿轻弃"者是也。

陈仲鱼三字铭藏书印最为有名，其文曰："得此书，费辛苦。后之人，其鉴我。"

杨氏海源阁亦有三字句朱文方印："禄易书，千万值。小胥钞，良友诒。阁主人，清白吏。读曾经，学何事。愧蠹鱼，未食字。遗子孙，承此志。"

黄梨洲朱文长方印："忠端是始，黎州是续；难不忘携，贫不忘买，老不忘读；子子孙孙，鉴此心曲。”

万季野白文长方印：“吾存宁可食吾肉，吾亡宁可发吾椁。子子孙孙永无鬻，熟此直可供饘粥。”

《善本书所见录》记《皃藻集》后之钱侗楷书十三行、行六字扁方木记云：“积书万卷无不有，子孙读之惟所取。文章道德期不朽，才或未逮贵能守。万不得已求主售，读书养亲赡戚友。得钱他用天不佑，鬼神殛罚安其疚。顾得书人其三复。嘉定钱季子藏书记。”

陈沂震手钞本《仪礼郑注句读》有杨复朱文长方形印，四行，行八字：“读书识字求忠孝，至道归儒学圣贤。此余端居励志诗也，识之以铭书帙。丰华氏铭。”

南宋建安余仁仲万卷堂刊本《春秋经传集解》卷七尾题后有墨文长方印，文占三行，曰：“先祖樗菴父稽古，收置经书甚勤苦。传诵应期千万年，如此方为敬吾祖。江阴拙逸徐良器题。”

楷书易于辨认，故藏书铭印多用之。沈虹屏《春雨楼集》卷四有诗记其所写楷书印文，颇疑其为藏书铭印，惜未见印记。其诗《作书印，印毕，戏作》：“小字簪花虽未工，不教凡卉借春红。书成却印玲珑玉，笑比秦人记守宫。”

《艺林散叶》记许增藏书，书端钤一印章：“得之不易失之易，物无尽藏亦此理。但愿得者如我辈，即非我有亦可喜。”

美国国会图书馆藏明万历刻本《六家文略》，卷端有方功惠大方印：“十年作吏仍糊口，百金购书收散亡。老矣不能穷雨简，一廛幽僻得深藏。”

章式之斋名取义尤文简语：“饥读之以当肉，寒读之以当裘，孤寂而读之当友朋，幽忧而读之以当金石琴瑟。”四当斋中，不知有否此印。胡元瑞亦有此说，见于王元美《二酉山房记》：“饥以当食，渴以当饮，诵之可以当韶頀，览之可以当夷施，忧藉以释，忿藉以平，病藉以起。”

丁白宝书阁藏书有朱文方印：“手钞积万卷，数世之苦心。流落不知处，壁出绿竹音。”

余所知最长诗铭印见于孙文川《读雪斋诗集》卷八之《题藏书刻印，印之卷首》，录之如下：“宝翰垂千秋，人无百年寿。展玩聊自娱，岂计收藏久。我闻唐杜暹，撰铭书卷首。鬻借为不孝，惟属后人守。又闻赵吴兴，作诗题卷后。但禁他室买，戒以弃勿取。二公诚爱书，而我意则否。子孙为凤麟，嗜古意必厚。我爱彼更珍，搜采成丛薮。何待我留贻，彼自能寻剖。子孙若豚犬，压架已孤负。摧烧或化薪，弃置更覆瓿。尤物遭轻亵，贻者执其咎。不如付赏音，什袭重瑶玖。品题增光辉，益令传不朽。由来天下宝，不妨天下有。但祝得所归，勿落俗士手。”

渐东汤寿潜，为马一浮岳父，其朱文方印，词旨极通达，文曰：“见即买，有必借，窘尽卖。高阁勤晒，国粹公器勿污坏。”见于其旧藏汲古阁刻本《片玉词》上。汤氏事迹，藏书家辞典失考。

片玉詞卷上

宋 周邦彥

瑞龍吟

章臺路。還見褪粉梅梢。試華桃樹。愔愔坊陌人家。定巢燕子。歸來舊處。　黯凝佇。因記箇人癡小。乍窺門戶。侵晨淺約宮黃。障風映袖。盈盈笑語。　前度劉郎重到。訪鄰尋里。同時歌舞。唯有舊家秋娘。聲價如故。吟牋賦筆。猶記燕臺句。知

汲古阁本《片玉词》上钤有汤寿潜藏书铭印(中间一方)

士礼居题跋，有“惜字”说，洵真爱书、真知书之论，余甚爱之。碧庄严馆曾以之入印，其文曰：“余生平喜购书，于片纸只字皆为之收藏，非好奇也，盖惜字耳。往谓古人慧命全在文字，如遇不全本而弃之，从此无完日矣。故余于残缺者尤加意焉。复翁此意，今已鲜为人知。因录之以当朱记。”又别行低一字曰：“余尝叹古籍日少，古芬日稀，幸留一二本于兵虫水火之馀，真存佚介乎一最危之时也。此本乃罕遇难求之品，虽为残帙，余亦宝若球璧，恐稍有不慎，便成断种。此意拳拳，望得者切记。”

曾见缪艺风刊本《三唐人集》上钤一朱文方印：“甚爱必大费，多藏必厚亡。知足不辱，知止不殆，可以长久。”造语警策，堪称入道语。

张氏小琅嬛福地钞本《营造法式》，精妙异常，钤印累累，卷三十二末有两方朱文方印，一为："成此书，费辛苦，后之人，其鉴诸。"一为："平生减产为收书，三十年来万卷馀。寄语儿孙勤雒诵，莫令弃掷饱蟫鱼。荛友氏识。"

以血书代印，亦见于芙川藏本。《铁琴铜剑楼藏书目录》卷二十记宋刊本《伊川击壤集》云：旧为邑中张芙川藏书，卷三册首空叶有芙川以血书"南无阿弥陀佛"六字，并跋云："乙巳十一月得之，爱不能释，展读三复，以血书佛字于空页，惟愿此书流传永久，无水火蠹食之灾。后之读是书者，其知所珍贵也夫。"

造像印，以赵之谦同治三年为其亡故妻女所制最为人知。江建霞则有造像藏书印，朱文界格，中为佛像，周围楷书曰："大清光绪十二年十二月朔三十日，书窟弟子江标敬造长恩像一区，愿鼠不敢啮，蠹鱼不生，永充供养。"此印文曾被褚仪套用，见其所藏影宋抄本《复古编》。余亦有一印，则恭引《普贤警众偈》中首尾两句："是日已过，命亦随减。但念无常，慎勿放逸。"

《缘督庐日记》光绪十二年正月初七日记枕上作藏书偈，并拟刊成二十八字方印。再以青田石造一无量寿佛像，每书钤此二印，为书忏悔。兹录之殿后，以为一切图籍祈福："无水火兵灾，无蟫蚁鼠劫，永离一切苦，如我佛所说。治廧居士和南说偈。"

成都淘书琐记

宋平生

每次去外地出差或旅游，不论多忙多累，总要抽暇到当地的古旧书店去淘书。虽然谈不上“为伊消得人憔悴”，却也是“钱袋渐宽终不悔”。

很早就听说成都古籍书店虽然没有什么惊人的珍本秘籍，但颇有一些有用的书，而且价格比较便宜，很适合囊中羞涩的读书人。直到1995年，我才有机会圆了成都淘书梦。

火车抵达成都时，是一个灰濛濛的星期天，办不成公事。所以一安顿好住处和行李，便不顾旅途劳顿，乘车直奔古籍书店。书店在春熙路北段四号，规模不是很大，一层售新书，二层售古书和字画。但后者所占的比例似乎更大些，因为四壁挂满了名人字画，十几个玻璃柜里也摆满了碑帖和小幅画片，而古书，则连两三个书架都未摆满。店里很清静，好像只有我一个顾客。架上的书，大多是常见的晚清刻本或民国石印本。随手翻开书品阔大的一部，原来是光绪间仿宋刻本《陶渊明集》，全三册，标价三百六十元。比北京的定价便宜多了，可惜印得稍晚些。心想，如果没有更好的书可买，再考虑它吧。刚把它放回架上，两部清乾隆五年（1740年）至六年（1741年）杨佑启耘经楼精刻本《苕溪渔隐丛话》一起映入我的眼帘。我在琉璃厂淘书多年，从未得见此书，今天却一下子遇上两部，真是不可思议。

这部宋人胡仔纂集的《苕溪渔隐丛话》，前集六十卷，后集四十卷。每半页十三行二十一字或二十三字，黑口，左右双边。封面镌“依宋板重雕”、“耘经楼藏板”。

《渔隐丛话》是一部诗话名著，《四库全书总目提要》评价它是“继阮阅《诗话总龟》而作。阅所载者，皆不录。二书相辅而行，北宋以前之诗话，大抵略备矣。然阅书多录杂事，颇近小说；此则论文考义者居多，去取较为谨严。阅书分类编辑，多立门目；此则惟以作者时代为先后，能成家者列其名，琐闻轶句则或附录之，或类聚之，体例亦较为明晰。阅书惟采摭旧文，无所考正；此则多附辨正之语，尤足资参订。故阅书不甚见重于世，而此书则诸家援据，多所取资焉”。此书有宋元刻本，但如今已无全帙存世。宋刻本仅存后集卷一至二，卷五至四十。每半页十一行二十二字，白口，左右双边，版心下镌刻工。原为清末大藏书家李盛铎旧藏，今藏北京大学图书馆。元代有翠岩精舍刻本，仅存前集

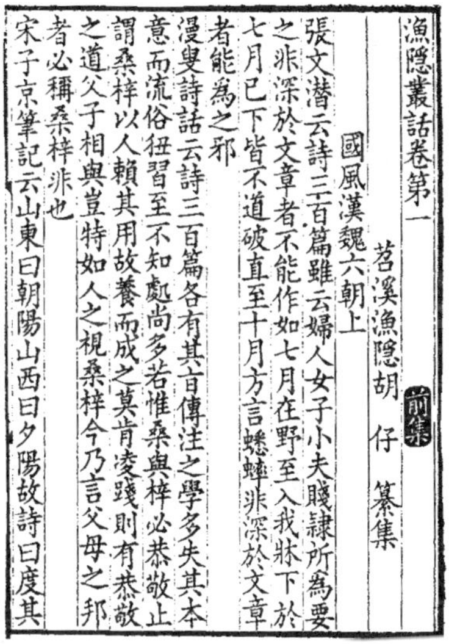
漁隱叢話卷第一
苕溪漁隱胡 仔 纂集 前集
國風漢魏六朝上
張文潛云詩三百篇雖云婦人女子小夫賤隸所爲要之非深於文章者不能作如七月在野至入我牀下於七月已下皆不道破直至十月方言蟋蟀非深於文章者能爲之邪
漫叟詩話云詩三百篇各有其旨傳注之學多失其本意而流俗狃習至不知處尚多若惟桑與梓必恭敬止謂桑梓以人賴其用故養而成之莫肯凌踐則有恭敬之道父子相與豈特如人之視桑梓今乃言父母之邦者必稱桑梓非也
宋子京筆記云山東曰朝陽山西曰夕陽故詩曰度其

清乾隆杨氏耘经楼刻《渔隐丛话》

卷一至五十。每半页十三行二十一字或二十三字，黑口，左右双边，有傅增湘跋。亦为李盛铎旧藏，今藏北京大学图书馆。《北京图书馆古籍善本书目》亦著录有宋刻本，存前集卷十五至四十五，行款与元刻本同，有可能是同一版本。明代仅见有丛书节选本，未见有刊行足本者。在杨佑启重刻本之前，此书主要以抄本传世，一般学人难得一见。直至杨氏刻本问世，此书才得以广为流传。所以说，杨氏在此书的传播流通上，可谓居功至伟。而且，书也确实刻得很古雅精美。但他所谓“因近得宋刻，遂勘雠付枣”和“依宋板重雕”等语，则是骗人的。因为此本的行款、版式与元翠岩精舍刻本十分相似，一望便知是据元本翻刻。至于刻于前集胡仔序末的“绍兴甲寅槐夏之月陈奉议刊于万卷堂”一行字，就更可笑了。首先，元翠岩精舍刻本并无此字；其次，据胡仔自序，前集作于绍兴十八年（1148年），而绍兴甲寅则是绍兴四年（1134年），岂有尚未动笔，书已刻成之理？虽说古人刻书或藏书，喜将底本或藏品拔高升格，是习气使然，不足为怪，但仍难免蒙人促销之嫌。这与当今的虚假广告有异曲同工之妙。当然，今人的虚假广告就更是有过之而无不及了。

摆在面前的两部《渔隐丛话》，都是八册一函，标价都是四百八十元一部。一部书品完好，但印得稍晚些；另一部是初印，封面上还钤有“海盐杨氏耘经楼图书”长方朱文印，但美中不足的是稍有虫蛀。两部书都不完美，一时难以定夺。人的心理有时很怪，如果只有一部，你也许会果断地买下它。但若有两部，你就会权衡比较，反而犹豫不决了。后来转念一想，囊中青蚨有限，还是到书库看过其它书再作取舍吧。不料书店经理不在，店员不敢作主，要我过一两天再来看看。无奈，只好空手而归。

隔了一天，去巴蜀书社办完公事，时间尚早，便又直奔古籍书店。一上二楼，便见一中年男子，正在翻阅那部初印的《渔隐

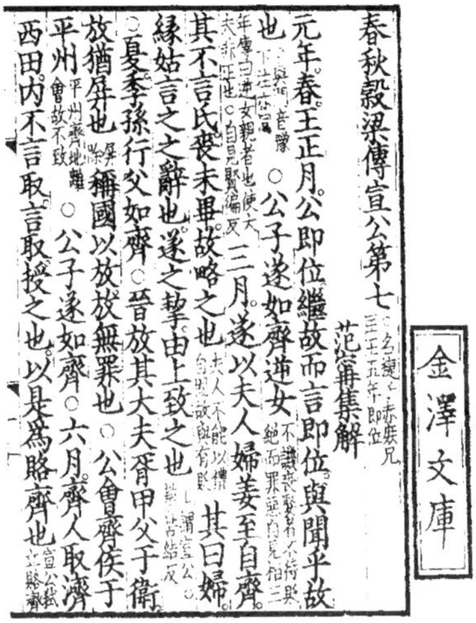
春秋穀梁傳宣公第七　范甯集解
元年，春，王正月，公即位。繼故而言即位，與聞乎故
也。○公子遂如齊逆女。
三月，遂以夫人婦姜至自齊。
其不言氏，喪未畢，故略之也。其曰婦，
緣姑言之之辭也。遂之挈，由上致之也。
○夏，季孫行父如齊。○晉放其大夫胥甲父于衛。
放，猶屏也。稱國以放，放無罪也。○公會齊侯于
平州。○公子遂如齊。○六月，齊人取濟
西田。內不言取，言取，授之也，以是為賂齊也。
金澤文庫

清光绪杨氏刻《春秋谷梁传》单行本

丛话》，而且看得很细很慢。我心里一惊，一种不祥的感觉涌上心头，直后悔前天未下决心买走它。我一边心不在焉地翻着其它古书，一边注意着那位男子的动向。大约过了漫长的十分钟，他最终将书放回原处，又拿起其它书翻看。我赶紧拿起那部险些失之交臂的《渔隐丛话》，直奔交款台而去。

值得庆幸的是，我还找到了书店的张经理，并经他慨允，得以入库选书。书库尚未整理好，有些书在书架间堆成小丘，把通道都堵塞了。书大多是一般常见的品种，上面积了很厚的尘土，据说好书都被北京的中国书店挑走了。大约挑了一个多小时，只挑出五部书。第一部是蜀人稿本，由于张经理坚持留下不售，所以，我连名字也忘记了。第二部是清光绪间杨守敬在日本刻的《古逸丛书》本《春秋谷梁传》，美浓纸精印二册，首册护页钤“星吾校字监刊督印记”朱文印，封面钤“单行本”三字，奏刀者是日本著名刻工木村嘉平。此书刻印精绝，酷肖原本。黄永年先生曾云此书为《古逸丛书》中刻印最精美者，确是不疑之论。南宋绍熙二年（1191 年）建安余仁仲万卷堂刻本《春秋谷梁传》十二卷全帙，世所罕见。当年仅有日本学者柴邦彦藏有一部。文政间，狩谷望之使人影抄一部，纤毫毕肖。此影抄本后归杨守敬，杨氏乃据以影刻入《古逸丛书》中。而宋刻原本后毁于战火，幸赖有杨氏影刻本得以传其遗

芳。最近得知台湾故宫博物院现藏有半部余氏原刻本，存卷七至十二。原为绍兴沈氏研易楼旧藏，1986年捐给台湾故宫博物院。我挑出的第三部书是清光绪间庐州盐署刻朱墨套印本《唐贤三体诗句法》,此本在北方难得一见。第四部是清道光广东刻朱墨套印本《文心雕龙》。第五部是清同治扬州书局刻本《述学》。这后二种倒不少见,但都是初印本,书品极好,所以也一并挑出。除了第一部不售外,其馀四部,总共八百元。又见有裱好的天津杨柳青木版水印画仅售二十六元一幅，便选购张大千的《太白吟诗图》和郑板桥五言对联各二幅。这时，才想起还要赶午后的火车去广元开会,忙谢过张经理,连午饭也顾不上吃,匆匆赶到火车站时,距开车的时间仅差三分钟了。

在悠长的汽笛声中，我默默地向给我留下美好印象的成都道别。诚然,此行虽未获得什么珍稀的善本,但我毕竟过了一把淘书瘾,而且还算小有收获吧。

转眼五年过去了，一直很怀念办事爽快的张经理和那里的宁静而从容的淘书气氛。耳畔不时会响起告别时，张经理说的一句话:“等书库整理好了,欢迎你再来。”所以几年来,我一直都梦想着能有机会再去成都淘书。但令人遗憾的是，最近友人来电告知,成都古籍书店的古书都被中国书店买断了,书店也承包给私人了,现在,店里已基本不卖古书了……

但愿这不是真的。

2000年9月27日于北京

竞拍三记

谢其章

有人把爱书人形容为“书痴”、“书淫”、“蠹鱼弟子”。我倒认为，不妨直率一些，称这些人为“瘾君子”，几日不读书不买书，那股难受劲与“不吸一口就过不去了”庶几近之。爱书有三样快乐，一曰开卷有益，二曰藏书之乐，三曰访书之趣。近年，旧书店日渐“名存实亡”，旧书源亦日渐枯竭。书朋书友互通音讯，多是大叹苦经，久久无一册像样的旧书入手，急煞也。七八年前，古旧书刊拍卖异军突起，至今，已成为淘书者的“围猎场”，“热了拍卖，冷了门市”，确是实情。稍够档次的书谁都知道往拍卖公司送，碰上二三“互不礼让”的书迷竞争起来，兴许就卖出个天价。笔者一直关注古旧书拍卖，收集有较全的拍品目录。每逢拍卖，必去现场，买不起还看不起吗？“上手过目”平日难睹芳容的珍本佳籍，增广见识，悄悄算计算计自己手中存书能值几个钱，于“书荒”时节也添一乐。“不见可欲，其心不乱”，旁观了几回，不甘心只当看客，也不自量力地在“有钱人”面前举了几次牌，失败的几回就甭提了，单说三次竞拍成功的事吧。

一、《小说月报》竞拍记

我参拍的几次，都是中国书店在琉璃厂举办的拍卖会。这里有二原因，一是与中国书店的人比较熟，边看边聊，很随便，不像那些在五星级饭店举办的拍卖，隔着玻璃柜，你想看哪本请小姐取哪本，你看着书，小姐看着你，不自在不踏实。二是中国书店拍的书，面比较宽杂，价比较适中，总有一款适合你。平装书和旧杂志，大公司不愿拍，嫌买卖小。我既以集藏旧杂志为主项，当然特别关注拍卖中的期刊了。1998秋，中国书店例行的“秋拍”目录惠寄寒舍，“秋拍”是大拍，拍目是彩色精印，书影悦目，令人跃跃欲试。第190号为《小说月报》，书影刊出四帧，呈扇面状，书品不错，底价为千五百元，不算离谱，当下决定参拍一搏。

《小说月报》的同名杂志很多，最著名的是被称为“二十年代文坛第一刊”的由茅盾主编的《小说月报》，后来书目文献出版社将其全套影印，化一成万，流传甚广，知道的人多。相比之下，我所追寻的《小说月报》知道的人不会太多。此《小说月报》于1940年10月在上海创刊，编辑者顾冷观，此公还编过《茶话》、《上海生活》。《小说月报》作者群有包天笑、郑逸梅、秦瘦鸥、周瘦鹃、范烟桥、张恨水、程小青、王小逸、徐卓呆、陈蝶衣诸人，按通行说法，他们该属于

“鸳蝴”派作家。太平洋战争爆发时，《小说月报》出至第15期，沦陷后继续出版，是极少数跨“孤岛”到“沦陷”而没有停刊的文艺杂志。《小说月报》处变不惊，曲忍抗争，始终保持民族气节，不登汉奸文学一字一句，一直坚持未与日伪沆瀣一气，在那段特殊的历史环境中殊为难得。有评论说，一直不受好评的“鸳蝴”派作家群，在民族存亡之际无一人落水，此现象颇发人深长思之。

《小说月报》整套44册，前面二年24期还各有函套呵护，所以书品犹佳，宛若

新梓。看罢样展，我志在必得，但又担心不是有钱人对手，越是心仪的东西越是怕别人也相中，爱书者恐怕都有此阴暗心理。《小说月报》底价千五百元，我给自己定了个“约价”三千元，超过此数即忍痛收手。按照拍场规律，拍品叫到底价的两倍以上，竞叫双方（或多方）就不是考虑物值几何了，而且心有所好，非买到手不可，此时的价格极有可能冲破理智价位，现场的气氛也是催化剂，该收手时忘了收手，所以给自己定个“上限”很有必要，书要买，饭要吃，不能饿着肚子而“一掷千金”。“书林哄传”的“豪举”吾辈小家小户做不出来。

心理准备的充分，事情就向好的方面转化。拍卖师叫到190号时，我举牌应叫，全场沉寂，无人竞叫，甚出意外，难捱的十数秒，拍卖师连问三声，一记槌落，《小说月报》归我！小姐款款走来请我签单。前排坐着藏书家田涛先生，回头对我说：“这书不错，封面真漂亮！我也想要，一看是你，就没举，我用时跟你借吧。”以底价得拍品，于我是第一回，这样的好事，今后还会有吗？

二、《文史》竞拍记

在拙文《静向窗前阅〈古今〉》中，已透露了一点关于《文史》竞拍的起因，这里不妨再啰嗦几句。《古今》入藏之后，读郑逸梅《书报话旧》，始知《古今》还拖着一短尾巴，剩下的文稿被金性尧拿去编了三期《文史》，你有了《古今》，也不能漠视《文史》，一并藏之，始称圆满。二期《文史》中有一期“读书特辑”，一期“日记特辑”，光听篇名，就够馋人的。1996年冬，当看到中国书店“小拍”只有书名而无书影的目录，其第129号拍品下面的几行字明确无误地告诉我，寻觅多年的《文史》出现了：上海文史出版社1944年11月16日创刊出版，一册，纸本，提

要称此刊内收周黎庵、梅岑、载匋等著名学者的文章，底价三百元。

“踏破铁鞋无觅处”的《文史》怎么鬼使神差地跑到拍卖会上来了？本来一本旧杂志搁地摊，也就块八毛钱，要个五块十块就算宰人的价了。而眼下，底价就是三百元，让人倒吸一口凉气。清人孙庆增在《藏书纪要》中称，买书有“八道六难”，我这下赶上了“两难”，买吧，贵的没道理，不买吧，惊鸿一瞥，机会再无。权衡再三，还是看了样展再说，一看，《文史》的书品没得挑，买吧，这么贵的一本杂志不会有人和我一样犯傻。拍卖那天，我没多带钱，目标单一，直扑《文史》。全场拍程过半，轮到《文史》，拍官报价，我迅速举牌，占领底价，没料到，斜刺里一位仁兄也举了牌，竟叫阶梯是百元，我再举就是五百了，举不举？不容多想，拍官木槌将落未落之际，我举牌过顶，槌声即落。《文史》归我，事后想想，如果那位仁兄再举，我该怎么办？参拍真不是闹着玩的。还有，假如报底价时，我等到最后一刹那再举牌，如那位仁兄先举，我则占领四百之价位，仁兄不知《文史》底细，不太可能举五百，这样可以省百元。竞拍有技巧，但是太想要的书，不能玩技巧。加上百分之十的“佣金”，再花二十元买个证书，《文史》共用银五百七十元，创下单本杂志的一个新纪录。书之癖，深如此，改亦难。

三、《初期白话诗稿》竞拍记

有人把“书话”当散文读，我是把“书话”当“购书指南”读，尤其是那些藏书家写的“书话”，我深信之，奉为藏书宝典，亦步亦趋。很早就知道有《初期白话诗稿》这么一部好书，查《鲁迅日记》1933 年 3 月 1 日记“得静农信，并《初期白话诗稿》五本，半农所赠。”鲁迅后来将复本赠许寿裳、茅盾、端仁。据北京鲁迅博物馆编《鲁迅手迹和藏书目录》中线装本子部第七艺术类记有：《初期白话诗稿》，刘复辑，民国二十二年北平星云堂书店彩色影印本一册，白纸本另一部。朱金顺先生在《新文学资料引论》一书中有“新善本”一节，他把《初期白话诗稿》称之为新文学书籍中的“新善本”，等同于《海上述林》《尝试集》《新月诗选》这些名书。对《初期白话诗稿》鼓吹最力，对我

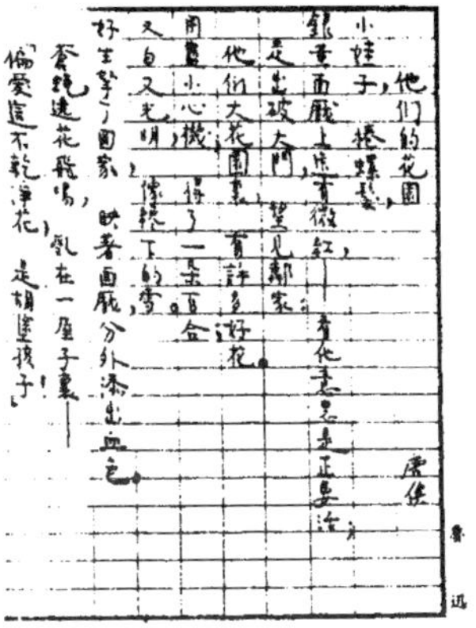
他们的花园　唐俟
小娃子，卷螺发，
银黄面庞上还有微红，——看他意思是正要活。
走出破大门，望见邻家：
他们大花园里，有许多好花。
用尽小心机，得了一朵百合；
又白又光明，像才下的雪。
好生拿了回家，映着面庞，分外添出血色。
苍蝇绕花飞鸣，乱在一屋子里——
“偏爱这不干净花，是胡涂孩子！”
鲁迅

“煽动”最猛的是胡从经先生的文章《新诗人的鸿爪，先行者的足迹——〈初期白话诗稿〉》。胡从经所藏新文学珍本书既富且精，他的“书话”自成一体，有人嫌其长，但长的有理，有趣，读了不觉困倦，长又何妨。此篇文章几近五千字，是长了点，但把《初期白话诗稿》从形式到内容说了个完备，使未见其书的读者如见其书，加上胡从经不俗的笔调，真真勾起了我必得此书而后快的欲望。胡文八十年代初还在香港读书杂志《开卷》上刊出过，文字略有不同之处。

1998年1月中国书店书刊资料拍卖会上第272号拍品为《初期白话诗稿》。此书分棉连纸与毛边纸两种版本，毛边纸本尚可见到，有二书友以三十元低价于琉璃厂书市购得，棉连纸本少见。拍目文字如下：初期白话诗稿，刘半农旧藏，1933年星云堂书店影印本，一册纸本线装，无底价。说明中的“刘半农旧藏”给人以误解，以为是刘半农的藏书，其实不然，是书封面题签：初期白话诗稿，刘半农藏版，星云堂影印，已经说的够清楚了。只怕没见过原书的人，一听是刘半农藏书，就较上劲了。现场情况果真如此，无底价是从五十元开始，五十元一个台阶，好像有三四个人与我争叫，十来个回合，我叫到六百元，正好是我的“约价”上，旁人止步了，《初期白话诗稿》换了新主，加上百分之十佣金，费银六百六十元，是个吉利数。事先也有几位书友欲得此书，但我私下做了工作，姑念我爱书心切，放我一马，莫在拍场与我火拼。书友们是退出了竞争，但素不相识的爱书人为了一个共同的目标，争将起来，谁管得了？“同是爱书人，相煎何太急？”拍场即战场，挺残酷的，怪只怪好书太少了，爱书人太多了。

竞拍三记写罢，想起了托马斯·哈钦斯的《穷爱书人之歌》，想起了前辈爱书人的感叹：“始信百城难坐拥，从今先要拜钱神”。没钱，钱少，离拍场远着点，免得因书伤神。

“文学革命”的对手

——《梅光迪文录》编后

罗 岗

1922年初，胡适收到从南京寄来的《学衡》创刊号，他看过后，在日记中以少有的轻松写下了一首打油诗：

老梅说：

“《学衡》出来了，老胡怕不怕？”

老胡没有看见什么《学衡》，

只看见了一本《学骂》。

被胡适半亲切半开玩笑称为“老梅”的，就是他留学美国时的老朋友梅光迪。梅光迪，字迪生，又字觐庄，安徽宣城人，1890年出生，1911年考取第三届庚款留美，初入威斯康辛大学深造，1913年，转入芝加哥的西北大学文理学院，结识了后来在南京高等师范学校（东南大学的前身）担任文理科主任的刘伯明（1887—1923，当时在西北大学攻读博士学位），埋下了《学衡》在南京发刊的因子。1915年春，他读到美国新人文主义大师欧文·白璧德（1865—1933）的《现代法国批评大家》，十分钦佩，于是，这年秋天梅光迪转学哈佛大学研究院，师从白璧德专攻西洋文学。而他与胡适就“文学革命”问题书信往来，相互辩驳，也是在这年暑假。1919他获得硕士学位，第二年回国出任南开大学英文系主任，不久即应刘伯明之邀来到南京高师任教，并担任西洋文学系主任。1921年南京高师改为东南大学，吴宓也在这年来到东南大学。1922年1月，梅光迪与吴宓、刘伯明等人创办《学衡》杂志，白璧德的新人文主义思想经由这些学者的介绍，开始在中国传播。1924年，他返回哈佛大学任教，此后以旅美时间居多，只是在1931至1932年短期执教于南京中央大学。1936年，梅光迪应竺可桢之聘到浙江大学担任文理学院副院长兼外国文学系主任，此后数年是他留在国内最长的一段时期。抗日战争期间，浙江大学迁往贵州遵义，梅光迪出任文学院院长，并连任四届国民参政员。1945年去世，享年五十六岁。

读过胡适的《逼上梁山——文学革命的开始》的人，一定对梅光迪印象深刻。铭刻在中国现代文学和文化史上的就是他那个著名的"反对者"形象。但是，梅光迪对"新文学"的批评不是由于自己对新观念和新事物的不理解。今天我们已有可能从影印出版的《胡适遗稿及秘藏书信》中读到梅光迪给胡适的信件的全部内容，而不是仅从胡适抽离脉络的引用中了解他的意思。在1916年3月19日给胡适的信里，梅光迪说："将来能稍输入西洋文学智识，而以新眼光评判固有文学，示将来者以津梁，于愿足矣。……来书论宋元文学，甚启聋聩，文学革命自当从'民间文学'(folk, popular poetry, spoken language, etc)入手，此无待言。惟非经一番大战争不可，骤言俚俗文学，必为旧派文家所讪笑攻击耳。但我辈正欢迎其讪笑攻击耳。"从这封信不难看出，即使他后来极不赞成胡适的"文学革命"的主张，但在胡适酝酿"文学"变革的早期，梅光迪自己就是一个热情的参与者。他声称之所以不轻易附和和认同一切"新潮流"，并非由于"守旧"，而是因为他"too sceptical, too indendent"(在梅光迪的信中，原文即为英文，意思是"太过怀疑，也太过有主见"。他在另一封信里说："弟所以对于多数之'新潮流'持怀疑态度者，正以自负过高(请恕之)不轻附和他人之故耳。")。在这里，重要的不是胡适和梅光迪对待"新潮流"的态度孰对孰错。坦率地说，胡适对文艺"新潮流"的理解恐怕也非常有限，他在美国时的女友韦莲司(Edith Clifford Williams)

就是一位具有"达达主义"(Dadalism)画风的现代艺术家,她的画作《双旋律·1916》被费城美术馆收藏在"阿连堡珍藏品"(Arensberg Collection)中。但是,在现有的胡适给韦莲司的两百多封信中,讨论的话题涉及哲学、文学、宗教、婚姻、政治、外交等等,独于现代西洋艺术,胡适未敢赞一词。在1915年11月6日的信里,胡适对不能欣赏韦莲司的画作深感歉意:"我一想到因为我不能了解你的画,让你感到非常失望,这让我极为痛苦。有整整一个星期,我一直想告诉你,除非我能摆脱从二手资料中所得的一些成见,并能言之有据,我绝不再强不知以为知地对艺术作品妄下评断。"因此,他只能抽象地赞扬"此在今日为新派美术之一种实地试验",并且在自己对"白话诗"的"尝试"中将这种"实地试验的精神"(the spirit of experiment)引为同调。值得注意的是,胡适和梅光迪都将中国文学改革放在一个国际——尤其是欧美——的语境里来讨论,不管是文艺新潮还是民族文学。这种跨国际和跨语际的视野当然和晚清以来的社会和知识转型密不可分,任何对中国的论述已不再可能满足于单一的中国视角,而必须考虑到一个空间上更广阔、时间上更长远的,同时还在不断扩张的全球语境以及在这一语境下形成的现代民族国家的文化和身份认同。它凸显了中国自晚清以来至今可能仍未完全解决的困境:如何在"被现代化"的过程中,既向西方学习,又能够抗拒西方以建立中国的主体性。正如余英时先生在最近讨论"五四新文化"的性质时所言:"梅光迪与《学衡》的例子提出了一个严肃的问题,亦即,五四时期新文化的真正身份。"

因此,为了给历史反思提供必要的史料,我们这次编选梅光迪的文章,除了将1968年台湾联合出版中心出版的《梅光迪文录》(这个版本是1946年浙江大学文学院出版的《梅光迪文录》的增补本)的内容全部收入,重新编排之外(为了方便读者,已把书中的三篇英文文章翻译成了中文),特别从安徽黄山书社影印出版的《胡适遗稿及秘藏书信》(33)中把梅光迪致胡适的书信四十五通和他的《序与胡适交往之始》一文加以整理,收入本书。虽然书信原编次在时间上颇多前后错杂,但在未充分辨析的情况下,仍以维持原貌为宜，只是略加注释，以助读者理解。另外还从胡适《我的歧路》(载《胡适文存》二集卷三)录出梅光迪致胡适的书信一通，也一并收入。可以说本书是目前收录梅光迪文字最完备的一个本子，包括了他的论文、文章、英文作品、日记、书信和提案等等。附录部分则是他的传记、浙大版《梅光迪文录》的序言以及各方对他的追思文章。相信它的出版能够为重新描绘中国现代文学和文化的历史图景添上不可或缺的一笔。

梅光迪学贯中西，他曾拟定一个庞大的跨越东西文化的研究写作计划，譬如中国文化方面的撰述，“有以下数种，曰‘洛下风裁’，述东汉末年党锢事实；曰‘正始遗音’，述魏晋清谈状况；曰‘韩文公评述’，曰‘欧阳公评述’，曰‘袁随园评述’，曰‘曾文公评述’，曰‘中国两大传统评述’。其中‘韩文公评述’，可阐明吾国自唐代以来之文学源流；‘欧阳公评述’则可窥见北宋文化及其士大夫生活之一斑；而‘袁随园评述’，可描写乾嘉极盛时代之景象；‘曾文公评述’则可将中国固有文化最后之光荣表露作一颂词，作一总结”。而关于西洋文化的写作和研究同样容量惊人，“吾拟作以下各种之介绍，曰‘近代西洋思想述要’将自文艺复兴以来之思想于人生上发生效力者，如理智主义、情感主义……以及十九世纪至今之社会主义、共产主义、进化论、帝国主义等，作一简要说明。纯文学方面则曰‘近代西洋文学趋势’，叙述文学上之各派，……又欲取近代作者声势最显赫者二三十人个别评述。……”(参见1945年2月26日“日记”)从这个也许多少有些不切实际的计划中不难看出，经过抗战八年“转徙西南天地间”，他仍期望用具体的著述来实现当年《学衡》的理想：“论究学术，阐求真理，昌明国粹，融化新知。”可惜天不假年，梅光迪就在这年12月27日离开了人世。“千古文章未尽才”，留给后人的只是深深的遗憾。

编　后　记

金秋十月，正当本辑结稿之际，编者有幸到南京观摩了第11届全国书市。看到那恢弘气派的现代化展馆，那琳琅满目的图书，那熙熙攘攘的读者，深深感到了祖国出版业的繁荣。在浩瀚的书海中，编者也看到确有少数图书内在质量不高，却把主要精力放在了外在包装、炒作上，追求所谓轰动效应的现象，而这类书其实大多是昙花一现，生命力不长久的。现今的读书人、爱书人处的已不是那个“书荒”年代，随着读书人的走向成熟，他们更注重图书的内容，首选那些于他们有所补益的书，而不是花花绿绿的外装，当然能与书浑然一体颇具匠心的装帧则另当别论。为此，本辑特辟了一个“藏书箴言”专栏，由两位老学者分别从自己读书、藏书的经历以及与治学的关系，谈应如何读书、藏书，如何藏以致用，应该是很有启迪意义的。

在南京期间，编者还有幸与神交多年的书友薛冰、徐雁等先生会晤，并意外地见到了杭州学者范景中先生，我们在晤面的有限时间里，一见如故地谈的多是书，多是与书有关的历史、掌故，也谈到从旧时的书肆到今天的古籍拍卖，不胜沧桑之感。上辑刊出张亦轩先生《济南书肆记》后，反响颇佳。徐雁先生虽是后来人，却有意步武前辈，他在占有丰富资料的基础上撰写的《金陵书肆记》，当会再受欢迎,在此希望熟稔当地旧时书林故事者能再续新篇。

本辑特约卞孝萱先生的《孤本〈石鼓斋印谱〉跋》及范景中先生的《藏书铭印记》,将使读者从印谱铭印中去认知历史,感悟藏书家的苦与乐,别开天地。而青年藏书家韦力先生行万里路,读万卷书,其《藏书访古日记——浙江之行》亦别开生面。

在本辑将退样付印之时,济南古旧书店举办的民国旧期刊展销会在济开幕。当编者看到经该店老师傅们把尘封书库中的成千上万册旧期刊经细心整理,配套分类,整齐地排列在展台上时,不禁肃然起敬。传统的藏书观念是重远轻近,厚古薄今。收藏晚近石印本、民国间平装书以至期刊杂志,往往不会那么引人注目,甚至不屑一顾。古籍善本有全国和各省市图书馆书目以至私藏书目,而民国间的善本书是哪些,究竟存世多少,甚至到底有多少旧期刊,至今仍不甚了了。整理保存旧刊,实乃功德无量之事。因此,《藏书家》拟在今后除继续保留传统藏书文化专栏外,也将以较多的篇幅来载文介绍那些历经劫难、流传已稀但迄今仍未给予全力抢救、搜集和研究的民国间旧书旧刊。所幸现在还有当事人、经历者以及一些受旧书旧刊薰陶影响的老学者在世,还有许多年轻的收藏家、研究者乐于此道,相信我们会唤醒将失去的记忆,重现将湮灭的历史。

《藏书家》自问世以来,得到学界书界的重视和关爱,自投稿也日渐增多,但由于编辑人手有限,处理来稿恐不及时,请作者务必自留底稿,并在收到本书选用通知后,不要一稿二投。在新世纪里,《藏书家》仍望继续得到老中青学者和广大读者的批评和支持,并陪伴大家沿着读书、爱书之路走下去。

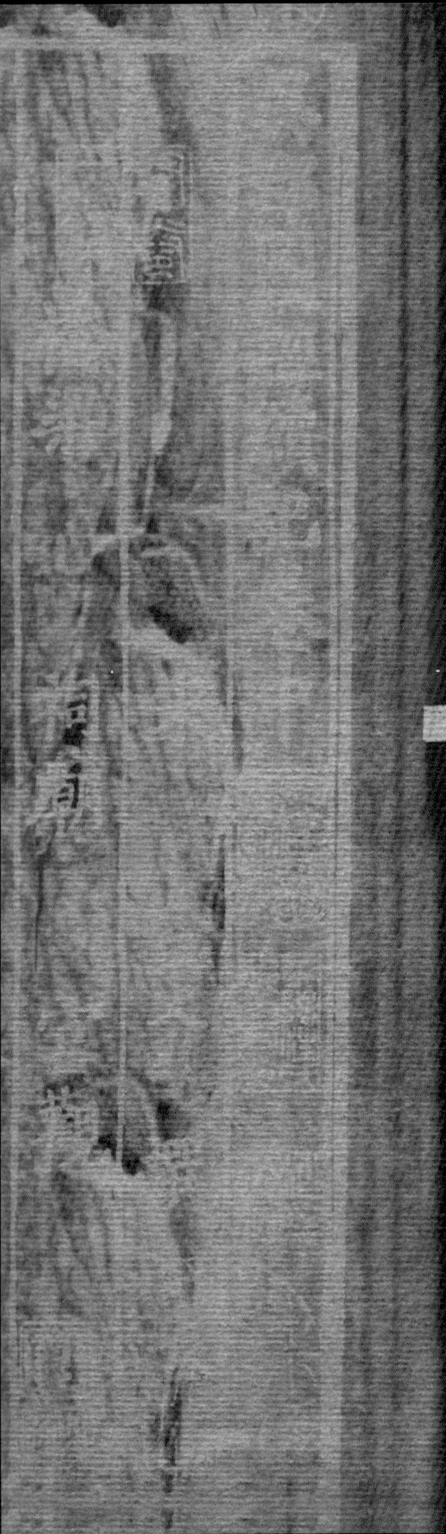

ISBN 7-5333-0938-
9 787533 30938
ISBN 7-5333-093
Z · 118 定价:8.0

廿 つ 六

封面题签　顾廷龙
责任编辑　周　晶
封扉设计　韩济平
版式设计　李　生

藏书家

藏书家

第4辑

齐鲁书社

图书在版编目(CIP)数据

藏书家.第4辑/齐鲁书社编.—济南:齐鲁书社,2001.9

ISBN 7-5333-0986-3

Ⅰ.藏... Ⅱ.齐... Ⅲ.藏书—文集 Ⅳ.G253-53

中国版本图书馆CIP数据核字(2001)第052434号

藏书家·第4辑

本 社 编

出版发行	齐鲁书社
社　　址	济南经九路胜利大街39号
邮　　编	250001
印　　刷	山东新华印刷厂
开　　本	850×1168　1/32
印　　张	5.125
字　　数	112千
版　　次	2001年9月第1版
印　　次	2001年9月第1次印刷
印　　数	4000
标准书号	ISBN 7—5333—0986—3/Z·120

定价:8.00元

目　录

藏书家的眼光

林　夕

藏书家有五等

要讲藏书家的眼光，首先要看藏书的目的。藏书的目的不同，眼光也就不会完全相同。说起藏书的目的，我们都会想起清代洪亮吉。他的《北江诗话》曾经把藏书家分为五等，五等人藏书的目的各有不同。用现在的话简单地说，他所分的五等人中，考订家应该是研究学术，校雠家是整理古籍。收藏家不大好定性，是不是多少有些类似图书馆呢？至于赏鉴家是玩赏古书，掠贩家是买卖古书，这是可以肯定的。洪亮吉的分等和命名有很明显的褒贬，今天大可不去理会，然而他的观点却很有代表性。我们知道，清末著名学者李慈铭读书少所许可，动辄批驳指摘。他的日记对《北江诗话》也不认可，说作者不是诗家，评论大都不准确。然而他却完全赞同洪对藏书家的评论，说“其言是为藏书家定评”。可见这五种人还是客观存在的，只是我们不能过分抑扬就是了。我们不妨看看这五种人对藏书有可能持什么态度。

如果买书是为了研究学术，对版本就可能不多考究。说到这里，不免想起清末陈其元在《庸闲斋笔记》中讲的一个故事。王定安买到宋刻《孟子》，向他夸耀。他想看看，王叫人扛出一个柜子，柜子里面装着一个木匣，打开匣子才见到书。陈其元一看，笔画跟通行本没有什么不同，就问读这部书能增长智慧不能，王说不能；又问能多记几行不能，王说也不能。陈笑了，说那就不如还读通行本，何必花上百倍的钱买它呢。王很气恼，说你不懂，没法跟你欣赏，马上把书收起来。陈其元大笑而去。

这真像个笑话，写得活龙活现，奚落之意溢于言表。不过近代著名目录版本学者王大隆先生就不以陈为然，说陈其元连眼睛也不大管用，宋本字体端浑，一看就应该发现清刻读本不能相比。他认为王定安怕是古董家数，没有好好看看这部书，人家一问，他什么也说不上来。要是认真比较比较，宋本文字有许多佳胜之处，远非通行本所及。稍稍举几个例子，陈就得哑口无言。

陈其元虽然是读书人，而且著书立说，但是要他赏识版本的差异，恐怕要求高了一些。李慈铭看了陈其元的《庸闲斋笔记》没有好话，说他“太不读书，叙次亦拙”，“间及考据，无不舛谬”，不值得纠正。其实今天的读书人也不一样，有人也是有个本子看就行，不讲究版本。研究中国古典文学的可以只用现在的新印本，不看线装书，文章照样写得很潇洒。

整理古籍情况就不同，功夫全在校勘。比较不同版本的差异，决定异文的取舍，这是校勘的基本功。王大隆对陈其元的故事有不同看法,原因就是他精于校勘之学,深知版本的重要性。清代著名学者顾千里家道不裕,不可能以藏书名家。但是他一生为衣食奔走,经常代他人校刊书籍,深知读书和校书不能不讲究版本,一有机会就搜集旧书善本。好书无钱不能到手,即使到手也得转让,只能留一个传校本或过录本。结果在叶昌炽的《藏书纪事诗》中,他也占有了一席之地。他批评读书不讲究版本,在《蔡中郎文集跋》中说:“书以弥古为弥善,可不待智者而后知矣。乃世间有一等人,必谓书无庸讲本子。噫!将自欺耶?将欺人耶?”

清末民初著名藏书家叶德辉也很重视版本,有朋友跟他说自己平生不知道什么版本,只要看见书上有字就读。叶就打趣,说他读的书都没有字。叶德辉的意思是,读书不讲究版本,书上错字连篇,有字等于没有字。叶德辉又藏书,又刻书,说这种玩笑话也很自然。

洪氏说收藏家是“搜采异本”,以鄞县范钦天一阁、钱塘吴焯瓶花斋、昆山徐乾学传是楼为代表。范氏确实以“购海内异本”闻名,而且收藏一些不被正统藏书家看重的史料文献,能买的买,不能买的就借来传抄,这倒是有些现代图书馆的作略,只是并不给外人看。范氏不仅收藏,而且刻过《天一阁奇书》。吴焯一生致力于搜集旧本秘册,而且亲自校书。他的《绣谷亭薰习录》为各书所作的提要说明,提纲挈领,原原本本,确有真知灼见,并非仅以收藏为能事。洪氏把他们归入收藏家,可能是因为他们藏书数量庞大,重在收集奇书异本,即使刻书校书,也跟专门研究学术和整理古籍不同。

同样是收藏古书,而且校书刻书,洪亮吉却把黄丕烈和鲍廷博降了一等，归入赏鉴家。说他们“第求精本，独嗜宋刻”，即使作者的意思未能全懂，刻书年月却一清二楚，这些话的言外之意是不以为然。洪氏帽厂制作的赏鉴家这顶帽子，黄、鲍二人都不是不能戴，却说不上尺寸多么合适。黄固然是“佞宋”出名，但是他不是不校书。我们在他的题跋中看到，他得到一个本子往往不等过夜，立即“挑灯”急校。他校书有所发现，欣喜若狂。已经过去了二百年之久，他的藏书题跋中蕴含的爱书如命的激情，还是那么深切地感动着每一个读者。他刻过许多著名的影宋精本，见到古书有残缺千方百计抄补，乐于为古书续命。说鲍廷博是赏鉴家就更不合适，他用毕生的精力校书和刻书，用今天的眼光看，工作性质应该属于整理古籍，水平高低另当别论。他抄书和校书出名，却没有听说他收藏多少宋本，“独嗜宋刻”的帽子也扣不上。

但是黄、鲍二人比起范、吴、徐来，却不能不说还是有差别。范钦是进士，做过兵部侍郎。吴焯有文名，清圣祖南下时献诗献赋，很有名气，著作也有十几种之多。徐乾学更是闻人显宦，康熙时名重一时，编书刻书更是当行。这都是饱学之士，即使洪亮吉对他们的藏书行径眼红或者腹诽，也不能说他们不读书，或者看不懂书。黄、鲍的名气和造诣不能跟他们相比，不妨加上“作者旨意纵未全窥”的帽子。

封建社会有等级观念，对人的评价跟他的家世、经历和从事的职业有很大关系。像范、吴、徐三人，洪氏都可以引为同调，黄、鲍他是不肯为伍的。尽管洪氏把收藏家列在考订和校雠之后排为三等，考语似乎也有保留，不过人家的地位和事业在那里，业馀搞搞收藏，玩物并未丧志，不便说闲话。那些地位不高的赏鉴家以此为业，对他们就不必顾忌，说说他们不读书又何妨？说到掠贩家就更明显了，简直就是惟利是图，什么“眼别真赝，心知古今，闽本蜀本，一不得欺，宋椠元椠，见而即识”，不过是“掠贩”的资本而已，不能当好话听。封建社会商人地位不高，洪氏这样讲不足为奇。即使在今天，口头上都讲人人平等，至于头脑中有没有尊卑贵贱的等级意识，口不言阿堵，也是你知我知的事情。

其实无论地位尊卑，人都是要做事情的，做事情的目的不外乎适意和谋生。要适意，就要做自己愿意做的事情；要谋生，就要做赚钱的生意。考订和校雠也有这两重性质，不同的人可能偏重之处不同而已。纯粹收藏，只能说是适意，跟谋生无关。赏鉴家也应该是适意，从黄丕烈的藏书题跋中，我们只能看到他求书时一副如饥似渴的样子，几乎不计价就成交。像宋刻汤汉注《陶渊明诗集》，他惦念已久。流入市廛后，出四十两银子没有成交，已被别人买去。结果不得不请朋友说合，出至一百两才买到手，他知道别人听了要笑话，还是这样干，看来他并没有考虑出手可以赚多少钱。至于到晚年家境日见衰败，他去开滂喜园书籍铺，那是生计有了困难，不能不变卖家产度日，跟做买卖不是一个意思。

掠贩当然是谋生之道，不过这也未必就排斥适意。想当年王文进开文禄堂书店，那是地道的做买卖。但是他买进宋蜀刻珍本《庄子南华真经》以后，十分喜爱，卖给傅沅叔以后，睡梦中也念念不忘，竟至以“梦庄居士”为号。可见卖书的也不是不爱书，如果家有馀赀，有些人很可能就是赏鉴、收藏，甚至校雠和考订。像陈乃乾先生本是书生，天性爱书，身非富家，为了多接触古书，只好去开书店，后来投身古籍编纂出版事业，成为名人，就是个很好的例子。做买卖当然要贱买贵卖，只要不欺不骗，没有理由说长道短。只是买卖双方心情不一样，买东西的往外掏钱总会嫌贵，有些不情愿，读书人对卖书的免不了有意见，这也是人之常情。

用藏书家的眼光看书

藏书的目的不同，着眼点也就有所不同。不过书是读物，首先是有助于修身养性，明理经世，发挥社会效用。从古籍编目的顺序是经史子集，经排一，史排二，就可以看出各种书在人们心目中的地位。藏书家要提高身分，显示品位，即使不读书，也不能不置备上档次的书。书架上放的书，是主人的思想境界和社会地位的标志。科举时代读书考试以经学为主，《十三经》的分量是重中之重，藏书家不能不竞相追逐。其次是史书，官修正史是史部冠冕。一部藏书目录没有几部正经正史压阵脚，就不够身份。野记稗史还不妨藏一点，小说戏曲就难登大雅之堂。直到清末，社会逐渐转向实务，经学不像昔日那样专宠，李慈铭还是说“甲部为读书先务”，嫌张之洞的《书目答问》对经学各门所注太略，对读者指导不够。

二十世纪初废除科举制度之后，治经已经不是登龙术，史学开始占据主流，学者思想活跃，过去不受重视的稗官杂记以及清代的禁毁书籍开始升温。现代的教育制度和学术研究兴起以后，读书人的眼界更为广阔，过去很少涉足的领域一时成为热门。民国初年，古代金石器物等的拓片和图录，戏曲小说等俗文学作品，都曾成为学者热衷的收藏品。一些学者热爱版画艺术，开始搜集画谱和带有版画的绣像本和插图本。在过去藏家眼里，这些东西大抵不入流，轻易不会收藏。即使家里有，也不能堂而皇之地写进目录，这是不能上目录的书。

从收藏的角度着眼，内容固然重要，却不如珍奇罕贵更为诱人。中国古籍大量印刷起于五代，兴于宋代，元明清顺流而下。判断珍罕与否的标准，眼睛首先放在年代是否久远上。宋代藏五代的书，明代藏宋代的书，都是上上的选择。我们看明人作假骗人，都是说伪造宋本，而不说造元本。

直到清初钱、毛、季、徐各大藏书家都是以宋本标榜，隔了朝代，元本自动升级。像季振宜有《延令宋板书目》，徐乾学有《传是楼宋元板书目》，钱曾的《述古堂书目》前面特意列出一卷《宋板书目》，都是这种眼光。这个风气一直延续，像嘉道间的赏鉴家黄丕烈，对元明本也不是不屑一顾，藏书处却以“百宋一廛”为名。

清末著名藏家所编的藏书目录都是以宋元为主，明本已经有所选择，大量清刻本一概摒弃在外。清末丁丙的《善本书室藏书志》说得很具体，能进善本书行列，一是宋元旧刊，二是明嘉靖以前的刻本和明后期精本，三是明清名家抄本，四是清代名家批校本。丁丙是清末四大藏家之一，藏书质量非一般藏家所能企及，标准当然高。随着时间的推移，古书一天天减少，一般藏家的尺度不能不放宽。像缪荃孙的善本标准划线到明末，一般抄本和批校本都算数，包括日本和高丽新旧刻本，这是二十世纪初年的情况。

藏书家以年代区分版本高下，显然注重藏书是不是古老稀罕。但是一部书传本多寡并不完全决定于年代远近，即使年代不久，如果印本不多，毁失严重，也可能难以见到。再加上学者更多地关心内容，看法自然就有所不同。对于清刻本一律排斥、抄本和批校不加甄别的做法，陈乃乾就颇有微词。他说这个标准对藏书家和旧书店有很大影响，结果清顺康以来的刻本无论刻得多么精善，传本如何难得，都不屑一顾，抄本不论内容如何都称善本，加几个藏章，写几行题跋，更可以卖高价，这纯粹是附庸风雅。

陈氏讲得当然有道理，不过这到底还是书生之见，并不可行。照他的办法，书善与非善，有无价值，收藏与否，都要对书的内容一一比勘，细细甄别，才能有结论，这岂是咄嗟可办的事情？一般人只能望洋兴叹，没有相当的学识，充裕的时间，根本无法下手。像郑振铎先生的《劫中得书记》说在书店看到一部《史外》抄本，拿回去放了几天，又买了一部刻本，花了一夜的工夫细细对校，发现抄本无可取之处，结果弃抄留刻。后来听说抄本卖了善价，还发了一番感慨，说买这种书的只是耳闻抄本可贵，不知道贵在哪里。像这种事情，今天的读书人是办不到了，哪一家书店也不会让你把书拿回去推敲一个够再拿回来。再说藏书毕竟要有财力，有钱才能买书，有学和有钱二者不可兼得，都指望着够上考订家和校勘家水平的买书，书店非关门不可。郑先生可以随便换书，这还是因为他有能力大量买书，是书店的贵客，没有条件的哪里能这么办。

其实陈乃乾说的也不尽然，民国初年清代精刻本并不便宜，可见大家对它们并没有小看。像嘉道间胡克家、张敦仁、吴鼒、黄丕烈、汪士钟的一些书，大都出于顾千里之手，刻印讲究，校勘精审，售价几乎可以跟明代白棉纸佳本相比，远在一般明刻本之上。其实清代私家刻书大抵是图名不图利，特别是名人刻书，校勘和刻印都不草草，印数也不会太多，流传到今天的就更少。有些清初刻本年久代远，或遭禁毁，或已散佚，至今已如凤毛麟角，甚至早已春归天上，绝迹人寰。嘉道刻本往往还来不及大量刷印，书版就损失于道咸战火之中，已有的印本历经天灾人祸，很难说能留下几本。

《中国古籍善本书目》划线原则上在清乾隆，这是为了当时全国普查工作的便利，不能不规定一个普通人也可以掌握的标准而已，并不是说其后的书就不珍罕。看看过去的行情就知道，康乾本不一定比嘉道本贵，关键还是要看到底是什么书。上世纪三十年代，嘉庆吴鼒刻本《晏子》两册一般也在二十元以上，《韩非子》四册就要四十元，张敦仁刻的《盐铁论》三册三十元，平均一册都在十元上下。道光汪士钟影宋刻《仪礼疏》好的要卖到五十元以上，而乾隆内府古香斋刻《史记》开化纸三十六册，当时才卖二十五元。

如果硬要划一条线，那么清代顺康本和道光本珍品最多，其中大有极其难得甚至不见著录的东西，书店定价时也未必知情，很可能当普通书卖，有志于藏书者需要认真对待。随便举个例子，为了研究宋姜白石的十七首歌谱，我很久就想买清道光戴长庚的《律话》，不料多年寻觅竟然不见踪迹。直到近年，在苏州古籍书店遇到，承蒙几位先生好意，慨然允售，这才得偿夙愿。江澄波先生把书交给我时，也感慨地说："贩书五十多年，仅见此一部。"而我也快找了四十年了。不过是个道光本而已，却是如此难得，一般人哪里想象得到。

像这样一些书，如今能在无意之中邂逅，那真是喜出望外的缘分,一旦错过机会,很可能以后再也见不到。当然能在浩瀚的书海中做出准确的判断,这还要具备一定的经验和阅历,才能像李白当年在行伍之中援救获罪的郭子仪那样慧眼识英雄。这不像说话这么容易,一部书存世是多是少,即使在过去旧书店鳞次栉比、古书连屋累栋的时期,不在书海中泡上十年二十年,也摸不清底细。如今许多地方连旧书店都看不见,偶然有一家两家,也没有几本像样的线装书,积累经验谈何容易!这就要靠吸收前人的经验,充实自己的脑海。前人的书目题跋中时常讲古书各种版本的高下,存世数量的多少,时而还有一些趣事,很耐人读。这几年书目、题跋、书影特别畅销,出版社竞相出版,看来跟近几年兴起的藏书热有很大关系。

为藏书家论道

说起藏书热,不免想起1943年陈乃乾在《古今》杂志上连载《上海书林梦忆录》,对民国初年以来藏书的情况发了一通感慨。他说往日藏书的都是好书读书的人,得到一部书必定亲手点校,郑重收藏。书香之家,则传之子孙。而当时的藏书者是看到书价暴涨,有钱的人就群起争购,把书看做货物和资产,或者用来牟利、趸货,或者用来陈设厅堂。而真正能好书读书的人,反而无力买书。他说的都是实情,其实古书一旦退出历史舞台,数量一天天减少,也就一天天远离读书人而去。陈先生的感慨发得太早了,当时的读书人手里多少都有一些好书,也没有到整天为稻粱谋却连几部心爱的线装书也不敢买的地步。但是要说以书牟利,除非遇到非常时期,有意外的收获,否则还是不要抱太大的希望。试看过去有不少人开古旧书店,日子也混得过去,可是真正以此发家致富的有多少呢？陈乃乾是过来人，他曾说过贩书有许多特殊的难处，买卖也不好做。

我们说“非常时期”例外，抗战初起时，兵荒马乱，人们没有买书的心情，卖古书的摆摊、挑担叫卖，几乎是给钱就卖。五十年代初期社会变革，旧家富户的藏书纷纷涌出，有钱有心买书者寥寥，书店里的书论斤卖。在这等书跟蔬菜一样论斤买卖的时期，多么好的珍本秘籍也不值钱。我们知道，五十年代初，南京甘氏书散出，有人论斤买到至少几百年毫无所知的人间孤本宋刻《金石录》，一时传为佳话。我们也知道，在“文革”时期有从造纸厂里花几分钱换回稀世珍本的事情。1970年后古书店有一阵子开放，现在要卖一千元的书当时至多一块钱，在看惯几千几万几十万的拍卖会场的今天听起来，这简直跟笑话一样，哪里会有这等天方夜谭！在这些非常时期，只要你是有心人，有眼力，少买几棵大白菜，换成一堆书，今天多了不敢说，买汽车没问题。如果肯破费一个月的嚼裹儿，现在买一所房子还不是谈笑之间的事情？

从五十年代以后，昔日收藏古书的读书人和非读书人钱和闲都有问题，失去了热情，后继乏人，再加上书店有规定，有书优先供应单位，不大肯卖给私人，私人收藏线装古书的传统骎骎乎断绝矣。然而峰回路转，九十年代以来藏书一时成为时髦风尚，线装书时来运转，陡然走俏。各地拍卖会应运而起，一时好不热闹。出入此门者长者仅是偶见，中年是主力，最奇是连二三十岁的年轻人也是白棉、开化，宋元明清，雕版活字，张口即来。看到这种场面，不由使人纳罕：旧日传统的嫡传断绝几十年之后，如今再续香烟，从哪里下手呢？

不妨看看时下的热点，一取珍奇，要宋元本，要天禄琳琅，要乾隆御笔；二取美观，要写刻精刻，要开化白棉，要朱墨套印，要版画插图，要蓝印红印。稿本已经不大行，抄本和批校本就更受冷落，缪氏当年界划的善本营垒已经是半壁山河。这是不难理解的，宋元和美观是一目了然的铁门槛，稿本和抄校都需要甄别，好坏真假很难鉴定。不过书店还是老标准，抄本定价都比较高，所以往往不能成交。但是正因为需要一定的鉴别能力，不仅一般人很难赏识，即使是行家，匆匆之间也难下断语，所以这些书中很可能有难得的佳本。不过要识之于砆碱，就需要有眼力了。最近朋友告诉我，他得到一部李商隐诗集，书很破旧，但是上面有清初俞瑒的批点。过去只知道俞瑒批点过杜甫的诗，有康熙刻本，很少见。而李商隐的诗集我见过不少批点本，甚至自己也有罕见的名人批点，但是俞瑒批点则未之前闻。这就是一个很好的例子。

"识书之道在广见博闻"

我们不否认宋元版、开化纸都是好书，但是一部古书的可贵之处不见得这么明显，仅仅注目这些荦荦大者，不能不说是皮相之见。作为一个行家里手，更重要的是要有来自实践，通过看书和校书获得的真知灼见。黄丕烈被归入赏鉴家，号称佞宋，但是他不是拿空头的"宋本"两个字自我欣赏，而是通过校书发现宋本的好处，得到陶醉和乐趣。《毛诗传笺》一书他见过四部宋刻本，都有重言互注，他不满意。后来得到吴氏藏本，比对之下，发现吴本《柏舟》一篇传笺不混，而且没有重言互注，认为胜于他本。我们知道，经书带有重言互注，都是宋人编纂的读本。书每编一次就会出现一些失真的地方，传笺混淆就是个大问题。黄丕烈是出于求真而佞宋,而且在宋本中也有所比较,不是等同看待。

像这样藏书，不满足于名头，而是比较不同版本的异同，以期有所发现，也就能从一部部书中获得莫大的乐趣。要想从书中获得乐趣也不是非宋元不可,认真读读清代乃至民国刻本,也能得到意外的收获,有收获就有乐趣。叶昌炽由于编撰《藏书纪事诗》在藏书界很有名气,爱书的人往往要罗致他的诗文集。往年得到他的一部《奇觚庼诗集》三卷前集一卷补遗一卷，卷数跟目录著录的相同。后来在书市看到一本残册，不以为意地随手一翻，忽然看到书末还有《奇觚庼遗词》一卷。这是过去不知道的,正巧在搜集词集,这是意外的收获。假如以为自己已经有全本,不看这本残册,也就不会发现叶氏诗集还附有词。黄丕烈的经验谈是书一本有一本的好处,"识书之道在广见博闻",这不就是个很好的例吗?

像这样对待书，不论是藏还是读，也不论有多少珍本秘籍，都能够获得收获和乐趣。而且事实告诉我们，只要你肯勤学勤读,就会锻炼出过人的眼力。有过人的眼力,就能抓住别人对面错过的机会,买到铭心绝品。托尔斯泰说机会就是天才,韩昌黎说"世有伯乐然后有千里马",这都是至理名言,值得身体力行。机会和眼力,这是藏书家通向成功的大道。

跋经韵楼初印本《说文段注》

孙启治

己未冬，予借入上海古籍出版社，始校理《段注》，予任校雠之役。越三年，书成付梓，予亦去。旋赖潜翁鼎力，调入上海图书馆，而居中绍介者，太初吾舅也。先是，予与吾舅文字交有年，吾舅史家大宗师，而予何人哉？直市井作坊一白衣耳。时予由新疆军区病退回沪，母逝矣，父耄矣，家徒四壁，不得已，入里弄生产组，麻木为生，虽百极无聊赖，而读书之性无改。吾外家长者多学人，予时处尾中，不敢贸然求通亲亲之谊也。吾舅不以为烦渎，得吾书，必作答。予治古文，又习英文，每与之言，不以为班门弄斧，则曰："兼才难得也，汝其勉之。"其策励后生如此。吾舅每作一文，辄寄予读。予偶发窥管，不以为狂简，则曰："汝言是矣，我将取汝说。"其奖进后学又如此。予之居尾中而孜孜于学者，真吾舅勉之也。壬戌岁，吾舅南来，晤于沪寓，曰："汝治《说文》小成，我已语之顾先生，托先生设法矣。汝若入图书馆，读书愈博，见识愈广，循循日进，于学有益，前辈学人多由此为治学之涂也。”又曰：“顾先生治目录，汝从先生，当有所获，唯不可弃汝所长。其自勉之。”尔来十八年矣，自予进图书馆，凡《尚书》、《说文》、古匋文、周秦诸子、佚书目录、金石碑版、诗词文章，乃至佛家典籍，无所不涉，遂无一有成，盖吾性好奇，治学浮燥，芜杂无绪，非全关事务之需也。十八年中，与吾舅通函无间，学问之进退，世情之炎凉，日常之琐碎，举无不谈，而予于吾舅也敬之愈笃。吾舅天性旷达，虽至尝炎凉，而不失平常心，无可无不可，虽博极群书，文章等身，而于后学平等视之，不唯其言之莫予违也。吾舅少尝习古篆，大方先生书联曰：“生小便能通鸟篆”，即其事也[①]。有谐谑者以小便能通连读，遂成文坛趣话。此帙为弢翁遗吾舅者，盖以吾舅少尝习篆也。前年启乾表兄来沪，携以归予。吾舅曰：“此书我父遗我，我今授汝。”弢翁书由北而南，皆因小便能通之故，递相授受也。呜呼！予亦六旬之人也，不识后生中有小便能通者否？志此以待之。新世纪元年学不学生识。

注：

①见《学林漫录》第十集《也记联圣大方》。

谈弢翁藏书

——致周一良先生函

周清澍

一良师：

承赐《弢翁藏书年谱》，非常非常感谢。

我得知弢翁的大名，还是在沙滩刚入北京大学的时候，一则是知道他是天津的知名民主人士、副市长，二则是看到过您等为弢翁所编的庆寿文集。可惜我当时还没有读懂书中论文的水平，因而也就没有兴趣钻研这些文章并了解弢翁是何等人物。我知道弢翁是我国的大藏书家还是在专攻亚洲史以后，读到向先生《关于三宝太监下西洋的几种资料》一文，原刊于1929年出版的《小说月报》上，他所介绍的第一种资料就是巩珍的《西洋番国志》，此书《四库》列入存目未收，当时他说："是否至今仍然存在？现无可考。"此文收入《唐代长安与西域文明》一书中出版后，向先生加了一个补注："知圣道斋钞本《西洋番国志》后归天津周叔弢先生，解放后捐给北京图书馆。于是这一部书始复显于世。"后来我接触古籍较多，更体会到一部失传二百来年的书"复显于世"的价值。向先生编著《中外交通史籍丛刊》，因此也首先选定了这部书。

调到内蒙古大学后，经常出差来京，学校也附带给我采购书籍的任务，可惜我一点目录学知识也没有，只会买一些一看书名就知其内容的书。经过比现在研究生多若干倍的时间，完全出于偶然，看到《四库全书总目提要》、《四库全书简明目录标注》、《中国丛书综录》、北京、北大、上海、江苏国学（今南京）图书馆等书目，才稍稍懂得点按目寻书的知识。为了在书店能随时决断应购何书，就必须熟记书名并知有几种版本及版本优劣等等；某些书除少数图书馆收藏珍善本外，市间并无通行本流通，只得向有关图书馆拍摄胶卷照片；为此我自编《元人文集版本目录》等书目，并曾去北京、南京、上海、杭州等地图书馆检阅有关善本及罕见书。由于研究元史、蒙古史不必涉及宋版，兼之“文革”前图书馆条条框框较少，我有幸得以目睹和欣赏大多有关元、明版及罕见书。如北大的书，在沙滩时因开条借书时，知带□者是善本不外借，后来才知带“李□”者是专藏李盛铎木犀轩藏书。读元人文集，知张养浩著《张文忠公集》（或称《归田类稿》）仅有周永年乾隆间单刻二十卷本，此外有《四库全书》所收二十四卷本，原本残缺，从《永乐大典》校补。当然这书呼和浩特找不到，我翻检书目，才知海内还有元刊二十八卷本两部，都在北大善本书中，其中之一即李氏旧藏，这才略识北大和李氏木犀轩藏书之可贵。六十年代在北京图书馆翻阅善本书，许多元或明初刊元人著述珍本，不仅经黄丕烈等藏书家珍藏，而且经钱大昕鉴阅并写跋尾，其中多有傅增湘所捐，后读《藏园群书题记》和《藏园群书经眼录》，对他藏书之富，见书、校书之多，佩服之至。

1965年我去南京，在南京图书馆读书一月有馀，流览了丁氏旧藏有关元史大部分善本，对八千卷楼藏书略有了解。它的特点是全，这和丁氏兄弟致力于补抄文澜阁《四库全书》有关，他们就顺便据书目收藏《四库》已收、存目和未收之书。但就宋元刻本而论，并不算多。1990年去日本，检阅静嘉堂文库旧藏皕宋楼书目，又得经眼若干国内罕见珍本，不仅元人书多为元刊，即使是抄本，也多是名家旧抄，不似丁氏多为补充所缺临时补抄。因此对国人痛惜四大藏书楼之一流入东瀛也有了一点感性认识。四家中之另一家是海源阁，杨以增、绍和父子几代经营，网罗了太平天国战乱后江南故家散出的书，特别是黄丕烈百宋一廛许多旧藏书，又得怡亲王府部分藏书，宋本四经四史名闻海内外。到底杨以增是作官的，有钱有势，论宋元刻珍本，还要数他。

早期谈藏书掌故的书（如陈登原《古今典籍聚散考》），只知1929年它被土匪王金发所据，杨承训将善本转移到天津，其售出情况说不清楚。读了有关弢翁藏书的故事，特别是这本《年谱》以后，才知弢翁从1930年前后开始，已收购了杨氏大部分善本，《年谱》49页录弢翁在《历年收得杨氏海源阁旧藏善本目录》手记题识："我收得海源阁杨氏书凡五十五种"。黄丕烈因有汲古阁毛晋旧藏北宋刻《陶渊明集》和宋刻汤汉注《陶靖节先生诗注》，以此引为自豪，专为他的藏书室起名为"陶陶"。距荛圃之藏花甲一周，两书归杨以增海源阁所有。其子杨绍和称之为"真奇书也"，嘱咐"我子孙其永宝用之。"1931、1933年，两书先后也被弢翁收藏。为此，到了1936年2月，傅增湘作《周君叔弢勘书图序》，已称赞他"崛起北方，与木犀轩、双鉴楼鼎足而立，骎骎驾而上之"。这说的是实情，但的确不易。李盛铎收书，从他随父任官长沙时收购湘潭袁芳瑛卧雪庐藏书算起，到这时已有半个多世纪。傅增湘从清末民初开始大规模收书，我从王国维的书信中，偶然读到一个有趣的故事。还是1923年5月王在北京的时候，从宝熙和徐森玉处得知："此间有一南宋初刊本《白氏六帖》"，乃徐乾学传是楼旧藏，出自张之洞家。为此他写信告知藏书家传书堂主人蒋汝藻，等蒋复信有意收购时，在王国维9月末致蒋的信中说："《白帖》事，今日赴琉璃厂询之文友（堂），云沅叔已得之"。并大发感叹说："现有傅在厂中，万不能购得此类书矣。"（《王国维全集·书信》356、369、370页）由此也可见傅增湘藏书的势头有多大。十几年后，傅也承认弢翁有"骎骎驾而上之"的趋势，足见他在藏书家中的实力。

我虽然知道弢翁藏有失传的《西洋番国志》，在北京图书馆善本书目中"周捐"的书占相当比例，但真正认识到弢翁藏书的价值较晚。由于我只注意有关专业的书，所以很少留意宋版珍本秘籍。近年喜读藏书家传记，书林掌故渐略知一二。偶尔也读点诗词，从上海古籍出版社买到宋刻唐人集影印本几种，设想将欣赏诗词和珍本秘籍结合起来，其中有宋蜀刻小字本《王摩诘文集》，细看首页藏书印，除各名家外，“周暹”小印赫然在目。据《年谱》所载，他辛未（1931）年才大量收购杨氏藏书，而“宋本《王摩诘文集》1930年已得此书”（50页）。此外，蜀刻《孟东野文集》、《郑守愚文集》等书皆弢翁所捐，从此我对弢翁所藏宋元本之精有了具体了解，他不只能与李、傅鼎足而立，也得知后来又有“南陈北周”之称。

读《年谱》得知，弢翁喜好收藏精刊影印本。六十年代，除图书馆外，类似弢翁当年积藏的珍本已不会出现在市面上了，但还能代图书馆收购到《古逸丛书》、董康诵芬室、罗振玉等影刊书。与我业务有关的，如傅增湘影印的《永乐大典》2610—2611卷（收《南台备要》和《乌台笔补》），1959年中华书局影印的2345—2346卷，日本东洋史研究会缩印的2608卷《宪台通纪》，东洋文库影印的19416—19426卷《经世大典·站赤》等，陶湘影刻明洪武刊本《程雪楼集》等书，印刷精美绝伦，前两书“纸幅阑格书衣签题一仍原式”，给我留下了深刻的印象。近年以来，稍有馀力，也收购些与业务无关的诸如上述《王摩诘文集》影印本欣赏。但我读《年谱》才知道，弢翁也喜自印古籍流通。如释果满辑《庐山复教集》，虽然曾见过影印本，却不知是早在1924年由弢翁据元本影刊。傅增湘说：杨守敬、沈曾植“皆极称赏，谓宜补收入《藏》，以备庐山掌故”（10页）。实际上，这是佛教的一支白莲教徒自纂的 有关本宗派的资料，1989年杨讷已选入《元代白莲教资料汇编》由中华书局出版。另一种我感兴趣的是《十经斋遗集》，作者沈涛官真定知府时，曾搜集郡中自周至元顺帝时古碑编成《常山贞石志》）。我读过其中元代部分并收有此书，发觉他写的碑跋很有水平，与当时专攻蒙元史的学者学力相当。我没想到追寻他的文集看看，读《年谱》才知，他的遗著五种在1936

年早已有弢翁的刻印本了。“文革”后中华影印《古逸丛书》三编，元扬州路儒学刊《石田先生文集》等数种是弢翁所捐。我才知道我所有的元四大家集本《马石田先生文集》不是真正元版。《年谱》所附藏书印多出名家之手，也是一批艺术珍品。我从上海购得近出的林申清编《中国藏书家印鉴》，不只可供欣赏，也可凭印章弄清珍本递藏始末。此书仅收弢翁印七个，不及《年谱》所收三十一个的四分之一。

读《年谱》有关弢翁的藏书经历以后，就有若干动人故事深深地印在我脑海中，正如您所归纳，无非是“爱书、惜书”。首先是弢翁对所爱书的痴迷和孜孜以求的精神。如他对《韩文》、《柳文》的钟爱，在他致书商的信中跃然可见。1936年，海源阁廖氏世綵堂宋刻大字本《昌黎先生集》被陈清华收购后，他又累次与书商商讨收购世綵堂大字本《柳文》。十来年后，他仍在致赵万里信中打听另一部蜀本《柳文》的下落（155页）。现陈清华藏南宋世綵堂刻大字本《河东先生集》，早已由国家拨款从香港收回，南宋蜀刻《新刊增广百家详补注唐柳先生文》也由上海古籍出版社收入《宋蜀刻本唐人集丛刊》影印出版。弢翁还对“俞良甫似刻过《柳文》”感兴趣，叹息“俞在国内无刻本流传”（202页）。非常凑巧，当年我去东洋文库进行研究时，也对俞良甫所刻书发生兴趣，有幸曾自己从善本书库觅得并借出此本从容欣赏。书名《新刊五百家注音辩唐柳先生文集》，刻于丁卯年（1387，洪武二十年）。据说俞良甫刻本版式全仿中国原本，这书的宋刻本现存北京图书馆，可能是俞刻的底本，故俞刻还为今人提供了另一宋版书的翻刻本。这书卷四十五末尾还有一个自报家门的牌记：“祖在唐山福州境界福建行省兴化路莆田县仁德里台谏坊住人俞良甫”云云。我还看到这个牌记在有关书中的照片，由于字迹模糊，因此木宫泰彦所著《日本古印刷文化史》（236页）将“台谏坊”误读为“宣让坊”。东洋文库藏本是岩崎文库旧藏，字画清晰，当时我还摄了书影，可惜不能送弢翁鉴赏了。

弢翁藏书留给我的另一个印象是“惜”，特别是他为了配全一部书，可以说不惜一切。如1926年他在北京初次看到四卷残本宋鹤林于氏刊《春秋经传集解》，就开始留意这书。1930年春，他收得元岳氏荆溪家塾刻本《春秋年表》和《名号归一图》。秋，收得元岳氏荆溪家塾刻本《春秋经传集解》六卷（12、13、27—30）。第二年冬，又得二十三卷（2—11、14—26）。直到1946年，煞费周折，终于在农历年底“以黄金一两易得”所缺一卷，终于“珠还剑合”。1935年杨承训向他展示海源阁藏宋鹤林于氏刊二十三卷残本，他“惊喜过望，以重值收之”，于是不惜以“其值倍于杨氏”从李氏木犀轩购所藏四卷。次年用“值更高于李氏”又从石氏购得一卷。全书仍缺两卷，为此又努力搜访了十馀年。

弢翁不惜财力和精力将残书配齐，并不是为了满足藏书家常见的占有欲，而纯粹是出于爱惜古书。将散佚后的同一书配齐，他视为如同帮一家人重新团圆。如前述于刻宋本《春秋经传集解》，第二十六卷藏刘晦之（刘体智远碧楼）处，多年来屡次求让未允，直至弢翁将全书捐献给北京图书馆以后，才知这卷已归上海图书馆，他利用参加全国人大之便，请求上海市长陈毅协助将此残卷拨给北京图书馆。事成后，同此书归于私有一样，“使分散之书聚合，了却一桩心事”，心情同样愉快。前述元岳刻本《春秋经传集解》，他竭力搜集到二十九卷，只缺首册一卷，听说这卷已毁于兵灾，乃从傅增湘处“乞得所藏宋抚州本第一卷以补此书之缺”。1947年初，他意外地获得传闻已毁的一卷，使原书“作延津之合”。高兴之馀，他就想到所配宋抚州本正是故宫藏书散佚在外的残卷，于是决定捐献。尽管“去书之日，心意惘然”，但他想到“故宫所佚，得此即为完书，余岂忍私自珍秘，与书为仇耶！”他的原则是，在私藏所爱书和全书聚合发生矛盾时，为了爱惜书，宁可放弃私藏，应让它配齐。1949年刚解放，他就将珍藏海内孤本宋版唐陆德明《经典释文》第七卷一册捐给国家，与故宫藏本相配，遂成完帙。1951年，他得知苏联列宁格勒大学将《永乐大典》十一册还赠我国，他闻讯就将旧藏《永乐大典》一册捐献，以求“珠还合浦，化私为公”。1952年8月，将所藏主要历代善本七百馀种捐献给北京图书馆。照他的话来说，大而言之，“此亦中国人民应尽之天责”；从他爱书的角度看，是“幸余书之得所”，因此能“佳惠士林，可为此书庆”（233页）。弢翁爱书，有如爱自己的子女，应首先为他们设身处地着想，不能因钟爱而强留在身边。他认为，“书之幸，亦暹之幸也”（170页）。1942年元旦，他在手订书目上留下嘱咐：“善本乃数十年精力所聚，实天下公物，不欲吾子孙私守之。四海澄清，宇内无事，应举赠国立图书馆，公之世人，是为善继吾志。”为了让书发挥更大的作用，他宁愿化私为公，割爱捐献给国家，这是他与一般收藏家的心理不同之处。

“文革”中打倒刘少奇，一条大罪状是宣扬“剥削有功论”。刚解放时，全国经济萧条，资本家多将企业资金抽出，或者向国外、香港转移，或者贮存外汇、硬通货，工厂开工不足，工人失业。我曾见报刊报导，刘少奇到天津视察，鼓励私有资本家投资扩展企业和生产。“剥削有功论”的内容，似乎正是弢翁提出问题，刘作回答。当时党和政府的文件和口号都是这种精神，如“公私兼顾，劳资两利”之类。十几年后，欲加之罪，就全推到刘少奇头上。弢翁是能读马、恩用母语所写著作的，懂得社会主义理论，知道共产党革命的目标是什么。他所以提出那样的问题，原意是不愿再对工人进行剥削，更不愿扩大剥削。但在当时，只有打消私人资本家的消极观望思想，积极发展生产，才能巩固新生的国家政权，改善人民的生活。他是在为国家利益的大局着想，明眼人一看就清楚，他决无为“剥削”找一顶合法桂冠之意。我没收藏过几本书，但能理解酷爱藏书人的心情。他舍得将毕生精力财力积累的善本和文物捐献给国家，也就会拥护公私合营，不反对企业收归国有，将定息全部上交就是具体证明。他去世时，我从《光明日报》看到纪念他的文章，提到去世时又将存款全部上交国家，总数不过一两万，而且还是国库券。一个驰名华北的实业家，财产比“无产”阶级革命家还少，真是不可思议。“文化革命旗手”江青不是为争夺存款吵得天翻地覆吗？我想决不会是为了争弢翁那点区区国库券吧。共产党员中，当然不乏有高风亮节的人，据我亲闻亲见，不能列入无产阶级革命家的中共中央委员范文澜，由于他是个书呆子，确实能恪守无产阶级先锋队的原则，平生不收一分稿费，不留任何遗产，死后甚至将日用品也全部留交近代史研究所，并在党中央带头提出死后将骨灰撒入钱塘江。这种精神同样在一个资本家身上体现出来。马列主义的阶级定义可以概而言之，无产阶级必然大公无私，资产阶级本性就是贪婪，我过去所学，包括您讲课时的谆谆教导，总觉得与现实生活不符。弢翁在无产阶级专政下生活三十馀年，却能不断作出化私为公的义举，死而后已。这种例子，实让我大惑不解。

收到您寄赠的书以后，饶有兴致地反复读完全书。我没有评论《年谱》实质内容所必备的知识，愧无以报，只能写一篇读后感，思绪所至，信口开河，信手而写，目的是供您消遣。诚如您所说，弢翁这样的藏书家“可谓绝后”。同样像我这种喜读《藏书年谱》的外行也不太多了，虽纯属东拉西扯，希望仍能博您一笑。近日是您的新历寿辰，又是新春将届，并此向您祝寿并恭贺新年。书不尽意，敬祝

寿比南山！新春吉祥如意！

学生　周清澍　敬上　2001/1/14

沧桑测海楼

韦明铧

差不多有大半年时间，我一直想写一篇关于扬州测海楼的文章，然而却一直不能安心来做。测海楼的故事使我沉痛，教我悲怆，让我的心灵久久不能安宁。

近百年来，作为文化古城的扬州在中国文化史上虽然没有太多惊人之笔，但有两件事是震动了全国的文化界的。巧得很，这两件事都和书有关。其中的一件，是很多人都知道的《闲话扬州》风波。此事的影响之烈，使得鲁迅先生都援引它作为实例，证明“中国人几乎都是爱护家乡，奚落别处的大英雄，阿Q也很有这脾气”（《答〈戏〉周刊编者信》）。另外一件则是扬州测海楼出卖藏书的事件。这一事件在当时虽然闹得沸沸扬扬，以致于要惊动蔡元培、陈乃乾先生这样的名流亲自出来调停方得收场，但在事过大半个世纪之后，人们似乎早已将这件事忘得干干净净。

扬州吴氏测海楼近影

重提这件伤心的往事，是因为在一个春雨绵绵的上午，有一行南京的爱书的朋友专程驱车来扬州，命我陪他们去凭吊测海楼。当我们在风雨中徘徊于这座经历了一个世纪的惊涛骇浪却依旧巍然屹立的清代著名藏书楼前的时候，我不禁想起了它昨天的故事。

扬州吴氏测海楼原来的主人是吴引孙、吴筠孙兄弟。关于他们的生平，《民国江都县新志》卷八、卷十一分别有传。吴家先世本是安徽歙县人，自高祖始迁扬州，居扬州城而籍仪征。明清两代徽商多寓扬州，但寄籍仪征。正如著名学者阮元家住扬州而自称仪征人一样，吴家的寄籍仪征大概也是为了科举考试的方便吧？有一点可以表明吴氏先人就有读书的浓厚兴趣，这便是测海楼藏书往往都钤着“真州吴氏有福读书堂藏书”的印记。“有福读书堂”原是吴家先人的室名。到了吴引孙、吴筠孙这一代，累世的苦读终成正果，兄弟二人不但先后中举，并且双双做了道台。引孙字福茨，于光绪五年(1879)中举，后官浙江宁绍道。筠孙字竹楼，于光绪十四年(1888)中举，又于光绪二十年(1894)成为进士，后官湖北荆宜道。因为兄弟二人都是道台，所以包括测海楼在内的这组宏大的住宅群被扬州人称为“吴道台宅第”。

吴道台宅第是吴引孙在浙江做宁绍道台时，延请浙江的技师和工匠来扬州营建的。地址在扬州城东，古运河西。整个建筑气势雄伟，结构精巧，以浙江建造法为基础，又揉合了扬州传统建筑的风格。梁思成先生参观时，对其布局、规模极为称赏。

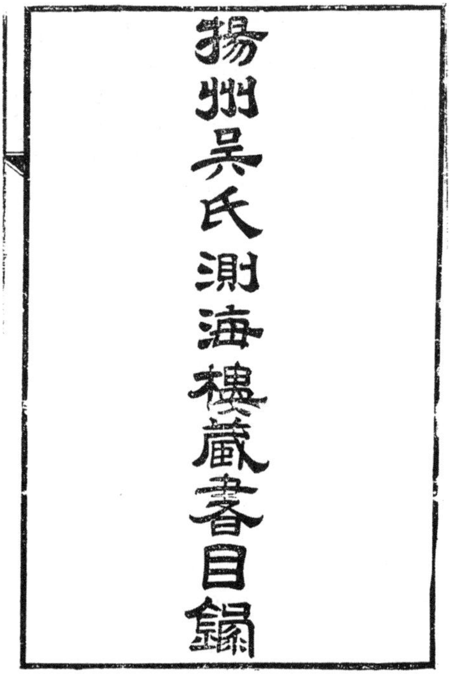

吴引孙编《扬州吴氏测海楼藏书目录》书影
(清光绪三十年刊本)

吴道台宅第于光绪三十年(1904)落成，建筑规模为九十九间半。后来吴引孙举家迁沪，由吴筠孙一家居此。也许是它的精美引起了造物主的忌妒，自它建成后便一直灾难不断。抗日战争时期扬州沦陷，宅第为日伪一个姓孙的师长强占。因为在这里开设烟厂，一场大火竟然烧毁了宅第的大半，灾后所剩面积不足原来的五分之二。到“文革”时期，又拆毁了大门厅和西部内宅数进，以及东部的假山园林。所幸的是，曾藏书万卷的测海楼躲过了这种种天灾人祸，保存至今。

仅仅是现存的不足原来面积五分之二的这些饱经沧桑的建筑，其精美考究的程度也仍使人吃惊。东部的二门厅、朱雀厅、凉厅、金鱼池和藏书楼，西部的三大进住宅，尽管因为住进了七十二家房客而显得满目疮痍，但门厅里那对完美的石鼓、廊檐下那些雕花的梁枋，以及测海楼前那方围以铁栏的水池，无不在向我们默默地诉说着主人当年的文化素养与精神世界。

最值得一谈的当然还是测海楼。在这座六楹五间的两层藏书楼里，曾以收藏了丰富的典籍而名显一时。仅仅关于它的藏书目录，全国各图书馆里就发现了四种：《仪征吴氏有福读书堂藏书简明总册》不分卷，吴引孙钞；《扬州吴氏测海楼藏书目录》十二卷，吴引孙编；《扬州吴氏测海楼藏书目录》七卷，王富晋编；《测海楼旧本书目》四卷，陈乃乾校录。根据这些目录，得知测海楼的藏书多达万部。其中不仅有《春秋经传集解》、《大乐律吕元声》等珍本，还有《八闽通志》、《延安府志》等从宁波天一阁散出的海内孤本。藏书的数量和品位，都显示出测海楼主人深邃的学养与卓越的识见。

吴氏藏书在咸丰年间曾毁于一旦。其后吴引孙立志重新搜罗，其中访书之甘苦以及藏书之经过，都写在他的《扬州吴氏测海楼藏书目录·自序》中：

咸丰癸丑(1853)，余家遭兵燹，先世书籍，荡然无存。幼

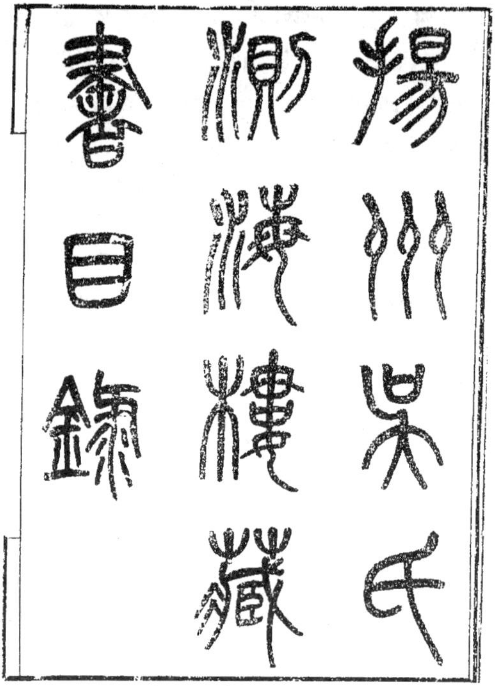
扬州吴氏测海楼藏书目录

王富晋编《扬州吴氏测海楼藏书目录》书影（民国二十年刊本）

时避难乡曲，孤陋寡闻，迨成童返郡，稍解涉猎，惜无力购书，即辗转借观，亦不易易。因思寒畯之士，有志读书，恒苦于无书可读；而富厚之家，又往往不能尽捐狗马声色、字画奇器之好。以故，其好书也，必不专；好之不专，亦无由知书之有易得、有不易得也。若是，读书难，藏书尤难！余不敏，窃谓古书自赭寇乱后，散佚几尽。宋元以前奇编异帙为希世宝，悬价购求，所遇辄鲜。即明以后精刊旧椠，暨国朝殿版各书，亦复昂值居奇，艰于购致。余惟视力量所及，耳目所周，不拘一格，凡元明刊本、旧家善本、寻常坊本、殿刻局刊各本，随时购觅。意在取其完备，不必精益求精。自宦游浙粤十馀年来，节省廉俸，广购储藏，得八千零二十种，计二十四万七千七百五十九卷。……若欲以前明之天一阁、近人之皕宋楼期之，则吾岂敢。

在这篇短短的《自序》中，最意味深长的一句话当是“读书难，藏书尤难”。两个“难”字，概括了爱书人的多少感慨！

吴引孙的《藏书目录》编于光绪三十年（1904）。仅仅过了二十几年，到了民国二十年（1931），测海楼的藏书就遭受了一场致命的变故。这也是测海楼里发生的最令人心酸的故事。

这时候的扬州，风光的岁月已经彻底逝去，到处可见倾圮的园亭和剥蚀的朱门。强盗和兵痞不断偷盗测海楼中的藏书，生活拮据的吴氏后人不再有安心读书的福气。吴引孙费尽心血收罗来的数十万卷藏书，不过在测海楼中安放了二十几年光景，就拱手让人了。关于测海楼藏书之变故，陈乃乾先生在1943年所写的《上海书林梦忆录》中写道：

> 民国二十年（1931），扬州吴氏测海楼藏书出售。初由当地人黄锡生介绍于北京直隶书局主人宋星五，拟价未谐，忽为北京富晋书社主人王君购成。王君已将书价付清，而书则尚待装运。锡生欲向其分利，不遂，因扬言于众，谓富晋实代某国人经手，书将流出外洋。于是，县长及（国民党）党部出而阻止，禁其装运，惟对于善后处置则绝不提及。当时吴氏已收之书价既不肯付还，而地方上亦无力筹款以图保存，事成僵局。后经余及蔡孑民先生分向民、教两厅解释，保证决不装运出国，乃由两厅令江都县长放行。

据说，富晋书社得到测海楼藏书后，便在上海汉口路开了分店，又在北京琉璃厂建了新楼。测海楼里的萧瑟秋意，换来了富晋书社的得意春风。

吴氏测海楼售出的书，共五百八十九箱、八千零二十种。当我们踯躅在吴道台宅第中用青石板铺成的幽深火巷里的时候，仿佛听见了当年力伕们把一只只沉甸甸的书箱从这里抬出去的沉重的脚步声。就在二十多年前，这一只只沉甸甸的书籍曾被力伕们从外面抬进来。而今它们被抬出去时，将永远不再回来。

这些运出去的书，后来一部分流向我国台湾，一部分流向美国。美国国会图书馆所藏的《苏长公密语》、《大乐律吕元声》等珍本，原来都是扬州测海楼旧藏。还有一些藏书陆续为我国学者所获并引起注意，如文学研究家阿英先生在《小说新谈》里说："我所得到的本子，题《画图缘平夷传》，约系嘉庆翻刻，原系扬州测海楼藏本，亦四卷。"

由此联想到郑振铎先生在《清代文集目录序》中所说："后扬州何氏、无锡丁氏诸家藏书散出，予皆有所得。"这使人觉得，近代的文化厄运不仅独钟于测海楼，独钟于扬州城，也遍及有藏书传统的整个江南。

测海楼藏书之厄，对于吴氏子孙也是一次惨痛的经历。吴筠孙之长孙吴征铸曾目睹家中这一变故，当时写下了《鬻书》一诗以纪其悲愤与无奈的心情。他在序中说，"先伯祖福茨公毕生好书而不佞宋，……二十年间共得八千馀种，构有福读书堂藏之。去冬，有军官强住余家月馀，盗善本数百册去。诸父惧其再来，乃以贱值悉售之于北贾王富晋"。诗云：

伯祖踪天一，勤求二十霜。
官来偷百种，贾笑捆千箱。
老树乌啼早，空楼日影长。
诸孙思卓荦，无福坐书堂。

测海楼原称"有福读书堂"，到了儿孙辈却哀叹"无福坐书堂"了，真教人欲哭无泪。"官来"、"贾笑"数字，简洁而深刻地挑明了在一个动荡的时代里，读书人所面临的进退失据的困窘。

关于“贾笑”，我后来从王富晋所编的《扬州吴氏测海楼藏书目录》里找出了注脚。富晋书社在颇费了一番周折之后，终于如愿以偿，满载而归。就在得到测海楼藏书的当年——民国二十年（1931）十一月，老板王富晋便以极快的速度编出了七卷本的《扬州吴氏测海楼藏书目录》。在这部《目录》的前面，王老板有启事云：

> 本社专收宋、元、明、清旧书，历二十馀年，搜罗颇称宏富，已刊有书目印行。客春辗转托求，几经波折，始将扬州吴氏测海楼藏书归为敝社所得。今特印行《测海楼藏书目录》，以公同好，而资流通，如蒙惠顾，无任欢迎！

后面所署的，是上海、北平两处店址。藏书家事业的失败，往往正意味着贩书家事业的成功。

但是测海楼仍有她特别的骄傲。我最近才知道，测海楼的书香曾经薰陶出一批非常有建树的吴氏子弟。这中间，有著名的学者和作家吴白匋（即吴征铸），有寄生虫病和医学昆虫学专家吴征鉴，有物理学家和化学家吴征铠，有植物学家吴征镒。其中，吴征铠和吴征镒均为中国科学院院士。在测海楼藏书风流云散的悲剧之后，我们又看到了一出仍以测海楼为舞台背景的群英会喜剧。

测海楼在古运河西岸，与宋代的普哈丁墓园隔水相望。如果开发古运河的人文资源，测海楼应该是一颗璀璨的明珠。她是扬州的天一阁，她的沧桑故事是激励后人热爱文化、热爱乡土、热爱典籍的教科书。

测海楼——近代扬州文化连遭风雨打击，而又在风雨中不甘沉沦的象征、见证与缩影。

沈德寿与抱经楼

童银舫

浙江慈溪早在南宋淳熙年间就有了藏书楼，主人叫罗仲舒，做过知县、太学博士、秘书郎，藏书丰富，书楼名经训室。明末裘永明玉湖楼“藏书过范氏天一阁”[①]。及至清代雍正间，郑性二老阁更是名动江浙，尤以黄宗羲著作之搜集、整理、传刻为学界所重。嘉庆间葛朝迎旭楼“聚书数万卷，多善本”[②]，亦入史册。而清末沈德寿抱经楼，更有藏书目录传世，成为近代中国乡村藏书界之翘楚。

关于沈德寿其人，诸多文献记载不详。如吴晗《江浙藏书家史略》收录慈溪籍藏书家四人（沈德寿、葛朝、郑性、郑竺），沈德寿专条无生卒年及经历。《中国目录学家辞典》沈德寿条目，干脆只写成“清人，生卒不详”。顾志兴《浙江藏书家藏书楼》一书亦无记载。甚至连中华书局影印沈德寿《抱经楼藏书志》所写的书前说明，也只能写明“生卒年月不详”，对沈氏生平事迹亦无稍为详细的记载。而抱经楼到底在何处，更是只字未提。

我于十年前为撰《慈溪历代藏书家藏书楼》一文，曾对沈德寿及其抱经楼进行过考证和查访，但苦于缺乏直接的史料，只能心存疑惑，时时留意。真可谓功夫不负有心人，近年竟有缘见到一份由同县陈师范撰、鄞县高振霄书的《沈药庵先生生圹志》手卷，纵一尺，长八尺，约八百字，纸本，行书，墨迹高妙，乃书林珍品。

细读这卷《生圹志》，沈德寿的生平事迹终于有了大致轮廓。我原先认为沈氏必出沈师桥，今已证明无误，深为欣慰。现略述其行状，以飨同好。

沈德寿，字长龄，号药庵，别号窳民，世为慈溪北乡师桥人。祖辈皆从商，尤以药业闻名。沈德寿十九岁随祖父赴湖州新市镇，拜宋世滋为师习文。此时他只喜欢古人书画及历朝诸家尺牍，“遇有所获，必详其姓氏，识其真赝，采拾二十年来，属目者以数千计”[3]。而他对藏书发生兴趣，则是参观了陆心源皕宋楼之后。

光绪十年（1884年），沈德寿赴湖州访陆心源，五十岁的陆心源见沈德寿年轻好学，为人儒雅，乃牵手登楼，“悉发其所藏之书”[4]，并告诉他收藏图书之法。陆心源的皕宋楼专藏宋元珍本，遐迩闻名，人皆羡之。沈德寿大开

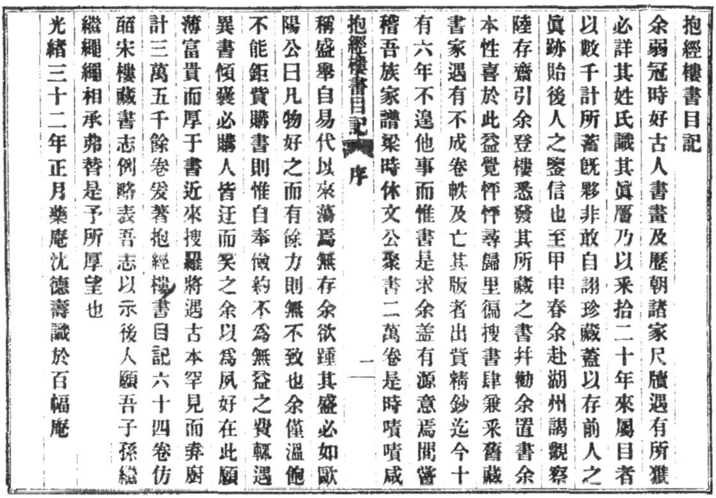
抱經樓書目記
余弱冠時好古人書畫及歷朝諸家尺牘遇有所獲必詳其姓氏識其眞贗乃以采拾二十年來屬目者以數千計所蓄既夥非敢自詡珍藏蓋以存前人之眞跡貽後人之鑒信也至甲申春余赴湖州謁觀察陸存齋引余登樓悉發其所藏之書并勸余置書余本性喜於此益覺怦怦尋歸里徧搜書肆兼采舊藏書家遇有不成卷帙及亡其版者出貲精鈔迄今十有六年不遑他事而惟書是求余蓋有源意焉閒嘗稽吾族家譜梁時休文公聚書二萬卷是時嘖嘖咸
抱經樓書目記 序 一
稱盛舉自易代以來蕩焉無存余欲踵其盛必如歐陽公曰凡物好之而有餘力則無不致也余僅溫飽不能鉅貲購書則惟自奉儉約不爲無益之費輒遇異書傾囊必購人皆迂而笑之余以爲夙好在此願薄富貴而厚于書近來搜羅將遇古本罕見而弆廚計三萬五千餘卷爰著抱經樓書目記六十四卷仿皕宋樓藏書志例略表吾志以示後人願吾子孫繼繼繩繩相承弗替是予所厚望也
光緒三十二年正月藥庵沈德壽識於百幅庵

沈德寿《抱经楼书目》自序书影

眼界，“心窃慕之”，听了陆氏之语，怦然心动。于是“寻归里，遍搜书肆兼采旧藏书家，遇有不成卷帙及亡其版者，出资精钞……不遑他事，而惟书是求”[5]。其中“旧藏书家”，就有慈溪鹳浦郑氏二老阁，当时二老阁部分藏书流入上海，沈德寿闻讯复从上海购入。没有几年，就积书五万卷，于是在沈师

桥故里筑造了藏书楼——抱经楼。接着,仿范氏天一阁、卢氏抱经楼藏书规则,整理上架,逐一编目。

陆心源二十六岁中举,至六十一岁去世,在广东、福建当过官,官虽不大,但却是总办税厘、通商等事务,并兼任海防、粮盐等事宜的美差。他一生藏书十五万卷,成为清代四大藏书家之一。沈德寿"身不膺簪组,名不出里闾","家仅中人产"⑥,但他的雄心和专心且不在陆心源之下。他在《抱经楼书目记》自序中道:"余仅温饱,不能巨资购书,则惟自奉俭约,不为无益之费,辄遇异书,倾囊必购,人皆迂而笑之。余以为夙好在此,愿薄富贵而厚于书。"这段话朴实、诚恳,与范寿金序言所称"静默寡言笑"气息相符。

沈德寿以藏书名于乡里,引来一批批文人学士。他总是"欢然引登书楼,开箧纵观,置酒讨论,娓娓不倦,即有人持去假阅,亦慷慨不靳"⑦。

沈德寿少时工篆刻,晚年精于书画鉴别,"远近有骨董贸者,一经品题,声价十倍,咸服其赏鉴之精"⑧。他还著有《百幅庵书画记》书稿。

沈德寿《抱经楼藏书志》六十四卷,原作《抱经楼书目记》(《中国目录学家辞典》误作《抱经堂藏书志》),共著录三万五千馀卷,约一千四百五十种,编成于光绪三十二年。内扉由杨兰言题写书名,慈溪陈邦瑞(慈溪掌起人)、镇海范寿金(今慈溪范市人)分别作序,并有沈德寿自序一文。中华书局编辑部在《影印说明》中称"《抱经楼藏书志》系仿《爱日精庐藏书志》和《皕宋楼藏书志》而作,唯上述二志断自明朝,此志则延及清代,专载旧椠旧钞之流传罕见者,每书皆有解题,并兼收诸书序跋,登录前人手迹题识、校雠岁月,于考证古书源流足资参考",这是沈德寿所定范例,可见其卓识。

但《影印说明》称《抱经楼藏书志》刊于甲子(1924年)仲冬,恐有误。此说大概源于孙殿起《贩书偶记》,记有"民国甲子铅字排印本"。而《中国目录学家辞典》则记"有光绪三十二年(1906年)印本"。《抱经楼藏书志》书末记有"光绪二十八年夏六月初四日药庵沈德寿识",而陈邦瑞序作于光绪辛丑(1901年)春二月,范寿金序作于光绪二十六年(1900年)五月二十日,沈德寿自序作于光绪三十二年正月,即或印书日期。《生圹志》中亦记"著有书目记六十四卷刊行于世"。说明此书在沈德寿生前已印成,甲子年或许为重版。《生圹志》写于壬戌孟春,即1922年,其时沈德寿六十一岁,则推算出其生年当为同治元年(1862年),而其卒年尚待考证。中华书局编辑部以《抱经楼藏书志》卷末署"男家骧、家驹、家騋仝校"而认为1924年沈氏已亡,如果这一假定成立,则沈氏卒年应在1922-1924年间。

皕宋楼藏书在陆心源死后十三年(1907年)被他在上海经商的儿子秘密出售给日本岩崎氏静嘉堂文库,受国人指责。当时共有珍本十万馀卷四万几千册,书价才区区十二万元。而抱经楼藏书在沈德寿死后数十年——抗日战争之前,亦已开始散佚,但所幸未流到海外,大部分被北京图书馆收藏[9]。

抱经楼书去楼空,渐渐被人淡忘。图书聚散无常,这也是无可奈何的。好在尚有《抱经楼藏书志》一书,1990年由中华书局作为"清人书目题跋丛刊"之五影印,皇皇巨册,广播人间,嘉惠士林,也算得上是吾乡藏书文化之集大成者也。

注:

①裘琏:《上黄梨洲书》。

②光绪《慈溪县志》。

③沈德寿:《抱经楼藏书志》自序。

④沈德寿:《抱经楼藏书志》自序。

⑤沈德寿:《抱经楼藏书志》自序。

⑥陈邦瑞:《抱经楼藏书志》序。

⑦陈师范:《沈药庵先生生圹志》。

⑧陈师范:《沈药庵先生生圹志》。

⑨参见《慈溪县图书馆志》。

台湾彰化吕氏藏书楼

柳和城

台湾自古以来就是中国的领土，它的文化传统与祖国大陆一脉相通。近代台湾彰化的筱云山庄吕氏藏书楼就是一个明证。

位于台湾中部彰化县神冈乡三角村的筱云山庄，是座古老的建筑，建于清同治五年(1866)，至今已有一百三十馀年的历史。第一代主人吕炳南(1829—?)，字耀初，祖籍福建诏安，曾在台中丰原南坑地发现白银，吕氏家族门祚从此昌隆。吕炳南于道光末年中秀才，任候补训导，并于岸里构建文昌祠，设学堂，奖励后进，对地方教育贡献颇多。他是个孝子，为使母亲欢娱晚年而兴建筱云山庄。吕氏喜藏书，锐意穷搜，聚书数万卷。凡前代新颁行之书，及清代校正群籍，与老庄诸子、唐宋以来诸大家诗文集，乃至欧、颜、柳、蔡金石文字之类，可谓应有尽有。吕又喜结交文人学士，一时名流云集，名闻遐迩。同治年间广东嘉应(今梅州市)举人吴子光(芸阁)，在吕家任西席，曾编藏书记，并题联云：“筱环老屋三分水；云护名山万卷书。”又说：“新筑第宅一区，楼台花木，壮丽甲于海东。”吴子光是位著名学者，学识渊博，弟子众多，造就不少英才之士，台湾中部文风之盛，与此关系甚深。吴氏为人，“拥书楼，自以为荣。顾为人愤懑，胸中磊块，时流露笔墨间”。吕氏为他刊印《一肚皮集》，附《小草拾遗》，吴又著有《经馀杂著》、《三长赘笔》，稿存吕氏。他最得意的门生是后来成为台湾抗日义军领袖和爱国诗人的邱逢甲。

邱逢甲的成长与吕氏藏书楼有一段渊源关系。连横《台湾

台湾彰化筱云山庄门楼

通史》云:“时吴子光设教吕氏之筱云山庄,藏书富,邱逢甲负笈从,博览群籍,遂以诗文鸣里中。”那是同治十二年(1873)春,邱逢甲十岁,父亲邱龙章来到三角村魏家设馆授业,逢甲同往。邱龙章与吴子光友谊甚洽,邱逢甲由此得以常常随父出入吕家。他阅读了大量吕家的藏书,扩展了知识面,几年后虽离开了三角乡,但仍常常返回吕家读书。他还与吕炳南的三个儿子汝玉、汝修、汝诚结为好友。他们一起览胜访幽,一起赋诗唱和,交流读书心得。邱逢甲从此学识大进。

吕氏一门父子俱为秀才,次子汝修后中举人,授文林郎职,时人有“海东三凤”的美称。日本统治台湾时期,吕氏家族又出了两位诗人——吕厚庵和吕蕴白,均为雾峰栎社社员,他们以鼓吹诗教、发扬民族文化为宗旨,从事诗歌创作。现在吕家子孙大都旅居国外,只有筱云山庄这座历尽沧桑的清代建筑仍耸立在三角村的土地上,成为台中地区旅游景点之一。筱云山庄的建筑富有闽南风格。庭园林木扶疏,楼台雕梁画栋,十分壮美。筱云轩为原吕氏藏书处,典雅端庄。笃庆堂为客厅,有大幅壁画,精雕细刻。山庄的门楼巍峨,两侧护龙盖有罕见的鱼鳞瓦,气派非凡。筱云山庄俗称新厝仔,吕家另有顶厝、公厅等房屋,都为当地著名的古老建筑物。

吕氏藏书楼——近代台湾最大的私人藏书楼——它的藏书后来怎样呢?随着岁月流逝,藏书流失甚多,加上窃贼光顾,所存已不及一半。吕家后代为防窃,特将许多窗口用水泥封闭,仍防不胜防,后来只得将残存藏书移出,由台北图书馆公家收购而去。据统计有二万一千三百三十四卷,不少已遭风蚀虫蛀,令人痛惜。

南京书事(一)

止 水

南京在明代就与北京、苏州、杭州并列为全国四大书业中心之一，直至晚清，三山街夫子庙一带的书肆，状元境一带的书坊，仍然为读书人所称道。民国年间，南京更成为重要的图书出版和营销中心。不少学人写过清代以至民国年间南京的书市，被人引用最多的是纪庸的《白门买书记》。纪氏之前，汪辟疆教授在日记中曾描述1928年前的花牌楼和状元境书市情状，已有今不如昔之叹。1929年钟敬文先生游秦淮，想在江南官书局买点线装书，“一查目录，竟空虚得可怜”，但他仍能够“随意地购了一部《秣陵集》出来”；可见那时的旧书店，还可以套一句俗话，叫“瘦死的骆驼比马大”。黄永年教授的《半世纪前南京买书小记》与纪庸所记稍有前后，尤其纪氏是为图书馆买书，而黄氏系穷学生自己买书，所注意的侧面自有所不同。黄文中且提到当时旧书店大多兼卖“旧的新书”，而对他这样的大学生就“无吸引力”。这与今天新版“特价”书的不为文化人重视，是一样的。抗战胜利后，旧书店中又多了日文书，“且有大量印制确实精美的考古发掘资料和大型艺术类书籍”。此类书籍直到半个世纪之后我还有缘买到若干种，但要说明的是，所谓“考古发掘”，则多是日本人在中国所做的考古发掘，应归入文化侵略中去的。不说前辈学人们所淘得的书了，就是他们所提到的那些书店，如今也已惹人遐思。

南京旧书市场的急剧衰落，是二十世纪五十年代以来的事，其原因不言自明。除了经济方面的对私改造，我手中还有五十年代初文化管理部门的查禁书目，洋洋乎大观，足以令旧书商却步。至于落网的禁书，大约是都化了纸浆，“脱胎换骨，重新做书”的了。1958 年之后，旧书市场曾经有过一个回光返照般的繁荣。先是因为要“跑步进入共产主义”了，私有财产面临消灭，一些文化根基不牢而政治敏感太过的知识分子，也就抢先一步将私人的藏书卖了去换红烧肉吃；后是三年困难时期，米珠薪桂，家无长物的文化人，惟有卖书贴补肚皮。我的一位老邻居，就曾用一部清代雕版本《二十四史》，易得十斤包谷面，维持全家七口人生命一星期。当然那年头买得起书的人也微乎其微，除了特殊的高薪阶层，只有高校的图书馆还能收购少许，大多压在了古旧书店的库房里。所以到了六十年代初，我的识字数量够得上钻进旧书店看白书的时候，书架上尚堪称琳琅满目。隐约记得那时的几处旧书店，一是夫子庙东西市场中，所卖颇多线装书，兼做字画买卖；二是杨公井一带，即旧年名盛一时的“花牌楼”，旧书的档次较高，亦有新近出版的苏联小说之类；三是新街口摊贩市场内，书的品类就很杂了；四是莫愁路、堂子街一带，迹近地摊，书如废纸。这几处都属城南地区，城北地带是否还有，就为我所不了解了——顺便说一句，近二十年来，除了新街口摊贩市场的原址上在八十年代初盖起了金陵饭店，从此与古旧书无缘，另几处竟始终与旧书交易保持着藕断丝连的微妙关系。

"文化大革命"初期大规模的"破四旧"和烧书毁书，对于图书文物本身的摧残，还只是一个表象；其深层的影响，则是造成全社会性的"知识无用论"的泛滥。读书既无用，书籍自然也就成了无用之物，况且可能给持有者带来不测之祸、无妄之灾，谁还愿意保藏它呢！所以当年除了毛泽东著作的各种版本外，一般人家敢于留存的字纸就只有学生课本了。私营书店全部消灭，国营书店中的古旧书也都深藏密锁，唯恐被发现作为宣扬"封资修"的罪证。1968年开始的上山下乡与次年开始的城镇居民下放，在南京都是推行最力的，致使数以十万计的市民流离失所，他们在离乡背井之前，多半将家中的图书作为废纸处理掉，实际上导致了更为彻底的图书毁灭。

南京旧书市场的最近一次复苏，是从堂子街开始的。

近五十年间，朝天宫西面的堂子街始终是南京的废旧物品集散地。活动于其间的行贩与坐贩中，不乏从业多年甚至数代者。他们经验极丰富，无论高音喇叭里怎样唱高调、发通牒，却对"四旧"仍持有自己的看法，往往将有价值的旧书文玩单独剔出收存，待时而沽。二十世纪七十年代初，社会秩序表面上趋于安定，但独此一家的新华书店极其萧条，图书馆也无书可借，便有那爱书之心不死的人，慢慢觅到堂子街旧货市场来，从"废纸"中搜求可读的旧书，而往往有令人惊喜的收获。最初的交易还处于半公开的状态，不是熟面孔就很难看到像样的书，但书价也极低廉。那种"纸白如绵，字大如钱"的清初殿版，一册尚卖不到一元钱。我的一位忘年交朋友，曾收到了几乎全套的原版《故宫周刊》，也只花了当时一个月的生活费。至于"文革"前的文学作品，简直就比废纸贵不了多少。其时我仍在农村插队，糊口尚难，岂敢买书？只能在年节返城之际，到这一带走走，趁买卖冷落时立在摊边翻书，算是壮个“人场”。

买主的出现无疑使市场产生了活力。一些家境清寒又有下乡子女必须接济的知识分子，也将劫馀的旧书，偷偷地带去换度日的柴米。他们在地上铺一张旧报纸，放上几本书，袖手侧立一旁，静候尚有求知欲、有馀钱且有勇气者。他们拿出来的书多属实用性强而又侥幸已脱出“毒草”黑名单的，如唐诗宋词等经典，要价也只比收购站的废纸价格稍高一些。这一阶段中，旧书虽有交易而远未成“市”，且极受政治气候影响，“运动”风声一紧，便自觉销声匿迹。

这种状况，直持续到八十年代初。在那个“百废俱兴”的时代，惟有旧书市场萧条依旧。由于历次政治运动的惯性，此时进入堂子街的正是人们急于处理掉的“文革”出版物，这些在十馀年间对中国人民和中国文化造成巨大戕害的“废纸”，自然不会再引起读者的兴趣；再则各类图书相继开禁，况且其时书价尚低，揣上十元钱可以放心大胆地去逛新华书店，所以读者自然纷纷转向了新书市场。那几年间经由堂子街旧货市场进入造纸厂的“文革”出版物数量之巨，是难以估算的；至于受海外汉学界影响，中国收藏界也看好“文革”出版物，则已是又十年之后的事情了。

平心而论，1979至1984那几年，是中国读书人最幸运的几年，对于家累不重或有稿酬收入的人来说，买下自己心爱的书简直无须考虑。遗憾的是好景不长，从1985年开始，书价便以每年百分之三十的幅度上涨。这个涨率与当时的工资上调率或物价上升指数相较，应该说还不算太高，可是长期以来习惯了“市场繁荣，物价稳定”的中国人，对于书价的上涨，与其说经济上承受不起，不如说心理上承受不起。所以一些书店的“特价书柜”和

“特价书市”便特受市民读者的欢迎。与此同时，由于各种因素进入旧货市场的新版旧书也渐渐多起来。有卖方也有买方，新一轮的旧书交易就此应运而生。

但是，直到八十年代末，南京城中仍然没有形成固定的旧书市场。南京的有关管理部门，对于旧书市场的存在坚持采取不承认主义，风头上驱逐没收，从严处罚；风过后放任自流，视而不见。所以迫得旧书商贩成为“游击队”，除了堂子街旧货市场外，鼓楼广场的西南角、汉中门广场、山西路军人俱乐部、工人文化宫、明故宫午朝门、夫子庙瞻园路、水西门外大桥下、锁金村广场、南京大学门前的汉口路、南京师范大学和河海大学门前路边等处，都曾一度出现过旧书摊点，有的逢周末成市，有的则每天设摊。南京的市容管理是分到各城区的，而各城区又很少能统一行动，所谓“东方不亮西方亮，黑了南方有北方”。这些路边摊点大多延续到九十年代初，此后在整顿市容管理的高潮中逐渐被禁绝；而非交通要道，如汉口路上的旧书摊前后持续约十年之久，直到九十年代中期才冷落下去，且深为南京大学的师生所怀念。

这一阶段中上市的旧书，主要是七十年代末以来的出版物，间或有“文革”时期出版的“法家著作”及其它资料性图书；偶尔也有“文革”前出版物以至民国年间的旧版书露面。因当时风气初开，买旧书者的目的多半为了休闲阅读而非为专门研究搜集资料，更非用于收藏，所以旧版书的出现并没得到人们的特别关注，其价格与新版旧书一样，大都在三五角钱一册，叫价在一元钱以上的，就是很像样的书了。由于南京在民国年间的特殊地位，流散在民间的旧版书数量理应高于其他城市，尽管在多次运动中屡遭毁弃，存世数量也不致太少。然而民国年间的出版物在相当长的一个时期内，面临一种尴尬局面，它们似乎总与某种政治理念相关联,不但买的人看不上眼,连卖主也常常显得躲躲闪闪、心虚胆怯。

进入九十年代,新书价格的持续猛涨,刺激得旧书交易日渐活跃、面广量大。南京的有关管理部门,不得不面对现实,承认旧书市场确有存在的必要,也加强了关注和管理,旧书交易场地才逐渐趋于稳定。1992年前,相对固定的旧书市场,主要在工人文化宫和军人俱乐部内。此后工人文化宫内大兴土木,周末旧书市场停办,军人俱乐部内旧书摊点转向,改售书为租书,继而又成为“二渠道”图书批发市场;代之而起的是鼓楼广场路灯下的旧书夜市,一度颇为壮观,新华书店和出版社也曾加入来大卖降价书。

九十年代初,堂子街摊点上也再次出现了线装古籍。这一方面因为堂子街仍保持着旧货集散中心的地位;另一方面,是由于堂子街古玩市场的兴盛,古旧书的卖主也想能沾上点“古玩”的光。堂子街古旧书摊的一个明显特点是上市图书两极分化,一极自明清刻本到民初石印本,够得上名副其实的古旧书,价格虽不至上攀古玩,也动辄开价数十元;另一极则是近乎垃圾的旧畅销书和流行杂志,可说给价就卖。

1993年夏秋之间,南京的有关管理部门终于决定开辟民间旧书和收藏品市场,将其安排在朝天宫南“万仞宫墙”和内秦淮河之间的夹道上,随后又在朝天宫东侧建邺路口盖起三排简易店面房出租,使这一带成为南京的民间收藏品交易中心之一。旧书市场的大规模进入,则是第二年初的事,散布全市的数十家旧书摊几乎全都集中到了朝天宫一带。尽管旧书的售价从1994年起普遍超过了原定价,但仍比同期新版书的定价低得多,故而旧书市场持续走旺。1995年尾,书摊已超过百家,至世纪末更增加到近二百家，京、津、鲁、皖、沪、杭、苏、扬等地书商纷纷介入，甚至有来自东北三省和巴蜀陕甘的旧籍上市。而且书商的经营规模也有所扩大，最大的摊位竟长达数十米，摆出的图书有数千册！如此规模，万仞宫墙外的夹道早容纳不下，书市便向朝天宫东门外及建邺路人行道上拓展。上市旧书的品种大为丰富，除了内地新版旧书，港台出版物、外文图籍、民国旧版书和线装古籍亦不断上市，时有稿本、抄本、明版本和清代精刻本露面，有心人也不难搜集到档案、日记、信札等珍贵文献资料。每逢双休日，只要天气晴好，铺天盖地的旧书，熙熙攘攘的人流，形成一种极其壮观的景致，令爱书的文化人心醉，即使不打算买书，也愿意到这个氛围中走一走看一看，同书友们聊聊见闻心得，往往早晨入市，一圈转下来已时近中午。对于南京的藏书家和读书人，这几乎已成为不可或缺的人生享受。全国各地的不少爱书人也都慕名到南京来赶这周末书市，且多有斩获。令人遗憾的是，2000年秋，有关管理部门不知出于何种需要，再次将这一名闻全国、成为南京一大文化景观的旧书市场强行取缔，而对同处此地专以假古董、假字画骗人的摊点全不过问。书贩们不得不在天未大亮时就出摊，到八点钟取缔者上班时就收市，近乎旧年的“黑市”了。入冬以来虽禁令稍弛，但已元气大伤。最近，有关管理部门已决定将朝天宫东南侧的止马营居民区拆迁，改建古玩交易市场，不知是否能给旧书市场留下一席之地。

南京的民间旧书交易市场在近年内能发展到如此盛况空前的境界，不是没有原因的。

首先是社会性阅读习惯的形成。清代以至民国年间，读书一般来说还只是知识分子阶层的事情，大多数社会成员就业以后很少还保持着阅读习惯。二十世纪五十年代至七十年代末，中国曾经不正常地强调人民的“政治学习”，只有少数年份或能兼及业务进修。可以说直到八十年代以后，中国民众才有了自由阅读的可能，即使所读内容多停留在休闲或时尚层面，也可以说是新中国最大的文化成就之一了。

其次是价格因素。从八十年代后期开始，新出版物的价格与日俱增，所以即使旧书超出原定价数倍，仍较新书便宜得多；除了从事某些专业研究的人，或者定要买新书装门面的人，对于大中学生、中低收入读者尤其是休闲性读者，自然宁可选择旧书了。

第三是1992年以来南京加大了旧城区改造的步伐，大批旧式住宅被拆除，许多人在迁入新居时失去了原有的藏书条件，一些家有藏书而不能读的人家也趁机做一清理，导致大量古旧书流入市场。同时，二十世纪上半叶成长起来的一辈学人年事已高，陆续不幸谢世，其藏书由于各种因素流入市场的也不少。一些单位图书馆、资料室管理人员换代，新接手者不懂得古旧书价值，盲目淘汰，亦致使馆藏旧书成批流入市场。

第四是高利润刺激起了经营者的积极性。不少书贩走街串巷，动员旧日的“书香人家”出售藏书；千方百计钻进各单位图书室、资料室“包收”其淘汰的旧书；甚至到附近乡镇和邻近省市去搜罗旧书上市。其中值得注意的，一是有些下岗工人，从出售自家的旧书开始，逐步在旧书市场立足，虽是小本经营，也足以维生；二是一批有文化的外地打工仔，进入旧书经营行业后，无论规模还是质量，都很快超过了南京本地的旧书贩，成为市场“主力”。这不禁让人联想起民国年间南京的旧书店业主，也有相当一批是外地人。

这种情况，让人又喜又忧。喜的是，尽管旧书价格不断上升，但对于我们这一代读书人来说，仍不能不说是千载难逢的幸事，因为许多闻所未闻、见所未见的图籍资料，今天竟能在旧书市场中不期而遇；忧的是，这一次旧书市场的兴盛，可说是竭泽而渔的最后一次兴盛，许多图书资料，一旦错过，很可能就永远难再寓目了。我的一些爱书的朋友们，时或看到前辈学人的珍藏本和批校本流出，看到一些图书馆、资料室将近代珍善本书作废纸汰出，真是惋惜不已，即使自己未必用得着，也宁可斥资收下，以免明珠投暗甚至惨遭毁弃。

选择价格往往超过新版图书的古旧书的读者，多数是为了学习与研究。随着文化人的视野日益开阔，现行主流出版物已不能满足他们的精神需求和研究需要，所以会注意到近半个世纪不曾再版的旧出版物。当然也有些人搜集明清雕版本以至民国旧版书，仅仅将其视为收藏品的一种，或作为新的保值与投资手段。相较于书画、陶瓷等收藏品，古旧书中目前赝品尚少，鉴定较易，尤其是作伪技艺太难、成本太高，新伪品的出现几不可能；现在书市上只发现手抄本的新伪品，还没见到雕版书的新伪品。而以北京中国书店为先导的古旧书拍卖，又使人看到古旧书潜在的升值能力。

从某种意义上说，一个城市的古旧书市场，可以看作考评其文化底蕴的重要标尺。作为历史文化名城的南京，回顾其民间旧书市场半个世纪来的兴衰，尤其是近些年来的起落变化，确也颇多耐人寻味之处。

苏州书坊旧观

王稼句

苏州文明历史之久，风物人情之美，都是众所周知的。至于书坊之盛，也由来已久。洪适《元氏长庆集跋》称“乐天守吴才岁馀，其郡屡刊其文”；元稹《白氏长庆集序》称“至于缮写模勒，衒卖于市井，或持之以交酒茗者，处处皆是”。可见中唐时苏州已有卖书的坊肆，并可以茶酒交易。五代吴越时，由于社会安定，书坊更多了，以刻卖经咒、历本、字书、诗歌为主。至宋代，雕版印刷业更其发达，吴刻与浙刻、闽刻并称于世。元末城内天心桥南的刘氏梅溪书院，是苏州历史上有名实可考的最早书店，自泰定元年（1324）至明洪武二十一年（1388），陆续刻印发售了很多书籍。

明清两代是苏州书业的全盛时期，胡应麟《少室山房笔丛》卷四《经籍会通》于此有详细的记载，一是苏州为全国四大书市之一，称“今海内书凡聚之地有四，燕市也，金陵也，阊阖也，临安也”；二是苏州以刻书精湛著名，称“凡刻之地有三，吴也，越也，闽也，蜀本宋最称善，近世甚希，燕粤秦楚今皆有刻，类自可观而不若三方之盛。其精吴为最，其多闽为最，越皆次之；其直重吴为最，其直轻闽为最，越皆次之”。可见当时苏州刻书的质量已超过浙江和福建，而成为东南书业的中心。关于当时苏州的书坊，胡应麟也记道：“凡姑苏书肆多在阊门内外及吴县前，书多精整，然率其地梓也。”苏州历来读书风气炽盛，私人藏书也代有闻人，至明清时期，更涌现了一大批藏书家，如菉竹堂叶盛、小酉馆王世贞、脉望馆赵琦美、汲古阁毛晋、绛云楼钱谦益、述古堂钱曾、传是楼徐乾学、古欢堂吴翌凤、士礼居黄丕烈、爱日精庐张氏叔侄、铁琴铜剑楼瞿氏父子、缘督庐叶昌炽、群碧楼邓邦述等等，都是海内闻名的大藏家，可说是连楹充栋，富夸琳琅。他们收藏的重要途径，便是书估的上门兜卖或自己去书坊寻觅，所谓“访冷摊拨寒灰”也。那些书估频繁地和藏家交往，不但版本目录之学更其精通，其他见识学问也逐渐长进，也就不是寻常书估可以企及的了。这是苏州书业的一个重要特点。据记载，苏州在明代有书坊七十多家，清初有二十八家，至乾隆、嘉庆年间有三十六家，坊肆林立，估人麇集，风流韵事，至今为人津津乐道。值得一说的是黄丕烈，他就与被洪亮吉称为“掠贩家”的钱景开以及陶廷学、陶蕴辉父子等书估结为知己，其他书坊中人也无不以士礼居为归宿，故搜得不少好书。黄丕烈每得一书，辄题其上，追溯书源，委曲尽情，发人雅兴，间及坊主船友，也一一著录，《士礼居藏书题跋记》里也就留下了一份当时苏州书坊牌号、主人等情况的材料。道光五年（1825），黄丕烈还在玄妙观西察院场自设滂喜园书籍铺，卖书买书，直接进入书业市场。太平天国战争爆发后，苏州书业一度沉寂，叶德辉《吴门书坊之盛衰》写道：“吴门玄妙观前无一旧书摊，无一书船友，俯仰古今，不胜沧桑之感矣。”

惟叶昌炽《缘督庐日记》记载，当时尚有绿润堂、世经堂、来青阁、述古书肆、大成坊书坊。除叶昌炽所记外，晚清时苏州还有汇文轩、平桥书肆、东来书庄、有正书局、玛瑙经房、振新书社、文瑞楼、扫叶山房、灵芬阁、文津书林等。鸦片战争后，西方印刷技术和资本主义出版经营方式传入中国，上海逐渐成为出版中心，苏州的刻印书业虽然式微，然而要想寻觅善本，还是以苏州为多，既有诸家书坊过去刻印的秘籍，又有旧家散出的藏本，尤其是战火蔓延之时，乾嘉名人钞校稿本俯首可拾。即使是在外地搜得的好书，也贩运而来，因为苏州毕竟为文化渊薮，尤以旧学著称，主顾较能识货，也就可以卖得善价。

辛亥革命后，苏州书坊有了变化，杨寿祺在《五十年前苏州书店状况》里记道："书业又有新书、老书、旧书三个名称。新书店贩卖教科书、科技书、小说杂志，以及初级外文书籍等，并兼售文具。他们与旧书店虽是同业，但彼此业务上很少往来。扫叶山房称为老书店，他们有自己本版的《四书》、《五经》、医卜堪舆等书，又兼售各省局版及私家藏版古书。招牌上写的是'发兑各省局刻家藏经史子集'，他们是不收旧书的。旧书店'发兑经史子集收卖旧书'，一种小店只写'收卖旧书'，他们收到旧书后，随便出售，不问顾客同业，一律待遇。他们大都新收的书皆临时开价，有的同业要买，就居为奇货，信口开价了。"这是坐商，还有行商，也是古已有之的。由于苏州地方河流纵横，城乡往来，惟有舟楫交通，如吴江同里的书估梅舜年便常年雇一只画舫，一边行船，一边经营，以收卖旧书为主，也兼古玩字画，夜来不用寻找旅栈，泊舟为家，可以说是书业中别开生面的。

抗战以前，苏州书市有三个中心，自察院场至饮马桥的护龙街上多旧书坊；自察院场至玄妙观多新书店；自玄妙观折入牛角浜则都为冷摊小铺。据江澄波《苏州古旧书业简史》著录，当时苏州有觉民书社、来青阁、春记书店、欣赏斋、有文书店、适存庐、大成书店、百双楼书店、含光阁书肆、文庐书店、渊雅斋、艺芸阁、集古山房、国学书社、学海书林、大华书店、存古斋书店、琳琅阁、松石斋、百城书店、百城耀记书店、博古斋书肆、苏州书林、温知书店、求智书店、瀚海书店、徵汉阁、琴川书店、文宝斋、敬古斋、和记书店、养庐书店、文友书店等三十馀家，以文学山房最为有名。文学山房初创于光绪二十五年（1899），先在护龙街嘉馀坊口，后移大井巷北首，面阔三间，又有后楼，缥帙盈室，精椠秘笈，触目皆是，堪称东南旧籍名铺。主人江杏溪及子江静澜都谙熟版本之学，不但经营旧籍，还用木活字排印《江氏聚珍版丛书》，共四集二十八种；又得《心矩斋丛书》和《望炊楼丛书》书板，重印销售，在学术界和藏书界很有影响。当时南北藏家都于此访书，张元济、孙毓修、叶景葵、傅增湘、朱希祖、顾颉刚、郑振铎、阿英、谢国桢等常常光顾。至于苏州的学者名流如李根源、张一麐、陈衍、邓邦述、金松岑、吴梅、沈祖绵、顾麟士、赵诒琛、王德森、王謇、汪东、潘圣一及潘承厚、潘承弼兄弟，更以文学山房为雅集之处。江杏溪应付谦谨，善于交际，凡有三四名家来店，常邀至富仁坊口的朱大官酒店小酌，虽说是弄堂里的简陋小肆，但菜肴精核可口，价又极廉，促膝谈心，交流心得，探讨宋元椠刻、校钞源流，则另是一种书缘。

那时在苏州访书，实在是一种愉快。阿英在1938年写的《苏州书市》里回忆，他经常为访书，专程从上海到苏州，先在阊门外住好旅店，便“雇车进城，至察院场。于是，始文学山房，依次而松石斋、存古斋、来青阁、适存庐、觉民书店、艺芸阁、宝古斋、灵芬阁、集成、勤益、琳琅阁、振古斋、欣赏斋，一路访书，直达饮马桥”；再至玄妙观，“即作至观内摊头之访问，由此折入牛角浜，旋复回至庙后，雇车入牛东大街，访来晋老店，再折入大华路大华书店，并其主人家小休。然后则往间邱坊看书，最后乃巡回玄妙观前之新书肆”。“晚饭后，略略闲走，即回旅店。灯下翻阅所得，其佳者一气读之，读尽则酣然入梦”。“每次往苏，居留时期无定，有当日返，有隔日返，亦有三日或再由此他往者，要看是否等待已接洽或在接洽之中之书籍决定，盖书有时非书肆所有，出自故家，须经书商往返接洽，自己且须极有耐性等待也。如此，遂又有时不得不挟一卷书，到汪裕泰楼上，唤精茗而品之读之，以等书商之携好消息来矣”。在苏州访书，大概需要有这样一种闲情逸致。

抗战胜利后，苏州的书市自然无复往时的盛况。1946年秋，有苦竹斋主者来苏，他在《书林谈屑》里记道：“吴门坊肆，十之八九集中于护龙街，除文学山房、来青阁及求智书店外，尚有松石斋张氏、瀚海书店吴氏、觉民书社陈氏等数家，规模狭小，门庭冷落，奄奄一息，已在存没之间。惟余曾从瀚海破纸中获孙毓修氏手稿《涵芬楼读书录》三册及明嘉靖刻白棉纸印胡可泉《拟崖翁古乐府》二卷，两书均颇有价值，后者尤属罕见。玄妙观内有文庐书庄及新新、大公、新书等书店，非经营新书文具，即形同冷摊，毫无生气。观前则高楼敞肆，百货纷陈，更无旧书业立足之馀地矣。”这是一位旧学者的趣味，但苏州终究还是一个旧书集散之地，精椠名钞固然越来越少，但未被过去藏家重视的印本或残本却还很多，访书的情味依然是很浓郁的。黄裳在《访书》里回忆，1948年秋，他和叶圣陶、郑振铎、吴辰伯到苏州旅游，夜来酒后便去护龙街访书，“书店都早已上了门板，西谛就擂鼓似的敲门，终于敲开了。书店的主人是认识他的，就热诚招待。记得店里刚收到许博明家的一大批藏书，善本不少，特别是整整一架地方志，几乎都是康熙以前的清初刻本，西谛大声称赞‘好书’”。“那以后，我就时常到苏州来，每次总要有半天到一天的时间花费在书店里。当时护龙街与玄妙观，真是书的海。不只是书店，连马路两边也摆着摊，连地上也都是的。相熟以后，还会被书店主人邀请到楼上看他所藏的‘秘本’残书。这在我都是最大的乐趣。如果将所见、所闻、所得记录下来，我看不会输于我的同乡先辈李南涧的《琉璃厂访书记》的”。

时过境迁，苏州的旧书业如今几乎不存，说起过去的事，真仿佛说梦一般。

忆世界书局的连环画

黄永年

2001年第1期《博览群书》上登载了何民的《百年相看小人书》，其中说到："古典文学名著《三国演义》是小人书出版的不朽题材。就连'小人书'叫做'连环画'也是从1927年上海世界书局出版成套'三国志'开始的，当时封面上就印着《连环图画三国志》。在2000年9月16日北京图书节'中国书店连环画专场拍卖会'上，这样一套24册1938年版世界书局的《连环图画三国志》的底价是一万八千元。"

不知这1927年即民国十六年世界书局版《连环图画三国志》，何民先生有否见过原书？如果是从旧书目或其他资料上看来的，则彼时世界书局出版的用章回小说编绘的连环图画决不止《三国志》一种。甚盼何民先生或知悉其详者能公之于众。

我是民国十四年即公元1925年出生的，小时候在江苏武进即今常州城里上学。1929年上幼稚园，1930年上小学一年级。在幼稚园到小学二年级这二三年内，先后得到过好几部这种世界书局出版的连环画。回忆一下，除《三国志》外，有《西游记》、《封神榜》（也许叫《封神演义》，记不准了）、《水浒》（也许叫《水浒传》）、《岳传》、《薛仁贵征东》，还有一部叫《开天辟地》。其中《水浒》是用金圣叹七十回本编绘的。《岳传》是用钱彩《说岳全传》。《开天辟地》从盘古讲到三皇、五帝和夏、商，最后一页记得还有"请看《封神》"的话，后来上大学时看了孙楷第的《中国通俗小说书目》，估计是用明周游撰崇祯时刻《按鉴编纂开辟衍绎通俗志传》作为蓝本的吧！

这些世界书局本连环画记得都是用有光纸单面印的，像线装书一样装订成册，不过装得比正经的线装书薄，也不像正经线装书那样呈长方形而是扁方的。后来常见的解放前印连环画也都是这种线装扁方形，不过是用白报纸双面印而不用有光纸了。这种世界书局本和后来的报纸本一样，都是每页下图上文，文字栏占全页四分之一不到，和竖排书一样，每行从上到下，行则从右到左，图中主要人物身旁注明姓名以利辨认。后来粗劣的报纸本连环画往往在人的嘴里吐出一道似气似光的东西，在其中写上说的话，则在世界书局本上还没有出现过。这样一部世界书局本连环画总有一二十册，像线装书那样装在一个函套里，不过做函套用的马粪纸比较薄，不如正经线装书那样装得重实可观。

连环画主要是看画。记得我看过的世界书局本多数画得比较好，而且画法如出一手。只有《水浒》是另一个路子，不好看，接近后来那些报纸印粗制滥造的连环画水平，不过还不曾出现太恶劣和不堪入目的画面。当然这些只是就我小朋友时的观赏能力而言。解放后有些连环画的绘制出自国画名手，这就把当年画得较好的世界书局本也比下去了。

这样一套即一部世界书局本连环画，售价大约是当时流通的银元即纸币一元左右。其时先父常在外不太管我，先母见我爱看书总是好事情，就省吃俭用地买来让我看。这些世界书局本书后还常带个小广告，上写此类连环画出了哪几种。记得其中还有《红楼梦》，我问先母这书讲什么，先母当然不会说是讲宝黛相爱，只说讲琴棋书画。小男孩喜欢看的是打仗，一听琴棋书画自然兴致索然。所以这批世界书局连环画中就《红楼梦》不曾寓目，估计也是用高续的百二十回本，不会用让人看了以为不全的八十回原本。

这些连环画用今天的标准来说，当然是有精华也有糟粕，但从其中吸取了营养则是无疑问的。如从《三国志》里知道一些粗线条的历史知识，《开天辟地》也使我接触到三皇、五帝、夏商周而不必到中学里再硬背死记，看了《岳传》还懂得忠奸之分等等。至于《封神》里的法宝自不曾误认为真有，也没有相信岳飞真是大鹏金翅鸟转世。总之没有在这些书里受到多少坏影响。而且，由于看了这些水平还可以的连环画，对其他恶劣的报纸本连环画再也不发生兴趣，这也可说是这些世界书局本连环画起的另一种积极作用。

到小学三四年级，在我的课外读物中，以文字为主的商务印书馆的《儿童世界》、《小学生文库》取代了这些连环画。1937年我读初中二年级时，抗日战争爆发，我随父母逃难到江阴西乡的利港镇。镇上有两间自家的住房，当年的这些连环画居然尚未散失。只是因为兴趣久已转移，就很慷慨地分送给几位同住镇上的青年朋友了。如果留下来不送，照2000年9月16日拍卖会上的价钱，岂不成为一笔不小的财产。但人们哪会有这类的预见呢?正如宋朝人不会想到几百年后，手头的普通刻本书会成为人们争相搜求的宋版珍品啊!

何民先生这篇《百年相看小人书》是写得好的，从清季写到解放后，写到二十世纪末，等于一篇简明的“小人书史”。只是在世界书局本上讲得太少了。所以我凭记忆写了这一些，希望能引起旧连环画收藏者注意。

苏武气节故国情

——记韩藏抄本《皇朝遗民录》

刘玉才

1998年秋至1999年夏，笔者公派到韩国淑明女子大学任教，所业不过舌人译事，生活甚为寂寥。幽居多暇，每每出入古旧书肆，探访公私藏书之所，权作排解寂寞的消遣。其间消磨时间最多的，当数位于汉城大学的奎章阁图书馆。奎章阁是原朝鲜皇室的藏书之所，中文古籍的拥有量在韩国首屈一指，其中不乏珍稀之本。前些年被炒得很热的古小说《型世言》，就是在奎章阁“发现”的。笔者没有“发现”珍稀秘籍的学识和运气，但是对在奎章阁随手翻到的薄薄一册《皇朝遗民录》，却一直不能释怀，总想写点什么，似乎不然就愧对这些三百多年前的山东老乡。

此册《皇朝遗民录》共一卷，朝鲜写本，内容主要是记流亡朝鲜的王以文、杨福吉、冯三仕、王文祥、裴三生、王美承、郑先甲、黄功、柳溪山九位明遗民的事迹。编撰者署济南后人王德九，系王以文之后，其自序称是收拾诸家家乘，谨校成编。自序延续永历纪年，成书时间署永历三戊寅春三月，应是清嘉庆二十三年(1818)。书后有朝鲜人黄基天的跋语。卷首钤印有“帝室图书之章”、“朝鲜总督府图书之印”、“汉城大学图书”。古代朝鲜雕版

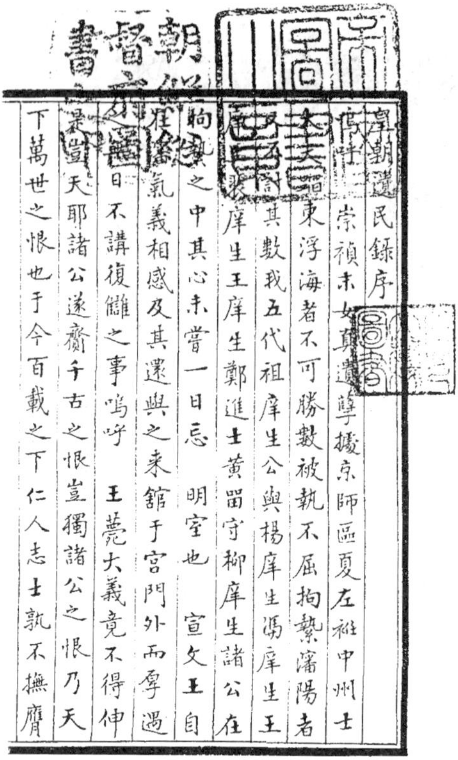
皇朝遺民錄序
崇禎末女真遺孽據京師區夏左衽中州士
東浮海者不可勝數被執不屈拘縶瀋陽者
其數我五代祖庠生公與楊庠生馮庠生王
庠生王庠生鄭進士黃留守柳庠生諸公在
之中其心未嘗一日忘　明室也　宣文王自
氣義相感及其還與之來館于宮門外而厚遇
日不講復讎之事嗚呼　王薨大義竟不得伸
天耶諸公遂齎千古之恨豈獨諸公之恨乃天
下萬世之恨也于今百載之下仁人志士孰不撫膺

之风不盛，除官书采用活字印刷之外，其馀书籍大多是写本。此册虽然不一定是原稿，但估计也没有刻本，能够流传到今天，还是比较稀罕的。

清代前期大兴文字之狱，明遗民问题触犯时忌，士人极少涉及，有关海外遗民的记载，更是凤毛麟角。前辈学者魏建功先生，1927年春旅居朝鲜汉城，担任京城大学华语讲师，曾在当地书肆购得写本《皇明遗民传》，撰者为朝鲜人，姓氏不详。书凡七卷，其中第七卷，专门收录流亡朝鲜的明遗民，前述王以文、冯三仕、裴三生、郑先甲、黄功五人也在其列，但所述事迹，远不如王德九书详实。《皇明遗民传》1936年由北京大学影印出版，明清史专家孟森撰有序言，称扬其史料价值。美籍华裔历史学者谢正光教授，长期肆力于明遗民传记之搜讨，遍览海内外珍本秘籍，编著成《明遗民传记资料索引》和《明遗民录汇辑》，颇便于学界使用，但涉及到流亡朝鲜的明遗民时，仅仅征引了北京大学影印本《皇明遗民传》，而未能利用奎章阁藏写本《皇朝遗民录》，不能不说是个缺憾。

朝鲜半岛自古就是中国唇齿相依的近邻，民族间的相互交流移居非常频繁。明末清初，许多中原士民，不愿剃发臣服于满清，流亡到东邻朝鲜避难。其间，山东地区因地利之便，流亡朝鲜的人数最多。《皇朝遗民录》记载的九人，就是以山东士人为核心的遗民团体。早在明崇祯年间，清兵就屡屡从海上侵扰山东，掠夺人口财物。九人之中，济南人王以文，崇祯九年(1636)举家避难海岛，第二年即被投降清兵的孔有德部虏获，押送到沈阳；崇祯十一年(1638)，清兵入侵山东，杨福吉、冯三仕在历城、临朐抵抗失败，也被虏获到沈阳。甲申之变后，清兵大举入关，王文祥等六人，抵死不屈，先后被押送到沈阳。历任寿光知县、中都留守的黄功，有诗言其心志："□□城守力孤单，拘絷耻深北地寒。死固甘心苏武节，生而何面钟仪冠。精忠无闻亡军将，富贵都输误国奸。百战馀思犹未已，天狼一点剑头看。"

民族仇，家国恨，对于饱受儒家思想熏陶的中原士人，无疑是刻骨铭心的痛楚。共同的人生遭际，把羁押在沈阳的王以文等九人聚合到了一起，而点燃他们心中反清复明希望之火的，则是当时在沈阳做人质的朝鲜王子凤林大君。凤林大君是朝鲜仁祖大王的次子，1636年，清军趁明朝无力东顾之机，大举入侵朝鲜，次年，仁祖大王被迫签定城下之盟，凤林大君与昭显世子一起被羁押沈阳，形同人质。凤林大君在沈阳期间，内心已经深藏复明雪耻的念头，暗中物色可用的人才。王以文等九人，就是在这段时间，先后被罗致到凤林大君的身边。1645年，凤林大君被释放回国，王以文等九人满怀灭清复明的希望，跟随到了朝鲜。他们被安置在皇宫南墙外的皇朝人村（汉人村，明人村），由王室供给廪食。1649年，凤林大君即王位（朝鲜王朝后十七代王，孝宗）之后，依靠文臣宋时烈、武将李浣，秘密筹划北伐满清，洗雪前耻。根据《皇朝遗民录》的记载，这段时间，王以文等人频繁被召见，参与谋划。在一次密谈时，凤林大君感叹说："寡人北征之志，何日忘之，其于兵少力弱何？愿闻公等之计。"杨福吉流着眼泪说："方今中国臣民，莫不思先帝而痛彻骨髓，虽裂冠毁冕，被发左衽，而偷生之辱，人孰无之？是以三王之治必本于人情。人情如此，其气可以作之，其势可以振之，强与弱宁有素定乎？孟子曰：未有仁而遗其亲者也，未有义而后其君者也。又曰：仁者无敌于天下，仁义之所在，强亦随之。以大王英武之资，秉春秋之义，兴仁义之师，沛然北征，孰能御之。"议论虽不免迂腐，但满腔报国之情，跃然纸上。王美承则用道义加以激励，直陈曰："朝鲜之于皇明，义则君臣，恩犹父子，君父之仇，臣子不可以不报也。王兴义师为天下倡，以图复仇，则天下之士孰不敢从？臣虽庸愚，亦当冒刃行间，以效一死。区区志愿，永毕于斯。"辞气慷慨，令人肃然起敬。凤林大君北伐雪耻的计划，当时为了防止泄露到清廷，是在极其隐秘的状态下推进，官方文献几乎没有记载。《皇朝遗民录》保存的这些资料，无疑是十分珍贵的。

凤林大君在位十年，带着"至痛在心，日暮途远"的遗憾，遽然去世，北伐雪耻的计划随之付诸东流。王以文等人反清复明的梦想破灭，苟且偷生的精神支柱自然就没有了。《皇朝遗民录》记王以文"感先王之恩礼，恸大义之未伸，闭户自靖，不言世事,或有问皇朝事者,辄呜咽不能言,或痛哭呕血";冯三仕"自此杜门,惚惚无生世意";王文祥"屏居绝迹,每风雨之夕,辄仰天呼哭";裴三生"常怀愤痛,中夜悲泣不自胜,竟以忧愤卒于宫墙外赐第"。王美承之状更为惨烈,"日夜悲泣,自是水浆不入口者五日,疽发背。同来诸公劝以药饵,挥却曰:'北都之变,可死而不死,尚有望于中兴故也。今日事竟不成,天也!不死尚何待乎?'因诵《出师表》抚膺,已而卒,时年五十有八"。凤林大君去世之后,事过境迁,王以文等人的地位也发生了变化,原先的厚遇变为冷落。因为子孙渐多,朝鲜王室不再供给廪食,身份也降为平民。王以文辞谢官方的接济,带着几个孩子在汉江捕鱼打柴为生。朝鲜人黄基天在《皇朝遗民录》的跋语中,感叹朝鲜风俗的浇薄,对明遗民的境遇深表同情。

国破家亡,流落异国他乡,明遗民内心的苦痛,生活的艰难,没有经历过的人,自然很难想象。但透过《皇朝遗民录》征引的遗民诗作,也许我们可以略解一二。郑先甲有诗曰:"三角山南汉水东,寂寥谁与此身同。君亲永隔乾坤外,师友分离道路中。乡梦有蛩容易觉,尺书无雁极难通。未成归计关河阻,空望青齐意不穷。"文天祥的后裔文可尚,此时也流寓朝鲜,与郑先甲过从甚密,也有诗曰:"流落腥尘万事非,圣朝文物梦依俙。江南庾信平生恨,塞北苏郎几日归。三十年来风异响,八千里外月同辉。华音已变毡裘弊,谁识山东旧布衣。"长期侨居他国,对故乡的消息,自然分外关切。1667年,郑成功治下的林寅观等九十五人,自福建赴日本贸易,途中遭遇风暴,船漂到朝鲜的济州岛。朝鲜政府慑于满清的淫威,准备将他们押赴沈阳处置。林寅观等人自认是南明永历帝的子民,宁死不愿归依满清。明遗民黄功受朝鲜政府派遣,前往劝解。诀别故土之后,音信阻绝二十馀年,偶然与同胞在异国相遇,其情其景,恰如山东俗语所言,“老乡见老乡,两眼泪汪汪”。《皇朝遗民录》详细描述了黄功与林寅观等人会面的情景及相互之间的问答,还把九十多人的名字、籍贯一一记录,保存了一份非常珍贵的资料。林寅观等人后来还是被送到了沈阳,不知所终。分别之际,黄功自度一曲《木兰词》,唱与众人,词曰:“自别家亭,富贵荣华一朝倾。叹先人谁是,我遭不幸,落在天涯渡此生。想当初,文着蓝衫拜圣庙,武被金甲冠红缨。御前钦命传旨意,后苑防门提调兵。也曾执戟随銮驾,也曾宣令在京营。俺也曾提军修筑边城路,俺也曾领兵三山去讨征。也曾南京凤泗为留守,也曾西洋奉敕做差卿。俺也曾太湖埋伏为制使,俺也曾池河守备显雄名。真堪美事无成,空劳十载为王庭。谁知草寇干戈起,翻天覆地把人惊。恨奸臣雄兵百万皆投降,何况区区是小生。忠不忘,义不更,多感君王带此行。相怜闷,愧平生。言不懂,语难听。报君恩未用奇才处,叹双亲鹤发已延龄。抛妻子阻隔关河远,忆家乡毕竟是伶仃。有音书难过豺狼道,眄家期廿载雁行声。他那里空思忆,俺这里信难凭。都做了一事无成两鬓星。”真正是一唱三叹,令人不由流下同情之泪。

笔者在韩期间,曾到仁川观光,在华人聚居区,偶遇一位年逾古稀的老妇人,自言一直生活在韩国,可说的却是地道的胶东话。当年流亡朝鲜半岛的山东老乡,或许就如这位老妇人一样,坚守着自己的文化,念念不忘故土,不忘故土的亲人。我生发出这样的联想。

附注:本文撰写得到北京大学韩国学研究基金资助

《方舆考证》的一波三折

姜青青

清代顾祖禹的《读史方舆纪要》一百三十卷，乃是一代奇书，为中国历史地理、尤其是军事地理的杰作，当时就有人称之为“数千百年所绝无而仅有之书”、“天下不可少之书”（魏禧《读史方舆纪要叙》、《南北史合注序》）。如今，凡治历史地理者无不知晓顾氏这部名作。而成书于道光年间的许鸿磐《方舆考证》一百卷，相比之下则显得默默无闻，知者甚少。

《读史方舆纪要》在康熙年间问世以后，虽也有人对它进行研究，到清末，也出版几种有关著作，但真正对《读史方舆纪要》作全面研究的唯有许鸿磐的《方舆考证》。许鸿磐（1756—1837年）字渐逵，号云峤，山东济宁人。许氏兴趣广泛，读书极富，有各种著述二十多种，其中《方舆考证》是他潜心方舆之学三十多年的力作，倾注了他的毕生精力。《济宁直隶州志·艺文志》引李福泰《〈六观楼文集拾遗〉序》道明了许氏撰写《方舆考证》的目的和着眼点：“先生尝谓顾氏《方舆纪要》耑据涑水《通鉴》，而于迁、固以下诸史多未之及，金元事迹尤略而不详，乃著《方舆考证》一书，凡顾氏有所舛漏，一一辨而正之。所重在沿革、形势、山川、险要，而不止名胜，所详在兵机、河防、海防、屯政、水利，而不取词章，殆以经济之学成有用之书。”清代著名学者李兆洛作序评价道："此书盖将以纠其（指顾氏《读史方舆纪要》）失而补其所不及，考证诸书博于顾氏"。因此，在私家地理著述中，编排完整、体例划一、重在"实学"和"实用"的《方舆考证》，应是一部可与《读史方舆纪要》相比美的著作，研读《读史方舆纪要》，不能不知和不看《方舆考证》。

最早在嘉庆时，就有胡克家（他主持刊刻的《文选》、《资治通鉴》等书，堪称善本，被称作"胡刻"）着手刊刻已先完成的《方舆考证》"总部"六卷，但不料胡克家忽然去世，出版之议便只得搁置。许鸿磐直到去世时，也没能看到自己这部大作付梓。许氏殁后数年，有汪孟慈、杨志堂等官员一起在济宁集资出版这部书。可是仅仅刻了目录等数卷，汪、杨就先后改官离去，刊刻之事又无结果。

《方舆考证》扉页

直到二十世纪二十年代，许鸿磐的济宁同乡"华鉴阁主人"潘复出巨资购得此书手稿，方有正式刊刻之举。潘复（1883—1936年）

字馨航，曾任山东省实业司长、全国水利局副总裁、财政次长及总长、国务总理兼交通总长、东北军张学良的高等顾问等职。和以前两次一样，《方舆考证》这次的刊刻工程也是一波三折，困难重重。因为当时战争扰攘，时局动荡，出版屡遭中辍。书从1920年付梓，始刻于北平，再刻于济南，三刻于天津，到1933年才最后告竣，前后足足花了十三年时间。其间，潘复在1928年6月随张作霖离开北平去奉天（今沈阳），经皇姑屯车站时，张被日本关东军炸死，潘复也被炸伤。这就是震惊中外的“皇姑屯事件”。潘复倘若死于这一事件中，则《方舆考证》的刊刻出版恐怕又会重蹈当年胡克家刻书而未果的覆辙。潘复死里逃生，对《方舆考证》而言，实为大幸之至！由于他的持之以恒和不懈努力，这部三百八十万字的巨著的出版工程历经艰辛，终于摆脱了胎死腹中的险境，尽管大功告成之日已是许鸿磐身后九十六年了。

潘复在《方舆考证》长达十三年的出版过程中，始终对其手稿看护有加。书中第十七卷（“山东一·山东总部”），曾被当时的山东通志局借去，不久就丢失了。潘复即请柯劭忞一起按照原书的编纂体例，补写了这一卷。所以，《方舆考证》在今天能够以完整的面貌呈现在我们面前，潘复厥功甚伟。

《方舆考证》的出版过程就仿佛这部书所描述的名山大川，一波三折，好事多磨。而让我没有想到的是，我在购买这部书时也经历了一番曲折。

1996年7月，我出差至深圳，在一家古籍书店第一次看到北京中国书店翻印的这部线装书，六函四十八册，书价四百六十元。因从未见过此书的任何介绍资料，诸多私家藏书目录上也未见著录，初次相见，一时不明此书之价值所在，又以其印刷质量欠佳，部头较大，不便携带，故放弃了购买的念头。但也许是家中藏有一部光绪印本《读史方舆纪要》，所以这以后对《方舆考证》竟然心常牵挂，挥之不去。

次年10月，我去北京开会，在琉璃厂中国书店中又见此书，标价已在五百多元。而在琉璃厂另外一家古籍书店中，此书仍为四百六十元。意欲购之，但当时行李颇多，此书必须托运回家，这15公斤书运费不菲，约六十元左右，而我当时所带的钱只有五百多元，书店又咬死价格一分不折，故只得抱憾而归。这以后每念及此书，牵挂之心更添一份懊悔之感。

《方舆考证》中国书店影印本

一晃三年过去，其间多次出差，在银川、上海、西安等地俱留意此书，然而均不见书影。2000年10月下旬出差武汉，在江汉路上的古籍书店中终于又找到了此书。

其时，书架上仅见插着的一函书（第六函），电脑打印的书名标签为“方兴考证一百卷”(错将“舆”认作“兴”)。即请一名男营业员帮助找到其他五函书，而他一口咬定书全都在书架上，如果就这一函书，那此书就这一函书了。我几次向他说明这书不可能就发来这一函书，其他五函肯定会在的。正僵持着，来了一名女营业员。她在书架下面的书柜里翻箱倒柜了好一阵子，两手一摊，说没有。这让我感到很不是滋味，恨不能将这小小的书店搜个遍。我继续喋喋不休声称这种“缺书”的不合情理。就在我几乎丧失信心的时候，她却在柜台旁楼梯下的一间小暗房中，翻出了一大包书——正是那馀下的五函书！

书已经有些旧了，一些函套业已破损，或霉迹斑斑，或题签破碎，但标价仍是四百六十元。那女营业员有点不相信这个书价，连忙查找其中的书价记录，但足足查了五六分钟，也没有查到什么。于是，她只得开具小票，让我去收银台付了款。几经周折，我终于购到了这套出版也历经周折的《方舆考证》。

把卷何妨影印本

苏　迅

平日喜欢拉拉杂杂读些杂书，先是捧着校点本读，后来觉得好像看影印本也没什么挂碍，且这些没有句读的版本常常滞销，容易淘到便宜货，于是陆陆续续选购了不少。如上海古籍出版社《四库笔记小说丛书》影印精装本，虽说字小如蚁，却也读得舌底生津，酣畅痛快。

然而好景不长，读黄裳先生的《榆下说书》、《榆下杂说》中了毒，竟也渐渐讲求起“版本”来。尤其是每每看到《来燕榭书跋》中“十一行，二十一字。皮纸黑格。白口左右双边”等字眼，心底就益加活泛，常常思量想所谓的“把卷”来，平添出许多神往。既云“把卷”，捧一本影印精装本或简装本是解不得馋的，总需线装才成罢！讲版本是雅到极点的事，自然唐突不得西子，就先啃《中国古籍版本学》、《中国文献学新编》、《古籍刻工名录》等书。还是受黄裳先生《清代版刻一隅》的指点，知道宋元是不用痴心妄想的了，姑且在明清上留点心，说不定还能拣个“漏”什么的。于是，在江南访书就分外注意古籍。可是很遗憾，今天已非《贩书经眼录》的时代，我们能遇到的雕板古籍已寥若晨星，解放前地摊上叫卖的货色，现在都有资格登堂入室陈列于玻璃橱中了。记得前年在无锡一小古玩铺见到一册崇祯刻《元史文钞》残本，老板张口就是六百块，真真令人绝倒。况且连市面上常见的清末民国石印本都卖到四五十元一册了，还有什么好说？看来人一穷，连“把卷”的希望都渺茫的。

虽说断了搜索明清刻本的念头，却仍无一日离得了读书，稍有闲暇便在各地古籍书店之间穿梭。一年秋季某日，阻雨于无锡古籍书店，无聊透了，就踮脚抽高橱中陈列的几册线装书来翻。近十年来出版的影印线装书价格不下于清末民国石印本，我是寒蠹，连对这些“名件”也戒决贪嗔，从不敢作问津渔郎的。今日反常，竟然斗胆起来——抖掉浮尘，赫然是一部宽阔的影印宋刻本《矩宋广韵》，此书对作诗调韵还有参考价值的。翻转过来一看标价：十六元！我简直不相信自己的眼睛，不由捧书到亮处，确是上海古籍出版社出版于上世纪八十年代的东西。我按耐住兴奋，再翻，又觅到标价两元的杭州古籍影印本《台湾战纪》。付了钱乘车往回赶，一路直想笑。

在各地古籍书店跑多了，逐渐积累起了买影印线装书的经验。原来，上世纪七八十年代影印出版的线装书由于当时社会需求量有限，故尔有不少长期压库的，即使到现在还不难在古籍书店以原价买到手。那时的定价相对今日的收入水平，简直便宜得如同白拣了。前年国庆，我在苏州古籍书店扛走 1986 年出版的《古本戏曲丛刊》第五辑，一百二十册线装书，花了六百四十八元。中科院文学研究所从五十年代开始编辑这套丛书，郑振铎先生为之倾注了很大心力。第五辑中共收录剧本八十七种，主要是清三代的钞本和刻本，学术价值很高。而当年春节我到沪上访书，又有意外惊喜。在上海古籍书店三楼，发现有几套书题签已略发黄，似是十馀前旧物；蹲身细翻，果然是八十年代初的影印本。有原刻于康熙年间的《绵津山人诗集》、乾隆壬子的《柚堂文存》、光绪十二年的《得一斋杂著四种》和抄本《李文藻四种》。五套书加起来二十册，总共不过一百三十元钱！捧到付款台上，服务员既惊异书价之贱又议论顾客之怪。

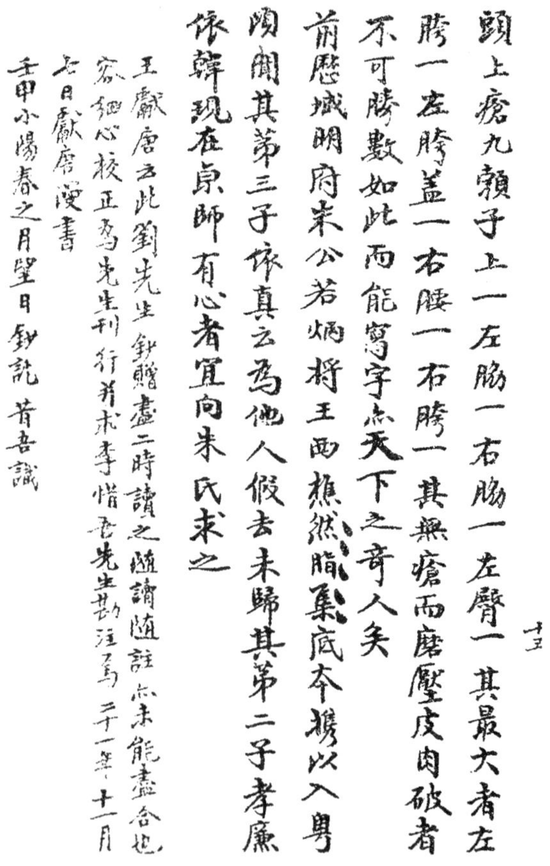
頭上瘡九顆子上一左胳一右胳一左臂一 其最大者左
胯一左膝蓋一右膝一右胯一 其無瘡而磨壓皮肉破者
不可勝數如此而能寫字亦天下之奇人矣
前歷城明府宋公若炳將王西樵然脂集底本攜以入粵
閩開其第三子依真云為他人假去未歸其第二子孝廉
依韓現在京師有心者宜向宋氏求之
王獻唐云此劉先生鈔贈盡二時讀之隨讀隨註亦未能盡合也
容細心校正為先生刊行并求李惜吾先生勘注焉 二十一年十一月
七日獻唐燈書
壬申小陽春之月望日鈔訖 肯吾識

上海古籍书店影印《李文藻四种》末页

影印古

籍所用底本大都历经青钱万选，往往是存世最早或最佳版本，学术价值普遍较高。如三年前我以三十八元购到1979年版《陈毅诗稿》，底本为陈毅手稿诗草，删改涂抹痕迹宛然，是研究陈毅诗歌不可多得的第一手资料。上海淘到的《李文藻四种》包括《南涧文集·附日记残本》、《粤西金石刻记》、《恩平程记》和《南涧先生易箦记》，天头有李昔吾勘注，集中文字与底本不同之处尚多，对研究李文藻的生平事迹和学术思想不无借助。现在各大古籍书店尚能觅到的1986年出版的《方舆胜览》，所选底本为南宋刻本，而且十四册书定价不过百元。我通过此书与另一种南宋建康府学刊本《六朝事迹类编》的校核发现，刘禹锡《乌衣巷》诗中“旧时王谢堂前燕”应作“王榭”，乃人名。进而推断出原诗被误改为“谢”是在南宋以后，可能为不谙子部典故的明人臆改所致，于是动手写了篇千字文寄给《金陵晚报》文史版。一个礼拜后这个版面上开辟了“金陵辩疑”栏目，将小文作为了“打泡戏”。一名写作爱好者，写点不三不四的东西能被人看得起，是很开心的事。我的这次“开心”，得感谢影印线装书。

影印线装书的妙处当不止这些，她们装帧华美典雅，处处透出东方美人的意韵。不少书仅就形式论就算得上是件文物，时常把玩娱目，却也能发思古之幽情。有年我在苏州古籍书店捧走最后一部《白氏六帖事类集》，文物出版社1987年影印，底本为宋刻，六册一函。每册以真绫包角，锦线装订，洒金宣题签，说不尽的雍容华贵，令人爱不释手。又如那部《绵津山人诗集》，为清初能吏江苏巡抚宋荦的集子，不仅其诗对研究清代前期江南政治经济和风土民俗大有裨益，更兼此书的镌刻之精美、版本之大方也深得古精椠本遗韵，可谓“字如连钱，悦人心目”，虽然是影印本，但完全可以视作下原刻一等的珍品清赏。

我发现，为《藏书家》杂志撰稿的老先生都爱谦虚一句“我算不上藏书家”。其实那要看参照对象是谁，跟顾千里、黄丕烈、缪荃孙他们比，自然不敢当的；而现今世道，不妨将“家”的标准放宽些罢，有几部明刻清刻，又懂得版本之学，即大可不必推让了。后生小子如我辈，坐对一橱影印线装书，手把一卷影宋本，倒时常醺醺然忘乎所以起来，自以为颇算得一个蹩脚“藏书家”的。真的，这种感觉确实很好。

·新书架·

定价二百八十元
八开本精装一册

战国楚竹简汇编

齐鲁书社出版

商承祚编著

孙犁的十本书

段 华

在北京三联书店里，挂有一幅裱好的条幅，上面有孙犁先生的微笑着的照片，还题有一首诗："自诩陋巷无为氏，实则晚华澹定人；尺泽融秀露，佳作如云集；言何耕堂已老荒，劫后十种吐新芳；道远曲未终，笔健寿而康。"这首诗里巧妙地嵌进了孙犁先生新时期以后十本新作品集的名称。回想起我从接触孙先生的作品到收集他的这十本作品集的经历，真是感慨万千，酸甜苦辣难以诉说啊。

大约在1974年前后，我在我父亲的中学课本里读到孙犁的短篇小说《荷花淀》，很快就被孙犁的优美文笔和独特风格迷住了。1982年，我还在河南省淮阳县白楼中学读书，一个偶然的机会，我在报纸上看到天津百花文艺出版社出版《孙犁文集》的消息，就省吃俭用了好几个月，邮购了一套《孙犁文集》。我记得很清楚，书寄来的那一天，我把书从学校收发室抱回宿舍里，小心翼翼的样子很使我的同学齿笑。两年后，我利用暑假的机会到京津一带旅游，顺便在天津拜望孙犁先生，当我向他讲述我邮购

《孙犁文集》的事情时，一直在滔滔说笑着的孙犁先生，望着我这个十几岁的崇拜他的少年，突然陷入了沉思，好半天没有说话。迄今想来，我也不明白先生当时都想了些什么。

新时期以后，孙犁先生又焕发了创作的青春，写了大量的有分量的作品。这些作品从1979年开始，陆陆续续开始收集在一起，以单行本的形式出版，迄今共出了十本。

第一本集子是《晚华集》，百花文艺出版社出版于1979年8月，收先生的近作散文三十篇，大多是粉碎“四人帮”以后写的；第二个集子叫《秀露集》，百花文艺出版社1981年3月出版，其中《文学和生活的路》是先生最重要的一篇生平自述和阅历经验、创作总结。《澹定集》出版于1981年10月，也由百花文艺出版社出版，共收先生的散文四十七篇，其中的《答吴泰昌问》可以看作是《文学和生活的路》的续篇，《同口旧事》对理解孙犁的作品会有很大的帮助。作者在一年内出了两个集子，可见其创作的刻苦、勤奋和多产。

可遗憾的是，我所处的小城实在是太偏僻了，孙犁先生的这些作品集很难买到。不过，惟一使我高兴的是，《孙犁文集》里已包括了《晚华集》、《秀露集》、《澹定集》三个集子的所有内容。一直到八十年代后期，我进入大学到南开大学中文系读书，才陆陆续续搜罗到这几个集子。但是，《晚华集》已是1982年9月第四次印刷，《澹定集》是1982年9月第二次印刷，只有《秀露集》是初版版本。

第四个集子《尺泽集》，百花文艺出版社1982年12月初版，书中第一次收录了作者写的芸斋小说，令所有的读者耳目一新。这是我在淮阳本地购到的孙犁先生的第一个集子，我迄今清楚的记得购得此书的情景：那时我在董阁中学，1983年6月9日下午，我和几个好友骑车冒雨到城内电影院看电影，路经淮阳新华书店，一进去，我本能的感到了异样，接着就在橱窗里发现了这本书，便毫不迟疑地掏出钱把它买了下来，从营业员手里接过它时我的手激动得发抖。第二天，我就用粗糙的土纸替它包了个衣，包进了我的欣喜和幸福。后来又重读《尺泽集》，就用牛皮纸又给它包了一层衣，并仿先生的书衣文录体在书衣上题道："此书已包过两次衣，第一次包时，原有题词……"

1984 年 3 月，百花文艺出版社出版了先生的第五个集子《远道集》，其中的《序的教训》一文，宣布今后不再给人写序，让人读后颇为惆怅和遗憾。这本书也是我在淮阳新华书店买到的，其中的《青春馀梦》一文，在《文汇报》上发表时，我看到后还写了一篇叫《人与树》的赏析文章，发表在创刊不久的《中学生阅读》杂志上。文章发表之前，该篇文章的编辑何宝民到淮阳出差，我所在的学校淮阳中学邀请他作报告，他在主席台上讲课时讲到我，并且要找我，在同学们中间引起不小的震动。《人与树》是我阅读孙先生的最早的笔记，可惜的是过了这么多年，这篇幼稚的习作却无论如何我也找不到了。1987 年 1 月，我又到天津，孙犁先生在题字后赠给我一本《远道集》。

最使我不堪回首的是先生的第六个集子《老荒集》，书来我处时以喜剧开始，离开我时却以悲剧结束。这本书由上海文艺出版社 1986 年出版。那年夏天，我趁暑假又到京津一带游玩，在天津拜望孙犁先生，他拿出《老荒集》的责任编辑陈先法的信给我看，陈的信中说样书及所购买的五十本书即将寄给先生，先生说收到样书后会送给我一册的。我回到河南后不久，先生就题字把此书寄给我一本。我到天津读大学时，此书和很多的书都留在河南老家，锁在箱子里了。大学毕业后，我分配到北京工作，后来有了房子，就想给书也安上家——书比人更需要安稳的家。我麻烦父亲把书托运过来。父亲打好捆后在托运前把书放到了他的办公室里，他清清楚楚的记得《老荒集》在里面，书托运到北京后，却怎么也找不到了。在我看来是无价之宝的《老荒集》就这样不明不白的不见了。现在，不知它飘零在谁家，魂荡何处，让我一直心痛牵挂。不知何时我才能再拥有一本初版的《老荒集》，使我的遗憾稍得安慰。

孙犁先生的第七个作品集是1987年4月由百花文艺出版社出版的《陋巷集》。那时候我正谈恋爱，1988年春天，我送恋人回平顶山，路过漯河市，在长途汽车站附近的一个书店里发现了它，当时，只剩下一本了，虽书的边裁得不齐，封面也有点染尘，但却安落我手。1988年5月，孙犁先生题字赠给我一本，这样，我就拥有了两本《陋巷集》。有一次我看到有人登广告高价搜求《陋巷集》，我未舍得出手。不料这世界的天地也太小了点儿，1998年夏天，孙犁研究会在天津召开孙犁作品研讨会，我竟然与登广告求书的年近古稀的孙桂升不期而遇，且相谈之下颇为投机，大有相见恨晚之感。他也在北京居住，回到北京后，我毫不犹豫地把在漯河买的那本《陋巷集》送给了他——他是花了几十元出租车费到我家拿的书，拿到书时我看到他的脸上分明挂满了喜悦的笑容，像是实现了一个美丽的梦。我和老先生结成了忘年交。

先生的第八个集子是由人民文学出版社1989年9月出版的《无为集》，责任编辑为季涤尘，所收作品大多在1987年写成。从不久前发表的孙犁先生给季先生写的信看，作者和编者为这本书都很用心用力。此书印数不足三千册，相当稀见，我迄今未见哪个书店卖过，那时候我已在天津读大学，所住的地方距孙犁老的家很近，步行十来分钟就能到达，故而我经常去他那里。1990年2月18日，天津下大雪，我去看望孙犁老，他题字赠给我这本书。当天晚上，我给书包上纸衣，并在书衣上用

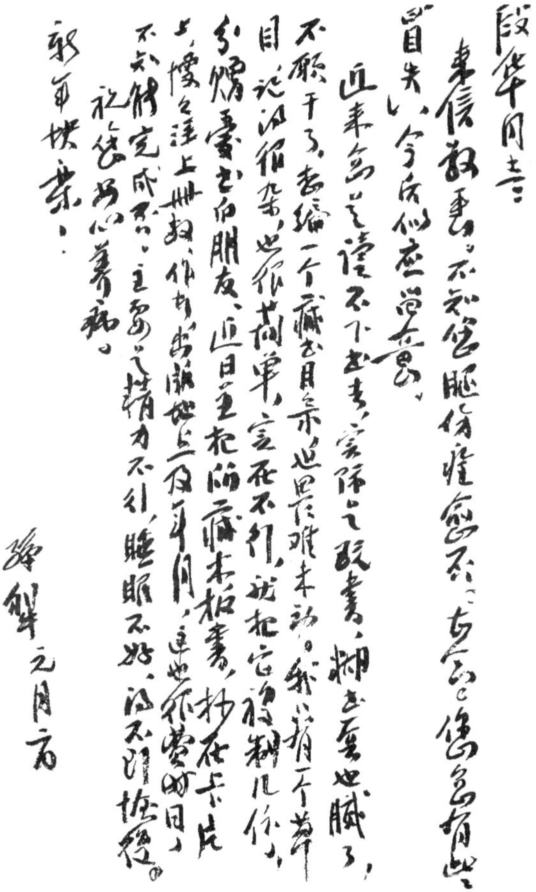

黄梨洲在《明儒学案》中的话题孙老的文章曰：所操益熟，所得益化。

《如云集》是先生的第九个集子，1992年3月由百花文艺出版社出版，也是先生题字后赠给我的。书中的《和郭志刚的一次谈话》，是先生的又一次比较长的议论文艺、生活的文章，不亚于《文学和生活的路》，可见先生晚年的创作精力是多么的旺盛。孙犁先生给我写过不少的信，《如云集》里是第一次收了一封短信，我记得是发表在现在早已停刊了的《散文世界》杂志上的。

《曲终集》是先生的第十个集子，1995年11月由百花文艺出版社出版，印数也不多。我曾经在电话中劝告先生给集子改个名称，先生却坚决地拒绝了。我知道不止一个人劝他，他都没有听。当我在报上看到先生发表的这本书的后记时，知此非人力可为，天道使然，先生已聪慧地安排好了一切。天道无亲，常与慧人——书出版后，先生已卧床不起，迄今再没有写过一篇文章，完美地结束了自己为人生、为文学、为书籍的近七十年的文字生涯。此书 1996 年 1 月张学新送给我一本，孙犁研究会的秘书长刘宗武寄赠给我一本。先生在后记中说："集内文章，不再评论。读者都是故人，自去理会好了。"仅此一句话，足以让人落泪，也不能不买他的书。2000 年国庆节，又在苏州买到一本《曲终集》，只不过这本已是 1996 年 6 月第二次印刷了。

上述的十本书，我只缺《老荒集》，却遍寻不见。1999 年 9 月，山东画报出版社以"耕堂劫后十种"为总题，重印了孙老的十个集子，承蒙他们的好意，送给我一套。这样，孙老的十本集子，经过将近二十年的时间，我算是集齐了。我也从一个十馀岁的少年，进入了中年，人生能有多少好时光哦，但我觉着也值得了。

我之所以这么辛苦地收集孙犁先生的作品集，是因为他的文章有价值。钱起诗："曲终人不见，江上数峰青。"孙犁老说："人生舞台，曲不终，而人已不见；或曲已终，而仍见人。"评价孙犁老的作品，也可以从这个角度去理解吧。

网上得来的书

郁土

“网络使这个世界缩小，缩小到你立在上海滩，伸手一够，就可以把台北的‘未来书城’架子上的某本书，拿下来翻看一番。”闷热难耐的夏夜，我走在小区的绿荫道上，脑子里忽然就冒出这么一句。而这一切，还得从陈子善先生的那篇文章说起。

2000年7月3日的《文汇报》，刊有陈子善先生一文:《我所知道的陈之藩先生》。文中假台湾一女学者的口介绍道:“……他（陈之藩）的散文影响了二三代台湾文学青年，当今的台湾散文家有不少是读陈之藩散文成长的。”并且还说，一年前，台湾的《联合报》副刊评选二十世纪五十年代至九十年代“台湾文学经典”，陈之藩的《剑河倒影》在七种散文类经典中，排名仅次于梁实秋的《雅舍小品》。看到这里不由一个激灵:这么好的文章，我怎么没读过?便随手记下了陈之藩的名字和他的四本散文集。

急于读到陈文的心情，就令我搬下了书架上的两套台湾散文选本，一是蓝海文选编的《台湾散文选萃》（湖南文艺1991年版，上下卷），一是郭枫主编的《台湾艺术散文选》（百花文艺1992年版，四册），但反复搜寻，就是不见陈之藩的文章。一方面影响那么大，一方面两种选本均一篇未载，为何?

再去书城，寻，依然没有。绝望之馀，忽然想到网上书店。于是上到号称全球最大的中文网上书店，“当当”，查，仍还是个没有。这下，不得不住手了。

不几日，就又见到报上介绍台湾的"未来书城"，且有网址。台湾的书城，总该有台湾大作家的书吧？上去，查，果然有，陈先生的四本散文集，网上就有三本，遂下载。但没有在电脑上看书的习惯，故一并把它打印出来。

先打印《旅美小简》，B5纸，刚刚合适。然后是《在春风里》与《一星如月》，就发现文章长了起来，每张纸之间均有漏掉的文字，遂停止。应该用A4纸，可手头没有。是时已下午五点了，最近的商店，骑车也要一刻钟，就想算了，先看《旅美小简》，等明天上午再去商店买纸把它打印出来不迟。下楼买晚报，路上就又发生了动摇。买上报纸，飞也似赶回家，推出自行车，赶往最近的商店，当付款把A4纸拿到手时，已是大汗淋漓，售货员觉得奇怪，一直盯着我看。顾不上许多，赶回家，开机，把后两本书打印出来，然后装订，待一切搞好，已晚上七点了。这时才觉肚子饿了，不得不升火做饭。

连夜大嚼《旅美小简》，次日痛饮《在春风里》与《一星如月》。

好久没有这般亢奋地读书了，我想，当年，台湾的文学青年读陈先生的书，当是如我一般吧。陈先生的文章，最早的作于1955年的2月，近半个世纪过去了，为何还能有这般的感染力呢？反观内地，许多书是今日出版，明日即上减价书摊。

陈子善先生对陈文的评价是"宽广的体验模式，淳厚的思考层次，精致的人间关怀，以及优雅的心灵叙述"，这无疑是非常准确的。

陈之藩先生所以能写出这样的文字，依我看，一是有根基，即具深厚的古典文学与中国传统文化的修养，有根基方能出新；二，他本行是学电机工程的，但却每每不忘对祖国命运与人类前途的哲学上的思考，综合自然科学与社会科学两方面进行思考，

故出大见识;三,有真性情,敢爱敢恨亦敢哭,有真性情的文章才能感人。这样的例子,俯拾即是:

作者应邀到费城的郊区看花，面对白色的牡丹，不由想起"北平公园里的花花朵朵",想到"我曾骄傲的说过自己:'我,到处可以为家'",而"我这时才恍然悟到,我所谓的到处可以为家,是因为蚕未离开那片桑叶,等到离开国土一步,即到处均不可以为家了",又进一步想到,"宋朝画家郑思肖,画兰,连根带叶,均飘于空中。人问其故,他说:'国土沦亡,根著何处?'国,就是土,没有国的人,是没有根的草,不待风雨折磨,即形枯萎了"。(《旅美小简·失根的兰花》)读文至此,你不感动么?

作者在宾夕法尼亚大学的富兰克林中心的图书室，凝望着爱因斯坦的塑像,"我不禁想起,我们这悲哀的一代,我们这凄凉的祖国。不知道谁的主意,觉得培养领袖人才为最不切要。学校所奖励的是最听'恩师'话的奴才学生;社会所奖励的是最会给上司送礼的属员。上上下下全是唯唯否否,看一人的颜色,试一人的脾胃。世界上那有富强康乐的国家是由一群奴才建造得起来的。我把功课推到一旁，伏案哭了"(《旅美小简·智慧的火花》)。读到这里,我不禁也要哭了。

《旅美小简》中的多篇文章,结尾部分均归结到故土,设若没有故国,他也就不会写出这样的文字了。

他由费城去静湖观光,看到了司若爱克湖,距小湖不远的山峦上,曾住过写出著名《金银岛》的史蒂文生;看到了乔治湖,电学发明大家亚历山大森年年到此地来划动小艇入湖心,于是,眼睛一模糊,想到了十几年前在故国所经历的山山水水,最后,他写道:

"人民口里所传说的人物,才是真正他们所崇奉的人。如果这些人物都是上千年或几万年以前的，那么就是千年以来的人物，没有值得他们称道的，也就同时证明，这千年中竟是些文化衰亡途中滚滚而来的饭桶。

“在我们中国，尽管在秀媚的山水上，总有自命不凡的大人物题上几个写的并不见佳的字，人民的口里却依然传不出他们的名字，更不屑于道出他们的故事来。石头上的刀痕，最终依然与草木同朽。”

读文至此，我亦陷入沉思中。

作者也经常引用那些大科学家的事迹或话语，比如，“正如爱因斯坦所说：‘我坚决相信，财富不能引领人类向前，即使在好人手里亦属如此。唯有伟大而纯洁的人，才可以导出善的观念与善的行动来，你能想象摩西、耶稣、甘地成天背著钱口袋乱转吗？’”（《旅美小简・觅回自己》）看到这里，不由会心一笑，笑之后，又觉馀味无穷。作者如此欣赏地引用爱因斯坦的话，此话不正是他想说的么？在金钱主义至上的今天，此番话不啻当头一盆冷水。

…………

不能再引用下去了，否则得把所有的文章都抄上。总之，深厚的根基，浓浓的思乡情怀，揉自然科学与社会科学于一体进行的思考，三位一体，方有陈先生的妙文啊。

这是三本怎样的书啊，一册用B5复印纸装订而成，两册用A4复印纸装订而成，且《旅美小简》中就还缺第二篇，网上也没有。但它们却是我众多藏书中所最可宝贵的。只是，这自网上“够”来的书，属否盗版？如是，不知陈之藩先生，还有那“未来出版社”能够原谅吗？我一边拾级而上一边惬意地想。

并州书缘

荆　帆

并州为太原古称，地近塞北，偏在一隅，古来书业不盛，在前人、今人的“访书记”中，一向无人齿及。近五、六年来，此地旧书业渐渐活跃，吸引了众多远近书迷。目前并州淘旧书的乐园是市中心市工人文化宫（人称“南宫”）的周末旧书市，周六、周日整个上午开放，旧书摊多达二、三十个，天气晴好时更多。另外也有些卖古玩、旧货的摊位。每到周末大院内即摩肩接踵，热闹非凡，交易活跃。就旧书摊上的货色来说，虽然大量的是

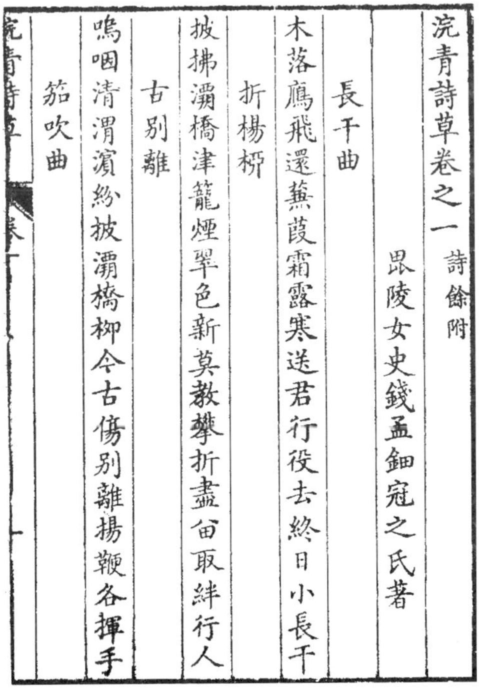
浣青詩草卷之一　詩餘附

毘陵女史錢孟鈿冠之氏著

長干曲

木落鴈飛還蕪葭霜露寒送君行役去終日小長干

折楊柳

披拂灞橋津籠煙翠色新莫教攀折盡留取絆行人

古別離

嗚咽清渭濱紛披灞橋柳今古傷別離揚鞭各揮手

笳吹曲

浣青詩草　卷一

普遍旧书，但如果有眼力，沙里淘金，往往能买到一些意料不到的好书。

去冬，我曾以廉价买得一部乾隆精刻本《浣青诗草》。其时见有数人围着一个旧货摊翻书，而此书独弃置一旁，一翻阅即觉刻工甚佳，不类坊刻，询价老者，答曰六十元，还价至四十元成交，当时颇疑为残本，因便宜而购下。当时装订是一厚册，回家后发现原为两册，八卷俱在，是全本。此女诗人钱孟钿的诗集，附诗馀，乾隆芸香阁精刊本。作者生于乾隆初年，曾组“浣青诗社”，适崔漫亭。《贩书偶记续编》著录是书，定为乾隆丙申（四十一年）刻，有误。因五卷首有“随园七十

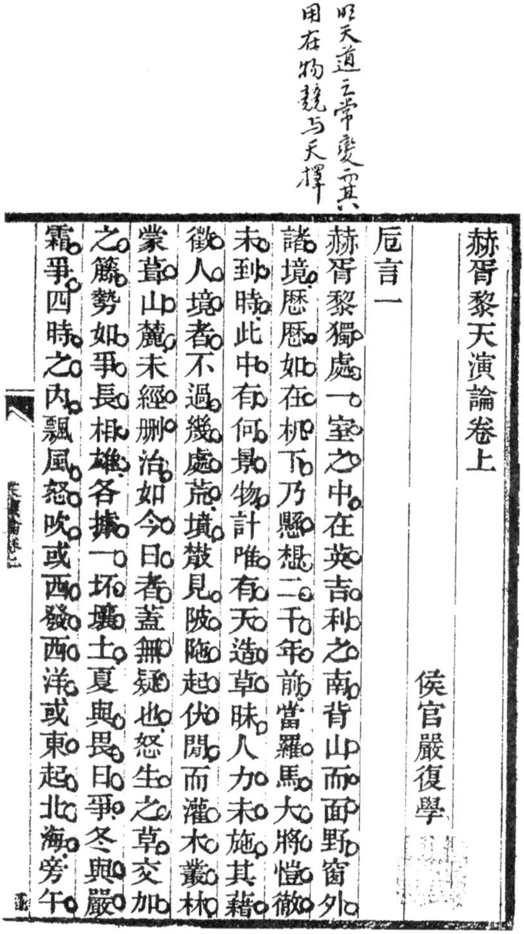
明天道之常變其
用在物競與天擇

赫胥黎天演論卷上

侯官嚴復學

卮言一

赫胥黎獨處一室之中。在英吉利之南。背山而面野。窗外諸境。歷歷如在机下。乃懸想二千年前。當羅馬大將愷徹未到時。此中有何景物。計惟有天造草昧。人功未施。其藉徵人境者。不過幾處荒墳。散見坡陀起伏間。而灌木叢林。蒙茸山麓。未經刪治。如今日者。蓋無疑也。怒生之草。交加之藤。勢如爭長。相雄各據。一坏壤土。夏與畏日爭。冬與嚴霜爭。四時之內。飄風怒吹。或西發西洋。或東起北海。旁午

一岁叟袁枚”题诗七首，据此则全书刊成时间似不早于乾隆五十一年（1787）。此虽非名书，但今时旧本日稀，我辈能以几十元买到二百年前雕椠精美的艺术品，也是值得高兴的。

此后不久，在旧书市上又买到了一部木刻本《天演论》。摊主索价七十元，不还价，我爱其版本，只好照价购下，现在看来还是值得的。记得鲁迅先生曾在文章中说他青年时“星期日跑到（南京）城南去，买来了白纸石印的一厚本（《天演论》）”，觉得书中文字“写得很好”，并“一口气读了下去”，这和我购此书的情形，竟约略有些相仿。当然先生买的是石印本，而我的是木刻本，时间也相距一百年了。严复译的《天演论》，最早的正式刊本是光绪二十四年（1898）的湖北沔阳卢氏慎始基斋木刻本（此前曾在《国闻报》刊登一部份），后来的通行本都翻印卢氏刻本，书首有“自序”、吴汝纶的“序”及“译者例言”。但我所得的这个刻本与卢氏刻本有许多不同之处，起首就是“卮言”，并无上述“自序”、“序”“译者例言”，而文字也有许多异文，即以第一篇为例，“在英伦之南”此本作“在英吉利之南”，“人功未施”作“人力未施”，“则无疑也”作“盖无疑也”，不同之处，随处可见。严氏译此书，初稿（未定稿）约在1895年已完成，后作了不少修改并加上了几篇序言于1898年正式由卢氏慎始基斋刊行。严氏未定稿现存，与此本一一俱合，可以知道此本所据仍是严氏初稿，而不是后来的卢氏刊本，这说明此本刊刻时间应早于卢氏本。王栻著《严复传》曾提到“初稿至迟于1895年（光绪二十一年）译成，可能还在1894年（光绪二十年），当时曾有人将它的初稿私自印行”。著者并说他曾见过光绪二十一年（1895）三月陕西味经售书处重刊的《天演论》，可见在卢氏正式刻本之前确实出现过一个以严氏初稿为依据的更早的非正式刻本。那么此次在并州书市出现的这个木刻本很可能就是陕西味经售书处的刻本，但是笔者并未见过那个非正式刻本，因此也不能断言。

在这个书市上，线装书占的比例其实很小，更多的是近几十年来的旧书，以1949年后的旧书为主，不过有时也会出现一些民国旧版书，笔者一、二年间所得值得一提的有：刘大杰的剧本《死的胜利》（商务版）、萧乾的小说集《篱下集》（商务版）、韬奋的《韬奋漫笔》（生活书店版）及1947年解放区土纸本《吕梁英雄传》等。最近书市也有些稀见的民国版出现，如胡风四十年代编的《七月诗丛》等。笔者限于财力，选购了一册《萍絮集》，这是1943年沦陷区的北京新民印书馆出版的小说集，作者萧艾；此书为“新进作家集”之四，共收短篇小说八篇，多描写小市民、知识分子的艰难生活，艺术水平不低。此书未见有人提及，印数仅三千册，当为稀见书，又版权页贴有新民印书馆印证一枚，盖有作者“萧艾”阳文小印，亦可珍者。

不过民国旧平装的数量很少，出现有很大偶然性。而大量的新中国成立后的出版物中也往往有好书，这就需要你的眼力与耐心了。

在南宫书市上，除了近两年被暴炒的连环画外，一般的旧书价钱都不太贵，好一点的八九元，差点的一两元都有。而这好坏的标准并不一律，卖主与买主判断标准的不同，时常给书迷以机会和喜悦。有一位书友曾以几块钱买到了一册精装本《百花齐放》，郭沫若作诗，木刻名家刘岘配插图百一幅，1959年上海文艺出版社版，这是插图精美的名书，现在已难得一见。本人后亦有幸在市古旧书店淘得一部，但是平装本，已费二十元了。如果是一般的无图的文艺类旧书，都不过几元钱。我曾以二元买到老舍《茶馆》的初版本，显然摊主根本不认为它有何价值。其实1958年第一版的《茶馆》已很难见到了，因为此书诞生时并未像二十多年后那样走红，印数不多。

二十世纪七十年代末到八十年代我国出版业迅速复兴，出版了不少好书。彼时笔者年幼，没钱，也想不到去买，今天再想找，很多书早已绝迹书肆了。而周末书市正好为我辈“余生也晚”者提供了一个穿越时光隧道、以今日钱买昨日书的好机会。如我以二、三元的低价买到过杨绛的《干校六记》、丁聪的《昨天的事情》、杨宪益的《译馀偶拾》、黄裳的《花步集》等初版本。这些值得收藏的好书早已绝版，有的虽有重印，但装帧设计印刷已远逊第一版，没什么意味了，定价却令人却步。

太原除了这个周末书市外，还有两三家有门面的旧书店，其中之一是隐于闹市的市新华书店古旧门市部。进得门来但见右侧有一长书架，上置古籍线装本数百部，多为清末、民国间旧本，经史子集略备，但质量都不太高，多为大路货，版刻不佳，也没有什么稀见书，可能与此地向非人文渊薮有关。即使有少量精刻本也早被精明的店家作为非卖品收藏起来。书一般，书价却不低，几百元是平常的。玻璃柜中郑重陈列着几部稍好点的本子，标价早到了难以企及的高位。这正反映出经过各种人为浩劫目前古书日渐稀少的事实。然而在这种情况下竟然还在发生着毁弃旧书的事情。日前在这个店里，就听到店员议论说附近一所师范学校，为了腾出房间，竟把一卡车线装书按废纸卖给了造纸厂，等他们书店的工作人员知道消息时已经晚了。这就发生在二十一世纪的今天，发生在一所学府，真是让人不可思议，同时也无话可说。

杨守敬旧藏日本卷子本目录

张景栻 张 旻

日本明治维新伊始，各地曾发生焚烧佛像经卷法具及废止寺院之举，史称“毁佛废释”事件。大量经卷，劫火之馀，流散人间。清光绪六年，宜都杨守敬惺吾先生随钦使何如璋赴日本。先生工书法，精地理金石版本目录之学。时日本受维新思想之影响，唾弃旧家书籍，所有散出之善本图书，杨氏以贱价得之殆尽，寺院劫馀之写经卷子本亦与焉。日本岛田翰《皕宋楼藏书源流考》云：“昔遵义黎莼斋（庶昌）驻节我邦，与宜都杨君惺吾购求古本，一时都市为之一空。”亦指杨氏在日本收书之事也。光绪十年，杨氏任满归国，所得之善本图书，海舶载回黄州。中华民国三年，赴北京任参政院参政，谋以藏书鬻政府，未果。翌年，卒于北京，年七十七岁。

杨氏访书日本，满载而归，倩人镌刻印章一方，文曰：“惟馀旧书一百车，方舟载入荆江曲。”是其所得图书为一百车。至于其中之卷子本，杨氏自言有五百卷。此五百卷，皆从日本明治维新“毁佛废释”事件浩劫中抢救而出，功德无量。

杨氏既从海外访得大量善本书籍，合以旧藏，自称“藏书数十万卷，海内孤本亦逾万卷”。每与人谈及古籍版本，意气风发，动辄六朝唐宋。时敦煌石室藏书尚未大显于世，闻者多骇异不之信，群呼之为杨疯子。长沙叶德辉著《书林清话》，诋之尤力，其言曰：“（杨守敬）所著《日本访书志》中载卷子本佛经各种，大半近百年内高丽旧钞……殆如盲人评古董，指天画地，不值闻者一笑”云云。今拙辑目录中所载杨氏旧藏“卷子本佛经各种”，原件实物俱在，殊未见有所谓“近百年内高丽旧钞”，足证叶氏之说，纯属无稽谰言。

范之杰，字隽丞，济南人。光绪廿九年进士，授翰林院编修。入民国，历任江西省高等检察厅厅长、湖北省高等审判厅厅长、武昌关监督等职。晚岁客居上海。公历1956年，被聘为上海文史馆馆员，1957年卒于上海，终年八十五岁。

范氏擅诗文，工书法，收藏颇富。约在湖北省任职时，收得杨守敬旧藏日本卷子本一宗，携归济南寓所。嗣后宦游四方，故居之图书文物，遂不可问。五十年代初，范氏之侄辈，尽以其所存于济南之图书卷子、法书名画，陆续出售于友竹山房吕小舟（绰号吕狠子）。时范氏远在沪上，尚懵然不知。及稍有所闻，派人回济询问，早已荡然无存。

范氏所藏之日本卷子本既散出，由吕贾经手，以册页一册，卷子一卷，售于齐鲁大学，颇获善价（据吕贾所言，册页似是杨刻《留真谱》底本之一部分）。而继主其事者栾调甫先生，惑于叶氏《书林清话》之谬说，以为其尽属伪制，屏不再收。吕贾乃以卷子本数种寄往北京，售于隆福寺书贾李拔元（余所见其中有初唐纪年之《药师经》上下两卷，杨守敬手校《古写本文选》一卷）。其后北京亦不再收，问津乏人，遂陆续售归于余。当时稍事整理，编写《日本卷子本简目》一册。

丙午浩劫，寒舍首当其冲，所藏图书文物，焚掠一空。及至“发还”，十不存一，所幸卷子本大体尚完（失去《日本弘福寺牒》一卷，《白香山华原磬双勾本》一卷，《九品佛珂硕大师自书名号》小立幅一轴）。

九十年代，日本书道教育学会创立四十五周年纪念，邀余携带卷子本赴日本东京作短期展览。为展出需要，匆匆编写《亦轩所藏日本卷子本目录》一册。今即依据此册目录，分类重编。惟旧编目录系仓卒急就，疏漏孔多，检原件以核对补充，期诸异日。

日本卷子本目录

写经一

瑜伽师地论卷第十七 黄橡纸共十二纸，每行十七字，第一纸二十六行，第七纸与第十一纸各二十七行，第十二纸三行，其馀每纸皆十八行，共计三百零七行。高28厘米，长630厘

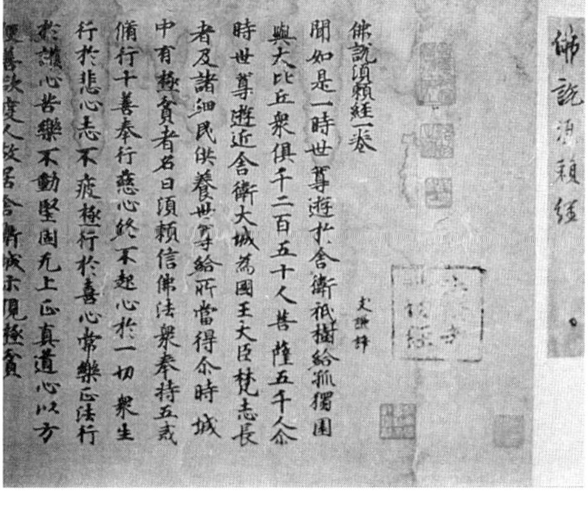

日本卷子《佛说须赖经》卷首

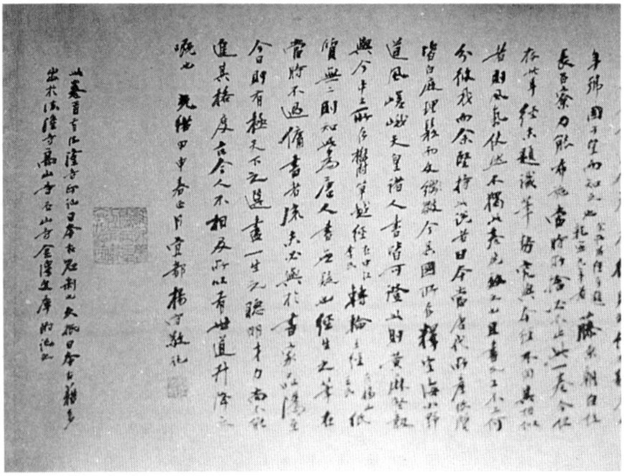

日本卷子《佛说须赖经》卷后
杨守敬题跋

米。卷末有内家私印朱文大方印，卷前有卿云轮囷盖覆其上朱文长方印、浩劫之遗朱文方印、杨守敬印白文方印。又案：内家私印，传为日本光明皇后之玺印。卷末附日本天平十二年岁次庚辰三月十五日正三位藤原夫人愿文九行。天平十二年为公元740年，日本奈良时代，中国唐玄宗开元二十八年。另附桐木匣，匣盖有日本明治十三年鸣鹤仙史日下车作题：瑜伽师地论、光明子愿经字样。又案：藤原夫人乃藤原房前之女，房前薨于天平九年四月十七日，天平十二年为房前三周年忌辰，藤原夫人于本年三月十五日发愿写一切经，所谓藤原夫人愿经也。天平十二年五月一日，光明皇后发愿为亡父藤原不比等、亡母橘氏太夫人写一切经，所谓光明皇后愿经也。据日本学者评论，二家愿经，皆笔致雅劲，结体阔达，兼有隋唐风格，均属日本古写经中之极品，上流贵妇人愿经中之双璧。或谓藤原夫人与光明皇后为从姊妹行，则二家愿经自是一家眷属，难分轩轾，日下东作于匣盖径题作“光明子愿经”，不为无因也。日下东作即日下部鸣鹤，日本名书法家，杨守敬弟子。

佛说诸福田经 黄麻纸，卷前部断缺，存四纸，补古写经二纸，共六纸。前段古写经二纸，存三十一行，高28厘米，长57厘米。合段《佛说诸福田经》四纸，存百六行，长198.5厘米。卷前引首有卿云轮囷盖覆其上、浩劫之遗、杨守敬印、惺吾海外访得秘笈朱文长方印。卷末有天平胜宝六年十月六日鉴贞题记，天平胜宝六年为公元754年，日本奈良时代，中国唐玄宗天宝十三载。后附杨守敬跋，移录于下："古钞佛说诸福田经，首有残缺，存四纸，一百二行，首一段盖又别一卷之残剩，旧粘连为一卷，仍之。日本人指首段类为北魏人书，指福田经之类为北齐人书，固无确证。卷末有天平胜宝六年鉴贞题记，当中国唐元(玄)宗天宝十三年，则亦千年以上物也。守敬。"

佛说须赖经一卷 黄縠纸，共十九纸，每纸二十七行，末一纸八行，计四百九十四行，(见卷后杨守敬题记)。长1042厘米。卷前有法隆寺一切经楷书墨印一方，又卿云轮囷盖覆其上朱文长方印、浩劫之遗朱文方印、杨守敬印白文方印、飞青阁藏书印白文方印。卷末有"赠从一位右大臣兼行皇太子傅中位大将藤原朝臣誓愿延历十六年六月十一日"之愿文。延历十六年为公元797年，日本平安初期，中国唐德宗建中三年。卷后附光绪甲申杨守敬跋文，文后有：惟馀旧书一百车方舟载入荆江曲，朱文方印。此卷杨守敬《日本访书志》著录。案：藤原朝臣名继绳，据《良训补忘集》记载，藤原继绳薨于延历十五年七月十六日，终年七十岁，延历十六年，藤原继绳已逝去，其家属于周年忌辰发愿写经，以资冥福，但写经愿文，仍用藤原朝臣名衔，世称继绳愿经。

佛说大孔雀咒王经卷上 共十九纸，每纸二十七行，行十七字，计五百九行，高27厘米，长1048厘米。卷前有卿云轮囷盖覆其上朱长方、浩劫之遗朱方、杨守敬印白方、惺吾海外访得秘笈朱长方印。

佛说大孔雀咒王经卷中 共二十二纸，计五百六十五行，高27厘米，长1133厘米。卷前后各有杨守敬印一方。

佛说大孔雀咒王经卷下附坛场画像法式 共二十一纸。第一纸二十五行，第十四纸二十三行，第十五纸三行，第二十纸二十五行，第二十一纸五行，其他每纸皆二十七行，共计五百十三行，高27厘米，长1099厘米。卷前有杨守敬印、惺吾海外访得秘笈印二方。卷后附杨守敬光绪十四年跋文。此三卷杨守敬《日本访书志》著录。案：坛场画像法式，原与大孔雀咒经卷下同属一卷，不知何时为妄人割裂析出，另装成卷，惺吾先生未加深考，误加签题，遂致大孔雀咒王经缺而不全，爰将坛场画像法式并入原卷，作延津之剑合。

渐备一切智德经卷第三 共二十六纸，计六百四十三行，高27厘米，长1425厘米。卷前有卿云轮囷盖覆其上、浩劫之遗、杨守敬印三方。

止观密行法卷上 原题止观密行法劝修行第一。共二十七纸，计七百六十二行，长1359厘米。卷前有高山寺楷书朱文长方印。背面盖有金刚宝寺骑缝印多方。卷前又有卿云轮囷盖覆其上、浩劫之遗、杨守敬印三方。

金光明经卷第五 共十二纸（卷尾有空白一纸未记），高27厘米，长725厘米。卷前有卿云轮囷盖覆其上、浩劫之遗、杨守敬印三方。

称赞净土佛摄受经一卷 共十一纸，计二百五十四行，长487厘米。卷前有卿云轮囷盖覆其上、浩劫之遗、杨守敬印三方。

旃陁越国王经一卷 共二纸，计四十一行，卷前有卿云轮囷盖覆其上、浩劫之遗、杨守敬印三方。

大般若波罗密多经卷第二百卅三 纸数失记，计五百八行。高25厘米，长969厘米。卷前有惺吾海外访得秘笈、杨守敬印。卷末题"天平十年四月佛浴日写"。案：此卷字体略带行书意味，与唐经生之书风不同，似为日本僧人所写，待考。惟一般写经用乌丝栏，此卷独用朱丝栏，属罕见之品。本卷题签审为范之杰所书。

二分渐次品第七十三之二 本卷后部断缺，存七纸，计百七十二行，高25厘米，长300厘米。

师资篇第四 共一纸，正文为大字，注文双行小字，日本人谓此类写经系奈良时代天平年间之作品。

古钞残经 卷前后均断缺，存一纸，字二十行，横长48.3厘米。杨守敬题签：古钞残经，严谷修持赠，绝佳。案：日本石桥鲤城教授云，严谷修为日本人严谷一六。

古钞佛经残字 卷前后断缺，存三纸，计八十三行，卷上部烧残，每行存约十五字，长170厘米。卷后附杨守敬光绪乙酉跋。

残佛经 卷前后均残缺，经名不详，存十一纸，二百二十二行。长427厘米。

注：以上写经类一，均为黄麻、黄楮、黄縠等纸书写，每行十七字，字作经生体，书写年代约在中国唐朝，日本奈良时代，目录中不再一一注明。

写经二

大般若波罗密多经卷第四百廿四　黄纸，卷前部残缺，存七纸，二百七行，高25厘米，长409厘米。卷前引首有惺吾海外访得秘笈、杨守敬印。卷末题记：长德五年正月十四日未时书了，僧道圆一笔，愿普及于一，此者梦示现。长德五年为公元999年，日本平安时代，中国北真宗咸平二年。

大方广佛华严经卷第五十九　纸数失记，计三百八十行，高27厘米，长746厘米。卷前及引首均有惺吾海外访得秘笈、杨守敬印。卷末题“建久七年六月十八日酉时□□□东大寺尊胜院一校了”。建久七年为公元1196年，日本镰仓时代，中国宋宁宗庆元二年。

大圣文殊师利赞佛法身礼一卷　白纸，共三纸，计二十七行，行十七字，附三密观图，长142厘米。有高山寺楷书朱文长方印、杨守敬印。卷末题“承安三年五月十一日书写比较了玄证之”。又有“丁酉岁中夏廿一日”之款题。承安三年为公元1173年，日本平安时代，中国宋孝宗乾道九年。

毗沙门天王经一卷　共十纸，计二百三十七行（第六纸空七行、第九纸后空六行），行十九字至二十三字不等，高27厘米，长290厘米。卷前有栂尾山善财院楷书朱文长方印，卷末有栂尾山善财院款题。案：栂尾山为高山寺所在地，栂字在中国不通用。

大方等大集经卷第二十　共二十五纸，计六百九十一行（朱笔书字不计），长1324厘米。卷前有高山寺印。

大乘理趣六波罗密多经卷第六　纸数失记，计三百三十五行，高

25 厘米，长 639 厘米。卷前有高山寺印，引首有惺吾海外访得秘笈、杨守敬印。

大方广总持宝光明经卷第五 共十二纸，每纸三十一行，高 27 厘米，长 663 厘米。卷前有高山寺印，引首有惺吾海外访得秘笈印。

四分律删繁补缺行事钞卷上 卷后部断缺，存十一纸，计三百三十行(连同双行小字)，长 573 厘米。

文殊师利根本仪轨经卷第二 共十一纸，计三百二十行，高 25 厘米，长618厘米。卷前有高山寺印，引首有惺吾海外访得秘笈、杨守敬印。

大方广佛华严经卷第四十五 共十五纸(原注十六纸)，计三百九十六行，高 27 厘米，长 795 厘米。卷前有高山寺印、惺吾海外访得秘笈印。

华严经卷第二十四 卷前部断缺，当时此卷散乱为若干片，纸数行数尺寸皆失记。引首有惺吾海外访得秘笈、杨守敬印。

大般若波罗密多经卷第二百七十五 黄纸，共十七纸，计四百五十九行，高 25 厘米，长 824 厘米。卷前有惺吾海外访得秘笈、杨守敬印。

大般若波罗密多经卷第一百廿一 卷前段为刊本，后段为写本，刊本长约 700 厘米，写本长约 174 厘米。后附文政戊寅伊豆山别当不退金刚周道跋。案：写本用黄纸，其时代似早于刊本。

显扬圣教论摄事品第一之二 卷末题：显扬圣教论卷第二，黄纸，共十七纸，计四百五十七行，高 24.4 厘米，长 882 厘米。卷末有古经堂藏朱文方印。

显扬圣教论摄事品第一之三 卷末题：显扬圣教论卷第三，黄纸，共十七纸，计四百六十八行，高24.4厘米，长900厘米。卷前引首有一切经南都善光院楷书朱文长方印，卷末有古经堂藏朱文方印。

显扬圣教论摄事品第一之四 卷末题：显扬圣教论卷第四，黄纸，共十五纸，计三百九十六行，高24.4厘米，长762厘米。卷前引首有一切经南都善光院朱文长方条印，卷末有古经堂藏朱文方印。案：此三卷，石桥鲤城教授考证为日本建久元年写经。

注：以上写经类二，大部分用白纸书写，目录中不再一一注明。书写时代约中国两宋、日本平安时代至镰仓时代。

写经三

大智度论卷第一 卷首题：摩诃般若波罗密经释论卷第一、大智度缘起论第一。白纸。共二十一纸，计五百七十六行，长1141厘米。卷前有高山寺楷书朱文长方印，卷末有建久四年六月十日于高雄山书了宽绍之题识。建久四年为公元1193年，日本镰仓初期，中国宋光宗绍熙四年。

大智度论卷第三 共二十三纸，卷前有高山寺印。

大智度论卷第六 共十八纸，卷前有高山寺印。

大智度论卷第七 后部断缺，残存五纸。

大智度论卷第九 共二十纸，卷前有高山寺印。

大智度论卷第十五 共二十三纸，卷前有高山寺印。

大智度论卷第十八 共二十一纸，卷前有高山寺印。

大智度论卷第十九 共二十五纸，卷前有高山寺印。

大智度论卷第廿一 共十纸，卷前有高山寺印。

大智度论卷第廿五 卷前部断缺,存十三纸。

大智度论卷第廿六 共二十二纸,卷前有高山寺印。

大智度论卷第廿九 共二十纸,卷前有高山寺印。

大智度论卷第三十 共二十八纸,卷前有高山寺印。

大智度论卷第三十二 共二十一纸,卷前有高山寺印。

大智度论卷第三十三 共十七纸,卷前有高山寺印。

大智度论卷第三十六 共二十一纸,卷前有高山寺印。

大智度论卷第四十三 共十七纸,卷前有高山寺印。

大智度论卷第四十七 共二十纸,卷前有高山寺印。

大智度论卷第五十七 共十三纸,卷前有高山寺印。

大智度论卷第六十 共十四纸,卷前有高山寺印。

大智度论卷第六十四 共十八纸,卷前有高山寺印。

大智度论卷第六十六 共十五纸,卷前有高山寺印。

大智度论卷第七十三 共二十纸,卷前有高山寺印。

大智度论卷第八十四 共十二纸,卷前有高山寺印。

大智度论卷第九十一 共十七纸,卷前有高山寺印。

大智度论卷第九十五 共十七纸,卷前有高山寺印。

注:以上写经类三,大智度论二十六卷,均同白纸书写。其书写年代据卷第一宽绍题记为日本建久四年,当中国南宋时期。全部题签皆为杨守敬手迹。

仪规

结缘灌顶三摩耶戒作法一卷 共十三纸,计三百四十行,高 27 厘米,长 700 厘米。另纸有惺吾海外访得秘笈、杨守敬印。另纸又有“天元四年东寺结缘灌顶记之”等题识。天元四年为公元

981年，日本平安时代，中国宋太宗太平兴国六年。

贞观寺护摩法一卷　杨守敬原题为日本僧仪式。卷中有图及梵文，背面亦有文字及图像，惜已裱过。卷前部有残缺，长约944厘米。卷后部有“文治二年八月十二日书写了”款识。文治二年为公元1186年，日本镰仓初期，中国宋孝宗淳熙十三年。

直遇观音讲式一卷　原签题先总礼，共十纸，计一百六十四行，高27厘米，长480厘米。卷前有方便智院楷书朱文长方印，惺吾海外访得秘笈、杨守敬印。卷末有承元三年愿文六行。承元三年为公元1209年，日本镰仓时代，中国宋宁宗嘉定三年。

舍利讲式一卷　共十纸，计百二十六行，高30厘米，长413厘米。卷前有惺吾海外访得秘笈、杨守敬印。卷中旁注有日本假名及朱墨笔符号，卷末题“建保三年正月二十七日夜丑刻草之了，沙门高辨”。后附“金刚峰寺小田原汤屋之谷金刚三昧院而书写之”云云朱书四行。建保三年为公元1215年，日本镰仓时代，中国宋宁宗嘉定八年。案：高辨法名惠，乃日本高山寺开山祖师。据记载，建永元年后鸟羽上皇院宣：高惠上人主华严兴隆寺。此卷题签为为范之杰手书。

宝楼阁护摩次第一卷　杨守敬原题为求法次第。卷中有图，卷前稍有断缺，存十七纸，高28厘米，长817厘米。卷前有惺吾海外访得秘笈、杨守敬印。卷末有天福元年十一月十八日题记。天福元年为公元1233年，日本镰仓时代，中国宋理宗绍定六年。

禅林寺三昧耶戒作法一卷　原杨守敬签题作日本古钞僧仪式。卷前端似有断缺，共十八纸，每纸十八行，计三百七行，高29厘米，长854厘米。卷首有杨守敬印，卷末题记“正应三年庚寅六月一日于明王院僧房以西谷御本……书写毕，金刚佛子圣乘于时三十四岁”。又“正应三年八月五日授圣乘律师法印”，花押。正应三年为公元1290年，日本镰仓时代，中国元世祖至元二十七年。

十无尽院舍利讲私记一卷 共二十八纸，每纸十九行，惟第一纸十八行，末一纸十六行，总计五百二十八行，高30厘米，长1275厘米。卷前有心莲院楷书朱文长方印，引首有惺吾海外访得秘笈、杨守敬印，因加盖于云母笺上，已模糊不清。卷末有“元德第二之历，仲吕下旬之顷，诜胜如书写毕，桑门仁助之”等题识。元德二年为公元1330年，日本镰仓末期，中国元文宗至顺元年。卷末背面下方有“高山寺观海□”字样。

三宝院三摩耶戒作法一卷 卷前有朱笔文字九行，共十六纸，计二百四十行，高30厘米，长643厘米。卷末有“康永二年四月二十八日以胜圆上人御本书写了道智房”等题识。康永二年为公元1343年，日本南北朝时代，中国元顺帝至正三年。

祈雨法私记一卷 共八纸，高30厘米，长433厘米。卷前有心莲院楷书朱文长方印，惺吾海外访得秘笈、杨守敬印。卷背面有文字。

息灾护摩略记一卷 杨守敬原题为高山寺僧坛仪式。卷内有坛场图多幅，共十四纸，高30厘米，长526厘米。卷前有高山寺印，惺吾海外访得秘笈、杨守敬印。

理趣经法一卷 附图及梵文，纸数失记，长321厘米。卷前有高山寺印。

胎藏大灌顶作法一卷 卷前部分虫蚀残缺，存十二纸，计三百二十行，高25厘米，长599.5厘米。卷前有惺吾海外访得秘笈、杨守敬印。

行法私记一卷　纸数失记，计六十一行，高29厘米，长149厘米。卷前有高山寺印、惺吾海外访得秘笈、杨守敬印。

山王讲略式一卷　共四纸，计五十五行，长153厘米。卷后署栂尾山地藏院本。案：此本自承安三年所写大圣文殊师利赞佛法身礼卷析出。

记述

四教五时八宗图一卷　卷前端似有断缺，纸数失记，高28厘米，长777厘米。卷后有题记“治历三年春……名四教五时八宗图”云云残字三行。治历三年为公元1067年，日本平安时代，中国北宋英宗治平四年。

权律师宽信授灌顶于两人记一卷　共六纸，一至五纸每纸二十九行，六纸二行，计百四十七行，行约二十字，高30厘米，长285厘米。卷前有方便智院楷书朱文长方印。卷首书“长承元年十月十六日癸卯”云云。长承元年为公元1132年，日本平安时代，中国宋高宗绍兴二年。案：宽信，劝修寺僧，母亡，悲不自胜，于长承二年四月廿四日发愿自书一切经，上报亲恩，世谓之宽信一笔一切经。据《兵范记》仁平三年三月七日条下云：“今日劝修寺宽信法印入灭，坐年七十三，日来病恼别无费闻，大概顿灭欤。”换言之，即仁平三年三月七日，劝修寺宽信法师圆寂，享年七十三岁，无疾而终。

日本古丧礼仪式一卷　卷前端断缺，卷内并缺失数纸，经后人抄补，原纸背面有古书状。存十五纸，计二百二十四行，高29厘米，长596厘米。卷末有“建保五年二月……书了”题记，卷尾背面有“遍智院绍正笔也”细字一行。建保五年为公元1217年,日本镰仓时代,中国宋宁宗嘉定十年。

说戒日记一卷 卷背面有书状文字,卷后部断缺,存五纸,长217厘米。卷前有报恩院楷书朱文长方印,首行书“宽喜二年”云云。宽喜二年为公元1230年,日本镰仓时代,中国宋理宗绍定三年。

佛眼梵字观事一卷 杨守敬原题作日本僧佛眼□观事。共七纸,高29厘米,长约254厘米。卷末有“求法沙门定真记之”题记。案:据石桥鲤城考证,定真系高山寺第二代开山祖师。

光明真言事一卷 共一纸,高29厘米,长100厘米。卷前有方便智院楷书朱文长方印,卷后有宽喜二年六月五日求法沙门定真题记。宽喜二年为公元1230年,日本镰仓时代,中国宋理宗绍定三年。案:定真书法宋人。

传法杂记一卷 共九纸,长389厘米。卷中有文明六年字样,文明六年为公元1484年,日本战国时代,中国明宪宗成化九年。背面有长禄三年书状,长禄三年为公元1459年,日本室町时代,中国明英宗天顺三年。

肝要钞一卷 共五纸,长224厘米。有彩色图,背面为古书状文字。有惺吾海外访得秘笈、杨守敬印。

不空大师表制集卷卷三 共二十二纸,计五百八行,高27厘米,长164厘米。卷末有金刚佛子印玄题名,卷后附王献唐先生跋。此卷杨守敬《日本访书志》著录。

类聚杂要钞卷第四 卷长1686厘米。卷前有诚斋藏书楷书朱文长方印,惺吾海外访得秘笈、杨守敬印。卷首题“母屋调度事”，卷内绘有房屋中器物图多幅。卷末有元禄十四年安达氏跋，元禄十四年为公元1701年，日本江户时代，中国清圣祖康熙三十八年。

注释

三教勘注抄卷第六 共三十一纸，计五百二十一行，高30厘米，长1405厘米。卷前有高山寺印记。卷末有“天延三年二月十一日大江成道书”题记。天延三年为公元975年，日本平安时代，中国宋太祖开宝八年。案：此卷款题尚须细审。石桥鲤城谓：大江成道乃日本书法家，此卷乃其少年时代之作品。

菩提心论抄书一卷 共十纸，计二百二十五行，高27厘米，长527厘米。卷前有高山寺印，杨守敬印，引首有惺吾海外访得秘笈印。卷末有承安四年六月十二日题记。承安四年为公元1174年，日本平安时代，中国宋孝宗淳熙二年。

佛经释义一卷 卷内为华严经广说、供养法释义二篇合为一卷，共三十纸，高30厘米，长907厘米。卷中及卷末有“嘉历二年四月二十五日书之了，性然”及“嘉历二年五月二日书之，性然”两题记。嘉历二年为公元1327年，日本镰仓末期，中国元泰定帝泰定四年。背面为嘉元三年、应长、德治、正和等时期寺院僧侣名单。

日本古钞陀罗尼事一卷 共十纸，计二百五十八行，高27厘米，长548厘米。卷前有惺吾海外访得秘笈印，卷中有杨守敬印骑缝四方。

毗卢遮那经义释卷第二 共二十五纸，每纸约二十七行，行二十三或二十四字不等，高29厘米，长1362厘米。无收藏印记。杨守敬题签。

不动明王事抄一卷 杨守敬原题为佛事仪轨。卷前部残缺，存二十九纸，长 1433 厘米。

佛经义疏 背面有文字，前后均断缺，未详其名，杨守敬原题如是。存十八纸，计四百六十五行，高 25 厘米，长 989 厘米。

图像集五 共二十二纸，计五百七十八行，高 27 厘米，长 1022 厘米。卷前有飞青阁藏书印朱文方印。案：飞青阁为杨守敬室名。

论语尚书注并王法正论经守护国界经文一卷 卷前有朱笔细字书“第五守护经文论语并王法正论经文”，杨守敬据以题签。共十二纸，高 29 厘米，长 515 厘米。卷前有高山寺印、读杜草堂朱文方印，卷末又高山寺印。

古文书及书状

请雨经法事一卷 共二十纸，长 963 厘米。卷前有惺吾海外访得秘笈、杨守敬印。卷中及卷末有承久元年题记。承久元年为公元 1219 年，日本镰仓时代，中国宋宁宗嘉定十二年。案：此卷为劝修寺与按察使光亲为请雨诵经事务所交往之公文记录。

日本古文书三种 杨守敬题签，共四纸。佐久间信胜二纸，长 92.5 厘米。元弘三年十二月十七日一纸，长 42 厘米。地震十月八日一纸，长 38 厘米。元弘三年为公元 1333 年，日本镰仓末南北朝初期，中国元顺帝元统元年。

日本古文书五种 杨守敬题签，共五纸。康和五年进绢状一纸。康和五年为公元 1103 年，日本平安时代，中国北宋徽宗崇宁二年。其他四纸，多草书假名，莫能详识。末纸有“八月廿日佐佐木弹正外弼门”题记。

日本古书状 另面为诵经物事及佛经目录等，虫蚀严重，手札数通，纸数失记。正面及另面均有惺吾海外访得秘笈、杨守敬印。

日本古书简 共一纸，行草书九行，长31.2厘米。后附跋文四行，长30厘米。跋文曰：“祖师赠一品大王圜□真迹无疑，贻□□□奇玩秘藏，□□(花押)记之。”(□为不认识之字，并非残缺。)卷前有惺吾海外访得秘笈、杨守敬印。案：此纸书法精妙，疑为日本尊圆亲王手迹。

日本古书简硬黄本 行草书十九行，高29.8厘米，长125.7厘米。卷前有惺吾海外访得秘笈、杨守敬印。此卷为硬黄纸勾摹本，笔画细致，浓淡分明，所谓下真迹一等者。

矮卷

梵文私日记息灾一卷 共十纸，高13.4厘米，长522厘米，黄麻纸，卷前有高山寺印、惺吾海外访得秘笈、杨守敬印。卷末有“元久元年十月十四日酉时”题记。元久元年为公元1204年，日本镰仓时代，中国宋宁宗嘉泰四年。

净土寺等处町路图 共二纸，高16厘米，长96.8厘米。卷中有惺吾海外访得秘笈、杨守敬印。案：此图似是田地契约之附件。

佛祖诸天图像集一卷 旧题焉瑟沙摩真言。刊本，共二十九纸，高9厘米，长1426厘米。卷前有惺吾海外访得秘笈、杨守敬印。卷首有图像，题作焉瑟沙摩，以下为梵文经咒、大量佛祖菩萨诸天图像、陀罗尼等梵文经咒。卷末题记：“愿主神□，工匠合林，增威神力诸国丰饶，一切经本愿常明寺权大僧都法印宗存敬梓之。”案：焉瑟沙摩传为污秽之神，刊之卷端，以秽制秽，对经卷可起保护作用。又案：另一卷子本中题作乌瑟沙摩,石桥鲤城写作马瑟沙摩。

摹抄

古写玉篇 石山知足院所藏（据日本人所写原签题）。影摹本，长约1710厘米。卷后附栾调甫先生跋。此《玉篇》残卷,杨守敬《日本访书志》著录。

文馆词林第四百五十九 影写本,长约1442厘米。卷前有惺吾海外访得秘笈、杨守敬印。

文馆词林第六百九十五 影写本,长约1478厘米。卷前有惺吾海外访得秘笈、杨守敬印。

文馆词林第五百七十 影摹本,长90.5厘米,卷前有文教馆图 书印朱文长方印、桑名文库楷书朱文长方印、惺吾海外访得秘 笈、杨守敬印。以上《文馆词林》三卷,杨守敬《日本访书志》著 录。

庄子杂篇庚桑第廿三 影摹本,共十三纸,计百九十五行。卷前有朱笔影摹高山寺印。卷末有“课儿沂照旧卷审校”字样。

庄子杂篇外物第廿六 影摹本,共七纸,计百二十七行。卷前及卷末均有紫色长方九叠印，似是小岛之藏印，有影摹高山寺印。卷末朱笔书“光绪丁酉八月校读一过,守敬记”。

庄子杂篇寓言第廿七 影摹本,共七纸,计百七行。卷前与卷末有紫色长方九叠印,卷首有影摹高山寺印。此《庄子》三卷,杨守敬《日本访书志》著录。

大毗婆沙论跋尾 影写本,共一纸,长19.7厘米。卷前有惺吾海外访得秘笈、杨守敬印。卷首有磁青纸泥金书细字题签,范之杰跋。

影古震翰敕旨各种卷 影摹本，尺寸失记，卷前有惺吾海外访得秘笈、杨守教印。范之杰题签。

寺院进状卷 影写本，长1474厘米。卷前有和学讲谈所楷书朱文长方印、惺吾海外访得秘笈、杨守敬印。

丹波抄一卷 影写本，共三十六纸，长1335厘米。卷前有锦小路藏书朱文方印、惺吾海外访得秘笈、杨守敬印。卷末有"天保五年六月十二日丹波朝臣赖炀临写"题记，下钤印二方。天保五年为公元1834年，日本江户时代，中国清宣宗道光十四 年。

仲文章一卷 影写本，共十七纸，长706厘米。卷前有不忍文库楷书长方印、惺吾海外访得秘笈、杨守敬印。卷末影写原件"正安二年六月八日书写了。"

王良二仪秘抄一卷 共十纸，长420厘米。卷前有不忍文库楷书朱文长方印、惺吾海外访得秘笈、杨守敬印。此卷为疗马书，卷后有文禄三年题记。

津藩古抄论语图式 摹刻本，长321厘米。卷前有津藩国校有造馆图书朱文方印、惺吾海外访得秘笈、杨守敬印。

文选抄本 尺寸失记，小楷书如中国清朝末年之白折子。有惺吾海外访得秘笈、杨守敬印。

注：以上卷子本共一百一十六卷。

附立轴

日本家悲迎答口状 行草书手札装为立轴。

牛头天皇画像 小幅立轴，尺寸失记。黑绢本设色，右下方题："菅沟齊敬笔"。

《歧路灯》：从手抄到出版

张弦生

清代李绿园所著的《歧路灯》一书1980年由中州书画社排印出版之前，在漫长的二百年间，大部分时间是以手抄本的形式流传在河南西部的穷乡僻壤间。并且，大体上是以今天的洛阳市新安县和平顶山市宝丰县两地为圆心向外扩散。这是因为李绿园的祖籍是新安县北冶镇马行沟村人。康熙三十年豫西大旱，李绿园的祖父携家外出逃荒，流落

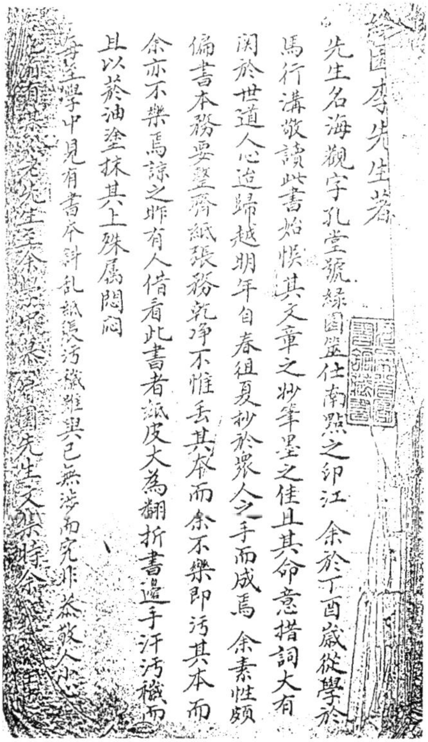
綠園李先生著
先生名海觀字孔堂號綠園嘗仕南黔之印江 余於丁酉歲從學於
馬行溝敬讀此書始悞其文章之妙筆墨之佳且其命意措詞大有
関於世道人心迨歸越明年自春徂夏抄於衆人之手而成焉 余素性頗
偏書本務要整齊紙張務乾淨不惟丟其本而余不樂即污其本而
余亦不樂焉諒之非有人借看此書者紙皮大為翻折書邊手汗污穢而
且以菸油塗抹其上殊屬悶悶
每至學中見有書本許亂紙張污穢雖與己無涉而究非

《歧路灯》乾隆庚子过录本(河南省图书馆藏)

到宝丰县宋寨村,以教书为生,并与本地的李氏联宗安了家。乾隆十三年(1748),李绿园因葬父守制在家时开始撰写《歧路灯》。他大约用了十年的时间写完了前八十回,即全书的主要部分。之后,他"舟车海内"宦游二十年,最后在贵州思南府印江县做了一任知县,于乾隆三十九年从贵州回到河南家乡宝丰。约于次年,他开始续写《歧路灯》,到四十二(1777)年八月完稿。这之间,他先是在宝丰,后来到老家新安居住,并应族人之托,为子侄辈们课书。也就是说,《歧路灯》最后完稿是在新安。因此,《歧路灯》的流传就形成了两个圆心。

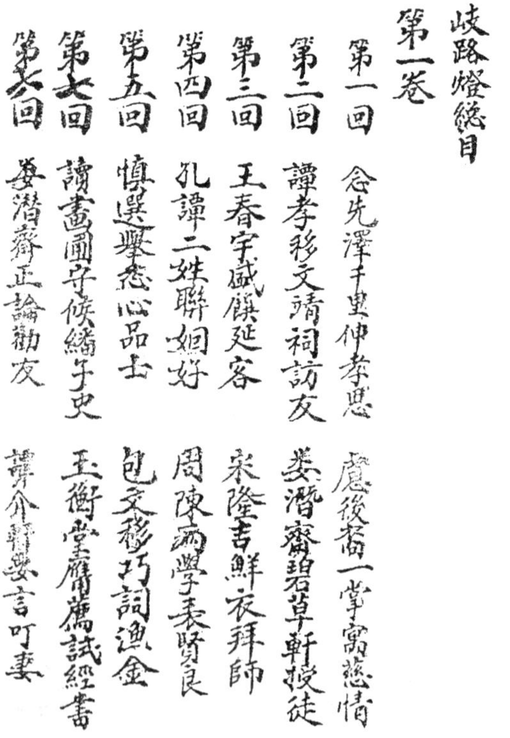
歧路燈總目
第一卷
第一回 念先澤千里伸孝思 慮後裔一掌寓慈情
第二回 譚孝移文靖祠訪友 婁潛齋碧草軒授徒
第三回 王春宇盛饌延客 宋隆吉鮮衣拜師
第四回 孔譚二姓聯姻好 周陳兩學表賢良
第五回 慎選舉悉心品士 包文移巧詞逃金
第七回 讀畫圖守候繙子史 王衙堂膺薦試經書
第六回 婁潛齋正論勸友 譚介軒要言叮妻

《歧路灯》清末抄本(开封市图书馆藏)

《歧路灯》这部生动形象的"教子弟书",虽然长期没有得以刊刻发行,但是在豫西的影响是很大的,许多稍有能力之家,都乐意抄写一部用来教育自己的后辈子弟。1924年,新安人张青莲在《歧路灯书后》中说:"莲自幼时,见夫吾乡巨族,每于家塾良宵,召集书手，辗转借抄。”李绿园的七世孙李春林在《李绿园生平及家世》中也说：“昔日我乡及附近旧家，多有请善缮书生两席，费时十数天即誊写一部。”《歧路灯》最早见于著录是在道光十七年（1837）由耿兴宗主编的《宝丰县志·艺文志》中。耿兴宗又在他的《中州珠玉录（续编）》卷二里说：“〈歧路灯〉一书虽寓言，而描写人情，屈曲相尽。”这也是第一次见于著录的对《歧路灯》的评价。

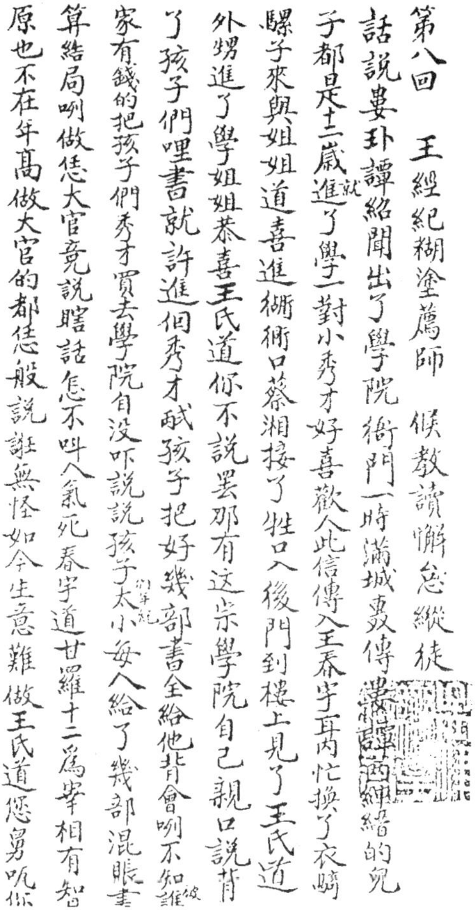
第八回 王經紀糊塗薦師 侯教讀懈怠縱徒
話說婁玠譚紹聞出了學院衙門一時滿城裏傳遍譚紳的兒子都是十二歲進了學一對小秀才好喜歡人此信傳入王春宇耳內忙換了衣騎騾子來與姐姐道喜進衚衕口蔡湘接了牲口入後門到樓上見了王氏道外甥進了學姐姐恭喜王氏道你不說罷那有這宗學院自己親口說背了孩子們哩書就許進個秀才孩子把好幾部書全給他背會咧不知誰家有錢的把孩子們秀才買去學院自沒吓說說孩子太小每人給了幾部混賬書算結局咧做恁大官竟說瞎話怎不叫人氣死春宇道甘羅十二為宰相有智原也不在年高做大官的都恁般說誰無怪如今生意難做王氏道您舅吼你

《歧路灯》清末抄本（栾星藏）

在《歧路灯》的流传过程中，想把它刊刻出来的大有人在。现知最早者是道光间人杨淮。杨淮和李绿园的孙子李于潢是同乡好友。杨李两家有着相似的经历。杨家祖籍也是新安人，也是在康熙年间由新安迁移到宝丰落户的。两家都是以孝行著称乡

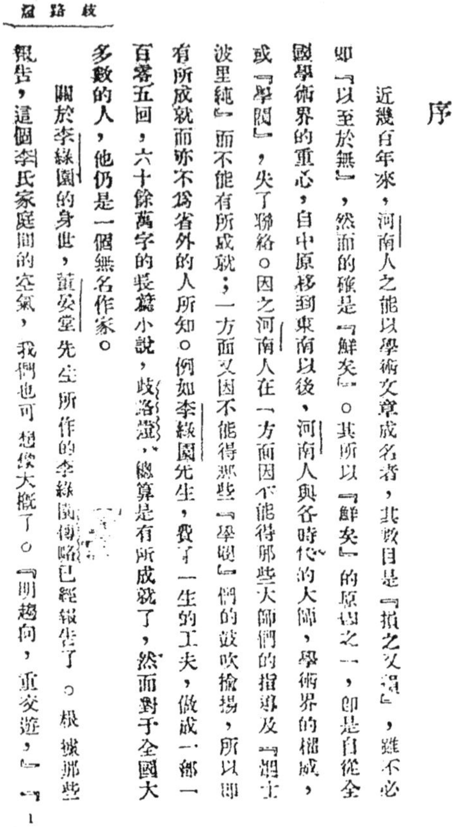
歧路燈

序

近幾百年來，河南人之能以學術文章成名者，其數目是『損之又損』，雖不必如『以至於無』，然而的確是『鮮矣』。其所以『鮮矣』的原因之一，卽是自從全國學術界的重心，自中原移到東南以後，河南人與各時代的大師，學術界的權威，或『學閥』，失了聯絡。因之河南人在一方面因不能得那些大師們的指導及『潤士波里純』而不能有所成就；一方面又因不能得那些『學閥』們的鼓吹揄揚，所以即有所成就而亦不爲省外的人所知。例如李綠園先生，費了一生的工夫，做成一部一百零五回，六十餘萬字的長篇小說，歧路燈，總算是有所成就了，然而對于全國大多數的人，他仍是一個無名作家。

關於李綠園的身世，董安堂先生所作的李綠園傳略已經報告了。根據那些報告，這個李氏家庭間的空氣，我們也可想像大概了。『明趨向，重交遊，』『

序 1

《歧路灯》民国十六年北京朴社排印本

里的书香门第。杨淮和李于潢都是道光年间中州著名的诗人。杨家为宝丰富家，世代喜好藏书。家中有祖传的书屋“竹筠山房”、“雅集书斋”，至杨淮时更加悉心搜求，藏书已达数万卷。他不惜重金将新安大家吕寸田的缥缃楼藏书的绝大部分收购回来。杨淮除了自著有《雅集山房诗钞》、《雅集山房诗话》外，还利用自己丰富的藏书选编了《国朝中州诗钞》一书。书中第十四卷收有李绿园的诗作二十九首，并在李海观(李绿园名海观)小传中称李“又著《歧路灯》一书，历二十年，凡数十万言。书论谭姓之事，其父子兴败之由，历尽岐曲，凡世之所有几无不包 。且出以浅言絮语，口吻心情各如其人，醒世之书也。稿流传归淮家，待梓。”这是关于《歧路灯》手稿的惟一记载。估计，手稿不是得自吕寸田家就是得自李于潢家。因为藏书家吕寸田与李绿园为挚友，讲诗论学，多有交往。李绿园的四个儿子中，数老二李蘧的科名和仕途最为得志。他自三十二岁中进士后，仕宦三十馀年。历任吏部主事、江南道御史、工科给事中、江西督粮道等职。他致仕归里后虽曾两度讲学于山右书院，但其本质上是个官僚，对在他看来属于稗官野史之流的《歧路灯》是不足刊刻的。其子李于潢是个很有才华的诗人，但性情疏狂，喜酒嗜赌，家业败落，四十一岁时暴死于酒。李绿园以淑世心肠写下了《歧路灯》，希望后辈子孙不要堕落，但封建家庭的衰败、地主阶级财富的再分配，是不依他的良好愿望而改变的。世情正像李绿园在《家训谆言》中感慨的那样："那一家子孙敢言与天地不朽？""他若常享丰厚，那些谨守正道、甘淡薄、受辛苦的子孙，该常常挑担荷锄，嚼糠吃菜乎？天道无亲，必不然矣！"

然而，杨淮也终未能够将《歧路灯》付梓，一部近七十万言的巨著，在刻书业并不发达的河南要靠一人之力去完成，谈何容易！在杨淮之后，《歧路灯》的手稿不知下落。后来河南另一位著名的诗人徐玉诺先生在1928年曾亲自到杨家寻求。但杨家后世凋零，"只留三世孀妇，与世绝缘，无法搜求。杨庄频遭兵火，玉碎瓦中，正不可料。"（徐玉诺《歧路灯及李绿园先生遗事》）

民国初年，在宝丰又有一人打算印行《歧路灯》。他就是清末拔贡、曾执教宝丰宋寨鱼山寺小学堂的郝延寅。他曾先将《李绿园先生家训》交鲁山新民石印局印出。在卷首有他撰写的《李绿园先生传》及附识，文中说："所著《歧路灯》一书，虽属小说，于世道人心确有裨益，仍拟多邀同志印行，以饷社会。"但这一愿望仍然未能实现。到1924年，由热心读者张青莲、杨懋生、李仙园、寇谨斋、李献廷等人发动多人捐资，才在洛阳东街清义堂石印出版了杨懋生家藏的百五回本的《歧路灯》。之后，杨懋生又将这一抄本交上海明善书局出版。蔡振坤在这部1937年出版的四号铅字排印本《歧路灯》的《发刊词》中说：民国二十五年夏，杨懋生再次集资，以家藏抄本寄给他，认定排印八百部。虽然印局将成本误算，赔累很多，但是为了讲信誉，还是依约印行，并乐意为此书写弁言。

然而，这两种《歧路灯》的刊本均据杨懋生的同一家藏抄本刊印，并没有找更多的抄本加以校勘，错讹很多。真正认真据不同的抄本校勘整理并注释而排印出版的是1927年北京朴社本《歧路灯》。此书由著名的河南籍学者冯友兰校阅、冯沅君标点，这兄妹二人的整理工作堪称珠联璧合。此书的卷首载冯友兰序和另一位著名河南籍学者董作宾的《李绿园传略》。冯序是第一篇详尽、全面、系统评介《歧路灯》的学术文章。1928年1月，郭绍虞在《文学周报》发表了《介绍〈歧路灯〉》一文，同年11月，朱自清在《一般》第六卷发表了《歧路灯》一文，都给予《歧路灯》以很高的评价。由此，这部书引起了海内学者的注意。

朴社原拟以四册印齐《歧路灯》，可惜只印出第一本(前二十回)，就因为资金缺乏，馀三册未能印出。最终完成《歧路灯》的整理工作的是栾星先生。

栾星(1923—)，本名栾汝勋，河南洛阳市孟津县人。河南省社会科学院研究员，有明史研究著作多种出版。抗日战争时期就读于河南大学文史学系，后参加中国共产党，从事地下工作，公开职业为记者、教师等职。出版有诗集《呼唤》。解放后在河南省文联任创作部主任。1957年被诬划为“右派分子”，开除党籍，下放农村受监督劳动三年。1962年被安置在河南省图书馆古籍部从事文献整理研究。在这里，他经眼古籍七十万卷，发现了《歧路灯》的巨大文献和文学价值。他以十年的时间，使用十一部底本，查阅了大量的文献，在极其艰难的岁月里，完成了《歧路灯》的辑校、标点、注释、整理、研究工作。栾星先生在《歧路灯校本序》中感慨地说："'文化大革命'中，我被多次抄家，辛勤罗致并据以校勘的底本，包括《绿园诗钞》残卷，除公藏者外，已大都被送进造纸厂。这部校本原稿，只是由于可作为我的'厚古'的'罪证'，而被存入档案室，才幸免于难。"

黑白颠倒的日子终于过去了。1980年，中州书画社将栾星校注整理的百八回本《歧路灯》排印出版后，此书不胫而走，发行了四十五万多套，引起了更多人的研究兴趣，召开了三次全国性的《歧路灯》学术讨论会。在台湾，也有六种据此本翻印的版本在流通。《歧路灯》真正走向了广大读者当中。

卖书人徐元勋

辛德勇

徐元勋是中国书店一位卖古旧书的老师傅，已经去世了。当得知他去世的消息，就想写一点东西。在我的眼里，他就是清人李文藻在《琉璃厂书肆记》里提到的那种“颇深于书”的卖书人。

我买旧本古籍起步很晚，是1992年调到北京工作以后的事情。当时我住在北大附近，海淀中国书店的古籍业务恰在这时重新开张，徐师傅被经理梁永进从琉璃厂大库请来，负责经管古籍。由于来往近便，那一时期我竟把逛海淀中国书店当作了日常的消遣。也就是在这时，我正式开始试探着买一点古籍，并很快熟悉了徐元勋师傅。

王锺翰先生在《北京厂肆访书记》一文中曾经写到：“厂肆书贾，非南工即冀州，以视昔年之多为江南人者，风气迥乎不同。重行规，尚义气，目能鉴别，心有轻重。”王先生这篇文章写在1950年，说的是解放前三、四十年间的情况。徐师傅确切的籍贯我说不清楚，但肯定是河北南宫、冀州一带人则没有疑问，并且也是解放前在琉璃厂学徒出身，其乡前辈“重行规，尚义气，目能鉴别，心有轻重”这些特点，在他身上都有所继承和体现。

卖古书的人从业时间久了，单纯搞搞版刻鉴别，做到“目能鉴别，心知轻重”，应该说并不算难，特别是现在宋元乃至明初版本都很少见，日常经手的大多是明嘉靖以降的版本，鉴别起来尤其没有多大难度。难的是分辨学术流别，了解古籍的文献价值和学术价值，过去孙殿起、雷梦水辈优长于普通书商的地方正是在这一点上。卖书的人不比做学问的人，懂得什么书有学术价值是不必写文章宣扬的，他手中衡量价值的尺度就是价格，通过价格来体现书的价值。

记得大约是在1993年，我在海淀中国书店徐师傅那里见到一部乾嘉间原刻本清孙志祖著《家语疏证》，书仅一册，却标价高达八十元。八十元在今天固然不足道，但是当时像这样一本普通方体字清刻本，在北京往贵里说一般只是二三十元一册，八十元是普通明末刻本的价格；我在这前后也是在他那里买下的大名顶顶的康熙原版林吉人写刻《渔洋精华录》，一套四册，也不过八十元而已。除了徐元勋师傅，恐怕很少有人能给《家语疏证》定出这样高的价格，然而这却自有他的道理。《家语疏证》乃是孙志祖辨明审定《孔子家语》为伪书的辨伪名著，其对于《孔子家语》之价值，犹如阎若璩《古文尚书疏证》之于伪古文《尚书》，为研治古代学术史者所必读。而此原刻本流传稀少，并不多见，我曾核对过几家图书馆收藏的所谓原刻本，其实都是后来的翻刻本。当时我初涉此道，弄不明白他何以会定出如此高价。直到大半年后业师黄永年先生来京，命我陪侍到店里看书，一看此本大叫好书，当即指点我将其收入寒舍(此书后来因永年师以赏赐黄丕烈代古倪园沈氏刻《四妇人集》而索敝藏道光陆建瀛木犀香馆刻本《尔雅义疏》，我便一并把此书也奉呈业师藏弆，被永年师收人所纂《清代版本图录》),我这才明白个中道理。

这次陪侍永年师访书，永年师在徐师傅那里买下了一部日本东方文化学院在二十世纪三十年代用珂罗版影印的高丽藏本《大唐西域求法高僧传》。此书一套四册，徐师傅定价二百四十元,而当时买一部部头相当的普通明末刻本,如南监本和汲古阁刻《宋书》、《南齐书》、《梁书》、《陈书》、《周书》之类,价格也不过如此。书上架已近一年,却始终无人问津。一次我对他说,这书不过是一部影印本,标价未免太高,恐怕很难卖出去。徐师傅则笑笑说,这书你不懂,你老师懂,是本好书,很难得的。果然永年师一见即满脸欢喜,收入囊中,并告诉我说,这是传世《大唐西域求法高僧传》最好的一个版本,当时印行不多,传入中国的更是寥寥无几,对于研究中外交通史和唐代历史来说,都是难得的佳本，不能因为是影印本而等闲视之。后来我有机会到日本东京访书,前后跑过不下二百家旧书店,也始终没有见到此书,可知确是难得一遇，心中对徐元勋师傅和黄永年先生不能不逾加叹服。

有了这样一次经历之后,我就常主动向徐元勋师傅讨教,从他那里学到许多版本目录学知识。后来国家给古旧书从业人员评定职称，徐元勋师傅成为全国为数不多的获得高级职称者之一，他很高兴地向我讲述了评定结果。以他在古籍版本目录方面的学识,这当然是受之无愧的。

徐元勋师傅在海淀中国书店是给国营店当伙计，替公家经管书,这与过去个人开书铺性质完全不同,不宜随便自做主张,因此不好按过去的标准看待他对顾客是不是很讲“义气”。我经济能力有限,买的书很少,且都是人家拣剩不要的滞销货,所以虽然和徐师傅很熟，却没必要让他给我预留什么好书。不过据我所知，他对有需要的老顾客和朋友，确是常常会预留出所需要的书籍的。徐师傅给我的帮助，主要是帮助我调换过几次书籍，尽管送给书店的书籍价格要远远超过换回的书籍，书店是有得无失，而我得到了自己更喜欢或者是更有用的书籍，还是要感谢徐师傅体谅读书人的情谊。如我所得清人曾燠《赏雨茅屋诗集》的嘉庆九年初刻八卷本，虽然定价仅三百元，但当时还是苦于手边无钱，便用旧存康熙刻本《容斋随笔》与之易得。对于书店来说，《容斋随笔》要远比《赏雨茅屋诗集》好卖，且能卖上更好的价钱；而对于我来说，不仅通行的后刻二十二卷本《赏雨茅屋诗集》与此初刻本不同，紧接着此本之后在嘉庆十五年编刻的第二次刊本，就刊落了初刻本中的许多内容，此初刻本具有独特的文献学价值，且流传不多，得到了自然很是

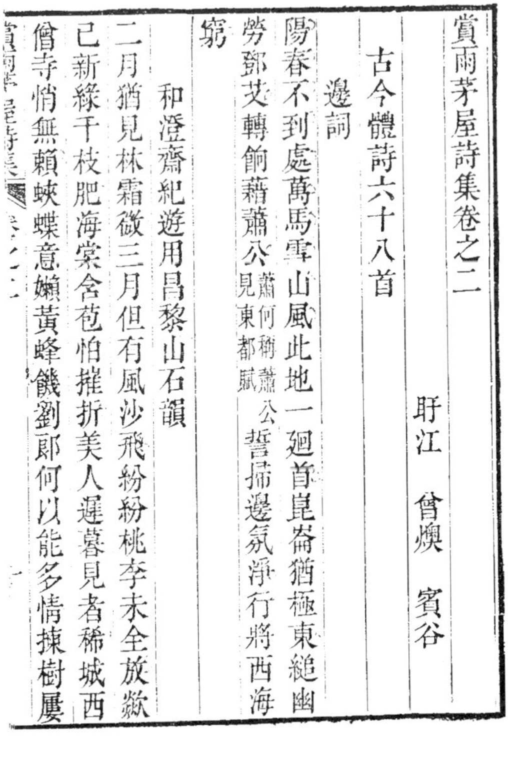
賞雨茅屋詩集卷之二
盱江 曾燠 賓谷
古今體詩六十八首
邊詞
陽春不到處萬馬雪山風此地一廻首崑崙猶極東縋幽
勞鄧艾轉餉藉蕭公（蕭何稱蕭公見東都賦）誓掃邊氛淨行將西海
窮
和澄齋紀遊用昌黎山石韻
二月猶見林霜微三月但有風沙飛紛紛桃李未全放欻
已新綠千枝肥海棠含苞怕摧折美人遲暮見者稀城西
僧寺悄無賴蛺蝶意嬾黃蜂饑劉郎何以能多情揀樹屢
賞雨茅屋詩集 卷二 一

高兴。其实对读者的“义气”不一定是具体提供什么方便，更重要的是一种相互理解与沟通的情谊。我虽然常去看书，而且总是把书架从上到下，一翻到底，最后却很少买书，可他从不厌烦，总是笑着和我闲聊，出去上厕所或办事时还经常让我帮助照看门面，这种尊重和信任，使人温暖，也就更加愿意到店里看书。现在我能多少粗知一点古籍版本的皮毛知识，首先是要感谢业师黄永年先生的教授指点，另一方面就是得益于这几年在北京书肆上浏览古籍摸索出的实践经验。徐师傅主管海淀中国书店古籍业务期间，为我浏览古书提供了十分惬意的环境。

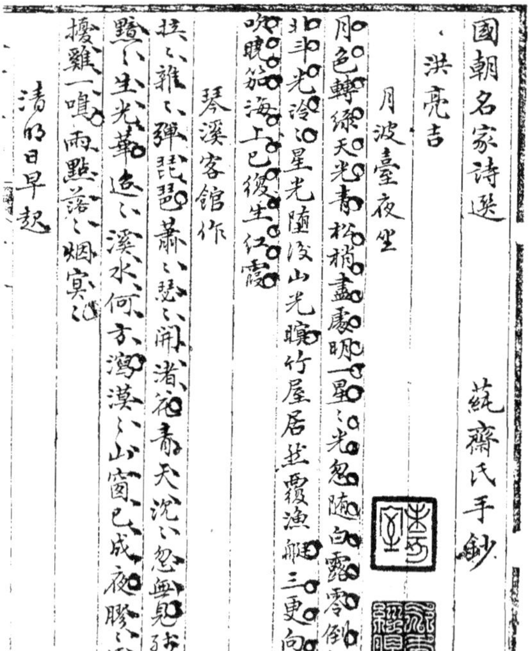

徐师傅体谅和尊重读者，还体现为注意遵守执业的规矩。所谓“行规”，对读者主要是要讲信用，不能随意胡来。读者看到想要的书，让店里先单留出来，过些日子或交钱来取，或改变主意不要，由读者随意决定，这是经营古旧书的老规矩。不管是谁留书，徐师傅对此均一律恪守不爽。说到这里,我不禁想起前些年琉璃厂某书店有一位管古书的仁公,读者一留下什么书他就把书藏起来或另行卖给别人，不仅毫无信义可言,简直匪夷所思,不知其是何心肠。相比之下,也就显出了人品的高下。一次我在徐师傅那里找到两册清末黎庶昌手写的《国朝名家诗选》,徐师傅一看定价仅三百元,连连说是别人帮助上架，搞错了书价。这是一批徐师傅和梁经理在四川刚刚收来的书籍,收书时徐师傅就盯上了这本书,准备卖个好价钱,不料被我拣了个便宜。尽管心里很是遗憾，但照规矩既然已经标价上架,也就只能忍痛出售,徐师傅还是按规矩把它卖给了我。

在海淀中国书店工作几年之后,不知是因为年龄大了,还是其他什么原因，徐元勋师傅退休了。退休后徐师傅曾在什刹海边的荷花市场开过一家旧书店,我到店里去看过他一次,他送了我一部清末什么人的诗集。这书本无关紧要，可他的生意经营得并不好,送我一部书,也是很珍重的情谊。这也是前面所说的古旧书业崇尚“义气”传统在他身上的表现。没退休时是给公家做事，当然不好拿东西随便送人。记得他书店的店名好像就是承用李文藻《琉璃厂书肆记》中提到过的陶氏“五柳居”。不过他这家店没经营多久就关门歇业了,此后则在家中收售一些古籍,偶尔也被一些书店请去临时帮助做做价。

徐师傅喜欢喝一点儿酒，而酒量似乎不大。在海淀工作时，南京图书馆的版本权威沈燮元先生正住在北京图书馆编纂《中国古籍善本书目》,一个人住在北京,闲暇时常到书店里来消磨时光。徐师傅便时或与沈先生相聚小酌,面红耳赤地共忆书林盛事。这些话就都是不可与我辈后生小子相共语的了。

徐师傅家住在隆福寺中国书店的后面，退休后我到他家里去过两次。虽然他在家里还零星卖一点儿书，但我并不是找他买书,只是想看看他。第二次去时徐师傅一定要请我吃饭,结果到附近一起喝了些酒,他有些醉意朦胧,说要送我一部光绪刻的《亭林遗书》，供我作研究之用。这书部头较大，是能卖些钱的，而徐师傅老伴儿从来就没正式工作,家里很不宽裕,所以我不能接受,婉言谢绝了。他的这一份心意,让我很是感动。这次见面后因为工作太忙,很长时间没去看他,没想到后来就听到了他病逝的消息。

古旧书业工作者对于传承学术事业,具有特殊作用,过去的文史工作者一向很重视他们的劳动，珍视与他们的交往。过去在琉璃厂曾看到过一幅前清遗老金梁为北京悦古斋古董店老板韩德盛撰写的墓志，记述了韩氏帮助罗振玉搞到八千麻袋内阁大库档案的经过。那真是情辞并茂,神彩飞扬,动人耳目。虽然写的是古董商而非旧书商，我还是希望能在这里写出那样富有文采的文字来。可惜拙于文辞，仅能直述对于徐元勋师傅的一些印象,作为卖书人与买书人相互交往的纪念。

日本的古寺与古经

——访京都大德寺和名古屋七寺

李际宁

由于工作关系，接触了一些中国和日本的古代写经。中日两国古代文化交往频繁，两国的古代写经也颇为相似，特别是在写经用纸、写经工艺、装帧特点、文献内容等方面，互有影响，简直达到不分彼此的地步。至今，在中日两国，都还保存着大量对方的古代文献，特别是在日本，还保留了大量的中国已经失传的古经，这一切都吸引着我向往着能够身临其境地去感受和一饱眼福。1998年，在日本学者的帮助下使我得以考察了日本许多寺院和藏书单位，对日本的古刻古抄，也包括中国宋元明清的刻本藏经做了些调查和研究。在此，介绍两座日本的佛教寺院及其收藏的古经。

京都大德寺

龙宝山大德寺，日本临济宗大德寺大本山，日本临济宗十五派之一。大德寺位于京都市内北部，北大路通从寺前穿过。鳞次栉比的院落与茂密的绿化带将喧闹的大街与寺院隔开，颇有闹中取静的意趣。佛殿前一株参天古柏，树冠如云，看样子已经有不少年月。据说，一般日本的寺院并不种柏，植柏的寺院，往往是禅宗的临济宗派，盖取典于赵州和尚的“庭前柏树子”。

大德寺创建于镰仓后期的嘉历元年（1326），第一代祖师宗峰妙超（1282——1337）得到花园天皇的尊敬，被赐“兴禅大灯国师”，后醍醐天皇又加赐“高照正灯”称号。五十六岁圆寂后，留下语录若干卷及《夜话卷》一卷，从此法脉流传。今寺内的方丈、唐门，都被定为国宝。

寺内有藏经阁，日本称之为“经藏”，有上下两层，上面一层收藏着一大批日本古写经。这里仅选择几件代表略做介绍，藉此可以看到日本古代写经的风貌。

1.《正法念处经》卷第十八

古写本，卷轴装，书法颇类唐人写经，卷末书“维天平十五年岁次癸未五月十一日佛弟子藤三女稽首……”云云。

这个“藤三女”，就是赠正一位太政大臣藤原不比等（650—711）的三女儿、圣武天皇（724—749）的皇后、日本历史上鼎鼎著名的光明皇后。圣武天皇在位时期，光明皇后与曾经入唐的留学僧玄昉等致力于推进佛教的传播，帮助天皇创建了东大寺、法华寺和国分僧、尼二寺，并热衷于施舍和组织抄写佛经，使日本佛教得到极大地发展。天平年间，光明皇后为祭奠父亲藤原不比等和母亲橘三千代，也为祈愿皇权巩固、国家太平，在宫内大规模地组织抄写和施舍佛经。今天，流传下来有她的题记的写经被视为国宝。

光明皇后的施经，依据题年时间的不同分为两大类，一类署“天平十二年五月一日”，称为“五月一日经”；一类署“天平十五年五月十一日”，称为“五月十一日经”。大德寺所藏这件，就属于“五月十一日”写经。

关于“光明皇后写经”的地点，长期以来有不同说法。其一认为，这些写经实际是在中国抄写，输入到日本以后被加上了光明皇后的发愿题记，杨守敬《日本访书记》就持这种观点。另一说则认为是光明皇后设在宫中写经所内的经生抄写。其实，“天平”时期（729—748）正值唐开元（713—741）、天宝（742—756）年间，这时中日文化交往频繁，这种交往的影响反映在日本古写经上也很明显，不论是写经用纸，还是抄经字体，都与唐代的宫廷写本相似，纸质薄而坚韧，簾纹细密，纸染黄，字体圆润疏朗，类似唐人官楷，由此可见唐代文化对日本影响之一斑。不过，从另一个角度说，这也增加了判断这些古经到底是抄写于中国还是抄写于日本的难度。

光明皇后施入经国内一些单位也有收藏，中国国家图书馆就收藏有两件，甚可宝贵。

2.《大威德陀罗尼经》卷第十

古写本，每纸二十一行，行十七字，卷尾年款题“天平胜宝八岁”，即公元756年，相当于唐肃宗至德元年。经首钤“善光”二字阳文水印，色橘红，楷书写体，纤细古朴。这件写经的字体方正、疏朗而又运笔有力，是尼善光施经的典型代表，类似的写经偶尔还可以在其他古寺中见到。在放大镜下观察，橘红色“善光”二字，闪烁着矿物质特有的光芒，这是用朱砂调印的效果。日本用印的习惯，一般说，在镰仓以前的古印多用朱砂水印，色泽鲜亮，印在纸上有一层薄薄的凸起感。日本的古印从印纹风格到印泥用料，都与中国有相同的地方。敦煌遗书中存有唐代古印，朱墨两色都有。一般官方文书用朱印，寺院藏经则不一定。日本古寺亦如此，寺院藏经用印，朱墨均有。由于是水印，钤在纸上的感觉与明清时代那种浓厚的油印风格不同。另外，用水印还有好处，依照古代经卷装潢的工序，写经之后要用熨斗将经卷接缝的地方熨烫加固，如果经卷用油印，经此一熨，印油极易扩散，而水印可防此弊。

3.《中阿含经·根本分别品》第二

古写本，每纸二十一行，行十七字，有“天平宝字三年”，即759年题记，卷尾又有“用縠纸廿六张”的题记。“縠”即楮，在中国是一种常见的灌木，皮可造纸。中国用楮皮纸的历史，至少可以追溯到魏晋时期，今天我们还可以在敦煌遗书中见到大量楮皮纸写经。日本原来没有用楮造纸的工艺。610年，在高丽的中国僧人昙徵等到达日本，应圣德太子之命，在日本大量植楮并造楮纸。但是，那个时期的日本与中国相同，使用最多的还是麻纸，楮纸的大量使用要在八世纪晚期以后。因此，大德寺这件八世纪中期的縠纸写经，就更有特殊

打纸图

意义。

尽管中国和日本在造纸的原料和工艺上基本相同，但是在加工工艺上，日本又有其独特之处。比如涂布的工艺，中国纸是在抄纸、晾干等工序之后，在纸上刷涂白色矿物粉粒，再施研光。而该寺收藏的古写本《一切法功德庄严王经》则不同。该件纸质较厚，通卷色白，纸面似涂粉，在放大镜下观察，涂粉的颗粒清晰可见。据日本学者介绍，这是在造纸时就将一种称为“香药”的粉粒撒在纸浆中，搅拌均匀，随浆抄出。这样除了纸张有一定香味外，还有两种功能：一是防虫，有点像我国用黄檗染纸防虫的意思；其二，抄纸的时候湿纸一张张叠在一起，容易分离。

笔者还看到一张收藏于国立京都博物馆的“打纸”图，僧人持一叠纸锤打，旁边有僧握刀裁切成型。“打纸”的工具是一砣悬吊的铁锤，纸就放在平滑的石头上锤打。据说经过这种工艺锤打过的纸，质感坚挺，细密光滑，往往用于比较讲究的经卷，或者用于书画装裱。这种工艺与中国造纸工艺中的砑光不太相同，大概是一种特殊的工艺，是否大规模使用，不得而知，笔者也没有看到中文文献有关这方面的记载，故存此一“说”。

名古屋七寺

七寺位于名古屋市中区门前町。寺院的范围不大，只有僧堂、方丈、藏经阁等不多几间房舍，又位在闹市中，尽管院门处矗立着“准别格本山七寺”的标志，但一般人是不会驻足注意的。

七寺创建于奈良朝后期，天平七年(735)僧行基开基传法，当时称正觉院。仁安二年(1167)，尾张权守大中臣朝臣安长与女婿丰后守亲实，为安长亡故的女儿、丰后的妻子祭奠祈福，舍财起伽蓝和僧堂，改寺号稻园山长福寺。承安五年(1175)至治承三年(1179)的五年间，安长施请寺内住持荣芸率弟子抄写一切经以为供奉，共五千多卷。据《尾张史料——七寺一切经目录》记载，由于当时在七寺附近寻不到底本，便又专程到京都在清水寺建立抄经场，借用法胜寺的古经抄写校勘。明治三十三年(1900)，这些古经被定为国宝。1945年名古屋遭到轰炸，七寺几乎所有建筑都被烧毁。所幸的是，轰炸前这些古经被转移保护了起来。八百多年过去了，七寺经历过战乱和天灾，至今保存的经典依然有4954卷，其中有卷轴装，也有经折装。

七寺的藏经阁在靠近院门的地方，由栅栏围护着，四周还种植了树木，4954卷古经就保存在这里。古经按照

七寺藏经阁

佛经目录的次序收藏，装它们的是一个个黑漆木箱，称为“唐柜”。唐柜有盖，盖的背面用朱漆书写本柜存经的目录。为首存放《大般若经》的唐柜盖上，还写着长长的《起请文》：“后后将来，寺家不集来者，独窃不可开唐柜事；后后将来，虽强缘昵人，不可奉借出他国他境事”云云，直是一篇看经读经的“藏书规约”。

笔者有幸考察了七寺及其写经，这里也选择几件略做介绍。

1.《马鸣菩萨传》一卷

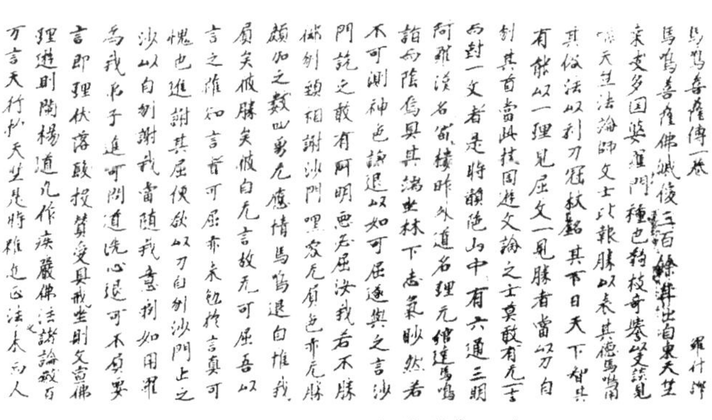

馬鳴菩薩傳一卷　羅什譯
馬鳴菩薩佛滅度三百餘年出自東天竺
桑岐多国婆羅門種也豹枝奇驚笑談見
中天竺法論師文士比報勝以表其德馬鳴
其俗法以利刀冠杖銘其下曰天下智者
有能以一理見屈文一見勝者當以刀自
刎其首當與技国遊文論之士莫敢有先言
而封一文者走將顏隨山中有六通三明
阿羅漢名富樓那外道名理元館達馬鳴
詣而陰爲與其論於林下志氣眇然若
不可測神色諦退以如可屈遂與之言沙
門說之較有阿明悉若屈汝我若不勝
㭊剣頸相謝沙門嘿然無負色亦無勝
顏如之數四馬無應情馬鳴退自惟我
負矣彼勝矣彼自無言故無可屈吾以
言之誰知言皆可屈亦未勉於言真可
愧也進謝其屈便欲以刀自刎沙門止之
沙以自刎謝我當隨我意剃如用罪
爲我弟子進可問道洗心退可不負要
言即理伏落髮投質受具戒坐則文富佛
理進則闡揚道化作疾嚴佛法諦論較百
万言天竹於天竺是時稚也正法太而人

《马鸣菩萨传》一卷

经折本，由卷轴式改装，全长87.9厘米，纸

宽25.4厘米，硬黄纸，上下边朱栏，行界墨栏。卷首题“马鸣菩萨传一卷，罗什译”。《马鸣菩萨传》的译者是后秦鸠摩罗什，该传自收入隋代《法经录》后，各家经录及各种刻本大藏都有收录，本无异议。然而，日本的学者在调查了七寺古抄本《马鸣菩萨传》后发现，它的内容与通行本完全不一样。七寺本开篇云：“马鸣菩萨，佛灭后三百馀年出自东天竺桑歧多国婆罗门种也，弱枝奇誉，以文谈见称。”而《大正藏》本则云：“有师名马鸣菩萨，长老胁弟子也。时长老胁勤忧佛法，入三昧观谁堪出家广宣道化开悟众生者。见中

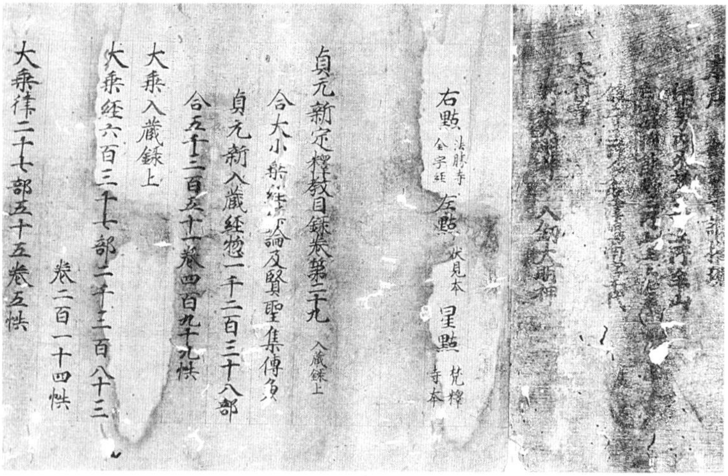

《贞元新定释教目录》卷第二十九

天竺有出家外道，世智聪善变通论议，唱言若诸比丘能与我论议者，可打揵椎。如其不能，不足公受人供养。”这位“中天竺出家外道”者，即马鸣菩萨也，可见七寺本与传世本有着完全不同的系统。

日本学者说，七寺本《马鸣菩萨传》抄写于平安时代末期（1175—1180）。平安写经的底本来源于唐写本。在中国，《马鸣菩萨传》曾被多种文献引用，而《历代三宝记》、《法苑珠林》、《慧琳音义》、《可洪音义》等佛教典籍引用的《马鸣菩萨传》，都属于七寺本的系统。

与七寺本系统相同的《马鸣菩萨传》，在京都的兴圣寺也保存着一卷，那是镰仓时代的抄本，文字略有出入。

2.《贞元新定释教目录》卷第二十九、卷第三十

卷轴装，硬黄纸写本，上下边朱栏，行界墨栏，纸幅高27.2厘米，卷二十九总长26米馀，卷三十长21米。前卷首题“贞元新定释教目录卷第二十九入藏目录上”，后卷首题“贞元新定释教目录卷第卅入藏目录下”，两卷末尾记录的抄写时间是安元二年(1176)十月九日至十八日。卷第二十九的卷端墨书题识：“右点法胜寺金字经，左点伏见本，星点梵释寺本。”这个所谓“左点”、“右点”、“星点”，是指本件经目上端不同位置点标的“点”或“星”形符号，表示某条经目的校勘底本。其实，法胜寺经也罢、梵释寺经也罢，都是平安时代写经，其源头应追溯到唐朝输入的古本写经。

七寺这两卷经录很特别，举例说，卷二十九每条经名下应该依次小字标注译著者及时代、用纸张数，有的条目下还要注明首题、内题及与其他经是否同本。但是，以高丽藏为底本的《大正藏》则不同，除“贞元新入目录”者标明译著者外外，其馀各条全无译著者。说明刻本大藏经发生了与写本阶

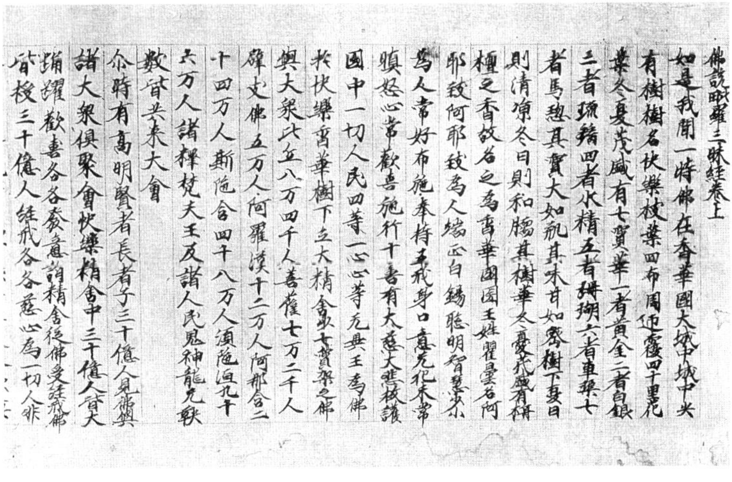
佛說毗羅三昧經卷上
如是我聞一時佛在香華國大城中城中央
有樹樹名伏樂枝葉四布周匝覆四千里花
葉冬夏茂盛有七寶華一者黃金二者白銀
三者琉璃四者水精五者珊瑚六者車渠七
者馬瑙其實大如瓶其味甘如蜜樹下夏日
則清涼冬日則和暖其樹華冬夏常盛有樹
種之香故名之為香華國國王姓瞿曇名阿
耶致阿耶致為人端正白皙聰明智慧淡小
為人常好布施奉持五戒身口意無犯未常
瞋怒心常歡喜施行十善有大慈大悲謙讓
國中一切人民四等一心心等充典王為佛
於伏樂香華樹下立大精舍以七寶架之佛
與大衆六五八万四千人菩薩七万二千人
辟支佛五万人阿羅漢十二万人阿那含二
十四万人斯陀含四十八万人須陀洹九十
六万人諸釋梵天王及諸人民鬼神龍无鞅
數皆共來大會
尒時有高明賢者長者子三十億人見佛與
諸大衆俱聚會伏樂精舍中三十億人皆大
踊躍歡喜各各發意詣精舍從佛受戒佛
皆授三十億人經戒各各慈心為一切人作

《佛说毗罗三昧经》卷上

段不同的变化。

再如，《大正藏》卷三十末《护命放生仪轨》以下紧接《次后不入藏目录》，而七寺本《护命放生仪轨》之下多出了三十五部经目录，这三十五部都属于三阶教典籍，每种经目下还注明抄经用的纸张数。三阶教由隋释信行禅师创立，历史上曾多次被禁止。《大周刊定众经目录》和《开元释教录》引用皇帝敕令，说三阶教典违背佛意，将其从经目中删去，从此三阶教典不再入藏，而七寺本里竟然保留了《贞元录》的原始形态。

3.《佛说毗罗三昧经》上下卷

原装帧为卷轴式，大约在江户时代改为经折装，硬黄纸，卷上三百八十行，卷下三百八十三行，行十七字，上下边朱栏，行界墨栏。

齐梁间僧佑（445—518）撰《出三藏记集》引东晋道安的观点，说疑伪经是“泾渭杂流，龙蛇并进……意谓非佛经者”，将一批所谓佛典剔除在正经之外，其中就有这部《毗罗三昧经》。僧佑以後，大部分佛经目录都把《毗罗三昧经》判为疑伪经，禁止流通。但是，长时间以来这部疑伪经不但没有禁住，其文字甚至被《法苑珠林》、《诸经要集》等不少文献直接或间接引用。大约在唐代晚期以後，这部经和许多疑伪经一样逐渐在中国失传了。传到日本的这部虽然在较长的一个时期内还曾流传，但后来也竟湮没了。

其实，名古屋七寺保存的古逸经还有许多，都有其特殊价值。比如，在《出三藏记集》和《续集古今佛道论衡》等卷尾，竟抄有“大宋开宝九年丙子岁奉敕雕造，太平兴国八年奉敕印”、“大宋太平兴国元年丙子岁奉敕雕造，太平兴国八年奉敕印”等题识，这是《开宝藏》的遗迹。这些古逸文献已开始引起学术界的关注。有学者说，二十世纪敦煌遗书为学术界提供了新的资料，新世纪里，我们也许应该多关注日本奈良和平安时期的古逸文献。

对我们来说，还有可供借鉴的。在中国，由于佛教寺院的特殊性质，“外人”一般不易得见其藏品，当然更谈不上使用与研究，也许这就错过了研究的机会。另外，学术界也应该加强与佛教单位的合作，加强调查，研究的目光也应该关注到那些过去不太注意的地方。

《中国画报史》猜想

谢其章

我常常暗自嗟叹，恐怕今生今世也难以看到一部图文并茂的《中国画报史》了。想象中这部书的模样：地道的精装，疏朗的开本，考究的版式，彩色与黑白书影交叉其间，文字生动有趣味，不是危襟正坐正经正史的老八股写法。还有一个不合时宜的私念，就是采用繁体字，显示厚重。画报史，以个人微薄之力可怜的私藏难以担此重任，跑图书馆吗？又是那么繁文缛节戒备森严。个人不成，但是那些个目光四射的出版家也没有注意过这个有趣有意义而又是空白点的选题吗？中国这史那史写了几千部，流氓有了流氓史，娼妓有了娼妓史，何以一部画报史被冷落了呢？“读图时代”，怀旧恋昔，老画报多么适宜。

藏书，按照旧的理念，自然以唐写本，宋元刻本为正宗货色。随着时代的推移，“善本的标准”也守不住了，下限逐代往下滑，明清的本子择其善者也能入流了。到了现代，藏书的概念更宽泛了，虽然仍旧有周叔弢在制定他的“五好标准”，虽然仍旧有周越然宣扬他的“闺女寡妇野鸡论”——“对于那种读书不考究版本的人，我可说一比喻，以见他们的错误。宋元本和各精本，可比闺女。翻刻本或影印本好比寡妇。至于随便石印或排印的本子，简直是下贱的'野鸡'"。但已有一批新型藏书家不听那一套了，阿英的《辛亥革命书征》、《晚清文艺报刊述略》，表明近代铅印书刊也大有可为。连周叔弢本人也在捐出标准的善本之后，又玩起了活字本，几年之中积以五百部。笔墨当随时代，藏书怎么能与时代完全脱节呢？唐弢的"书话"，几十年来一直是爱书人的"购书指南"，这是食古不化的藏家想象不到也接受不了的现实。

老画报，无疑是现代藏书范围中一个极有意义同时又极具难度的品种，年代不过百馀年，感觉像是极遥远的事物了。现代文学馆副馆长吴福辉先生在《漫议老画报》中说："在现代期刊发生发展的长时段里，画报的地位原本要比我们想象的重要。出版的数目，深入到民众日常生活里面去的程度也都相当不可忽视。现在要我们开列一个完整的无一缺漏的画报类刊物的名单，几乎是不可能的。因为它们长时间地位卑微，被认为是低级的文化读物，甚至不被视作刊物，一个世纪以来的公私图书馆也没有专心地将它们搜罗齐备过。于是，各种画报画刊旋生旋灭，像一群快乐的流浪汉，在正史上不留多少痕迹，以至于现今要从尘封的书架上寻觅到它们的踪迹，也难乎其难了。许多画报仅存名字，专业的研究者都见不到实物。它们所受后代的怠慢及曾得到同代人的青睐，适成反比。"

在迷茫之际读到吴先生的长文，真有"空谷足音"之感，还是有人关注老画报的。且慢高兴！吴先生毕竟是专业人士，有条件读到老画报，所以他的感叹不见得能唤起大多数读者的兴趣，刊载《漫议老画报》的那本杂志马上又回到从前的办刊老路，不再登老画报之类的文字了。"后代的怠慢"是每个时代的通病，何止画报如此。画报是易碎品，时光境迁，当它被重新唤醒时，其价格竟数十数百倍于从前，看看封底的旧定价签，再看看新贴上去的定价，二相比较，凉气倒吸。在北京的旧书店，一册品相九成的老画报创刊号定价在三、五百元之谱，封面极具

“睁眼效应”的还不止此数。去秋，中国书店古旧书刊拍卖会上亮出几组老画报，悉数拍出。当场的品种有《良友》、《人生画刊》、《美术生活》、《环球》、《图画时报》、《大陆画刊》、《红玫瑰画报》、《文华》、《展望》、《联华画报》、《妇人画报》、《生活画报》十数种，价格尚合理，我拍下《展望》《文华》《人生画刊》几种，其中《展望》1—9期较理想，出刊时期为1939年1月—1941年2月，可想见其特殊年代的风貌。查目录，馆藏单位甚少。《展望》创刊号的封面是“影后”胡蝶，想当年《良友》第一期的封面也是胡蝶。

《良友》为现代画报中最著名者，出172期。查联合目录，竟无一家存有全份。二十世纪八十年代上海书店影印全份《良友》，估计是集全国之力了。预告影印本的价格是二千六百

元，待面市时已调至五千二百元，我屡屡翻阅又屡屡被其价吓退，谁知以后又调至八千馀元，再以后竟脱销了。影印本为二十六巨册分装数个纸箱，端的大工程！近来北京报国寺文化市场接连出现《良友》，皆被书贩一抢而空，以奇货自居，合订一册（一年）索价一千五百元。

写文章回忆《良友》画报的大有人在，马国亮先生有连载《〈良友〉忆旧录》，极详尽。据闻，马国亮藏有全份《良友》。赵家璧先生也有七千字长文回忆《良友》。作为当年《良友》的当事人，他们的记叙更可信更可读更生动。其他画报，烟飞灰灭，鲜见有大块文章回忆的。

影印老画报还有一大工程——《北洋画报》全份 1587 期。是北京书目文献出版社的大工程，也出版于八十年代，与《良友》工程前后脚。《北洋画报》底本为北京图书馆旧藏，旧藏系中国书店以三千元转售。《北洋画报》影印本三十三卷（册），最后一册为索引。当年售价为五百一十元，现在市面已绝迹，有人出价三、四千元回收。“影印本”虽非“野鸡”，但读来感觉确实差远了，尤其是图片效果，相去甚远。如果为寻求资料，影印本也够了。新版《辞海》“宋春舫”条下，宋春舫的照片据说百觅不获，最后是从《北洋画报》上找到的。

我最近得 1946 年《上海画报》及《中国生活》画报零

本,《上海画报》前几年嘉德公司拍卖过。后来翻查资料,始知二者为同一刊物,只是中途变换名字罢了。又如我以前收存的《中华画报》数十册,一直以为是同一刊物,后来无意之中发现是二种《中华》,外观上确实太相似了。不是说藏书要考据版本吗?画报的版本也是来不得半点马虎的。画报史的难产与难以见到原物有关,不经手数百种各个时期的大小画报,何以谈"史"?

老画报以前也并非没有人提及过注意过,萨空了个人当年

收藏画报甚丰——"惟以现正搜罗中国画报,拟编《中国画报史》一种"(1931年《五十年来中国画报之三个时期》),还说他的友人梁芸斋"为一画报收藏家"。萨空了心血所蓄皆毁于战火,雄心万丈的《中国画报史》自然也化为灰烬了,可惜,可叹。虽然还曾听说过别有大家收集画报,但直言为画报做"史"的,似乎仅萨空了一人矣。

画家刘凌沧亦喜集画报,曾于四十年代北平《立言画刊》上撰文《中国画报之回顾》、《盛极一时之中国画报》,刘的画报收藏当在二百种以上。《北洋画报》主办者冯武越也喜欢收集画报。在《北洋画报》上有不少谈论画报的篇章,如《画报谈》、《平沪画报潮之涨落》、《画报进步谈》、《宣统末年在北京创刊之菊侪画报》、《中国最初之铜板画报》、《天

津二十四年前出版最早之“人镜画报”》、《画报在中国有二百年以上的历史》、《略谈画报之文字》、《“飞影阁画报”附赠之画粹》、《石印画报中最进步之“世界画报”》等。其中有文提及侨法人士在巴黎创办的中文画报《世界》,1907年创刊,仅出二期,为画报丛中之“白眉”。我于北京地摊见有人出售全份《世界》,索价二千元,谈价之际,画报被“三只手”窃去,买卖双方均懊恼不已。

写过《中国报学史》的戈公振先生评说画报之重要性——“世界愈进步,事愈繁赜,有非言语所能形容者,以籍图画以明之。”所以不单单是在浮华若梦的大都市生产大画报,在战火硝烟中的革命根据地,尽管条件异常艰苦,也想方设法出版画报,以壮革命之声势。如太行山根据地的《战场画报》,极其著名的《晋察冀画报》,封面设计何等大气!在“敌后之敌后”的《冀热辽画报》,是在仅有几户人家的山沟里印制出来的,创刊号仅五百本,每本定价边币三百元,留存至今已属珍贵的革命文物了。

解放后出版的画报,最著名的当属《人民画报》了,它自1950年7月创刊至今连续出版,堪称奇迹。《人民画报》“50周年纪念特刊”展示了它半个世纪的626期的全部封面,如诗如画,如歌如泣,犹如一部新中国发展史的长画卷,凡是与新中国同呼吸共命运的读者无不为之感奋动容。《人民画报》《解放军画报》《民族画报》被称为新中国的“三大画报”,其他各省市自治区出版的画报也是一个庞大的群体,收集这些画报的难度甚而不亚于解放以前的。我们已经在百年之内没有对画报史做一全景式的回顾了,新世纪伊始,还要拖个百年不成?

岁月不再,时光流逝,兵灾水火的劫难,生离死别的瞬间,沧海桑田的巨变,画报留给后人永久的历史定格。所以我,盼望着,盼望着,一部《中国画报史》的诞生。

百年藏板重现记

宁荫棠

1999年深秋，秋雨绵绵，章丘市埠村镇西鹅庄村村民李应顺家年久失修的老屋开始漏雨，雨水从塌落的檐角渗入墙内，墙角的土坯被撑开了缝，露出了已被雨水泡得发胀的木板。他取出一块一看，只见被雨水浸泡的木板上雕满密密麻的字，字迹依旧清晰可见——这是块印书用的雕板，只是深藏在他家三间老屋土坯墙中的数千块雕板中的一块，却是他祖上传留下来的百年旧物了。

李应顺1949年生于李氏书香门第，是这批雕板主人的第五代孙。祖上“唯有读书高”的文化传统，使他在家庭并不富裕的境遇里完成了初中学业，成了二十世纪六十年代村内为数不多的文化人。相比起来，李应顺的大哥李应平就幸运多了，他1944年离家参军，到全国解放时由战士成了指挥员，到1963年，他已是广州某部队的副司令员了。兄弟四人，李应顺最小，三岁时父亲就去世了。二哥、三哥先后成了国家干部。只有他守着祖上留下的一套前厅后楼的青砖瓦院落，过着日出而作、日落而息的农家生活。关于家中老屋内藏板之事，只是听几个哥哥说过，连他母亲也不清楚这批藏板的来龙去脉。那是“文革”的前一年，大哥从广州回家探亲，把兄弟几个约成一块，来到家中村头的闲院子里，指着院内的三间老南屋对应顺说：“俺兄弟三个都不在家，这座老屋就是存放刻板的地方，你在家要好好地看着。”

如今，老屋已完成了它的历史使命，再也保护不了这批珍贵的传世宝藏了。李应顺为了保护好祖上留下来的这份遗物，开始了昼伏夜出的搬运工作。十几个夜晚的忙碌，家中的二层阁楼垛满了一间半屋。他大约估计了一下，可能有三千多张。三个哥哥先后去世，这么多雕板放在家中时有断裂、变形。他自知自己无力保存这批珍宝了，便通过电话和在外的几个侄子商量后，带着几张雕板走进了章丘市博物馆的大门。听了老李一番表述，博物馆的同志们振奋了，立即驱车赶到其家中。打开楼门一看，嗬！那一排排黑油油散发着墨香的雕板，显然是一座古籍文献库。

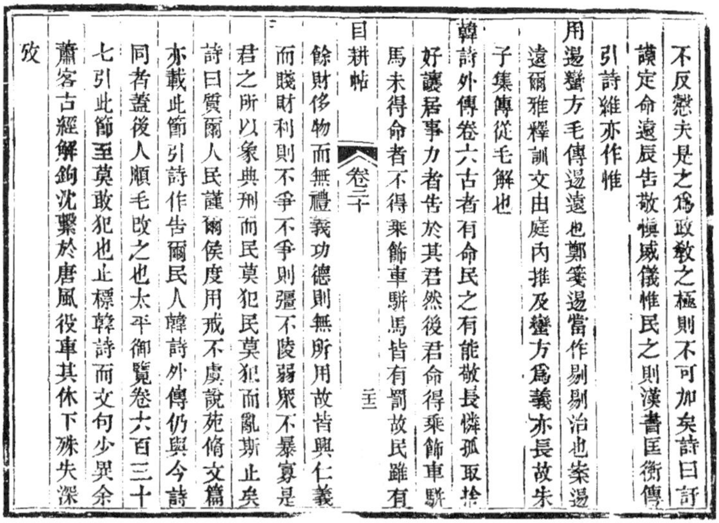
不反懟夫是之爲政教之極則不可加矣詩曰訏
謨定命遠辰告敬慎威儀惟民之則漢書匡衡傳
引詩維亦作惟
用逿蠻方毛傳逿遠也鄭箋逿當作剔剔治也案逿
遠爾雅釋訓文由庭內推及蠻方爲義亦長故朱
子集傳從毛解也
韓詩外傳卷六古者有命民之有能敬長憐孤取捨
好讓居事力者告於其君然後君命得乘飾車駢
馬未得命者不得乘飾車駢馬皆有罰故民雖有
目耕帖 卷二十 主
餘財侈物而無禮義功德則無所用故皆興仁義
而賤財利則不爭不爭則彊不陵弱衆不暴寡是
君之所以象典刑而民莫犯民莫犯而亂斯止矣
詩曰質爾人民謹爾侯度用戒不虞說苑脩文篇
亦載此節引詩作告爾民人韓詩外傳仍與今詩
同者蓋後人順毛改之也太平御覽卷六百三十
七引此節至莫敢犯也止標韓詩而文句少異余
蕭客古經解鉤沈繫於唐風役車其休下殊失深
攷

用藏板刷印的《目耕帖》之一页

平静的西鹅庄一下子沸腾了，各级领导和各方人士都争先恐后地来一睹这批文物的风采。这一期间，一些不法商贩也前来探风，扬言要出三百万高价购买这批书板。李应顺不为金钱所动,决意将家藏捐献给国家。不久,装了满满一汽车的木刻雕板恋恋不舍地徐徐驶出了李家老宅，在章丘市博物馆安下了新家。

那么,这批雕板的老主人都是谁呢?原来他们是马国翰和李廷棨。

马国翰(1793—1857)字词溪,又字竹吾。原籍章丘圣井镇大柳树村人。清代著名古籍辑佚家、文献学家、藏书家。这批书板的辑佚、整理、刻印者。其曾祖父时迁至济南全府庄居住,遂入历城籍。马国翰十九岁中秀才,在家乡任教二十年。三十八岁中举。道光十二年(1832)才考中进士。先后任洛川、石泉、泾阳县令,道光二十四年(1844)擢升陕西陇州知州。《玉函山房辑佚书》的大部分刻板都是这一时期完成的。

李廷棨(1789—1849)字戟门,又字星垣,号萼村。章丘埠村镇西鹅庄人。清末著名学者、藏书家。这批雕板的部分刻印者。李廷棨自幼聪慧，二十一岁以第一名邑庠考中秀才。道光五年(1825)充拔为贡生。在中秀才之后的二十年里,他一直以教书为生。道光九年(1829)已进入不惑之年的李廷棨考中进士,开始了由北而南、几升几贬的坎坷仕途生涯,同时也就开始对雕板的刻印整理工作。

马国翰无子（后养继子超凡），女儿嫁与李廷棨之子宝赤为妻。同样的贫穷出身、教书生涯、仕途经历和藏书爱好,使马、李二人志趣相投,开始了浩翰的辑书工程。据《续修历城县志》云:

“国翰家贫好学，自为秀才时，每见异书，手自抄录。官及县令，廉俸所入，悉以购书，所积至五万七千馀卷。”《章丘乡土志》载：“廷棨著有《纫香草堂文集》二卷、《诗集》十卷、《诗馀》一卷、《四书文》四卷、《夏小正诗》一卷行世。”可见其二人著书之痴迷，辑书之广泛，藏书之丰硕。

这批雕板应该说花费了马国翰、李廷棨毕生的心血，除其中大部分为马氏辑录的已经散佚的古籍外，还有他们各自的著作若干部。如马国翰的《玉函山房文集》、《玉函山房诗集》、《文选拟题诗》、《竹如意》等及李廷棨的《纫香草堂文钞》、《纫香草堂诗集》等。还有他二人合著的《百八唱和集》。

那么，这批书板是怎样刻成和得以保存下来的呢？

首先说马国翰，自为秀才时，即每见到散佚的书，便抄录下来，通过整理，汇编成册。但由于其教书在偏辟农村，很难见到奇书异文。真正开始搜求和刻板、印书应在其成为进士而任县令之后。五十一岁任陕西陇州知州时，方正是其刻板、印书鼎盛的时期。而李廷棨也是在其任河北新城县令后，先亲自主编了《新城县志》，又为章丘文友吴连周定稿作序并刊印了《绣水诗钞》。应该说从这时候起他的部分著作也已经开始刻印问世了。马国翰和李廷棨虽都供职千里之遥，却仍时常书信往来，切磋学问，并交流书籍刻印事。

后来李廷棨、马国翰都卒于任上。马氏夫人悲痛欲绝，执意要将书板运至马国翰墓前焚掉，以表哀思。李廷棨之子宝赤和马国翰的女儿，为了保护这批宝贵财富，雇车将雕板运回到章丘西鹅庄，并盖起了三间带夹壁墙的茅屋收藏起来。

清同治初，李廷棨之长子李宝婴曾用藏板印行了数十部《玉函山房辑佚书》，其书一显世，立即在山东学界引起轰动，来家中求书者日益增多。同治九年（1870），那位大胆杀了慈禧太后总管太监安德海的山东巡抚丁宝桢和山东按察使文彬受了学界的影响，为了昭彰自己的文化业绩，下令将书板取出，命济南泺源书院教授匡鹤泉协助李廷棨之子李宝婴和马国翰继子马超凡一同对刻板进行了全面整理，编出总目，而冠以序，将散失残缺者若干篇进行了补刻并刊印发行。这个版本以后被湖南书局改为袖珍本，又被长沙嫏嬛书馆据以复刻，使得《玉函山房辑佚书》风行全国，名声大振。光绪甲申（1884），山东观察使陈画卿又奉命重印了一批，在这批刊印本的扉页上印上了“光绪十年甲申孟秋绣江李氏补刊”字样。真正将这批藏板系统全面地进行整理并大量刊印的是光绪十三年（1887），李廷棨曾任过县令的河北省玉田县，有一个叫蒋式瑆的看了《玉函山房辑佚书》后写了《书后三篇》，引起了历城马国翰的老乡郭霖的注意，经其介绍，李廷瑆的两个孙子李元瑞、李元珽和马国翰的孙子马凤藻搜其各自家中的全部藏板，请蒋式瑆按八音分为金、石、丝、竹、匏、土、革、木加上日、月、星分十一部进行系统整理，写出了《马氏手稿存目》和《校勘马氏手稿记》。这次整理先后用了二年多的时间，于光绪十五年（1889）春至夏复刊发行，并在这一批书上印上了“光绪十五年己丑仲春重校刊绣江李氏藏板”的印记。到了1935年，山东省立图书馆馆长王献唐知道了章丘李氏藏板的情况，由济南市财政局局长邢蓝田牵头并资助，先后六访鹅庄，对李氏藏板进行了详细的调查，购买了一批马国翰、李廷棨、何绍基等人的书籍、书画及家藏善本，写下了《鹅庄访书记》，发表在王献唐主编的《山东省立图书馆季刊》1936年第一集第二期上。此后的六十多年内,再无人问津这批雕板。直到二十世纪末,已经鲜为人知的雕板重又现世,才重新引起了学界的重视。

现经过章丘市博物馆全体同志六个多月的紧张整理，已基本查清,这批书板共计五千九百六十六张、一万零二十三页,存书籍六百二十三部、八百七十三卷,约计三百九十七万字。雕板多为杜梨木,大部分为双面刻。中缝刻有书名、鱼尾及页码。每页十八行,满行二十或二十一字。除《四书笔记》刻为单边外,馀为白口双边。雕板全部内容可分为《玉函山房辑佚书》和马国翰、李廷棨等人的著作两大部分。

2000 年 5 月 13 日，章丘市人民政府隆重举行“李应顺传世藏板捐献表彰大会”,对李应顺进行表彰并给予了十五万人民币的重奖。

长伴蠹鱼老布衣

——记藏书家张景栻先生

杜泽逊

济南张景栻先生，字亦轩，生于1913年，年近九十矣，而饮食起居如恒，精神矍铄，读书作文，孜孜不倦。先生精书法，擅楷隶，登门求字者踵系，未尝拒之门外，齐鲁书社影印《说文解字义证》，卷前书名即先生手笔。先生父讳鹤元，字韵皋，任军医垂二十年，工书法，能绘事，喜聚书，所藏医籍尤富，不乏稀见之本，尝仿日本丹波元胤《医籍考》撰《中国医籍总目提要》，旋以藏书毁于军阀混战而辍笔，遗稿亦于“文革”中散佚。今先生家中犹存其父校录清代祖承业《祖氏医案》四卷，堪称纪念之物。先生幼承庭训，亦喜购书，四五岁时，父为买得儿童读物中华书局出版《中华故事》，其中故事采自《廿四史》，原文加句读，上文下图，读之心喜，始得一二三集，甚爱惜，装于木匣，夜置枕边。后出至十二集，皆请父购买，仔细保存。此先生藏书之始。先生有表侄蔡新雨，字元瀚，长先生八岁，工诗古文，喜聚文学书籍，室名“抚壮室”，尝任《新鲁日报》编辑，著有《紫桐花馆诗草》、《餬口文存》。先生幼时随母到外祖家，时外祖父、母及舅父均已故去，先生郁郁寡欢，欲别去，舅母命到表侄房内玩耍，见书籍颇多，更有儿童读物，为新雨幼时所习者，则又恋恋不舍也，临行，新雨赠以中华书局出版《小朋友》增刊《凉风》、《明月》二本，阅而喜之，因自往教育图书社按期购买。又赴商务印书馆济南分馆预订全年《儿童世界》、《少年》杂志，是为先生收藏期刊杂志之始。先生表兄蔡春潭，清末曾任济南报馆主笔，常于报端发表言论，鼓吹革命，被捕入狱。辛亥革命后，知交及群众破狱拥出之，当时政府颁发蒙难勋章。春潭、新雨父子均喜林琴南所译外国小说，先生亦常借阅，久之则自购。商务印书馆存书已甚少，则求于冷摊旧市，后积至百又三种，且有一种兼收数本者，《巴黎茶花女遗事》、《黑奴吁天录》均有多种版本，先生均另加书衣，装于箱内，此先生有系统藏书之始。惜“文革”中尽佚毁，仅存一本。先生叔父讳鹏元，字霄程，在北京陆军部任办事员。同僚赠其民国元年石印《神州光复志演义》，后以转赠先生。先生读而善之。是书首章叙述满

张景栻先生与王绍曾先生(左)在一起

州之兴起迄明永历朝之覆灭，读之尤为感动。自是对晚明史发生兴趣，留意晚明史籍之收藏。初购《明季稗史汇编》、《荆驼逸史》、《痛史》、《明季南北略》等通行本，继则物色稀见本，旁及明清之际禁书，思欲汇集晚明史料，补修《续明史》，以明季弘光、隆武、永历各朝为正统，并仿裴松之注《三国志》例，逐条加注，以广异闻。由于资料屡聚屡散，而终成画饼。然于明季遗民之志节，先生深有感触。先生读书于济南市南城根街之师范附属小学，时南门内舜井街南首路西有旧书店曰“友竹山房”，主人吕川升，字小舟，外号吕狠子。先生课馀常到友竹山房购书，以年少，未敢入室，仅于门口观览零本，偶见清人濮文暹《见在龛杂作存稿》，石印本，读之心喜，购之以归，此为先生收旧书之始，时十一岁。后先生又得濮氏《见在龛集》，刻本甚佳，并藏之。先生一生喜书，所到书店甚多，皆能记其名号里籍，唯与友竹山房吕氏交谊甚厚，数十年不衰，良有以也。济南大明湖畔有山东省立图书馆，藏书颇丰，日照王献唐先生主馆务。先生少时常到馆阅书，唯限于普通本。一日，同学沈其芳约至善本书室看印谱，方知善本书室在普通阅览室圆厅北，其地四周环水，通一小桥，楼下设长案联椅，壁上挂牌，标示书名，随指某书，馆员即上楼取来，供人阅览，真佳处也。先生自是常到善本室，渐知何者为善本，购买旧书亦稍稍择其善者。某日过市，见小学同学张汝桐为人代卖《稗海》一部，明刊后印，共八夹，索二十五元，乃取样本回家，请于父，父嘉其志，为购之，此先生收善本之始。其后世界书局之《十三经注疏》、《诸子集成》《前四史》、《资治通鉴》，商务印书馆之《国学基本丛书》、《大学丛书》，父皆为整套订购，并戒之曰：“汝年尚少，买书务求善本，是谓玩物尚志，潜心学业，读有用书，庶几玩物而不丧志。"先生自是广聚群书,新旧杂陈,手不释卷,数十年如一日。新旧古书以外,先生复留意购藏乡邦文献,积久成多,先生对地方人文历史亦因之了如指掌。先生旧居济南市棋盘街,老屋十间,日积月累,图书充栋。1958年先生家南屋被街道办事处占为食堂,继之以北屋,先生被赶至街对过五间屋内,家具弃置道旁,任人拿去,图书堆置院中,惧雨,乃以每斤二分钱大批斥卖于故纸店。先生所收明版不少,时又逼公债,无可逃脱,既认购,则急催付款,万般无奈,遂请书贾贡世卿廉值代售,明版《唐类函》、《潜确类书》、元白《长庆集》、《稗海》等大部头书,及禁毁书若干均在其中。当时明版不以为贵,今日视之,亦属善本。1958年后,生活日窘,继续卖书。至"文革",先生藏书几遭覆没之灾,自谓:"丙午浩劫,首当其冲,街道办事处以破四旧为名,发动'群众'尽取所藏,于院中拉杂摧烧之,自午至暮,积灰数尺。复封闭房门,大索三日,尽将所馀书籍碑帖书画,联车载去。于时几欲攀辕卧辙,为二少年挟持,臂为之伤。后辗转没入市博物馆及市图书馆。手稿及抄存资料更散失不可问。"(《山东藏书家史略序》)当时烬馀书籍及书画碑帖被席卷而去者凡十三车,"文革"后奉命发还,仅得一车有半,且不尽旧物,故先生家中所存,又烬馀之馀也。余生也晚,1991年始因王绍曾师之介得识先生。时绍曾师方率泽逊等纂辑《清史稿艺文志拾遗》,又与同人辑山左遗著为《山东文献书目》。先生开示家藏乡贤著述,以供采摭,计有明张梦鲤《交绣阁诗草》四卷《文》一卷清钞本、明毕自严《焚黄稿》一卷原稿本、明张嗣诚《丽光楼诗钞》一卷乾隆钞本、明黄培《即墨黄锦衣诗》一卷明钞本、明姜圻《莱阳嵯峨山人诗》一卷明钞本、清王士禛《陇蜀归来稿》一卷手稿本、清张重润

《栖泌园诗稿》二卷乾隆钞本、清毕际有辑《娉节堂尺牍》二卷原稿本、清张学慎《贻谷堂诗钞》一卷乾隆钞本、清张颀撰、高凤翰评《病中吟》一卷手稿本、清张象恩《小乖崖稿》原稿本八册、清朱曾传撰、余正酉补《腐毫集》二卷《补遗》一卷手稿本、清张心钤《戆斋诗草》二卷乾隆钞本、清方昂撰、周永年评《怀友录》一卷原稿本、清王守中《仓泉杂咏存稿》二卷同治五年稿本(存卷上)、清孙葆田《山渊阁选读古文词序目》一卷稿本等数十种,大都未刊孤帙,幸逃劫灰者。又昆明萧应椿,以父培元官济南知府、署山东按察使,因家济南,为史家周一良先生外祖父。一良先生自幼丧母,而于外家颇怀念,尝撰《记昆明萧氏事及其旧藏文物》一文(载《思想战线》2000年3期),记述甚详,而于应椿著述则未之及。亦轩先生藏有萧应椿《紫藤花馆诗集》二卷手书稿本,据一良先生引述《明湖客影录》,应椿工诗,擅真行书,富藏书籍字画金石碑帖,若睹其《诗集》遗稿,正不知感慨何如也。五十年代初,济南范之杰家藏书散出。之杰字隽丞,前清翰林,1920年1月署湖北省高等审判厅厅长,1921年10月任武昌关监督,购得宜都杨守敬观海堂旧藏日本卷子,藏于济南家中。建国后,之杰居上海,任文史馆员,家中藏书为侄辈偷卖,之杰未知也。其日本卷子先经友竹山房吕氏示齐鲁大学栾调甫先生,调甫先生以叶德辉《书林清话》颇讥杨守敬“作伪”(《书林清话》卷十《近人藏书侈宋刻之陋》:“至宜都杨守敬,本以贩鬻射利为事,故所刻《留真谱》及所著《日本访书志》大都原翻杂出,鱼目混珠。盖彼将欲售其欺,必先有此二书,使人取证,其用心固巧,而作伪益拙矣。”按:此系叶氏厚诬杨氏,未可信也),故仅留一二,其馀百十数卷尽归亦轩先生所有。暇时亦轩先生携《玉篇》谒王献唐先生，适调甫先生亦至，献唐先生展阅之下，惊讶不已，谓影摹之工，过于毛钞，并讥调甫先生“没古董眼”，促调甫先生携回加跋。调甫先生阅后，始悟叶氏之谬，遂撰长跋以归亦轩先生。按此卷疑即《古逸丛书》据以影刻之底本，亦轩先生尝出以示余，精裱长卷一轴，今阅十载，犹在眼前。先生又尝出示《庄子》之《庚桑楚》、《外物》、《寓言》三轴，《文馆词林》三轴，皆日本皮纸影写古抄本，《文馆词林》亦疑为《古逸丛书》底本，《庄子》三篇则未刊。其馀以日本人写佛经、密宗仪规、日本古文书等居多。每卷多钤“杨守敬印”、“星吾海外访得秘笈”等印记，《日本访书志》著录。此项卷子“文革”中损失较小，现大都存于先生家中，先生与哲嗣张昱已别撰目录以记之。先生藏书中仍以两部校本为难得，一为顾千里校《说文解字系传》，一为许印林校《蔡中郎集》。《说文系传》为海源阁故物，乾隆四十七年汪启淑刊大字本，顾广圻手校。《楹书隅录初编》卷一著录云：“大徐本自汲古阁毛氏锓版后，复经孙渊如、经约斋两先生据宋椠开雕，已可家置一编，而小徐《系传》则元以来传世绝鲜。国朝歙汪氏、石门马氏虽有刊本，又讹漏殊甚。寿阳相国春圃年丈督学江苏时假涧蘋居士影宋本并黄荛圃所藏宋椠残本（原注：即汪氏艺芸书舍本）重加校刻，于是学者于楚金之书始获见真面目矣。此本即涧蘋居士以影宋本手自契勘者。其云十一至二十，盖指补脱之卷言之，非所校止此。又间有称残本处，则以黄本参校者也。寿阳所刻固已精密，然此本为涧蘋手校，且合大徐、《韵会》互相稽考，尤极详审，亦读楚金书者所亟当探讨已，故并储之。”民国间海源阁书散出，王献唐先生得此书与黄丕烈手校《穆天子传》，因颜其室曰“顾黄书寮”。献唐先生《穆天子传跋》记其事云："十九年夏，聊城杨氏海源阁藏书散出，流落保定、天津市肆，济南敬古斋亦收购多帙。时晋军入济，余交卸离馆，将束装旋里，适过敬古斋，出视此书及顾千里校《说文系传》，展玩未久，炮声隐隐动天外，市语苍皇，瞬息万变。戏谓敬古斋主人，解职得一月修俸，备作资斧，世变鯱甗，深恐书流域外，能倾囊相易乎？主人与余交久，慨然见许。挟书归寓，篝灯为《系传》校记。宵深人寂，万念怆动，数十里外，方且肉薄血飞也。"（《双行精舍书跋辑存续编》）此二书实为献唐先生藏书之双璧。建国后，路大荒先生劝献唐先生捐献二书，献唐先生不情愿，乃以《穆天子传》归周叔弢。亦轩先生闻之，嘱献唐先生《说文系传》割爱时勿让与他人，献唐先生即以《系传》让归亦轩先生。书去之日，亦轩先生复请献唐先生跋尾，以记因缘云。此书亦轩先生尝出示，海源阁木匣尚存，殊精雅。《蔡中郎集》十卷《外纪》一卷《外集》四卷附《列传》一卷《年表》一卷，咸丰二年杨以增袁江节署刻本，为《海源阁丛书》之一。此本杨氏据黄丕烈、顾广圻校明刻本刊刻，莫友芝《郘亭书目》云"最精备"。许瀚即以杨氏刻本为底本，详加考校，校语甚夥，皆以签条夹于书中。原为日照丁懋五后人所藏，后归亦轩先生。其校语则有单本抄帙，齐鲁书社排印《杨刻蔡中郎集校勘记》一册是也。抄帙有脱，排印前尝经亦轩先生据原校本补足。《清史稿》称许瀚"博综经史及金石文字，训诂尤深，至校勘宋元明本书籍，精审不减黄丕烈、顾广圻"，故印林校本为世所重，不下黄、顾，今先生以顾校《说文系传》与许校《蔡中郎集》并储一室，亦可称双璧矣。先生蓄法书名画碑版亦富，以余疏于此道，未尝出示，故亦不之及。

先生一介布衣，居陋巷，中年丧妻，抚养六子女，衣食或有不继，而志节不稍移。闻明臣边华泉墓被掘，奔走呼吁，并购华泉祖母墓志藏之。又闻明臣赵世卿墓遭毁，亟购其墓志辇至家中。又尝架云梯登佛慧山，手拓宋人重镌大佛头记。齐鲁书社影印曲阜桂馥《说文解字义证》，先生为加句读，三月而成，且订正桂书讹误百馀事，附识卷尾。尝见先生所读《诗切》、《八琼室金石补正》影印本，皆为订讹误，正句读，深服其精博。若先生者，真读书人之藏书，厕身当今社会，鲜有不讥其迂者，焉得皇甫士安复为立传乎。

一种清闲谁领得，满阶梧叶尽秋声

——《黄丕烈评传》解读

万 宇

现代的信息汪洋将人们挤榨得只剩下被动的知识咀嚼，古典的藏书精神似乎也越来越落伍于时代，慢慢地开始枯萎、死亡。如何理解“藏书家”这一特定的文化群落，如何承继悠远岁月中藏书家们用理想、用生命来维系的一脉书香，如何使天下的读书种子生根发芽，开花结果，为我们的社会撑起人文主义的浓密绿荫，这些话题似乎也渐渐黯淡，成了隐隐几声叹息了。

近读北京大学图书馆姚伯岳先生著的《黄丕烈评传》（南京大学出版社 1998 年 12 月第 1 版，“中国思想家评传丛书”之一），读来欣然有味，又十分振奋，它为我们展现了黄丕烈时代的藏书精神，为解析藏书家文化群落提供了一个可靠的文本。翻开由黄丕烈诗句串缀而成的篇目，沿着作者为我们展开的诗性之旅，黄丕烈们纸醉书迷的世界慢慢在我们眼前展开。

应该说，黄丕烈是幸福的，逢太平世，生湖山郡，出富贵家。乾嘉盛世的苏州有着太多的文化基因，人文荟萃，学术昌明，乾嘉学风的日夕浸润，藏书之乡的同声相应，似乎都在期待着这样一个伟大的藏书家。是机缘，还是宿命?时代选择了黄丕烈。科举的失败，落魄的南归，“世事都淡”的万念俱灰间，黄丕烈选择了书籍做为他一生的追求，将生活的乐趣、人生的理想与对人生意义的追寻都寄托在了书籍里，“惟此几本破书，尚有不能释然”。相较于庙堂之上争权夺利的喧嚣，黄丕烈更像是一位沉静的自言自语者，他的一生只是平静地藏书、鉴书、校书、刻书，为书编目、为书写跋，充分体验了人生的静谧与美好。“风雨廉纤向晚晴，悄然独坐一灯明”，是藏书精神的殿堂暂时容他寄放了这颗漂泊的灵魂。

他的一生堪称“为书籍的一生”，藏而能鉴，鉴而能读，读而能校，校而能刊，刊而能精。古今藏书家大多是刻苦治学的学者，擅长整理图书的目录学家、校勘家或热心于刻印图书的出版家，能者兼及一二，而同时俱佳的则首推黄丕烈。作为一个藏书家，他一生前后收藏了大约二百多部宋版书和上千种元、明刻本以及大量的旧抄本、旧校本，经他所藏、所校、所刻之书，更是身价百倍，珍若拱璧。一百多年来，黄丕烈的名字为学者所群相推崇，流风馀韵，披及后世，绵延不绝。

经过作者的精密编织，全书分十章对黄丕烈的生平成就，精神境界，学术交游，藏书、刻书、抄书活动，版本学、校勘学、目录学思想方法和有关活动，及其学术地位、文化影响等方面进行了系统全面的研究考察，详细阐明了黄丕烈对古籍的收藏与整理研究，在藏书活动的各个方面取得的非凡的成就，在版本学、目录学等学术领域对后世的深远的影响。这不仅对迄今为止的黄丕烈研究是一个阶段性的总结，而且对于全面揭示藏书思想和藏书文化的内涵，确立其在中国传统思想文化中的地位与作用，也都有着不容忽视的意义。

不过，我更愿意把这本《黄丕烈评传》看作是对传主的诗化解读，也更愿意用“诗人”这一崭新的角度来称呼黄丕烈。姚伯岳先生作为学术中人，并没有沉迷于构建宏大的理论构架，用生涩枯燥的学术名词全面轰炸，他选择了短小跳脱的句子，清晰别致的结构，平实又不乏激情的语言，为普通读者展示了黄丕烈的纸醉书迷的世界，为我们开启了黄丕烈诗性情怀的心扉，使我们深深体味了黄丕烈的心灵精髓。

字里行间，看得出作者对于黄丕烈的追思与景仰，可以推测，写作的过程，也是作者与黄丕烈的心神交会的美好刹那。“从此，我又一次走进了黄丕烈的世界，不仅反复仔细阅读了他的现存全部题跋及著述，查阅了与黄丕烈同时及之后的有关学者的文集，而且还寻访了黄丕烈在苏州的两处故居遗址，沿着他当年活动的路线，游历了当年书肆林立的观前街、山塘街和商贾云集的阊门内外，以及当年黄丕烈与孙星衍、洪亮吉、袁廷梼等文人学者常常置酒高会的种种场景”。作者是如此地沉迷于黄丕烈的世界之中，饱蘸着激情与思索的一支生花妙笔，也将我们引入了这次身历感极强的旅行之中，溯着时间的长河，游历着书香之邑，夹岸缤纷的是书籍之神秘花园。

黄丕烈的一生长期过着宁静的家居生活，体味校勘细致、繁琐之中澹定的喜悦，这更像是在追寻一种平凡生活中的诗味，寻找诗意生活的可能性。一生中，谁能躲得过哀愁？仕途的浮沉，家事的困扰，岁月的流逝，青春的衰退，选择藏书为精神的归宿无疑体现了一种人生的诗意寻求。而作者似乎也得了其中真味，文中曾辑取题跋中写“夜”、“雪”、“风”、雨”四景，恰如一幅四扇屏，于书卷之间体味着清风徐来，斜照满庭的风神。此时，无论是传主，还是作者，甚至读者，都暂时忘却了世间的纷扰，闲窗静坐，把卷心醉，时间似乎永远凝固在了黄丕烈的时代。

提到黄丕烈，会有很多诗意的场景，比如首开“祭书”之先,“布列藏宋本经史子集,以花果名酒酬之”,一圈子爱书的朋友,各种各样的珍善本书,品评玩味,饮酒诗赋,同人唱和,宾主尽欢。百年之后,遥相追忆,仍不免艳羡之情。作者在文中反复提到黄丕烈的诗人气质,“黄丕烈的诗,较之其所作题跋,更能显示出他爱书好静的个性和忧喜交杂、苦乐相间的情感”。而且,每一章的题目都选取自黄丕烈的诗句,如谈及学术交游时的“嗜古怜同志,相从广见闻”;谈论传主校勘学思想与校书活动时以“一书雠校几番来,岁晚无聊卷又开”为题,无不贴切又意味悠远,可谓一点慧心。在第三章“但把和陶诗熟诵,樽无浊酒也愁消——黄丕烈的生活志趣”一章中设专节谈到了黄丕烈的诗歌,比如新体裁“藏书纪事诗”的风雅别致,诗友唱和的情趣盎然,满纸的“书痴”诗语,动人心魄。将藏书、校书生活中的愉悦与伤感、安闲与寂寞、忧愁与无奈的种种矛盾心态表达得淋漓尽致。黄丕烈之友尤兴诗和黄氏《梦境唱和诗》曾云“飘然一叶水云涯,夜半寻诗梦到家。家有藏书三万轴,独留只眼不昏花”。对藏书的独具只眼,对诗歌的夜半梦寻,想来是黄丕烈们的真实写照。

还有他的著名的“黄跋”,也是不可不提到的。黄丕烈以其活泼自如的笔体,对他所收藏所经眼的古籍版本情况与授受源流作了精确的描述。他的题跋不仅保存了大批珍贵的版本资料,同时也是我们研究他本人生平、思想的主要参考文献。从某种角度上看,“黄跋”的书写过程无疑也是诗意的,闲窗静坐,纸润墨香,珍爱的善本,内心的独白,在留存着先人遗泽的旧抄旧刻上,书写着自己的心情眉批题识。在书写的过程中,他是自由的,是自我的,“我”的感受在题跋中得到了充分的宣泄,无论是“校毕此卷,斜照满庭,绿荫映牖,林间清风徐徐来矣”的怡然,还是“年来家事撄心,渐夺余好,其心少衰,未有如今兹之甚也”的

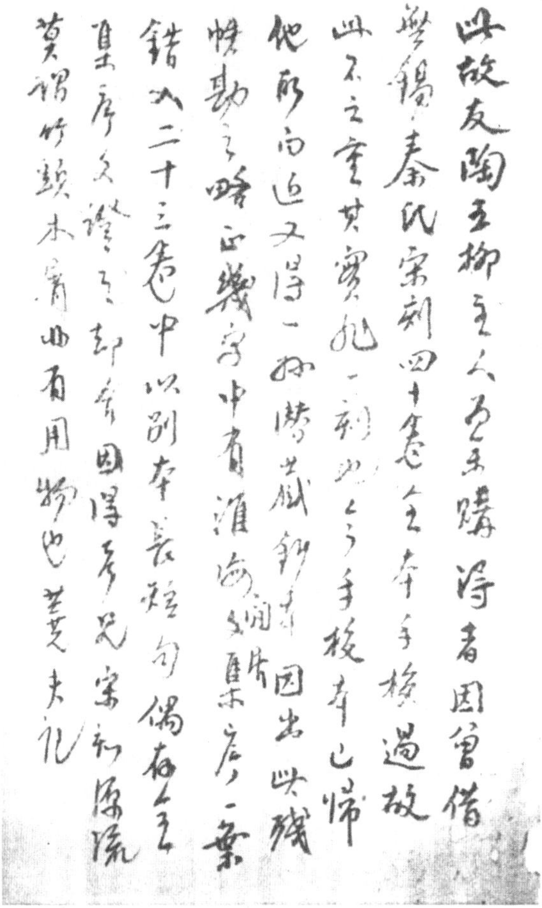

黄丕烈题跋手迹

悲凉；无论是“新月既坠，微霜乍飞，寒威从窗隙中来，一种清兴，只自领之”的清冷，还是“天下事有不为，未有为之而效不至者”的达观，我们都能真切地感受到黄丕烈作为“自我”的存在，似乎也能体会在他那种无法克服的孤寂感与悲凉的情调。在他的题跋中也诉说了一个又一个的故事，为得影宋抄本《周易集解》，思念成疾，得之病愈；对当地手艺高超的古书装修匠人的追忆；买书、卖书、书肆、书估的详细记载；与朋友之间关于书的推敲与交往等等。对于买书过程的叙述，提到求书价格的题跋，在清代藏书题跋乃至藏书提要中是比较少见的，也是黄丕烈题跋的风格独特的一面，数量也不少，他有意记下当时的书价，为后人了解和研究彼时古籍不同时代、类型的具体价格提供了可靠的资料，尤其对了解当时江浙一带的书业文明，是不可多得的珍贵史料。

让我们把话题还是回到对藏书家特殊的文化群落的理解上来，“藏书家”这个群落大约因其职业的关系，在思想上往往表现出一定的保守性，不为当时人所理解。黄丕烈甚至固执地认为“凡古书，翻刻不如原刻，明刻不如宋刻”。如何看待藏书家的“保守”呢？他们的藏书活动在抵抗庸凡的诗意超越之外，蕴涵了一种巨大的热情和清醒冷静的科学精神。黄丕烈们的“保守”，是为了保存和拯救珍罕古籍的保守，是欲为学术研究提供可靠文献的保守，他们的“求古”，是为了“存真”。黄丕烈在当时专收宋元旧刻旧抄本的态度，颇遭物议，他的大儿子、长兄相继去世，即被说成是遭老天报应，尽管有过迟疑，他仍不改初衷。并在官府屡屡下令禁毁“淫词小说”的情况下，他对词曲小说尽力搜罗，专门设立“学山海居”妥善收藏，精心校勘，择其罕见本刊印行世，也显示了他特立独行的一面。如今黄丕烈们用生命、用理想维系的一脉书香，其中诗意的一面，恐怕早已荡然无存了，即使“致用”的一面，也少有人甘做“老蠹鱼”，在古书旧籍中寻章觅句了。在人文研究已经堕入功利主义泥沼的今天，是否也应该学学黄丕烈们充满诗情充满梦想地“三更有梦书当枕”，并在此基础之上，从文本开始踏踏实实做点事呢？

久久地注视着《黄丕烈评传》封面上的那盏书灯，我想，书籍不仅是黄丕烈们的忘忧草，更是照彻他们收藏世界的一盏明灯。

编　后　记

本辑发稿之后，正值“江南草长，杂花生树，群莺乱飞”的季节，编者南下作了《藏书家》创办以来的第一次专程外出约稿。所到之处，除与旧友新朋欢谈、倾听各种意见及约稿外，又注意了当地文化的考察。在慕名已久的虞山之下古城常熟，仅近四百年间许多著名的藏书家的故事，仍令人耳熟能详。然绛云楼一炬，也是园湮没，汲古阁早风流云散，……也令人喟叹。所幸赵氏脉望馆尚存旧构，翁氏綵衣堂正在整修，而远离城区的瞿氏铁琴铜剑楼尽管门庭冷落而愈显苍老，却都成为常熟悠久的藏书文化历史的见证，并正在得到抢救和保护。编者有幸结识了当地分管文化工作的负责同志，知悉他们正以开发常熟藏书文化来配合地方经济建设和旅游业的开展。文化遗迹由此得以永存，令人深感欣慰。但愿全国的历史文化名城，以及众多有着悠久文化历史的古城，在城市现代化建设的同时，也应注意历史文化遗址包括藏书楼的抢救和保护，为后人留下宝贵的真实的文化遗产。

言归正传，谈谈本辑所收文章。《藏书家》自创办以来，编者多是通过书信、电话或前辈及友人推荐而约稿，得到了许多尚未谋面的学者、收藏者的支持和鼓励，使编者幸甚。而自第二辑以来，承蒙广大读者厚爱，自投稿也逐渐增多，则编者更幸甚。本辑二十三篇文章，有七篇即系自投稿，占总文章数近三分之一。其中的《网上得来的书》，意在反映“网络时代”对读书与藏书的影响，颇见新意。当然所收更多的还是欲投稿者的书信。如有的老先生欲以二万字大稿在《藏书家》上一次刊出，等等。编者是很感激的。一本书如果不能拥有广大读者并得到他们的支持，便等于没有生命。我们期盼获得更多的支持，并希望来稿字数不要太多(以三千字左右为宜)，特别是要独抒新意，而不是与前人亦步亦趋，甚或是文抄公。

本辑的《藏书家的眼光》、《谈弢翁藏书》等多篇文章视角独特，自会引起读者的兴趣。而同书刊出两篇谈日本古写经卷的文章，却是偶然的巧合。特别是《杨守敬旧藏日本卷子本目录》，记载了历经浩劫保存下来的杨氏百馀年前访书东瀛而得彼邦文物的详细情况，难能可贵。至于保存者的详情，可参看本辑“藏家写真”中的特约文章。

最后赘述几句。近在友人馈赠的傅璇琮等主编的《中国藏书通史》(宁波出版社版)中，看到有对《藏书家》前二辑内容的介绍，令编者既高兴又汗颜。如果这本小书能为祖国藏书文化之建设奉献绵薄之力并能得到社会和读者的认可，那正是齐鲁书社创办《藏书家》的初衷和本意啊！

ISBN 7-5333-0986-3

9 787533 309862

ISBN 7-5333-0986-
Z · 120 定价：8.00

藏书家

藏书家

第5辑

齐鲁书社

图书在版编目(CIP)数据

藏书家.第5辑/齐鲁书社编.—济南:齐鲁书社,2002.6

ISBN 7-5333-1037-3

Ⅰ.藏... Ⅱ.齐... Ⅲ.藏书—文集 Ⅳ.G253-53

中国版本图书馆CIP数据核字(2002)第017763号

藏书家·第5辑

本 社 编

出版发行	齐鲁书社
社　　址	济南经九路胜利大街39号
邮　　编	250001
印　　刷	山东新华印刷厂
开　　本	850×1168 1/32
印　　张	6
字　　数	133千
版　　次	2002年6月第1版
印　　次	2002年6月第1次印刷
印　　数	1—4000
标准书号	ISBN 7—5333—1037—3/Z·121
	定价:8.00元

目　录

滥竽录

金性尧

在今天千人一面的报刊中，忽然得到《日记报》与《藏书家》，真有跫然足音之感。在解放之前，似乎也未曾出版过这样的报刊。所以今天的编辑，除本职外，还要善于经营策划。

藏书家的弹性很大，首先要有阿堵，说是节衣缩食，也得有衣可节，有食可缩；其次是时间与空间。所以，从种种条件看来，我是够不上藏书家资格的。由于两间房间都摆满了书架，每架都要藏三排，书的归宿也是一个大问题。但去年我还买了《嘉定钱大昕全集》。钱氏的《潜研堂集》和《十驾斋养新录》我都有，但他的《廿二史考异》没有单行的，只好买下。我无力写史，却喜欢谈掌故，所以于慎行的、赵翼的一类谈史之作，必欲得而后快。我于文物是外行，但《锦灰堆》还是买下。香港出版的《柳文指要》，是研究韩愈的必读书，过去因邮寄不便，只好借来看，现在上海重印，真是正中下怀。韩愈的人品确不及柳宗元，但章氏对韩愈的批评，也嫌偏激。

现在到了这样年龄，藏书之藏也无法落实，所以下定决心，不再买书。

夜间本是读书人的寸金光阴，夜读是人间的最高享受，所以用“夜读”作题目的很多，我却碰上克星白内障，灯前看五号字就很困难。想再换一副眼镜,眼镜店一听我这样年龄,连忙摇头微笑。我患耳聋,这对我的写作威胁不大,可是眼睛却是读书人的命根子,而且无药可救,"白内停"之类只好作心理上的安慰。这样的一篇小文,却是花三天的抄写功夫。我本来还想将旧作《炉边诗话》增订一遍,另一部分已发表而未结集的随笔,出版社也已同意出版,可是纸墨摊开之后,一见老花镜就气沮了。不写文章,已够酷了,现在却连书报也难过目,果真是生趣索然。老人聒絮,在我也是一种良性的发泄。

回忆往事,少小我在故乡时,是从看鸳鸯蝴蝶派和武侠小说登堂的,如《哀鹈记》、《好青年》、《七剑十三侠》、《江湖奇侠传》之类,而且乐此不疲,即所谓"迷"。估计新文学作家中经历过这一阶段的,一定为数不少。

后来迁居上海,才逐渐走近鲁迅、茅盾、巴金等,其中一个原因是书价低,每本很少超过一元的。木刻的古书,不但册数多,售价贵,而且携带也不方便。我父亲一直希望我习商,看见我买书就厌恶,所以我是偷偷拿进家里的。偶或买几部"古籍",也是到棋盘街的扫叶山房,或至印医卜星相的锦章书局。总之,跑三马路的功夫多于跑四马路,真正的藏书家大都不屑一顾,但有些著作,倒是那些书铺容易得到,即是"叫得应"。例如王次回的《疑雨集》,以写香艳体得名,袁枚《随园诗话》补遗卷十二:"香艳体至本朝王次回,可称绝调"[①]。后人一提到王次回,就会想到艳情诗,疑雨疑云便成为男女恋情的代名,在国外也很有影响,日本名作家永井荷风很推崇他:"在中国诗集中,吾不知尚有如《疑雨》之富于肉体美者",并将他与法国诗人蒲特雷(波特莱尔)的《恶之花》相比。

又如有光纸本《金玉缘》，素为红学家所重视，毛氏评点的《三国志演义》，也只有这些书铺随手可得。我还想提出弹词《果报录》来，西谛先生弹词藏书目录中，也以为是弹词中的佳作，内容写一个性饥渴的贵妇人颇为细腻，开局类似《水浒》中的潘金莲，因追求武松不得而移情于西门庆，刁刘氏也因丈夫对她冷淡，因渴思贵客毛龙而不得，因而移情于邻人王文。表演的剧种，从京剧到文明戏、弹词、宝卷等都在表演。

“文革”结束，十载书荒，开座谈会时，有一个学者叹息道：“现在连扫叶山房的本子都看不到了。”这话一针见血，可惜我们已看不到扫叶山房的原貌，否则倒可以作文物保护的。

回过头来，再说我的这些书是怎样消失的呢？

有人说，“文革”初期的工作组，是束缚群众手脚的，我却未敢苟同。我自知藏书朝不保夕，出于得之不易的爱惜之情，我便向工作组据实说明，要求出版社运回去，也算有个归宿，没想到工作组说：“我们不管钱财和图书，只管政治，如反动文件。你的书，就随便塞在床底下好了。”也难怪工作组，他怎知道我的书有这样多，就连十个床下，也是不够塞的。他们倒是武戏文做的。

接着，忽然由出版局的党委领导来宣布：“工作组要撤回去。”他只说了这么一句话，气氛却神秘而严峻，大家哑口无言，我知道今后必将凶多吉少。

这以后就由造反派当权，自封为什么什么。过了几天，几个造反派于晚上来到我家，将我的书橱一律贴上封条，然后扬长而去，我只听到神圣的宪法在暗中哭泣。

不久，又有大队人马，红旗飘扬，浩浩荡荡，走向出版社的高楼。这时我们已关进了牛棚。等一会儿，他们便把牛棚里人的皮包统统拿走，其实这些皮包，除了一本“小红书”，全是空的。直到晚上九时，才把皮包发还，放我们回家。

这就是工人宣传队以钦差之尊，进驻我们出版社的一天。我们起先还天真地寄以希望，总以为比“本帮”的造反派正直些，结果却是如虎添翼，变本加厉。

有一天，造反派要我坐在大卡车上，一言不发。车子到了我家门口停了下来，便开始抄家。进了屋子，一个女的造反派第一句话就是“你的西装呢?”这句话印象很深，一直记在我的脑子里。另一个男的说了这样的话：“你把平日要穿的衣服都收起来。”这时是夏天，我上身穿的是汗衫，下身是黄卡其短裤，所以日常要穿换的都很简单，这也就是说，除了这些衣物，其馀的包括书籍都掠夺一空。他们走到我女儿的房间里，看见一本《红与黑》，我说这是我女儿的，他说：“你女儿的也要抄！”又走到一间小间里，看见藏我母亲寿衣的一只箱子也被掠走，因为我母亲是“资产阶级”。

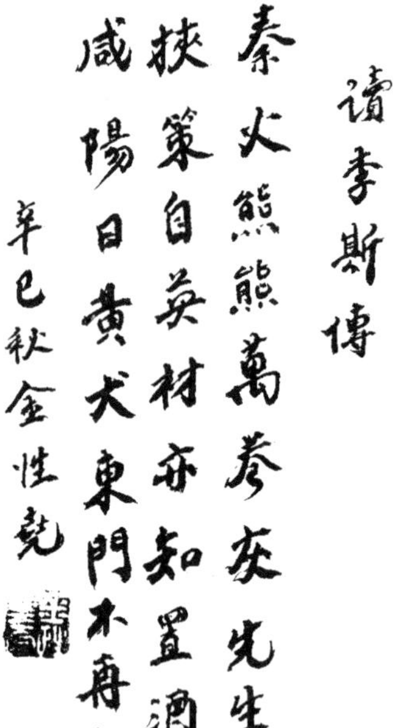

不到一星期，出版社假教育学院的大厅召开大会，瞿蜕园老先生也从监狱里拖了出来示众，判处十年徒刑；我被扣上“反革命分子”的帽子。被抄家的自然不止一家二家。于是我被当作劳动力使用，帮着造反派搬运“抄家物资”。兔死狐悲，用在这里已经不很切贴了。

我当初被扣帽，是这样两点：(一) 沦

陷时期的历史问题；(二)说过江青在“蓝萍时期”的话。因而后来被平反，也是这两点：(一)历史问题已交代清楚；(二)讲江青无罪。

这之后是四凶复灭，落实政策。被抄的图书，先是由管理单位送来，后来跟着人事干部到大场(地名)的仓库里自己检寻，地上大堆书，无法一本一本检认，后来索性用大铁铲来铲，所以发还的书都是七零八落，有的需要重新装钉。

我先后去了两次，所得与所失当然差距很大。现在收藏家谱的人多起来了，我懊悔没有拿几本家谱来。因为书库的管理人很严格，略有价值的便不能多拿，但家谱、佛经、《丛书集成》零本可以多拿，所以现在懊悔，当时为什么不多拿几部家谱，而只拿几百本《丛书集成》的零本呢？

我现在家藏的《世说新语》共四部，最古的为明嘉靖本，也是我家藏的唯一明刻本，其馀的不过是暖红室刻的几部传奇，压根儿谈不上什么藏书家。

上世纪七十年代，我还在出版社工作，常到资料室浏览，略知出版界的动态，因而还在买书，一是实用，一是收藏。到了现在，人已退休，室无馀地，去年起又患忧郁症，健忘得出奇，本文原可多写的，也因精力之故，只好收敛。龙去蛇来，今年起已不再买书了，更谈不上什么藏书家，故名此文为《滥竽录》。

注：

①王次回卒于崇祯十五年，钱谦益、袁枚皆误其作清朝人。

买书经验杂谈

黄永年

近年来写了些讲买书玩版本的文章，现在我再写点买线装好书的经验。

经验，当然总有一点，因为从十三岁向母亲讨钱买石印本《文选》开始，至今也逾六十年了，只是不曾总结过。清夜自思，无非是“见多识广”四个字吧！见得多了，什么书有哪些版本大体能记得住，一部书随便打开来也可以说出是什么本子。识广，也就是知识面要广，这样才会喜获好书而不致交臂失之。

今天，先讲点凭知识获得好书的事情，这比较有趣味。不过也只能就记得起的往事中随便挑出一些来，没有什么条理，于是用了个“杂谈”作为题目。

上一世纪的三四十年代，家住常州，其时有家还算像样的古旧书店叫传古斋，先开在南大街，后移至双桂坊，是我常去看书买书的地方。大概是我上郊区苏州中学常州分校时名私立青云中学高中部的时候，一次回城，在这店里发现四册黄旧的书，书根上用宋体字写着“仪礼校定本”，心想总有点花样，取下来一看原来是张尔岐《仪礼郑注句读》的坊刻本，刻得虽粗率，却从头到尾用朱笔小楷校过，有跋语题“乾隆甲寅孟陬辅之老人校宋本毕因记于后”，又有“嘉庆辛酉二月二十七日兆洛录并依所点句读”，还加盖“李兆洛印”白文小印。这李兆洛我早知道是阳湖派古文作家，辅之则是经学家金榜的字，看过《经学历史》和《书目答问》也知道。好在店里不识货，只用低廉的价钱买下来，仿佛是当时的伪中储券七元。同时还买了部合河康氏道光原刻初印的张惠言《七十家赋钞》，价钱一样。现在光这《赋钞》的标价怕也得以千元计吧！

其实《十三经》中我最少兴趣的是《仪礼》，迄今不曾通读过，可不知怎么会和它再度结缘。其事已在刚解放我从复旦大学毕业之前，从常去的修文堂书架下面发现一部《仪礼注疏》，是顾广圻据黄丕烈所藏宋严州本经注和宋单疏本合编、嘉庆时由张敦仁用方体字精刻的本子，张敦仁还刻了一部仿宋的《礼记郑注》，也很有名，价颇贵还不难得，独这《仪礼注疏》极为罕见。抗战胜利初我曾在吕贞白师寓所见过一部黄纸毛装本，莫棠旧藏还写有长跋，现在这部则是白纸印本八大册，整洁如新。修文堂其时设在原霞飞路后改淮海路的某弄一号，老板孙实君是沪上旧书业的魁首，可对此书偏未注意，只以旧人民币二万即后来的二元卖给了我，行话所谓“卖漏了”。

我对清代的掌故倒是有兴趣的，乱七八糟的杂书看了不少，知道雍正帝为曾静一案编刻《大义觉迷录》颁行全国，到乾隆时又成为禁书的事情，也知道因为被禁留在世上极少，只到清末为了宣传反满似用铅印印过一次，仍不多见。可有一次，大概是1954年前后我任教上海交通大学之时，在汉口路苏州人开的来青阁遇到一个衣着破烂的人来卖书，打开报纸一看竟是当初殿版原刻印的《大义觉迷录》，衬装四册加函套上贴小纸写书名，一看便知是陶兰泉的藏书，于是我以二元买了下来。来青阁的店员告诉我，此卖书者当年曾为陶家修书装书，现在潦倒了，这书当是从前偷着留下来的，店里怕他以后来纠缠不敢要。稍后张菊生（元济）老先生想看此书，向顾起潜（廷龙）先生主持的合众图书馆借，可馆里也没有，起潜先生就向我借了转给菊老看，所以如今书里还夹有起潜先生写给菊老的便条，可惜我不曾趁此请菊老写几行题跋。其时菊老虽已半瘫痪，还能坐在床上与来客谈话并用毛笔写字。1956年我为征集交通大学校史资料曾拜见过他。

我买清中叶藏书家倪模的《经锄堂书目》手稿一事，已记在1992年所写的《记传薪书店》里，近又编入华东师大出版社出版的拙撰《学苑零拾》。而当日传薪老板徐绍樵出示新收此稿本问我，我答以“当然有用”者，是因为我不仅看过叶昌炽的《藏书纪事诗》，记得有倪模的专条，所引的洪亮吉《北江诗话》也看过，前些年还在复兴中路的诵清阁买到倪氏藏过的抄本《帝王宅京记》，并且听顾起潜先生讲过倪氏所藏编刻有《江上云林阁书目》，其书极为难得，起潜先生在燕京大学图书馆工作时也只弄到个晒蓝本。于是我把这一大部过去谁都不知道的《经锄堂书目》手稿孤本买了下来。至于《江上云林阁书目》的刻本，我在“文革”后也从广州邮购到是梁鼎芬藏过的一部，这是仅记书名、卷数、撰人、版本的简目，不像《经锄堂书目》稿本每书都撰有提要。

元才子元稹的《元氏长庆集》，过去一向以明万历时马元调取与白居易《白氏长庆集》合刻的本子为易得，当然现在也升格为善本贵至万元以上了。但这个本子是据嘉靖时董氏刻本重刻的，虽然从《才调集》等增辑了“补遗”，正文却跟着董刻颇有缺失而妄自填补之处。《元集》传世的真正善本只有钱谦益校过的明弘治时杨循吉抄本，1956年文学古籍刊行社曾影印出过精装本。但就在这年精装本行世之前，我偶然地从汉口路忠厚书庄架上翻到一部善本，它也是马刻，可用朱笔校得满满的，连第七卷《酬翰林白学士代书一百韵》马刻缺失的文字也工楷抄补了两个整页又半页。诗集的末尾有“甲戌冬仲从守逸堂假得义门先生阅本对临一遍，先君手书二跋述校之渊源以示小子，……己卯三月中浣秋田鸿谨记”朱笔跋语，而此所云“先君手书二跋”则在卷一之后，一录钱谦益跋，一在栏上考钱跋所涉及的张子昭事迹。钱跋后再题了三行，作“义门先生云：‘余先从赵星瞻得陆敕先校本，改正讹字，康熙庚辰阳月复于白下得黄俞邰手校本，前跋在焉。’甲戌冬见鸿儿手校此集，录以示之。宝研老人。”知是沈宝研之子沈鸿字秋田者过录何焯义门的校本。沈宝研名巖，以校书著称，我上初中时看《四部丛刊》最早做广告的目录，附有他用朱笔校世德堂本《南华真经》的书影，可不知怎么《藏书纪事诗》没有他的姓名。我当时沉住气用廉值把这部马刻校本买了下来，大约只花二元半吧！其实这忠厚书庄的袁西江并非外行，可也就这么卖漏了。当时架上和这《元集》配在一起的马刻《白氏长庆集》也是有名堂的，是清前期孙淇号竹乡者的校本，过录董其昌的批校。此君倒进了《藏书纪事诗》，并说《铁琴铜剑楼书目》著录的《元氏长庆集》即此孙竹乡所校。原来当初这孙君是通校了《元》《白》二集，不知怎么后来失群了，《白集》和沈校《元集》配到了一起。于是几天后我又以大约三四元之价把这孙校《白集》买了回来。抗战胜利后到解放前的上海图书馆出过几期馆刊，有署名苦竹斋主者在上面写过讲旧本书的文章，其中提到这《元》《白》二集校本，说校者姓名是田鸿，那就荒唐了。

1956年夏天随交通大学迁校来西安，第二年便蒙“扩大化”之厄，但即在困穷中南院门的古旧书店还常去。可珍贵的周桢、王图炜合注本《西崑酬唱集》就是在那里买到的，记得已在“文革”后期评法批儒看古书买古书合法化之时。那天我去店里，看到刚收来的几十部线装旧书，这清初写刻的《西崑酬唱集》上下两册在其中特别引人注目。我知道这个本子公私书目从未著录过，只有王欣夫辑刻顾广圻《思适斋书跋》的《西崑酬唱集》条中说到这周、王注的抄本。现在原刻精本出现了我当然要买，但店里说尚未定价。我想如说替我留下来，则定价必贵，不说留万一被人家买走了怎么办。当时一般较好的刻本一元左右一册，这书我说留下来结果定了五元。贵是贵了一点，我仍很高兴，挟书挤公共汽车回交通大学时还兴奋不已。其后1985年借给上海古籍出版社影印公世的就是我买的这个本子。

地方上平反改正是在1979年年初，其前“四人帮”虽已倒台，我的收入仍很微薄。所以1977年冬天上海古籍书店书友韩士保来西安访书，我把一部嘉靖钱应龙本《白氏长庆集》以三百元让给他，因为其书用黄棉纸印，又打了硃圈，我本不甚喜欢，但我讲明书店得卖一部清刻本好书给我。韩君说："有一部《说文解字义证》的道光咸丰间连筠簃原刻本，你要不要？"我说："当然要。"因为我看过缪荃孙的《艺风堂文漫存》和叶德辉的《郎园读书志》，知道此连筠簃本《义证》之极为难得，叶《志》且说光绪时仅琉璃厂翰文斋有一部索价银二百两，民国初落价仍要二百元，这岂不顶上一部宋版书。上一年袁行云君自北京来西安旅游，且谈及在长春的于省吾先生曾有此书，近以百元出让给上海古籍书店。所以我又问："是不是用一百元从于家买来的？"回答说："是的。你要一定给你，不过一百元是不行了。"我说："这当然，二百元我也要。"果然，过不了好久书就寄来了，只算了一百五十元钱。书有四大函二十四厚册，还是原装原签条，连订线怕也是原来的，真是所谓"新若手未触"，足见于老先生对此书的宝爱，平时翻看大概只用崇文书局的重刻本吧！1978年我调陕西师范大学，发现图书馆居然也有一部毛装的连筠簃原刻本，周作人旧藏并手抄了缺失的最后一叶。1982年上海古籍出版社出版的一大册精装《义证》，就是我把这馆藏本介绍给他们影印的。缺页即用我所得此本摄影补足，我并给他们代写了出版说明，代编了附录。

1977年寒假我曾自费赴北京看望二十多年未见面的顾颉刚师，以及结为忘年之交而尚未识面的谢刚主（国桢）先生。当时琉璃厂中国书店的线装书和庆云堂的碑刻拓本大体还是"文革”前的价钱，此行我凑了二百多元还可买一些东西。一天在中国书店看到签条上写着《抄报随闻录》的两册巾箱小本书，黄纸印很不吸引人，标价倒是四元，这岂不贵了，其时一部明末闵刻朱墨套印白棉纸本《南华真经》也只标个十四五元。其实不贵，因为我看过解放初纪念太平天国时编印的资料目录以及近代史资料丛刊中的八大册《太平天国》，知道这所谓《抄报随闻录》是原名《盾鼻随闻录》的坊间重刻本。《盾鼻随闻录》有光绪时作者汪堃重刻的方体字本，原本极少见，好像北京图书馆也只有个传抄本。而我运气好，五十年代在上海来青阁居然以平值大约二元半买到了原本。是写刻的，封面上印有所谓“咸丰甲寅仲冬叶志诜题”的书名签条，我怀疑是汪堃假叶之名伪造的，但成书之尚在太平天国炽盛时当无疑问，内封面题“板存襄阳府新分里东街欣奇斋刻字铺”也许是事实，我曾用据光绪本排印的《太平天国》本对看过，发觉光绪本已把这原本作了多处改窜。这个《抄报随闻录》既出自原本，而且书也不多见，于是把它买了下来。回西安后细看，发现卷八咸丰本所有的《独秀峰题壁诗》被这《抄报》本删去了，改收了题为曾国藩的《哀江南赋》和讲镇江被太平军攻占的《一唱三叹竹枝词五十首》，后者还颇有些史料，如辱骂巡抚杨文定的“都统参将早离城，武官惜命有同情。归根总怪杨文定，失守京江此畜生”，别的文献里怕是见不到的。我又发现，这书每卷卷首“抄报随闻录卷×”的“抄报”二字是剜补过的，本来仍叫《盾鼻随闻录》，内封面题“同治癸亥新镌”是同治二年，太平天国尚未覆亡之时，自系书坊中人刻了来炫世牟利的，不仅点划粗劣，而且脱误极多，个别地方还互相错乱，不堪卒读。

改革开放，我回到本行，正经地做点教学科研工作，收入多了，可线装书价涨得更高。不过每次到北京，总仍得去琉璃厂，成了中国书店的熟客。大约在九十年代前期吧，当时机关服务部尚在街东大院，我看到架上有部《古文辞类纂》，是翻刻合河康刻的黄纸印本，本不值得留连。可全部经朱墨圈点，书眉还间有墨笔小楷批注，钤有“杨氏钟广”（白方）、“梓厘”（朱方）、“子厘点勘”（白方）等印，审是杨钟羲字子勤者用过功的书。杨氏撰写过《雪桥诗话》，我上中学时买过这《诗话》的初集，解放后又有用嘉业堂刻版新印的《诗话》全书。当年胡适探讨《红楼梦》作者曹雪芹的事迹，也曾向他寻问《四松堂集》的下落。于是我照标价六百元把它买下来。过了几年，又在海淀的中国书店看到一部也是翻康刻的黄纸印本，过录了七家的评点，同样是前人用过功的本子，可惜没有印记题识姓名无从查考。当时标价已四百元也不算贵，仍旧买了下来。顺便说一下，前人用功批点或过录的书如今还颇有流传，我见过批得最多的是钱谦益注的《杜工部集》即所谓《钱注杜诗》和王士禛的《渔洋山人精华录》。《钱注杜诗》在乾隆时虽成禁书，但因为注得实在好，刻本和批点过的照样都在社会上流传。《精华录》的批本我也见过好多种，辛德勇同学最近就得到过一部丁晏批点的，五十年代我在上海还见过《两当轩集》作者黄景仁批的，可惜没有买。

在刻本书中，我向来不敢买小说，因为经马廉、郑振铎诸公提倡争购后，稀罕点的已价高宋元，压低点也不止一部明版书，我辈何敢轻易问津。所以箧藏至今只有一册我认为是出自“说参请”话本的《济颠语录》和一部《宣和遗事》。《语录》是 1956 年初全行业公私合营后在上海古籍书店架上以廉值检得的，已写有专文并收入《学苑零拾》，这里不再介绍了。《宣和遗事》则是1984年在苏州开会逛古籍书店时见到的。原先苏州最古的旧书店文学山房早就公私合营，在古籍书店我见到山房旧主人江澄波君，是抗战胜利后就相识的老友，承他引导到楼上专藏好书的房间看书，我一眼就注意到这金镶玉衬装过的四册《宣和遗事》。因为我上大学时买到过《历史语言研究所集刊》，第十本有张政烺先生的文章《讲史与咏史诗》，其中讲到该所有叶德辉旧藏的吴郡修绠山房梓四卷本《新编宣和遗事》，书尾题作"新镌平话宣和遗事"，后来我还从《郎园读书志》看到过叶氏为此书所写的题跋。现在这一部正是同样的本子，每页版心下方还有"修绠山房"四个字，遗憾的是江君说这房间的书暂时还不让卖。过了十年，1995年初我到上海参加纪念谭其骧先生的学术会，曾抽空和辛德勇同学及周振鹤、傅杰诸公去苏州古籍书店买书，重见到江君，回西安后想起这《宣和遗事》，去信问江君居然还在，于是立即汇款买下让寄了来。仔细查看，书中道光帝旻宁的"宁"字尚未缺笔避讳，知刊刻在乾嘉时，较过去商务印书馆所印明王氏洛川刻本颇有胜处，尽管因是坊刻文字难免有脱误。试检孙楷第《中国通俗小说书目》1981年修订版《宣和遗事》条，这修绠山房本仍未著录，说明也够得上不易见到的善本书。

信手写来已超过五千字，就此打住。好在今后如有需要，尚可再写，人虽日见老化，记忆力还未完全丧失也。

2001年8月13日

藏书的厄运与幸运

涂宗涛

我非传统意义的藏书家，虽然家藏已逾万册(含杂志)，也只为治学而购书藏书，着眼点在于实用，不追求珍本，而重现代影印的宋刻元椠，如《四部丛刊》《续古逸丛书》中所收的书，底本均经过专家鉴定，其学术价值和作为底本的宋刻元椠原书完全相同。做为一个清贫学人，即使想收藏一部宋刻元椠，其按页计价的高昂价格，也非穷措大所敢问津。还有，清代所刻的各种丛书线装本，在解放后的五十年代，虽然还能零星地买到一些，而今却已成罕见本；《丛书集成初编》所收有关丛书的影印本，却求书较易，其学术价值也和作为底本的原书相同。本此，我把影印本作为藏书的重点之一。当然，对于中国传统文化有关的基本古籍，不管线装还是平装，只要是较好的版本，我也收藏。按照上述原则，我的藏书到 1966 年 8 月“文革”中遭厄运被抄没为止，已约计二千种四千册。

在“文革”中，我这批藏书是怎样遭到厄运被查抄的，四年之后即 1970 年秋，又是怎样较早地落实政策，大部分藏书又侥幸地被发还的，不妨作番简介，以作为藏书同好者的谈助。

先谈谈我的藏书经历。我是 1943 年抗战期间在重庆沙坪坝上高中时才开始购书藏书的。当时重庆号称陪都，沙坪坝又是重庆的文化区，在街上除商务印书馆等几家出版机构所设的书店之外，还有鳞次栉比的大小旧书店，我在星期天常去那里逛，如那本精装的《康熙字典》，是商务印书馆 1935 年“新镌铜版”本，后有四角号码索引，检索便捷，我在书前题记称：“民国卅三年（1944 年）岁次甲申孟春中旬，置于沙坪坝重庆市中校，特志以资后念焉”。这部字典在“文革”中同遭厄运被抄没，后又有幸发还，保留至今。这是我上高中时藏书的一种。那时所购的唯一的一部线装木刻《古唐诗合解》，为坊刻本，1948 年秋我离开重庆时，把它留在我的老家农村，1962 年初夏，我返里探亲，这部书居然被保留了下来，即将它带来天津，在“文革”中同样遭厄运被抄走，后又有幸发还，重新回到我身边。我于 1943 年至 1948年都在重庆沙坪坝上高中和大学，一直爱逛书店，也买了一些书 ，但几乎全部都是平装铅印本，而版刻线装书，即使是坊刻本，也很难见到，在我的记忆里，连《四部丛刊》《四部备要》的线装本，也没有见过和买过。从这个侧面，反映当时的重庆，在书肆流通的线装古籍，远不能和北京、天津相比。

我有计划地购书藏书，是从 1954 年党中央发出“向科学进军”号召之后开始的。上大学我念的是中文系，对中国古典文学和古代史有浓厚兴趣，准备从事文史研究，必须购置文史方面的基本古籍；再加上我已由包干制改为薪金制，经济上有了购书条件。从天津解放到“文革”前这十多年间，天津的天祥市场，有多家书店卖线装古籍，其中《四部丛刊》《四部备要》《续古逸丛书》中的零售本，所在多有，而且价格便宜；再有《知不足斋丛书》《海山仙馆丛书》《粤雅堂丛书》中的刻本，也多能买到；甚至明版的丛书《稗海》本也能买到一些。至于线装清刻本，俯拾皆是。还有一些影印珍本，如廿世纪三十年代陶湘以珂罗版按原大彩印的《孟襄阳集》《孟东野诗集》（合称《二孟诗集》），其底本都是经名家鉴定和收藏的宋刊本，今已罕见，我就有幸先后配齐了这两部《二孟诗集》。那时的清刻本线装古籍虽然不算珍本，但其中也有罕见本，如我藏的那部《八指头陀诗集》(清释敬安著。光绪十六——十七年刻本。书前钤有“弢斋藏书记”藏书印，知为著名藏书家徐世昌家旧藏)，解放前即罕见，故不被《贩书偶记》著录，可见该书著者只知有“民国己未(三年)北京法源寺刻本”，而未见过这种光绪刻本；还购藏一部《小学绀珠》(宋王应麟著。清乾隆十七年精刻巾箱本，十册)，也不见目录学文献著录。关于线装书，“文革”前的天津书肆，也能买到当时已罕见的某些石印、铅印或影印本，如我收藏的《古文字学导论》(唐兰著。中华民国廿四年〔1935年〕12月初版。北京大学出版组石印本。线装编号发售)、《字义类例》(陈独秀著。亚东图书馆1925年石印线装本)、《双照楼诗词稿》(汪精卫著。曾仲鸣编。民信公司1930年铅印线装本)、《宋宣城本李贺歌诗编》(唐李贺著。诵芬室1918年按原大影印本)、《佩文韵府》(清官修。清光绪丙戌〔1886年〕上海同文书局石印线装六十册。配有木箱)、《词林辑略》(朱汝珍辑。民国初北平中央刻经院铅印线装本。一函)、《味辛词》(顾随撰。1928年铅印线装本)、《日本汉诗选》(齐燮元辑。1925年铅印线装本)、《京华杂诗》(日本奥田士良编。日本术下印刷所昭和十四年铅印线装本)、《梁巨川先生遗笔》(民国初期影印线装本)、《新撰东西年表》(日本井上赖圀等撰。日本明治卅一年〔1898年〕吉川半七发行。铅印线装)等二三十种，当时在书肆上就是很难见到的。不仅如此，我所藏的某些民国年间的铅印非线装本，也有罕见书，如《药堂语录》(周作人著。1941年5月天津庸报编辑兼发行。铅印本)、《郑孝胥

八指頭陀詩集卷一
安寄禪
祝髮示弟 癸酉補作
人間火宅不可住我生不辰淚如雨母死我年方七歲
我弟當時猶哺乳撫棺尋母哭失聲我父以言相慰撫
道母已逝猶有父有父自能爲汝怙那堪一旦父亦逝
惟弟與我共荒宇悠悠悲恨久難伸搔首問天天不語
竊思有弟繼宗支我學浮屠弟其許豈爲無家乃出家
歎息人生如寄旅此情告弟弟勿悲我行我法弟繩武
泊空舲巖上杜公亭
八指頭陀詩集卷一

光绪刻本《八指头陀诗集》卷一首页

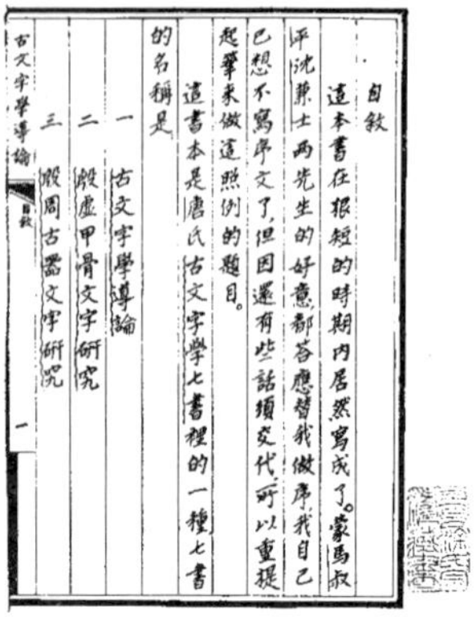
自敘

這本書在很短的時期內居然寫成了。蒙馬叔平沈兼士兩先生的好意都答應替我做序，我自己已想不寫序文了，但因還有些話須交代，所以重提起筆來做這照例的題目。

這書本是唐氏古文字學七書裡的一種，七書的名稱是

一 古文字學導論

二 殷虛甲骨文字研究

三 殷周古器文字研究

古文字學導論 自敘 一

北大石印编号本《古文字学导论》自叙首页

传》(叶参等编。满日文化协会伪满康德五年〔1938年〕发行。铅印本)、《国府汪主席行述》(伪新民会1944年编辑铅印)等敌伪时期的出版物，解放后已成罕见书。上面举例提到的这些罕见书，虽在“文革”中遭厄运被抄没，但后来还是有幸发还而物归原主了。在我被查抄的约四千册图书中，后来虽有幸绝大部分发还了，但还是给我留下了两大遗憾：一是我藏的胡宗楙(《续金华丛书》编者、《梦选楼诗钞》作者)手稿和胡氏生前友好的来往信札和赠答诗笺共计六个“卷宗”，其中有金梁、王守恂等人墨迹，被抄后全部遗失；还有我自己的一本诗稿和一面六朝铜镜，也同样被抄后遗失了。再是发还时部分书已残缺，如商务印书馆“万有文库”本《四库全书总目提要》四十册，发还时却缺了两册；《古今图书集成·文学典》二十三册，却缺一册；《孟子正义》(“四部备要”本)八册，却缺第二册；《读书敏求记》(清钱曾撰。“海山仙馆丛书”本)共四册，却缺了第四册，如此等等，被弄残缺的书，约达三四十种，要将残缺的书册配齐，已不可能，只能徒叹奈何而已。

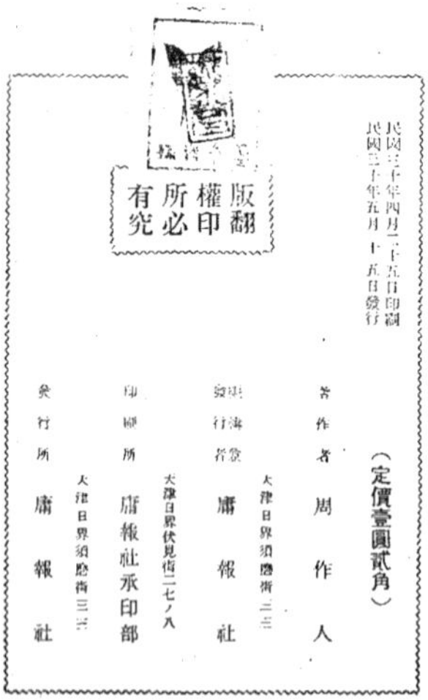
民國三十年四月二十五日印刷
民國三十年五月十五日發行

版權所有 翻印必究

（定價壹圓貳角）

著作者 周作人

發行者 庸報社 天津日界須磨街三三

印刷所 庸報社承印部 天津日界伏見街二七八

發行所 庸報社 天津日界須磨街三三

周作人《药堂语录》版权页

下面再谈谈“文革”期间我这批藏书绝大部分失而复得的简况。1966年6月初“文革”一开始，我就挨整被批判，当时我是天津市文学研究所日常具体工作两个负责人之一，从事古典文学研究，因而给

我戴上“封建馀孽”的帽子。八月份，由中共天津市委第一书记主持下召开的河北宾馆揭批大会，我应命参加，被批判的重点人是当时的天津市长胡昭衡，其主要“罪证”是他那本杂文集《老生常谈》，被说成是和当时正在全国范围内挨批判的《燕山夜话》相同的“大毒草”，我曾于1964年发表过推荐《老生常谈》的文章，因而也一起受批判，来势很凶，思想压力很大。到八月下旬，天津市以“扫四旧”的名义红卫兵到处抄家，每天不断有人戴高帽游街批斗。一天下午，突然接到我在天津某中学当语文教师的妻子来电话，说她那个中学的红卫兵已抄了不少老师的家，很可能就在这一两天来抄我们的家，希望我赶快请假回家一趟，于是我谎称孩子有病，晚上请假回家看看。晚饭后在回家的路上，特意从商店买了一捆纸绳，准备把我的藏书打成捆，向红卫兵说明这些书全部交公。这一举动，也说明了我对书的感情，即使不属于我所有，也不希望把书弄残缺了。回家后我即和妻子一起动手：先是烧，把过去我写给妻子的信以及1962年从农村老家带回的中学作文本和族谱都烧了；然后就是把藏书用纸绳打成捆，夫妇二人直忙到深夜一点多，总算把大部分藏书捆好，堆了小半间屋，第二天上午就全部被抄走了。幸运的是，红卫兵没有烧我的书，事后得知，和我妻子同校的某老师，被抄家时，不但当场烧书，连齐白石、徐悲鸿的画也是照样烧的。

查抄之后，却有两本书是漏网之鱼，留了下来：一本是商务版《四角号码新词典》，另一本是中华版《艺文类聚》（精装二册）。前者之所以“漏网”，可能是体积小；而后者为大32开精装二册，为何也“漏网”，只能用侥幸去解释了。这批书被抄时，并没有想到能退还。1968年以后，对抄查物资逐步落实政策发还，我即开列被抄走的全部书目（我的藏书目录抄在笔记本上，未抄走），要求当初抄我家的中学落实政策。对方回答说：书已送交市查抄办公室的仓库，不能退，因我的藏书大量属于“封、资、修”的东西，哪些书该发还，上级没有政策。我无可奈何，只有等待下去。每个藏书人都是对书有深厚感情的，从知道查抄物资要落实政策之后，又了解到我的藏书还被保存下来，这就使我对这批书的思念之情与日俱增，记得有一次梦见我的全部藏书退了回来，高兴得流眼泪，曾赋诗一首志感：“醒来枕上泪犹湿，梦里缥缃返故居。应是书魂长恋主，不辞干禁慰斯须。”这是我当时感情的真实写照。

发还我这批被查抄图书的机会终于来了。1969年底，我从干校调到天津市文化局工作，当时正在对所谓的“封、资、修”开展大批判，我即向市文化局革委会提出，希望落实政策退还我那批被抄的书，理由是供“大批判”作为反面资料参考。市文化局政工组向市查抄办公室交涉了几次，都被拒绝，理由是关于被抄书籍哪些可以发还，上级无政策规定。我对此非常反感，查抄时不要任何政策，发还时却左一个政策右一个政策，就是不落实。后来我终于想出一个主意，即向一起蹲过“牛棚”的熟人王莘（《歌唱祖国》作者、时任文化局革委会副主任）提出：希用市文化局革委会的名义向市查抄办公室交涉，提出涂宗涛是文化局干部，他的全部被抄图书由文化局接收，文化局是主管文化的，哪些书该发还本人，由文化局负责，和市查抄办公室没有干系。这一招真灵，市查抄办公室很快就同意了，让文化局派人去接收这批书。于是文化局让我和另一位同志代表文化局去睦南道的临时仓库领书。一到仓库，发现由于我的藏书多，又多打成捆，他们单放在一间房子里（原为资本家住房），按照所开清单，因我熟悉自己的藏书，不到半天就清点完毕了。这里还有个小插曲：我在清点过程中，发现我在本文前面提到的那部《康熙字典》不见了，即向仓库管理人员提出，多亏这位同志诚实，说被另一个同志为查字拿走了，即到另一个房间把书取来给我。就这样，这部

1944 年即在我身边的《康熙字典》，差点儿被弄丢了，可见书和人也是有缘的。这批书退回后，全部给了我。这是 1970 年秋的事。能发还被查抄的书籍，在天津市我算是早的。可以说我这批藏书，在“文革”中既遭了被没抄的厄运，四年后又早期落实政策被发还而转逢幸运，由厄而转幸，是始料不及的。书退回后，经过清点，除有三四十种书被弄残缺之外，还有几种书丢失了：如那本《杀狗记》，被抄后丢失，使我原藏的四大传奇“荆、刘、拜、杀”（《荆钗记》《白兔记》《拜月亭》《杀狗记》）独缺一种，心常耿耿。1972 年 4 月，我去文庙天津新华书店古旧书门市部买书，突然发现有本《杀狗记》，连翻也不翻就买下了，回家后打开书，才发现扉页左下角有我签名“宗涛　六一、六”，正是我那本被查抄后丢失的原书，当时的心情既高兴又感慨！特将我当时在该书扉页右边的一段题记，抄在下面，既作本文结语，也说明书是和我有缘的：“一九六六年八月，此书被××中学抄走，后退还，但此书却不知去向。一九七二年四月十日，余往天津新华书店古旧书门市部购书，买之归，灯下翻阅，卷端有我签名，方知是我故物，珠还合浦，信此书与我有缘矣。宗涛再识。”

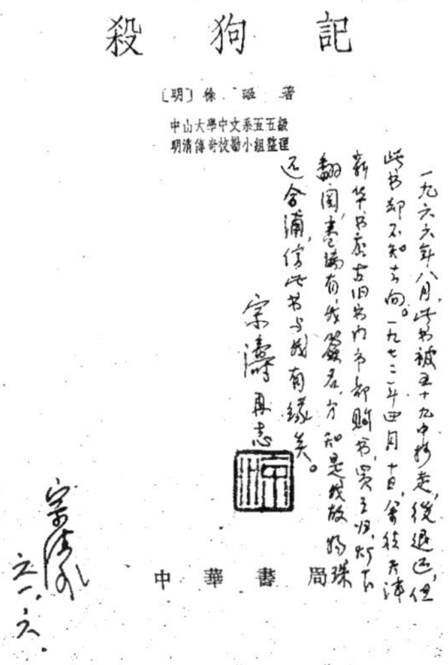
殺　狗　記

〔明〕徐　畛　著

中山大學中文系五五級
明清傳奇校勘小組整理

中　華　書　局

中华版《杀狗记》扉页
作者二次题识

书到"闲"时方恨少

徐北文

常言道"书到用时方恨少",很对,但不完全对。其实,书到闲时也恨少的。若只为了"用"才读书,像林彪当年煞有介事地提出"活学活用,学用结合,急用先学……",若顺着这个思路推论下去,就可得出"不用就不学"的结论,何况他又说过"学就是为了用"的嘛。我年轻时也喜欢读毛泽东的作品,因为他的文章笔锋犀利,气脉流畅,谋篇善于用势,说话中气十足,很到位,令人读起来过瘾。或许是他得力于读师范时念韩昌黎文集受的影响吧。那时我读《毛选》主要是为了欣赏,闲时用来消遣的,才手不释卷;如果为了应考或起草什么论文才读,可能就要觉得劳累了。

为了应用而读书,自是应该的,为了兴趣而读书,也很值得,难道为消闲而读书就毫无益处,浪费生命了吗?否。我曾撰联语云:

无用之用学乃大;
有容斯容道尤宽。

小孩子闹着要吃巧克力，只是为了解馋，吃下之后却增加了营养。我的上辈人称小说和词曲为“闲书”，也即是消闲读物，子弟若读，有些严厉的家长甚至要打。殊不知有些人的学养就是从闲书得来，而且一生受用不尽。

做学问是要经过基本功训练的，如果没有“科班”的功夫，到老也是个票友。但是只练基本功，只读本行本派的书，不读其他的书，也成就不了个好角儿。古代书法家看到担夫争路、公孙大娘的《剑器》舞，忽然开窍，于是书艺大进。当然，如无多年的临池苦练，即使见到千百次争路和舞蹈，其书法而不会长进的。不过临池虽多，也需要外力的启迪而触类旁通，所谓“功夫在诗外”是也。

在学校我是教先秦文学的，备课之馀颇喜不务正业，爱看闲书以自娱。我兴趣广泛，胃口甚杂，三教九流，旁及童话、女书均爱翻阅。如我在地摊上拣了本谜语书，了解谜语中有荤面素猜和素面荤猜的两种方式，素者即正经规矩者，荤即涉及男女私情者。这种书，可谓是闲中之闲的了，然而却有益于我的正业——先秦文学来了。比如《周易》这书，原是殷周之际的占卜迷信的产物，其三百八十四条爻辞，和后世江湖骗子搞的掣签占卜的签诗相同。不论古今，干这行的人文化水平都不高，胡诌些签诗，诌多了费劲，于是就取些现成的韵文成语凑数。《周易》爻辞中就有许多西周以前的歌谣的片断，到了战国以后被儒家利用，加以整理后，又添写了象、象、文言和系辞、说卦等所谓“十翼”，引申到人生哲学的层次上，从而才成为“经典”的，于是普通的爻辞也被罩上了玄奥神秘的光环。首先发现这个秘密的是郭沫若，并从爻辞中整理出一些殷商谣谚来，足见其颖悟出群。然而智者千虑中也有一失，他在解释“女承筐，无实；士刲羊，无血”的爻辞时，认为是谜语，说谜底是“这是牧羊人夫妇在剪羊毛，刲怕是剪剔的意思，所以才会无血，剪下的羊毛用竹筐承受，是虚松的，所以才说无实”。我在《先秦文学史》中引郭氏的话后说：“谜语一般规律是：说筐定非筐，指羊不为羊。刲者割刺也，剪之无血是正常的，割刺之无血才是奇特的。这个谜语，只有按素面荤猜的路数才能猜破。”（原书 137 页）何况“刲”是宰杀之义，郭氏引申为“剪剔”，也太牵强。不是我比郭氏高明，只是想起了一本地摊小册而已。

试再举一例，我研究有关尧舜的文献时，翻阅经纬子史诸古籍感到厌烦了，想看点儿闲书以调剂，顺手拾起一本孩子读的《格林童话》，于是又看到了久违了的灰姑娘的故事。这时忽然想到大舜被后母与弟弟折磨，终于因娶了尧王之女而发迹的情节，与西欧的灰姑娘也备受后母折磨也因与王子联姻而获福相似。何以两地相距万里，信息不通，而其情节相似乃尔？顺着这思路，我联想到希腊神话中的赫拉克勒斯被非亲生的嫡母——神后赫拉所迫害，克服十二种艰险（其中获取金苹果一节尤为著名），后与赫拉亲生女结婚之事，也与大舜相似。顺此思路再联想到印度史诗《罗摩衍那》中的主角罗摩王子也被其非亲生的母亲折磨，逃到大森林中十四年，后因神猴之助而复国为王一事。由此又联想到《国语》以极大篇幅记叙晋公子重耳被后母所逼，流落外地二十年而复国即王位的事实，也属于同一类型。一本儿童读物引发了我重读希腊、印度以及《国语》和《左传》等中外古籍，从而更深一层理解了“存在决定意识”这一最普通的道理。当听到有人讲老掉了牙的牛郎织女故事时，忽然一惊：哦！牛郎被兄嫂折磨遇上了天孙织女，原来也与大舜受后母与弟折磨遇上了尧王的二女是同一类型的。本是我自幼就熟知的两件事，以前却熟视无睹，联系不起来，待从德国、希腊、印度，以及春秋时的晋国转了一圈之后，才以一种新的眼光看这些老熟人，所谓“日用而不知”。书籍不管是雅是俗，随处是宝，在在有可参的禅机。如果我抱着不读无用之书的“学就是为了用”、“学用结合”的“立竿见影”的狭隘目的，也就很难取得成绩了。

读闲书不仅可以自娱消遣，即使正经的圣经贤传若以悠闲的态度来读，也可以得到意外之乐。李清照《浣溪沙》有句云：“枕上诗书闲处好”，就是深得其中三昧的。所以平日读闲书可以消遣，纵使读正经书若以“闲处”读之，也觉得“好”的。读闲书、闲读书，都可以怡养性情，增进健康。同一部书，为完成任务而读，不免有在压力下而紧张的苦楚；为好奇或消遣而读，就会悠哉游哉，乐在其中了。孔夫子所以“学而时习之不亦说乎”，就因为他有“每事问”的广泛的兴趣。他老先生是闲不住的，是“书到闲时也恨少”的，所以才好学不倦，“不知老之将至云尔”。只可惜老夫子“不语怪力乱神”，如果他除了在读《诗》《书》之馀，再读点《齐谐》、《山经》之类的闲书，使自己活得更快乐一些，或许他不止活到七十三岁，甚至超过了孟子的八十四岁，达到百岁之庆的，这是因为如我所集成语撰写的联语：

开卷有益；

读书永年。

颜回所以早死而不永年，或许是这位模范学生光知读圣经贤传而不读闲书的缘故吧。

2001.9.1 于海岱居

来燕榭书跋(续三)

黄裳

西北文集

丙申四月十七日收。卷前有子晋手跋，或是《前尘梦影录》著者也。集颇罕传，亦明清易代之际集部善本之一，刊刻当在清初，西北刊书体式，此为样本。黄裳小燕记。

《西北之文》四卷，长平毕坚毅先生手著，太原傅公他先生鉴定，市王门人牛兆捷月三评次，湘口后学朱正晖澹若书镌。康熙刻，九行，二十二字。白口，单边。前有西北之西北老人傅山序，毕坚毅先生传。徐子晋手跋云，“三十年前藏毕方伯《西北文集》，为尚友斋主人豪夺去，毛氏散书，归诸张氏崇素堂。每读《霜红龛集》，辄用耿耿。昨意行城东，忽于无意中得之，校旧箧本更完善。枕戈磨盾馀生，可谓苦中一乐境也。辛酉二月中旬，子晋。”下钤“海上浮鸥”白文长印。

西溪丛语

此本为天一阁旧藏，仅存卷下。余旧有全帙而佚去三叶，石麒乃以此册见售，欲配全之。细审却非一板，笔划锋棱，处处有异，文字亦不同。虽行款俱合，牌记宛然，终非同出一版，是可异也。辛卯九秋。

《西溪丛语》二卷，存卷下。宋剡川姚宽撰。嘉靖刻，十行，二十一字。白口，单边。板心下有“鹈鸣馆刻”四字。天一阁旧藏，书根旧迹犹存。

静便斋集

癸巳八月湖上收，黄裳记。

癸巳秋日，余居湖上几两月，寓居在西泠桥畔，楼室正对孤山放鹤亭，风晨月夕，常苦行笈无书，乃过市穷搜之。于一肆见杭人文集不少，选得数十种，此书预焉。忆尚有翟晴江集，以其为画人，有重名，遂索重直，未能得之。此集殊佳，中有杭州故实不少，近日少暇，始得遍读，论梅村两跋尤佳。王氏自有见解，惜其名姓不彰耳。己亥正月初四日记。

癸巳秋日，余居湖上二月，时去市上观书，而绝少佳本，无已，乃买清刻集部读之。未几而旅寓厨中遂满。时时取而阅之，面对孤山，秋风凄冷，赖此破闷。此本得之松泉阁，乾隆刻也。作者不甚著于艺林，向于符氏《秋声馆吟草》卷中知其姓氏，所从游者如杭、厉诸先生，皆名宿也。小时于卷中撦摭一二故实，是非弃物也。今日检得，拟付工重装，遂书数语卷耑。甲午腊月廿五日记。

《静便斋集》十卷，仁和王曾祥麐徵著。乾隆刻，十行，二十一字，白口单边。乾隆二十八年汪沆序，宁化雷鋐撰两王生小传，目录。

黄山纪游诗

此乾隆中精刻本《黄山纪游》与《白岳纪游诗》，前后序跋，皆手写上板，清刻中名物也。偶得之市上，足破一日之忧。丁酉霜降前日，黄裳漫记。

《黄山纪游诗》（有记），练江程之鵔羽宸撰。乾隆刻。十行，十九字。白口，左右双边。扉叶有白文方印曰涵青阁。前有郑燮题诗，手书上板，雕椠精绝，《板桥集》未收，其辞曰："题羽宸三兄黄山纪游册子。黄山擘空青，造化何技痒。阴阳未判割，精气互滉漭。团结势郁纡，抽拔骨撑掌。日月始明白，云祀渐来往。轩成藐末裔，炼丹兒伎俩。天都强名目，芙蓉谬借奖。秦汉封锢深，唐宋游屐广。云海荡诗肺，松涛歘天响。飞泉百断续，怪石万魍魉。少少塔庙开，微微金翠榜。岑崿裹楼殿，龙象森灌莽。鸾鹤鹃鸠鸪，榛榧枣栗橡。异果垂累累，仙禽翩跣跣。山腰矮雷电，峰顶耸蒲蒋。肤土寸若金，松毛密于网。转径窄欲堕，陟巘眩还惘。我欲跻巅峤，梦寐徒惚恍。陆骑姑熟驴，波泛浙江桨。羁迟婚嫁累，苟贱簪笏想。山灵久拒斥，飞砂击俗颡。输君饱游憩，晴岚披翠爽。澡泉畅骨脉，卧雪饮瀣沆。侧耳流琮琤，耸身峰仄仰。摘星披户牖，洗日涤盆盎。赋诗数十篇，才思何阔朗。骨重义坚挚，神清气英荡。刻划宠金石，铿锵压平上。硃砂入炉灶，天马受羁鞅。作记尤密栗，尺寸绘幽赏。同游谁何人，吾宗虔谷党。当境忻淋漓，离怀惜畴曩。昔我未追逐，今我实慨慷。万顾林壑最，一官休歙傥。当复从君游，为君负筇氅。乾隆六年夏五板桥弟郑燮拜手。"下钤三印："二十年前旧板桥”、“郑燮印”、“克柔”。诗前有记，此游在康熙甲午二月。卷尾有高山启跋，清凉菌人海岳跋，弟鹏翀跋。

《白岳纪游诗》（九华诗附）。练江程之鵕羽宸撰。乾隆刻。行款同前。雍正甲寅曹学诗序。后有葛巾老人吴雯炯跋。

四妇人集

癸巳新春二月二日所收，小燕。

此云间沈氏古倪园所刊《四妇人集》，椠本精绝，稀若星凤，早有石印本行世，神采俱丧，睹之气短。此为江阴缪氏、南陵徐氏旧藏，印本绝初，与《梅花喜神谱》、改七芗词同装，得之萃古斋，所费虽多，亦不惜也。《绿窗遗稿》一种书品差小，盖刻在最后，不足病也。癸巳二月二日，黄裳。

南陵徐氏所藏清刻本极富而精，近时无两。积馀身后遗书分赠诸子，余收书晚，未能得其大部精华，然遗芬散馥，犹有不少。此四种得之萃古斋，盖最后所出也。又尝见程守中出金冬心小集数种，皆宋笺、桃花纸精印本，俱有金吉金印记，亦积馀故物，惜已为郑西谛得去。凡此皆可见积馀藏书之精妙也。古倪园刻书此《四妇人集》外，余所得尚有《梅花喜神谱》、《静好楼双兰记》、活字本《南唐书》等，皆精好，沈氏亦云间风雅士，暇当辑其逸事为一文记之。乙巳三月初三日，斋居不出，微雨作寒记此，明日清明矣。黄裳记。

丙申秋日游重庆，观书嘉陵江畔图书馆，见沈绮云藏抄本书，为王惕甫作缘倩曹贞秀妹所写。绮云妾即贞秀妹，《静好楼双兰记》即为渠所刊，写书者另一妹也。似曹氏家世亦出曲巷，曾于清人集搜得一证。而惕甫未定稿中曾无一字记之，亦一小掌故也。一九六六年国庆夜漫书。

《薛涛诗》一卷，嘉庆刻，八行，十六字。白口，左右双边。前有涛小传，目录。卷尾有“万历己酉春仲镌于洗墨池”一行。卷尾双行牌记，“嘉庆庚午云间古倪园沈氏从吴门士礼居黄氏借本翻行”。与田洙联句第二十一页原阙，旧人补足。四集皆桃花纸印。

《唐女郎鱼玄机诗》，嘉庆刻，十行，十八字。白口，左右双边。卷尾有牌记，“嘉庆庚午云间古倪园沈氏从吴门士礼居黄氏借本翻行”。后附《鱼集考异》，嘉庆八年黄丕烈跋。

《杨太后宫词》，潜夫辑。嘉庆重刊宋钞本，七行，十三字。白口，左右双边。前有毛晋序，后有毛晋跋，刻书牌记云，“嘉庆庚午云间古倪园沈氏从吴门士礼居借本翻行”。后附校勘记，《齐东野语》一则，嘉庆庚午黄丕烈跋。

《绿窗遗稿》，嘉庆刻，八行，十六字。白口，左右双边。泰定五年傅若金序，目录。附傅若金诗，故妻孙硕人殡志，南村跋。刊书牌记云，“嘉庆己卯秋云间啸园沈氏从平湖钱氏借本刊行”。嘉庆己卯黄丕烈跋。

以上四种，皆黄荛圃经理刊刻，收藏有“积学斋徐乃昌藏书”（朱长）、“南陵徐氏”（朱方）、“徐乃昌马韵芬夫妇印”（朱方）、“积馀所藏”（朱长）、“积学斋”（朱长）。

周越然书话拾遗

周炳辉辑

先祖父藏书家周越然于二十世纪三四十年代曾为《晶报》等撰书话甚夥，惜皆未结集。为此余近年遍访旧报，终于辑成《言言斋古籍丛谈》一书，于今春由辽宁教育出版社出版。然先祖生前所撰书话既多且杂，散见各处，又屡更笔名，殊难辨别。《言言斋古籍丛谈》出版之后，余又颇多发现，现从新得之佚文中遴选五则，以飨《藏书家》之读者。

《新山海经》

十年前出版有两种长篇小说：一题《新山海经》，一题《海市莺花》，作者百花同日生，即张秋虫君，皆含讥讽黄炎培(任之)先生之辞。黄先生热心公益，热心教育，为海内外所共知，但当时国内少数人民，常妒忌之。秋虫所记，想是"反对派"之谣言也。

《海市莺花》中称黄先生为"王冷植"，原书云：

> 有一个什么门的破靴党首领王冷植先生，虽然是个浦东老，却最喜欢说两句"蓝青官话"。(见一集一回十四页)

又《新山海经》中称黄先生为"梁同超"，原书云：

> 梁同超笑道："学什么？那是邵女士十年前的生活，现在不必学，而且也不能生。要生要等到几年后她有了先生，才能够像我一般说官话，眼前只好说是教□。" 邵女士伸过纤纤玉手在他背上打了一下嗔道：

“你的浦东官话,就少说两句罢。”(见三集二十七回一百十九页)

前文中之邵女士，名君静，想是张君默之隐名。张女士后嫁邵先生，“君”字未易,“静”者“默”也。

复次，书中之“柳蕙芬”即梅兰芳，“章”督办即张宗昌，文冰阁即郭秉文,亦大教育家也。二十七回一百十六页睡车上一段情形,描摹得荒唐淫污之至,不便转录于此。

秋虫所著两书,均出版于民国十八年。均用大铅字(四号)排印,均有插图,系鲁少飞与张狄寒两君所绘。《新山海经》,前有黄秋岳题字,已成过笔矣。

(原载 1938 年 2 月 8 日《晶报》)

绅董现形

余近以铜圆数枚，购获四号大字铅印本小说一册，题曰《绅董现形记》。全书十回,出版于清光绪三十四年五月,印刷者汇通印书馆,作者自号白莲室主人。

《绅董现形记》述淮南省平江府梧县绅董之劣行。淮南者江苏也,平江者苏州也,梧县者吴县也。书之主人翁姓查名延宾字乾斋,翰林院检讨,决意不上京当差,而在本地“做”绅士。当时前辈中之最有势力者,姓宫,名人杰,字易周。其子长福字墅平者,又其门客王芸从字芷萍者,虽非正式绅董,常在暗中助桀为虐。

延宾于正式作绅董之前,先往人杰处请教。人杰告彼云:“贤侄将来要在家乡做一个大绅士，创一番大事业，千万不可自以为是，一人任意做去，并自己信服自己,以为势力充足,不怕不轰轰烈烈。说到底,谁敢到老虎面上来捋须?若是这样思想,那就错误了。俗云:‘牡丹虽好,绿叶扶持’,总要收拾三五个同志的小辈，以为爪牙。更要用点假仁假义，搜罗几个无用之士,买他们的心。如此,方好放手做事,绝不患外人攻击。凡才智过人,手段高强者,切不放他越雷池一步,此等人一进山门,即要打师父的。虽地方善堂的小董,亦不可让他插足。此系做愚叔的阅历之言,今番告诉贤侄,千万秘密,勿为外人道也。”

延宾“做”绅董,办学入手,经费则勒令行户按月缴纳,如猪羊每只二十文;棉花菜子,每石五十文是也。学务办事处房屋及学校校舍,则由驱逐和尚,改化寺院而成之。受苦最大且最早者,东方寺也;寺中师徒两人,师名清静,徒名悟真。慧觉寺和尚,势力极大,延宾无法处置,恨之入骨。学务处成立后,即开办高等小学,招考章程,荒谬不堪。最奇者“一学生的身家,第一要清白,凡手艺工匠的子弟,一概不取。一报名时,务要缴取杂费一元。一给单须由廪生画押。一年齿以十二岁至二十五岁为限。一考经义策论各一篇。一每半年,缴学膳费二十五元。一学业不终,半途告退者,须缴罚金二百元”等条也。当时有不同党者,发批评反对之言,延宾不得已派宠信之人如王芷萍等,赴日本,入速成师范,经费则取诸一种公款,即所谓宾兴者是也。

后来延宾又办商会,所举各董,非独不能保商,反使同业相欺,互作对头。共办民团时,团长冯瑞华,包揽词讼,无恶不作。县长詹如诚,完全不知,可谓昏庸之至。

本书系有所为而作,故著者特隐其真姓氏,且恐有人追究,故假悬洋商牌子,称出版者为“日商株式会社”也。此书稀见,海内外或无第二本,亦未可知。惜余非苏省老前辈,且年代相隔太久,书中名人,不能一一为阅者索隐。

(原载 1938 年 2 月 12 日《晶报》)

《续金瓶梅》[①]

余近获旧抄本《续金瓶梅》,其卷首有“镇洋毕沅”及“灵岩山馆藏书”等印记,知是毕沅旧物也。沅字纕蘅,一字秋帆,自号灵岩山人,乾隆进士,官至湖广总督;经史、小学、金石、地理之学,无所不通;好著书,有《经典辨正》、《续资治通鉴》、关中山左《金石记》、《灵岩山人诗文集》等等。

《续金瓶梅》者,借小说之名,作《感应篇》注解;借饮食男女,讲阴阳报复,戒色戒淫，劝人为善之书也。余旧藏之木刻本与近购之旧抄本，卷数回数均不相同，文字亦略有出入，兹一一说明之如下：

（一）旧抄本八卷五十四回，木刻本十二卷六十四回，所多十回，似系后人补写，其回目另见本篇下文。

（二）旧抄本题“紫阳道人编，湖上钓史评”，木刻本不题“湖上钓史评”。

（三）旧抄本有目录无序跋，木刻本除目录外有南海爱日老人序、烟霞洞黄隐序、西湖钓叟序、凡例四则、《太上感应篇》、《阴阳无字解》（即功过格）、引用书目、图像二十四叶。

（四）旧抄本第一回云：“我今为众生说法，因这佛经上说的因果轮回，遵着当今圣上颁行的《劝善录》、《感应篇》，都是戒人为恶，劝人为善，就着这部《金瓶梅》，讲出阴曹报应，现世轮回，……”木刻本缺中间“遵着当今圣上颁行的《劝善录》《感应篇》”十五字。此言两本文字之不同。文字不同之处，不止此也，今因限于篇幅，不及细述。

（五）旧抄本每半叶十行，每行廿四字，木刻本同。

（六）旧抄本第一回后有总评，木刻本无评。抄本之评云：“此第一回为一部书之开案，将西门庆等死人名目，尽从月娘眼中看出，线索在手，后千头万绪，尽发源于此。作者真才识高旷，阅之阔人心目。”

木刻本中溢出之十回，其目如下：

（一）梦截发大士解冤　不食牛帝君救劫

（木刻十四回，插入抄本十三、十四回之间）

（二）宋道君隔帐琵琶　张邦昌御床半臂

（木刻十九回，插入抄本十七、十八回之间）

（三）宋宗泽单骑收东京　张邦昌伏法赴西市

（木刻廿一回，插入抄本十八、十九回之间）

（四）清河县李铭传信　齐王府银姐逢时

（木刻三十五回，插入抄本三一、三二回之间）

（五）俊公子枉受私关节　鬼门生亲拜女房师

（木刻四十六回，插入抄本四一、四二回之间）

（六）刘学官弃职归山　庞大师传舟入海

（木刻五十二回，插入抄本四六、四七回之间）

（七）韩世忠伏兵走兀术　梁夫人击鼓战金山

（木刻五十四回，插入抄本四七、四八回之间）

（八）辽阳洪皓哭徽宗　天津秦桧别挞懒

（木刻五十八回，插入抄本五十、五一回之间）

（九）活阎罗消罪了前生　死神仙坐化知来世

（木刻六十二回，插入抄本五三、五四回之间）

（十）三教全归感应天　普世尽成极乐地

（木刻六十四回，加于抄本末回之后）

《续金瓶梅》一名《金瓶梅后集》，作者紫阳道人，即丁耀亢，字西生，号野鹤，清山东人，继《金瓶梅》而作之劝善小说；除此之外，尚有《隔帘花影》及《金屋梦》两种。后一种，铅字排印，系前一种之改化。《续金瓶梅》有九行廿字之刊本，余未之见。

（原载 1938 年 5 月 7 日《晶报》）

邗上蒙人

《风月梦》著者，自署“邗上蒙人”（参观《晶报》1939 年 10 月 10 日知止先生之《胡适之救国不忘读书》篇），其真姓氏为何，不见诸家记录，故博学如胡大使亦一无所知也。惟依《风月梦》之内容而言，邗上蒙人非独精诗能文，并且善说故事，其才学必有记述之价值，维扬人士，如有知其真姓真名者，千乞不吝赐教。兹先代老友胡适之先生作一小考据如下：

邗上蒙人喜用隐语，如书中阙首第一人（见二回）袁犹，即“缘由”也，字友英，即“有因”也，其妻杜氏，即“妒氏”之隐；又在茶馆所遇诸友如贾铭、吴珍、陆书、魏璧四人，即“假名、无真、录书，未必”之隐。除此之外，书中隐词尚多，他日当再述之。

《风月梦》虽全涉花柳，实非淫书。清光绪间有喻姓者在笔记（稿本）中云：

作书者追恨无及，悔而且愧，忆昔锦衣纨袴之时，饫甜餍肥之日，背父母教育之恩，负师友规训之德，以致一技无成，半生潦倒，终朝在花柳繁华之地，乐温柔富贵之乡，而今财尽缘终，顿悟沉沦之梦，故尔闲挥翰墨，演说尘缘，由色生情，传情入色，自色悟空，一把酸辛，满纸荒唐，无非望世人看破迷团，引登彼岸。倘能渴不饮鸩酒，饥不食虎餐，见色如仇，知淫莫犯，不待求仙访道，即算入圣超凡。（下略）

《风月梦》，余家所藏者，清光绪甲申上海江左书林木刻小字本，每半叶十二行，每行二十七字，全书三十二回，卷首有清道光戊申作者自序。此书有申报馆铅字本，又有石印小字本，即所谓《闲花野草臭姻缘》是也。木刻与铅字二种，市上均易遇到，价亦便宜；石印者，四本头之一也，现不多见。

（原载 1939 年 10 月 14 日《晶报》）

《黑暗地狱》

《黑暗地狱》廿四回，清光绪三十二年印行，早经绝版，言林则徐禁烟以前华南贩土之情况，名小说家张春帆之著作也。春帆先生另有《九尾龟》前后二十二集，凡嗜小说者无不知之，无不读之；其推行之广，声望之隆，与孙家振海上漱石生之《海上繁华梦》相等。此书文字既佳又富于史料，其价值在《九尾龟》之上，而一传之极广，一不然者何哉？曰轶事胜过史事耳，误乐胜过政治耳。现当国府严密禁烟之时，本书有翻版之需要。其末回赵炳仪之议，今日尚有参考采用之价值。

春帆先生尚有《宦海》、《未来世界》、《胭脂虎》等作。

（原载 1940 年 3 月 2 日《晶报》）

注：

①周越然生前曾先后有两篇题为《续金瓶梅》的书话，本文在前，另一篇在后（已收入《周越然书话》），文字与内容不尽相同。本文中详列了木刻本较旧抄本所多出十回之回目，望阅者注意及之。

王献唐先生之“善本”观

李勇慧 徐宏伟

“善本”二字连缀成词，北宋时始见记载。宋代周辉在《清波杂志》中说：“庆历间，四库书搜补校正，皆为‘善本’。”何谓“善本”？什么样的书算是“善本”？前人对“善本”作系统论述的有张之洞和丁丙二人。张之洞为指引生徒读书门径，在《輶轩语·语学·论读书》中说：“善本之义有三：一、足本。无缺卷，未删削；二、精本。一精校，一精注；三、旧本。一旧刻，一旧钞。”

但千年以往，不同的时代，人们根据自己不同的需求，制定了不同的“善本”标准。“宋以五代写本为贵。易安播迁，独携南唐数箧，于当代刻本，则恒常视之；元以宋椠为贵，松雪斋藏《汉书》、《文选》，或自冠小像，或别系佳题，于当代刻本，亦恒常视之；明又以宋元为贵，清复以明为贵，近代更以清刻佳者为贵”①。现今所谓的“善本”标准，更有“三性九条”之说。尤其是历经千年的宋版书，由于其无一不合文物性、资料性、艺术性的“三性”标准，自明清以来，无论是鉴赏家、藏书家，都对此格外垂青，趋之若鹜。黄丕烈号称藏百部宋版书，作《百宋一廛赋》以记之，并自号“佞宋主人”，以示爱宋若痴；杨以增收藏四部宋版经书四部宋版史书，便另辟“四经四史之斋”别贮之，以示惜宋之珍；陆心源合单刻及丛书零种号称珍藏两百部宋版书，更颜其室曰“皕宋楼”。时下，各公立藏书机构则皆以“乾隆六十年”作为“善本”的断代下限，将“世鲜之本，取而别庋一室，慎其管钥，严其条规，举以向人曰：此善本也；若书尚习见，可随地购取，亦不问校刻良否，荟而贮诸库藏，曰：此通行本也”②。

“善本”是这样由时间造成的吗？2001 年 4 月 3 日，黄永年先生假参加山东大学古籍所举办“第二届海峡两岸中国文献学学术研讨会”之机，观看了山东省图书馆所藏之宋版《太学新增合璧联珠声律万卷菁华》。此书在《天禄琳琅书目》中著录，钤“天禄继鉴”、“乾隆御览之宝”、“五福五代堂宝”、“八徵耄念”、“太上皇帝”五方朱印，为镇馆之宝。有感于世人将现存所有宋版书皆视为拱璧，黄先生戏言：“宋朝小学生的书包中装的全是善本书啊！”由此联想山东省图书馆老馆长王献唐先生早年撰写的《山东省立图书馆善本书目叙》(以下简称《善目叙》)，其不妮古、不盲目崇宋、重视乡邦文献的求真务实的“善本”观，于今视之，仍可谓是真知卓见。

王献唐先生乃山东日照人，其父王廷霖受学于乡先辈许印林。许氏博综经史，深于训诂，嗜好金石文字，校刊宋元明本尤为精审，龚自珍推为北方学者第一。献唐先生思有统系，学有宗基。1929 年主掌山东省图书馆后更是如虎添翼。其一生可以用二十个字概括，那就是他在《藏书十咏》所说的：访书、购书、载书、装书、勘书、曝书、跋书、钞书、借书、读书③。

大凡学者藏书，深谙先哲著书、刻书、抄书以及流传之道，故于先人故物更是宝爱有加，继其学，传其书，虽知其难而愈痴迷矣。今天，我们从献唐先生《善目叙》及其藏书实践中，可以对其“善本”观略加总结。

一、反对妮古之风，不以版本早晚作为衡量善本的唯一标准

民国二十六年春，献唐先生嘱鱼台屈万里、诸城隋少亭、莱芜刘子益撰集善本书目。发凡起例、厘订版本等，先生亦时与其役，历半岁于九月蒇功。所收“凡唐人写卷、宋元旧椠、明清精刻及钞校稿本，都千七百四十六种、三万五千四百册，”署曰《山东省立图书馆善本书目甲编》。拟后此续收，将以乙丙循次标识。是年十一月，因抗战事起，王、屈二位先生为保护山左文物流寓四川，未及刊行，稿本现存山东省图书馆。此书由屈万里总校，献唐先生作序。

献唐先生于《善目叙》中开宗明义，说“图籍而言善本，古无是称也”。其下引经据典，详释周、秦、汉、隋、唐、宋时期的善本标准：(一)周秦时期，“凡名章崇贵之书，写以长策。猥俚习常之书，则写以短策”。“其分为长策短策，本以判别尊卑，尊者长而卑者短，先古书制如此，正无善无不善也”。(二)汉代，“中垒父子，校书中秘，凡所勘定，其时类有四本：一为原书，据以缮校之底本是也；一为藁书，修定汗青之竹简是也；一为副本，录而留藏册府者是也；一为正本，缮而进上留览者是也。四者之中，写雠璜饰，都以正本为善，但论缮校，初不计岁纪早晚也”。(三)隋唐时期，“隋唐《经籍志》，高祖取平陈所得太建时书，存为古本，纸墨不精，书亦拙恶，别召天下工书之士，补续残阙，缮为正副二本，藏于宫中，正以完整精写为善，不以古本为善”；“炀帝即位，

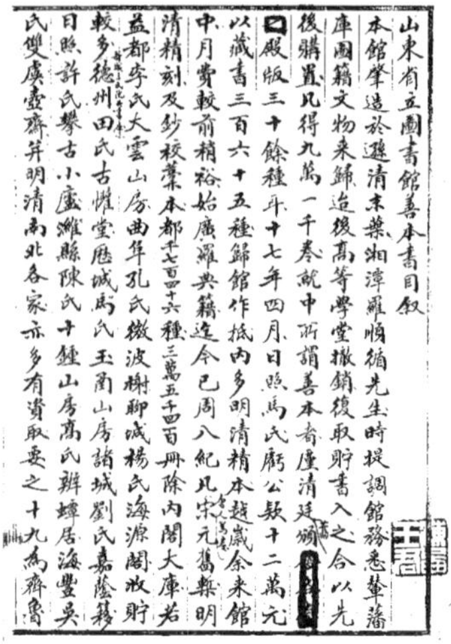
山東省立圖書館善本書目叙
本館肇造於遜清末葉湘潭羅順循先生時提調館務悉輦藩
庫圖籍文物来歸迨後高等學堂撤銷復取貯書入之合以先
後購置凡得九萬一千卷就中所謂善本者僅清廷頒
殿版三十餘種耳十七年四月日照馬氏廟公欵十二萬元
以藏書三百六十五種歸館作抵内多明清精本越歲余来館
中月費較前稍裕始廣羅典籍迄今已周八紀凡宋元舊槧明
清精刻及鈔校藁本都千七百四十六種三萬五千四百冊除内閣大庫若
益都李氏大雲山房曲阜孔氏微波榭聊城楊氏海源閣收貯
較多德州田氏古懽堂歷城馬氏玉函山房諸城劉氏嘉蔭簃
日照許氏攀古小廬濰縣陳氏十鐘山房高氏辨蟫居海豐吳
氏雙虞壺齋并明清南北各家亦多有資取要之十九為齊魯

王献唐撰《山东省立图书馆本书目叙》

秘阁书五十副本，上品红瑠璃轴，中品绀瑠璃轴，下品漆轴。品以何分，志未明言，证以旧程，亦就缮校纸墨，从而剖判优劣也”。(四)天水年间，“宋人所谓善本：一指缮校，一指完阙。绳与古谊，初实大同。宋建安刊本《尚书注疏》，后有牌记云：魏县尉宅校正无误大字善本。盖当时家塾业书者，亦以精校字大为善本矣”。

从上述事例可以看出，周秦时期，策以长短分尊卑，无善劣之分；汉刘向校书秘阁，合若干本以相校，然后写成定本。虽未提及“善本”一词，意在广备众本，择善而从，极为明白；隋唐两宋时期书籍以缮校完帙为善，不以古本为上。叶梦得《石林燕语》中说：“唐以前，凡书籍皆写本，未有摹印之法，人以藏书为贵，书不多有，而藏者精于雠对，故往往皆有“善本’。”可见当时所谓的“善本”者，是指经过“精加雠校”、“搜补阙佚”的“定本”、“正本”而言的。江少虞《事实类苑》也有这样的记载：“宋嘉祐四年，仁宗谓辅臣曰：‘宋、齐、粱、陈、后魏、北齐、北周、北齐书罕有善本，可委编校官精加校雠。’”献唐先生总结道：“善本之在汉隋唐宋，胥以时本论精粗，不以古本当球图。其所谓善，正有所以为善之实。古未必善，今未必不善也”④。

在《善本叙》中，献唐先生分析了造成这种现象的原因，认为主要有以下两个方面：

(一)自然之灾与人事之厄使古本愈稀

随着时间的推移,传本有限的书籍,历经水、火、虫、鼠和种种人事之厄,身价日昂。正如先生所言:"建安剽攘之菑,惠怀荡覆之祸,江陵一火,锦帙飘烟,柱底千帆,缥缃汶水。赵宋以还,历元明至清,厄运所遭,不减往昔。如风转轮,迴环靡已。故凡一书之刻,墨版流传,当时无虑千百,曾不数叶,即渐随尘劫而去,距古愈远,则历劫愈多,残遗愈寡。"余嘉锡先生亦因有"三不完、三不同"之叹。"三不完"即:"断烂而部不完,有删削而篇不完,有节钞而文不完";"三不同"即:"有脱误而字不同,有增补而书不同,有校勘而本不同。"⑤因此,历代的"善本"尺度,随时代的推移而放宽。北宋椠本,至"南宋亦复难求,得一麻沙恶刊,即登甲录。元代坊刻益夥,更或劣逾麻沙,求宋椠不可得,因降而求元,并坊肆粗刻,亦争宝之。迨元又难得,更降而搜至明初。凡出嘉靖以前,亦多成善本矣。继而明初椠本又稀,复降而收至嘉靖及嘉靖以后。其校刊稍佳者,亦成善本矣。自孙伯渊倪迂村,以清刻著入簿录,近人相沿为据,又举清椠之佳者为善本。九百年来,递世相嬗。……理皆相因。宋之视五代,犹元之视宋,清之视明也。宋人不重宋椠,明人重之;明人不重明椠,清人重之。知无所谓善否,论早晚而已。"⑥

(二)藏书家推波助澜

自刘向撰《七录》以来,各公私藏家的藏书叙录、跋语和题识于"辩章学术,考镜源流"功不可没,但对妮古佞宋之风却起了推波助澜的作用。钱曾《读书敏求记》专录珍本书籍,但论缮写刊刻之工拙,鲜及考证校雠,迹近古董,藏书家佞宋癖元之风气从此益炽。其后黄丕烈《士礼居藏书题跋记》、张金吾《爱日精庐藏书志》推波助澜。先生于叙言中说:“子儋爱妾,且以易书;天水麟经,动轻性命。明清嬗易之际,汲古扬其波,绛云踵其烈,季、徐、曹、钱继之。乾嘉而远,益鬯宗风,百宋千元,竞事标榜。洎于近代,向之行于大江以南者,今则北地各省,亦成风尚矣。向云见于私家收藏者,今则公立图书馆,亦纷纷搜访矣。古椠益少,而坊价益昂。东西各国,更时时以巨赀饵取。驯至天水数册,动市万金,断编零卷,亦成璠玙,究其所谓善者,类非古之所谓善也。”⑦

献唐先生平生经见之书无数,每有所得,辄留题跋。无论是辨析版本源流、翻刻原委、师承先后、椠钞优劣,还是覼校篇目多寡、次第先后、音训异目、字形增省,以及品评行格宽窄、版式妍媸、装缀雅俗、印章真伪等等,无不条分缕析,精辟中肯,匡误正谬,鞭辟入里,不以古本为上。对学术问题,力主独立思考,“意有所契,遂其契可也,不必矫饰,亦不必阿世”⑧。这里,介绍献唐先生整理的《双行精舍校汪水云集》。汪水云,名大有,字元量,号水云。南宋末年钱塘人,能诗画,善鼓琴,以琴受知宋度宗,供奉内廷。宋亡,随幼帝显和三宫入燕,滞留北方达十三年之久。目见耳闻,辄发为诗,其诗记国亡北徙事,周详恻怆,于宋末诸事皆可据以征信,故《四库全书总目提要》亦称“水云之诗亦宋亡之诗史云”。现存可考之本有二十种之多,各本选法亦迥然有别,比较纷杂。鉴于此,三十年代初,献唐先生收藏海源阁秘藏一粟斋抄《汪水云诗》后,拟与其它三种海源阁旧藏一起印行《海源阁秘籍四种》。但《汪诗》较好的本子分散南北,非一人一时可就,故邀柳诒徵、顾实和王重民诸家学者,分头抄校,统力合作,自己总其成,完成一部较完善的新版本,成一时书林之佳话。同时,他还参照原海源阁旧藏叶石君抄《汪水云诗钞》以及吴氏绣谷亭、黄氏士礼居、鲍氏知不足斋等名钞佳椠，撰成《汪水云集校勘记》、《汪水云集版本考》和《汪水云事辑》，对汪水云诗作及其版本进行了比较彻底的研究清理。

二、世鲜之本可谓孤本、异本，不可尽谓善本

在《善目叙》中，献唐先生列举唐开成石经、汉熹平石经、唐人写经与宋椠经文的不同际遇，进一步揭示世俗以猎奇为取向，不重校勘，以少、稀之本为善，由此造成“善本”概念、价值的混乱：(一)“宋椠经文，皆出唐开成石经，即论校写，亦弗追远甚，然以习见之故，石经百本之值，或不敌一宋椠。如谓宋椠别有注释，与石经白文不同，则今传宋刻白文八经，价且高于有注之本。不幸西安碑林，原石早毁，现存开成石经，只传一本，或残篇断卷，如孟蜀石经故事，恐十数宋椠之值，亦不肯易矣”；(二)“汉熹平石经，毁于北朝。有清中叶，黄秋盦得残石墨本数叶，响拓摹雕，汉阳叶氏，且悬万金购致。近洛阳太学残石，赓续发现，墨拓纷出，易得易求，人反澹然视之”；(三)“唐人写经，明清以来，为世宝重。高吴著录，叶钱翻雕。才获半卷，便翘珍秘。自清末敦煌藏卷散出，流布南北，人亦澹然视之。同一石经写经，厚于前而薄于后，非有厚薄也，使宋元旧椠，今尚充盈市肆，将恐无人顾及”。献唐先生说：“然稀见之本未必优，习见之本未必劣。而世之藏书家，竟以古刻寡觏之书为善，是其所谓善者，殆已异乎善之准的矣。”“世稀之本，可谓孤本异本，不可尽谓善本。善本必如汉隋唐宋，以写刻校勘定之。舍是而言早晚，宁非诬罔?”

献唐先生分析这一流弊产生的原因，不外是一部分藏书人欲“收人所未收，藏人所未藏，以此而炫世自炫。家累百万，出其十一，不崇朝而插架盈箱，以富藏名矣。更出其百一，倩人撰集目录，刊以己名，不期年而振臂坛坫，以著述名矣。名既得，而书经著录品题，声价益隆，则委而悉售于人，转获重价，利又在其中矣。”献唐先生此言，可谓一语道破真相。

三、不能盲目崇拜宋版

古籍的传录和板刻不知经过多少人之手，有出自通人学者，有的则以谋生为目的，如钞手、刻工和书贾之所为。更有沽名好事之人，喜刻书籍，又不讲求雠校，使谬种流传。宋代学者对这种不讲求雠校，以致讹夺满纸、谬种流传的现象，在当时已提出了批评。陆游跋《历代陵名》中说：“近世士大夫所至，喜刻书板，而略不校雠，错本书散满天下，更误学者，不如不刻之为愈也。”苏轼《东坡志林》中说：“近世人轻以意改书，鄙浅之人，好恶多同，故从而和之者众，遂使古书日就讹舛，深可忿疾。”因此，就宋版而言，亦有优劣、高下之分。迨至后世，书籍的讹夺舛误就更不待言了。献唐先生《善目叙》中说：“但论版刻，自天水以来，迄今九百馀祀矣。北宋官刊，初皆郑重将事，善雠精写，雕印工饬，蜀刻尤嫩妙动魄，渡江而后，已懈而少逊矣。南宋之胄监、漕司、公使库、郡县斋学、书院，下至家塾、祠堂、书棚、官私刊本，得失互见，要以闽刻为最多。闽之家塾，若建安余氏、黄氏、魏氏、刘氏，亦都佳善，以书肆所刻，最为粗滥，而麻沙镇尤劣。……故以宋椠论之，抚刻《礼记》、陈刻《唐求诗》，与张杨两家覆本，亦伯仲间耳。元椠《松雪斋集》、《茅山志》，视鲍刻《销夏记》、林写《精华录》，皆未敢多让，而世人不作平等观也。”献唐先生又批评佞宋者“论迹则贱近贵远，究实则重少轻多，此皆好事者所为，非真知灼见者。善乎洪北江之言曰：藏书有考订家、有校雠家、有收藏家、有赏鉴家、有掠贩家。今之好事者，则掠贩而已，上之则赏鉴而已，收藏者而已。求所谓考订校雠者，殆百不得一也”。

四、经籍图书，皆古人精神所寄，凭之可鉴往知来，当出全力收集、典守

从献唐先生的藏书实践，我们可以发现，先生注重的是图书的学术价值，并着意注重地方史料尤其是山左藏书家旧藏和乡先贤著述的搜集、整理。在《善目叙》中，他引用邱琼山的话说："经籍图书，皆古人精神心术所寄。今世赖以知古，后世赖以知今"；"吾人处千载之下，举凡古人所遗"，应"都无巨细，悉为资粮"，不能任"其或有散佚也"。因其"写刻不多，流传未广，或独蓄孤帙，他无存书。失之则搜访綦难，毁之则书种或断"；所以便"不问版本何若，即校刻弗精，缮写未善，有此一本，尔胜于无。其鉴裁取舍之旨，虽不同古昔，要与俗史殊酸咸"。认为地方文献关系一方文化甚巨，当出全力保存之。"其为山东人而学行素著者，即非精品，仍喜购藏，盖欲藉此略存一省文献"[9]。

主馆伊始，献唐先生即制订搜集乡邦文献的工作计划。其步骤为："先求乡贤遗著，无论已刻未刻，使俾藏馆中。"[10]其后，即"仿提要式合辑《山东艺文志》。再择其未刻而确有价值者，赓续印行之，拟名为《齐鲁先哲遗书》"。先生尤"注意搜集各家著述底稿。一年以还，约得百种：已刻行者，计占十分之二，未刻行者十之八。其为一家著述，收藏最多，较有系统者，又得二家：曰潍县宋晋之先生，曰海昌周乐泉先生。宋书尽为说经手稿，周则诗文杂著"[11]；遇有无法购藏者，先生则倩人或亲自抄录原书，使之不致幽埋荒野，散佚殆尽。现山东省图书馆藏书中，即有牟庭、安箕、郭麐、冯琦、马星翼、孔继涵、李廷棨等人著作的抄本。

由献唐先生带到山东省博物馆去的抄本就更多了[12]。与此同时，扩展遐园馆址，兴建奎虚书藏，主持编印《海岳楼秘籍丛刊》、《海岳楼金石丛拓》[13]和《山东省立图书馆季刊》，汇编《山左先哲遗书》，编撰《山左先贤遗书提要》、《齐鲁陶文》、《临淄封泥文字》、《顾黄书寮杂录》、《汉魏石经文字》、《邹滕古陶文字》等。

山东省图书馆藏文献经献唐先生努力经营，蔚为大观。至民国二十六年抗战爆发，"裒新旧典籍，得二十一万八千馀册"；"除内阁大库，若益都李氏大云山房、曲阜孔氏微波榭、聊城杨氏海源阁收贮较多。新城王氏池北书屋、德州田氏古懽堂、历城马氏玉函山房、诸城刘氏嘉荫簃、日照许氏攀古小庐、潍县陈氏十钟山房、高氏辨蟫居、海丰吴氏双虞壶斋，并明清南北各家，亦多有资取，要之十九为齐鲁故物也。"[14]

于山左藏书家中，献唐先生尤以关注李文藻、周永年与聊城杨氏海源阁。《藏书十咏》中有《访书》、《购书》诗两首。《访书》诗记叙他为搜集周永年、李文藻旧藏，无数次奔走于济南书肆旧市，于故书堆中淘书的经过。诗曰："大云文献近如何，一例水西感慨多。拚却芒鞋三十緉，冷摊僻肆几回过。"《购书》诗则让我们了解先生为保护海源阁故物，不顾家计，倾囊而出的感人事迹。诗曰："黄金脱手了无馀，换得陶南镇库书。不学东家权子母，鱼盐柴米姑徐徐。"诗后有注云："黄荛圃手校《穆天子传》、顾千里手校《说文系传》，均海源阁故物。近日散出，余倾囊得之。"《双行精舍书跋辑存》(续编)中也记载了他搜集李文藻画像的经过："去秋余来本馆，蓄意搜集南涧先生藏书。继闻潍县陈氏，藏有此像，托人辗转购致。既送来，政局已变，库空如洗，外债累积。终念此像关系山东文献，不忍割舍，即告贷友朋，为

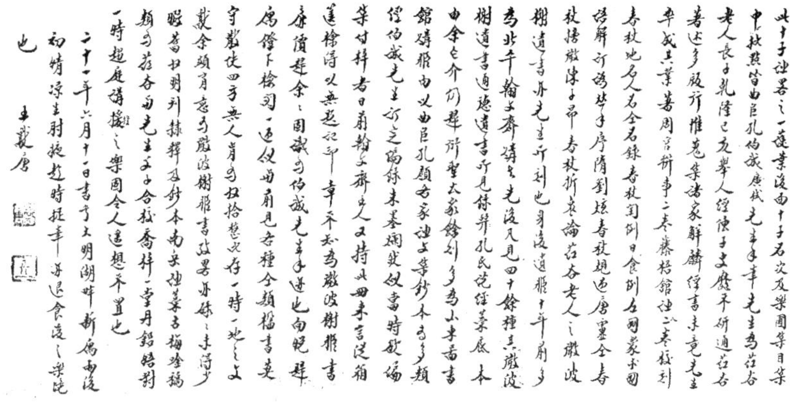

王献唐于清刻本《十子诗略》后题跋

本馆购藏。色墨间有剥蚀，手自补缀，重付装池，成二十八字题之。”现山东省博物馆、山东省图书馆所藏南涧旧物，皆为先生之功。

1983年，齐鲁书社出版《双行精舍书跋辑存》（正续编），辑录山东省博物馆和山东省图书馆等处收藏的王献唐先生生平所作题跋。从这些题跋中我们可以看出，献唐先生特别注意地方文献的发扬，记述清乾嘉以来地方人文掌故，尤属详备。从两书整个题跋内容，可以窥见近三百年间齐鲁学术从藉书园、海源阁以至奎虚书藏发展变化的一个清晰轮廓。如跋邢蓝田《鹅庄访书记》，记述了历城马国翰、章丘李廷棨旧藏归属，文曰：“历城马氏玉函山房，清道光间以藏书著称，有玉函山房藏书簿录行世。后与所收金石，多归章丘李戟门，累年散佚。求马氏书者，尚或于戟门后裔踪迹之。仲采先生六次往访，菁英落尽。综其所获，著为此篇。欲考马、李二家典藏，知兵燹典鬻之馀，曾不百年，已至如此，亦山左书林一掌故也。”[15]

在《双行精舍书跋辑存》（续编）一书中，辑录献唐先生题跋书一百四十四种，书序五篇，凡一百四十九种，三百二十四则，其中关乎山左先贤遗著和山东地方文献就有六十九种之多。如郭麐《潍县方言》、王筠《许学札记》、《石破天惊》、郑与侨《蒙难偶记》、《义友记》、《四藩分镇》、《客途记异》，李文藻《琉璃厂书肆记》、《南涧先生易箦记》、《恩平程记》、《李南涧先生遗像》、孔传《东家杂记》、杨保彝《海源阁宋元秘本书目》、《汉琅邪相刘君墓表》、《汉魏石经残字》、刘喜海《嘉荫簃论泉截句》、马国翰《马竹吾致李戟门手札》、陈官俊书《王筠友朋书札》、杨以增《刘武仲字册跋尾》、陈介祺《十钟山房印举》、孔继涵《红榈书屋未刻稿》、《微波榭钞诗》、丁耀亢《续金瓶梅》、佚名录赵执信批《唐诗鼓吹》、冯琦《海岱会集》、许瀚跋《古诗源》、张笃庆撰、王士禛评点《昆仑山房诗稿》、冯廷櫆撰《冯舍人遗诗》、桂馥《晚学集》、王士禄《炊闻词》等。齐鲁故物，赖先生之力得以保存。这些文献的保存，使齐鲁文化传承有继。

当然，鉴于近代图书馆编辑古籍目录的普遍作法，献唐先生也不能免俗，在《山东省立图书馆善本书目叙》最后说：“本馆之甄定版刻、部别甲乙，准则亦不外是，殆已骎骎乎蹈时流之失矣。俗史用以炫世自炫，文陋而侔利，图书馆则为国家民族、葆此书脉，使文献一线，留名山之永藏，亦知所收所蓄，不能悉善，以欲别于常本，求一典正词称不可得，强以善本名之。本馆沿此词称，亦正有不得已者在，观者勿以斯编所载，悉为善本也，识其所以为善之旨，则知读是书矣。”这也是无可奈何的啊。

注：

①②④⑥⑦⑭《山东省立图书馆善本书目叙》，王献唐撰，载《山东省立图书馆善本书目甲编》，民国二十六年山东省图书馆编。

③《藏书十咏》，王献唐撰，载《山东省立图书馆季刊》第1卷第1期，民国二十年山东省图书馆编。前有序云："幼喜藏书，壮而弥笃。频年四方，随在搜集。裒其所藏，约五万卷。家有老屋，皮架储之。横几摊卷，昏晓流连。意有所触，辄发吟咏。裁题命篇，都为十什。夫自百年之乐，视此陈编。千金之珍，宛若敝帚。"《勘书》诗："唐钞宋椠意纷驰，狼藉丹黄笔一支。排闼风声灯欲死，有人兀坐五更时。"《曝书》诗："曝书亭接晒书堂，拈取先贤一瓣香。手扑牙签三万轴，不辞风日坐檐廊。"《跋书》诗："钞刻精校别异同，取材端喜老荛工。九流四部闲征遍，消受春灯一穗红。"《钞书》诗："爱好贪多癖不除，蚕眼不注单行疏。垂帘半卷杨花起，手写人间未见书。"《读书》诗："殊方别语日琅琅，身世蠹鱼了不妨。十丈红尘万人海，此心安处是吾乡。"

⑤余嘉锡：《目录学发微・版本序跋》。

⑧《双行精舍书跋辑录》(正编)，第272页。王献唐撰，齐鲁书社，1983年。

⑨《一年来工作回顾》，王献唐撰。载《山东省立图书馆季刊》第1卷第1期，民国二十年山东省图书馆编。

⑩《复傅斯年书》，王献唐撰，载《山东省图书馆季刊》1982年第1期。

⑪《新收陈房伯历算书稿述记》，王献唐撰。同⑩。

⑫参见《山东文献书目》，王绍曾编。齐鲁书社，1993年。

⑬海岳楼，原建于大明湖"遐园"内，为当时山东省图书馆主要建筑，抗战时毁于炮火。

⑮《双行精舍书跋辑存》(续编)，第145页、124页。王献唐撰，齐鲁书社，1986年。

纪晓岚与阅微草堂

郑伟章

2001年8月27日晚，几个朋友约我去珠市口的晋阳饭庄聚会。这个饭庄很特别，一走进去才知道，它就是当年纪昀的阅微草堂。我们的包间很大，它位于当年阅微草堂中堂的西半部。今天我居然有幸到纪晓岚家中来做客、吃饭了。

谁人不知，纪晓岚是《四库全书》的总纂官。我在拙著《文献家通考》(中华书局1999年7月出版)和《书林丛考》(广东人民出版社1995年7月出版)中的《四库全书献书人丛考》中都分别把他当作文献家写进去了。故我对晓岚先生有一种特殊的感情，吃饭之前，我以敬仰的心境参观了一番阅微草堂。

中堂正中有"阅微草堂"四个大字。两边圆木柱上有纪昀自己撰写并手书的对联："岁月舒长景，光华浩汤春。"中堂门口东侧台阶下长着一棵古老的海棠树，据说是纪老先生亲手所栽。他当年栽了两棵，据说海棠树下，是他经常与恋人秋香幽会、缠绵细语的场所。后因秋香病逝，其中的另一棵海棠树也死去了。

现在仅存这一棵，每逢春日，枝繁叶茂，葳蕤的花朵缀满全树。草堂的另一个院落还有一处叠石而成的假山，想当年必是流水小桥，风景无限。草堂大门外还有一棵紫藤萝，春日花发，串串紫藤花，仿佛都要把空气也点缀成了紫色。

二百多年前的一代名臣故居，如今却沦为饭庄，不能不令人感慨系之。

纪昀，字晓岚，一字春帆，晚号石云，世为河北献县人。纪昀是编纂《四库全书》及撰写《四库全书总目提要》的头号功臣。自乾隆十二年(1767)他考取举人第一名、十九年成进士后，他从此进入仕途，饱经宦海沉浮。乾隆三十八年，四库馆已开，朝廷集儒臣检校《永乐大典》佚书，又诏求天下遗书，乃选翰林院官专司纂辑。大学士刘统勋荐翰林院编修纪昀为总纂官，与陆锡熊、陆费墀共襄其事。《大典》中之逸篇坠简，海内所进之万馀部秘籍，无不一一过目，把它们分为应刊、应钞、应存几类，依经史子集部分类聚，撰写提要，辑成《总目》，为提要二百卷。又受命辑为《简明书目》。朱珪评论说："公绾书局，笔削考核，一手删定，为全书总目，裒然巨观，弆之七阁，真本朝大手笔也。"并吟诗句云："沉浸四库间，提要万卷馀。抑扬百代上，浩博衡锱铢。"《清史稿》本传云："昀学问渊通，撰《四库全书提要》，进退百家，钩深摘隐，各得其要指，始终条理，蔚为巨观。"后历官文渊阁直阁事、内阁学士兼礼部侍郎、兵部侍郎、礼部尚书、充经筵讲官、赐紫禁城骑马、左都御史。嘉庆四年充《高宗实录》馆副总裁。十年以礼部尚书、协办大学士，加太子太保，管国子监事。这年二月十四日卒，享年八十二岁。清帝有谕旨说："纪昀学问淹通，办理《四库全书》始终其事，十有馀年，甚为出力。"乃赏库银经理丧事，谥号为文达。《清史稿》、《清史列传》、《碑传集》、《国朝先正事略》、《清代七百名人传》等均有传。

纪昀本人也是清代一个著名藏书大家。其藏书处为阅微草堂。李文藻《琉璃厂书肆记》说："鉴古堂韦氏，颇晓事而好持高价，予房师纪晓岚先生，买其书费数千金。"纪昀自己记述说，一次见一老妇人手持玉佩求售，"外裹残纸，乃北宋椠《公羊传》四叶，为惆怅久之"。由此可见他的惜书之心。他对书持甚为达观的态度，尝言："赵清常殁，子孙鬻其遗书，武康山中，白昼鬼哭，何所见之不达耶？余尝与董曲江言，大地山河，佛以为泡影，区区者复何足云。我百年后，倘图书、器玩，散落人间，使赏鉴家指点摩挲曰：此纪晓岚故物，是亦佳话，何所恨哉！"

潘祖荫《滂喜斋藏书记》卷一有其所藏正阳门外西河沿洪家刊本《顺治十八年搢绅册》，前有纪昀致法式善书，翁方纲、阮元、叶名琛、丁嘉葆等人跋，又有邵懿展、吴存义诗，甚为珍秘。吴氏诗云："河间富著述，万卷精校雠。此册资考证，亦为邺架收。譬如古金石，岂徒罗尊卣。"傅增湘《藏园群书题记》卷三有宋本《忠文王纪事实录》，宋人纪岳飞事。此书传世极稀，各家书目未见著录，先藏明锡山安国的家里，后入清内库。至乾隆五十四年，皇帝把此书赐给纪昀。光绪以来，纪昀家的书逐渐散佚，此书归临清徐坊所得。由上可见纪氏阅微草堂之一斑。

近人伦明先生亲见到阅微草堂散出之书，他在《辛亥以来藏书纪事诗》中说："文达亦好聚书者。其书于戊辰（1928年）全散出。余于琉璃厂穆斋鬻书处见之，无宋元本，亦无精校、秘钞。惟刻本都在嘉庆前，略可贵耳。余得其《河间纪氏家集》，原写本二册，而前此亦得文达《玉台新咏考异》手稿本及其父容舒《杜律详解》传录本。二书在《四库》，一著录，一存目。"又李少微《近世藏书家概略》云，纪昀阅微草堂藏书颇多，"其书不以宋元刻本胜，而专事收藏明清禁书及明末一切未刊本。当时知其藏书者多，见其藏书者少。鼎革之后，纪之后人，徙至天津，乃出阅微草堂旧藏十馀箧，以低价售之故都厂肆之各书局。珍奇既见，遂耸动一时。萧山朱氏及北平北海图书馆皆起而收索，然散佚者已不知凡几矣。其中如《辽东志》一书，现为中央研究院所有。此书有益于历史地理者非鲜，至堪宝贵，今得以不亡，亦幸事矣。”

当年纂辑《四库全书》时，广征天下书。江南、江北、京师献书者众，纪昀不但领衔总纂《全书》，而且他自己也带头把家中的珍贵藏书主动献到四库馆。当年他献出多少种书，尚不得知。但从《四库全书总目》中著录的“兵部侍郎纪昀家藏本”看，总目中著录了来自他家所献的书有百五种，千八百六十八卷，两种无卷数。由此，亦可见纪氏是乾隆间一大藏书家，其数超过励守谦、周永年、朱彝尊等著名藏书家之上，堪与孙仰曾、汪如藻、汪汝瑮、程晋芳等人相比美。因纪昀以文学才识著称于世，其藏书之富反不被人们所知。

纪昀与其他藏书家一样，亦风雅好事，所藏之书都钤以各种印记，如有：“河间纪昀”朱文方印、“纪晓岚图书记”朱文方印、“春帆”二字朱印、“臣昀”白文双边印、“晓岚氏”朱文方印、“校书天禄”白文方印、“纪十八”朱文方印、“瀛海纪氏阅微草堂藏书之印”朱文方印、“春驭校正”白文方印、“心与古人会”、“琉璃发奇光”等印。至于纪氏藏书钤有“纪氏树馨”、“香林鉴定”，为其孙之藏书印。

纪昀也喜刻书，他自刻的丛书有《镜烟堂十种》二函十二册，嵩山书院及镜烟堂藏板。包括《沈氏四声考》、《唐人试律说》、《才调集》、《瀛奎律髓》、《李义山诗》、《陈后山诗》、《张为主客图》、《风雅遗音》、《庚辰集》、《馆课存稿》等，多为诗集或诗说。镜烟堂为福州使院之宅，《后山集》有纪昀所写序，序于乾隆二十九年七月，则可知纪氏于三十三年补贵州都匀知府之前，曾任过福州学使，各书之《传》均未提及。又《唐人试律说》，为纪晓岚自撰之书，有乾隆二十四年之自序，二十五年之后序，书于绿意轩。

陈康祺《郎潜纪闻》二笔卷六云：“纪文达平生未尝著书，间为人作序记碑表之属，亦随即弃掷，未尝存稿。或以为言，公曰：‘吾自校理秘书，纵观古今著述，知作者固已大备。后之人竭其心思才力，要不出古人之范围，其自谓过之者，皆不知量之甚者也。’我辈薄植，偶作一二短书杂说，辄姁姁姝姝，有亟于表襮之心，读此能不颜厚？”纪昀这段话很有深意，那些急于追名求利的浅薄之徒值得很好地理解此说。不过晓岚先生毕竟是大家，还是有不少著作留存于世。他除奉命参加《四库全书总目》、《热河志》、《历代职官表》、《河源纪略》、《八旗通志》及方略、会典、三通等大部头的朝廷巨著的编撰外，其自著有《沈氏四声考》二卷、《史通削繁》四卷、《纪文达遗集文》十六卷、《诗》十六卷、《玉溪生诗说》二卷、《明懿安皇后外传》一卷、《老子道德经校订》二卷、《阅微草堂笔记》二十四卷、《唐人试律说》一卷、《馆课存稿》四卷等。此外，据伦明说，《玉台新咏考异》十卷，《总目》集部总集类著录为纪昀之父纪容舒撰，实则稿本出自纪昀，“因思是书所引诸异本非容舒所能见，文达兹举，殆‘善则归亲’之意耶？”此稿本后归伦氏弃藏。《贩书偶记》卷二十著录大兴邵承照辑《纪河间诗话》三卷，则为纪氏诗话专书。纪氏著述达十种，怎么能说他“平生未尝著书”呢？

阅微草堂在二百多年前，曾有一位大文献家、饱学之士吟诵优游其间，不想今竟变为了饭庄。晓岚先生虽持达观态度，不作“白昼鬼哭”，但无论如何也要躲在阅微草堂的背后哀叹，欲哭而无泪啊！

孔门学者孔继涵

沙嘉孙

清乾隆年间，山东私人藏书之风很盛，其中益都李文藻的大云山房、历城周永年的藉书园、曲阜孔继涵的微波榭更是海内知名。不同的是，李、周长于目录版本，而孔则勤于校勘。李、周都编有详细的书目，周更创“儒藏说”，为学界所注目，而对于孔氏的生平事迹及诸多方面的成果，则很少有人去探索。其实，现存的孔氏遗书远比李、周的要多，他所刻的书现各大图书馆几乎都有收藏。就孔氏的藏书来说，笔者见于诸家著录者已近百种，虽说这仅是孔氏藏书之一斑，也为我们加深对孔氏的认识提供了十分有用的线索。

孔继涵（1739—1783），字体生，一字补孟，号荭谷，别号南洲，又自称昌平山人。祖籍曲阜。孔子六十九代孙。从小聪敏，十五岁即能作诗。少年时即开始藏书。现在我们看到的明嘉靖李元阳刻本《转注古音略》（明杨慎撰）有继涵子孔广根的跋，跋中有“先君子藏之三十馀年”之语。书中有清初顾炎武批并跋，是地道的善本[①]。

乾隆二十二年（1757）春，弘历南巡回京，路经曲阜，拜谒孔庙孔林，召见孔氏诸人，问及林庙典故及儒家学说，继涵对答如流，甚受弘历称赞。二十五年（1760）他考中举人，以后十年间四上春官都名落孙山。但经努力，他终于乾隆三十六年

(1771)考中了恩科进士。中进士之后，继涵被任命为户部河南司主事，兼理军需局事，当时他住在北京贝荫胡同，开始大力搜求异本及难得之书。三十八年(1773)四库馆开馆，并向全国征书。孔继涵的知交周永年、戴震等人先后入馆，通过他们又可看许多内府藏书及各地进呈之书。三十九年，清廷决定纂修《日下旧闻考》。此书是依据朱彝尊的《日下旧闻》的编次目录，增补“清廷宫室”、“京城”、“皇城”、“苑囿”等内容而成的。这时继涵受命充其纂修官，前后共六年，撰出了初稿。他除了大量检阅古籍、碑帖之外，又专访名人学士，亲自考察名胜，积累了大量资料。仅唐以来的金石拓本就达千馀种。除收购得来之外，好友翁方纲、李文藻等人赠送的也不少，其中以石鼓文旧拓本最有名。翁方纲曾有《过荭谷斋同观石鼓文旧拓本》诗，为学界广为传诵。他的藏书也很快增至数十万卷。其中宋绍熙三年两浙东路茶盐司刻本《礼记正义》七十卷，即世所谓三山黄唐本者，是海内孤本，最为校勘家所称道。原藏泰兴季氏、北海孙氏，后归璜川吴氏。吴以三百金质于朱文游，戴震曾借阅补今本缺文。乾隆四十一年(1775)春，有挟之入都者，索价五百金，无售者。戴震欲借重校而不得。九月之朔，持质百金于继涵。继涵乃假戴震本补其缺落，用朱笔校以武英殿本，又用墨笔临戴震校，并录宋黄唐跋、校正官衔及惠栋跋。后继涵校本归江安傅氏双鉴楼。黄唐本辗转归南海潘明训。潘氏以此书原藏曲阜孔氏作为传家之宝，爰以宝礼名其堂。又请毗陵董康募工锓刻百部公之于世[②]。此书今为国家图书馆永久保藏。

孔继涵十分重视抄书，多据内府所藏《永乐大典》及各地进呈本抄录。所抄甚多，在当时也十分有名，因此翁方纲称他为“敏捷抄书手”。笔者所见孔氏抄本共四十六种，多九行或十行，无格。抄书纸上印有“青棂书屋”、“红榈书屋”、“微波榭”等字样。但大多数并不印室名。从外表上看不是很精美。个别也有影宋抄本、影明洪武抄本，算是比较讲究的。但他的抄本都点校精审，正如翁方纲所说“牙签精点勘”，错讹是比较少的。叶昌炽《藏书纪事诗》有云：“余在岭峤，见郎亭侍郎所得宋元人集，如周紫芝《太仓稊米集》、陈基《夷白集》，凡数十种，皆微波榭抄本。荭谷先生以朱笔点校，间有跋语，知覃溪之言为不虚也。”因此，孔氏抄本极具文献价值。如抄本《旧五代史》是移录邵晋涵所辑稿本，又重新校勘而成，长洲章钰曾据以录副。海盐张元济校勘百衲本《二十四史》时，以孔本校刘氏嘉业堂刻《大典》有注本，校出孔本有而刘本无者六十五条，刘本薛史得以补阙。即以一端，即可见孔氏抄本之有功文献者至巨[③]。

孔继涵一生，大部分时间都用于校书，撰写了大量题识。文中详细记录他点校的时间地点、得书经过，所据版本，各本的异同，旁及气候变化、生活起居、友朋往来等等，内容十分丰富。如明万历王云鹭刻本《隶释》，孔继涵过录钱大昕、李文藻校语，并跋云：“乾隆丙申，以钱辛楣、李南涧本校，十二月三十日丁卯竣。”此书卷末附录李文藻长跋，从中可窥见当时李氏校录真相，是研究南涧校书的重要资料。今李氏原本不可寻，唯赖此本以传[④]。继涵校书又有一得力助手，就是他的大儿子孔广栻。广栻天资聪敏，扶床之年就能背诵数十万言。及长经传子史，靡不研通。戴震、孙星衍等人与其父研究学问，解析疑义，广栻竟能发问相质。著作达十七种之多。微波榭中，乔梓一堂，丹铅晤对，一时趋庭讲授之乐，士林传为佳话。

除自己亲手校书之外，有时也托友人代为校勘。如清乾隆四十一年孔氏抄本《九国志》，原为邵晋涵所编，未克成书。乾隆四十年(1775)冬，邵氏南旋，以副本留荭谷处。四十一年继涵属周梦棠编次校正，然后誊抄成第一写本。每条下皆注《大典》卷数页数，足资检覈[5]。又有影宋抄本《舆地广记》，继涵据两浙经进鲍氏知不足斋本录出，行款、缺佚均与宋本同。此书中间脱简五叶，其三十二、三十八两卷阙佚过半，馀卷也多有脱讹。周梦棠以《元和志》、《寰宇记》并诸史志参证，补阙文千馀字，正讹六百馀字[6]。

孔继涵与戴震为姻娅，其学也与戴震相似。乾隆四十二年(1777)戴震卒于京师，继涵为经纪其丧，并辑其所著为《戴氏遗书》；又将戴氏辑校的《周髀算经》等十种古算经，辑为《算经十书》，均刻诸《微波榭丛书》，为士林所称许。丛书中所收汉赵岐注《孟子》十四卷附宋孙奭《音义》二卷、宋宋庠《国语补音》三卷，均以宋本为底本，亦为戴震所授梓。尤以宋本赵注《孟子》为最有名。阮元在《孟子注疏校勘记序》中，尝谓“自明以来，学官所贮，注疏本而已。疏之悠谬不待言，而经注之舛讹阙逸，莫能谍正。……迄休宁戴震授曲阜孔继涵、安邱韩岱云镂版，于是经注讹可正，阙可补。”其推重如此。戴震许多未刊遗著，也因继涵的收藏而保有至今。如北京大学图书馆所藏清抄本《戴东原先生文》二十四篇，是戴震中晚期文稿，为继涵所编辑。1987年安徽戴震研究会从湖北省图书馆查得戴氏佚著《经雅》稿本四十二页，约两万字，正文第一页首有“南洲”、“继涵之印”二印，知其为孔氏所藏。孔继涵收集整理并大力刊行戴氏著作，为戴学的传播作出了巨大贡献，可谓戴学之功臣。

孔继涵自己著作也很多，笔者知见的有：《夏小正考异》一卷，《五经文字疑》一卷，《九经字样疑》一卷，《水经释地》

八卷，《同度记》一卷，《长行经》一卷，《红榈书屋诗集》四卷，《斵冰词》三卷，均在《微波榭丛书》中。又有《石经记》一篇，《红榈书屋杂体文稿》七卷，均在《微波榭遗书》中。复有《春秋地名考》一卷（清抄本），《周官联事》不分卷（见《山左续诗钞》，《小学集略》七卷补一卷（稿本），《国语解订讹》（见《国史儒林传稿》），《国朝词人名字爵里表补》一卷（稿本），《勾股粟米法》二卷，《释数同度记》二卷，《红榈书屋未刻稿》二卷（民国山东省立图书馆抄本），《红榈书屋词集》九卷（清乾隆二十九年四雨庄张氏刻本），《尼防杂事词》一卷（稿本），辑有《炊经堂友朋诗文杂稿》一卷（稿本）等，也可以说是著作等身了。

孔继涵的交往是很广泛的，这可以从他的藏书题跋及诗文中看得出来。在山东同乡中，与周永年、李文藻、刘墉、梁焘鸿等人的往来较多。尤其是他与李、周交往的有关记载，是研究乾隆间山东私家藏书的珍贵资料。与外省的名人学士如翁方纲、邵晋涵、黄易等人交往也很频繁，其中与扬州八怪之一的罗聘相交尤深。罗氏是金农的弟子，歙县人，擅画人物、梅竹等，尤工画鬼，尝多次作《鬼趣图》，借以讽刺当世，极得名流称

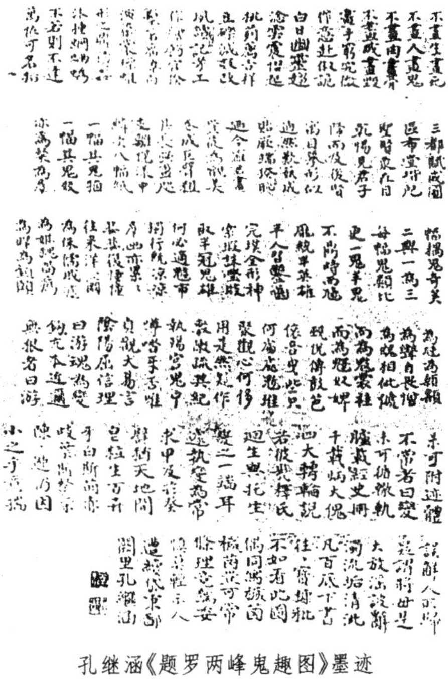

孔继涵《题罗两峰鬼趣图》墨迹

赏。乾隆三十七年，罗聘北游至京，有一段时间就住在继涵家中的寿云簃。继涵曾为他作了《题罗两峰鬼趣图》的长诗，其稿本今尚存曲阜[7]。后罗氏南归，继涵邀张埙、胡浚等人为两峰送行，饮于孔氏青棂书屋。宴席间，罗持笔作画，口唱首句，诸同人以声相续，胡浚醉后还戏联了十律，真是好不热闹。

乾隆四十三年(1778)因母病，孔继涵辞官归里。每日流连于书海碑林之中，过着自由自在的闲居生活。又在儿子孔广栻的协助之下，陆续刊行了他所编辑的《微波榭丛书》。乾隆四十八年孔继涵病逝于曲阜，葬之孔林，其墓至今保存完好。墓前石碑圆首，正题隶书"赐进士出身朝仪大夫户部河南司主事加二级军功加一级孔子六十九代孙体生先生之墓"。碑阴行书，记述孔继涵生平，系卢文弨撰文[9]。荭谷卒后，子孙能保守遗书。嘉庆四年(1799)扬州人黄文旸到衍圣公府教读时，微波榭就是他常去的地方。六年(1801)他再游曲阜，又见孔继涵旧所藏书，特撰《微波榭借书歌》以示纪念。后收入他的《扫垢山房诗钞》一书中。嘉庆七年曲阜孔宪增将此诗集刻行于阙里，此歌即流传于世。至清末世乱，孔氏书渐出，民国初期，藏书散尽。当时藏书家竞相争购，所得最多者为浙江吴兴藏书家蒋汝藻。王国维曾为蒋氏编撰《传书堂藏善本书志》，极其详细地著录了荭谷藏书，书中的孔氏题识几乎只字不漏，可见先哲对孔继涵藏书的重视。其次，傅增湘也经眼不少，都记录在他的《藏园群书经眼录》及《藏园群书题记》中。山东日照王献唐先生素以收集乡邦文献为己任，民国十一年(1922)见北京翰文斋得孔氏书四十馀种，经先生作介，一部仍归衍圣公府，馀则为山东图书馆购藏。又有意撰《微波榭藏书考略》，因忙碌无暇而未果[10]。

注：

①见傅增湘《藏园群书题记》60页，1989年上海古籍出版社排印本。

②《宝礼堂宋本书录》经部第14页及潘世兹《前言》，1984年广陵古籍刻印社重印本。

③（台湾）《中央图书馆善本书志》（初稿），1997年至1998年台湾排印本。（此书原名为《国家图书馆善本书志》，此沿用其旧名。）

④见王献唐《李南涧之藏书及其他》，1931年《山东省立图书馆季刊》第一集第一期。

⑤⑥王国维《传书堂藏善本书志》，1979年台北艺文印书馆影印稿本。

⑦见《曲阜古今书画选》，曲阜政协文史资料委员会等编，1985年山东人民出版社印本。

⑧见阳海清编撰《中国丛书综录补正》，1984年广陵古籍刻印社印本。

⑨见《山东省志·孔子故里志》，山东省地方史志编纂委员会编，1994年7月中华书局排印本。

⑩王献唐《双行精舍书跋辑存》续编169页，1986年齐鲁书社排印本。

袁氏卧雪 富甲一世

范凤书

湖南湘潭卧雪庐主人袁芳瑛，为清代咸同间崛起之藏书大家，冠湖南之首，称雄一时，压倒众家，然人亡书散，昙花一现而已。

袁芳瑛，字漱六，湖南湘潭人，生卒年不详。道光二十五年(1845)进士，授编修，由御史出知松江府。在京师日，即日以搜求书籍为事，获得可观收藏。又成批得到阳湖孙星衍和长洲何义门藏书十之二三，特别在松江府任，收罗最多。黄濬《花随人圣盦摭忆》有记。文曰：

袁漱六名芳瑛，道光间名翰林也，工文能翰墨。其平生有一大事，则为藏书，号为近代第一。初漱六出为松江府知府，时江南遭洪杨之役，公私赤立，文献扫地，常州、苏州诸故家藏书，以次流布于外，漱六锐意收罗，有见必设法得之，莫能与之竞。江南北旧家典册及卷施阁、问字堂之片纸只卷皆揽有之，以故所藏书，甲于一世。据云：袁罢官归里(范按：袁氏死于松江知府任，其夫人对藏书极为重视，将图书成捆装箱，携儿女扶柩运回），书载数十船以西，尽移长沙第中。……其子榆生，不喜故书杂记，以五间楼房闭置诸籍，积年不问。

袁氏藏书之精富，一时令人惊叹不止。据云明以前《史记》有三十馀部，宋元版《汉书》亦有十馀部。湖南督学朱逌然，曾亲莅五间楼房勘验，谓“东南文献精华，盖在此五间楼中”。（亦见黄文）李盛铎见之，言：“袁漱六之藏书，其盛为二百年所未有。”（亦见黄文）叶昌炽谈及，更谓“袁漱六藏书之富，恬裕、皕宋、海源三家皆不能及，为之心醉。”（《缘督庐日记钞》光绪壬辰（1892）十月初四日记）缪荃孙见之则谓：“名钞旧校，触目琳琅，心跃跃然，目炯炯然。”（《元河南志》跋）傅增湘亦感叹说：“诧为渊海之藏。”（《长沙叶氏藏书目录序》）由此可见袁氏卧雪庐藏书精富之价值。

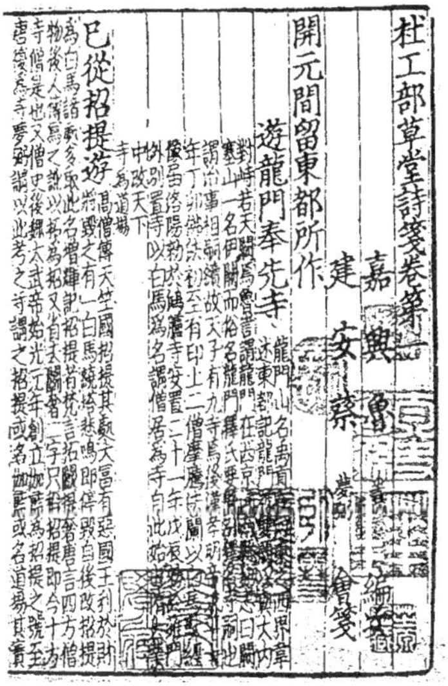
杜工部草堂詩箋卷第一
嘉興魯訔編次
建安蔡夢弼會箋
開元間留東都所作
遊龍門奉先寺
已從招提遊

袁氏卧雪庐旧藏宋本《杜工部草堂诗笺》

袁芳瑛藏书，其生前未曾得认真爬梳整理，其死后，藏书的遭遇很不佳，虽经其夫人短期维护，最终还是毁的毁、散的散。有一老媪太太，守最精善本数橱，扃闭惟谨，不许家人窥。年久屋漏，雨水自橱顶灌入而不知，书悉浸透，某年晒书，则皆黏合不能揭，遂尽焚之。又其子榆生更不肖，对藏书不感兴趣，闭置五间楼房中，积年不问，白蚁累累可见。李盛铎指名求书，不得，则运数箱来，令其自理，因而木犀轩获袁氏精本书最多。异年榆生将数百箱载汉皋竞售，购者麕集。戊子、己丑(1886、1887)又尽运京散售。藏书家郭人漳、曾纪纲、叶德辉、王礼培、缪荃孙、易寅村诸人都曾分得一臠。真是其兴也勃，其败也忽，一代藏书大家顷刻灰飞烟灭了。

石田先生文集序
故御史中丞馬公諱祖常字伯
庸系出西域延祐初設科舉以
兩榜取士公應河南鄉貢及會
試俱冠右榜時已稱公有文學
初非以高科致儒名公志氣精

钤“古潭州袁卧雪庐收藏”章之明弘治本《石田先生文集》

袁氏卧雪庐藏书，据湖南省图书馆刘志盛先生所撰《湖南藏书家简介》记，袁芳瑛生前曾编有《蠹圃书目》二十卷。又清末藏书家黄再同曾见其书目四大册。黄濬《花随人圣盦摭忆》则言：四大本书目在叶焕彬手，而叶氏刊刻《观古堂书目丛刻》并未收入，不知其苟存世否？如此大藏书家连个书影子也未留下，可叹！

袁芳瑛藏书印记也很多，有“袁印芳瑛”、“漱六”、“雪庐清赏”、“雪庐精鉴”、“卧雪庐袁氏藏书”、“卧雪庐所得善本”、“袁卧雪庐考藏”、“手自校定”、“湘潭袁氏藏书之印”、“湘潭袁氏沧州藏书”、“漱六艺之芳润”、“古湘南袁氏藏书画印”、“古潭州袁卧雪庐收藏”等，还有手题“宝汉楼藏书”。

常熟“小藏家”

曹培根

常熟为明、清以来全国私家藏书的圣地，笔者仅据《江苏艺文志》、《江苏刻书》、《江苏出版人物志》等书的记载统计，明代有藏书家一百五十多人，清代有一百二十五人。其中有赵用贤和赵琦美父子的脉望馆、钱谦益的绛云楼、毛晋的汲古阁、瞿氏铁琴铜剑楼、翁同龢的宝瓠斋等一大批可称全国一流的大藏家。在常熟独特的文化环境里，藏书家们所藏之书往往此散彼聚，在一定的区域范围内保持相当独特的格局，诸家踵若相接，藏书愈接愈盛，传书不绝如缕，因之即便称为“小藏家”的，也多有惊人秘籍和罕见之书。

一、赵氏旧山楼

赵氏旧山楼为清同治、光绪年间常熟赵宗建（1825—1900）藏书楼。叶昌炽（1847—1917）早年曾“登赵氏旧山楼，观所藏书”，因旧山楼主人出游，“稍旧之册，不以示人，楼中插架无佳本”，故称之为“小藏家”：“经过赵李小藏家，十顷花田负郭斜。劫火洞然留影子，旧山楼上数恒沙。”（《藏书纪事诗》卷七）然赵氏旧山楼“虽非泱泱大国”，而确“为此邦之后劲”，叶氏的评价是正确的。旧山楼曾藏有《脉望馆钞校本古今杂剧》这一惊人秘籍，此书曾经钱谦益、钱曾、季振宜、何煌、黄丕烈、汪士钟诸家递藏，汪氏书散出后为旧山楼收得。旧山楼还先后藏有宋刊本《稼轩词》丁集、宋刊《窦氏联珠集》、南宋馆阁墨本官书《太宗皇帝实录》残本，以及司马温公写《资治通鉴》草稿、朱子写《大学章句》草稿、黄石斋的未刊遗稿、徐霞客手书游记底稿和诗底稿、钱遵王自写藏书目录、钱牧斋日记信稿和《红豆山庄杂记》手笔等，都是罕见秘籍。“小藏家”不可小视。

旧山楼赵氏藏书历经数代。赵氏先世玉牒，由江阴迁居常熟北郭，称宝慈里赵氏。赵氏藏书始于赵宗建曾祖同汇，藏书处名“总宜山房”。宗建祖元恺，为按察使司经历。宗建父奎昌，为詹事府主簿，筑有“半亩园”思庵郊居、乐宾堂、贞寿堂、东小楼等。赵氏三世均以义侠闻名。赵宗建，字次侯，亦作次公、次山，号非昔居士。少孤，与其兄价人力学，文采斐然。数试不利，以太常寺博士就试京兆，独居野寺，不与人通，不久罢归。太平军兴起，赵与总兵刘铭传大破江阴，以功奖锡孔雀翎，发两江总督曾国藩委差而不赴。宗建喜宾客，善饮酒，所为诗文清迈有气格，晚好谈禅，卒于光绪二十六年五月丙寅，年七十三。（翁同龢《清故太常寺博士赵君墓志铭》）宗建大量收藏古籍在太平天国时期，当时文物颇多流散，常熟、苏州的藏书家散出的亦多，像瞿氏铁琴铜剑楼这样的大家也有损失，仅能维持旧藏而无力新添。宗建得其机会陆续收藏，兼及书画、古器物，先后收得瞿氏铁琴铜剑楼、苏州汪士钟艺芸书舍散出之书，故其插架益为繁富。

宗建有二子，长子仲乐早卒，次子仲举。仲举字能远，邑庠生，有二子，长士权出嗣给仲乐，次士策。宗建遗命藏书归二房仲举，清末民初间旧山楼藏书大量散出，出自仲举次子士策之手，不出数年而精华尽去。大房所得藏书甚少，时江浙齐燮元、卢永祥军阀混战，军队曾驻旧山楼，将大房所留之书作炊薪之用，楼中遗书遭此一劫，全归乌有。宗建曾孙、士权子名不骞，字钧千，研究金石，喜谈版本，抗战时为日寇所杀害。赵氏藏书世家从此不闻。

赵宗建著有《旧山楼日记》一卷、《梦鸥笔记》一卷、《非昔居士日记》不分卷、《庚子非昔日记》一卷附《补录书目》一卷、《旧山楼书目》不分卷、《旧山楼诗录》一卷、《林屋纪游诗》一卷，辑丛书《赵氏三集》三卷。从《旧山楼书目》可窥赵氏藏书概貌，该目稿本今存南京图书馆，今有 1957 年 12 月上海古典文学出版社排印本。书目共三种，即赵宗建撰《旧山楼书目》、《旧山楼藏书记》及宗建后人撰《光绪廿六年十月中补录》。书目无编排分类顺序，类似财产清单，大致以藏书排架为序登录，仅标明甲、乙、丙、丁、戊、己、庚七个序号，著录较为简略，共计著录六百四十七种、三千九百九十册，其中宋、元抄校本约百种。《旧山楼藏书记》较详地叙记所藏善本，但仅著录十六种，为未完之稿。补录共一百七十二种、六百五十七册，其中宋、元抄校本二十七种，《古今杂剧》（清常道人校抄补半元明刊，黄荛圃长题，董香光题，六十四本）之类个别与书目所录相重，极少数曾为旧山楼所藏，补录时已“归别姓”，其中“最可惜《石斋未刻稿》、《牧斋杂文日记》等，较宋元本尤难得”。赵氏藏书钤有“赵宗建印”、“赵氏家藏”、“旧山楼秘本”、“旧山楼劫馀”、“庚申以后次侯所得”等印鉴。

旧山楼遗址在今常熟市城区北门外报慈桥，仅存坐东面西平屋三间。红豆树一株，系清乾隆间赵同汇自江阴老宅中分植于所辟总宜山房园中，树龄约二百馀年，为常熟城区现存三株红豆树之一。据咸丰七年（1857）邵渊耀《旧山楼记》载，宗建“于山房东缮葺亭榭，并臻整洁，命曰宝慈新居，有双梓堂、古春书屋、拜诗龛、过酒台诸胜。而兹楼居其北，地最高朗，岚彩溢目，迩延远揽，足领全园之最”。百年后的 1957 年 9 月，常熟曹菊生撰

《〈旧山楼书目〉跋》称："旧山楼遗址在今常熟市北门外报慈桥，离城仅一里许。其宅面山西向，宅南小园一区，广不过二亩……入园有湘妃竹一丛，'轩'、'室'二三处，红豆树、白皮松高皆数丈。楼亦西向，在园东。东墙外空地数亩，为昔年之梅圃。楼五楹，抗战数年后毁其三。今其宅、园皆归公家使用，但过其墙外，危楼二盈，红豆树、白皮松犹能望见。"旧山楼惊人秘籍已充国库，并化身千万，成为人们探求古代戏曲的常用文献。据《常熟市建设志》载，原旧山楼内的红豆树1980年曾开花，结实累累。或许是报告旧山楼诸多故事，让人相思采撷。红豆长留世上春，1982年11月旧山楼遗址被公布为县文物保护单位而得到保护。

赵氏旧山楼红豆树
(2000年摄于旧山楼遗址)

二、丁氏缃素楼

清末民初，当旧山楼秘籍大量散出时，丁祖荫、盛宣怀等致力收集，惊人秘籍就归诸丁祖荫的缃素楼，丁氏也就成为"小藏家"中的佼佼者。

丁祖荫(1871—1930)，原名祖德，字芝孙、之孙，一作芝荪，号初我、初园、一行。少时就读江阴南菁书院，为光绪十五年(1889)庠生。光绪二十二年后与曾朴等在常熟设立中西学堂，又独立创办丁氏小学。民国初年任常熟县民政长，1913年任吴江县知事，1914年获准归隐常熟故里，1926年被聘任常熟地方款产处主任。1929年因其子在苏州读书而移居城中公园路，次年秋病殁。丁氏以毕生精力从事地方文献的搜访贮藏，抄录、辑刊了大批珍贵的典籍，编纂乡邦文献。

丁氏藏书除得旧山楼藏书外，还收得莫氏铜井山房旧藏精善本多种，藏书最多时达万馀种。所藏书中大多为常熟先贤著述、地方文献罕传资料，见诸《重修常昭合志·艺文志》中的版本著录“存初园丁氏”、“存荷香馆丁氏”便是。丁氏藏书中最负盛名的是《脉望馆钞校本古今杂剧》，系旧山楼散出之书，但丁氏生前对自己收藏此书的情况秘而不宣，并在民国十八年（1929）十月间出版的《国立北平图书馆月刊》第三卷第四号发表《黄荛圃题跋续记》一文布下疑云：“初我曾见我虞赵氏旧山楼藏有此书，假归，录存跋语两则……时促不及详录，匆匆归赵。曾题四绝句以志眼福。云烟一过，今不知流落何所矣。掷笔为之叹息不置。”丁氏发出英雄欺世之谈，犯下贤者之过。丁氏去世后，存在常熟的藏书大量流入市肆，存苏州的藏书也被僮仆大量变卖。1938年5月，《脉望馆钞校本古今杂剧》从丁家散出，郑振铎苦苦寻觅，筹集九千元辗转从居为奇货的书商处购归国库，使之幸免于难。抗战胜利后，丁祖荫子剑峰带上劫馀之书五百馀种、三千馀册移居上海。丁剑峰去世后，其家属将遗书售于上海图书馆，其中包括宋刻经卷及《初我日记》稿本等。

丁祖荫继承了常熟藏书家“读书者之藏书”的传统，注重藏书、读书、用书，从事文献辑刊与著述。丁氏辑刊常熟地方文献，主要有四种：《虞山丛刻》，民国常熟丁氏刊本，二集十四种三十八卷，收录邑中名家钱谦益、毛晋、秦兰征、王誉昌、周同谷、龚立本等人辑撰的史部集部著作，所据多丁氏手抄精本，附丁氏校语或跋文。《虞阳说苑》，民国丁氏初园排印本，甲乙编三十二种三十七卷，所收均为有关常熟的历史小说和故事，史料价值甚高。《淑照堂丛书》，丁氏1914年抄本，十五种十五卷，所收多逸史笔记杂著，并经丁氏精心校补。《虞阳说汇》，丁祖荫校清抄本题菰村渔父辑，所收有关常熟的历史小说和故事三十八种，部

丁祖荫撰《常熟艺文志》

分与《虞阳说苑》排印本同，也有不同的或较之多出的，且比瞿氏铁琴铜剑楼同名清抄本《虞阳说汇》多出一册八种。丁氏还辑刊了《章韩片羽》等丛书，留下了一大批邑人著述抄本。丁氏著有《河东君轶事》、《常熟旧志列传目稿》、《丁氏书目稿本》等，特别是总纂《重修常昭合志》对邑史作出了重大贡献。自民国六年起至十三年书告成，丁氏发凡起例，广征博访文献，参稽考核，补缺正伪，均经手订，费有不足还解私囊。其中的《艺文志》尤以内容全面、体例完备、史料丰富著称，在方志史上占有重要地位。

缃素楼遗址在今常熟市城区西门大街扩建的常熟市中学内，原称西仓前，为吴峻基“壶隐园”旧址，与张氏“爱日精庐”、“临水居”红豆树相望。校园琅琅读书声，是对藏书家最大的告慰。白皮松一株、广玉兰一株为仅存遗物。

三、徐氏虹隐楼

徐兆玮的虹隐楼与丁祖荫的缃素楼相比较，藏书内容、楼主志趣类同，均是常熟清末民初“小藏家”的代表。

徐兆玮（1867—1940），字少逵，号虹隐，常熟何市陈泾人。光绪十四年（1888）举人，光绪十六年进士，入选翰林院庶吉士，授编修职。师事翁同龢，戊戌年后回乡。光绪三十一年赴日本学法律，后参加同盟会。民国初任常熟县副民政长。1921年选为首届国会众议院议员，因拒曹锟贿选总统与瞿启甲一起辞归。乡居期间，致力于公益事业、藏书和著述活动。曾任常熟县水利工程局主任、常熟县地方自治筹备处主任等职，曾创办桂村书院，与丁祖荫等筹建县立图书馆，丁祖荫去世后继任《重修常昭合志》总纂。抗战爆发，避居上海，不久因病去世。

徐氏一生目不离书籍，手不离笔砚，藏书丰富，著作等身，是一位留心于明末史乘及小说史、文学史的学者，他对明清野史逸闻及常熟的地方文献非常注意，并广为搜集辑录，不使湮没。徐氏藏书除了少数宋元残本之外，绝大多数是明末清初野史和常熟地方文献，而且不少是徐氏的抄校本和罕见孤本，弥足珍贵。

虹隐楼藏书有多少？据徐兆玮辑《虹隐楼书目汇编》稿本丛书四十七卷三十一册统计为一万二千多种，其中有些书也许仅是徐氏经眼，但在一定程度上反映了徐氏藏书的规模。徐氏另有《虹隐楼藏近刊善本书目》稿本一卷一册，载近刊善本书七百多种。1951 年 6 月，常熟县文物保管委员会接收常熟支塘区何家市徐氏虹隐楼图书文物，同年 8 月编成《常熟县文物保管委员会接收徐氏虹隐楼图书文物暂编目录》油印本上下两册，目录载经部一百三十一种一千七十一册，史部一千四十九种七千三百八十二册，子部六百三十五种四千一百十八册，集部（附戏剧）一千二百五十种六千四百五十三册，丛书（附杂志）一百十种五千一百五十六册，宋元残册残页五种六册，合计三千一百八十种二万四千一百八十六册 。另有附录：徐虹隐著述六十一种四百六十三册，书画册页三十一种扇册七十七页，碑帖二百三十八种，杂件十五种。徐氏藏书及著述大多存常熟市图书馆，

《芙蓉庄红豆录》题签为徐兆玮手迹

部分存常熟市博物馆，少数散失在外。如徐兆玮孙、华东工业大学教授徐昂千先生，保存有当年徐兆玮避兵沪上随身所带并已历传三代的稿本《芙蓉庄红豆录》，此书为徐兆玮所辑三百年间有关咏芙蓉庄红豆树的诗词，间加按语，史料价值甚高。1998年冬，徐昂千先生在虹隐楼重建开馆后深感新楼"形犹似也，而楼徒壁立"，于是将该书标点自费刊行，赠书友及有关图书馆以广流传，《后记》中撰有四绝以志感："星移物换几多年，掇拾馀灰剩此篇。红豆有灵全浩劫，还留斯录在人间。""芙蓉已逐水飘零，红豆村荒没草荆。欲借残诗寻故址，黍离麦秀又青青。""霜凌雪剥几摧残，树不逢辰亦可哀。今日还将垣栏护，沧桑历尽晚晴来。""子结相思最入诗，百年颠倒几情痴。琴川人继前朝迹，吟社新歌红豆辞。"

徐兆玮的著述据《常熟市志》及《何市镇志》载为八十种五百九十六册，笔者撰《江苏艺文志·苏州卷》常熟市部分统计，当为一百十五种，其中稿本百九种，包括《虹隐楼日记》二百六十七卷二百九十三册。徐氏著述又以辑撰丛书为多，如有《蒙学诸书考》九卷九种，《北松庐杂著》十卷十种，《虹隐楼考古丛录》十一卷十种，《海虞六家诗选》六卷六种，《邑志拾遗》六卷六种，《海虞稗乘》二十卷十六种等。

徐兆玮博学多闻，其著述中资料汇编类多，以史料丰富著称。如稿本《黄车掌录长编》就是鲜为人知的通俗小说资料汇编。笔者发现此书当归功于年过八十的上海师大徐恭时教授，《江苏艺文志·苏州卷》出版后，主编南京师大赵国璋教授转来徐恭时教授1996年11月4日函，嘱我代为查考《黄车掌录长编》。徐教授从《古典文学研究资料汇编·红楼梦卷》查得徐兆玮所谓："鄙人著《黄车掌录》十卷，于红学颇多创获。"以为此书是红学著作。同月11日，笔者在常熟市图书馆查得原书，为八卷八册，每面红格抄写九行二十五字。这是一部珍贵的通俗小说资料汇编，收录通俗小说六十多种，汇辑数百种书报资料，其中第七册涉及《红楼梦》的史料九十八面，不少史料不见于《小说考证》、《小说丛考》等书，书前载有《略例》，编例严谨，全书以条目形式载录史料，注明出处以便读者查找。笔者将考证函告徐教授，他同月 15 日即复函称“尊函所论为是”。《黄车掌录长编》虽非专著，徐氏在各种小说资料汇辑本问世前全力搜罗记录，辛苦可嘉。作为一种汇编，从编例可见其史料丰富，颇有独创性。徐兆玮《游戏报馆杂咏》云：“说部荒唐遣睡魔，黄车掌录恣搜罗。不谈新学谈红学，谁似蜗庐考索多。”蜗庐徐氏虽在《黄车掌录长编》中的“考索”并不多，但称之为最早的小说史料学家诚不为过。

虹隐楼曾名招燕楼，约建于清同治间，原有临街门屋、大厅、楼厅等。光绪二十一年曾将部分房屋建为桂村书院，二十八年又作桂村两等小学之校舍。徐氏藏书处“虹隐楼”系楼厅中靠东侧屋二间，徐氏读书写作在此，屋内画有横卷一幅，有主人伏案形象，惜已散失。新中国成立后，虹隐楼楼厅改造为二层四开间，坐北面南，用花岗石柱础，1982 年 11 月公布为县文物保护单位。1993 年因市镇建设拆除。1997 年又在旧址重建，恢复原貌。后又将何市图书馆迁至虹隐楼，使虹隐楼成为何市文化中心，如同当年徐氏创办桂村书院列全县乡镇新学之首一样。

徐氏虹隐楼旧貌

周越然与言言斋藏书

淮 茗

在中国现代收藏史乃至文化史上，周越然都是一个很有特点的重要人物。但是，长期以来周越然这个名字一直带有较多的负面色彩，这既有政治上的，也有道德上的。有些是无可辩解的，比如抗战期间他的参加第三届“大东亚文学代表大会”并担任代表团副团长；有的则是一种苛求，比如他的专收淫词小说、比如他的谈论善本书增值之道等。他的藏书虽以淫词小说为特色，但这不足以概括其全部收藏，何况专收淫词小说也构不成个人道德上的污点。他虽也谈及古书增值之道，但他并没有从中获利，反而宣称自己只收书而不散书。虽然担不起“富贵不淫、威武不屈的书生本色”之类的美誉（周越然《孤本小说十种》编者按，《大众》第2号，1942年12月），但就中外典籍的收藏和研究而言，周氏其人还是有不少可以称道之处的。

周越然的典籍收藏和研究纯属业余爱好，经不断摸索积累而自成一家，这与他个人所从事的职业没有太大关系。他长期在商务印书馆供职，编译各类书籍三十多种，其中《英语模范读本》畅销二十多年，修订五、六次，销售达到百万册，这在今天仍然是个很难企及的天文数字，完全可以用事业有成来概括周氏的一生，何况他在当时上海的文坛上也算是个有些名头的人物。他的收藏也许有增值的动机在，但更多的还是出于个人兴趣，这与郑振铎、吴梅、马廉等人因学术研究的需要而收藏有所不同，虽然带有一定的随意性而少了些学术性，但惟其随意，才显得十分从容。优裕富足的生活使他的收藏有可靠的经济保障，因而得以购藏不少珍稀但价格昂贵的精品，毕竟能自成一家的收藏光靠个人的诚心和毅力还远远不够。周越然的藏书很有特点，不仅量大，而且很精，在当时的收藏界能够和其匹敌的没有几家，时人在谈论海内藏书家时，将他与李盛铎、傅增湘、董康、刘承幹等并列（钱海一《现代海内藏书家》，《大众》1944年10月号），并称“海内藏书家，无人不知周越然先生，不但博，而且精”（《孤本小说十种》编者按），只要对周氏的藏书有大概了解者都会承认，这并非过誉之词。

先说其藏书的博。这种博首先表现在数量上。周氏一生藏书的总量迄今没有准确的统计，虽曾编制有《言言斋劫存戏曲目》和《言言斋藏书目》，但收录不全，不足以反映其藏书的全貌。仅就1932年“一·二八”事变前的数量计，就有汉文书籍一百六十馀箱，约三千种，西文书籍十六橱，约五千册，其中有不少系元明孤本、名家稿本。其次，这种博还表现为收罗的广泛。就周氏藏书的广博而言，实在是海内无人可比。比如西文书籍的收藏，可谓独此一家，在“一·二八”事变中，他就损失了三千种五千册以上的西文书籍，其中有五十多种为绝版者或稀见者。其后，他又继续搜罗，至1944年时，达到一千五百多种，其中如1797年伦敦版的《第一次英国使节来华记》、1840年澳门版的《鸦片章程》、1843年澳门版的《游江南传》、1861年英国版的《好逑传》等，正如周氏本人所说的，“虽非孤本，然皆罕见”（周越然

《购买西书的回忆》)。汉文书籍更是琳琅满目、美不胜收。在众多善本书中，除宋元旧本、明代精刻本外，他还收藏了大量珍稀的抄本和稿本，内容涉及经史子集各部类，还有四类难以容纳的戏曲、小说、弹词等通俗文学作品。

再说其藏书的精。藏书的精不能仅以宋元旧本为标志，还要看其珍稀程度及其在版本、思想或学术上的价值。周氏对善本书籍的划分也正是以此为根据，这与一味注重宋元旧本的那些藏书家有所不同，正如姜德明先生所讲的：“周氏把宣统年代的书也目为‘善本’，没有旧时人的偏见，这是有趣的。”(姜德明《言言斋谈书》)在周氏的藏书中，也有数种宋元旧本，如宋本《南华真经》、《太上感应篇》、元本《山堂先生章宫讲考索》、《闲居丛稿》等。不过，周氏更为珍视的是那些与刻本差异较大或尚未刊印的抄本、稿本。据其本人介绍，较为珍贵的抄本有三十多种、稿本有近三十种。其中他最为看重的是抄本《愧郯录》，认为该书“实为各本之冠”。该书不仅有名人手跋手校、收藏图章，而且保留了元明清历代刻本所缺的部分。后来，商务印书馆编印《四部丛刊续编》，即据此校补。这是周氏引为自豪、多次提及的人生“一大快事”(周越然《古书一叶》)。此外，周氏还收藏有明末套印书五十八种，大多为凌、闵二氏所刻。皕宋楼藏书散去后，周氏收得八种；黄丕烈手跋之书，他也藏有五种，他还藏有两册《永乐大典》。仅此一端，不难想见其藏书的精良。

不过，周氏藏书中最为学界注目的还是其戏曲、小说等通俗文学书籍的收藏，他在这方面的收藏比起郑振铎、马廉等著名藏家来一点都不逊色。先说其小说收藏，当时的学界都知道他喜爱收藏淫词小说，这的确是实情。他在这方面的收藏也可以用既博又精四个字来描述。在博上，仅《金瓶梅》一书他就藏有十几种版本，从明刊大型刻本到最劣的湖南木活字本都有；在精上，他藏有一些十分稀见的艳情小说，如明刻残本《素娥篇》、明刻本《昭阳趣史》、清刻本《痴婆子传》、清小字刻本《灯草和尚》、清初大字刊本《空空幻》、清写刻本《浪史》等。这些小说在今天仍很难看到，对研究中国小说史具有重要的参考价值。明清小说之外，在其所收西文书籍中，也有不少这类小说，正如一位研究者所言，周氏“收藏外国《金瓶梅》一类书籍甚多，集性书之大成，洵藏书家之别开生面者”(钱海一《现代海内藏书家》)，这与荷兰学者高罗佩的收藏东方性爱小说可谓相映成趣。

但是，“淫词”一词并不能概括其小说收藏的全部，正如他本人所言：“余所得之书，不全为《金瓶梅》，不如某报所称‘专收淫词书籍’也。”(《周越然《余之购书经验》)只要是珍贵的、稀见的小说，无不在其收藏之列。三十年代初，他曾花重金从日本将明万历仙源余成章刻本《牛郎织女传》购回，当时《晶报》以《牛郎织女出洋回国》为题报道，成为现代收藏史上一段佳话。在其收藏中有很多“淫词”之外的珍贵小说，如明清江堂刊本《唐书志传》、明文台堂刻本《廉明公案》、明三台馆刻本《列国志传》、《南游记》、《两晋演义》、清初素纸精写本《姑妄言》、誊真稿本《续镜花缘》、清康熙刊本《济公传》、《剿闯小说》、抄本《续金瓶梅》等，无论是从版本源流上还是从作品本身的思想艺术上，这些作品都有可以称道之处。值得一提的是，周越然还收藏有不少清末民初小说及译本小说，他曾列出五十种不见于孙楷第《中国通俗小说书目》著录者，其中大多“非名人笔墨，即市上稀见者”(《周越然《稀见小说五十种》)，译本小说他也曾列出四十种进行介绍

（周越然《稀见译本小说》）。晚清民初小说和译本小说一般不为藏家注意，仅有阿英等极少数人关注，由此可见周氏之眼光。

戏曲方面，其收藏也十分可观，像《西厢记》、《琵琶记》等名剧，他都藏有多种版本，特别是《西厢记》，他竟藏有十五种版本，其中有半数为明代刊本或写本，足可与郑振铎的此类收藏相媲美。此外，其戏曲收藏中还有很多稀见之本，如明嘉靖刻本《宝剑记》、明刻本《盛世新声》、明富春堂刻本《双忠记》、《跃鲤记》、《白兔记》、《十义记》、清内府旧抄剧本六种、抄本《诚斋乐府三种》、《双珠记》、《玉环记》、《幻奇缘》、《玉尺楼》、《金锁记》、《上林春》、《翡翠园》、《金貂记》、《金刚凤传奇》、《业海扁舟》、《腊尽春回传奇》、《玉田春水轩杂曲》、《曲律》等。其中《金锁记》、《上林春》、《翡翠园》、《十义记》、《金貂记》等为王国维的旧藏。周越然所藏戏曲曾编有草目，据吴晓铃所见，虽然草目"不足概其全部珍庋，然即目中所载已泰半不见前人著录，其见诸征引者，传本亦极罕覯，诚可贵也"（吴晓铃《吴兴周氏言言斋善本剧曲叙录》，《国文月刊》第19、20期，1943年）。吴晓铃也富于小说、戏曲收藏，从其对周氏收藏的极高评价中，也可反证周氏收藏之富之精。戏曲、小说之外，周越然还收藏了弹词二百多种，并曾编制草目，这在国内也是不多见的。总的来看，周越然的通俗文学收藏从学术研究的角度来看也许不够系统，但就其精良和稀见而言，国内藏家罕有可与其匹敌者。

周氏从民国初年开始图书收藏，苦心经营多年，以藏书之富之精，终成海内一大藏家。不幸的是其藏书大部分毁于"一·二八"战火，仅有部分保留下来，其中包括戏曲中的精品部分，以至于他曾感叹"词曲于余，可谓有缘矣"（周越然《君休急性》）。后来他继续搜罗，又得了不少精品，但已不复昔日之盛。周氏藏书在其身后为其后人散出，其中有一部分今天仍可看到，保存在上海图书馆等处。

收藏之外，周越然还写了很多书话，其书话也很有特色，或谈买书经验，或介绍稀见秘本，如数家珍，娓娓道来，颇具可读性和指导性。他的书话偏重于作者、版本、内容的介绍，由于是行家里手，精于版本之学，经验丰富，知道其中精华所在，描述准确，故能提供不少珍贵的学术信息。其书话所写多是自己的珍藏，行文从容不迫，言语之间不无自得之感，因为收藏的精良，看似不经意的叙述，都能给人以惊心动魄、美不胜收之感。其书话有不少具有较强的学术性，或介绍作者、列举版本，或考订年代、探究本事，或辨别异同、评述得失，皆有独到之处，如《瓶说》、《〈西厢记〉研究》、《〈西厢〉与〈琵琶〉》、《翡翠园》等篇。而且周氏的欣赏趣味也很有意思，他自言“所最喜阅者，富贵团圆之小说或剧本也”（周越然《翡翠园》），这与学界对悲剧类作品的称扬截然不同。就其小说、戏曲收藏而言，他不仅是个通俗文学收藏家，同时也是一位具有较高学养的戏曲、小说研究专家，遗憾的是其这方面的成就还没有引起学界的足够重视。

近几年，随着学术研究的规范和深入，周越然开始受到学界越来越多的关注，其著作也得以陆续汇编重印，仅笔者所见，就有《书与回忆》（辽宁教育出版社 1996 年版）、《言言斋书话》（陕西师范大学出版社 1998 年版）、《周越然书话》（浙江人民出版社 1999 年版）、《言言斋古籍丛谈》（辽宁教育出版社 2001 年版）数种。随着这些书籍的出版，当会有更多的人了解这位自成一格的收藏家。

扬州的鸳鸯蝴蝶派

韦明铧

“鸳鸯蝴蝶派”简称“鸳蝴派”，这个称号在很长时期内都是一个恶名。在冠冕堂皇的文学史上，是不要指望看到关于它的正面描述的。在绝大多数时候，文学史对它采取的态度是“不屑一顾”。然而，这种在上个世纪初的几十年间曾经赢得大批读者的流行文学现象，并不会因为那些非文学的因素而从历史上消失。这些年，各地大量重印了当年“鸳鸯蝴蝶派”的作品，便是证明。

“鸳鸯蝴蝶派”的构成，严芙孙先生在《民国旧派小说名家小史》中说：“民初写小说的，分苏、扬两派：苏派以包天笑为首，有周瘦鹃、程瞻庐、徐卓呆、程小青、范烟桥等；扬派以李涵秋为首，有贡少芹、毕倚虹、张丹斧、张碧梧、张秋虫等，可谓旗鼓相当，功力悉敌。”魏绍昌先生后来在《再谈“鸳鸯蝴蝶派”》中也说：“该派作者素以苏州、扬州两帮人士为骨干，苏派以包天笑、周瘦鹃为首，扬派以李涵秋、张秋虫称魁。”他们都明确主张，所谓“鸳鸯蝴蝶派”，实际上是由苏州和扬州两地作家为其主力军的。可惜长期以来，读书界对于这两派作家一直缺少必要的关注。

我对于扬州鸳蝴作家群的注意，是从李涵秋开始的。随着见闻的增广，经过比较研究，才认识到，尽管在风云激荡的二十世纪初，“扬派”作家并不处于时代的主流之中，但他们以丰富多彩的文学视角，观察并记录了他们那个时代的方方面面。因此，他们仍有他们的价值。

扬州鸳蝴作家群的领袖人物，公认为李涵秋。李涵秋，字应漳，别署沁香阁主、韵花馆主，扬州人。他少年时即喜读《水浒传》、《红楼梦》、《西厢记》、《儒林外史》等书，而且爱听扬州评话。青年时代曾做过书塾先生，在扬州设帐授徒。后因同乡李石泉在武汉做官，应邀至汉口作西席生涯。这时他开始发表文字，并写出处女作《双花记》。李石泉卸任后，李涵秋随之回到扬州，仍做教书先生。这段时期，他的笔耕一直不停，直到钱芥尘邀请他去上海去主编《小时报》和《小说时报》，并兼任世界书局《快活》旬刊编辑主任。但是，他因不能适应上海洋场的生活，不久便返回故里，并卒于扬州。

李涵秋的作品极多，内容则多为描写社会与家庭。以长篇说部为例，他就写了《魅镜》、《情错》、《双花记》、《广陵潮》、《好青年》、《活现形》、《怪姻缘》、《还娇记》、《众生像》、《琵琶怨》、《平沙梦》、《青萍吼》、《并头莲》、《梨云劫》、《双鹃血》、《雌堞影》、《滑稽魂》、《镜中人影》、《自由花范》、《侠凤奇缘》、《无可奈何》、《瑶瑟夫人》、《姊妹花骨》、《孽海鸳鸯》、《情天孽镜》、《秋水别传》、《玉痕小史》、《雪莲日记》、《绿林怪杰》、《战地莺花录》、《爱克司光录》、《社会罪恶史》、《情场之秘密》、《怪家庭正续集》、《近十年目睹之怪现状》等数十部。另外，又有短篇小说集《沁香阁笔记》。他的作品数量之多，是同时代的作家中少见的。这出于他过人的聪明和勤奋。据说，他常常同时写五六部长篇小说，在各报连载，而人物情节，毫不紊乱。当时报界曾流传一句话，叫“无白不郑补，无李不开张”，意谓报纸的补白没有郑逸梅不行，而副刊则全靠李涵秋，其影响由此可见一斑。我先后得到的李涵秋作品，有江苏古籍出版社的《广陵潮》(1985)、广陵古籍刻印社的《新广

李涵秋《广陵潮》书影

陵潮》(1998),和人民文学出版社的《战地莺花录》(1993)。其中的《新广陵潮》是李涵秋未竟之作,后由苏州程瞻庐接着写完的。

李涵秋的代表作,自然是众所周知的《广陵潮》。他的名声大振,也是由于《广陵潮》的风行一时。李涵秋有不少有趣的轶事。其一,是他爱骑毛驴在扬州的街市穿行,每闻泼妇骂街,便悉心倾听,归而记之,作为小说材料。其二,《广陵潮》中的人物都实有所指,以致当时一般扬州士绅都不敢与李涵秋同席,深恐一不小心,被他写进小说,出丑丢脸。李涵秋虽是"鸳鸯蝴蝶派"领袖人物,但关于他的研究奇缺。幸而南京出版社出版了一本《维扬社会小说泰斗——李涵秋》(1994),为范伯群主编的"中国近现代通俗作家评传丛书"之九,其中有李涵秋和贡少芹的评传,及他们的小说选刊。这大约是国内多年来关于李涵秋,也是关于扬州鸳蝴作家群的仅见的一本研究著作,可惜的是未能涉及更多作家。

贡少芹名璧,别署天忏生、天忏室,扬州人,南社成员。辛亥革命后,他从四川经天津、武汉来到上海,因李涵秋的介绍,先后在进步书局、国华书局担任编辑,并主编《小说新报》。后因与创办人意见不合,即辞职而去。他与李涵秋交谊极深。李涵秋死后,他恸哭甚哀,撰挽联云:"君霎时遄返道山,便可算此生已了;我何日脱离苦海,也只怕除死方休!"他还编成《李涵秋》一书,详载李涵秋家世经历。其子芹孙,亦善写小说,时人有"贡家父子兵"之誉。

贡少芹的作品,现在知道的有《盗盗》、《春梦》、《苏台柳》、《刀环梦》、《鸳鸯梦》、《美人劫》、《假面具》、《秘密女子》、《恨海鹃

贡少芹《鸳鸯梦》书影

声谱》、《尘海燃犀录》、《傻儿游沪记》、《新社会现形记》、《女学生之秘密记》等。我近年得到的贡少芹作品只有一种，即中央民族学院出版社的《鸳鸯梦》(1994)，被列为“鸳鸯蝴蝶派艳情名著系列”之四。对于“鸳鸯蝴蝶派”，过去人们避之惟恐不远，而今在书的封面上公然以此招揽读者，亦可见世态变幻之奇。

毕倚虹，名振达，号几庵，又署清波、婆娑生，扬州仪征人。少年时代随父亲游宦浙中，光绪末年流寓上海，后来又到北京谋事。在中国公学读书时，就与同学创办《夏星杂志》、《学艺杂志》。民国初年，应狄楚青、包天笑之邀，主笔《时报》、《小时报》、《小说时报》、《妇女时报》等。包天笑主持《小说画报》时，毕倚虹创作了《十年回首》，详述其在京见闻，这是他的白话纪实小说的处女作。

毕倚虹的长篇作品，现在知道的有《猩红》、《十年回首》、《人间地狱》、《黑暗上海》、《苦恼家庭》、《极乐世界》、《写意朋友》、《春江花月夜》、《红粉金戈记》等。又有《毕倚虹说集》，为短篇小说集。这些年重版的毕倚虹作品，有上海古籍出版社的《人间地狱》(1991)，和江苏文艺出版社的《人情才子毕倚虹代表作》(1996)。《人间地狱》以青楼为中心，涉及官僚、政客、军阀、商人、学子等，暴露了近代上海社会的肮脏龌龊。此书前六十回为毕倚虹作，后二十回为其好友包天笑续成，重版时被列入“上海滩与上海人丛书”。《人情才子毕倚虹代表作》收有毕倚虹的《人间地狱》片段，及《极乐世界》、《无可遗嘱》、《北里婴儿》、《一星期的买办》、《吃人家饭的第一天》等短篇。仅从标题看，已可大致领略作品的讽刺基调。此书被列入“鸳鸯蝴蝶—礼拜六派经

毕倚虹《人间地狱》书影

典小说文库”。

张丹斧本名扆，又名延礼，晚号后乐笑翁、无厄道人，自称“丹翁”，扬州仪征人，曾参加扬州冶春后社。民国初年，在上海办《小日报》、《神州日报》、《大共和日报》。其人其文均以嬉笑怒骂、落拓不羁著称，故时人视为“文坛怪物”。好收藏，精书法，擅篆刻，但轻易不示人。据说，有一次某官送去一笔润资请他写字，他拒不肯写；后来高兴时，却写了一幅字送给寓所门口香烟店的小伙计。抗战以后，张丹斧见山河破碎，生民涂炭，忧心不已，遽尔病故。张丹斧虽是扬州鸳鸯蝴蝶派的干将，但作品奇少。知名的小说，只有《拆白党》一种，而且至今未见。

张碧梧也是扬州仪征人。他是李涵秋的弟子，毕倚虹的表弟。毕倚虹主政《小说时报》时，将张碧梧带至上海，学习英文，他很快就翻译出了《电贼》、《海盗欤》、《断指手印》等中长篇小说。此后，他在《商务日报》、《梁溪日报》、《乐园日报》或任编辑或任主编，在译事之馀，便大写小说。张碧梧的小说，以短篇为主，长篇有《白室记》、《双雄斗智记》、《国民军北伐演义》、《宋悟奇家庭新探案》等。他是由翻译转入创作的，故其作品的内容与形式都受到了外国文学的影响。可惜的是，他的作品似乎一直没有再版过。

张秋虫别名姜公、一沤，扬州人。他生于农历二月十二日，这一天相传为百花诞辰，俗称“花朝”，所以他别署“百花同日生”。他的文学生涯也是在上海开始的。他先是创办了一种文艺半月刊叫《万岁》，由万岁书局发行。为了独树一帜，他特地将杂志设计为方形，并请了张恨水、周瘦鹃等名家为杂志撰稿。后

张秋虫《海市人妖》书影

来，他又主编过《商馀》、《春华》、《响报》。张秋虫的创作，以写黑幕小说见称于世。现在知道的，有《初夜》、《秋波》、《芳时》、《嫁魅记》、《离恨天》、《非非想》、《银海潮》、《捆仙绳》、《水银灯》、《花之市》、《海市莺花》、《新山海经》、《待阙鸳鸯》、《未婚之妻》、《银海新潮》、《海市人妖》、《海上红楼》、《假凤虚凰》、《花月春风》、《病花狂叶》、《墙西梦影》、《惊弦私记》、《关盼楼头》、《孽雁惊弦》、《江上芙蓉记》、《梅雪争芳记》、《藕丝织恨记》等。随着岁月的流逝，这许多作品大约早就被世人遗忘了。我幸而得到新版的两种张秋虫小说，一种是百花文艺出版社的《海市人妖》(1993)，一种是安徽文艺出版社的《海市莺花》(1998)。前者是“新版秘藏本民国小说”之一，后者被列入“中国现代社会小说选丛”之中。

扬州鸳蝴派除了上述下将，尚有程善之、李伯樵、刘铁冷、刘韵琴、八宝王郎、马二先生诸人。简而言之，大致如下：

程善之，名庆馀，号小斋，别署一粟，祖籍徽州而侨居扬州。早年曾参加同盟会，追随孙中山，主编《中华民报》，同时为南社成员。二次革命失败后，归隐扬州，不闻外事。后复出，主持《新江苏报》笔政，鼓吹抗日不遗馀力。他的作品，有《残水浒》、《倦云忆语》、《骈枝馀话》、《小说丛刊》、《奇侠雌雄剑》、《清代割地谈》、《四十年见闻录》、《印度宗教史略论》，及《沤和室文存》、《沤和室诗存》、《沤和室词存》等。把他列入“鸳鸯蝴蝶派”，其实是不很公平的。我没有看过他的小说，但读过他的诗，并无才子佳人气习。如《登北极阁》云：“天地风云外，江山指顾中；登临话今古，成败几英雄?”豪迈之气，扑面而来，哪里有卿卿我我的影子?

李伯樵名豫曾,一字伯通、北桥,扬州人。他的作品有《丛菊泪》、《秋水芙蓉》、《奇侠雌雄剑》、《唐宫历史演义》、《清朝全史演义》,及《北桥诗钞》、《清鉴易知录》等。前几年,黄山书社影印了他的史学著作《清鉴易知录》(1992),广陵古籍刻印社影印了他的长篇小说《丛菊泪》(1998),一读之下,才知道他的学问与才华均不下于李涵秋。杜召棠在《惜馀春轶事》中说,李伯樵"工诗文,多针砭。著《丛菊泪》长篇说部,描写扬州社会现状,与李涵秋《广陵潮》有异曲同工之妙。李刊于前,为李名所掩。"同是扬州人,遇与不遇,有非人力可为者,堪为一叹。

刘铁冷原名汉生,又名绮,字文樾,别署松涛,扬州宝应人。他也是南社成员,主持过《民权报》笔政。《民权报》为袁世凯所禁后,转而与蒋箸超编辑《民权素》杂志,坚持"民权"旗帜。后又和徐枕亚合办《小说丛报》。他的作品有《斗艳记》、《野草花》、《征人恨》、《暗杀案》、《桃李因缘》、《惧内秘记》、《求婚小史》、《交际全史》、《铁冷丛谈》、《铁冷碎笔》、《官眷风流史》及《女子高等尺牍》等。刘铁冷的小说未见,但他主编的《民权素》杂志,近年已由山西古籍出版社辑成《民权素笔记荟萃》(1997),被列入"民国笔记小说大观"第三辑。我在购得一册展读之馀,深觉内容丰富,为近年少见的好书。

刘韵琴,是清代著名学者刘熙载孙女,扬州兴化人。她是"扬派"中惟一的女性,其《韵琴杂著》被列入《鸳鸯蝴蝶派小说分类书目》,惜未见。

八宝王郎即王静庄,字浚卿,乃清代状元王式丹之后,扬州宝应人。他的经历颇为奇特:去过日本,捐过知县,最终在上海卖文为生。他的作品,有《冷眼观》、《迷龙阵》、《女界烂污史》、《中国三百年失机史》等,而以《冷眼观》为其代表作。阿英在《晚清小说史》中辟专章评论《冷眼观》，以为作者的文学素养甚高。可惜王氏后来沦为花报记者，真的与“鸳鸯蝴蝶”为伍了。

王静庄《冷眼观》书影

扬州的鸳蝴派作家中，还有马二先生和冯叔鸾。查《鸳鸯蝴蝶派小说分类书目》，冯叔鸾著有《叔鸾小说集》，马二先生著有《腻友宵谈录》，两书均未见。我疑心“马二先生”就是冯叔鸾，因为“冯”字拆开来即“马二”也。

扬州是个文化底蕴深厚的古城，但在清末民初之际，扬城经济凋零而民风萎靡，凡有才华之士纷纷前往上海一谋发展。因此，“扬州鸳蝴作家群”不出现于扬州，却出现在远离扬州的上海，是有深刻历史背景的。这个特殊的文学派别，既不属于以传统文言为标记的“古文学”，也不属于以五四精神为灵魂的“新文学”，而是游离于两者之间的文学现象。它在思想和语言两方面都企图摆脱“古文学”的桎梏，但在意识和形式上都还没有达到“新文学”的高度。它是当时扬州人的文学趣味与审美追求的体现，也是中国古代文学向现代文学的转型在文学上的表现。关于“鸳鸯蝴蝶派”，我们过去以为他们只是一群无病呻吟、人格卑下的旧文人，殊不知他们中间也有南社成员，也有同盟会员，他们在批判旧道德、揭露阴暗面等方面的勇气，甚至让今人感到震惊和钦佩。至于“扬派”和“苏派”在艺术上的区别，我以前在《扬州文化谈片》一书中说过，“扬派”的特点是曲折幽深，“苏派”的特点是平淡素雅，这是由于两地文化的不同特征所决定的。但实际上，两派作家之间一直保持着纯真的友谊，并无任何芥蒂。

南京书事(二)

止 水

我的买书和藏书,始于二十世纪的八十年代初。那时刚学着写小说,阅读的重点是中外文学名著。在我印象中,五六十年代中国内地翻译出版的外国文学作品,仅局限于苏联等几个社会主义国家,西方国家的作品除了若干具有明显“革命”倾向的以外基本看不到。七十年代初则只出过几种“供批判用”的“苏修”小说,发行也是通过某种“内部”渠道,更非平民百姓所能寓目。所以八十年代出版的二十世纪西方文学名著让我们那一代人大开眼界。当时种种西方文学思潮和流派能在中国产生那样大的影响,新鲜感(或者叫作赶时髦)应该是重要原因。南京中山东路上的新华书店一度成为读书人的福地。

如此几年,渐渐明白一个好作家所需要的文化素养,单靠从文学作品中汲取是远远不够的,所以阅读面渐广,并且奢望能够建立自己的学问根基,开始有目标、成系统地找一些书来读。南京新华书店里的新出版物,就难以满足需要了。利用出差机会甚至专程去外地访书淘书,是一方面;但毕竟居留在南京的时间多,所以希望在南京也能发现新的选择途径。

寻找买书的途径,比起寻找追名逐利之类的途径,相对而言要容易得多,所以不久就有了结果,一是敲开了古籍书店和外文书店“内部”的小门，一是同南京新出现的民营书店建立了良好的关系，一是注意到街头路边有不少卖旧书的摊点。

南京的古籍书店，五十年代后已只有惟一的一家，位于旧称花牌楼的太平南路杨公井路口，用的是四十年代中华书局南京分店的店址；该店一度在夫子庙东市场的书香阁楼上设有分店，但没有坚持几年就撤掉了。八九十年代，该店也曾叫过古旧书店，但后来悄悄地更名为古籍书店了。店内的书，基本上是新印古籍，且有四分之一的店面摆放的是未必古籍的“特价书”。名副其实的古籍当然也有，且据说数尚以十万计，但还都堆在库房里。那库房我九十年代初曾进去看过，几排与房间等长的大书架上堆满了书，书上架上的积尘有几分厚；书架之间的楼板上也堆了书，高的几及人腰，通道有的勉强容人挪步，有的已无从落脚。想来已是多年无人清理。

直到八十年代初，中国的古旧书仍是不对中国读者开放的。南京古籍书店二楼上也隔出一个小房间，里面陈列起几架古旧书，但必须是具有特殊身份的外籍或“内部”人士才能出入；到了八十年代后期，曾挂过“对公服务部”的牌子，虽然仍“内外有别”，但其限制渐渐放宽，如我之辈的普通读者，能得人引荐也就可以“化私为公”了。我就是此际托朋友介绍，认识了负责这一部门的林海金，当时他还是个二十来岁的毛头小伙，好像也是经营旧书业的世家子弟，如今可以算这一行中的后起之秀了。近几年他在做一件难能可贵的事情，就是仿《贩书偶记》的体例，将南京古籍书店历年过手的古籍情况整理出来，包括在他进店之前发生但留有资料可查考的，据说已完成卡片数千张。此书倘能编成问世，对于研究南京近半个世纪以来的古籍流通，以至中国近半个世纪以来的古籍保护得失，当大有裨益。

且说当年我进了“内部”，最初买的也只是新印的古籍，且多是南京地方文化史料，如《金陵琐志八种》、《可园备忘录》、《金陵待徵录》、《金陵通传》、《文木山房集》等。这其中只有《金陵琐志八种》是清末雕版的后印本。此书实际上是三种书的汇集，即陈作霖撰《金陵琐志五种》和《炳烛里谈》及其子陈给绂撰《续金陵琐志二种》。书前有十竹斋 1963 年 12 月《重印〈金陵琐志八种〉小启》，说明是当年 7 月，十竹斋在南京征集到这三部书的"木刻原版全部，经过校对和修补，重新付印，装订成合集（全六册），题名为《金陵琐志八种》"，封面签条以林散之手迹付印；并说"本书重印份数不多，主要供应图书馆和有关的科学研究机关以及专家们作为研究南京的文物古迹、地理形势、风土物产等参考资料"。这是十竹斋创立之初的一桩大功德。我见到的时候，书店还存有三部，惟定价已从原版权页上的十二元，"调"高到五十六元。据说这部书的版片在"文革"中已经散失，此后在书店里所能见到的，果然只有广陵古籍刻印社影印出版的《金陵琐志五种》了。《文木山房集》则是古典文学出版社 1957 年的印本，集中作品，不但是研究吴敬梓的重要材料，也是研究南京文化的重要材料。另三种都是扬州广陵古籍刻印社的影印本，但《可园备忘录》的影印出版，也该算是一件功德无量的事情。首先是因为此书尚未单独刊印过，五十年代虽曾经中华书局印入《太平天国史料》中，其书于今亦难得一见了，非重印不仅难以为世人所利用，连是否能够长久保存都还要打一个问号。其次是此书据陈氏手稿本影印出版，没有作任何删改，悉遵原貌，也是可贵的。

其次是我所感兴趣的明清史料，如《万历武功录》、《甲乙之际宫闱录》、《明史例案》、《双桥随笔》、《扬州营志》、《翁文恭公军机处日记》、《辛壬春秋》、《沧趣楼诗集》等，有雕版本，有旧影印本，也有新影印本。可算较为难得的有一部 1928 年盋山精舍排印的《咏怀堂诗》。还有一部《颜李师承记》，当是二十年代初的精刻初印本，九卷三册，书品上佳，卷首且钤有藏书印数方：朱文篆书“景萝黄绮”印，白文篆书“黄绮”、“燕石自珍”二印，及白文篆书“姚江五桂楼主欣赏图书之印”。据现有文字记载，五桂楼藏书是至第四代黄承乙止。然据这部《颜李师承记》上藏书印看，五桂楼后人的收书藏书活动至民国年间仍在继续，其主持者为“景萝黄绮”，应该是五桂楼的第五代传人了。

顏李……之一
徐世昌纂
習齋先生博野人姓顏氏名元字渾然習齋乃其中年卓然有見於孔孟所傳六藝正學因取論語學而時習之誼名齋日率門弟子習禮習樂習射御書數其中弟子相與諱稱習齋先生初名園以父昶幼養於蠡朱氏爲蠡人補諸生名朱邦良朱氏翁卒歸宗易今名生有異稟鄉里皆以聖人目之在母身十有四月生明崇禎八年三月十一日鄉人望所居室上有氣皆成麟條如鳳生而有文在手曰生舌曰中四歲朱翁有母喪著喪服冠立坐上勸賓客飲饌如成人六歲生日家人從俗雜置諸物事几上覘所向獨取筆書若字者以二三十數時先生未嘗學也八歲始出就外傅吳洞雲學四歲時父昶被掠至遼東積八年無音耗母改適朱翁
師承記一

五桂楼旧藏《颜李师承记》

九十年代后期我开始留意收集南京文化人的著述，陆续所得不少，如唐圭璋先生《宋词三百首笺》，神州国光社 1934 年 9 月初版精装宣纸本；唐先生的老师仇埰所著《鞠䜩词》，我所得有“鞠䜩斋”朱文方印，或系其家藏本；仇氏与石云轩、孙阆仙、王东培诸词人结蓼辛词社的结集《蓼辛词》；仇氏编印其妻之祖母与父亲遗作而成的《江宁方氏遗稿》；三十年代南京学者名士如社雅集的结集《如社词钞》；列名如社的汪东先生《梦秋词》的油印本，据汪氏手迹摹写，时当在齐鲁书社 1985 年影印出版之前。此外尚有梅曾亮《柏枧山房诗集》、孙文川《读雪斋诗集》、《何子清先生遗文》、孙为霆《壶春乐府》、孙为霆影印汪达钧《日静山长草堂诗存》、程先甲《千一斋小品》等。特别是程千帆先生的《文学发凡》金大初版本，后得程先生做了长篇题记，说明版本源流。因此书缘，遂得多次面聆先生教诲。今先生辞世忽忽已两年，抚念旧物，尤多感念。

旧版书中，较难得的有一本《匈奴奇士录》，署“匈加利育珂摩耳著，中国会稽周逴译”，前有“戊申五月会稽周逴”《小引》，原为东吴大学图书馆藏书，该馆自做成布脊纸面精装本，然失去尾页及版权页。《知堂回想录》中未说明此书何时由何处出版，天津人民出版社版《周作人年谱》叙此书出版在1908年9月，“由商务印书馆出版，署名周作人”，后者显然有误。另有赵景深《中国文学小史》光华书局民国十七年初版毛边本；谢无量的《中国大文学史》和钱基博的《现代中国文学史》，则都不是初版了。至如《准风月谈》、《华盖集续编》、《竖琴》、《雨》、《冰心选集》、《顾曲麈谈》、《先秦诸子系年》等，或初版或再版，直到九十年代中期也不过三五元一册。

在古籍书店的特价柜台中，还曾买到一些港台版书，我始终弄不清这些书定价的标准。常在手边的有《清代画史》，售二十元；《清代台湾民间刺绣》，二十五元；《沈氏研易楼善本书图录》，一百五十元；另有一本《张公难先之生平》，还是著者李飞鹏的签名本，定价却只四元钱。

九十年代，中国社会向市场经济体制的转型，在古旧书的经营上终于也有所反映，即不再对读者的身份加以“内外有别”的限制，谁有意都可以去翻检那几架古旧书，但书价已今非昔比，乘风直上了九重天；到二十世纪末，晚清雕版本已到了非百元一册莫办的程度，其馀可以想见。书店的想法，这些书已是书店的“家底”，而且有出无进，卖一部就少一部，不卖也不缺这点营业额。不过对于爱书人来说仍然是一种幸运，买不起总还看得起，查查资料，过过眼瘾，现在还是不收费的。

位于湖南路口的江苏省外文书店内，也曾有一个“对公服务部”，经营某些类别的进口图书，我曾打着为省作家协会资料室选书的幌子，自己挑一些书。所得部头较大的，有日本中文出版社1979年影明万历刻本《续文献通考》，十六开布面精装四巨册，一百二十元。此书被四库馆臣大加贬斥，以为“钦定”之本一出，王氏之书可废；而王氏之书至今未废，也可算一种“不以人的意志为转移”吧。看此书后所附书目，则日人正以此书续马氏《文献通考》，而未及清本。台北黎明文化有限公司1980年修订一版《中国历代战争史》，大三十二开布面精装十八册，四百五十三元。据说此书江苏只购进二套，但南京曾有内地影印本出售，删减了若干内容。此书因奉蒋介石之命编纂，蒋纬国领衔修订，“指导委员”有王云五、方豪、宋晞、屈万里、陶希圣、黄季陆、蒋复璁、钱穆诸人，可见重视之程度。台北新文丰出版公司1979年10月初版《满蒙喇嘛教美术图版》，木盒装八开卡纸图片一百二十五页，二百五十元，署逸见梅荣、仲野半四郎著（或当为摄影者），无文字介绍，摄制及出版背景均不清楚；图片说明系奉天博物馆、奉天实胜寺、锦州广化寺、热河承德、北京雍和宫、蒙古多伦诺尔等地及日本个人所藏喇嘛教建筑、雕塑、绘画，则当是日寇侵华时期所摄，属于专题明确的历史照片。另有台北学生书局1988年初版胡楚生《清代学术史研究》、丹青图书有限公司1986年版吕绍虞《中国目录学史稿》、雄狮出版公司1987年三版《达文西论绘画》，以及允晨文化版《墨菲定律》等“新主张文化丛书”，黎明文化事业公司1986年四版施罗曼等著《蒋介石传》，自由时代编辑部编、郑南榕（或是“政难容”之谐音？）发行的《审判国民党》，全能出版社1987年初版《李敖自传与回忆》等，每本亦需数十元。汉艺色研公司出版的“诗文之美”丛书，我只见到一本，是简上仁编著的台湾情歌集《心内

台湾版《心内话》封面

话》，由周邱英薇配图，真是一种耐人品味的艺术品。而我所得联经出版事业公司八十年代出版的《中国文化新论》中的学术篇、艺术篇、制度篇等几种，则是内地的影印本，每本价不过数元。

此外还有过一次与海外版图书的幸会，是1995年南大海外书展结束后处理图书，徐雁先生邀我去时，已近尾声，仍挑得十来种，且订价是以台币定价十元折算人民币一元，十分便宜。以王静芝手迹影印的《霜茂楼诗词草》，十二开漆布面三册一函，宣纸精印，墨色如漆，可谓“下真迹一等”，因无版权页亦无定价，遂作价三十元。光华画报杂志社1993年三版《当西方遇见东方》，二十开方本，介绍国际汉学与汉学家，有史料有人物，配有大量精彩图片，不但对国际汉学有分析，而且对中华传统文化有反思，二十四元。重光文艺出版社1975年再版《文坛先进张道藩》，可与江苏文艺出版社出版蒋碧薇《我与张道藩》对照阅读，多有趣味，二十元。艺术图书公司1993年初版《法相之美》八十元，《西洋绘画史》三十六元。光复书局1993年二刷《台湾传统建筑之美》，八开本，清楚地反映出台岛建筑对闽南、粤东建筑的承袭脉络，未标定价，作价二十元。足不出城就能读到如此丰富的海外出版物，可见近年来海峡两岸文化交流的广度与深度。而两岸一度均有翻印出版对方图籍的行为，也正说明这种文化交流的不可阻遏。

南京的民营新书店，始于八十年代中期。我印象中最初还不成其为店，是一个人用一辆三轮货车改装成放书的台面，每天傍晚出现在新街口工人文化宫门口，离中山东路新华书店不过咫尺之地，车上的书大约也是从新华书店批发出来的。但其时新华书店仍保持着官商派头，别人下班他也下班，此人正好打了个时间差。我从来没问过他的姓名，也没在他的车上买过书，但往往被新华书店的下班铃声催出店堂之际，正好见他将车停在了工人文化宫的大门口。

早期民营书店中，影响较大的有一家耕耘书店，在珠江路浮桥附近，地点并不算好，但进书有眼光，动作快，服务态度也好，吸引了一批读书人。这家书店前后坚持了十来年，但后来一则竞争者多了，二则换了经营人，渐渐衰落，九十年代末无声无息地关了门。

在社会上造成广泛影响，叫响了民营书店这块牌子的，是成贤街南京图书馆门旁的新知书店。这是邱禹、陈琦等三位研究生创办的，眼光、气度自非同一般。他们起初是承包了草场门江苏教育学院门口的小书店，因为直接从各地出版社进书，并且常有新华书店未进过的文化品位较高的品种，很快做出特色。南京的文化人口耳相传，不怕路途遥远前去访书，也使他们坚定了信心，遂在1992年夏，以年租三万元的费用租下了南图门口四十平方米的店面，这在南京民营书店中是空前的。那正是新书价格逐年走高的时期，他们不辞劳苦，到京沪各出版社书库中寻找八十年代初的压库书，仍按原价出售，真正做到了“为书找读者，为读者找书”，所以几乎每天都是高朋满座；每当有新书到店，店里在拆包上架，门外已挤满了等候的人。我在这里就买到不少新印古籍，好几次都是叫了三轮车往家里拖。这种景象也引起了新闻媒介的注意，电台为此做了专题节目，当时南京发行量最大的《扬子晚报》也约我撰写了报告文学《传播新知的研究生们》，1993年1月分七天连载，至少在南京是第一次如此大张旗鼓地为民营书店做宣传。新知书店的极盛时期维持了约二年，后来因为抽调人员资金经营电器，主要精力不在书店上，渐使人有盛名之下其实难副之感。这家书店至今还在，但已退入一般的小书店行列。邱禹后来在军人俱乐部长三角图书批发部中设点,经营上或有进展,但品位上是退步的。陈琦后来在河海大学门前另开了京版书店,但书的品种少,周转慢,也不是太景气。

与此同时,大行宫路口开了一家国学书店,其前身是南京博物院门口的学术书店,以文物和艺术类图书为主,经营人查洵原是南博资料室的工作人员,可谓得心应手,也是有特色的民营书店之一,并形成了自己相对稳定的读者群。直到2000年冬当地拆迁筹建南京图书馆新馆为止,近十年间国学书店虽未太红火过,但也未太冷清过。该店港台版艺术图书和杂志不少,我买到过光华书画杂志社1991年再版的《影像的追寻》,大十六开上下两册,介绍十四位台湾摄影家的作品,内多台湾风土民情;也卖过一些旧雕版书,我曾在其中拣出嘉庆胡克家仿元本《资治通鉴》零本二册。

开设在湖南路上的三联商务文化中心,不能算纯粹的民营书店,但一度是新华书店体系外最大的书店,上下两层楼四百平米。此店得天时,占地利,又有三联书店做坚强后盾,一度曾十分为人看好,但完全因为对经营者的选择不当,所谓置将不善,一败涂地,短短几年中竟造成数百万元的亏损,后来虽然有郑勇和叶芳两位能员先后前来勉强维持,终究回天乏力,在1998年关门了事。我虽然常去该店看书,但买的并不多,一方面是阅读兴趣的原因,一方面是该店仅开业之初新书较多,此后周转甚慢,经常几个月不见新书上架。至今还引为幸事的,只有开业时所购得中国民间文艺出版社1985年影印出版的北大旧刊《歌谣》三册,再就是台湾版《书评书目》合订本全套一部二十六册,是叶芳主持期间优惠以八百三十元售我。该店歇业之前,凤凰台饭店老总蔡玉洗为筹办开有益斋,约我去挑选了一大批图书,看看那些书,也真不该是卖不掉的,而进了开有益斋之后,果然都先后被人买去了。

现在南京民营书店的典范，或者也可说南京书业的典范，自属先锋书店无疑。1996年早春，钱晓华把太平南路上那间十七平米的小书店命名为“先锋书店”之时，正是新知书店和三联商务文化中心衰退之际。店主钱晓华是南大作家班的毕业生，很多读者的最初印象，就是觉得他不像个书店老板。他对于文学的爱好，他对于书的介绍和评价，他对于先锋作家的推崇，甚至他对于走进书店的读者的态度，都太多激情与浪漫。他的书店里有一个笔记本，专供读者留下所需图书和联系电话；这决不是摆设，钱晓华当真会打长途电话到各地出版社去为读者找一本书，完全是赔本生意。

先锋书店最初也曾以“老价格”图书吸引读者，钱晓华不断北上南下，到各家出版社去翻库底。但是他没有停留在这一点上，而是将自己对于书的热爱，对于图书经营事业的热爱，不断转化成以人为本、改善书店环境的实际行动。1998年秋天，书店搬迁到南京大学南大门附近地处二楼的一百平方米新址后，钱晓华在经营形式上开始了他的“先锋”尝试，将店堂临街光线最好的一条边空出来，摆上桌椅，并免费提供茶水。值得一提的是，那时坐在桌边看书或交谈的几乎总是熟朋友，不大熟悉的读者仍然宁愿站在书架边看书——他们还不习惯于受到如此优待，没准还会担心这优待后面是不是埋伏着什么陷阱。1999年10月，先锋书店再次拓展，仍然位于二楼的三百平米店堂装饰得明爽清丽，尤其引人注目的是，店堂中留下了三片阅读区，沙发、茶几、方桌、靠椅，能同时容纳三十来位读者。仅仅相隔十个月，钱晓华又出大手笔，将店堂扩大到六百平米，图书品种达到近三万种，基本上是社科类、文史类、艺术类和经济类，文学类也是名著为主，决不卖盗版书和低品位畅销书。现在店堂里的分布是，书架和放书的平台约占去三分之一，读者活动的空间约占三分之一，四片读者阅读区约占三分之一。在炎热的南京之夏，不少大学生以至大学教授成天坐在凉爽的先锋书店里读书品茗（茶水仍然免费）。不夸张地说，上图书馆都没有这样舒适与方便，更不可能如此及时地读到这样多的新书。2001 年 6 月，钱晓华拿下了书店一楼通道口的二十馀平米店面，在那寸土寸金的地方，他却不是用于直接经营，而是请艺术家设计装潢成体现书店精神风貌的“先锋通道”，为先锋书店打开了一个临街的窗口，也为南京书业打开了一个走向现代的窗口。

同样因为阅读视野的关系，我在先锋书店买书并不算多，一年不会超过百本。但我愿意经常去坐一坐，看看那里的书，看看那里的读书人，看看那一个读书环境。近年来文化界爱讲“精神家园”，先锋书店可以说是一种“精神公园”。

·新书架·

藏书访古日记

——常熟之行

韦 力

经过一年多的资料查询，同时接受上一次访藏书楼之行准备不足的教训，在一年多的时间里尽量联系藏书同好，打听藏书楼的具体地址，故此次采访也算是有备而行。2001年春，趁参加上海博古斋古籍拍卖之机，按照自己的计划准备寻访江苏域内的藏书楼二十九座，其结果访得二十一座，而有些重要的藏书楼则已被拆迁掉了。如常熟张金吾的爱日精庐，则是在我此次出行的四个月前被拆毁的，令自己懊恼不已。同时也更加增加了自己对寻访藏书楼的紧迫感。

6月1日一早，打的直奔上海长途汽车站，准备按照计划到常熟探访几座藏书楼。一出门就下起了濛濛细雨，坐在计程车里，看着雨中的上海街景，心想，这次出行看来要比上次寂寞了。上次有天津同好陈君相伴，而此次则为独行。刚想到这儿，手机响了起来，是北京的藏书同好姜寻君打电话进来，说他刚到上海站，我告诉他我要到常熟访藏书楼，他也很有兴趣一同前往。于是约定长途车站见，放下电话，心情也开朗起来，看来此行又有藏书话题可聊了。

綵衣堂

到了常熟，即前往翁氏故居寻访綵衣堂，没想到计程车走了不到一公里就来到了要找的地方。地点在书城街中段，右手路边见一新做的石雕牌楼，上书金字“状元坊”。顺着状元坊沿着一条小街往里走二十米，就可以看到一座大宅院，但正门却不大，只比普通家门略宽高而已。若非门额上书有“翁氏故居”和墙上镶嵌的常熟文物保护单位所立“翁心存故居”的牌子，则很难知道这是翁家的宅院。

以前，对翁家的认识并没有与藏书联系在一起，对翁家最熟悉的还是两代帝师的翁同龢，谈到中国近代的戊戌变法，则一定能谈到支持变法的翁同龢，而真正了解其为藏书世家，还是由于海外翁氏藏书的回归，才对它有了深刻的了解。

去年年中，中国嘉德拍卖公司古籍本主管拓先生来电话，说有一批惊人秘籍是否想先睹为快，我一听就来了精神，直奔嘉德公司。在嘉德宽敞的会议室里，在长长的会议桌上整齐地码放着一批古籍，我一边慢慢地看，一边听拓先生详细地介绍这批藏书的情况，以及得到它的曲折过程。这时才知道这是常熟翁氏的六世藏书。这其中有十四种宋元珍本，而尤为可称道的是其中的《集韵》十卷，南宋高宗明州刻本，为此书传世的最早刊本；《邵子观物篇》为南宋建宁刊本，为建刻本中之白眉，也是仅存的孤本。沉浸在这些历经沧桑的珍宝中，真有入琅嬛石渠之感，这时才知道什么叫藏书大家。但同时心里也产生一个疑问：翁氏藏书中有诸多流传有绪的名书，到后来均不知下落，无人知已为翁氏所得，而翁氏藏书到了民国初年就已不被世人所了解了。民国年间，日本版本学家岛田翰曾到中国调查各大藏书家的藏书下落，而对翁家藏书没有得到任何消息，故在其所著《皕宋楼藏书源流考》中称翁氏藏书“今皆无尺牍片纸矣”。而今全部藏书越洋归来，突现人间，惊异之馀，也在想翁家藏书为何要如此隐姓埋名呢？而今走到其门口，也是如此的小门小户之感，更增加了一层疑惑。看来要想解惑，只能深入其中了。

上前扣门，过了一会，从里面出来一老者，告诉说现在故居内正在整修，不对外开放，过几个月来方可，我们俩人费尽口舌解释我们远道而来，但老先生仍不为所动。僵持期间，门里有一女士探出头来，问是怎么回事。还是姜君口才好，再加上其长发飘逸，透出一股艺术家气质，没几句话，就说动那位年轻女士给我们打开了大门，进门后还亏得这位张女士一路介绍，才知道翁氏故居内每一间庭堂的用途。

翁氏故居院落里面其实很大，至少有五进，虽然有些房屋正在整修翻建，但从整个院落的建筑风格上及雕梁画栋，仍然透露着霸气。在其中一个院落中，看到门楣上悬有“书楼阁”，张女士介绍说这就是翁家的藏书楼。进得楼来，除一些旧家具摆设外，基本看不出藏书的痕迹。感叹之馀却意外地发现了放在墙角的正匾——綵衣堂，张女士解释说这块匾太旧了，就

翁氏藏书楼“书楼阁”

拆了下来放在这里，准备做一个新的重新挂上。在我们的一再要求下,她同意我们几个人抬到院子里照几张像,要不是我们还有下几站的寻访计划,真想把这块匾“骗”到手。

随着在院落中慢慢参观，心中的疑团也慢慢化开了：翁氏从建筑方式上霸气内敛，从藏书上秘而不宣，恐怕都是与翁同龢身为帝师有伴君如伴虎之忌的原因吧。我想，我的猜测大概不谬。

脉望馆

行前给常熟的藏书家曹培根老师打过电话,他告诉我说,原打算带我去脉望馆，但由于有急事要到上海，因此就不能陪我了，并且告诉我脉望馆就在翁氏故居马路对面的小巷内。故今日参观完綵衣堂来到了马路对面寻访脉望馆，我们在小巷里转了三圈也打听不到这个地址，无奈只好又给曹老师家去电话。接电话的是曹夫人,她说曹老师已经到上海去了,也知道我们要来,并且曹老师也交代好,如果有事的话,由她来帮忙;我连声谢绝,说我们自己慢慢打听,没想到过了一会儿,曹夫人还是打车来了。书友的如此热心,真让我感动。

经曹夫人打听,才知道我们走错了街,而脉望馆在邻近的另一条街上。走到了脉望馆门口，见上有江苏省文物保护单位的牌子,名为“赵用贤宅”,上面门牌号为“南赵弄现 10 号(以前 4 号—6 号)”,如此标明门牌号的方式也颇为奇特。进得院子,整个都是杂乱的民居,幸亏有曹夫人陪伴,不然现在脉望馆旧居内的住户根本不让我们进去参观。进得院落得知脉望馆原来在整个院落中的西角,整个房屋保存完好,室内是木地板,梁柱仍坚实，总计室内面积有一百平米左右，从规模上讲比天一阁差得很远，而在我所走访过的藏书楼中，这是从时间上讲位居第二的藏书楼了。

赵氏脉望馆

赵用贤在明万历年间担任过吏部左侍郎，与其子赵琦美均喜藏书，在其所编的《赵定宇书目》中，著录图书三千三百多种，而其子赵琦美也编有《脉望馆书目》，尤其值得称道的是脉望馆所藏元明杂剧到1938年被著名藏书家郑振铎发现而叹之为国宝，并称这是发现的第二个敦煌遗书。所有二百四十二种抄校本现藏于国家图书馆。

脉望馆现住人家为一姜姓老者，经曹夫人的介绍，他坐下来详细给我们讲了脉望馆的近代情况。姜老先生现年六十岁左右，是1947年住在这里的。他说整个赵宅原有房屋五进，在抗日期间被日本鬼子烧掉了两进院落，现馀的三进只有最后一进院落是明代建筑，其馀都是清代翻盖的。我很奇怪他如何知道明清房屋之分，姜老说明代建筑房屋是凹顶的，而清代建筑则是平顶的；并且说原建筑所有梁柱均为楠木，砖雕也很精美，在“文革”中全部被红卫兵砸毁了。

拜谢姜老先生走到院子中，有几位老太太说到“这两年有不少的人来这儿看这旧房子，真不知他们看些什么”。闻此言，心中暗自庆幸，看来还有同道先行来寻访了。看来“即使不是我，还会有人们记起他们，再说起他们的时候的”。

铁琴铜剑楼

在清代四大藏书楼中，江苏省内有一座，就是在常熟古里镇的铁琴铜剑楼。从地图上看，古里镇在从上海去常熟市的路上，大约离常熟市还有十几公里远的距离，拜访完脉望馆后，辞别曹夫人，乘车前往古里。

古里是个不大的镇，铁琴铜剑楼在此镇很有名，没费周折就找到了。它座落在古里镇铜剑街和文昌街的交道口，听这些街名就可知铁琴铜剑楼在此地名气之大了。

铁琴铜剑楼的藏书始于乾隆年间的瞿绍基，当时的宅号是“恬裕斋”，其藏书已经多达到十万馀卷。到其子瞿镛时，不但继承了全部藏书，并且还得到了很大的扩展。后来瞿镛得到了铁琴和铜剑各一件，以此为宝，遂将自己的斋号更名为“铁琴铜剑楼”。解放以后，瞿氏后人多次向北京图书馆捐赠图书，现在在《北京图书馆善本书目》上标有“瞿捐”的书就有二百四十二种、二千五百册之多。

来到铁琴铜剑楼的正门口，上面挂着“常熟市古里文化站”的木牌，大门紧锁，到毗邻的杂品店打听，才知道此文化站双休日也休息，不开门。我们向杂品店的小老板说明从北京而来，千里迢迢如何不易，希望能帮助找到文化站的管理者，能让我们进去拍几张照片。杂品店老板很热心，让我们等一会儿，她说自己认识文化站站长的家，她去帮我们叫一下。于是我们千恩万谢等在门口。

在等候的过程中，我们细看了铁琴铜剑楼的外观，按照史书上的记载，铁琴铜剑楼总计四进宅院，而现在能看到的只是一个很小的角落，据说在“文革”中都被拆迁掉了。现在新建的建筑，一楼全部开成了门脸房对外出租，而二楼则是古里文化站。现在这种拆旧古董建新古董的方法，全国盛行，看来古里也不能“免俗”了。

过了一会儿，杂品店老板回来说，她已找到文化站负责人，但是负责人正在忙着打麻将，说没有时间来给我们开门。闻此，只好叹一口气，站在紧锁的门口照一张相也算到此一游的纪念吧。

照完相，与姜君商量一下，还是觉得不死心，总觉得应该拍到院内的照片，于是围着整个楼四周转，看看有没有后门可以进去，转了一圈，还真没有发现铁琴铜剑楼如何能转进去。在楼后有一家塑编带编织厂，看我们两个人围着楼转来转去，里面有几个工作人员警惕地盯着我俩，一定以为是贼来“踩道”。见此情形，我马上走上前仔细解释，大概是我们两人看上去还不像贼，于是工人兄弟释然了，主动出主意，并搬出工厂内的竹梯子告诉我们可以从后墙上爬进去，于是乎有了访藏书楼的另一种经历：爬墙越户。

作者在铁琴铜剑楼门前

姜君年轻，奋勇爬上墙，但是墙内仍然没有办法下去，也只好骑着墙头拍几张照片了，工人兄弟看着我们如此执着，都笑了起来，而我的心中却因为到其门而不能入在叫苦。大家都以为访藏书楼不过是游山玩水，而又有谁能知道是如此之难呢？

日本官板《平山堂图志》跋

——中日文化交流史上的一件实物

卞孝萱 左江

清乾隆三十年(1765),两淮都转盐运司盐运使赵之壁编纂、刻印了《平山堂图志》。日本天保十四年(1843),江户昌平翻刻此书,京都大学附属图书馆藏版。昭和五十六年(1981),同朋舍以原版印刷二百部。2000年,奈良女子大学横山弘教授以第一百八十九部赠我。《平山堂图志》由中国传至日本,日本翻刻重刊后又传至中国,是中日文化交流史上的一件实物。

本文分三部分。第一部分,由左江翻译日本小川环树所撰《平山堂图志解说》,以见日本学者对此书的认识以及此书传入日本后的翻刻、重刊情况。第二、三部分,由卞孝萱进一步考证《平山堂图志》与《平山揽胜志》、《平山堂小志》、《扬州画舫录》的关系,通过比较,以见《图志》独特的文献价值。

一

平山堂是中国长江下游扬州西北约2.5公里的一所古迹,位于蜀冈之上、大明寺之旁。大明寺建于南朝刘宋武帝之时(五世纪后半期),隋(601年)以后曾称栖灵寺。因为唐代僧人鉴真于753年东渡日本之前,一直在此寺任主持,所以大明寺在日本也广为人知。1963年，寺中建立鉴真纪念堂，大明寺也因此更为有名。平山堂则稍迟一些，建于北宋诗人、政治家欧阳修在扬州任太守期间（1048年）。因为位于丘陵之上，扬子江以南的山岭可以尽收眼底，再加上人坐在堂中视线与众山相平，所以称之为平山堂。平山堂建成以后，一直是当地的名胜，来到扬州的人，必定要前去参观。这样至南宋末期（十三世纪），虽经过多次修复，但到元末明初仍开始荒废，据全祖望《平山堂记》记载，平山堂曾一度成为道教的寺观。直到清朝康熙十二年（1673），扬州知府金镇接受汪懋麟的建议，对平山堂进行重建，并于翌年完成，平山堂才再次作为佛教寺院使用。二十三年（1684），康熙巡幸江南，在此停留，并为平山堂题写匾额。乾隆元年（1736），豪族汪应庚又修复平山堂，增建庭园。后来，乾隆四下江南期间曾到此游览，并作诗赞赏这里的美景。平山堂之下是环绕扬州城的运河，开掘于雍正十年（1732），开始叫炮山河，后又改称保障河（《图志》中使用的是后者）。河上架了很多石桥，两岸建有楼阁、亭台。这条河俗称“瘦西湖”，大概因与杭州西湖相比河身稍窄而得名吧，但瘦西湖两岸的秀丽风光，绝不比杭州的园林逊色。如现在的学者所言，瘦西湖是扬州盐商中的富豪营建，是清朝盛世在繁华都市诞生的艺术品。

在主要介绍平山堂的地志中，有清初汪应庚的《平山揽胜志》十卷，乾隆时程梦星的《平山堂小志》十二卷。《平山堂图志》则在前人著述的基础上，记载更为详细，并增加“图”一卷，使读者更觉赏心悦目。编者是曾任两淮转运使的赵之壁，《图志》前有乾隆乙酉（1765）年的序，可知此书大概刊行于是年。光绪九年（1883），当时地方长官欧阳利见又重刊了《图志》。现在这套官板本，是根据江户昌平校翻刻的，如卷末所记载，刊

乾隆三十年刊《平山堂图志》扉页

行于天保十四年即1843年，比光绪重刊本早四十年。官板本忠实翻刻了原刊本，将两种版本进行比较，版框的宽度一样，行款一样，但本文有一点差异，如卷头的图版（第十八页左），与“花南水北之堂”相连的建筑物的后方山上，官板本有“白塔晴云”四字，光绪刊本则没有。从构图来看，两种版本基本相同，但仔细比较，会发现官板本更为精致。

以下就官板本的内容作一介绍。首先是收集康熙、乾隆在各处题写的诗和匾额而成的《宸翰》一卷，接着是以“名胜全图”四字为扉页的版画六十七页，再次则描写从扬州府城南门开始到大明寺、平山堂之间即瘦西湖两岸的风光。进入本文，卷一、卷二为“名胜”，将“全图”中出现的名胜，就其由来、历史一个一个地进行详细的介绍。卷三至卷九为“艺文”，集录了从唐宋到清初文人吟咏此地的诗和散文。卷十为“杂识”，是宋至清初地志、随笔中与平山堂相关的逸事的辑录。随着扬州经济地位的衰落，到十九世纪中叶，书中所载图与本文描写的建筑和庭园大部分已荒废。这种状态在龚自珍写于道光十九年（1839）的《重过扬州记》以及阮元写于同年的《扬州画舫录跋》中都有反映。

最后必须说一下这一版本重新印刷的缘由，前已言及新印《图志》是根据天保十四年江户昌平校雕板刊刻的“官板”翻刻的，昌平校刊行的汉籍很多，这些版木虽有一半在江户末期因火灾烧毁，但幸运的是残存下的版木仍不少。京都大学附属

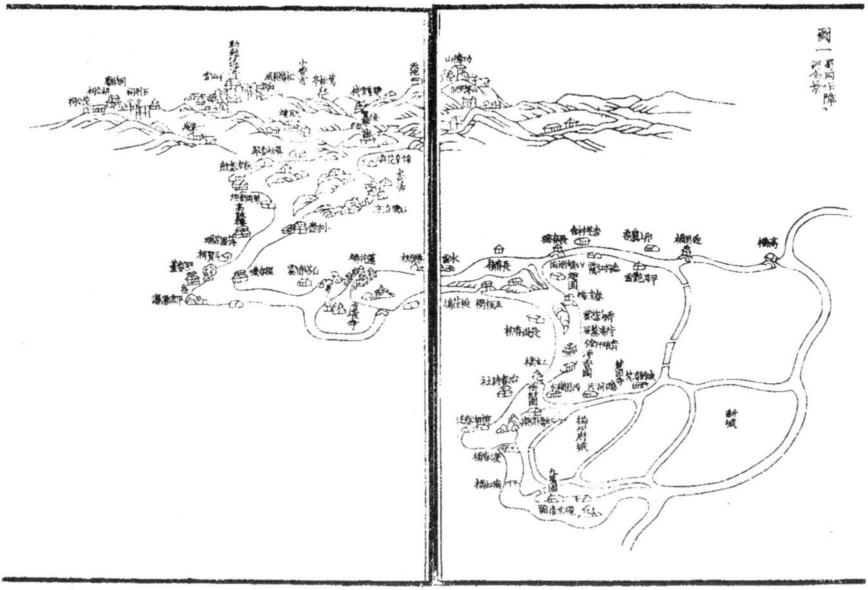

日本官板《平山堂图志》图版

图书馆所藏更丰富，有六十五种、二百四十六册，据说这些版木是明治末年寄存在京大的。在这之前，富田铁之助将自己所藏在明治四十二年全部印刷，命名为“昌平丛书”，《平山堂图志》也收入其中。也有部分是在移至京大以后（大正十年左右）印刷的。这以后很长时间，这些版木都未进行印刷。就版木而言，经常印刷滋润是很必要的，吉川幸次郎博士对此一直很担心，这次听从博士的劝告，同朋舍借去京大的藏板进行印刷，诚为可喜可贺之事，遗憾的是，此事刚有头绪，博士却溘然长逝，令人痛惜不已。现在，印刷装订都已完成，愿以此书告慰博士在天之灵。

二

乾隆年间，考述扬州平山堂之专著，流传于世者，有如下三部：

(1)《平山揽胜志》，十卷，署“新安汪应庚编，汪应铨较”。有何玉梁、汪应铨两序及汪应庚自序。汪应铨序署“乾隆七年”。(小川环树云“清初”，未谛。)

(2)《平山堂小志》，十二卷，署“江都程梦星编纂，江都汪立德、秉德校梓”。有乾隆十七年沈德潜序及十六年程梦星自序。

(3)《平山堂图志》，十卷，署“宁夏赵之壁编纂”。有乾隆三十年赵之壁自序及“凡例”。

以上三书之异同优劣，试作比较：

(1)《揽胜》、《小志》无图，《图志·凡例》云：“古人左图右书，不可偏废。而舆地形势，尤非图不明。”《图志·名胜全图》共有四幅：图一，蜀冈保障河全景。图二，由城闉清梵至蜀冈三峰，再由尺五楼至九峰园。图三，迎恩河东岸。图四，迎恩河西岸。均为长卷。图二长达五十七页，足称巨制。

(2)《揽胜》有总叙，各景点有小序，并载有关的文艺作品。《小志》无总叙，各景点有小序，并载有关的文艺作品。汪应庚的后裔汪立德、秉德曾比较《揽胜》、《小志》二书，略云：“(先光禄)尝作《平山揽胜志》，自小秦淮、红桥、法海，以达蜀冈，采昔人之记序诗词，汇为一书，以传其概。又欲作山堂专志，因病未果。今皂溪太史所编《平山堂小志》，以堂为主，而堂之左右散见蜀冈者，亦附于后，斯堂兴废之由，阅六七百年，瞭如指掌，名贤题咏，搜罗益博，与先光禄之意，若嘿契焉。”(《平山堂小志》跋)光禄指光禄寺卿汪应庚。汪立德、秉德说《小志》所载文艺作品较《揽胜》为多，经核对，虽然有《小志》选载而《揽胜》未载者，亦有《揽胜》选载而《小志》未载者，可以互补。

《图志》体例，与《揽胜》、《小志》不同。《图志》将顺治、康熙、雍正、乾隆四朝"宸翰"集中于卷首，又分列"名胜"、"艺文"、"杂识"三门。《凡例》云："古书之足资考订及有关建置兴废者，已悉采入'名胜'门内。自馀方言诗话轶事异闻，或稽之史传，或采之说部，细大不遗，总为《杂识》一卷。"比较之下，《图志》"名胜"、"杂识"二门之资料，超过《揽胜》、《小志》。《凡例》又云："'艺文'详于宋、元以前，至有明一代，则区别颇慎，我朝名家辈出，……然惟其人已往者载之。"这也与《揽胜》、《小志》兼载生存者之文艺作品不同。

(3)为了便于比较，将《揽胜》、《小志》、《图志》所列景点，制表如下：

《平山揽胜志》	小秦淮、红桥、韩园、法海寺、蜀冈、平山堂、栖灵寺、云盖堂、洛春堂、平楼、万松亭、观音阁、梧桐径、第五泉、山池水亭、五烈墓祠、司徒庙。
《平山堂小志》	平山堂、蜀冈、蒙谷、浊河、炮山河、第五泉、下院井、周小城、宝祐城、平山堂城、茶园、茶园桥、大明寺桥、红药桥、清平桥、御书亭、春贡亭、美泉亭、宋公碑亭、万松亭、水亭、昆邱台、行春台、真赏楼、晴空阁、时会堂、谷林堂、栖灵寺、一粟庵、观音寺、西阁、司徒庙、范公祠、胡公祠、五烈祠、陆征君墓、汪比部墓、诗人闵宾连墓、诗人潘雪帆墓、卓氏四烈墓、五烈墓、郭烈妇徐氏墓、诗僧远村墓。

《平山堂图志》	蜀冈、平山堂、行春台、真赏楼、洛春堂、平山堂西园、第五泉、法净寺、云盖堂、平远楼、万松亭、观音寺、圣祖御碑亭、五烈祠、司徒庙、一粟庵、范公祠、胡公祠、炮山河、小香雪、松岭长风、双峰云栈、山亭野眺、慧因寺、斗姥宫、城闉清梵、芍园、卷石洞天、西园曲水、虹桥、净香园、趣园、长春桥、莲花桥、白塔晴云、水竹居、锦泉花屿、尺五楼、万松叠翠、春流画舫、高咏楼、三贤祠、筱园花瑞、红药桥、熙春台、法海桥、圣祖御碑亭、莲性寺、郝公祠、云山阁、桃花坞、长春岭、韩园、长堤春柳、冶春诗社、倚虹园、九峰园、临水红霞、平冈艳雪、邗上农桑、杏花村舍。

对照之下,《图志》所列景点,较《揽胜》、《小志》增加甚多。因为:乾隆十六年、二十二年、二十七年、三十年爱新觉罗·弘历“南巡”,“(炮山河)乾隆十五年、二十年、二十六年巡盐御史吉庆、普福、高恒叠经挑浚,加深广曲折,点缀园亭,栽植桃柳,游者如在山阴道中,步步引人入胜,如身入小李将军画图,金碧辉煌,目不暇赏,……”(《图志》卷一)《揽胜》成书于乾隆七年,十五年以后所增景点,不可能列入;《小志》成书于乾隆十六年,二十年以后所增景点,不可能列入;《图志》成书于乾隆三十年,十五年、二十年、二十六年以后所增景点,全都列入。

当然,也有《揽胜》、《小志》二书所列景点,为《图志》所未列者。《图志·凡例》云:“小秦淮乃小东门外夹河,无关延赏。宝祐城在蜀冈以北,蒙谷、茶园、时会堂、春贡亭、昆邱台诸古迹又在上方寺侧,皆去平山堂甚远。旧志虽收,今不复录。”今案:《揽胜》有“小秦淮”景点,《图志》因“无关延赏”不列;《小志》有“宝祐城”、“蒙谷”、“茶园”、“时会堂”、“春贡亭”、“昆邱台”等景点,《图志》因“皆去平山堂甚远”不列。是三书体例之不同,非《图志》阙漏也。

(4)《图志》成书在《揽胜》、《小志》之后,后者对前者自有参考借鉴之处。如《图志》卷一《平山堂》引“程梦星《平山堂小志》”,《洛春堂》引“(汪)应庚《平山揽胜志》”等,不一一列举。又如《一粟庵》赵之壁按语“庵之名,始见于程梦星《小志》”云云。《图志》吸收《揽胜》、《小志》精华,后来居上。

三

乾隆末年,又出现了《扬州画舫录》,李斗著,十八卷。此书木刻、铅印多次,流传之广,远过于《揽胜》、《小志》、《图志》三书,这是为什么?我们可以从《画舫》的三篇序言得知其原因。

乾隆五十八年袁枚序:“上自仙宸帝所,下至篱落储胥,旁及酒楼茶肆,胡虫奇妲之观,鞠弋流跄之戏,都知录事之家,莫不科别其条,瞭如指掌,于牙牌二十四景之外,更加详尽,真足传玩一时,舄奕千载焉。”

乾隆六十年李斗自序:“退而家居,则时泛舟湖上,往来诸工段间,阅历既熟,于是一小巷一厕居无不详悉。又尝以目之所见,耳之所闻,上之贤士大夫流风馀韵,下之琐细猥亵之事,诙谐俚俗之谈,皆登而记之。”

嘉庆二年阮元序:“凡郡县志及汪光禄应庚《平山堂志》、程太史梦星《平山堂小志》、赵转运之壁《平山堂图志》所未载者,咸纪于此。……考索于志乘碑版,咨询于故老通人,采访于舟人市贾,其裁制在雅俗之间,洵为深合古书体例者。”

三序所言属实。《画舫》所涉及的范围,确是广泛,诸如扬州的城市区划、运河沿革、工艺、商业、园林、古迹、风俗、戏曲、饮食以及文人轶事等，都有记载。而《揽胜》、《小志》、《图志》只载名胜及有关的文艺作品。比较之下，三书范围窄，《画舫》范围阔；三书雅，《画舫》在雅俗之间。当然是后者能适合众多读者的需要。

《画舫》成书在《揽胜》之后五十馀年，《小志》之后四十馀年，《图志》之后三十年，它必然补充了三书所不可能记载的事；但必须指出，它在考订名胜方面，多有袭用三书、尤其是《图志》之处。略举数例：

《画舫》卷十六《蜀冈录》："蜀冈在大仪乡。顾祖禹《读史方舆纪要》云：……。《洪武扬州府志》云：……。《嘉靖志》云：……。祝穆《方舆胜览》云：……。陆深《知命录》云：……。姚旅《露书》云：……。《府志》：……。《太平寰宇记》按《郡国志》云：……。《平山堂图志》按《朱子语类》云：……正谓蜀冈也。"

孝萱案：从"顾祖禹"至"蜀冈也"，全抄《图志》卷一《名胜上·蜀冈》，并采用《图志》赵之壁之按语。

又："法净寺即古大明寺。《宝祐志》云：……《平山堂小志》云：……。释赞宁《高僧传》云：……。《嘉靖志》云：……。又《小志》云：……郡人赵有成捐募增修。……雍正间，汪应庚再建前殿后楼山门廊庑庖湢。金檀蒋衡书'淮东第一观'五大字，刻石嵌门外壁上。"

孝萱案：从"《宝祐志》"至"增修"，全抄《图志》卷一《法净寺》。从"雍正间"至"壁上"，是采用赵之壁之按语，而未说明。

又："西园……园内凿池数十丈，瀹瀑突泉，……《图志》所谓是地拟济南胜境者也。"

考萱案：《图志》卷一《平山堂西园》原文为："楼前东南数十步为瀑突泉，高可丈余，如惊涛飞雪，观者目眩。……又一瀑突泉，与厅对。园中瀑突泉二，以拟济南泉林之胜，无多让焉。"李斗节录《图志》而失去原意，读者不检阅《图志》原文，不知所云。

又："五烈墓在蜀冈西峰。……《图志》云：又有卓氏四烈墓，事迹详翰林院侍讲赵定求所撰墓铭，并载《艺文》。石刻藏司徒庙。"

孝萱案：《画舫》上引文字，全抄《图志》卷一《五烈祠》赵之壁之按语。"彭定求"，李斗误作"赵定求"。据《图志》卷九《艺文七》彭定求《卓氏四烈墓铭（并序）》云："余方校诗在扬"云云，康熙时入局参校者，是彭定求，非赵定求也。《图志》在"石刻藏司徒庙"句上，有"墓铭为编修汪士鋐书"九字，李斗删去，使读者不知石刻之书者为谁人矣。

又："五司徒庙在西峰。《南史·王琳传》云：……。《增补搜神记》云：……。陆容《菽园杂记》：……。《揽胜志》云：……。《小志》云：……。《万历江都县志》：……。又《小志》云：……。又按《南史》称扬州茅智胜，……皆无足置辨。"

孝萱案：从"《南史》"至"无足置辨"，全抄《图志》卷一《司徒庙》。"又按"云云，乃《图志》赵之壁之按语，李斗攘为己有，特此揭出。

再将《图志》、《画舫》二书之图，作个比较：《图志》图多，《画舫》图少；《图志》之图，是长卷，使读者看到名胜的整体，《画舫》之图，是册页，读者只能看到名胜之片断。

有比较才能鉴别。经过以上的比较，《图志》独特的文献价值已显示于读者眼前。

清人笔记随录

来新夏

笔记的特点，内容为杂，形式为"散"。故历代著录多入杂家与小说家。《隋志》入《风俗通义》于杂家，入《世说新语》于小说家。《宋志》入宋祁《笔录》(《四库全书总目》于子部杂家类四著录《笔记》三卷，即此书)于杂家，入释文莹《湘山野录》于小说家。《四库全书总目》于杂家、小说家之下又分多属，如杂家类入《容斋随笔》于杂考之属；入《梦溪笔谈》、《居易录》、《池北偶谈》于杂说之属；入《韵石斋笔谈》于杂品之属；入《钝吟杂录》于杂编之属；而《天香楼偶得》、《天禄识馀》则存目于杂考；《冬夜笺记》、《筠廊偶笔》则存目于杂说。其小说家类，凡"里巷闲谈词章细故者"，如《清波杂志》、《癸辛杂识》等均隶于记录杂事之属。他如《今世说》、《陇蜀馀闻》则存目于杂事之属；《板桥杂记》、《簪云楼杂记》则存目于琐语之属。后此著录大体遵四库成规。

历代笔记数量无确实查考，而清代笔记数量确已超越前代，《听雨轩笔记》跋中曾云："康熙间，商丘宋公漫堂、新城王公阮亭皆喜说部，于是海内名士，人各著书。今汇集于《昭代丛书》初、二两集者不下数百种，较之前明百家小说已倍蓰矣。"若再增入其他丛书收录本及单刊本，则其数量必相当可观，所谓笔记至清而极盛，信然！余好读杂书而馆藏又多笔记，乃以三馀之暇，随时浏览，每竟一种，辄为一录，忽忽岁月，积有成数，爰摘数篇，以饷同好。

《津门杂记》三卷 张焘撰

言天津掌故者，于天津诸风土著述中多推重《津门杂记》一书。《津门杂记》撰者张焘，字赤山，自号燕市闲人。原籍浙江钱塘，生于北京，侨寓天津。生平事迹不详，据其自序称："幼年随侍侨寓津沽，迄今将三十载矣。"自序写于光绪十年，依此推算则撰者当生于道光、咸丰年间。自序中更述其撰著之主旨云：

"余于课馀之暇，仿《都门纪略》、《沪游杂记》，留心采访，辑成一书，聊备考证。其风俗人物有采诸新报者，仅就现在见闻所及，随笔录之。事维纪实，语不求工。并附录今昔题咏篇章，藉资润色。爰名曰《津门杂记》，不过拾人牙慧，以供谈柄耳。"

是书有如孩老人书序，于撰者学识及《津门杂记》之撰写有所述及说：

"张子赤山，世隶武林，幼寓津郡。博学多才，工书善绘，知岐黄，识洋字。诵读之馀，每每留心时事。凡耳目见闻，身所经历，是有可记，悉登诸记简，积久成帙，名之曰《津门杂记》"；"展而读之，见其所记，踵故增新，阙疑征信。凡城邑、河渠、衙署、祠庙以及海防、军政、国俗、民风，数十年之兴废因革，自巨及纤，灿然明备。虽据事直书，不加轩轾，而因文见义，善者自憬然以思，顽者自悚然以惧"。

是书凡三卷，所记内容大体如书序所言，天津地方风土人情于此大致得见。卷上记天津沿革、建置、机关、庙宇等，如《七十二沽说》、《古楼》、《清真寺》诸则皆资征考。有录入吴惠元《天津剿寇纪略》、杨慎恭《天津县谢忠愍公哀词并序》及牛元恺《天津县谢忠愍公诔》等篇均与咸丰三年太平军北伐、进逼天津有关。各文一力表扬天津县令谢子澄的“不惊”、“不矜”、“安民”、“保境”之功。而《天津剿寇纪略》附篇中对绅商张锦文对抗太平军行为大加赞誉为“锦文捐资数万,运以智谋,乃克奏肤功”,“锦文御灾捍患,自军兴以来,阖邑倚为长城,丰功伟烈,虽妇孺亦乐道之,其人杰矣!才哉!”

卷中记社会公益及新兴事业,如《广仁堂》、《电报》诸则;其记社会风貌者尤多,如记节令之《灯节》、《祭灶过年》等则。另有《混星子》一则记天津社会底层地痞流氓的无赖行径颇详,所附天津道裕长刊发的《混星子悔过歌》,意在劝戒,但也揭示出某些蛮横无理的行为。“混星子”一词至今犹存于天津俗语中,用来斥责不通情理者。又《妓馆》一则记“天津女闾自称曰店”,“其龟鸨曰掌柜,假母曰领家,领家住处曰良房,指引桃源之人曰跑洋河者”,跑洋河即津门所谓的“跑合”,即拉皮条之人。《下处》一则记“优伶美其名曰相公,即像姑之讹音,言其男而像女也,……其寓所曰下处,主人曰老板,……童应命赴局,谓之赶条子”等,这些社会底层的颓风恶习,难见于煌煌巨著中,而唯读杂书始能得之。当前机关于官称好作缩略,截去“长”之下肢,于是张部、孙局、夏处,钱科等等风行一时,不以为忤,谁知夏处之谐“下处”,钱科之谐“前科”,都是不读杂书之故。

卷下记天津开埠后的租界情况以及随之兴起的各种行业为主。如《驻津各国领事馆》条记在津设领事各国之筹设领馆。《洋行》条记英商怡和、俄商阜通、法商启昌等以及美德各国洋行。但撰者囿于时代见识,多皮相之言,不惮于作颂赞租界“善政”之词，如《租界例禁》条称："禁烟馆，禁娼妓，禁乞丐，禁聚赌、酗酒、斗殴，禁路上倾积灰土污水，禁道旁便溺，禁攀折树枝，禁捉拿树鸟，禁路驴马车辆随意停放，禁骑马在途飞跑。"又《租界工部局巡捕》条赞扬租界管理之善称："每日扫除街道，灰土瓦砾，用大车载于旷野倾倒之。夜晚则点路灯以照人行。立法皆善，巡查贼匪，宵小潜踪，人得高枕安居。清理街道，无秽气薰蒸，不致传染疾病。为益甚大，何乐如之！"撰者这些记述应是记实之词，但外国侵略者之所以如此经营管理，纯为便于建立其国中之国的殖民业绩，而所谓"善政"只不过是一种客观效果，而决非侵略者之本意。百馀年前之撰者作此等语，犹可曲谅其见小是而略大非，不意百馀年后竟有人以中国殖民化结束过早为憾者，实为丧心病狂之谰言。

是书于记事之末多附引时人的记事诗，如津门诗人梅成栋、华长忠、梅宝璐等人的诗作均被按题收录，尤其是乾隆时人杨一昆的通俗歌词更值得注意。杨一昆是一位很有才华的俗文学家，他写过不少反映社会、针砭时弊的通俗歌词，流行于一时。本书卷中所收的《皇会论》记当时天后宫皇会的盛况，卷下所收的《天津论》描写天津社会的民风土俗以及市民阶层的生活状况惟妙惟肖，确为研究社会史的重要参考资料，可惜不为研究者所重视！

是书有疏于考证处，如将汪沆《津门杂事诗》中的诗作及女诗人王韫徽《津门杂咏》中的诗作均误为杨映昶所作（卷下《津门杂咏·竹枝词》三至五首）。内容多述狐仙鬼魅，足证其尚未脱志异窠臼。全书编次凌乱，取材也欠精审，确为杂记之作，但天津风土著述较少，却仍不失为有用之书。

读书不仅应读书内正文，也不能忽略书外附件，有时往往得之于意外。《津门杂记》之书内固有可取，而书尾一篇题识，虽与内容无涉，但读之饶有兴味。这篇题识是申报馆人于光绪十一年端阳节后二日即五月初七所写，类乎图书推销广告。远胜于当前之图书广告，颇值得一读，特录附于次：

"津门为畿辅咽喉之地，五方杂处，地狭人稠，富丽繁华，埒与燕市。泉塘张赤山作客于七十二沽间，历有年所。见闻既熟，记载斯成。近撰《津门杂记》一编，镂版行世，并托申昌书画室代销。暇时取而读之，觉其中探奇访旧，问俗采风，摭下里之歌谣，录名人之撰著，可资掌故，足当卧游。洵乎史乘之外篇，冶游之宝录也。为书数语，以广流传。光绪十一年乙酉端阳后二日申报馆人识。"

这则图书广告既有作者水平，又有图书价值，更说明读者之受益，事俗而文不俗，颇具雅情。附于书后，既有推荐提要作用，又可招徕读者，视目前书讯文字之庸俗套语，实有可资借鉴之处。

是书有光绪十年刊本，为三卷三册，观书尾附语，或刻成于十一年。《笔记小说大观》第三辑本也为三卷，而《小方壶斋舆地丛钞》第九帙本则为一卷节本。解放后，坊间有油印本。天津古籍书店曾有印本传世。1986年11月，天津古籍出版社出版丁绵孙、王黎雅标点本，列于《天津风土丛书》，并与《天津事迹记实闻见录》一书合印成一册。点校者写《点校说明》列于书首，评论得失，记述点校经过，深有助于读是书者。

《小豆棚》十六卷　曾衍东撰　项震新参校

曾衍东字七如，一字式加、青瞻，号七道士，山东嘉祥人。生于清乾隆十五年(1750年),约卒于道光五年(1825年)。乾隆三十五年(二十岁)曾入庾岭道南书院学习,后屡试不售,作幕于江西、湖北、江苏及山东等地。乾隆五十七年(四十三岁)始中举。五十岁后,在湖北数任县级官吏。六十三岁在江夏令任上,因忤上官,贬戍温州,后遇赦,贫不能归,客死温州。所著除抄本《七道士诗钞》二册、手稿册页《长日随笔》一册、刊本《哑然绝句》和《七如题画小品》各一册外,尚有笔记《小豆棚》一种。

《小豆棚》初稿八卷,光绪时项震新又为参校,分门别类,订为十六卷,即今通行本。卷首有嘉庆二十一年永嘉人彭左海所撰曾氏小传,述撰者生平称:

“曾式如名衍东,字青瞻,号七道人,山东嘉祥人,乾隆壬子举人。为楚北江夏令,诖误戍温,居郡西。曾氏依绿园之旁,名其居地曰小西湖。性格落拓不羁,工诗及书画,笔墨狂放,大致以奇怪取胜。镌图章,摩古出奇,自榜其门曰:挂冠自昔曾骑虎,闭户于今好画龙。慕板桥为人,常谓曰:“难得糊涂”。遇赦后,贫老不能归,卒于温。著有《小豆棚》八卷,《哑然集》一帙。尝作《元宵灯鼓图》,题云:“惊人岁月千挝鼓,老我乾坤百岁灯”。读之令人有胜事长新,年华暗老之感也。

校者项震新字东垣,光绪六年编订此书为十六卷,并写叙一篇附彭传后,叙是书要旨及编次情况说:

“每因行踪所至,见夫山川古迹、人事物类;或取一二野史家钞本剩录,及座客谈论,博采旁搜,辑成一部,十馀万言……余从友人处借读一过,觉众妙毕具,层见叠出,以为得未曾有。然原本随得随录,意义尚烦寻绎,因为之分门别类,诠次成帙,计十六卷。大而忠孝节义之经,次而善恶果报之理,常而艺文珍宝，变而神鬼仙狐，次及山川风土、鸟兽虫鱼、诗词杂记，诸凡备载……”

项氏以原书无所类别，乃按其内容分此书为十六卷，即忠孝、义勇、报应、祥瑞、艺文、珍宝、僧道、闺闻、仙狐、神道、鬼魅、怪异、杂技、淫昵、物类、杂记等十六部，观其分部，可知是书多记贞女节妇、神鬼仙狐，玄奇诡怪，一归于因果报应，多可资茶馀饭后谈助，难称清人说部中的佳品。惟其间亦尚有可采择者，如卷五艺文部的《贾凫西鼓词》、卷六珍宝部的《琉璃》、《水晶眼镜考》、卷十三杂技部的《指画渴笔创始》、卷十五物类部的《人参考》、卷十六杂记部的《郑板桥》诸条均记事物原始及人物。其记社会经济状况者也可披拣若干，如卷三报应部《大算盘》条所记一高利贷者因刻薄盘剥而遭到报应，如剔去迷信部分则可见乾隆时的高利贷剥削状况。同卷《墙折弄》条记坐商为取信行商招揽生意，不惜主动承担客户的意外损失。乾嘉之时，四民界限已不甚严，商人地位也有所提高，商而士宦，士而商贾，时有出现，是书即记有士人经商致富的例证，如卷八有《董子玉一家》条。交纳钱粮，经官烦杂，于是有包揽钱粮从中牟利者，是书卷三《黑毡帽》条记此恶行。

是书本不知名，目录书不见著录，1981 年初浙江省忽然将是书作为新发现的文学作品宣告于世，于是报纸杂志，纷纷发布消息，刊登论文，各地报刊也相继转发，《小豆棚》一书几乎成为人所注目的热点，推崇游扬，不遗馀力。《浙江日报》报道说，浙江省发现一部清代曾衍东所著的类似《聊斋志异》的文言短篇小说集《小豆棚》。这一报道认为是书主要涉及三方面题材，即：一、揭露腐朽的封建官僚制度；二、赞颂了下层人民，特别是妇女的善良、正直的品格,肯定了自由婚姻的追求;三、广泛记录了各方面的见闻,并肯定了是书在人物、情节及文字上的成就。但文章又指出"这部作品具有较多的封建糟粕","艺术上也有很大弱点","体例相当芜杂"等等。立论似乎公允,实则自相矛盾,而核诸是书实际,实有评价过高,虚夸不符之嫌,更难与《聊斋志异》相提并论。至于报道与论文均称是书为六卷,而征之是书叙、传及今本实有卷数仅有八卷与十六卷之说,而六卷本未知何据。是以有人公开指斥误处:一、这本书不是新发现的,因为此书在乾隆、嘉庆、光绪和清末民初至少已刊印过四次了;二、此书分六卷,这也与事实不符,因为是书彭左海所撰作者小传中作八卷,项震新参校本编印为十六卷。申报馆仿聚珍版印本装印为六册,前两册每本各包括两卷,后四册每本各包括三卷,还是十六卷,而并非六卷(1981年3月15日光明日报《来函照登》)。似此,也可见立言之不易。

是书卷首有撰者自序一篇,以游戏笔墨述著书意旨,卷末更撰《述意》一篇,以杂剧形式叙撰写是书之缘由,嘻笑怒骂,皆成文章,撰者当为愤世嫉俗、落拓失意之士。

《瑟榭丛谈》二卷 沈涛撰附《交翠轩笔记》四卷《铜熨斗斋随笔》八卷

沈涛原名尔根,字季寿,一字西雍,号匏庐。生于乾隆末年,卒于咸丰十一年(178? ~ 1861年),浙江嘉兴人。初肄业于诂经精舍,嘉庆十五年(1810年)举人,由知县晋至府、道官员。所著《论语孔注辨伪》、《说文古本考》、《常山贞石志》、《十经斋文集》、《柴辟亭诗集》四卷等,皆刻行。后又有人辑刻其未刊诸稿为《遗集》

七卷。

沈氏撰有笔记多种,《瑟榭丛谈》是他任宣化知府时所撰。瑟榭者,宣署居室之名。书二卷:卷上记宣府掌故及建置沿革、风土人情,多引史志典籍加以考订,固非耳食者可比。卷下则记诗文酬唱之什及读书杂录,友人轶闻,而有关俗语、事物之考订,又颇资考证。如记浙江乍浦之“光饼”为“戚继光行军时所作,为三军裹粮之用”;如“灯尽油干”之语,引《桓谭新论》以证“此说汉时已有”;又如“北方以黑为青,实起宇文之世”,以周太祖讳黑;又如官文用朱标见《周书·苏绰传》。其他如剪绺、名手、过房、楼罗等俗语,亦皆有说。

是书有道光二十五年自刻本,书序撰于道光十年,或为成书之年;序署柴辟亭长,为沈氏别号,《遗集》中有《柴辟亭读书记》一卷就以此命名。别有《聚学斋丛书》本。

《交翠轩笔记》是沈氏任大名知府时所撰。交翠轩者,大名试院居室名,为沈氏视事的地方。书前有道光十六年撰者序,称其成书的缘由说:“暇则考订金石,浏览坟籍,或与宾从僚佐擘笺分韵,有得即随笔疏记,积日成帙,受代以后,编为四卷,即命曰《交翠轩笔记》。”书后有道光十八年汤儆撰后序,记是书内容说:“若夫先生之为是书也,撷六艺之菁,荟百家之旨。凡群经诸史,地舆名物,凡将滂喜,时语方言,斗筒觚编,吉金乐石,以至友朋投赠之什,名贤题咏之篇,莫不月旦其词,绳纠其舛。”

是书凡四卷:卷一记大名建置沿革,并记器物及金石文字甚详。多加记述考辨,有助于研讨金石器物。其中尚记有文人学者的著述与掌故,如记黄育楩的《破邪详辨》而论及吃菜事魔,为其他笔记中所少见。卷二除记大名当地人物逸闻外,大量记述当时不知名的诗文作者，略加评定，录其佚作，志在发扬没没无闻者。卷三为考辨经史的笔记，可见沈氏的考据功力，有裨于后人读书。卷四为杂考，凡事物原始、俗语来源及诗词书画皆有探索，如“同伙”二字，见《宋书·卜天与传》；“每月一至十日冠以初字，起于北宋”等等，都可资谈助，但大多转录前人著述。其中如记《琵琶记》、《三国演义》的始起等，又为他书所经见，因此书是读书杂录不得以著作苛论。李慈铭《越缦堂读书记》推重是书“杂考群书，多有异闻”；“其第三卷考据经史，最为精密”。然也评其有“不免好异之见”。

是书自刻于道光二十八年，影印本据此而与《柴辟亭读书记》合为一册。《柴辟亭读书记》一卷原收沈氏《十经斋遗集》之四，其内容与《瑟榭丛谈》、《交翠轩笔记》及《铜熨斗斋随笔》三种，重复几半。别有《聚学斋丛书》本。

《铜熨斗斋随笔》为沈氏晚年作，内容纯系考订古籍。铜熨斗者，乃沈氏所得天和三年的器物。据其考订，为曹魏明帝太和年间物，文见所著《交翠轩笔记》卷一。沈氏以此名斋，又以斋名名书。

书凡八卷，经史诸子及诗文杂著均有涉及。卷一为《易》、《诗》、《书》、《礼》等经；卷二为《周礼》、《礼记》、《春秋》、《论语》及《尔雅》；卷三为《孟子》、《国语》、《国策》、《说文》、《广韵》及《史记》；卷四为《史记》、《汉书》及《后汉书》；卷五为《三国志》至《隋书》；卷六为《两唐书》至《元史》；卷七为《老子》、《荀子》、《吕氏春秋》、《淮南子》、《列子》、《论衡》、《文选》、《世说》及一些杂著；卷八为字义、俗语及人物遗闻。

是书于考订笔记中，颇见功力，不仅于古籍之文字错讹、释义不洽者，多所订正，尤能不为名家成说所囿，自出新见。如卷一《史记用古文说》条对臧庸、王念孙的“史迁所用皆今文”之说加以驳正。卷四《谥号通称》条主张古谥号通称说，以反驳洪亮吉。卷八《耆侄》条释汉郭究碑“耆侄士女”之“耆侄”为耆耋之假借，犹白叟黄童之意以驳冯登府“耆侄为老侄”之说。《浑家》为“全家”以驳钱大昕《恒言录》称妻曰浑家之说。皆能独有新意。

沈氏于目录学也多订补，如卷四《六弢》条考订其为《大弢》之误，自后遂为定论。另有数则正《汉书艺文志》之误者。于《隋书经籍志》所正尤多。如卷五《晋诸公赞》、《氏字误衍》、《杨承庆》、《孔老谶》，卷七《李文博理道集》及《历代三宝记》等则皆为对《隋志》著录的正误。又卷六萧方条评《新唐志》误《三十国春秋》撰者“萧方等”为“萧方”，误以等字为等类之等，而《宋志》复沿其误。其他各卷中论及职官、政制、人物等也皆有可取。是书为沈氏笔记诸作中的成熟者，有益于后世读古籍者，非一般泛泛稗贩者可比。

是书初刻于咸丰七年，板心刊有“槜李沈氏铜熨斗斋丛书”十字，别有《式训堂丛书》本及《校经山房丛书》本。1965年中华书局影印三书而列入《清人考订笔记》，三书遂得广为流传。

艾芜《文学手册》的版本

龚明德

1939年10月成立于广西桂林的“文化供应社”营运不到一年就露出了不景气的势头，当时担任该社出版部主任的宋云彬在1940年8月1日的日记中就有“文供社前途暗淡”的载录。为了振兴“文化供应社”，该社同仁们商量策划了一套以青少年读者为对象的普及性文化读物。这套读物的书名每本都只有四个字，后两个字为“手册”，当然有青少年求学者非读不可的号召力。现在可见实物的确证已经出版了的此套读物有廖伯华的《珠算手册》、杨承芳的《英文手册》、野夫的《木刻手册》、冼群的《戏剧手册》以及下面要叙述的艾芜的《文学手册》。

文化供应社的编辑宋云彬和傅彬然都知道自1939年1月起就来到桂林的艾芜有一个习惯：他随时随地总带着一个小本子，注意记录别人生动活泼或者富有个性的说话，即便在闹哄哄的市场上，听到小贩一句富于形象性的话他也会马上记下来；从一个广西老婆子的口中，艾芜甚至记录下几十首宝贵的歌谣。这样，《文学手册》的作者当然就非艾芜莫属了。艾芜晚年回忆道：“有时觉得人家说的好，就随手记了下来。有时报刊杂志要我谈谈写作经验，便也把古今中外作家的谈话，写去发表。后来桂林文化供应社要我写本文学入门一类的书，我就用平素的笔记报刊杂志上的文学短论，加以系统化，再研究一次，又充实一

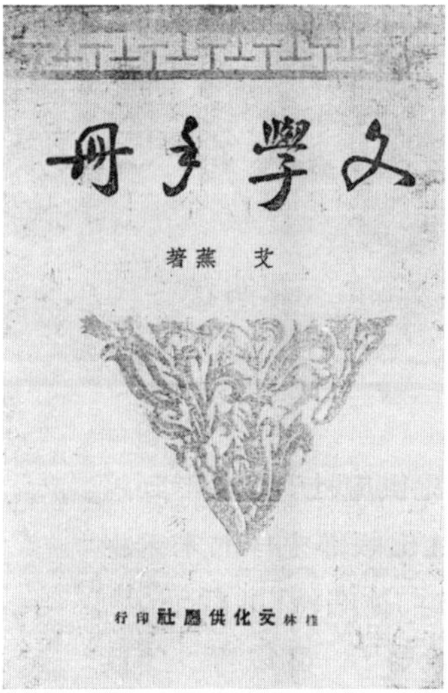

《文学手册》初版本

些材料进去，便成了《文学手册》。”艾芜自己轻松地交稿后，还觉得《文学手册》是他无意中集成的一部读书笔记。正赶上艾芜要去香港，他并没有看重这部仅仅动用了平时的积累而在写作时不花大气力的仅仅只有七万字的书稿，连版权都留给了文化供应社。

1940年12月13日，艾芜结束全稿后，写下不长的《后记》，指出此书“是把过去许多作家的经验之谈，有系统地编在一块，仿佛在黑夜的路上，沿途安置无数的火炬似的。希望有爱好文艺而又愿从事写作的人，不致再像我似的胡乱摸索，走许多冤枉路”。这《后记》再版时被抽去，不再为人所知。

这个初版本1941年3月印五千册，7月再版又加印五千册，而后是三版、四版，第四版还是“普及版”，当然是书价不高，一般的读者和穷学生也买得起。无疑的，《文学手册》已经成了深受广大读者欢迎的畅销书，为“文化供应社”销量最大的书。同行中友善者如巴金和鲁彦力劝艾芜收回版权，艾芜自己也意识到如此受到欢迎的书应该好好地认真修订一下再印。于是，他与“文化供应社”负责人几度磋商，决定用三个月时间弄一个增订本出来，仍交由“文化供应社”印行。

就在修订《文学手册》的时候，艾芜家里留住着一个专程来桂林慕名向他求教的浙江籍文学青年曹湘渠（笔名“风砂”）。修订工作结束后，艾芜让曹君读了一遍，并兴奋地对曹君说：“这才对得起读者了！”增订本多出了六万字，总字数是初版本的近两

《文学手册》增订本

倍，添补最多的是关于语言的部分。《文学手册》修订本以“增订五版”的名义1942年10月印行。这个“增订本《文学手册》”在桂林印了两次，1943年12月增订七版上市不久，因湘桂战争爆发，“文化供应社”携带该书纸型在香港于1946年4月、1947年9月加印两次，又于1948年10月、1949年4月在上海以“青年自学指导手册”的丛书名印了“新三版”和“新四版”。

1980年12月16日艾芜在成都为1981年6月湖南人民出版社重版印行的简体字横排本《文学手册》写的《重印后记》中说道：“解放后，这本书没有再印了，连出这本书的文化供应社也不存在了。”对此艾芜记忆出错，1951年3月该书在北京最后一回以“文化供应社”的名义加印，红色字的版权页上标明的印数是“京再版1500册”。另外，上述增订本的各个印本全据同一纸型印出，没有版本学意义方面的差别，其中任何一个印本都是“增订本《文学手册》”的原貌。

关于对此书初版本的修改，1942年4月12日艾芜为此增订本所作《后记》写道：“这本《文学手册》增订本是根据作者去年出的《文学手册》来改写的。因《文学手册》出版一年后，多蒙友人爱护，得到不少的批评，又蒙读者不弃，来信提出作者未曾谈及的其他问题。同时作者亦感到有好些不满意的地方，故将其尽量改订，该补充的加以补充，该改写的加以改写。所费时日和精力，亦差不多和写《文学手册》相等。”

详细对读《文学手册》的初版本和增订本，只感到后者是对前者的方向完全一致的进一步丰富和扩充。如此受到欢迎的书，何以在“解放后”的首都只印一千五百册呢？这是一个重要信号，预示了该书的不合时宜——即与“新时代”有些格格不入。

果然，1951年12月29日，何其芳写了一封专谈《文学手册》的长信给艾芜，从各个方面当然“主要是有关思想和方向方面的问题”作了居高临下的“畅谈”。下面顺序摘录——

《文学手册》的“缺点主要是有关思想和方向方面的问题讲得太少，太不明确”，“应该多花点时间增订一下，把马列主义的文艺理论、毛主席的文艺理论中的一些基本原则扼要地通俗地写进去。应说明文学是意识形态，在阶级社会里是有阶级性的，不管自觉或不自觉，都是阶级斗争的工具。应说明今天的文学工作者应站在人民大众的立场并力求站在工人阶级的立场，以反映工农兵为他们的作品的主要内容。因此从事文学工作的人必须参加工农兵群众，学习马列主义”；“第六节《文学的主要功用是什么》，应改写。这一节应按照马列主义的文艺理论作严格的说明”；语言这一段“可以参照毛主席在《反对党八股》中的关于语言的说明，斯大林的《马克思主义与语言学问题》”来“改写”；“第三十三页第四行，恐不应过分讲我们的文字的缺点，也应讲一些优点。可参照人民日报六月六日关于语言的社论”；“第九十页，我觉得不必讲香港英帝国主义者办的学校如何‘重视’文艺”；“讲现实主义与浪漫主义一节，可参考近来苏联的文艺理论改写”……

《文学手册》北京版

何其芳的信有三千七八百字，末尾还说“怕信过重，就写到这里为止吧”。艾芜读信时，他不会因最后一句的“这些意见不一定对，仅提供你参考而已”感到轻松，他当然清楚此信就是代表着文艺界最高领导层的声音，必须照办！

和当时的广大从“旧社会”跨入“新社会”的文艺工作者一样，艾芜也想“紧跟形势”，他马上根据何其芳的意见，在1951年3月“文化供应社”北京印本上进行修改。我有幸见到留有艾芜手迹的这个未能刊印的修改本，将主要的修改内容转述如下。

应该说，何其芳在信中提出的主要问题，艾芜都尽量地作了补写和改动。在《目录》第一页增加两个小标题《六　学习文学需要学习马克思列宁主义吗?》、《七　学习文学需要到工农兵群众中去吗?》。在正文第六、七、八页，多次补入“劳动人民”、“工人阶级和劳动人民”的字眼。在第七十二页、第一百四十三页改补进“阶级不同”、“阶级性”和“阶级”共六处。第八十七页谈到读书时补入“如马克思恩格斯列宁斯大林及毛泽东主席等人的著作”。在第九十九页补入“学习马克思列宁主义”。第一百页将“研究人生”改为“研究现实生活”。第一百一十三页将“新哲学社会科学”改为“马克思列宁主义”。在第一百三十八页一个小节的末尾补入“我所以在前面再三强调我们文学工作者要首先学习马克思列宁主义，其中主要原因之一就是为了要正确地认识和理解我们现代新的人物”。在《文学手册》正文最后一页即第二百二十页，补入“亦即是向社会主义现实主义走去”。

当然还有一些别的改动，但上述改动是配合何其芳来信精神的重要改动。估计艾芜的这个修改本没有交出去，即便交出去也过不了何其芳那一关。而且，从1981年6月湖南人民出版社印行的《文学手册》的《重印后记》第一句“《文学手册》这本书，是我一九四二年四月十二日以前写成的”来看，对于何其芳拿

“延安文艺座谈会”以后的“精神”要求《文学手册》，艾芜是内心不赞成的，但他近三十年前的修改是不可能忘记的，因为何其芳的信他一直保存着。

1981年6月湖南人民出版社印行的横排简体字本《文学手册》，诚如艾芜说的是“一九四二年以前的面貌”，一些“小的修改”多为个别字词的更易。细加对读，不仅出版社的“同志”改了“言语”为“语言”(但第三十四页第四行仍有“言语”)，还改掉了一些艾芜的个性词汇，如第九十六页第十一行“深入研究”原为“下细研究”。但是该订正的字却又没有改过来，如第三十七页的“敲猪匠”应改为“劁猪匠”、第四十五页的“区黑”应改为“黢黑”……等等等等。

四川文艺出版社在艾芜生前印行的十卷本《艾芜文集》没有编入《文学手册》。其实，和《南行记》一样，《文学手册》也是艾芜的代表作，而且拥有的读者更多。现在，对于初学写作的人，《文学手册》仍然可以作为必读书之一。艾芜以平易近人的写作姿态，在书中说的那些有关读和写的道理，永远都不会过时。比如，艾芜讲真正要从一部书中汲取营养，必须反反复复地读，而后再尽可能多地找来关于这部书的评论仔细阅读，看别人有什么心理体会，验证或者补充自己的认识。——故弄玄虚的人，会说“如今是电脑时代了，谁还如此笨拙地读书”；然而，真要吃文学这碗饭，就只有走艾芜指定的路才可能成功。

关于何其芳，1988年5月23日，艾芜在“川医”住院治病期间，写下的回忆文章中说：“他是个很好的党员，真诚拥护党的，百分之百接受领导的，……”但是我们没有发现艾芜谈到何其芳令其修改《文学手册》的事，他不拿五十年代的修改本再版，也是一种表态。

顺便订正一下：1992年9月北岳文艺出版社印行的《艾芜

传——流浪文豪》第一百七十六页说:“增订后的《文学手册》交给桂林三户书社再版”是“小说家言”,当不得真的。

最后介绍一下上述四个不同印本的封面。“文化供应社”的桂林两个印本封面基本一样:上切口和正中是花纹装饰,正中为倒三角形剪纸图案,上切口为“T”一正一反在两条粗线内构成花边,颜色是橘黄色。“文学手册”四个字手写蓝色,倒三角图案上是“艾芜著”、下是“桂林文化供应社印行”。“增订五版”在书名下多出与图案颜色相同的放在括号内的“增订本”三个字。到了北京印本,封面重新设计:仍是正三十二开,四周围了橘黄色的花边,花边内上方一块红色长方形飞白出书名和“艾芜著”。至于二十世纪八十年代初湖南人民出版社印行的版本,其封面也简朴:绿色的满底,中上方一排线条飞白花纹,书名竖排,出版社名设计成一方印章。

到了如今,或许会有一批严谨的学者意识到:上个世纪头五十年间出版的书尤其是名著,如刚才说的《文学手册》,最好按照原貌一字不动地重印;那些可笑的修改,无论是作者自改还是他人强改,都只能给后人留下笑柄。何其芳的那封口气十分强硬的关于《文学手册》必须按照他所讲的进行修改后才能再版的长信,在二十年前就被事实宣布作废了!当然,艾芜本人也无法超越历史,因为他毕竟有一个修改手迹本《文学手册》留给了后世的人,可供我们细细考察他当时的心灵历程。

《文学手册》湖南版

梁遇春译注的『英文小丛书』及其译序

陈子善

被郁达夫誉为“中国的爱利亚”（今译伊利亚，即英国散文大师兰姆，伊利亚为其笔名）的梁遇春，在人世来去匆匆，只活了短短二十六个春秋就英年早逝。他生前身后出版了《春醪集》和《泪与笑》两部散文集，奠定了他在现代散文史上的不朽地位。1992年10月，浙江文艺出版社出版了搜集颇为齐备的《梁遇春散文全编》，凡五十五万言，使世人得以更为全面、真切地欣赏作者飘逸美妙的散文。

然而，百密一疏，《梁遇春散文全编》仍有遗珠之憾。寒斋藏有梁遇春三十年代初译注的“英文小丛书”三种，狭长32开本的薄薄小册子，鲜为人知。书前三篇短小的译序，均未及收入《梁遇春散文全编》，辑录如下：

一、《红花》，中英对照，俄国小说家V.N.Garshin（即迦尔洵）著，1930年10月上海北新书局初版，寒斋所藏为初版毛边本。迦尔洵是鲁迅喜爱的作家，早在《域外小说集》中就作过译介。《红花》是迦尔洵的名篇，书前译序为：

> Vsevolod Nikhaylovich Garshin (1855—1888)，他的著作完全是短篇小说，情绪紧张，使人们读起来

会色变。至于能够真挚地描写出素朴的人生，这是他和俄国一切大文豪共有的本领。在俄土战争时候，他当一名志愿兵，他有好几篇小说都是叙述他在前线的经验。晚年他染上疯疾，这篇小说大概带了自传的色彩。

这篇小说里的疯子可说是一个舍身的理想主义者，为着拯救人类，自愿走上毁灭之途的人，也就是替人类背十字架的好汉。这种脚色本来被世人聪明的人们当做疯子看待，因为他的行为是那班专顾私人利害，自命清醒的人们所无法了解的。Garshin在这篇小说前面有“为记念屠格涅夫而作”几个字，也许他觉得屠格涅夫也是这么一个疯子罢。他和许多俄国文学家一样自杀死了，不知道他有没有带什么战利品到坟墓里去！

二、《三个陌生人》，中英对照，英国小说家T.Hardy(即哈代)著，1931年5月上海北新书局初版，寒斋所藏为初版本，书前译序为：

Thomas Hardy(1840—1928)，哈代是英国近代文坛上卓然自立，无懈可击的作家。他用简洁深刻的辞句传达出“自然”对于渺小的人类的调侃，隐隐地露出“怜悯”的福音。他觉得命运之神总是弄出种种把戏来跟我们捣乱，它有时赋我们以一个残缺的性格，那就足以叫我们颠连一生了。他看到人世上处处都是布满悲剧的空气，然而他却能镇定的将这些辛酸故事一一刻画出来，弄出个玲珑的布局，婉转地描状通常人们的心曲，自己在一旁冷笑着，但是又带了无限的慈祥，在这点上显出他那惊人的艺术天才。只有看透人世的幻象，整个身子都浸在悲哀里面的人才能有恬然的心境，才能将人生消息从笔尖上从容传出，所以悲剧在文学是格调最高的作品，所以只有心头上尝遍人世间苦味的人才能有近于涅槃的心境。哈代的杰作有 Jude the Obscure、Tessd' Urber Ville、The Beturn of the Native 等几本长篇小说，它们的题材都是“极小的生命”(infinitesimal lives)在这“满天星斗的宇宙这个巨大的背境上”(the stupendous background of the stellar universe)所演的惨剧。

他又善描写风景。利用地方色彩来渲染他的故事，使人们更深切感到“自然”的威力。他小说里所说的都是 Wessex 地方的事情，我们念起来仿佛亲临其地，而且觉得那地方有一种令人生无限感慨的空气。

哈代的短篇小说不如他长篇小说，没有那么有精彩。有 Wessex Tales、Life Little Ironies 等集。我们这里所选的《三个陌生人》是在 Wessex Tales 里面的。但是这篇可以算做他的短篇杰作，几乎是大家公认的，是跟他的长篇小说同样不朽的作品。

末了，我们不要忘记他又是个诗人，而且有一些批评家说他的诗是比他的小说更伟大，预料将来人们也许把他当做诗人看。

三、《厄斯忒哀史》，中英对照，英国作家 W.H.White 著，1930 年 12 月上海北新书局初版，寒斋所藏为 1931 年 6 月再版本，书前译序为：

William Hale White(1831—1913)，他的父亲是一家书铺的老板，一个有幽默趣味同卓然自立的性格的人，又是一个不服从英国国教的人。他的童年是在恬静的乡下里过去，

后来到大学攻神学，因为他具有怀疑精神被开除了。此后的生涯就平淡地过去，在政府各机关里做事。他喜欢研究天文学，自己盖两个观象台，他觉得天文学是我们精确智识的象征，藉此我们可以扩张我们的心境，对于人生得到一种合理的自信态度。这方面和那爱星空的歌德很有些相似。

他译了斯宾罗萨（Spinoza）的《伦理学》，著有几本长篇小说（都不是很长的）：The Autobiograpby、The Deliverance、The Revolution in Tanner's Lane、Miliams' Schooling、Catharine Furze、ClaraHopgood。第一本和第二本是带了自传性质，是极诚恳动人的自剖文字。此外还有几篇短篇小说和讨论宗教、文学、哲学种种问题的文章。

他的创作的主要情调是悲哀，一种默默的惆怅。他既不赞颂人生，也不咒诅人生，只是怀个凄然的心境来观察人生，描写人生。这大概是因为他的本质是 melancholy 罢。他和其他具有哀怨情怀的作家一样，写出极恬静清晰的散文，是近代一位散文名家。

梁遇春译注的这三册“英文小丛书”的版本价值和文学价值，当然还不及他脍炙人口的《英国小品文选》和《小品文选》正、续编，却同样清新可诵。这三则小译序虽然同样无法与他的散文名篇，如《“还我头来”及其他》、《谈“流浪汉”》等相比，却也同样显示了作者扎实的外国文学修养，读来优美隽永，耐人寻味。

庋藏期刊　从"头"开始

谢其章

唐弢去世之后，一生精血所蓄的三万册藏书，一万五千册期刊，全部捐献中国现代文学馆，人称现代文学馆的"半壁江山"。大家多注意唐弢的三万册藏书，我却更关心那一千多种一万五千册的老期刊，更企盼能早一天读到想象中的《唐弢旧藏期刊目录》；甚至打了电话过去，希望文学馆的同志，别再像对待其他"文库"那样，每本书都贴上标签，用很不成样的钢笔圆珠笔字写上编号，真难看！唐弢对书籍装帧是非常在乎的，九泉下知道了，肯定会不高兴。

旧期刊浩如烟海，据1961年版《全国中文期刊联合目录》（1833—1949）收录即为一万九千一百十五种（包括补遗九百五十一种），这还不包括革命时期的党刊，解放区的期刊等。望着这座高不可攀的期刊之巅，再痴迷的旧期刊收藏者，也要掂量掂量，收藏之路如何走？

有一位藏书家指引了一条道，他说："在喜好收藏旧时期刊的人当中，有专门搜求'创刊号'者，这是可以理解的。因为期刊数量很大，若想齐备简直是不可能的，独收'创刊号'，亦是无奈中的一种办法。"这位藏家还谈了观点与方法："但，我从来不想专门访求'创刊号'，我保存的'创刊号'是属于那些寿命不长，创刊号即终刊号的杂志。当然都是文艺类的。旧时代，创刊伊始即

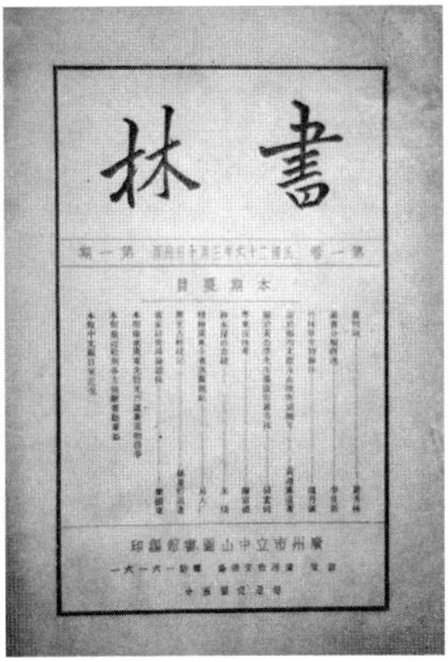

因各种原因而被封杀的刊物随处可见。正因为刊期太短，保存不易，各种书目也很难记载。我是见到就收，积以时日，所存亦很可观。今顺手捡出几种，略记一二，或可为文艺期刊史补白。”(《“创刊号”杂拾》，载《寻根》2000 年 2 期)

我的藏刊行的是“中庸之道”，全套期刊与“创刊号”兼而收之。收全套是为了见全貌全过程，这也是人所共有的“求全”心理；收“创刊号”可“窥一斑而见全豹”。如同攒外国邮票，世界上每个国家的邮票都弄上一两种玩玩，仅此而已。

创刊号是一本新杂志的诞生，潜蕴着生命的意义，潜蕴着知识、智慧、文化与心血。所以众多的期刊爱好者喜欢把创刊号作为一个专题来收集，作为一种对知识的渴求，一种嗜好的满足，也有一些老者把收集和摆弄创刊号当作晚境的消遣。

“创刊号”一词始用于何时？是报纸先用的，还是期刊先用的？无从考证。我个人推断，“创刊号”的应用是在“五四”新文化运动之后，因为在此之前的杂志都是用卷、号、期来标明刊期顺序的。我迄没有见过在此之前的期刊封面上，堂而皇之地印着“创刊号”三个大字的，实际情况是否如此，有待识者赐教。手头藏 1914 年创刊的《香艳杂志》，封面是丁悚画的“卧读图”，上面标“第一期”；《妇女时报》(1912 年)标的是“第一号”；《上海》(1915 年)封面标的是

"第一卷第一号";《小说月报》(1910年)创刊号什么也没标，封面上印"宣统二年七月出版";《礼拜六》(1914年)创刊号有二个封面，一墨色铜版，一五彩石印，黑的印"第一期"，彩的印"第一"，连"期"字也省了。

"补白大王"郑逸梅曾说："古人所谓读万卷书，实则今书之一本，为古书之数卷。若以一本为三四卷，则万卷书仅三四千本耳。然亦有反其道而以若干本为一卷者，如刊行之杂志，月刊以十二本为一卷，旬刊以三十六本为一卷，周刊以四十八本为一卷，故创刊号往往称为第一卷第一期，其相歧有如此。"(《围炉馀话》)这是仅见的一段对创刊号"寻义"的文字。

凡事皆有例外，施蛰存说："一般月刊，都以一年十二期为一卷。我把《现代》改作以半年六期为一卷。故十一月份出版的第七期成为第二卷第一期。"《〈现代〉杂忆》

创刊号还有许多"别名"，也是藏趣之一。如《一般》杂志(1923年)的创刊号叫"诞生号"，《红玫瑰》(1924年)叫"特刊号"，《春声》(1916年)与《民权素》称创刊号为"第一集"，1946年施蛰存、周煦良主编的《活时代》题为"创始号"。还听说有一种杂志的第一本叫"露面号"，可惜它迟迟不肯露面，无缘相识，耳闻而已。

创刊号中有一类"方生即死"，仅出一期的杂志，这样既是开始又是结束的创刊号尤为可珍。在它身上活跃着新生的细胞，又隐伏着死亡的凄凉，它为何而生，又为何而夭折？世事难料，所以说，连一本杂志也是有命运的。手边新近入藏一册《离骚》杂志，封面是“屈子行吟图”，仅出一期，颇有些来历呢。四十年代，金性尧（文载道）写过一篇《期刊过眼录》，提到《离骚》：“这刊物名叫《离骚》，属名的编者是刘西渭先生，实际上是阿英主持。刘只写了一篇散文。创刊号因稿挤，我的一篇考证乡土史地的文字遂不及放入。至于这《离骚》的下文也从此洞庭木落渺渺无踪了。后来碰见阿英时，大家就戏称之为海内孤本。其实，目前要拿出这样的一本书来，确也没有几人了。”姜德明先生也说过：“《离骚》一问世便得到‘勒令停刊’的命运，世间少有留存。我保存的这本《离骚》，尽管有残页，我还是费时多年才在上海访得，幸亏当时毫不犹豫地拣在手中。此后，再也没有见到过复本。如果说新文学零本期刊中较有意义，并稀见难得者，《离骚》可算一例。”（“孤岛”的《离骚》）这样一册当年的过来人与后来的搜求者都称难得一见的创刊号，入藏寒舍，真如巴尔扎克所言——“收藏者是幸福的”。

早年间收得四十年代散文杂志《风雨谈》二十册（出二十一册），群龙无首，独缺创刊号。后经倪墨炎先生帮忙，惠赠一册，但封面已失，殊为可惜。近日于旧书店乱刊丛中，竟然翻出一册，久觅终得，怦然心

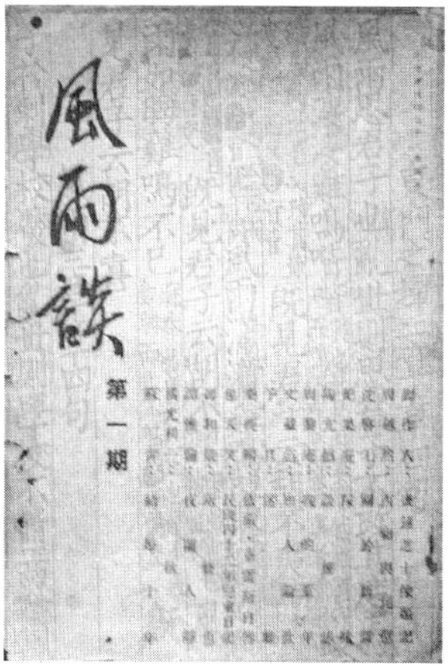

跳，急抓到手，惟恐闪失，其时身旁并无竞争者，怕什么怕？人性之弱点，随处显现。

如《风雨谈》类似的情形，碰过多次。方型杂志《茶话》落掌十馀年，三十五册仅缺头本，苦觅苦寻，于旧书摊撞见，索价二百元，还至一百五十元携归。完璧之日，写一则“刊言刊语”记此事。现在的店主摊主都知道创刊号“奇货可居”，可得善价，很难再像从前那般可以几毛钱买进了，“挑水的回头，过井(景)了”。

收集尘封已久的旧期刊创刊号，不经意间，也许会触摸到一块历史的伤疤。1935 年 11 月 10 日，《文学时代》创刊，主编储安平。储安平是悲剧人物——“活不见人死无尸”。我这本《文学时代》有储安平的手迹：“昆仑兄评正　弟储安平谨赠”。受书人是作家王昆仑先生。田家英同志，十五岁时在成都参与编辑文学杂志《金箭》，并在上面发表散文《夜街》，说的是一个叫“垣”的进步青年被黑恶势力所扼杀，田家英无比愤慨：“在这苦难的时代，毁去一个人，一个青年，这是多么平凡的一件事情。”田家英的一首诗很感动人——“十年京兆一书生，爱书爱字不爱名。一饭膏粱颇不薄，惭愧万家百姓心。”收藏《金箭》，以怀念田家英同志。

“毛边”装帧是二三十年代书业的时尚，用在书籍上较多，用于期刊则少有，偶有所得，如获至宝。老期刊难得，老期刊又头本更难得，头本而又“毛装”则更更难得。毛边本创刊号真是“可遇而不可求”，碰上是缘份，碰不上是无缘。《新文化》(张竞生主编)、《新月》，《白露月刊》、《诗篇》、《新文艺》(水沫书局)、《创造月刊》、《水星》、《新时代月刊》(钱君匋画封面)等“毛

装”创刊号，皆非“化缘”所来，都是撞上的，书运好的时候，拦都拦不住。

有些期刊创刊之前往往还有“试刊号”，试刊号比创刊号更为稀珍，仿佛古籍中的初印本，初印之前有蓝印，蓝印之前有红印，哪里是个“头”呀。另外，“复刊号”也该留心，复刊号是创刊号的第二次生命。有一本叫《杂志》的杂志，1938 年创刊，1940 年停刊，1942 年复刊，1945 年停刊，且创且停，且停且复，前后两个阶段，刊物内容截然不同，完全换了模样，这样的复刊号怎么可以忽略呢？

按常规常理，每本新问世的杂志都有“创刊词”“发刊词”一类，打鼓敲锣，然后开张。抗战爆发，《宇宙风》与《逸经》退至香港，联合办了《大风》。简又文写的“发刊词”叫《大风起兮》，真好，一篇美文。卞之琳、巴金编《水星》，创刊无词，赶紧在第二期补上：“开场无白，编后无记，封面无画，正文前无插图，正文中无广告，这个刊物初次露面就不像一本杂志吧。”近年，有好事者将六百篇杂志的“发刊词”汇编一巨册，挺有意义的工作。“发刊词”不好写，既要宣传自己，又不能吹嘘自己，倒是纲领式、宣言式的发刊词太多了，平易近人实话实说又见文采的发刊词不多。

刊林深处寻寻觅觅，犹如拾荒者，弯腰驼背，其乐不可与外人道。百年无废纸，老期刊浑身是宝。庋藏老旧期刊，从“头”开始。

京城买书记趣

戴建华

清点备忘录，2000年计上书店书市四十三次，买书凡百馀册，价一千六百多元。量不算大，但有几件颇为有趣的事，值得说说。

有两件事与王国维先生有关系。一次去潘家园（北京一个较大的古旧图书集散地），碰到四本蓝皮封面的线装书。品相上好，但印得一般。不过还算清楚，尤其是笔画细腻，是木版书，初一看去竟像是蜡版所刻的油印本，颇有特色，为以前所未见。两本是王维诗集，两本是孟浩然诗集。价不贵，但应是套书，而不全。这样的零种，值得收吗？正摩挲犹豫间，猛然从书页中抖落出一张便条，纸黄，墨淡，是民国二十八年所写，距今早半个多世纪过去了。上书“价各三元，有王国维印章，应是好书”。“各”是

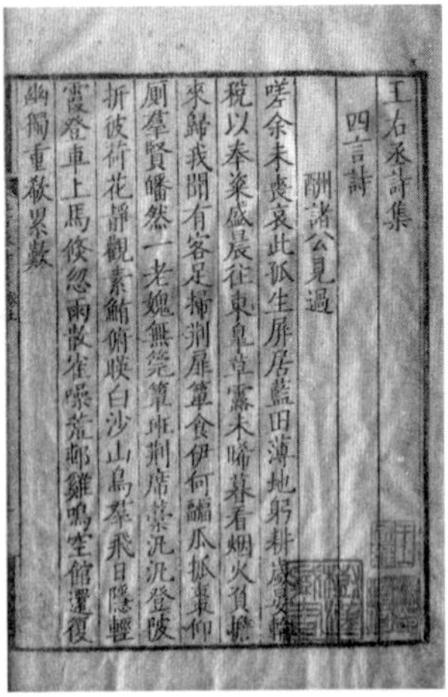
王右丞詩集
四言詩
酬諸公見過
嗟余未喪哀此孤生屏居藍田薄地躬耕歲晏輸
稅以奉粢盛晨往東皋草露未晞暮看煙火負擔
來歸我聞有客足掃荊扉簞食伊何副瓜抓棗仰
厠羣賢皤然一老媿無莞簟班荊席藁汎汎登陂
折彼荷花靜觀素鮪俯映白沙山鳥羣飛日隱輕
霞登車上馬倏忽雨散雀噪荒邨雞鳴空館還復
幽獨重欷累歎

每本，还是每种，已不可知，可知的是在上世纪三十年代之末，三块大洋已是一家人一个月的嚼谷了。找王先生的印章，扉页没有，首页也没有；翻过首页的诗人小传，还没有；再翻到目次，依旧没有。一直翻到正文页一，有了。“藏”得这深，怪不得书商没有发现。这下毫不迟疑，收了。暇时老愿翻翻这几本，上有朱笔句读，是静安先生亲手所点吗？这就不能不令人浮想联翩，或说感慨万千就是了。

中华书局出版的《全宋词》，早就有

了。繁体竖排,我喜欢。前年就听说该局又出了简体字本,横排。记得当时曾有过腹诽,觉得用得着窥全豹的,应该看得懂繁体字;否则,看简体的选本就可以了。何必呢?所以不会买。因为老在书店的古籍柜前盘桓,几番三次的见面,这回就忍不住拿下来瞧瞧。一看扉页,大吃一惊。比起繁体本的署名,是在“唐圭璋编纂”之外,多出“王仲闻参订,孔凡礼补辑”。“补辑”是增加一些篇什,就更“全”,很可取。而“参订”的王仲闻先生,他名高明,号学初,以字行,是王静安先生的次子,旧学功底深厚,因是老人物,五十年代倒了霉,丢了饭碗,长期在中华书局当临时工,主要任务是修改加工唐圭璋先生《全宋词》的旧稿,重新发排。因为修改得太多,加工得太好,唐先生不掩人之美,主动提出共同署名,而竟为当时的形势所不许,以致王先生的贡献湮没不彰。他后来被迫害致死,有一本被钱锺书先生称为“奇书”的手稿《读词识小》,也人琴俱亡,至今找不到下落。这回“恢复名誉”,可谓名正言顺。中华书局作了一件大好事,不惟唐先生、王先生地下有知,当极感欣慰,我们后辈看了,也觉得心中暖和。于是当即决定买了。书橱里有了两套《全宋词》,就像一双孪生姐妹,虽然相貌十分相同,但各有千秋,都令人喜欢。因此之故,又连带买了仲闻先生的《李清照集校注》,书校注得极好,可称古籍整理的矩范。心里觉得仲闻先生不愧是王国维先生的儿子,能看到静安先生的流风馀韵,这是读书界的幸事。

另两件事有关沈祖棻先生。沈先生字子苾,是绝代词人,被誉为“当代李清照”。《沈祖棻先生诗词集》早就有了,我还写过鉴赏文章,曾蒙沈先生的夫君、著名学者程千帆先生赐翰奖掖。去年四月初,在新街口中国书店,居然“淘”到了程千老的签名本,是闲堂老人题笺赠给荒芜先生的纪念本。荒芜老人弃世后,这么快就流落出来了;而千帆先生也在是年六月间下世了。推想应是无独有偶，仔细寻觅，果然又找到了夏承焘、姚雪垠等前辈送给荒芜的签名本，就全部买下，虽价昂亦不惜了。

去年秋天，曾专程去了一趟久违的万圣书园。赫然看见河北教育出版社出版的《沈祖棻全集》，共四卷，张春晓编。春晓是沈先生的外孙女。沈先生写过一首《早早诗》，极好，为朱光潜先生所激赏。早早是春晓的小名，那个可爱的小姑娘如今长大了，名德之后，绍袭家学，真是令人高兴。再看版权页，又大惊，这是2001年5月的印本啊。这是怎么说的？要是现如今买到万历或者乾隆时期的书，值得欣喜若狂；可是去年就买到今年的书——不，是上个世纪提前买到这个世纪的书，不也同样令人兴奋不已吗？于是赶紧付钱取书，得胜还“巢”。

于是去年的进出书肆，就有两点令人难忘，是一，大有收获。买了许多好书，有价值，有意义，值得看看，珍藏。二，大有感想。有些名流身后，幸或不幸，生前所爱，一朝而散。如果楚人亡弓，楚人得之，无论怎么说都不算“明珠暗投”，胜过束之高阁。但倘若流于废品站，落入纸浆池，那损失可就大了。如果及身为之安排一个好的去处，就可靠的多，尽管那样一来，我也许就不能据为己有了，那也是在所不惜的。

·新书架·

闲话藏书

陆 昕

我家世居京华，且住于西琉璃厂，幼年上学每日要从这条昔日的古董街今称文化街的路上走几个来回，所以从小就对那些店铺的外观及里头散发出来的气息十分熟悉。成年后，有能力进去逛了，但对五花八门的店铺我只进画店和书店。进画店，是觉得画儿好看，赏心悦目，可以神游。不过这只是片刻之观且不能增进知识，因而只看不买。进书店，是自己那时正年轻，求知欲旺盛，且受玩物丧志与开卷有益的古训影响太深，以为书读得越多越能增长才干济人济世，所以精力与金钱统统抛于中国书店各门市，至今已有二十年。

二十馀年弹指间，才干增之若何，济人济世几何，付之云烟一笑。倒是藏书见闻及感想颇多。不揣愚陋实话实说，以为旧雨新知之消遣。

藏书的途径

藏书如果以古旧书为方向，那任何一个人的主观愿望必然是收藏善本。而买版本好的书，唯一的途径是，出高价，舍得花钱。总结经验，我觉得这是最重要的一条。看似简单得近乎玩笑，其实说易做难。

一般而言，买书除去个别有大力者，头一个遇到的难题就是书价。近二十年间，我的总体感觉是，书价，无论古书旧书，没有便宜过。说便宜，也只有相对便宜，即从后几年回望前几年。而从绝对上说，也就是与人们的收入、物价作比，古旧书从来不便宜。

因此，好书者便处于两难，既想藏书又要顾家。于是许多人书肆阅架时，先在心里给自己立下规矩，“多少多少钱以上的书我不要”。可往往几年，也许只有一两年后，又说：“当初这书只有多少多少钱，我看了没要，嫌贵。现在这么贵！还不如那会儿买了它！”

以书价给自己划定买书的范围，从生计看，是必需的。而从藏书的角度看，却不能不说是个失误。用战国时谋略家孙膑赛车时对马的分类，书也可分作上驷、中驷、下驷。人们买书时永远怀着拣漏儿的心理，总希望从下驷中获得中驷、甚至上驷，可在书店中这只能是万分之一的希望。而以我的体验，人们给自己立的买书的限度，并不是极限，往往只是上限，也就是说，一百元以上的不看，并非购买力极限是一百元，其实购买力可到一百二十元甚至一百五十元。有些人看似以便宜的价格得了好书，实际并非如此。因为你在下驷中再有眼力，挑出的从档次上讲，还是下驷。所谓矮子里头拔将军，拔出的将军还是矮子。因此，买书时有个尺度是应该的，但以此排斥某些书是不对的。简单说，进书店，应当先看书后看价。这是买书时不要仅仅考虑书价的第一个理由。

假如我以下驷之力而看上一本中驷之书，怎么得到呢？第一，自然是花钱要达到自己购买力的极限。第二，要集中财力，十好不如一珍。我的经验，许多同道总希望以有限的钱多购买几本书，结果意马心猿，顾此失彼，当时往往心满意足，几年后一看，大路货一堆，稀见本寥寥。第三，假如财力仍有不足，则尚有告贷及以书易书之途。所以如此，是买书必须当机立断，有些书看似价昂，其实是一次机缘，错过以后可能再不会遇上。最重要的，总体上书价永远是越来越贵，因此后之视今也永远是便宜，这就是买书时不要仅仅考虑书价的第二个理由。

买书花高价还有一点好处，即广而告之。因为书是商品，商品集中在商店，书就集中在书店。如果你不能花一定的价钱使你处于某个层次，那么许多好书你根本看不见。而往往这其中有些书是你极想要的，也并非你力所不能逮。所以，千金买马骨，是必需的。说一个我的经历，那时是上世纪八十年代末，我收集清末民初的《说部丛书》。一日，友人将我介绍到中国书店某服务部，一位老师傅拿出两本说："你要的这个书可贵，二十块一本。"我接过一看，这两本只是《说部丛书》三百四十种中之一种，且末尾还残缺几页，是个残本。而且此书外边识的人也少，我在其他店里偶然发现时，其价只标一两元甚至有低至五角者。且其时一册普通明刻或清王朝本也不过二三十元。但我并未迟疑马上收了这两册，因为我知道，只有此处现今还存着数量较大的《说部丛书》。果然，以后陆续得之，蔚为大观。价格自今视昔，亦不为贵。这就是买书时不能仅仅考虑书价的第三个理由。

以上三条只为说明一个道理,买好书必要花高价。

藏书与书价的互动

中国的古旧书从具有商品属性的艺术品来看,我认为目前的价格是太低了,远远没有达到它应该达到的价格,因而也就没有获得“藏宝于民”这一最佳的保存和流通的手段。

从历史上来观察,书价并不总是高的。仅从近代举例,清末维新,废科举行考试,人乃以古书为无用之物。解放初期,讲理论兴马列,古书更为革命之障碍。由此而说,书的命运往往受到它内容的制约。

时至今日有一巨变,即书的内容与其命运已经剥离,现今的唯一尺度是书的版本价值。而任何一本古旧书,都有双重价值,即实用价值和版本价值。

但这又是一个藏书者面对的两难处境,特别是对学者型的藏书家来说。因此,也就难怪学者说:“书价是越来越高啦,普普通通的书都要到多少多少,作学问的是买不起书了。”

这让我想起另一件事,那是九十年代初中国书店有次办书市,一日我去时,正赶上几位老师傅在店堂里议论,原来刚才有位顾客来,张口就要宋元版。问他为什么,他说现在钱放银行里贬值,想用古书保值。询问他职业,与学术毫不沾边儿,也不懂古书,只是人云亦云而已。后来他想要两部清三代的殿刻本,身上又没带钱,回家取去了。老师傅们趁他不在,让一位与他们相识的学界里的人买了。老师傅们的想法是,书,还是尽量卖给念书人。

现在看来,这里出现了一个悖论,书作为商品,自然是通过价格来体现价值。不管买者是何人,出价最高就应归他。然而在实际中,书的文化载体这一属性也在发生作用,因此又或多或少地背离了它的商品属性。

我感觉书的这二重属性是令许多藏书爱好者为之烦恼的事,心态也往往为之上下浮动。我思考后得出的结论是,古旧书作为文化载体这一属性应该从人们的意识上彻底剥离。对于国家、团体和藏书者个人,书的商品属性体现得越充分越好。

我所以这样说,是由于书的二重属性所引出的利用和保护,而这一点,似并未引起人们的注意。

所谓利用,我认为学者买不起书这一现实是存在的,而学者作学问是否必须买古书甚或版本书则是另一问题。也就是,作学问与买古书并无必然联系。

因为新印古籍基本够用,图书馆资料室的书可供查考。而且如果向国家或其它方面申请的项目获得批准,还可有一笔一般来说不算太少的项目费,而这项目费,除去复印等等,很有一些就是用来买书买资料的,作学问的买不起版本书是对的,但作学问也不是非买版本书不可。

所谓保护,当然是指古书能够在最广大的范围内受到重视。怎么受到重视呢?无非是教育人们了解古旧书中所承载的文化信息,关系着我们民族的过去和未来。但以我国国民目前所具有的文化资质来看,恐怕行不通。另一条途径就是宣传古旧书有市场有高价,有巨大的经济价值和潜力。这些年报刊媒体拍卖公司做了大量工作,连全家扶老携幼坐上千里地火车到拍卖公司送书的事也屡见不鲜了,实在功不可没。相信那种用《永乐大典》夹鞋样的事再也不会发生了。

所以，书的价格越高，越可以保存最多的古书，可以回流在境外散失的古书，继而通过不断扩大这一市场，不断体现古书不断攀升的价格，以占有它应占有的位置。

那么对个人来说，古书的升值也是好事，你手中的古旧书升值后，你的活动才有了更大的空间，你购买的场所、渠道以及交换才更有选择性，你才能有机会看到、得到更多的古旧书。所以，古旧书价格高对国家、民族、团体和个人来说，都是一件好事。

由此，我以为，对于古旧书，藏家可以从利用与收藏两个角度分取之。实际若不能，起码心态可以由此平衡。且二者各有其乐，于国于民于己亦皆有利，又何憾之有！再进一步说，时代发展至今，沧海桑田，洪亮吉对“赏鉴家”、“掠贩家”之讥，可以休矣！

藏书中的几个问题

假如你明白了善本书要花高价的必要性，也在用与藏的问题上先有了心理的平衡，那么接下来就是藏什么书和怎样藏这些具体的事。

以我个人的体会说，这里有几个容易失误的地方。

首先是一般人收书都想收善本，这里就涉及到善本的概念。善本的概念，最权威的恐怕当属《全国古籍善本书目》中提出的“三性九条”之说。但细加分析，这里界定的许多界限非常含混，其中经常使用“流传较少”、“流传很少”或“流传多”等词语，而“很少”或“多”怎样来估算，没有答案。同样，列入善本的还有“学术研究上有独到见解或有学派特点”和“名人学者亲笔批校、题跋、评论的刻本、抄本”，也依然模棱两可难以定案。而且,若把全国善本书目、北图善本书目、北大善本书目对起来看,也绝非一个尺度,而是各有各的收录标准,各省、市、区同样如此。由此进入市场,在善本拍卖中不少得高价的古书,又从未进入过国家的善本书目。而藏书者所介绍的个人收藏中,也有一些不属于传统善本书的范畴。这现象说明了一个事实,即善本的范畴太广而界定太难,除去几条传统的概念其他只能是各行其是,于是国家有国家的标准,下面图书馆有图书馆的标准,拍卖市场有自己的标准,个人有个人衡量善本的尺度。

于是刚入市的人,往往见这本书在某家书目上有记,便买;那本书曾被某人提起,也买;又一本书拍卖中曾得高价,当然要买,结果零零碎碎,所费不少,而未能形成自己的藏书特色。这是藏书过程中容易失误的第一个地方。

我觉得收书的最主要之处是先要形成自己的藏书特色,按系统搜寻自己所要的书,使之尽可能在短的时间内成为系列,进而大力追求在这一系统领域中的善本。久而久之,藏书的知识和经验日趋丰富,便可再旁及其他领域。如今书界有一些友人即是以此而成功的。

现在买书的环境跟十年前相比差异甚大。记得那时我在琉璃厂海王邨东廊挑古籍,在海淀中国书店门市部拣选文学书,店里一天几乎进不来几个顾客,而书与现在比,又丰富得多。虽然价格亦不菲,但那宁静优雅的环境可以让你气定神闲地从容拣选,累了还可以坐在沙发上喝几口茶,与店员谈几句天。在这种不慌不忙的心态下,你可以仔细考查版本,比较价格,而不必担心有人来与你争购。

现在的情形则大异。中国书店各门市每逢有一批古书发售，事前皆先发布信息。书友们奔走相告，洋洋有如节日。及至开门那日，大众一拥而入，势若猛虎下山，下手齐抓共抢，口称“我都要了！”那汹涌奔放的豪情，不由不让人热血沸腾。于是你无暇也无心细翻详审，掏钱便买，绝不肯落于人后。直待抢风过去，心绪平静细细把玩，方觉并无郑西谛所说获书后犹如“掠得敌方大片领土”或“攻克一座城池”之乐，却添了许多“鸡肋”和包袱。这是买书时容易造成的第二个失误。

买书时一定要“气定神闲”。你也许说：“我动作一慢，好书全归了别人。”但你也可以反过来想：“我动作一快，破书全归了自己。”不管那厢如何欢声雷动雀跃不已，你这里依然不为所动自看自的书，这样才有可能买一本是一本地买到你所不会为之后悔的书。也许你心有不甘地认为动作快的他人得的好书比你多，但要知道，买书凭的是眼力，磨练的是心力。这二者修炼到家，机遇缘分总是有的。以我买书二十年的经验看，在书缘这一点上，命运似乎对所有人都还公正。

藏书者在今日须有发展之眼光，不能再一门心思地求高古之书。所谓高古，是指时代久、年代古的书，过去一般指宋元，我这里借用这个概念，指凡是眼下自己力所不能及的古书，都先不要动收藏的念头（拣漏当然除外）。应该收藏的是那些力所能及且可以在一定范围内有力量挑拣的书籍。藏书者盲目追人跟风，往往花费甚巨，用心甚苦，结果走了一段路后常会发现再往前走走不下去了。若往别的路去，而此时别的路大多也人满为患，弄得自己进退失据，难定取舍。此是藏书者第三容易失误处。

古人说：“人随世变，法与时宜。”黄丕烈自称佞宋，且以宋本夸，其实，他收藏的明中期甚至晚期的本子也不少，从他活动的年代到明中期，也不过二百多年。如果由今天上推二百年，正当嘉道之际，那么嘉道间的古书，自当入今日藏者之眼。且这二百年间，伴随西学东渐而西方之印刷出版技术之引进国内，各种印本层出不穷，洋书古书争奇斗艳，且近代战乱迭兴文祸亦烈，各地各政府各团体所刻印书许多昙花一现，今日渺不可寻。若再具体到某类，仅文学的平装书即有清末民初之说部及接踵而来的科学文学。所以，我的愚见，若非有大财力又酷嗜宋元而坚拒其他者，不妨先以此二百年间书起手。因为藏书就要得书，得书就要得乐，从小处开始，一般人都能根据自己的财力、眼力和兴趣找到入手的领域，有所得才能有所乐，有所乐藏书才能有所进，眼力才能有所长。发展下去，若有机缘，则上溯明清直逮宋元也未可知。

最后奉献诸君的是，藏书之味在于乐，切不能将乐事变作心事、苦事、烦事、恼人事。心胸一定要阔，眼界一定要宽。兰亭修禊，巴山夜雨，人生之乐正多，不惟嗜书一途，固不必以寸得寸失为悲耳。

古书市场今昔

林　夕

写下这个题目，自己看了都觉得好笑：既不经营古书生意，也没有时间闲逛，哪里有资格评论古书市场？只是因为喜欢古书，从小时候就爱跑书店，有可心之物则买上一本看看，日子长了，友朋谬推为老马，闲谈之间不免问问说说，多少了解古书市场的一点情况而已。跟老于此道者相比，即使有一知半解，多半也是道听途说，没有多少真知灼见。不过几十年下来，即使过屠门而不入，历经沧桑，多少也有一些感想。即使都是外行话，写下来或许也有一得之见。需要说明，这里所说的古书特指旧版线装古书，大抵属于所谓“版本书”之类。

古书市场百年

人们买书，不是阅读，就是收藏，两种因素可以兼而有之。买新书大抵是为了阅读，买古书则随着旧本日少，价格日高，收藏的成分就越来越浓。不论阅读，还是收藏，都是社会平静、生活安定时的事情。战火纷飞也好，社会动荡也好，只要不遑宁居，谁也顾不上端居读书，古书就一无是处，无人过问。古书市场虽小，却可以从一个角度折射社会状况。

我们知道，中国古书在近百年即上世纪之中经历了四个重大时期。一是辛亥革命之后，清内府和权贵之家的古书文献开始流散到民间，即使过去皇家侯门珍藏的重器也不时出现在市场之中。二是抗日战争时期,经过战争的破坏和摧残,旧家藏书不时出以易米,许多著名的书藏,像邓氏群碧楼、刘氏嘉业堂、刘氏远碧楼等，就是在那个时期大批售出。我们从郑振铎先生当时的书信和有关文章中，不难看出当时古书命运的沦落。三是五十年代初期，体制的变革和社会的重组促使旧家藏书大批涌上市场,有心有力买书收藏者寥寥,古书严重贬值。四是“文革”时期,古书作为“四旧”在查抄、禁毁之列,又一次倾家而出。这一次对古书市场的影响最为巨大，馀波一直延续到今天。在某种意义上讲,是它的作用力的反弹,造就了今天古书市场的“辉煌”的“表”与“里”。

五十年代的辉煌

旧版古书无论过去印过多少，数量总是有限，随着时间的流逝一天天减少,应该是越来越珍贵。物以稀为贵,价格也应该越来越高。然而市场是买卖双方面合作的事情,单巴掌拍不响。五十年代初期古书市场货源充足到过剩,买书者寥寥无几,当时是典型的买方市场,几块钱就可以买明嘉靖刻印的名书佳本,过去什袭珍藏不肯示人的宝物也会尘埋在市廛之中。典型的例子是宋刻《金石录》,清代三百年中只知道有宋后期印本十卷,得到这十卷者矜贵之至,为此专门刻一方印,叫“金石录十卷人家”,名人学者争相题诗跋后，可见它有多么珍贵。然而在五十年代初期南京竟然出现了宋刻三十卷全书,而且是初刻本,并非后来修版重印之书，却以论斤的贱值卖出。五十年代初期是买书藏书的绝好时机,现在老一辈藏书家中,除了个别世家子弟早有积蓄以外,新进者大都成就于此时。

古书充斥市场只是一阵子的事情，几年之后，随着文化事业的逐渐兴盛，开始有更多的人注意古书。然而旧家藏书或者整批归入各级图书馆，或者早已车载舟运扫数而尽，古书来源却已渐见枯竭。好书越来越少，价格越来越高。旧书店国营以后，一些书挑选出来内部特供，首先是机关团体，然后是名人学者相熟人士，普通人已经难以见到。书店内外有别，也就出现了一些趣事。像吴晓铃先生，有一次进入后堂，为不识者所阻，先生拍案指斥，声色俱厉，一时传为佳话。

不过古书货源虽不充裕，一般人收入有限，撙节度日，肯于花钱买线装旧书者并不多，所以书价也未能飙升，一般书大抵一元一册，只要不是名书佳本，普通明刻本也是一两块钱一册。当时古书定价还是老传统，左右价格的因素是内容是否重要，传本是否稀罕，还有品相是否美好，如此而已。

“文革”以来的冷藏

线装旧书大都是封建社会的产品，“文革”时期属于“四旧”，不能销售，各地古籍书店一律不卖，线装旧书一下子断档。1970年前后，古籍书店有一阵开过口子，内部销售过一点线装古书。日子不多，知道的人也很少，不久门又关了起来。七十年代线装书机关单位可以买，个人不行。记得七十年代中期想看《李商隐诗集》，因为“文革”初期自动烧掉了所有的线装古书，还是从内部买到一部。不过各地对线装古书的管理情况并不相同，有的地方管得严，有的地方就松。那个时期线装书不值钱，花几块钱就可以买很好的东西。现在有些人的藏书就是在那个时期积累起来的，花费不多，收获不少，如今都是一笔可观的财富。

“文革”以后,查抄的古书幸存下来的一部分已经逐渐发还,一部分则由各种渠道流入各地的古旧书店。但是线装古书的身份还是十分神秘,不像“文革”以前那样在门市上公开销售。除非是熟人和名家,一般读者只能怯生生地买一点,好像僭越了本分一样。买到手价格也不高,跟“文革”以前差不多。购买够档次的版本书比较困难,一般人没有点办法既看不见,也买不到。“文革”以前就是这样,只是这个时期控制得似乎更严格一些而已。不过控制归控制,实际上很大程度上掌握在经手人那里,没有一定之规,只要打通了关系照买不误。中国人的事情大抵都是如此,说话跟做事是两回事,同样的事情,你去不能办的,他去就能办。

古书的开放

古书放开销售开始于八十年代末期,当时北京琉璃厂海王村古旧书店开业,线装旧书是一项重要的业务。其他地方也开始卖线装旧书,不过半遮半掩,从业者颇有倨态,不大肯卖。不知道这是“文革”的影响还未清除,古书日少产生吝惜心理,还是五六十年代内外有别的继续和发展,总之古书的价值和意义从“文革”以后遭到了扭曲,直到今天也没有恢复它应有的面目。

八十年代末期古书恢复销售以来,价格较之“文革”以前大为提高,幅度大致在十倍左右。不过今天看来,仍然是至廉。一般书大致十元一册,现在热门的红蓝印本也不加价。记得时下艳称的闵刻、凌刻套印本当时不过一二百元一册,记得《陶渊明集》二百元,《孟东野集》六百元。清刻精本相仿,开化纸套印《六朝文絜》四百元,陆钟辉刻《笠泽丛书》开化纸本四百元,如此而已。上千元的书门市部难得遇见，只是记得有一次看到一部道光刻《蛾术编》，十六册书，标价两千多元，羊群里出了骆驼。更贵的书也不是没有，十行本《公羊注疏》和《程氏墨苑》都是两万元上下。《十三经注疏》十行本现在确定为元刻，不过旧书店的老师傅根据过去的传授，一般还说是宋本。《墨苑》是版画名著，民国以来喜爱版画的藏家极为推崇，所以要价很高。

当时线装旧书定价虽然不高，但是大陆的广大工薪阶层财力有限，偶然买两本普通书看看倒还可以，没有收藏的实力。再说货卖与识家，线装古书的真正知音大都是书呆子似的读书人，没有什么经济眼光，想不到几年后古书的价格冲天而起，会坐收几十倍的赚头，比银行存款划算得多。不过当时有些人倒是很赏识线装旧书，一买就是几万，开化纸、精刻本、闵刻、凌刻、版画，宋元明择善而取，很有口胃，究其实恐怕都是境外人在运作。

九十年代的辉煌

进入九十年代，情况开始有所变化。中华大地实业家群体形成之后，经济实力逐渐雄厚，开始兴起收藏风。随着中华民族的崛起，东方文化开始引起世人注目，中国的古书也是焦点之一。东西合作，内外夹攻，多种因素一起运作，古书的身价开始扶摇直上，从九十年代中期至今未艾的古书买卖市场一时好不热闹。经过几十年反复折腾，线装旧书货源几乎穷尽，旧书店的库存已经严重地入不敷出，可是买书人却是蜂拥而至，供不应求。如果说“文革”之后古书市场买卖双方的地位已经颠倒过来，那么此时中国的古书市场几百年来第一次出现了空前的买书难。

我们知道，过去古书市场上也不时发生两个人甚至几个人争买一部书的趣事。叶德辉在《郎园读书志》中抱怨盛昱买书不讲道理生夺硬抢，傅增湘先生也不得不为邢、赵二公排解宋本《扬子法言》之争，郑振铎先生的书跋中更不少此类故事，甚至闹出些不愉快。跟古书打交道，时间长了，这种情况难免。不过这都是偶然发生在有限的几个收藏家之间的小插曲，整个古书市场还是波澜不惊。然而今天情况就有所不同，多样化的世界造就了多样化的人，藏的、读的、倒的摩肩接踵地碰撞在一起，这狭小的古书世界就显得拥挤不堪。一批古书上市，只见一群人一拥而上，一齐下手，风卷残云一般，书架上空了一半。买书本来是雅事，现在几乎是抢书、争书。你不大显神通，不抖搂出几手儿绝活来——雅的和不雅的——给人家瞧瞧，休想买到一本像样子的书。

当前古书市场透析

九十年代以后古书逐渐炙手可热，中华民族老祖宗遗留下来的东西如此尊贵，子孙们理当高兴，不过这却不是读书热的缘故。平心而论，能读、想读古书已经要相当的水平，而需要读那些线装旧书的更非少数专业人员莫属。如今书价如此之高，看上眼的书每册总要几百元，甚至几千元，皓首穷经的学子没有几个敢于问津。即使瓶中尚有馀粟，舍命陪君子，甘心涉足此道，也是相当的弱势群体。鼹鼠饮河，不过满腹，对古书市场没有多大的影响。

现在真正影响古书市场的因素第一是买卖，连收藏都得排到第二位。买卖谁都可以做，读和藏的同时也不妨兼而为之。纯粹收藏，只进不出，不仅需要相当的实力，而且需要相当的兴趣——兴趣有一半也要靠阅读来支持，否则还不如去买字画呢！只要看看时下古书市场的热点所在和市场走向，一切也就可以了然。

现在宋元本稀如星凤，价格高昂理所应当。但是宋元残本和残叶也十分走俏，可得高价，这除了当文物以外，没有别的解释。事实上除了个别有说道的宋本以外，大套书中残存的零册、零叶，用处实在不大——如果校一校文字，发现点儿什么特殊之处，那还另当别论，不知道是不是有人这样做。这样的东西能卖高价，表明了目前的主要收藏倾向所在。过去不是不买残书，然而残书总要想方设法地配齐、抄全，不是抱残守缺以为满足。最近看到书店出售的几部书中有复印的卷叶补缺，这还是过去的老规矩。

版画和插图也是一大热点，一旦书中有几幅图，拍卖目录上必然要点清数目，郑重说明。有些版画书拍到了令人瞠目结舌的高价，简直不敢相信自己的耳朵。我们说十年前《墨苑》卖两万，那是《墨苑》，有数的三两部版画名作之一。普通的版画书和带图本根本不在话下，过去书店里并不当回事，哪里会有图则灵。红蓝印本、开化纸也是一样，都是仅供玩赏的东西，有之不多，无之不少。过去追逐这些东西是个别人的偏好，不会蔚为风气，流为倾向。

活字本过去也不受重视，因为雕版是古代印刷的正宗，活字多少有急就章的意味，版式、字体看起来也不如雕版舒服。一部书，除非没有雕版，除非活字本的底本有什么特异之处，否则雕版本总比活字本错讹要少。过去藏家看重明铜活字本唐人诗集，那是因为它们源出宋本，文字可据，并非因为它们是活字印本。即使著名的明华氏、安氏铜活字印本，从读书的角度讲，也没有多少可以称赞的地方。如今凡活字本一律加价出售，特别是明铜活字零本宝如头目，这完全是收藏者追逐的结果，无关乎读书。

批校本目前似乎也有热起来的倾向，有些人开始关心一部书有没有批校，这是前几年很少注意的事情。一部批校本的价格决定于批校者的名气大小，名气大索价高。若是名闻遐迩的大家，或是书画名人，简直可以当手迹论价。连带而及的是一部书有没有名人收藏和过眼的印记，有印记就要加价出售。注重批校本的倾向值得赞许，不过对此有真知灼见却非易事。买批校本首先要鉴别真伪，其次还要看批校的内容和性质，评估价值其实需要相当的学识和眼力，不是咄嗟立办的事情。同样是校本，如果据校之本已经春归天上，过校本价值就高，因为它多少还能保存一些原本的面貌。原书还不难看到，校本意义就不大。

通过今昔对比，我们可以看到古书市场确实发生了巨大的变化，不仅是货源匮乏导致买卖双方地位发生变更，也不仅是经济利益驱使之下出现了各种莫名其妙的现象，更重要的是，不能不注意到热热闹闹的场面下面掩藏着的对古书内容的认识深度。从读书的角度看，书以内容精善为贵。内容相同，才会进一步讲究它的形制：字体是否美观，版式是否大方，纸张是否精良，书品是否宽大，装帧是否华贵，如此等等。不过这也要适可而止，不宜耗费过多的精力，一旦沉溺于其中，进入魔道，超出了读书的本分，荒废了正业，就会玩物丧志。学者为读书而校书是正业，为校书而搜集不同的版本，也很有必要。胡适当年对小说的研究成果，就得力于他勤于搜集异书和异本。但是他搜罗《水经注》的各种版本，目的却不过是为了给他的同乡戴震洗冤。念头一差，结果花费了许多精力，对《水经注》的版本研究虽有贡献，但对《水经注》本身却没有多少成果可言。

归根结蒂，藏书本来源于读书，其要义过去一直是内容精善第一，本子稀罕第二。如果一篇藏书题记只说一本书如何名贵，内容优劣只字不提，难登大雅之堂。过去藏家的书目很多，清末四大藏书家书目中记载的珍本美不胜收，但是学界对《铁琴铜剑楼藏书目录》一书独有好评。这是因为它对所载各本内容大都有所评论和考证，许多要籍还附有校记。这部书署名瞿镛撰，其实它出于饱学之士之手，而且经过当时诸多学界名人修订，富有学术价值，而不是仅仅以版本矜贵，做书皮学问。即使被称为赏鉴家的黄丕烈，得到一个异本，往往是来不及过夜，急急挑灯对校，发现有好处，大喜过望；没有收获，则不以为意。取舍之间，还是以读书为宗旨。

这个传统一直持续下来，有所例外，不能不提到民国年间的陶湘。陶湘热衷于古书的收集和出版，对于过去学者不予理会的闵、凌、毛诸家刻本尤为致意，而且编纂过许多有用的书目，对于古文献研究有所贡献。但是我们也不能不承认他对开化纸和套印本的专注，为古书形制赏鉴发展到极致开了先河。陶氏所为在当时原属个人癖好，可是在种种因素促使之下逐渐成为主流。一旦走上此路，藏书也就纯属玩赏，不再顾及内容，越来越跟读书无干。

古书价格今昔

对比今昔书价的变化,可以说明如今买家的兴趣所在。闵、凌套印现在货源较为充裕,拍卖价格比较稳定,不妨用来比较今昔书价的升降。这几年闵、凌本大约每册三四千元的谱儿,十年前是一百多元,上涨了二三十倍的光景。三十年代少则五元,多则十元,较内聚珍本略高——当时一般书一册一元。一般古书价格不稳定,南北书市也有很大差别,感觉上近十年来涨了十几倍。八十年代末,一般线装古书,只要不是出名的印本,十元上下。红蓝印本也不享受什么优待,看过一部红印绝新、如未触手、刷印精良、外签俱在的四册《古诗苑》,不过索四十元。近代闻人钤印、题赠甚至批校的本子,随处可见,一般也不多加钱。哪里像今天这样,签名本要多一两倍的钱。

无论当时的买家是不是真的去读,书店给古书定价却还是按照读书的样子。从阅读角度看,红蓝印、签名本没有多大意义。红蓝印大都是初印本,跟后来印本比较一下,不难发现它们往往缺序少跋没有内封,还会有初印时没有改掉的错字。盖印、签名,毕竟碍眼,要是赶上王逸塘、梁鸿志这种人物题字,说不定还别扭呢!

这是十年前的情况,旧书店定价还没有换新脑筋。如今情况完全不同,过去学者和藏家都相当看重的一些清代的佳本名刻,已经无人注目,较之玩赏品大为贬值。现在古书已经匮乏,品种严重不全,想比较一下同一部书在不同时期的价钱也不容易。这里只能举几个例子。还是以清道光精刻本《蛾术编》为例,原装一般是十六册,也有二十四册或三十二册者,往往是改装本。此书内容广博，刻印精良，也不多见，历来售价不低。三十年代在百元上下，约五元一册，高于内聚珍本；阮元刻《十三经注疏》一二百册之多，当时尚且不足百元。十年前定价两千四百元，合一百五十元一册，也不可谓不昂，当时闵刻、凌刻套印本按册计价也不过如此。新近看到一部订为二十四册，索两万元，如果按十年之间书价平均涨十倍计算——事实上不止十倍——也才大致跟十年前相当，不过看时下的趋势，恐怕无人问津。如果是闵刻、凌刻套印本，这样一部大书，价格高出两三倍现在也不难觅买主。

再如嘉庆年间张敦仁覆刻明涂祯本《盐铁论》，尽管版本名贵，写刻精工，一上拍卖会黯然失色，卖不上价。其实它过去本是名书，并不多见，叶德辉十几年才觅得一本，而今却已名花沦落无人识。其实《蛾术编》和《盐铁论》之类书沾了写刻精工的光，书店定价照例从高，情况尚且如此；如果貌不出众，更难得识者拔之于风尘。

叶德辉在《书林清话》中曾慨叹“经解单行本之不易得”，他访求阮元刻张惠言撰《仪礼图》“三十年未一见”。得到一本后，郑重地写跋志庆，说道：“如此佳刻，安得不什袭藏之？书此以告后人，幸勿薄今爱古，以为其书可易获也。”然而，如今出现在拍卖会上，无人竞买。叶德辉当年推崇的经解诸书现在已经门庭冷落，难得有人赏识。这不仅是因为长期以来读经者已经寥寥，更重要的是它们大都不具玩赏价值，一眼看去，冷冰冰的，拒人于千里之外，不是老派的读书人不认。

正经的史学著作如今也不受重视，例如嘉庆赵绍祖古墨斋所刻的一些书，诸如《新旧唐书互证》、《通鉴注商》之类，都不多见，过去售价很高，不在闵、凌诸刻之下，现在一册三四百元上下竟然难售。

造成古书价格变化的原因，当然是买家的层次和兴趣。以前读书界都要购置线装古书阅读和研究，今天我们可以看到市场上的许多精本都有以往学者的藏印，而且大都有批校，足以说明它们过去是哪些人的宠物。这个阶层关注的主要是书的学术性和文献性，而不是文物性。一些学术价值高的经史著作，特别是清人的著作，经过他们的筛选，内容精粗，传本多少，立刻呈现在价格上。这是个可观的群体，是左右往日古书市场的中坚力量。然而，由于如今缺乏往日的实力，这个群体已经远离古书而去，留下来的个别人也不可能有多大影响，昔日他们所瞩目的佳本也就无人赏识。市场现在是藏家的天下，而今日的藏家又跟往日不同。往日的藏家无论本人是不是要读书治学，“藏”跟“读”的志趣却不相远。说得透底一点，过去是“读”带动“藏”。一旦“读”和“藏”二者分道扬镳，书的价值和价格之间逻辑的纽带也就出现扭曲。

我们这样讲并无轩轾之意，只是我们不能不说二者的远离对文化遗产的保护和延续而言，多少有些遗憾。如果当今众目所瞩的弄潮儿只是玩赏之书，富有学术价值的佳本的下场也就不外乎或沦落消亡，或“适彼乐土”。读书人现时也许真的不能左右古书市场，但是尽其所能，宣扬固有的优良传统，倡导读书和藏书相结合的收藏观，介绍不为人注意的佳本秘籍，唤起更多的同志投身其中，这就是《藏书家》一书在轻松愉快之中，在品茗闲谈之中，可以潜移默化地负载的历史使命。管见如此，质之同好，可以为然？

“书铺”说

徐 雁

自打这个世界上有了书铺以后，读书人就又多了一个晨昏流连的去处，哀乐相织的场所，爱恨交加的所在。不是吗？叶灵凤在《旧书店》一文中就说过：

> 每一个爱书的人，总有爱跑旧书店的习惯。
>
> 因为在旧书店里，你不仅可以买到早些时在新书店里错过的机会，或者因了价钱太贵不曾买的新书，而且更会有许多意外的发现：一册你搜寻了好久的书，一部你闻名已久的名著，一部你从不曾想到世间会有这样一部书存在的僻书。
>
> 对于爱书家，旧书店的巡礼，不仅可以使你在消费上获得便宜，买到意外的好书，而且可以从饱经风霜的书页中，体验着人生，沉静得正如在你自己的书斋中一样。

所谓“书铺”，在我这里只是一个极其笼统的称呼。因为古老的“书肆”之名，始见于汉代；两宋以来，“书坊”的说法也曾流行一时。至于眼下最为通行的“书店”之称，则最早见于清朝乾隆年间，沿用至今也有二百多年之久了。此外，还有称为什么“书局”、“书林”、“书棚”、“书堂”、“书屋”，甚至什么“书籍铺”、“经籍铺”的，以及专用堂号如“富文堂”、“养正斋”、“鸿运楼”、“崇文阁”之类的，总之是形形色色，不一而足。所以，索性就用

“书铺”概言之。当然它们的功能，古今有所不同，过去是既可刻书又可卖书的，在这里，我们就只谈谈它书籍买卖的一面。

有了书籍的买卖，就难免产生买不到和卖不出的问题。阿英在《海上买书记》中说：“买书的人，大概总有这样心理，当满怀热望走进一家书铺，而什么都得不着，懊丧的情形，是难以言状的。所要的得不着，还总想另捞一两本书去。于是停住不走，问东问西，看架上书，翻地上书……。”

这难以言状的“懊丧的情形”，其实也早就有人夫子自道，径引了王士禛、袁枚两人的话吧：

> 余宦都下二十馀载，俸钱之入，尽以购书。尝冬日过慈仁寺，见《尚书大传》、朱子《三经传通解》，荀悦、袁宏《汉记》，欲购之。异日侵晨往索，已为他人所有。归来惆怅不可释，病卧旬日始起。古称“书淫墨癖”，不知视余如何？（王士禛《居易录》）
>
> 余少贫不能买书。然好之颇切，每过书肆，垂涎翻阅，若价贵不能得，夜辄形诸梦寐。曾作诗曰：“塾远愁过市，家贫梦买书。”及作官后，购书万卷，翻不暇读矣。（袁枚《随园诗话》）

我国历史上书业活动的兴起，同读书人的关系至为密切；实际上，也正是有了颇具性情的读书人的参与，才使得其实同衣、食、住、行任何一行的买卖在本质上并没有什么不同的书业活动，附丽着掌故的魅力和人文的辉光。

说起来，书籍的交换或者买卖，大抵上还是读书人自己的发明。史载，在西汉的最高学府，位于首都长安西北七里处的太学附近，有过一个“槐市”。每逢初一或十五的朔望之日，在太学里学习经史的太学生们便麇集于大槐树之下，各自设摊交易家乡的土特产品、笙磬乐器，其中经传书记的传抄本，就是人们大感兴趣的商品之一。当然，一月两集的“槐市”，还只不过是书肆的雏形“书摊”而已。

相信太学前“槐市”的规模，应该是同到此学习“孔子之术”和“六艺之文”的太学生，以及“明于古今，温故知新，通达国体”的教师（博士）人数成正比例的。因为是学生们自设摊位，有时候甚至可能是“物物交换”的形式，既没有中间商从中作用，那只“看不见的手”也就难以上下其手，所以市集上的气氛十分良好，没有坑、蒙、拐、骗、伪、劣什么的，倒是有些“槐下沙龙”的意思呢。要不，《三辅黄图》怎么会说，诸生“与买卖，雍容揖让，或议论槐下”（《太平御览》卷八二六引）呢？

西汉的“槐市”会有多大？如今已经很难考证了。但自汉武帝元朔五年（公元前124年），首设“五经博士”，招五十名弟子员以兴“太学”以来，它就成为了教授“以养天下士”的最高学府。到王莽做宰衡时，“为学者筑舍万区，作市常满仓，制度甚盛”。据说，在东汉的时候，太学的规模得到了进一步的发展，还专门建造了“教师公寓”——“太学博士舍”。不仅如此，太学博士们还有“职业装”呢，君不见，有的爱出点风头的教师爷，闲居时就曾“衣博士衣而不冠”？

最早在文章中用到“书肆”这个词的，是西汉文学家、学者扬雄（前53—18年）。他在《法言·吾子篇》中说：“好《书》而不要诸仲尼，书肆也。”大意是说，爱好《尚书》（原称《书》，后世或称《书经》）这部儒家经典，而不从祖师爷孔夫子的思想学说那里去求取精义，那就不是求学问，而是在开书铺子，丛杂而不专。这样说来，至少到了西汉扬雄的时代，我国的书肆就已经成型，成为人人关注的市井“三百六十行”之一了。

到了东汉，史有明文，书肆就至少哺育过大哲学家王充的成长。据《后汉书·王充传》说，因为他家境贫困，没有藏书，就“常游洛阳市肆，阅所卖书”。所幸王充的记忆力特别强，他竟然因此博通了“众流百家之言”。

这种赖在书肆里“看白书”的事例，在历史上是不绝于书的。挑近点儿的说那么一件两件吧。

明末的祁承㸁（字尔光，号夷度、旷翁，浙江山阴人，1562—1628 年）在青年时代，只要到省城去参加科考，都要到杭州的书坊、书肆或者街巷书摊去搜访自己所没有见过的书。即使是已被耗子、书鱼子咬得不成样子的“异书”，他也无不当宝贝一样的买回来，亲自修补一番。就这样日积月累，再加上辈人的遗书，合在一起收藏在其载羽堂之中，都超过万卷了。不料却被家中的奴仆出了个大纰漏，失火把书烧个精光。祁氏后来到了北京，那里虽然琳琅满目，缥缃万卷，是书籍的荟萃之地，可是囊中羞涩，没有能力像以前那样来买书了。于是他就常常到书铺里，找个结实的书柜子一靠，就自顾自地看起书来。时间一长，就有朋友嘲谑他：“你都跟汉朝那个写《论衡》的王充差不多了！”

晚清的罗振玉（字叔蕴、叔言，号雪堂、贞松，1866—1940 年）也曾经是一个勇于“看白书”的人。他在《自传》中说，“家无藏书”，家乡“淮安亦无书肆”，只有当秀才考试的时候，才有江南的书坊临时到考场前面摆列一些书摊。“予力不能购，时时就肆中阅之”。有一年，振玉参加乡试完毕，绕道到南京看望他的父亲，同时到南京的书肆中一快朵颐。结果看中了一部广州刻的《皇清经解》，可是他并没有买书的钱。当晚同父亲说起以后，他父亲便用三十千钱把书买了回来。振玉大喜过望，便立志一定要好好钻研它，他规定自己每天要读完三册。这样一年之内，他竟然把这部书狠狠地读了三个来回。如此苦读一书的结果，用他晚年的话说便是:“予今日得稍知读书门径,盖植基于此时也。”

有意思的是，祁和罗等等后来都成为了深得南面百城之乐的一代名士。由一个“看白书”的小青年，到成长为坐拥书城的藏书家,他们对于旧书业的反哺殊非浅鲜。至少在各地书摊上、各种书肆里挥洒出去的金钱财物，对于旧书业主的“扩大再生产”是有其积极作用的。

由此可见，我国古代的书肆行业存在着一个培育“读书人口”的优良传统,尽管过去的书铺老板从来就没有提出过类似今天这种的“口号”。然而，他们又确实是最懂得自己所经营的窄小铺面,正是“读书种子”最适合的发育土壤这一道理的。

家中虽然没有藏书，但是若有开书铺、摆书摊的亲友，显然也是一个读书成才的机遇。甚至即使是到书店里去做伙计，帮着看地摊卖书,其实也未必是坏事。这方面的生动典型,也是古今皆有的。清代“扬州学派”的领袖人物汪中，就是在卖书过程中自学成才的。

汪中(字容甫，1743—1794，江苏江都人)出身孤苦，家无藏书不必说了，他甚至连上学读书都做不到。于是只好小小年纪在家中苦熬，稍大一点以后便投了一家书铺去做小伙计。由于他利用这一机会刻苦自学,一有空闲就读书学习,所以逐渐博览了经史百家之书。到二十岁的时候,考入了江都县学,三十四岁的时候被选为贡生。可是到这时候，汪中已经不想再在举业上下功夫,继续去走那“读书做官”的“金光大道”了,他想要走自己想要走的学问之路。从此他绝意仕途,日与书籍文墨为伍。那日子自然是过得十分清苦的了，但是他并不以为意，而是益发发愤,勤奋地著书立说。当他那篇《哀盐船文》问世以后,终于震惊了江南文坛,有人甚至以“惊心动魄,一字千金”来加以评价呢。

著名的琉璃厂书肆和厂甸书摊，就更是少年书迷成才的乐土了。原来位于琉璃厂西门内路南的藻玉堂书肆老板王雨（字子霖，河北深县人），素称“书业专家”，二十世纪三十年代初曾以收得聊城海源阁的藏本而名噪北平。当然，他也走过一次大“眼”。那就是将此次得自杨家的一部宋刊《毛诗》，误作为明刊本而仅作价百馀元卖给了北平图书馆。时任馆长的徐森玉先生发觉以后，便开诚布公地给老王指了出来。王氏在懊恼之馀，以后遇到任何有蛛丝马迹的板本书都不轻易放过，往往要经过特别审慎、特别细致的考据以后才出手转让。1947年，他在天津见到清宫旧藏本唐人陆德明所著《经典释文》宋刻本六册，叹为奇遇，乃出重金购下，售归北京图书馆；后来得知该书总共是四函二十四册，便极力搜访，卒成延津之合。

王氏善于为专家学者提供悉心周到的古籍旧书服务，他是梁启超饮冰室的座上宾，这在京津书业界也都是出了名的。当代天津藏书家章用秀先生曾经在他的《文人与书商之缘》（见于章用秀《雅玩》，百花文艺出版社2001年版）中，提到过雷梦水先生之弟梦辰对他说过的一段话：“当年梁启超先生住在天津意（大利）租界时，藻玉堂书店的王子霖替他采购了一批又一批的图书，为梁先生的学术研究提供莫大的便利，梁老先生也将王视为朋友。我个人也本着这个原则与学者交往。”

话说这位王老板在河北深县农村有一个侄子，后来考上了北京大学历史系。这位最后成为南开大学历史系教授的王玉哲先生在晚年回忆（《我和中国上古史研究》，见《学林春秋：著名学者自序集》）说：

> 我有个本家叔父名王雨，在北京琉璃厂从事古旧书行业生意，他是同行业的版本鉴定专家。每当古书肆中遇到

古钞秘籍或宋元旧椠，多请其寓目。所以他能很早结识了政界和学界最负盛名的梁启超，他开的书店也是由梁氏资助建立起来的。可惜在“文化大革命”中，由于康生的点名，被造反派定为“反动学术权威”，被逐回农村迫害至死。

这位叔父对梁氏很崇拜。我每逢礼拜天或假期到书店去看书时，这位叔父总是对我讲述过去梁氏的趣闻轶事。他家中的日用品如折扇、砚台、墨盒等物，多存有梁氏的书法笔迹，连其书店的匾额“藻玉堂”三个大字也是梁启超书写的。我经常在这个环境中，耳濡目染，自然会受到一定影响。

这可是琉璃厂书林中一则堪称珍贵的轶闻。正是由这特殊的缘分，使得这位年轻的大学生对梁启超所写的那些国学著作，什么《中国历史研究法》啦，《国学入门书及其读法》啦，《古书真伪及其年代》啦，《要籍解题及其读法》啦，只要一上市就先睹为快，有的书饱读以至于烂熟于心，不知不觉中就养成了对历史问题的兴趣。他甚至还从任公的一部著作中得到启示，写作了一篇《司马迁作〈史记〉的年代考》，这是他有生以来写作的第一篇学术论文，尽管它从来未曾发表过。

北京大学教授周祖谟先生也曾深情地回忆说，他因为住家离开琉璃厂不远，“上小学时每天都要沿着这条古老的充溢着文化气息的街道走……，无形中受到许多熏陶”，尤其是每年正月初一到十五，在“厂甸儿”举办的庙会，更是经史子集，琳琅满目，“在买书看书的过程中，跟许多位年长的书商交往熟了，从他们的口里，又学得许多有关书籍的纸张和板刻的知识……这对我后来注意板本目录的学识大有裨益。”(《往事自述》，见《中国当代社会科学家传略》第 11 辑，书目文献出版社 1990 年版)

可见有心人，是随处都能够发现读书成才的有利条件，寻求到适合自己人生的求知方式的。

自有“槐市”以来，随着书业的发展和市场的扩大，历朝历代的书铺不仅是各地书生学士汲取知识的场所，而且也是可以养家糊口的新职业之一。东汉的时候，山东宁阳人刘梁虽为刘氏宗室子孙，但是“少孤贫”，只好“卖书于市以自资”。

《柳宗元集》是宋代文人最喜欢的文集之一。据宋人魏泰的《东轩笔录》说，有一个叫穆修的人，晚年觅到一部柳集，便募集刻工镂板印刷了数百套，运到首都开封的大相国寺，租了一个铺面开卖。有一天，几个学生模样的人闲逛到他的铺里，他们一不向老板致意，二不开口问价，就大大咧咧地把柳集拿到手上，乱翻一气。老穆见状十分生气，他一把把书夺回来，瞪着眼睛道：“假如你们哪个人能把柳氏的一篇文章不错句读地完整读下来，那就用不着乱翻了，我就送一部给他。”结果因为他如此生生地得罪了当地的学生，从那以后，《柳宗元集》再也没有卖出去过一部。一番“爱柳”之心，最后效果却适得其反，这恐怕是老穆所没有想到的吧！

书铺老板中不仅有穆修这样的“戆人”，据说还有“神人”呢！明人都穆在《谈纂》中说，在元末燕京的一家书肆中，有一部讲天文的书放在架上，一直没有人买。刘基见到以后，拿在手上翻来翻去，久久不肯放下。第二天他又去了，店主是一位老人，他问刘基昨天都看了些什么？结果发现他都已过目成诵。老板惊奇之下，就把这部书送给了刘基，并指点了他一番该书的精义所在。刘基把书拿回去细读一过以后，便想到那书肆去谢谢老板，结果却吃了一惊，原来老人已经把书肆关掉了，人也不知跑到哪里去了。

书业经营总是同当地的教育文化水平联系在一起的。据上海朱联保先生在《近现代上海出版业印象记》(学林出版社 1993 年版)中的不完全统计,"旧上海书业"(包括书店、出版社的创办人和经营管理负责人)中浙江、江苏两省人士的经营占了百分之七十五以上。

书铺，当然更是藏书家性喜流连之地。台湾作家子敏甚至提出,"在旧书摊上讲价是不雅的",他的理由似乎极其风雅:"买旧书是买剑,买琴,买鹤。买剑不能论几斤铁,买琴不能论几斤木头,买鹤也不能论几斤肉。在那些榕树下所进行的旧书买卖,使'人和书'、'书和人'的和谐关系达到顶点。人跟人的关系也都不虚伪起来了,美化了。"我不知道,那些经常出没于台北牯岭旧书街的同道们,是否都能有子敏先生这样的"古风"?但是古今淘书客的心音我倒是听到过一些的，诸如"暇日轩眉哦大句，冷摊负手对残书"(姚鹓雏),"摊头蹀躞涎三尺，了愿终悭币一囊"(闻一多),"孜孜写作缘何事?烂额焦头为买书"(阿英)等等，好像都不是那么特别潇洒。

关于书店与书摊之别，阿英曾经把上海的护龙桥与苏州的护龙街作过一番对照和比较。他在《城隍庙的书市》中说:

> 护龙桥,提起这个名词,会使你想到苏州的护龙街。
>
> 在护龙街,我们可以看到一街的旧书店,存古斋啦,艺芸阁啦,欣赏斋啦,来青阁啦,适存斋啦,文学山房啦,以及其他的书店,刻字店。
>
> 护龙桥,也是一样。无论是桥上桥下,桥左桥右,也都是些书店、古玩店、刻字店。所不同于护龙街者,就是在护龙街,多的是"店",而护龙桥多的是"摊";护龙街多是"古籍",护龙桥多的是"新书";护龙街来往的,大都是些"达官贵人",在护龙桥搜书的,不免是"平民小子";护龙街是贵族

的，护龙桥却是平民的。

无论是贵族式的，还是平民式的，它们的功能都是一样的，那就是流通古籍旧书。所以洪北江才称他们是“掠贩家”。

唐弢先生也曾对上海的护龙桥书摊作过一番素描，他在《我与书》中说：

> 护龙桥附近有许多书摊，零本残卷，遍地都是，只要花工夫寻找，总不会毫无所得。因此碰到星期天或者例假日，只要身边有一两块钱，我便常常到那儿访书去。
>
> 苏州有条护龙街，沿街都是书肆和裱画店，上海城隍庙的护龙桥多的却是用板纸铺着的地摊，或者将门板搁起来的板摊。上面放着各种各样出售的图书，从南首桥脚拾级而上，直达桥面，然后又拾级往下稍稍掏左。路两边都是书摊。

唐先生和阿英这两个“平民小子”，就是在这样的地方由书结缘而成朋友的。唐弢先生在文章中记录下了他对阿英的初始印象：“从城隍庙、老西门一直到卡德路，我常常遇见一位身穿长袍，腋下挟着几本旧书的中年人。在摊旁留连，有时干脆蹲在破纸堆边，耐心地一本一本挑捡。记得有一次，在我翻过的旧书中间，他居然挑出一本《二十世纪大舞台》来，这杂志一共只出两期，我暗谙佩服他的眼力……。”那是 1934 年以前的事。当日阿英的年纪不过是三十出些头的样子，唐弢就更年轻了，是二十多一点，真正是两个“平民小子”式的淘书客。

因为当年还有不少人在追求“版本书”，做着什么楼、什么堂、什么阁的传统藏书家之梦呢。他们是不屑于在护龙桥这种地方流连的，更不必说“干脆蹲在破纸堆边”了。他们会在家中客堂里，一边品着清茶，一边有意无意地等着如同苏州护龙街那样的书铺伙计，挟着旧包袱送书过来。

仅能糊个口、养活家小的护龙桥书摊式的小本生意不谈了，那些善于经营的书肆老板，是一定要设法“扩大再生产”的，他们不会仅仅满足于“掠贩”，因此一旦有了实力和机会，必定还要去做“出版”的生意。

过去的“书坊本”，即书铺刊刻的书是很有一些名气的。当然，他们的产品从总体上来看，没有官刻本那么华美，不如家刻本那样精审，也都是事实。然而，“书坊本”又确乎是面对着“市场”的，那些医书药书，那些通俗小说如“四大奇书”、“十才子书”什么的，可能都是那些富有“文化头脑”和“创新意识”的书铺老板们的发明。再说一些老字号的书铺，如南宋“江湖诗人”陈起和他的儿子陈思开设于杭州的陈氏书棚，晚明“洞庭世家”席氏始创于苏州阊门的扫叶山房……，都对中国文献史和文化史做出过特殊的贡献，这也是有目共睹的。

至于书店失去出版书籍的“资格”，那是“后现代”中国实行“计划出版经济”以来的事。君不见，眼下的出版单位中，既有古义犹存的“三联书店”、“中华书局”、“商务印书馆”、“岳麓书社”、“广陵古籍刻印社”之类，更有“□□书店出版社”乃至“□□图书馆出版社”这种种伦类莫名的机构。当然，对于读者来说，我等也毋需循名责实，枉费心机地去为之正什么名、求如何是。只要书店、书局、书社乃至“书店出版社”、“图书馆出版社”之类，都能在书业活动中时时顾念“读书种子”四字，便善莫大焉。

老树春深更着花

——记文献学家王绍曾先生

杜泽逊

现年九十一岁高龄的王绍曾先生，是海内外著名的目录版本学家，在古文献研究方面硕果累累，这位出生于清朝末年的老人，如今仍在学术界辛勤耕耘，这不能不让我们肃然起敬。

先生字介人，别署介庵，1910年（清宣统二年）出生于江苏省江阴县。1927年以同等学历考入无锡国学专修学校。无锡国专是专门培养国学人才的学校，创办人为国学大师唐文治，唐氏自任校长，延请名师朱文熊、钱基博、陈柱、陈衍、顾实、冯振、陈天倪等授课，一时人才如唐兰、王蘧常、吴其昌、蒋天枢、钱仲联、吴则虞、朱星、周振甫、冯其庸等，皆出国专，蔚为海内名校。

王绍曾先生1996年1月应邀赴台湾交流学术时留影。右为本文作者。

先生在无锡国专，从钱基博先生习目录学及《文史通义》。1930年在钱先生指导下撰写毕业论文《目录学分类论》六万言，为钱氏所激赏，建议由学校作为《无锡国专丛刊》第一种于1931年正式出版。这在当时高等院校中是极为罕见的。钱基博当时是上海光华大学文学院院长，兼任校务主任及教授。钱先生把他在无锡国专这位高才生的毕业论文带到光华大学请教授们传观，甚至要把“目录学”这门课由王先生代授，王先生自认为年方弱冠，读书不多，不足以为人师，坚辞未就。后来，钱基博在另一位国专学生俞振眉的毕业论文上有这样的批语：“吾自讲学大江南北以来，得三人焉。于目录学得王生绍曾，于《文史通义》得陶生存煦，于韩愈文得俞生振眉。”可见王绍曾先生早在三十年代初的青年时期即已在学术界崭露头角，深得前辈大师器重。

无锡国专毕业后，由于校长唐文治的推荐，绍曾先生进入上海商务印书馆，协助版本校勘学大师张元济校勘《百衲本二十四史》。作为商务印书馆灵魂的张元济，此时已退休，只担任商务印书馆监事，不再主持日常事务，其主要学术活动是主持《百衲本二十四史》校印工作。这项工作的具体做法是搜集传世的宋元明旧版正史，选择善本，补其残缺，影印成一部完善的《二十四史》，对底本的明显脱误，根据众本详加考辨，予以校改，形成一部错误较少的正史版本，以取代被清代统治者改得面目全非的清乾隆武英殿本。这是一项具有重大学术意义的浩大工程，为了选择精善的版本作底本，也为了改正底本的错误，在付印之前需要进行大规模的校勘工作，为此商务印书馆专门设立校史处，直接由张元济主持。王绍曾先生正是在这个校史处工作。

加入校史处，是王绍曾先生学术生涯中的又一重要里程碑。商务印书馆拥有当时国内最大的图书馆东方图书馆，这座五层大楼的第三层有善本部，叫作“涵芬楼”，以富藏宋元明善本及抄校稿本饮誉海内外，为张元济一手经营。初至商务，张元济即指派校史处副主任蒋仲茀带领王绍曾先生等校史处成员参观涵芬楼，这是王绍曾先生接触宋元版书的开端。后来，大量宋元明清本的史书被借到校史处，供校勘之用，旧版荟萃，堪称奇观。先生在无锡国专以目录学见长，至是得张元济版本、校勘学之传，其后数十年学术成就，皆以此三者为其根基。另外，张元济先生治学严谨，为人耿介，退休以后主持校史，不但不取商务报酬，而且几至废寝忘食，其献身学术的高尚品格，一丝不苟的治学精神，对王绍曾先生也有着重要而深远的影响。

在商务的时光是难得而又短暂的。1932年“一·二八”事变，日寇进攻闸北，十九路军奋起抵抗。1月29日清晨，日寇飞机轰炸商务印书馆，东方图书馆被烧毁，商务被迫停业。王绍曾先生当然也不得不离开了校史处，回到母校无锡国专。

当时国专图书馆由蒋天枢先生主管，蒋先生考取清华大学国学研究院，王绍曾先生即接替蒋氏任图书馆主任，同时与何德培(梅生)两人兼授一年级文言文写作课。其间撰写了有重要影响的学术论文《二十四史版本沿革考》(1934年《国专月刊》第1卷1—4期连载)、《史通引书考初稿绪论》(1935年《国风半月刊》第6卷1—2期合刊)等。还撰写了《无锡国专图书馆善本书志》、《小绿天善本书志》、《缪艺风著述目补》等，在学术上进入成熟期。

1935年先生改任江阴尚仁中学校长。抗战期间，先生辗转西南，曾为西昌《宁远报》创办人之一，并曾主编《新宁远》月刊。

建国后，先生来到山东济南，长期任职于高校图书馆。

1958年10月山东大学奉命由青岛迁到济南。1960年，时已五十岁的先生考取著名学者山东大学中文系教授高亨先生的函授研究生，从高亨先生学习先秦文学及周秦诸子，深受高亨先生器重。1963年3月，经高亨先生推荐，调入山东大学图书馆。当时高先生命王绍曾先生撰《商君书集释》，并亲自联系中华书局准予出版。高先生对《商君书》素有研究，他把个人积累的资料全都借给王绍曾先生。王先生用业馀时间勤奋工作，书稿逐步接近完成。正如在商务印书馆的岁月一样，这次良好的机会又一次被无情地剥夺了。1966年"文革"爆发，先生被抄家，所有图书文稿被洗劫一空，数年心血，烟消云散。这是先生在"文革"中最痛心的一件事。

1970年山东大学被肢解为三部分，文科迁曲阜，与曲阜师院合并，仍称山东大学；生物系迁泰安，并入山东农学院；理科留济南，改称山东科技大学。先生留在济南山东科技大学，仍在图书馆工作，但是古籍已被搬到曲阜去了。1974年山东大学奉命复校，图书也从曲阜迁回济南。当时迁回的古籍堆积到屋顶，先生以一人之力整理上架，常常累得晕倒在书库中。

1978年《中国古籍善本书目》工作启动，根据当时规定的"善本"标准，先生从古籍书库中清理出善本数百种，合原定善本共约一千二百种，逐一鉴定版本，记其行款版式及刻工等，通过山东省图书馆上报《中国古籍善本书目》编委会。同时编成《山东大学图书馆古籍善本书目》。其后张长华先生又清理出善本数百种，由高传章、沙嘉孙两先生继续编目，这部善本书目正在由王先生审核中，不久可望出版。

也是在1978年，研究生恢复招生。先生开始应邀为山东大学中文系殷孟伦、殷焕先、历史系王仲荦三位教授的历届研究生讲授“目录版本校勘学”，并编选了《古籍目录版本校勘文选》，受到顾廷龙、程千帆、徐复、赵景深、傅璇琮等知名学者的高度评价。

进入二十世纪八十年代，国内形势已发生很大变化，科学研究工作逐步恢复了活力。作为一名学者，王绍曾先生当然也不能再沉默。1981年3月先生不幸患结肠癌，做了切除手术，才休养了三个月，便投入写作，先后发表了《十八世纪我国著名目录学家周永年的生平及其主要成就》(《山东图书馆季刊》1981年2期)、《胡适校勘学方法论的再评价》(《学术月刊》1981年8期）等重要论文。他根本没有想到自己是癌症患者，直到现在还是如此。

当1996年台湾中央研究院中国文哲研究所和台湾大学中文系邀请王绍曾先生赴台讲学之际，台大中文系黄沛荣教授曾半开玩笑地告诉我，他偷看了王先生的手相，王先生是“断掌”，这种人意志坚强，胜于常人。黄教授的话我久久不能忘怀，因为王先生癌症切除至今已二十周年，仍然顽强地活着。而且他的主要学术成就正是在七十一岁至九十一岁这二十年间创造的。

在图书馆工作向无职称评定，1979年高校图书馆职称评定，几经周折，先生被评为研究馆员。1983年调任山东大学古籍所教授，步入了学术生涯中的黄金时期。1987年的退休，对王先生来说，“退休”仅仅是个手续，丝毫没有影响他人生的冲刺。

近二十年间，王绍曾先生承担国家级项目三项、省级项目六项、自筹项目三项，共有十二项之多，而且次第完成并出版行世，其中多百万字以上的大部头著作，累计多达一千六百馀万字。同时发表论文四十馀篇，约五十万字。真可说是一大奇迹。

王绍曾先生的研究成果大体可分三个方面：

一、清代文献研究。王绍曾先生究心于清代学术文化，但以为必须从艺文志着手。他深信清儒金榜所言："艺文志者，学问之眉目，著述之门户也。"《清史稿艺文志》(以下简称《志稿》)成书于二十世纪二十年代，出著名学者吴士鉴、章钰、朱师辙之手，限于当时的主客观条件，仅著录清人著作九千六百三十三部，不足以反映清代学术文化全貌。五十年代初虽经武作成撰为《补编》，但去其重复，亦仅九千馀部，两者相加，尚不足两万部，与清人著作总数相去仍远。《志稿》、《补编》的共同缺点，除大量脱漏外，均墨守历代史志目录的陈规，不加注版本，所有著录之书，有无刻本、稿本、抄本流传，书存何处，均无从根究。当 1982 年中华书局出版《清史稿艺文志及补编》时，王先生决心从 1983 年起，鸠集同志，通力合作，主编《清史稿艺文志拾遗》。在王先生亲自主持下，无间寒暑，夜以继日，经十年奋战，终于增补清人著作五万四千八百八十部，而且打破陈规，一律加注版本及书目依据。该书于 2000 年由中华书局出版。中华书局权威杂志《书品》以《十年磨剑，功在文献》为题发表书评，予以高度评价，认为该书不仅网罗宏富，体例严密，考订精审，而且开史志目录著录版本之先河，在目录学史上有重要地位。王先生鉴于《清史稿艺文志及补编》并未加注版本及书目依据，因此在《拾遗》完成后，接着又从事《清史稿艺文志版本知见录》(包括补编)，以期与《拾遗》相配套，这对完善一代史志目录具有重要意义。此外，先生以乡先辈缪荃孙为清末民初一代通儒且为目录版本学大师，对黄丕烈之学有承前启后的作用，因而与刘心明、王君南两同志合作《缪荃孙研究三种》(包括《缪荃孙年谱长编》、《缪荃孙文集》、《缪荃孙书札》)，目前正在进行之中。

二、张元济研究。1979年山东省图书馆学会举行第一次科学讨论会,先生撰写了《试论张元济先生对我国文化事业和目录学的贡献》一文,受到顾廷龙、胡文楷、吴泽炎及新西兰华裔学者叶宋曼瑛等先生的高度重视。这是国内研究张元济的开端。1980年又在《学林漫录》上发表《张元济先生在商务印书馆办的几件事》,当年被《新华月报》第十一期全文转载。1982年,商务建馆八十五周年之际,先生在手术后不久,即应商务印书馆邀请,勉力握管,撰写《近代出版家张元济》一书(1984年商务印书馆出版,1995年再版增订本),在海内外引起很大反响。近十馀年来,有关张元济研究的传记、论文数量众多,与王先生的开创之功是密不可分的。张元济倾注大量心血的《百衲本二十四史校勘记》,手稿多达一百七十三册,一直未得出版。1992年接受商务印书馆委托,先生率山东大学同仁共同努力,历时八年,始整理就绪,并于1999年由商务印书馆陆续出版。这是校勘学史上的一件大事,也是对史学界的重大贡献。

三、山东文献研究。先生生于江南,但山东是他的第二故乡,他热爱齐鲁文化,因而为之倾注了大量心血。除了屡次为山东省古籍规划小组制定古籍整理规划外,还受省古籍办委托主编《山东文献书目》(1993年齐鲁书社出版),近十年来又与沙嘉孙合著《山东文献书目续编》、《山东藏书家史略》(1992年山东大学出版社出版),与杜泽逊合辑《渔洋读书记》(1991年青岛出版社出版),与宫庆山合辑《山左戏曲集成》,与崔国光等合作《订补海源阁书目五种》(2002年齐鲁书社出版)。在山东文献研究方面做出了卓越贡献,程千帆先生针对这一点称赞先生"献唐先生以后一人而已",这是恰如其分的。

至于近二十年间发表的四十多篇论文,都有独创的见解,是他学术成果的重要组成部分。例如《影印四库善本丛书和续修四库全书刍议》是 1992 年向匡亚明同志提出的建议，这是当代提出《续修四库全书》的第一人，1993 年便为傅璇琮先生所接受,《续修四库全书》已成现实。又如季羡林先生主编影印《四库全书存目丛书》，某些学者提出反对意见，王先生从保存十八世纪以前传世稀少的文献为由,在《光明日报》发表了《印行四库全书存目丛书之我见》，全面论述了四库存目书的价值。又如1996年应邀赴台湾讲学，他在台湾中央研究院文哲研究所发表了《如何正确评价黄丕烈在版本学上的贡献》，反驳了从清代洪亮吉、严可均以至近人余嘉锡、张舜徽等知名学者对黄丕烈的贬抑,肯定黄丕烈是清代版本学的奠基人,是一代版本学宗师,他不但影响晚清瞿、杨、丁、陆四大藏书家,即使近代的缪荃孙、傅增湘、张元济,乃至赵万里、王重民等,无不继承黄学的馀绪而发扬光大。这就对黄丕烈作出了公允的评价，赢得台湾同行的一致赞誉。

先生为向中青年普及古代文化知识,还曾主编《中国文化史知识丛书》(1988 年至 1991 年山东教育出版社版，1997 年修订再版),受到学界好评。近年,先生又被侯艺兵作为古文献学家,收入其大型摄影画集《世纪学人,百年影像》中,以存先生风采。

王绍曾先生虽年过九旬,身患多种疾病,却仍在默默地为学术事业献身,他常说:“我信奉的是春蚕精神,一息尚存,就要发挥馀热,把丝吐完。”让我们祝福先生吧,祝老人家健康长寿,为中华文明作出更大的贡献。

编　后　记

常逛书店并关注书界信息的读者不难发现，近几年随着国内图书市场的繁荣，读书热、藏书热的升温，原来许多冷僻书、专业书竟然走俏，许多总结中国古代图书出版印刷史、藏书史的著作不断问世，如《唐宋时期的雕板印刷》、《明清江南私人刻书史略》、《中国图书出版印刷史论》、《中国金属活字印刷技术史》、《中国藏书楼》、《中国藏书通史》、《中国私家藏书史》等，令人眼花缭乱，目不暇接；而向来对近现代出版物和藏书家的介绍颇显冷清的情况也有所改观，近几年相继出版了《中国近代藏书文化》、《近代江苏藏书研究》、《漫话老杂志》、《书海珠尘——漫话老版本书刊》等著作，也涌现了印制精美的《书衣百影》（正续编）这类图录书，不仅使我们与刚过去不久的历史又靠近了，而且对晚清民国间的出版物也有了认真的读书体验和视觉享受，这不能不说是时代在进步。而这一切，包括像书海中一滴水珠、一朵浪花般的《藏书家》，都能折射出世纪之交期间我国书文化的灿烂和辉煌，学者、出版者对书文化历史的认知都已上升到理性阶段。

由此编者还联想到书业的某些变化。2001年8月上旬，位于北京琉璃厂西街的中国书店文化遗产书店隆重开业，编者有幸躬逢其盛并应邀参加文化遗产书店组织的“中国古籍收藏保护及发展研讨会”，聆听了许多学者、藏书家和书店经营者的高论。除此之外，给编者留下深刻印象的尚有二点：一是装饰得古色古香的书店一楼前厅俨然是小型图书版本博物馆，展出的大概多是中国书店的镇店之宝，既有宋元珍本秘籍，也有明清佳刻名抄，又有名家批校稿本，还有解放区珍贵的出版物，可谓琳瑯满目，美不胜收，不仅使慕名来逛书店的读者大饱眼福，而且也为学习图书版本学的学子提供了难得一见的实物，文化遗产书店的超前创举，难能可贵。一是编者曾用两个上午到一楼后厅线装书部看书，书店一开门，只见许多读者蜂拥而入，看到线装书就大有风扫残云之势。据编者所见，上架的线装书多是明清精刻精抄本并多经近现代一些名家收藏，而买书者也多是学者、藏书家，令编者惊叹的是，好书价昂，有的书价几乎等于编者几个月的口粮，然而却有如许一掷千金魄力的爱书人，更感叹他们对古书的眼光和痴迷。

且再转到正题。本辑《藏书家》荣幸地刊出特约的金性尧先生《滥竽录》，还有涂宗涛先生的《藏书的厄运与幸运》，都反映了老一辈学者与书同甘共苦的坎坷经历，读来不胜沧桑之感。我们欢迎老一辈学者、藏书家多多赐稿，留下历史的记忆，“前事不忘，后事之师”。

另外，本辑刊出的陆昕、林夕二先生分别就当前藏书、书市等热点问题独抒己见、颇具新意的文章，当会引起读者兴趣。

冬去春来，马年已至。在春节前夕，编者收到大量贺信贺卡，有作者的，有读者的。特别是许多读者写信称誉《藏书家》“装帧精美，文章佳妙，书香沁人”，“看贵刊真过瘾”，并提出了许多很好的建议；一位浙江读者贺卡上写道：“品读《藏书家》，又闻马蹄声。——新年已至，谢谢编书人！”如此厚爱，令编者很受鼓舞，很受感动。在这里，编者除向所有关心、支持和爱护《藏书家》的广大作者、读者表示衷心感谢外，并愿意老骥伏枥，把《藏书家》办成与所有爱书人贴得更近的知心朋友，共同体味读书、藏书的快乐。

ISBN 7-5333-1037-
9 787533 31037
ISBN 7-5333-1037-
Z · 121 定价：8.00

藏书家

珍藏版

（6–10）合订本

下

齊魯書社
·济南·

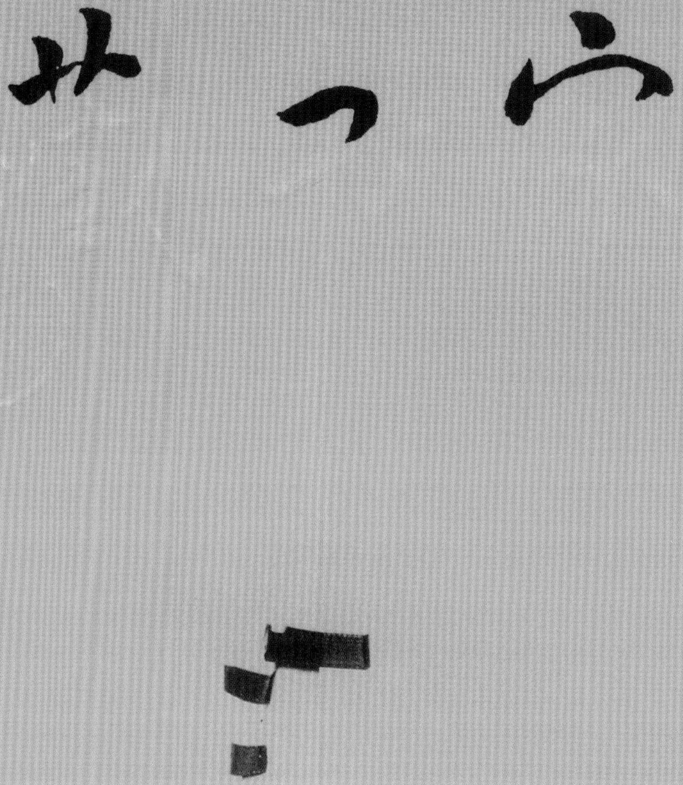

封面题签　顾廷龙
责任编辑　周　晶
封扉设计　韩济平
版式设计　李　生

藏书家

藏书家

第6辑

齐鲁书社

图书在版编目（CIP）数据

藏书家.第6辑/齐鲁书社编.—济南：齐鲁书社，
2002.10

ISBN 7-5333-1106-X

Ⅰ.藏...　Ⅱ.齐...　Ⅲ.藏书—文集　Ⅳ.G253-53

中国版本图书馆CIP数据核字（2002）第075350号

藏书家·第6辑

本　社　编

出版发行	齐鲁书社
社　　址	济南经九路胜利大街39号
邮　　编	250001
印　　刷	山东新华印刷厂
开　　本	850×1168　1/32
印　　张	5.5
字　　数	123千
版　　次	2002年10月第1版
印　　次	2002年10月第1次印刷
印　　数	1—4000
标准书号	ISBN 7—5333—1106—X/Z·124

定价:8.00元

目　　录

我怎样学会了鉴别古籍版本

黄永年

一

今天讲的是对中国古籍的版本鉴别。此外上世纪的出版物以及外文原版书也都有版本问题,要讲得另请高明。

我这个人基本上是自学出身。除抗战后期上高中二年级时听了吕诚之(思勉)师的“国文”、“本国史”、“中国文化史”、“国学概论”四门课真正得益外,向顾颉刚师、童丕绳(书业)师学习也只是读了他们的著作。而且他们都不以藏书著称,诚之师有的尽是常用书,颉刚师书多也懂版本,但仍是实用的连明版都很少。所以我在版本上更是全无师承,这里只讲我自己如何自行学习、自行摸索而掌握了这门学问。对大家是否都适用我不敢说,只能说是可借参考吧!

二

过去我常说懂版本能鉴别的有两种人,一种是卖书的,一种是买书的，当然这书都是指的线装古籍。最近想到还得加一种人即是在图书馆工作的，老一辈有赵蜚云(万里)先生、顾起潜(廷龙)先生，同一辈比我稍年长的有冀叔英大姊，自己都不藏书而成为版本专家，可惜他们都没有把经验写下来。

卖书的，我主要是指旧社会自己开旧书铺的。他们一般没有上过正规学校，学历大概相当于小学最多初中吧，十几岁时到旧书铺当学徒，老板也就是师傅教他们背《书目答问》，慢慢地训练他们收书卖书，满师后有的留下来当伙计，有的自行开店经营。不论老板、学徒，都必须迫使自己学好这套鉴别本领，否则把明版书当宋版收进，宋版书当明版卖出，不上一年半载就得关门，学徒就捲铺盖。解放后旧书业不久就合营国营，有一段情况似不甚理想，因为工资反正一个月就那么多，不钻研也可混日子。这到改革开放后才有变化，现在又在出人材了。这是大好事，否则经营古籍讲版本后继无人，可不得了！

再讲买书的，这是指我这种买书的，过去有些大富翁怕不行。他们是大资本家或大地主，钱多，买书即使贵了也无所谓，自己不懂还可请行家替他鉴定，自己的鉴别能力当然提不高。只有我们这种钱不多又爱书的人，总想用很少的钱买到很好很名贵的书，这样鉴别版本的本领就越练越高强。有时买起来像和书铺斗法似的，铺里没有看准，把好书当普通本子标了低价，我就不声不响地买下来，用书铺的行话讲他们就是“卖漏了”。类似情况近年来也有，当然也不是经常的。北京有人说凡是被我看上了的书，售价都该比原标的翻一翻，那是夸大了的。

三

买书必须要喜爱书，真爱书必须多少懂点书的内容，由爱其内容然后进而讲求版本。我是1925年出生在江苏常州的，从幼稚园、小学上到初中二年级抗战爆发，逃难到老家附近江阴利港镇上读了半年《孟子》和几篇古文，对古书开始有兴趣。不久沦陷的常州城区秩序稍为平静，我曾约了同镇的一位中学生进城买点古书过瘾，其中有一部会文堂影印的胡克家仿宋本《文选》，字体很好看，使我开始注意版本的好丑。所以我买书最初是先着眼于内容同时兼讲版本，进而先讲版本但也要看内容行不行。结果是经史子集四部都有一点，和专收某一类的做法不太一样。

不论专收某一类，或四部兼顾，对四部书的基本知识总都得有一些。当年我是先看吕诚之师的《经子解题》，这是1939年我回常州城后在地摊上花几分钱买到的，是引导我步入文史领域的入门书。稍后买了张之洞的《书目答问》，还是常州旧书店传古斋的人向我推荐的，这书在今天当然不尽适用了，可还没有人编一部新的来代替它，因为要编得真正文史兼通，而这样的人今天太少了。以后我还看过梁启超的《国学入门书及其读法》、《中国近三百年学术史》，后者是把清代学者对经史子集的研究成果告诉我们，读起来很有兴趣。这些对我后来研究学问有用，当时对买书也很有用。否则连这点基本知识都不具备，就颇有点像去买衣服却连毛料、布料都分不清，什么流行什么过时也不知道，岂不叫人笑话。

四

上面这些只介绍书名,讲点内容,进一步还得见见原书。我是从当年商务印书馆编印的《四部丛刊》下手的。这是一部专收四部要籍的大丛书，而且都是选用较好较旧的本子影印的。因为要用旧本,因而清人的经子新注没有收,《二十四史》因为想用旧本也没有收,以后另出了一套《百衲本二十四史》,《十三经》也只印古注不收《十三经注疏》,因为暂时没有更好的本子来替代通行附阮元主撰校勘记的本子,改为搜寻传世的单疏本印在《丛刊》的续编、三编里,还有大部头的类书等当然也无法收,此外四部要籍的较好较旧的本子大体都收在里面。我起初还见不到全部的《丛刊》,好在旧书店里多少有些零种,还弄到一本注有版本的《四部丛刊书录》。当时我是十四五岁,记忆力好,加之是影印可以见到原书的真面目,形象化的东西更加记得牢,这样我就把四部要籍加上重要的好版本包括若干宋元明本都大体掌握了。

附带说一下,当年中华书局为了和商务印书馆竞争,用所谓仿宋的铅字排印了一部《四部备要》。大概主持者对版本不很内行,又为了节省成本费用不去访求旧刻本好版本,尽用当时通行廉价的局刻本以至石印本,清人著作也常用翻刻本,多年前我的一位研究生曾写过《四部备要版本勘对表》,发表在陕西师范大学的《古代文献研究集林》第一集上,勘对出这《备要》自云用什么版本和实际所用的版本多不相符。不过当时的中华并不完全等同于今之中华,今之中华书局是合解放前商务、中华两家的古代文史部分组建的,请中华的同行听了我对《备要》的批评不要介意。

五

《四部丛刊》只好说帮我打基本功，继续修练提高，我大体是从(1)多看原书和书影；(2)多看讲版本的书；(3)看注出版本的四库书目这几方面着手。

这里先讲多看原书和书影。如今经营线装古书的架上最早只有清初刻本了，明版书已不往外边放，可我年青时明版书还有的是。解放初期一部白棉纸嘉靖本不过几元新人民币，许自昌刻后印本《杜诗》当时称之为烂明版标一元钱都无人问津。即使宋元本也偶而可遇到，小部头标几十元，残本一册一元到两元，大部头南宋建本《两汉书》在上海修文堂也只标五百元。当然熟悉宋元本还得多看书影，书影者是将若干种宋元本书每种影印一两页，今通称之为图录。我在抗战胜利前买到编印南京国学图书馆原八千卷楼所藏宋元本的《盋山书影》，解放初又在苏州以廉值买到《铁琴铜剑楼书影》，在修文堂买到陶湘印的《涉园所见宋板书影》，都看得很熟。至于明版则从开明书店买到顾起潜和潘景郑(承弼)两位先生编的《明代版本图录初编》，不过其中大多数都先后见过原书。清刻本如今也成为爱书者搜求的对象，所以前些年我和贾二强同学又编了一部《清代版本图录》，由浙江人民出版社印制问世。

事物一般都有其发展规律，雕版印刷何能例外，所以每一时期的刻本书包括活字本书都有其特定的风格，早期在宋元时还有地域的差异。对此前人以至近人讲版本的书里都不曾讲或讲不清楚，我是多看原书以及书影后自行摸索出来的。大约在二十岁前后，就知道这是宋浙本，那是宋建本，那是元浙本，明初黑口本、嘉靖本、万历本以及活字本等更分别得一清二楚。

1978年陕西省办了个古籍版本之类的讲习班，要我去讲，我就开始把版本如何演变、各个时期以至地域的特点写进讲义里，稍后几经增改作为古文献专业的版本学教材。其简本是为邓广铭先生主编的《中国历史研究知识手册》撰写的，作为“版本”一章，1990年河南人民出版社出版，流传不广，且有错字，今又收入我的《古文献学四讲》中，今年鹭江出版社应出版。至于详细的，1985年在北京大学古文献专业讲课时编印了半部《古籍版本学》，全部在前几年写成后交江苏教育出版社待出版。其中所陈述的规律特点等请看这些书吧。

六

为了扩大知识面，还要多看讲版本的书。这不是指有些图书馆专业用的今人写的教材之类，而是指真正行家的著述。最基本的当然是叶德辉的《书林清话》和叶昌炽的《藏书纪事诗》。前者虽有不足之处仍大体可看，后者是讲历代藏书家尤详明清两代，很有用。叶昌炽还有一部日记叫《缘督庐日记》，前些年已用手稿全部影印，但我十几岁时买到摘要石印的《缘督庐日记钞》就够用了，因为已把他一生买书买碑刻拓本的经历都抄了出来，看起来极有趣味。

更多讲版本的书是清人以至民国时人撰写的藏书记或题跋的汇编。我最感兴趣的，有汇编嘉道时大藏书家黄丕烈题跋的《士礼居藏书题跋记》和《荛圃藏书题识》，有民国时大藏家傅增湘的《藏园群书题记》。这《题记》我最初看的是抗战前大公报馆印的平装四薄册，稍后见到仿宋字印的线装本《续集》和《初集》，

1989年上海古籍出版社出版了其孙傅熹年先生的整理本加入了《三集》及有关著述更为完备，其前1983年中华书局还出了傅熹年先生整理的《藏园群书经眼录》。此外可看的还有清末民国时藏书家缪荃孙的文集里的题跋文章和他别具一格的《艺风藏书记》、《续记》，以及叶德辉的《郋园读书志》；潘景郑先生的《著砚楼书跋》。总之这些书使我大为得益。《艺风藏书记》《续记》还有缪荃孙自己在晚年批上价钱准备出售用的，我见过三部，一部当年在修文堂，一部没有《续记》在苏州某店，我都没有买，一部是谢刚主（国桢）先生的，他晚年送给我了。从这书上所批的可知民国初年的书价，稍后京沪各大旧书店所出书目也都有售价，嘉道时的书价则可看黄丕烈的题跋。

七

在上述几方面下了十来年功夫，再经常翻看以记版本为主的书目，就可以做到常见的古书都能讲出有哪些主要的版本。

这种书目《书目答问》还不够格，一则它讲到的书不够多，所记版本也多属清代刊刻通行常用的，明本就很少，宋元更不记。所以要用在《四库全书简明目录》上批注版本的，一共有邵懿辰、莫友芝、朱学勤三家。

最早我十几岁时买到的是莫友芝的叫《郘亭知见传本书目》，郘亭是他的别号，是据傅增湘排印本影印成四册小本线装书。邵懿辰的《四库简明目录标注》由其孙邵章刊行，但价高难得，解放后邵章之子邵友诚将邵章所批作为“续录”增入，由中华书局上海编辑所出版，颇便使用。傅增湘又在莫友芝书上作了大量增补，经傅熹年先生整理，于1993年由中华书局出版了四册《藏园订补郘亭知见传本书目》，其详备又更在邵目之上。至于朱学勤批的，向未刊印公世，去年北京图书馆出版社才借了我收藏的光绪时管礼耕抄本影印精装一厚册，题曰《朱修伯批本四库简明目录》问世，这修伯是朱学勤的字，所批颇可补邵、莫两家之不足。

《四库全书》纂修在乾隆时，所以查看清人著作及其版本要用孙殿起的《贩书偶记》和《续编》。修《四库》时查禁了不少书，1957年商务印书馆把姚觐元的《禁毁书目》加上"补遗"和孙殿起的《清代禁书知见录》合成一厚册出精装本，也便于使用。《四库》不收话本和章回小说，可用孙楷第先生的《中国通俗小说书目》和《日本东京所见小说书目》，都有人民文学出版社的修订本；柳存仁先生的《伦敦所见中国小说书目提要》，有书目文献出版社本。

近年来有一种传说，说我黄永年有这样的本领，线装书在架子上不用取下来，更不需打开看，就知道是什么版本，这岂不是说我有什么特异功能？其实世上哪有什么特异功能，我无非是记住了什么书有那几种版本，再从书根的新旧来推断而已。

八

刻本以外还有抄本、稿本、批校本，鉴别起来需要更多的知识和学问。记得五十年代前期上海修文堂老板孙实君对我说，他们看刻本书还可以，要鉴别抄本、稿本、批校本就困难了。孙实君当时已五十多岁，是旧书业的老前辈，可说的确实是真话。

抄本关系到纸张，关系到用不用印格，用什么样的印格，此外字体还有时代性。稿本要买名家的、有学术价值或史料价值的，还要区别是手稿本或清稿本，是否手稿还得认识作者的字。批校本一要看据校的本子和批的内容，再得认识那些人的字，看是真迹还是出于后人过录。单靠看题跋还不够，因为保不定会做假。所以有时虽无题跋，凭字迹、内容，我也可以断定是哪位名人的批校。

九

如今图书馆多编印善本书目，买书的藏书的也自夸买了藏了若干善本书。究竟什么样的书才能叫善本，有时并不一定弄得清楚，为此我在所写的教材《古籍整理概论》里专设了一节来讲述。《概论》1985年陕西人民出版社初版，去年上海书店出版社又出了增订本，有兴趣者可以找来看。这里只能简单说几句。

善本这个名称大约宋人才开始使用，本是指校勘得好的本子。由于自然损耗，加上天灾人祸，宋元旧本日渐稀少，到清人就把宋元本以至其他稀有的旧本书也称之为善本了，这样就混淆了善本的概念。因此，我认为实际上是有两种性质的善本，一种是校勘性的善本，一种是文物性的善本。前者和时代和稀有与否没有关系，譬如南宋的建阳坊刻错字多就不是善本，今天中华书局高质量的点校本就是善本。后者则掌握一个“物以稀为贵”的原则，譬如南宋时小学生书包里也尽是建阳坊本，有什么文物性，到明清时南宋建阳坊本稀罕了，就成为文物性善本了，所以这文物性善本的范围会随着时代的推移而逐渐扩大。宋元刻本、明嘉靖以前刻本、明活字本、明抄本、清前期旧抄本和有价值的稿本、批校本，清人视为善本，今天则扩大到凡是明刻本、清代以至民国时少见的或特别精美的刻本、活字本、有价值的抄本、稿本、批校本，也都算是善本了。当然这些文物性善本中有好些在校勘上也做得好有价值，则可说是兼具校勘文物两性的善本。至于我们爱书买书讲究版本者所搜求的善本，一般都是文物性的，很少从校勘上考虑，这和专弄学问不讲版本的人不一样。

至于所谓“三性”“九条”之说，这是七十年代后期要编全国善本书总目时提出过的，说善本要具有历史文物性、学术资料性、艺术代表性叫“三性”。但今天中华书局出的书难道没有学术资料性?荣宝斋出的画册难道没有艺术代表性?所以这后两性根本不能成立。“九条”中问题也不少，如把乾隆及乾隆以前流传较少的印本、抄本定为善本，以乾隆时作为善不善的界限，就明显有问题。因为清刻本中堪称文物的一部分在清初，多缘涉及怀念故明而遭禁，一部分在道光、咸丰时，则缘书版及印本在太平天国以及捻军的战事中被毁，而乾隆时刻版虽也被毁，但印本流传已多往往并不难得，所以用乾隆来划界限是错误的。

十

最后讲点题外的。一是买书要量力而行。买到好书善本书是高兴事情，心情为之舒畅，对正经工作包括正经的教学科研等都有益无损。但如好书价太贵，那也只好割爱，不必多方借贷，为买书背上一笔重债，反而弄得不愉快。要知道天下好书尽多，只祝愿它保存人间不让损伤，何必一定归我。有时看到好书，也买得起，可被人捷足先得，也当如此达观，不必懊伤。

再是买到了好书，要爱护书。如果旧装典雅且大体完好，就不必改装成金镶玉之类。如已破烂不堪，或本来就装得不雅，可改装，用古色或磁青色封面，双丝线订。我当年遇到纸张没发脆、不需大修补的，要改装，都自己动手。

可以加盖藏书印，但必须刻得真正好的，印泥用略带黄色的西泠印社潜泉印泥之类，漳州印泥就不免太油。千万不能盖上恶劣印章和蓝色橡皮图章。

可以写题跋，但要用毛笔，而且字也须过得去。否则一定要写，可用单张的荣宝斋信笺之类写了夹在书里，后人认为你是名家，会给珍藏起来或加裱装。一定要写在书上，也只能写在前后空白页即所谓护叶、看叶上。有的藏书家老是喜欢紧写在正文或目录之后，或为了要收集名人的藏书印记，用刀片将书上的名人藏印割下来，这是令人遗憾的。

〔**说明**〕这是2002年4月21日我在国家图书馆善本特藏部和《中国典籍与文化》杂志社所举办系列讲座上的讲演稿，5月16日在上海图书馆、22日在复旦大学、24日在华东师范大学又分别用此稿讲过。此稿只是提纲性质，讲时列举若干实例，均未及写入。

·新书架·

明刻本的鉴赏和收藏

林　夕

中国古代雕版印刷技术开始于唐代，经过宋元两代多方面的应用实践，到明代印刷技术已经有长足的发展。明代印刷的古书不仅内容广泛，多有要籍，形式也是丰富多彩，印制和装帧都有许多创新之处，对后代有很大的影响。更重要的是，宋元刻本寥寥无几，大抵早已珍藏各地图书馆，市面上难得一现芳踪。只有明刻本，如今还不时邂逅，可以任我们摩挲一番，从容携归插架壮观。在今天而言，无论是鉴赏，还是收藏，明刻本都有极其重要的地位，值得我们认真研究。

收藏的前提是鉴赏，具有鉴赏价值，收藏才有意义。这是一切收藏的基本原则，古书的收藏也不例外。一部书值得赏鉴，首先是内容，其次是形制。谈到收藏，那就还要看看它的存世数量多少，是不是珍罕难得。从鉴赏和收藏的角度，明刻本有以下几个值得注意的问题。

首先，我们应该知道，在明代将近三百年的历史之中，不同时期刻书有多有少，而且有不同的特色。其次，同是明刻本，但是在版本流传史上价值不同，有的版本价值高，值得珍视。特别是，一、明代前期刻本有元代风貌，所谓“明初黑口本”一向获得好评；二、明代有不少仿宋精本，过去学者和藏家都极为重视，值得什袭珍藏；三、在二十世纪初期俗文学成为研究热点以后，戏曲小说曾是一些学者竞买的抢手货；四、明代的印刷技术有高度的发展，明刻版画一百年来一直是收藏的热点，彩色套印本近来也蔚为风气，活字印本更是难得一见的珍本。最后我们简单介绍一些其他有收藏价值的明刻本，包括明毛晋汲古阁刻本，清代的禁书，以及明代旧版刷印本，等等。限于篇幅，这些问题只能点到为止，难以一一缕述。

刊刻时期

从洪武元年（1368）算到崇祯十七年（1644），明代有国二百七十七年，背一下年号，依次是洪建洪永洪、宣正景天成、弘正嘉隆万、泰昌天启崇。加上南明十七年，不足三百年。各个时代有长有短，长的有几十年，例如万历在位四十八年，今天所见的明刻以万历本最为常见。短者仅有几年，建文不到四年，中间还经历了所谓“靖难”的战乱，洪熙甚至只有几个月，这两代刻书流传极少。潘景郑、顾廷龙编《明代版本图录初编》列举各代书影时，独无建文本，注明“待访”；张寿镛所编《约园元明刊本编年书目》按年代著录他收藏的明刻本，其中也没有这两代的刻本，其罕见可知。其馀各代一般情况是，明初刻书不多，年代久远，时至今日传本已少。正德、嘉靖以后大量刻书，传本渐多，不难获见。

《约园元明刊本编年书目》所著录明代各时期刻本的数目如下：洪武二种，永乐二种，宣德二种，正统四种，景泰三种，天顺一种，成化十二种，弘治二十种，正德二十四种，嘉靖二百多种，隆庆八种，万历二百多种，天启十二种，崇祯三十二种，汲古阁刻本四十多种，可见后期刻本数量大大超过前期刻本。这些数字还不完全准确，因为嘉靖以后刊本中包含不少丛书，像嘉靖刻《唐百家诗》仅算一种，汲古阁刻本中的丛书更多，仅《津逮秘书》一种就包含一百六十来种书，若分开计算，数量更多。明代各期刻本有多有少，这一方面是不同时期刻书数量本来就有多少之别，另一方面则是刻书年代有远有近影响今日所见传本的数目。尽管这仅仅是一家所藏，这个数目多少还是能反映出不同时期的明刻本流传的珍稀程度。

明刻本因为年代较宋元为近，清代藏书家一般并不十分看重，但是对不同时期刻本的评价不同。明前期刻书本来就不多，有些书坊还是从元代延续而来，刻书的风格和操作还保持着元代的矩矱，并不草草。当时距宋元年代不远，所刻的旧籍往往是翻印宋元旧本，底本近真可靠，而且较少师心自用擅加更改的情况，质量当然就有保证。从形式上看，明代前期，从洪武到正德年间的刻本还保留着很多元刻本的样式，字体浓重，有的飘逸一点，还有元刻行书的风貌，有的则重浊一些。一般是黑口，粗栏，墨色沉重，所谓明初"黑口本"，历代藏家给予很高的评价。以"佞宋"出名的黄丕烈就曾说："向闻钱听默言，书籍有明刻而可与宋元板埒者，惟明初黑口板为然，故藏书家多珍之。余自聚书以来，宋元板固极其精妙，而明初黑口板亦皆有佳绝者。"

例外是内府司礼监刻本，由内侍主持刻书，学人鄙薄其浅薄无学，一般不予关注。然而它们工料精致，纸白墨黑，书品宽大，富丽堂皇，插架欣赏，十分壮观。如果不是像传统学者那样一门心思地去读书，那么这些刻本也很有收藏和玩赏价值。特别是居今而言，藏家已经以玩赏为务，过去学人不注意的东西今天也有红起来的可能，在拍卖会上过去斥为"大明本"的明刻，得价毫不逊色。

明代中期从正德嘉靖开始，刻书开始流行仿宋风格，字画平整，行款疏朗，墨色轻倩，多为棉纸白口，刻本风貌为之一变，也出现了不少佳本。从嘉靖到明末，刻书数量渐多，今日所见大都是这个时期的刻本。明中期以后旧本日少，出版量日增，苟简草率之风渐起，学者开始指责明刻本删改古书，甚至痛斥为明人刻书而古书消亡。这主要是指明万历以来的刻本，然而这也需要具体分析，例如万历五年张之象刻《史通》据宋本校勘就胜于嘉靖陆深刻本，像这种情况不能一概而论。

这里特别要提到南明仅有十七年，而且一直在抗清的战乱之中，刻书很少。作为特殊时期的特殊产物，很有研究和收藏的价值。其中弘光仅有二年，刻本罕见。永历虽然时间较长，但是局限在云南一带，刻本没有流传开来，时至今日已经绝不一见。这都是值得珍藏的佳本，不可等闲视之。由于资料缺乏，过去藏家对南明刻本了解不多，有机缘探索一番，想来其乐洋洋。

简单地概括，明刻本的代表作在前期是墨色浓重的黑口本，犹有元代遗风；中期是清朗整洁的棉纸本，颇有摹宋意味；后期的代表作则不能不推以工艺卓绝著称的印刷精品。至于各书版本的优劣，则每个时期都有佳本，只是后期随着社会经济的发展，出版界商业化、通俗化的倾向明显，刻书不像前期那样讲究工料精细工致，翻印旧书难免有草率从事的毛病。不过各个时期都有精品，后期也有很多好书。

版本源流

明刻本跟其他时代的古书一样，不外乎经史子集四部书。有些是翻印前人的旧籍，有些是刊印当时的著述。从版本方面看，值得注意的是以下几种情况。

第一种情况是宋元本今已不存，只有明刻传世。按说一部书本子越早，内容越可靠。同样的书，宋元本的内容应该比明刻本更接近原书面貌。然而由于种种原因，我们看不到宋元刻本，不能不转而求之明刻本。最重要的原因是因为年代久远，宋元刻本今天已经佚失无存。即使传统文化的重器正经、正史这样的要籍，今天有一些也难觅宋元旧刻。例如《十三经》中的《仪礼》单注本和注疏合刊本今天都没有宋元旧本，《二十四史》除去《元史》和《明史》系后来编纂者不论以外，前二十二史中，《旧唐书》如今仅有宋本残卷，刻本全书只有明刻，《宋史》和《金史》元刻已经难觅全本，《辽史》恐怕已无真元刻，像这些书今天都不能不求助于源于宋元旧本的明刻本。连这些要籍尚且如此，一般书籍也就更难指望有宋元旧本。翻翻《中国古籍善本书目》不难发现，宋元经解著作十分繁富，像清初刊刻的《通志堂经解》中的书很多已经看不到宋元刻本。特别是子部的笔记小说，唐宋的撰述极其繁多，如今几乎已经找不到几部宋元刻本。唐宋作家的文集如今还有一些宋元刻本存世，不过更多的文集除了抄本以外，最早的本子只能看到明刻本。

第二种情况是今天虽然仍有宋元本传世，但是明刻却有精本。有些书即使如今还有宋元刻本流传，明代刻本也不是不值得一顾。因为前代刻本不只一种，版本有精有粗，明代翻印时所见的宋元旧本可能是今天已经不复存世的精本，或者已经根据当时所见的各种佳本加以校勘，可以校正今存宋元刻本内容的讹误。像这样的明刻本，就不能因为它是后世刻本而摈斥不取。我们知道，明嘉靖徐刻《三礼》清以来享有重名，藏家并不因其为明刻而不予重视，黄丕烈、叶德辉、吴庠都曾提到。嘉靖吴元恭刻《尔雅》也是名书佳本，顾千里曾郑重予以翻刻。

第三种情况是明人的著述，最早的本子就是明刻。随着社会经济的发展，明人的文化视野较之前代也更为开阔，有大量著述刊刻行世。这些著作经史子集应有尽有，不过比较而言，明人的著作以杂史、笔记和诗文别集最为重要，解经的著作则较逊色。史子两部各书则以记述明代史实诸作最有价值，特别是明末的杂记野史，关系南明史事，一直为学者追逐的对象。明人的撰述往往涉及北方边事，清廷对此极为敏感，动辄忌讳，所以除当时刊刻以外，清代重刊者寥寥。特别是明人的大量诗文别集，《四库》所收不多，清代很少重刊。由于年代较近，藏家大抵贵古贱今，不予重视，以致今天除了一些名家的诗文以外，一般明人别集较之宋元人的著述更为少见。抗日战争时期，郑振铎先生为国家抢救古文献时，正值刘氏嘉业堂藏书散出。他对嘉业堂的宋元本不以为意，却集中挑选了一千二百多种明刻本，多为史部、集部诸书。他认为这些书是嘉业堂藏书的精华，就是从资料难得方面着眼。这是有识学者的风尘巨眼，事实上直到今天，对这些明人著述的研究和重视也还有待加强。特别是收藏界，似乎一直没有给予足够的注意。

仿宋精本

明代中期兴起仿宋的风气，出现了许多覆宋精本，例如《史记》、《脉经》、《黄帝内经》、《梦溪笔谈》、《文选》等书，过去藏家往往误认为宋本。这些翻宋本在延续中国文化传统方面有重要意义，许多书后来宋本失传，如果没有明本为它们“续命”，今天就看不到那么精美的佳本。

仿宋本集中出现于明代嘉靖年间，此后明刻本逐渐发展出独特的体式，创始了横平竖直、方正整齐的所谓“宋体”字。这是中国印刷史上的一件大事，从此以后印刷体汉字有了规范，一直到今天，宋体字一直是印刷体汉字最主要的形式。促使字体风格改变的契机应该说是明代中期文坛出现的复古风气，当时文坛一些重要人物提倡学习唐诗，在这种风气影响之下，刊刻唐人的诗集一时成为出版界的热门选题。我们看到，除了荦荦在目的几位唐代大家以外，明代前期很少刻印唐代作家的诗集。但是从嘉靖开始，出现了许多唐诗丛刻，《唐百家诗》、《唐十二家诗》、《唐诗二十六家》就是那时出现的名集。宋刻唐人诗集明代毕竟还很常见，流传到今天的却已不多，许多唐诗作家的诗集现在看到的最早的本子是明刻本。这些明刻本源于宋刻，甚至行款和字体还保留着宋刻的体式，所以得到藏家和学者的重视，看做下真迹一等的宋刻嫡传。这里特别要提到明嘉靖朱警编的《唐百家诗》佳本，它历来享有重名。款式是十行十八字，白口，左右双边，这正是宋代临安陈氏经籍铺所刻唐人诗集的款式。清末藏书和刻书名家把它们看做宋本翻刻，例如清光绪江标灵鹣阁所刻的《唐人五十家小集》，号称影宋书棚本，其实宋书棚本当时已经没有那么整齐的五十家之多，其中有很多是覆刻明《唐百家诗》本。

在严谨的仿宋风影响之下出现了许多明刻佳本，像翻宋阮氏种德堂本《春秋经传集解》、徐刻《三礼》、吴元恭刻《尔雅》、《韩诗外传》、汪刻《两汉书》、《旧唐书》、金李刻《国语》、《世德堂六子》、《墨子》、《论衡》、《世说新语》、《顾氏文房小说》、《万首唐人绝句》、《唐文粹》、《唐诗纪事》以及翻印唐宋诸家文集等，都是藏家极为重视的名刻。民国初年以来，吴梅、邓邦述、陶湘等藏家都曾以“百嘉”为斋号，这表明嘉靖本的名气简直可以继武“百宋”和“千元”。平心而论，明嘉靖刻本字迹工整，棉纸洁白可爱，确实是明刻精品的代表作，值得宠爱。

戏曲小说和版画作品

明刻本一度扬眉吐气之作，应该说是明代中期兴起、明末极盛的戏曲和小说，这些以往不受重视的俗文学作品是二十世纪中国文学研究的新大陆。从鲁迅和胡适着眼小说研究，吴梅倡导曲学研究以来,戏曲小说之类书籍红极一时,成为新时代学者心目中的宠儿。特别是，由于过去传统的学者和藏家并不重视,这些书籍大多损毁散失,难得保存下来。所以,虽然仅仅是少数学者专注的对象,一旦出现在市廛,大家竞买,价格可以扶摇直上。我们看看热衷于此道的郑振铎先生的《劫中得书记》中有关的记载，不难想像这些书籍在二十世纪三四十年代是多么红火,《金瓶梅》就是个很好的例子。这个风气一直持续到五十年代以后,马廉、赵万里、傅惜华、吴晓铃都是大家熟知的收藏戏曲小说的大家，在他们的带动之下，掀起一股戏曲小说收藏高潮。不过时过境迁,今天专心于此的藏家已经后继乏人,往日的珍品现在已经难觅识家。藏家的零落影响了现在的古书市场,这些以往的骄子似乎正在逐渐失去光彩。——有版画者例外。

与戏曲小说同时红起来的还有版画书籍,郑振铎先生的《劫中得书记》中多处记叙他获得版画书时如何喜不自禁,不妨看看他对《十竹斋画谱》、彩印《程氏墨苑》是如何梦寐以求。明刻版画代表着明代雕版印刷水平的顶峰,集中了套色、拱花、饾版等极致的印刷技术。名人画稿,名工刻版,制作精细,赏心悦目,比起以文字取胜的戏曲和小说，吸引着更广泛的读者层。传统的收藏眼光对这三者都不注重,对戏曲作品的态度显然好一些,小说和版画就不入流。二十世纪的学术研究领域扩大，一些学者开始热心收集戏曲小说，也还是为俗文学研究搜集资粮。戏曲小说书前大都有版画附图,学者有可能爱屋及乌,也有可能关心绘画和印刷技术,不免垂青版画书籍。版画人人都能欣赏,虽然仅仅是少数学者的兴趣所在,但是他们掀起的版画热较之戏曲小说的影响更为广泛而深远。一直到今天,版画收藏风愈演愈烈,价格飚升,成为当前收藏界的第一热点。版画内容在一定程度上反映社会风貌,有时候可以为学术研究提供资料,其意义也不仅仅局限于艺术领域,不过一般藏家未必能理会而已。

对于明代的戏曲、小说和版画作品,以往热心的学者进行过许多研究,取得了很大的成绩。经过各方冥探幽索,许多珍本秘籍陆续重印出版,重见天日。但是今天看来,无论是学术研究,还是鉴赏收藏,都还有用武之地,不时有新发现。不仅戏曲和小说今天没有得到收藏界应有的重视,即使大家关注的版画作品,由于当时的文献不予记载,刊本少见,也有许多问题现在还不清楚。例如明万历刻《博古图》几个刻本之间的关系,陈章侯绘《水浒叶子》几个刻本孰先孰后,都值得认真研究。特别是戏曲、小说、版画各地还不时发现罕见的、甚至前所未闻的版本,而且会不断出现有助于研究工作的新资料,值得我们关注

套色印本

套色印刷本是明刻古书的另一个收藏热点。套色印刷本一般是供应普通大众的需要,正文之外套色加印后人的评点和注释,性质近乎教材。明代吴兴闵、凌两家是套色印刷专家,印本既多,技术也精。最常见的是朱墨二色,也有三色、四色印本,凌刻《文心雕龙》和《南华经》甚至为五色印本。然而这种通俗读本版本没有可取之处,学术价值不高,过去不为学者所重。郑振铎先生曾指责闵刻《批点考工记》任意删节旧文,至于泯灭原书撰

述人名,类乎剽窃欺世。

不过套色印本纸墨明丽,技术工致,作为艺术品欣赏,令人心旷神怡,陶醉其中。特别是戏曲作品,附有插图,增色生辉,更为动人。因此,从民国初年开始,大有钟情于此的藏家。尽管过去传统的藏家不予重视,也不入善本之林,但是在一些玩赏古书印制艺术的藏家的影响之下,明刻套色印本竟然一跃而起,成为某些藏家的宠儿和收藏界的热门货。如果说往日的戏曲小说热今已渐趋没落,那么套印本的高温却还在持续,而且在可想见的未来也不会大幅度地退热。

活字印本

尽管活字印刷创始于宋代,但是今天所见的宋元本书籍还很难断言有活字印本。最为确定无疑的活字本是明代的铜活字印本,熟知的大宗活字印刷是明无锡华氏(兰雪堂和会通馆)、安氏(桂坡馆)两家,其他各地也有印本流传。对于铜活字印本学者褒贬不一,一般认为活字速成,校勘不精。例如邵恩多指出华氏会通馆本《宋诸臣奏议》多有讹谬脱漏,黄丕烈批评会通馆本《文苑英华纂要》有消灭缺叶痕迹欺世之举,顾千里说兰雪堂本《蔡中郎集》时有鲁鱼,等等。但是明铜活字印《唐人诗集》五十家却获有好评,黄丕烈对芝城铜活字蓝印本《墨子》赞赏有加,王重民先生则认为万历周堂铜活字本《太平御览》不逊于宋本,可见对活字本也不能一概而论。

明活字本以铜活字著称,但是也有木活字,二者如何分辨是迄今未能解决的难题。铜活字本大多有铜版的说明或刊记,遇到没有说明的活字本鉴定就有困难。明代还有刻本翻活字本,容易跟活字本混淆。往年商务印书馆《四部丛刊初编》初次印本《蔡中郎集》就曾误翻本为活字,藏家需要注意辨认。

活字本一般仅印百十部的光景，一旦售罄，即不可再得。从明至今已有三四百年，中经水火兵燹之厄，残存无几。今天明活字印本已极其罕见，藏家好奇，竞相搜求，即使残册也可获高价。

汲古阁刻本

明末虞山毛晋汲古阁刻印了大量古书，对于汲古阁刻本当时和后世都有訾议，甚至说他藏善本，刻劣本，所以过去藏家不予重视。但是根据其子毛扆所说，毛晋刻书时不见得都有善本，一边刻书，一边收书，书刻成之后可能得到了精善之本，却不一定还有机会、有财力改版重刻，这恐怕也是实情。毛晋所刻《乐府诗集》，底本是元刻本，本来可以直接翻刻，但是他认为文字有节略漫漶，特地借来钱谦益所藏宋本亲自校勘付印，世人称为善本。汲古阁刻陆游的《渭南文集》印行之后，毛斧季得到残宋本，据以重校修版，以期尽善。汲古阁刻《宋六十名家词》中的《于湖》、《梦窗》两家刊刻过程就曾补刻底本缺失，后来毛斧季获见各种善本通体重校，为我们留下了一部至为珍贵的手校《宋六十名家词》，而他却已慨叹"床头金尽"，无力重刊。这些情况足以说明汲古阁刻本不能简单地否定，特别是居今而言，汲古阁刻书已经是三百五六十年前的事情，从年代上看，今天得汲古阁刻本可以跟清初藏家得元刻本相比，这就更值得重新评价汲古阁所刻各书。

汲古阁刻书很多，现在虽然有清郑德懋、顾修校刊的《汲古阁校刻书目》和民国初年陶湘编印的《明毛氏汲古阁刻书目录》可以查考，然而有些书还是没有列入。特别是毛晋为友朋刻过许多书，例如他给余怀刻过几种诗文小集，有的有牌记署名，有的没有标记，现在只能根据版式推测，很难一一指实。

汲古阁所刻各书珍罕程度不一，其中不乏难得之本，其初期印本以"绿君亭"为名者一般少见，值得收藏界三致意焉。汲古阁刻过很多唐、宋、元人诗文集，版本大抵精善，一般汇为丛刻行世，今日都不多见，故老相传《四唐人集》独为难得，而《牧潜集》、《清江碧嶂集》、《沧螺集》等若干种单行者尤其罕见。汲古阁所刻各书有些本来单行，后来汇为丛刻，印本就不如初印本精丽动人。特别是毛氏版片多有转手至他人继续刷印者，藏家目录仍然著录为汲古阁刻本，但是内封已经改换刻书堂号。这些书今日传本虽多，大多后印漫漶，甚至文字有误，跟初印带有原版封面者相去甚远，珍罕程度不可同日而语。这里特别要提到汲古阁刻《说文》，此版存世多年，随时刷印，流传极广，并不稀罕。但是后世所见几乎都是修版后印的本子，过去卖价很低，而被段玉裁推为佳胜的初印未修版者在乾嘉时就是难得一见的珍本，今天更稀如星凤。当然后印根据善本修版者另有可取之处，这就需要认真甄别，收藏家的学识和功力也就体现在这里。

汲古阁刻本至今仍然是有待发掘的宝藏，毛氏父子到底刊刻过哪些书，各书底本质量如何，哪些书经过毛氏父子重校修版，哪些书有校本传世而未及追改，都是饶有兴味的问题。特别是毛氏印书通常只见竹纸，相传使用毛边和毛太，但是流传中偶见开化纸和明公文纸印本，值得注意。此外，过去有一些误传也有待纠正，例如书林盛传《四唐人集》书版为毛晋的孙子劈为薪材煮茗，其实纯系讹传，此版与《诗词杂俎》后来同归吴门寒松堂，今有寒松堂印本为证。

明刻收藏馀论

以上我们概括介绍了明刻本鉴赏和收藏的基本情况，此外还有一些书籍值得注意。我们知道，明人著述往往涉及明朝与满洲对峙的北方边事，这些书籍在清代遭到严厉的禁毁，损失严重，侥幸存留下来就是难得的珍本。清朝末年以来，随着清廷的衰败和现代学术研究的开展，禁书开始成为学者搜求的对象，也曾掀起一阵禁书热。旧书店遇到一部书必然要翻检清代禁毁书目，一见榜上有名，必然特别标明“禁书”二字，立时跻身珍本秘籍，身价倍增。时过境迁，学者的眼光不再像当年那样专注，一般水平的藏家又难以赏识和鉴定禁书的价值，禁书就开始陷入低潮。遭禁的明刻本中有许多明人的诗文集，有关的作品在清代即使有机会重印，文字或多或少都会有所更易。在欣赏明代原刻真面时，看看它何以会遭禁，不仅平添了兴味，而且是很有意义的事情。想想它是历尽磨难的漏网之鱼，在珍重摩挲之馀，应该会有一份额外的温馨。有心人肯于坐下来认真地读读书，探索一番，而不是仅仅貌相，那么收藏禁书就是一个值得考虑的选择。

明代还有许多宋元积存下来的书版，不时修版补缺刷印行世，这些印本中有宋元旧版，明代补版一般注明补刻时间。这些书刷印时间越早，旧版越多，补版越少，所以其版本价值决定于刷印的年代。像目前所见的宋版《尔雅疏》其实是明初刷印本，著名的三朝本《眉山七史》——其实不是眉山刻本——也是宋版明印。由于旧版漫漶断烂，这些印本其貌不扬，若不留心很容易交臂失之。无论过去怎样评价，今天遇到这些书都不应该错失机会，说不定还会有意外的奇遇。傅增湘先生当年就是在他人摒弃的“三朝恶本”之中，以贱值买到天壤孤本北宋刻十行十九字本《史记》，一些学者定为北宋景祐补刻淳化本。要知道淳化本可是宋刻《史记》的第一个版本，皇皇一百多卷大书，绝对的人间瑰宝，国之重器。

最后我们还不能不提到明代有刊刻汇编丛书的风气，宋元丛书仅寥寥数种，明代的大套丛书规模宏大，十分引人注目。这些丛书质量不一，内容和刻印水平往往不是很高，不入学者和藏家之目，但是流传到今天，想找完整的一部书已经很不容易。像胡文焕编印的《格致丛书》，今天已经难以查考它到底包含哪些书。对于明刻丛书，除了考虑它传世多寡以外，特别要注意检查它包含哪些书，如果其中有一般丛书目录中没有记载的书，价值就不一般。例如汲古阁的《诗词杂俎》一般只有十五种，偶然会有十六种，多出《清江碧嶂集》，得到这种书就是意外的收获。

清前期中期藏家一般热衷宋元刻本，不注重明刻本。像黄丕烈早年也是如此，后来才认识到明刻也有可珍之处。作为结束语，让我们重温黄丕烈在《明刊陈子昂集跋》中的一段话："往闻前辈论古书源流，谓明刻至嘉靖尚称善本，盖其时犹不敢作聪明以乱旧章也。余于宋元刻本讲之素矣，近日反留心明刻，非降而下之。宋元版尚有讲求之人，前人言之，后人知之，授受源流，昭然可睹。若明刻人不甚贵，及今不讲明而切究之，恐澌灭殆尽，反不如宋元之时代虽远，声名益著也。"

〔**说明**〕 本文据作者在2002年北京琉璃厂中国书店春节讲座上的讲稿改写而成。

来燕榭书跋(续四)

黄裳

忍草堂印选

此何雪渔《印选》一册,不知何年收得,久忘之矣。近理箧藏,忽又见之,抚印精妙,似非出摹手者,抑何精耶?前序三通俱存,大可考见明人评雪渔治印议论,亦印史中名物也。余藏明人印谱如学山堂诸种不少,降至汪氏飞鸿堂诸种,皆可珍爱,偶一展玩,如对古人。更辑明清藏书家藏印,多至数百种,皆取之原钤册籍上,都为一书,亦可谓好事矣。因阅此并识之。丙申又三月十二日灯下漫书。

《印选》,海阳何震长卿篆,同邑程原孟长选,男程朴元素摹。每半叶四印,棉纸朱钤。丙寅长至眉道人陈继儒序,丙寅冬日韩敬序,东海友人陈赤忍草堂印选序,天启丙寅广平程原敬识于苕上之忍草堂自序。

李义山诗

余生平酷爱玉溪生诗,见旧本辄收之。箧中所储,明刻有嘉靖毘陵蒋刻《中唐十二家诗》本，毛汲古《八唐人诗》本，清代所刻几俱有之，更多收批校本，凡十许种。明刻尚见傅沅叔藏一万历本，棉纸精印，亦丛刻也。余更藏万历朱之藩刻《中唐诗》，中有《李集》，惜残去不存。明刻所见所藏，只此四种。此顺治刻朱注李诗，过录虞山钱木庵、冯简缘批，过录者陆士坊不知何许人，以笔迹印章证之，当在乾隆中也。旧为秦曼青藏书，今日见于古书铺，即买得之，亦好事之尤者矣。古书铺书，佳本闭锁楼上，不能入观，唯架上尚时可得一二小册。前闻孙助廉告，某君曾抽得知不足斋刻宋人诗馀一册，原刻初印，以文手校底本也。价只三金，诚是奇缘。因附识于此。己亥八月廿八日记。黄裳。

《李义山诗集》三卷，顺治刻。目后有朱笔临钱跋一通："往闻石林师笺义山诗最佳，为朱长孺奄有而改窜之，世莫见其原本，故吾家东涧序中有微词焉。予评义山诗，有出己意处，虽未必果得古人之心，要必近似有理，然后以已见求之，不敢妄为穿凿，稍涉疑似，则直以不解阙之耳。论题处多用冯氏论诗法，非摹定远先生而学步也。曾见时辈于古人诗随声附和，吟讽叹赏，及扣以作者之旨，往往茫然失对，况义山诗尤为深奥难读，故抉剔其义，以便初学，所以深绝含糊之意也。良择识。"卷尾墨笔题，"午未之际重读，凡百日而卒业。此公真是少陵后身，不可造次吟过。诗者两间之文，文必先著词，著词之法此君为第一。不然里巷鄙语，决不可以为诗赋也。七十七虞山老人简缘冯武识。""后学陆士坊临"。下钤二印，"陆印士坊(白方)、"艮序"(朱方)。收藏有"许仪"(白方)、"南野"(朱方)、"秦印更年"(白方)、"秦曼青"(白方)、"婴阁秦氏藏书"(朱方)、"扬州古文选里西寿慈堂收藏印”(朱文单行长印)。

履斋示儿编

此书有明钞本，又有顾千翁校旧钞本，明刻唯见此本，罕传颇甚。此本佚去末六卷，目录至十七卷止，细审之，知割去末数行，装治甚妙，估人作伪亦巧矣。

《履斋示儿编》二十三卷，宋庐陵孙奕季昭父撰，明荥阳潘膺祉方凯父校。万历刻，九行，十八字。白口单边。有开禧元年孙奕自序，序末一行云，“新安如韦馆藏板”。次大泌山人李维桢题词，目录。收藏有“孙印钟萸”(白方)、“研露斋”(朱长)、“邹印大镕”(白方)。

水经注释

此赵氏小山堂刻《水经注释》四十卷附《刊误》十二卷，初印精善，见于沪市，即买得。取校《永乐大典》本，《大典》亦有误字，且断句多误，一仍其旧。他日当更以绿笔重点一过也。乙未六月初七日全书送来，遂题记藏之。黄裳记于来燕榭之南窗下。

乙未六月十二日，小燕廿岁生日，夜奉母饮于市楼，夜归校毕此卷。(卷三十三末)

乙未六月十三日，大暑。客至。夜游园归，浴后点朱至夜半，竟此卷。好风时至，为之快然。(卷三十四卷尾)

此书买得二十四年矣。初得时曾取《大典》本手校数卷，未能竟读也。后世变益亟，迄无宁日。五年前藏书尽被攘去，片纸无存。乃近日忽得发还，此书先善本而归，展卷兴慨。旧跋书于三十四卷尾者，题乙未六月十三日，今日为己未六月十五日。余初跋此年四十，今花甲矣。廿载光阴，付之虚掷，孰为为之！尚幸体气粗健，当尚有读书之时。因记数语，以志岁月。己未六月半，黄裳。

《水经注释》四十卷，《水经注笺刊误》十二卷，首一卷，仁和赵一清诚夫录。乾隆小山堂雕。十行，二十二字。白口，左右双边。版心下有"东潜赵氏定本"六字。前有乾隆丙午镇洋毕沅序，全祖望序，乾隆十九年东潜赵一清序。次郦亭原序，次参校诸本，次《北史》本传，次目录。

欧阳文集

此明刻本欧阳詹集，何义门、严长明两家旧藏，棉纸初印精丽，颇罕传本，惜失去五六两卷。余旧有休宁汪氏古香楼故物明抄此书，即从此本出，曹序缺一番，可据此补完，遂更收之。此系虞山铁琴铜剑楼劫馀物，杂陈市上，多不全本，余买得数种，而以此为最佳也。甲午十一月十二日，装毕记事。

《唐欧阳先生文集》八卷，附录一卷，唐国子监四门助教闽欧阳詹著。万历刻，九行，十八字。白口，左右双边。万历丙午曹学佺序，李贻孙旧序，目录，校梓姓氏，叶向高以次凡三十二人，皆闽人。收藏有"义门藏书"(朱长)、"归求草堂重藏"(朱长)、"严长明校藏印"(朱长)。

经鉏堂杂志

此书传世有嘉靖中姚咨抄本，又穴砚斋抄本，知有明中叶尚少刻本。万历三十年金有华刻之，京馆有其书。此吴兴张辂校刻本却罕见，虽一明刻，亦可珍重。中佚去四、五两卷，不知能补完否。今日下午发兴理书，写跋未竟，得报社电约谈话，告以即日休致，归来灯下仍续完此跋，其事可记。癸亥正月廿六日灯下记。

《经钼堂杂志》八卷，宋雪川倪思正父撰。万历刻，九行，二十字。白口，单边。卷一一页大题下有“留馀堂藏板”五字，板心下有“吴兴张辂校刻”六字。前有万历庚子吴兴居实子潘大复序，次宋倪文节公传。

荆公诗笺注

荆公诗以李注本为最善。此清绮斋张氏刻本，精雅可爱，为世所重。余旧时以重直得一本，有李伯雨江城如画楼印记，藏之久矣。书出此地，颇有风蚀，意未惬也。前月于传薪得见甬上李氏所藏一本，甚阔大初印，惜为人捷足先得，意甚惘惘。今日春风作恶，零雨薄寒，午后偕燕阅市，于传薪案头又见此本，虽不如前见本之阔大，然明丽颇胜旧藏，因即携归。并记卷耑。时丙申二月初七，春分前二日也。黄裳小燕书于来燕榭。

荆公诗注读本以此为最便亦最佳。校刻精雅，海盐张氏所雕也。此本扉叶尚存，有清绮斋朱印，又有楷字双行朱记云“海盐城隍庙西首筠心堂张氏印行”，不知为清绮斋昆弟行否，惜菊丈久归道山，无从请益矣。此本旧曾加朱，尚未卒业，乃罹盗掠，睽隔五载，昨始归来，展卷怡然，如遇旧欢。欢喜记之。己未夏至后二日黄裳记。

《王荆文公诗》五十卷，雁湖李壁笺注。乾隆刻，十一行，二十一字。白口，左右双边。乾隆辛酉武原张宗松序，次重刊笺注略例，次《宋史》本传，次目录。每卷尾有“武原张宗松青在校刊”一行。收藏有“毋自欺室藏本”(朱方)、“苕东吴氏宜园珍藏印”(朱方)、“湖上读书楼”(朱方)。

苏　诗

庚寅春正月廿三日,获此明黑口本《苏集》三十一卷二十册于海上。原书共百十二卷,此诗集独全。成化七集本世恒有之,此本却不经见,亦可宝也。黄裳手识。

此残本《苏文忠公集》凡一百十二卷,今存首三十一卷,余获之叶铭三许。以诗集独全,乃喜而获之。出旧藏宋黄州大字本《东坡后集》校其异字,研朱煮茗,灯下勘定,况味清绝。余更有翁松禅过录严思庵批本《王注苏诗》,其本殊不佳。严公寒士,跋中常有明日无米之叹。严氏原本盖以一金得之书估者,断烂至不可读。严君生当顺康之际,松禅亦光绪时人,所读乃皆劣本。余何幸得此旧刊遍施丹铅乎。庚寅正月廿七日夜校毕漫书。黄裳。

初书友郭石麒持明西爽堂本《晋书》见示,请留之,谓是叶铭三物。余初不识叶,但知其为中国书店旧人,曾售残本与郑西谛者。一日余午后过市,遂访之于极司斐尔路上,叶导余入其内室观书,乃绝无旧本,俄而持此残本《苏集》见示,索十三万金,书虽不全,然止于《和陶诗》,知诗卷当不缺失,又是明初黑口本,遂携归,倩石麒为谐价,石麒返告叶颇重视此书,不允少让,闻之惜然,时已以宋本校得诗百数十首矣。一经丹铅,终难舍去,用是戚戚。今晨石麒又至,告叶允以十二万金见售,遂筹款付之,是书乃为余有。快慰之至。今夜饮于蔡家,尽黄酒斤许,归寓饮浓茶,醺然犹有馀醒也。因书卷尾。庚寅春正月初五日夜十二时。

黄裳。

傅沅叔《经眼录》著录《东坡集》四十卷，《后集》二十卷，《奏议》十五卷，《内制集》十卷，《乐语》一卷，《外制集》三卷，《应诏集》十卷，《续集》十二卷，成化四年程宗刊本，行款与此同，却非一刻。又著录《苏文忠公集》一百十二卷，十行二十字，黑口，四周双阑，云字体圆湛，刊工精美，似成化弘治间刊本。按语云，此本传世极稀，各家书目均罕著录，唯邓氏群碧楼有之，然亦失序跋，未能考其源流，分类颇有伦次，疑其源出旧本，非明人率尔编辑所能为，即此本也。《坡集》明刻甚富，其黑口十行廿字本只此两种。以余观之，写刻殊草草，未为精美，然自是旧刻可存。此三十馀年前所收，曾用家藏黄州大字本《后集》残卷校之，编次大异，检阅不易，惜所用硃锭非佳品，日久变黑，甚不浃意。三十年来旧藏陆续散去，只此本及王状元注本尚存。春朝展观，漫记数语。甲子四月初一日，黄裳。

　　《苏文忠公集》存卷一之三十一，又首一卷。明初刻，十行，二十字。大黑口，四周双边。首有宋孝宗御制集赞并序，赠太师诰词，颍滨撰墓铭，《宋史》本传，王宗稷撰《东坡先生年谱》。

四本罕见书

——苹楼藏书琐谈之一

涂宗涛

整理旧藏，发现有四本书今已罕见，却仍有一定参考价值，特按成书年代先后为序，予以简介，以作为书友谈助。

满汉同文新出对像蒙古杂字（嘉庆辛酉年（1801）新刻中和堂梓行）

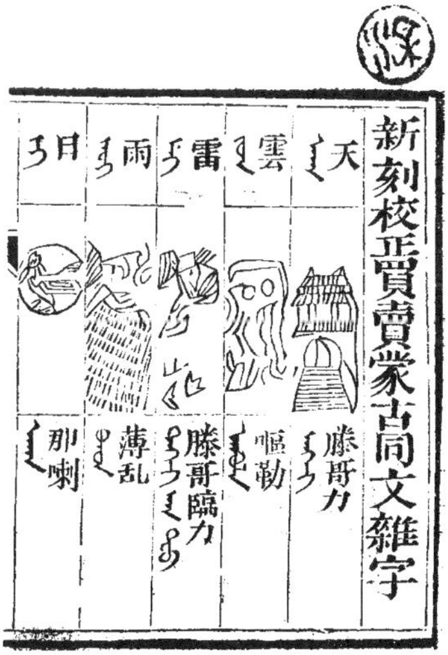

《满汉同文新出对像蒙古杂字》（以下简称《杂字》），书末标“中和堂梓行”，而封面却标“京都打磨厂锦文堂梓行”，知是北京书坊“锦文堂”以“中和堂”的原版片刷印。《杂字》首页第一行标“新刻校正买卖蒙古同文杂字”，说明这本书是供和蒙古人作买卖者自学蒙语之用的。

《杂字》共五十三页（双面），封面一页，版刻线装，版框高12.4厘米、宽10厘米，单鱼尾，竹纸，浅黄色，单面分为六行，第一至三十九页又二行，每行分为三栏，上栏为名词（右为汉字，左为满文），中栏为图，下栏为与上栏名词相对应之蒙文（蒙文在左，右为汉字音译）。从三十九页的第三行起至第五十三页反面之第四行，每行分为四栏，无图，第一、三栏为日常交往生活常用语（左为满文，右为汉字），第二、四栏分别为与第一、三栏相对应之蒙文（右为汉字音译）。《杂字》的内容确是“杂”，凡日常生活中的常见事物，基本上包括了进去，等于不懂蒙文的满、汉人自学蒙语的日常会话手册。

这本书今天仍有参考价值：首先提供了内地和蒙古地区在嘉庆年间相互贸易的商品内容，如“绸缎”类，就有“缎子、花缎、素缎、青缎、蓝缎、蟒缎、粧缎、倭缎、门缎”等，其中的“倭缎”乃日本生产，为当时的中外贸易提供了史料。其次，反映了当时内地和蒙古进行交易的方式，除以货币计价之外，还存在“以物易物”的原始办法，这从《杂字》中的“各样布换马”、“各样绸缎换马”、“东西换皮子”得到证实。再次，从图形中让我们知道了当时的某些同物异名，如在第三十三页反面，上栏标“兔虎”，中栏画一头鹰，说明鹰当时又叫“兔虎”，这是在普通词典中查不出来的。另外，从所绘图形中，可看到当时某些器物的形态，如“裘”，从甲骨文到《诗经》，这种皮袍都是毛在外，而《杂字》中的“皮袍”、“皮掛”均毛在里，但在第十一页反面的“丈夫”中栏所绘图形，其“皮掛”明显为毛在外，可见当时人们所着的皮衣，既有毛在内也有毛在外的。还有，《杂字》也是一本民间的木刻版画，其中有些版画，不管是从构图还是刀法来看，都达到一定水平，可作艺术品欣赏，如第三页的“墓、园、林、山、岭、洞”六幅小版画，就有中国山水画的韵味。可惜这本民间的通俗坊刻读物，历来的藏书家不屑收藏，人们又随手弃掷，今已成为极罕见之书，应表而出之。

字义类例（陈独秀著。1925 年 12 月亚东图书馆手写楷书石印本）

《字义类例》（陈独秀著），线装一册，大 32 开本，边栏高 15.1 厘米、宽 11 厘米，单面直行用墨线分为十行，行二十字，遇加按语或注释处则用双行小字。全书为手写楷书石印，用白色连史纸。封面“字义类例”由“（胡）适之题笺”，衬页后仍有一页为“适之题笺”之书名，次页为著者之“字义类例序”，再次页为“字义类例标目”，接着为正文。正文共百十八页（双面），书末为版权页，标“中华民国十四年（1925）十二月出版。著者陈独秀。印刷兼发行者亚东图书馆”。全书约五万字。著者在《序》中称：“这本书是我于民国二年亡命上海闭户过冬时做的。其中只有解释假借有点特殊的意见，要求读者加以注意！近代学问重在分析，此书分析字义底渊源，于中学国文教员或者有点用处，我所以允许亚东主人将他出版。”这篇短序写于 1925 年 3 月的上海。这本书距今已七十多年，由于是石印，当时印数就不多，今已很难见到，加上它又是陈独秀早期研究文字训诂的专著，更加珍贵，至今连陈独秀还是个对文字训诂学造诣很深的学者这一点，也很少人知道了。

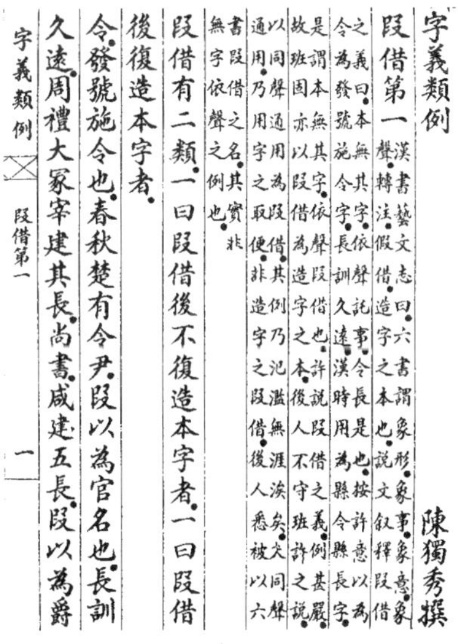
字義類例　陳獨秀撰
叚借第一　漢書藝文志曰六書謂象形象事象意象聲轉注假借造字之本也說文敘釋叚借之義曰本無其字依聲託事令長是也按許意以為令為發號施令字長訓久遠漢時用為縣令縣長字是謂本無其字依聲叚借也許說叚借之義例甚嚴故班固亦以叚借為造字之本後人不守班許之說以同聲通用為叚借其例乃氾濫無涯涘矣夫同聲通用乃用字之取便非造字之叚借後人悉被以六書叚借之名其實非無字依聲之例也
叚借有二類一曰叚借後不復造本字者一曰叚借後復造本字者
令發號施令也春秋楚有令尹叚以為官名也長訓久遠周禮大冢宰建其長尚書咸建五長叚以為爵
字義類例　叚借第一　一

提起陈独秀人们并不陌生，知道他主编《新青年》，是“五四”新文化运动的主帅之一，也是中国共产党的首任总书记，但这并不能全面反映陈独秀其人，事实上，陈氏还是对中国传统文化很有研究的学者，在文字训诂方面，除《字义类例》外，他还在《东方杂志》上不断发表这方面的学术论文多篇；他的旧体诗写得相当好；对书法也很内行，沈尹默之所以成为著名书法家，是和陈氏对他的指点批评分不开的。可惜，这位对中国传统文化有很深造诣的学者，却被“五四”新文化运动先驱者的盛名所淹没了。为了说明这一点，这本《字义类例》就是很好的例证。

《字义类例》共分十章，即：“假借第一”、“通用第二”、“引申第三”、“反训第四”、“增益第五”、“俗误第六”、“辨讹第七”、“异同第八”、“正俗第九”、“类似第十”，每章再分节论述，如“假借”章下分“假借后不复造本字之类”、“假借后复造本字之类”两节；“通用”章下分“异文通用”、“省文通用”、“增文通用”三节。著者在《序》中指出该书“解释假借有点特殊的意见，要求读者加以注意”，确实如此。首先是把“假借”和“同声通用”区别开来，因“假借”为“本无其字，依声记事”，如“令、长”二字，“令为发号施令字，长训久远，汉时用为县令县长字，是谓本无其字，依声假借也”，“假借属于造字之本”；而“同声通用，乃用字之取便，非造字之假借”，“实非无字依声之例”，并进一步指出后人将这二者统称为“通假字”，“其例乃泛滥无涯涘矣”。

《字义类例》颇多创见，以“通用字”即“用字之假借”为例，如《孟子·梁惠王》“颁白者不负戴于道路矣”之“颁”，《说文》释为“大头也”，而此处却是指“须发半白”，并非“大头”的引申义，杨伯峻《孟子译注》也未说明其所以然，一查《字义类例》，原来是“用颁为鬒”，据《说文》，“鬒，须发半白也”，因“颁”和“鬒”同声，属于异文同声通用，一下就涣然冰释了。再如提出“通用”有“省文通用”者，如《毛诗》“干旄干旌”之“干”，乃“竿”之“省文”，即省去其形符“竹”；也有“增文通用”者，如“苞，草也，古多以为包裹字”，即“包”字增加了形符“艹(艸)”，仍当“包”字用。这些，都是发前人所未发的创见。上世纪八十年代，当我整理修订郑权中先生遗稿《通借字萃编》(天津古籍出版社 1990 年版)时，其中有“省形谐声通借字”(如“干”)和“增形谐声通借字(如“苞”)的区分，当时还以为是郑先生的创见，后来才知早在 1925 年陈独秀的《字义类例》中就提出来了。这本书，由于“分析字义底渊源”，今天仍有实用价值，可提高人们阅读古籍的能力，不仅是中学的语文教师，即使是大学的中文系教师，我认为都是应该一读的。末了，还想一提应该恢复陈独秀的历史真面目问题，我很同意袁鹰《世纪回眸的匡正》(《书摘》2002 年 1 期)一文中的观点，在政治上加给陈独秀的那些“吓人的大帽子”，实际上是“中国共产党历史上最早的一桩冤假错案”，相信迟早会加以澄清的。

国府汪主席行述 (时局丛书之五十二。华北政务委员会总务厅情报局编印。中华民国三十三年(1944)十一月二十日出版)

《国府汪主席行述》(以下简称《行述》)，铅印一册，32 开，七十八页，平装。每页十七行，每行三十八字，全书约五万字。封面右上标“时局丛书之五十二”，正中用一号白体标“国府汪主席行述”，左下标“华北政务委员会总务厅情报局编印”、另行小字标“中华民国三十三年十一月二十日出版”。首页为“目录”，计有：“(一)谱系家世”、“(二)苦读经过”、“(三)献身革命”、“(四)甘水桥案”、“(五)辅翼总理”、“(六)公忠体国”、“(七)奔走和平”、“(八)国府还都”、“(九)尽瘁国事”、“(十)赴日就医”、“(十一)年谱”、“(十二)轶事丛钞”、“(十三)荣哀录——一、追悼情况；二、周代院长广播；三、舆论；四、輓联”、“附录——(一)正月的回忆；(二)北京庚戌桥记”。以上是“目录”的全部内容。对于这本书，不用介绍，从“目录”即知，是汪伪国民政府主席、大汉奸汪精卫逝世后，由伪“华北政务委员会总务厅情报局”编印的一本纪念性集子，虽未标明印数，但由于它是应时而作为官样文章的东西，估计印数不会多，加上出版后不到一年即抗战胜利，汉奸组成的伪政权垮台，这本宣传和歌颂汪精卫的书，当然在禁毁之列，人们不屑保存，所以今天已经很难见到了。

《行述》虽是汉奸政权的出版物，但其中也保存了不少可资参考的史料，尤其是为研究汪精卫生平和汪伪政权史提供了第一手资料。如汪逝世后，《行述》载《日本政府声明》全文，其中称“值兹中日两民族，自觉责巨任重，力谋精诚团结愈切之际，中国极应克体汪主席阁下未竟之志，愈益一致协力为东亚之将来再接再厉”，对汪伪政权的继承者，使用了不折不扣的命令口气，颐指气使，溢于言表，这也可看出汪伪政权是在日本帝国主义卵翼下的傀儡本质。此外，对国共合作史也提供了某些线索，如在该书第十八至十九页称“二十七年（1938）元旦，中共首脑廿三名，恢复国民党籍”，不见于别的文献记载，不知是否可信，为探讨第二次国共合作史提供了线索。再以周作人为例，《行述·荣哀录》载，周不但是伪“华北政务委员会”的“委员”，还于 1944 年 11 月 16 日下午亲自参加了在中南海怀仁堂华北各界公祭汪精卫的活动，可见他并不是挂名的“委员”。至于汪精卫的青年时代，在《行述·附录》载他的遗著《正月的回忆》一文中，称 1905 年他二十一岁，在日本法政大学学习，正月正值日俄战争在中国的旅顺口一带展开，“日本的关心集中于旅顺的攻击，全国国民期待着还是今天陷落，还是明天陷落”，这本来是

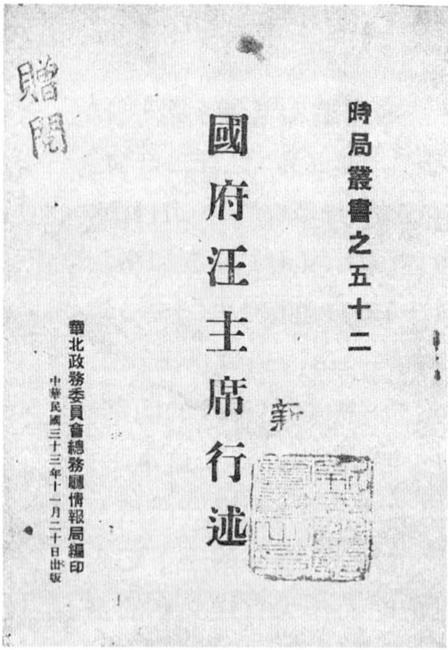

两个帝国主义在中国领土上为争夺我旅顺的强盗厮杀，汪作为血气方刚的中国青年，若稍有国家民族意识，就应该感到痛心和愤怒，但汪却完全不是，他当时的心情是："这种日本国民的热烈的爱国心，深深的燃烧了年青的我的心曲"。请看，二十一岁时的汪精卫已经忘记了自己还是中国人，和日本人溶合在一起了，本此，说他青年时就是个汉奸坯子并不为过。

遥夜闺思引（俞平伯撰并用毛笔楷书。北平彩华印刷局1948年3月影印本）

《遥夜闺思引》一册，小32开本，边栏左下标明"仿绍兴本通鉴行格"，版框高12.3厘米，宽9厘米，每页十二行，每行二十字，未标页码，计二十页（十个单张）。封面标"遥夜闺思引　丙戌正月许宝骙题"。封底标"中华民国三十七年三月初版景印共一百册"、"自写遥夜闺思引第六本"、"著作者俞平伯"、"发行人暴春霆"、"承印者北平彩华印刷局"、"有著作权不得翻印"，在"著作者"和"发行人"上端，钤有"平伯所作"朱色印一方。纸用能影印之白色硬厚纸。非线装，穿四个孔，用两根红丝绳栓结。全书分《遥夜闺思引自序》和《遥夜闺思引》正文两部分。《自序》为骈体文，正文为五言长诗。全书为俞平伯手书小楷，字体娟秀而舒展，气韵流畅，有功力，富书卷气，不失为法书佳品，当时之所以影印发行，就是作为名家书法作品看待的。

当然，《遥夜闺思引》不仅是一本法书佳作，其赋（骈体文）和诗也是佳作，一篇五言长诗达三千七百多字，也很少见。作者在近千字的《自序》中称："仆也三生忆杳，一笑缘坚，早堕泥犁，迟升兜率。况乃冥鸿失路，海燕迷归，过槐屋之空阶，宁闻语屧；想荔亭之秋雨，定失寒花，未删静志之篇，诗续闲情之赋，此遥夜闺思引之所由作也"，可见作者这篇长诗，是出于真情实感而又富于寄记的。一般人只知俞平伯是"红学家"和"词学家"，这篇《遥

遥夜闺思引自序

夜闺思引》，说明他还是书法家，而且也是写传统诗赋的高手，对传统文化有很深造诣的。

《遥夜闺思引》初版只影印百册，不闻有再版，我所藏者为第六册（编号发售），今已很难见到，我的同事孙玉蓉女士一直研究俞平伯，为找到这本《遥夜闺思引》，她在天津、北京的各图书馆打听，除首都图书馆藏有一本却不外借之外，别的图书馆都未收藏，最后还是借了我所藏的这一本，可见该书已成凤毛麟角了。

·新书架·

中国历代人物像传

郭磬、廖东编　16开　精装4册　齐鲁书社出版　定价720元

中国古代向有为圣贤画像立传的传统，或画于壁上，或刻于石上，明清以来，更有板印图籍流传，以示景仰追慕之情。本书共辑明清有代表性的历史人物像传十二种，收历代帝王后妃、文武功臣、儒门先哲、文坛耆宿、地方仕绅、游侠剑客、隐逸高士、佳人杰女等一千二百馀人，大多惟妙惟肖，栩栩如生，是现代摄影术发明以前的历史人物肖像留影。这些历代各种风流人物的画像和每幅画像后所附人物小传或赞语，为文史研究者、美术工作者和爱好者提供了宝贵的历史人物的形象和版画资料。

《北方木刻》

姜德明

《北方木刻》，16开本，1947年5月上海高原书店出版。

我第一次见到这本画册，是在1948年底，天津被解放军围城的特殊环境下。那天，我去邻居康家串门，主人康兄主动向我出示此书。康兄与我年龄相近，喜欢绘画，给我画过一幅素描，我保存至今。

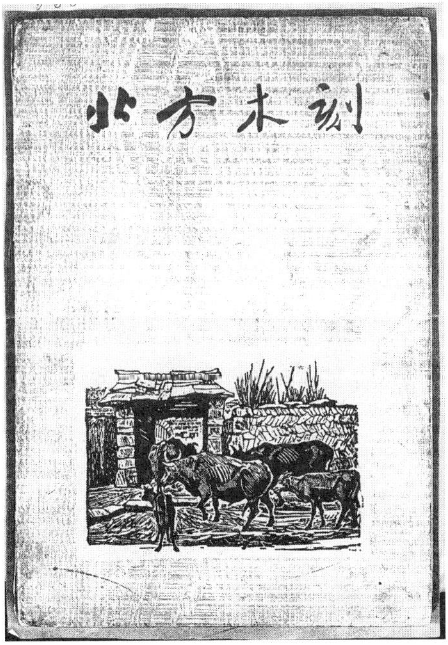

书名中的“北方”，实指西北高原的陕甘宁边区，时在“戡乱”期间，书店不敢明写这是来自延安或解放区的木刻作品。我从这本画册中，第一次见到了延安的宝塔山，第一次见到了神秘的陕北窑洞，还有“鲁艺”的校景，头上戴着布军帽的延安保育院的女教师，

以及农民秧歌队，结婚登记，乡政府办公室，选举，劳军，担架队……这一切对我来说都是十分新奇和令人向往的。当然，限于当时我的思想幼稚和生活环境的影响，对有的作品，如农民对地主老财的斗争场面，就感到有点惊异了。

郭沫若先生为《北方木刻》写了序言，他高度评价了鲁迅先生在新木刻运动中的不朽功绩，同时指出了本书的特点。他说木刻家本来无分南北，但“北方作家们是处在更无拘束的空气里面，被解放了的人民大众的乐天生活影响着他们，使他们的反映都呈现出一种乐天的景象。……因此我们在这里不仅可以得到艺术的欣赏，还可以看出生活的进步。这是这个选集所以特别值得推荐的地方。”他以为这本书可与当时由开明书店出版、叶圣陶先生作序的《抗战八年木刻选集》媲美，堪称姊妹篇。

就在我初见《北方木刻》的几天之后，天津就解放了。我是在炮声隆隆中读这本画册的，它所带给我的心灵震动，是永远难忘的。记得当时枪声未止，康兄即去找地下党报到，归来时已换上带有“军管会”臂章的棉军装，真是英姿勃勃，令人称羡不已。不久我也离开了天津。这么多年了，不知他那本《北方木刻》现在尚存否?

多年来我曾在旧书店里寻访此书,久久未能如愿,直到上个世纪的六十年代初，我才在上海旧书店以八角的代价买到一册平装本的《北方木刻》。全书共收古元、彦涵、力群等木刻一百二十五幅,其中彩色套印木刻十二幅,按当时的印刷条件来讲算是精良的。七十年代中期，我在北京海王村的中国书店又见到一册精装本,定价二元,我毫不犹豫地付款携归。平时我很少在书上钤印,这次却破例地在精装本上盖了我的藏书印。

每逢我翻检这本画册的时候，我便会回忆起初见它时的那些值得纪念的日子。前些天,我偶然又翻阅此书,看到版权页上的高原书店,想到这一定是个虚名,为了让国民党查封无门,而经售处则有生活书店和新知书店等,或者是他们化名所为?因向当年正在上海生活书店的范用兄请教，回答不是他们印的。后来查明是作家叶以群编印的,范兄在电话里跟我说:“以群是党员,同解放区有联系,当时他在上海印了不少书,为党做了很多事。可惜在‘文革’中被逼得自杀了……”

两本试刊号

范 用

《藏书家》第5辑谢其章《庋藏期刊从"头"开始》一文，谈集藏期刊创刊号之乐趣，由此联想起我曾编印过的两本期刊的试刊号，一本《新华文萃》，一本《生活》半月刊。不知现在是否也有收藏试刊号的。

胡愈之先生在二十世纪三十年代编过一本《月报》，为大型文摘刊物之滥觞。1949年又创办《新华月报》。十几年后有读者建议最好将时事文献和文章作品分开来编印。我记得周恩来总理常常查用《新华月报》，曾经不止一次打电话到新华月报编辑部，问某一文件登在哪一期《新华月报》上。有时他出国还带一套《新华月报》备查，不过只带从《新华月报》拆下来的时事文献部分。有些读者反映，他们只要看文章作品，而不需要时事文献。

于是我设想，把文章作品从《新华月报》抽出来另外编印一本刊物。为了征求意见，在出版社讨论通过，并且向上级请示报

告，我先编了一本试刊号，定名为《新华文萃》，以示与《新华月报》为姊妹刊。

《新华文萃》的篇幅为文字二二四面，画刊四面。文字部分选了四十几篇文章，文学作品有艾芜的小说，巴金的散文，光未然的新诗，田汉的旧体诗，丁西林的剧本等等。美术作品有黄新波、杨讷维的版画，华君武的政治讽刺画等等。另有“读书与出版”、“学术论文提要”、“报刊文章篇目辑览”专栏。

《新华文萃》试刊号印出，出版社向中宣部打了个报告。不料陆定一部长看了，说：“要亡国的！”我们晓得，陆部长不赞成的事，喜欢用“要亡国的”这句话表示，这是他的口头禅。当然，此事到此为止。

有一天，田家英来人民出版社，顺便到我的办公室，看到桌子上的《新华文萃》，抄起就走，说“带回去放在他的桌子上，他爱看这一类杂志。”“他”，毛主席也。我说这不要，万一主席看了说“好嘛！”怎么办？陆部长知道了，岂不要批评我绕过中宣部送给主席。家英说“不碍事”。幸好后来没有出问题，只是我捏了一把汗。

1979年，《新华月报》文摘版（后来改名《新华文摘》）创刊，此事算是画上一个圆满的句号。

《生活》半月刊，是我和人民出版社的几位同事，主要是曾彦修酝酿试编的，也是为了征求意见。当时三联书店附属于人民出版社，《生活》半月刊用三联书店名义出版，以示对韬奋事业的继承。

《生活》半月刊的篇幅只有三十二面，是本杂文、随笔刊物。试刊号有二十几篇文章，作者有曾彦修、李洪林、谢云、钟惦棐、秦似、聂绀弩等人，包括傅雷的一篇遗稿。同时还刊登了宋振庭、唐弢、项南、于光远关于办好这个刊物的意见摘录。

不料，胡乔木收到试刊号写给曾彦修一封信，劝告停办《生活》半月刊。我们一向尊重乔木同志，此事就这样浅尝辄止。后来，三联书店出版《三联生活周刊》，至今快要出满二百期，又算是给此事画上一个圆满的句号。

这两本试刊号都只印了一百本，现在已经很难觅见。

以上，也算是书林的一件轶闻吧。

早期翻译小说两种

倪墨炎

《巴黎茶花女遗事》的铅印本

外国小说翻译到中国引起轰动效应的，最早大概要算《巴黎茶花女遗事》了。它是根据法国小仲马写的小说《茶花女》，由晓斋主人（即王寿昌）口述、冷红生（即林纾）笔录而成。《茶花女》写一个出身贫苦、堕入娼门、追求豪奢生活而不能自拔的妓女的恋爱悲剧。它揭露了上层社会的虚伪和罪恶。小说在法国出版后，风靡一时。小仲马将小说改编成剧本，搬上舞台，又是久盛不衰。

《巴黎茶花女遗事》初版，是林纾（琴南）于 1899 年（光绪二十五年）1 月自费雕版印刷的，是一种木刻大巾箱本的线装书，封面上印有“冷红生自署”字样。封面里面和封底里面印有“己亥正月，板藏畏庐”两行字，都是林纾的笔迹。书末有“福州吴玉田镌字”一行，吴玉田当是为林氏雕板刻字的工人。

同年四五月间，素隐书屋以林纾家刻原板委托昌言报馆印刷。这就是素隐书屋线装刻本。此书里封印有“己亥夏素隐书局托昌言报馆代印”两排字。1899 年 5 月 26 日《中外日报》刊有《〈茶花女遗事〉告白》：“此书闽中某君所译。本馆现行重印，并拟以巨资酬译者。承某君高义，将原板寄来，既不受酬资，又将本馆所偿板价捐入福州蚕桑公学。特此声明，并致谢忱。昌言报馆白。”文中所说“某君”，当为林纾；所说“原板”，即为林纾自费雕刻的板子，即“畏庐藏板”。据阿英在《关于〈巴黎茶花女遗事〉》中介绍，素隐书局、昌言报、中外日报都为汪穰卿所办。汪穰卿为了减低成本，更大数量的印制《巴黎茶花女遗事》，出版了铅字排印线装本。铅排本将新译包探案《长生术》装订在《巴黎茶花女遗事》之后，合册出版。林纾在《歇洛克奇案开场》（1908年商务印书馆出版）的序中说：“当日汪穰卿舍人为余刊《茶花女遗事》，即附入华生包探案，风行一时。”即指此书。此书里封除书名外，还印有“书经存案，翻刻必究”两行字，倒颇令人思考。“存案”？存于何处，又系何案？难道当时已有版权登记？“翻刻必究”也是新颖的保护版权的思想。

本书第四种版本是1901年（光绪辛丑）玉情瑶怨馆刻本。该书里封书名为“沅陵丁可钧题”。其板刻比畏庐刊本精致，版式宽大，为各刻本中的佼佼者。阿英在《关于〈巴黎茶花女遗事〉》中说：“至丁可钧题署、王运长书签的玉情瑶怨馆木刻本，究为谁氏所刊，现在还未能查清。就刻工说，此本是较原本尤精的。”阿英所说的“原本”，是指林纾自刻的“畏庐藏板”的首刻本。

本书的第五种版本是1903年文明书局出版的铅印平装本。该书的正文前有一篇《茶花女小传》。文明书局1902年由俞复等人开办于上海，出版过我国最早的小学教科书《蒙学课本》和中外文艺书籍、社科书籍。本书出版后，文明书局又于1904年出版林纾与曾宗巩合译的《利俾瑟战血馀腥记》、《滑铁庐战血馀腥记》两书。该书局1906年又再版了本书。本书的铅印平装本就这样开始流传。

本书的第六种版本是广智书局作为《小说集新》第一种的铅

排平装本，书前有“茶花女及亚猛之肖像”的插图。广智书局1898年由冯镜如等人创办于上海，出版过康有为、梁启超的不少著作，还出版过《二十年目睹之怪现状》等小说。广智书局的《小说集新》是一套丛书，1904年还曾将林纾、魏易合译的《埃司兰情侠传》收入该丛书出版。在广智书局出版《巴黎茶花女遗事》时，文明书局肯定也还在出版该书。两家书局肯定都是林纾授权的。

本书归上海商务印书馆出版时，已在1923年12月。该馆出版时，将书名改为《茶花女遗事》，铅排，小32开本。该书封面上印：法国小仲马原著，晓斋主人、冷红生合译；版权页上印：原著者法国小仲马，译述者晓斋主人、红冷生。这书封面装帧，与商务版其它图书朴实无华的装帧不同，正中是一幅图：茶花女手持茶花，身着华衣，坐在华灯照耀下的客厅里；在这幅画的下面，竟是一排九个骷髅。译述者曾把小说理解为含有劝善的意思：走茶花女的道路，是死路一条。这幅封面装帧是否也寓有这样的意思，是发人深思的。这本铅排本曾多次重印。

商务印书馆于1930年10月，又将本书编入《万有文库》。从此，它的开本、装帧都和《万有文库》其他本子一样，书名仍为《茶花女遗事》。

《巴黎茶花女遗事》出版后，由于译者稍稍改变了原著的一些思想，使中国士大夫们能够接受，而情节的哀艳，译笔的优雅，又深受士人的欢迎，因而对此书好评如潮。连康有为也有诗："译才并世数严林，百部虞初救世心。"严林即严复、林纾。对林纾的翻译并不很以为然的严复，在1904年出都留别林纾的诗中却也说："可怜一卷茶花女，断尽支那荡子肠。"晚清作家邱炜萲在《挥麈初遗》中称林纾译《茶花女遗事》，是"以华人之典料，写欧人之性情，曲曲以赴，煞费匠心。好语穿珠，哀感顽艳。读者但见马克之花魂，亚猛之泪渍，小仲马之文心，冷红生之笔意，一时都活，为之欲叹观之"。多少道出了这部小说大受欢迎的原因。

本书各版的书前，都有一段文字说明译述的经过："晓斋主人归自巴黎，与冷红生谈巴黎小说家均出自名手。生请述之。主人因道仲马父子文字，于巴黎最知名，茶花女马克格尼尔遗事尤为小仲马极笔。暇辄述以授冷红生，冷红生涉笔记之。"一个懂外文的人，将外文版的小说逐句讲给一位不识外文者听，由他记述，就成了译文。这种"瞎子背着跛子走路"式的翻译，在今天简直不可思议，但在上世纪之初，它却独领译坛风骚二十年。这就是林纾与人合作的翻译，《巴黎茶花女遗事》是其中著名的一种。林纾的译笔还影响了不少当时初登译坛的人。周作人在《点滴》自序中就承认："我从前翻译小说，很受林琴南先生的影响。"新文化运动时期，他开始用语体文翻译，采用了"直译的文体"。鲁迅的情况也相似。可见林纾的翻译，在我国翻译史上的地位。

林译小说早已为各种新译本所代替。要在旧书市场找一本林译小说已是难事。1981年，商务印书馆为纪念该馆成立八十五周年，出版了一套《林译小说丛书》，共选入作品十种；另有一本《林纾的翻译》，是收编郑振铎、阿英、钱钟书等人文章及林译总目而成。本书也在十种作品之中，但书名却采用了商务印书馆从不采用的《巴黎茶花女遗事》，倒是出人意料的。

周作人译集《点滴》的改版

鲁迅、周作人兄弟之情断裂后，鲁迅就搬出了八道湾宅第，从此两人不再说话。走在道上，发现前面来者正是那人，必有一人绕道而去。这种兄弟情断的情况，在出版物中也有反映。

周作人辑译的"近代名家短篇小说"集《点滴》，作为"新潮丛书第三种"，1920年8月由北京大学出版部出版。当时新潮社的主任编辑是罗家伦(志希)。周作人日记1920年4月19日记有："得志希函，议印小说集《点滴》事。"这是正式来函约稿。20日，周作人日记记有："致志希函，送去稿本一册。"估计他们早已口头商量好出版《点滴》的事，周作人也早已编好，因而罗家伦来信的第二天就能把稿本送去。此稿8月间就印出来了，出版速度不可谓不快。8月25日周作人日记记有："晚春台来，交到《点滴》印稿一册，略一阅，错误极多。"春台即孙福熙，孙伏园之弟，当时在北大听课；孙伏园当时任新潮社编辑，参加出版事务。第二天周作人日记又记有："校《点滴》了，作刊误表。"我藏有《点滴》的初版本，书末果有《刊误表》，竟达八页之多。

打开《点滴》的封面，封里印有一段尼采的话，上面是德文原文，下面是中译文。中译文全文如下：

> 我爱那一切，沉重的点滴似的，从挂在人上面的黑云，滴滴下落者：他宣示说，闪电来哩，并且当作宣示者而到底里去。
>
> 尼采：察拉都斯德拉的序说
>
> ——唐俟译本

唐俟是鲁迅的另一笔名。鲁迅译的《察拉都斯德拉的序说》(今通译《〈查拉图什如是说〉序言》)发表于1920年6月1日出

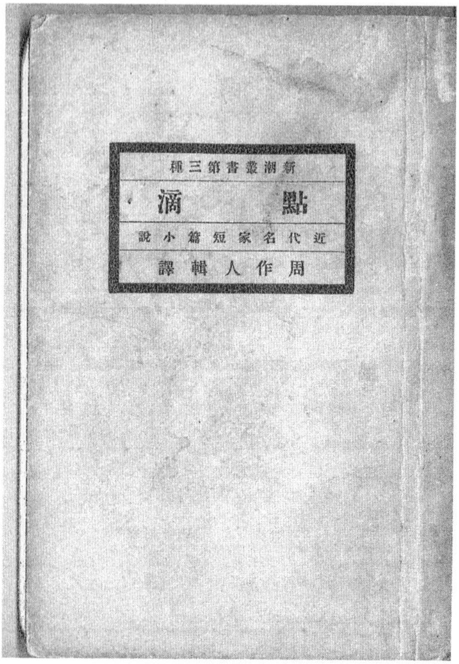

版的《新潮》月刊。周作人是4月份交稿的，鲁迅译文是6月发表的，很可能周作人事先看到了鲁迅的译文。当时两人住在一起，兄弟怡怡，常常互相阅看刚完成的著译。会不会是书快印就时，周作人才补上尼采这段话的呢？不会。因为周作人在1920年4月17日写的《点滴》的《序言》中早就提到了尼采的一段话。他说："这一册里所收的二十一篇小说，都是近两年中——一九一八年一月至一九一九年十二月——的翻译，已经在杂志及日报上发表过一次的，本来还没有结集重印的意思。新潮社的傅孟真、罗志希两位先生却都以为这些译本的生命，还有扩大的价值，愿意我重编付印；孟真往英国留学的前两日，还催我赶快编定，又要我在序文里，将这几篇小说的两件特别的地方—— 一，直译的文体，二，人道主义的精神，——约略说明，并且将《人的文学》一篇附在卷末。我所以依了他们的热心的劝告，便决意编成这一卷，节取尼采的话，称为《点滴》，重印一回。"文中的傅孟真即傅斯年，是新潮社的第一届主任编辑。他去英国留学后，罗家伦被选为第二届主任编辑，接替他的位子。

《点滴》所收的二十一篇作品，是俄国的托尔斯泰的一篇，但兼珂的一篇，契诃夫的一篇，梭罗古勃的二篇，库普林的三篇，安特来夫的一篇，波兰的显克微支的一篇，什朗斯奇的二篇，丹麦安兑尔然（通译安徒生）的一篇，瑞典斯忒林培克的二篇，希腊蔼夫达利阿谛的二篇，南非须莱纳尔的二篇，日本江马修一篇，匈牙利育珂的一篇。它们都可说是弱小民族的作品，大都是宣传人道主义思想的。本书附录三篇，就是周作人的著名论文：《人的文学》、《平民的文学》和《新文学的要求》。这些论文是宣传人权主义的，亦即人道主义。论文和小说的思想倾向一致。人权思想在五四时期被作为新思想进行宣传，成为反帝反封建的一种思想武器，风行一时。正是在这样的新思潮中，傅斯年、罗家伦才要求周作人编这本《点滴》的。

当时周作人正是大出风头的时期。罗家伦以为他的书一定好销，《点滴》初版就印了七千册。还有一本《蔡孑民先生言行录》，罗家伦也以为好卖的，一印就是一万册。两书都分上、下两册，定价较贵，虽也卖出不少，但也积压不少，以至影响新潮社资金的周转，一二年内不能出版别的书。

《点滴》是周作人翻译的短篇小说的第一本集子。他过去与鲁迅合出过《域外小说集》一、二卷，出版过翻译的中篇小说《玉虫缘》、《匈奴奇士录》、《炭画》等，单独的短篇小说译集还是第一次。他在《点滴》的序言中谈了他的翻译见解。他说："我从前翻译小说，很受林琴南先生的影响；一九〇六年往东京以后，听章（太炎）先生的讲论，又发生多少变化，一九〇九年出版的《域外小说集》，正是那一时期的结果。"到了新文化运动时期，开始用语体文翻译，他就主张："应当竭力保存原作的风气习惯语言条理，最好是逐字译，不得已也应逐句译，宁可'中不像中，西不像西'，不必改头换面。"他的译文，他和赞成他的人称为"直译的文体"。周作人的这种"直译"主张，和鲁迅的"直译"、"硬译"的说法，是一致的。因而，《〈点滴〉序言》，对研究周作人的翻译思想，对研究我国早期的翻译主张，都是很有意义的。

《点滴》出版八年后，周作人将它改编而换上新书名《空大鼓》，1928 年 11 月由上海开明书店出版。周作人首先将《点滴》书前的尼采的那段话删去。那段话是鲁迅翻译的，现在兄弟之情断裂，就必须删去。还有一个原因，周作人的思想已大有变化：他的“叛徒”的一面已大大减弱，而“隐士”的一面已大有增强。尼采那段话的意思是：云端的点滴向人间下降时，预示着闪电即将来临。周作人五四时期喜欢这段话，而到二十年代末已不喜欢这段话了。他在《〈空大鼓〉序》中说：“尼采的文句与题目一并撤去，因为我不喜欢那个意思，今改名《空大鼓》，这就是集内第一篇小说的名字。”他的确已“不喜欢那个意思”了。他还在这篇序中进一步说：“《空大鼓》这一类的东西不是我现在所以为最好的，我只觉得它写得还不错，至于内含的意思就不一定是可以服膺的了。单纯的信仰在个人或是幸福，但我觉得明净的观照更有兴趣。人生社会真太复杂了，如实地观察过去，虽然是身入地府，毕生无有出期，也似乎比一心念着安养乐邦以至得度更有一点意思。这是我后来的见解，但回过来重阅以前的译文，觉得十九都还不差，所以还想保存它。”

改版后的内容变化不大，删去了《点滴》原有的三篇，它们已另有安排，补入了另译的三篇。

一本十来万字的不算太厚的外国短篇小说译集的版本变化，竟记下了译者如此明显的思想变迁，这在一般读者真是难以预料的。

朱启钤与《存素堂丝绣录》

于 森

享誉海内外的天津市文博学会副会长何致华先生四十年如一日，痴迷于研究中华服饰文化，珍藏有上迄有清一代下至民国以降这三百馀年间各种款式服装、佩饰、鞋帽近千件。某日后学到何先生府上求教，先生出示《存素堂丝锈录》一册，说道："不知你是否读过?"晚生一见《存素堂丝绣录》，顿时觉得眼前一亮，心想：这不就是自己苦苦寻觅多年而无缘拜读的朱启钤老前辈论述缂丝、刺绣之巨著吗?今日能够在何先生府上得见，真是"踏破铁鞋无觅处，得来全不费功夫"呀！赶忙回复道："久闻朱桂辛老前辈鼎鼎大名，如雷灌耳，今天是平生第一次观其大作的庐山真面目，可谓三生有幸！晚生眼福！""那你就拿回家读读吧！"我双手接过这册梦寐以求的《存素堂丝绣录》，兴奋之情溢于言表。

我小心翼翼必恭必敬地将书平放在桌上，只见此册磁青纸书衣，封面左上角有一长方单框，内书"存素堂丝绣录"六个大字，其下右角有"第一辑"三小字。该书书品宽大，版心上书"丝绣录"，下书"存素堂"，洋纸(我称有别于中国传统方法所造之纸为洋纸)铅印，线装，每页内都有衬纸。

存素堂絲繡錄　第一輯
卷上　刻絲　紫江朱啓鈐桂辛
宋刻絲繡線合璧一册
第一幅　朱克柔刻絲牡丹
藍地本方幅縱六寸八分廣七寸五色織絲質純一色澤如新刻設色姚黃
牡丹一枝重樓粉蕊淺葉淡莖婀娜作態神韻天成而妙思綺合幾不辨刻
絲痕迹是爲朱氏克絲無上神品左角織篆文朱克柔印朱文深入絲裏右
上有石渠寶笈石渠定鑑寶笈重編璽三左上有乾隆御覽之寶橢圓璽一
對幅有白紙本明張習志題云克絲作盛於唐貞觀開元間人主崇尚文雅
書畫皆以之爲標帙今所謂包首錦者是也宋仍之靖康之難多淪於民間
好事者見光彩絢爛綃縷精緻雖紛事所不逮遂緝成卷册以供清玩元人
尤寶之有裁爲衣衾者我聖祖見其似作淫巧始禁之而人間乃爲罕物矣
絲繡錄　卷上　刻絲　一　存素堂

为了更好的“吃透”《存素堂丝绣录》，我利用五个晚上的时间将书从头至尾过录一遍，发现朱桂老在其大作中还提及曾与民国年间大收藏家袁克文、徐世章等多位名流雅士交游往还之逸事，便给朱桂老的嫡孙、中国戏曲学院院长朱文相教授写信请教，朱院长锡函：“关于家祖父朱启钤之《丝绣录》及有关问题，拟介绍我祖父之秘书刘宗汉先生，他掌握我祖父的材料颇详实，对文物亦有研究。”我马上又向刘宗汉先生求教，刘先生赐函：“（一）《存素堂丝绣录》只此一辑，并无续作，盖精品尽在于此。此批丝绣现在辽宁省博物馆，曾印成图册行世。伪满时曾印成《纂组英华》，共三百部，已极难得。（二）除《丝绣录》外，朱桂老还辑有《丝绣笔记》、《女红传徵略》，均存素堂自刊。（三）朱桂老收藏丝绣系出于对工艺美术史的重视，其它文物藏品均数量不多，且均一般。（四）《存素堂丝绣录》后收入黄宾虹先生编的《美术丛书》。‘文革’有一个出版社曾影印过《美术丛书》，当然其中也包括《丝绣录》。（五）现传世《存素堂丝绣录》线装本只印一册，正式刊本，非试刊。（六）《存素堂丝绣录》因是铅字排印本，所以没有蓝印本或红印本。因为这两种印本只适合于木刻本，铅字本无法做到。（七）文史资料出版社曾出版《蠖公纪事》一书，都是回忆朱桂老生平文章，可设法觅来一阅。（八）朱桂老生平无其它专著出版，间或偶有涉及亦多不可靠。以上问题均就记忆回答，因手头无书，或不准确，请谅解。”

朱启钤老前辈谱名启纶，字桂辛，晚年别署蠖公，祖籍贵州开阳，清同治十一年(1872年)生，1964年逝世于北京，享年九十二岁。清末曾任京师大学堂译学馆监督、东三省蒙务局督办、津浦铁路局北段提调；民国初肇北洋政府时代任交通总长、内务总长、代理国务总理之职；解放后任中央文史馆馆长、第二、三届全国政协委员。

《存素堂丝绣录》刊成于1928年，全一册，分为上下两卷，内收朱桂辛老前辈珍藏的缂丝、刺绣共计四十九件(套)。上卷收入缂丝三十九件(套)，为宋代十四件、元朝三件、明代九件、清朝十三件；下卷收入刺绣十件(套)，为宋代一件、明季九件。该书不愧为研究中国古代工艺美术发展史，鉴定古代缂丝刺绣真赝断代的至上法典。

清刻善本琐谈

窦水勇

在谈清刻善本之前，首先要谈谈我们所说的“善本”的概念。按说书这种东西问世以后，不管是一本本抄写，还是大规模印刷，都会有本子“善”和“不善”的问题。然而在今天所能看到的古代文献中，像现在这样正式谈论书籍的善本，还是在宋代书籍的印刷出版事业兴盛之后。不过宋人所说的“善本”是就内容和文字而言，这是读书人的善本观。一直到清代末年张之洞作《輶轩语》教导人们读书，说“善本非纸白板新之谓，谓其为前辈通人用古刻数本精校细勘付刊、不讹不阙之本也”，也还是这种观点。

随着收藏之风兴起，古书善本的含义开始转化，从内容精良、文字准确的传统意义，逐步走向年久代远、珍秘罕见，这是收藏家的善本观。清前期藏家重在宋元，中期开始兼取明初黑口本，清末下及嘉靖白棉纸本。丁丙的《善本书室藏书志》延至万历以后，“要皆雕刻既工、世鲜传本者，始行入录”。民国以来，清代刻本日渐稀少，清代初年顺治、康熙刻本，乃至嘉、道刻本，逐渐进入藏家视野。近年编《中国古籍善本书目》时，收录范围大抵以清代乾隆为下限，虽然对善本的概念作了多种说明，究其实却不外乎珍稀一义。我们这里谈清刻善本，也是从这个意义出发，从不同的角度看看清代刻本中的一些具有收藏和赏鉴价值的佳本。

清刻善本的时代观

按照年代讲，清代刻本珍品大抵集中在清初和道咸时期。文物通例是年代越久存世越稀少，清初刻本已经是三百多年前的古物，历经兵燹水火之厄，到今天都不多见。特别是当时有一些抗清志士和明代遗民，他们所写的书中不乏对明清换代之际的沧桑巨变和社会活动的记载，即使是随笔诗文中也流露家国身世之痛，对研究当时的历史事实极有裨益。然而经过康、雍、乾文字狱和大规模禁毁的摧残破坏，许多书已经稀如星凤，甚至绝迹人间，偶然有所发现，都属瑰宝。

嘉庆、道光以后到今天不过二百来年，传本当然比清初刻本要多。可是道光和咸丰是战乱频仍的年代，嘉、道、咸三代刻本往往刚刚刻成，还来不及大量刷印，版片就毁于战火，无从寻觅，其难得和珍罕不下于清初刻本。我们都知道，道光刻《桐桥倚棹录》、《浦泖农咨》几乎已经是人间孤本，其实道光年间战事频繁地区刻印的书大都不易获见。我们知道当时有许多著名的朴学家，他们的诗文集富有学术价值，可是相当罕见。如彭绍升的《二林居集》、谢启昆的《树经堂文集》、邵晋涵的《南江文钞》、程瑶田的《通艺录》、王绍兰的《许郑学庐存稿》、宋翔凤的《朴学斋文录》、洪颐煊的《筠轩文钞》、朱珔的《小万卷斋文稿》、金榜的《求古录礼说》等，原刻佳本极为难得。

即使清末刻本也不都是唾手可得，其中也有难得的佳本。郑振铎说过光绪刻本许瀚的《攀古小庐文》难得，即使日本影印本也十分少见。其实民国以后的刻本，也不是俯拾皆是，钱玄同编刊刘师培的诗集时没有看到已经刻印出版的《左盦诗》，就是一个很好的例子。此外，黎庶昌在日本影摹古本刻印《古逸丛书》，精细工致，初印本用日本皮纸刷印，有些还盖有“单行本”和“杨守敬督印”的朱印，精美可观，也都是大家艳称的名品。

清刻善本的印制观

从字体方面看，清代刻本有所谓软体写刻本，由名工手写上版，字体秀丽，纸墨精良，看起来赏心悦目。刻软体字比刻宋体字要贵，所以精美的写刻本大都出自皇家内府和显宦豪富之家。康熙年间大宗的写刻本，典型的制作是曹寅扬州诗局刻本和徐乾学为纳兰成德刻的《通志堂经解》，私家刻书也不乏名品。当时金埴撰《不下带编》称道写刻本之精，他说：“康熙三四十年间颁行御本诸书以来，海内好书有力之家，不惜雕费，竞摹其本，谓之欧字。见刻宋字书，(宋字相传为宋景文书本之字，在今日则枣本之劣者)，置不挂眼。盖今欧字之精，超轶前后，后世宝惜，必称曰‘康版’，更在宋版书之上矣。”这些书初印本大都用开化纸精印，纸色雪白细腻，墨光黝黑照人，展卷入目，心旷神怡，真是读书的享受。

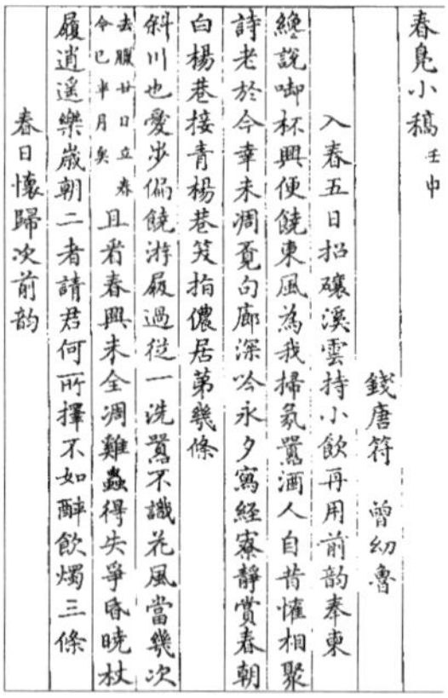
春鳬小稿 壬申
錢唐符 曾幼魯
入春五日招讓溪雲持小飲再用前韵奉柬
纔說啣杯興便饒東風為我掃氛囂酒人自昔慵相聚
詩老於今幸未凋覓句廊深吟永夕寫經寮靜賞春朝
白楊巷接青楊巷笑指儂居第幾條
斜川也愛步偏饒游屐過從一洗囂不識花風當幾次
去臘廿日立春今已半月矣 且看春興未全凋雞蟲得失爭昏曉杖
屐逍遥樂歲朝二者請君何所擇不如醉飲燭三條
春日懷歸次前韵

《春凫小稿》，乾隆刻本，陈皋手书上版

软体写刻费工费时，工价比宋字要高。根据《书目丛刊》(辽宁教育出版社出版)所载清内府《武英殿写刻刷印工价》，无论写工还是刻工，软体工价较宋字高百分之五十，欧字则高一倍。肯于高花费，除了刻书者财力充裕之外，所刻的书价值较高、内容重要往往也是一个因素。所以遇到写刻本，书价都要高一些，这也有一定的道理。

有些写刻本由名家手写上版，刻印精美绝伦。康熙年间的林佶以书法闻名，他手写上版的《尧峰文钞》、《午亭文编》、《渔洋精华录》等，历来享有重名。雍正金农手写《金冬心诗集》、乾隆汪士慎手写《巢林集》、嘉庆余集写刻的《续夷坚志》，都是得到世人的重视。

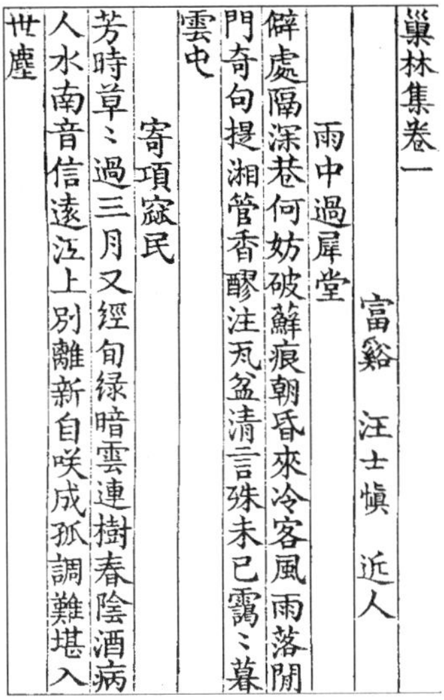
巢林集卷一
富谿　汪士慎　近人
雨中過犀堂
僻處隔深巷何妨破蘚痕朝昏來冷客風雨落閒門奇句提湘管香醪注瓦盆清言殊未已靄々暮雲屯
寄項寂民
芳時草々過三月又經旬綠暗雲連樹春陰酒病人水南音信遠江上別離新自咲成孤調難堪入世塵

《巢林集》，乾隆刻本，作者手书上版

讲起书法之工，我们不能不提到清初以来的影宋和仿宋刻本。清初比较显赫的是内府所刻的《周易本义》、《四书章句集注》、《相台五经》等书，皇家所刻，印制精美。嘉道时期影刻古本成为风气，张敦仁影宋刻《礼记》和影明刻《盐铁论》，吴鼒影宋刻《韩非子》和所谓影元刻《晏子春秋》（底本其实是明刻），都是著名的佳本。当时吴中黄丕烈更是仿刻古本的大家，他刻的《国语》、《国策》等书版本珍贵，写印不苟，一直享有重名。嘉道间汪士钟艺芸精舍所刻各书都很精美，仿宋刻《孝经注疏》、《仪礼疏》、《诗说》等都很出名。

这些仿刻旧本书籍历来受到重视，旧书店中标价都很高。但是传本有多有少，珍罕程度并不相同。例如清内府刻《周易本义》和《四书章句集注》同样精美不苟，但是前者不难看到，而后者却传本稀少，陈鳣在《经籍跋文》中说它“似系国初翻刻者”，直到今天也没有弄清它是何时所刻。这些书虽然都很精美，都值得珍藏，但是存世数量也有多有少。像汪士钟所刻的几种书，平常看到的几乎都是《仪礼疏》，《诗说》就少，而《孝经注疏》甚至少有人知。雷梦水先生毕生跟古书打交道，记得几年前看到汪刻《孝经注疏》，他连连说少见，拿出笔记本马上作了记录。

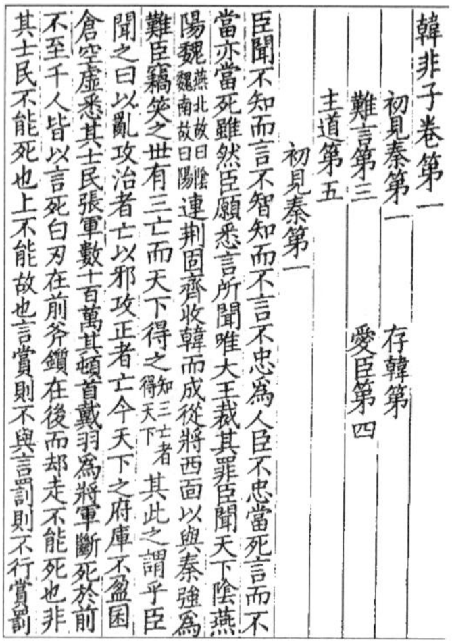
韓非子卷第一
初見秦第一　存韓第
難言第三　愛臣第四
主道第五
初見秦第一
臣聞不知而言不智知而不言不忠爲人臣不忠當死言而不
當亦當死雖然臣願悉言所聞唯大王裁其罪臣聞天下陰燕
陽魏燕北故曰陰魏南故曰陽連荆固齊收韓而成從將西面以與秦強爲
難臣竊笑之世有三亡而天下得之知三亡者得天下其此之謂乎臣
聞之曰以亂攻治者亡以邪攻正者亡今天下之府庫不盈囷
倉空虛悉其士民張軍數十百萬其頓首戴羽爲將軍斷死於前
不至千人皆以言死白刃在前斧鑕在後而却走不能死也非
其士民不能死也上不能故也言賞則不與言罰則不行賞罰

吴鼒影宋刻《韩非子》

我们平常所说的写刻精本都是楷体正书，大都工整匀称，模仿欧阳询的字体，所以金埴称之为“欧字”。也有一些写刻本字体别致，例如乾隆时江声篆书《释名疏证》，嘉庆张敦仁草书自撰《通鉴补识误》，道光年间吴熙载所写的《心向往斋和陶诗》，都是以书法闻名的佳本，颇有观赏和收藏价值。

跟软体写刻本不同，宋体字刻本端庄肃穆，别有趣味，即使单纯从观赏角度看，宋体刻本也不是没有可喜之处。清初宋字刻本大抵延续明末刻本的风范，乾隆宋字刻本则有特色，字体舒展匀称，版式大方开朗，颇可观赏。较之嘉道以后的刻本，乾隆刻本风貌迥然不同，也许这就是有人所说的国力赢绌在出版事业上的体现。绝大多数清刻本都是宋字，比较甄别，别择佳本，不是简单的事情。根据上文所说的清代各个时期刻本存世情况判断，多少有些帮助，像上文“时代观”一节所提到的罕见的清初和嘉道刻本都是宋字本。

清刻精本一般用纸讲究，清前期有所谓开化纸，藏家十分喜爱。当年著名藏书家陶湘着意收集开化纸印本，竟至获有“陶开花”的雅号。旧书店中遇到开化纸书，定价要高出两三倍的样子。开化纸的质地也不完全相同，清初内府刻本使用的开化纸最为精美，民间用纸要差一些。嘉道以后虽然间或还有人使用开化纸，但是纸质已经不能跟康乾盛世的纸张相比。清初内府印书上好的用白色的开化纸，其次用黄色的太史连纸。太史连纸色泽米黄，坚实光滑，墨色滋润入里，色彩对比柔和，看起来别有风味，非一般竹纸印本所能及。

同样的书，使用的纸张不同，价格就不相同。清刻本往往有用特殊纸张刷印的精本，留备馈赠友朋，什袭珍藏。即使原书本身并不抢眼，身价也会因特印而飙升。嘉庆年间胡克家仿宋本刻印《文选》和《资治通鉴》，校勘、写刻都出名工之手，美妙绝伦，即使竹纸刷印也是佳本，二书却都有皮纸初印本，更为精彩动人。光绪年间淮南书局曾用原书上版覆刻若干清代精刻本，往往有使用好纸的特印本，覆刻乾隆葛鸣阳刻本《复古编》和覆刻嘉庆吴志忠刻本《四书章句集注》等书都有皮纸印本。前者皮纸本上世纪三十年代富晋书社曾标价五十元，而竹纸印本仅三元，相差十几倍之多。这显然是由于这些特印本是为个别名人刷印的本子，并不公开发售，往往仅此一本，找不到第二部。所以，即使同样的一种书，用纸不同其价值也会大相径庭。

刻本有初印和后印的区别，初印本字迹清晰精湛，刷印比较讲究，索价一般较后印本要高。同样一部书，初印本和后印本书价一般会差五成，甚至差一两倍之多。不过这里却有个问题值得注意，初印和后印有时候互有短长，初印本并不见得一定佳胜。清初刻本初印者往往会有犯忌讳的文字，后印本则予以删削，初印者当然比后印者要好。这种情况在清人文集中时有所见，前人题跋中经常提到。甚至像乾隆年间刻的《知不足斋丛书》，初印和后印也有这种情况。但是有些书的后印本会增刻序跋，补充内容，校改错字，初印本就没有这些好处。例如陆龟蒙的《笠泽丛书》，陆钟辉水云渔屋刻本初印者直翻碧云草堂本，后来根据钱氏绛云楼藏抄本作了校勘。上文说到的张敦仁仿宋刻《礼记》，初印本印制精美，可是后附的《释文》没有得到宋本，只好翻印通志堂本。后来顾千里见到宋本《释文》修版重校，补上了缺憾，不过印本已经不如初印者精美。当然对于后印本校改文字的得失也要具体分析，像汲古阁刻的《说文解字》，一般认为初印本保持宋本面貌较多，毛斧季修版时虽然增加了一些附录内容，但是改字处大都不可取。正是有这些缘故，我们经常看到藏家谈到自己的藏本时，有时夸初印本印制精美，有时夸后印本内容完备，很有敝帚自珍的意味。

清代的多色套印本中也有佳本，可以作为艺术品赏鉴。例如清康熙内府刻印的《古文渊鉴》四色印本，开化纸刷印，相当美观艳丽。清刻套印本名品是道光许梿编印的《六朝文絜》，字体端庄秀丽，套印红色圈点评语，开化纸印，钤印古雅，历来有重名。套印色彩最多的本子是道光卢坤芸叶盦刻《杜工部集》，正文黑色，套印五色评语，共计六色，这是多色套印本的绝作。

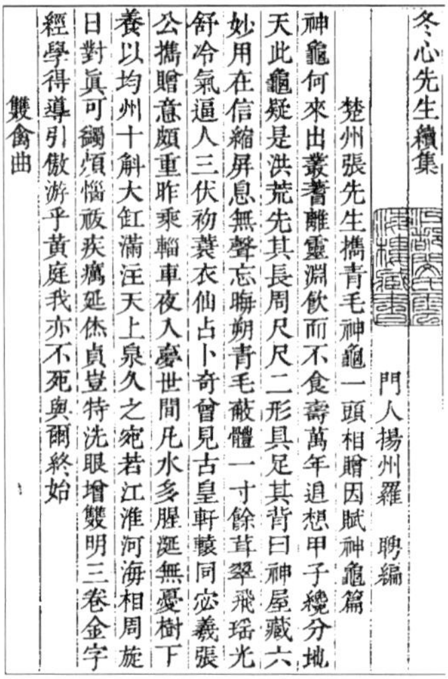
冬心先生續集
門人揚州羅　聘編
楚州張先生携青毛神龜一頭相贈因賦神龜篇
神龜何來出叢蓍離靈淵飲而不食壽萬年追想甲子纔分地
天此龜疑是洪荒先其長周尺尺二形具足其背曰神屋藏六
妙用在信縮屏息無聲忘晦朔青毛蔽體一寸餘茸翠飛瑶光
舒冷氣逼人三伏祄襟衣仙占卜奇曾見古皇軒轅同宓羲張
公携贈意頗重昨乘輜車夜入夔世間凡水多腥涎無憂樹下
養以均州十斛大缸滿注天上泉久之宛若江淮河海相周旋
日對眞可蠲煩惱祓疾癘延休貞豈特洗眼增雙明三卷金字
經學得導引傲游乎黃庭我亦不死與爾終始
雙禽曲

清乾隆刻本《冬心先生续集》传本极罕

清刻善本的内容观

从内容上看，清代经部善本以仿刻宋本为主，读书人很注重乾嘉学者解经著作的单行本和初印本。清代仿刻宋元旧本史书不多，史部善本以记载清代史料的文献为主，有学术研究价值，却不是玩赏之物。子部书善本较多，先秦、汉魏诸子都有佳本，艺术和谱录刻印精致可喜，都是值得注意的东西。清代的善本集中在清人的诗文别集中，清初的诗文别集因为年代久远自然珍罕。一些大家的文集刷印虽然较多，但是初印本还是值得珍藏。初印本数量不多，流传到今天的更少，而且没有后来避讳挖改的毛病，较多地保存原书的面貌，历来受到学者和藏家的青睐。嘉道年间刻印的文集往往具有相当的学术价值，版子存世短暂，刷印不多，内容重要，如上文说到的许多罕见的诗文集即是。清代翻印的前代诗文集也有佳本。例如宋徐积的《节孝先生文集》，清康熙辛丑锡山王氏曾覆刻宋本，刻印精工，所谓“下真迹一等”，百多年前就有人误认为宋本，传为书林佳话。

这里我们简单说一说有特殊内容的书籍。首先是版画著作民国以来一时成为抢手货，康熙原刻《芥子园画传》初印本难得，清康熙内府刻印的《耕织图》也是名品。收集套印本和版画书是晚近的趋向，传统的藏书家从读书经世角度出发，以经史典籍为主，并不注意这些东西。描摹实物形制的金石书籍一般刻印都很精致，价格比普通书要高，也值得珍视。

清代活字印本以印刷方式见重，无关乎书籍内容。活字排版只能一次性印刷，印完就要拆版，不能像雕版那样随时拿出来刷印。普通书若用活字印刷，印数一般不多，流传到今天数量已经很少，收集起来别有兴味。清代初期散见若干木活字本，大宗木活字本最著名的是武英殿聚珍版丛书，全书现在已经很难得到。有心有力者若能一部一部地搜集起来，积少成多，最终凑成一部全书，体验一下其中的甘苦，应该别有一番乐趣。铜活字本则以清雍正内府排印的《古今图书集成》为巨编，今天仅能见到零散残册。道光时期有泥活字印本，它们是重要的印刷史文物，都在善本之列。

有些书经过名家收藏，写有题跋或批校，这些书一般都属善本，值得珍重。即使仅仅盖上他们的收藏印记，也会增加书的身价，这里不再多谈。

丁祖荫的访书藏书和刻书

江澄波

二十世纪三十年代末，《脉望馆抄校本古今杂剧》在苏州被发现，全国文化学术界曾经轰动一时，最后为长乐郑振铎先生求得。他的评价是“这弘伟丰富宝库的打开，不仅在中国文学史上增添了许多本的名著，不仅在中国戏剧史上是一个奇迹，……而且在中国历史、社会史、经济史、文化史上也是一个最可惊人的整批重要资料的加入，这发现在近五十年来，其重要，恐怕仅次于敦煌石室与西陲的汉简的出世的”①。这部国宝的收藏者，就是江苏常熟人丁祖荫。

丁祖荫(1871—1930)原名祖德，字芝孙，号初我，别号初园，常熟人，藏书家兼编辑出版家，出身于家道殷实的家庭，就读于江阴南菁书院，光绪十五年(1889)庠生，与曾朴等人首开县内新学，主编《女子世界》。辛亥革命后任常熟县民政长②。在任年馀，各种设施颇多建树，后因回复地方行政长官不能由本地人担任的旧官制而调任吴江县知事。在职期间政迹卓著，以道尹衔存记。七次辞职始获批准，临行时吴江人士为他建立去思碑表示爱戴。他生活节俭形若寒士，性嗜古书，精通版本目录之学，藏书万馀卷；得同乡赵宗建旧山楼和独山莫棠铜井文房旧藏精善本，藏书益富，室名淑照堂、缃素楼和密娱小筑。热心地方公益事业，捐书数百种，创办常熟图书馆，筹建石楳和塔前两所高等小学，修订本县县志，都有相当贡献，毕生致力于乡邦文献，刻印《虞山丛刊》及《虞阳说苑》甲乙编传于世。

一、早期的编辑活动

丁祖荫一生从事编辑工作，颇能符合时代需要。他在光绪三十年（1904）与曾朴、朱积熙等人，创设小说林，出版《小说林月刊》和其他文艺著作。“小说林登记人，当时用孟芝熙名字，实则是曾孟林，丁芝孙、朱积熙三人的化名”[③]。《小说林月刊》不仅发表了《孽海花》等一大批国内著名小说，还不断发表了大量的如《马哥王后》、《苏格兰独立记》等翻译小说，特别是刊载了《电冠》等科学小说，这在封建没落的清皇朝，无疑是最好的“新声”。他自编的《女子世界》，也由上海小说林社出版。创刊于光绪二十九年（1903）十二月，发行至二卷六期停刊（共十八册），内容有《女魂篇》、《女界革命》、《女权说》、《女雄谈屑》、《为民族流血无名之女杰传》、《革命妇人》、《女魂》、《革命与女权》，并引导女子参加政治活动与革命论著。阿英同志认为是“为宣传革命之妇女杂志中最持久、最表现力量者”[④]。

二、尽力访书并传抄

常熟是毛晋和钱谦益的故乡，藏书的流风馀韵，代不乏人。丁祖荫受其影响，一生与书结下不解之缘，访书、藏书、读书、抄书、校书、编书、刻书、印书终身不倦。他早年从事于搜集地方文献，凡是常熟人的著作，从古到今见到即收。凡藏于别人处而不能得者，就用借抄的办法来解决，他还刻了一块版框，专

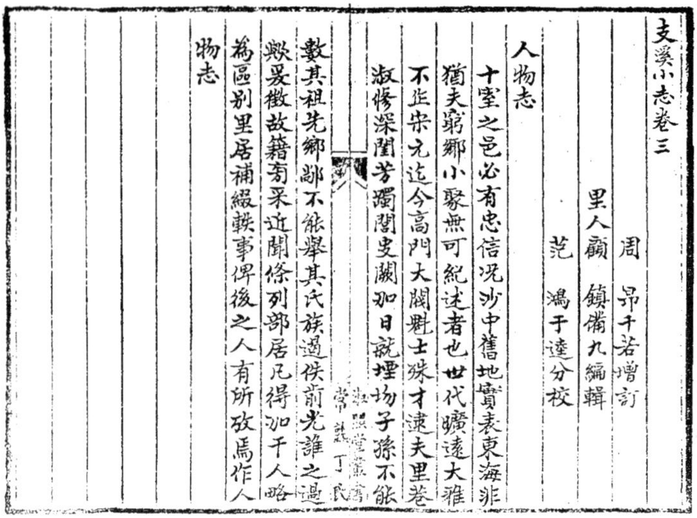

支溪小志卷三

周 昂千若增訂

里人顧 鎮備九編輯

范 鴻于逵分校

人物志

十室之邑必有忠信况沙中舊地實表東海非猶夫窮鄉小聚無可紀述者也世代曠遠大雅不乏宋元迄今高門大閥魁士殊才遠夫里巷淑修深閨芳躅闇叟闌珈日就堙埸子孫不能數其祖先鄉鄙不能舉其氏族過佚前光誰之過歟爰徵故籍旁采近聞條列部居凡得珈干人略為區別里居補綴軼事俾後之人有所攷焉作人物志

淑照堂抄本《支溪小志》书影

门用于抄书，并在书口下方刻有“淑照堂丛书”五字，现常熟博物馆藏有十五种，具体书名是：元人高德基《平江纪事》、陆友仁《吴中旧事》，明人郑敷教《郑桐庵笔记》、复社诸子《南都防乱公揭》，清人彭孙贻《客舍偶闻》、王一元《辽左见闻录》、张寅《西征纪略》、温睿临《出塞图画山川记》、林溥《古州杂记》、吕留良《卖艺文》、史玄《旧京遗事》、管廷芬《国初品级考》、黄凯钧《圆明园恭纪》、张潮《幽梦影》、赵之谦《勇庐闲话》。另外常熟市图书馆也藏有明人陈三恪《海虞别乘》、清人钱谦益《投笔集》、《黄山游记》、《牧斋尺牍》、张琦《词选》、顾镇《支溪小志》(仅存一册)；还有流散在民间的，我曾见到过金圣叹的《沉吟楼诗选》是经过丁祖荫校正而有题识的，以及单学溥的《钓渚小志》等也是淑照堂丛书黑格抄本。由此可见，这是一部未刻的大丛书，现已分散在各处,究竟一共抄了多少种,已难以查清了。丁氏藏书的另一部分是明刻善本和名人抄校本，大多是民国初年他从吴江辞官回乡时收得的,那时赵氏旧山楼藏书开始流散,他有着近水楼台的有利条件,收得了不少精品,还有一部分是他在苏州搜得了独山莫棠铜井文房旧藏善本。由于他生前十分保密，别人无法知其究竟,真如潘景郑老师在《丁芝孙古今杂剧校语》跋文中说:“如故人丁芝孙先生藏籍,生前殊珍秘,不肯示人,即一二知好,亦莫测其精奥。犹忆丁卯、戊辰间,与芝孙角逐书林,偶见一奇帙,辄相争取,而书贾从中居奇,互相射覆,芝孙所得为多。……”[5]可见其求书之决心是不计代价而务求必得的。丁祖荫还有一个特点,在他的藏书上,从不盖上藏书印记,包括姓名私章也没有的,可以看出他对古书是十分爱惜的。

三、惊人秘籍的发现

《脉望馆古今杂剧》是明代万历时常熟人赵琦美所藏元明杂剧的总称[6],原有三百四十种，现存二百四十二种。包括刻本《古今杂剧选》本十五种,《古名家杂剧》本五十四种,抄自“内府本”、“于小谷本”等十七种,其中元人所著杂剧二十九种系海内孤本。所抄“内府本”剧末附记“穿关”的一百零二种,详列每折戏之登场人物穿戴的衣冠、髯口、服饰及应执砌末,乃是明代宫中演出这些剧目的实况。清初为钱曾收藏于也是园[7],见于《也是园书目》,此后下落不明。直至民国十八年(1929),在《国立北平图书馆馆刊》三卷四号内,忽然发现清人黄丕烈作《古今杂剧跋》丁氏注云:“初我曾见我虞旧山楼藏有此书,假归极三昼夜之力展阅一遍,录有跋语二则,时促不及详录,匆匆归赵,曾题四绝句以志眼福，云烟一过，今不知流落何所矣，搁笔为之叹息不置。”当时该文为郑振铎见到以后，曾千方百计地寻访其踪迹，他认为：“这是如何重大的一个消息，在民国十八年间，丁氏还能见到这六十四册的《也是园古今杂剧》，则此书不曾亡佚可知。”因而乃托北京友人与丁氏相识者直接询问，但得到的回答仍是：“阅过后便已交还给旧山楼了。”事实上这书早为丁祖荫所收得，因他存在着矛盾心理，既想把黄跋公布于世，但又胆小怕事，故而布下疑团自欺欺人，借此而避免世之关心此国宝者。但相隔九年以后水落石出，抗日战争爆发后，丁祖荫在苏州公园路住宅被日军侵占，这部《古今杂剧》随着木器家具为旧货商人收得，当发现有古书，就转手卖于旧书店，大华书店主人唐耕馀先收得下半部，售于潘博山[8]；上半部晚出，且有黄丕烈手抄目录，亦为唐氏续收，携往上海，售于古董商人孙伯渊；几经周折，最后为郑振铎求得，收归国家所有，永远保存于国家图书馆中，可称物得其所。

四、自费刻书和印书

丁祖荫收集地方文献以后，深感古人遗留下来的著作，中间不知经历了多少劫难，见于历代史志和藏书家所著录的古籍，而后人所能见到的，大约仅有百分之几而已。如果只注意于一己之收藏而不去传布推广的话，这些珍贵的古物仍不免有佚失的危险。因而以刻书为己任。从民国四年（1915）至民国八年(1919)期间，陆续校刻了明人秦兰征《天启宫词》、周同谷《霜猿集》、毛晋《和古人诗》、《和今人诗》、《和友人诗》、《野外诗》、《隐湖题跋》、《虞乡杂记》、龚立本《松窗快笔》、《烟艇永怀》以及清人王誉昌《崇祯宫词》、钱谦益《吾灸集》、《东山酬倡集》、张宗芝《以介编》等较少流传的邑人著作，有的还是未刻的稿本，所据多丁氏手校正本，后附校语及题跋，取名为《虞山丛刊》。它的版式四周阔边，中间上下黑口，与同时人缪荃孙、曹允源等人所刻相仿⑨，体现了民国初年的时代特征。随着时间的推移和人们对西法传入排字印书的观念转变，丁氏在民国六年（1917）试用铅活字排印了他自己编辑的、有关常熟的历史小说和故事，名为《虞阳说苑》，凡甲编二十种、二十五卷，乙编十二种、十二卷。书后刊有“丁氏初园排印”题识。另外还以“丁氏淑照堂”名义以铅字排印了自著的《松陵文牍》和《一行小集》，达到了“保存文献，嘉惠后学”两个崇高的目的。

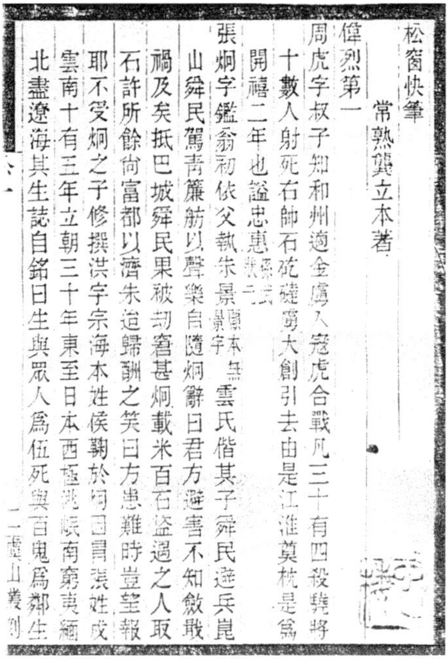
松窗快筆　常熟龔立本著
偉烈第一
周虎字叔子知和州適金虜入寇虎合戰凡三十有四殺將
十數人射死右帥石硊𧹞萬大創引去由是江淮莫杭是爲
開禧二年也謚忠惠
張炯字鑑翁初依父執朱景　雲氏偕其子舜民避兵崑
山舜民駕青簾舫以聲樂自隨炯辭曰君方避害不知斂戢
禍及矣抵巴城舜民果被劫窘甚炯載米百石盜遇之人取
石許所餘尚富都以齎朱迨歸酬之笑曰方患難時豈望報
耶不受炯之子修撰洪字宗海本姓侯鞠於何因冒張姓成
雲南十有三年立朝三十年東至日本西極洮岷南窮夷緬
北盡遼海其生誌自銘曰生與衆人爲伍死與百鬼爲鄰生
虞山叢刻

丁祖荫校刻《虞山丛刻》书影

五、编县志鞠躬尽瘁

地方志是我国具有悠久历史的一种史书体裁，它记载了某一地区的自然、历史、地理、社会、经济、文化等方面文献资料，内容比较周备，如有一志在手，对当地面貌可得大概，这是封建时期地方官吏下车伊始即索观县志的道理所在。常熟历史悠久，经济繁荣，文化发达，因而人文荟萃。以县志为例，从明代弘治至清代光绪，就有六部县志传世。民国六年(1917)常熟地方人士有重修县志之议，设修志征访处于县图书馆，主其事者就是丁祖荫，“丁氏长于才而勇于任事，富藏书而丰于资财。故发凡起例，分章编则，均经手订。至碑拓缮录，费有不足，恒解私囊，举凡一邑掌故，官私著述，广征博访，参稽考复，缺者补，伪者正……”[10]丁氏亲自校雠，稿复手录，人咸服其致力之勤。民国十三年(1924)编志告成，定名为《重修常昭合志》，分为二十二卷，交当地开文社陆续付印。不幸的是他本人于民国十九年(1930)厥功未竟，赍志病殁于苏州寓所。他生前印出单行的《常昭艺文志》，丁氏认为“前志艺文，不著存佚，征考无由”[11]，乃历稽藏目，博采藏家，刻写存佚均加标注。书名下撮举撰人，悉记科第列官，兼及别号私谥，凡传所不载者，即略其身世，且著版本存佚。先以朝代排列，复以《百家姓》为顺序，便于检索科学性强，远胜前人所编各志。由此可见其用功之勤。惜乎《县志》在他去世以后，虽由他人主其事，由于情况的不断变化，一直未能出全，大是憾事。

六、鉴定版本撰识语

铁琴铜剑楼在常熟古里村，为瞿氏藏书之所，与聊城杨氏海源阁齐名，号称“南瞿北杨”。它是经过瞿氏四代人辛勤努力而建立起来的。其中很大部分是太平天国时期，收自苏州汪士钟的艺芸书舍。汪氏的藏书，又来自黄丕烈的百宋一廛，多宋元精刊珍本。民国十年(1921)瞿氏第四代传人瞿启甲(良士)将其藏书中的宋本一百六十种、金本四种、元本一百零六种，聘请同乡丁祖荫为之鉴定编辑为《铁琴铜剑楼书影》，并撰识语。丁氏在跋文中说：“杨氏惺吾创刻《留真谱》[12]，缪氏艺风继之，皆迻写模刻，要不能无毫发憾。寒云影印善矣[13]。寥寥十数纸，开卷即尽，阅者嗛焉。良士先生慨然出所蓄之精英，为世界传播种子，其美且富，骎骎上之，顾模印辄限于篇页，其序例卷第、款式印记种种，或未能毕具，于斯就所未及，并撷藏目之大要或改正其误缺，录之以质良士，阅者但审其概略，藉与原书相印证，勿作目录观也”[14]。此书发行以后，得到专家们的好评，在涵分楼工作的版本学家孙毓修说[15]：“卷后识语出丁君初我手，提纲挈领，条理秩然，允为读书者之助”。潘景郑老师也说：“故人丁初我先生，早岁浸淫簿录之业，尽窥瞿氏珍秘，于目录版本，鉴别至精。尝为瞿氏撰《书影题识》，条理井然。”都作了较好的评价。

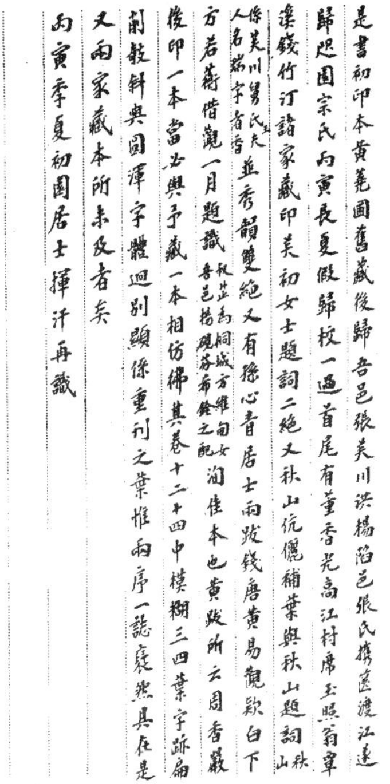
是書初印本黃蕘圃舊藏後歸吾邑張芙川洪楊陷邑張氏携篋渡江遂歸熙園宋氏丙寅長夏假歸校一過首尾有董香光高江村席玉照翁覃溪錢竹汀諸家藏印芙初女士題詞二絕又秋山伉儷補葉與秋山題詞（秋山係芙川甥氏夫人名端字香香）並秀韻雙絕又有綠心青居士兩跋錢唐黃易觀款白下方若蘅借觀一月題識（秋山為桐城方維甸女吾邑楊硯蓀布鐙之配）洵佳本也黃跋所云周香嚴後印一本當必與予藏一本相彷彿其卷十二十四中模糊三四葉字跡扁削較斜與周渾字體迥別顯係重刊之葉惟兩序一誌宛然具在是又兩家藏本所未及者矣

丙寅季夏初園居士揮汗再識

丁祖荫手书《铁厓古乐府》题跋

七、藏书秘密的公开

在丁祖荫生前，对自己的藏书十分珍秘。直至八·一三抗日战争爆发，苏州沦陷，《脉望馆抄校古今杂剧》被发现，除此而外尚有佳品在肩挑旧货担上出现。觉民书社主人程汉芳收得士礼居旧藏旧抄本《宋刑统》和《静春堂诗稿》,均经黄丕烈手校并题跋。另外亦有人购得鲍廷博、劳格所校《林外野言》。(丁氏也有校跋数则,今藏苏州博物馆)。建国初期,常熟西仓前壶隐园内丁氏故居藏书,也开始流散。瀚海书店主人吴瀚与求智书店主人孙耀昌等合伙首拔其尤,据我回忆内有明蜀藩铜活字印本《栾城集》、清初旧抄本《藏说小萃》以及明刻明人集多种,后携往上海出售。稍后我接到戴鹤秋先生来信告知,丁氏尚有藏书急待出售,因即前往常熟。我看书以后,感觉尚有好书不少,共选四百馀册,内有姚元之手校《水经注》(后为顾颉刚先生购去)、吴骞校跋《世说新语》、朱邦衡手校《淮南子》、严虞惇校汲古阁本《晋书》以及汲古阁毛氏所刻《元人十家集》、《五唐人集》等,且都是赵氏旧山楼原藏之物。

综观丁祖荫的一生,确实是把自己的毕生精力倾注在搜访、整理、编辑、出版方面,对保存祖国文化遗产——珍本古籍,不遗馀力,特别是乡邦文献,更是情有独钟。编县志,刻丛书,都作出了很大的贡献。他不仅是一个藏书家和目录学家,同时也是位编辑出版家。所以我认为在我国二十世纪的收藏史和编辑出版史中,应该都有他一席之地。近人王謇曾为他咏诗一首[16]:"郊寒岛瘦清其相,顾校黄抄拔厥尤,说苑虞阳两丛刊,斯人实继旧山楼。"

注:

①见郑振铎《劫中得书记·附录》。

②辛亥革命后各县地方官由民选称民政长。

③见江苏文史资料编辑部编《常熟掌故》。

④见阿英《晚清文艺报刊述略》。

⑤见潘景郑《著砚楼书跋》。

⑥赵琦美，字玄度，赵用贤之子，历官刑部郎中，生平损衣节食假书缮写，自署清常道人，室名脉望馆。

⑦钱曾，字遵王，钱谦益族孙。绛云楼烬馀之书都归之。有《也是园书目》传世。

⑧潘博山，名承厚，潘景郑之兄。文物收藏家，曾任故宫博物院顾问。

⑨缪荃孙，字筱山，号艺风，光绪进士。官京师图书馆监督，刻有《藕香零拾》等书。

⑩见庞树森《重修常昭合志辑印经过》。

⑪见丁祖荫《重修常昭合志例言》。

⑫杨惺吾，名守敬，号苏邻，同治举人，光绪间去日本，广收古书满载而归，有《留真谱》及《日本访书志》。

⑬袁寒云即袁克文，袁世凯次子，因获宋人王诜《蜀道寒云图》遂号寒云。室名后百宋一廛。印有《寒云手写所藏宋本二十九种提要》。

⑭见丁祖荫《铁琴铜剑楼书影识语跋》。

⑮孙毓修字星如，号留庵，别号小绿天主人。光绪诸生，商务印书馆编辑，主持涵芬楼购书工作，有《中国雕版刻书源流考》。

⑯王謇字佩诤，号瓠庐。毕业于东吴大学文学系。曾任华东师范大学教授。收藏苏州地方文献甚富。著有《续补藏书纪事诗》及《宋平江城坊考》等书。

郋园轶事

——读叶德辉遗札

梁 颖

在近代藏书家中，叶德辉是一个个性色彩极为鲜明的人物。《郋园六十自叙》开篇第一句“数十年轰轰烈烈，天子不得臣，国人皆欲杀，海内诵其著述，遐荒识其姓名之叶德辉，至是而年始六十”，狂态可掬，即可见其性格之一斑。其言论，其行经，常引人侧目，也常常引人误解。给后人留下了一个傲兀不羁的印象。傲兀来源于自负。这一点，披览叶氏的书札，处处可见。在民国八年他在写给夏敬观的一封信中，叶氏自溯家世始自宋叶石林，且谓：“居恒与子侄辈闲谈，吾家家世不如阙里，而文章著述倍蓰之。自宋至今，与浙族通而绝不攀援籍重，如水心、文康诸公，皆有世系可考。东南文学世家，恐不能有二姓也。”

叶德辉精于星命之术，不仅辑录过《瑞应图记》、《淮南万毕术》一类书，而且还喜欢给人推算。从刘承幹、叶恭绰、夏敬观等人保存下来的叶氏书札可知，叶德辉都给他们推算过，似乎还颇为灵验。

叶德辉的学问兴趣，当然远不限于星命之学。传世作品中还有过《古泉杂咏》、《观画百咏》、《游艺卮言》一类书。当然，他最大的嗜好，还是藏书和刻书。民国七年致刘承幹一函中他写道："弟平生得古人之书，但属孤本，必为之刊传。宋、元、旧抄秘本，或借或赠，绝无成心，师友中惟艺风、葵园二老雅有同志。葵园捐馆，艺风成硕果矣。"

在次年致刘氏的另一封信中他又重申此意："己不能刻，借人刻云。但使古人之书得传，便觉问心无愧。远如绛云之火，近如皕宋之散，岂不使古人冤沉海底哉！"在这里，我们看到了叶氏个性中古道热肠的一面。所以，当他得知商务印书馆有辑印《四部丛刊》的计划时，不禁欣喜过望：

"《四部丛刊》之举，有功前籍，津逮后人，诚如例言愿有似乎石仓，奢更甚于南皮。（中略）弟向劝各洋书店汇印善本周秦两汉诸子及唐宋名家诗文，今并涉及经史，更为煌煌巨观矣。"（民国八年立夏日致夏敬观函）

"以浩如烟海之簿籍，择尤提要，成此鸿编，《百川学海》无此规模，《永乐大典》逊其精要。其中各书采集善本，一在存古，一存信今。以校勘兼赏鉴之长，以表章寓嘉惠之意。季札闻乐而叹观止，娄护传食而得侯鲭。此书一成，信为空前绝后之作。（中略）当光绪末年，鄙人与长沙王益吾阁学本有刻经之义。改革以后，兵乱相乘，忽忽十年，遂成画饼。河清人寿，后顾茫茫。今菊生同年与执事等具此弘愿，鄙人惟有馨香祷祝，企其成功而已。所望勿惮其难，勿求其速，假以岁月，合此浮图。执事欲看穿世界结果，不如看到此事

结果，为大乐也。”(民国八年四月致夏敬观函)

为了协助商务印书馆完成此项盛举，叶德辉和当时供职涵芬楼的夏敬观书信往返，反复地商量此事。他不厌其烦地出主意，提建议，辨别版本的优劣，研讨书目的取舍，甚至还关心到了选题对《丛刊》销售的影响。其中最长的一封信几达五千馀言，对商务馆拟印的四部各书逐一表述了自己的看法。我们把它择要抄录在下面：

“惟其中有待商榷者。如《十三经注疏》，宋元旧本难得完全，则不如援刘向校《七略》用中文、班昭续《汉书》采观藏之例，概用武英殿本以定一尊。况《十三经》明九行本远不如十行本犹有宋元板片之存留，则何如与《廿四史》同用殿本，归于一辙乎。其馀采录之书，或用旧本，或用校刻本，或用注释本，出入进退，未免分歧。鄙见每种书三本兼采，先列旧刻原本，次列校刊本，无校刊则笺注本。旧刻以存原书真面，校注以便读者研求，无如为卷帙篇幅所拘，二者不可兼得，惟有存旧本去校注本，俾读者先得有用之本，再别求参考之书。卢抱经校刻《抱经堂丛书》，孙渊如为毕制军校刻《经训堂丛书》，往往援据他书校改本文，致令阅者五色纷迷，引者失所依据，虽或注明出处，终不如顾千里、黄尧圃翻雕宋元明本之精。孙氏晚年自刻《岱南阁丛书》全用宋元旧本，则是学随年进，亦顾、黄他山之功也。是目采用孙校、卢校诸本，犹待推敲，鄙意非不善孙、卢，亦欲取法乎上耳。目中善本一定不可逡易者，上皆用朱圈识别之。其中鄙见未合及敝处所藏、他人所藏胜于目载之本者，再于原目批注外，请为执事一评论之。《韩诗外传》用明通津草堂本，《大戴礼记》用明袁氏嘉趣堂翻宋本,《方言》用近翻宋大字本,《释名》用明吕柟翻宋陈氏书棚本,《尚书大传》用陈寿祺校注本,《春秋繁露》用凌曙注本,《经典释文》用卢文弨考证抱经堂刊本。鄙意《方言》宋刻原本在北京傅沅叔同年许,可以向其借印,更觉精神。《尚书大传》宜用《四库》著录之扬州本。《春秋繁露》好古则宜用明华坚兰雪堂活字本,适用则宜于武英殿聚珍本。《春秋繁露》本无可注,凌注况并不佳,可以不取。《经典释文》卢校多窜改,先石君只校抄宋本最为乾嘉诸儒所推崇,此书再印,却不必迁就卢本。《说文系传》除祁刻外别无旧本,然宜访一最初印者再印,至段注可以不录。段注之病与毛校同,誉者谓其博大精深,诋者谓其专横武断,盖其窜易旧文字句,出入铉本,原书不狂为狂,勇于自信,其蔽也愎。故书有证,物理无穷,彼或不知,辄以臆断,其蔽也是。声音假借,知其习见而昧于希闻,稍涉奥深便难解释,其蔽也陋。段注之外,并称桂、王,桂似类书,王乃学究。桂涉泛滥,未乱旧文,与其段、王,毋宁取桂。盖既刻一书,务使学人同趋于正轨而不误于歧途,此平生刻书之宗旨也。史部《竹书纪年》平津馆本不如明范钦天一阁刻《二十种奇书》本。又汉荀悦《汉纪》、晋袁崧《后汉记》,此为编年纪事之祖,断乎不可缺少。《逸周书》常熟瞿氏有元刊本,胜于明章氏刻本。《列女传》阮氏翻宋绘图本固佳,然不如元大德绘图楷书刻本为罕见。《吴越春秋》徐氏翻元刊本不如用明翻元本。《越绝书》拟用明刊本,未知何本?明嘉靖有两刻本,一嘉靖二十六年刘恒刻本,一嘉靖三十三年张佳胤刻本,二本皆出宋本,然不如用明翻元本,与上《吴越春秋》成合璧也。子部《孔丛子》拟用陈刻七卷本，不如明翻宋七卷巾箱本。《新语》拟用明初刊本，当是弘治李仲阳刻本。此本虽源出宋本，中多烂板缺文，不如范氏天一阁本或胡惟新《两京遗编》本。《盐铁论》张敦仁刊本不如明涂祯仿宋九行本。《新序》明嘉靖翻宋本不如蒋氏铁华馆仿宋小字本。《说苑》何良俊刊本不如元刊小字本，或《新序》、《说苑》同用何良俊本。《潜夫论》汪继培笺湖海楼本不如明正德初翻宋本。《申鉴》明黄省曾注文始堂刊本不如明正德仿宋刻本。《中论》拟用万历刊本，不如明弘治黄纹刊本。《六韬》、《三略》、《尉缭子》明刘寅直解本不佳，且为伪书，可以不采。《六韬》伪而近古，《道藏》本不易得，平津馆校刻入丛书，瞿目有影宋抄本，实远胜平津馆本。《管子》拟用明刊本，明刊最佳者为赵用贤《管韩》合刻本，然不如光绪间上海仿刻宋杨忱本。《商子》拟用吴西岩校本，不如范氏天一阁本，次或孙冯翼刻《问经堂丛书》本。《齐民要术》向无宋元旧本，渐西村舍本出自毛晋《津逮秘书》，不如径用毛本。医书《难经》后宜《脉经》，或用明嘉靖翻宋嘉定本，或用明成化翻元泰定本。《金匮要略》徐彬注本不如吴勉学刻《古今医统》本。《周髀算经》、《九章算术》天算仅此二种，未知何取？窃谓算学在今日为专门之学，戴震校刻十书，原不止此二种。如志在存古，则十书当并录存，如学在专门，则并此二种可以不采。《鬻子》、《慎子》本非完书，又非古本，无关考证，可以删除。《尸子》以任兆麟《心斋十种》本为最古，其本出自元大德任仁发抄本，次则孙冯翼《问经堂丛书》本，湖海楼本逊此二本。《颜氏家训》赵曦明注抱经堂本源出宋本，较之卢校他种校改多者尚为存真，故鲍氏《知不足斋丛书》亦用此本。《意林》周广业注本注即是校，何取骈枝，不如武英殿本补以蒋光煦《斠补隅录》中六卷补遗本。此书之前宜增唐魏徵《群书治要》，魏书有日本原刻本，又有杨墨林《连筠簃丛书》本。《西京杂记》明时与《三辅黄图》合刊，谓之《秦汉图记》，抱经堂校改窜补，不如明嘉靖唐氏刻本、万历郭子章本。《穆天子传》平津馆本不如明范氏天一阁本。《法苑珠林》蒋氏燕园刊本不如与《弘明集》、《弘明广集》一律用支那本。《列子》湖海楼本不如蒋氏铁华馆仿宋小字本。《抱朴子内外篇》平津馆本不如明鲁藩刻本及明正德《道藏》本。集部《张燕公集》后宜增张九龄《曲江集》，李长吉后宜增李文饶集。玉溪诗文有注本不如无注本，诗有钱牧斋评校抄本，文有朱长孺编写校抄本。孙可之集明正德刊本固佳，然明人多与刘蜕《文泉子》合刻，正德本有孙无刘，不如天启吴馡合刻本或崇祯闵齐伋合刻本。《皮子文薮》、《笠泽丛书》有文无诗，陆宜增《甫里集》，皮、陆倡和有《松陵集》。宋人《山谷全集》拟用明刊本，未知何本？不如嘉靖徐岱、乔迁校刻本。《山谷集》后宜增秦观《淮海集》。《石湖诗集》秀野草堂本不如明弘治金兰馆活字本。《水心集》前宜增陈傅良《止斋集》，《鹤山大全集》前宜增真文忠公《西山集》。以上所增，皆两人一时齐名，录一阙一，未免挂漏。元明人集除大家在所必录，馀或孤本、校本、精抄本，藉以流传古书，未为不可。若寻常单刻、近刻，如宜稼堂之《剡源集》、嘉庆刻《雁门集》、乾隆刻《九灵山房集》、康熙刻贝清江诗文集、金檀注《高青邱集》，均非希见之本，又非必用之书，似可不取。唐人集见于席刻百家唐诗者如《韦苏州集》、韩偓《香奁集》之类亦然。《雁门集》却不可少，嘉庆中裔孙龙光注本不如元至正丁丑吴郡干文本。《铁崖乐府》、《乐府补》拟用旧抄本，不如明成化己丑重刻元本。明人《高青邱集》亦不可少，金檀注本不如康熙中竹素园刻无注本。《王阳明集》康熙癸丑俞氏编刻本不如明崇祯乙亥施邦曜刻三编本。王渔洋《菁华录》惠栋训纂本不如林佶写刻本，林佶当时并写陈廷敬《午亭文编》、汪琬《尧峰文抄诗抄》，今止录尧峰一家，不免令人觖望，不如以林写三种初印者合印较为完全。《述学》粤雅堂本不如其子喜孙刻《遗书》本。《增修诗话总龟》月窗道人本增窜谬妄，非原本之旧，不如何文焕《历代诗话》可分可合。词曲只录钦定两谱，不足包括源流。昔人云词山曲海，本难遍校，鄙见以为宜择取三五大家及有名总集为全书之殿。词如北宋之欧、苏、秦、黄、南宋之范、周、姜、陆已附本集，无庸复举外，馀如柳永《乐章集》、周邦彦《清真集》、张孝祥《于湖长短句》、辛弃疾《稼轩词》、王沂孙《碧山乐府》、吴文英《梦窗词》、周密《草窗词》、张炎《山中白云词》、《花庵词选》、《草堂诗馀》。词韵则《菉斐轩词林韵释》。曲则传奇杂剧，《四库》不收，然总集散套如《乐府新编》、《阳春白雪》前、后集、《朝野新声太平乐府》，撷元曲之精华，印入亦不占篇幅。曲韵则《中原音韵》、《太和正音谱》。于是大而经史，小而词曲，荟萃一集，蔚为大观，则《四部丛刊》之名称不至有见首不见尾之恨。兹事本属创例，讨论不厌其详。在议始者未尝存牟利之心，在参校者不可无惜名之见，既费巨本，当具别裁。若使草率图成，未免负此盛举。舍间藏本不惜借

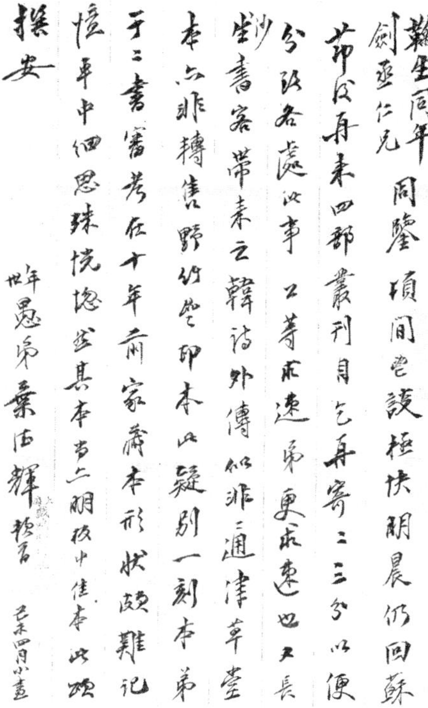
鞠生同年
劍丞仁兄 同鑒 頃間□讀極快 明晨仍回蘇
節後再來 四部叢刊目乞再寄二三分以便
分送各處 此事 兄籌亦速 弟更求速也 又長
沙書客帶來云韓詩外傳 似非通津草堂
本 亦非轉售 野竹齋印本 以疑別一刻本 弟
于二書審考在十年前 家藏本形狀頗難記
憶 草中細思殊恍惚 蓋其本當二明 校中佳本 此頌
撰安
世年愚弟葉德輝頓首
己未四月小盡

痴，友人收藏亦当竭力介绍。每恨前人仿宋元旧刻，字句总有参差，兹则千万化身，不失庐山真面。今人动以千金购求宋本，兹则聚无数名刊善本，贵不过四五百元，宜乎家置一编。留兹种子，合之为四部，散之各一书。若能采及刍荛，则真毫发无遗恨也。”(民国八年四月致夏敬观函)

像这样的长信有好几封。如果不是夏敬观保留下了这些书札，后人可能仅仅知道叶德辉是为《四部丛刊》提供过底本的诸多藏书家之一，而不会知道叶氏对《丛刊》有过更多的贡献。

叶德辉的热心任事使他成为一个不甘寂寞的人，如果仅仅是“跌宕文史，惊骇流俗”(见金松岑《叶郎园先生六十寿言》)倒也罢了，可他又偏偏卷入湖南地方的政治纷争而不能自拔，终遭杀生之祸，可谓死不得其所。而他常常显得不合时宜的行径使其身后也没有博得多少同情，则不能不令人叹息。

开放的藏书楼

——纪念古越藏书楼创建一百周年

虞浩旭

中国图书馆的近代化运动始于清代晚期。晚清先后发生了三次社会变革运动，即洋务运动、戊戌变法和清末新政。三次变革时间先后相继，范围逐步扩大，程度不断加深。与此相对应，从近代图书馆观念的引进、新型图书馆的兴起乃至全面展开，中国开始了图书馆的近代化过程。上世纪初，兴办新式公共藏书楼成为一时的风气和潮流。而绍兴徐树兰得风气之先，他于1902年创建的古越藏书楼是中国近代第一座具有公共图书馆性质的藏书楼，距今已整整一百周年了。

徐树兰(1837～1902)，字仲凡，号检庵，浙江绍兴人。清光绪二年(1876)举人，曾任兵部郎中、知府、盐运使。后因母病辞官归里，热心地方教育文化事业，深孚众望。近代以来，中国东南沿海各省为西学东渐之前沿，徐树兰深受西方文化的影响，抱开启民智、教育救国之志。他在《为捐建绍郡古越藏书楼恳请奏咨立案文》中说："窃维国势之强弱，系人才之盛衰；人才之盛衰，视学识之博陋。涉猎多则见理明，器识闳则处事审。是以环球各邦国盛衰之故，每以识字人数多寡为衡。"所以他要兴办学校。1897

古越藏书楼门楼

年，他捐资创设绍郡中西学堂于郡城，延蔡元培主学务。然而他又进一步认识到培养人才不能光依靠办学，他以自己所办的绍郡中西学堂为例说："教授学生，每学不过数十人，或百数十人，额有限制，势难推广，而好学之士，半属寒畯，购书既苦于无资，入学又格于定例，趋向虽殷，讲求无策，坐是孤陋寡闻，无所成就者，不知凡几。"要解决这个矛盾，他认为西方的经验可供借鉴。他说："泰西各国讲求教育，辄以藏书楼与学堂相辅而行。都会之地，学校既多，又必建藏书楼，资人观览。英、法、俄、德诸国收藏书籍之馆，均不下数百处。伦敦博物院之书楼，藏书之富，甲于环球，一切有用之图书报章，亦均分类藏弆。阅书者通年至十馀万人。日本明治维新以来，以旧幕府之红叶山文库、昌平学文库初移为浅草文库，后集诸藩学校书，网罗内外物品，皆移之上野公园，称图书馆，听任众庶观览。其馀官私书籍馆亦数十处，藏书皆数十万卷。一时文学蒸蒸日上，国势日强，良有以也。"为振兴中华之积弱，他决心以私人之力筹办开放的藏书楼，以供寒畯之士阅读。

1900年，徐树兰开始筹办古越藏书楼。他先"捐银八千六百馀两，于郡城西偏购地一亩六分，鸠工营造，名曰古越藏书楼，以为藏书之所"。古越藏书楼在绍城古贡院旧址，今胜利路133号。楼为四进，前三进楼房为藏书之用，二进有厅堂为公共阅览室。随后购书用银二万三千五百六十馀两，添置桌椅等器物用银八百馀两，三项开支共用银三万二千九百六十馀两，连常年经费一千元也由徐氏提供。1902年，古越藏书楼建成后尚未正式开放，徐树兰即因劳累过度而于五月初十（6月15日）病逝。徐树兰之子徐显民承继父愿，谋划奔走，于1904年将古越藏书楼对全郡人士开放阅览。乡邻欢喜踊跃，学者交口称便。

古越藏书楼的藏书有二大来源，一是"以家藏经史古籍及一切有用之书，悉数捐入"；二是出资购置"近来译本新书以及图书标本、雅训报章"。这与徐树兰"存古开新"的宗旨相关。徐树兰认为："学问必求贯通，何以为之贯通，博求之古今中外是也。往者士夫之弊，在详古略今；现在士夫之弊，渐趋于尚今蔑古。其实不谈古籍，无从考政治学术之沿革；不得今籍，无以启借鉴交通之途径。故本楼特阐明此旨，务归平等，而杜偏驳之弊。"徐树兰这种古今并重的藏书观也是超越前人的。

古越藏书楼开办之日，藏书总额达七万馀卷。古越藏书楼藏书印鉴计有四种："古越藏书楼图记"、"徐树兰捐"、"会稽徐氏检庵见本"、"检庵购藏旧本"。由于入藏时间、来源不同，每种书上所加盖的印鉴种数不一。对捐赠入藏之书，标有"某某惠赠"的字样。藏书楼有存书之例，对寄存之书，也印有标识。

藏书楼曾两度编目。1902年，徐树兰亲自主持编制《古越藏书楼书目》，将藏书分为经、史、子、集、事务五部，共三十五卷六册，由本楼刊行。1904年，藏书楼延聘慈溪孝廉冯一梅（丙子科举人，绍兴府中学堂教师）重新编目，将藏书分为政、学二部四十七目，共二十卷八册，当年由上海崇实书局印行。是目将中西书籍融为一体，创造了一种全新的学术体系，是我国学术史、思想史和图书分类史上的一个突破,具有创新意义。

徐树兰还参酌东西方各国图书馆规制,制订了《古越藏书楼章程》,共七章三十节,有古越藏书楼单刻本和上海崇实书局石印本。章程的各项规章周到完备,具体管理方法细密严谨,体现了既严格管理,又方便读者利用的思想。

藏书楼有工作人员八人。设总理一人,负责制订章程,稽核经费,统揽楼中一切事务。监督一人,管理财务支出,添购图书,考察司书以下的工作人员。司书二人,在开放借阅时,一人收发书籍,一人收发报纸,忙闲彼此照顾。司事一人,做读者出入的登记工作。门丁、杂役、庖丁各一人。总理之职,由徐树兰自任;徐氏去世后,由其嗣子中推举一人充任。监督以下的人选,均由总理延聘。如总理在外,则司事以下人选由监督招聘。

古越藏书楼自1904年正式对公众开放,1911年底停办。1916年,徐氏之子徐尔谷呈请教育部批准继续开办,1924年再度停办。1926年,经由徐树兰之孙徐世南整理,重新开放。1930年复停办。1932年,绍兴县教育局报经部、厅核定,将古越藏书楼改组为绍兴县立图书馆。

古越藏书楼房舍早废,门楼尚存。今绍兴市鲁迅图书馆犹存古越藏书楼的书五千七百八十九册,书柜四十只。1960年,古越藏书楼遗址被绍兴县人民政府列为县文物保护单位;1990年1月27日,被浙江省人民政府列为省级文物保护单位。

古越藏书楼是中国近代第一座具有公共图书馆性质的藏书楼,是开放的藏书楼,在中国图书馆史上有重大意义。今年是古越藏书楼创建一百周年,特撰此文以志纪念。

藏书访古日记

——苏州之行

韦　力

苏州是我向往的地方。苏州不仅是江南富庶的鱼米之乡，不仅有许多美丽的园林和幽雅的小桥流水人家，而且苏州历史悠久，人文荟萃，文化发达，书坊曾鳞次栉比，私人藏书风气至明清尤甚，仅据文献记载的藏书楼就有七十多处。自1999年5月至2000年7月，我曾先后四次到苏州寻访藏书楼，几乎每次都是怀着朝圣的心情，踏破铁鞋，寻寻觅觅，经实地勘访，竟也能寻到近三十处藏书楼，近乎奇迹。在历经历史沧桑和社会动荡后，为什么苏州能保留下如此多的藏书楼或遗址呢？我想首先因为苏州是明清至近现代的文化中心之一，所以能风雨过后，规模犹存；再则是苏州在旧城改造扩建的同时，注意了某些有代表性的文化遗址的抢救和保护。当然，也有一些幸存下来的藏书楼现状堪忧。特别要说明的，我寻访藏书楼所取得的成果，是与苏州书界前辈江澄波先生及一些友人的热情帮助密不可分。但由于“苏州之行”是历经两年分四次进行的，所以“日记”就不注明寻访某藏书楼的具体时间，而文中藏书楼的排列，却是依我访问的先后为序的，也特别说明。

留 馀 堂

留馀堂是潘世恩的藏书楼，今天的地址在苏州市临顿路钮家巷3号。潘 姓是苏州大姓之一，分为两支：一叫富潘，一叫贵潘，其中贵潘就是潘世恩这一族。其祖籍是在安徽的徽州，在康熙年间迁到了苏州。潘家通过科举考试，使得家业逐渐发达，整个家族中出过状元、探花，进士、举人则不可胜数。在藏书史上，潘家也占极其重要的地位，出了多位藏书大家。

潘世恩是乾隆朝的状元，做官历任乾隆、嘉庆、道光、咸丰四朝，藏书甚富。而其父潘奕隽亦是藏书名家，与当时的大藏书家黄丕烈、袁寿阶等交往甚密，至今传有《三松堂书目》。而潘世恩的孙子潘祖荫也是著名的大藏书家，其藏书处名为滂喜斋，藏书甚富。当时叶昌炽曾馆其家，尽观其藏书，“叹为宏富”。

由于近代的拆迁，使得今日的留馀堂仅馀原规模的五分之一，存留正门的观貌厅和二进的小庭院。观貌厅仍保持原规模建筑，室内建筑保存完好，只是现在改成了街道老年活动室。我进去想将室内拍一全貌，陪笑脸请众位大爷暂时歇歇手，过一会儿再接着打牌，其结果是无人应声。那我只好接着说：“那我可否在这里面照像?”我不知是听不懂我说的话还是很烦我的打扰，结果还是不见有回音，我只好拿出相机准备拍照。结果这招儿真灵，马上有几位老先生怒目圆睁地告诉我不可以拍照，我马上解释说，我不是记者来拍现场以备抓赌。但说什么也无济于事，只好冲着门外照月亮门及窗扇。从这些精美的过门雕刻中，来窥当年留馀堂宏富之一斑吧。

教 忠 堂

教忠堂是清代名士沈德潜的故居，现在的地址是苏州市带城桥路阔家巷 26 号。

沈德潜在六十七岁的时候才成为进士，很受乾隆皇帝恩宠，被乾隆称之为“江南老名士”，并将自己的御制诗命沈逐日校阅，还要求他每日有新作进呈御览。在乾隆十一年，沈德潜夫人俞氏去世，沈写了一首悼亡诗，名为《夜梦俞淑人》，其诗写得凄切真挚，乾隆帝看后深为感动，特命其回家料理后事，并赠诗送行，其中有一句“我爱德潜德”，而当朝户部侍郎钱文敏不知是叹羡还是有感而发，当时也赠一首诗给沈，其中有一句“帝爱德潜德，我羡归愚归”（归愚为沈德潜号），一时传为佳话。

晚年沈德潜在苏州紫阳书院执教。在苏州先后四次接驾，随同乾隆帝南巡，两次进京为皇太后祝寿，前后得到四十馀首乾隆御赐诗，可谓恩宠之极。但沈德潜去世后十年，徐述夔《一柱楼诗集》案发，因此书是由沈德潜作的序，故受到牵连。其后又有人从沈德潜所作的《咏黑牡丹》诗中摘出“夺朱非正色，异种亦称王”诗句，被解释成夺取明王朝的统治者并非有正宗的出身，而“异种”更是对满清的蔑视了。故乾隆帝下令，将沈德潜剖棺戮尸。一个人在当朝即可体现荣辱之极，也可略窥人生难测了。

教忠堂是乾隆十四年沈德潜退休之后所建，现在大部分原建筑已被拆毁，仅馀原规模的三分之一，存有门厅、大厅和轿厅。我前往寻访之时，门前铁栅栏门开着，但里面的大门却上着锁，坐在门口等了两个多小时仍未见有人

来开门。向旁边的商户打听，他们也搞不清什么时候才有人来开门。只好在门口照了一下外景，以伺将来再窥全貌了。

群 碧 楼

群碧楼是清末民初的大藏书家邓邦述的藏书处。邓邦述的祖上是金陵的望族，家中有青黎阁藏书楼。但是到邓邦述时家道中落，使其也就没有藏书之志了。后来邓邦述受其舅舅赵烈文的影响，逐渐又对藏书有了兴趣。其后来他又与赵烈文的二女儿结了婚，而赵的女儿不但喜欢藏书，还能整书、修书、补书，虽非正房，但邓对她喜欢有加，发誓要大搞藏书。邓邦述后来做端方幕僚，又从端方处学了很多版本考订方面的知识，使其眼界大开，竟至为举债购书。本想用奉禄逐年偿还，但不久清室民国更替，他被罢官居家，只好售书还债，当时有人笑他急起急落，邓有"昔借钱以买书，今鬻书以偿债"之句，以自解嘲。

三年前，在嘉德古籍拍卖会上曾经拍卖一部有邓邦述题跋的明刻《列女传》，版本稀见，可见邓氏藏书确实有质量。

群碧楼为江南庭院式建筑，而进门正厅是邓邦述的起居楼，则为一西式建筑。邓邦述是清末瀚林出身，而能接受这种西式建筑，可见其思想亦有开通之处。在正厅的西侧有一两进的二层楼房，楼房下有廊房可以穿过，此楼就是邓邦述的藏书处——群碧楼。从楼下过廊可以穿到后院，楼梯即在院内。从外面窗子看，楼上还有住户，但我去时，是上午，整个院子里静悄悄的，没见人，所以亦未能见室内情况。

邓邦述晚年将大部分书出售还债后，仍然藏书癖难改，但自觉

与群碧楼名声不符,故改名“寒瘦山房”,从其藏书笔记中得知还是又买到了一些稀见的明代版本。当时想他在日记中屡谈到其时的窘况,怎么还能继续买书呢?今日看到邓氏的整个院落如此庞大,方知名人之有钱无钱,只是相对而言罢了。

愙　斋

愙斋是晚清藏书家、金石学家吴大澂的故居,今址为苏州市沧浪区凤凰街219号。今改为苏州市国土局沧浪分局、环保局、防汛指挥部等七、八个单位所在地。

凤凰街是苏州不算窄的一条大马路,而愙斋就建在临街路边上,虽是古式建筑,但看上去有些新,细问局内人,方知道这是扩街时重新拆建的。但据说是原样翻建的,从中仍可看到愙斋的原貌。

吴大澂是进士出身,曾经做过广东、湖南巡抚,有政声。在光绪十一年吴大澂与沙俄代表共同勘定边界,最终签订了《珲春界约》,此约是中国十九世纪收复失地的唯一条约。后在甲午战争中,在朝鲜与日本做战,失利战败,光绪帝认为吴功大于过,并未治罪。但在戊戌变法时,吴大澂被视为翁同龢同党,被慈禧重新追究当年的战败过失,被革职永不叙用。吴大澂回苏州后任龙门书院院长,并建愙斋。

吴大澂除喜欢藏书外,尤喜欢藏金石,著有《愙斋集古录》十三卷、《古玉图考》一卷等,均极有名。这些书在近年拍卖会上偶有出现,均可拍得善价。潘承弼藏有吴大澂手校藤花榭覆宋本《说文解字》四册,内中满纸丹铅,亦可见其对古文字学之熟稔。

吴大澂嗣孙吴湖帆为现代著名书画家，从小就是在窸斋渡过的，后移居上海，亦喜收藏古籍金石书画，足见乃祖遗风。

缘 督 庐

缘督庐是叶昌炽的藏书处，今日的地址为苏州西花桥巷7号。找到这个地址颇费周折。因从史料上查知，叶昌炽最初住在葛百户巷，后来迁到了花桥巷。而花桥巷是一条窄长的小街道，沿街打听多人，均曰不知。无奈只好去打扰江澄波老先生。江老是苏州有名的文学山房主人江杏溪的嫡孙、文学山房第二代传人江静澜之子，江氏三代蜚声书林，传为书界美谈。江老听我说找不到缘督庐，就决定与我一同前往寻找。在路上，他谈起自己少年时随长辈收书，就曾到过缘督庐，亲眼见过叶昌炽，而叶家后人就更见过多位。我真叹羡那一代人的眼福与机遇，至我辈则只能寻访拜谒前贤故居，追想当年藏书大家流风遗韵。

叶昌炽是清中晚期大学者冯桂芬的弟子，学问渊博，而在藏书界影响甚大的，是他撰写了一部《藏书纪事诗》，此书第一次以诗歌加注形式总结了历代藏书家的事迹掌故，开此体例先河。自此之后，为之相续者不绝如缕。而他的另一部著作《语石》是专门探讨金石碑刻之书，也历来为行家所称道。尤其是他的《缘督庐日记》，起笔于同治九年，止于民国六年，逐日记载了四十八年间的事件，极有史料价值，被称为晚清民国间三大日记之一。

与江老又重新来到西花桥巷，江老也自言自语道，多年不来了，这里变化也很大，都有些难以

辨认了。边走边打听,最后终于确认下来缘督庐所在地,已是全部翻盖为一栋四层楼房,而原来的建筑在三年前就已经拆毁,蜚声书林的缘督庐即灰飞烟灭了。我与江老默默地站在院外,仰视着这座楼房,有几分钟谁也没有说话,心中感慨难以名状。

我们只能围着楼房默默地走了一圈,算是对已消失的缘督庐的最后凭吊。但突然在楼房背面看到了一段旧墙,江老兴奋地说:"这原来是缘督庐的正门,你看墙上嵌入的两根望柱,仍是原来的地方。"只见一面水泥墙内镶嵌着两根雕钮石柱,被新的建筑者"因地制宜"地借用了。我看到墙内镶嵌着的小石狮子拚命地挣扎着,像要挣脱现代人所强加的樊篱似的,真为它的不屈之状而感动。

耦　园

耦园是清代安徽巡抚沈秉成的故居,地点在苏州城东小新桥巷7号。

沈秉成是咸丰元年的进士,曾做过两江总督,有政声。其夫人严永华在晚清有才女之称,因夫唱妇随,故以"耦"字名其园。在进院门右手的一面墙上,有一幅砖刻楹联:"耦园住佳偶,城曲筑诗城。"直接地说明了耦园之意。耦园面积有十五、六亩地那么大,院内基本保存完整,山石水榭一应俱全。正楼两层为居住之地,其东边另一套院内是待客之所,楼上有匾额,上书"补读旧书楼"。楼西的套院内就是藏书楼了,楼为二层飞檐式建筑,保存十分完好,整个格局为曲形,据说是请当时有名的画家顾沄设计的。保存如此完好的藏书楼在苏州也是仅见的。当年沈秉成在这里与当时的名士张之洞、潘祖荫、吴云等人过从甚密,共同探讨版本碑刻之学。站在楼中,我仿佛隐约地听见了他们品书论画、摩挲把玩之谈笑声。

百宋一廛·士礼居

黄丕烈可以称之为清代最有代表性的藏书家，因此来苏州寻访藏书楼，谁找不到都可以，只是不能不找到百宋一廛，因为它可称之为中国古代藏书楼的一个重要标志。黄丕烈第一次将宋版书提到如此高的地位，尤其他的藏书、校书理念，至今仍影响着后人。故到苏州之前，我已做好充分准备一定要找到它。

从文献上仅知道黄丕烈住在悬桥巷，这也是唯一线索。所以我费尽周折在苏州寻找此地名，没想到二百年后，此街仍存旧名，真让人感到意外惊喜。悬桥巷是一条很窄的小街，宽不过二、三米，整条街都是由小鹅卵石铺就的，两边均是旧式的民居，将近有二里地的样子，我几乎挨家挨户地打听了几十户人家，也没有找到我要找的地方，只好再去打扰江澄波老先生了。

第二天一早，江老先生陪我又来到旧地，直奔黄氏故居。走到正门口，见大牌子上写着“苏州市丝绸服装厂”，而门牌号为蒹葭巷 46 号。我很疑惑地问：“江老，百宋一廛不是在悬桥巷吗?”江老说：“您找的悬桥巷没错，但在三十多年前就被改造为丝绸服装厂，后面封起来了，也就是说把正门封死后，从另一条街改建了大门，也就是我们现在所找的这个地方。”进得厂来，又费了一番周折，才由厂办主任陪着转到了厂的最后面，仅剩一小角旧居，而黄氏故居原有的五分之四建筑都已另行拆建了。仅馀的两小处，因为作仓库用，才侥幸保存下来。

黄丕烈是乾嘉时期最有名的藏书家，虽然与他之前或同时有许多大藏书家，但黄丕烈却有其独到之处。他从校勘入手，认

定宋版书是中国古籍能够见到的最早刻本，后代对书的诸多翻刻，出现了许多以讹传讹、曲解本意的现象，多是底本不精所致，要想还其本来面目，必须用宋版书来校勘。所以他极力推崇对宋版书的收藏，虽然宋版书也偶有不确之处，但即使有错，也能有迹可循，还原其本来意思。他的这套校书理论影响巨大，后世的藏书家以及学者无不把他的这套理论奉圭臬。著名学者王颂蔚称其为三百年来藏书之“巨擘”。著名藏书家、校勘家缪荃孙称其为乾嘉以来藏书之“大宗”，近代学者陈登原则称乾嘉时代的藏书为“百宋一廛之时代”，可谓推崇备至。

我满怀虔诚的朝圣心态，看着这些残存的破烂的旧居，脑海中却闪现出了黄丕烈灯下校书的形象。最里面的一排有十几米长，四、五米进深的一溜平房，江老介绍说这就是当年黄丕烈的藏书楼。其外面窗棂仍然保存完好，我要求进里面看一下，却被厂办主任以仓库重地为由而直接拒绝了。转过来进入左跨院，是一弧形院门，院子不大，也就三十平方米的样子，但很雅致。江老告诉我，这就黄丕烈的读书之处士礼居和陶陶室了。房屋保存还算完整，同样锁着门不让进去。我扒着门缝向里一看，只见堆了一些破旧机器。看着如此惨破景象，心里难说高兴，问及厂办主任，他说厂里也不清楚这是谁的旧居，只是文管所不让拆迁，也就只好作仓库用了。

黄氏身后，藏书界基本以能够收到多少部黄氏题跋的书籍做为自己的可炫耀之资。寒斋收藏黄跋一部，已被同好诧为眼福。看到历代藏书家所藏黄跋之书，真希望自己也能够生活在黄丕烈那个时代，并能与之结识，多多地得其手迹题跋。古人云：聚书好货，均为一贪。此我之谓也。

艺芸书舍

艺芸书舍是清中叶大藏书家汪士钟的斋号，现在的地址是苏州山塘街殳家墙门25号院。

汪士钟是黄丕烈后苏州最著名的藏书家，他的父亲在山塘街河边开有益美布店，生意做得很大，而汪士钟却对经商没有太大兴趣，将其父亲所赚的钱大部分都用于购书。在嘉庆年间，州有四大藏书家，即黄丕烈百宋一廛、周锡瓒香严书屋、袁寿阶五砚楼、顾抢冲小读书堆，号称“藏书四友”，四家所藏大都归了艺芸书舍。特别是百宋一廛之物，在黄丕烈还在世的时候，基本上都归了汪士钟。他十分看重黄跋，哪怕只有一、两行复翁手迹的书籍，他也重价收之，当时的苏州书贾都知道他这个特点，只要发现书上有黄跋甚至黄氏藏印，索价必要增倍。

自黄丕烈始，宋版书受到考订家、藏书家的空前重视。黄丕烈一生总计经手一百多部宋版书，故将其藏书处命名为百宋一廛。其后湖州大藏书家陆心源皕宋楼藏有宋版二百馀部，聊城杨氏海源阁藏书鼎盛时期也未超过二百部，但汪士钟艺芸书舍却藏宋版书三百馀部，为清代已知藏书家藏宋版书最多者。

在山塘街河边，仍保留着保存完好的汪氏祠堂，今日地址为山塘街480号。当年汪士钟所收之书都是由各地书贾船载至此，汪氏在这里选择去取的。进得院子，院内现住有十几户人家，看我拍照，有两个老太太问这问那，我竟一句也没有听懂，只好主动地问，这是否是汪士钟家祠，其结果皆云不知。

院子的正门所对就是当年汪士钟的收书码头，我望着河边，脑子中又闪现出接踵而至、排着队等着向汪士钟售书的书贾船的景像，而今“我辈复登临”，却已物是人非了。

艺芸书舍就是从汪家祠堂右边的小胡同穿过去，走到祠堂的背面即是。院子不大，住着七、八户人家，整个院子的格局类似北京的四合院，在江南这种格局确实少见，整个院落已破败不堪，转了一圈，没有遇到一个人。在院子里整个瞻仰过程中，始终有一只黑白相间的猫，眼睛不眨地瞪着我，我想它会不会是汪士钟所化的精灵，来看着这位不合时宜的朝圣者。

宝　树　园

宝树园是现代史学大家顾颉刚先生的故居，今址为苏州市临顿路悬桥巷顾家花园弄内中段。宝树园是顾颉刚的先祖顾其蕴所建，而顾颉刚的藏书处实名为芬陀利室、纯熙室，但名气都不如宝树园大，故从俗称之。

顾颉刚先生是清初学者、藏书家顾嗣立的后裔，可谓家学渊源有自。他所作《古史辨》七册，确定其学术地位。顾先生本人藏书极富，最多时达三十多万卷，后到北京任职，专门特批一节车皮来运书，传为书林美谈。顾先生逝世后，其藏书全部捐给中国科学院图书馆，极少流传在外，使得顾先生批校手迹难得一见。近两年上海图书馆所出《历史文献》连载顾先生的书跋，看后确实让人觉得过瘾。

悬桥巷中段有一口石围栏古井，上刻阴文“顾家井”，在井的左边是一条小河，河上横卧一石板护栏的小桥，上刻“顾家桥”，桥对面不远处，就是我要探访的顾颉刚故居了。开门的是一中

年妇女，当她得知我的来意后，热情地邀我进了院子。院子不大，大约占地一亩半。中年妇女介绍说自己是顾家亲戚，因为这里房子空着，就借住于此。她告诉我原来房子很大，现在只剩下很小一部分了，现馀的正房一直作仓库，被公家占用，直到建“顾颉刚故居”时方才搬出，但现在也没有钱来进行必要的维修，有些窗扇也是自己家新换的，只有正厅所对的门牌楼方是原来的正门，而院子被分割后封起来了。但从这座劫馀的老房子，还略微能看出当年宝树园的景况。

奢摩他室

奢摩他室是近代戏曲理论家吴梅先生的藏书处，现址为苏州市蒲林巷35—1号。

吴梅先生为一代词曲宗师，一生雅好藏书。民国六年任北京大学教授，就到琉璃厂大量购书，仅在北京期间就购书二万多卷。他藏书的主要特色是历代曲类著作十分完备，按书目记载总共有近七百种；而另一特色是收集明嘉靖刻本，立志要得百种以上，故又名其藏书处为“百嘉室”，虽然至其逝世仅收存了七十馀种嘉靖本，但也可以窥见其藏书爱好之深。

吴梅故居面积不是很大，正门门脸也很小。进得院门是一黑洞洞的走廊，穿过走廊就是第一进院落，不禁感觉豁然开朗，五、六十平米的小院子十分精致。院内正房即是吴梅居住室，楼上就是藏书室——奢摩他室和百嘉室了，在房子正对面过门的门楼上用砖刻着楼额“乐居安天”，为吴梅手书，后落款为宣统元年。

吴梅对曲的研究名气极大，传其衣钵者也颇多，近代曲学大家卢前即为其得意弟子之一。寒室藏有卢冀野所批校之书，也是间接地表达对吴梅先生的敬仰吧。

竹山堂·宝山楼

宝山楼是苏州潘家家族上世纪最后的辉煌——潘承厚、潘承弼的藏书楼，今址在苏州市南石子街，无门牌号。南石子街是一条小街道，处在苏州老城区，整个街两边的建筑都保持了旧貌。宝山楼地处南石子街中段，紧邻安徽会馆。进了院门是一条长长的甬道，有二十多米长，走到院子尽头，就看到一个颇大的院落。由于年久失修，再加上杂居着十多户居民，院落显得破旧杂乱。但从建筑的规模和雕梁画栋所透出的气势，仍然可看出昔日的富贵和大气。同院中的居民聊天，得知原来的规模要比这大得多，从南石子街到进深二十多米其实原来都是院内的建筑，而现在都已拆改过了，只剩最里面的这二进院子，才是当时仅存的一小部分旧居。在第一进院子门楼上砖雕刻着“媚玉辉珠”，是嘉庆年间的题款。尤其能透出大家之气的是第二进楼上的雕花饰板，整个是用楠木所雕，一反江南的细巧而显得粗犷有力，也带出了官家的霸气。楼上的其中一家住户，善解人意，知道我们要拍照，赶忙将楼上他家的几扇窗子都关上，并且还要下楼把晾在院子里的衣服都收起来。我赶忙告诉他不用动，我们要拍的不只是藏书楼，同时也要拍下这些文化遗迹今天的景况。

民国十八年秋，苏州书市上出现了一部宋版蜀大字本《陈后

山集》，由于此书纸色较差，所以市场上都认为这是明代的翻刻本染纸充宋，而无人购买。潘氏兄弟俩人经仔细研究认定这是宋版，花了二百元以明版书的价钱买了下来。后经许多藏书家鉴定都认为是宋版无疑，为此兄弟俩人惊喜不已，特为此将祖父的竹山堂改为宝山楼。这部书后被大藏书家傅增湘在潘宅见到，也认定是惊世秘籍。

竹山堂原藏书四万馀卷，经过兄弟俩人的努力，在鼎盛时期宝山楼的藏书达到了三十馀万卷，可称得上是名副其实的大藏书楼了。可惜好景不长，正当兄弟俩人努力收书之时，抗日战争开始了，宝山楼遭到了炮火的袭击，部分藏书被毁了；兄弟俩人避难到了上海，家中馀书又遭到了盗窃。正在这困厄之时，潘承厚在上海病逝了，年仅四十岁。连遭打击，再加上经济上的困难，潘承弼陆续将馀书出售，其中大部分归了合众图书馆，而此馆藏书在解放后又由张元济等人捐给了上海图书馆。宝山楼劫馀宋元善本在解放后由潘承弼捐给了北京图书馆。

过　云　楼

过云楼是近代顾麟士的藏书楼，今址为苏州市苏州河边干将西路 2 号。

与其它藏书楼不同之处在于其藏画的名气大于藏书，其原因是顾麟士是苏州乃至全国有名的画家。民国初年，顾麟士购买到大藏书家莫友芝的旧藏，才使得过云楼为书界所重。在其晚年所出的《顾鹤逸藏书目》中著录有宋元版五十种，旧抄本一百六十五种，明版稀见书一百四十九种，均为极难得一见之书。

当年日本大藏书家、文献家岛田翰曾到访过过云楼，见其珍藏后叹曰："令人为之悚惧。"

过云楼院子不大，大约有百十馀平方米见方。整座楼是回字形建法，正楼就是过云楼，看来都重新整修过，没有什么陈旧感。院子中还立着一块太湖石，造型一般，可能不是当年过云楼的遗物。在正楼的门楣上同样悬着一块匾，"过云楼"三字同正门口的匾字体完全相同，只是后面多了一段书家冯桂芬的题记，字写得端庄稳健，不愧是大家手笔。

进得楼内，一层整个空空如也，只是在靠正墙有红木屏风一张，雕刻十分精细，看上去是件旧物。左右厢房的窗扇颇有特色，图案是由乱冰花纹木组成，做工也较细腻，但感觉是后配的。屏风背面有楼梯，我顺着楼梯上到二楼，但几个房门都上了锁，既然无法进去，里头的规模形式也就不得而知了。

顾鹤逸去世后，这些藏书由其子顾公硕先生继承，并一直保留到"文革"前。在"文革"浩劫中，顾公硕被逼自尽，这些藏书则全部"归"了苏州市博物馆，过云楼所藏书画也全部捐给了公家。这就是过云楼的最终结局。

天 放 楼

有意思的是苏州地区有两座藏书楼都名为天放楼，一座是我们所熟悉的赵烈文的天放楼，另一座便是金天翮的天放楼。

金氏天放楼没有在苏州市内，而在水乡同里附近，按照寻访藏书楼的计划，本排在后访之列。可是在从过云楼出来后沿着干将西路向南走，看一看附近的街景，竟无意中在河边发现了

“金松岑先生故居遗址”纪念碑，很感兴奋，马上拍了下来。碑文简略地记载了金先生一生的主要任职以及作品，并说明了因为要拓宽干将路，故故居被拆，立此碑以志纪念。在今天这样的经济大潮下，全国一片大工地，能够保留前贤遗迹当然最好，若不得已而拆之，则苏州的这个作法也是值得效仿的。

金天翮，字松岑，在民国时任江南水利局局长，曾与章太炎创办国学会，后任上海光华大学教授，藏书数万卷。逝世后，家人将其全部藏书售归清华大学，所得款项用于支付遗产税。

曲石精庐

曲石精庐是李根源先生的藏书处，今址为苏州市十全街111号。

李根源先生在日本时加入同盟会，后任陕西省长、驻粤滇军总司令、农商总长等职。1923年，因曹锟贿选总统，愤而辞职，在苏州定居。曲石精庐为一中西合璧式二层小楼，占地约百十平米，因附近拆迁，现住户将房门紧锁，故不得入内探其究竟，只好在外面拍照。

曲石精庐藏书十分丰富。李氏于1950年9月将家藏图书数万册、唐墓志九十三方，以及唐代名将泉男生墓中出土之唐三彩、陶马等，捐赠苏州市文管会，该会曾举行文物展览会陈列其所捐文物，从中可以略窥曲石精庐藏书规模。曾经编有《曲石精庐藏书目录》三卷，因未刊行，故外界少知其藏书有如此藏量。

李根源的第五子李希泌先生在北京图书馆任职，曾编有《中

国古代藏书与近代图书馆史料》，对藏书亦有很深的研究，曾作诗《吴门曲石精庐故居忆往事》:“青灯映四壁，经史课儿严。翠竹深成海，青桐高出檐。小斋敢嫌陋，春色独能兼。踯躅溯回想，悠悠岁月添。”

章　园

章园是近代国学大师章太炎先生的故居，现址为苏州市体育场路 18 号。

章太炎是俞樾的弟子，后参加维新运动，任《时务报》撰述，宣传改良思想。戊戌政变失败后，东渡日本，结识孙中山，加入同盟会。民国后，长期从事学术活动，享誉海内外。1936 年病逝于章园。章园为一三层西式建筑，据资料介绍最初是二层，1949 年解放后被某机关长期占用，就又在原楼上加盖一层。整个楼房保存基本完好。

因为为章太炎名声所掩，故其藏书反不彰。其实章氏藏书亦甚富，据王佩诤《续补藏书纪事诗》，悉章氏“楹书百馀箧，多古本尊宿语录，多扶桑旧精本古医书，多清儒说经稿，多明季稗官野史。廿载尘封，蟫蠹生矣。观影汤夫人国黎睹物思人，不轻启视。”

福州书肆记

徐 雁

福州的古旧书铺，兴盛于清代中叶以后，主要集中在南后街上。此外，道光末年创设的“吴玉田刻坊”，也坐落在这条街的宫巷口东侧。同治六年(1867年)开业、传世四代的“米家船裱褙店”，也设于此。当年这条街上经营裱褙业务的，还有松林斋、声文堂和青莲堂等。

清代著名词家谭献在《谕子书》中回忆说，咸丰八年(1858)京兆试后，招入福建学使幕，“文字外无他事，乃研经史校雠之事，穷日夜为之”，在向前辈学者杨卧云的请益下，学问渐有长进。他说：“福州南后街，比屋鬻旧书。丛残而值廉，乃节啬买之，且有善本。”[①]据说，咸丰十年(1860年)，太平军攻陷汀洲的时候，他与杨卧云一起办差未毕，于是身陷城中，后来还是化装成为书贾才混出城外，得以脱身的。

清末番禺(今广州)举人王国瑞游览此街以后有诗咏道：“正阳门外琉璃厂，衣锦坊前南后街。客里偷闲书市去，见多未见足开怀。今传丛刻重吾乡，知不足斋粤雅堂。犹憾当年徐谢辈，未为刊布但收藏。”

“徐谢”，说的是晚明福建知名藏书家徐𤊹和谢肇淛。前者藏书至五万三千卷，编有《红雨楼家藏书目》四卷和《汗竹斋藏书目》，另有室名宛羽楼、绿玉斋等，著有《笔精》和《榕荫新检》。他在《笔精》卷七中说自己与谢氏等为友，且“皆有书嗜”。谢肇淛“锐意搜罗，不施批点”，而他“多得秘本”，为谢氏等不及。谢肇淛藏书多收宋人集，性好抄书，以小草斋名室，著有《五杂组》等。

南后街位于福州老城的主干道南街之后，曾经是一条绿荫夹道的老街，地处老福州“三坊（衣锦坊、文儒坊和光禄坊）七巷（杨桥巷、郎官巷、塔巷、黄巷、安民巷、宫巷和吉庇巷）”的中轴，南起杨桥路十字路口，南至吉庇巷口，是古旧书店、碑帖字画和文房用品店铺最为集中的地方，也是一条“灯市街”。此地在晚清属于福州府侯官县辖地，由于缙绅官僚、文人学士多聚居于此，所以渐渐发育成为书肆街。但是进入民国以后，此地书肆中高质量的线装古籍渐趋稀少。

据刘大治先生《绿榕城里话书坊》记载[2]：醉经阁是福州历史久远的古旧书业“老字号”，业务全盛时，为南后街之翘楚。创业的店主精于字画和古籍鉴别，并收录学徒传艺。但是仅仅传至三代，到其孙三官伯时业务便告衰落，随后停业。

聚成堂是福州惟一延续到二十世纪五十年代中叶的古旧书业主，于 1956 年合并入福州新华书店。它的创始人是醉经阁的学徒，业务传至张仕永、张仕秋兄弟时，福州已经解放。张仕永长于经营，精鉴字画，在清末废除科举考试、建立学堂的时候，他大量经销学生用书，并同北平、天津、上海各地的同业建立了古旧书籍、碑帖字画的交易关系。在抗战期间，福州沦陷于日寇之手，学校普遍缺书，他千方百计组织货源供应，获利颇丰。至九十年代初,兄弟俩先后去世,原聚成堂店铺建筑也因马路拓展而被拆除。

陆记的老板名唤同同,注意收集古旧书页,以备修补古籍和字画,有一手“修旧如旧”的绝活。他的母亲曾在晚清福州著名藏书家龚易图(1835—1894年)的大通藏书楼负典藏之责,因此陆记书铺除了卖书以外,兼做修补、装订的生意,收入颇丰。后因塔巷口火灾殃及铺面而告倒闭。

六一居的老板叫做依六,人称“书店六”,也拥有一手修补、装订古籍、字画的秘技,但他主要是做中介,在买卖转手之间获得佣金。因无后代,店随人亡。

另一家店随人亡的旧书店是观宜楼,它的老板鄢四四,人称“鄢四伯”,店铺门面比较小,经营上以旧小说、闽腔唱词、曲本和评话本一类的俗文学作品为特色。

此外,还有藏经堂(老板严幼雪)、耕文堂(老板名依五)、寿古斋、二酉斋、带草堂、草不除斋、藏古堂、缥缃楼(馆)、古香斋、宝宋斋、醉经阁、绣湘馆、味芸庐、小酉斋、储文成、观宜楼、储文堂、知不足斋、粤雅堂、观宝楼、古经斋等古旧书店存世。顾颉刚、郁达夫、郑振铎等,当年都曾喜欢到此地淘书。

如寿古斋,郁达夫在1936年4月19日的日记中,就留下了这样的记载:“过寿古斋书馆,买李申耆《养一斋文集》一部,共二十卷,系光绪戊寅年重刊本,白纸精印,书品颇佳。外更有阳湖左仲甫《念宛斋诗集》一部,版亦良佳;因左为仲则挚友,所以出重价买了来,眉批多仲则语。”

郁达夫是在1936年1月15日应当时的福建省主席陈仪之邀游闽的,到1938年3月9日他离开福州为止,在福州两年多一点的时间，先后大约搜集了书籍二千多册。如今通过郁达夫的闽游日记，还不难领略到他当日在福州的淘书兴致。初到福州，仅从1936年2月6日至8日，他的日记中就留下了两条买书的记录："在大街上买《紫桃轩杂缀》一部，《词苑丛谈》之连史纸印者一部，都系因版子清晰可爱，重买之书"；"买书又三四十元，中有明代《闽中十子诗抄》一部，倒是好著"。至于南后街，那更是他客闽生涯中的踪迹寄托之地[3]："午前起床后，即至南后街，买《赏雨茅屋诗集》一部并《外集》一册……"（2月10日）"晨起即去南后街买书十馀元，内有《小腆纪传》一部，内《自讼斋文集》残本一部，倒是好书。"（3月3日）"出至南后街看旧书，买无锡丁杏舫《听秋声馆词话》一部二十卷，江都申及甫《笏山诗集》一部十卷，书品极佳，而价亦不昂。更在一家小摊上买得王夫之之《黄书》一卷，读了两个钟头。王夫之、顾炎武、黄梨洲三人，真是并世的大才，可惜没有去从事实际的工作。"（4月4日）

随着东南国土上抗战形势日趋险恶，福建省政府迁至永安，一时间人们纷纷将家中旧书陈画整理售出，以轻行箧。当时南后街的书店大多缺乏资本，业务凋敝，惟独聚成堂尚可以低廉价格购进。如一位在清朝最后一届科举考试中式的解元郑星驰，也曾在南后街塔巷口开设过一家书铺小西山房，主要出售自己所藏书和所著《学者魂》之类的作品，可是生意清淡，不久就歇了业。

这一现象引起了家住妙巷的中医朱梅南投资的兴趣，于是他伙同其兄长，在南街杨桥巷对面开设了一家储文晟书坊（原来店铺地址如今已被拓为道路），大量收进古籍、碑帖和名人字画，并将字画装裱为中堂、对联求售。其生意一直延续到福州解放初期才告结束。

福州的新书店,则主要分布在南街(福州解放以后,改名“八一七南路”)上。据 1926 年底《中华图书馆协会会报》第 2 卷第3期公布的福州书店的调查结果，当时南大街上的新书店有商务印书馆、中华书局、宏文阁、世界书局、文明书局;在南台中亭街有未见斋,在南台观音井有美以美书局。此外,在福州仓山前存在过对湖浪花书店等,则主要出售新文艺书刊。

与福州形成“书店街”相比,厦门的书店就比较分散了。1926年前后,在厦门市海后滩有商务印书馆,在原关帝庙前有新民书社,在石埕街有洛阳书社和世界书局,在廿四崎有协作书社,在鼓浪屿有圣教书局。

因此，1927 年，时在厦门大学的顾颉刚先生给陈垣先生的复函中曾经说:“承嘱搜泉州人宋元著述,当随时留意。厦门、泉州俱无旧书肆。福州虽有,然寥寥五六家,亦无甚有价值之书。”

注:

①《复堂谕子书》，见《中国历代名人家训精粹》，包东波选注，安徽文艺出版社 1991 年 10 月版。

②刘大治《绿榕城里话书坊》,见《八闽掌故大全》,陈建才主编,福建教育出版社 1994 年 1 月版。

③卖文买书——郁达夫和书》，陈子善、王自立编，三联书店 1995 年 3 月版。

苏州旧书业的今天

黄 恽

苏州旧书业曾是文人笔下持久不息的爱恋，曾是古城苏州过去耀眼的辉煌。郑振铎、阿英、黄裳、谢国桢等著名的藏书家写下了许多文章，追忆他们在苏州旧书店里徜徉流连的岁月，充盈了收获的快乐。然而，如今的苏州旧书业却面临着诸多问题，前景不容乐观。且让我们退回二十年，回顾一下苏州旧书业走过的风雨历程。

二十世纪八十年代初，苏州旧书业是国营的古旧书店一枝独秀。书店在人民路中段，美丽的怡园的对面，中华老字号“朱鸿兴”面店的隔壁，当时还是一座岌岌可危的木楼，走进去，木地板吱扭吱扭地乱响。不过可不要小看这家仅一个门面的书店，这里有一位全国闻名的版本目录学专家，他就是江澄波先生，原文学山房的传人。因为有了他，这里就有了郑振铎、黄裳的足迹，也有了谢国桢的身影。江先生的家中收藏着一大批学者、专家的信函，说起这些藏书家中的“大腕”与他的交往真是历历如数家珍。他与阿英先生的交往也可以一说，不过这里我要说的暂时限定在八十年代，所以阿英先生就不能出现了。

我向来是搞民国杂志收藏的，趣味与北京谢其章在伯仲之间。那个时候，苏州的旧杂志以及民国旧书的初版本真是太多了，用书店职员的话来说，仓库里堆满了！于是，不时取出一部分供应门市，如常刊张爱玲小说的《杂志》、《新东方》，大量推出汪伪头面人物汪精卫、陈公博、周佛海等散文作品的《古今》、《风雨谈》等都不过二角、三角一册，比起今天动辄三、四百元一册的高价，真有天渊之别。四十年代沦陷区出版的书籍、杂志，目前在旧书市场上身价不菲，主要因为在1946年初，国民政府曾下达过一个命令，把所有涉嫌汉奸的出版物统统上缴运送到徐州剿总驻地统一销毁。这就使得公私图书馆这方面的收藏为之一空。但我曾买到金性尧的《风土小记》，不过一元而已；予且（潘序祖）得过大东亚文学二等奖的《予且短篇小说集》，略有残缺，要价二角。倒是左联和鲁迅的文献书籍由于时行的缘故，书店方有些奇货可居。如丝绒面的《海上述林》庄重华贵，毛边纸本的《呐喊》、《彷徨》，价格往往要高出侪辈，傲视群雄。当时的我虽然阮囊羞涩，不过还是一一收归麾下。当然失之交臂的数不胜数，说起来就不免懊恼连连。

八十年代前后的十数年间，苏州的旧书业并没有什么长足的发展，与民国末期的盛况简直 有小巫大巫之比。后来，苏州古旧书店造了新楼，位置有了点移动，和文物商店同时进入了一幢仿古的大楼，营业是发展了，旧书却在相应的减少，让爱书人眼睛一亮的时候也不是没有，《万象》、《文史》（金性尧编）和一些鸳蝴派杂志《小说海》、《半月》、《红玫瑰》等还是不时可以买到。

直到九十年代中叶，苏州旧书业进入了一个崭新的阶段。东北街、西北街先后开设了太白书店和拾得书店，开始有大批存货供应，盛极一时，书友们趋之若鹜，不过也是强弩之末，不久就显出后劲严重不足的问题。虎头蛇尾是旧书业的大忌，也是旧书业生存所要考虑的首要问题。不过一年半载，“拾得”开始拾不到东西了，“太白”则转了业，开始经营起新报刊了。正在这时，在苏州大学门前的十梓街上，又开出了两家一字儿平行的旧书店，一家是老店新开，名曰“琴川旧书店”；一家的名字起得有点儿怪，曰“鉴玉堂旧书修补店”，书店“鉴玉”，名字实在不够地道。说琴川是老店新开，其实并不确切。早在五十年代，苏州的另一位旧书业老前辈夏淡人在苏州开了一家“琴川”，这位常熟人不忘家乡旧称，真是人淡如菊，思乡情深。据夏淡人先生回忆，他与黄裳等先生也多有交往。有时候，他还不忘把书友让进自己的居室，献宝似的拿出一两册明版清椠，供大家欣赏，老人的脸上就浮现出得意而童真的笑容。

于是，两位年轻人就借了夏家的房子，同时也借了夏家的无形资产择吉开张了。开张那日，我正好有时间躬逢其盛，八十开外的夏淡人也亲临指导，真是懿欤盛哉。两位店主人，一位是光头诗人忘川，一位是脑后一条大辫的网络作家阿林，特色鲜明。他们的书除了以前自家收藏外，还有来自上海城隍庙、南京夫子庙的，两位擅做宣传，媒体也多凑趣，一时间倒也红红火火。据说互联网上也颇有反响，这得自传闻，我没有亲见。“琴川”轰轰烈烈之际，却不料原东吴大学，如今的苏州大学正迎来百年校庆，拆迁了一大批房屋，城门失火，殃及池鱼，“琴川”也在劫中，数也命也，不可逃乎？于是“琴川”开张之日，就随之迎来了关门之时了。“鉴玉堂”则保存了下来，搬到了不远处的望星桥堍，奄奄一息地延续了一年有余，终于还是关门大吉。

在“琴川”开张之前，富仁坊巷也开出了一家旧书店，墨书大字“陶然书店”。“陶然”借的是原苏州昆剧团的房子，名沁兰厅。场面大，书也多，多的是六七十年代的旧书，进入其中，书香花香交融，不觉陶然醉矣。这书店存在了大概两年，后来，昆剧突然有了苏醒的“气候”，昆剧团就收回了沁兰厅，“陶然”也就收歇。在这家书店，笔者买到了几种稀见书籍。

这时候，人民路上的文庙悄然崛起了。起初文庙是专营古玩和邮币卡的市场，不久经营纸类出现，古旧书也无中生有地出现了。但规模一直不大，最多三四个日常性的柜台，由于经营者生就小报大王唐大郎一样勤于奔走的一双脚，因此远至北京、山西，南到昆明、成都，那里的一些线装古籍书也在苏州上了柜台。文庙在双休日也值得一看，一个个地摊面积虽不大，却也能让爱书者披沙拣金大浪淘沙一番。更有不定期的全国性的古旧书籍交流会，虽说是全国性的，其实也局限于华东而已，民国杂志每有意外的收获。苏州还有一个相类似的市场，是处所较偏僻的彩香旧货市场，双休日抽暇一游，也时有斩获，如从市图书馆流出的抗战前的省立图书馆手抄集部善本目录，厚厚两大册，极为可观，而在地摊上开价不过五十元，真是太便宜了。而沦陷时期的《大众》，三十年代初陈瀛一主编的《青鹤》杂志，仍维持在极底的价位上，二元一册，如在京、沪等地书市上，其价格一定会膨胀好几倍。

去年初，江澄波先生从古旧书店退出，以耄耋高龄重树苏州旧书业的旗帜，在建新巷28号重操旧业，开设了一家“文育山房”旧书店，与他家的祖业“文学山房”仅一字之差，虽旧日的辉煌一去难再，但老将雄风故仍在也。文育山房依然是目前苏州民营旧书业的领军，常有北京、上海的藏书家慕名而来，江先生就从书店的里间小心翼翼捧出几叠线装古籍，客气地说："您随便开个价吧。"一副旧书商兼文化人谦和温良的作派。在章太炎故居的对面，锦帆路上还有一家承袭陶然旧名的陶然旧书店，也可以算是已经式微的苏州旧书业中的一位健将，前一阵，有一批民国旧杂志，五十馀种，三百多册，其中二十多种创刊号，六、七种全套，悉数被一位无锡的老者以四千馀元的价格囊括而去。陶然书店主人是个二十馀岁的青年人，颇有一些豪侠仗义之风，笔者曾蒙其馈赠旧书刊数册，至今铭感。这一家"陶然"也没有逃脱拆迁的命运，已于今年年初偃旗息鼓。

除此之外，在苏州能数得上的旧书店恐怕没有了，就我十数年来跑书店的经历，不敢说没有遗珠之憾，但就书的质量与数量来看，都自郐以下，不足道哉。

以上所述，是近二十年来苏州旧书业的全貌。笔者是一名名副其实的书蠹，十数年来奔走于苏州各处书店，在老板们眼中，我是他们的熟客，因此亲历目睹了苏州旧书业十数年来的演化历程。就我看来，苏州旧书业面临的两大问题：一是拆迁，旧书业打出品牌、名声不易，一旦搬迁，往往前功尽弃；旧书业利润不丰，目前房租昂贵，旧书店一般只能开在深巷僻弄的旧房屋中，如果弄到无旧房可用，旧书只能继续提价，旧书业行将进入一蹶不振的境地；二是货源得不到保证，苏州虽然是明清时期出版业的中心所在，旧家富户藏书比比皆是，但劫馀之后，要得到源源不断的货源真是谈何容易，往往是新开业尚能辉煌一时，随后仅堪维持，最终坐吃山空，关门大吉。昔日护龙街、玄妙观的盛况已杳如黄鹤，藏书家的春天又在哪里呢？

百岁蝴蝶老鸳鸯

——民国旧派文艺期刊过眼录

谢其章

“鸳鸯蝴蝶派”一直是顶坏帽子，给谁戴上谁也觉得不光彩，但这个名称却叫响了叫顺了，使用的频率极高。近来有一篇权威评论还说：“有意思的是，沉寂了数十年之后，在内地，‘鸳鸯蝴蝶派’居然又借琼瑶、金庸之身还魂了。”昔年，纸帐铜瓶室主郑逸梅为了躲避这顶帽子，发明了“旧派文人”这样的中性词，把“旧派文人”办的杂志叫“旧派文艺期刊”，总算欲盖弥彰地破帽遮颜了，郑逸梅还写过《民国旧派文艺期刊丛话》，收录旧派文艺期刊百十三种，等于是为每种期刊立了个小传，资料性实用性线索性极强，后来许多研究者经常引用这篇丛话，甚或更高明地躲避了“鸳鸯蝴蝶”，躲避了“旧派文人”，而发明了“通俗期刊”这样的说法，听起来就顺耳多了。

我是个地道的“杂志癖者”，对于旧杂志只要是文学艺术类的，不管燕瘦环肥，一鼓擒之，所以郑逸梅提过的旧派文艺期刊，“无心插柳”之中也搜罗到了一些，有些是《丛话》中谈过的，有些是《丛话》中没有涉及的，总算都是亲手买了亲眼看过，姑妄称之“过眼录”，所谈均为《丛话》中未收的期刊，定位尽可能往“旧派”

上靠拢。

华光

《华光》编辑者为陈慎言。陈慎言(1887－1958),福建闽侯县人,清末去法国留学,专习海军,宣统三年回国。民初开始为报纸写小说,以《如此家庭》、《故都秘录》、《说不得》等闻名文坛。《华光》创刊于1939年7月,《卷头语》云:“处此文坛沉寂,作家寥落时期。要给青年界一种较为完满的刊物,作为精神的食粮,殊非易易!”创刊号为32开本,内容有徐一士《如如斋谈荟》、寿石工《治印丛谭》、傅惜华《清代传奇提要》、让言(王世襄)《燕园景物略》、屈轶《介绍青年暑假中可读几本书》、惠孝同《清代山水画风之兴替》。栏目设置有:插画、文学、艺术、科学、家庭、电影、学校、漫画、补白、短中篇小说、青年文苑。“青年文苑”中有畅安(王世襄)的词《临江仙·题画》、《浣溪沙·题画》。

自第二期起,《华光》改16开本,页数依旧为百页。第四期刊出药堂(周作人)的《古文谈》,第六期刊出《国文谈》。王世襄的文章每期都有,文体多样,如《心住庵小品》,连载《及时行乐·蛐蛐·熬鹰·放鹰》、《以湖社画展的几张画说到近代画家的作风与购画的心理》、《关于大学毕业论文》。《华光》编辑部设在“北京齐内芳嘉园二号”,这不是王世襄的故居吗?

《华光》出至二卷四期停刊,共十期。在当时算是印制考究的刊物了。郑逸梅在《丛话》中提过另一种《华光》,由郑逸梅,张文杰编辑(1931年2月),仅出一期。

快活世界

《快活世界》，大 16 开本，二百馀页，民国三年八月十五日出创刊号，二期即止。编辑者庄乘黄，《发刊辞》及《吾之快活观》均出其手笔，曾云：“吾忧患中人也，而乃揭橥此绝对相反的快活二字以与阅者相见，得毋笑吾忒荒唐乎，曰苦乐定名也，非定局也。凡人所处之境，千差万别，而一切苦痛快乐皆由心造。”言之有理。栏目设置：传记、小说、译林、剧谈、脚本、笔记、丛谈、书画、谐文、诗话。所载有《世界第一快活人略传》、《情天变幻录》、《箫心剑气楼剧谈》、《论上海一年来出版界之现状）等。

馀兴

民国三年八月创刊，上海时报馆编，有正书局发行，至 1917 年 7 月停刊。《馀兴》系《时报》附刊《馀兴》的作品选刊，今所谓“单行本”也。创刊号封面画由丁悚（丁聪之父）作，一西洋绅士拥书数十册，摇摇欲坠，一副乐不可支的模样，此画风颇似英国幽默杂志《笨拙》。《馀兴》所载皆短小之文，如隽语、寓言、谣颂、酒令、诗令、联语、灯谜、游戏诗、游戏词、滑稽问答、宝塔诗。另有众多插图，如《美人百面相》、《新发明

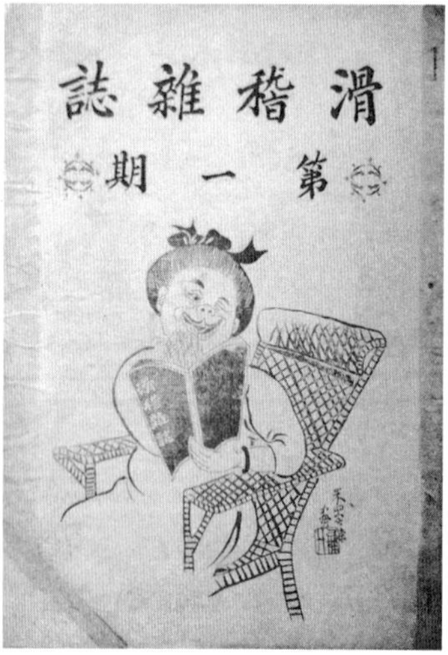

品》、《新现象画》、《讽刺画》。一卷在手，可解半日之闲。

滑稽杂志

滑稽文学上世纪一二十年代甚流行，汤哲声先生有专著《中国现代滑稽文学史略》，后又以《滑稽幽默编》之名收入范伯群主编之《中国近现代通俗文学史》，算是为滑稽文学正身立名了。郑逸梅《丛话》中收《滑稽画报》、《滑稽新报》，未收《滑稽杂志》，汤哲声也未提过此刊，通俗文学史中的“大事记编”也漏提此刊。

《滑稽杂志》创刊号于1913年11月出版，其宗旨为“开通社会讽谏政府”，主编者江家桢，号梦花馆主，扉面有其小照。内容分滑稽讽刺画、滑稽论说、滑稽诗词、滑稽杂著、滑稽小说、滑稽文粹，作者有徐雪梅，卢天牧、张越侯、朱瘦鹤、胡延龄等。本刊仅出三期。

滑稽时报

汤哲声说：“曾将通俗文学作品和报纸的副刊的关系作过一番分析，最后竟得出这样的结论，清末民初兴起的通俗文学作品几乎全部在报纸副刊上连载过。……他们以报纸副刊为起点，逐步扩大了他们的发表阵地。……它们都是报纸副刊的派生，有的刊报如《自由杂志》、《小说时报》本身就是报纸副刊的汇刊和变种，是报纸副刊的杂志化。”

手边的《滑稽时报》即是时报馆的副产品，1915年4月出版，16开本，出四期止。封面画为周柏生所作，周后来画月份牌广告画很有名气。刊物前有插画：烟管之变迁、废物利用图、外交退让、滑稽旅行。栏目设置：谐著、说林、拾遗、艳史、文苑、丛谭、院本、神话、剧谈、方言、谜语、笑林、补白。我对“方言”一栏有兴趣，听不懂看得懂。关于“你”，各地的叫法有“杂怒”（金山）、“林”（南京）、“五纳”（太仓）、“里党”（芜湖）；关于“我”，各地的叫法有“五怒”（太仓）、“合怒”（金山）、“呢”（苏州）、“卧党”（芜湖）、“鹅郎”（绍兴）、“乌拉”（嘉兴）。

上海

生于上海，又喜集刊，对于标有“上海”题头的旧刊自是格外留意。前年岁尾觅得一册“消遣的杂志”，当然喜出望外，视作宝贝。

查《全国中文期刊联合目录》（1961年，北京图书馆编），《上海》仅出一期，既是创刊号又是终刊号，可以“孤本”称之；又查《目录》所载五十家大图书馆仅三家有藏，又可以“珍本”视之了。《上海》创刊于1915年1月，广益书局发行，主编者陆澹安。陆澹安主编过《侦探世界》，所著《李飞探案》畅销一时。他编纂的《小说词语汇释》，至今仍是解读古典小说非常实用的工具书。陆的藏书在朋友中数一数二，可惜在“一·二八”事变中付之一炬。

《上海》自标为一本“消遣的杂志”，这点从栏目编排上可以看出：谐文，存

古，杂俎，补白，馀兴，小说，谈剧。《祝辞》云：“此编大有奇文在，莫当寻常典册看”；“繁华今日说洋场，当年掌故眼前事”。刊内《十年来上海之今昔观》最可一读，开头便说“上海繁华甲于中国”，历数百馀年前上海景观：上海以前的七座城门，上海何时有车？沪上茶肆何处最盛？戏院何处最闹猛？依稀一幅“上海胜迹图”展现眼前。可惜未曾刊毕，《上海》就停刊了。

礼拜三

几年前于《新民晚报》“夜光杯”版读姜德明先生《〈礼拜三〉补》，甚羡其藏刊宏富。姜德明说：“当年流连旧书店，我也买过几本晚清和民国初年在上海出版的文艺刊物。鸳鸯蝴蝶派的《礼拜六》周刊最有名，忽然又发现一种也是小开本的周刊《礼拜三》，当是见到《礼拜六》一时风行，立刻模仿炒作。我存此刊绝非为了研究近代文学，而是觉得好玩，证明世间曾经有过这种名目的期刊而已。”

心想事成，后来我也得到一册《礼拜三》，还是个“第一期”。关于此刊，姜德明叙述甚详，我不必再饶舌，只是提供一帧书影，供关心旧期刊者一瞥，仅此而已，夫复何求？

刊海茫茫，云烟过眼，当然不止这几种，他日版面宽裕，再补录不迟。

六本艾青《诗论》

方竟成

2002年一个春日，在上海大木桥路的文物古玩市场的阳光中，一个南京口音的中年人，将一包书取出，散放在他席地而铺的一块厚棉布上，我眼前一亮，其中一本小开本，似乎有“诗论”两字的薄书，引起了我的注意。我捡起一看，果然是1942年10月由三户图书社发行的艾青《诗论》！

苦苦寻觅各种版本的艾青《诗论》，不仅仅是由于艾青生前曾给予我这个家乡人许多智慧、启示和幽默，也不仅仅是由于我曾在文物部门工作多年，对名人名著有一种职业的偏爱，还在于我的文学道路，实质是起源于一本封面上写有“毁”字的艾青《诗论》。几天前，也许是一种缘分，我在北京人民文学出版社“人文之春”书店一个不显眼的书架之中，找到了连书店电脑也查寻不到的人民文学出版社1995年版的艾青《诗论》修订本，如今，又在这里邂逅1942年桂林版的《诗论》，连同艾青、高瑛共同为我签名的《诗论》和我在北京潘家园、上海一家旧书店巧遇的两本五十年代版的《诗论》，我已有六本不同版本的《诗论》，也有了几个相关的有趣故

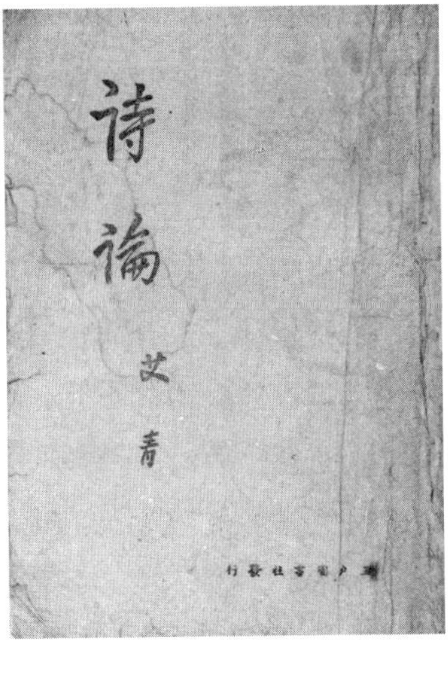

事，令我兴奋，不吐不快。

一、“偷”下了写有毁字的《诗论》

上小学的时候，一场风风火火的“文革”，打乱了正常的秩序，平时风度翩翩的女校长，也显得有点慌乱，见到我莫名其妙地讲述起她的历史。

有一天，体育教师常设下棋局，启发我下围棋棋力的小体育室，塞满了一个个装得鼓鼓的麻袋。正好是中午，没人。好奇心驱使我伸手摸了摸麻袋，里面装的都是书！还有一个麻袋没有扎口，最上面有一本蓝色封皮的书，那蓝色像电影中大海的颜色，强烈地诱惑着我。听到一阵由远而近的脚步声，我说不清什么原因，伸手将这本蓝色封皮的书，偷偷藏进了内衣里面。

后来我才知道，那一袋袋的书，当天下午都被投入了“破四旧”的熊熊大火之中，而我“偷”下来的这一本是1957年7月人民文学出版社据1956年北京第一版第二次印刷的艾青《诗论》，封面左上角注有一个端端正正的“毁”！

我中学毕业后，分配到一个工地的油库工作。当时政治气氛严峻，文化环境单调，新华书店书架上摆着的文艺类书籍似乎只有郭沫若的《李白与杜甫》。我很有一种写作的冲动，但笔尖涩枯，辞不达意。是一个月光很明的夜晚，我写了又扔，扔了又写，突然想到了这一本有传奇经历的蓝封皮《诗论》，急忙找了出来，急忙打开，急忙读了起来：“让劳动者从墙报上读到自己的名字。诗原是属于他们的，一切艺术原是从劳动开始又属于劳动的。珠宝是属于捞珠人的，却被偷窃了，而且被锁在保险箱里，或者挂在因闲空而发胖的女人项颈上”；“自从知识被少数人所占有以后，就像财产一样，被披上了‘神秘性’，好像是一个‘圣处女’地不可侵犯。现在是要把这‘神秘性’完全揭去的时候了。应该打开书库像打开谷仓一样，让书籍受到阳光，而且被流着工作的汗的粗手拿起来”；“一首诗不仅使人从那里感触了它所包含的，同时还可以由它而想起一些更深更远的东西”；“灵感是诗的受孕”；“对世界，我们不仅在看着，而且在思考着，而且在发言着！”越读越觉得艾青之论，是他真诚而透亮的心在与你碰撞，在与你共振，是贴近劳动者、贴近大地的殷殷嘱托，是打开诗歌之门的钥匙，是照亮诗人心地的明月之光。我作为一个油库工人，感到了一种前所未有的鼓舞。我不仅仅应该看到石油，而且应该思考着、思想着、发言着！《大庆来的石油》这样一个诗题，跃然而出。这首诗居然成为我的处女作。那夜我耿耿难眠：这样的好书，为什么要“毁”呢？我站起身来，推开了窗户，眺望一轮明月和满天星斗，发出了这样的疑问！

二、高瑛说：“毁与不毁，往往并不以某些人的意志为转移！”

十多年之后，一切都变了。重返诗坛的艾青，又成为中国之声、世界之声。

艾青夫妇当时在北京站附近的丰收胡同的寓所，热情地接待了我这来自家乡的所谓“文化人”。他们一听我是为纪念吴晗活动而进京，立即予以肯定和支持。艾青幽默又深沉地说：“吴晗与我是金华中学的同学，他家苦竹塘和我家畈田蒋，跨一条河就到了，吴晗常常到我家来找书看。在学校，吴晗打麻将，要开除他，但他学习成绩太好了，就保了下来。文革中，吴晗太惨了，太惨了！纪念他的会，我一定去！”

又一次进京的时候，我向高瑛讲述了我那本海蓝色封面，上面注有一个“毁”字《诗论》的故事。我说：“是这一部书，给了我海一样的思想和海一样情怀，改变了我的生活，影响了我人生之路。”高瑛富有哲理地说：“历史是人民写的。毁与不毁，往往并不以某些人的意志为转移！”

高瑛回里屋特意为我拿出一本由人民文学出版社 1980 年 8 月北京第一版、1983 年北京第三次印刷的《诗论》，封面也是深沉的海蓝色，由艾青、高瑛共同签名后送了我。他们签名落款时间是 1996 年 4 月 20 日。

三、一个售书小姐说:“没有!”另一个颀长的售书小姐翩然而至,说:“只有这一本《艾青诗选》。”

艾青自己对《诗论》的出版情况,在 1956 年人民文学版《诗论》的后记中有过这样的表述:“这个集子曾先后在重庆、上海印行过;解放后,由天下出版社和上海新文艺出版社印行过,均增加以若干修改”。可见,艾青的《诗论》在四十年代初由重庆、上海印行初版,解放后由天下出版社和新文艺出版社重版发行。1980 年 8 月,没有被“毁”的《诗论》在新时期再一次恢复生命,由人民文学出版社再次出版。

一本《诗论》,系着诗坛泰斗艾青解放前后、文革前后人生道路和创作道路的荣辱沉浮,也是中国文学艺术事业兴衰起伏的深刻写照,如果能将这些版本的《诗论》都收集起来,确有文化意义,对于我这样一个因为《诗论》而写诗,最终加入了中国作家协会的诗歌作者来说,更有一点独特的意义。

于是,我乐而不疲地开展了“艰难”的收集各种版本的《诗论》。我到金华的艾青纪念馆查找,他们收藏也不完整。但我从中发现了一个线索,1995 年 12 月人民文学出版社据 1980 版,又出了一个第二版,也称修订本。

我当即打电话人民文学出版社门市部询问是否还有艾青《诗论》?接电话的是一位女同志,听声音比较年轻。她过了一会儿回答我:“没有!”因为工作关系,近一、二年来,我曾在著名的南京湖南路新华书店、南京古旧书店、扬州古旧书店、上海书城、杭州延安路购书中心寻访过此书,却都未能如愿。

今年 3 月,我因公出差北京,抱着一线希望,先打电话问清人民文学出版社书店地址后,抽遐专程去了一趟。书店在建内大街一座跨街立交桥旁边,有一个美丽的名字叫“人文之春”。书店西门入处有一个宽大的嵌墙橱窗,里面陈列着郭沫若、茅盾、丁玲、艾青、叶圣陶等文坛大家与人民文学出版社为出版著作来往的手札，很有历史感和文学味。

我在服务台问售书小姐："有艾青的《诗论》吗？""爱情的诗？""不是"，我一字一句用尽可能咬准的普通话说："是你们人民文学出版社出版的著名诗人艾青的《诗论》！"她打开了电脑，"达达达"一阵，面无表情地回答："没有！"这时，一位颀长的售书小姐，翩然而至，手里拿着一本人民文学出版社出版的《艾青诗选》，她是听到我的询问后，从书店另一头，特意找出一本《艾青诗选》给我的，她说："只有这一本，《诗论》没有！"

我几乎彻底地失望了，但我仍很执着地问那小姐："如果有的话，艾青的著作是否放在一起？"她表示肯定，并热情地带我到了排放《艾青诗选》的书架前。我一眼就看到了，《艾青诗选》旁边，明明排放着四、五本《诗论》。

这几本 1995 年 12 月，由人民文学出版社出版的《诗论》修订本，已经无数读者之手了，显得有点陈旧，我抽出品相最好的一本扬了扬。我的喜悦是无法用言语表达的！第一本《诗论》是"毁"却"不毁"，这一本是"没有"却"有"！

四、五块钱一本《诗论》

潘家园近年来已成为中国周末假日文物古玩市场的代名词，熙熙攘攘，万头攒动，寻寻访访，蔚为奇观。去年 12 月初一个北风凛冽的周日上午，我来到了这里，立即随人流拥入了一个又一个旧书、旧报、字画的长廊之中。一个长者的摊位很冷清，几本旧书、几件艺术小品。一本米色横 32 开的旧书吸引了我，捡起一看，是 1953 年 10 月由新文艺出版社初版、首印一万五千册、当时定价八千元的《诗论》！老者似乎对此书不太在意，仅仅收了五块钱！

另外一本与那一本海蓝色封面注有“毁”字同一版本，由人民文学出版社出版的 1956 年 7 月北京第一版的《诗论》，在上海一家旧书店被我从众多民国、五十年代旧书中“淘”了出来的。一问，也是五块钱。

至此，解放后艾青《诗论》的版本，我已基本完整，只缺四十年代初最初印行的版本了，而那版本的《诗论》，由于当时印数不多，又加之岁月蹉跎，风雨多变，存世的数量极少，有一次一位北京作家告诉我，他认识的一位收藏家手上有一本，但无论如何不肯出让。

五、1942 年版与其他版本《诗论》比较

不久前那个春日，在上海大木桥路文物古玩市场奇遇 1942 年桂林版艾青的《诗论》，可谓我的大幸。

这本《诗论》是毛边本，黄纸，封面雅素，棉白色作底，左上方是蓝色“诗论”两字，诗论下是略小的红色“艾青”两字，“诗论”与“艾青”，均为艾青手迹。封面右下方横排一行小字：三户图书社发行。扉页中用黑体字直排二行“警句”般的句子：“谨将此书献给——为这时代思考、苦恼以及受难的人们”（我收藏的解放后出版各种版本的《诗论》，均未再印这二行“警句”）。

这本《诗论》正文分《诗论》、《诗的散文美》、《诗与宣传》、《诗与时代》、《诗人论》五大部分及《后记》。从版权页上看，三户图书社地址是桂林观音山，此书应当是 1941 年重庆版的重印版，在研究艾青史料中几乎均未提及此版本，可见此书弥为稀少。

艾青于 1940 年 11 月 6 日于重庆写的后记，不到三百字，写得诚挚而有诗意：“诗，这命题太壮严了。要完全地解释它对于我们这时代，还是不能胜任的，我知道自己在冒险——我很愿意自己能在冒险中得到失败的愉快的经验。所以我随时思考着，随时试验着解释，随时记录下来。有很多不充分的地方，当初原想增加一些注释，但心境与趣味都阻碍了我，就此结束。假如有重版的机会时，当可重新增删和添加注释。”

以后，《诗论》一次又一次再版，一次又一次有所增删，正是体现了艾青最初的构想。

上海新文艺出版社1953年10月版中，将1942年桂林版的五大部分排在第二部分，增加了第一部分《诗到街头》、《关于诗的一封信》、《谈谈写诗》、《不是诗》、《谈大众化和旧形式》、《谈工人诗歌》、《多写朗诵诗》七方面内容。艾青重写了后记。从后记可以知道，1952年天下出版社还有一个《诗论》版本，比这个版本少了《不是诗》一篇。

人民文学出版社1956年7月版，在上海新文艺出版社1953年版本基础上，增加了《诗与感情》、《诗的形式问题》、《和平书简》、《战士和诗人》等篇，删去《诗的散文美》一篇，共分第一辑和第二辑两大辑。

人民文学出版社1980年8月版，不用后记而用了艾青1980年4月18日晨5时写于北纬饭店的前言。这篇前言如诗一般，哲理深刻、感人："这本书像我的其它的书一样，从1957年开始，一律受到禁止发行的命运达二十三年之久，现在已决定重新出版了。/这次重版，抽去几篇无足轻重的或者说多少显得有蔫巴了的；增加了几篇近两年写的。/保留的部分，匆匆重阅一次，作了少许文字上的修改。/《诗的散文美》一文，最后的版本原已抽去，现在经一些朋友建议，又补充进去了。”……

此版《诗论》共分五辑，第一辑为《诗人必须说真话》、《形象思维和艺术魅力》、《新诗应该受到检验》、《我对诗的要求》、《答〈诗刊〉问十九题》、《和诗歌爱好者谈诗》六篇；第二辑为《关于诗的一封信》、《谈谈写诗》、《不是诗》、《谈大众化和旧形式》、《诗与感情》、《诗的形式问题》六篇；第三辑为《和平书简》、《战士和诗人》、《望舒的诗》三篇；第四辑是《诗的散文美》、《诗与时代》、《诗与宣传》三篇；第五辑是《诗论》、《诗人论》二篇。

与 1956 版本相比，这次版本删掉了《诗到街头》、《谈工人诗歌》、《多写朗诵诗》等，恢复了《诗的散文美》一篇，增加了写于 1956 年 11 月中旬的《望舒的诗》一篇。

最后的人民文学出版社 1995 年 12 月的修订本，增加了一幅体现晚年艾青热情、幽默性格的彩色作者像，内容在原有基础作了调整，分“三十年代”、“四十年代”、“五十年代”、“七十年代”、“八十年代”五大部分，如“八十年代”中的《与青年诗人谈诗》、《从“朦胧”诗谈起》、《论诗》都是诗人在新时期产生广泛影响的新“诗论”。

六本不同的《诗论》，以及与此相关的故事，不断激励着我，去品味人生和哲理，去品味艾青与诗意。一页一页品读，一本一本比较，又发现不少“秘密”。如 1942 年桂林版的《诗论》，留下了原书主的共鸣和受益，他或她共用钢笔在书页之中、之角、之边，写下了细细密密的几百字体会，有的是颇有见地的“诗论”。1953 年上海新文艺版的《诗论》里也有先前读者，用红铅笔划杠表示赞同、强调，还有一些精辟的批注。可见，一版版《诗论》，曾一次次影响多少读者、多少诗人、多少人生！我为之自豪，我当不断品读。

贴着藏书票的书

李本德

近十年来，凡是遇见贴着藏书票的书，我会毫不犹豫地买下来，至今已珍藏了十多本，当然全是西书。藏书票本是西方人的玩艺儿。欧美藏书家把它贴在书封里页或书的扉页，表示对书的所有权，就像国人在藏书上钤盖藏书印一样。

要想找一本贴着国人的藏书票的中国书，真比上青天还难了。藏书票在国内出现较晚，且用者寥寥。这与中国过去的藏书家多藏线装书有关。线装书纸太软，宜钤印，不宜贴票。台湾藏书票收藏者吴兴文先生先后于上世纪后期在北京琉璃厂寻到七、八本贴有宋春舫先生藏书票的书和一本贴有关祖章先生藏书票的《图解法文百科辞典》，真让人艳羡！戏剧家宋春舫藏书颇丰，且多为精装西书，藏书票印得多、用得多；铁道工程师关祖昌大约算是中国最早使用藏书票的人，他二十世纪初留美期间购藏的西书均贴有自己的藏书票。文学家叶灵凤先生 1932 年曾印制了几千枚自己设计的藏书票，可惜只试用了几枚，剩下的连同原版都在“一·二八”战事中失散了，贴有叶先生藏书票的书恐怕早已不在世上。那个时期还有刘宪、陈仲纲等木刻画作者也印了藏书票，“不过大都着重于图案的试作，并非真为

藏书所刻”(见唐弢《书话》),然而我真想猎到一本贴有国人藏书票的书。

藏书票分个人专用、通用和图书馆用三种类型,我度藏的那十来本书中的藏书票这三类都有,下面分类举例,公诸同好。

个人专用藏书票上印有书主姓名,是由书主自己或委托美术家设计。这类藏书票最能体现书主的喜好和个人风格,且印量较少,最有收藏价值。图一所示藏书票画着一位焚香读经的僧人,从跪着的姿式猜想是日本和尚,仿黑白木刻画,画面右下角的字母K,也许说明是书主自己设计。贴着这枚藏书票的书是伦敦早年出版的乔治·艾略特小说集第二卷《弗洛斯河上的磨坊》(《MILL ON THE FLOSS》)。该书未单独注明出版时间,扉页上印着“铅版印刷版”字样,说明是在铅版印刷技术普及前出版的。艾略特最后一部小说出版于1872年,估计该书是在1872年以后的十九世纪末期出版的。图二所示藏书票画着两本并列的精装书,两本书的书脊处印有两位书主的姓名,一票二主,较少见。前面的书封上画的是灯塔的灯光撕破暗夜,照亮正与风浪搏斗的帆船。画面下有警句:书对人来说好比灯塔与船的关系。这枚藏书票是贴在纽约1922年版《有闲阶级的学说》(《THE THEORY OF THE LEISURE CLASS》)的

书封后空白插页上，该书作者是维布伦(VEBLEN)。图三所示为铜版画藏书票，画面为一座豪华建筑。票面上既印有书主姓名(后因书易主被划掉)，也印有设计者姓名。贴着这枚藏书票的书叫《伊丽莎白女王》(《QUEEN ELIZABETH》)，是伦敦1937年发行的第十版，著者为阿斯亏丝(ASQUITH)。

通用藏书票是由印刷商制作的不具名的藏书票,由顾客使用时自己填写姓名。台湾学者黄碧端女士说:“藏书是顶个人的事，即使毕亚兹莱这么个人风格强烈的画家，一旦被拿来印成规格一致的书票，藏书票所要求的个人风格和毕氏在被印成藏书票前的个人风格也就都消失了。”(见《书乡长短调》)再加上印量大的因素，一般不为收藏者看好。然而早期的通用藏书票，特别是那些精美迷人的，仍具有一定的收藏价值。图四和图五所示,即为两枚通用藏书票。贴在纽约1930年出版的年刊《周末图书馆》(《THE WEEK－END LIBRARY》)上的这枚套色木刻画，两名古代骑士在河边巡逻,皓月当空,照耀着山顶的古堡,映亮了河水,色调很美。另一枚是由烛台、燃着白蜡烛、墨水瓶、鹅毛笔等书房用品和若干本精装书构成图案，是一幅黑白木刻画，贴在《人的命运》(《HUMAN DESTINY》)一书上，该书出版于1947年。

使用藏书票的图书馆不多，但能见到的款式存世量一般较大，这是由图书馆的藏书量决定的。倘若有的图书馆只是在较珍贵的藏书上贴票，那么这个品种就比通用藏书票更具有收藏的价值。图六是一枚某教会机构图书馆的藏书票。画面印着该机构的徽记，徽记下面是一本打开的书。书下面是一长方型空白框，大约是预备填写书的目录号和登记号用。此枚藏书票贴于韦热希德（WEATHERHEAD）所著《沉默的意义》（《THE SIGNIFICANCE OF SILENCE》），该书于1945年在纽约出版。

在我眼中，收藏贴着藏书票的书比单纯收集藏书票意义更大，原因大约有三条。贴有老藏书票的书会越来越稀见，此其一。香港董桥先生在《藏书票史话》一文中谈道："西方旧书店古画铺里偶有兼卖散张的古今各款藏书票。有的藏书票是从旧书上细心剥下来的……"台湾吴兴文先生也说："因为它贴在书上，所以有心收藏者，可以小心将它从书上取下，将书归书，藏书票归藏书票。"（见《书痴闲话》），这一"剥"一"取"，自然会少下去。藏书票只有贴在书上，才能确切证明它被使用过，此其二。藏书票谁都可以制作，尤其是那些大量印制的通用藏书票，若从未被书主使用过，与一张小画片无甚区别，收藏意义不大。第三点，藏书票只有贴在书上，方能从该书的发行日期和书的收藏来源判断这款藏书票使用的大致时间范围。若将票、书剥离，时间一长，连这个大致的范围也说不清了。

书目传统中的人文情怀

——漫说鲁迅日记中的书账

张国功

现代文人学者中，生前坚持记日记者可谓多矣，身后已经出版日记的也不在少数。“传记不如年谱，年谱不如日记”（谢泳语），日记这种相对真实的私秘性材料，为后人对撰写者本人进行深入研究提供了极大的帮助。鲁迅先生的日记，无疑是现代学者文人日记中的突出代表，也是现代文学史、学术史与思想史研究的重要文献。与他人格外不同的一种做法就是，鲁迅日记除记录一天的主要活动外，还会特意将自己购藏图书的情况巨细无遗地一一胪列出来，包括购买地点、书名、册数、书价、品相和题跋等，其中书价一项，几近锱铢必录、毫厘无误。每至年末，鲁迅又会特意在日记后增附“书账”一项，详细登记统计一年所购图书名称、册数、购书日期、书费几何等情况。自1912年5月5日抵北京开始记日记，直到1936年10月19日逝世，鲁迅只有少数时日间断过日记。但即使如特殊原因而未能将购藏图书的情况记下，事后他也总是尽力补上。如1936年6月“月初以后病不能作字，遂失记，此乃追补，当有遗漏矣”（1936年“书账”）。这种特色鲜明的书账记录，想来应该称得上是中国现代文人中独一无二的文化细节。

作为一个鲁迅先生文字的爱好者，我也常常浏览先生的日记与书账。但在研究界已经基本认同鲁迅“毫无疑义地成为我国第一代市民化职业化作家的杰出代表和典范”（《鲁迅在上海的收支与日常生活——兼论职业作家市民化》，刊《书屋》2001年5期），是第一个真正意义上的以卖文获得经济独立的中国现代文人这一结论的今天，我无意于统计先生购藏图书的情形到底体现了他是在一种怎么样的经济状况中度过一生的；以自己读书的浮浅与时下旧书业的凋零衰落，我也不可能按照先生的书账来搜集旧书故籍，但每次在静夜的灯下翻开先生的日记，检视着一行行整齐排列的书账，我就总是不由得地发出这样的疑问：到底是一种什么力量，出于一种什么样的心绪，使先生一次次如此仔细、乐此不疲地记录自己的书账。每天一笔一划地详细记下自己购书的花费，数目毫爽不差，巨细无遗；年末再做一总账，然后按时间顺序一一列出，这种琐屑细活，肯定是要费去不少工夫的。以先生一生之匆忙、紧张与劳累，竟丝毫没有忽视这种小小的人生细节，我想肯定有一种来自内心深处的声音，在时刻地提醒、催促着他，使他于此投入了如此之大的人生热情。

中国文人自古就有“囚首垢面谈诗书”的说法。当年批判鲁迅的“绅士”们，也常常将其丑化诋毁为一个黑面黄牙、烟酒无度、衣衫不整的落魄旧文人形象。但实际上，对生活极不讲究的鲁迅，对书事却极为认真。少年时为了一本新买的《毛诗品物图考》上有一点点墨痕与装订歪斜，他不辞麻烦地跑来跑去到书店换了几遍；成为文坛中心人物后，他为围绕于周边的文学青年的书稿做编辑校对工作的认真程度，至今仍值得每一个编辑后来者引为学习的榜样；对自己著述或所编辑图书杂志的装帧设计、编校质量，他用心之考究，几近吹毛求疵的程度，这些都是众所周知的事情。生性放达的郁达夫常去鲁迅家中，就对他整齐有序、一尘不染的书房很是惊讶。以郁达夫的名士气揣测，鲁迅的书房无论如何杂乱，也是不过分的。曹聚仁在《鲁迅评传》一书中，就以这些日常生活的小事为例说，鲁迅不独有文学天才，而且有艺术天才的。拉扯起鲁迅对书事的认真，是因为我常常揣想，一丝不苟地记录书账，以便整理一下自己纷乱的购藏图书经历与读书生活，大概多少也印证了鲁迅对读书著述生活的认真不苟吧。但要说鲁迅记书账的做法，完全就是他对书事认真这一个人生活习惯或性格所致，又恐怕未必尽是如此。一部中国近现代史，尽管风沙扑面天地玄黄，但生活讲究绅士风范，维持着传统士大夫式体面尊严，甚至于梦想从十字街头躲进象牙塔中披一袭洁净长衫品茗喝茶的文人仍是不绝如缕，而逐年在日记中不厌其烦地记录书账者，则仅见鲁迅一人而已。

稍微作些揣摩，有一点我认为值得注意者，就是鲁迅记书账这种表面上看来纯粹是旧式文人个人情趣的做法，也许与他学术思想中重视图书书目，深具目录学意识大有关系。许广平在《鲁迅回忆录(续)·鲁迅的故居与藏书》中回忆说："在他消闲的时间，就时常看见他把书目看得津津有味，我却从不爱沾手的。有时鲁迅先生也解释给我听：'这是治学之道，有人偷偷捧《书目答问》死啃一下就向人夸耀博学的了，其实不过如此而已。'我想鲁迅先生的披览，未必志在夸耀，而是他确实是藏书无多，有时为了研究史学之类，或某种著作，只得借书目作参考之一罢了。因此他的藏书里随时遇到许多出版年代不同和地域不同的书目。"至于书目的应用，可以从鲁迅校订《嵇康集》的过程中看出。自 1913 年 10 月 15 日鲁迅在苦闷中于日记写下"夜以丛书堂本《嵇康集》校《全三国文》，摘出佳字，当于暇日写之"开始，至 1935 年 9 月 20 日复信台静农谈及后者所寄《嵇中散集》"旧校却劣，往往据刻本抹杀旧钞"，鲁迅一生断断续续地校勘《嵇康集》达十馀次，时间则长达二十馀年。而披览其所著《〈嵇康集〉考》、《〈嵇康集〉著录考》等相关文章，我们可知鲁迅在此过程中参考与运用的书目至少有二十馀种。至于经典之作《中国小说史略》的撰著，对书目的运用则更是广泛。不仅自己的学术研究重视书目，鲁迅给年轻人谈读书经验，也说："我以为倘要弄旧的呢，倒不如姑且靠着张之洞的《书目答问》去摸门径。"（《而已集·读书杂谈》）1930年，鲁迅为挚友许世裳的儿子、清华大学中国文学系的学生许世瑛开列了一纸共十二种图书的书目，其中就有《四库全书简明目录》、吴荣光《历代名人年谱》两种书目，于前者注明为"其实是现有的较好的书籍之批评"，于后者则注明为"可知名人一生中之社会大事，因其书为表格之式也"，由此足以看出鲁迅对遵循目录学为治学入门的传统途径的看重。更重要的是，在长期的熏染沉潜中，书目对于鲁迅而言，不仅是一种自觉的购藏图书的工具、治学门径以及进行学术活动与知识吸纳的导引，甚至可以说是已经内化成了他精神活动与文化蕴积中的一种个体习惯。有着这种文化修养的人一旦成为购藏图书的主体，我有理由揣测，鲁迅自然会把记录书账看成是一种登记、著录私家藏书性质的书目工作。中国目录学史、藏书史认为，传统的书目大体有三类基本形态，其一是分类记录书名，大小各类有序，每书有提要解题，如《四库总目》；其二是分类记录书名，大小各类有序，但每书无提要解题，如《汉书·艺文志》；另一类则是只简略记录书名的简目，近于登录性账簿。鲁迅的书账，大体更近于最后一种。他的记录书账，从表面看只是一种禀承古代传统藏书家做法的个人化的小情趣，但却折射出了长期浸淫于目录学传统中的中国学者心中一种挥之不去的书目情结。

与鲁迅既量多且质高的著述文字而言，书账在很多人看来自然是"小道"，但它何尝没有荷载着一种深沉的人文信息?！在鲁迅生活的时代，随着从传统藏书楼到新式图书馆的转变，现代出版业的发展，以及学术发展形态普遍由个体性向体制化的转型，图书馆、出版社、书店、报馆、学会等文化学术机构、社团群体编写联合书目、大型书目的活动大为增加：个人编制私藏书目，可谓流风馀韵，依旧盛行，但个体编制私藏书目的数量及其文化影响，较此前鼎盛至至极的明清时代毕竟是呈下降之势。而顺应时代风习因而能在现代读书界大行其道的，则多是绵延迭出的由著名学者开出的导读书目（又称推荐书目、举要书目、选读书目等）。如1925年1月4日，北方的报刊重镇《京报副刊》头版头条刊出了“一九二五新年本刊之二大征求”：“青年爱读书十部”、“青年必读书十部”。后者“是由本刊备券投寄海内外名流学者，询问他们究竟今日的青年有哪十部书是非读不可的”。前者收到了三百多份答卷的社会调查，但反应平静；后者仅收到答卷七十八份，几乎全出自于当时的文化名人如梁启超、胡适之、周作人等之手，他们开列出了形形色色、各不相同的答案。民俗学家、北京大学讲师江绍原在表上划了一个大大的叉，交了“白卷”。俞平伯也交了白卷，他的意见与江相似。也许是因为江、俞二位年轻学人相对人微言轻，读者只是将其“白卷”视作聊备一说而已。而同样是交“白卷”，鲁迅的“白卷”却引发了一场巨大的“文化地震”。在征求表上，鲁迅的应答很是干脆：“从来没有留心过，所以现在说不出。”同时他在附注里写下了那段著名的表白：“但我要趁这机会，略说自己的经验，以供若干读者的参考——看中国书时，总觉得就沉静下去，与实人生离开；读外国书——但除了印度——时，往往就与人生接触，想做点事。中国书虽有劝人入世的话，也多是僵尸的乐观；外国书即使是颓唐和厌世的，但却是活人的颓唐与厌世。我以为要少——或者竟不——看中国书，多看外国书。少看中国书，其结果不过不能作文而已。但现在的青年最要紧的是‘行’，不是‘言’。只要是活人，不能作文算什么大不了的事。”（《华盖集·青年必读书——应〈京报副刊〉的征求》）一石激起千层浪。鲁迅的应答在2月21日一发表，马上就在文化界引起轩然大波，褒贬不一。但值得我们大注其意的倒是鲁迅对“青年必读书”这样的“命题作文”或者说导读书目这种形式的态度。他在“青年必读书”征求表上的措辞是令人深思的。“从来没有留心过”,就其内在的深意来说,清楚地表明了先生对开具各式各样的导读书目——无论是神圣的国学书目还是时髦的西学书目——的合理性与可信性心存疑虑与警觉。鲁迅的用词可谓是意味深长:“略说”、“若干”、“我以为”、“或者”、“参考”,这些犹疑甚至支吾嗫嚅的词语,正是他无意于指导青年、不以“青年导师”、“思想界的权威领袖”、“思想界先驱者”自居的表现。尤其是在上世纪二十年代中期这样一个新旧文化拉锯式反复回还的时代,一个新文化运动呐喊刚过而很快就“潮打空城寂寞回”的时代,一个相对稳固的传统知识世界早已“王纲解纽”而新的知识图景仍是“百家争鸣”、“众语喧哗”的时代,要拿出一份作为“公共知识清单”的书目——尤其是为思想不稳定的青年群体开具出一份代表、指导其读书生活、“最大公约数”式的书目,是一桩极为艰难且冒险的事情。比如青年才子梁遇春当时就对开列导读书目的行为评论质疑说:“在我们的青年旁边想用快刀阔斧利取我们的头者大有人在。思想界的权威无往而不用其权威来做他的文力统一。”况且,在二十年代复古风潮盛行而思想启蒙实践遭遇挫折的具体语境中,给一代青年开具国学书目,谁又能说不会产生诱导青年躲进故纸堆的客观效果呢?!——概言之,对于导读书目一类,鲁迅从内心保持着一种深刻的怀疑。

相反,对于私藏书目这种凝聚着个人感情色彩的形态,鲁迅则表现出更大的亲和与趋近,甚至可以说是乐在其中——他逐日逐年地记录统计书账,在某种意义上可以说就是一种以别样的方式编排个人私藏书目的做法。如果在晚年将历年的书账合并一下,不就是一份鲁迅私人藏书的书目么?!鲁迅并没有想到自己会在五十多岁的盛年赍志以没——即使在逝世的前几年,他一直频繁购书——但很可惜,他所生活的残酷的时代剥夺了他太多的东西,包括像古代学者那样在优容闲适之中编制私藏书目这种寄托个人情趣的纯书斋式活动。从藏书史的角度看，我们完全可以称鲁迅是一位藏书家，但他不是一位纯粹为追求藏书特色的赏鉴型藏书家，更不是一位贱买贵卖以求暴利的掠贩家，而主要是一位为服务于著述、校勘整理图书为目的的实用型藏书家。因此他从不特意标榜自己的秘本与珍籍，而只是在书账中简要如实地一一记录下自己的所有藏本。但在这种简明精要的行为背后，依然可以看出书账作为一份别致的个人私藏书目对于鲁迅的意义。鲁迅固然不像他的好友郁达夫，总喜欢在日记中大谈特谈自己购藏图书的读后感，而只是习惯于简单地记下购书的一些基本情况——与性情外铄的郁达夫相比，从个人性情上讲鲁迅是一个情感更为内敛的学人。但我想，每到年关深处，当鲁迅一个人在灯下独坐，面对那些排列整齐的书目，透过那些简单的图书目录编织成的一行行文字，以及它们所留下的缕缕缝隙，"无情岁月增中减"，他一定不由得暗自敏感惊心于岁月的飞速流逝："我的生命的一部分，就这样地用去了，也就是做了这样的工作。然而我至今终于不明白我一向是在做什么，……总之：逝去，逝去，一切一切，和光阴一同早逝去，在逝去，要逝去了"(《写在坟后面》)。每年年关独自闭户记书账，这与辛亥后他茕然一人在会馆中埋首抄古碑的郁闷心情，大体是差不多吧。无论是抄古碑，整理古籍，记书账，或者是终生持之以恒地做国学研究，对于鲁迅而言，这些也许并不是仅仅出于求证学理的纯学术动机，而更多的是在独自咀嚼之中求证自身的存在：为自己"无日不在忧患中"(1913年10月日记)的灵魂，求得一种个性化的心理满足与精神归属。"一个人处在沉闷的朝代，是容易喜欢看古书的"(1934年11月28日致刘炜明)，"我感到未尝经历的无聊，……只是我自己的寂寞是不可驱除的，因为这于我太痛苦。我于是用了种种法，来麻醉自己的灵魂，使我沉入于国民中，使我回到古代去……"(《呐喊·自序》)在这些表面上看来极为冷峻与沉寂的活动中，深藏着一份人生的热烈与渴望；在看上去枯涩无味的书目形式中，凝聚着先生内心深处一种别样的人间情怀。1912年鲁迅在整理好书账不由自主地感慨道："审自五月至年莫(暮)，凡八月间而购书百六十馀元，然无善本。京师视古籍为骨董，唯大力者能致之耳。今人处世不必读书，而我辈复无购书之力，尚复月掷二十馀金，收拾破书数册以自怡悦，亦可笑叹人也。"1913年3月16日，鲁迅对到北京后近一年所购书籍进行了一次整理，随后就在日记中记："下午整理书籍，已满两架，置此何事，殊自笑叹也。"上世纪七十年代初，孙犁先生"身虽'解放'，意识仍被禁锢。不能为文章，亦无意为之也。曾于很长时间，利用所得废纸，包装发还旧书，消磨时日，排遣积郁。然后，题书名、作者、卷数于书衣之上。偶有感触，虑其不伤大雅者，亦附记之。比盖文字积习，初无深意存焉。"而后又"略加整理，以书为目，汇集发表，借作谈助。蝉鸣寒树，虫吟秋草，足音为空谷之响，蚯蚓作泥土之歌。当日身处非时，凋残未已，一息尚存，而内心有不得不抒发者乎？路之闻者，当哀其遭际，原其用心，不以其短促零乱，散漫无章而废之，则幸其甚矣"(《耕堂书衣文录·序》)。这位比照着鲁迅书账来购藏书籍的当代文人作家的这种行为，与他的前辈鲁迅当年"收拾破书数册以自愉悦"的做法，不是有着一种作风与神髓极其相似，甚至可以说是一脉相承的地方么？

悲哀苦闷的人生中始终深蕴着一种生命的硬朗与刚健，枯涩艰辛的岁月中坚强保留着一份人性的丰腴与舒展，所谓"寒士精神故纸中"，说的大概就是这样的东西吧。藏书书目表面虽然苛简至极，但在它的背后，却深沉地寄寓了丰富的内涵，无异于是中国文人个体的一种生命寄托。由鲁迅的书账闲扯出这样的感觉，真是欲说还休，如此，则何妨到此即休。

名人书趣

谢明洲

傅增湘：舍鱼而取熊掌。

傅增湘做过北洋政府的教育总长，是我国现代著名学者和大藏书家。从辛亥革命后开始，傅增湘大规模收藏古书，他经常流连于北京的琉璃厂、隆福寺书肆，又常到浙江、安徽等地访书，多得前辈藏书家旧藏。他的薪金，除生活费用外，几乎全部用于购书。有时绌于资金，往往借债收书，或卖旧换新。

一次，傅增湘偶然见到南宋淳熙年间宫廷写本《洪范政鉴》，梦寐不忘十馀年。后来终于有一天，他碰上一位书商出售此书，但悬值绝高，出乎所料。为使十年之梦成真，傅增湘卖掉自己珍藏的日本、朝鲜古刻本三箧，得钱购下《洪范政鉴》，他还风趣地说这是"舍鱼而取熊掌"，被传为书林佳话。

孙犁：书衣文录。

孙犁先生的藏书不仅数量多，且品位档次颇高。他爱书成癖，视书如命，甚至还有一种给书包书皮儿的嗜好。他说："每逢我坐在桌子前面，包裹书籍的时候，我的心情是非常平静，很是愉快的。"

孙犁还爱在包好的书皮上附记一些文字，如书名、作者、卷数以至得书经过、该书简评或偶然感触等等。此类文字短小精练，言简意赅，颇耐玩味，先生名之以“书衣文录”。现摘录两则，“书衣文录”之光采，可见一斑：

之一：《宋词选》，1974年6月4日上午记。

“某君需索宋词，即刻捡出，恐其有失，软纸皮外，另加硬纸皮焉。”

之二：《战争与和平》，1974年7月4日灯下记。

“余进城后，少买外国小说，如此大著，尚备数种。此书且曾认真看完，然以年老，不复记其情节。书物归来，先为魏小姐借去，近家人又看。因借机洁修焉。

“余幼年，从文学见人生，青年从人生见文学。今老矣，文学人生，两相茫然，无动于衷，甚可哀也。

“此系残存之籍，修整如此，亦不易矣。”

余光中：“玩”书。

书是用来被读的，而台湾诗人、散文家余光中，阅读之外，还要对书“欣赏把玩”。所谓读，即读书的内容；所谓玩，即玩书的外表装帧、插图之类。一般人买书，多视其内容来决定取舍；而余光中先生，看到精美华丽抑或装帧考究的书籍便一见倾心，也顾不得内容是怎样的。他曾经这样来形容自己“欣赏把玩”书籍的情形：“资深的书呆子通常有一种不可救药的毛病。他们坐在书桌前，并不一定要读那一本书，或研究那一个问题，只是喜欢这本摸摸，那本翻翻，相相封面，看看插图和目录，并且嗅嗅（尤其是新的书）怪好闻的纸香和油墨味。就这样，一个昂贵的下午

用玩了。”(《书斋·书灾》)

赵淑敏:渴望书葬。

台湾女士赵淑敏,一人独居四室,却有两间书房,就连客房、卧室也遭书籍“入侵”,无奈另外又加了一大间书库,可见她的藏书之多。她的藏书中,最多最专业的是中国经济史类的,文学类是第二收藏。

赵女士将书视为“最爱”,常常担心这些“最爱”被后代一元一斤当作破烂卖掉。她跟孩子们说,貂皮大衣当垃圾丢了都没关系,若是那样对待我的“最爱”,我会死不瞑目。因是心中的“最爱”,当然就到了同生死的境界,赵女士甚至渴望自己“葬身书海”:“人死假如能够书葬就好了,我的书一定可以将我好好葬埋。这想法当然得算奇特难行,可是我确实有这样想法。到另一个世界去了,仍能坐拥书城,那将是一处多么可爱的永远的家!”(赵淑敏:《渴望书葬》)

丛甦:读书到死。

美籍华人丛甦在一篇题为《我与书癖》的文章中讲到这样一件事情:

美国上世纪五十年代末期,有一本由于冷战而写的预言小说《海滩上》,后来拍成电影,故事大意是写第三次世界大战由核武器而导致人类濒临毁灭的悲剧。这部电影的上演还真的为六十年代初期的美国社会罩上一层悲观灰色的黯云。当时有人向在校的大学生们做了一个调查,问:“如果世界末日将至,你只有两个钟头的时间好活,你要用那个时间做什么?”百分之八十的女生回答:“要赶紧跑到附近的男生宿舍里,去抓一个男生去爱去!”

人各有志，无可厚非。但对把人类最后的两个钟头消耗在床上的做法,从稷先生是极为不满的。他的回答是:“给我一本好书、一杯清茶、一壁炉火、一些古典音乐(必要时,后三者可免),吾愿足矣!”

在生命的最后时刻,选择读书,至死不渝,可敬可慕。

戴逸如:书是种子。

戴逸如先生著有《天·人·书》,文图并茂,别具一格。戴先生在该书的“跋”中写道:

天造人,人造书,书造天。

天孕人,人孕书,书孕天。

人毁书,书毁天,天乃毁人。

作为漫画家的戴逸如,不乏机智与幽默,他将书籍喻为“种子”:“书是种子,以灵魂为果。一本卑劣的或高尚的书,能生产出一千颗卑劣的或高尚的灵魂之果。而平庸的书呢，它是发不了芽的瘪籽儿,无声无臭地腐烂在泥土里了。”

夏丏尊:皇帝与宫女。

夏丏尊先生谦称自己“没有对于任何问题做高深研究的野心,因之所买的书范围较广”。宗教、艺术、文学、社会、哲学、历史、生物等门类的书,他都有收藏,其中以各国文学名著的译本和中国古来的诗文集为最多。

夏先生不喜欢向别人或图书馆借书,他觉得借来的书“不过瘾”，自己买的才满足。最使夏先生感到快悦的，就是买到了几册新书，一册一册地在上面加盖藏书印记的那一刻。

至于读书习惯，夏先生有“皇帝与宫女”之喻，是颇具情趣的：“书籍到了我的手里，我的习惯是先看序文，次看目录。叶数不多的往往立刻通读，篇幅大的，只把正文任择一二章节略加翻阅，就插在书架上。除小说外，我少有全体读完的大部的书，只凭了购入当时的记忆，知道某册书是何性质，其中大概有些什么可取的材料而已。什么书在什么时候再去读再去翻，连我自己也无把握，完全要看一个时期一个时期的兴趣。关于这事，我常自比为古时的皇帝，而把插上书架的书譬诸列屋而居的宫女。”

闻一多：书房与废墟。

还在家乡读私塾时，闻一多就被家人称做“书呆子”。在清华上学时，每年夏天均要回到他家中的书斋“二月庐”读书写作。他在一篇自传文字中这样回忆道：“每暑假返家，恒闭户读书，忘寝馈。每闻宾客至，辄（夔几）隅匿，顿足言曰：‘胡又来扰人也。’”

闻一多先生学识精深，治学严谨，敢于创新，在四十七年的短暂生命历程中著述丰富。他的“书桌”与“书房”是乱的出了名的。闻家驷曾在《忆一多兄》一文中描述过其兄在家读书时的情景：“他嫌一般的书桌不够使用，于是便把裁缝做衣服用的案板拿来当书桌，上面堆满了各类书籍以及稿纸和稿本，重叠杳杂。每隔几天，总得有人替他整理一番。‘闻一多先生的书桌’，从他青年时代起，就不是很有秩序的。”更有趣的是，一多先生还曾写过一首谐趣的新诗示友人，诗的题目就是《闻一多的书桌》，并把它收录在《死水》这部诗集里边。

而对闻一多的书房，梁实秋先生曾在《谈闻一多》一文中直言不讳的说那杂乱的情形使人如临废墟："他的书房中参考图书不能用'琳琅满目'四字来形容，也不能说是'(獭)祭鱼'，因为那凌乱的情形使人有如入废墟之感。"

潘铭(身)：自喻书奴。

自古至今，不少文人墨客，尤其是藏书家，常以书缘自喻，比如有的自喻为"书蠹"，把书当作营养以维持生命；有的自喻为"书痴"，表达了对书的痴迷与以往情深；再比如，一位做过图书馆馆长的教授自喻为"书佣"，也是颇有意味的。这些之外，还有人自喻为"书客"、"书侠"、"书淫"的，各自选择了不同的表达志趣与角度。

而香港的一位作家、学者潘铭(身)，却甘为"书奴"："至于称为'书奴'，颇有舍我其谁之慨。首先奴是出卖力气的人，而我在图书馆的第一样营生就是搬书，将新书由地库搬上书库，其间要走数十级楼梯。至今搬书仍是我最耗体力的日常劳动。奴又有不能自主之意，这更传神了。奴这个字正好比况我对书那种甘于充役，忠心至诚的光景。"

甘为"书奴"，这位潘先生对书的感情，真可谓至诚至深了。

藏书有福

余章瑞

我从小到老，一直爱书，想拥有很多书；只是小时苦于无书，中年苦于无力，未能如愿。但求书之心不泯，尤其是读了一些关于藏书的书之后，更是心向往之，歆羡不已。我被古人爱书求书抄书读书藏书的事儿深深感动了，于是我摘抄了不少古代藏书家的诗文和生平事迹，既寄托我的仰慕之情，也排遣我渴求的心绪，从中得到慰藉。

古人认为，藏书是士人生平第一要事，乃通读之资，学问之本，所以都倾力求书。清人孙庆增说："购求书籍是最难事，亦最美事、最韵事、最乐事。"这是经验之谈，古往今来，一代代读书人都在干这件很难也很有味道的事。他们"见图籍则破产以收，获异书则焚香肃拜"。明人郎瑛一遇好书就尽力购求，倾其家财也在所不惜，以致藏书日富，学问日深，而家境日贫。王世贞为买一部宋版两《汉书》，卖掉一处庄园。清人马思赞知查姓人家有宋版《陆状元通鉴》，多次求购未成；后查家安葬先人，选中的吉地正是马家田土，马思赞闻讯大喜，当即以良田十亩换得该书。明人吴琉、清人吕抚，分家析产，只取父祖藏书，不受良田广厦。有些人为书甚至不惜身家性命。清初叶树廉，战乱中家产毁失，亲友慰问，他蹙额说：“资财无足言，独惜我书耳！”人皆笑之。明人王文禄，家中失火，他大叫：“但力救书者赏，他不必也。”明人张翊，一日往乡间别墅，听城里来人说某坊失火，顿悟，说：“吾里也，恐毁吾万卷！”急驰归，马羸弱，颠蹶不已，遂得疾，卒，年二十七岁。南宋秦桧之子熺，仗势欲夺王廉清家中书，捎信说只要把书献给他，便可得做高官。王廉清号泣拒之，说：“愿守书以死，不愿官也。”秦熺不能夺其志，只好作罢。

一些记载讲述了爱书者得书时的欣喜，失书时的懊恼，以及求书中的种种遭遇。清初王士禛官至刑部尚书，还经常到北京慈仁寺书摊买书，买到好书就很高兴，有时犹豫未买，再去时书已被人买走，就后悔不已。有一年冬天，他见有《两汉纪》初印本，最精，又《三礼经传通解》亦旧刻，议价未就；下一市期，一早就去，已为人购去，懊恨累日，至废寝食。钱谦益家藏宋版《汉书》是绛云楼火后幸存，极宝爱，惜缺二卷，四处求购未成。一书商日暮船泊乌镇，上岸买面做晚餐。店主从筐中取旧书两卷，撕下书页包面。书商一看，竟是宋版《汉书》，立即购得，连夜摇船送到常熟钱宅，牧斋家藏，遂成完璧。清人郁礼购得厉征君樊榭山房藏书，其中《辽史拾遗》手稿缺五十页，百计寻求未得。一日郁礼在青云街见一拾荒僧肩负两簏废纸，便请僧停步翻检，纷如乱丝，却是樊榭山房旧物，当即购归。闭门整理二月，所缺五十页手稿全部补齐。《辽史拾遗》后得由汪氏振绮堂雕板印行，郁礼功莫大焉。

古人藏书是为了读，为了提高识见。“藏书而不知读，犹弗藏也”（洪亮吉）。明人徐𤊹聚书五万卷，终日伏案读之，云：“余谓人生之乐,莫过读书。得一僻句,识一奇字,遇一异事,见一佳句,不觉踊跃。虽丝竹满前,绮罗盈目,不足喻其乐也。”真是“至哉天下乐，终日在几案”。陈继儒酷好读书，常指书对弟子说：“吾读未见书,如得良友,见已读书,如逢故人。”有些人为了专心致志,登楼读书而去其梯;有的人家深夜犹燃读书灯,以致风雨夜行人视为定能讨得火种之处。

古人常抄书以读，其藏书中抄的书往往占很大比例。宋人苏轼抄两《汉书》既成,自谓“贫儿骤富”。叶廷珪常恨无力尽抄所借书,只是做了几十个大本子,择其可用者抄之,并称其抄本为《海录》。南宋薛高,读书抄书,到老不休,人称“万卷编抄高似屋”。明代朱存理,有异书必手自缮录,既老不厌,友人赠诗云:“书抄满箧皆亲手,诗草随身半在舟。”

藏书可以泽及后人。北宋李常(字公择)藏书九千馀卷于江西庐山白石庵,他中举离开后把书留在僧舍,任人阅读。山中人感激他,称僧舍为李氏山房。苏轼作《李氏山房藏书记》,赞李常此举是“仁者之心也”;表示愿得数年之间,“尽发公择之藏,拾其馀弃以自补,庶有益乎!”清人彭桐桥,藏书三万卷,不独务博览、工辞翰,其于兄弟友爱,教子必以义方,天伦之乐融融,人称“诗书之遗泽有以致之”。宋人林霆聚书数万卷,对子孙说:“吾为汝曹获良产矣。”清人徐乾学领儿子登藏书楼,说:尝叹为人父祖者,每欲传其田土货财,而子孙未必能世富;欲传其金玉鼎彝之物,又未必能世宝;欲传其园池台榭舆马之具,又未必能世享,我拿什么传给你们呢?指书而笑曰:“所传者惟是矣!”遂名其藏书楼为传是楼。黄澄量藏书五桂楼，其用意在“重籯金之教”，即“遗子黄金满籯,不如一经”,“积财与子孙,不如楹书与子孙”。

也有许多人藏书只为自学自娱，传不传给子孙，是不计较的。明人陈第说:“吾买书盖以自娱,子孙之读不读,听其自然。至于守与不守,亦数有必至,吾虽不听之,其可得耶?”态度豁达,值得效仿。杨循吉晚年,把辛苦收藏的典籍,分赠亲朋故旧,说:“令荡子爨妇无复著手,亦一道也。”并作诗云:“朋友有读者,悉当相奉捐,胜付不肖子,持去将鬻钱。”把书送给爱书好学的人,的确比传给不肖子孙强,因为书籍这种文化财产,最好让更多的人享用,正如明代李如一所说:“天下好书,当天下人共之。”

书籍是知识的载体，书读多了能使人增加知识，明辨是非，进而提高素质。清人姚际恒,其先世既多藏书,他又多方购置,书多了,读得多了,学问也深厚了,人称“插架与腹笥俱富”。那些装帧、印刷、纸墨上乘的好书,还是可供欣赏的艺术品,所以读书是享受，欣赏书也是一种享受。正如一位藏书家所云：“岂待开卷看,抚弄亦欣然”;“当怒读则喜,当病读则痊。”再说,家有藏书,对妻儿亲友也会有好处，他们可能不解其中味，但久而久之，文气熏陶,耳濡目染,或可去掉几分浮躁,成材成器也是可能的。

藏书有这么多好处，难怪古人把经书奉为神物，称藏书有福。清人张金吾藏书八万卷，撰书二百馀卷，刻书一千数百卷，阮元评论说:“此于古人谓之有功,于己谓之有福。世之有金者,无所不为,独不肯用之于书,是谓无福。若在己无学术,则虽有之、肯之,亦无能用之,若是者亦谓之无福。”就是说,藏书又能写书刻书,是有福;有钱不买书,是无福;有书而无学问,不能用,也是无福。清末民初叶德辉则从图书的多寡论读书人的福份。他说:“士生宋元以后,读书之福,远过古人。生国朝乾嘉后者,尤为厚福。”唐五代北宋年间,雕板印刷发明不久,经史正书,刻

本很少，非有大力者，不可言藏；宋元明以后，特别是清中叶以后，书印行多了，只要有钱，一日即可获数大部。时光流转到了今天，出版业大发展，几乎所有古今中外名著都在陆续出版，读书人买书藏书的福气比古人大得多了。

有一些古人认为藏书有福，是把书当作能降福于人的吉祥物，认为藏书处必有祥云呵护。明人归有光说："夫典籍天下之神物也，人日与之居，其性灵必有能自开发者。玉在山而草木润，渊生珠而崖不枯。书之所聚，当有如金宝之气，如卿云轮囷，覆护其上，被其润者不枯矣。"毛晋的一枚藏书印，文曰"在在处处有神物护持"。钱谦益在谈到黄虞稷千顷斋藏书历兵燹而无恙时说："岂非居福德之地，有神物呵护而能若是欤?"这些话不免有些迷信成分，但我们对此似可不必在意，因为这些先辈们对书实在太敬爱了，对书能润泽人们性灵、启迪人们智慧体会太深刻了，以致自觉不自觉地把书奉为神明，这不是很可理解的吗?

经过多年的搜集整理，我把历代许多藏书家的趣闻逸事编成一本书，曰《藏书故事》，已于近年由北京出版社出版。但愿读过这本《藏书故事》的读者，能从中体味藏书乐趣，感悟"藏书有福"。

与时俱进话藏书

李世扬

眼下的收藏热中，藏书无疑是许多收藏者的首选。面对历史上汗牛充栋的古籍、旧版书，面对出版社铺天盖地滚滚而来的新书，任何一位打算藏书或刚对藏书有兴趣的人，都会碰到下列问题：哪些书可能收藏？哪些书值得收藏？这是一个既古老又鲜活的话题。它没有一成不变的标准答案，也没有一锤定音的权威意见，结论只能是相对的或是与时俱进的。

书的装帧形式，从外观着眼，大致可分为两类：线装书、平装书（广义）。以清末为界，回溯基本上是线装书，往后大多是平装书。

线装书的收藏，起源于宋代，兴盛于明清，衰败于清末民初，被史家称为“古典藏书时代”。他们收藏的古籍，在内容上以经史著作为主，在版本上以宋椠元刻为主。“百宋一廛”、“千元十驾”、“皕宋楼”是传统藏书高峰的记录。清末瞿、杨、陆、丁四大藏书家的出现，迎来了我国私家藏书史上最后的辉煌。民国以降，石印、铅印技术的发展，线装书收藏开始偏离传统，呈现出多元化的趋势。公共图书馆事业的兴起，一些有眼光的藏书家，就看出它的生命力和冲击力，并试图与之接轨。如有数十万卷收藏的缪荃孙、铁琴铜剑楼主人瞿启甲，都积极倡设公共图书馆，并捐赠不少藏书。近代真正以保存祖国文献为宗旨的藏书家，最后大多把公共图书馆作为最后归宿，这是他们在历经聚散无常后的明智抉择。一般认为，中国古典的私家藏书史，1949年后，以绝大多数藏书家将其所藏，捐赠或售归国家而告结束，应该说这是一个光荣的结局，毕竟此乃令人神往的名山事业。无数濒临湮灭毁弃的珍本秘籍，在一代又一代的藏书家那里，得以发现并受到细心的呵护，留下了无数引人入胜的书人书事，铸就了丰富的目录学、版本学和藏书学的业绩。他们对文化遗产的责任感和使命感，以及为之历尽劫难、百折不悔的痴情，将会成为激励新一代藏书家的力量源泉。

平装书(民国老版书)的收藏，无论在数量、规模，还是在质量、档次上，较之线装书的收藏，都是小巫见大巫，不可同日而语。但它却代表着新的收藏理念和新的收藏风尚，因为它蕴藏着最终成为图书收藏热点的巨大潜力。古典藏书活动退潮后，明清普通刻本、石印本、铅印本，甚至近人著作均被广泛关注，版画、方志、套印本和词曲、小说、弹词、宝卷逐渐成为收藏的重点。叶德辉、王孝慈、马隅卿、伦明等人独辟蹊径，“版不问宋元，人不问古近，一扫向来藏书家的痼习”，开创了以收藏“俗文学”为主的新型藏书时代。这里特别应提到的是郑振铎、阿英，他们与近代的傅增湘一样，都是藏书史上继往开来的人物。郑振铎在日寇沦陷区——孤岛上海，不顾个人安危，协助国家以重金购得脉望馆抄校本《古今杂剧》，这种为抢救民族文化遗产——明清戏曲珍籍的义举，令后人景仰不已。阿英则注重清末以来的戏曲、小说及史料、版画，钟情年画、连环画。这些图书，都是当时藏书家不屑一顾的东西，他却人弃我取，孜孜以求，终成大家。今天其中多数已成为难得一见的罕传本，甚至孤本。就是凭借这些不为人重的坊刻俗本，阿英编撰了大量令人叹为观止的著作:《晚清戏曲小说目》、《晚清小报录》、《晚清文学期刊述略》、《晚清文学丛钞》、《晚清小说史》、《辛亥革命书征》、《鸦片战争文学集》、《杨柳青红楼梦年画集》、《中国年画发展史略》、《中国连环画史话》。由于奇特的革命生涯，他还把搜藏的眼光，聚集到新文学的著作上，从而成为新文学书籍收藏的开山鼻祖，并理所当然地成为《中国新文学大系·史料·索引卷》的最佳编撰者。如果说阿英对新文学书籍的收藏是星星之火的话，那么解放以后，唐弢《书话》一书的出现，则预示着燎原之势的来临。上世纪九十年代，终于迎来了新文学书籍收藏的艳阳天。唐弢、姜德明、胡从经等当是此中翘楚，他们藏品数量之多，质量之精，后人恐怕难以企及。他们都写出了有事实、有掌故、有感情、有观点的文章，直接引发了“书话”文体的勃兴。书话类书籍的大量涌现，又极大地推动着民国老版书收藏队伍的扩大，在九十年代末达到鼎盛。部分平装书精品，还上了拍卖，且价格不菲，直逼明清善本。迄今，旧平装书热闹的场面，似乎有所沉寂，究其原因主要是书源的日渐枯竭。民国老版书过去在社会上的流通量十分惊人，甚至比公藏的还多。但历经解放初期的社会大变革，特别是“文革”期间的浩劫，要么付之一炬，要么化为还魂纸。如今公共图书馆的民国书已禁止出借，真正有价值的平装书存世量并不多。是否可以这样说，如要超越唐、姜、胡等，已属天方夜谭。民国旧平装书书源的匮乏，直接导致此项收藏的式微，这是一个令人无可奈何的现实。

线装古书固然价如拱璧，民国旧平装书亦稀若晨星，这两者均不适合一般藏书人去涉猎，要想有所成就，有所突破，自忖最好放在二十世纪五十年代初到七十年代末的出版物。其理由有四:其一，书多存世，访求不难。这三十年约有二十万种书问世，每个家庭总有几本插架，遇到搬家，往往论斤卖出；无论大小图书馆随着馆藏增多，总要进行剔旧；特别是近几年转制改制，企业的图书馆、事业单位的资料室，藏书纷纷外流；这样就给藏书者很多的机遇。其二，耗金低廉，常人能及。线装古书动辄千元万元，民国旧平装书亦要上百数百元，不是工薪族所能接受，而解放后的书，一般人也能染指。其三，精品图书，至今迭见。如影响几代人的新时期文学名著，文物出版社出的图录，反映我党解放后“左倾”轨迹的“批判书”，“文革”时期出版物等等，其中有些肯定是永不再印的绝版书。其四，贵远贱近，流弊待矫。到目前为止，没有听说以藏解放后三十年书而成家的，甚至当年“书话”十分红火时，也鲜有文章涉及，更少有影响的专著出版。目前悄然搜访，正当其时，坚持数年，必有厚报。

确定图书收藏的时间范围，解决的是可能藏的问题，而准确地甄别图书的优劣，则是事关藏书成败的关键。藏书要藏好书，这是千古不易之理，任何人不会有异议。但对什么书算是好书，则见仁见智，千差万别。对此认识，差之毫厘，就会谬之千里，藏书者不可不察，不可不慎，定要深悟其中奥理。好书者，善本也，善本的定义历史上有过不少讨论。光绪初，张之洞提督四川学政时，编写过一本《輶轩语》，在“论读书”条中说：“善本之义有三：一，定本，无阙卷，未删削；二，精本，一精校，一精注；三，旧本，一旧刻，一旧抄。”稍后，丁丙在其《善本书室藏书志》中，将善本归纳为旧刻、精本、旧校、旧抄四类。诸此种种，各执一辞。建国后，善本涵义又颇多新见，最具代表性是“三性”说，即历史文物性、学术资料性、艺术代表性。进入新世纪以来，黄永年在《古籍整理概论》中主张：(1)凡成为文物的古籍都是善本；(2)凡校勘精审的古籍也都是善本。那么，今天我们所说的平装书好书的定义，究竟该如何下呢？迄今尚不见有人作全面、系统的阐述。笔者藏书有年，平时常有人问起：藏什么样的书好？本人往往以“三性”应之；一，图书流传的珍稀性，要求图书的版本少见，印刷数不多，存世量少，颇为难得。二，图书版别的初始性，要求图书在印刷上是初版初印，因为这较接近作者原貌。三，图书装帧的艺术性，即主要体现在用纸特异，印刷精美，封面、插图均出名家之手……。如果掌握上述“三性”，并不断揣摩体会，就能基本搔到好书的“痒处”，登堂入室也为期不远了。不知藏书同好，以为然否？

当今藏书活动，以家庭收藏和重视当代出版物为两大特色。但我要大声疾呼，多关注些三十年的优秀出版物，因为历史不能出现断层。我认为藏书风气的再次转移，必将孕育和充盈着无限生机和活力；深厚的历史渊源和广泛的群众基础，也必将是一段更加辉煌、灿烂的“新时期藏书史”。一位先哲曾经讲过，理论是灰色的，而生活之树常青。作为藏书人，尤为重要的是实践，实践，再实践，亲口尝一尝梨子的滋味，在淘书的过程中，经风雨，见世面，就能锤炼出真知灼见，终会打造出火眼金睛。届时，你的淘书水平、藏书质量，就能日臻完善，渐入佳境。如果再有不懈的精神、独特的眼光、良好的机遇、必要的财力，说不定新时期藏书你就执牛耳，至少也会置身全国藏书的第一梯队。现在我们往往羡慕前辈藏书家的惊人建树，感叹自己生不逢时，事实上“江山代有才人出”，藏书家宁有种乎？只要我们只争朝夕，抓紧今天，真正把握图书的价值取向，将能找到的书，选好选精并妥善保存，再过几十年，晚辈同样也会惊讶我们今天的成就。

韩南教授及其所藏清末民初小说宝卷

沈 津

美国哈佛大学哈佛燕京图书馆是欧美地区最重要的汉学重镇之一，该馆的藏书，近十多年来，逐渐为国内的学者所了解。这大约是因为国内的改革开放，致使不少学者和研究人员有机会走出国门，到欧洲、到美国、到哈佛、到其它的汉学中心、东亚图书馆看到了海外汉学研究的大致情况，并写文章为之绍介，这对进一步促进东方认识西方，促使中国了解世界，知己知彼，实在是大有好处的。

哈佛燕京图书馆藏的中文线装书是极其丰富的，其数量及质量完全可以和美国国会图书馆相比美。然而，在我的查证中这些书几乎多是买来的，不管是二十世纪三十至四十年代在北京、上海的书店中采购，或是五十年代在日本旧书摊上搜求，甚或六十年代从台湾私人藏家处搜觅，然而就是没有藏家将自己费尽辛苦搜集来的珍藏捐献出来的故事（除却现代作家捐赠珍贵手稿和签名本，以及重要政治人物的后人捐赠的书信及档案）。直到2000年，也即“哈佛燕京”建馆七十二年后，前哈佛大学东亚系的韩南（Patrick Hanan）教授在荣休后，将自己收藏的清末民初出版的小说（二百三十一种八百四十六册）、宝卷（九十一种一百三十一册）全数化私为公，捐赠该馆，这已成为“哈佛燕京”的珍藏之一。

二

韩南教授是1997年荣休的，当年12月，哈佛燕京学社、哈佛大学东亚系及有关单位联合举办了一场中国古典小说的学术研讨会，以赞扬韩南对研究中国传统文化的贡献。韩南的许多学生都从欧洲及美加地区赶来与会，盛会是令人瞩目的。确实，韩南不论是在当学生、读学位时期，还是在英国伦敦大学、美国哈佛大学等处任教，乃至出任哈佛燕京学社社长时，他对中国明清小说的研究始终是锲而不舍、孜孜不倦，他向学术界贡献了十一部极有价值的著作，他的研究成果奠定了他在欧美汉学界的重要地位。

2000年11月，我回上海探亲，抽暇和上海教育学院的孙戈先生见面，孙先生的硕士论文是以韩南教授的中国明清小说研究为主题来作研究的。他将他的论文印了一份给我，托我回美时带给韩南。当韩南看了论文后高兴地说：“想不到还有人会以我为研究对象的，真有意思。”他笑着说：“我没有做什么，还有很多事还没有做呢！”

韩南是美籍新西兰人，高高的个子，银白色的头发下是一副真诚的儒者面孔，说起话来慢声细气，他的平易近人、从不摆架子和谦虚谨慎，恐怕是所有见过他的人都认同的。尽管已经退休，但他却不甘于舒适的家居生活，而又做起了他喜欢的题目。韩南早年留学英国，于1960年获得伦敦大学博士学位。随后任教于美国，历任斯坦福大学中文系教授、系主任。自1968年起，即任哈佛大学东亚语言与文明系教授、哈佛燕京学社社长、托马斯讲座教授。

韩南的研究专重于中国戏曲及小说，尤其是后者。而他的论文《〈金瓶梅〉的版本及其他》、《早期的中国短篇小说》、《〈古今小说〉中某些故事的作者问题》等，更是西方世界研究中国明清小说必读的文章，而美国不少研明清小说的学者多出其门下，或受他的影响甚大。台北的清华大学荣誉讲座教授王秋桂曾将韩南的大部分论文辑成《韩南古典小说论集》（1979年，台北联经出版事业公司），那是韩南的论文被系统翻译成中文的开始，并对台湾方面的学者研究中国古典小说有一定的推动。

西方世界致力于研究中国短篇白话小说的学者不少，但成就最大的当推韩南。韩南治学的态度严谨，勤于钻研问题，不轻信传统看法。他的中文非常好，由于能参阅丰富的原始资料及前人的成果而又成功地运用西方的观点，因此他的论文一方面言而有据，考证精详，一方面又有创新的见解。

二

韩南教授收藏的清末民初小说和宝卷，是如何得来的呢？早在上世纪五十年代中，韩南在伦敦大学攻读博士学位的时候，他的指导教授西蒙（Walter Simon）建议他以中国古典小说《金瓶梅》作研究论文。1957年，对于中国来说，是整风运动和反右派斗争的一年，中国的知识分子多处于难熬的状态下。韩南在这种背景下，却得到机会在北京进修一年。他通过中国对外文化联络部门的安排，住在东单的船板胡同，只要有时间，他必定去北京图书馆、首都图书馆、北京大学图书馆查阅文献资料，同时，他也时常向郑振铎、傅惜华、吴晓铃等先生求教。而郑振铎不仅帮助他得到了北京人民文学出版社根据1933年影印本重印的《金瓶梅词话》，而且还介绍他去东城区中国书店的一个内部供应专家学者图书的门市部，在那里，韩南又结识了几个“老伙计”,“老伙计”们对年青的韩南特别热情,处处关照他。

当时的一般公家单位,如大图书馆、研究所采购线装书,多著眼于宋元旧椠、明清佳刻或名家抄校稿本，而对清末民初小说、宝卷则不甚看得起。由于并非有计划地去征集这类书籍,故积数十年之所藏才形成如北京图书馆的二百十七种（其中郑振铎藏书九十一种)、北京大学图书馆的一百八十六种，这和他们被冠以国家馆及国家第一高校馆的藏书是不匹配的。即使台北中央研究院历史语言研究所傅斯年图书馆的六十种左右，也是在三十、四十年代在北平所购。不少近、现代藏书家对这类“不登大雅”的印刷品,也剔除在他们的收罗范围内,况且那时没有人作研究,也很少有人看得上眼,故更谈不上有人专门收藏了。

韩南慧眼独具,他认为这些通俗读物广泛的流行于民间,必定有它的道理,近代的小说、宝卷虽然都是较近的出版物,但都是中国传统文化的组成部分，要了解近代社会百姓的阅读倾向以及信仰，这些东西都是研究的见证。他还认为西方的文学研究者可以从宝卷的研究中了解封建时代市井百姓们的生活、语言、想象、信仰、情感、艺术等。他的看法得到了吴晓铃等先生的赞赏。从此,韩南从有限的经费中“节衣缩食”地搜求这类书籍。五十年代,人们工资不高,物价甚低,书价也相对便宜,所以一部清末民初的小说或宝卷,一般是几毛钱或多至一二元而已(这在每种书的最后一页上贴的小标签上可以知道)。在“老伙计”们的协助下，他终于买下了不少这类别人看不上眼的小册子。

由于意识形态的缓慢宽松，知识分子思想的逐步开放，学术研究领域的不断扩大，在今天看来，当年韩南有心收集的这些小说、宝卷，已开始凸显出其内在的真正价值。在韩南藏的小说中，有十馀种较为难得。我曾专门作了一次查对，即是看《中国通俗小说总目提要》(江苏省社会科学院明清小说研究中心文学研究所编，1990年中国文联出版公司版）中有没有著录。因为《总目提要》是国内一百馀位专家学者参与合作并编纂的学术著作，他们曾查核过国内的许多图书馆馆藏，收录的下限是清末，即是以辛亥年(1911)底成书或出版者为下限，应该说，是收通俗小说最多的一部专著了。然而在韩南的收藏中，仍有一些《总目提要》未著录之书，如:《新刻桃花庵》四卷二十四回(清宣统元年潍阳成文信刻本)、《闺阁才子奇书》四卷(清光绪三十二年上海书局石印本)、《图像新撰五剑十八义》四卷四十回(清光绪二十六年石印本)、《绘图剑侠飞仙传》六卷四十回（清末民初石印本)、《绘图三下南唐全传》四卷五十三回(清末民初上海锦章图书局石印本)、《绘图红情快史》六卷五十六回（清末民初石印本)、《绘图花月因缘》十六卷五十二回(清末民初石印本)、《新编韩湘子九度文公道情全本》四卷（清末民初上海铸记书局石印本)、《绣像金镯玉环记》三十回（清末民初上海锦章书局石印本)、《麒麟牌》三卷(一名郑元和，清末民初上海石印本)。

按：上述十种或因有其它书名而未能查获，尚盼方家指正。此外，《总目提要》有著录但版本不同者约五十馀种。至于卷数、回数不同者也有多种，如《绘图睢阳忠毅录》四卷二十回(清末民初石印本)，《总目提要》作《锦香亭》四卷十六回。

三

宝卷是中国封建时代的产物，也是民间宗教思想和民间通俗文化的载体，它反映了那个时代下层民众的宗教信仰和文化生活，虽然不为士流所看重，甚或为官僚阶级所鄙薄，但作为一种讲唱文学形式，表白质朴直观，通俗易懂，故所体现的多是民众的心声。车锡伦《中国宝卷总目》是一部关于宝卷的重要工具书，其综合国内外公私百家收藏的宝卷，约计一千五百八十五种，版本五千馀种，其中十之七八为手抄本(包括1950年以后的抄本)。韩南所藏宝卷在《宝卷总目》中未著录者有:《如意宝卷》二卷，民国文元书局石印本、《新编合同记宝卷》二卷，民国石印本、《观音灵感宝卷》一卷，民国上海宏大善书局石印本、《新编田素贞宝卷》二卷，民国上海广记书局排印本、《新出曹正榜绣鞋记全本》一卷，民国上海槐荫山房石印本、《新抄经卷合刻》十种(又名《花名宝卷》)，民国石印本、《五常宝卷》一卷，民国十年(1921)郑小康等集资杭州武林印书馆石印本、《阿育王宝卷》一卷十种，民国十三年(1924)上海翼化堂石印本。

韩南藏本中，《宝卷总目》未及著录版本者约三十馀种。如《张氏三娘卖花宝卷》一卷，民国宁波百岁坊学林堂书局本;《双凤宝卷》二卷，民国上海惜阴书局本;《普通福缘宝卷》二卷三十回，民国六年(1917)上海姚文海书局本;《最新绘图梁山伯祝英台夫妇攻书还魂团圆记》二卷，民国上海椿荫书庄本等，皆石印本。

从宝卷的流传来说，明代刊刻的本子本来就很少，国内图书馆中所存仅及十种左右，而清初的本子也难得一见。1986年，我在美国作访问学者时，于哥伦比亚大学东亚图书馆内看到三种明刻本，那是《灵应泰山娘娘宝卷》、《救苦忠孝药王宝卷》、《泰山东岳十王宝卷》。目前公家单位和私人收藏家所有的多是咸丰、同治年所刻或以后的版本（包括抄本）。车锡伦《总目》序中有云："法国、美国、加拿大、英国等国学者和研究机构也有零星的收藏。据笔者《中国宝卷总目》统计，海外收藏中国宝卷约近二百五十种，大部分是印本，手抄本绝少。"而燕京馆所拥有的这批韩南藏宝卷（原来馆藏仅有十种左右），则是车先生和大陆研究者所不了解的。所藏宝卷的数量，说多不多，说少不少，但至少可以补《中国宝卷总目》之不足。

我对宝卷没有研究，但是韩南藏有的一些宝卷从另一个角度看却是我的兴趣所在，如《太华山紫金镇两世修行刘香宝卷全集》二卷（民国蒋春记书庄石印本），此书流传甚广，《宝卷总目》即著录此书版本计四十四种，但却无此本。我不在乎此本的版本价值，而着眼于此本卷末有蒋春记书庄发行书目及每书之定价。再如《善宗宝卷》一卷（民国十一年〔1922〕上海宏大善书局石印本），此本不仅有内页，更有上海宏大善书局图及发行图书目录、价钱。又如《菱花镜宝卷》二卷（民国宁波朱彬记书庄排印本），书后有朱彬记书庄发行善卷目录。

几十年来，很少有人在这上面作文章。有极少数人知道它的重要，但是不容易或无缘见到，也就无法去做研究。另一种是不了解这种通俗图书在当时社会流通的重要性，认为是封建迷信，因此就更谈不上什么研究了。实际上这种有发行目录及价目者，对于研究中国近代、现代（1949）年以前出版史来说，都是极为重要的材料。试问,这十多年来出版的有关出版史专著用过此类资料吗?没有或几乎没有。图书之书价,包括明代、清代和近代的书价,研究的学者很少,即使是研究货币史的学者也难得一见明代的书价(国内有数篇写明代书价的文章,但作者都没有见到第一手原书上的书价,都是人云亦云,没有新意),而清代离开今天虽三百馀年,但可看到的原物书价也不多见。所以,近代包括现代的旧书价格凡有第一手资料的就必须注意保存。顺便说一句,燕京馆还藏有百馀种北平、上海、苏州、杭州等地旧书店的线装书销售书目,就因为载有经史子集各类图书,且有卷数、作者、版本、售价,而被我移往善本书库"特藏"起来,我相信,总有一天,这些"线装书销售书目"一定会有人研究并派用处的。

韩南是一位在学术研究上非常慷慨的学者,他不仅时时提携后学,把他尚未出版的研究成果与同道们共享,而且一旦他不做某类研究项目后,又会把有关的图书资料送与朋友、学生(笔者也曾得到他赠送的涉及中国古典小说研究的图书,大部分是台湾的出版物,包括《金瓶梅》、《肉蒲团》研究的著作,及香港明河社版附有彩色插图的《金庸作品集》等)。他认为:书和文献资料都是为人所使用的,你不利用它,它就处于"沉睡"状态,你用了它,或许会给别人以启迪。所以,韩南将他不再使用的小说宝卷捐献出来,用韩南的话来说,是让它们"物尽其用"。

"哈佛燕京",它作为一个美国大学内的研究性质的东亚图书馆来说,乃是本着"学术乃天下之公器"之理念,畅开大门,面向研究者,而决不是"奇货可居,秘不示人",我们欢迎一切研究者来利用"哈佛燕京"的馆藏,以及这批韩南藏小说及宝卷,以便发挥它应有的作用,这也是韩南教授赠书"哈佛燕京"的本意。

文章有价书无价

——美国的书市及善本书

郑树森

藏书大概是所有读书人的癖好。但能够读完自己藏书的,相信万中无一。不过,书虽然读不完,能够珍而藏之,所谓坐拥书城,据说也是件乐事。然而,在不少赌徒眼中,书输同音,买书非但是赔老本的嗜好,更是一大忌讳。但很多赌徒有所不知的是,其实书一样可以"下注",而且和赌马不相上下,有热门、冷门之别,也同样讲究眼光。当今之世,对书本"下注"最猛的,也是最有系统的,美国应可稳胜首位。通货膨胀如火如荼时,不少投资者更别出心裁,来个买书保值;连通俗的《金钱》(Money)月刊也发表专文,介绍这个形式的投资保值。然而,究竟买什么书才能保值,甚至升值,则学问大矣。因为书市亦如股市,风云变幻,消长之间,有时也令人无所适从。

要进入书市,一如投入股市,非得有点资金不可。但能够挟巨资入市,并不一定担保就能有所斩获,因为书市的逻辑自成一套,不能单靠几本文学史就贸然用兵。例如马克吐温(Mark Twain)因为生前就享盛名,《哈克贝利·费恩历险记》(The Adventures of Huckleberry Finn)和《汤姆·莎耶历险记》(The Adventures of Tom Sawyer)两书的第一版印量颇大,对"马迷"虽有极大吸引力，但在书市上价钱并不算高。反倒是印量不多的次要作品《跳蛙盛事》(The Celebrated Jumping Frog)，早在二十世纪七十年代中叶的拍卖就已得价一千二百美元。这个价码，显然和文学史上的评价大相径庭。相形之下，同样是大师级的美国小说家亨利·詹姆斯(Henry James)，在身价上就颇为见绌。1882年在伦敦出版的名作《仕女图》(Portrait of a Lady)，第一版也不过是五、六百美元之谱。而詹姆斯大部分作品，八十年代初都可在一、二百美元左右，购得颇为完整的第一版。由此可见，就所谓善本的第一版而言，作家在文学史上的地位和作品的重要性，有时不见得就是投资的保障。

另一方面，作家的名气生前死后又时有升降。以意识流技巧驰誉西方现代文坛的爱尔兰小说家乔伊斯(James Joyce)，生前一度穷得连裤子都买不起，但目前研究其作品的专论，不但“成行成市”，甚至有《乔伊斯研究季刊》之设。乔伊斯在生时，作品不易出版，又印量极低(因为那个时候意识流是“看不懂”的)，真正的第一版却是年年升值。至于签名本或限定本，更有“千金易得，一书难求”之势。例如美国南加州亨廷顿图书馆藏有的一册1922年巴黎第一版，如果淡蓝色纸面包装完整无疵，又有作者签名，在1975年的市价已是八千美元。至于《都柏林人》(Dubliners)和《青年艺术家的画像》(A Portrait of the Artist as a Young Man)，第一版市价也在二、三千元之谱。

和乔伊斯同时的艾略特(T.S.Eliot)就幸运得多。他不但生前就荣获诺贝尔文学奖，且在中年后就可凭版税悠游度日。但他尚未成名时出版的长诗《荒原》(The Wasteland)，因为印量不大，供求关系较为紧张，在八十年代中，视版本状况，浮动于一千五百元上下。大概爱屋及乌,甚至艾略特的翻译作品,法国诺贝尔文学奖得主圣约翰·濮斯(Saint-John Perse)的长诗《安纳贝斯》(Anabase),七十年代中期就已浮动在一百三十元左右。而此书六十年代不过售价数十元。

艾略特虽曾获诺贝尔文学奖,但这项殊荣对于书市的行情,并不见得有长远影响(获奖时则一定市况上扬);反倒是学院派批评家的意见,影响有时比较深远。艾略特的价码上涨,肯定与此有关。以《福尔赛世家》(The Forsyte Saga)获诺贝尔奖的英国小说家高尔斯华绥(John Galsworthy),几十年来因不得学院垂青,行情一直下跌,甚至有"停板"之势。记得八十年代中曾在北加州偶遇一套第一版,洋老板不过叫价四十。这与数十年前的十倍于此,不啻天壤之别。另一个更鲜明的对比,则是德国诺贝尔奖得主汤马斯·曼(Thomas Mann)的行情。由于欧美学界对他长期看好,使到连作品英译本之第一版,也水涨船高。八十年代初居然有掮客将《布登勃洛克一家》(Buddenbrooks: the Decline of a Family)英译本喊价八十美元,比高尔斯华绥的原作还要高出一倍。这样看来,要投资书市当其"炒家"也不容易,一旦"进货"有误,就随时血本无归。

美国现代小说家中曾获诺贝尔奖的,以福克纳(William Faulkner)的行情最为稳定,且每年健步上扬,堪称书市中的"蓝筹股"。七十年代以来,福克纳的作品都能维持在一、二百元左右。海明威(Ernest Hemingway)的作品,则起落极大。《战地春梦》(A Farewell to Arms)1971年的拍卖价是三十六元,1974年涨至一百五十元。1932年出版的《下午之死》(Death in the Afternoon),在1974年拍卖得价二百二十五元,但不到一年,也有书商愿以三十五元出售。故从保值眼光来看，福克纳要比海明威上算。此外，海大胡子生前交游广阔，锋头又劲，签名赠书过多，使得签名本价格长期抑压，和福克纳一比，可说瞠乎其后。福克纳 1942 年初版的《Go Down, Moses》，签名限定本到 1976 年，才不过隔三十多年，就已得价二千美元，升值近二百倍。

一般来说，包括原有纸面书套而又完整无损的第一版要比略有小疵的版本，价格高出许多；签名本更高；题赠本又更高；而题赠限定本最高。书市流通的大多为初版和签名本，后两种比例较低。但初版即使完美无疵，有时也难以确切定价，因为印量及流通情况往往无法厘定。在这种情形下，市况通常会经过一段混乱时期，才平稳下来。至于题赠本，价格也是飘忽不定，端看赠送对象的身分而论。如系名家互赠，银码当然直线上升。据说很多年前，艾略特曾在纽约为其新作做宣传，安排一个下午到出版社直属书店去见读者和签名。当时一位"读者"买书后，请诗人题赠。艾略特问："落谁的名字？"该名"读者"答："亚伦·金斯堡(Allen Ginsburg)。"诗人欣然为之。金斯堡即以《吼》(Howl)一诗成名的"垮掉的一代"代表人物，与艾略特的诗风刚好南辕北辙。这么一题，该书身价将来自然非同凡响。至于金斯堡，大概到去世时还不知道与艾略特有这么一段赠书因缘吧。

由于八十年代初以来收藏家对善本、珍本的兴趣越来越大，出版商投其所好，对稍有名气的作者，都会制作一些限定本，以增利润，并自抬身价。常见的限定本往往是在初版刊行时，同时取出一小批(一百至数百不等)，个别印上编号，通常并请作者签名，再透过掮客及代理兜售。有时出版商亦会在纸张、装帧上加工，以示不同。这类版本索价一般不会过高，约为市面行销的初版之一倍或两倍。例如美国小说家厄普代克(John Updike) 1978年的《The Coup》,出版商另行制作了三百五十部签名限定本,每本之售价不过是二十五美元。这个版本未推出前,全美即有近二千位书商竞投,由于僧多粥少,未上市即已暗中涨价。后来由于这类限定本的大量出现,使得正式发售的第一版,在藏书家眼中魅力大减。

这种形式的限定本另有一种花样,往往是由出版社与某一连锁书店或书展合作推出。出版社并不将初版编号,但另行印制一张插页,由作者签名,夹入初版书里同时出售。美国小说家马拉穆德(Bernard Malamud)的《房客》(The Tenants, 1971)、美国女作家钟·狄蒂安(Joan Didion)的《祷告之书》(A Book of Common Prayer, 1977),都曾经这样推销。这个方式有点取巧,主要是在做宣传。在书市上的价码也比较混乱。

最珍贵的限定本,通常是只有二十六册,印刷编号仅自"A"到"Z"的初版签名本。这种版本由于数量最微,在纸张和装帧上也会特别讲究。乔伊斯1939年出版的《芬尼根之守夜》(Finnegans Wake)即曾以这种形式出现,为非卖品,仅作送赠亲友之用。对于专门搜集某位作者的收藏家来说,这种版本的能否到手,往往可以影响全套藏品的转售价,因此常是竞投对象。

美国出版商在正式推出严肃文学作品之前,常会将尚未正式装订的内文,先行简单装成一册,赠送各大报刊,希望刊物能够尽早安排书评,在全书正式出版之后,让书评尽早出现,以广招徕。这种形式的版本,一般不引人注目,但对经营某一名家的藏书者来说,则有特殊价值,再加上量数不大,有时也能博得高价。例如当代美国小说家汤马士·品钦(Thomas Pynchon)的《V》,

非正式刊行的书评用版本在八十年代中已可得价五百美元上下。这个高价，肯定是因为品钦作品极少，本书又特受学院派批评家推崇所致。一般小说的同类版本，绝少有此高价。

与这类版本类近的是校样。美国出版社的最后清样，通常都简单地装成一册，有胶黏、打孔、穿线三种。就笔者见过的校样而言，封面都是软胶皮或色纸，书名及作者名有时就用白纸印贴其上。这种版本又分已校改及未校改两种。前者通常不会外流出售；未校改的则时有流通。此类版本一般藏家甚少收购，但对研究者或特藏家，仍有相当吸引力，因为校稿应是原稿之外，一本书最早的形式。

目前美国书市的收藏虽已专门至校稿，但同时也拓展至传统收藏家较少光顾的新兴文类，例如科幻小说、西部小说、侦探小说等。同时，由于收藏家日众，各种书讯、书目、书价评估等出版物，也应运而生。《读书人年刊》、《读书人周刊》、《美国藏书家》、《藏书家》、《史托齐及海夫纳书讯》等，是较为通行的书讯。拍卖方面，则有《书籍拍卖纪录》。书价的主要指南是《当代书价》、《美国当代书价》，及每年过百种的书商个别印行的目录，可谓热闹非常。收藏家眼花缭乱之馀，往往还得自己做些研究，否则也无从下手。

对于资金不多，但又爱书、想藏书的读者，一个最具挑战性而收获可能最大的收购范畴，是当代美国文学。美国一年起码有二千多种小说出版，其中至少一半为精装本。这当中通常十分之一，也就是一百本左右，是“处女作”。这些作品的稿酬通常极为微薄，但对藏书家而言，如果判断正确，藏品的价值可说是“无可限量”。留意当代文坛发展的读者，除了研读书评外，如果独具慧眼,不难以极低价购入有潜力的新人作品,逐步建立特别收藏。例如很多年前女作家安·比提(Ann Beattie)出版第一部小说时,口碑不错,但销路不佳;该书初版便不难在廉价书部门及出版商的清货书目上觅得。另有一些早已成名的作家,作品有时不见得迎合潮流,也就在廉价书部门出现,其售价多不超过两美元。诺贝尔奖得主艾萨·辛格(Issac Beshevis Singer)不少作品的第一版,早年都曾在出版后一两年就作廉价书倾销。所以,尽管海明威和福克纳的价码甚高,地位相仿的大家亦可能以百分之一的代价购得。藏书之道,好比股市,也是存乎一心,端看各人眼光,不能老是跟风。

不过,对真正喜爱藏书的人来说,典藏毋宁是一种浪漫的情绪,是一种热情的流露。升值与否,往往是其次的事。能够升值,顶多陶醉一下,证明自己眼光独到。要他们因此把书香转手成铜臭,亦非易事。诚如英国文人约翰·海华德(John Hayward)所说:"藏书是一种特殊的嗜好。将自己喜爱的作家,珍而藏之,虽不见得本本精读,但那种亲切和熟悉,又往往通过收藏时的尽心费力而加强。这种感觉和满足,又岂是金钱可以衡量。"

(附识:在八十年代中叶,觉得这类藏书不免有点"玩物丧志",就干脆将"库存"连个别名家翰墨全部"出清",从此"洗手"。故文中数据均为当年旧资料,用完后也都"废纸回收"。)

编 后 记

今年济南的夏天特别热，真是“七月流火”(用其字面意思)了，而本辑《藏书家》就是在这个时候编成的。编稿时，外面天气虽然热，但编者的心里却更热。在二十多年的编辑生涯中，编者甘于寂寞，甘做嫁衣，编辑出版了许多古籍整理和学术著作，但真正能与作者、读者作思想感情交流、与时俱进并为之倾注大量心血的，还是已出版的或即将出版的《藏书家》。

随着《藏书家》出版辑数的增加，它已得到更多读者的认识，近年来作者自投稿越来越多，读者来信也越来越多。其中有些读者来信远自川、贵、青海等内地，他们介绍《藏书家》如何在许多书友中传看，以致封面破损，因为当地偏僻，买书困难，甚至跑很远路到县城去买《藏书家》，……所以希望《藏书家》能通过邮局预订；有的读者告知每辑《藏书家》他都要买百册，送给那些爱书的朋友；还有许多读者对办好《藏书家》继续出谋画策……这都是使编者心头发热，既感动又感激的。编者将继续心中装着读者，努力使每一辑《藏书家》对广大读者都能是开卷有益、值得品味的书。

至于作者方面，出好每辑《藏书家》与他们更是密不可分的。不久前，江苏的徐雁、薛冰、王稼句等作者，还趁到济南开会之机，莅临本社与社领导及编者会晤，进行了推心置腹地交谈，给编者以很大鼓励。《藏书家》的老作者黄永年、林夕二先生，慨允将他们关于古籍的鉴别、收藏的讲稿分别在本辑发表，是我们的荣幸。另外，本辑新加入的作者有十五位之多，特别是出版、古旧书业老前辈范用、江澄波等先生的文章，或披露出版史上鲜为人知的编辑出版的奇特经历，或介绍藏书界中久享盛名藏家的轶闻逸事，等等，都是引人注目的。而海外作者沈津、郑树森二先生分别写的文章，则使读者略窥“异域书情”，定会大开眼界，甚至对国内的收藏界以至出版界都是有借鉴作用的。这些都说明关心、支持《藏书家》的作者越来越多，编者也由衷希望更多的学者、藏书家加入到《藏书家》作者队伍中来。

还值得一提的是，本辑继续刊出韦力先生的《藏书访古日记》，并争取继续连载下去。韦力先生是近年来崛起的年青的实力派藏书家，他不仅大力搜藏散落民间的历代名椠佳刻等善本，并颇具规模，而且多年来长途跋涉，自费到全国各地去寻访古代藏书楼遗址孑存，录以文字，存以照片，以期保留曾经辉煌过的历史残照，使藏书传统薪烬火传，《藏书家》已刊出的几篇文章仅印证他一小部分足迹，已受到藏界瞩目，许多读者来电来信对此壮举表示敬重和欢迎。在这里，编者祝愿他的寻找藏书文化的万里长征一路风顺，不断给藏书界和广大读者源源送来新发现、好消息。

夏天是火热的，如果我们始终保持着心中的热情，去滋育这一册我们爱书人所喜爱的小书，《藏书家》一定会发育得更加丰润，以更加完美的姿态展示给大家。

吳郡圖經續記卷中

宋 長文 撰

橋梁 祠廟 宮觀

ISBN 7-5333-1106
Z · 124 定价: 8.00
ISBN 7-5333-110

新书略影

《稿本中国古籍善本书目书名索

全套精装三册 定价：860.00

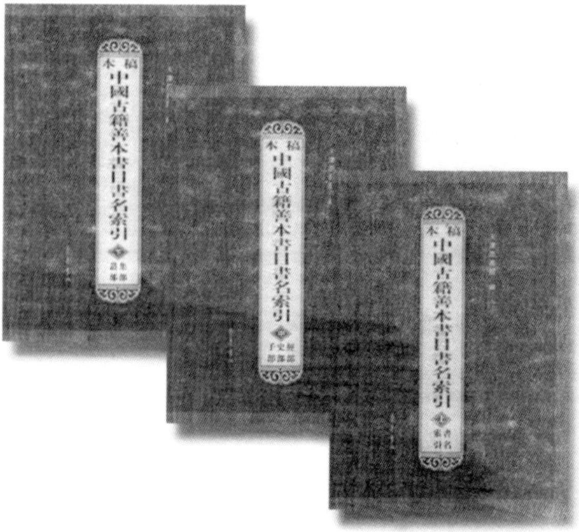

《新编增补清末民初小说目录》

精装一册套盒 定价：360.00元

齊魯書社

封面题签　顾廷龙
责任编辑　周　晶
封扉设计　韩济平
版式设计　李　生

藏书家

藏书家

第7辑

齐鲁书社

图书在版编目(CIP)数据

藏书家. 第 7 辑/齐鲁书社编 .—济南：齐鲁书社，2003.5

ISBN 7 - 5333 - 1180 - 9

Ⅰ.藏…　Ⅱ.齐…　Ⅲ.藏书—文集　Ⅳ.G253 - 53

中国版本图书馆 CIP 数据核字(2003)第 022831 号

藏书家·第 7 辑

本　社　编

出版发行	齐鲁书社
社　　址	济南经九路胜利大街 39 号
邮　　编	250001
印　　刷	山东新华印刷厂
开　　本	850×1168　1/32
印　　张	5.25
字　　数	120 千字
版　　次	2003 年 5 月第 1 版
印　　次	2003 年 5 月第 1 次印刷
印　　数	1—4000
标准书号	ISBN 7—5333—1180—9/Z·125

定价：10.00 元

目　录

我珍藏的一本小书

王英志

我不是一个藏书家，虽然也有好几架图书，但是无什么宋元善本，也很少值钱的线装书，大部分是建国以后出版的排印本书籍，其主体则是“文革”后出版的图书。“文革”前的图书我甚少，这些书大多纸张粗劣，装帧印刷质量也差，有的已被我处理了。但是有一本简朴的书，对我极其重要，我已珍藏了近四十年。这本书就是郭沫若的《读随园诗话札记》。

这是一本薄薄的小32开本的小册子，六万来字，封面朴素，在中间偏上部分横系着六七厘米宽的绿色“腰带”，“腰带”上镶着白色线描的牡丹花，映衬着具有鲜明“郭体”特征的大小两行毛笔字：“读随园诗话札记/郭沫若”。版权页上注明“作家出版社出版”，“1962年9月北京第1版”，“印数00001－15000册，定价(4)0.32元”。翻开书的空白页是我三十八年前题写的“英志六四年十月十一日购于王府井”字样。

当时我是北京大学中文系刚升入二年级的大学生，平时经济拮据，一半生活费用靠助学金，所以很少进城；虽然喜欢书籍，经过新华书店也会进去浏览一番，但掏钱买书的时候不多。只是我至今也不明白1964年10月11日这一天，为什么竟有鬼使神差，让我破费乘车，从西郊海淀大老远赶到市中心王府井去逛大街、逛书店，而且掏钱买了《读随园诗话札记》这本以后决定我人生命运的书。但我却记得当时之所以买下这本书，有这么几个原因：一是崇拜名人，郭沫若是当时首屈一指的大文豪，我在中学时就读过他的诗集《女神》，也看过他写的历史剧与小说，认为名人之作肯定有极高的价值；二是喜欢"札记"这种短小精悍的写作形式，我当时正热衷写短文，有一篇还上了《中国青年报》，所以想好好学习借鉴，以更上一层楼；三是《随园诗话》我从没听说过，而我在中学时就是"诗人"，对与诗有关的书籍也极有兴趣，很想见识这本诗话是怎么回事；四是书价虽不算低，但也不算太高，相当于我当时一顿中饭钱，还可以"承受"。这样我就如同抱得美人归一样，喜滋滋地携书返回了燕园。

因为当时很少购书，故对此书十分珍惜。首先是工工整整地在书前空白页题了上述字样，以资纪念，然后用白纸包上书皮，免得污损。经过这样的加工处理，我才开始认真拜读郭沫若的这本著作。此书还确实使我大开眼界。从书前郭沫若自序中得知:“袁枚(原注:1716－1797。按,实际是 1716－1798,袁枚逝世于嘉庆二年十一月十七日,西历已为 1798 年 1 月 3 日),二百年前之文学巨子。其《随园诗话》一书曾风靡一世。余少年时尝阅读之,喜其标榜性情,不峻立门户;使人易受启发,能摆脱羁绊。”郭沫若少年时即已读过此书,而我年已弱冠,却刚刚知道世上有此书,甚觉惭愧,对郭沫若顿生钦佩之情。又知郭沫若此书的写作缘起是针对铅印出版的《随园诗话》:“近见人民文学出版社铅印出版(1960 年 5 月),殊便携带。旅中作伴,随读随记。其新颖之见已觉无多,而陈腐之谈却为不少。良由代易时移,乾旋坤转,价值倒立,神奇朽化也。兹主要揭出其糟粕者而糟粕之,凡得七十有七条。条自为篇,各赋一目。虽无衔接,亦有贯串。贯穿者何?今之意识。如果青胜于蓝,时代所赐。”郭沫若敢于对诗话名著发难,以“今日之意识”即马克思主义的立场、观点进行批判,这尤其使我这青年学子钦佩万分!

借助郭沫若此书,我却了解了《随园诗话》的一些内容:一是标举论诗主张,如:于诗重性情而轻格律,所谓“有性情便有格律,格律不在性情之外”;重真趣,所谓“趣欲其真,人必如此,而后可与论诗”;倡导语言通俗化,所谓“家常语入诗最妙”,等等。二是评价古代诗人,如:评白居易:“宋《蓉塘诗话》讥白太傅在杭州,忆妓诗多于忆民诗。此奇论也,亦腐论也。”为白居易忆妓诗辩护。评王安石:“王荆公诗无一句自在,故其为人拗强乖张。”对王安石其人与诗皆不予好评。三是引用与评价古代及当代诗作。四是记录诗坛逸事。还有些与诗无关的奇闻,等等。觉得此书内容颇丰富，也很有趣味，值得读读。但郭沫若七十七条札记绝大部分是对袁枚及《随园诗话》持否定态度的，如称袁枚论诗“往往为偏致之论”，“袁枚是无定见的人”，“在封建社会中贩卖纲常名教”，“奸猾哉，袁子才”，“这是封建时代的正统观念，其中还含有男尊女卑的思想”，“袁枚本多迷信”，诸如此类。不过，当时我对郭沫若的批评并未怀疑，一是年纪轻，缺乏自己的判断力，二是尚未读《随园诗话》原著，无法了解其整体价值。对《读随园诗话札记》基本是“照单全收”了。

我原想到三年级上中国文学批评史专题课时，再借来《随园诗话》对照郭沫若的札记好好读读，未料翌年秋升入三年级时却停课到京郊去搞“四清”，一年未到，北大“全国第一张马列主义大字报”公开发表，“文化大革命”又开始了，我们“四清”没结束即奉命返校参加“运动”。此后两年多积极投入“革命”，写大字报，打派仗，直到 1968 年底毕业没上过一节文化课，也根本没有心思去读古今名著，什么袁枚，什么《随园诗话》，早抛到九霄云外去了！但物极必反，后来渐渐身心疲惫，百无聊赖，无所事事，至 1968 年底终于盼来毕业离校。在行前整理行李时，为减轻负担，那些已经厌倦的“文革”资料与小报等，都交给了废品收购站。但我留下了大学两年的教科书，这是我来过北大读书的证明（十年后又是这些教科书帮助我考取了北大中文系进修班“回炉”），而且留下了几本“文革”前出版的书籍，其中就有《读随园诗话札记》这本小册子。尽管当时郭沫若已斯文扫地，他也说过他的书都应该烧掉，但我还是很看重这本书。因为我又想到了《随园诗话》，我认为此生大概不会再看到《随园诗话》这本书了，那么《读随园诗话札记》毕竟引录了数十条《随园诗话》的文字，可作为《随园诗话》的选本来读，何况此书很薄，份量不重，于是它随我“发配”到浙江东部山区的小县——新昌县中学任教。新昌县现在因为有一座大佛，还有被电视剧《笑傲江湖》选为外景地的镜岭秀丽山水，已成为“唐诗之路”上的“名县”了。但当时此地乃穷乡僻壤，整个县城就是一条又破又脏的丁字街，猪狗满街乱跑。于是我几乎不上街，教完课就躲在屋里看书。一是看中学图书馆里借来的书，实际上可借的书不多，大部分属“封资修”的书皆予封存；二是重翻我从北大带来的书，其中的《读随园诗话札记》就又看了两三遍。由于郭沫若头上的光环已在“文革”中破除，我对他早就不再崇拜了，而且我经过“运动”，思想也较当年成熟了不少，已有了属于自己的头脑，判断能力增强了，于是对郭沫若的一些评价开始质疑。更令人意料不到的是，我因读《读随园诗话札记》而萌生多年的研读《随园诗话》原著的愿望，竟然在这所小县中实现了！

此事说来简直令人难以相信，或许是冥冥之中有神灵相助。那是我到中学两三年后，一天竟在校图书馆发现了郭沫若在《读随园诗话札记》自序提到的人民文学出版社 1960 年 5 月铅印出版的《随园诗话》。由于图书馆可借的图书实在太少、太没意思，于是我斗胆在堆放于角落里的落满灰尘的“禁书”中寻觅。这些书一捆一捆用麻绳绑着，但从书脊上可看到书名，我不顾灰尘呛鼻子，逐捆“检查”，原来大多数是“文革”前出版的世界名著，还有少量中国古代诗集诗选之类，这些书我基本上看过，所以兴趣不大。就在很失望的时候，忽然看到一厚一薄两本书的书名：《随园诗话上》、《随园诗话下》，当时我只觉得呼吸都停止了，怀疑是幻觉，难道这真是“踏破铁鞋无觅处，得来全不费工夫”！我立即毫不犹豫地、兴奋地解开捆书的麻绳，把两册《随园诗话》抽出，再把其馀的书照原样捆好。然后掏出手帕擦去《随园诗话》上的灰尘，让它好像是从陈列书架上取下的书一样。好在图书馆的李老师是新调进来的，也搞不清楚它的性质，未予刁难就放行，于是我顺利借到了六七年前由郭沫若所“指引”的一直想看的这部诗话名著。

这两册《随园诗话》在我身边放了好几年，通过阅读全书，觉得它并非如《读随园诗话札记》所云“神奇朽化”或大多为“陈腐之谈”。它强调诗歌本质乃抒写性灵，表现个性；倡导艺术独创精神，反对复古摹拟；主张语言自然，反对堆砌典故；标举诗歌的艺术美感，批评“温柔敦厚”的诗教观，等等，都是很有价值的诗学观点；郭沫若的批判着实有些吹毛求疵了。如此读后感，与《读随园诗话札记》南辕北辙，这是我没想到的，但也仅是“读后感”而已，并未深究。

1978年秋，我考取北京大学中文系进修班，重返燕园，《随园诗话》还给了图书馆，但《读随园诗话札记》陪我回到北京。在我准备翌年报考江苏师范学院（今苏州大学）中文系钱仲联教授的中国文学批评史专业硕士研究生的过程中，《读随园诗话札记》仍是我的参考书，尽管它的一些观点我已不赞同，但至少还有不少重要资料可参考。后来我能考取研究生它也是有功劳的。

1979年秋，我又携带《读随园诗话札记》来到苏州钱仲联教授门下，得以集中精力研读袁枚《随园诗话》及其他著作，一年后确定《袁枚“性灵说”新探》为硕士毕业论文题目。在撰写毕业论文时，《读随园诗话札记》还是我不可少的参考书，并在论文中论及，当然是从批评的角度。此后二十年我的科研重要内容之一是袁枚研究，陆续撰写出版了《袁枚与随园诗话》、《袁枚诗选》、《袁枚》、《袁枚传》、《袁枚评传》等多部与袁枚有关的著作，同时主编整理了四百多万字的《袁枚全集》，还校点出版了简体字本《随园诗话》，我与袁枚的缘分可谓不浅。而此缘分的“牵线人”乃《读随园诗话札记》也。是它使我认识了袁枚，是它促使我阅读了《随园诗话》，是它启发我深入研究袁枚的诗学思想，是它激发了我全面探讨袁枚的兴趣。虽然以今日的观点来看，此书的学术价值已不高；但在我的人生道路上它却是一个路标，具有十分重要的指南针意义。饮水思源，我将永远把它珍藏下去。

“苦行僧”与藏书

戈　锋

我是一个书籍爱好者，既爱好读书，又喜欢购书和藏书。大约从上世纪五十年代开始，我就注意书籍的收藏，特别是中国古籍的收藏了。至1966年“文革”开始时，藏书数量约六七千册，小有可观。“破四旧”开始，我把一部分不太急需的书籍，以低价论斤卖给了废品收购店，剩下的一部分心爱和必读之书，就包扎起来，放到床底下、屋角等不显眼之处。由于我未遭抄家之祸，故这部分书籍得以保存下来。

虽然部分书籍幸免于人祸，但还是终日提心吊胆，生怕有人特别是带红袖章的“红卫兵”突然闯入房间，因此不敢公开阅读。但我热爱读书，已成习惯，白天不敢读，于是就在晚上读。每当夜阑人静，星月交辉，万籁俱寂之时，妻儿已经熟睡，我一个人就在灯下苦读，直至深夜。就这样，我用两年多时间居然通读了整部《资治通鉴》线装本一百册，并断了句。其后又用二年时间通读了前四史——《史记》、《汉书》、《后汉书》、《三国志》。虽然书籍损失不少，然时间并没有白白地全部溜掉。

爱好和渴求知识是强大的动力。重新激起我购书热情的时间是1972年。当时在周恩来总理主持下，中央文化政策开始放宽。这年冬初,长沙古籍书店重新开张,摆出不少古籍线装书供读者选购,且价格十分便宜。数年来的严密禁锢,一旦开放,我如饥似渴地抚摸着展读着那些心爱的书籍,真想把它都买到手。时值“文革”中期,一些人对“文革”初期的“破四旧”犹心有馀悸,存观望心理,不敢冒然伸手。而我却壮着胆子,乘此时机,竭尽所能,以三、五元一部(少数部头大的书十元、二十元一部)的低价,先后购入约百部二千馀册线装书,其中大部分是清代木刻本,内含善本书十馀种、珍稀本书数十种。清代《说文》四大家的著作,如段玉裁的《说文解字注》、桂馥的《说文解字义证》、王筠的《说文句读》、《说文释例》、朱骏声的《说文通训定声》,以及严可均、姚文田、钱塘、钱坫、钱大昭、席世昌、惠栋、钮树玉、苗夔、张惠言、张行孚、雷浚、叶德辉等多人的论著都是在此时买进的,从而形成了较完整的《说文解字》书系。又同治年间金陵书局刊刻的王念孙训诂名著《读书杂志》、《广雅疏证》、王引之《经义述闻》、《经传释词》等高邮王氏著作,郝懿行《尔雅义疏》、胡承珙《小尔雅义证》、魏茂林《骈雅训纂》、钱大昕《十驾斋养新录》,以及康熙年间张氏泽存堂刻复宋本《广韵》、丁度《集韵》、顾炎武《音学五书》、江有诰《音学十书》、江永《音韵学辨微》、龙启瑞《古韵通说》、李汝珍《李氏音鉴》、《音韵阐微》、《中州音韵》等数十种音韵训诂方面的书,也都是于此时购进的,这就又形成了二个书系——“音韵学书系”与“训诂学书系”。这一万想不到的奇遇,使我大为兴奋。当时长沙古籍书店负责人看到我这样不惜一切地狂求猛购,就说:你一个人快要把我们的存书都买光了。

然长沙古籍书店的存书并不十分丰富,有些我想读的书在长沙买不到,于是就写信到北京中国书店、上海书店、南京、扬州、苏州等地的古籍书店进行邮购。当时从扬州古籍书店购进康熙年间万树堆絮园刻本《词律》,从南京古籍书店购进罗振玉编纂的《殷墟书契菁华》(1914年影印),从上海书店购进商承祚编纂的《殷契佚存》(1933年金陵大学中国文化研究所影印)、金祖同编纂的《殷契遗珠》(1939年上海中法文化出版委员会影印)。这后三部书虽是上世纪二十年代三十年代出版的,时间较晚近,然印数少,流传不广,加以后来的兵灾人祸,目前在全国除少数大图书馆外,一般图书馆已难见到。另外,我还托一位学术界的朋友从北京中国书店买到吴式芬编纂的《攈古录金文》,此书封面呈金黄色,版本宽大,印制精良,中有"恭呈御览"之句,是当时进呈光绪皇帝御览的,此亦为不易得之书。

我虽求书若渴,然并不盲目购书。因为我当时工资每月只有六十五元,除自身食用以及家用外,能够用于购书的钱已所剩无几。所以在使用这仅有的一点书款时,就态度十分审慎。当时我给自己的买书规定两条标准:第一,看是否有较高的学术价值,第二,看是否有长期保存价值。

从这两个标准出发,我首先关注的是常用工具书的收集,如《辞源》、《辞海》、《汉语大字典》、《汉语大辞典》、《太平御览》、《佩文韵府》、《通志》、《文献通考》及其续编等书。其次是注意基本古籍的收集,特别是清代及近代学术名家的精校本精注本的收集。有清一代,特别是乾嘉时期,考据风气极盛,其治学风气及方法影响及于近代,名家辈出,硕果累累。中国古籍经过这一代又一代大师的整理考订,方成可读之书。第三是注意新学问的探讨,大力收集地下考古新发现的资料书及相关学术论著。这三个方面,概括了我购书和藏书的基本方向。

基本古籍中,《十三经》应是首选。阮元校勘的《十三经注疏》,收集汉唐学人经说较为完备,我买了。中华书局已出的清人十三经注疏本,经过标点校订,便于披览,我全买了。

与《十三经》相妍并美的是先秦诸子书。先秦诸子中蕴含的哲学思想与上古史料极为丰富。其所述古史，有的为《十三经》所失载，有的与《十三经》说法不同，故先秦诸子之书与儒家经典同样重要，不可不读。中华书局出版之《新编诸子集成》，多采用清代及近代学人之精校精注本，甚便阅读，我全买了。《管子》最称难读，我买的是郭沫若的《管子集校》，此书晚出，所集诸家说解完备，又时加按语，极为精当。《吕氏春秋》买了陈奇猷的《吕氏春秋校释》，此书也是集大成之作。

古文字学是研究中国古代文化特别是上古史的基础。研读《十三经》及先秦诸子书，必须具有坚实的古文字学基础，方能排除疑难，真正读懂。这就是上文所述，我在购书时，为什么把《说文解字》方面的书、音韵学方面的书、训诂学方面的书作为首选之书的原因。

然近百年来，通过考古发掘，地下出土之古文字资料、文物资料日益增多，蔚为大观。面对这种形势，做学问、购书，也必须与时俱进，使已经掌握的传世文献知识与对地下新出土古文字资料之研究相结合，通过相互印证，才能有所发明。所以，已故著名学者陈寅恪先生在《敦煌劫馀录序》中说："一时代之学术，必有其新材料与新问题。取用此材料，以研究问题，则为此时代学术之新潮流。"这是极有见地的。近数十年来，"甲骨文字学"、"金文学"、"简牍学"之所以成为显学、研究之热点，就是由于这个原因。

殷墟甲骨文之出土及研究解决了商史中的许多问题。金文的内容更加丰富，或可与传世史籍相印证，或可补史籍记载之阙失，均有极高的史料价值。而战国秦汉简帛文字对于研究上古史、秦汉史更至关重要，特别是近几十年来的一些重要的战国秦汉简牍的不断出土和发现，不仅填补了许多研究空白，而且弥补了许多文献的不足，纠正了某些史料的讹误。

基于以上认识，所以有关甲骨文、青铜器铭文、简牍文字的书籍，就成为我关注的重点。通过多年的搜求，有关这三方面的重要工具书资料书已基本收集齐备。此外，甲骨、金文研究名家以及后起学者研究有成者——孙诒让、罗振玉、王国维、郭沫若、董作宾、陈梦家、唐兰、于省吾、商承祚、徐中舒、胡厚宣、丁山、杨树达、容庚、戴家祥、马衡、陈邦怀、裘锡圭、李学勤、姚孝燧、高明、赵诚、常玉芝、王宇信、陈炜湛、李圃、蔡运章、陈直、劳干、贺昌群、李零、何琳仪、白川静（日本）等人有关甲骨文、金文、简牍文字的论著论文集也已基本购齐。

在传世文献中，除《十三经》、先秦诸子书外，《二十五史》应是价值极高最基本的典籍之一。《二十五史》及其补编，以及贯穿全史的通论性、考订性著作、唐宋、元明、清代史料笔记丛刊等均已购置。

此外，在我的藏书中，还有关于目录学和版本学方面的重要工具书、中国古典文学名著基本丛书、世界文学名著丛书、汉译世界学术名著丛书等共约数百种，不能一一备述。

回顾五十年来个人的藏书史，不能不在我的心头掀起阵阵波澜，兴奋与感慨，满足与悲怆，每每交织于心头。在上世纪五十至七十年代的三十年间，我始终在低工资收入的情况下，节衣缩食，坚持买书，虽然为此而缺乏营养，影响健康，并经常引起家庭关系紧张，但我已经把购书、读书和藏书做为我生命的重要组成部分，对这些也就在所不惜了。

由于经济条件的限制，我常往返书店数次，才能下决心把一部书买回。有时书店摆出一部好书，依据我的两个购书标准来衡量，是必须购买的。我站在书店的柜台前，仔细地端详着反复地摩挲着这书，欲舍不能，然而摸摸钱袋，一文莫名，于是就怀着依惜之情勉强走开了。夜里睡在床上，反复琢磨，这部书还是要买回，第二天又跑到书店去看，看见书仍摆在架上，没被买走，于是想等下月发工资时再说，又再次空手而回。回校后心中还是牵挂着书，想万一在下月发工资前这书被别人抢先买走，怎么办呢？于是就下决心向工会互助储金会借钱（寅吃卯粮，当月借，在下月工资内扣除），钱到手后，急忙跑到书店，把书买回。就这样，几乎每买下一部书，往返数次是常有的事。当我最终把书买回时，其欣喜之情可想而知了。

也因为买书，我一辈子没能戴上手表，这在一般人看来，一个教师连一块手表都没有，是很可笑的事。手表准确计时，于上课于生活都是非常有用的。我曾数次积蓄钱，准备买表，但一上街走进书店，买手表的钱就马上转化为书，揹上一捆书回来了。

也由于买书，我家徒四壁，除十几个大书柜外，别无长物。现在许多人家都睡上柔软舒适的席梦思，而我却还睡着硬梆梆的旧式木板床，铺的是旧棉絮。一部16英寸的过时彩电、老式五羊牌洗衣机，是上世纪八十年代中期妻子用她个人的积蓄购来的，这与现今有些人家的大屏幕彩电、全自动洗衣机相比，简直不能同日而语了。电冰箱是一位亲戚家买了新的，把旧的送给我的，距今也已八年了。衣服必穿破才换新的，鞋子必穿烂才舍得扔掉。一位好友嘲笑我像一个“苦行僧”。

现在收入、生活虽较过去好多了，然而有些资料工具书因印制较难，出版数量有限，大都定价较高，如《甲骨文字诂林》六百八十元一部、最近购入的上海博物馆藏《战国楚竹书》（一）六百元一部，这些书籍的定价仍超过个人购买能力，但因其文献、学术价值皆高，我还是硬着头皮将其买进了。这在有的人看来，可能是痴迷，但我却乐在其中。“鱼，我所欲也，熊掌，亦我所欲也，二者不可得兼”，在金钱与好书之间，我选择了好书，抛出了钱，这就是一个爱书人、读书人的风格和精神！

我这种“苦行僧”般的藏书，历久不衰，自得其乐。书籍是我的生命，是宝贵的精神财富。我虽因买书而导致生活困穷，但在精神内涵上却是十分满足的。我常一人独行于湘江之滨，吟屈子《橘颂》之章，诵李白《把酒》之诗，望麓山而起兴，赋明月而徘徊，心连广宇，万象无尘，一切因买书而带来的困顿和烦恼，均随风飏去，这时，我有的只是满足、满足、再满足。《论语》孔子曰："一箪食，一瓢饮，在陋巷，人不堪其忧，回（颜回，孔子最钟爱的大弟子）也不改其乐。"（《论语·雍也》篇）这或许与我的境况有点相似吧！

我的藏书从数量上讲，虽不能说是很多，但就私家藏书来说，已具相当规模。1997年春节前夕，湖南卫星电视台曾播放在我家采访的专题片。据悉，港、台地区也有人收看了。

·新书架·

来燕榭书跋(续五)

黄裳

曝书亭集

此集余箧中旧有一本，系洞庭葛香士藏书，少后印。近收得汪日祺读书堂诗稿本，乃检此集，见日祺名俱已剜去，是雍正三年以后印本也。卷二十三喜青宫再建诗亦剜去，是此书刊成未几，康熙五十一年，再废太子，即有削板重印之本矣。会见古书店架上有此初印本，都无所失，遂请孙估实君为余易之。书至之日，漫书数语于此。可知板本之事，亦正难言。虽一清人别集，亦颇有关涉也。然竹垞与梅里祁氏及朱朗诣诸子往还诗文都未削去，是时代少远，渐无避忌，不徒竹垞笃于风义也。己亥清明前五日。黄裳记。

《曝书亭集》后印本往往失去竹垞小象，此本独存，可珍重也。尝见汪钝翁全集，前亦有一象，为名手鲍承勋所镌，亦难得。清初名集近来不为人重，传本亦湮没殆尽，是可慨已。己亥二月尽日，雨不止。闲坐来燕榭中漫书。

顺治冠生堂刻《吴越诗选》中有竹垞诗不少，皆早年作不入此集者。朱朗诣云，先文懿与文恪相公有一日之雅，尝传辛丑之岁，先文懿应召过秀州，停舟相访，而文恪相公以赎带服于典质之家，移时方出。其廉洁若此。今诸孙贫乏，无糊口策，而复矫然自立，不与世事，为禾城之冠。凡此皆可与此集相证，竹垞、朗谐固生死之交也。己亥清明后二日，雨窗。

“十年不对乡闾竹，垞北垞南思杀人。输与君家行看子，一藭占断小园春。”

“吾堂张生达者流，衡山游罢华山游。垂杨左肘休言怯，拄杖才须到上头。”

张劭博山《木威诗钞》六卷，乾隆水明楼刻，竹垞有一书二诗，兹据原本补之。癸卯四月廿六日，黄裳。

今日过市，于朵云轩得竹垞行书诗轴，即录东川侍郎夜过诗之一，在集二十一。书于罗纹笺上，新若未触。按集二十二讫于康熙四十五年丙戌，竹垞年已七十八，作书时或更晚，笔墨犹甚丰腴。朱十虽不以书名，然雅致非常，流转亦稀，可重也。乙巳九月廿五日，黄裳记于来燕榭中，时容洁十岁生日。

《曝书亭集》八十卷，附《叶儿乐府》，《笛渔小稿》十卷，先生子昆田撰。康熙刻。十二行，二十三字。白口，左右双边。康熙戊子潘耒序，康熙五十三年查慎行序，又原序。小像，龚翔麟赞。目录。收藏有“徐恕”(朱方)、“江夏徐氏文房”(朱方)、“曾归徐氏彊谚(朱长)、“九峰旧庐珍藏书画之记”(朱长)。

八唐人集

余近来着意搜李义山诗，而旧本难遇。所藏皆清初精刊本也。今春偶过温知书店，于架上见此汲古《八唐人集》，初印而装湟精好，即欲得之。议价未谐。前日又登楼观书，于架上又见此集，尚未别售，索价百元，以三十元成交。较今春已涨至九十倍矣。此本首有杨龙友写刻序，至可爱。邵亭目云，李集以汲古本为佳，卷中驚字缺笔，知从宋本出。忆初见此书，展转经年，终归余有，快何可言。今日台风过境，豪雨竟日，灯下书此。时三十七年九月七日，黄裳。

余酷爱义山诗，见异本必得之。然旧刻难觏，箧中所储，明槧仅二种。此本外只嘉靖毗陵蒋刻耳。然其书强分六卷，不如此之善也。此本犹自宋本翻雕，刻颇精。宋刊断种已久，阮圆海、钱牧斋皆有之，乙酉兵燹，绛云一炬，遂无消息，令人颠倒梦想。犹冀他日重现人间，旦暮遇之，不禁馨香祷祝之矣。庚寅盛暑六月初七日记。

义山诗明刻绝罕，余有毗陵蒋刻，在嘉靖中。又尝见傅沅叔有一万历本，是三家合刻，白棉纸精印，宋体字，刊颇楚楚。余又藏万历朱之藩汇刻《中晚唐人集》，李集为卷十二，已残失。是皆汇刻，单行之本则无闻焉。传世校宋本不少，尝见所谓虞山早岁手写校宋一本，似亦不能无疑。短中取长，则此汲古毛氏刻，信为佳槧。分卷已妙，宋讳亦往往缺笔，似从旧本出者。又往往有小注一作某云云，又似所据为校本。汲古藏书旧家，惟所刻书所据往往非尽善本，是极可怪事也。此《八唐人集》传本甚稀，子晋身后，诸子不肖，闻以此板片作薪，以烹蒙顶新茗，谓味当绝胜，印本乃不更可得。此非《书林清话》之又一事乎。闲窗展卷，遂牵连书之。己亥四月十四日，雨窗。黄裳记。

余收此本于三十二年前，未能常常读也。后遭盗掠凡七年，今始还来，展阅一过，见此龙友旧序。《洵美堂集》尚有传本，《山水迻》则未见，两者皆诗集，遗文仅见有此。庚申端阳后二日，黄裳。

《八唐人集》，崇祯汲古阁刻，半叶十二行，二十字。白口，左右双边。每卷首第一页及末页版心刻“汲古阁毛氏正本”字样。书前有崇祯己卯杨文骢行草书序。

《丁卯集》二卷，郢州刺史许浑。

《甲乙集》十卷，馀杭罗隐昭谏。

《李文山诗集》三卷，唐弘文馆校书郎沣州李群玉著，前有进诗表、敕旨、荐状、制词。

《碧云集》三卷，登仕郎守新淦县令知镇事赐绯鱼袋李中。孟宾于序。

《长江集》十卷，唐司户参军贾岛浪仙著。前有唐宣宗赐墨制，苏绛撰唐故司仓参军贾公墓铭。卷尾附《唐书·贾岛传》，绍兴二年王远后序。

《台阁集》，袁州刺史李嘉祐。建炎三年谢克家序。

《薛许昌诗集》十卷，节度使检校礼部尚书薛能。前有张咏序。

《李义山集》三卷。

燕在阁唐绝句选

此精刻本《燕在阁唐绝句选》，三年前得于吴下护龙街旧肆，今日理书，重观此本，因题。庚寅四月初十，黄裳。

此集得之吴下，于今将十年矣。久欲付之装池而终不果。今日检得，再阅一过。唐人小律，入口欲融，刊复精雅，亦书林俊物也。程氏兄弟徽人，业盐于淮上，颇好风雅，余所收有《若庵集》，即庭撰。又有程洪丹问，尝与先著选为《词洁》六卷，不知亦其家昆弟否。又《蓉槎蠡说》，程哲撰，亦其家人也。余曾藏清江敖英《唐人七绝类选》，又甫里许王俨选唐人绝句一厚册，又扫叶庄薛雪所选《花雨集》二卷，则已是乾隆刻矣。诸选手眼各别，比而观之，乃可见所好有酸咸之殊矣。乙未腊月初一日，来燕榭炙砚书。

《静思轩藏书记》著录《燕在阁文稿》一册，有罗振玉跋云，勿翦先生以古文考订之学名于国初，在京师日阎百诗、朱竹垞目为今之韩、欧。卷中如《宋陵始末》诸篇，尤足补史乘罅漏，云云。此稿本不知流落何许。又《扬州府志·艺文》有王棠《知新录》一种，以棠尝寓扬州也。

《燕在阁唐绝句选》十卷，丰山王棠勿翦选阅，岑山程庭且硕、程增蝶庄参订。康熙刻，十行，十九字。上下黑口，左右双边。康熙己丑新安王棠序，次凡例。

古槐树屋词

此平伯所撰词稿，未之前见，偶见于来青阁，遂以一金得之，亦近时善本也。丁酉四月初十日，黄裳。

《古槐树屋词》，刊本，十行，十六字。白口，四周双边。不记叶数，亦不著撰人。惟于卷首著两印，“平伯所作”（朱方）、“德清俞氏”（朱方），卷尾一行云“钱唐许宝騄书”。

金陵卧游六十咏

顾起元有《客座赘语》，记金陵故事甚悉。余有原刻，仅存四卷，《懒真草堂随笔》诸集皆未见，藏家亦少著录之者。余去岁重游白下，撰游记十篇，忆有此书，以尚沦盗窟，无从取观，怅叹无已。近始获归，亟阅一过。起元为万历中人，所记较余淡心父子更早，可见金陵旧事，暇当补入一二事也。庚申芒种后一日书。距收得已三十年矣。黄裳。

《金陵卧游六十咏》，江宁顾起元太初著，六世孙士惺惕旃、国光震东、鼎新佑申校对重刊。乾隆庚辰镜澄堂刻。八行，十八字。白口，单边。前有天启乙丑顾起元自题，次目录。收藏有“积学斋徐乃昌藏书”印。

金陵览古集

丙申始秋，海上所收。黄裳记。

余鸿客《金陵览古》一卷，康熙中万玉山房刻，殆亦汲古阁代刊之书也。余于二十年前并淡心所著数种同得。此集刻于乾隆中，世无著录。六十年中金陵风土之变化，乃可于此中窥得一二，著作人各系以小传，佚诗赖此以传，殆非无益事也。丁酉六月初二日晨窗记。

此卷中皆小家之作，徒吟风月，未具故实。然自是金陵文献，且明著继余宾硕书而作者，亦可存也。近重访白下，归而撰小记十篇，遍检旧藏之有关金陵故事者，因重阅此，并作题记。乙未残腊，黄裳。

《金陵览古集》，镇洋闻斑书岩选。乾隆敬业堂刊，八行，十九字。下黑口，单边。乾隆三十三年闻斑序。

华阳散稿

此《华阳散稿》原刻本，颇罕见。余无意中得于估客书包中，未暇展读也。悟冈所撰《西清散记》世多知者，为文袭晚明家数，故作清丽语，而气息纤弱，余颇不喜之。此集较朴质，而未尽涤轻薄之气，徒以一家撰作存之。壬辰七月廿七日，黄裳记。

《华阳散稿》二卷，金沙悟冈史震林撰。乾隆松槐书屋刊。九行，二十一字。白口，单边。前有乾隆丁亥自序。有目录。收藏有“经香堂秦藏”(朱方)。

录鬼簿

庚子春三月，归自奉贤。偶过博物馆观画，见吴梅村《南湖春雨图》，绝得意。后更过古书店，见此书新刊，遂得之归。夜饮归寓，煮茗阅此，见西谛、斐云二跋，不仅感慨系之。印行此书，固可为西谛之最好纪念，非徒夸古籍孤本已也。此本抚印亦佳，虽非珂椤版印，亦非俗滥，殆近时佳制矣。余收天一阁书之有蜗寄庐抱经楼印记者亦颇多，然皆不如此本之秘。其足相颉颃者，或《远山堂曲品》稿乎。它日印行，当更识之。三月十一日夜。

天一阁蓝格写本正续《录鬼簿》，一九六零年二月中华书局上海编辑所据原本影印。

残书小记

范景中

我从小喜欢逛旧书店，不只是因为那里的书便宜，更是由于那里的书大都可以随便抽出阅读。我在小学五、六年级时，看过一些科学画报，翻过一些旧碑帖，就是得益于天津天祥二楼的旧书店提供的这种方便。1965年上中学后，又迷上了填词，那时最大胆的豪举就是给夏承焘先生写信，建议他把论述燕乐的文章结集出版，结果还得到了先生的回信。同线装书打交道也是从那时开始的，每星期总有两三天在放学后要大步流星地跑到南市或者天祥的旧书店，当然是看的多买的少。但有时站在店里，望着那插架连屋、环壁皆书的景象，就忍不住萌生出一种要当个藏书家的念头。

随着时光的流逝、阅历的增长，特别是当我听说罗继祖先生评论广仓学窘主人藏书的那句“五万册也算藏书家”话之后，才明白自己的想法纯粹是年少无知者的幻梦。结果是，藏书家没当成，却买了一堆破书和残书。

买残书、破书，对我来说，当然是因为它们价格低廉。佞宋主人也买残书，他就决不是由于这种原因。虽然他曾说过："余生平喜购书，于片纸只字皆为之收藏，非好奇也，盖惜字耳。往谓古人慧命全在文字，如遇不全本而弃之，从此无完日矣。"但他的残书大都是宋椠元刊。黄裳先生也买残书，并且对这种行为说过更为动人的话："余箧中残本多矣，抽暇展观，每每忘倦。此意少有人知。"但他的残书大都是孤行秘籍。因此他们所买的那种残书，对我来说，只能悬诸梦寐。而我买的书，主要是觉得日后有用，又付得起钱，才毅然解囊的。有时也可能出于一时兴趣，例如曾买过一本《地文学》，本是《蒙学课本》中的一卷零册，只因扉页的背面有两方朱记"天津官报/局排印"、"每部捌本定价/大洋壹元陆角"，便欣然携归了。除此之外，也有些书买得莫名其妙。总之，学费没有少花。好在旧书日稀，岁月久了，残破的书也慢慢变得有点儿资格供人评骘。下面就选出几册自己觉得有意思的书略为小记。

天主降生圣经直解　这册残书仅存第一、第二两卷，似为崇祯九年刻本。扉页的背面有字五行，文曰："耶稣会后学阳玛诺译/同会罗雅各/龙华民/汤若望订/值会傅泛际准。"由于这是耶稣会在中国早期刊印的书籍之一，所以虽是残册，还是觉得十分珍惜。乾隆年间京都始胎大堂的重刊本即据此翻刻，行格字数，版心大小，悉依原式。我曾校勘过几页，明显的不同是翻刻本改动了不少标点的位置。至于文字的歧异之处，有的是在翻刻过程中无意出的错，例如第一页反面第六行"俱以圣油傅其顶"，翻刻本误"傅"为"傳"。有的则是有意径改，例如第二页上面首行"倚加虔切"，翻刻本改"倚"为"益"。费赖之的《在华耶稣会士列传及书目》英文原著及上海图书馆《徐家汇藏书楼所藏天主教图书目录稿初编》都只叙及和著录了1636年及清至民国初年的十四卷本。另外，明刻本《圣经直解》上海图书馆亦有收藏，为第七、第八两卷，似为明末的翻刻本。

隶续 这部洪适的著作和《全唐诗》于康熙四十五年和四十六年前后刻成，都出自曹寅主持的扬州使院，极负盛名，曾被赵万里先生选入他主编的《中国版刻图录》清代部分。但从传世多寡的角度看，却不应是罕见之书。我的两册残本，均为卷一至卷五。所不同的是，一册为开化纸，一册为竹纸。开化纸的本子刷印在前，纸墨精良，很是美观。竹纸的在后，魅力已经大减。但有趣的是，开化纸本子在各卷后的牌记均被垫印，留下了一块空白，而竹纸印本的双行小篆牌记却完整无失。类似的情况，我还见过重刊于同治癸酉年的《逊志斋集》。书由武林任有容斋镌板，初印本用皮纸佳墨，极为精美，可目录后与每卷后的牌记“吴县孙氏好深/湛思之室藏板”却不见了，煌煌巨制，没有一处保留下牌记。这类印本决非书贾作伪充宋，但初印本而垫印牌记，其原因何在，则是我一直不懂的地方。因记之以请教高明。

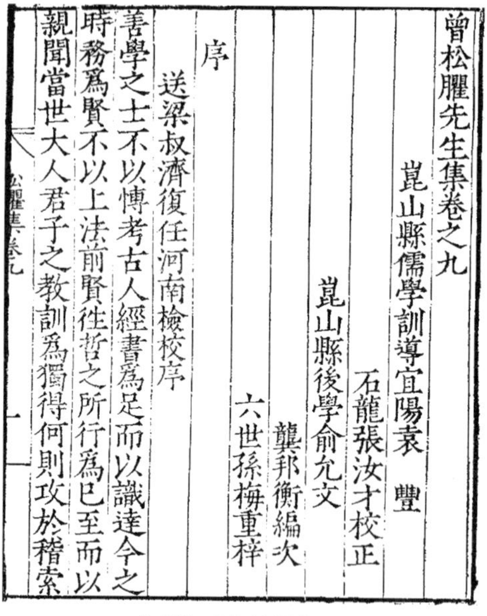
曾松臞先生集卷之九
崑山縣儒學訓導宜陽袁　豐
石龍張汝才校正
崑山縣後學俞允文
龔邦衡編次
六世孫梅重梓
序
送梁叔濟復任河南檢校序
善學之士不以博考古人經書爲足而以識達今之
時務爲賢不以上法前賢往哲之所行爲已至而以
親聞當世大人君子之教訓爲獨得何則攻於稽索
松臞集　卷九

明嘉靖刊本松臞集

松臞集 嘉靖间刊，白棉纸印本，明曾鹤龄撰。鹤龄字延年，泰和人，永乐辛丑进士第一，因此我们可以在《状元图考》中见到他的小传。从《四库全书总目》别集类存目中知道这部书共二十八卷。《千顷堂书目》卷十八著录为三卷，大概是个残本。旧抄本《振绮堂书录》也收入此书，作二十卷。恐怕也不全。所录卷数最多的是民国年间排印的《传是楼书目》，为二十九卷，另见一旧藏本亦然，颇疑是二十八卷之误，但已无从稽考。这册《松臞集》也是残本，存九卷到十六卷，而且都是作者写的“序”。《总目提要》说他诗非所长，文则说理明畅，次序有法。幸好这一册都是文章，我们从这本残册上看到，仅仅是序至少就有八卷，看来他的文章在当时就很有名气。陈田在《明诗纪事》中抄录了他的两首诗，那是我仅知的他的诗作了。

牧羊山人诗集　存卷三、卷四两卷，十行，行二十字，白口，左右双边，单白鱼尾。竹纸印本，合订一册，签条尚存，为“亨”字卷。由此推知，全书原订四册，共为八卷。从刊刻的风格看，为明嘉靖本。正文首页不标作者，第一行为“牧羊山人诗集卷之×”，次行为“歙友人吴敩辑刻”。考明婺源程项号牧羊山人，又《北京图书馆古籍善本书目》有《新安程氏统宗列派

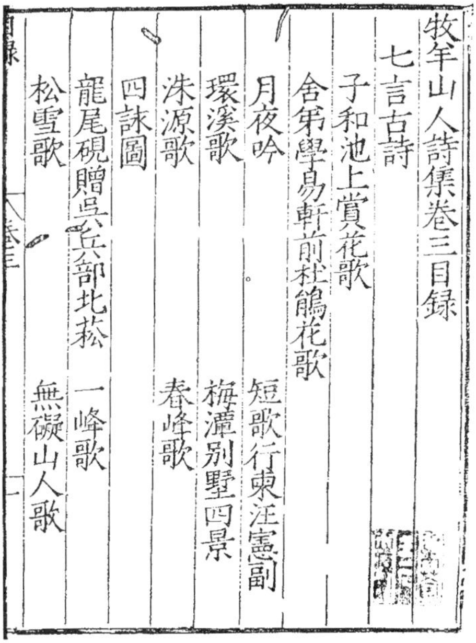
牧羊山人詩集卷三目録
七言古詩
子和池上賞花歌
舍弟學易軒前杜鵑花歌
月夜吟　短歌行柬汪憲副
環溪歌　梅潭别墅四景
洙源歌　春峰歌
四詠圖
龍尾硯贈吳兵部北菘　一峰歌
松雪歌　無礙山人歌

明嘉靖刊本牧羊山人诗集

迁徙注脚纂》一卷，题为程项纂修，为嘉靖四十二年程时化刻本，与此书时地相合，所以当为程项的诗集。吴兔床旧藏传是楼书目稿本残卷正题为程项，但已改订成三册。据全国古籍善本总目所载，吴江县图书馆藏有残卷，为卷二至卷三、卷六至卷八，缺卷一和卷四，看来，此书也被后人重装。我这册的卷四可补吴江县的不足，但配在一起仍不完整。有时要得一全书，难矣哉！

严石溪诗稿　我的藏本购自杭州的古旧书店。严宝善先生一向笑我买残书和破书，但他对此残本似较为看重，被录入了他的毕生之作《贩书经眼录》内。书中写道："存卷三至五。因无首卷，故撰者、刊刻人及卷数皆不可考。《四库》未收。据孙殿起《清代禁书知见录》载：'《石溪诗稿》四卷，明如皋严怡撰。万历间刊。'此存有卷五，孙氏作'四卷'有误。……是书罕见，惜不全。"查全国善本总目，此书确实传本不多，不过，作者、卷数和刊刻人，著录得一清二楚：严怡撰，明万历五年刘效祖刻本，全书共六卷。闲读这三卷残书，果然见有一些违碍之处。《悲王生》一诗记一大力士，名叫王邦直，膂力绝人，用的马上刀，重五十斤，步下刀，重六七十斤，能于两指上举人。可惜遇鞑贼蛮斗了一场，结果身死无功。诗的首句就是"胡虏如大鱼，矫矫时陆梁"这样令清廷朝臣刺目的字眼。另外像"星象喜占胡虏灭，鞠华愁傍战场开"、"捷书昨夜报虏退，燕乐可以知明廷"之类的句子，恐怕都是让作者的书在身后遭禁的原因。又，王渔洋评选的边仲子集中有怀严石溪的诗，并附有石溪本人的三首，刊于康熙三十九年前后，说明在那时《石溪诗稿》还未成为销毁之物。

日新园诗钞　清人刘沛撰，乾隆年间刊本，扉页上题"宣城梅雪坪、恕漪先生论定"，下题"本衙藏板"，在下方钤一白文大方印“玉隅阁藏书记”，当为主人自家印信。书按诗体划分，不标卷次，只是页码自为起讫。根据目录来看，全书应为七卷，订为两册。此册存五古、七古、五律三卷，合为一册。前面为梅庚的大字序言，接着就是诗钞的全部目录。我对于刘沛的情况，毫无所知，所看重的只是集内与梅庚交往的几首诗，尤其是卷首梅庚的序。梅庚是梅清的弟弟，也是有名的画家，序的落款为康熙五十二年，其时，梅庚大约已有七十五岁左右。开头一句便是“吾乡多抑郁悲苦之士，无所发抒每以诗自豪”，由此似可窥见先生晚年的心境。集中有涉及到吴去尘墨一事，在目录中的五言排律下还有“詠墨十八韵”。自明以降，安徽制墨名家辈出，此篇或有史料可供钩稽，遗憾的是这册残卷没有五言排律，也不知道在何处能找到它。

竹庄诗草 黔中傅玉书（字素馀）撰。六卷，为编年诗。贵州皮纸印，九行，行二十字，白口，左右双边。从刊刻风格推断，似为乾嘉间印本。我对这位作者并不了解，之所以引起兴趣，是因为卷五《书明处士杨静庵先生园居遗迹》一诗后的附录，它们是：静庵居士《石赞》、韩文举《春日章邱道中过杨静庵先生西园》二首（万历七年）、张自慎《宿静庵先生故园》二首（万历十年）、《赠静庵隐居杨先生园居》效陶体四首（万历五年）。因为友人参加编辑《全明诗》的工作，我想这几首诗说不定能派上用场。关于傅玉书其人，除了集中所透露出的一点消息外，较详细的资料见于宣统年间陈田为莫庭芝、黎汝谦编辑的《黔诗纪略后编》所写的诗人小传。在这部书中，傅玉书的诗入选较多，共一百首，其中有二、三十首见于这册《竹庄诗草》。而小传还用双行小字过录了竹庄与犹酉樵论文书，正可与《诗草》卷一中《与犹酉樵论文五首》互参对读。他对于同乡刘养园兄弟的推奖可在他为刘启秀《养园诗稿》和刘启华《历陵游草》所作的序中略见一斑。他最受黔人景仰的是他在罢官之馀，闭关却扫，孜孜矻矻编辑的十二卷《黔风》（有乾隆精刻本）。许多黔人遗诗没有湮没在荒墟遗壤、蛮烟瘴雨之间，全赖他的开创之功。他生活在乾嘉年间，可能也是贵州甕安诗派的领袖。尽管这一诗派没什么名气，但在当地却有不小的影响。傅玉书传世的著作，除了陈田所述《竹庄诗文集》、《读书拾遗》、《象数蠡测》、《卦爻蠡测》、《汉诗笺》、《桑梓述闻》、《黄平州志略》之外，还有《鸳鸯镜传奇》，写于乾隆三十九年前后，演明季忠烈杨左诸公后人之事。其自序落款为"筠墅老人"，这是他的又一别号。刻本刊于光绪年间，有他的曾孙傅达源的跋，其中有云："先曾王父生平著述，经卢南石、吴白华、钱箨石、翁凤西诸巨公所刊布者，曰《竹庄四书文》，曰《古今诗赋文钞》，曰《桑梓说》。其属吾邦文献经仪征相国所鸠镌者，曰《黔风旧闻录》，曰《黔风鸣盛录》。兵燹板悉烬。其历为达源所宝藏者，曰《五经四子书拾遗》，曰《象数蠡测》。《鸳鸯镜》亦其一也。"这里的《桑梓说》即《桑梓述闻》，曾见光绪戊戌戎州刊本，书中除了记其乡贤事迹外，也言自家事。例如，录有他的父亲傅龙光的《甕安县赋》和邵晋涵写的傅龙光墓表，也录有他本人的《龙门坡修筑记》等文。傅达源的跋中没有提到竹庄先生的诗集，因此陈田所谓的诗文集四十馀卷，大概从未刊刻过，《黔诗纪略后编》所选的一百首诗很可能依据的是写本，其中《读汉书》一诗就比我手边的这部《竹庄诗草》中的少了两句。我的这个本子从卷一起至卷六止，无序无跋，无从判定是否全书，但总觉得是早于四十馀卷本之前的一个刻本。不过，这只是一种猜想、一种看书的直

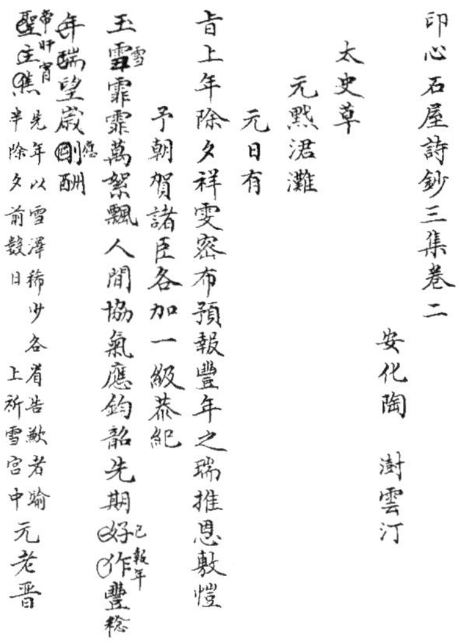

清嘉道间写本印心石屋诗钞

觉。其实，遇到这样的书，往往很难裁决。《北京图书馆古籍善本目录》所收的两部龚鼎孳的《尊拙斋诗集》就可作为这类的例子，著录均为四卷，其实都是残书，全书应为六卷。

印心石屋诗钞 存三集的卷一至卷五。竹纸写本，时间大概在嘉道之间。作者陶澍，字子森，号云汀，是嘉道年间政坛上的一位名人，不论是治荒治河，还是漕运盐政，都有相当了不起的政绩。他的诗集有几种刻本。收录最多的为道光年间刊印的陶文毅公全集本，其中《印心石屋诗钞》十二卷、二集三卷，为分体不编年诗。这一写本与其不同，为编年体例，从嘉庆辛未至丁丑，共七年。卷二为“太史草”，卷三为“太史草”、“礼闱集”，卷四为“侍御草”，卷五为“南船集”。卷一因缺首页，小题不详。集中除了“礼闱集”记在江南道御史任上分校礼闱事、“南船集”记赴任旅途中的感慨与怀古之外，多为闲居之作。其中卷二《题法时帆前辈五家诗龛图》、《西涯在北城钟楼楼西茶陵李文正公故居也法时帆先生今居其旁因自号小西涯居士》，卷三消寒第一集赋明宣宗醮坛铜琖、第三集赋宝晋斋第二砚、第四集赋沈暐本元祐党人碑，卷五《题屠琴坞耶溪渔隐图》、《游金山观东坡玉带作歌》等，或涉及人物掌故，或关乎金石文物，都足供谈资和考索。集中涂乙较多，书中夹一小条，上写“另稿已对过/

辛未至丁丑乔林记”，可见还有一清稿本。检陶文毅公全集，在目录后有许乔林的跋语。

从许乔林的跋文与幸留下来的手书小条使我们知道，这本残册是全集清稿本所依据的底本之一。但由于全集本按诗体编年，因此已失去了一些重要的历史信息。

药梦词 嘉兴金兆蕃撰。这是一本非常普通的书，因为是附在《安乐乡人诗》后的词集，所以从严格的意义上说，也是一本残书。但有意思的是这本词集的前面有宋体字刻的章钰的“安乐乡人诗序”，文字与《安乐乡人诗》本身所据手写付梓的章氏序文完全相同。一序二刻，只是字体不同，不知主人最后选定了哪种。当然，这些微末的枝节无关要旨，应该引起注意的是，它所记述的一位刻书者。在《孤鸾》一词的小序下我们读到：“江宁李道义者，业刻书。去年余客秣陵，校刻《续檇李诗系》，与相识。秋余以病归里，秣陵旋被兵，李数来就余商榷雠勘，见其病已剧。今岁二月，其弟以书告李痛殇子，遂不起。四月，其妇陈吞金约指以殉。江阴缪书屏纪其事。麻沙残楮，今昔江湖。椎布贫家，死生伉俪。长言不足，感慨系之。”这件事金兆蕃在《续檇李诗系》后序中亦曾述及，斟酌文意，《孤鸾》与后序应写于同时，时为壬子八月。它虽有表彰封建礼教的意思，但其用词的形式来悼念一位刻书者，这在旧时代的文献中恐怕还绝无仅有，因特为拈出。

三槐堂重订名家词钞 这是我喜爱的词集之一，目录页前四行依次为：“三槐堂重订名家词钞第一册/庐陵　聂先　晋人/长水　曾王孙　道扶原编/江都王庭录纪上重订”。共五册，第一册所收的词目为：曹溶《寓言集》、曹尔堪《南溪词》，何采《南磵词》,余怀《秋雪词》,尤侗《百末词》,毛际可《映竹轩词》。第二册为:王士禛《衍波词》、李天馥《容斋诗馀》、彭孙遹《金粟词》、曹贞吉《珂雪词》、张纯修《语石轩词》、曹寅《荔轩词》。第三册为:朱彝尊《江湖载酒集》、纳兰成德《饮水词》、王项龄《螺舟绮语》、王九龄《松溪词》、周清原《浣初词》、张潮《花影词》。第四册为:龚翔麟《红藕庄词》、何鼎《香草词》、鲁超《谦庵词》、狄億《绮霞词》、汪森《碧巢词》、邹弘志《邀月词》。第五册的目录中未写第五册字样,变为"四香词合集",为:高士奇《蔬香词》、宋荦《枫香词》、江皋《染香词》、吴绮《艺香词》。看了上面的目录,自然就会想起聂先和曾王孙编的《百名家词》,那部词集黄裳先生曾详细地介绍过。其实,这部《三槐堂重订名家词钞》就是利用了《百名家词》的旧版片,甚至连原书的序都照搬不动,所谓的重订,不过是甄选了几家,又重新加了书目页而已。词目共二十八家,我的本子中的《映竹轩词》仅存一页,所以也是个残本。但难得的是,这部书的扉页被完整无缺地保留下来,让我们知道,本来就难以言明的《百名家词》还有这一衍变。下面就是扉页的全部内容:三槐堂重订/名家词钞(双行隶书大字,上钤椭圆大朱印"绝妙好辞")/聂鲁两先生原编词钞。一百二十卷。海内艺林。奉为拱璧。/但卷帙太繁。购查匪易。兹刻专选名家。略其评次。考声按/调。颇尽苦心。读者鉴诸。江都王庭录重订。(三行宋体小字,后钤白文小印"纪上")。这则广告中说的一百二十卷,大概是聂曾二人所刊本子的最终面貌,如果事实确实如此的话,那么人间恐怕已难以找到《百名家词》最后的全书定本了。

关于《唐女郎鱼玄机诗》

黄永年

1999年北京图书馆出版社出版了《唐女郎鱼玄机诗集》,用黄丕烈(尧圃)藏过的南宋书棚本《唐女郎鱼玄机诗》彩印仿制,除纸张无从做旧外,已备极精丽,如睹原物,连夹板也找旧楠木按黄氏当年的式样做上。如今书市上稍像样点的清刻本已动辄索价数千元,这册《鱼诗》的定价实在不算怎么高昂。

这册仿制本《鱼诗》还附有李致忠君撰写的长跋,利用收入《丽楼丛书》的光绪丁酉(二十三年)刘肇隅仿宋刻《鱼诗》所加己亥(二十五年)叶德辉撰《鱼玄机事略》,对此鱼生平向读者作了介绍。至于《鱼诗》前此的仿刻本,也许限于时间或篇幅,只说“江标曾于都门和湘中两次予以影刻”。此外尚有多种本子没有被提到,应该也在这里说一说。

没有被提到的仿刻本中,最有名的自首推清嘉庆庚午(十五年)云间古倪园沈氏刻本,同年沈氏还据明本重刻了一卷《薛涛诗》,据宋抄本重刻了一卷《杨太后宫词》,合印本称为《三妇人集》,都是黄丕烈提供藏本并为此沈绮云校刻的。到嘉庆己卯(二十五年)又为其弟沈十峰刊刻一卷元人的《绿窗遗稿》,合印本称为《四妇人集》。这《四妇人集》可能印得少,一向珍贵,1952年我在上海修文堂买到陶湘涉园的藏本竟花了旧人民币七万元即新币七元，1956年在上海温知书店买到王绶珊九峰旧庐的藏本便宜些也花了四元。早印的《三妇人集》则多年来迄未见过。民国十二年陈乃乾慎初堂将《四妇人集》影印过一大册，由女书法家庄娴题写内封面，如今也已少见。

徐乃昌刻有《随庵丛书》，都是说用宋元本影刻，其中也有《鱼玄机诗》，在末页有一行篆文小字作"光绪乙巳南陵徐乃昌假泉唐丁氏善本书室藏宋本属室人马韵芬景钩绣梓"。案光绪乙巳为三十一年，丁氏善本书室即八千卷楼，楼书后归江南图书馆即今南京图书馆，而据收丁氏八千卷楼藏书的《江南图书馆善本书目》载，丁氏原藏的《鱼玄机诗》是汪士钟旧藏的影宋本，那么徐乃昌当是据此影宋本影刻的。

前面所说刘肇隅仿刻《鱼集》附有所撰后记，说到"元和江师有两影刻本，一影于都门，一影于湘中"。元和江师即江标，是苏州府元和县（今与吴县等统称苏州市）人，光绪二十年任湖南学政。所以李君跋语说"江标曾于都门和湘中两次予以影刻"。但李君又说早在"道光十七年（1837）春江标获见此本"，则不是事实。因为江标咸丰十年（1860）才出生，通行《辞海》即有其条目。李君可能是看到刘氏后记讲"江师取册中荛翁题咏补入所辑《黄先生年谱》（案即《黄荛圃年谱》），注云宋本《鱼元机集》于丁酉春见于长沙"，没有弄清楚这丁酉只是光绪二十三年（1897）的丁酉，而并非上一个周甲道光十七年（1937）的丁酉。

至于江标影刻于都门即北京的本子，我自愧尚未见过，只见过影刻于湘中即长沙的本子。这实际上是光绪二十一年江标任湖南学政时刊刻的《唐人五十家小集》中的一家而并非单刻单行的《鱼诗》。而这《唐人五十家小集》虽云是仿宋刻，实际上并非

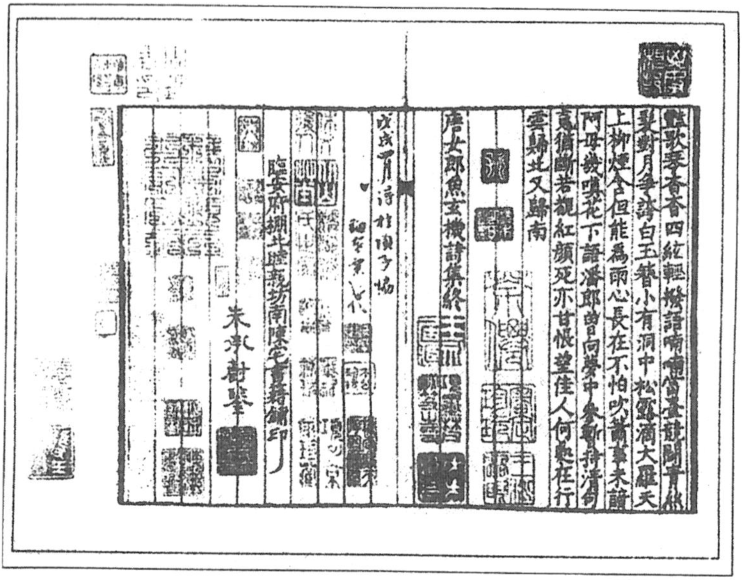
豔歌寒香杳四絃輕撚語喃喃當臺競鬪青絲
髮對月爭誇白玉簪小有洞中松露滴大羅天
上柳煙含但能為雨心長在不怕吹簫事未諳
阿母幾嗔花下語潘郎曾向夢中參暫持清句
魂猶斷若覩紅顏死亦甘悵望佳人何處在行
雲歸北又歸南
唐女郎魚玄機詩集終
臨安府棚北睦親坊南陳宅書籍鋪印

宋临安府陈宅书籍铺刻本《唐女郎鱼玄机诗集》

依据真的宋本而只是用明嘉靖十九年朱警所刻《百家唐诗》的残本影刻的,因为到江标的时代哪还有这么多的真宋书棚本呢?朱警刻的《百家唐诗》我在五十年代从上海买到前半部,后仍让给了上海古籍书店。后半的零种当时也见到十几册，中间就有一册是《鱼诗》,如果买来玩玩岂不很好,可惜没有。要知道当年旧本好书太多,这种彼时算不上什么的真顾不上搜罗。

《鱼诗》还有一个精美的影印本，是周叔弢先生早年用珂瑠版影印此宋刻的。我只闻其名，因为它和叔弢先生所印其他书均甚难得。

这次北京图书馆出版社影印时，把这宋本《鱼诗》前后的画像和题咏题跋同样彩印出来，也大可欣赏。题咏题跋《丽楼丛书》本也都刻了，当然只能刻到潘遵祁、徐渭仁的题咏而不可能有其后袁克文等人的，且是用宋字没有能仿刻。还有所附的《士礼居题跋记》一则，则是从光绪八年潘祖荫辑刻《士礼居藏书题跋记》卷五里抄来的。此外民国二十二年王欣夫（大隆）先生辑刻《荛圃藏书题识续录》，附刻《荛圃杂著》一卷，其中有《玄机诗思图跋》，抄录道光乙酉（五年）黄丕烈为宋本《鱼诗》及“生来瘦”石章和铜镜所作诗，并黄氏用《鱼诗》所集的集句。黄氏所说“此书曾为艺芸主人（案即汪士钟）指名相索，予曰留此为娱老之资，虽千金不易也，从此无有过而问焉者”，即在其中，稍后即在这年黄氏就去世了。惜欣夫先生未曾注明此跋采自何处，我也想不起是否还在他处见过。如果北京图书馆出版社当时也能觅得此跋一并付印，岂不更可令人一饱眼福。

但即此彩印本《鱼诗》也是可赏玩，何况当时只印了六百部，日后必成现代的大善本书。爱好者错过不买，将来怕会后悔的。

吕无党抄校本《金石录》

王世伟

《金石录》今存世之宋版有宋淳熙龙舒郡斋刻本及清余集抄补宋刻残本，分别收藏于中国国家图书馆和上海图书馆。由于此书宋版流传甚稀，明代时多有抄本流传，现存世者有明范氏卧云山房抄本、明祁氏淡生堂抄本、明崇祯五年(1632)谢恒抄本、清顾无泰校跋之明抄本等。有清一代，《金石录》继有刻本流传，如清顺治七年(1650)谢世箕刻本、清乾隆二十七年(1762)卢见曾刻《雅雨堂丛书》本、清光绪十三年(1887)朱记荣刻《槐庐丛书》本等。与此同时，清代抄校之风不减，继明代之后，又有多种《金石录》抄本留存于世，其中较著者有清吕无党抄校本。

吕无党，清浙江石门(今浙江桐乡西南)人，名吕葆中，原名公忠，字无党，为清著名人物吕留良(1629—1683)之子。吕氏父子俱喜藏书。全祖望(1705—1755)所撰《小山堂祁氏遗书记》曾记载了当年吕氏收书窃书的经历："吾闻澹生堂书之初出也，其启争端多矣。初南雷黄公讲学于石门，其时用晦父子俱北面执经。已而以三千金求购澹生堂书，南雷亦以束修之入参焉。交易既毕，用晦之使者中途窃南雷所取卫湜《礼记集说》、王偁《东都事略》以去，则用晦所授意也。”雍正年间，吕留良因文字狱被剖棺戮尸，其父子藏书亦遭到灭顶之灾，所幸吕氏抄本《金石录》得以免遭劫难。抄本三十卷，共分四册，中有“南阳”、“无党校正图书”、“御儿南城吕氏家藏印”、“吕氏藏书之印”等朱圆朱方藏印。

吕氏手抄校定《金石录》，自卷二至卷二十三共有十六则题跋，起壬午（1702），讫癸未（1703），历时二年，无间寒暑，自得其乐。

关于吕无党手抄校定之本《金石录》之抄校流传源委，海盐张元济（1866—1959）曾于1926年略述于此抄本之前：“此为吕无党先生手抄校定之本，后六卷为他人所写，然易安跋语留字皆为字不成度，必为吕氏子弟之笔。卷端有‘古盐张氏’、‘松下藏书’两印，是为吾家旧物。散出之后，先后为苏州五砚楼袁氏、千墨庵贝氏、侯官林文忠公收藏。去秋又流入京师琉璃厂书肆。江安傅沅叔同年助余搜罗先代藏书，以书来告，急请谐价，以银币贰百圆得之，甫议定而京津战事又作，邮筒梗阻，寄存友人孙伯恒许半年有馀，昨始托人携归。展玩再四，既幸先人手泽之得以复还，益感良朋介绍之雅。谨书数语以示后人。丙寅四月十八日晨起泚笔记。菊生张元济”；“按农师公讳嘉谷，为咏川公嗣孙，与余高祖为兄弟行。元济再识。”

据张氏题识及书中藏印，则此书原为张氏祖上旧藏。“古盐张氏”、“松下藏书”两印为海盐张载华藏书印。张载华，字佩兼，承其曾祖张惟赤藏书刻书遗风，藏书富至万卷。据《海盐县志》记载，张载华遇有善本手自抄录，刻有《初白庵诗评》。其藏书室名分别颜曰“研古楼”、“芷斋”、“初白庵”、“观稼楼”等。据《铁琴铜剑楼书目》和《持静斋书目》，张氏藏印除以上提及者外，尚有“张载华印”、“芷斋图籍”、“张氏研古楼藏书”、“长宜子孙”等诸印。抄本中又有“嘉谷”、“农师”印。据此，吕无党手抄校定之本《金石录》之收藏源自海盐张氏无疑。此手抄校定之本自张家散出之后，曾先后为三家收藏：

其一是苏州五砚楼袁氏。袁廷梼(1764—1810)，清吴县人，字寿阶，一字又恺。家枫江，有小园，饶水石之胜。又得先世所藏五砚，为楼弆之，名之曰“五砚楼”或“石砚楼”。蓄书万卷，皆宋元椠刻及金石碑版法书名画之属。生平于书无所不读，尤精于小学。其藏印有“平江袁氏五砚楼考藏金石图书印”、“袁又恺藏书”、“袁廷寿印”、“五砚主人”、“平江”等诸印。其二为吴县千墨庵贝氏。贝墉，清吴县人，字既勤，号硎香，又作见香、简香、简乡。为袁廷梼婿。好藏书，家有千墨庵、友汉居，著录甚富。藏印有“千墨庵”、“平江贝氏文苑”、“平江贝墉”、“贝居士”、“见香”、“定父居士”、“臣墉之印”、“贝墉所藏”、“贝墉”、“见香

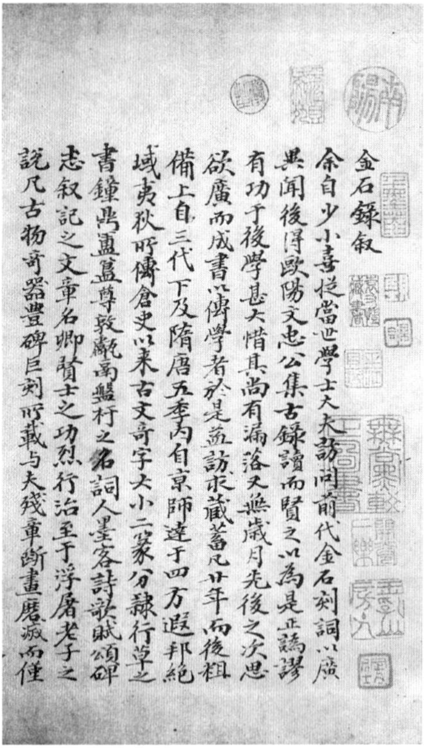
金石錄敘
余自少小喜從當世學士大夫訪問前代金石刻詞以廣
異聞後得歐陽文忠公集古錄讀而賢之以為是正譌謬
有功于後學甚大惜其尚有漏落又無歲月先後之次思
欲廣而成書以傳學者於是益訪求藏蓄凡廿年而後粗
備上自三代下及隋唐五季內自京師達于四方遐邦絕
域夷狄所傳倉史以來古文奇字大小二篆分隸行草之
書鍾鼎簠簋尊敦甗鬲盤杅之名詞人墨客詩歌賦頌碑
志敘記之文章名卿賢士之功烈行治至于浮屠老子之
說凡古物奇器豐碑巨刻所載與夫殘章斷畫磨滅而僅

清吕无党抄校本《金石录》

居士”、“墉印简香”、“千墨合藏”等诸印。其三是侯官林文忠公。林则徐(1785—1850),清侯官(今福建福州)人,字少穆,一字元抚,晚号竢村老人。虽一生仕途坎坷,但读书聚书不止,所藏图籍达三十馀楹。鸦片战争爆发后被清廷谪戍新疆伊犁,时以大车七辆,载书二十箧,所谓“纵使三年生马角,也须千卷束牛腰”。室名颜曰“云左山房”、“七十二峰楼”。藏印有“林少穆珍藏印”等。

此书经张元济自京师收购后,入藏于张氏等于1939年创办的上海市私立合众图书馆。合众图书馆于1953年6月捐献给了上海市人民政府,又于1955年2月易名改建为上海市历史文献图书馆。1958年10月,上海市历史文献图书馆并入上海图书馆。这样,吕氏《金石录》抄校本最终成了上海图书馆的馆藏。

《两般秋雨盦随笔》与《两般秋雨续随笔》

来新夏

清人喜用笔记形式著书，所以清人笔记数量较多；但广为人习知的仅为一小部分。《两般秋雨盦随笔》则是分量较多，流行较广的一种，也是我青年时代涉猎笔记时较早检读的一种。

《两般秋雨盦随笔》撰者梁绍壬，字应来，号晋竹。浙江钱塘人，乾隆五十七年生（《随笔》卷七《夬庵公传》），卒于道光十七年前（《随笔》汪适孙序），撰者为《左通补释》撰者梁履绳之孙。道光二年、六年两度入京（《随笔》卷三《京师梨园》），此时曾中举，后随父宦游多年。撰者幼承家学，能诗工文，留京时曾记其见闻及读书所得，成《两般秋雨盦随笔》一书。而以其家书屋名名书。撰者别有《两般秋雨盦诗选》与《两般秋雨盦曲选》行世。

是书前有道光十七年五月朔表弟汪适孙序，概述其书内容为四方面云："一曰稽古，则《经典释文》之道也；一曰述今，则《朝野佥载》之体也；一曰选胜，则模山范水卧游之图也：一曰微词，则砭愚订顽，徇路之铎也。"其说虽比拟过高，但亦可见是书涉及范围之广。凡逸佚诗词、佳联趣对、俗语探源、事物纪始、图书金石、人物掌故及史事评论等无所不及。如卷一之《咏物诗》、

《秦良玉词》,卷二之《春联》等条,即记诗词联对。卷一《衖堂》条称:“应是弄唐之误,室中路曰弄,庙中路曰唐,字盖本此。”卷二《侄》、卷五《弟妇》及卷八《妯娌》等条,均对俗语称谓有所探源与诠解。卷六《聚珍版》条记广东木活字情况;卷七《土炕》条引《旧唐书·辽东高丽传》称朝鲜冬月煴火长炕为土炕之始;卷八《袍》、《尖头靴》各条均记事物之始。卷一《琵琶记》、《西厢记》,卷四《长生殿》,卷六《封神榜》,卷七《隋唐演义》等条记小说、曲本之取材与传说。卷二《宣德铜盘》、《文信国绿端蝉腹砚》,卷六《端砚》等条记金石器物款识与鉴赏。

是书于文人学者生平逸闻颇有所记,卷一《名士受冤》条记乾嘉学者郭麐因傲取辱故事,《徐文长》条记青藤塑像与小影,卷五《张南山》条记嘉道时岭南诗人张维屏生平及诗作。他如赵翼、袁枚、毛奇龄等著名学者,扬州八怪中之金农、李鱓,西泠印家中之黄易、奚冈等,均有所记及。其于史事有裨者不多,如卷四《鸦片》条记鸦片沿革,已屡见于他书;但所撰《鸦片篇》长诗,咏烟毒之危害,可备参考。至于卷七《林制军奏疏》条,全录林则徐道光十三年十一月间所上报告江苏灾情奏疏,虽为当时名奏,但林则徐奏疏具在,无需采择于此。作者雅善诗文,所记尚有若干可供研究之小说戏曲资料,如卷三《京师梨园》条,记道光初年京师梨园戏班较详,可供研究戏曲史之参考。

是书内容不局限于清朝而遍及各代,又有多则系转录于其他笔记说部者,如卷一《须换银米》条系录自董含《莼乡赘笔》卷上《削须偿米》条及王应奎《柳南随笔》中;卷二《石异》条录自宋荦《筠廊偶笔》,《三虫》条录自宋孙光宪《北梦琐言》,而《端午》条则全录清初虞兆漋《天香楼偶得》;卷三《柳如是》条录自《觚賸》;

卷四《李袁轻薄》条录自《莼乡赘笔》卷中《李笠翁》及《口舌报》两条；卷八《野合》条录自高士奇《天禄识馀》(按高著亦多转录)。重复传钞几为笔记通病，而是书尤甚！撰者固未脱封建文人恶习，有若干则记柳巷章台的绮语韵事。是书格调不高，内容芜杂，竟因投合低层次读者所好而流通甚广。

是书有道光十七年汪氏振绮堂刻巾箱本、光绪十年重刻本、《清代笔记丛刊》本、1982年上海古籍出版社整理标点排印本等。光绪本后有王堃骈体《重刻后序》一篇。又撰者甥许之琎重刻《书后》一篇，言是书版刻经过。

另有一书题《两般秋雨续随笔》，署南翔垣赤道人撰。按其书名似为前书之续编，实则非是。前书撰者梁绍壬约生于乾隆末年，而卒于道光中叶。此书成书年代则在乾隆癸丑，即五十八年，是时前书撰者尚在童年，自非前书之续。是书有撰者乾隆五十八年自序称："暇时搜集近事，微寓劝惩以补口过。一切淫媟靡曼之词，诙谐刺激之语，概屏弗录。事取其真，理取其正，仍自有新奇可喜之致，俾阅者好之而不厌。关尹子有云，'思之如镂尘，言之如吹影'，爰取以颜是编"。是撰者已自题其书名曰《吹影编》，其言甚明。又是书有题词多则，其中与书名有关者有多处，如印屺瞻有句云："识得山中吹影旨，肯教有愧独行时"。程绍同有句云："一编吹影娱长昼，厌听王郎斫剑歌"。杜兆镜有句云："予读吹影编，新奇更可喜"。则其书之名《吹影编》，当无疑义。孙殿起《贩书偶记》卷十二著录"《吹影编》四卷，南翔垣赤道人撰，嘉庆二年酉山堂刊巾箱本"，实即此书。按《吹影编》载有垣赤道人自序及其弟子叶世兴跋，均署写于癸丑，即乾隆五十八年。而初刊于嘉庆二年。另有陈大进序，署嘉庆八年，疑为重刊时所增。是《吹影编》成书于乾隆末，刊行于嘉庆初，当无疑问。而《两般秋雨盦随笔》则成书于道光初，初刻于道光十七年，晚于《吹影编》四十年左右，焉得有正续之排次。然则为何将早于《两般秋雨盦随笔》四十年之《吹影编》改题为《两般秋雨续随笔》？改题本无疑系由坊间书贾刊行于梁绍壬撰《两般秋雨盦随笔》流通之后，其所以改题作续随笔的最大可能，是梁著已广为流通，博得声名，拥有相当读者。书贾以二书内容相近，遂加改题，又以不学，无力全面改动内容，以致破绽百出。盗名欺世，莫此为甚。

是书撰者署南翔垣赤道人而姓字生平不详，惟钩稽书中题词，可略得撰者生平大概。如诸玉衡题词有句云："程君今文豪，艺圃推名宿"。卷三《家箴》门自称："十一世禹门公自歙迁居南翔，至今犹承程姓"。盖其远祖以江姓子嗣后，故云犹承程姓。又书前朱淞序有云："謇堂大兄先生夙负书淫，恒多词癖"。程镜题词有云："惟我谑堂，学优才富"。书末有门人叶世兴跋云："我师谑堂先生，七试棘闱，荐而不售，郁郁不得志"。由此数则可略知撰者程姓，字谑堂，一字謇堂，垣赤道人为其别署。江苏南翔人，乃屡试不第之失意文人，以教读为生。所著除此书外，尚有《四书讲义尊闻》六卷、《名乘》二十卷。

是书凡四卷，各卷又分若干门类。卷一分硕德、时政、妙契、闺范；卷二分风土、景物、賸句、艺术；卷三分家箴、感应、定数、佚事；卷四分庶物、妖祥、妖邪、迷妄，共十六门。内容有转录他书者（此为笔记杂著之通病），有记见闻者，有忆"祖德"者，有记风土人物者，有记果报迷信者，有旨在劝惩者。其中亦有可备采择者，如卷一"硕德"门《郁林瑞泉》一则，记乾隆初郁林知州李锡泰"躬自督率三年，垦至三万六千馀亩"，可为清代前期恢复生产之一例。“时政”门记长麟任苏抚时惩办“白拉”一则,可知当时作为商业中心之苏州有一种游手好闲者流名曰“白拉”,肆横于市,终得严惩。是书前有自序及朱淞、陈大进二序。书后有撰者胞弟程藻及弟子叶世兴跋二篇。朱序藻跋未署年月,自序及叶跋皆署癸丑,为乾隆五十八年,当为成书年代。陈序署癸亥,为嘉庆八年,或为重刻时所增之序。另有题词者十五人,虽有谀词,尚可借此略得撰者生平,惟广征题词,终涉标榜之嫌。

朱印本《城东唱和词》

——苹楼藏书琐谈之二

涂宗涛

我藏有一本《城东唱和词》(朱印本。以下简称《唱和词》),由嘉善张祖廉于光绪廿五年(1899)编成,1925年(乙丑)雕版刷印。内收张祖廉与吴昌绶同寓苏州时相互唱和的词作三十阕,使用词牌十三调。“城东”指苏州娄门东北隅,为张、吴二氏寓居之处。此书开本高25厘米,宽15厘米;版框为单边,高12.5厘米,宽9.5厘米;天头也为9.5厘米,与版框宽度相等,因而书品显得疏朗大方。纸用白绵纸,朱色刷印,线装。书皮用浅褐色厚纸,其上有张祖廉题辞:“东城唱和词即赠琅邪居士,此为朱印本,仅存一册,居士其善宝之。祖廉丙寅七月(按:丙寅为1926年。“东城”为笔误,二字应互倒。)书皮后为衬纸一页,接着为书名页:在左上角之长方形框内楷书“城东倡和词”五字;次为郑沅篆书“城东唱和词”盈寸五大字。其后为曹秉章、闵尔昌分别写的两篇序文。正文每面九行,行十六字,行距以细线划分。共计十八页(每页两面)。最后为张祖廉之跋。全书共计二十四页。正文首页右上角标“城东唱和词”,第二、三行下分别标“仁和吴昌绶伯宛”“嘉善张祖廉彦云”。全书用宋体字,版心为黑口,中缝标“城东唱和词”,其下标页码。

《唱和词》距今已有近八十年历史，由于是个人雕版刷印以馈赠亲友的作品，属非卖品，当时的印数就很有限，加上又是雕版完成后试印的朱色印本，其印数就更加屈指可数了。我所藏的这一本，书皮有作者兼刻印者张祖廉的亲笔题辞，是他以自己仅存的一本赠予琅邪居士的，故嘱其“善宝之”；当时就已很罕见，今天，要想再找一本有张祖廉题辞的《唱和词》朱印本，几乎是不可能了。因此，自认为我所藏的这一本弥足珍贵。再检各种书目，尚未发现有著录此书的。

《唱和词》两位作者的简况是：吴昌绶（?—1918年前后），浙江仁和（今杭州）人，字伯宛，室名双照楼，清光绪三年举人，官至内阁中书，民国后曾任司法部秘书。著有《松邻遗集》（1921年刻本）、《梅祖盦杂诗》、《吴郡通典备考》等传世，并辑刻有《松邻丛书》（收书二十种）、《劳民碎金》等书。他不仅是诗人、学者，也是著名的刻书家。另一作者张祖廉（1873—?），浙江嘉善人，字彦云，清光绪二十八年举人，次年经济特科考取知县。曾任学部总务司行走、弼德院秘书。民国后曾任陇秦豫海铁路督办。著有《长水词》、《八识田斋骈文》、《文选类韵》、《定盦先生年谱外纪》等传世；此外，他还辑印有《娟镜楼丛刻》（共收书七种。1920年嘉善张氏排印本）一部。从以上简况可以看出：《唱和词》的两位作者都是名家，为诗人兼学者，均擅长填词，也有著作传世；本书收词虽仅三十阕，但都不失为佳作，在晚清词坛上具有一定代表性，它为编纂《全清词》或“清词选本”提供了第一手资料。

《唱和词》除具有文学价值之外，也有一定的史料价值。如光绪年间江苏仪征的一位民间篆刻家方仰之，生前和吴昌绶、张祖廉、曹秉章等名流有交往，张祖廉赞其“妙解六书，特精摹印”，予以高度评价；但这样一位有造诣的民间篆刻家，却一生潦倒，最后仅得中寿而客死于苏州旅舍，张祖廉经纪其丧，才得以安

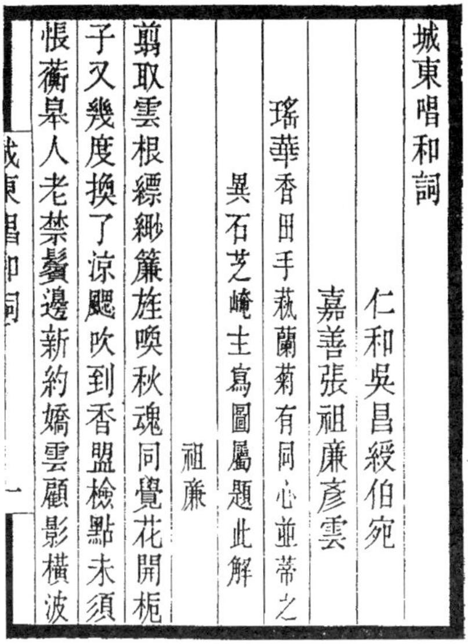
城東唱和詞
仁和吳昌綬伯宛
嘉善張祖廉彥雲
璐華香田手蓺蘭菊有同心並蒂之
異石芝巘圭寫圖屬題此解
祖廉
翦取雲根縹緲簾旌喚秋魂同覺花開梔
子又幾度換了涼颸吹到香盟檢點未須
悵蘅皋人老禁鬢邊新約嬌雲顧影橫波
城東唱和詞 一

葬。有关方仰之事迹，除这本《唱和词》之外，不见于其他文献记载。闵尔昌编了《碑传集补》，又为《唱和词》写了序，他是读过《唱和词》载张祖廉《满江红》（死便长埋）后附录《清故处士方仰之墓志铭》的，却没有将这篇《墓志铭》收入《碑传集补》，殊为遗憾！为了阐扬幽光，特将张祖廉撰《满江红》及《方仰之墓志铭》（《唱和词》第三一四页），迻写标点如下，以广其传：

满江红　　祖廉

仰之既殁，予以嘉平六日棹舟视窆，川涂寒雪，顾景累欷。归读伯宛之作，辱承过誉，重增愧叹！即用石帚体报谢，且以补挽仰之也。

死便长埋，且伴此、一角好山。荒亭外、败芦残柳，扶送桐棺。飞雪漫空如掌大，冷风一径射目酸。问素车、临穴几人来，尊酒寒。　虫鱼篆、金石编，散膏馥，在人间。祇翠珉题字，为表新阡。三步回头犹腹痛，频年伤逝总忧煎。剩冢边、春夜与招魂，啼杜鹃。

附录《清故处士方仰之墓志铭》　　祖廉

仰之讳镐，仪征人也。亡家，早年过江，千里飘萧孤寄。族系翳如。惟其妙解六书，特精摹印，故得内交世俊，方驾先民。美疢斯侵，中寿奄㐌，以光绪二十四年十月庚午殁于苏州旅舍。尘蜕遗委，首邱靡正，卜兹埋宅，俾妥羁魂。于是识君者，谓不可无以铭之：锲弗舍，蕲作家，学虽下，艺足多，玉一莹，春万华，郁幽宫，石不磨。

章炳麟《小学答问》篆文初印本

温肇炘　温肇涵

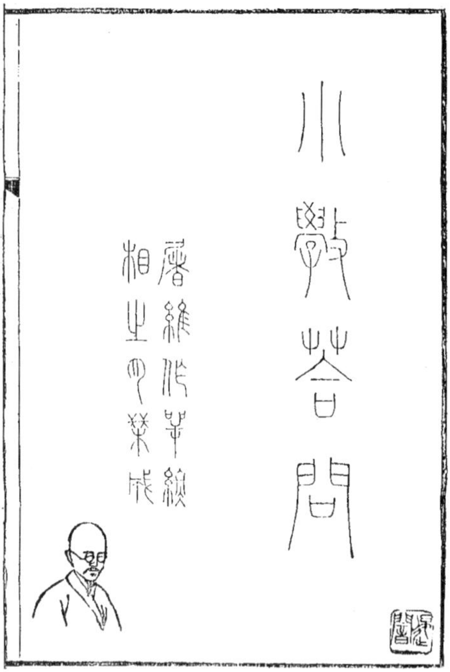
《小学答问》篆文初印本扉页

章炳麟（1869—1936），字枚叔，号太炎，浙江馀杭人。近代民主革命思想家，又被称誉为国学大师，对文学、史学、语言文字学，都有极深的造诣。

《小学答问》是章先生在《民报》遭到日本政府封闭后，在东京讲学时，由他的弟子钱玄同〔（1887—1939）近代著名的语言文字学家、“五四”时参加新文化运动，主张文字改革〕，以《说文》字体书写上板梓行的。

全书以师生问答体的方

式，对“天”、“苏”、“艾”等百字作了释疑解惑的讲解。章先生以旁证博引“载籍成文、先政故言”，并断以己意的严谨治学方法着手，上探字源，辨明本字、借字、流变的迹象，用音义相互禅联的例子，来证明它们之间“会通”的关系，从而使所解释的字，都能达到“辨物、正音、断辞”的完善境地，使人心悦诚服。章先生对每一答问的字，均发表了精辟独到的见解，使问者获得满意的解答。如问“虞”字在《说文》里的解释为“驺虞”(传说中的野兽)，那么守山林的官也称“虞”，是何道理？章先生先用山里有了虎豹，就不会有人再敢进山来采摘藜藿(药草)，所以守山林的人，又就被称为“虞”来回答。但他觉得还不够明白，所以又补充说：“虞”字可以孳乳为籞，而籞字在《说文》和《汉书·宣帝纪》苏林注中，都有禁止、不使人往来的意思。而守泽的称泽虞，故而虞就等同籞了。所以守山林的官被称作虞，乃是合乎古训的。

这本在日本刊行的篆文初印本，在文章中都加了句读小墨点，应是钱玄同先生的创举，有助于读者阅读，在新式标点应用前，可称开风气之先。

此书在国内流传甚少，即使范希曾在编著《书目答问补正》一书时，也未把它补入书中，而只采用民国六年杭州局刻《章氏丛书》的重刻本，而重刻本对篆刻初印本的改动是比较大的。粗略计算，约有十多处。其中改动较大的，如篆刻初印本二十一页上，“睆”字条下，重刻本另外再列出了问曰：“《说文》臑臂羊矢也……由平日疏于医经耳”一条，增出百廿三字。又如篆文初印本第九十页“小足既方既阜……参之声纽作皂皆合”，共二百十九字，则被重刻本全部删掉。由此可见，这个篆刻初印本对研究章先生学术思想演变，是有一定价值的。

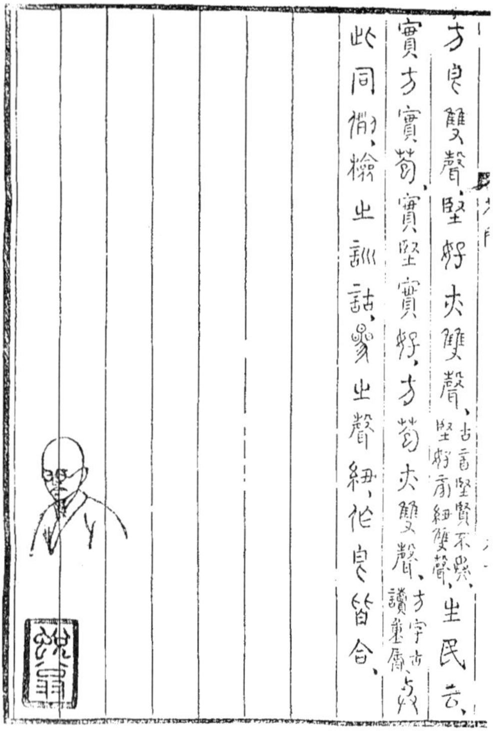

不仅如此，我们所见的这本《小学答问》篆刻初印本是著名的“江南第一书家”萧退闇先生的珍藏本。考萧退闇（1875—1958)，江苏常熟人。原名守忠，后改名嶙，字盅孚，后改名蜕，号蜕庵、蜕翁。性耿介，博通经史，精小学，和李叔同、沈尹默、马叙伦同为“南社”名书法家。他参加同盟会，以文字鼓吹革命。萧先生四体皆精，被誉为“江南第一书家”。在萧先生这本藏书封面上，有他七十四岁时题识，谓“先伯子得此□，知予攻许学，特见赠，以其繁博，未卒读也。今理旧籍，始勉终卷”云云。书中前后除钤有“退闇”、“蜕翁”篆印外，还有萧先生左右两侧半身肖像印，皆出萧先生亲家赵古泥（书法篆刻家）所作。特别是左右两侧半身肖像章，线条简洁，刀法苍劲，一个谦谦君子的形象跃然纸上，这是古泥先生的力作，弥足珍贵。

此书于1909年在日本刊行，没有标明出版单位。出版时间，用的是《尔雅》纪年——屠维作噩（己酉)。不知章先生有何用意。该书皮纸、木刊，线订一册，计九十页。

清刻本的鉴赏与收藏

林　夕

清刻本概观

从顺治元年算到宣统三年，清代十帝有国二百六十八年。从印刷出版物方面看，大致可以说顺、康、雍是前期，乾隆承上启下，嘉、道是中期，咸、同时间短，国家变故丛生，也是转型时期，光、宣则是后期。现在没有清代刻书总目，无法准确地统计各个时期刻书数量。且看三部图谱所收清本情况：

赵万里先生主编的《中国版刻图录》中收清代刻本百种，大致是清初三种，顺治二种，康熙二十二种，雍正六种，乾隆二十二种，嘉庆十六种，道光十八种，咸丰三种，同治四种，光绪四种。

黄永年、贾二强二先生所编《清代版本图录》共收书三百五十种，顺治十二种，康熙五十八种，雍正十八种，乾隆六十七种，嘉庆五十七种，道光五十九种，咸丰七年，同治十三种，光绪五十三种，宣统六种。

黄裳先生的《清代版刻一隅》收书百九十八种，顺治本十四种，康熙本六十五种，雍正本十种，乾隆本五十二种，嘉庆本十九种，道光本十九种，咸丰本八种，同治三种，光绪本六种，宣统本二种。

这些数字不能等闲视之，它们说明一些问题。从本质上讲，三部图录都以书籍质量为重，说得透底一点，要有代表性的、有说道的书，平平无奇者就要靠边站了。但是《清代版本图录》兼顾各朝数量的均衡，所以光、宣本并不少。而《中国版刻图录》和《清代版刻一隅》就不然，重点都在清前期和中期，以书品和价值为重，眼光首先放在这里。值得注意的是，嘉庆在位仅二十五年，不及康、乾的一半，道光也才三十年，所占比例独高，可见这个时期很有些值得注意的书。以这些数字当路标，鉴赏和收藏就有了大致的方向。现在我们从刊刻时期、书籍内容、版本观瞻等不同的切入点，看看清刻本的鉴赏和收藏的问题。

刊刻时期

如果从前、中、后分期看清刻本，那么清前期刻本应该最可贵。清初到今天已经是三百五十多年，居今看清初，相当于明末清初钱谦益、钱曾、季振宜等藏书大家看宋末元初。这样一比，可以看出清初刻本在今天藏家心目中的地位，恐怕还不够高。清初刻本有许多已经散佚无存，有些则或隐或现，不为人知。翻翻《清人别集总目》不难发现清初刻本许多已近乎孤本仅存，像当时轰动一时的科场案蒙冤者吴兆骞的《秋笳集》徐乾学初刻不分卷本、屈大均的《翁山文钞》康熙刻十卷本，都仅著录一部。还有许多书如今已不见著录，例如宋代方夔的《富山遗稿》十卷有康熙刻本，可是七十年前已经不知有此本，藏园老人订补郘亭书目以为“此书无刊本，惟恃钞本流传”，不得不把四库抄本收入《影印四库珍本初集》之中。

清初政权还不安定时文网还宽，稍后就开始大规模地清查禁毁。有些书，特别是文字狱涉案之书，往往从此人间绝迹。有些书虽未全毁，却已剜改忌讳的字眼，抽掉有碍的篇章，失去原貌。最明显的是，“胡”、“虏”等字眼犯忌不能留，钱谦益和一些“罪人”的名字要剜去，跟他们有关的文字要删削。这些书往往有史料价值，很有嚼头，值得一读。有幸得到漏网之鱼，摩挲鉴赏一番，多破费些金钱，也是其乐洋洋者矣。

按照《中国古籍善本书目》的标准，善本划限到乾隆，在这个范围内确实多有珍稀难得、版式字体相得益彰的佳本。一般而言，除了个别名家的别集较多流传外，顺、康、雍、乾四代的诗文别集今天都不多见，冷僻的集子甚至有孤本仅存的情况。嘉、道以后所刻的书尽管年代已近，传本渐多，但是仍然不乏珍罕难得之本，往年郑振铎先生曾列举一些难得的乾嘉朴学家著作，像乾、道间刻谢启昆的《树经堂文集》、彭绍升的《二林居集》、邵晋涵的《南江文钞》、陈鳣的《简庄缀文》、凌廷堪的《校礼堂集》、王绍兰的《许郑学庐存稿》、沈钦韩的《幼学堂文稿》等，嘉道原刻本都不易得。

清中期战乱不断，道、咸所刻的书往往来不及大量刷印，书版就毁掉，同、光时期不能不重刻。文献中提到《桐桥倚棹录》、《浦泖农咨》今天近乎孤本，杨氏连筠簃刻《说文解字义证》、《永乐大典目录》、陆氏木犀香馆刻《尔雅义疏》、丹徒包氏刻《镇江志二种》等都是十分罕见。有些书版虽未全毁，但是今天所见大多为同治以后补版重印本，初印无补版者则难得一见，此中大有鉴赏和收藏的乐趣。

同、光以后，年代较近，这个时期的书流传较多。但是有些书也还是相当难得，例如许瀚的《攀古小庐文》，咸丰刻本固然珍罕，光绪刻本和日本影印本也不易得。要想在众多普通书中别择佳本，很大程度上，要依靠多看学者和收藏界的有关介绍。

清末在日本刻印过一些书籍，影摹古本，印制精善。例如《古逸丛书》、《籑喜庐丛书》都值得注意，虽然汇印本成为丛书，单印本也很可贵。

书籍内容

书籍内容是否为学人和藏家所关注，跟书籍的价值有很大关系。叶德辉在《书林清话》中曾慨叹经解单行本难得，说嘉庆刻张惠言的《仪礼图》、王鸣盛的《周礼田赋说》、金榜的《礼笺》求之多年才得到。然而进入民国以后，经学退位，昔日号为难得的经解单行本如今已经难觅知音。相反，不入传统学者法眼的书籍却可能成为买家的热点，价值飚升。古书目前已经是商品，自然不能不服从市场需求的价值规律。

从目前的市场看，若印刷和装帧没有出奇之处，清刻本中经部诸书大概只有小学类还可以吸引买主，史部的热点则在杂史、舆图、目录和金石书籍，子部中术数、艺术、谱录、佛家、道家近年都在升温，集部则各取所需没有集中的热点。有史料价值的文献，大抵是学者关注。

二十世纪前期，在传统的古书市场中骤然红起来的新贵是小说、戏曲和版画。虽然这仅是个别学者的事情，但是这些书过去人们不以为意，存世不多，只要有几个人争购，就足以牵动整个市场。随着古书的玩赏热和商品化的转型，戏曲和小说如今已经沦落为靠书中的插图招徕买家，版画则一枝独秀，成为书海骄子。

清刻画谱以《芥子园画传》初、二、三集版本最多，原刻初印本极其难得，翻版工致者可鱼目混珠，非对比不易分辨，需要认真鉴别。顺治刻萧云从绘《太平山水图》和《离骚图》则属版画名作，历来享有重名。清内府刻《御制耕织图诗》、《万寿盛典》、《避暑山庄诗》、《圆明园四十景诗》图绘都很精致。《耕织图》有乾隆黄氏刻巾箱本，此本更为罕见。光绪武英殿曾刻《养正图解》和《钦定元王恽承华事略补图》，近年也可得高价。道光刻汪英福绘画的《鸿雪因缘图记》、咸丰刻任熊绘画的《任渭长四种》、光绪刻改琦绘画的《红楼梦图咏》，都是绘画名本。

古器物图谱都是钩摹原物形状，大都精刻精印，不仅是学术资料，还有观赏价值，原刻初印本一般不多，价值一向较高。像嘉庆刻吴玉搢的《金石存》、道光刻刘喜海的《金石苑》、道光刻叶志诜的《叶氏平安馆金石文字》、许梿的《古均阁宝刻录》等，都是个中名品。清乾隆武英殿刻《西清古鉴》附《钱录》，开化纸初印本极其名贵，日本铜版重印本售价也很高，一般所见只是鸿文书局石印本。程敦的《秦汉瓦当文字》乾隆横渠书院原刻罕见，光绪刻吴大澂的《古玉图考》和《权衡度量实验考》传本也少，前者有同文书局石印本，后者有罗振玉重刻本，这两种重印本售价也不低。

古物目录和考证题跋之作不乏刻印精工、纸墨明丽的佳本，例如汪士鋐的《瘗鹤铭考》、王澍的《淳化秘阁法帖考正》、翁方纲的《苏米斋兰亭考》、《瘗鹤铭考》、《两汉金石记》、《粤东金石略》、鲍康的《观古阁丛稿》等书刻印都很可观。

时代风气不断变化，过去藏家对清刻本不大注意，读书人的视点左右着市场，书的内容重于形式。现在从学术研究方面讲，很难说经史子集四部哪里独领风骚，而且线装古书已经是奢侈品，学者作为一个整体不再影响市场，所以当前的主流是形式重于内容，有图、有画、版刻装帧有特色是着眼点。需要读，甚至需要校，才能赏识的书，只好留给有心人独乐乐。

版本观瞻

清开国之初刻书不多，基本沿袭明末的风格，没有什么新颖独特之处。只是明万历以来书坊常用的横细竖粗的修长宋体逐渐变为长宽均衡，甚至向扁平发展。清康熙兴起软体写刻，乾隆宋体刻本疏朗可观，嘉、道以还仿宋精刻独享盛誉，这是清代出现的几种典型的版刻风格。

（一）**软体写刻**　看清刻本的版式，首先引起我们注意的是字体有软体和宋体两大类型，个别的书还会使用特殊字体。软体就是整齐的手写楷体字，也叫写体。从宋元直到明初，版刻字体虽有灵动和规整的不同，但是基本上就是写体。明代中期以后，横平竖直的宋体字通行，写体淡出，只有偶尔一见。清代从康熙兴起写体，一直到中后期仿宋精本，软体跟宋体分庭抗礼，始终是版刻精品的标志，扮演着重要的角色。如果说宋体成为印刷业规范是明代的创举，那么软体和宋体的对峙则是清代印刷品的特点。

软体刻本也有种种类型，以康熙刻《通志堂经解》和扬州诗局所刻《全唐诗》、《楝亭藏书十二种》为例，或者以清内府馆阁体为例，只能说是规整的楷体字。看惯了方正的宋体，乍见软体，会感到新颖活泼。一旦看多了，也就落入程式化。然而用软体刻书费工，造价高，一般书不会采用。凡是讲究的书通例使用软体，而且纸墨工料精善，价值自然要高出宋体字本。

有些软体刻本出书法名家之手，其初印精本下真迹一等，历来受到鉴赏家的钟爱。最著名的写刻精本，早期有“林佶四写”（包括《渔洋精华录》、《古夫于亭稿》、《尧峰文钞》、《午亭文编》），中期有余集手写《志雅堂杂钞》、《续夷坚志》，晚期有吴熙载手写《心向往斋和陶诗》、《受辛词》等。名人写样的书还有张敦仁草书《通鉴补识误》、江声篆书《尚书集注音疏》、《释名疏证》等。

宋体刻本也不是没有可取之处，《樊榭山房集》、《铜鼓书堂遗稿》等可以代表乾隆时期风行的宋体样式，严整疏朗，别有一种情趣。只是随着清室的衰败，疏俊的风格逐渐消失，中后期刻本字体草率，版面呆滞，看了全无乐趣，也就反衬出软体精刻的可爱。

（二）仿古精刻 清代所刻仿宋元明本是鉴赏和收藏的一大热点，仿古刻本从清初就零星出现，例如康熙张士俊仿宋精刻《泽存堂五种》、清内府一批影宋刻本、仿宋刻《说文解字》等，但是以声势和影响论，则不能不推朴学兴盛的嘉、道时期，著名的有孙星衍影宋《说文》、《古文苑》，张敦仁影宋《礼记》、校宋《礼记注疏》、影明《盐铁论》，胡克家影宋《文选》、影元《资治通鉴注》，吴鼒影宋《韩非子》、影明《晏子春秋》，黄丕烈士礼居、秦恩复享帚精舍和汪士钟艺芸书舍所刻各书，或影摹旧本，或仿宋精刻，文字可靠，版刻精湛，都是享有重名的佳本，价值远出普通明版之上。

影摹旧本的风气至清末民初大盛，江标、缪荃孙、徐乃昌、张钧衡、蒋汝藻、董康、陶湘、傅增湘、周叔弢等名家都有精刻精印佳本，近今藏家珍为善本，什袭宝藏。

（三）套印 从版刻着眼，除了版画，套色印本也能吸引目光。清代套印本不如明代闵、凌二家那么显赫，清内府刻开化纸套色印本《古文渊鉴》、《词谱》、《曲谱》是初期的佳作，中期以道光许梿刻《六朝文絜》最著名，卢坤芸叶盦刻六色印本《杜工部诗集》则是多色印刷的极致。嘉庆谢兰生活字四色印本《陶渊明集》兼有活字、套印双重特点，是印刷技术标本，值得注意。

（四）活字 活字本一般只印一次，印数也不会太多，两三百部就不少，留到今天还能有几部就难说，所以逐渐成为一个收藏热点。清代最引人注目的是泥活字印本，道光李瑶和翟金生都曾使用，如今极其罕见。铜活字印本也不多，最著名的是内府铜活字印巨著《古今图书集成》，如今零册也可得高价。

木活字印本中，最著名的要属《武英殿聚珍板丛书》，所印各书多为要籍善本，加以活字印本传世不多，历来为学者所重。其中有少量开化纸印本，珍如凤毛麟角。除内府《聚珍板丛书》外，清初散见者，如《唐眉山诗集》、《后山居士诗集》、《斜川集》，都是佳本。中期活字本中，嘉庆张海鹏印巨著《太平御览》版本可取，《道光御选唐诗全函》内府刻书目录未见记载，道光六安晁氏印《学海类编》及咸丰胡珽辑印《琳琅秘室丛书》全书极其罕见。活字印本大宗是家谱，印数极少，而且很易散失，过去不受重视，现在逐渐引起注意。

有些印本有印刷文物价值，例如磁版印本、锡活字本，以及早期铅字印本、蜡版本、油印本等，都值得关注。

（五）纸张 纸张装帧也是值得关注的地方，跟价值大有关系。一般印书白色用连史，黄色用竹纸。清初兴起开化纸印本，光洁细腻,纸白墨黑,赏心悦目。嘉、道以后的开化纸质量渐差,逐渐绝迹。此外,罗纹纸、高丽纸、皮纸都有可取之处。有些书有特印本,使用特殊纸张,工料讲究,专门印制,以备收藏。这种印本不多,有时仅有一两部归名家收藏,保留到今天就是珍品。

(六)内府刻书 清内府刻书纸墨印工都很讲究,除御制诗文集刷印较多外,精印本一向索价不低,号称仿宋实为仿元本《四书章句集注》、《相台岳刻五经》及仿宋咸淳本《周易本义》可入珍本之列。内府早年刻本不仅字体工致,而且多为开化纸印本,纸白墨光,精丽动人,都是玩赏佳品。即使内府后期印本,纸墨工料也不寻常。

版本鉴定

清刻本年代鉴定比较容易,一个重要的原因是清代刻书有讳字。康熙避玄烨、雍正避胤禛、乾隆避弘曆,有助于确定清初本的时代;避不避"寧"字可以判断是否已进入道光朝,"淳"是同治的标记,这是最有实用价值的几个讳字。不过有时也不绝对可靠,还要多方辨认。康熙初年刻本不见得避讳,即使避"玄",也不见得避"烨",乾隆本也有"玄"字不缺末点的。同一版而且几乎是同时印本的《词选》,一本避"淳",一本就不避。

一般地讲,翻版价值要低于原版,正确地区分原版跟翻版是鉴赏和收藏的学识和功力所在。清刻本书坊翻版仿真牟利者不多,近年常见的一个例子是顾千里思适斋影明嘉靖吴元恭刻本《尔雅注》。吴刻《尔雅》是公认的佳本,流传很少,在明代就有翻版。顾氏影刻本出名工之手,相当可观,书坊翻版亦步亦趋,分开来看很难分辨。但是一旦二本并列,翻版神气呆滞,真赝一目了然。

更多的情况是原版损毁,后人重刻或补版,一般都有说明。重刻序跋或牌记缺如时,就要仔细辨认。这要求我们多知多见,首先要知道一部书有没有翻版,其次要知道原版和翻版有什么区别。除了多看古籍版本目录和题跋扩充自己的知识外,最重要的是多接触实物,细心观察,逐渐积累经验。这里特别要指出,目前古籍版本研究还有很多不足之处,现时论著中的观点不尽可据,最重要的还是"多闻阙疑,慎言其馀",谨防尽信书不如无书之叹。像《词综》、《笠泽丛书》、阮刻《复斋钟鼎款识》、胡刻《文选》、《资治通鉴注》、汪刻《仪礼疏》之类重要书籍,也有一些问题未必尽人皆知。

清刻收藏馀论

有些书初印本卷帙较少,后来陆续增加,这种情况在清人撰述中很普通。例如嘉庆刻王引之的《经义述闻》和程瑶田的《通艺录》都是由少积多,最后集为大成。这些书的初印本较为少见,而且有助于考索作者治学的历程,虽然内容并不全备,却是收藏和鉴赏的隽品。清人诗文别集初刻卷数少,后来陆续增刻,这几乎随处可见。

一般地讲,初印本比较难得,但是不能一概而论,也有些书后印本十分罕见。道光刻胡绍勋的《四书拾义》初印五卷本就不多见,几乎无人知道此书续刻为六卷,后来翻印也只有五卷。道光五年阮福小琅嬛仙馆刻《读书敏求记》,十年后据石研斋藏钞本补刻缺条,补刻本极罕见。

初印本序跋常常比后印本少,文字内容也会有些差异。无论是阅读、鉴赏还是收藏，对此都不能不注意，不要误认为缺页缺卷。特别要注意，有些书初印和补刻增订之本使用同一个牌记，例如《寒松阁词》光绪十年初刻二卷，后来增刻为四卷，牌记未变，《中国丛书综录》就把四卷本归为光绪十年刻。这些情况需要认真鉴别和评价，初印有初印的价值，后印有后印的好处，不可一概而论。

目前的书目并不十分可靠，有些清刻本存世数量不少，书目著录却不多，甚至没有著录，《中国古籍善本书目》常有这种情况。有些罕见的佳本也不能依靠书目，只有见闻广博才能有真知灼见。书籍珍罕与否跟需求也有很大的关系，有些书存世数量未必很少，前人题跋却认为珍稀，这可能是由于大家都要买，求大于供的缘故。

无论鉴赏还是收藏，都要读书，通过读书可以获得真正的乐趣。多多比较同一种书的不同版本之间的差异，对古书的版本就会有更深刻的认识。当然还要尽量利用现有的各种书目、题跋和读书札记，《中国丛书综录》、《中国古籍善本书目》、《贩书偶记》及续编、《清代内府刻书目录解题》、《续修四库全书提要》，以及近年重印、新版的陶湘编《书目丛刊》、《清人别集总目》、《清人诗文集总目提要》，都是重要的参考书。

［说明］本文据作者在国家古籍整理出版规划领导小组主办的“2002年全国古籍（旧）书店古籍业务培训班”上的讲演“明清刻本概说”部分内容改写而成。

潘景郑题识的《四部丛刊续编草目》

柳和城

2001年秋，我为收集版本目录学家孙毓修的材料，到上海图书馆古籍部借阅《四部丛刊书录》等书。从目录卡片见有《四部丛刊续编草目》一种，并注“潘景郑题识”，于是与《书录》等一并借出。该书仅薄薄十五叶，纸捻装订，铅印竖排，无书名题签，也无版权页，仅版心上部印有书名，下端印“涵芬楼订”。封面即为潘先生墨笔题识手迹，全文如下（原无标点，现标点由笔者所加）：

> 此为涵芬楼影印《续编》时征书草目，与后来印成之书不同。是册菊生丈寄示，属为补苴。吾家滂喜斋所藏，即于是时检付流传。惜所印不及十种。尚有借印而未成书者，如《东观馀论》、《颜氏家训》、《诸儒鸣道集》、《雍录》、《大金国志》等。忽忽二十年，已如梦幻泡影。今检此册，不胜沧桑之感。壬辰立夏日，潘景郑记。

“壬辰立夏日”，为1952年5月5日。书内天头还有潘氏数则批注。显然此册原为潘景郑先生所藏，是当时商务印书馆元老张元济辑印《四部丛刊续编》时的征书草目。抄录潘氏题跋，回家查阅潘氏《著砚楼书跋》和《寄沤賸稿》二书，不见收录，当为潘先生书跋集外之文。由此引起了我对此书的兴趣。

《四部丛刊》是民国期间古籍整理的一大丰硕成果。在著名出版家张元济主持下，其《初编》1919年开始出书，1923年印成，集合经、史、子、集之书三百二十九种，二千一百册。1927年开始重印，调换了部分书的版本，增补了序跋和校勘记，收书种类相同，册数稍有增加。《四部丛刊初编》辑印的实际操作者是孙毓修，其间在张元济主持下就曾编印过一份《续编》的目录。1921年夏秋之际，胡适应邀考察商务印书馆编译所时，孙拿出这份目录，请胡适“出点主意”。胡适在日记中写道：“他（指孙毓修——引者注）送了一个拟目来，我加了几种。”（《胡适的日记》1921年9月3日）这大约是《四部丛刊续编》第一份草目，现已不存，难以稽考。1929年《初编》重印本出齐后，张元济正式筹印《续编》。可惜当年他的重要助手孙毓修已去世，因此《续编》从编目、选书到拟写广告、校

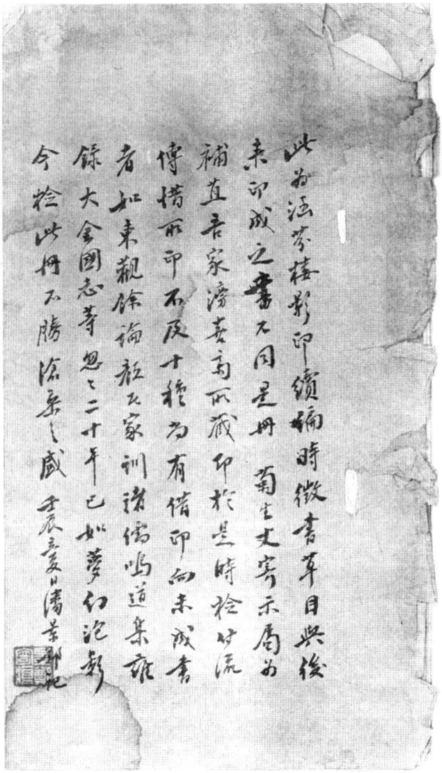
此為涵芬樓影印續編時徵書草目與後來印成之書不同是冊菊生丈寄示屬為補苴吾家滂喜齋所藏印於是時檢付流傳借所印不及十種尚有借印而未成書者如東觀餘論袁氏家訓諸儒鳴道集說錄大金國志等忽忽二十年已如夢幻泡影今檢此冊不勝流涕之感 壬辰立夏日潘景鄭記

对样张，几乎都由他承担。潘景郑先生题识的这本《四部丛刊续编草目》，无疑出于张元济之手。

潘景郑在《跋张菊生丈遗札》一文谈及潘、张两家交谊时说：“己巳岁（1929年）访书来吾家，重聚旧谊，谦抑待人，不鄙浅陋，引余兄弟为忘年之交。时《四部丛刊》已印成，拟辑《续编》，知吾家滂喜斋藏笈，有所补苴，爰商诸于叔祖母祁太君（指潘祖同夫人——引者注），悉发藏笈，以备采摭。”（《寄沤賸稿》）张元济亲赴苏州潘家访书，后来就寄去了这份《草目》。据此，该书很可能编于1930年前后，与潘氏1952年题识称“忽忽二十年”相吻合。潘氏跋文又说：“洎后邮筒往返，商榷出选之事”，“选书约二十馀种，后续刊印入者，有宋刊《诗本义》，宋刊张九成《孟子传》，宋刊《北周书》，宋刊《唐律疏义》，元刊《辍耕录》，宋刊《张乖厓全集》，宋刊《竹友集》，庄廷铣《明史钞》等八种。其借摄而未及付印者，尚有十馀种。迨抗战事起，丛刊辍业，不复能从事矣。所摄书影，馆业循变，亦无可踪迹。”这与题识所述“借所印不及十种”，也大体一致。不过应该说明的是，这八种书并非全收于《四部丛刊》。

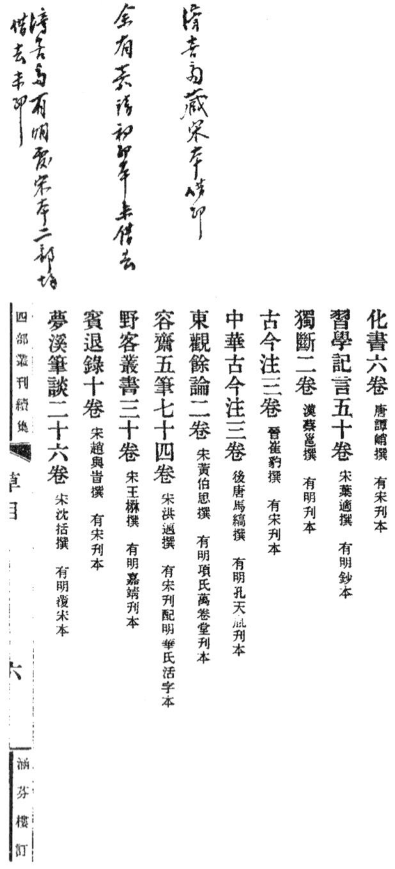
四部叢刊續集 草目 六 涵芬樓訂

化書六卷 唐譚峭撰 有宋刊本
習學記言五十卷 宋葉適撰 有明鈔本
獨斷二卷 漢蔡邕撰 有明刊本
古今注三卷 晉崔豹撰 有宋刊本
中華古今注三卷 後唐馬縞撰 有明孔天胤刊本
東觀餘論二卷 宋黃伯思撰 有明項氏萬卷堂刊本
容齋五筆七十四卷 宋洪邁撰 有宋刊配明華氏活字本
野客叢書三十卷 宋王楙撰 有明嘉靖刊本
賓退錄十卷 宋趙與旹撰 有宋刊本
夢溪筆談二十六卷 宋沈括撰 有明覆宋本

《北周书》(即《周书》)与涵芬楼藏宋蜀本相配影印入《百衲本二十四史》,《张乖厓全集》和《竹友集》则印入《续古逸丛书》;馀下《诗本义》等五种才于1935年至1936年间由张元济辑印入《四部丛刊三编》。

当年"借印而未成书者",潘景郑在《四部丛刊续编草目》的批注共有七条:在史部"《大金国志》四十卷,宋宇文懋昭著,拟用旧钞本"目上潘氏批注:"滂喜斋有叶名君手抄本借印。"对"《雍录》十卷,宋程大昌撰,有明嘉靖刊本,拟访精印本",潘氏批注:"余有初印本借印。"在子部"《张子语录》三卷《后录》一卷,不题名,有宋刊本"目上潘先生批注:"滂喜斋所藏《诸儒鸣道集》宋本借印。""《东观馀论》二卷,宋黄伯思撰,有明项氏万卷堂刊本"条上潘氏批注:"滂喜斋藏宋本借印。""《野客丛书》三卷,宋王楙撰,有明嘉靖刊本"目上潘氏批注:"余有嘉靖初印本,未借去。""《梦溪笔谈》二十六卷,宋沈括撰,有明覆宋本"条上潘先生批注:"滂喜斋有明覆宋本二部,均借去,未印。""《仕学规范》四十卷,宋张镃撰,有宋刊本"目上潘氏批注:"滂喜斋有宋本,未借去。"另外,在史部"《贞观政要》十卷,唐吴兢撰,有明成化刊本"目下有墨笔一行:"元刻《宋季三朝政要》",似非潘先生字迹,不知何人所题。

潘氏批注提到的《梦溪笔谈》,实际上张元济是编入《续编》的,不过用的是涵芬楼藏明代覆宋乾道二年扬州州学教授汤修年刊本。张氏在该书跋文中说:"滂喜斋潘氏有宋刻本,半叶十二行,行十八字,与此同"(《涉园序跋集录》),显然比较过潘氏藏本。

据《跋张菊生丈遗札》称,潘景郑所得张氏书札共十六通,"皆己巳年借宋元本影印之事",而且"装粘成册"。我们希望这批书札能早日公诸于众，可补已刊《张元济书札》增订本的缺遗，也能考觅当年张元济辑印《四部丛刊续编》、《三编》踪迹之一二。

《草目》著录书籍共二百六十五种，其中经部二十九种，史部三十六种，子部五十八种，集部一百四十二种。而后来正式出版的《四部丛刊续编》和《三编》书目，仅用了八十二种(包括附录)，不及三分之一。《草目》所指的“续编”概念，是相对《初编》而言的，其计划规模颇大。《续编》(1934)、《三编》(1935—1936)出版后，张元济有意续出《四编》，因抗战爆发而中止。拟议中的《四编》收有哪些书呢？张元济在致友人的几封书札中提到过一些，但数量不很多，现在有了这份《草目》可以比对。《草目》应该是基础，因为包括向滂喜斋潘氏借用的十馀种在内，还有一百多种书未用呢！该《草目》无疑为我们提供了研究《四部丛刊四编》书目的轮廓。

·新书架·

寂寞丛书楼

韦明铧

在扬州个园的东南角，有一个人迹罕至的小院。小院的北面，是一座貌不惊人的小楼，上下两层，左右三间，正面朝阳，背倚山石。站在小院里看此楼，只见上下都是木雕的窗扇和栏杆，古朴而冷清。这种安排，倒是完全符合明代造园家计成《园冶》关于书斋的选址原则的："书房之基，立于园林者，无拘内外，择偏僻处，随便通园，令游人莫知有此。"这座看起来并不显眼的小楼，其实在中国古代私人藏书史上，曾经有过它的辉煌。

丛书楼外景

楼正面悬挂一匾，上写三个擘窠大字："丛书楼"。凡是略微涉猎过清代文化史的人，也许都对这个名字不感到陌生，并对它当年丰富的藏书、养士的风气和在全国文人中的巨大而深刻的影响肃然起敬。

楼两边的柱子上，有一副楹联："清气若兰，虚怀当竹；乐情在水，静趣同山。"楹联把丛书楼里散发出来的清香，和个园中虚心的翠竹、喜人的池水、静默的假山联系在一起，也算是一副佳联。

丛书楼的主人是清代扬州马氏兄弟，即马曰琯、马曰璐。马氏原籍安徽祁门，后因经营盐业，居住扬州，成为举世闻名的儒商。马曰琯(1688—1755)，字秋玉，号嶰谷，著作有《沙河逸老小稿》。马曰璐(1697—1766)，字佩兮，号半槎，著作有《南斋集》。兄弟俩勤敏好学，擅长诗词，广交朋友，爱好园林，时称"扬州二马"。马家园林的名称，本来叫做"街南书屋"，后以园中的小玲珑山馆闻名于世，大名鼎鼎的丛书楼就在其中。

关于马氏街南书屋和小玲珑山馆，历来多有记载。如李斗《扬州画舫录》卷四写道："马主政曰琯，字秋玉，号嶰谷，祁门诸生，居扬州新城东关街……于所居对门，筑别墅，曰'街南书屋'，又曰'小玲珑山馆'。有看山楼、红药阶、透风透月两明轩、七峰草堂、清响阁、藤花书屋、丛书楼、觅句廊、浇药井、梅寮诸胜。玲珑山馆后丛书前后二楼，藏书百橱。"

但关于马氏住宅区和小玲珑山馆的具体位置，历来的记述一直相互牴牾。钱泳《履园丛话》说马氏"所居曰小玲珑山馆"，似乎住宅与园林都在一处。全祖望《鲒埼亭集》说马氏"其居之南有小玲珑山馆，园亭明瑟，而岿然高出者丛书楼也"，则以住宅为北而以园林为南，丛书楼就在园中。梁章钜《浪迹丛谈》说"然丛书楼转不在园，园之胜处为街南书屋"，好像丛书楼又不在园中而在他处。王振世《扬州览胜录》说"小玲珑山馆故址在东关街薛家巷西，即今尹氏宅厅门内也”，但区区尹氏宅厅门内又怎能容纳得下“街南书屋十二景”?徐珂《清稗类钞》又说马氏“营屋天宁门街，土木丹青，备极美奂，世所谓小玲珑山馆是也”，竟连天宁门街和东关大街也分辨不清!

马家的住宅、园林究竟位于何处呢?从最早的《扬州画舫录》可以得知，“街南书屋”位于扬州东关街南侧，并在马家“所居对门”。依此看来，马家的住宅自然是在扬州东关街北侧。换言之，扬州东关街南北两侧都应当有马氏的家园。马氏兄弟既然在“所居对门”建筑别墅，名为“街南书屋”，可见马家的主要宅第还在东关街北面，也即今个园所在地。

钱泳《履园丛话》卷二十写道:“扬州马主政，名曰琯，字秋玉，住东关街。好古博雅，考校文艺，评骘史传，旁及金石、书画、鼎彝、古玉、玩器诸物，与其弟曰璐俱能诗，好客，为东南坛坫。所居曰小玲珑山馆，有看山楼、红药阶、七峰草堂、清响阁、藤花书屋、丛书楼、觅句廊、浇药井、梅寮诸胜。今亭榭依然，惜非旧主人矣。”由《履园丛话》可以得知，到《履园丛话》成书的道光年间，小玲珑山馆虽然“亭榭依然，惜非旧主人矣”。而我们从梁章钜《浪迹丛谈》卷二中又得知，小玲珑山馆从马氏手中卖出去以后，先为汪氏所有，不久为蒋氏所得，后来卖到黄氏手中。黄氏，也即个园的主人。

马氏兄弟时期的小玲珑山馆，景物之美，文风之盛，闻名于天下。许多名士来往于小玲珑山馆，得益于丛书楼的丰富藏书，而成一家之言。例如文人厉鹗，在小玲珑山馆中居住多年，博览群书，专心著作，因而成名。《清史稿·文苑传》写道:“扬州马曰琯小玲珑山馆富藏书，鹗久客其所，多见宋人集，为《宋诗纪事》

一百卷，又《南宋画苑录》、《辽史拾遗》、《东城杂记》诸书，皆博洽详赡。”

马氏兄弟时期的小玲珑山馆，是扬州八怪经常聚会的沙龙。例如八怪之一的金冬心，有一首诗，题为《乾隆癸亥暮春之初，马氏昆季宴友人于玲珑山馆……》，说:“修禊玲珑馆七人，主人昆季宴嘉宾。豪吟董浦须拈手，觅句句山笔点唇。樊榭抚琴神入定，板桥画竹目生瞋。他年此会仍如许，快杀稽山一老民。”诗中的董浦、句山、樊榭、板桥与稽山老民，分别指杭世骏、陈兆崙、厉鹗、郑燮和金农自己。其中，郑燮和金农都是扬州八怪。八怪之一的汪士慎，也有一首诗，题为《试灯前一日，集小玲珑山馆，听高西唐诵〈雨中集字怀人〉诗》，说:“细听子吟诵，浪浪山馆清。所怀多旧识，入耳是新声。春雨得奇句，东风寄远情。今宵作良会，花径已灯明。”诗的作者汪士慎，和诗中写到的高西唐——高翔，同样也都是杨州八怪。

康熙、乾隆年间，以扬州为中心的两淮盐商如日中天，以马氏兄弟为代表的两淮盐商不但是清朝政府的重要经济支柱，也是康乾盛世文化繁荣的标志。马氏丛书楼，曾以藏书十万卷极负美名。《四库全书》编纂时，朝廷征求海内秘本，马曰璐之子马裕进献而被采用的书籍达七八百种之多!小玲珑山馆除了藏书，又以刻书出名，世称“马版”。谢国桢在《明清史谈丛》中感叹说:“我曾得到过清雍正己酉（1729）扬州马氏小玲珑山馆仿宋雕刻的《韩柳年谱》，是一部雕刻精美的书籍。”这就是当代学者对“马版”的定评。同时，小玲珑山馆又是四方名流读书著书的地方，像全祖望、杭世骏和厉鹗等著名文人，都曾经馆于其中。而就是这座在清代经济史、文化史上都留下浓墨重彩的马氏小玲珑山馆，到后来却不得不转卖给他姓，充分说明了清代中叶的辉煌已经接近尾声。

小玲珑山馆的得名，是因为园中本来有一块玲珑剔透的太湖石，可惜在马氏兄弟身后废弃。而小玲珑山馆的园林建筑，素有“街南书屋十二景”之称。这“十二景”，即：小玲珑山馆、看山楼、红药阶、透风透月两明轩、石屋、清响阁、藤花庵、丛书楼、觅句廊、浇药井、七峰草堂、梅寮诸胜，马氏兄弟分别有诗咏之。两百年之后，我们在个园里还可以找到大部分小玲珑山馆遗迹，让我们藉以神游那个消逝了的封建盛世。

小玲珑山馆主人马曰琯画像

丛书楼的主人马氏兄弟，虽然是清代中叶的扬州盐商，偏偏对书情有独钟。在扬州这样的商业城市中，追求享乐和讲究浮华早已成为一种时尚，但马氏兄弟偏偏在这种恶浊的风气里，孜孜不倦地致力于藏书、校书，乐于同天下文士广交朋友，实在难能可贵。清代名士沈德潜在为丛书楼主人所作的《沙河逸老小稿序》里说，古人有各种各样的癖好，有的爱钱，有的爱马，有的好屐，有的好石，都是因为爱好太深而成为癖好。但是癖好是有雅俗之分的，马氏兄弟“独以古书、朋友、山水为癖”，无疑属于大雅之癖。

马氏兄弟藏书的数量之多，校书的用功之勤，同唐宋以来的名家相比毫不逊色。这一点，几乎是世人公认的。如姚世钰在《丛书楼铭》里说，将丛书楼与明清藏书名家相比，“若近代所称天一阁、旷园、绛云楼、千顷斋，以暨倦圃、传是楼、曝书亭，正恐不及也”。又如全祖望在《丛书楼记》里说，“百年以来，海内聚书之有名者，昆山徐氏、新城王氏、秀水朱氏其尤也，今以马氏昆弟所有，几几过之”。可见当时文人对扬州的丛书楼是非常推崇的。

如今个园中的丛书楼，究竟是不是当年马氏的丛书楼呢？时光流转，人事变迁，可以揣度，丛书楼的位置和规模都可能非复当年。但是这已经并不重要，对于文化的传承而言，或许应该更注重于精神而不在于一砖一石。从丛书楼所在的基本地理环境来看，从丛书楼所蕴涵的扬州盐商文化来看，我们应当说，如今的丛书楼就是当年丛书楼的合理延续。

丛书楼藏书的数量，据李斗《扬州画舫录》说是“前后二楼，藏书百橱”。据全祖望《丛书楼记》说是“丛书楼也，迸叠十万馀卷”。这个数量是十分巨大的。难怪《丛书楼记》中说，凡有友人来访，马氏兄弟在寒暄之后必定要问：“近来见到什么罕见的书了？”“有没有听说过什么新书？”凡是友人提供的消息，马氏兄弟都认真记下书目，或者想办法买，或者想办法抄，总之是不遗馀力。

丛书楼的藏书，除了数量多之外，还有几个特点：一是主人喜欢用各种不同的版本来校勘，以求得一字不错，丛书楼才在历史上以没有“伪本”而著称于世。二是主人喜欢用藏书来广为交友，从不藏之深阁，秘不示人。当年许多文人如厉鹗之辈，都因借助于马家丛书楼的藏书，才得以完成他们的著述，丛书楼就这样成了文人的家园。三是主人不但喜欢藏书，还喜欢刻书，世称“马版”。马氏所刻之书，字体娟秀，首尾如一，版框整饬，墨色均匀，雕刻精美，装订考究。《扬州画舫录》中记载说，马氏“刻许氏《说文》、《玉篇》、《广韵》、《字鉴》等书，谓之‘马版’。”《清稗类钞·鉴赏类》引前人评论说：“小玲珑馆马氏重刻五经文字、九经字样，气动墨中，精光四射，视西安原本，几几青出于蓝。”以一私家刻本而获此殊荣，也是丛书楼的一大光彩。当然，丛书楼最辉煌的一页，是在清代朝廷编纂《四库全书》时，成为南方藏书家中献书最多的一家。曾得到乾隆皇帝《上谕》嘉奖。根据乾隆皇帝的圣旨，在《四库全书总目》中，凡马家进献之书，书题下面都注明“两淮马裕家藏本”字样，以示表彰。

丛书楼是小玲珑山馆十二景之一，也是其灵魂所在。马曰琯《丛书楼》诗云：“下规百弓地，上蓄千载文。他年亲散帙，惆怅岂无人。”他生前似乎预见到，丛书楼中的藏书，总有一天会面临风流云散的厄运，果然他去世后不久丛书楼便书去楼空了。马曰璐《丛书楼》诗云：“卷帙不厌多，所重先皇坟。惜哉饱白蟫，抚弄长欣欣。”他不担心书的散失，倒是在对被虫蛀过的古书的爱抚中，得到了无穷的乐趣。

马氏兄弟去世后，许多文人怀念他们，怀念丛书楼中浓郁的文化气氛。袁枚有一首《扬州游马氏玲珑山馆，感吊秋玉主人》诗，深情地说：“山馆玲珑水石清，邗江此处最知名！横陈图史常千架，供养文人过一生。客散兰亭碑尚在，草荒金谷鸟空鸣。我来难忍风前泪，曾识当年顾阿瑛！”顾阿瑛是元代昆山豪富，一生轻财结客，筑园纳士，颇受历代文人佳评。所以袁枚用他来比喻丛书楼主人马氏兄弟，非常恰当。

丛书楼里的藏书早已散失，如今是一本也不存了，这仿佛是古今藏书家无法逃避的宿命。阮元曾在《邗上集序》中叹道：“近年马氏玲珑山馆，材力非甚饶健也，徒以聚书好客，扶助风雅，迄今家贫书散，而故宅玲珑一石犹得歌于松岚观察诗集中，馀可知矣！”吴翌凤《逊志堂杂钞》也叹道：“玲珑山馆中四部略备，与天一阁、传是楼相埒，不四五十年，散如云烟，诸词人零落已尽，而商人亦无有知风雅及好事者矣！”丛书楼的颓败，教后人油然而生悲怆之情。尽管谢国桢在《瓜蒂庵文集》里向往“马氏玲珑山馆的邗江雅集”，黄裳在《榆下杂说》里称赞“扬州的马曰璐兄弟、天津的水西庄查氏都是有名的文化名人”，但丛书楼的风流已经永远成为历史。

如今的丛书楼，楼下是小卖部，楼上是接待室，当年的藏书无影无踪。从个园秋山长满藓苔的石径，蜿蜒拾级而上，可登上丛书楼后楼。轻轻地踩在因年代久远而变得特别干燥的楼板上，我们听见的是自己脚步的空洞回声。静谧得像要凝固的氛围使人产生幻觉，仿佛当年的主人还在一个角落里伏案用功。举目环视，“百橱”和“万卷”都已不见，惟有绵绵不绝的书香从岁月的深处飘逸而来，沁人心脾，又让人惆怅。

翁同龢与常熟藏书家

曹培根

2000年4月，上海市政府通过中国嘉德国际拍卖公司，以重金整体购得居美的翁同龢后人翁兴庆(万戈)所藏翁氏藏书精品八十种、五百四十二册，其中宋刻本十一种、元刻本三种、明刻本十二种、明抄本一种、清刻本二十七种、清抄本二十五种、清稿本一种，入藏上海图书馆，此举被称为海外收藏的最后一批中国善本的回归，引起了海内外收藏界强烈的震动和反响。

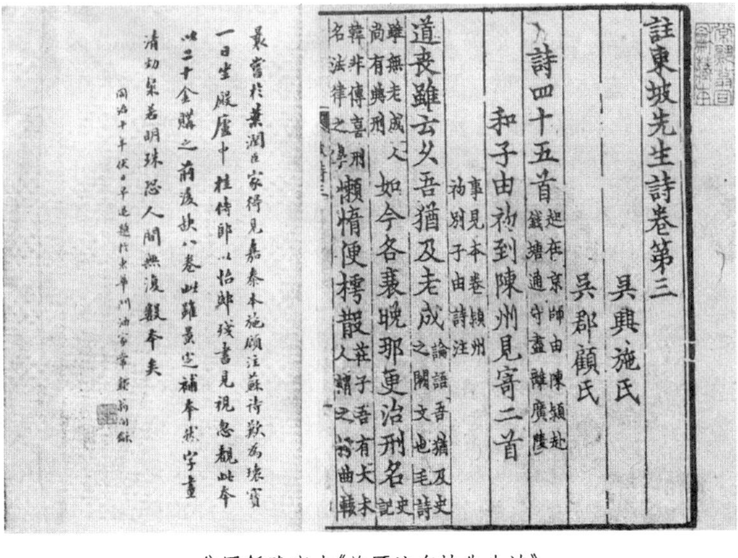
註東坡先生詩卷第三

吳興施氏

吳郡顧氏

詩四十五首 起在京師由陳穎赴錢塘通守盡離廣陵

和子由初到陳州見寄二首

事見本卷穎州初別子由詩注

道喪雖云久吾猶及老成 論語吾猶及史之闕文也毛詩雖無老成人尚有典刑

如今各衰晚那更治刑名 史記韓非傳喜刑名法律之學

懶惰便樗散 莊子吾有大木人謂之樗……曲轅

翁同龢跋宋本《施顾注东坡先生诗》

其实，翁同龢不仅是晚清的两朝帝师、支持戊戌变法的著名政治家，也是一代知名的藏书家，他与吴县潘祖荫、宗室盛昱、江阴缪荃孙、湘潭袁芳瑛、元和江标被誉为晚清六大藏书家，翁同龢藏书主要受常熟派藏书家的影响，并与同时代的常熟藏书家关系密切。其中，关系最密切的是赵氏旧山楼。翁氏家族大量贮书自翁同龢父心存始，而翁心存藏书主要受赵氏旧山楼的影响。翁心存中举前曾外出处馆于常熟山塘泾李氏、城中张氏及宝慈里赵氏，而授馆赵家有年，与主人赵元凯（赵宗建祖）等为文会，吟诗研赋，并阅尽赵家藏书，为以后中举及考中进士打下基础。对此，翁同龢撰《己丑（1889年）八月宿次公（赵宗建字）北墅重观〈乐宾堂图〉因题截句》称："旧山楼下萧萧雨，七十年前古桂香。相与披图溯遗迹，更无人识乐宾堂。"又撰《次韵赵次侯宗建送行之作》诗："先公昔主隐君家，灯火秋堂弦诵哗。三万七千到今日（距今七十六年），东西南北总天涯。孤儿白发音容渺，老树孙枝岁月赊（庭前菩提老树皆曾识先公者也）。此榻若因徐孺设，莫教去后网尘遮。"翁同龢小时候也常常随父亲在赵家读书，有时宿在赵家。后翁同龢久宦京华，又常常惦记着旧山楼，每当回籍总要到旧山楼与楼主相聚，读书论学。如同治十一年（1872）四月二十一日翁同龢与兄同爵扶母柩南下在籍丁忧期间，常去旧山楼。当时的旧山楼主为赵宗德、宗建兄弟，十分好客，旧山楼成为文人雅集之所，常熟一地的文化中心。翁同龢与赵氏兄弟及常熟周边地方的文人杨沂孙、杨泗孙、庞钟璐、庞鸿书、吴鸿纶、钱潄青、季士周、李升兰、曾伯伟、潘欲仁、翁同祐、常熟三峰寺僧药龛、印樗大和尚等在旧山楼内两次雅集，谈艺论学。其间翁同龢为赵氏旧山楼书画撰跋题诗的甚多，如《题赵次侯藏石谷画帧后》、《次公属题费廉卿宝康〈笠泽渔隐图〉》等，前者作于1873年，为赵宗建鉴别石谷画作，其中称："清秋落叶，言访赵子。叩门入室，缁弄图史。次公语我，有石谷画，一十二帧，合南北派。我时惊叹，夸为绝独。”光绪十五年（1889）七月十六日翁同龢请假两月回籍修墓，又访赵氏兄弟，并宿旧山楼鉴赏书画，撰有《题赵介人扇》、《华邃秋画》等诗。在《次韵赵次侯宗建送行之作》中对旧山楼及其主人作了高度赞扬：“三百年来第一家（次公报慈桥宅已三百年矣），修篁古木静无哗。先生东郭兼南郭，处士山涯又水涯。好事每愁花易落，留宾不厌酒频赊。梅颠（君新购此阁）绰有元华气，尚恨窗棂面面遮。”据《松禅年谱》载，此年八月份翁同龢还偕赵宗德往返五日“作邓尉之游”。光绪二十四年（1898）四月二十七日翁同龢被开缺回籍，五月十三日离京，十五日回常熟，二十一日好友赵宗建等即来翁家问候。此后，翁同龢虽因受“地方官严加管束”，行动不便，而与赵氏交往至终。光绪二十六年（1900），翁同龢撰《题赵次公〈灌园漫笔〉》诗：“花农真合住花田，借得奇书手自编。不数世间凡草木，知君心事在梅颠。”赵宗建又号花田老农，其《灌园漫笔》不见他处著录。此年三月二十六日翁同龢还与人一起在旧山楼集会，撰有《庚子三月廿六日偕陆云孙庞絅堂集赵次公古春野屋看画次公致翰卿徐君意以序伯画册属题》诗。两个月后的五月二十六日赵宗建卒，翁同龢撰《赵次公挽诗》，或许在“严加管束”期间，不便出面而只能“代鹿卿侄（翁曾荣）挽次公”，诗中可见翁、赵两家的友谊：“多病思故人，时艰惜奇士。辽哉非昔翁，一瞑不再视。丈夫生世间，功名能几何。文字山水福，所获良独多。忆君少壮时，杀贼大江口，掀身探虎穴，喋血不肯吐。洎乎归丘园，自号花田农，芒鞋青箬笠，见者疑坡公。我世与君旧，结交等弟昆，谈禅证往迹，春梦都无痕。我疾君屡问，君病我不知。桑户与子张，并世信有之。或云世途险，羡君独长往。我谓人天劫，菩萨亦凄怆。故人不可见，见此金石心。月落山鸟啼，何处寻知音。”此挽诗亦可补赵宗建生平事迹之缺。翁同龢还因赵宗

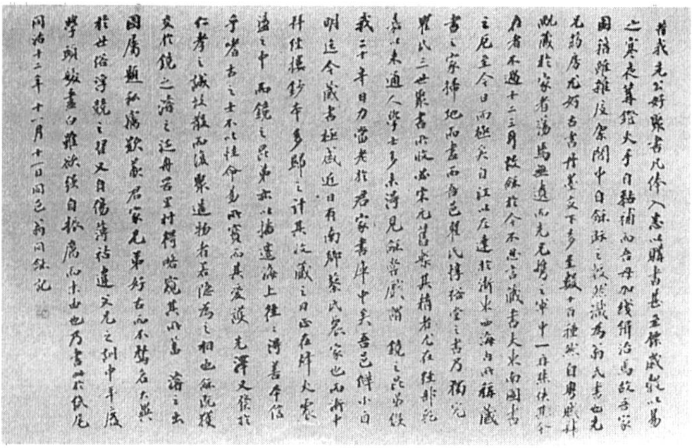

翁同龢撰并书《虹月归来图记》

翁同龢为瞿氏铁琴铜剑楼撰并书对联

建次子仲举之请，撰《清故太常寺博士赵君墓志铭》，与挽诗互为补充，成为了解赵宗建生平事迹的重要文献。赵宗建卒后，翁同龢为赵氏后人撰跋题诗如故，在1902年撰《题赵坡生新得雅宜山人小楷册》诗中，对赵氏后人勉励有加："旧山楼上山依旧，喜有贤郎读旧书。"

翁同龢与瞿氏铁琴铜剑楼关系也十分密切，他在同治十一年四月丁忧在籍期间曾两次访问古里瞿氏铁琴铜剑楼，时瞿氏铁琴铜剑楼主瞿秉渊、秉清兄弟公开其藏书，供读书人士前往浏览、校勘、转抄、参观。翁同龢首次到瞿氏铁琴铜剑楼观书在同治十二年

(1873) 七月二十八日 (9 月 19 日)，见到瞿氏所藏宋槧诸本如《易》王弼注、《毛诗》巾箱本、《史记集解》北宋本等，《翁同龢日记》载有十多种，称："如游群玉，目不给览"，主人还以酒肴款客。次日又登铁琴铜剑楼，以毛氏汲古阁本与宋刊《汉书》校《古今人表》一卷。次年正月初八（2 月 24 日）翁同龢再次访瞿氏铁琴铜剑楼，见到宋本《老子》及《传灯录》，还见到所藏汉碑五十馀种皆顾涧蒉所收，可称精良，瞿氏楼主还借给翁同龢毛抄形家书三本、《耿勋碑》一纸归。其间，瞿氏兄弟多次到常熟城里拜访翁同龢，并请翁同龢于同治十一年十一月初十日（12 月 29 日）撰、次日又亲笔书《〈虹月归来图〉记》。记中赞扬瞿氏楼主兄弟"爱护先泽又发于仁孝之诚"，"好古而不鹜名，大异于世俗浮兢之习"，幸运自己"获交于镜之、浚之，泛舟古里村，得略窥其所蓄"，并"戏谓镜之昆弟，假我二十年日力，当老于君家书库中矣"。对瞿氏藏书给予高度评价。翁同龢还先后两次为瞿氏铁琴铜剑楼题联并书："独鹤窥朝讲，邻鸡听夜琴"；"入我室皆端人正士，升此堂多古画奇书。"后者强调藏书、读书与做端人正士的关系，既道出了楼主旨趣，又表达了翁同龢的藏书观。

翁同龢还与常熟同时代杨沂孙、杨泗孙、庞钟璐、庞鸿文、吴鸿纶、潘欲仁、俞钟诒及甥俞钟銮等交往，相互交流所藏，切磋学艺，翁同龢的藏书思想及实践也影响了当时的常熟藏书家。

中国近代四大藏书家之盛衰

吴景文

岁次戊午(1978),浙江平阳苏渊雷钵水教授,自宜山镇闲居,回沪恢复华东师范大学任教,途经宁波,登览天一阁藏书。曾赋诗补壁,其一云:“琴剑飘零皕宋空,八千卷散海源同;峥嵘一阁留天壤,文献东南此大宗。”诗中所提南北四大藏书家者,即江苏常熟铁琴铜剑楼(南瞿),山东聊城海源阁(北杨),浙江湖州陆氏皕宋楼,杭州丁氏嘉惠堂八千卷楼,是也。

版本目录学家胡道静教授,于甲子(1984)夏尝撰文曰:“居尝为言,爱我中华祖邦,恒起故国乔木之思,为乔木徵者,文化发达,绵绵不绝,古籍宏富,甲于寰宇。是虽作者之众,亦赖藏家之多也。我国历史上有闻名无名之私家,护书英杰,节衣缩食,倾力输财,在历史长河中,作无穷之接力泳进,积功立德,蔚为景观。然免于水火刀虫,子孙不肖,屹能保持藏书楼所及今者,惟浙江宁波范氏之天一阁、吴兴刘氏之嘉业堂两家而已。”追溯自丁未(1919)春,上海商务印书馆印行《四部丛刊》,张公菊生(商务董事长)曾撰《缘起》云:“睹乔木而思故家,考文献而爱旧邦,知新温故,二者并重。自咸同以来,神州几经多故,旧籍日就沦亡;盖求书之难,国学之微,未有甚于此时者也。”其在当日,言已慨然。

况自辛未秋(1931.9.18),日帝侵占东三省,壬申(1932.1.28.),日机轰炸商务印书馆工厂,一至四厂,及书库纸库、东方图书馆等处,均中弹起火,昼夜不熄。仅东方馆四十馀万册藏书,全部焚毁。复自丁丑至乙酉(1937.7.7—1945.8.15)八年抗日战争,全国藏书家流离转徙,兵燹烬馀,损失殊巨。建国而还,社会激剧变化,国内私人藏书家几告绝迹。洵如苏钵公诗云:“牛弘五厄原非烈,马总千林况已空。”为当年(1967)实录也。至于胡公所云惟存两家,但宁波天一阁,亦非范氏宗族原有,今已属于政府重点保管。湖州刘氏嘉业堂,珍藏宋元明清善本书籍,盛日超五十七万馀卷,达十八万册强。六十年间,刘翰怡氏亲历聚散,幸所剩存,亦归浙江图书馆接管矣。(刘公于 1963 年病故,寿终八十二岁。据彼所云:自 1910 至 1925 年十五年间,支付建造藏书楼十二万(银圆,下同),买书三十馀万,刻书印书二十馀万,聘请人员研究鉴定、编辑缮写、校对保管等项约十馀万,合计八十万银圆。数目之巨,堪称首家。)

一、山东聊城杨氏海源阁

明清两代,私家藏书极盛,藏书达数万卷者,多以千计。甚至有藏书多达数十万卷者。聊城杨氏海源阁,与常熟瞿氏铁琴铜剑楼,珍藏宋元珍本最多,故有“北杨南瞿”之誉。

聊城海源阁建于清道光二十年(1840),阁主为杨以增(1787—1855),字益之,一字至堂。道光二年壬午(1822)进士,官至江南、两湖河道总督。性喜藏书,所收至数十万卷。字画,碑帖,古玩,瓷器,收藏亦颇丰富。建筑海源阁十二间,分别贮藏善本书,楼上为宋元精本。所得宋版《诗经》、三《礼》及《史记》、两《汉书》、《三国志》,因颜其室曰,四经四史之斋。楼下为充宋、充元明版、清初版、殿版、手抄本书。海源阁后院，另有贮室五间，贮藏古玩、帖片、书画。传子绍和(1832—1875)暨孙保彝(1852—1910)，递有增益。斯时海源阁达到鼎盛期。保彝编撰《海源阁书目》，著录藏书经史子集四部三千三百三十六种，共有二十万八千三百馀卷。保彝晚年乏嗣，以族人杨敬夫为继。并恐身后族人争夺财产，波及藏书，遂开列金石书目等项，呈请归入祖祠，子孙世世保有，外人不得干预。

此后民初，军阀割据，历经战乱。杨敬夫移居天津，聊城留庶母二人料理家务。并将一部分善本书运至天津。1929年山东盗匪王金发攻陷聊城，其总部即设于杨宅。王部随来之秘书、参谋中，有系前清生员，颇知书籍；乃将海源阁之宋元秘籍及金石书画，择优掠去。盗匪甚至以阁上书籍炊饭烧水。1930年聊城再陷，盗匪千金子率众占据杨宅，将海源阁楼下之充宋充元明版、清初版、殿本、手抄本书籍，撕毁焚烧，揩器垫枕，无不用书。劫后收集点验，经史子集，损失过半。宋元版本，靡有孑遗。其馀书籍，亦多残缺不全。康熙、雍正、乾隆、嘉庆、道光五朝之瓷器四十箱，全数散失。古墨二十箱，一锭不剩。碑帖片四十三箱，除掠劫外，馀均被雨水冲毁，变成黑泥，并无只字完整。各室铺地长砖方砖，都遭掀裂，掘地一丈馀深，破坏极为惨重。

海源阁藏书古玩等，迭遭掠劫，损失殆尽。杨敬夫又恐日后再有不幸事故发生，乃于1930年底，将劫馀残损书籍，分装五十馀箱，运至济南杨宅保管。此后聊城阁内再无片纸存留矣。迨至1950年代，剩馀藏书，分为北京、山东两图书馆收购。历经百有十年、祖孙四代(1840—1950)之海源阁，已成为藏书史上之古迹矣。据1993年报载，该阁已修复完成，以供中外人士，前往旅游，登览胜赏之讯。第亦相如门庭,四壁萧索,昔梦空存,何劳涉想。

二、江苏常熟瞿氏铁琴铜剑楼

苏州地区之常熟,人称文学之邦,元明以还,藏书成为风尚,于清尤盛,相沿勿替。自钱谦益绛云楼、毛子晋汲古阁,以至张金吾爱日精庐、陈揆稽瑞楼等,数百年间,藏书家代不乏人。昭文常熟合志,于人物卷中,专列藏书家一门,固其渊源有自;亦为其他方志中,所稀睹者。就中瞿氏铁琴铜剑楼,允推巨擘。

瞿绍基字厚培,别字荫棠,廪贡生,权湖阳训导。读书乐道,广购善本,旁搜金石,历十年,积书十万馀卷,筑恬裕堂以藏之。昕夕穷览,尝请张式绘检书图以寓志。道光十六年(1836)卒,年六十五。子镛,字子雍,岁贡生,承父志,益肆力搜藏宋元善本,亦积十馀万卷。尤喜金石文字,辨析精当。尝得铁琴铜剑,遂以名其藏书之楼,凡六楹。所著《铁琴铜剑楼书目》二十四卷,既博且精,足为诸家后劲。书目著录善本一千三百馀种。经部八十二部,史部二百六十五部,子部三百七十部,集部五百二十五部。其中宋版一百六十一种,金刊三种,元本百零五种,堪与黄荛圃百宋一廛相媲美。

瞿秉渊,镛子,字镜之,诸生。咸丰十年庚申(1860),太平军之战起,苏州城陷,与弟秉清字濬之,载藏书避地江北,间关转徙,竟脱于难。整理之馀,尚得十之七。因请吴冠英绘《虹月归来图》以志幸,遍请名家题咏,士林传为佳话。光绪三年丁丑(1877)八月卒,年五十。

瞿启甲(1873—1940),秉清子,字良士,别号铁琴道人。其所撰《藏书题跋集录》(1985,上海出版)自序曰:"启甲仰承先志,未敢或懈,重以藏书目录稿,付诸剞劂(1898刻成),收囊年已失之书，以还合浦之珠；钞旧日原阙之卷，而成完赵之璧。”又曰：“更别取各种宋元本，择一二叶，影印成编（1923 刊印），聊资研究版本之一助，藉欲使其与《书目》能互相阐扬也。”清末端方午桥，督两江，假枢府意，胁瞿氏藏书献阙下，以京卿为饵，启甲不之动。无何，清室既倾，其事始寝。1919 年后，启甲尽出所藏，供上海商务印书馆影印《四部丛刊》初、二、三编之用，先后达八十一种，其数为采自私家所藏者之冠。甲子（1924）启甲为避战乱，移书沪上。重以抗战军兴，历尽艰辛，将书存储租界。1940 年启甲病殇去世，春秋六十有七。遗命书勿分散，不能守，则归之公。至五十年代，其长子济苍、次子旭初，遵遂父命，将藏书归诸北京图书馆。其三子凤起，名熙邦（1908—1987），供职上海图书馆，擅版本目录之学，尤精校勘，丹黄朱墨为世宝重。至 1982 年冬，凤起所撰《先父瞿良士先生事略》，缕述启甲生平事迹甚详。其文末曰：“铁琴铜剑楼藏书，肇始于高祖荫棠先生，及余五世，已越一百五十六十年，私家收藏，经历之长，仅次于四明范氏天一阁，并得有妥善归宿，可告无罪于先德矣。”百川汇海，大势驱趋。然读其末句，怅然有怀。得毋“万卷校雠何处去，绿签碧轴尽归公”者欤！

三、浙江湖州陆氏皕宋楼

陆心源（1834—1894），字刚父，号存斋，晚号潜园老人。清湖州归安人。咸丰九年（1859）举人，光绪初官至福建盐运使。其后丁艰，乞假归湖州，已有书百柜。家本富有，在湖州城东营造潜园，水木明瑟，极清旷之致。优游林泉，誓墓不出，而求书之志益勤。十馀年间，藏书总数达十五万卷以上，部居类汇，遂为江南之望。

陆心源所得宋元珍贵版本，时值太平军直指江浙之际。当时故家藏书，纷纷出售。同治年间，上海著名藏书家郁松年（字万枝，号泰峰）之宜稼堂藏书散出，其中四万八千七百九十一册精本、尽归陆有。又购得湖州、杭州、苏州、扬州、德清、乌镇、福州等地藏家遗藏。明清二代藏书家，极重宋元旧版，及至清末，宋刻本更成稀世之珍。陆氏搜购宋版书，达百二十种左右，元版书四百馀种。储之皕宋楼。此楼专藏宋元旧版本，及名人手钞手校本。其二称十万卷楼，专藏明以后之秘刻及精钞本、精校本。又于潜园内建守先阁藏书楼，贮藏近人著述稿本，及明清人集。陆心源不仅为藏书家，亦是一位大学者，编著有《仪顾堂文集》二十卷、《题跋》三十二卷、《皕宋楼藏书志》百二十卷、《续志》四卷等，总称为《潜园总集》，共九百四十卷。刻有《湖州丛书》、《十万卷楼丛书》。在近代出版史上，亦有名气。

陆心源卒于光绪廿年甲午（1894），其子树藩主持家政，耽于安乐，不事生产，坐亏山空。皕宋楼等三处，尘封满架，蠹鱼满本，未能保护，狼藉不堪。爰于光绪卅三年丁未（1907）夏，以十万两银子之价格，将皕宋楼、十万卷楼、守先阁之全部藏书，罄售与日本岩崎弥之助（三菱财团二代主）之静嘉堂文库。惊心动魄，悉载东去。当日鉴藏家如缪荃荪、傅增湘、张元济、董授经等，无不扼腕痛惜，感慨万状。汾阳王式通曾题诗十二首，深表惋惜，盼能赎回。今录其一云："三岛于今有酉山，海涛东去待西还，愁闻白发谈天宝，望赎文姬返汉关。"越八十年（1987）后，北京大学严绍璗先生访问日本，欲睹皕宋楼珍藏，准其进入东京静嘉堂文库，披览群籍。据谓因科学保管精究，所有宋版书籍，墨光如漆，完整如旧。现已成为日本国宝矣。

四、杭州丁氏嘉惠堂八千卷楼

丁丙字嘉鱼，别字松生，晚号松存，诸生，清杭州人。兄丁申，字竹舟，诸生。兄弟共同藏书，人称“双丁”。丁家藏书，富有渊源。其祖丁国典掌六，慕先世宋丁顗藏书至八千卷。顗曾言曰：“余藏书多矣，必有好学者，为吾子孙。”因筑小楼藏书，梁山舟题其额曰“八千卷楼”。父丁英洛耆，能读父书，尝往来南北，遇秘籍，辄以归，插架渐丰。申、丙兄弟，晨抄夕校，补其未备，贮藏益富。并继其祖其父之志，亦酷爱藏书。穷搜博采，历三十年，聚得八万卷。据胡凤丹所撰《嘉惠堂藏书目序》中云：“丁氏兄弟，慨振绮（清汪宪之堂名）诸家所藏，渺不可得。即天一范氏，胜国所遗，合族所守，亦荡焉渺焉。念斯文坠地之厄，发覆篑为山之思；以阁目为本，以附存为翼，节衣缩食，朝蓄夕求。远自京师，近逾吴越，外及海国，或购或钞，随得随校。积三十年，聚八万卷，视阁目几及九成，较楼额已逾十倍。”“嘉惠堂”之名，取自清廷之褒奖谕旨，中有“文澜阁毁于兵燹，其散佚书籍，经丁申、丁丙兄弟，购求藏弆，渐复旧观，洵足嘉惠艺林”之语。“嘉惠堂”匾额系浙江巡抚谭钟麟手书，悬于藏书楼之正堂。丁氏兄弟搜访摭拾，补钞校勘文澜阁四库全书之散佚缺残，先后历时廿八年（1861—1888），基本恢复原貌，功绩甚伟，贡献极大。（详见俞樾所作《丁松生家传》及王同伯《文澜阁补书记》。）（王同伯，晚号吕庐老人。杭州人，清光绪进士。）

丁丙于嘉惠堂书楼竣工之日，特作《八千卷楼自记》一文，告诫其侄丁立诚、其子丁立中曰：“建藏书楼乃吾祖吾父之志，吾兄未竟之事，吾勉成之，小子识之。”并命兄子立本书之壁，以示后之子孙永保。嘉惠堂占地二亩，藏书楼总共五楹，堂屋之楼层，即为八千卷楼，保存旧名。堂后亦有楼室五楹，曰“后八千卷楼”，曰“小八千卷楼”，曰“善本书室”。丁氏藏书，有其独特之处凡四：一、为收藏多属修《四库全书》之底本，可窥乾隆修书之法制。二、为多有日本、朝鲜刊本，可见域外刻书风光。三、为多收名人精写稿本，及多属名人、大儒、宿学者之收藏本与校本，读之使人肃然，有劬学励志之思，不独以流传久远为重。四、为收藏明清著名藏书家之书甚多，此最令人注目，有窥一斑而见全豹之感。故而八千卷楼，实可作为明清两代藏书楼之缩影微型之大观。柳诒徵曾曰："光绪中，海内数收藏之富，称瞿、杨、丁、陆四大家，然丁氏于文化史上之价值，实远过瞿、杨、陆三家。"

光绪三十三年丁未(1907)，距丁丙殁已八年，其后人因经商失败，亏空甚巨，出卖家产以清偿赔。楼主丁修甫(丁申之子，丁丙之侄)，旋以七万五千银元之低价，将全部藏书八万卷，悉售江南图书馆。缪荃孙尝曰："自遭家难，君拚挡所有，悉还债务。至于书籍，全归江南图书馆，价虽稍贬，而书无少逸，易一地耳。书固可按目而稽，在江南，犹在丁氏。识者尤知其苦心矣。"盖赞称丁修甫不步皕宋楼前辙，海舶东渡也。

兹篇所叙，深慨晚清四大藏书家盛衰聚散之概况，璧碎珠沓，过眼云烟。欲寻年时帘栊点勘，古道墨香之乐，不复可得。石室径荒，玉版煨烬，前尘梦影，风雨沧桑。踪陈迹于江邨旧屋而已也。

藏书访古日记

——苏州之行(续)

韦　力

虚　斋

虚斋是晚清民国著名收藏家庞莱臣的斋号，今址在苏州市颜家巷26号。

庞莱臣是南浔镇人，为南浔四大家之一，他在上海、杭州、绍兴和苏州等地都有大量的投资，尤其他所藏的书画、文物在数量和质量上都可推为民国时期的江南第一，由于他所藏字画的名气太大，故反而掩其藏书之名。

我最初注意庞莱臣的藏书还是在几年前上海敬华拍卖行所进行的一场拍卖中，推出了一批虚斋所藏名人书札和藏书，其藏书质量非同

一般。听苏州的老一辈讲，虚斋的藏书在五十年代散出来不少，但由于一般藏书并不被庞莱臣所重视，所以他的藏书很少钤章，再加上没有书目流传下来，故今日少有人知其亦是藏书家。

虚斋的整体建筑保存并不完整，至今日仅馀门厅、轿厅和后楼。在轿厅后面的砖刻门额上刻有“闳规远绍”四字，落款为嘉庆二十二年。园子正中是一个水池，池南有太湖石堆积的假山，在池的北面有楼厅三间，这就是当年的虚斋，在虚斋的后面有一座二层的小洋楼，据了解就是庞莱臣的住宅。

庞莱臣著名的藏画在其生前就曾出版过《虚斋名画录》十六卷，共著录历代名画五百三十八件，后来又出了《虚斋名画续录》四卷，著录了书画百九十五件。细翻这些图录，按今天的观点看，件件是国宝级的，极少有赝品掺入，可见庞莱臣眼界之精。他这些收藏除有一部分卖到了美国外，大部分都藏在上海博物馆、南京博物院和苏州博物馆，并且都成了这些馆中的著名藏品，而其藏书的归宿则难寻踪迹。

两罍轩

两罍轩是吴云的藏书处，现址为苏州市庆元坊 12号。

吴云是嘉庆光绪间人，其藏书在当时就小有名气，尤以他有周代青铜器齐侯罍两件，颇自得，遂以此名其所居。张鸣珂《寒松阁谈艺琐录》卷二称吴云“性喜金石、彝鼎、法书、名画、汉印、晋砖、宋元书籍，一一罗致，入其室者觉满目琳琅，令人有望洋之叹”。学者冯桂芬也说他“究心金石之学，藏书籍、碑版甚富”。现苏州图书馆藏有其稿本《两罍轩所藏经籍》一册，从中可以看出他藏书非同一般。

两罍轩在吴云故居听枫园内，由苏州友人陪同前往。现听枫园是苏州老干部书画院，原想进去参观很容易，没想到园门口即被守门人挡驾。费尽周折，终算允许入园。

两罍轩处在听枫园的西南角。进门后，顺回廊左转，厅房即是。室内总计有三十多平方米的样子，现陈列着一些仿古家俱，从质地上看，似乎不是当年故物。厅的侧墙上悬挂着装裱好的两罍轩的扁额，从后面的题记中可知是吴昌硕的曾孙吴民先所书，猛一看其字，还真有其曾祖书法的笔意。整个建筑保存十分完好，细看局部有后修补的痕迹。

曲　　园

曲园是俞樾的藏书处，地址在苏州市马医科巷43号。

俞樾是道光年间的进士，因他在科举试卷中有“花落春仍在”之句，而受到阅卷官曾国藩的赏识。后又因考试之事而罢官，主讲杭州诂经精舍三十一年，著述甚丰，有《群经平议》三十五卷、《诸子平议》

三十五卷、《春在堂全书》五百馀卷等。现在古籍市场上常能见到的局版书五局合刻《二十四史》，就是在他总办浙江书局时所做的事情，有名的浙局精刻本《子书》二十二种，也是由他校勘的。

曲园保存很完整，现在办成了茶馆，花十元钱买了一壶茶的茶票，就可以游览全园了。其园占地面积很大，约有五六亩地的样子。在正厅的两侧就是俞樾的著述处“春在堂”，室内的摆设仍然依旧，《春在堂全书》的大部分还整齐地排列在橱子里，分别陈列在春在堂两侧。转到春在堂的后面，豁然开朗是一个精致的庭院，庭院的正中靠边一侧是一小池塘，名“曲池”，这样就使得整个庭院的陆地形成一个“U”字型，据说是取《老子》中“曲则全”之意，故取名“曲园”。

俞樾在日本的名气极大，他受日本人之托编定了日本第一部诗歌总集《东瀛诗选》。他在曲园居住了三十二年之久，不但自己著述甚丰，还培养出一大批著名学者，如吴大澂、陆润庠、章太炎等。他的孙子俞陛云是光绪二十四年的探花、曾孙俞平伯更是现代研究红学的专家，据说曲园能够恢复原貌，就是俞平伯在 1980 年联合顾颉刚、叶圣陶等先生上书政府，才得以实现的。

颐 寿 堂

颐寿堂是任道镕的故居，今址在苏州市干将西路新民里 1—14 号。

任道镕是同光时人，曾任山东、浙江巡抚，山东河道总督等，他办事干练，受到曾国藩赏识，光绪皇帝也以

“卓异引见”，赏头品顶戴。七十九岁时，定居苏州，购得徽商汪氏旧宅，改建为“颐寿堂”。

颐寿堂占地面积很大，约有八、九亩地的样子，现杂居着几十户人家，看上去已破旧不堪，但从窗棂、护栏的雕刻精细程度上仍可窥得大家的风范。在第三进院落的墙上仍完整地保留着砖雕门楣，在院子的东侧就是颐寿堂的藏书楼。楼上、楼下各三间，开间很大，但由于颐寿堂没有书目留下来，所以不能详知当年的藏书底细。连接藏书楼与花厅的是沿墙的长廊，在长廊的墙壁上，按史料记载，镶嵌着董其昌所书法帖《清晖堂帖》，今已不知去向。

网 师 园

园师园是李鸿裔的故居，今址在苏州市阔家头巷 11 号。

李鸿裔是四川中江县人，道光二十九年进士，曾官江苏按察使，也曾做过胡林翼和曾国藩的幕僚。三十七岁辞官后，购得苏州网师园居住，居其间达十八年之久。

关于网师园的藏书情况，在黎庶昌《拙尊园丛稿》卷四中给李鸿裔所作墓志铭中提到“得瞿氏网师园，葺治之。园故有老树怪石池沼亭馆之胜，积书数万卷，益蓄三代彝鼎、汉唐以来金石碑版、法书名画以自娱”。《吴县志》卷七十六中也提到他“杜门却扫，拥书数万卷，治

经之外，旁及金石文字”。从这些记载中可以窥得其藏书盛况，可惜无书目流传下来，但从间接的记载中还是能看到他藏书之精，如傅增湘在其《藏园群书经眼录》中提到所藏宋本《隶韵》、《龙川略志》、《别志》等均有李鸿裔藏书印“苏邻鉴藏”(李鸿裔号苏邻)。

其实李鸿裔也并非完全地“杜门却扫”，他与攀古楼主人潘祖荫、耦园主人沈秉成、听枫园主人吴云、怡园主人顾文彬等过从甚密,这些踪迹从其《苏邻遗诗》中就可读到他们之间的酬唱诗。

网师园占地面积很大,从进园所买的《园林简介》中得知其占地五千四百平方米,最初是南宋时吏部侍郎史正志所建的“万卷堂”,仅从名字上看,当初也是藏书楼,在同治六年被李鸿裔买下后又进行了大规模的修建，才形成今日的规模。后此园被全国有名的大收藏家何亚农买下。建国后何家后人将此园捐献给国家,现已列入全国重点文物保护单位和世界文化遗产名录,藏书楼能获如此殊荣也算是大幸了。

写 礼 庼

写礼庼是五颂蔚的藏书处,今址在苏州市十全街怀厚里1—5号。

王颂蔚是光绪六年进士,光绪二十一年逝于北京。他是明代宰相王鏊的第十三世孙。王颂蔚是著名的版本目录学家，当时与著名学者管礼耕、袁宝璜和叶昌炽关系甚笃，当年著名的《铁琴铜剑楼书目》就是请他校订的。他个人著述也很丰富，仅《写礼庼杂著》就有四十五册之多，其中记载了很多他购书藏书的情况，可惜没有专门的书目流传下来。在叶昌炽《缘督庐日记》中有关王颂蔚的记载颇多，如卷一"访芾卿（王颂蔚字芾卿），携归元本《晏子》一部，与吴刻行款悉合；……又见宋刻《老子》、《文中子》，并小字本《老子纂图互注》，莫子思跋，此可宝矣；……又有《白虎通义》，卢抱经跋谓北宋刻，细审之元本无疑；又有《风俗通义》，亦元刻，卢抱经《群书拾补》即据之。各书皆拜经楼故物。"今日视之，这些皆名刻佳本，部部均难得矣。

王颂蔚的宅院面积很大，总名为怀厚堂，找到此处时，天正在下雨，由于几十家居民会居此处，在整个院落中垒起多道隔墙，撑着伞在这些隔得曲曲折折的院落中转来转去，脚下泥泞不堪，脑子里却想象着叶昌炽等名家夹着善本书兴奋地来找王颂蔚共同鉴别赏析，这是怎样的美景啊，可惜今日盛况难再。

大鹤山房

大鹤山房是清末著名词人郑文焯的藏书处，今址在苏州市马医科巷 19 号。

郑文焯是汉代经学大师郑玄之后，九世祖郑国安于清初镇守关东，编入正黄旗汉军籍，居铁岭。光绪二年参加科举考试时，冠以本姓。他与王鹏运、况周颐、朱祖谋合称清末"词坛四大家"。郑文焯的父亲兰坡先生即富收藏，他在跋《两汉文评》云："余家旧藏书籍精抄本甚夥"，但郑文焯的藏书观很豁达，到其晚年基本上将自己所藏全部出售殆尽，他自己解释说："物无久聚，

终必散出，与其给儿孙出售，三钱不值两，不如及身料理，尚能得相当代价。”后手稿部分都归了康有为。

近几年的古籍拍卖会上也常见到郑文焯的藏书和批校之本，尤其2002春海王村所拍《白石道人歌曲四卷别集一卷》，清初仿宋刊本一函二册，难能可贵的是郑文焯将此书通批通校，并且在书尾写了满满两页题跋，详述校此书的经过及版本，还在书上钤有“大鹤”、“樵风癞”、“冷红词客”等十馀方不同的藏章，可见对此书的宝爱。上面还有嘉业堂的藏印，可窥此书流传经过。拍卖现场以一万五千元起拍，经几十轮的竟拍，最终以五万二千元成交，一函二册的清代刻本得如此高价，显然不是版本之故，买家是冲郑文焯的批校和题跋来的。

大鹤山房处在郑文焯的整个寓所—讴园的正厅。找到讴园时，新漆的大门紧闭。经询问方知此房连庭院一起准备高价出让。明了缘由后，我们即谎称有买房之意方得入内。

整修后的庭院确实漂亮，据说是按当年讴园的布局恢复原样建设的。大鹤山房保存也很完整，细看其用料还是原来的旧物，让人顿生怀旧之感。名人旧居整旧如旧地包装后再出售，这在寻访藏书楼的过程中还是第一次遇到。

在讴园的旁门门楣上砖雕着“绣园”二字，原来是在光绪末年苏绣大师沈寿与丈夫书画家余觉在讴园创办“福寿夫妇绣品公司”，内设“同立绣校”。这也算是讴园中另一胜地吧。

邻雅旧宅

邻雅旧宅是民国作家范烟桥的故居，地址在今苏州市温家岸 17 号。

范烟桥在少年时代师从金松岑，1911 年入苏州公立第一中学，结识了顾颉刚、叶圣陶、郑逸梅等一批喜爱文学的同学，开始学习写作诗词。后回到家乡吴江同里结识了柳亚子和陈去病，加入“南社”。后在家乡开始文学创作，投稿给上海《时报》副刊，得到了报社主编包天笑的奖掖，并且创作了自己第一部长篇小说《孤掌惊鸣记》。1927 年写成《中国小说史》并主编《小日报》、《珊瑚》等报刊。抗战胜利后，主编《文江画刊》。建国后曾任苏州市文化局局长、江苏省政协常委、江苏省文联副主席等职，仍然写出了《苏州四才子》、《唐伯虎的故事》、《太平天国》等作品。

邻雅旧宅是清早期顾予咸“雅园”的一角，1922 年范烟桥的父亲以九千元买下此处进行重建后，全家从吴江迁此。他的大部分作品也是在此写成的。现正门门楣上砖雕“邻雅旧宅”四字是范烟桥自题，原来在大门两旁还有一副“取旧宅三分，里近弦歌知媚学；留雅园一角，心期泉石待藏修”的对联，今天已经看不到了。在门厅后，还有“文正世家”砖刻门楼，据范烟桥考证，自己是范仲淹从侄范纯懿之后，故有此刻。

现整个院落已分

成两部分，均住着不同的几户人家。范烟桥的藏书处在东半部分，当年的二万多册书就在这里收藏。房屋由于年久失修，显露出破败不堪的景象。北首的砖雕门楼保存完好，上雕“丰芑贻谋”四字，当年精心修建的庭院已不复存在，上面已盖起了新屋。

范烟桥藏书的归宿不详，现偶尔在苏州的书摊上还能够见到钤有他藏书印的旧本。

鹤　园

鹤园是清末词人朱祖谋的旧居，今址在苏州市韩家巷4号。

朱祖谋原名孝臧，又号彊村，是光绪九年进士，曾任礼部侍郎和吏部侍郎，以词名世，与王鹏运、况周颐、郑文焯合称清末“词坛四大家”，又被时人誉为“词坛祭酒”。

在他任广东学政时，偶遇王鹏运，因两人同好倚声，故结为至交。王鹏运去世后，所藏之书全部由朱祖谋收去，可见其藏书之富而精。同时他辑有《宋元明百六十三家词》，用各种善本进行校勘，十分完善。又辑有《湖州词征》二十四卷。在民国六年校刻唐五代宋金元词总集四种，别集百六十八种，总名为《彊村丛书》。《清代七百名人传》对此书评价颇高，“盖词起晚唐，越三百馀年而有南宋之刻《百家词》；又四百馀年为明末造，而有常熟毛晋汲古

阁之刻；又且三百年，而后有祖谋之校刻也。词苑于是为第三结集矣”。如此评价可谓中的。

寻访鹤园总计去了两次，一次在五月中旬，一次在七月中旬，其结果是都吃闭门羹。第一次去时，被门卫以现为“苏州市政协联谊会”、“苏州市海外联谊会”办公地点为由拒之门外。第二次去时，虽仍说明仅想进内拍朱彊村旧居照片即出，但又被前次门卫坚拒。无奈，只好将一张大门口拍的照片来搪塞读者了。

海 粟 楼

海粟楼是民国学者王佩诤的藏书处，今址在苏州市颜家巷14～16号。

王佩诤原名鼎，改名謇，字佩诤，早年就读于东吴大学，师从黄人、金松岑、章太炎、吴梅诸位大师。曾任苏州女中教务主任，振华女校副校长。建国后任华东师大教授，在“文革”中被迫害致死。

王佩诤嗜书如命，郑逸梅《艺林散叶》中有他“卖田买书，其妻反对之，遂不睦”的记载。他的藏书特色是注重乡邦文献，据他的《海粟楼书目》所载，罕见的藏本有《天平志》、《姑苏名贤后记》、明正德本《姑苏志》等。他所藏乡邦文献多达数百种。在他所撰的《吴县

志·艺文志》录苏州先贤遗著目录八千一百馀种。在书界中尤其有名的是他所撰《续补藏书纪事诗》,记录了藏书家一百二十六人,附录七人,版本学方面的著作还有《书目答问版本疏证》。

海粟楼位于苏州市中心的玄妙观附近,按王佩诤自己的考证,此宅本是郭梅峰的"秋声馆",王佩诤于1918年购下,现由于改建拆迁,旧建筑只馀一半。正门厅已经重新改建过,本欲入内参观,又被看门人所阻,只好在门口照张相离去了。

海粟楼的藏书在解放后陆续散出一部分,到"文革"前大部分还保存着,在"文革"期间所有藏书及其金石拓片,总数有十馀万卷全部被查抄一空,"文革"后发还了一小部分给其后人,听说这部分书后来贮存在上海的一亲戚家里,笔者虽多方打听,但迄无结果。

古 欢 堂

古欢堂是乾嘉时藏书家吴翌凤的藏书处,今址在苏州市槐树街5号一带。

吴翌凤一生没有功名,收入有限,他的藏书方法主要是通过手抄,为此到晚年害眼疾,仍请自己的学生或出资请人代为抄书。他与当时的大藏书家黄丕烈、石韫玉、吴骞、潘曾沂等交往

甚密。由于他学问渊博，当时的藏书家都请他代为校勘善本，他就借此机会大量抄书，如卢氏抱经楼、鲍氏知不足斋、吴氏拜经楼等都留下了他大量抄书的记录，黄丕烈称“郡中吴枚庵先生多古书善本，皆手自抄录或校勘者”；潘曾沂也说他“生平喜蓄卷帙，爱惜如护头目。老见异书，虽病必起，殚力钞写，夜尽一烛为率，精致完整，冠诸收书家”。当时他的朋友余肖客曾问他，别人的爱好都是为了欢乐，而你的爱好则是这样的痛苦。吴氏答曰：“余既贫，而又笃于好，夫何得而不苦也。”实际上他是以苦为乐，所以他称自己的藏书处为古欢堂。

古欢堂所处的槐树巷遗址今仍在，但整个街道全部拆迁重新翻建，幸亏槐树街老石牌坊还在，方得找到古欢堂遗址，但已看不到任何旧迹了。

吴翌凤所抄之书据书目记载总计达一万二千馀卷。在嘉庆年间，他到湖北巡抚姜晟家作家庭教师，后又到湖南浏阳，在两湖一住就是二十多年。他的藏书一部分在他亲戚家，亲戚看他长期不回来，就把书基本都卖了出去。还有一部分寄存在他的朋友处，而这位朋友极为嗜酒，就把这些书逐渐卖出买酒喝，等他重返苏州时书已基本全卖光了。但他仍不气馁，又在黄丕烈、吴骞、鲍廷博等处大量抄书。他去世后这些书也就慢慢散了出来。如此爱书之人，而得如此藏书结局，令后人为之叹惜。

嘉寿堂

嘉寿堂是明代宰相王鏊的旧居，今址在苏州市学士街肃封里 7 号。

王鏊是苏州人，自幼聪颖，在参加科举之前就被人称为

“天下奇士”。明成化十年中探花，授翰林院编修，正德元年任户部尚书。王鏊博学多才，在文坛极有影响，如他所作的《震泽编》、《震泽稿》、《守溪笔记》等，其文风对后世影响很大，被推为“制艺”之祖。他去世后，唐寅在王鏊墓前石坊上撰刻楹联：“海内文章第一，山中宰相无双。”

嘉寿堂原是王鏊怡老园中的一部分，处在怡老园的北部，因为大的拆迁，整个怡老园的原貌已看不到，但仅保留下来的这一部分占地也有二十馀亩，分为四路六进院落，是现在苏州保存下来规模最大的明清住宅之一，至今还保留着一些明代的房屋构建。

王鏊的藏书由于没有书目留下来，故对其藏书情况难得其详。清人姜绍书论他为明代藏书家之一，他也曾自称家世藏书，分散于数处，以防散逸、水火之不虞也。他的长子王延喆也是明代著名的藏书家和刻书家，他在藏书上常钤上“震泽世家”、“颜乐堂”等藏书印；又根据家藏宋本翻刻了很多书，如《左传》、《国语》、《汉书》等，今均称为善本。他还藏有三代铜器上万件，数倍于《宣和博古图》所载，可惜没有留下详细目录，而其所刻书则常常能在书市上见之。

春草闲房

春草闲房是康熙时藏书家金侃的藏书处，今址在苏州市卧龙街西双林巷30号。

金侃是明代藏书家金俊明的次子，叶昌炽在其《藏书纪事诗》卷三中称他“杜门钞书，校雠精审，宋元人名集秘本插架甚富”;“矮屋数椽,藏书满椟,皆父子手抄本也”。从这些知道他藏书早就很有名气，也是喜抄书的藏书家一路。他对自己的藏书之好有一个中肯的评价，“余赋性最淡，一切世人所热中奔竞者举无所好，顾独好书。然家贫授徒以糊其口，安得有馀资买书，势不得不从友人借抄，所谓少好抄书，老而弥笃矣。然亦用以耗壮心，送馀年耳，非欲以矜博览夸收藏也”。

现在春闲草堂保存得还算完整，总计馀有三进院落。现居主人是金氏后人的儿媳，已八十高龄。老人告诉我她从小在这里居住，后一直在上海工作，是位医师，年老退休后又返回故居，与孙女在这里居住。老人陪同我参观，还叙及许多金家往事，使人顿生沧桑之感。

细看整个院落保存极为完好，砖雕门楣上面题的字是王文治所书，看到砖雕上的王文治的落款与所书的字的颜色不同，老人孙女马上解释说这是她登梯子上去用刀子刮掉泥土漏出来的，她还

知道王文治是清代一大书法家呢。

西　圃

西圃是潘遵祁的藏书处，今址在苏州白塔西路13号。

潘遵祁是道光二十五年进士，是苏州藏书家潘祖荫的伯父。四十岁时回归故里主讲紫阳书院二十年。他的藏书最初来源于其祖父潘奕隽，潘奕隽逝世后家中分产，将三松堂部分藏书分给了潘遵祁，后来潘氏在邓尉山中建别墅，院内有香雪草堂，也是其藏书之所。现在西圃藏书目和香雪草堂书目都流传了下来，从中可以看到潘遵祁的藏书规模，其中有高士奇、吴骞等名家手抄本，明清两朝江南藏书家的抄本在这两部书目中基本完备。

太平天国时，太平军攻入苏州，潘氏藏书大部分毁于兵火，只有香雪草堂的部分藏书由于偏僻反而保留下来，到民国年间逐渐散出，有一些为其后人潘景郑所购得。

西圃占地约八九亩的样子，按资料记载应有六进院落，现馀有三进，保存完好。光绪年间经学大师俞樾曾形容西圃“泉石幽深，花木荫翳，墙头薜荔，幕青帷绿”，今日“我辈复登临”，一切都已荡然无存。在太平天国时，西圃被太平军的民政长官熊万荃占用，当时潘遵祁避居沪上，主讲上海蕊珠书院。解放后，西圃一直是吴县人民武装

部所在地。

贮 书 楼

贮书楼是康熙时藏书家蒋杲的藏书处，今址在苏州市饮马桥北史家巷23号一带，此处被称为蒋司马宅。

蒋杲是康熙五十二年进士，官户部郎中，曾任广东廉州知府，按史书记载其家藏书甚富，大文献家何焯曾馆其家为其校书。其藏书盛况因没有书目流传下来故不详，但他的藏书散出后，有许多为黄丕烈所得，往往从中能够得知蒋氏的藏书情况。黄丕烈在所跋《三谢诗》中称："郡中赐书楼（蒋杲的另一藏书楼号）蒋氏，余素闻其有宋刻《三谢诗》，去秋向主人索观，以赝本相混，其真本则未之见也。今乙卯五日，书友吕邦惟携此宋刻来，楮墨古雅，洵为宋刻中上驷。卷末有蒋篁亭（蒋杲号篁亭）墨迹数行，叙述是书原委颇悉，盖其为篁亭所藏，子孙故秘不肯出，而兹忽介书友以示余者。"

贮书楼旧宅由于时代的变迁，大部分已被拆掉了，只馀沿街的数间房还是其蒋氏故物，分住着数户人家，问及蒋杲当年之事均言不知，只知道此处是蒋司马宅。他们倒很热情地向我讲述这些老屋变迁情况，但就是讲不出蒋杲的点滴史实，只能付诸阙如了。

雅园·秀野草堂

雅园和秀野草堂都是顾嗣立的藏书处，雅园的地址在苏州市史家巷9—1号，秀野草堂的地址在苏州市间邱坊巷三株弄3—8号。

顾嗣立是康熙五十一年进士，在朝中作内阁中书。在京时他就大量购书，并在北京宣武门外西上街三忠祠建有藏书专室，名曰小秀野，并请禹之鼎绘《小秀野图》。请清初著名画家王原祁作《秀野草堂图》，在朝中有百馀位名士唱和，此图今仍存在国家图书馆。朱彝尊也为他撰写了《秀野堂记》云："长洲顾侠君筑堂于宅之北，间丘坊之南。……于是插架以储书，叉竿以立画，置酒以娱宾客，极朋友昆弟之乐。"

雅园里是一条很窄的小巷子，总计有十多米长，过了三百年仍保存这样的地名，可见苏州人文传承有序。走到巷子尽头，是一个不足百平米的小院子，院中有两口井，是整石雕就的井口，上雕"顾家"两字阴刻，知道仍是当年雅园旧物。我是一大早七点钟赶到这里，可以从容地在院子中浏览，发现雅园的两侧建筑都已拆迁掉了，仅馀了这么一小角之地。

秀野草堂也保存了很小一部分，只馀西路二进院落，秀野草堂的原楼还存在，现院中住

着四户人家，询之则只知道此为顾家旧宅，其他就不清楚了。我告诉他们这房的本主原是一大学问家，当年在京城很有名，众人闻之欣喜不已。

秀野草堂刻的书很有名气，字体也极秀美，可与“林佶四写”相颉颃，近年拍卖会上也常出现，同样受到今日藏家的喜爱，均以善价成交。

顾氏文房

顾氏文房是顾楗的藏书处，今址在苏州市谢衙前街36号。

顾楗是乾隆时人，曾官中书舍人。我最初注意到顾楗这个名字还是在清刻本《笠泽丛书》上看到的。《笠泽丛书》本是唐陆龟蒙所撰，在康熙、雍正间由顾楗碧云草堂影刻元至元六年陆氏本，书刻的极精美，此书一出便极受欢迎，于是出现了众多的翻刻本，如雍正九年陆钟辉水云渔屋刻本、大叠山房刻本等。这些本子也都是影刻，尤其是碧云草堂本与水云渔屋本，藏界一直难以确定究竟是谁翻刻谁的。在碧云草堂本的牌记页上，有的钤着“中吴顾楗之印”，朱文细条小章，藏家一般将此看作初印本的标识，但是大部分书上都没有此章，还有一些钤印竟被挖掉了。这个版本之谜，有待高明释疑解惑。但顾楗生卒年我迄未查到，只知道彭启丰作有《顾肇声传》（顾楗字肇声），可惜我至今未能看到这篇传记。

顾樵的故居现保留较完整，正门已拆，偏门是用石条砌起来的，极似上海的石库门，进门后是一阴暗的长廊，长廊两边各有两个小天井，总计住着八、九户人家。顾氏文房是一二层的阁楼，今仍完好地保存着，尤其是一、二层之间的回廊低檐，极有特色，是用曲木镂空架起，并不与上檐紧贴，似乎只起到装饰作用，从中可窥当年顾氏文房之华美。

琳琅秘室

琳琅秘室是胡珽的藏书室，今址在苏州市定慧寺巷吴作人纪念馆一带。

胡珽原籍安徽休宁，是道咸间人，官太常寺博士。对胡珽的注意也是因书而起，缘于他以木活字印行的《琳琅秘室丛书》。因为在我的藏书专题中，活字本为其中一类，三、四年前在鼎丰拍卖行的一次古籍拍卖专场上见到了此书，标价六千元，当时就想买下，可是在现场拍卖中一直有人竞价，举到一万元时仍有一年青人与我竞争，价已过一万二千元，最后落槌在他手里，当时觉得比底价贵过一倍，道光时的一套木活字本不应当有如此高价。后来在查资料时方得知《琳琅秘室丛书》不只是平常所看到的四集三十种，而胡珽在此后还用木活字排印过第五集，但此集极稀见，究竟第五集印过多少种也搞不清楚，因为在此书的总目录中没有列出，而

此次拍卖的这套书中除前四集全部外，还多了一个零种，这肯定是第五集中的一种了。当初那位年青人在拍场上是第一次见，这样看来一定是为一位高手代买，至今每想到此事，心中都涌现一丝懊恼情绪。经过这个小波折，既让自己牢牢记住了这部书的特殊性，从而也对胡珽这个人极感兴趣了。

叶昌炽《藏书纪事诗》卷六说他“好收宋元旧本书，手自校勘，有得即记”。可见他藏书水平极高，可惜在太平天国时，他的藏书大部分被毁，剩馀部分也就逐渐卖出了。后来个人境况逐渐好起来后，故习复萌，欲将自己所失之书全部补齐，可惜他岁月无多，赍志以殁。叶廷琯以诗来纪念此事，”良友他乡慰素居，暂收秘籍劫灰馀。如何遽返琅嬛地，抛掷遗编饱蠹鱼”。

胡珽琳琅秘室的遗址因为定慧寺街的拆迁而荡然无存，定慧寺今依然完整地保存着，按史书记载胡珽旧居就在定慧寺旁，现已重新翻盖为吴作人纪念馆。

壹是堂

壹是堂是金可埰的藏书处，今址在苏州市马医科巷21号。

金可埰是大藏书家金檀之孙，嘉庆时人，诸生出身，善书法绘画。但金可埰是藏书家，并是文瑞楼主金檀之孙，是从《荛圃藏书题识》卷六上知悉的。黄丕烈购得金氏藏书数种，并在金可埰旧藏《云溪友议》上题跋云：“郡中有贫士金心山（金可埰字心山），余数年前曾识之。既而心山病且死，书贾以其书画之遗弃敝簏者示余。又一日书贾以其家所留书籍求售，余拣得二、三册，是其一也。方知心山为星轺孙，藏书之家，渊源有自，宜其残编断简亦多善本矣。”同时，黄丕烈在卷六中又记录金可埰钞本《道馀录》跋语云：“此书为金心山所藏。曾住郡中马医科巷。先

世富饶，及身贫窭。惜身后荡然，残编断简以及一二画本，俱为贾人取出，间有得者，余悉珍之，重其人也。”

我知道金可埰住在马医科巷就是从黄丕烈的这段跋语中获知的。马医科巷总长不足一里，朋友带着找到大概方位后，用当地话打听，没费太大周折就找到了金可埰的旧居。现院落保留还算完整，L形的一排平房有数间屋，但现有住户已不知金可埰为何人。这一带的住房还没有轮到拆迁改造，所以旧居才能幸存下来，可惜金可埰的人与事都随风而去了。寒舍藏有金檀文瑞楼钞本，可惜文瑞楼早无迹可寻，而能寻觅到其孙金可埰旧居，也算小补憾事吧。

[**作者附记**]本文上篇(载《藏书家》第6辑)“缘督庐”条内，称江澄波先生说少年时“亲眼见过叶昌炽”，而其时叶已去世多年，纯属作者误记。特此更正并向江澄波先生致歉。

·新书架·

建国初的“救书”运动

徐 雁

当代知名作家、藏书家孙犁先生曾经在《野味读书》、《书之梦》等文章中回忆说，解放战争期间他在河间时，每逢集日，总要到大街尽头的一片小树林中去淘书。因为那是推独轮车卖旧书烂纸的小贩的所在地。旧纸堆里有一些破旧书籍，有一次他就从中淘到过两本原版的《孽海花》。冀中土改，上级要各村贫农团把斗争果实中的书籍，全部上缴，但许多书被农民拿去卷烟了。在当时的冀中邮局，存放过一些“土地改革”过程中收缴来的旧书，孙犁从中找到过好几种亚东图书馆印行的白话小说，书品极好，可惜被弄乱了，配不上套。他在大官厅搞“土改”时，曾在一个地主家的方桌上，发现过一部竹纸印刷的疑为明版的《金瓶梅》。在冀中导报社的驻地，曾经堆放过一些从纪昀老家接收来的旧书，其中就有内府刻的《全唐诗》。冀中导报社还在饶阳设有一个造纸厂，用收买来的旧书碾成纸浆造纸。厂里有一间棚子，就大量堆放着旧书。他在其中找到过石印本的《书谱》和王羲之的《圣教序》。

1949年2月，东北图书馆由哈尔滨迁至沈阳以后，先后接收了沈阳图书馆和辽宁省图书馆藏书，并正式开放。其时，馆藏书籍四十馀万册，其中包括文溯阁《四库全书》在内。次年6月，辽宁旅大图书馆开始接收该市文物保管会移交的罗振玉家藏书九万馀册、王永江家藏书籍三万馀册。据罗继祖先生在《枫窗三录》卷六中回忆："予一九四六年在旅顺参加革命工作，名义为旅顺市人民政府教育局科员，实未尝到局莅事，专司整理吾家光复扰攘中被挪移仓库之藏书。局中督整书之役者为政府秘书长、胶东干部王某，气质类商人，相与无间言。时整书处设市内故天后宫，王即据宫为寝室，日相见。吾家书板间出于袋中，王视为弃物，冬日用以煨炉取暖，枣梨木坚韧，火不易，且辟且詈，予见之，不敢声，以板为吾家物，惧言之启嫌也。讫事，书板遂无孑遗，成为文化之一小劫。……"这批书板，包括了罗家多年积累下来的《陆盾所著书》、《五史斠议》、《王无功集》、《金石萃编校字记》、《宸翰楼丛书》、《玉简斋丛书》、《永丰乡人稿》、《永丰乡人杂著》，以及《昭陵碑录》、《芒洛》、《邺下》、《广陵冢墓遗文》等，其价值自不待言。倒是罗继祖先生在同一部书的另一处交代了上述故事的一个令人啼笑皆非的尾声："书理毕，将移藏市馆。忽有检得板者，大诧曰：'此宋板也，胡委是！'亟令饰而藏之，予为忍笑不禁。今尚在市馆。"

1949年10月，东北图书馆因为朝鲜发生战事，决定疏散馆藏《四库全书》和宋元善本到黑龙江省讷河县城外小学保管。1953年，东北图书馆在《光明日报》和《东北日报》上刊登征书启事，最后因此举而购买到明版书五百馀册，三十年代前后的文献作品和杂志、三千馀种。

是年5月，杭州军事管理委员会接管了浙江省图书馆，合其总馆和分馆时藏书书籍三十五万册，其中包括文澜阁《四库全书》在内的善本约七万册。次年5月,中央人民政府政务院就颁布了《禁止珍贵文物图书出口暂行办法》和《关于古迹、珍贵文物、图书与稀有生物保护办法》。郑振铎说明道:“在过去,帝国主义者们在中国曾肆意的把我们最宝贵的古代艺术品、历史文献、孤本的重要图书等劫运出口,成为他们博物院、图书馆或私家的最可夸耀的收藏品。但我们的人民政府是不再允许他们这样做了,我们必须保护我们古代的艺术品和历史文献、孤本图书,使其永远保存在国内,供给人民们的研究。这个命令收到了很大的效果。盗运出口的事件已在基本上消灭。大量的文物、图书陆续的经过收购或人民们的自动捐赠,集中到博物院和图书馆里来。”同年6月,北京图书馆举办了中华人民共和国成立以来新收藏善本书籍展览。次月,中央人民政府政务院发布通令,颁布《保护古迹、文物、图书及稀有生物办法》。

1951年1月,青海省图书馆不慎失火,馆藏《大藏经》四十五箱、百零八部,图书三千五百馀箱,汉碑一方,宋代壁画三十六幅,以及三十馀种报刊杂志均被焚毁。为此,青海省人民法院于次月即在西宁开会公审省图书馆损失人民财产案,肇事者三人被处以徒刑,从而表明了政府重视和珍惜文化典籍财富的决心。同年1月26日,《湖北日报》刊载《关于在土改中保护文物的几点意见》,意见要求各地在没收地主的财物的时候,农会和有关工作人员应当负责对其占有的书籍、文物、古董、雕刻和字画的保护,并转呈上级人民政府妥善处理,并特别指出:乡村中抄出的地主家庭旧藏的古书,不应该任意用火烧掉。5月,中央人民政府文化部依据《土地改革法》第二章第二条的规定和刘少奇同志《关于土地改革问题的报告》第四项最后一节的补充解释,指示浙江省文教厅:“刘(承幹)氏藏书不应予以没收。”

然而,政策是政策,在具体执行过程中,还是产生了不少的问题(前述孙犁的情况大概就是其中之一)。陈训慈先生(1900—?)在《贩书经眼录》的序言中回忆说:“解放以后,政府创立浙江省文物管理委员会,邵裴子先生任主任,命余以专委兼图书资料工作。当时一般群众,不了解国家保护图书文物之政策,竟有讹传今后古籍旧书为无用者,人心未定,乃有纸业生产者运取名贵旧书毁为造纸与伞扇原料之事。”一时间,各地有不少珍贵的古籍随着废旧纸品进入造纸厂成为再生纸的原料。然而一些长期从事中国文化学术研究的政府部门的有识之士,还是在这历史性的时刻,尽力发挥了自己保护和抢救文化典籍的积极作用。

1950年10月底,郑振铎曾经在《一年来的文物工作》中说:“去年的古书旧报曾被商人们大批的称斤出卖,作为纸厂的原料或商店的包物品的纸张用。自从去年,我们抢救了几批之后,这一类的毁灭图书事件已经不大听见了。”时任华东军政委员会文化部文物处副处长的唐弢曾经回忆说:“解放初期,我在华东文化部文物处工作,由于废纸破书集中城市,曾经发动书商,从堆栈里检出不少珍贵古籍和革命文献。今存北京图书馆的三十卷本五臣注《文选》残本,就是当时的收获之一。”尽管唐先生废纸中检获《文选》残本的说法,后来被黄裳指为记忆不确,而认为应是残存十四、十五卷的善本《蟠室老人文集》(后归南京图书馆收藏),但是他也提供了一段与当时形势有关,并可佐证唐氏所述的史料。他说:“解放初期,江苏各地的旧家藏书,大量流入上海,正当书市寂寞之时,书店无力收购,全部落入了还魂纸厂。

这是极可惜的事。当时唐弢同志在华东文化部文物处工作，我曾建议他组织人力在这些“废纸”化浆之前加以拣选，虽然只是小规模地进行了一个短时期，也不无收获。记得孤本《蟠室老人文集》残卷就是从纸厂的车间里拣得的……郑西谛南来观书，也极赞成这种办法，可惜工作没有持久深入，所选也只以旧本古刻为主。大量近代史料，都这样淘汰销毁了。”（黄裳《几种版画书》）

1951年元月，文化部文物局在《一年来文物工作概况》中，就曾强调：“文物图书的调查、保护、收集工作开始得很及时，抢救了不少将被偷运出口的珍贵的文物图书和将被卖做还魂纸的图书、刊物。”6月，中央人民政府轻工业部和文化部联合发出了《关于禁止用旧版书做纸浆原料的通知》：“全国各地纸厂应一律禁用旧版书、科学书作纸浆原料，以保护文化遗产。”稍后数天，文化部发布《关于禁止珍贵文物图书出口暂行办法》，规定一些重要图书要经过中央人民政府核准以后，才能出国展览、交换或赠予。

黄裳先生在《书的故事》一文中说：“当时，书坊的景况很不好，几乎连维持都困难。旧书又大量从乡下、城镇流出，最大的出路是进入还魂纸厂。一个常到浙东收书的老店员一次向我叹气，说他在某地看到一大批旧书被当做爆竹的原料，其中很有不少明版的白绵纸书，还有一部初印的朱竹垞的《曝书亭集》。他想买了新的纸张向爆竹作坊换下这些旧书，结果被拒绝了。理由是新的“洋纸”在质量上远远赶不上旧的绵纸、竹纸，做起爆竹来卷不紧也没有韧性，放起来也不响。我又听到一家书店的店主说起，从上海城里一个旧人家称出了一大批旧书，都已捆好堆在旧纸店里了，第二天就要送到造纸厂去。我就要求他去选一下，答应他以“善价”收买。他很不情愿地终于去了。第二天我去找他时，他递给我两本旧书，同时叹气说，旧纸店不情愿打开已经扎好的一捆捆旧书，因为每捆能选出几本是毫无把握的。他费尽唇舌，也只打开了一捆。他选出的两本书是万历新安诸黄所刻的《罗汉十八相》，大方册，是最精的徽派版画，和另一册黑格旧抄的《续复古编》，是顾氏秀野草堂的藏书。扎成一捆捆的旧书一直塞到纸店的天花板，难怪他们不肯一一打开，重扎……。”

自五十年代初开始，各地政府都曾有组织、有计划地组织过力量，从废纸旧文献中淘书。如1951年6月，应郑振铎推荐而参加上海市文物管理委员会工作的瞿熙邦，就曾代表该会至上海董家渡造纸厂检查报废书刊资料。结果检出旧刊古籍甚多，如唐弢所说的宋代葛洪的《蟠室老人集》，就是可喜的收获之一。此外，还有太平天国文献资料等。此后又从废纸堆中发现过明刊《三峡通志》和清康熙刻本《通州志》等。同年，浙江省成立文物保管委员会，从奉化棠岙一次性就抢救到元明旧版书籍二百馀册，从此建立了检查废纸并斥资购买的制度，从而带动了杭州十馀家旧书商都竞起收购旧书史料，既“补公家耳目所不逮”，又起到了“保护文物之作用”。如杭州宝贻斋书肆的严宝善于1953年春，在杭州发现珍贵的清咸丰间苏松太兵备道吴煦后人所藏大宗太平天国档案，并提供线索给省文管会，从而为国家抢救性地保存了七百馀斤重的珍贵史料。

1952年9月，郑振铎为紧急收购和收集社会上散失的永定河档案，冀、鲁、晋水利卷宗，起草了一份致文化部负责人周扬、沈雁冰和丁西林的公函，要求各大机关的接收的旧档案，“片纸只字必须加以保留，绝不能任意毁弃”。同年12月，他又与王冶秋等三人联名上书文化部，要求大量收购散落在北京各旧书肆，如来薰阁、修绠堂、邃雅斋、富晋书社等大书肆中存有的大宗方志，约四万馀册。并计划从1953年起，“将此项收购方志工作，推行到天津、沈阳、上海、南京、杭州、西安、重庆等地，委托各地文化局或文物管理委员会指派专人，负责收购，以期收净此项重要的图书，勿任其在市上流通”，因为“我国各省方志，有关国际国防及资源”的缘故，“各地的方志，为地方的百科全书，不仅包括地方历史、人物传记、名胜古迹，也包括地方物产富（资）源和地形险要、交通关津，有关国家资源和国防的机密至巨”。同时，据这份报告透露，在1952年7月以后，文化部文物局曾经指派三人在北京在上述大书肆之外，收购到了各省通志、府志、县志、山川志、里志、镇志、桥志、堤志等，共计五千多部、四万六千多册，按时币价格则每册平均为“人民币三千元”（参郑振铎等《为收购北京旧书肆所有各省方志致文化部的报告》，见《郑振铎文博文集》）。

1953年，四川省文化局组织省图书馆等单位，在《四川日报》造纸厂等处清理出旧书报刊二千七百馀斤，其中有一部分属于珍贵书刊。1956年9月中旬，该省文化局又下发了一个《注意保护古旧图书资料》的文件。同年10月，湖南省成立了“整理积存图书资料工作委员会”，到次年底，共计清理出古籍十万馀册，收藏于湖南省中山图书馆。

1956年苏州古旧书店成立以后，业务人员发扬积极到民间搜书的书业传统，深入城乡的街巷村落访求信息，也曾经到废品回收站、造纸厂等处“救书”，先后发现了珍贵的明崇祯本《吴县志》、归庄的诗稿本，以及苏州文人学士如吴翌凤、袁廷梼和王芑孙的亲笔批校本等。尽管如此，但直到1956年底，郑振铎还在报刊上发表谈话，呼吁“宝爱民族遗产，保护文化古物”。他表示：“目前各地用线装书造纸的情况仍然严重，必须从根本上禁止并加紧捡选工作，改变破坏文物的情况。根据政府法令，凡毁坏重要文物者必须依法惩处；凡保护文物有功者也必须加以表扬和奖励。”并从此加强了公布“文物保护单位名单”的工作。

1957年上半年，上海市文化局、上海图书馆、上海市古旧书店组织人员，从废纸堆中抢救性整理出十四万馀册古旧书籍，其中有一些是珍贵的善本。

1958年，原在浙江杭州平海街经营宝贻斋书肆的严宝善加入了杭州古旧书店以后，便代表该书店走访浙东一带。十馀年间，所遇旧刊本、名家稿本、精钞本、名校本及历史资料、革命书刊等甚丰，他随得随记，或检书，或询人，编撰成为提要目录式的《贩书经眼录》十四卷，大多著录了两浙故家稿本、抄本、批校本及民间流传的精善本，并附录有朝鲜、越南、日本等国的汉文刻本，计著录古籍近七百九十种，凡四十七万馀字，1994年由浙江古籍出版社出版，裨益学林甚巨。该书也为上个世纪五十年代末、六十年代初的江南古旧书业，留下了珍贵的人文印记。

倒霉的出版家

辛德勇

搞出版免不了要赶风潮，这样才能很快地赚来大把大把的钞票，一味地出冷僻的学术书，非把出版家饿死不可。不过赶风潮有时犹如炒股票，押宝押对押错，其中的输赢出入便不啻天渊。

清朝末年是一个社会迅速“转型”的年代，汹涌而来的西方新思潮强烈地激荡着古老的大帝国，在一片风雨飘摇之中，不管是想“为体”也好，还是想“为用”也好，反正一大堆新的制度、设置夹杂在帝国旧有的体制之间，接二连三地施行起来。面对这一系列眼花缭乱的变化，就连中国的老百姓一时都很难摸得清来龙去脉，那些来自万里之外隆准深目的西洋夷人更不能不倍感困惑。于是，为适应这种需要，便有两位来自罗刹也就是现在通译为俄罗斯的那个国家的“老外”，编纂了一部名为《当代中国的政治设置》的辞书，以供与清国官员交往时查考。

本书的两位作者布鲁纳特（H.S.Brunnert）和哈盖尔斯特罗姆（V.V.Hagelstrom），都出身于圣彼得堡大学东方语言学系，时任俄国驻北京公使馆见习译员，显然通晓汉语，书中提到的每一项设置，便都标明了汉文名称。本书的俄文原版初版于1910年5月。本来是英国人最先用大炮轰开了中国的大门，他们与中国的交往比俄国人更多，更深，更全面，也更需要这样的工具书；再加上新兴的堂兄弟帝国美利坚，与其同种同文，所以很快就在1912年5月，出版了此书的英文译本。可以看出英国人还是很认可这两个俄国人的编纂水准的。英译本书前有“译者说明”，写于1911年8月15日，时为清朝末代皇帝溥仪宣统三年；可是不到两个月后，革命党人就在武昌发动起义，各地响应风从，清室土崩瓦解，民国肇建，天下气象，为之一新，各种政治、经济、文化设置，几乎无不另起炉灶，而这部英译本《当代中国的政治设置》，直到1912年5月才印刷成书面世，真是生不逢时，本来会很风行的畅销书籍，现在差不多快成了废纸，恐怕没有比这更倒霉的出版家了。

我得到的就是这种英译本，由英国驻福州领事贝尔特琴科（A. Beltchenko）和他们强行委派给中国的海关官员莫兰（E. E. Moran）共同翻译。英文书名为《Present Day Political Organization of China》，是由设在上海的凯利与沃尔什有限公司（Kelly and Walsh Limited）出版。出版者同时在香港、新加坡和横滨印刷发行此书，他们所预期的发行量是可想而知的。孰料风云叵测，世事突变，实际上并不会有多少人再去买这种根本不合时宜的书籍，所以今天若想找到一本，不管是在哪里，都需要费上一番周折了。

虽然对于当时的实际应用来说，《当代中国的政治设置》这本书几乎一出版就成了废品，但是没有现实价值的书籍不等于没有历史作用。严格地说，只要研究者能够拓宽视野，善于利用和发掘史料，就绝没有毫无史料价值的书籍。我们在前边已经讲过，清末新旧杂陈五花八门的设置，令人眼花缭乱，梳理起来是很费功夫的，所以直到今天，我们的清史学界还没有一部全面反映这些内容的著述或辞书问世，人们要想了解这方面的事情颇为不易。至少在目前，即使是我们中国的学者，也完全可以把这部书籍当作了解清末机构设置的手册来查阅；至于外国学者，其价值就更不待言说了。

藏书的人首先是念过书的人，而念书的人都关心有关念书的事。下面让我们先以“学部”为例，来看一看此书的内容和利用价值：

书中首先解释“学部”是清末新设的一个相当于西方“部”(Ministry)一级的政府机构，该部设置于1905年，用于管理大清帝国的教育事务，而在此之前是由礼部行使相应的职能。学部的内部设置，是由该部自行筹划报经朝廷于1906年6月11日获得批准后而建立的。学部的主官名为“管理学部事务”，其佐贰官称“参事”。学部的下设机构有司务厅、总务司（下辖机要科、案牍科、审定科）、专门司(下辖专门教务科、专门庶务科)、普通司(下辖师范教育科、中等教育科、小学教育科)、实业司(下辖实业教务科、实业庶务科)、会计司（下辖度支科、建筑科），等等。

《当代中国的政治设置》一书还特别提到，学部当时下设有一个特殊的机构——编订名词馆。书中对于这一机构的解释说，它是根据学部的报告而设立的一个编订“技术”词汇的机构，于1909年10月29日获朝廷批准设立，馆中设一名“总纂”和员额不定的“分纂”，分纂主持编纂关于自然、数学、政治、法律、历史、教学等方面内容的辞书，经审定列入辞书的词汇，将强制公私文牍必须使用。假如这个“编订名词馆”真的发挥了当初预定的效用，那么，我们今天的文化至少是汉语现代词汇可能会有很大的不同，因为现代汉语中的双音节书面词汇，许多都是借用日本人翻译西方典籍时利用汉文所创造的词语，而当年设置“编订名词馆”的初衷，就是想改变这种做法，重起炉灶，另译新词。曾在某一笔记当中见到一则讲张之洞的笑话，说他在清末以军机大臣兼管学部时，一次审阅有关学校建设的规章，面对呈文，勃然大怒，满纸大批"日本名词"四字，正要发下令其下属另行改写，忽然意识到自己所用"名词"二字正是他所深恶痛绝的"日本名词"，只好"留中不发"，不了了之。此事之有无，不必深究，不过张之洞对待"日本名词"的这种态度，却与这个"编订名词馆"大有关联，近人朱德裳在(三十年闻见录》中列有"日本大有造于东方科学"一条，谈到这一设置的建置原委及其效用：

清自庚子后，以各国清议所在，仍下明诏废科举，设学堂。各省督抚以能派学生为有体面。张孝达(按"孝达"为张之洞字)改定两湖功课，派遣学生动以百计，朝廷特派专员为留学生监督，汪伯棠最先。一时日本名词，终日在士大夫之口。孝达厌之，以为此日本土语也。当日本初译西籍，定名词时，亦复煞费苦心。大半取裁内典及中国《史》、《汉》诸书，非杜撰。如"禁产"、"准禁治产"之类，本于佛典；"能力"二字，本于《史记》，如此之比，不可胜数。至"宪法"二字，尤为古雅。中土初译西籍，谓为"万法一原"，意同而词累矣。今外务部行文中犹有"治外法权外"之语，日本人定为"治外法权"，岂不文从字顺耶？孝达在军机时，欲有以矫之，特设名词馆于学部，以严几道(按即翻译家严复)为之长，改"原质"为"莫破"，理科书中所谓"含几原质"者，改为"几莫破"，一时传为笑柄。然西籍苟非由日本重译而来，此等笑话，不知多少。

看历史同看现实，道理是一样的，制度规定的是一回事，实际施行的往往是另一回事。显然这个"编订名词馆"并没有起到什么作用。尽管如此，透过《当代中国的政治设置》这样的书籍，我们还是可以看到，怎样引进西洋词语概念在当时是何等令人关注。其实在《当代中国的政治设置》这本书里，就包括有许多诸如"编订名词馆"这样的西洋词语甚至是"日本名词"，从语词研究的角度来看，我们完全可以把它视作了解清末新兴西洋词语的专科词典。

再来看看著名的北京大学的前身——京师大学堂在当时的情况。本来按照清廷的计划，是在各省都设置至少一所“大学堂”，用于施行高中（HigherSchools）以后的高等教育，只是当时尚仅仅在京师设置了一所（所以后人往往误把“大学堂”与“京师大学堂”视为一事）。京师大学堂下设八个名义上相当于西方大学里的“系”（Department）而实际上更像学院（college）的“分科大学”，它们分别是经学科大学（下设周易学门、尚书学门、毛诗学门、春秋左传学门、春秋三传学门、周礼学门、仪礼学门、礼记学门、论语学门、孟子学门、理学门）、法政学科大学（下设政治学门、法律学门）、文学科大学（下设中国史学门、万国史学门，中外地理学门、中国文学门、英国文学门、法国文学门、德国文学门、俄国文学门、日本国文学门）、医科大学（下设医学门、药学门）、格致科大学（下设算学门、星学门、物理学门、化学门、动植物学门、地质学门）、农科大学（下设农学门、农艺化学门、林学门、兽医学门）、工科大学（下设土木工学门、机器工学门、造船学门、造兵器学门、电气学门、应用化学门、建筑学门、火药学门、采矿及冶金学门）、商科大学（下设银行及保险学门、贸易及贩运学门、关税学门）。新旧杂陈，真是够热闹的了。要不是有蔡元培倡导超然于简单实用之术的纯学术，真不知北京大学会不会有今日的地位。虽然相关的资料在档案中或许都可以查到，但是这种简明扼要的手册式说明，还是给读者提供了很大便利。过去就在报章上见到有人对于京师大学堂是否有经学科目表示迷惑，其实了解到其建校初期的上述分科设门状况，就不会有什么困惑了。

通过上述事例，可以清楚看出，《当代中国的政治设置》一书的记述是具体而微的，对于研究清末的历史，能够提供很多帮助。清代留存下来的史料实在是太多了，许多研究者感叹连基本汉文史料都看不过来，弄得没有多少人有心思去读域外史料。然而做学问就是要博闻多识，我们没有必要为炫人耳目而旁征博引，然而域外文献往往确有中土典籍所不著录的内容。如果我们平时能够多拓宽一点见闻，必要时就可以做到根据研究题目的需要，信手拈来，全不耗费功夫。假若你是普通读者，那么把这本书作为闲暇消遣的历史读物来看，或许更有意思，因为你不比多费心思去思索，尽管把它当作万花筒来看是了。

这部倒霉的书甫一出版，便成为明日黄花，为现实社会生活所遗弃，抛向遥远的历史。从出版到现在，整整九十年过去了，它在成为历史的同时也成为了历史学家所青睐的读物，成了普通民众观赏帝国末日景象的镜子，这是当年那位倒霉的出版家始料不及的事情。

按照藏书家的规矩，收藏西文书籍，最讲究的是最早印行的所谓“初版本”，这个英文本《当代中国的政治设置》是转手的译本，与此显然有很大的差距。也有一些旁门左道的藏书爱好者，在找不到或买不起初版本时，退而求其次，标榜书是读的，因此初版本的内容未必最佳，重版的书有时也自有其可取之处。——这当然属于吃不到葡萄说酸的那一类歪理邪说。不过话说回来，从使用与收藏相结合而不是单纯收藏的角度看，这个译本至少并不比它的俄文母本差，因为在翻译时原作者又加了几十页的增补，作者之一布鲁纳持还对译文做了认真的审校，内容不仅丰富，而且可靠。另外书末附有中文辞目索引，只要粗通英文，当作关于清末设置的历史词典来用，是很方便的。

快炙背而美芹子

——珍本杂志脞谈

谢其章

近日买到一册印数很少的书:《北京师范大学图书馆馆藏中文珍稀期刊题录》,印数仅一千二百册。本书收录了北师大馆藏珍稀期刊二百八十馀种,对于每种期刊的著录项目有:(1)题名(名括副题名和并列题名):(2)编辑者;(3)版本;(4)刊物的出版情况;(5)出版发行地:(6)出版发行者;(7)出版发行年;(8)文献总数和刊物的外部描述(尺寸大小,有无插图等);(9)主要栏目;(10)统一题名;(11)出版频率;(12)附注(包括刊物的沿革和各项细节);(13)内容提要;(14)分类,主题;(15)馆藏。这十五个项目其实也应该是"刊话"的写作要素,只不过"刊话"要比著录的形式随意一些。

我最感兴趣的,是北师大中文系教授、原北师大图书馆馆长于天池先生为本书写的前序《出版题记》。于天池说:"北京师范大学图书馆编纂出版馆藏珍稀期刊的目录在学术的严谨方面承担着一定的风险。虽然图书馆界都承认珍稀期刊的存在,但哪些是珍稀期刊,依据什么标准来划定珍稀期刊,各馆在选择的标准上不尽一致。本题录的依据有二:其一是,依据相关的工具书著录的情况来确定,主要的参照典藉是《全国中文期刊联合目录(增订本)》。它是目前比较权威的中国1833年—1949年期间的期刊志。它明确地著录了各种期刊存世散佚的情况,一般而言,它缺载失录的,或者是虽然著录,但入藏的图书馆非常稀少的,自然应该属于珍稀的范围。前者北师大图书馆藏有十馀种,后者也有相当的数量。其二是,根据我们现时对全国比较重要的部属重点高校图书馆的实际入藏的粗略统计来确定。根据对兄弟馆的期刊入藏情况的了解,又确认了所谓珍稀的第二个依据,即如果这种刊物有较多较大的图书馆没有入藏,我们就把它也纳入了珍稀的范围。可能后者的纳入标准稍嫌宽泛了些。根据这两种依据,我们确认的珍稀刊物约280条种。"

于先生在如此"自律甚严"之后,仍旧担心别人对"珍稀"标准提出疑问,只好又说:"所谓珍稀是一个描绘性的词汇,它相对主观而又有一定模糊性。有时是否称得起珍稀可能会引起分岐和争议,就北京师范大学图书馆而言,之所以编写这本题录,既不想敝帚自珍,也不想夸示炫耀,更没有任何商业的目的,只是为了按照自己的理解揭示馆藏,给利用图书馆期刊的学子们提供一种便利,如果有人以'快炙背而美芹子'相耻笑,也只好听之任之了。"

作为私人期刊爱好者,按照自己的理解来认定"珍稀"与否,其依据只能是于先生所说的相关的工具书,主要的参照典藉也只能是《全国中文期刊联合目录》。资深的期刊收藏家姜德明、胡从经通常也是依据联合目录来判断一本杂志的"珍稀度"。胡从经曾说:"一般而言,猎书是围绕着研究课题进行的,例如六十年代就想写《中国文学期刊史》,所聚近现代文学期刊不下千种。其中就有百馀种为《全国中文期刊联合目录》所未著录。像李叔同于光绪三十一年(1906)在东京创刊的中国第一本音乐刊物《音乐小杂志》,八十年代中在东京神田町一家旧书店觅到,国内公私藏家均无收藏;又如《声色》,从未有人提到它是新月社的刊物,也不见任何处所有藏。"2002年秋在北京鲁迅博物馆举办的首届"中国民间藏书家精品展"上,胡从经展出了《声色》和《音乐小杂志》。

完全依据《全国中文期刊联合目录》做为"珍稀"标准,也有不准确的地方,如联合目录的"编例"说明有"几个不收",不收不等于失收。所以,假如您手中有几种联合目录"不予收录"的期刊,就要慎重一些,不要自做多情地视为"珍稀"之物来夸示炫耀。联合目录(1961年版)收录的期刊仅一万九千一百十五种,离1833—1949年间可能存世的三四万种相去甚远。

2000年,北京大学出版社出版的《中文期刊大辞典》指出:"但《联合目录》已出版多年,由于多种原因致使有许多遗漏。《中文期刊大辞典》的编辑出版,为我国增添了一份反映中文期刊全貌的重要资料,为广大读者和研究工作者提供了大量而又较为齐全准确的资料和线索。"大辞典收录期刊三万三千零三十六种,其中旧中国出版的二万五千多种,新中国出版的八千多种。按理说大辞典的二万五千种应该全部涵盖了联合目录所收者,但令人不解的是联合目录本已收录的大辞典却失收,如我手头收藏的梁得所主编的《小说半月刊》(1934年),联合目录收,大辞典失收;同样的情况还有《小象》(1947年北平综合文化杂志)。大辞典的另一个缺陷是每种期刊只标示一家馆藏,不像联合目录那样凡是收藏有某种期刊的馆藏单位皆一一标示,联合目录的做法使得于天池的"珍稀"标准之一——"但入藏的图书馆非常稀少的,自然应该属于珍稀的范围",有了数据支持。大辞典的"前言"与"凡例"异常简短,与厚达二千七百馀页分上下册的巨量载体不甚相称,有"小头大身"之感。大辞典较之联合目录优势的地方在于每种期刊都有"内容简介"。有些期刊尤其是古旧期刊,光听其名,你闹不明白它里面讲的是什么,有了内容简介就好多了,至少不会再花冤枉钱买回自己不需要的杂志。

当然,我也在大辞典中找到了一些联合目录缺载的期刊,使原本以为特别"珍稀"的刊物顿时觉得不那么珍稀了。鉴于此,制定珍稀期刊的标准有必要修订为:联合目录与大辞典都失录缺载的期刊,可以确定为珍稀杂志。

如果再认真一点,是不是可以有这样一种看法,即:珍稀不等同于重要。许多稀见的杂志,其内容一点也不重要(当然,重要与否,没有硬性的规定)。在我集刊的过程中,经常求教于姜德明先生,姜先生经常说的一句话就是"这本杂志不重要"或"这本杂志挺重要",把重要性置于稀见性之前。某日,我在旧书肆淘得《小象》杂志四册(缺创刊号),根据经验,当即判定为稀见之物,一查联合目录果然如此:《小象》(旬刊)北平小象旬刊社,出

1—5期，1947.7—8。北京图书馆藏1—5期，北京大学图书馆藏2—5期（与我一样）。其他馆无存。《小象》重要吗？因为手边不藏创刊号，不知当年创办人题名“小象”是什么意思，查《辞海》“小象”条：《周易》各卦附有《象传》，其中说明每卦各爻的叫“小象”。《辞源》“小象”条下还有一解，小象即熏炉，造形似象故名，还引征李贺诗“沈香炉小角，杨柳伴啼鸦”。

抄《小象》第2期篇目如下：《十日志》、《三大员之北来》（周复）、《张继主战，孙科放炮》（遂今）、《动员剿匪纲要消息泄露》（崇）、《蒋主席讨厌风扇》（豪）、《由孔财神说到杨子公司》（畏厂）、《速写儒将熊天翼》（今吾）、《东北杂缀》（纪客谈）、《青岛是海军的黄埔》（陶今也）、《开滦煤田》（吉利）、《飞碟究竟是什么样》（丁一）、《叶浅予的形形色色》（锺子绵）、《打箭炉素描》（叶浅予）、《把刻印放入新的内容》（温景博）、《上海“小报”鲜剖（上）》（巨公）、《三千里的转进（2）》（高驷）。对于主藏文化艺术类期刊的我，《小象》很不重要，尽管它十分稀见，叶浅予的《打箭炉素描》显然也是从别处偷转而来的。《小象》外型殊小，仅9×13厘米大小，似乎可与叶灵风的《小物件》同列入微型杂志。我的《小象》藏本钤有“杜棠藏书”印。杜棠，不知何许人也，藏书藏刊甚丰富，每购一刊一书皆编上号注明日期，如出版于1947年8月5日第3期《小象》，杜棠注明购于8月6日，编为“6744”号，出版于1947年8月25日的第5期《小象》，杜棠注明购于8月26日，编号为“6751”，真是有心的收藏者。我的藏刊中还有不少是杜棠收藏过的，山不转水转，真叫人无法可想。

我还有一个看法，由于期刊的特殊属性（刊期七天及七天以上的连续出版物为期刊），所以期刊的全套完整性至关重要，不成套的零本的杂志,其珍稀度要打折扣。还有些期刊印量较大,馆藏也较丰,但是全份无缺的收藏者却少有,如林语堂创办之《论语》,当年的印数达每期三万馀本,联合目录中五十个参加单位中有三十九个单位收藏有《论语》,但是只有一家图书馆收有整份 177 期的《论语》(中国人民大学图书馆)。所以是不是可以这样说,《论语》不属于珍稀杂志,但是全份不缺一期的《论语》应该有资格进入"期刊善本室"。北师大图书馆已将"珍稀期刊调到古籍善本书库进行保管"了。于天池说:"实际上,就纸张和装订而言,期刊的生命力较之古藉更脆弱,更需要在阅读和保管上下功夫。"

"快炙背而美芹子"典出《列子·杨朱》,二千年前的山野农夫自以为天下最快乐之事莫过于晒太阳;天下最味美之食莫过于芹菜,终遭"众哂而怨之"。百年历史的北师大图书馆亦深恐他人"蜇于口,惨于腹",在"珍稀"二字上小心再小心。世间之常理,别人有的东西我正巧也有,别人偏偏说这东西如何珍稀,我心里一定暗自笑话,这东西有什么稀罕?我这就有。小至一己之藏,大至汗牛充栋的图书馆,概莫能外。

·新书架·

云南喜得麻沙本

官桂铨

2002年6月13日，我同几位同伴游云南省丽江县，已被列入世界文化遗产名录的丽江古城保存较为完整的古代建筑群，一条小河缓缓地从城内民居中流过，清澈见底。现在的古民居几乎家家开店做买卖，虽然店铺大都没有店名，但商业味道极浓，一不小心，宰你没商量。

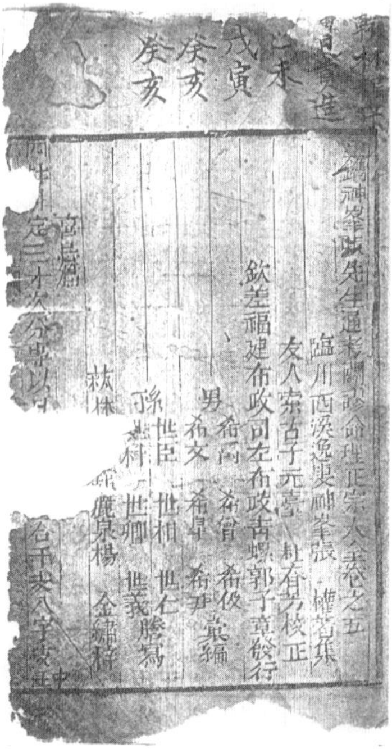
臨川西溪逸叟神峯張楠著集
友人宗古子元亨 杜有光校正
欽差福建布政司左布政吉螺郭子章發行
男 希尚 希曾 希俊 彙編
希文 希皐 希尹
孫 世臣 世相 世仁
世卿 世義 謄寫

明麻沙刻本《辟谬命理正宗大全》卷一首页

黄昏时分，我瞥见一家店前放着一叠古旧书，征得店主同意，逐本翻了一下，挑出清刻本《三字幼仪》，这是古代蒙学书，类似《三字经》，不见记载，应是当地的出版物；清刻本《合纂四书汇通》合订本；清刻本《四书旁训》，存“下论”，书末刻“安顺至诚堂藏板”，这是贵州刻本。三本书店主要价九十元，几番讨价还价，终以二十元成交。

晚餐吃罢，同伴都去看纳西古乐，我买书馀兴未尽，继续寻找古书。功夫不负有心人，果然在一冷摊看见几扎破书，我借张小凳子，一一翻阅。一本《重镌神峰张先生通考辟谬命理正宗大全》出现眼前，定神再看，还有几行要紧的字："钦定福建布政司左布政青螺郭子章发行"、"艺林□□馆丽泉杨金绣梓"等，这不是四百年前福建麻沙刻本吗？一定是。现只存卷五一册，寒斋虽有几部明版书，但无一册明麻沙刻本。明代福建建阳麻沙是我国图书出版三大中心之一，刻书数量最多，世称建本或麻沙本，但今天存留不多，多数珍藏北京、上海等各大图书馆，我省各图书馆所藏，寥寥无几，都是善本书，一般人难得一见。我心中窃喜，又挑了《向善回春冥案》等四本书，店主索价百八十元，我说："书破得这么厉害，值不了这么多钱。"最后以二十五元买下。

又过了三家，店前照样堆放一些书，我挑选了《笔耕书屋课蒙集》、《铜板四书正蒙下孟》、海录轩版《文选》等四册清刻本，店主是位大姑娘，心可狠呢，叫价二百八十元，我说："前面的老人家店里五本只要二十五元，你的书就这么贵？"她疑惑了，我知道她不懂得这特殊"商品"，她真懂得，早就改行了。她用土话喊了老者出来，证实我没说假话，收了二十元，还问我要不要剩下的书，因不属我研究范围，婉言谢绝了。《文选》虽然只存卷五十一至卷五十五，一册，但是朱墨套印白纸初印本，颇为可爱，书内还有不少眉批，字体挺秀，不知批者何人。所谓《铜板四书》，也不知是否真正铜板，回去要好好研究。又走了一条街，找到了一家杂货店，翻了几本清刻的道家类的书，店主是中年妇女，每本索价五十元，不还价，我不大需要，就此作罢。

丽江的天气真怪，说变就变，忽然倾盆大雨下个不停，我紧紧抱着残书站在屋檐下避雨，但愿麻沙本和套印本不被雨淋。

不久雨停了，我全身淋湿了，书却无恙，心里热乎乎的，踏步回到旅馆。灯下我将十多本书欣赏一番，我知道，这些书多来自废品担，今归于我，也算废物利用吧！同室者戏称，我们到云南赔了钱，你却赚钱了。古书真正值多少钱，没有谱，但我认为四百年前的明代闽人刻的书今日回归闽人手中，这是何等快乐啊！

回到福州，查《中国古籍版刻辞典》，知道四知馆主人杨金字丽泉，号君临，明嘉靖间人，刻过《时调青昆》、《水浒传》、张楠《新镌神峰张先生通考辟谬命理正宗大全》等书。据敝藏本，可知张楠是张权之误，新镌乃重镌之误；再考《福建古代刻书》，证实杨丽泉也是建阳清白堂的派下，我的书虽是残本，却不见《中国古籍善本书目》等书著录，或是孤本，弥足珍贵。《向善回春冥案》二卷，1921年云南开智公司铅印本，属说唱文学的宝卷类，不见《中国宝卷总目》，也是罕见本。

6月18日，我又游大理古城，看到一家杂货店，兼卖古书，随便挑了一本民国石印的医书，店主开价五百元，真是漫天要价有术，令人咋舌，这样的书价，只好做永久的陈列品了。

我买古书大多成交，但碰到一些似懂非懂的店主，"臭盲盲抱死老鼠"（死抱不放），你也没办法，只好倒翻钱袋，照数付给。大理古城下有一家衣帽店，摆了不少古书，我挑了几本，每本开价不是五十元、八十元，就是一百元、二百元。我最后锁定两部木刻本，一本厚厚的合订本《新镌玉函全奇五气朝元斗首合郎鳌头通书》，一本薄薄的《清官传》。店主是中年人，瘦个子，颇精明，要价二百八十元，最后他降至一百八十元，我离开了店，他又去做卖衣帽的生意忙开了。

出来的路上，我想合订本书前有明版画《道轩熊宗立》图和《□畴熊秉懋汇选鳌头》图，正文首页刻“大明国师刘伯温重述”、“潭阳后学熊秉懋汇编”、“书林淑□熊启灿详阅”，这不就是明刻麻沙本吗？这页明版画，虽有残缺，但有明代书坊主人熊宗立的像，很宝贵，近年出版的《建安古版画》没有收录。《清官传》是清代弹词，流落西南边陲，说不定还很少见呢。我不能失之交臂。

回头到店中，与店主周旋，店主见我回来，自然高兴，他问我哪里人，我答福建人，这一下，他铁价不二，还说这些书是姐姐的，我自作主张，不知她同意不同意。我知道这是商人的伎俩，再说下去，他就不卖了，或再加价。我二话没说，付给一百八十元，拿了两本书，算是我买古书以来，最为出手的一次。店主自然高兴，指着几部蓝布套的石印医书，问我要不要，我瞧了一下，摇了摇头走了。心想，这位店主不愧为南诏古国的传人。

回到家中，我仔细地查阅一下，原来合订本中有三部书：《鳌头通书》仅一卷，后面三页还是抄配的，也算完整，未见著录，应属孤本。据《中国古籍善本书目·子部·术数类》，安徽省博物馆藏明万历年间建阳书林刻本明熊秉懋辑《新编历法总览合节鳌头通书大全》四卷，当是扩编本。中间几本都是“潭阳书林魏鉴汇述”的《新镌历法便览象吉备要通书》，存卷十七至卷二十九，最后一本为清抄本《年家开山立向修方吉神总览》，三部书都属占卜类，对风俗史有点用处。《象吉备要》作者是清初建阳书坊老板魏鉴，此书只存半部，为清初建阳刻本，省内也未见收藏，此书我还有石印本和近年的铅印本，看来民间还很重视呢。至于《清官传》，我查了胡士莹先生编的《弹词宝卷书目》，未见著录。如果这些书分开计算，一百八十元也不算怎么贵了。

在广州淘革命历史文献

罗仁忠

南国羊城，一向是华南地区的政治、经济和文化的中心。自1921年中国共产党广东支部成立为标志，风起云涌的新民主主义革命运动就在华南这块大地上轰轰烈烈地蓬勃发展，如中国共产党第三次全国代表大会在广州的召开、中共广东区委发动和领导的省港大罢工、广州农民运动讲习所的开办以及广州起义等等，中国现代史上许多重大的历史事件都曾在这里发生，相应地也留下了大量的珍贵革命历史文献。解放后，虽国家有关部门和图书馆大力征集收藏，相信仍然会有一部分遗落民间；再者，当代随着印刷出版技术的飞跃发展，各类图书馆馆藏急速膨胀，一些非专门的图书收藏部门，如企事业单位的图书资料室，甚至一些小型的图书馆，由于条件的限制，只得清理旧有库藏。由于某些业务人员的疏忽或是业务水平不高，以致一些珍贵的革命文献被当作一般的旧书籍而作为处理品，重新流入社会而进入旧书市场。

华南地区还有着她特殊的历史地理背景，她所毗邻的香港，众所周知的原因，在中国近代史上沦为了英国的殖民地。由于英国殖民者所标榜的新闻言论自由，一些难以在蒋管区出版发行的革命文献，迁移到香港出版则相对较易。尤其是在抗战胜利后，为了打破国民党当局为发动内战而对中共实行的全面封锁，在党的策划和直接领导下，专门在香港设立了党的新闻出版机构如《正报》、《华商报》、新民主出版社等，突破国民党的封锁，及时宣传共产党对时局的方针与政策，揭露国民党发动内战的阴谋。同时，这些出版单位还出版了大量的革命文献，并通过广州和其它途径向蒋管区输送散布，在广州因此而沉淀了相当丰富的这类香港版革命历史文献，这也是广州相对于全国其他地方所独有的特色。

广东侨乡众多，因为人员的流动，与外部世界的经济、文化往来频繁，一些通过各种途径已散布到国外的革命文献书刊又回流侨乡。近几年随着广州旧书市场规模与影响的日益扩大，包括自发形成有一定规模的周末旧书集市，吸引了广东各地的旧书从业人员来此开档摆摊，散布侨乡和广东其他各地的各类线装书、民国旧平装书纷纷流入广州，混入其中的珍贵革命文献不时在市场地摊中露面。可以说，广州就是这么一个富藏革命历史文献的“金矿”，淘书其中，其乐无穷。现将近半年所得，捡出十种，或可略见一斑。

《救国言论集》 1937年5月1日全国各界救国联合会印行，32开，列为“国难丛书第二种”，无版权页。1936年5月31日，在中国共产党建立抗日民族统一战线的号召下，沈钧儒、邹韬奋等在上海发起成立全国各界救国联合会，要求国民党政府停止内战，释放政治犯，建立统一的抗日政权。国民党当局于1936年11月23日深夜，逮捕了救国联合会的七位领导人，并于1937年4月3日由江苏高等法院以“危害民国”罪提起起诉，史称“七君子事件”。为了反击国民党当局的倒行逆施，全国各界

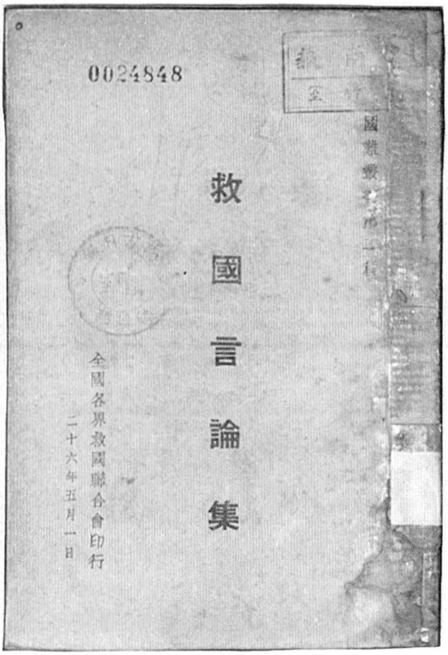

救国联合会编印了这本《救国言论集》，其宗旨在该书的序言中作了详细的说明：“自从本会的主干人沈钧儒、章乃器、邹韬奋、李公仆、沙千里、王造时、史良诸先生经苏州高等法院提起公诉后，一时‘救国有罪’的空气就又弥漫起来了。本会主干人的所以‘犯罪’，从公诉书中看来，唯一的理由可说就在组织本会，以及发表本会的救亡言论主张。本会为了使全国各界人士，及全国各地的救亡同志，都能清楚地明了该案的真相以及本会的救亡言论主张起见，所以特地将本会这一年来所发表的重要文件，都完全辑录在本书中。”为了使全国同胞尽可能多的了解事实真相，编者在封底特别注明“本丛书欢迎：全国爱国同胞尽量介绍翻印”。

《解放》第四十三、四合刊　《解放》，1937年4月24日在延安创刊，初为周刊，后改为半月刊，至1941年停刊，共出版一百四十三期，为抗日战争时期延安中共中央的机关理论刊物。本期合刊，出版于1938年的7月1日，16开，为“抗战一周年”及“中国共产党十七周年”两个专题的《纪念专刊》，封面有毛泽东的题词手迹：“坚持抗战，坚持统一战线，坚持持久战，最后的胜利必然是中国的”。本刊值得特别关注的是，毛泽东同志1938年5月26日至6月3日在延安抗日战争研究会上的著名讲演《论持久战》，就是在这一期的《解放》周刊上首次公开发表的。其他刊载的文章，也均是一些重要的革命历史文献，计有朱德的《八路军抗战的一周年》、刘少奇的《坚持华北抗战中的武装部队》、林彪的《论华北正规战的根本教训与游击战争发展的条件》、黎平的《中华民族伟大抗战的一周年》、洛甫的《中国共产党十七周年纪念》、林伯渠的《伟大的七月》和陈伯达的《我们继续历史的事业前途》。

《我们怎样打退敌人》

1938年3月初版，32开，《新华日报》馆印刷、发行，列为“新群丛书”第一种。所谓“新群丛书”，系取当时我党在国民党统治区公开发行的《新华日报》和《群众》周刊首字命名，主要摘录这一报一刊有关文章编印而成的系列出版物。此辑收中共主要领导人著作五篇，分别为朱德的《八路军半年来的抗战经验与教训》、任弼时的《山西抗战的回忆》、林

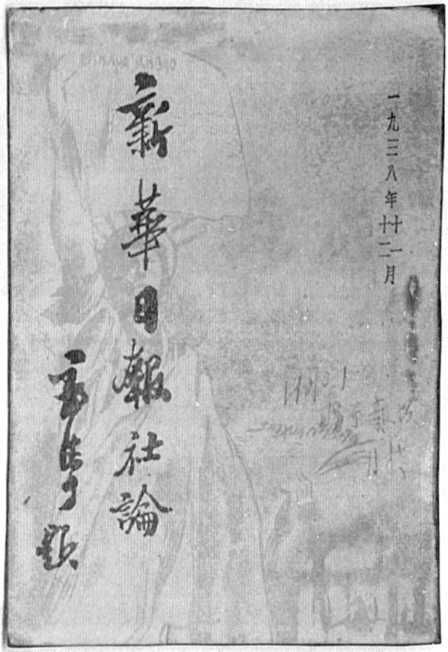

彪的《平型关战斗的经验》、刘伯承的《我们怎样打退正太路南进的敌人》和项英的《南方三年游击战争的经验对于当前抗战的教训》。

《新华日报社论》(1938年11、12月)　1939年2月1日初版,32开,《新华日报》馆印刷、发行,列为“新群丛书”第四种。该书汇集《新华日报》1938年10月25日由汉口迁重庆苍坪街九十六号出版后二个月内所发表的社论而成,封面“新华日报社论”六字,为郭沫若所题。

《日寇侵略的新阶段与中国人民斗争的新时期》　陈绍禹(王明)著,1937年11月法国巴黎国际联合出版社印行,封底标价中国境内:$0.15。封底的衬页上加盖有蓝色印章“新民图书杂志公司经售　广州汉民北路259号”。从书籍的纸张及印刷装帧形式来看,所谓的“法国巴黎国际联合出版社”可能系假托,这在当时国民党统治区出版进步书刊时,为防止迫害，此种方法常常被采用。抗战爆发后不久的 1937 年 11 月底，时任中共驻共产国际代表的王明从莫斯科回国，在 12 月召开的中共中央政治局会议上，他作了《如何继续全国抗战与争取抗战胜利呢?》的报告，系统提出了右倾投降主义的主张，即所谓的“一切经过统一战线”、“一切服从统一战线”，从根本上违背了共产党的独立自主原则。王明的这本《日寇侵略的新阶段与中国人民斗争的新时期》，出版于 1937 年 11 月，早于其 12 月在政治局会议所作的报告，但其内容，一脉相承，大家只要看看此书第一章第三节的标题，即可知二者间的渊源：“如何组织对日全国总抗战和保证抗战的胜利呢?”。更有甚者，是书第二章“新环境与中共为新中国而奋斗的新政策”中，竟公开提出“在现阶段上一切应当服从抗日，服从最高领袖蒋委员长”，公然与党中央当时的方针政策背道而驰。王明的这本《日寇侵略的新阶段与中国人民斗争的新时期》，可以说是其右倾投降主义的大写照。

《论联合政府(七大文献)》

1945 年 6 月延安解放社初版，32 开，土纸印刷。是书为 1945 年 4 月 23 日至 6 月 11 日在延安召开的中国共产党第七次全国代表大会文献的第一个专辑，除主要刊载了毛泽东的政治报告《论联合政府》、朱德的军事报告《论解放区战场》外，还收有“毛泽东同志开幕词”、“朱德、刘少奇、周恩来、林伯渠、冈野进等同志演词”以及有关会议开幕、闭幕的新闻报道。还值得一述的是，这本《论联合政府(七大文献)》封底，盖有一方售书章“昆明书店经售　福照街115号　实价国币$　”。这枚售书章，对研究当时革命文献向国统区的流布情况有一定的参考价值。

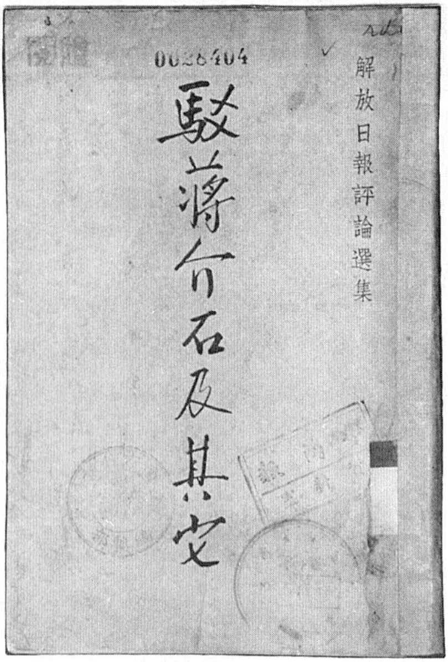

《驳蒋介石及其它——解放日报评论选集》　薄薄一册四十页，无出版日期及出版发行者，封面盖有“赠阅”红印章，似解放区出版部门专为向蒋管区发行而编印。此册所收评论，均为延安《解放日报》1946年3、4月间的社论。当时正是国民党召开六届二中全会，更改此前不久召开的政治协商会议关于修改宪章的民主原则，从根本上推翻政协决议，为全面发动内战，实行一党独裁作准备。《解放日报》及时发表了系列文章进行揭露和批判，此本《驳蒋介石及其它——解放日报评论选集》就是这类评论文章的结集。

《红旗插上井岗山翠微峰》　1949年12月25日中国人民解放军第四十八军政治部编印出版，32开，未标明出版地。井岗山是中国人民解放军的发祥地，自1927年10月毛泽东率领秋收起义部队到达井岗山创立第一个工农红军革命根据地起，到

1934年8月工农红军北上抗日止，毛泽东、朱德所领导的工农武装在这里生活战斗了整整六年又十个月。由于第五次反围剿的失败，红军被迫撤离，实行二万五千里长征，井岗山遂落于国民党的统治中。十五年后的1949年9月，由林彪任司令员、罗荣桓任第一政委、邓子恢任第二政委的第四野战军属下的四十八军一四二师，回到阔别已久的人民军队摇篮井岗山，担当起解放井岗山全境，扫清国民党残匪的重任。这本由四十八军政治部编印出版的《红旗插上井岗山翠微峰》，即是这一解放过程方方面面文献资料的汇集。是书载有大量的图片资料(共二十七幅)、绘画和部队首长题字手迹(十幅)，充分显示了部队上上下下各级领导对收复井岗山革命根据地的高度重视。该书的文字资料也内容丰富，形式多样，除收录有各类正式文件公告，如各军区、部队首长的嘉奖令和贺电、四十八军司令部的“翠微峰剿匪总结”、一四二师司令部的“四二五团活捉萧家壁之经过及经验教训”、赣州日报社论“攻克翠微峰给匪徒们的严重警告”等外，还有众多的战地新闻特写和通俗易懂的快板、大鼓和诗歌，描述了所经历战斗的艰辛以及胜利后军民的喜悦。这本图文并茂的关于解放井岗山革命根据地的文献史料专辑，给我们留下了那段难忘岁月的真实记录。

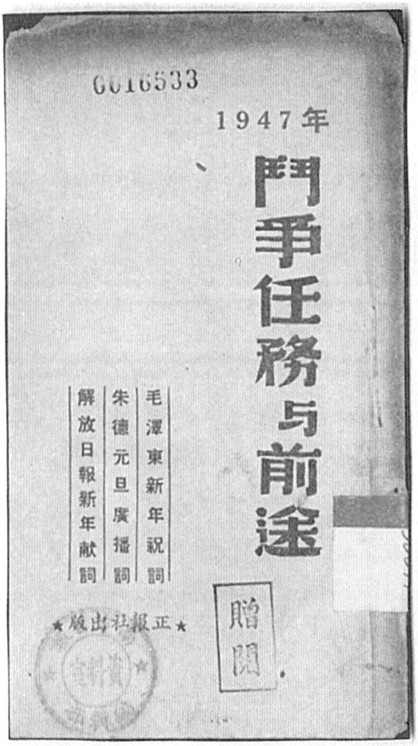

《1947年斗争任务与前途》

1947年《正报》社出版，封面盖“赠阅”蓝印章。为专门印制的宣传小册子，收“毛泽东新年祝词”、“朱德元旦广播词”和“解放日报新年献词”三篇文献。关于《正报》的历史，已有多篇回忆文章论及。她的诞生，是在抗日战争胜利不久，广东区党委在接到中央关于迅速派人到广州和香港占领宣传阵地的指示精神后，派遣东江纵队机关报《前进报》的部分工作人员，在香港创办的革命刊物。《正报》创刊于1945年11月13日，至1948年11月13日因形势的发展、工作重点转移而自动停刊，历时整整三年，共出二百二十五期。该报主要介绍中国共产党的主张和政策，抨击国民党的反动独裁统治，被誉为“香港战后第一家人民的喉舌”。该报随报刊印了许多宣传小册子赠阅，这本《1947年斗争任务与前途》即是其中之一种。

香港新民主出版社的毛泽东著作单行本　抗战胜利后，遵照中共中央关于迅速派人到广州和香港占领宣传阵地的指示精神，由我党直接领导在香港出版的《华商报》，经过紧张的筹备工作，于1946年1月4日复刊。复刊后的《华商报》附设有二个直属单位:“有利印务公司”和“新民主出版社”。新民主出版社除出版了大量的进步书籍和有关党的方针政策文件外,特别引人瞩目的是,她还出版了一套独具特色的《毛泽东选集》。这一套《毛泽东选集》的出版形式,以一篇著作为一个单行本(《农民运动与农村调查》例外,包括了《湖南农民运动考察报告》、《兴国调查》、《长冈调查》、《才溪调查》、《〈农村调查〉序言二》五篇),各个单行本均为统一的封面图案,统一的装帧设计,只是以颜色的不同作为区别。从1946年到1950年,此套香港版的《毛泽东选集》共出二十种,笔者现已收藏有十馀种,若能藏齐全套,则是一件非常有意义的事情,也是乐事一桩。

东京淘书记

张　谦

2002年秋，借公干之便在日本东京都淘书，收获颇丰。我不懂日语，淘回来的却大多是日文书籍，但有句话说：某某艺术是超越国界的，在这里也可套用。对于爱书之人，只要好书在手，虽有疑惑，又怎能轻易罢手；再则淘书之乐多半在于“淘”的过程中，这千里之“淘”，跨国之“淘”，在我个人的淘书史上也算奇遇，又岂能空手而归呢？

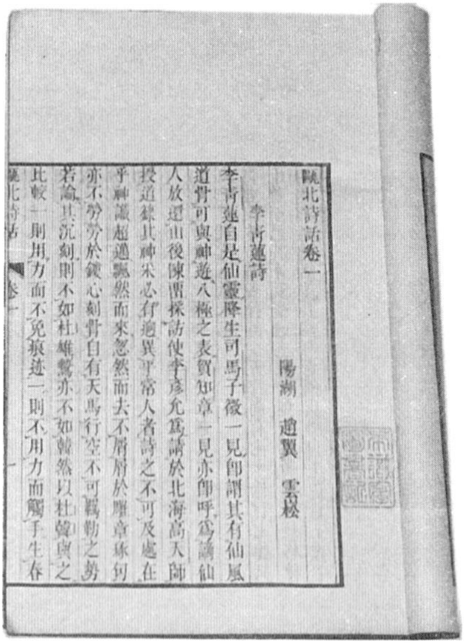

先说说“淘”回来的书吧：一为日本文政十一年（1829年）刻印的中文书籍《瓯北诗话》四册，线装。该书是我国清代“乾隆三大家”之一的赵翼（瓯北）所著，对我国古代十几位著名诗人，包括对李白、杜甫、陆游等逐一评述，中有“江山代有才人出，各领风骚数百年”之论，尤为人称道，是一部著名的诗歌理论著作。该书刻工精致，书品完好，书后所附“发兑目录”标明同期发行的中文书目，多为我国文献经典，涉及文学、哲学、书画、饮馔等领域。日本人对中国文化之尊崇可见一斑。二为一本日文的毛边书，名曰《艳女玉すだれ》。昭和二十七年(1952)刊印发行，用纸绵且薄，大概想来是否与当时日本战后经济有关，但书的装帧和印制却十分精美，硬皮精装，外有书匣。最让我动心的是其中有数十帧浮世绘风格的插图。一见之下，便割舍不得。捧回国细看，书内附一"内容简介"，云该书为江户时期文学作品，且为"稀见本之稀见本"。窃喜，窃喜。

其实，最值得大书特写一番的还应是这购书之所在——东京都的神田神保町。此地号称世界最大之古旧书区，一去方知，名不虚也。在当地的地区图上密密麻麻地标注了一百三十八家书店，各具特色，且多数书店以经售古旧书为主。

东京的十月，天气还很潮热，我去寻觅时已近晚上七点了，路上行人很多，吵吵嚷嚷的，让我这个不识途径的外国人更为惶惑不安。同行的向导，告我乘电车从新宿到御茶ノ水站下车，便直去交番(交通警察站)处问路。下车后经警察手势指点，知已经不远，步行几分钟(路过明治大学)，便发现路边书店逐渐密集起来，再往前走，几乎是一步一书店。可惜来晚了点，有些店已经关门了。

匆匆浏览了几家，虽然不是我所求的文学类书店，却也大致有些底了。这里的确是淘书人的乐园。书店一般都不大，二三十平米，分上下两层，都是开放式，书架摆得很密，书更是层层叠叠地摆放着，甚至书架间的过道旁都堆放着书籍。但有分类标签——按年代或类别，查找起来能省不少功夫。店员和收银台一般都挤在一个角落里，尽可能的给书和买书人留出空间。走进书店，便被书和书香拥抱着了，怎一个"淘"字能表其中滋味。

大名鼎鼎的内山书店门面较大些，但所销图书都是近期出版的中文书，店员周到地把我们送出门，指点我们去对面的中山书店。在那里找到了旧版书，虽然都是日文的，但已无暇多想，恐一无所获，匆忙间翻出几本书画类刊物。店员是个略有秃顶的老者，系着蓝色的围裙，很郑重地为我们服务。每册书都用特制的纸包装好。其中也发现了一些中文的线装书，但是价格之贵，令人望而生畏。没找到民国版新文化时期的书籍有些遗憾。

神田神保町的书店还有一个特点——分类很细：每个书店都有自己的特色书：或文学，或哲学，或棋类，或漫画，或书画，甚至专业到专卖“性”类图书。所幸，我们的文字大致相同，按中文的意思去猜——八九不离十。我还见到了几家打着“洋书”招牌的书店，里面专售外语类图书，查看之下，竟没有中文书，想是日本人根本就没拿中文当外语，有点意思。

我第二次到神保町书店区，是在离开东京之前，利用大家去银座购物的机会。这回，连向导都没有，电车站找不到，地铁不会买票，出租车语言不通。情急之下，我们走进一家中国餐馆寻求帮助。一位操着江浙口音的店员热情地接待了我们，我发现这是在世界各地都十分可行的“放之四海皆灵通”的办法。中国店员为我们招来出租车，并在纸上详细标明来回的地址，便于我们往返顺利通行。

从东京繁华的购物区银座到神田町书店区，驱车一刻钟即到。有了前次的经验，便有目的性有选择地“逛”；街面的店不逛，专找小巷里的书店，那里的书更便宜，“淘”的感觉更浓，那本日文的毛边书便是在小巷书店中寻到的。《瓯北诗话》买自大屋书屋，该店专营中文古籍和江户时期浮世绘画本。这两类书的书价都很高。《瓯北诗话》购价一万三千日币，约合人民币千元左右。回程的出租车费一千六百多元，蒙同行者慷慨解囊。否则，我真要在日本“横路竟二”了。

马来西亚淘书记

淮 茗

到异国他乡去了近一个月,没带回什么土特产,倒背了一大堆中国旧书回来,也算我的马来西亚之行的一点特色。

我所去的地方叫槟城,是座岛城,为马来西亚第三大城市,同时也是华人最为集中的地方,华人占当地居民总数的百分之六十以上。在这个城市里,根本不用担心语言问题,操着普通话、闽南话或粤语,吃饭、购物都不成问题。本来我去的时候也有买书的打算,主要想买一些港台版的图书。

刚到槟城的那几天,自然是游山玩水,品尝小吃,足迹也就不限于槟城,远到云顶,近到太平、大山脚等地,匆匆忙忙地跑了一圈。渐渐地,就犯了老毛病,问当地的朋友有没有书店可逛,这个心愿很快得到满足,市里几个稍大点的书店都去了,但逛的结果并不满意。这里的书店多卖英文、马来文图书,华文书太少,而且还大多是大陆版的,不过把定价翻一倍而已。寥寥的几本港台书价格昂贵,加之没有自己特别想要的书,也就没有购买的欲望。但还不死心,专门请教了几个喜欢淘书的朋友,才知道这里有一个专门卖旧书的地方,叫棺材街,因街道两边除书店外还有不少棺材店,所以就叫了这么个很晦气的名字。

当我来到棺材街，走进一家名叫商务书馆的书店时，凭直觉意识到，这个地方来对了。这是一家品位很高的书店，主要经营人文社科类图书。仅是两岸三地出版的张爱玲作品及研究论著，就摆满了一个小书架。不过让笔者更感兴趣的则是楼上的打折旧书，所摆多为大陆版图书，也有一些港台版的，这些图书不仅出版年代较早，而且所打折扣也很低，一类是四折，一类是二折，折算成人民币不少只有几块钱甚至是几角钱。比如卢前的《明清戏曲史》，建国后就没有再版过，这里有香港商务印书馆1961年版的，竟然只要二角八分。中华书局香港分局1979年版的吴恩裕的《考稗小记》，国内没有出版过单行本，只要一元二角。再比如《小说书坊录》，国内早已绝版，很难买到，在这里二元二角就可到手。这与国内书店将旧书大幅度提价的做法恰恰相反。据店员介绍，这些旧书都是从吉隆坡总店进的，因长期积压，只好打折处理。不过也没有特别兴奋，因为回国行李有限制，只能带二十公斤，且自己要带的东西本已不少，要是邮寄，价钱昂贵，也不划算。所以也就不能放开买，只能买一些跟专业关系密切的书，毕竟自己买书的目的是为了研究需要，不太急需的书只好放弃。就这样，挑挑选选，还是买了一大堆。

跑了两趟后还不甘心，想到还有这么多好书在那里受冷落，甚至有要当废纸卖的可能性，加之有传言这家书店因生意清淡很快要关门，不禁为这批旧书操起心来。即使自己带不走，也要为它们找个妥当的安身之处。于是向当地一家学院的负责人力荐，猛说一通这些书如何有价值、书价如何低之类。结果还真有效，校方马上决定让我帮他们的图书馆挑书，上限为两千马币（相当于人民币四千元）。钱虽然不多，但书定价那么低，这笔钱已经能买不少了。于是和校方人员专门又去了一趟，将自己认为有价值的图书择要挑了一批。事后据一些老师讲，这家学院平时买书还没有这么大方过。看来我还真办了一件好事。

书店之外,还去逛了一次当地的跳蚤市场。据介绍,在这里随时可能会有意外发现。可惜我运气不好，没有那种眼前一亮的奇遇,只是在一个印度老人的杂货摊上见到一本1875年出版的中英文对照的中国文学作品选。可惜书被虫蛀的实在太烂了,没法翻阅,虽然开价只有十马币,但还是没买。后来想想,又有些后悔,但因行程较忙,也就没有返回再买的机会了。

在马来西亚淘书,还有一个好地方不能错过,那就是各类寺庙。槟城这个地方华人多,佛寺也多,香火很盛。不少寺庙里都摆着书籍,有些是信徒捐钱刊印的,有些是信徒家里的藏书,内容自然都是与佛教有关的,品种很多,耐心挑选,说不定能有惊喜的发现。这些书可以随便拿,不像中国那样要用钱买。因素来对佛教有兴趣,也就挑选了不少。

就这样连淘带拿,加上当地朋友所送的书籍,不到一个月的时间,竟搜罗了满满一桌子书。全部带回肯定不行,于是又费了不少心思,进行了一番筛选工作,自己不能带回去的,就只能抓紧时间阅读,送给朋友了。为此,还着实用了几天工夫读书。

这些从异国淘来的旧书，虽没什么珍本秘籍，但对自己来说,还是很有用的,而且淘书的过程也是蛮有趣的,也算是不虚此行吧。只是有点对不住这些书籍，本来是到人家那里传播中国文化的,结果任务没完成,活生生被我背了回来。也许正应了中国一句老话:叶落归根。

《书衣文录》的文献学价值

周国林

现代著名作家孙犁在文学创作上的贡献，是人所公认的，而他在古典文献学上的成就，却罕有学者论及。近日重读孙犁的《书衣文录》，深感其对历代典籍爱惜之深，研究之精，很值得关心藏书文化、出版文化者以及古籍整理研究工作者予以重视。

手边的《书衣文录》，由山东画报出版社 1998 年 5 月出版（以下引用此书，皆随文标出页码，不另注）。全书主体部分，是《耕堂书衣文录》、《甲戌理书记》、《耕堂题跋》，共约十万馀言。

《书衣文录》，顾名思义，是写在书皮纸上的题跋之类文字的汇录。孙犁自幼年起，就养成了爱读书、爱藏书、珍惜书籍的好习惯。他说："我对书有一种强烈的，长期积累的，职业性的爱好。一接触到书，我把一切都会忘记，把它弄得整整齐齐，干干净净，我觉得是至上的愉快。"（P6）由于爱惜书籍的缘故，他自中学时起，购买书籍后都要包上书皮，这个习惯伴随了他一生。而到了晚年，由此而引发他创造出一种新的文体——书衣文。

大约在 1973 年底，他在"文化大革命"初期被查抄的书籍，部分地物归原主。此时，孙犁不能自由地写文章，就在相当长的一段时间里，利用所得废纸，包装发还旧书，"然后，题书名、作者、卷数于书衣之上。偶有感触，虑其不伤大雅者，亦附记之。”(P9)《元文类》的书衣文说：“一人在室，高烛并肩，庭院无声，挂钟声明，伏案修书，任其遐想。”(P56)就是当时情状的真实描绘。这类文字，起初绝不是为了发表而写作。只是在1979年之后，随着“思想解放”的到来，孙犁才把这些写在书衣上的文字略加整理，在报刊上发表。此后，他陆续从事这类写作，止于1991年。《甲戌理书记》是孙犁1994至1995年间的读书笔记，《耕堂题跋》是孙犁1990至1994年间购书和收到赠、寄书籍后，随时写下的文字。二者与《耕堂书衣文录》在形式和内容上是相似的，基本精神也一脉相承。

孙犁包装的旧书，多数是晚清以前的作品。这样，他的若干书衣文，评价历代学者和典籍，就成为文献学方面的短篇论文。他的不少看法，对古籍整理研究工作者和爱好古籍的读者都颇有参考和指导价值。

其一，是他对古籍整理的看法。他认为，“今日古籍整理，多意在普及，只注意标点、索隐之类，谈不上学术方面之创造。求如胡克家之印书精神、学术修养，不可多得矣。”(P109)在评价缪荃孙的《秦淮广记》时说：“以缪氏之学识，而有暇辑录此等材料，人可誉之为别有见解。然终是大材小用，不足为训。其后亦有大学者，致力于琐琐，人虽不言，其书亦多不行。”(P140)可见他对古籍整理悬鹄甚高，内容着眼于大处，质量上强调创造性。对于古籍注释中的繁琐理象，他很是不满，说：“有些古书，经专家注释，本来很薄的一本，一下涨成了很厚的一册。正文夹在注释之间，如沉入大海，寻觅都难。我觉得这是喧宾夺主。古人注书，主张简要，且夹注在正文之间，读起来方便。另外，什么都注个详细，对读者也不一定就好。应该留些地方，叫读者自己去查考，渐渐养成治学的本领。”(P3)

其二，是关于版本、目录、校勘方面的议论。孙犁这方面的议论，不属于专家之学，完全是从读者的角度发出的。如《毛诗注疏》，他将近代所见诸种印本对比，认为“古籍读本，商务最佳，其影印古书，前无古人，后无来者，更无论矣。”(P33)因倾心古籍，对《直斋书录解题》、《四库全书总目提要》之类目录学书籍，收藏甚多，知其短长。如评《直斋书录解题》“简明精要，语无虚发，每书必及其时代，述其源流，称其作用。读完注解，读者即对此书具有明确印象，准确的定评，一生受用，不会误导。此不只著者见识高明，且用心超人一等，绝不自误误人。文字典雅，使人乐于诵读。”（P171）对于一书的不同版本，他还下过对读工夫。如包装《续世说》，便同时读了宛委别藏抄本，从而有重大发现：“人皆以抄本为可贵，为其从古本移录也。然抄书人文化低，且愿多做活，自不免抄错，又不便改，遂将错就错。即如此书，最后之郑注条，余初读宛委本，颇多疑碍，不得不又将此书找出对读，乃发见短短一节，错误多处。故名人校本，不可不重也。”(P129)

其三，是对清代类书、丛书和随笔的评论。类书，孙犁包装过的最大一部是《清稗类钞》，他的评语是：“此书杂乱无章，所引也不注出处，取材无鉴衡，多浅薄流俗之言。然其体大，所容多，凡有关北京风物世态，究非他书可比，可用之材甚多。千百年后，将成罕见之类书。”(P74)丛书中，他对《知不足斋丛书》评价最高，认为是有清一代丛书之最佳者。“出书最多亦最有价值。书多实用，每书有跋，即‘编后记’，鲍廷博氏之精细用心，实开鲁迅编印书籍优良作风之先河”。(P141)孙犁包装的随笔，达数十种，多有评说，且将其上升为理论，有如下总论：“余以为随笔之作，亦必以实践经历为主，穷文人或富贵子弟所作，必流于肤浅。因穷文人所见不广，而纨绔子弟之作，又必流于轻薄也。即如一般名士，如随园大名，其所为笔记，亦陷于浅薄。余藏有商务排印本，宋元小说大观多种，其作者皆为有政治经验，或经历过社会大变乱的学者。其所记述，皆为一代故实，有益于人生，无一字空泛，更无卖弄学问之意。每册后有夏敬观所作校记。明清之作，能与之比者已寥寥，况近代乎。”(P156)至于现代人的随笔，他仅评说了张舜徽的《爱晚庐随笔》，认为这部随笔“内容广泛，经史文艺，无所不包，尤于近代史料为详。所记充实有据，为晚清以来，笔记所少有”。(P164)

其四，是对历代日记的通达之论。孙犁是个爱收藏历代日记的人，元代的如《郭天锡手书日记》，明代的如都穆的《使西日记》。清代的更多，如《翁文恭公军机处日记》、《越缦堂日记》、《湘绮楼日记》、《郭嵩焘日记》、《汪悔翁乙丙日记》、《三愿堂日记》等。包装之时，孙犁都分别有所评说。在对各种日记浏览之后，孙犁还形成了对日记的系统看法，即“日记总论”。因其见识高，特摘抄几段，供关心历代日记整理者与出版者鉴赏：“人之喜读日记，主要认为日记是一种可靠的史料，可反映一个时期的政治、社会的风貌。其实，并非如此简单。曾国藩、翁同龢日记，这是政治家的日记，然研究政治历史的学者，想从他们的日记中，寻觅当时的政治材料，并非如入宝山，美不胜收，却似披沙拣金，十分不易。这是什么缘故？答案是：正因为他们是政治家，所以对于政治问题，才讳莫如深，守口如瓶。日记是私人著述，不易传播，但向来稍有文化的人都知道，这是危险物品，一旦遭抄家之厄，要首先上缴……”；“对于文人名士的日记，也不要多抱幻想。王湘绮号称一代大家，郑振铎编晚清文选，把他列于首位。张舜徽笔记中，则称他在政治上，能倾动公卿，驱使将帅。见到他那印制豪华的两大函三十二册日记，以为都是事关大局，名言谠论，那就会大失所望。他的日记，极其平庸，琐碎，我几次都读不出兴趣来。""倒是越缦堂的日记,名不虚传,自成一格。他的日记,包括读书记,创作的诗词,自圈自点,顾影自怜。加上评论时局、人物,喜怒无常,关起门来骂大街,然后用浓墨再涂去。正像鲁迅所说,他是把日记视为著作的,所以如此细心经营。他的日记的确很有内容,给后人留下了不少财富,可以说是前无古人,后无来者。""日记,归根结底,是个人的生活史。话虽如此,一个人既生存于一定的时代一定的社会,那么他个人的历史,也必然或多或少反映出那一时代,那一社会的某些面貌……";"日记各有风格,各有目的。有的记事失实,有的多存恩怨。有人甚至伪造日记,涂改日记,以作自我修饰。另外,日记亦如名人字画,传者不必佳,埋没者或有真正价值。此乃天道之常,更难言矣。"(P188—190)这样的见解,绝非偶尔翻检古人日记者所能道。出自于一个以文学为职事的作家笔下,就更难能可贵了。

书衣文体,其有继之者乎!

·新书架·

美国哈佛燕京图书馆藏日本汉籍书志

沈 津

中国古代文化典籍在域外之传播，是近几年来一些学者所热衷做的题目，尤其是佚存于日本、韩国的中国典籍或域外人士撰著的汉文载籍，更是令人所嘱目。中国和日本是“一衣带水”的邻邦，千百年来，在中日文化交流史上，中国典籍通过多种渠道流入日本，这些原本典籍，不少被收藏在公家图书馆或私人藏书家手中。而在日本国内刻板印刷的各种涉及汉文的各种版本，包括翻刻的中国典籍，和日本学者为汉籍撰注、释解、评点的本子，也非常之多。但是，这类日本刻本在中国国内则流传不多，这只要翻阅一下《中国馆藏和刻本汉籍书目》和《中国馆藏日人汉文书目》就可知道。二本书目，前者三千零六十三种，後者二千四百种，而且是包括了北京国家图书馆及上海图书馆、南京图书馆、天津图书馆及北京大学图书馆等六十八个省市一级的公共图书馆及大专院校图书馆的所藏。

笔者所在的美国哈佛大学哈佛燕京图书馆，是欧美地区最重要的东亚图书馆，也是西方研究汉学的重镇。该馆所藏中文古籍善本，包括宋元明刻本计一千五百部，清乾隆以前刻本二千馀部，抄本（含稿本）近千部，完全可以比美于美国国会图书馆。

至于日本刻本，当然也包括日刻汉籍和日人撰注、释解、评点的刻本，总数约三千五百部，以区区一馆之所藏，数量也极可观，其中难得之帙，冷门之书，比比皆是，中土失传之本，必可于中窥得。国内研究者由于渠道不畅，知者甚少，报章杂志也鲜有报道，笔者本拟作文绍介，苦于杂务繁多，无暇为之，盖欲细览一过，方有心得也。今信手拈得若干，或有《中国馆藏和刻本汉籍书目》和《中国馆藏日人汉文书目》中失收者，特撰成书志，一以飨我同好，二则有望同道教我矣。

论语秘本影谱　一卷。日三泽安一编。日本昭和十年(1935)斯文会影印本。一册。

此书之编纂，乃因昭和十年春，汤岛圣堂复兴儒道大会在东京召开，为宣扬并纪念此次会议，特将日本现存《论语》之古版旧钞秘本每种选一至二页编成《影谱》，并附解题。其收入《影谱》之标准为：凡刻本以中国宋元刻本及日本室町时代刻本为限；又抄本皆收日本之旧写本。

《影谱》计二十三种，分别藏于东洋文库、静嘉堂文库、内阁文库、尊经阁文库、安田文库、图书寮、大阪府立图书馆、东京文理大学图书馆、龙谷大学图书馆以及著名收藏家长尾雨山氏。凡集解本八种（文永五年钞本《论语集解》零本、正庆二年钞本《论语集解》十卷、正平刻本《论语集解》残本八卷、覆正平板单跋本《论语集解》十卷、覆正平板双跋本《论语集解》十卷、覆正平板无跋本《论语集解》十卷、明应刻本《论语集解》十卷、室町时代影钞正平双跋本《论语集解》十卷）、义疏本一种（文明九年钞本《论语义疏》十卷）、注疏本二种（南宋本《论语注疏》十卷、元刻十行本《论语注疏解经》二十卷）、集注本四种（朱子手稿本《论语注残简》、元覆宋刻本《四书章句集注》三十卷、元延祐刻本《论语集注》、元龟钞本《论语集注零本》一卷)、单经本一种(天文刻本《论语》十卷)、宋元注释本七种(元刻本《论语集注纂疏》十卷、元刻本《四书纂疏》十卷、宋末元初刻本《附音傍训晦庵论语句解》二卷、元刻本《论语集成》二十卷、元刻本《论语集注通》十卷、元后至元刻本《四书章图纂释》二十四卷、元至正刻本《四书辑释大成残本》二十七卷)。

孔学之微言大义,尽在《论语》一书。其价值可用“言简意微”来概括,而它在历史上之意义则是历久而弥新。千百年来,为《论语》作注疏者不知凡几。于今大陆所存最早者当推汉郑玄注本,为唐景龙四年卜天寿写本,然仅存四篇。宋元刻本尚有七种,为《监本纂图重言重意互注论语》二卷(宋刘氏天香书院刻本)、《论语集解》十卷(元岳氏荆溪家塾刻本)、《论语注疏解经》二十卷(宋刻元明递修本)、《论语注疏解经》二十卷(元刻明修本)、《论语集注》十卷(元刻本,存五卷)、《论语集说》十卷(宋淳熙六年湖頖刻本)、《附音傍训句解论语》二卷(元刻本)。《影谱》中所列中国宋元刻本计十一种,部分为国内所不存者。于此可见,流落于日本之汉籍珍本不计其数,此仅其九牛一毛也。

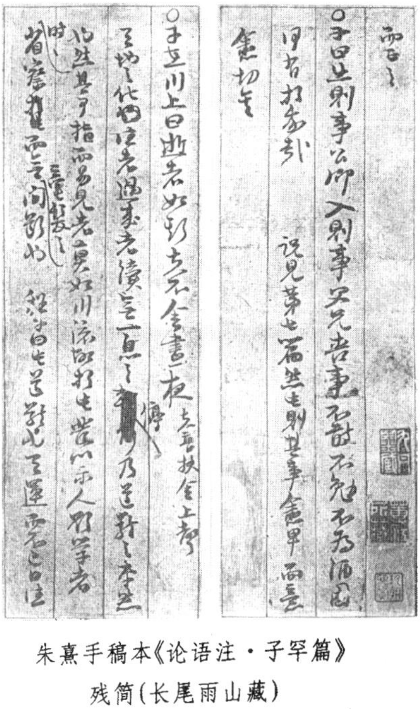

朱熹手稿本《论语注·子罕篇》残简(长尾雨山藏)

此谱中朱熹稿本一种，存《子罕篇》十六行，虽为残简，但弥足珍贵。其书法笔势迅疾，无意求工，而寻其点画波磔，无一不合书家矩矱。稿本为长尾雨山当年于北京购得。朱熹手迹，据《历代著录法书目》，约百廿六件之多（有重复），然今存大陆者仅有北京故宫博物院《行草书城南唱和诗卷》一卷（见《宋元明清书画家传世作品年表》）。

斯文会，原名斯文学会，是日本的一个以儒道精神维持风教的学术团体。于明治十三年（1880）6月在东京成立，会员约一千五百馀人，且大部分为传统的汉学家。1918年9月解散后，又在原有基础上与研经会、东亚学术研究会、孔子祭典会、孔子教会、汉文学会合并，成立新的斯文会。二次大战后经过改组，为一个史籍管理和学术研究的团体，对推动日本汉学研究的复兴和发展起到了一定的作用。

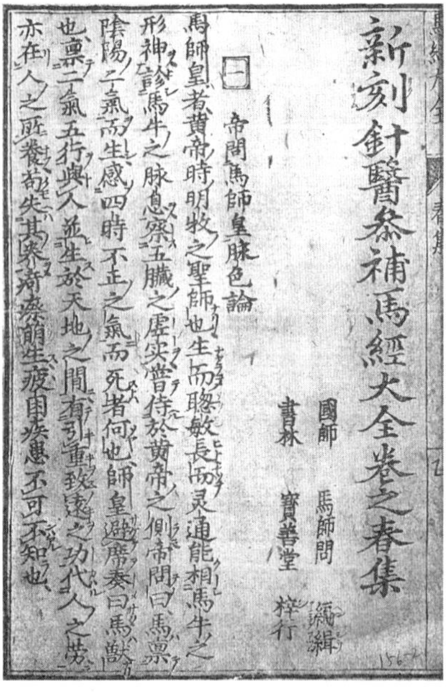
新刻針醫叅補馬經大全卷之春集
國師 馬師問 編輯
書林 寶善堂 梓行
一 帝問馬師皇脉色論
馬師皇者黄帝時明牧之聖師也生而聰敏長而灵通能相馬牛之形神診馬牛之脉息察五臟之虚実嘗侍於黄帝之側帝問曰馬稟陰陽二氣而生感四時不正之氣而死者何也師皇避席奏曰馬獸也稟二氣五行與人並生於天地之間有引重致遠之功代人之労亦在人之所養苟失其[illegible]生疲由疾患不可不知也

日本之汉学家编纂各种善本书影，笔者历年所见也仅十馀种而已，此册为非卖品，国内甚鲜见。内叶印有“汤岛圣堂复兴儒道大会开催纪念”。

新刻针医参补马经大全 四卷，日本上村次郎右卫门刻本。四册。有图。半叶十行二十六字，四周双边，白口，单鱼尾。框高21厘米，宽13.6厘米。题“国师马师问编辑。书林宝善堂梓行”。无序跋。

马师问者，或题马师皇，传为黄帝时明牧之圣师，生而聪敏，长而灵通，能相马牛之形神，诊马牛之脉息，察五脏之虚实，尝侍于黄帝之侧。《列仙全传》卷一“马师皇”条云：“知马形气死生之胗，理之辄愈。”此书题马师问辑，当为托名。中国养马历史悠久，元王祯《农书》、明徐光启《农政全书》皆有叙述。是书为论马之专书，也为农家实用通俗之书，此类马经，多与喻氏兄弟之《元亨疗马集》大同小异。

是书扉页刻“马经大全。宝善堂梓”。并绘四马图，分以奔、立、卧、饮为之。宝善堂，为中国明末之坊肆，该日本刻本乃据明末书林宝善堂刻本所刻《新刻针医参补马经大全》翻刻。行款及图皆同。按：宝善堂本，传世罕见，今仅知“哈佛燕京”藏有全帙（日本内阁文库也有明刻本，佚去卷一）。宝善堂是专刻通俗实用书之书坊，还刻有《新刻京陵原板参补针医牛经大全》二卷。

中国传统中兽医学之形成，始于隋代，至明代中叶以后发展到新的阶段。据《隋书，经籍志》，著录有《治马经》、《疗马方》、《马经孔穴图》等。现存最早之马经著作为《司牧安骥集》，次为明杨时乔撰《新刻马书》。此《马经大全》当是有经验之兽医据以前古农书或旧兽医书加以总结、参证而成。书分春夏秋冬四集，春集论相马、察色、按脉等，凡三十四条；夏集论马疾；秋集为评讲八谕、东溪四十七论，及论马八十四条；冬集为喂养、治疾之各种方剂等，凡四十五条。多论述马之生理、病理、解剖、诊断、治疗诸方面的材料。其中相马法各篇是外貌鉴定的客观描述。

书名中题“针医”者，乃民间兽医根据兽医学辨证论治和脏腑经络等基础理论，利用针刺和炙烙等不同方法，通过扶正祛邪、调节经络气血，从而达到治疗马牛疾病之目的。兽医书《养耕集》对针灸及药物联用有云："针不能到者，有药以至之，药不能及者，有针以挽之。"民间于马牛所谓"三分用药，七分针灸"即是言此。

日本早期也是农耕社会，马牛为其乡间不可或缺之物。大凡中土实用之书，无论文学艺术、经史百家，多有日本贩书家舶运岛内，且有重刻流通，此《马经大全》当其一也。翻刻本汉字旁注以假名。皮纸印。冬集之末页，刻"二条通玉屋町村次郎右卫门新刊"二行。王毓瑚《中国农学书录》未著录。查郑振铎《西谛书目》有《新刻针医参补马经大全》四卷，题马师问辑，日本刻本，四册，有图。或与此翻宝善堂本同。《哈佛燕京图书馆和书目录》于此书判断为"江户初期"所刻。然谛视再三，纸张非旧，字体也欠古，江户所刻之据不足。钤印有"冈田真之藏书"。

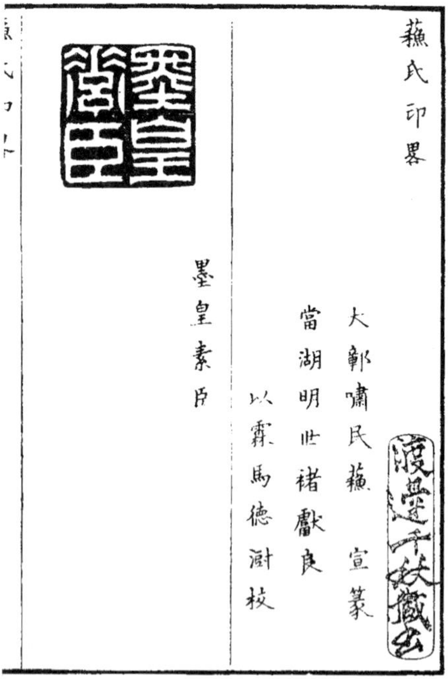
蘓氏印畧
大鄣嘯民蘓宣篆
當湖明世褚獻良
以霖馬德澍校

苏氏印略　四卷，明苏宣篆刻并辑。日本明治四十二年(1909)东京光风楼书房印本。四册。框高20.2厘米，宽13.3厘米。题"大鄣啸民苏宣篆。当湖明世褚献良、以霖马德澍校"。前有施凤来序、万历四十五年(1617)俞恩烨序、万历四十五年苏宣序、明治四十二年四宫宪章序。末有万历二十一年(1593)董嗣成跋、万历三十七年(1609)王稚登跋、黄汝亨跋。

苏宣，字尔宣，一字啸民，号泗水，安徽歙县人（一说四川眉山人)。雅好读,旁通经史百家,以任侠避仇吴中,匿名迹不欲自见,而往往寓意一技间。素精六书,残碑断碣无所不窥,所至问奇字者履相错。其书篆错出,不名一家,镌法亦变幻多端,不主故常,要以归于浑朴典雅,其印章流遍海内,与文寿承(彭)、何长卿(震)鼎足称雄,然所刻多不能尽传。《广印人传》有传。

此谱著录者,乃宣游吴时所刻,裒而辑之曰《印略》。苏宣序云:"余不幸,幼孤遭不平,遁迹淮海间,如古夷门屠狗卖浆者流。久之,怨家渐销,始以先太学宇内交游不少,故名公大人无不欲力持余,而吴门文博士寿承先生,以通家坐落绛帐下。然食指日贫,书剑埋没,干禄无谋,喟然叹曰:丈夫不能执一艺成名,而釜甑尘生乎?乃取六书之学博之。而寿承先生则从谀之,辄试以金石,便欣然自喜。既而游,云间则有顾氏,檇李则有项氏,出秦汉以下八代印章,纵观之而知世不相沿,人自为政。如诗非不法魏晋也,而非复魏晋;书非不法锺王也,而非复锺王。始于摹拟,终于变化,变者逾变,化者逾化,而所谓摹拟者逾工巧焉。余于此道,古讨今论,师研友习,典画之偏正,形声之清浊,必极其意法,逮四十馀年,其苦心何如?而今之继吾乡何主臣而起者,家苍籀,人人斯邕,是是非非,奴出主入,而余乌能独树之帜,第其间为名公大家、学士文人所睨之以为奇者,岂止数十百千。然囊括笥覆,星散四方,余又安能一一谱之?迩来侨居鹧湖,鉴赏之家,谬许以能,必欲汇余之谱。余于是检箧中所仅存者,灾之木石,以供诸好事者,名之曰《印略》。而余又胡能忘言也。"

据《中国古籍善本书目》,《苏氏印略》原本传世不多,且有四卷、三卷、二卷、一卷四种不同版本。四卷本为"明万历四十五年刻钤印本",藏上海图书馆、上海松江县博物馆、青岛市博物馆及台北国家图书馆;三卷本为"明万历四十五年钤印本",藏南京图书馆;二卷本为"明万历四十五年钤印本",藏杭州西泠印社;一卷本为"明万历钤印本",藏北京图书馆、中国社会科学院考古研究所。又日本《京都大学人文科学研究所汉籍分类目录》也有此书,作"不分卷,明万历四十五年眉山苏氏刻本"。《国立国会图书馆汉籍目录》著录一部,四卷,二册,万历四十五年序刻本。(按:日本京都大学及国会馆所藏皆作刻本,或有误)

苏宣,尝被日人奉为"汉土之篆神"。此本为日本"印圣"高芙蓉摹刻者。芙蓉,大岛孟彪也,字孺皮,又曰近藤斋宫,号芙蓉,别号冰壑山人、三岳道者、中岳画史。室名菡萏居。甲斐高梨人。家业医,精音韵,刻意说文,博综众艺,尤耽雅好书画,凡石室金匮之秘、名迹碑记之类,旁搜而委究。又以篆刻名,人称"印圣"。生于享保七年(1722),卒于天明四年(1784),年六十三。刻有《芙蓉轩私印谱》。日人吉木文平著《印章综说》中有其传。另笔者曾见有《芙蓉先生遗篆》二册,为明治十六年钤印本,也藏哈佛燕京图书馆。

据四宫宪章序云,汉土数经祸乱,奇籍珍本多散佚,《印略》在日本也闻其名而未见者甚多。日本所藏苏氏原本,亦仅二部,一在近卫公家,一在蒹葭堂。蒹葭堂本,曾有翻刻本,为河本氏印行数十部,世称"河本版",声价甚高。此四宫宪章本即以"本楼不忍抱名器而使之埋没,乃谘斯道大家中井敬所、益田香远"等人,以芙蓉摹刻本特制数十百本,颁于江湖博雅之士。此本虽为日本明治四十二年四宫宪章翻印本,然用上等宣纸精印,细细品玩,亦可独臻妙境,洵佳本也。后有版权页,发行者为"光风楼书房"。宪章,号鸣洲居士。此本《国立国会图书馆汉籍目录》也有著录。钤印有"渡边千秋藏书"。

编后记

冬去春来，现每年暂定出版两辑的《藏书家》今年“春季号”又要问世了。照常例，编者首先要介绍本辑刊出的文章。但本辑编者就不拟面面俱到、老生常谈了，而只想简单谈谈王英志先生《我珍藏的一本小书》一文的组稿经过和读后的感想。二十年前，编者到苏州大学参加“清诗学术研讨会”，有幸与王先生结识，一见如故，还曾借用他的自行车沿运河浏览考察苏州的风光民俗呢！如今他已成为知名的清诗特别是袁枚的研究专家，而编者适司《藏书家》编辑之职，于是便向他约稿，于是便有了《我珍藏的一本小书》。王先生把“一本小书”当作“人生道路上”的“路标”，“具有十分重要的指南针意义”，“将永远把它珍藏下去”。编者想，王先生的“一本小书”其实是有普遍意义的，普天下读书人有类此经历者大概为数不少；一本书或几本书，对某些有成就的知识分子成为其学术思想的启蒙者或成为其人生转折点的重要因素的事例也屡见不鲜。因此，与其让这些意义非同寻常的一本书或几本书珍藏在书柜中，珍藏在记忆里，还不如把它（它们）和那段难忘的经历公之于众，让广大读者去品味，去体验，去借鉴，会有更大的社会意义。王英志先生的文章是撷取其读书生活最刻骨铭心的一个片断，而戈锋先生的文章则是一位与书相伴终生的老人为我们展开了他买书、读书、藏书活动的长卷，成为半个世纪中国人读书生活的缩影，也很值得一读。

另外，再推荐一下本辑的几篇淘书文章。这些书迷不管在国内还是在海外，不管是旧籍还是新书，都淘得津津有味，自得其乐。虽然他们所淘的所谓“孤本”、“善本”是过去某些藏书家所不屑一顾的，但重要的是他们的淘书志向、心态和乐趣。编者与他们同是“淘书一族”，心是相通的，还由此联想到在济南数十年的淘书的经历。上世纪五、六十年代(不包括六十年代后期)，济南的古旧书市场虽不能与京、津、沪、宁等地相比，但也颇可观，不仅院西大街(现泉城路)公营古旧书店缥缃满架，就连大观园、新市场、国货商场、西市场甚至山水沟、南门一带，也遍布大大小小的旧书店、旧书摊，其中明清刊本仍唱主角，民国间旧书更俯拾皆是，编者“藏书”的家底，几乎都是那个时期在那些地方淘来的。经过十年文化“浩劫”，古旧书被当做“四旧”或焚或毁，所剩无几，其属漏网幸存民间的古旧书自然成为爱书人追逐的对象。更有甚者，从前不被重视的古线装书和民国间旧平装书近十多年来竟堂而皇之成为拍卖场的新贵。如今，古旧书虽然少了，身价也高了，但在全国各地仍有书可淘。即使在济南，虽然公营古旧书店由于地处偏僻、货源枯竭而风光不再，但每逢双休日或节假日，英雄山文化市场、儿童乐园内的旧书摊前仍人头攒动，淘书者依然流连忘返。当然，现今旧书摊上的古旧书的质和量，都远不能同“文革”前相比了。也因此，今后的《藏书家》仍要继续刊出各地独具特色的淘书(包括怀旧)文章，也希望继续得到同好的大力支持。

自《藏书家》第1辑问世以来，承蒙老、中、青学者、藏家和广大读者厚爱，来稿支持、来信鼓励者纷至沓来，更使编者树立和增强编好《藏书家》的责任心和使命感；同时，也感受到新知识匮乏，目光短浅，需要加强学习，增广见闻。去年十月底，编者有幸参加在绍兴举行的“古越藏书楼创建百年”的纪念活动，对“开放的藏书楼”的化私为公、为广大民众服务有了新的认识，而参观新建的现代化的绍兴图书馆也更感受到国家文化建设的日新月异。会后，承友人帮助，终于登上了宁波天一阁藏书楼（前二次游览天一阁皆望楼兴叹），不禁缅怀前贤，“念天地之悠悠，独怆然而涕下”！《藏书家》虽然在历史长河中，在茫茫书海中，如一滴水珠，如一朵浪花，但它毕竟是时代的产物，是文化的载体，如它能前继古人，利于当代，后启来者，就将不辜负历史使命。使命尚未完成，同志仍须努力。

齊魯書社

新书略影

中国历代人物像传》

精装四册 定价：720.00元

二十五史外人物总传要籍集成》

装三册 定价：680.00元

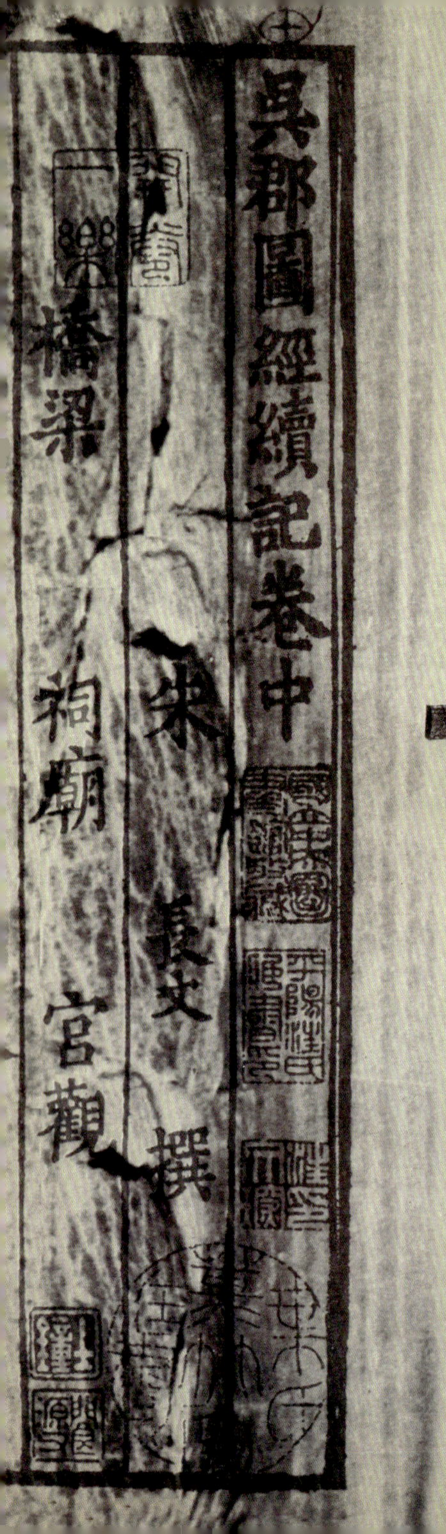

ISBN 7-5333-118
9 787533 3118
ISBN 7-5333-118
Z·125 定价：10.

廿　つ　六

三

封面题签　顾廷龙
责任编辑　周　晶
封扉设计　韩济平
版式设计　李　生

藏书家

藏书家

第8辑

齐鲁书社

图书在版编目(CIP)数据

藏书家.第8辑/齐鲁书社编.—济南:齐鲁书社,2003.12

ISBN 7-5333-1254-6

Ⅰ.藏... Ⅱ.齐... Ⅲ.藏书—文集 Ⅳ.G253-53

中国版本图书馆CIP数据核字(2003)第097367号

藏书家·第8辑

本 社 编

出版发行	齐鲁书社
社　　址	济南经九路胜利大街39号
邮　　编	250001
印　　刷	山东新华印刷厂
开　　本	850×1168　1/32
印　　张	5.25
字　　数	120千字
版　　次	2003年12月第1版
印　　次	2003年12月第1次印刷
印　　数	1—4000
标准书号	ISBN 7—5333—1254—6/Z·126

定价：10.00元

目　录

寒窗青灯五十年

——书海随想

杨成凯

从消遣开始

回想跟书结识，要从小学一年级开始：病床上躺了一年半，不能下地，百无聊赖，只有看书消遣时光。住院期间看的是小人书，只记得一位长者随身带着一本社会小说，被我留下来看了几天，书名好像叫“双枪”什么的。后来长年累月看的是《西游记》，精装一册，最后把书皮都看没了，现在所知道的孙悟空的故事都还是那时候留下的记忆。

病好以后，经常到租书铺看武打小人书，小人书看得差不多了，接上了武侠小说。上初中看了一些侦探小说，租书铺取缔，从此也就不再看消遣的书了。

为武侠小说辩护

上学时作文成绩还是不错的，可是说来惭愧，那点语文水平一多半还是武侠小说的底子——直到今天，一说“独善其身”这句话，还会想起还珠楼主的《蜀山剑侠传》。家里不让看武侠小说，只能像打游击一样跟家长周旋。在外面一边走路一边看，不知道要把一条马路走上几个来回才能看完一本书。在家里藏在被子里看,躲在小黑屋里点着蜡烛看,结果一上初中就戴上了眼镜。

切身的体会,孩子看课外书真不应该管得太严。看他爱看的书,不用督促就能养成爱读书的好习惯。不爱看的书倒胃口,弄不好搞出"厌食症",什么书都不看了。禁止武侠小说也没有道理,我看过的一些武侠小说都提倡行侠仗义,惩恶劝善,潜移默化地熏陶读者,有助于匡正世道人心。我讨厌《韩非子》,一半是因为他强调什么"侠以武犯禁",难道人们不应该有侠义精神吗?——附说一句,不能忘记"上天有好生之德",现代一些武侠小说一言不合就拔刀伤人,不管是不是十恶不赦,书里还着力为他们的血腥和残忍找辙,哪怕现实中的人物真是这么善恶不分家,宣扬这种道德观念也不敢苟同。

《离骚》的诱惑

大概是小学五年级的历史书,提到中国历史上第一位伟大的诗人屈原创作了最长的诗篇《离骚》,天生的性格喜欢"最",缠着父亲要看这首诗。父亲拿来《四部丛刊》本王逸的《楚辞章句》,诗没有看下去,但是书名叶背面的"上海涵芬楼借江南图书馆藏明翻宋本影印"几个字却打动了幼年的心弦。"明翻宋本",多么诱人啊,自己有这样的书该多好啊!不料正是这一念打开了心扉,种下了让我高兴让我忧的古书情结。当然事情不能都归因于一本书,没有收藏的癖好,没有天意的安排,也不会义无反顾地跟书结缘。

集邮和马氏《国邮图鉴》

上初中时，不知怎么知道有集邮这回事，开始整天跑邮票社。跟爱集邮的同学不同，不光买邮票，还买了好多集邮书刊。印象最深的一件事，从书刊上知道1947年出版的马氏《国邮图鉴》是著录清代和民国邮票最详尽的权威著作，又是“最”作怪，开始向往这本书。此书当初是作者自己包办排版、印刷、发售，印数很少，编号发行，只在圈内流通，市面早已绝迹。即使出重金，也无处征求，一个穷学生哪里敢存非分之想？

说来也巧，1957年天津有几家邮票社合并，原先一家有一本留作参考，现在多出一本，标价十元出售。对五十年代的中学生，十元可不是一个小数目，当时最低生活费一个人一个月才六元钱。这本书放在天津劝业场东亚邮票社的玻璃柜台里，我看了它垂涎欲滴，每次去必在柜台前流连一番。偶然也请他们拿出来看看，听他们讲这本书已经如何难得，这还是上级部门要求他们卖一本。踌躇了很长时间，后来还是忍不住诱惑，从家里偷偷拿钱买了下来。到手以后，视如珍宝，尽管事后遭遇忧患，不再集邮，而且在“文革”初起时，自己积攒的民国票也已付之一炬，但是这本《国邮图鉴》还是秘藏起来，没舍

得烧。而且此后见到这本书必要买下，成了特藏，好像是纪念初恋的情人。

集邮看邮书，好像不足为奇，但是我没有想到，此生竟是注定干什么都是以书为师。此后几十年中间，在人生之路上事事都要自力更生，无师无友，只有书忠诚地伴我踽踽独行。

从词集入门

五十年代在天津南开中学读书，当时新编语文教材分为《汉语》和《文学》两册。《文学》课本从《诗经》开始，按照文学史顺序选材，中间有宋代辛弃疾的两首词。从整齐的诗歌开始接触这种长短句形式很觉新颖，再加上任课教师苏春先生喜欢诗词，有时吟诵他创作的诗篇，对学生很有感染力，不觉喜欢上了古典诗歌。

词讲究“填”，有严格的格式。从书中知道《钦定词谱》收词调最多，是“最”字号的书。当时天津古籍书店就摆着一部影印本，标价二十元。照例每次去都要看一看，但是每一次都只能望望然而去之。中华书局铅印杜文澜校订本《词律》便宜，花几块钱买来看，发现其中词文靠不住，有许多需要订正的地方。初生牛犊不怕虎，买不起《词谱》，妄想动手把《词律》好好校订一番。

订谱要先校词，校词要有词集，这就开启了收集词集之门，不料越陷越深，一步一步走上了中国古文献的无归之路。我的体会，收书也像抽大烟一样，一旦走上这条路，没有超人的克制，很难自拔。中学还没读完突然病倒，十来年离群索居的日子，除了数学和音乐，倒有一半消磨在词集和古书之中。

天津古籍书店词集不多，有限的几本大都买了下来。当时有一部《词综》，里面有朱墨评点，天头有“苍虬评本，所谓浓墨大圈”的话。看到标价四十元,为之震惊,没有多看。过了些日子,调价为五元。因为书品不好,没有在意。后来想看看,却已售去。当时对古书没有经验,不知道名人批点的价值,现在想来,或许应该买下。跟古书打交道,没有经验和阅历,多么好的书也会对面不相识,这是一个经验教训。

函件纷飞为书忙

天津古籍书店的书不能满足需要,五十年代末开始求购于北京中国书店和上海古籍书店。还记得急欲买《彊村丛书》,北京有一部,要价四十元。卖了一大包书,凑足了钱,写信请他们代查有无缺叶,准备购买。不料回信说缺了几叶,还有虫蛀,修补后要九十元,只好罢手。不过在中国书店邮购到赵万里先生影印的《南唐二主词》,仅仅花了三角,还是很高兴的。看看现在中国书店竟标价五百元,真有隔世之感了。

三天两头给上海古籍书店邮购部写信,每次都要开出长长的几页书单,几乎毫无所得。记得有一次回信写道“以前问过的书以后不要再问了”,可见当时求书的心情有多么迫切,把人家都问烦了。几年过去,买到的东西也没有多少,不过所得的名家批校《四印斋所刻词》之类倒也值得一说。

《词学季刊》的花絮

有趣的是1963年买龙榆生先生主编的《词学季刊》。上海旧书店开始回信说没有,后来说有几册,每册三元。此刊早就渴望一读,零册也不在乎。但是当时是六十年代,买民国时期的报刊需要单位开介绍信,而我索居独处,跟外界没有联系,要介绍信

可把我难住了。

多亏中学同窗好友赵叔先生闻讯援手，他当时在天津师范学院（现天津师范大学）中文系，高才饱学，一边读书，一边著述，是特殊人物，跟系里一说，就开来一张证明。上面写着“我系赵叔确实需要《词学季刊》”云云，虽只便条大小，却有公章。寄去就管用，回信说已经配齐全份十一册，要三十六元。我大喜过望，把款寄去，收到了沉甸甸的十一册刊物。打开包一看，发票台头赫然写着“赵叔确同志”，看了直发愣：分明是“赵叔同志”，怎么把下文的“确”连上，变成“赵叔确同志”了？莫非书店觉得名字挺怪，不知道他家是以伯、仲、叔、季排行，却想起了民国词家赵叔雍，跟他排上行了？后来老同学们知道了这件事，无不捧腹大笑。

在困窘之中买书，这多少也有些喜剧色彩，再说一下子看到那么多有用的资料，贫儿暴富，高兴了好久。到“文革”烧书时，咬咬牙，把它保留下来了。

不虞之灾

“文革”初起，风云突变，扫四旧运动席卷全国。家里的旧书都在四旧之列，不能不遵命处理掉。给人吧，谁也不敢要，扔到大街上立刻引火烧身，只有悄悄烧掉，以免给红卫兵留下罪证。

首先烧的是心爱的武侠小说，从1956年以后费心凑集的一部《蜀山剑侠传》一册接一册消融在炉火中。当时家常使用的是烧煤球的炉子，烧不了几本书炉子就被纸灰泥住。听着外面抄家的锣鼓此起彼伏，时时刻刻都有可能大祸临头，心里急得火烧火燎，恨不得把一屋子书一下子烧光，可炉子就是着不起来了。

看着眼前高高的书堆，明明几天前还在抱怨没钱买书，想看什么没什么，骤然间却只有自责的份儿了：买这么多劳什子不是给自己找病吗！经历过“史无前例”的人，恐怕没有人不三折肱于“天有不测风云，人有旦夕祸福”的，从浪尖儿上一下子就能跌入十八层地狱。

煤球炉子不顶事，还好家里有砖砌的大炉灶，大烟囱从墙里上去有二层楼高，虽然多少年不用了，可烧起东西来胜任愉快。酷爱的郑证因的武侠小说就从大烟囱里化为飞灰，一直到今天还未能忘情，不知怎样才能重续前缘。

最后论到线装书了，一心烧烧烧的麻木头脑这时有了一些知觉：这可是从南到北函件往来多年的心血结晶啊！家本寒素，买哪一部书都要经过一番思想斗争，有时候几天几天地惶惶然不可终日，就这么都投入烈火之中？但是压倒一切的是迫在眉睫的灾难，只好狠狠心，排排队，接着烧。

首先烧诗文集，当初买这些书是因为它们或者附有词，或者载有考证文章。宋人和清人的一些文集跟其他书一起就这么消失在烟尘中，有些书买来不久，还没有来得及看就遭了劫，现在还能记起的是许国霖编的两册《敦煌杂录》就是这个命运。

烧，烧，烧！后来把邻居都烧急了，说从大烟囱里冒出来的火星子冲天而上，晚上老远都看得见，红卫兵看见了非惹出事来不可。本来线装书烧得也差不多了，听人这么一说，也就打住了。

《笺经室遗集》的心病

烧书时心情的复杂和矛盾局外人无法想像，不妨说一件事。曹元忠跟词学名家朱孝臧交好，参与了《彊村丛书》中一些词集的校勘。他的《笺经室遗集》有不少有关词集的资料，印数不多，当初有幸买到，很高兴过一阵，如今要投入火中真是难以下手。迟疑再三，还是把前三册扔进去了，可是后三册有题跋就留下来。岂不知如果当真要因为古书是四旧获罪，有没有前三册罪过还不是一样大?不身临其境，真想不到一个人会糊涂到可笑的地步。

事情还没有完，要是当时六册书一总烧掉，以后看不见心不烦，倒也干净。如今留下三册反而留下了病根，天性喜欢大团圆，事后有三十年的光景，一看到这三册残书心里就难过。直到1996年，在中国书店书市才买到一部《笺经室遗集》。因为有缺叶，定价还不算高。买回家细看，发现缺叶恰好可以用所存的三册补上，多年的缺憾到此才有了圆满的结局。

从烈火中新生

郑振铎先生在“八一三”藏书遭遇惨重损失后，收书豪情未减。他在续写《劫中得书记》时，篇首语是“凤凰从灰烬中新生，金赤的羽毛更光彩灿烂”——典故出自西方关于 Phoenix(不死鸟)的神话——前辈不屈不挠的精神令人肃然起敬。说来惭愧，不才高山仰“止”，藏书遭劫之后，“文革”中期本来有机会廉价买一些好书，却已经灰心丧气，发誓不再买线装书，失去了很好的机会。“文革”之后移居北京，专心从事科研工作，从此有十来年不光顾旧书店，收书的大好时机就这样等闲错过。

直至八十年代末，“词”心复萌，才偶然买几本词集。可是当时北京中国书店词集奇缺，偶有所见，定价极高。今天走俏的闵凌套印本和清代开化纸精刻本一册不过一百元，而明刻词集却动辄上千，一部明末刻极普通的《草堂四集》竟要两千元！在古书价格已经几十倍、几百倍飚升的今天，这个价也差不多了，当时足以令人气短。善心的友人可怜痴心人，慷慨解囊赠款，留下了永恒的温馨。

内宾和外宾

1989年买民国影印巾箱本《花草粹编》，花了二百元，那是两个月的工资，相当于现在的五千元！这个价在当时足以买明版了，一个普通的影印本怎么会这么贵呢？不是过来人不知道，当时内外有别，明版不能出境，是内宾价格，百年之内的出版物则按照外宾定价。

梅苑卷第一
勝勝慢
欺寒衝暖占早爭先江南又報南枝暗香疎影偏宜映月臨
池天然素肌瑩骨笑等閑紅紫芳菲勞夢想正玉人嬌困弄
粉妝遲　長恐行歌聲斷尤堪恨無情塞管輕吹寄遠丁寧
折贈隴首相思前村夜來雪裏滯東君須索饒伊爛熳也算
百花猶自未知
又
嚴凝天氣近臘時節寒梅暗綻疎枝素豔瓊苞盈盈掩映亭
池雪中欺寒探暖替東君先報芳菲暗香遠把荒林幽圃景
致妝遲　別是一般風韻超羣卉不待淡蕩風吹雅態儀容
特地惹起相思折來畫堂宴賞向尊前吟咏憐伊漸開盡算

在许多聪明人——不管内宾外宾——以内宾价格大买宋元明清善本古籍时，为学术研究购置资粮的读书人却不得不节衣缩食，作举鼎绝膑的蠢事。愚公移山和精卫填海的精神和毅力到底还是有回报，多年的努力成就了聊堪自怡悦的词集收藏，圆了少年的梦。虽然为自己的痴迷付出了几倍的代价，但是灯下摩挲所得的一些佳本秘籍，有非金钱所能买到的快乐。

即使一本书看似平常，往往也要看有没有缘分。例如1919年李祖年圣译楼刻的《梅苑》，不过一个普通民国刻本罢了，四十年前搜集词集时竟未获见，当时深以为怪。后读《天风阁学词日记》（1941年2月23日）才知道，王大隆先生说当年只印了几十册，夏承焘先生还要跟王先生借阅，难怪往年遍求不获。转眼已是百年前的旧物，何幸如今寒斋却能独有其三，朱、墨、校三者齐备。尽管是以外宾价格买到，还是不能不说“天之厚我至矣”。在局外人看来，这不过是曝背美芹而已。个中甘苦，非真知笃好者不能体会。

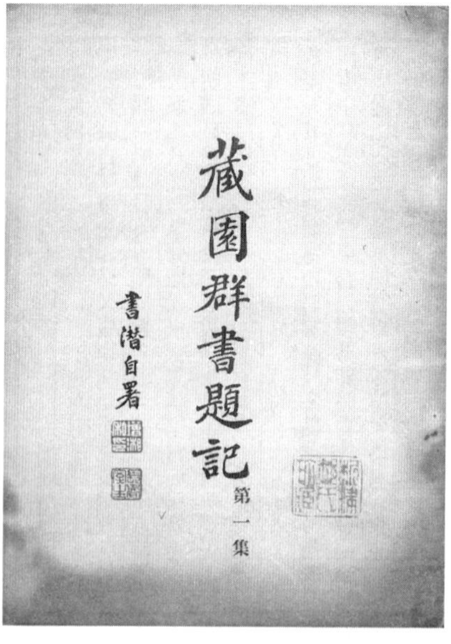

涉足目录版本

只要天性有收藏的爱好，只要喜欢古书，早晚都会跟古籍目录版本结缘。从爱词、校词到搜集词集，一步一步走向古书渊薮之中。为了了解词集版本，五十年代就买藏书家的书目和题跋。《四库简明目录邵注》、《贩书偶记》长在案头，随时翻阅，随时加注补记。还据《北京图书馆善本书目》（1959年版）和其他资料给《邵注》补入不少书，泛及四部，并不限于词集。事实上已经走火入魔，开始涉足中国古书的目录版本之学——尽管当时倾心数学，文史都是副业。收集的藏家书目后来大都付之一炬，劫后仅存大公报馆排印《藏园群书题记》四册。

等到重理旧业时，词集并不多见，久久不买书忍不住寂寞，四部旧籍有可心之物也就随手买下，收书渐多。爱书的人一旦把持不住，闸门一开，陷入书海，必然泛滥无归。不过这个时期上市的旧版古书品种有限，不知多少天才能碰上一本好书。况且无论自己多么喜欢书，毕竟这是业余爱好，并非以此为业。不过随其自然，取我心之所好，从不曾僭越本分。只是书缘凑泊，时有所得而已。既谈不上收藏，也没有以跻身藏家为荣的意思。

然而在林林总总的古书中要决定一部书的取舍，不能不具备一定的目录版本知识。古书目录版本之学从传统上讲似乎是“另类”，从来没有人正经拿它当回事。浮光掠影的随感多，鞭辟入里的论述少，再加上五十年代以来条件所限，园圃荒芜已久。一旦涉足，前人和今人的论述看多了，古书接触多了，耳濡目染，几十年下来多少也会有自己的认识。从小时候就好奇，不废杂学，天性又认真，虽是旁骛，也是念兹在兹，乐此不疲。若问是否于此道确有会心之处，则愚蒙如我者，仰弥高，钻弥坚，实在没有自信。

治学有所得，读书有所乐，“饥当肉，寒当裘，孤寂当友朋，幽忧当金石琴瑟”。书乎，书乎，真所谓“不可一日无此君”！

来燕榭书跋(续六)

黄　裳

李义山诗删注

余每见玉溪诗辄收之，所储明刻不下十数。此本得之林乔梁许，亦罕见。钱序即在朱鹤龄注卷首者，所删存亦大抵出之朱注。有旧人墨笔手批，因亦收之，以为玉溪诗异本之一。甲午寒露日，黄裳记。

玉溪诗清人注本极富。此删注不见著录，刻亦在康熙中，自是异书。前无序例，刘嗣奇一行似是剜改，删注二字亦非原刻，然全书啣接处却无删补之迹，终亦不知何以如此也。书出甬上，林乔梁挟之来沪，因入箧藏。五年前盗失，今幸返旧主，检书记之。试汪时茂墨书。己未六月半，黄裳。

此本有旧人批注甚富，不知谁何，然非浅人笔墨。"锦瑟"诗批云，"此诗多以为悼亡之作，亦未见确。以'思华年'起，以'此情'二字总承，盖始有所欢，终有所阻，故追忆之耳。四句迷离惝恍，所谓'惘然'也。"可见一般。

《李义山诗删注》二卷，莘野刘嗣奇尔常编辑。康熙刻。

十行，二十一字。上下黑口，双鱼尾。前有钱谦益序，《旧唐书·文苑传》本传。扉叶题耆英堂藏板。

绿净轩诗钞

女史徐德音诗清丽,颇不凡俗。卷中有“唤起斜阳绿”诗,小序云,“昔在吴山,闻山中鸟声,偶得句云‘唤起斜阳绿’,虽不可索解,而情与景合,适若得之自然。”此诗人之言也,虽若不辞,而实为佳句。其他作多类此。有“王明君辞”长律,又有“出塞”绝句,“六奇枉说汉谋臣,此日和戎是妇人。若使边庭无牧马,蛾眉也合画麒麟。”批判显然,贤于倡和亲为得计者远矣。此册偶得之海上,迄今五十年矣。重阅跋此。癸未五月十七日。

《绿净轩诗钞》五卷,西泠徐德音淑则撰。康熙刻,十一行,二十一字,精写刻本。上下黑口,左右双边。乙酉九秋吴门咒花闺人李淑仪序,康熙丁亥餐霞老人序。淑则江都许迎年室。

东莱先生标注三国志详节

三十八年五月九日海上收得,黄裳藏书。

此南宋坊本《三国志详节》,三十一年前得之沪上,以黄蜡笺覆面,盖旧出内库之物。杂置书丛,未遑装治。八年前遭盗掠,遂与群书俱去。后还来已失数卷,然重装一新,殊出意表。劫馀书卷,乃以此为最旧之本,可笑甚矣。收书三十年,未尝以宋本为争逐之的,然先后亦有数册,后皆赠之国家图书馆,宋刻《尚书图》在京师,蜀刻《东坡后集》在上海,汪阆源藏之残宋大字本《柳柳州集》则不知流落何处。凡此皆初收书时所得。元本有十许种,皆非所重。此意殆无识者,记此慨然。辛酉正月初九日,黄裳记。

此《东莱先生标注三国志详节》二十卷，宋刊本。日本内阁文库藏有之。长泽规矩也《关东现存宋元板书目》著录，南宋末建阳刻。图书寮又有刘氏静得堂刊《东莱先生十七史详节》，刊刻正同，惟半叶十三行，与此微异。又有《东莱校正五代史详节》，则与此行款如一，书眉标注亦同，当是一书，亦汇刻本也。此本三十馀年前得之海上，抚印未佳，未甚重之。今存卷一之四，十四之十六，十九之二十，凡十二卷。余家所藏旧刻，乃以此册为最早之本，亦可珍也。今年暑热非常，几无人生之乐，二十日后始少差。晴窗展卷，聊书数语遣日。癸亥立秋前日，来燕榭书。

《东莱先生标注三国志详节》二十卷，存五册。宋刻本，半叶十四行，二十四字。上下线口，左右双边。前有三国疆理之图，元嘉六年七月二十四日中书侍郎西乡侯臣裴松之"上三国志注表"，次目录。

柳堂诗词稿

来青阁老估人杨寿祺，时来往于苏沪路上，昨日偶遇之，方来之姑苏，携来旧书一叠，此两册佳甚，康熙季年所刻，刊于羊城，纸用桃花，传本稀绝。词稿乃有一词，其富赡不下于舜民也。荆溪董氏，词人辈出，只蓉仙之作未见著录。当什袭藏之。丁酉八月初八，金风送爽之日，黄裳记。

《柳堂诗稿》五卷《词稿》一卷，阳羡董儒龙蓉仙氏撰，第九男时若校。康熙刻，十行，二十一字。上下黑口，单边。《诗稿》前有康熙甲申徐瑶序，康熙甲申周肃度序，康熙壬辰自序,目录。《词稿》前有甲申离墨词人徐瑶序,康熙己卯陈伊序,目次。

太璞山人集

丙申残腊所收,黄裳。

项琳,字人玉,号太璞,又号完庵,歙人。遭时丧乱,绝意进取,放荡湖山。得吴梅村、王士禛称赏。此集有吴伟业序,手书上板,不见于《家藏稿》。康熙九年,殁于江都,年五十一。其自序云,“今日戎马蹴狐田,脂液润野草,燕巢林木,兔穴周行。……渐渐兴箕子之歌,离离引大夫之泣。赋山川,咏风物,吊古唁兹,是安可无言,……或勉言恐文字触讳。”是集所存,皆草野吞声,缅怀故国之作也。刊于康熙初元,传本稀有,亦清人别集秘册也。

《太璞山人集》三卷,娄东吴伟业梅村鉴,古歙项琳人玉著。康熙刻,八行,二十一字。白口,左右双边。慕贤堂藏板。首娄东吴伟业拜题并书序,洪之坊序,顺治庚子自序。玉峰徐秉义撰传,黄以立、程邃等题辞,目录。有“兴酣落笔摇五岳”白文长印。

山中白云词

乙未春晚,荔支初熟,流酸溅齿之时收此。

此雍正中海上曹氏城书室刻《白云词》,传本甚稀。余月前得一后印本于吴下,《乐府指迷》已失去。板心下“城书室”三字亦剜去,曹序亦无,殆板片落于伧父手重印之册也。此册见之来青阁,犹是原装,且存扉叶,有翰林院大方印,当是四库底本,不知何时流入南中也。余近肆力收旧本诗馀，一时所得甚富，虽戋戋小册亦出重值，书遂毕集。此殆收书惟一捷径，惜人不之知也。书此以当一笑。乙未后三月十八日，来燕榭记。

《山中白云词》八卷，西秦玉田生张炎叔夏著。雍正刻，九行，十九字。白口，左右双边。板心下有“城书室”三字。前有玉田先生《乐府指迷》，次目录，壬寅暮春曹一士跋，雍正四年杜诏序，郑思肖、仇远、舒岳祥、陆文奎、殷重、井时、李符、龚翔麟序，附戴表元、袁桷赠序。收藏有“云间第八峰周氏藏书”（朱方）、又翰林院大方印。

国朝画徵录

浦山此书，余旧有之，后沦劫火未归。而《续录》二卷《图画精意识》一卷则已还来，《文集》五卷亦得珠还。偶见此本，大册初印，有西湖散人一印，旧跋云是醇士图记，又有顾氏印，则过云楼主人也。鹤逸颇有旧本，其家守而未失，十年前始狼藉散落。此册不知以何因缘，流落海上，偶见之而偶得之，亦厚幸矣。欢喜跋之。庚申六月十四日，黄裳记。

《国朝画徵录》三卷，明人附录，秀水张庚浦山著，睢州蒋泰无妄、汤之昱南溪同校梓。乾隆四年刻，十行，二十一字。上下黑口，单边。乾隆四年蒋泰序，雍正十三年自序，乾隆四年自跋。侯肩复题词，目次，后有“男时敏覆校”一行。收藏有“西湖散人”（白方），“书隐”“卧香”（朱文联珠印），“见天心”（朱文腰圆印），“顾鹤逸藏书印”（朱方），“小梦墨亭主人鉴藏本”（朱方）。有墨笔跋，“内有西湖散人一印，是戴文节之印记，知此为习苦斋中翻阅之本，尤足珍也。西津记。”

敬事草

《千顷堂书目》卷二十六,“万历四十七年乙未科,孔贞运《敬事草》五卷,又《行馀草》十卷,字开仲,句容籍,池州府建德人,太子太保礼部尚书兼文渊阁大学士。”此残卷存二之四,凡三卷,余检得之于北京来薰阁肆后残书堆中,蠹损已甚,今日理书又见之,乃逐叶去其碎屑,逐蠹鱼数条,藏之樟木匣中。此秘册也,诸家藏目俱未有此,《禁书目》亦不收,疏草中“奴”“虏”字屡见,实为晚明史一秘册也。辛卯二月初四日记。

《明代版刻综录》云,此为胡曰从刊版,版心下有“十竹斋”三字,此本无之,不知是一是二,姑漫记之。癸亥十一月十三日,晴窗。

《敬事草》五卷,孔贞运撰。崇祯刻,九行,二十字。白口,单边。存三卷,卷二为视学恭纪,制策,馆课;卷三为奏疏;卷四为经筵讲章。收藏有“骆弘室印”(朱方)、“字仲□”(白文套边方印),明人印也。

铁庵诗稿

三十八年春三月廿二日,雨作,微寒,饭后于传薪观书,检得此残本一册。黄裳。

铁庵不知谁何,书绝罕传,世无著录。卷中所记游踪,多在蜀中。刊刻当在万历初元,或是蜀刻。辛酉八月初二,热甚,展书重记。得此已三十二年矣。黄裳记。

《铁庵诗稿》,存卷二。明刻本。八行,十八字。白口,四周双边。

赐馀堂集

此嘉善钱士升集，刻于乾隆中。原目云卷八之十嗣刻，恐终无全书也。集绝罕传，所收尺牍二卷最可读，明末政局所记甚详，有致祁彪佳、钱谦益诸札，多存故实。其答瞿起田书云，“时事至此，言之痛心。以今日人事，参之天道，征之史册，万无不乱者。直争旦晚耳。”其议论沉重多类此。士升所撰《表忠记》，余藏崇祯刻本。又有所刊梅道人遗墨。此册得之海上，颇快意也。丙申小满前二日，黄裳记。

今晨阅报，惊悉西谛于三日前飞苏途中因飞机失事死，悼惜之馀，为之累日不怡。余交西谛于今十六年矣。忆十一年前春晗辟地来沪，曾与西谛、圣陶、予同诸公陪之为苏州之游，木渎会饮，城内观书，春晗饮甚豪，西谛亦复健于饮，每与余倾杯轰饮，相顾而笑曰，座中最少年也。此境宛如昨日。解放后曾访之于北海团城，方居斗室，暗如夕。有大案，所陈皆古物，座后有绿漆铁柜，开之，取一长卷出示余，为唐无款青绿长卷，惊心动目，历年久，绢素脱落。西谛曰，此卷观一次即少一次，今珍重为君开之。余时携宋板宋印《尚书图》一册，西谛强为国家图书馆留之，余亦脱手相赠，此状亦如昨也。后即不复更遇，只时时于友人许得其问讯，今竟死矣。西谛兴甚豪，对祖国文物有挚爱，性复脱略，喜为巨业，往往不能终事，亦以此多启研究之端，十年来文物之救于其手者无限，今后遂失此人，亦国家之不幸也。人生如风雷电火，何事不可作解脱观。掷笔爽然。秋阴向晚，弄笔书此，以为纪念。戊戌重阳节日，来燕榭记。

《赐馀堂集》十卷，卷八以下嗣刻。嘉善钱士升塞庵著，曾侄孙家塈、元孙佳编校。乾隆刻，十行，二十三字。白口，左右双边。首史官陆奎勋《明史列传》，乾隆四年陆奎勋序，徐石麒纶扉奏草原序，李陈玉原序。目录。

选诗补注

此残本《选诗补注》尚是明初旧刻，余二年前得于姑苏旧肆，同得者为嘉靖养吾堂本八卷，为朱竹垞、项药师两家旧藏，置于桃花坞寓，未尝携归。今始寄来，因题记焉。时戊戌六月十四日，四十明朝过矣。黄裳。

此残卷偶得之姑苏旧肆，未措意也。后为盗掠，于今将十年矣。一日归来，为付装池，楚楚可爱。此二卷中所收汉诗名篇及魏武、陈王诸作皆佳制名作，暇日讽读，亦快事也。此刻罕传，远逾养吾堂本，更可珍重。秋雨初霁，灯前记此，时庚申七夕。小燕黄裳。

《明代版刻综录》著录此书云，弘治十四年王玺刻。玺字仲信，庐陵人，弘治九年进士。海盐令。行款俱合，不知即此本否。甲子中秋前日。

《选诗》八卷，存卷一之二。上虞刘履补注。明初刻，十行，二十字。上下黑口，四周双边。至正二十三年金华戴良风雅翼序，至正乙巳夏时序，凡例，目录。收藏有“易安斋”（朱方）。

太平御览

明钞《御览》一册，精整可爱。非寻常明人恶钞比也。二十年前偶然拾得，今日成珍物矣。感慨记之。甲子白露后一日。

《太平御览》存卷二百一之二百十，皮纸蓝格，明人写本。十二行，二十二字。四周双边。

露华榭词

此卷中多与频迦倡和之作，当是当年手赠之册而频迦加题者，可珍也。原刻亦极罕见。乙丑七月廿九日，溽暑始退，弄笔记此。黄裳。

《露华榭词》一卷，元和张诩渌卿撰。嘉庆刻，十行，二十四字。白口，左右双边。嘉庆辛酉吴锡麒序并题辞。收藏有"祥伯"（朱方）、"郭十三"（朱方）。有郭麐墨笔跋，"庚午八月初二日，渌卿寓吴门，相见，出此见视，盖别已十馀年矣。人生岁月，可把玩耶。读竟凄然，因书其上。频迦。"

若庵诗馀

壬辰立夏前四日，得此《若庵集》二本，仅存三，四两卷，词及停骖随笔获全，可重也。少翻阅读之，词笔纤浓，不愧名家，当在蛟门、西樵之间。同得尚有郭棐《西阳正组》残本一册，皆罕见书，喜而记此。黄裳。

余收清人词集颇富，亦多附全集末者，此虽残卷而词集获全，可以单行，遂重装藏之，以为清初词家一种。甲午腊月初五，夜灯下坐雪记。

若庵此集颇有与楝亭倡和之什。周玉言兄搜曹家故实甚勤而未见此。当寄之钞存，或于考证小有裨益也。甲辰二月初二日，重检书记。

《若庵集》四卷，存卷三《诗馀》，江南程庭且硕撰。康熙精写刻本，十行，十九字。白口，左右双边。前有丁酉长至泸州先著序，目录。

厚　语

癸巳十一月廿七日湖上收，黄裳记。

此本罕传，杂辑元明人嘉言逸行，其四卷为“容德之厚”，前有小引，略云，“拙逸者曰，书称有容德乃大，容德自古难之矣。……若录中所载，有甚违忤而置若罔闻，量何如者。嗟乎，历观先哲，量大而福亦随之，人之贵宽厚也，明矣。”可见一般。

《厚语》四卷，海盐钱萲萃编。万历刻，九行，十九字，白口，左右双边。

皕明媵籍图志

闻一波

余早岁游学广陵，唯以诗画交天下友，非为它，求知也。中年涉世渐深，时有困学之感，故而沉溺汲古，金石书画古陶文玩之外，发籍披读，始悉吴下先哲素有嗜籍撰述之癖。因而萌集古籍之习，积年时得，求访归来，一灯豆然，披览考释，时感无穷之乐趣。尤以多得明刊珍稀之什，虽或为丛残，然敝帚自珍，近以数页影印版叶求教于京华学界前辈，蒙褒奖有加。因发集腋成裘之思，先将特色较著者数种公诸于同好耳。

奇怪雖有斷不見於盛世

煬帝又問道你們衆人可曾聽見歌聲衆内相道奴
婢俱明明聽見趕到船外還隱隱歌聲未絕及走上
岸就不見了煬帝沉吟了半晌對蕭后說道莫非是
鬼怎敢來譏誚寡人蕭后見煬帝徬徨着急只得好
言勸解道宇宙中古往今來奇奇怪怪何所不有俗
語說得好見怪不怪其怪自壞這歌聲任他是人是
鬼只不採他他自然銷滅就是耿純臣奏天子氣以
今日看來氣在那裏煬帝道御妻言雖有理只是朕
心終有些狐疑不安大家亂了一會不覺一鈎殘月

二十九回 五

《新镌全像通俗演义隋炀帝艳史》

此书共八卷四十回，有明末人瑞堂刊本。鲁迅以为吴下冯梦龙作，不知何据，待后考之。此书入清，屡遭禁毁，三百馀年来存世者已寥如晨星，可见其罕矣。因其毁之烈而更显其珍，而余却能于今时偶得之吴下文庙地摊，亦三生有幸矣。此小说描写宫闱细腻，人物性格亦多鲜明，并多有史可据，真“金三水”之佳构也（金三水即

《金瓶梅》、《三国演义》,《水浒传》)。余得残帙,存二十六至三十三回，幸三十一至三十二回全，盖此两回为全本香艳之绝妙处，亦炀帝之炀处之诠释。晚明说丛,不离好货好色思想,流露市民意识,此种人之个性解放,正是社会开明之标志。近日得程毅中先生函,告余藏之《炀帝艳史》确为崇祯辛未所刊,而日本内阁藏本尚不及余本之清晰。余本或为初印乎?故更应珍爱之。

《十二楼》

李渔号湖上笠翁，明万历时生于如皋，崇祯八年金华游泮，颇负文名。后绝意仕进，顺治七年移居杭州，小说戏文多作于此际。后又徙白下芥子园,与当时名士吴梅村、周亮工、王渔洋、尤西堂等皆相过从。晚年殁于钱唐。其说部鸣于清初,不以稗史为末技,是亦高出时人之处。而其把小说当作无声戏曲而造福时人亦可谓其开风气之先。笠翁小说《十二楼》之情节,既有出寻常视听之外，又在人情物理之中，体现其戏曲小说之理论观。且此中每有作者之形影，可谓空前之举。余所得之《十二楼》为清早期刊本，与《炀帝艳史》同时收进，惜仅存《拂云楼》、《十卺楼》两种,虽非初刊,然求自大书肆,恐影印本都难得一见也。且其有清以来历遭禁毁，而今犹能得其残册，自有珍稀之感。因请吴下老书友夏淡人以金镶玉装之，又请钱梦苕书眉,笠翁可不枉矣。

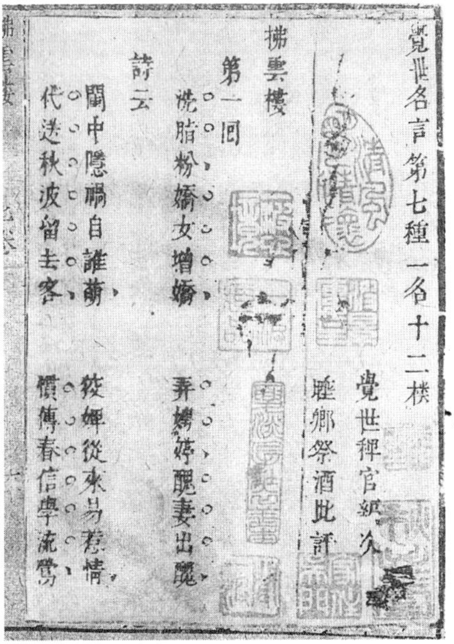
覺世名言第七種一名十二楼
覺世稗官編次
睡鄉祭酒批評
拂雲樓
第一回 洗脂粉嬌女增嬌 弄娉婷醜妻出醜
詩云
閨中隱禍自誰萌 妒婢從來易惹情
代送秋波留去客 慣傳春信學流鶯

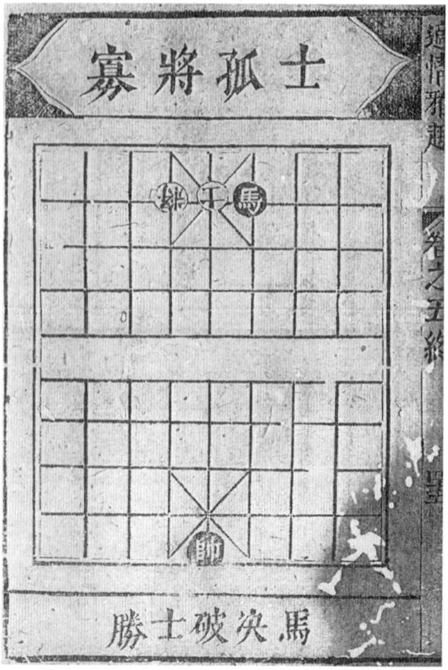

《适情雅趣》

明金陵徐玉川编《适情雅趣》象棋谱，书成于隆庆四年，共十卷，前八卷选自《梦入神机》，后两卷选自《金鹏秘诀》，两原谱均已佚残，故徐谱尤自珍贵。今于冷摊得残谱，视书字体颇似清初，然其旧题为大明崇祯三年刊，不知为据。考此谱知，现存明残局谱，唯《梦入神机》、《金鹏变法象棋谱》等五种，十分珍稀。中金陵徐玉川选《适情雅趣》，现存有敦化斋、敦化怀德堂、三畏光启堂等版本。孙殿起见九卷本以为康熙物，不知即为余得之者否？窃议敦化斋前还有刊本，钱曾见藏八卷许是康熙前本。近数十年发现有邓云龙本、张孝钧本、杨明飞本，俱为清初刊本，而乐钧、杨伯康、杨周璞、张雄飞本，传为明刊，今余得残本有“虏”字，或属晚明刊本。余得此谱于吴下三元坊冷摊，询之书估来之海虞某家杂纸间，故以人民币三十元购进之；它纸已尽售，而此谱独留于我，斯亦估之德我矣。噫！得非也是翁之佚存哉？书友夏淡人见而为我修补成两册，并云平生仅见，更是一稀物之证矣。后余密友沪上名士周退密知之，欣然为题一眉。

《明三贤序汇》

余髫龄即闻先辈云及明蓝格抄本，不啻宋刊。不期今日真

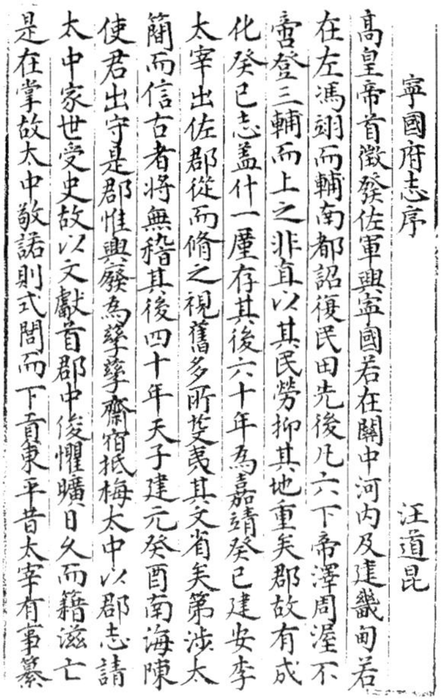
寧國府志序　汪道昆

高皇帝首徵發佐軍興寧國若在關中河内及建畿甸若在左馮翊而輔南都詔復民田先後凡六下帝澤周渥不啻登三輔而上之非直以其民勞抑其地重矣郡故有成化癸巳志蓋什一僅存其後六十年為嘉靖癸巳建安李太宰出佐郡從而脩之視舊多所芟夷其文省矣第涉太簡而信古者將無稽其後四十年天子建元癸酉南海陳使君出守是郡惟興廢為孳孳齋宿抵梅太中以郡志請太中家世受史故以文獻首郡中後懼曠日久而籍滋亡是在掌故太中敬諾則式閭而下首東平昔太宰有事纂

得之，大喜过望，即以数十册清刻易之，成余典藏中佳品。此册凡七十六页，蓝格白皮纸，品相颇佳，民间至今仍有此等物流传，也可见吾吴文化底蕴哉。此册目录两页，有李攀龙、宗臣、汪道昆三家序文共三十二篇。按三人中汪氏去世最晚，在万历二十一年（1593），而此本字体为典型万历间书写体，说明离开三家写作年代很近，很有研究价值。尝示于同好，以为奇缘，并以“能得此本尔可闭户”相推许。余夙轻明文，以为矫情者多。昔侍吾鄞先哲，日闻有明一代掌故尤多，而汪道昆为余远祖闻庄简公作传，不乏谀辞，当于《太函集》中一读可知。然吾宗诸老却仍以汪氏为大司马，拔庄简一生烈迹，当要后辈传诵之，亦可见四百载不易之宗风矣。今得蓝格万历抄本汪氏等序汇，当善护之。

又其目前有一“序”字，窃以为或是一总集中之序辑。追询书估，称此书系与另一《大明法典》（蓝格抄本）一起散出于云间，许是云间徐阶之后秤出亦未可知。如是则再读此册文，当犹若闻、徐二臣昔日廷争一幕之再现，而庄简公门生汪氏之情怀于中亦可谂知矣。

续补《藏书纪事诗》

——记《清藏书纪事诗补遗》稿本

李国庆

《清藏书纪事诗补遗》十七卷，刘声木编，稿本。

刘声木，字十枝。安徽庐江人。生于清光绪四年（1878），卒于1959年，享年八十一岁。少年始志于学，稍长成为学者。精金石，善鉴赏，尤嗜古籍文献。覃思著述，喜好收藏。藏书甚富，辟直介堂，苌楚斋以藏之，将藏书编入《直介堂书目》和《苌楚斋书目》。著有《苌楚斋随笔》二十笔（中华书局已出版前五笔）、《桐城文学渊源考》、《碑传集作者纪略》、《御批通鉴辑览五季纪事本末》、《俗字汇》、《寰宇访碑录校勘记》和《国朝鉴藏书画记》等。著作等身，然著述多未刊行。其手稿的大部分今藏天津图书馆，其中包括这部《清藏书纪事诗补遗》。

《清藏书纪事诗补遗》凡十七卷，十四册。用印有“十友轩所著书”字样的自制稿纸缮录。（《十友轩所著书》是刘声木编写的个人著作丛书，收录七十八种。）每半叶八行，行二十五字。收录范围主要包括有清一代的藏书家。取材范围主要包括清人诗文别集。是书将藏书家列为条目，一人一条。每条顶格行文，回行低一格。著录内容包括姓名、字号、籍贯、科第、官职、藏书和所采资料出处。各册收录情况如下：第一册二百十六条，第二册二百三十九条，第三册八十五条，第四册三百三十四条，第五册一百十六条，第六册二十九条，第七册二十三条，第八册二十八条，第九册三十一条，第十册四十一条，第十一册四十八条，第十二册四十八条，第十三册五十条，第十四册三十五条，共计一千四百二十三条。

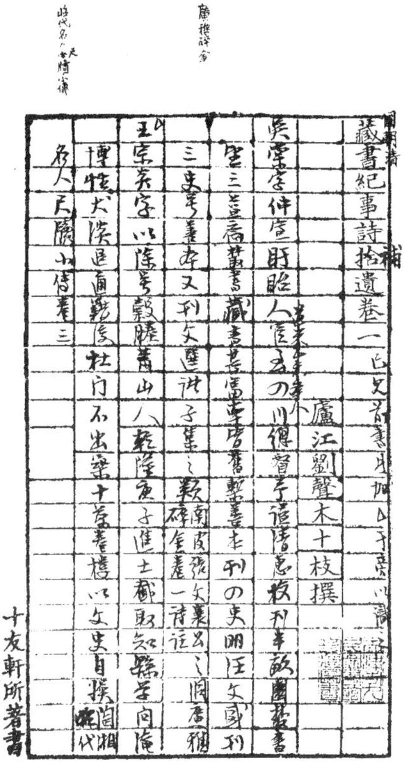

这是一部未定稿。从编写动机来看，最初编者只是在为编《续补碑传集》搜集资料时，附带将所载有关藏书资料也一并录出，拟想待资料初具规模后，编写一部有关藏书家方面的书。后来见到了叶昌炽《藏书纪事诗》，才考虑编写这样一部书。从卷端题名来看，前后更名三次：最初抄录时先题《藏书纪事诗拾遗》；编者觉得自己所录资料多是依据清人诗文别集，所录藏书家多是清人，所以用墨笔划掉了这个书名，复在该书名右边，用小字改题为《国朝藏书纪事诗补遗》；第三次大概时已进入民国，就用墨笔划掉了“国朝”两字，定名《清藏书纪事诗补遗》。从条目来看，收录一千四百二十三条，其中有相同一位藏书家先后收录二条、三条、四条不等者，也即同一藏书家前后重复出现。去其重者，实际收录一千一百五十馀人。从采录资料来看，前后简繁不一。从第一册到第五册，采录有关藏书家的资料较为简单，只包括姓名、字号、籍贯、科第、官职、藏书和所采资料出处。从第六册到第十四册，采录藏书家资料的范围扩大，内容比较丰富，除上述各项外，还收录了藏书家逸闻旧事等内容。

这是叶昌炽《藏书纪事诗》第一部续补著作。我们知道，叶书刊行后，先后出现了几部续补作品，主要有 1935 年伦明在《正风》半月刊连载发表的《辛亥以来藏书纪事诗》，其后又有吴则虞编的《续藏书纪事诗》和王謇编的《续补藏书纪事诗》。刘声木的这部续作写成于清末民初，在成书时间上早于伦、吴、王三家。倘若我们从不同角度进行考察，两书实有同工异曲之妙。从编写时间来看，此书与叶书几乎同时着手编写，编写时间均在清末。只是叶书创例付梓在前，刘书续编未刊在后。叶昌炽刻意编纂《藏书纪事诗》，而刘声木则是在编纂《续补碑传集》时，将自己感兴趣的藏书家人名、篇名等资料随手摘录。当刘声木后来见到叶昌炽书时，对照两书内容和体例，颇感己不如人，欲补不能，无奈地发出了“悔之无及”的感叹。从编写体例来看，叶昌炽《藏书纪事诗》是先录一首七言诗，次据史籍及笔记详录有关藏书家资料；刘声木则依自己编写的《国朝金石学录》体例(甚至包括行文格式均同)，只摘录有关藏书家的几项资料。当刘声木后来见到叶昌炽书时，觉得自己作诗缺少资料，颇难执笔，“幸叶氏原有一例，可合数人事迹为一诗。每首仅二十有八字，自不难追随其后”，而自己便不再“搜索枯肠”，因此刘书无诗。从编写主旨来看，叶昌炽编《藏书纪事诗》意在集录五代至清朝重要的藏书家资料。刘声木旨在网罗有清一代藏书家资料。后来刘见叶书时，才产生赓续念头，于是将自己的这部书定名为《补遗》，以示续补叶书之意。

这是一部颇有价值的书。叶昌炽《藏书纪事诗》，开创了有诗有叙，综述藏书家渊源历史的独特体例，可视为我国第一部藏书家通代史书。刘声木《清藏书纪事诗补遗》，集有清一代藏书家史料，可视为我国第一部藏书家断代史书。刘声木《补遗》，收录清代藏书家一千一百五十馀人，其规模与叶书相类，空前绝后，足补相关著述之不足。刘声木《补遗》收录的清代藏书家绝大部分不见于叶昌炽《藏书纪事诗》，而见于叶书者只有一百零四人，仅及刘声木《补遗》所录清代藏书家人数的十分之一弱。至于伦明《辛亥以来藏书纪事诗》、吴则虞《续藏书纪事诗》及王謇《续补藏书纪事诗》等书，其情形也大体如此。刘声木《补遗》揭示有关清代藏书家藏书史料十分丰富，包括藏书目录方面的，如龙氏《经德堂藏书目录序》、王氏《赐书楼藏书目录小引》、亢氏《随安庐书目》、黄氏《怡善堂书目引》、庄氏《映雪楼书目》、蒋氏《传书堂善本书目》及卢氏《抱经堂书目》等；有记述藏书内容方面的，如郑氏《思复堂藏书记后》、陈氏《经正书院藏书记》及严氏《岷山别墅藏书记》等；有藏书图形方面的，如陆氏《陆蒙香曝书图跋》、丁氏《八千卷书庐图》及缪氏《东仓书库图记》等。刘声木《补遗》征引文献甚多，尤以清人诗文别集和总集为主，间及丛书、笔记、年谱等，所引内容多为藏书家个人传略，颇有可采者。凡此种种，足资参征。

这又是一部需要花时间进行整理的书。待整理的部分大致包括：一、统一体例。本书编写体例前后不一，前者按项摘录，内容过于简单；后者渐仿叶书，征引有关文献，内容较为丰富。需要对前者增补有关文献，以求体例前后统一。二、明确范围。据《凡例》知，本书应以收录清代藏书家为限，实则不然。书中间录明代、民国，以及日本、西方藏书家。故需将非清代藏书家一并删掉。三、填补空项。由于是随手摘录，藏书家的名号、科第和官职等项有些空缺未写，需要逐一填补。四、删去重复。由于是随手摘录，同一位藏书家有的前后重复出现，一、二次者居多，少数达到四、五次，需要删去重复，并将有关资料合并。五、增补内容。由于是信笔抄录，有相当数量的条目，只写藏书家姓名和所采资料出处，并没有具体内容，需要按这个线索，将有关内容补上。六、订正讹误。由于是随手摘录，书中各类错误都有不少，需要逐一订正。

刘声木编的这部《清藏书纪事诗补遗》，尽管存在一些不足之处，但是倘若我们从整体观之，不难看出这确是一部难得一遇的好书。为使暂时无法看到全书的读者了解编者的编辑思想、方法和基本内容，除上述介绍外，并将其凡例全录于下，以窥一斑。

附：刘声木《清藏书纪事诗补遗》凡例
（按：括号内文字是笔者所加）

一、长洲叶氏此书有二本：一刊于《灵鹣阁丛书》中，书只六卷，所录人数较少。一刊于宣统庚戌（二年 1910 年），书增一卷，人数亦较多。然一卷至三卷皆前代，至卷四起始为昭代人。卷四录一百一十八人，卷五录一百零四人，卷六录八十七人，卷七录十二人,附录三十八人。以昭代崇尚文教,而藏书家仅有三百二十一人,其有遗漏,自不待言。

一、藏书多至数十万卷,以愚所知者言之,三百年来见于记载者,海内仅有十馀家。曾云藏书贵精不贵多,实非通论。然精本有精本用处,通行本有通行本用处,未易并较。果皆以宋椠元抄为言,则海内仅此数百种,皆所谓流传有绪者。此家出售,彼家收买,循环不已,未能越此范围。如此则天下好古文士,如观藏书,只得观其所藏精本。子孙或自已早为出售不可。若是则藏书家能有几人哉?

一、藏书至十万卷左右,已属甚难。不特财力有所不易,即人力亦有所不易。是以藏至数万卷者,不能不谓之藏书家也。即藏至数千卷者,亦不能不谓之藏书家也。设有藏精本数百卷者,必共惊为大家矣。学问有大小之分,岂藏书遂无大小之分哉。今必定例曰若者为藏书,若者非是,则未免狭隘,且果属何人能定此例乎?

一、愚初编《国朝金石学录》,续编此书,以为同一义例,只须摘取关于藏书各节者录之,无取烦冗。继细绎叶氏原书,始知甚误。盖不录逸事馀话及其枝节,不为其作诗,即无资料可言,悔之无及。然已录者,其原书已宛如扑风,难以踪迹。盖抄录者,已逾一世,采辑者,复数百家。书非一人所有,且不知其存亡,遑论重为辑录乎。

一、愚编《续补碑传集》,泛滥诸家文集,见有藏书家序记碑传文等录之,以为材料既富,必能编成此书。遂将其中篇名、人名逐一摘录,并将书箱号数复记于上,未遑抄录,欲待他日抄补。孰知事与愿违,《碑传集》终以篇帙既多,非一人所能任,遂中道废阻。早知如此，不如随得随抄，先成此著述。着手易为者，终难勉为，甚矣，贫之为累也。此等文集，曾多为苌楚斋所藏，已见书目，今亦碍难寻出自抄矣。撰述之难成如此，诚可慨也。

一、书籍最为不祥之物，是以易始，亦最易散也。果如日本人岛田翰所言：藏书者，家为不祥之家，人为不祥之人。较之金石、字画为尤甚。子孙、妇女皆视此以为无用之物，且因其占地甚广，殊多妨碍，是以去之唯恐不速，售之唯恐不尽，不待变矣。亦有及身而散出者，岂尽皆不肖子孙与无知妇女乎！

一、愚初拟编中有时漏落诸人，作诗缺少资料，颇难执笔。幸叶氏原有一例，可合数人事迹为一诗。每首又仅二十有八字，自不难追随其后，不待搜索枯肠也。

一、此编所录亦至(一)千(一)百(五)拾有(八)人。其中煊赫者盖寡，藏书小家为多，皆数千卷至数万卷者。然藏书至数十万卷，为叶氏所无者，亦有(数)家。记载中恒有仅言其藏书甚富，而无确数，其类于此者甚多，后人未能明其数目，谅其多寡，而未必有宋椠元抄，然确为藏书家固无疑义矣。

一、愚生平撰述，先定宗旨体例，即古人所谓发凡起例，嗣后再从事抄录。抄录既富，始议编撰。因非一蹴所能成，亦缺一不能成书。盖无宗旨，即不能抄撮，不能编撰；则抄撮亦为无用，即如俗所谓胸有炉锤，腹有针线者是矣。

清人杂剧单行本《平粿记》

——苹楼藏书琐谈之三

涂宗涛

在中国戏曲史上，杂剧占有重要地位，它以北曲谱写，盛行于元代，其后明、清两代直至民国期间，仍陆续有杂剧问世，只是作者越来越少而已。我有幸收藏了一本清人杂剧单行本《平粿记》，颇有价值，今已罕见，值得介绍。

《平粿记》线装一册，内封面为黄色纸，版面以细线竖分三行，书名居中，字用篆书。书前首页为作者朱凤森自《序》；次页为“目录”，首行右上标“平粿记目录”，依次标：“第一出剑警”、“第二出擒粿”、“第三出升任”、“第四出役述”。全书共二十八页(含封面)。本书经过精校，除个别曲本常有的俗字、借字外，没有发现文字有讹衍夺倒现象。

《平锞记》作者朱凤森，字韫山，广西桂林人。据傅惜华《清代杂剧全目》考订，生于乾隆四十一年（1776年），卒于道光十二年（1832年）；又据《光绪续濬县志》，称朱于“嘉庆十五年”任濬县知县”，并“先后四任十八年”，而《平锞记》单行本刻于“嘉庆二十五年”，标“本衙藏板”，当时作者正在濬县知县任内，故该书当刻于河南濬县；复据梅伯言《书守濬记后》称：“嘉庆十八年，桂林朱凤森为濬县令，以守城功，赏同知衔，此书凤森所自记也。”按朱凤森著《守濬日记》（清道光间重刻本），自嘉庆十八年九月五日起，至二十八日止，共二十四天，逐日详记防守濬县县城的经过。因嘉庆十八年九月，白莲教首领李文成攻占滑县，濬县距滑县最近，朱据城十一昼夜防白莲教起义军入城。《清代杂剧全目》与《光绪续濬县志》均称朱为进士，查《明清进士题名碑录索引》，朱并非进士，但他工诗文，善词曲，与汪应培、许鸿磐等文士相友善，汪之杂剧《帘外秋光》，即载有朱氏和他的倡和诗及每出后所加的评跋，而许鸿磐更将朱氏《守濬日记》编为杂剧《守濬记》（后又更名《儒吏完城》），于此可见彼此交往之密。朱氏传世著作除《平锞记》外，尚有《蕴山诗稿》六卷（咸丰七年重刻本）、《蕴山六种曲》（嘉庆间刻本。内收传奇四种、杂剧《平锞记》一种，附录许鸿磐作杂剧《守濬记》一种）等。《六种曲》中之《十二金钗传奇》，演《红楼梦》故事。

《平锞记》的创作缘起是：嘉庆二十五年春，作者的知交李兆元（字勺洋）见朱撰《守濬日记》后，特将其父李锳（字青萍）于乾隆年间任河南阌乡知县时，境内“土寇马锞为一僧人所惑，遂蓄邪谋，霸据一方，粮税皆抗不纳，胥役无敢入其乡者”，李率兵擒获马锞事迹的文字记录给朱，朱读后“击节叹赏不置”，于是用北曲谱写了这部杂剧。全剧的梗概是：李青萍，山东掖县人，乾隆丙子年举人，教习期满，题补河南省阌乡县知县，境内有“土寇”

（按：实为白莲教徒。后详）马锞（名见龙）“霸据一方”，前任官不敢管，李到任后，马锞趁李离开县城赴陕州“兼行护理”知州期间，“公然将布客杀死，夺取货物”，李闻讯后，立即返回阌乡，派遣“壮役十四人，改装易服，去西乡查拿”，不料所派差役除一人幸免回县城报信外，其馀十三人全被马锞杀害，李即决定亲率干役及营兵百来人出城擒拿马锞，让典史率众守城。城中群众闻讯后力加劝阻，认为众寡不敌，只能守城，不宜出战；而李以作为知县应保一县平安为由，坚持出城镇压，终于在盘亘镇西擒获马锞，马之“军师妖僧与二大王”逃至潼关也被拿获。李因功升任潼关司马，阌乡群众热情欢送李离县赴任。四十馀年后，李青萍之子李勺洋，为乾隆甲寅科举人，嘉庆辛酉会试大挑一等，分发河南试用，一次解饷赴甘肃，路过阌乡，在公馆听差的老班役张嘉言，曾伺候过李青萍，得知这位解饷的李太爷也是掖县人，遂打听他和李青萍的关系，而李勺洋也正想通过当年熟悉其父擒马锞的老人了解详情，于是二人见面，张将当年擒锞的详情告李，李也将其父离潼关任后，曾任扬州府同知、广信府知府，最后授广西右江道未抵任而卒的情况告张。李将张嘉言所告详情记下，以“留示子孙，俾知祖德”。

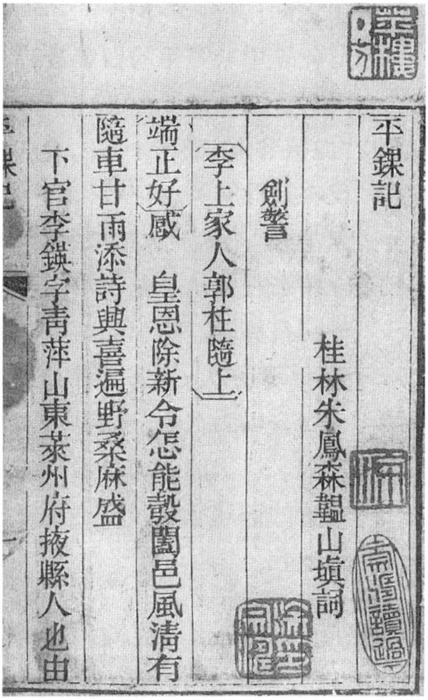
平錁記
桂林朱鳳森韞山塡詞
劍誓
李上家人郭柱隨上
端正好感 皇恩除新令怎能轂闔邑風淸有
隨車甘雨添詩興喜遍野桑麻盛
下官李錤字青萍山東萊州府掖縣人也由

《平锞记》作为杂剧剧本，对剧中主人公李青萍父子不无溢美之词，某些具体情节又属虚构，但它仍有相当的价值：首先为清乾隆中期零星的白莲教起义和相关的历史人物李青萍提供了史料。剧中的“土寇”马锞，虽未指明为白莲教徒，但马之所以“遂蓄邪谋，霸据一方”，是“为一僧人所惑”的结果，可见和民间秘密宗教有关；再从马锞等人的意图和行动来看，并不是一般打家劫舍、杀人放火的“土寇”，而是有政治目的的起义行动，剧中介绍当马锞杀了差役十三人后，问军师大和尚在取了县城之后作何打算时，军师说：“得了阌乡，二大王先领一枝军马，直趋灵宝，以御东方；大王亲率众军径取潼关，破了潼关，直走西方，据住西安以为根本，全陕可传檄而定矣。”这和后来嘉庆初白莲教大起义反抗清廷的政治目的完全一致。当既擒马锞，李青萍对马锞的部众宣称：“你本是良民清洁，你本是安分生活，自祖来知遵教化，幸逢这太平时节，为甚的你信妖邪，似蛮如蛇，不遵王法，不服勾摄……。”明白无误地指出马锞的部众原是良民，是“信妖邪”之后才参加造反的。作为统治阶级一员的李青萍，自然会把信白莲教的僧人视为“妖僧”，把白莲教的教义视为“妖邪”，从这一侧面也说明马锞及其部众是白莲教徒，“霸据一方”是一次白莲教领导的农民起义行动。为了说明这一问题，还可从下述情况来推知：即李勺洋读了朱凤森的《守濬日记》之后，主动将自己所记其父擒马锞事迹的文字给朱，必定是“擒马锞”和“守濬”的性质基本相同，而“守濬”是抵抗白莲教起义，“擒马锞”也当是镇压白莲教起义，因性质相同，朱读后才引起强烈共鸣，“击节叹赏不置”，并谱写了《平锞记》；若马锞仅是一般“土寇”，则“擒马锞”与“守濬”是两种性质，李勺洋读了《守濬日记》，因二者无内在联系，就不会联想到“擒马锞”事而将记录文字给朱，朱也不会引为同调而谱写《平锞记》。以上所述，都说明马锞的行动是白莲教领导的一次农民起义行动。从马锞事说明，在嘉庆元年至十年白莲教川楚大起义之前，早在乾隆中期已有零星的白莲教起义活动了。剧中对镇压马锞起义的历史人物李青萍，提供了他的简历和未刊手稿《诗法易简录》十四卷，也给后人留下了可资参考的史料。其次，为研究中国戏曲史提供了第一手史料。众所周知，中国传统戏曲，多为历史题材和传说故事，写当代人物事迹的很少，作为清代杂剧，在朱凤森之前，据《清代杂剧全目》介绍，将在世友人作为杂剧中的主要角色者，只有朱的《平锞记》和许鸿磐的《守濬记》两种。前者将友人李勺洋在剧中"挂须时服行装上"场，后者将友人朱凤森作为剧中主角登场，这就为研究中国历史上的"现代戏"提供了可贵史料；再以清代杂剧的版本而言，大多收在作者的诗文集或词曲合刻本中，如《平锞记》就有单行本和《蕴山六种曲》合刻本两种版本。据《清代杂剧全目》介绍，从清初到道光这二百年间，杂剧单行本只有十九种，因而《平锞记》单行本弥足珍贵，今已十分罕见。傅惜华先生是我国戏曲史研究的著名专家，据他的《清代杂剧全目》称："《平锞记》，清人以来，各家戏曲书录，未见记载"，该书的单行本，北京图书馆也未入藏。此外，《平锞记》文字雅驯，有元曲韵味，如第一出开场白《端正好》："感皇恩，除新令，怎能够阖邑风清，有随车甘雨添诗兴，喜遍野桑麻盛。"其文彩不让元人。虽作者站在统治阶级立场，但剧中塑造主人公李青萍勇于保境安民和万民拥戴的形象也是颇为成功的，显示作者对创作杂剧不愧当行本色。最后还要附带一提：《平锞记》还可作研究汉语史的参考，如现在流行的"关爱"一词，不见于《现代汉语词典》(1978 年版)和《辞海》(1999 年版普及本)，很容易被认为是时人的新造词，其实，《平锞记》第四出"役述"中即载："〔勺洋云〕：多承你们关爱了"。可见"关爱"一词并非新造，最迟在清嘉庆二十五年(1820 年)之前就在口语中流行了。

《重论文斋笔录》与《雨窗消意录》

来新夏

《重论文斋笔录》，王端履撰。王端履字小穀，浙江萧山人。据《笔录》卷四首条记有“乾隆辛丑，端履年甫六岁”，辛丑为乾隆四十六年，则撰者当生于乾隆四十一年（1776年）。其父王宗炎为乾嘉时萧山著名学者，有《晚闻居士遗集》行世。族父王绍兰，于嘉庆时在福建，由县令荐升至巡抚，邃于经学，著述甚丰，撰者尝从之受业。撰者曾成进士，入翰林，旋告归。所著《重论文斋笔录》系以其书斋名命名。其族弟王曼寿在《序言》中记云：“重论文斋者，族父晚闻先生暨冢嗣小　太史兄读书所也。……道光丙午，兄之笔录成编，梨枣竣事，囊书命曼寿序。”晚闻先生者，撰者父王宗炎之号。道光丙午为道光二十六年，则《笔录》之成书，当在是年。

曼寿序后，撰者又缀数行，以明志趣云：“流光荏苒，老景颓唐，每读群籍，掩卷即忘。气日以短，学日以荒，偶有闻见，类聚以方。录之于笔，以当知囊，虚糜翰墨，习以为常。积久成帙，语焉必详，博而不醇，杂而无章。不堪问世，凿楹而藏，敬告友朋，非馈贫粮。”虽文带萧瑟，然尚称通达。

又撰者于卷一之首，自述书斋变易始末云：“重论文斋，旧名悦我轩。平屋三楹，前绕花木，后俯清池，为先君晚闻公读书之所，端履幼亦肄业其中。后遭家难，鹊巢久被鸠居。嘉庆丙寅，始复故业，先君子爰易今名以志感。道光戊子，余兄弟析爨，室归于余。因逼近内室，改建楼居，而迁书塾于厅事之西南隅，仍以旧额颜之，不忘本也。”

嘉庆丙寅为嘉庆十一年，重论文斋始得名之年。道光戊子为道光八年，重论文斋方归属于撰者。撰者又加以改建而仍用原斋名。

《重论文斋笔录》十二卷，为清人笔记中杂说之属，于经史诗文，书画世事，皆有论说。又兼记耳目见闻，录存逸诗佚文。所说多有撰者心得见解，颇可作读书参证之用，此不可不读之杂书。而论及清代乾嘉以前文人学者逸闻琐事，更可补史谈助，如记毛奇龄、全谢山、阮元、姚元之、董诰、陆锡熊、钱陈群及汤金钊等人诸事，皆凿凿可信，而于一般不甚知名之士，所记尤详，实为阐发幽隐之善举，亦多存文献以备参。撰者于其师王绍兰所记尤多，起微时至通显之经历，以及诗文学术，均分见于各卷，如卷四有数条记王绍兰起家、仕历、诗文、著述，卷九、卷十一等处，亦均有记事。若据其所记，则王绍兰（南陔）之生平，亦得大概。

又卷十二记西泠刻家奚冈之书法称：“钱唐奚铁生（冈），少年书法出入欧、赵之间，圆劲秀逸。晚年专精绘事，书名遂为所掩。又草草涂鸦，毫不经意，转无复曩时姿媚矣。余旧藏其所书朱子格言立轴，以泥金写于磁青笺上，字字端楷，寓婀娜于刚健之中，视梁山舟学士，有过之无不及……”其附按语云：“相传先生年三十馀尚应童子试，有诮之者曰：'此非童（童铜音同）生，乃铁生耳！'先生忿甚，因自号铁生。遂不复应试，以布衣终。后以孝廉方正征，亦不就。"此可补奚冈生平逸事。

撰者于记事各条后间有按语以补充记事之不足或附另解，但不晓其为何不统一成文而别作附按之用意。如卷一记士子落第事云：

> "下第情怀，最难消遣，然乡试落解，尚无失其为故我。至会试被黜，则亲朋绝迹，童仆垂头。加以黄金已尽，囊橐萧条，翘企家乡，茫茫天末。此种凄凉光景，真有令人不堪回首者。于有句云：'到门茶灶都无焰，访友梨园大有人。'盖纪实也。又有某诗云：'路经花市都无色，风动芦帘别有声。'亦觉逼肖。（原注：又某乡试落解诗中，联云：'怕逢道路谈新贵，未免涂泥有故人。'语极蕴藉。）

条后有按语云："或问'未免涂泥有故人'句，与下第何涉？曰：此正无聊极思，益见同病相怜苦况。若出自新贵口中，便是富贵骄人矣。然则得第诗当若何？曰：余有二绝云：'三十五年才一第，旁人争羡我心伤。秋风铩翮寻常事，亲见槐花七度黄。神仙方许到瑶台，丹鼎今朝幸一开。同学少年裘马客，半提玉尺去量才。'"一记一按，道尽科场故事，世态炎凉，于此可见。

《笔录》亦记有掌故，如卷八记京师萧山会馆兴建缘由云：

> "吾邑于京师，向无会馆，士子会试者，咸寄寓客邸，旅费艰难，居大不易。道光辛卯，汤敦甫尚书捐银三千，为之倡率。并纠集同志，买屋于西河沿。沈君青士，经营缔造，落成，尚书为文以记其事。亲书姓名，以一本寄端履。记曰：'吾萧人文蔚起，来试礼部者，不下五十人，向无会馆。下车

逆旅，事杂言庞。到稍稽，辄人满，僦价益昂，寒士苦之，同仁欲筑馆久矣。岁辛卯，醵金集费，买得西河沿房屋一区，新其坚完，葺其颓敝，增其不足，整其规模。沈君青士，谙练工程，实董斯役。逾年落成，凡用白金五千九百两。计东西两院，为房四十五间；又西偏二所，房共二十四间，出赁为岁修费。草创粗就，属当壬辰会试。朱君桐轩以第二人及第，为吾邑未有之科名。虽会逢其适乎，亦吉事有详也。继自今登鼎甲、掇大魁者，当不乏人。后之君子，尚有以保护，随时振兴，扩而充之，理而董之，俾桑梓公众，咸得宁宇，是所厚爱也夫！捐助衔名银数，依捐到之数，勒于碑阴。道光十四年，岁次甲午，夏六月，邑人汤金钊撰并书。”

是书各卷各条，连次编写，无标题，更无总目，翻阅不便。

是书有《绍兴先正遗书》第三集本、《清代笔记丛刊》本及《笔记小说大观》第四辑本。

《雨窗消夏录》，撰者牛应之，生平不详，据书中所记，有“曾国藩谓王闿运，中兴功业，吾已幸之。文学之事，未有所属，敢以托君”之事，则撰者当为同光时人。书首有小序一则称：“独居伊郁，百忧憾心。令儿辈诵小说诡异事，卧而听之，乐且忘疲，爰录其尤，镌贻朋辈，共怡悦焉。至于事多恍惚，小说类然。必欲钩考是非，绳批得失，茧蚕自缚，非仆之素心矣。”若据小序所言，则内容似为转辑自他书者，而又皆不注出处，无从稽考其来源。又言所述为“小说诡异事”，然书中所记又颇近实，有可采处。

是书为四卷，多记人物逸闻，除一二元、明人之外，多为清人，上起乾嘉，下至同光，如纪昀、和珅、蒋士铨、郑燮、金农、尹继善、袁枚、阮元、吴省钦、曾国藩、郭嵩焘、王闿运等文人学者、名臣巨宦之逸闻轶事，间亦有可取者。如纪昀与人论图书聚散之理说，“我百年后，傥图书器玩散落人间，使赏鉴家指点摩娑曰，此纪晓岚故物！是亦佳话，何所恨哉？”晓岚自以为通达，而友人驳曰：“君作是言，名心尚在。余则谓消闲遣日，不能不借此自娱。至我已弗在，其他何有？任其饱虫鼠，委泥沙耳！故我书无印记，砚无铭识，政如好花朗月，胜水名山，偶与我逢，便为我有。迨烟云过眼，不复问为谁家物矣，何能镌号题名，为后人作计哉！”（卷一）其人较晓岚更为洒脱矣。

其记和珅骄富二则，虽多为人知，但事至百年以后，针贬犹在，录之以见公道自在之义云：

“元人吊脱脱丞相云：百千万贯犹嫌少，堆积黄金北斗边。可惜太师无脚费，不能搬运到黄泉。乾隆末，和珅益骄富，或以此诗书其门，大索不得，未几遂败。”

“和珅当国时，京朝官趋之如鹜。珅每至公署，司官夹阶立伺，唯恐后期，时称为补子胡同。有无名子咏补子胡同云：绣衣成巷接公衙，曲曲湾湾路不差。莫笑此间街道窄，有门能达相公家。”（卷一）

又记郑燮自嘲为蒙师诗，与世间所传相应，可资谈助，记称：

“兴化郑板桥明府燮，少贫，尝为蒙师。既达，作诗自嘲云：教馆原来是下流，傍人门户过春秋。半饥半饱清闲客，无锁无枷自在囚。课少父兄嫌懒惰，功多子弟结冤仇。而今幸作青云客，遮却当年一半羞。”（卷一）

世多以板桥飘逸洒脱，无功名利禄心，此诗虽为自嘲，然以塾师为羞，于板桥固为短识，而以青云遮羞，终非难得糊涂。

辑者于文人多致推崇，如称郑燮曰：“乾隆时，兴化郑燮，工书画。书增减真隶，别为一格，如秋花倚石，野鹤戛烟，自然成趣，时称板桥体，多效之者，然弗能似也。”于王闿运则称：“湘潭王闿运，少负异才，为文章甚似司马迁。能以己意贯穿，开合变化，不蹈痕迹，自然成法，侯、魏弗如也。往来公卿间，多欲罗之者。闿运超逸，不乐仕进，尝游燕赵，将赴春闱，至清苑矣，意忽不乐，遂改辕归，作《思归引》。”（卷一）

八股时文久为时所诟病，近读启功、张中行、金克木三老所著有关八股鸿文，始深悉八股缘由、体式及功过等事。此书卷一载有乾隆九年兵部侍郎舒赫德请废时文议及鄂尔泰议驳文，又载同治间朱暝庵《时艺论》，皆可备了解八股文之用。

是书尚有有关史事资料，如记鸦片战争时杨芳御英敌之荒诞做法云：

> “道光壬寅年，英夷犯广东，果勇侯杨芳为参赞，因夷人炮利，下令收粪桶及诸秽物，为厌胜计。和议成，遂不果用。有无名子嘲之曰：杨枝无力爱南风，参赞如何用此公。粪桶当年施妙计，秽声长播粤城中。”（卷一）

杨芳于鸦战中荒唐之行，言近代史事者，类多知其事，而无名子嘲讽诗，尤令人痛快淋漓。其卷二论湖南、广西教案事，戊午（咸丰八年）科场案始末等，均较详可据。他如名人书奏多录入全文，颇可备参考。如卷二郭嵩焘出使英国，在伦敦就所考察致李鸿章书，论及政教风俗、火轮车路，痛陈国内弊端，并提出治国之要，如仿学西方、发展交通、严禁烟害、开通言路及停止厘捐等，可以见郭氏之“洋务”思想。又有张佩纶于光绪三年上疏言山西、河南、直隶、陕西等地大旱灾情，并涉及吏治之坏，其中述说：“今山西死亡过半，骨肉相食，析骸而炊。河南市鬻人肉，行旅断绝，盗贼蠢动。畿辅赤地数百里，道馑相望，流民数万，哄集京师辇毂之下，奸民乘乱，结队攫物，此何堪设想！”各地灾情惨状，由此可见。卷四记郭嵩焘与朱克敬信中所附郭自香港启程，经海道，历时月馀赴英日记，虽非逐日记录，然亦可见途中闻见。

是书已明言辑自他书，惟不注出处，使人难以引据，仅可作翻检谈助之需，盖以撰者未明著述体例所致。且其书虽分卷，而顺文编次，不加标题，更无目录，用者不便。

是书有《笔记小说大观》第三辑本；另有《雨窗消意录甲部》四卷，为《挹秀山房丛书》本。

关于《中国作家》杂志

黄 恽

收藏界对于民国期刊的重视，除了《旧书信息报》上辟有《报刊林》专栏外，还可以从近几年来《中文期刊大辞典》和《北京师范大学图书馆馆藏中文珍稀期刊题录》的出版得到证明。期刊与报纸一样，素来是不被人们细心保存的大众传媒载体，作为在中国出现尚不过一个半世纪左右的期刊，由于看过之后就随手丢弃，并历经社会的动荡，政权的更迭，运动的起伏，意识形态的限制，期刊的存世远较一般的书籍更见稀少，就如当时发行量曾一度达到十万册以上的两种期刊——《生活》周刊和《观察》周刊，照说才过去五、六十年光阴，应该不难见到，然而，私人要能保有首尾完整的全份，即在全国范围内，也是寥若晨星，而寒斋就有幸藏全份的《观察》。但这里想谈的是我收藏的另一种全份杂志——《中国作家》。

说是全份，其实不过三册，比起一些寿命久长的刊物，不免显得有些寒碜。然而这份杂志居然冠以“中国作家”，可以想见“此马”大有来头。它的编辑者是中华全国文艺协会中国作家编辑委员会，1947年10月1日创刊于上海。印刷者开明书店，发行者舒舍予，不定期。

中华全国文艺协会简称“文协”，它的前身不是“中华全国文学工作者协会”（这是作协前身——笔者注），而是1938年3月27日成立于武汉的中华全国文艺界抗敌协会。日本无条件投降后，1945年8月15日，文协总会在重庆举行庆祝抗日战争胜利的“欢谈会”，鉴于抗击侵略者的使命已经完成，会上专门讨论了“文协”改名的问题，决定从此改称中华全国文艺协会。

当时文协每年的3、4月间举行一次年会，同时改选理事会。据当事人、老戏剧家胡绍轩的回忆，第一届理事会产生理事四十五人，其中得票最多的是老舍，而随后各届理事的人数和人选虽然均不相同，但老舍、王平陵、姚蓬子、胡风四人都是文协的中坚，一直在主持文协的总务、组织、出版、研究四部的工作，换句话说，老舍是文协的实际领导者之一。

“文协”是在抗日民族统一战线这一背景下成立的，它团结了国、共两党绝大多数南下抗日的文艺工作者，大家在抗战的总目标下，不分畛域，不分思想观点，不记旧仇新怨，都聚集到一起，共同出版了会刊——《抗战文艺》（1938年5月4日创刊）。创刊时期的《抗战文艺》是三日刊，因三日刊须按新闻纸登记，出了四期后，就改作周刊，后来随着战争形式的发展，又改为半月刊、月刊，甚至后来成了不定期刊，在印刷及纸张遭控制的情况下，维持了七十多期。在此期间，文协为了扩大对外宣传和国际影响，还与香港分会合编了英文的《中国作家》月刊，但只出版了四期（据瞿光熙的《中国现代文学史札记》之《“文协”史话》说是三期)。这种刊物因为是英文，同时又出现在战时的缘故，知道的人就不多，一般的中文期刊目录又不载录，大抵已如洞庭木叶，渺渺无踪了。

我这里重点要介绍的中文刊物《中国作家》，它与英文的《中国作家》同名，却不同时，也不是英文《中国作家》的中文版。它是文协总会在抗战胜利迁回上海后的产物，于 1947 年 10月 1日正式创刊。当时的编辑委员会设立在上海建国东路南天一坊5号，刊物是不定期的，第二期到 1948 年 1月才出版，第三期出版于同年的 5月。

《中国作家》的发行者署名舒舍予，其实与老舍无关，因为在此期间(1947、10－1948、5)，老舍正在美国讲学，并完成他的《四世同堂》，要到 1949 年底才重返故国。也许是老舍在文协中的领导地位，《中国作家》才借用了他的名字。胡风写过一篇《我与老舍》的文章，谈到老舍在文协的工作时说："要他卖力的时候，他卖力；要他挺身而出的时候，他挺身而出；要他委曲求全的时候，他委曲求全。"这次正是他挺身而出、委曲求全的一个写照，因为在当时办刊要承担一定的政治风险。而实际负责编务与发行的，应该是抗战时期开办作家书屋，在文协中负责出版的姚蓬子。

《中国作家》刊出了不少后来划入"胡风反党集团"的所谓"胡风分子"的文章，如创刊号上胡风的《先从冲破气氛和惰性开始》、阿垅的《语言片论》、绿原的《你是谁》；第三期又有路翎的《送草的乡人》，也正因此，《中国作家》杂志在后来的几十年里就很少有人提及。等到胡风等人彻底平反，这本杂志和《希望》、《七月》一样已经不容易找到了，已被《北京师范大学图书馆藏中

文珍稀期刊题录》收录，跻身“珍稀期刊”之列。另外，《中国作家》的第三期有一个纪念许寿裳的专辑，正是许寿裳在台湾被暗杀不久，因此很有史料的价值。

文协是个战时文学艺术人士“统一战线”的结合体，协会中的作家、艺术家左、中、右三方面都有，反映在《中国作家》的著者中也是这样，冯至就是偏右的，郭沫若、冯雪峰等则是左的代表，而黄裳就有些不偏不倚，大家都在这本刊物上露了面。

《中国作家》没有发刊词，甚至连终刊的第三期不但无终刊的行迹可寻，还刊登着《本刊稿约》，文中还继续承诺稿费“暂以上海市甲种户口米价值为准，千字斗米”。说起来，“千字斗米”还是文协 1943 年 10 月 17 日召开的座谈会上提出的稿酬标准，八年后还在照此执行，也算是一个小小的掌故。

鲁迅作品版本管窥

知悟

回顾二十世纪中国文化史，鲁迅的崇高地位是无人能够企及的。在鲁迅身上，凝聚着中华民族的魂魄。他所遗留下的一部部小说、散文、杂文，一本本翻译作品，一种种古籍辑校、美术介绍，对后人而言，都是永恒的精神财富。因此，热衷于新文学版本收藏的朋友们，大都重视鲁迅著作的搜求。

笔者性耽于书，素以流连书肆为人生一大乐事。因为主要的学术兴趣不在新文学，所以对鲁迅的书一直并没有刻意淘拣。不过，出于对鲁迅人格的景仰和对鲁迅作品的热爱，偶尔遇到鲁迅的书，却也不肯轻易放过。几年下来，一清理，也陆续积了二十几种，只是零零星星的，既不成规模系统，又无珍稀版本。就拿倍受藏书者青睐的初版本来说吧，竟是一本也没有。然而，仔细翻阅，发现其中的几种尚有值得注意之处。现列举如下：

其一，《呐喊》，北新书局 1926 年 5 月第四版。此书虽不是初版，但有特殊的意义。后来为人们所熟悉和喜爱的《呐喊》的封面，其实是从这一版才开始采用的。小说集《呐喊》，是鲁迅影响最大的作品，也是鲁迅著作中出版版次最多的一种。仅鲁迅生前，《呐喊》就印了二十二版，而其中第一版、第三版、第四版和第十三版最为重要。《呐喊》初版于 1923 年 8 月，由新潮社印行，印数二千册，是周作人所编的“新潮社文艺丛书”之一，共收小说十五篇。《呐喊》第三版的出版时间是 1924 年 5 月，因鲁迅与周作人关系破裂，书改由李小峰主持的北新书局出版，列为“乌合丛书”的第一种。1930 年 1 月，《呐喊》出了第十三版。在印这一版时，小说集的最后一篇《不周山》被抽出。此后印行的《呐喊》，篇目没有再做过调整。《不周山》后来又收入 1936 年出版的《故事新编》，但题目已经换成《补天》了。而这第四版，鲁迅亲自对《呐喊》的封面设计做了修改。修改后的封面，与初版相比较，底色仍为满铺的暗红，但位于中间偏上的嵌有书名的扁方黑框略加大了一些，特别是黑框中上面一行反白的书名和下面一行反白的作者署名，均由原来的宋体铅字改成了鲁迅手书的隶书字体，上下两行之间原起分隔作用的反白曲线，也被删除了。经过这一番修改，书的封面在保持了原有的凝重、深沉基调的同时，更增添了几分大气、几分古朴、几分生动，拥有了更强的视觉冲击力。透过《呐喊》的第四版，我们可以真切地感受到鲁迅在美术方面的深厚造诣以及对书籍装帧一丝不苟的执着精神。

其二，《拾零集》，合众书店 1934 年 10 月出版。这书薄薄的一册，正文部分仅有五十七页。书的封面为浅灰黄色，纸张带有暗横纹，书名居中竖排，字体用呆板的黑色美术字，上为“鲁迅”，下为“拾零集”，字号稍大，两者之间则由冒号隔开，右下方有竖排小字“合众书店刊”，给人的整体感觉是毫无生气。只要是翻过《鲁迅全集》的人都知道，鲁迅正式出版的著作中并没有一种叫《拾零集》的，因此见到这册书后，总不免心生疑问：该不是盗版的吧？可书后印有合众书店正式的版权页，而合众书店又是上个世纪三十年代上海一家比较正规的出版社。那么，《拾零集》的来历究竟如何呢？其实，《拾零集》乃是《二心集》的删节本，至于删节的原因则是国民党图书审查机构对《二心集》的查禁。《二心集》原是鲁迅 1930 年至 1931 年间撰写的杂文的结集。鲁迅于 1932 年 4 月将书编好，先拟交北新书局出版，但遭婉拒；后经钱杏村（阿英）居间联系，把书的版权以六百元售予了合众书店。这大约是鲁迅几十种著作中出售版权的唯一一例。合众书店在 1932 年 10 月印行了《二心集》的初版。因为受到读者欢迎，其后十个月内《二心集》就又连续加印了三版。《二心集》共收杂文三十七篇，并附译文一篇。这些文章问世的 1930 年至 1931 年，正是光明与黑暗冲突最为剧烈的时期。左翼作家联盟的被查禁，鲁迅本人的受通缉，柔石、殷夫、胡也频、冯铿、李伟森的遭杀害……鲁迅是真正的硬骨头，越是面临高压，越是奋起抗争，以手中的笔写下了《对于左翼作家联盟的意见》、《中国无产阶级革命文学和前驱的血》、《黑暗中国的文艺界的现状》等战斗檄文。鲁迅自己后来也肯定，《二心集》中的文章是“比较锋利”的。正是《二心集》所显示的锐利锋芒，令当权者感到惧怕。于是，1934 年初，国民党当局以“性近煽惑，有碍治安”为由，下令查禁《二心集》，并将书店尚存的一千三百馀册书抄没。合众书店购买了《二心集》的版权，书被查禁，自然着急，便把书送交当局审查。结果图书杂志审查委员会裁定，书中有二十二篇必须删除。合众书店基于自身的利益，拟将《二心集》删除所馀的部分文章更改书名后继续印行。对于合众书店的做法，鲁迅是有保留的。在 1934 年 10 月 13 日给合众书店的复信中，鲁迅表示：“要将删馀之《二心集》改名出版，以售去版权之作者，自无异议。但我要求在第一页上，声明此书经中央图书审查会审定删存；倘登广告，亦须说出是《二心集》之一部分，否则，蒙混读者的责任，出版者和作者都不能不负，我是要设法自己告白的。”然而，合众书店并没能真正按照鲁迅的要求去做。我们今天所见到的《拾零集》，只是在封底的左上侧加印了一竖行小字——“本书审查证审字五百五十九号”。这一行小字，从合众书店的角度说，到底是一种表白，还是一种暗示，可以不去深究。但有一点是无疑的，这一行小字，是一条重要线索，它透露出了《拾零集》的复杂身世。

其三，《伪自由书》，鲁迅文集出版社 1945 年印行。《伪自由书》收录鲁迅 1933 年 1 月至 5 月所写的杂文四十三篇，其中《王道诗话》等九篇的作者实为瞿秋白。鲁迅于当年 7 月编就，并补写了《前记》和《后记》。书的初版时间大约在 1933 年 10 月，出版者为青光书局。一方面因为书中的文章大多发表于黎烈文主编的《申报·自由谈》，另一方面更因为国民党政府正在变本加厉地推行扼杀自由的高压文化政策，故而鲁迅将书定名为《伪自由书》。而初版的封面上，在书名的左侧，另印有一行略小的字——“一名不三不四集”。《伪自由书》刚刚问世，便遭到了当局的封杀，致使在鲁迅生前竟未能再版。这在鲁迅的众多著作中是很少见的。笔者所存的一册《伪自由书》，封面与初版不同，是重新设计的。上方一行大字“鲁迅：伪自由书”，下附一行小字“一名不三不四集”，字体仍为鲁迅手书，但从竖排改做了自左向右的横排，字的颜色也从黑色改成了蓝色。居中是一幅鲁迅的木版画头像，简洁而略带夸张。最下方是“鲁迅文集出版社印行”一行蓝色铅字。书的版权页，仅印有出版年份而无月份，并特地注明是“为纪念鲁迅先生逝世九周年”，印数标出了三千册，对出版地点则未提及。书的最后是一份《鲁迅文集单行本目录》，内容与《鲁迅全集单行本总目录》中的“著述之部”相同，但有个别误字，如将《而已集》的“已”字错排成了“巴”字。其中最值得推敲的，是书的出版者——“鲁迅文集出版社”。众所周知，自鲁迅逝世到 1949 年，除 1938 年的《鲁迅全集》二十卷本纪念本甲种和乙种由复社出版，以及1948年东北光华书店曾翻印了《鲁迅全集》二十卷本、1947年东北书店曾翻印了《鲁迅三十年集》三十册本外，其他各版的《鲁迅全集》二十卷本、《鲁迅全集》单行本、《鲁迅三十年集》三十册本，出版者全署为“鲁迅全集出版社”。当然，在前后的十来年间，鲁迅全集出版社的具体组成变化很大，不过这一名称是一直保持的。至于“鲁迅文集出版社”，笔者在别的地方却从未再见到过。“鲁迅文集出版社”，究竟是鲁迅全集出版社的别称，还是有人另起炉灶？“鲁迅文集出版社”，究竟是出版了全套的鲁迅著作，还是仅仅出了一本《伪自由书》？这些对笔者来说，都是未解之谜。

其四，《鲁迅小说选》，上海书报杂志联合发行所1950年6月初版。鲁迅的小说创作，代表着“五四”新文学革命的辉煌实绩，历来最引人注目。从鲁迅生前到身后，择选鲁迅小说而单独结集的书，出过多种，因选编者的眼光不同而各具特色。这本《鲁迅小说选》，出版的时间虽然较晚，但很少为人所提及，可能是由于印数仅一千五百册，流传范围有限的缘故吧。其实，《鲁迅小说选》无论是形式还是内容，都有独到之处。就形式讲，书的封面色调协调，图案醒目。上部中间偏左，是一深蓝色素描鲁迅头像；下部书名为暗土红色，字体选的是鲁迅手书，“鲁迅”两字与“小说选”三字错开排在两行；最下部则用一布纹效果的蓝条衬托。给人留下最深印象的，是那鲁迅头像。头像依据鲁迅晚年的一幅遗照画成，而遗照就印在书的“目次”之前。两相对照可知，画家的艺术水准很高，因为他不仅做到了摹形，而且做到了传神，确能通过人物冷峻的目光和坚毅的表情，传达出鲁迅“横眉冷对千夫指”的铮铮傲骨。就内容讲，书中所选的篇目与众不同。书是小说选，却包括了部分一般认为是散文的作品。全书分为四辑。第一辑收的是所谓的纯小说，共八篇。前七篇《狂人日记》、《孔乙己》、《故乡》、《阿Q正传》、《祝福》、《在酒楼上》、《伤逝》，分别选自《呐喊》和《彷徨》，而第八篇竟是选自《且介亭杂文》的《阿金》。第二辑是两篇回忆录性质的文字，一篇是《朝花夕拾》中的《藤野先生》，另一篇是《且介亭杂文末编》中的《我的第一个师父》。第三辑是历史小说，《理水》、《采薇》、《出关》、《非攻》四篇均采自《故事新编》。第四辑是民间文学改作，仅二篇，《无常》见于《朝花夕拾》，《女吊》则见于《且介亭杂文末编》。这样的小说选，真令人耳目一新。仔细想一想，小说和散文之间的界线确实不那么绝对分明。像公认的鲁迅小说集《呐喊》中，《兔和猫》、《鸭的喜剧》、《社戏》等篇，就很难说清楚到底是小说还是散文。再仔细想一想，《鲁迅小说选》的编者不拘于常见，但并非没有自己的标准。从入选的作品看，那标准大约就是人物形象的生动刻画和成功塑造。这本《鲁迅小说选》的编者究竟是何许人，书中没有说明，但他无疑既熟悉鲁迅的作品，又具真知独见。据书的版权页贴有鲁迅印章形式的版权证印花推断，编者显然是得到了鲁迅著作版权所有者的正式授权的。时隔半个世纪了，也不知是否还有了解《鲁迅小说选》编辑出版始末的当事人健在？

上述几种鲁迅的书，相对于鲁迅的全部著作，恐怕连全豹之一斑都算不上。鲁迅的著作实在是一座无比丰富的宝藏，无论就思想或艺术而言，还是就版本而言，都有说不尽的话题。这不仅是笔者的感想，而且是所有热爱鲁迅著作的朋友们的共同体会。

抗战时北大学生存在图书馆的书

白化文

“七七”事变时，北京大学正放暑假，学生在校者不多。8月份日寇进城，8月25日到北大检查，旋即占领北大在沙滩及其附近的一院(主体建筑为红楼)、图书馆、灰楼(宿舍，主要供女生和单身教职员住宿)、二院(其西侧之西斋主要为男生宿舍)、三院(有著名的“五四”运动时从那里集会并出发游行的礼堂，有男生宿舍。日寇占领后改为伪警官学校，抗战胜利后收回)。北大的工友多为老职工，同情学生。经留校教职工中大部分人共同努力，抢在日寇入驻前，将全校男女学生留在宿舍的衣物、书籍集中存放起来。衣物的情况我不知道，据说多由学生于事后领走。书籍，则集中在新建成不到两年的图书馆第三层楼大厅内封存。

按，老北大没有专门的图书馆。二院平房和一院平房的一部分以及红楼一层，先后充当过图书馆使用。但北大这样的老大学没有像样的图书馆，特别是相对于那时新建成的清华、燕京两校的颇为神气的图书馆，北大更显得寒酸。于是八方筹措，

1934年4月15日，在一院西侧开工建馆。不到一年半，1935年9月20日即一切就绪，开馆接待读者。

此馆是个“山”字形建筑，略如示意图所示。当中三层，两翼各两层。两翼的两层各有东西两个大阅览室，共四个阅览室。每室约能容纳二百人左右。一层正对大门的过厅后部（从南往北看）就是图书出纳台。台后即书库。两翼向后延伸部是一间一间的近方形的小房间，各约十几平米，是办公用房，教员也可借用

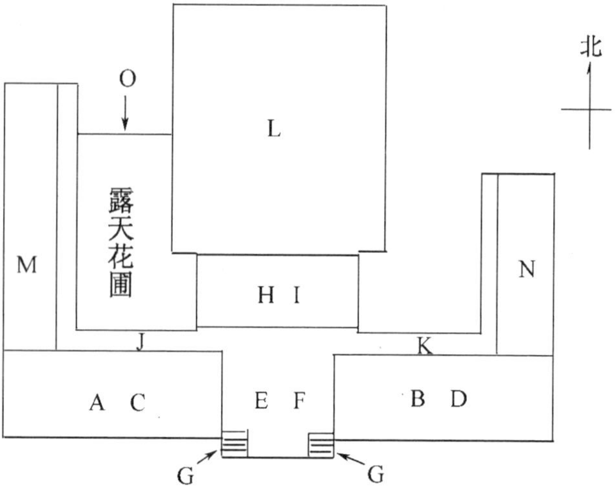

原沙滩北京大学图书馆平面示意图

AB　一层大阅览室
CD　二层大阅览室
EF　一层二层门厅
G　楼梯
HI　一层二层办公室(一层为出纳台)
JK　过道　L一二三层书库(三层当EFHI处为办公室)
MN　小办公室　O　一堵墙(墙内为花圃)
存学生“纪念品”书的大房子，约当三层之HI处。

作个人或有组织的单位的研究室。二层相当于一层出纳台部位的，是馆长室、主任室等，属全馆神经中枢。相当“山”字正中一竖的部位带有三层。一二两层前部（南部）就是出纳台与神经中枢，后部是书库。三层楼南部是采编系统办公所在，北部还是书库，其间有一个大屋子，我估计原来是个小礼堂，备全馆人员等开会使用。这时就临时充当存放学生存书的地方，平时加锁。这一存就是抗战八年多，满屋尘土，无人打扫归置。

这批书没数，连初步的整理分类也没有作，就那么一堆，堆在屋里，毫无秩序，乱堆乱放。大约在刚入藏时，为了区分责任，刻了一块图章，打在书上。但当时戎马倥偬，看来是没有盖全。盖有此章的书，我过去见到过，可是这回没有找到。1941年，伪北大的图书馆（实际上就是老北大没撤退的原班人马）清理过一次，全部盖了一个新图章。此章分三行：右侧的字是：“前北大学生存物”；左侧的字是：“民国三十年清理”；中间的字是：“纪念品”。

这次清理后，原书还是存放在那间大房子之中。1945年抗战胜利，傅斯年应在美国未归的胡适校长之请，代胡适来接收伪北大，同时办理西南联大解散和师生北归等事宜。校方登报宣布，老学生可以回来找回自己的书，条件是书上得有能证明确实属于自己的标记，如图章、签名等，校方相当优容，有点说头差不多的就让拿走。一时熙熙攘攘，也热闹了一阵。近四十年后，“文革”后发还书籍字画，请领情况有相仿之处，这是后话，休提。返回头来说，那时有的人把书领走后，一转手给卖了。那时，北京的旧书店、书摊上常有盖此种图章的书出售。

可是，书籍没有领完，剩馀的依旧堆在那里。1950年我考进北大。1951年“三五反运动”开始，我参加了图书馆的“打虎”。有人揭发，说北大图书馆的老馆员中，有人监守自盗。说得活灵活现，说是：冬天，身穿大棉袍，两腿穿套裤。套裤内左右各缝一个大口袋，能装《威伯斯特英文大辞典》之类的外文工具书各一本，送到隆福寺或东安市场的旧书店出手。于是严查。我因此得以进入那间灰尘暴土的大房子，看过一眼。严查的结果，据说是真有点事，但这类严打的事不是我们学生经手的，不知内情。

1952年院系调整，北大迁居燕园，图书馆把剩下的这么一大批“纪念品”运到西郊馆内，一一编目。现在北大图书馆外借的书籍中，偶见有此一种加盖有特殊的藏书章的特别的品种。我看见这样的书，面对藏书章，不免想起那苦难的民族危亡的时代。如果有哪一位在市场上淘换到有此种藏书章的书，希望能善待它。它们是抗战的见证，经历过祖国的危难与振兴。

独树一帜的学者藏书家

——胡适藏书漫谈

淮 茗

无论是从收藏的规模、藏品的珍稀、对藏书的喜好，还是从版本、目录、校勘等知识的掌握，开一代风气之先的胡适都够得上藏书家的资格，尽管这一称号对获得过三十多所世界知名大学名誉博士、担任过北京大学校长、中央研究院院长的胡适来说并不能增加多少光环。更有意思的是，不少人并不认可胡适的这顶藏书家头衔，甚至就连胡适本人也开玩笑地自嘲说，自己“不是藏书家，只是一个爱读书能用书的书生”（胡适《找书的快乐》）。最具代表性的是伦明的《辛亥以来藏书纪事诗》和王謇的《续补藏书纪事诗》，两书专为近现代藏书家立传，网罗大大小小藏书家三百多人，竟然都没给胡适留一个位置。这无疑是个遗憾，也是有失公允的。胡适本人早年曾说自己“有书癖，每见佳书，辄徘徊不忍去，囊中虽无一文，亦必借贷以市之”（胡适《留学日记》卷四之《余之书癖》），可见他虽然谦虚地说自己不是藏书家，但还是十分喜爱购书藏书的。而且老实的说，在这三百多位藏书家中，有相当多人的藏书不论是从规模还是从质量来说都赶不上胡适。

先说胡适藏书的规模和数量。胡适一生购书藏书以 1948 年 12 月为界可以分成两个阶段。其第一阶段的藏书有据可查的，有一百零二箱，约一两万册。实际上加上散落别处的图书和资料，还不止这个数。这些藏书基本上都留在北京，他只带走了一套《脂砚斋重评石头记》（甲戌本）作为纪念。到美国和台湾后，胡适重新开始聚书，日积月累，自己的购买加上朋友的大量赠送，数量也是相当可观的。据他本人的描述是，“现在住的地方堆满了”（胡适《找书的快乐》）。不过，如果从藏书的规模和质量来看，第二个阶段自然无法同第一个阶段相比。因为他对自己晚年的藏书也并不满意，认为都是一些不相干的书，自己本行的书一本也没有，还需要靠中央研究院史语所及其他一些图书馆的藏书才能进行学术研究。

因此，讲胡适藏书的齐备和珍稀，自然主要讲其第一个阶段。说到齐备，胡适是无法同很多藏书家相比的，因为他收藏图书与其他通常意义上的藏书家在动机上有所不同，其主要目的是为了学术研究，而且其研究多为实证式研究，注重考据，讲求版本、校勘，这就必须在大量搜集资料的基础上进行，胡适的搜集资料往往是那种竭泽而渔似的搜集，比如他在撰写中国哲学史时，此类资料就置备得特别多，据熟悉其藏书情况的罗尔纲先生介绍，“《道藏》就一部，连在清代不算著名的经学家王闿运的丛书都收有”（罗尔纲《胡适琐记》）。因此，胡适的图书收藏往往与其学术研究密切地结合在一起，围绕着其研究课题而开展。在一个时间内研究什么课题，相关领域的图书就收集得特别齐备。胡适一生研究兴趣特别广泛，文史哲各个领域皆曾涉猎，其收书的广泛也就可以想象了。可以说胡适的图书收藏为专题式收藏，自有其特色在。这样，如果从藏书门类的系统完整这个角度来讲，胡适的藏书自然没有多少值得夸耀处，因为他甚至连一些基本的典籍都没有，“史部只有一部殿本《廿四史》，编年类《资治通鉴》、政书类《文献通考》等一本都没有，却例外竟有一本《大清律例》，那是他研究《红楼梦》时特地买的。文集部连《昭明文选》、《杜工部集》、《苏东坡集》都没有”(罗尔纲《胡适琐记》)。但如果就某一领域而言，其藏书则可谓无人能比。比如为了研究《水经注》，他竟然翻阅了多达六十多种版本，至于收藏，据其本人说，“凡《水经注》的刻本，除宋元刻本外，我全收得了”(胡适1947年3月27日日记)。再比如其通俗文学类和哲学类图书收藏，与其他藏书家比起来并不逊色，仅《水浒传》一书，他就藏有多种珍贵的版本。

说到珍稀，在胡适的藏书中也确实是有一些珍本秘籍的，比如脂评甲戌本《石头记》，可谓海内孤本，令海内外藏书家羡慕不已。其他如程乙本《红楼梦》、稿本《四松堂集》、明刻本《欢喜冤家》、嘉靖刻本《二郎宝卷》等，也都是世间少见的秘籍。在这方面，胡适的显赫名声也为其收藏带来了不少便利，比如脂评甲戌本《石头记》就是书商主动送上门来的。再如他在购买明嘉靖黄省曾刻本《水经注》时，声言自己买不起太贵的书，来薰阁老板陈济川则坦言：“别人须出六十万元，胡先生买，我只要三十万元。”(胡适1947年3月27日日记)再说以胡适其人在学术文化史上的显赫名声和地位，即使是其收藏的普通图书特别是其本人或他人的签名、题字本也都有着重要文物和学术价值，如今无疑也都是藏书家可遇而不可求的珍贵收藏，这是其他大多藏书家所无法享受的荣誉。由于胡适一生交游特别广泛，三教九流的朋友都有不少，这类来往相赠的图书的数量自然也就可观。

可以说胡适是不经意间成为收藏家的，可谓无心插柳柳成荫，与那些刻意经营的藏书家不同。因此他对藏书的态度也就显得较为开明和豁达，当然，这并不是说他不爱惜书，但他拿得起，放得下，知道收藏和利用的协调和轻重。当年他在离开北京时，对一百多箱藏书无疑是难以割舍的，但迫于形势，只带走一本，到了美国后固然心情不好，处境不佳，曾度过几年暗淡的寓公生活，但他也没有因失书而显得特别沮丧。自然，最令人称道的还是胡适的慷慨借书之举。1948年夏，当时正处于内战的关键时刻，兵荒马乱，千头万绪，但就是在这样纷乱复杂的局势下，胡适还是极为耐心地帮助年轻的周汝昌，对其《红楼梦》研究“许他一切可能的帮助”（见胡适在周汝昌1948年7月11日来信上的眉批）。在与周汝昌仅一面之交的情况下，慨然把甲戌本《红楼梦》借给他，并不再过问。后来周汝昌兄弟私自主张，抄录了一个副本，胡适也没有怪罪，让周氏兄弟收藏了这一副本。这一胸襟相信是多数藏书家所不具有的，也只有胡适能做得出。正如周汝昌当时所说的：“慨然将极珍罕的书拿出，交与一个初次会面陌生的青年人，凭他携去，我觉得这样的事，旁人不是都能做得来的”；“我觉得学者们的学问见识固然重要，而其襟怀风度也同样要紧。我既钦先生前者，尤佩先生后者。”（见周汝昌1948年7月11日、9月19日致胡适书信）应该说，这才是一个藏书家应该具有的宽广胸怀。

而且需要着重指出的是，在中国近现代藏书史上，胡适也是应该重重写上一笔的。因为他开一代风气之先，发起对中国古代通俗文学的研究，而且身体力行，进行此类图书的购藏，孕育了通俗文学的收藏风气。在此之前，虽然也有一些藏书家如钱曾、黄丕烈等收藏通俗文学，但多出于个人兴趣，且偏重宋元旧本，不成规模，也未能形成风气。至“五四”新文化运动之后，随着胡适所提倡的整理国故运动的展开，以学术研究为目的的通俗文学收藏成为一股新的藏书风气，改变了以往图书收藏偏重经史的格局，并出现了一些专收通俗文学的藏书家，如马廉、郑振铎、阿英等；私人收藏之外，不少公共图书馆如北京图书馆、北京大学图书馆等也开始通俗文学的收藏，一时间，很多以前不受重视的通俗文学书籍身价大涨，成为藏书家争相购藏的珍品，这些收藏又反过来极大地促进了通俗文学的研究，形成通俗文学收藏与研究的良性互动关系。也正是为此，胡适的功劳是值得大书特书的，他本人也是有意这样培养这种风气的。比如1920年，他以五十元的价格买了一套一百二十回的《水浒传》，后来有位朋友告诉他：这本书买亏了，因为这是书商在黑市上以两元钱买的。但胡适并没有因此而后悔，反而颇为豁达地说："不然。只要有人知道我肯花五十元买一部古本《水浒》，《水浒》和其他小说的古本就会跑出来了。"这正是胡适作为一个学者型藏书家比一般藏书家的高明之处。

1948年12月，胡适极为匆促地离开了北京，临走时只带走了脂评甲戌本《石头记》和一些有关《水经注》的手稿，连他十分看重的《中国哲学史》中卷手稿都未能来得及带走，其藏书及大量个人资料虽已装成一百零二个箱子，但也同样未能带出。这些藏书和资料后来分存于国家图书馆、北京大学图书馆和中国社会科学院近代史研究所。1957年春，胡适立下遗嘱，其中第二条专门交代了其留在大陆的藏书、资料的处理办法："确信中国北平北京大学有恢复学术自由的一天，我将我在一九四八年十二月不得已离开北平时所留下请该大学图书馆保管的一百零二箱内全部我的书籍和文件交付并遗赠给该大学。"但令人遗憾的是，由于各种复杂的原因，胡适的遗嘱并未得到执行，这些藏书资料到目前为止仍然分存三处，给相关研究带来很多不便。

半个多世纪过去了，以战火硝烟为背景的歧见与偏执、仇恨和误解早已成为历史陈迹，沧海桑田，物是人非，二十世纪的大门缓缓闭上，人类已进入了一个全新的时代，该是坦然、理性地对待历史问题和评价父祖辈人物的时候了。我们有很多工作可做，胡适藏书的妥善处置即为其中一个环节（有学者如陈平原先生呼吁建立"胡适文库"），毕竟这些藏书和资料是胡适数十年心血之所聚，具有十分重要的学术价值，妥善处理、保存好这些藏书资料，并使其最大程度地得到开掘和研究，也是对这位历史人物在天之灵、对一段历史的一个公平的交代。

戈宝权先生与书

纪维周

戈宝权先生是我国杰出的外国文学研究家、翻译家。他早在三十年代起，便开始翻译和研究外国文学，历经六十馀年，共出版译著五十馀部。他对世界各国文化交流，有卓越的贡献，在国内外享有盛誉。

我和戈老相识于1982年秋季，交往将近二十年，现在将他有关图书事迹，简要介绍如下：

一、叔父的两句话影响了一生

戈宝权一生好学不倦，他经常以激动的心情，回忆叔父戈公振对他的启蒙和教导。戈公振是我国新闻界的老前辈，知识渊博，为人正直，受到人们的尊敬。1945年，戈宝权在重庆《新华日报》工作时，他初次与毛主席见面，毛主席说："你是位俄国文学专家。"接着又问"戈公振是你什么人？我读过他著的《中国报学史》一书。"由此可见，戈公振的专著在当时影响非常深远。

戈宝权在七、八岁时，由于他的叔父戈公振对他的启发和开导，使他在童年时期，就养成了博览群书的习惯。据说，他小时候，叔父送他一盒积木，这虽是极为普通的儿童玩具，可是在盒子上，叔父却留下了意味深长的两句话：房子是一块砖头一块砖头造成的；知识却是一本书一本书读成的。

叔父“博览群书”的种子，播在戈宝权幼小心田里，开始萌芽、成长，使他逐渐爱起书来。他爱书就像鱼离不开水一样，不读书，简直不能生存。据戈宝权夫人梁培兰回忆说，戈宝权青年时期在上海，尽管生活很困难，他节衣缩食，还是买了不少书。在十年浩劫中，即使给仅有二十五元的生活费，可是他还要节省一部分钱，用来买书读。

1935年春，戈宝权在莫斯科，当时他才二十岁出头，已是爱书成癖了。经常听到他朗诵普希金的诗句。另外，他与耿济之经常到旧书店购俄国文学书籍。据说，那时买书要自己登上梯子爬到天花板下书架上搜寻；有时又要趴在地上往书架底下搜罗。他的挚友冒效鲁曾戏说，他真可谓“上穷碧落下黄泉”了。莫斯科天寒地冻而路滑，戈宝权因两手提两大包书而借力滑行。可见他爱书之情。

二、超常的爱书行为

戈宝权常常提到高尔基的名言：“书是知识的源泉。”他不但喜欢看书，还特别爱护书，在他收藏的三十年代文艺书中，有不少毛边书，至今完整无损。而且在书的后页空白处，用清秀的字体注明书的来历，有不少书还记载什么人寄赠给他的。

梁培兰回忆说，戈宝权买书还有一个习惯，回到家里，不管书有多厚，他先逐页翻下去，看看有无破损或颠倒、缺页，一经发现后，就立刻跑到书店请求调换，可见他多么爱书了。

戈宝权的记忆力很好，在他收藏的数万册书中，哪一本他都能说出书的来历。我在南京图书馆工作，他把书赠送南图时，我荣幸地参与整理他的藏书，且把珍贵的版本挑选出来。可是他到藏书室一看，立刻将一部红色封面的《鲁迅书简》取下来，要求

1986年，南京图书馆专设“戈宝权藏书室”。著名画家钱君匋题字。

另放一处。我打开书一看，原来是景宋（许广平）亲笔签名赠送给他的。那时他已七十多岁了，还记得一清二楚。他对数万册藏书的来龙去脉，都了如指掌，真是到了“如数家珍”的程度。

由于种种原因，戈宝权藏书曾多次遭到损失，但他从不灰心，就像蜘蛛一样，忽然遭到无情的风雨把网摧毁，可是它顽强补缀，再补缀，终于把网结成了。戈宝权有蜘蛛一般的毅力，在他辛勤努力下，空着的书架上，又慢慢地被书填补起来。

三、戈宝权的“万卷书斋”

戈宝权把自己藏书室名为“万卷书斋”，这不仅说明他藏书多，而且还有更深的含义。

戈宝权一向主张多读书，广见闻，他说：“中国有句老话：‘读万卷书，行万里路’。不读书，知识得不到。不读书，知识面不会广。行万里路，可以扩大自己的眼界，丰富感性知识。徐霞客登五岳后说‘五岳归来不看山’，到黄山后又说‘黄山归来不看岳’，就是这个道理。”

多年来，戈宝权研究俄国、苏联和东欧各国的文学，因此在他藏书中，除俄文外，还有英、法、乌克兰、波、捷、匈、罗、保，以及日本等十多种文字的书籍。

在俄文中，他收藏有十九世纪俄国文学名家的文集和有关研究论著，其中有普希金、莱蒙托夫等大诗人的文集多种，其中又以研究普希金的专著最丰富。在俄国革命民主主义著作家中，他收藏有别林斯基、车尔尼雪夫斯基、杜勃罗留波夫等人的全集。

在他藏书中，有不少是苏联名作家亲自签名赠送的，其中有法捷耶夫、列昂诺夫、爱伦堡、西蒙诺夫、苏尔科夫、吉洪诺夫、伊萨科夫斯基、特瓦尔多夫斯基直至叶甫图申科等人的著作。此外，苏联二、三十年代出版的珍本图书和有关俄国和苏联的美术、戏剧、音乐等艺术方面的图书他也收藏多种。

在东欧国家的文学中，如波兰大诗人密茨凯维奇、斯沃瓦斯基、捷克名作家聂姆曹娃、伊拉塞克、匈牙利大诗人裴多菲，罗马尼亚大诗人爱明内斯库、保加利亚名作家波特夫、伐佐夫等人的全集、文集和诗集等，戈老也都有收藏。

在戈宝权藏书中，最珍贵的是他五十年来精心收集的一套九十一卷本的俄文版《托尔斯泰全集》。

戈宝权喜爱托尔斯泰著作的历史很悠久，据梁培兰回忆说，在1923年，当时戈宝权刚满十岁，他收到叔父戈公振从上海寄来一套由唐小圃编译的《托尔斯泰儿童文学类编》，在第一本扉页上写着："宝权侄览，公振寄。一九二三年三月二十八日。"七十多年过去了，直到今日这套书还珍藏在戈宝权的书柜中。他非常喜爱这套书。他说："不仅因为封面上有叔父的题字，同时还因为这套书为我打开了第一扇面向外国文学的窗户，也是我最初接触到的俄国文学，更何况是俄国大文豪托尔斯泰呢！"

此外，戈宝权先生在长期从事著译的过程中，他和我国许多著名作家都有交往，郭沫若、茅盾、巴金、邹韬奋、曹靖华、曹禺、唐弢、冯至、臧克家、艾青、萧三、萧军、靳以和丁景唐等人亲笔签名赠送给他的书就有数十种。

戈宝权的"万卷书斋"，不仅珍贵图书多，而且还具有文物价值。

四、捐献图书——“化一人之乐为万人之乐”

戈宝权是江苏省东台人，他热爱家乡，为了嘉惠学者，他将五十年来收集和珍藏的两万卷中外图书，捐献给南京图书馆。1986年7月5日，在南京图书馆隆重举办赠书仪式，江苏学术单位和外地学者近百人参加盛会。

戈宝权在会上作了答谢发言：“我和我的爱人都是江苏人，我们对家乡都怀有深厚的感情！近几年来常回到江苏来看望父老乡亲，每次回来都为家乡的巨大变化而感到欢欣鼓舞。不仅苏南呈现一片欣欣向荣的景象，就是一向较为落后的苏北，现在也有了突飞猛进的发展，我的家乡东台县也不例外。面对家乡这种蓬勃发展的局面，激起我要为江苏省的两个文明建设做点贡献的感情和愿望。现在决定向江苏省捐献我几十年来的藏书，就是出自热爱家乡和回报家乡对我们培育之恩。”

这次盛会还收到外地有关单位寄来贺电、贺信。王子野先生还寄来亲笔写的条幅，上面写的是：“化一人之乐为万人之乐”——它生动、具体地赞扬戈宝权嘉惠学人的伟大精神。

1990年，戈老在医院被诊断为患帕金森氏综合症。延至2000年5月15日清晨病情恶化，抢救无效在南京去世，终年八十八岁。

梁培兰为了纪念戈老，编辑出版《戈宝权纪念文集》和《戈宝权画册》。其中有国家领导人江泽民和李鹏等人亲笔题辞。江泽民主席题辞是“文化和友谊的使者”，对戈老一生业绩，作了充分肯定。

蓬莱慕湘藏书楼观书记

杜泽逊

2003年6月22日、23日两天，余应蓬莱文化局领导同志之邀，到蓬莱慕湘藏书楼观书，承藏书楼负责人及工作人员出示善本佳椠，一时诧为奇观，匆匆记录，仅得尝鼎一脔而已。慕湘，原名显松，又名渤霖、白琳、白松，1916年6月17日生于山东蓬莱城里，1930年考入莱阳山东省立第二乡村师范，1932年加入中国共产党，"七七"事变后任太原县牺盟会特派员，1940年赴延安。后曾任绥蒙军区第十一旅第四十四团政委、绥远起义部队第一〇七师政治部主任代政委。1951年参加抗美援朝，任中国人民志愿军第三十六军第一〇七师副政委代政委。1955年被授予大校军衔。1957年任北京军区装甲兵政治部主任、副政委。1964年晋升少将。1975年任总政治部八一电影制片厂政委、党委书记，一年馀即离职，专事写作。创作有长篇小说《晋阳秋》、《满山红》、《汾水寒》、《自由花》。1988年5月20日去世于北京。慕湘喜藏书，所收多戏曲、小说、诗文集，不乏古刻旧抄罕传之本，殁后，其弟妹据其遗愿，将藏书捐献蓬莱人民政府。1996年蓬莱人民政府辟地构筑旧式楼房两层，专庋慕氏藏品，薄一波为题匾额“慕湘藏书楼”。慕湘捐献书籍共三万六千四百六十七册，其中线装古籍一万六千六百零三册，平装古籍二千五百六十三册，其馀为近现代书籍杂志等。另有字画十五幅（有傅山、黄慎、吴昌硕、徐悲鸿等人作品）、古碑帖一百二十四幅，“鹤琴堂藏书”旧书柜十只等。今将两日所见珍本秘籍约举如下，四方同好，或可藉此窥豹一斑，他日观海蓬莱之馀，登楼展卷，亦不负将军聚书之苦心也。

1. 重校韩夫人题红记二卷 明王骥德撰，明万历间金陵陈大来继志斋刻本，二册。半页十行，行二十字，白口，四周单边，眉栏刻评。卷下末刻“秣陵陈大来录梓”一行。前有屠隆序，署“蓬莱仙客娑罗主人纬真氏撰”。又《重校题红记例目》。钤“张志冈印”白文方印，又“慕湘”印。万历间陈大来继志斋刻传奇颇多，此书则《中国古籍善本书目》仅著录北图藏一帙，慕湘所藏当为海内第二部，甚罕秘也。

2. 雪韵堂批点燕子笺记二卷 明阮大铖撰，明末刻本，二册，金镶玉重装。题“百子山樵撰”。半页九行，行二十字，白口，白鱼尾，四周单边。前有目录。又图六页十二幅，内三页版心刻“卷上”，三页版心刻“卷下”，此则总装于卷前。图雕绘甚精，王立承孝慈摹补二幅，工笔尤精绝，郦飞云像署“己未重阳前十日潞河王立承孝慈甫补摹”，钤“孝慈点翰”隶体朱文方印。补图上又钤“来燕榭珍藏记”、“黄裳百嘉”、“冰雪为心”、“黄裳珍藏善本”、“慕湘”等印。卷前又夹入董康刻本崇祯序，此序首钤“鄞马廉字隅卿所藏图书”、“平妖堂”、“鄞马氏廉隅卿所珍丢书”、“黄裳鉴藏”、“慕湘”诸印。原本则钤“朱鼎煦印”、“黄裳藏本”、“黄”、“裳”、“黄裳青囊文苑”、“木雁斋”、“艸艸亭藏书记”、“艸艸亭藏”、“慕湘”等印。有甲午秋日、辛卯十一月十七日、癸巳腊尾黄裳诸跋，又黄裳补抄脱页二页。又夹黄裳一跋，似为某医书作，非为此书作也。按：伦明《辛亥以来藏书纪事诗》“马廉”条云：“通州王某，目短视，人称王瞎子，性爱明刻带图之书，不惜值，所得多曲本，然王固重图不重曲，手自摹写，工妙胜原图。去官，贫无聊，尽以质于隅卿，得值甚微，后悔之，愤艾成疾，卧床数载。”伦氏所谓王瞎子，当即王立承。此刻《中国古籍善本书目》著录北图、上图等十家收藏，唯书林往迹所系，是则格外宝贵也。

3. 琵琶记三卷 元高明撰，明万历二十五年汪光华玩虎轩刻本，三册。半页十行，行二十二字，白口，无鱼尾，版心仅记卷数、页数，四周单边。卷上、卷中首数页皆影抄补。黄纸，金镶玉重装。卷中第十九出第十八版图右上角有刻工“黄一楷”三字。张振铎《古籍刻工名录》谓万历二十五年玩虎轩刻本有刻工黄一楷、黄一凤，行款版式亦合，因推测为同版。《中国古籍善本书目》仅著录北图藏一部。

4. 白雪斋选订乐府吴骚合编四卷附衡曲麈谈一卷曲律一卷 明魏良辅撰，明崇祯十年张师龄刻本，八册。题“虎林骚隐居士选辑，半岭道人删订”。半页九行，行二十字，白口，四周单边。前有丁丑仲春花裀上人许当世序。又崇祯丁丑春仲骚隐居士楚叔父于小墨墨居序，此序首页版心下有刻工：“古歙汪成甫镌”。序云：“丙子冬杪余病卧无聊，因手拈新本阅之，快然破闷，而师龄侄知音以授诸梓，越二月梓成，余喜书其端。”又丁丑花朝半岭道人旭初氏跋云：“予因而扶病订定，斟酌再三以成是刻。”《凡例》有云：“专录丽情散曲。”有慕湘手跋。

5. 元曲选一百种八十册 明臧懋循编，明万历刻本，各卷第三行题“明吴兴臧晋叔校”。半页九行，行二十字，白口，左右双边。前有图，刻甚精。第一册序目影抄配。钤“真州吴氏有福读书堂藏书”印。

6. 长命缕二卷 明梅鼎祚撰，明末刻本，二册。题“江东胜乐道人编”，半页九行，行二十字，白口，四周单边。钤“鄞马彦祥所藏善本戏曲之印”白文方印、“彦祥”朱文方印等印记。有慕湘手跋，谓系明末山水邻所刊，《玉夏斋传奇十种》之一。《中国古籍善本书目》著录，仅中国社科院文学所、戏曲研究院有藏，亦罕传之本也。

7. 董解元西厢记二卷 明黄嘉惠刻本。题“新都杨慎点定，海阳黄嘉惠校阅”。半页九行，行十八字，白口，四周单边。前有图。封面上刻“绘像”，中刻“西厢记”，右刻“董解元真本”，左刻“弦索调，森我氏”。有慕湘为中国书店影印所作序，云郑西谛藏一部归北图，阿英藏一部归康生，不知下落。慕湘所述两部之外，山东省图书馆藏清王筠校跋本，已经齐鲁书社影印，中山大学亦藏一部，合慕氏此帙，传本计有五部。慕氏此本有封面，颇称完善，然版画已有断版漫漶，未若山东省图书馆本清朗，盖刷印稍后也。

8. 桃符记一卷 明沈璟撰，精抄本，二册，《古本戏曲丛刊初集》底本，钤“马氏大雅堂藏”、“彦祥”等印。有慕湘跋。函套书签题“桃符记稿本，廿年七月陶菊溪赠”。是书传世甚罕，《中国古籍善本书目》著录上图、戏曲研究院各藏清钞本一部。

9. 牡丹亭还魂记二卷 明汤显祖撰，明万历刻本，存卷上一册。题“明临川汤显祖若士编”。半页十行，行二十二字，白口，四周单边。有万历二十六年戊戌秋清远道人（汤显祖）题辞，题辞末刻“程子美刻”四小字。版画有署名：鸣岐、一凤、屯清、吉甫、季迪、端甫，当为刻工。有慕湘跋。

10. 邯郸梦二卷 明汤显祖撰，明万历缮性斋刻本，二册。题“临川玉茗堂编”。半页十行，行二十字，白口，四周单边。前有辛丑（万历二十九年）秋前一日于清远楼自序。封面刻“新刻邯郸梦记,玉茗堂编,缮性斋梓”。有慕湘手跋。《中国古籍善本书目》著录十行二十字万历刻本,北图、上图两家有藏,盖为同版。

11. 咏怀堂新编十错认春灯谜记二卷 明阮大铖撰,明末刻本,二册。题“百子山樵撰”。半页九行,行二十字,白口,四周单边。前有崇祯癸酉(六年)百子山樵自序。末有慕湘抄补并跋。《中国古籍善本书目》著录北图、戏曲研究院、天津图书馆、南京图书馆有藏。

12. 玉茗堂摘评王弇州先生艳异编十二卷 题明王世贞撰,汤显祖评。明刻朱墨套印本。半页九行,行二十字,白口,四周单边。前有汤显祖序,息庵居士引,又有图“艳异十二图”。白纸初印,颇精。《中国古籍善本书目》著录北图、上图、上博三家有藏。

13. 山水邻新镌出像四大痴传奇四卷 明李逢时撰,清初刻本,二册。题“武林李逢时九标父”。半页九行,行二十字,白口,单黑鱼尾,四周单边。前有图。后印本,竹纸。钤“彦祥”、“鄞马彦祥所藏善本戏曲之印”等印记。《中国古籍善本书目》著录北大、人民大学两家有藏。

14. 秋水堂双翠圆传奇二卷 清夏秉衡撰,清乾隆秋水堂刻本,竹纸,四册。题“华亭夏秉衡谷香填词”。半页九行,行十六字,白口,四周双边。版心下刻“秋水堂”。前有序,缺尾。有图,亦残。钤“马彦祥”印。函内有二十七年秋玄隐子手跋。又白纸印插图三页,亦秋水堂刻,盖待补之用。《中国古籍善本书目》著录首都图书馆、中国社科院文学所、戏曲研究院、四川省图书馆藏有是刻。

15. 劝善金科十本二十四出 清张照等撰,乾隆内府刻五色套印本二十一册,计有黑、红、绿、蓝、黄五色。有无名氏序,凡例。半页八行,行二十二字,白口,四周双边。末有《重镌劝善金科跋》，署“海门金士林鹏九、古吴魏慎修培德、顾琦瑶峰、鸿城程雅徵九如、松陵吕明文良、虞山张学鸿翀九同校”。

16. 新编目连救母劝善戏文三卷 明郑之珍撰，明万历十年新安郑氏高石山房刻本。题“新安高石山人郑之珍编，馆甥叶宗泰校”。半叶十行，行二十四字，白口，四周单边。版心下有刻工：黄鋋刻。前有万历己卯金华知府眷侍生鹤墩叶宗眷序，万历壬午陈昭祥序，万历癸未倪道贤序。后有万历壬午胡天禄跋。封面上刻“高石山房”，中间刻图，右刻“新编目连救母劝”，下残。左刻“万历壬午孟秋吉旦绣梓”。

17. 全像演义皇明英烈志传四卷 明书林余应诏刻本，存卷三卷四两册。上图下文，半页十四行，每行二十五字，白口，四周单边。竹纸，残破，已经重装。《中国古籍善本书目》著录重庆图书馆藏一部，中国社科院文学所残存二卷，其罕秘可知也。有慕湘手跋。

18. 新刻按鉴编纂开辟衍绎通俗志传六卷八十回 明周游撰，明崇祯八年刻本，存卷一、卷六共二册。题“五岳山人周游仰止集，靖竹居士王黌子承释”。半页九行，行十八字，白口，单黑鱼尾，四周单边。前有图二十四版。卷前有崇祯岁在旃蒙大渊献春王正月人日靖竹居士王黌子承父于柳浪轩序，次“附录乩仙天地判说”，次目录。末有慕湘手跋，云与道光元年本校过，知系道光本之祖本，偶有此本漫漶者，道光本或臆补之。

19. 新刊京本春秋五霸七雄全像列国志传八卷 明余邵鱼撰，明万历书林余文台刻本，存卷三第十五至七十一页、卷四全卷。卷四卷端题“书林余文台梓行”。上图下文。半页十四行，行二十四字，下黑口，四周双边。末有慕湘手跋，称海内无第二部。检《中国古籍善本书目》著录明万历书林余象斗刻本，上图藏全本一部，北图残存卷五、六、八，大连图书馆存卷二至六。恐即同版。慕氏此残帙,亦罕见之物也。

20. 醉醒石十五回 题明东鲁古狂生撰,清初刻本,八册。正文首行题“醉醒石”。目录首行题“新镌绣像醉醒石小说目次”,次行题“东鲁古狂生编辑”。半页九行,行十九字,白口,四周单边。前有题辞二页,至“读是编者”止,似未完。十五回各有插图一幅,前半版画,后半版赞。封面中间大字刻“醉醒石”,右上刻“东鲁古狂生编辑”,左下刻“本衙藏板”。《中国古籍善本书目》著录北图、历博、戏曲研究院、皖图四家收藏。

21. 欢喜冤家二十四回 不题撰人,清刻本,四册。半页十行,行二十二字,白口,四周单边。前有重九日西湖渔隐于山水邻序,前半抄配。《北京图书馆古籍善本书目》著录一部,缺卷十一至十四、十九至二十一计七回。此则基本完整。孙楷第《中国通俗小说书目》谓此本“疑刊印稍早”。

22. 新刻出像京本忠义水浒传十卷一百一十五回 题明罗本撰,清初金陵德聚堂刻本。题“东原罗贯中编辑”。半页十四行,行三十字,白口,四周单边。封面刻“古吴德聚堂梓行”。《中国古籍善本书目》著录,仅北图一家收藏,知传世殊罕也。

23. 新编批评后七国乐田演义十八回 清徐震撰,清初长春阁刻本,六册。目录次行题“古吴遁世老人演辑”。半页八行,行二十字,白口,四周单边。第十八回第一第二页版心下刻“长春阁藏板”二行。前有遁世老人序,宋体大字上板,序末附刻二木记:“遁世老人”、“长春阁”,知系作者自刻之本。卷内“玄”字不缺笔。序云:“乃张惶六师,奔疲天下,不特不能制其死命,反致九重受燕哙齐湣之辱,岂古有英雄,而今无英雄哉!”似影射崇祯灭亡事,疑南明时编刻者。此长春阁自刻本未见著录。《中国古籍善本书目》著录天津师大藏清聚秀堂刻本,书名回数及行款同,未知是否同版也。

24. 新镌玉茗堂批评按鉴参补出像南宋志传十卷五十回 题“研石山樵订正,织里畸人校阅”,明刻本,竹纸。半页十行,行二十字,白口,四周单边。改装为包背装。前有图。有《南宋志传序》,署“织里畸人书于玉茗堂”。传世颇罕。《中国古籍善本书目》著录上海图书馆藏明末金阊叶昆池刻清重修本,与《北宋志传》十卷五十回合刻,书名、卷回数、署名、行款同,未知是否同版。

25. 新刊宣和遗事前集一卷后集一卷 宋人撰,清嘉道间黄丕烈士礼居刻本。钤“旧山楼”、“非昔过眼”、“古椿小像”、“赵士权印”、“钧千”、“赵不骞印”、“赵钧千藏”、“古椿曾读”、“赵不骞”、“黄绢幼妇”、“赵玉”、“龚文照印”、“野夫”、“群玉山房藏书记”等印。

26. 叶忠节公遗稿十二卷 清叶映榴撰,清乾隆十年男芳刻本,四册。半页十一行,行二十一字,黑口,左右双边。写刻甚精。有朱彝尊序,国史列传,曹一士撰传,遗疏,碑文,像,侄孙长馥赞,目录末有乾隆十年九月男芳刻书跋。正文卷端题“男芳辑录”。书经陈乃乾朱笔校补,自己丑十一月海宁陈乃乾墨笔跋七行,又朱笔跋一行。钤“共读楼”、“乃乾校勘”、“共读楼藏书记”等印。按:是书有康熙写刻本十三卷,半页十行,行十九字,白口,四周单边。此则乾隆重刻本。

27. 六朝文絜四卷 清许琏辑评,清道光五年自刻朱墨套印本,白纸初印。封面刻“享金宝石斋藏版”,钤“海昌许氏古均阁藏书”印,又有“道光五年乙酉七月讫功”牌记。

28. 说文解字十五卷 汉许慎撰,清初毛氏汲古阁刻本,初印未改本,纸白如玉,写刻极精。

29. 花间集四卷 后蜀赵崇祚辑,明汤显祖评,明刻本。题“唐赵崇祚集,明汤显祖评”。半页八行,行十八字,白口,四周单边，无直格。眉栏刻评。钤“叶德辉焕彬甫藏阅书”印。

30．新增说文韵府群玉二十卷 元阴时夫辑，阴中夫注，明万历十八年金陵王元贞刻本。题“晚学阴时夫劲弦编辑，新吴阴中夫复春编注，秣陵王元贞孟起校正”。半页十一行，行二十二字，白口，左右双边。有万历十八年庚寅陈文烛序，序有刻“金陵徐智督刊”小字一行。竹纸。

31．绿窗女史存十六种 明刻本，二册。半页九行，行二十字，白口，白鱼尾，左右双边，版心刻子目名，无总名。《女诫》题“汉曹昭著，王道焜校阅”。前有图四版，甚精，版心刻“绿窗一”至四。十六种中《灯花占》一卷不见《中国丛书综录》“绿窗女史”条子目，该书题“庐江王夫人著，王宛生阅”。又《丽姝传》，《丛书综录》作《丽姬传》。此虽不全本《绿窗女史》，而保存一种不见《丛书综录》之子目，亦至可贵。钤“章氏馨吾珍藏”、“谢刚主读书记”、“慕湘”三印。

32．王荆文公诗五十卷 宋王安石撰，李壁注，清乾隆六年张宗松清绮斋刻本，写刻颇精。前有乾隆六年辛酉张宗松序，谓得华山马氏元刻本重刻。封面刻“王荆公诗笺注”、“清绮斋藏板”，并钤“清绮斋印”。卷五十末有“武原张宗松青在校刊”一行。末有《补遗》一页。钤“定斋”印。

33．泊如斋重修宣和博古图录三十卷 宋王黼等撰，明万历十六年泊如斋刻本。半页八行，行十七字，白口，白鱼尾，四周单边。前有明万历戊子（十六年）秋仲程士庄序，序后有“黄德时刻”一行。

34．泊如斋重修考古图十卷 宋吕大临撰，明万历泊如斋刻本。前有“姓氏”，末有“黄德时、黄德懋刻”小字刻工。此与《博古图录》同时所刻，刻工黄德时亦同，知亦万历刻本。

35．阳明先生集要十五卷年谱一卷 明王守仁撰，施邦曜编,明崇祯八年王立准刻本,十册。正文首行题“阳明先生集要理学编卷一”,次题“同邑后学施邦曜重编,江右后学曾樱参订”。半页十行,行二十字,白口,左右双边。前有年谱一卷。正文包括理学四卷、经济七卷、文章四卷。有崇祯八年乙亥闽漳后学王志道序,闽九皋居士林钎序,王命璿序,崇祯乙亥黄道周序,颜继祖序,施邦曜序。卷二末刻“阳明先生理学集二卷终,临海后学王立准较梓”一行。版心下记刻工:黄宇、陈盛、叶泗、方达、汪明、刘全、陈煌、叶泗、郑兴、李寅、李英、陈云、郑德、方正、黄德、方明、毛凤、李山、陈金、沈正、郭贵、李辰、李振、余参、陈日、曾六等。钤“叶德辉焕彬甫藏阅书”、“慕湘藏书”等印。《中国古籍善本书目》著录,仅山东师大藏一部,罕见之本也。

36. 安阳集五十卷忠献韩魏王家传十卷别录三卷遗事一卷 宋朝琦撰,清乾隆写刻本。半页十行,行二十一字,细黑口,左右双边。有乾隆三十七年壬辰河南按察使江右谭尚忠序(抄配),目录第三页以前均抄配。版心下记刻工:君升、元臣、玉臣、尔玉、育之、德升、子林、端瑞、永玉、永和、尔熊、巨源、文英、明相、玉章、永裕、君兆、德臣、延公、尔仁。

37. 海岛算经一卷(晋刘徽撰)**夏侯阳算经三卷**(夏侯阳撰)**孙子算经三卷**(唐李淳风等注) 清乾隆武英殿木活字排印《武英殿聚珍版书》本,共二册。

38. 姓解三卷 宋邵思撰,清光绪遵义黎氏日本使署影宋刻本,《古逸丛书》之一,一册。内封钤“单行本”三红字,扉页钤“星吾校定监/刻督印之记”。皮纸初印,极精雅。

39. 坡仙集十六卷 宋苏轼撰,明李贽评辑,明万历二十八年焦竑刻本,十六册。半页九行,行二十字,白口,四周单边。有万历二十八年庚子焦竑刻书序。目录后有“万历庚子”大字牌记,残去,仅馀四字。

40. 重刊校正笠泽丛书四卷补遗一卷续补遗一卷 唐陆龟蒙撰，清雍正乾隆间顾氏碧筠草堂刻本，二册。封面刻“碧筠草堂重雕”。卷内钤“中吴顾楗手校重刊”朱文长方小印，又钤“黄裳容氏珍藏图籍”、“黄裳珍藏善本”、“容家书库”、“艸艸亭藏”、“黄裳善本”、“黄裳鉴藏”、“窠（松）间柳下之斋”、“泰士长寿”等印。前有1949年秋十月（二十八）日黄裳手跋九行，称此帙“桃花纸最初印本”，“纸白如玉，墨凝如漆，真书林尤物也”。又云“有顾氏手校重刊之印”，“此盖刊者自藏之本”，“顾名楗，字肇声，官浦城令，所至有贤声，乾隆三十二年九月二十七日卒，年六十五”。黄裳《前尘梦影新录》第七十页亦述及此“宣纸最初印本”，唯记顾楗小印作“中吴顾楗手校藏书”，不无小误耳。

《艺海一勺》与藏书家赵诒琛

邹绵绵

敝藏《艺海一勺》，一函三册。二十年前购获于吴门（苏州）冷摊上。书系毛边纸线装，民国铅印，为近人辑印本。所辑宋、明、清人著述凡二十三种，大多出自稿本及钞本，如清人郑文焯《古玉图考补正》、清画家王原祁《论画十则》、邹方锷《论书十则》、张式《画谭》、明人杨士修《印母》、《周公谨印说删》、清人张鸣珂《寒松阁题跋》、谢崧梁《今文房四谱》、高兆《观石录》、毛奇龄《后观石录》、宋人鹿亭翁《兰易》、明人簟溪子所辑《兰史》、清人杨钟宝《缸荷谱》、吴传沄《艺兰要诀》等，内容涉及古玉器、书画、碑帖、印学、文房器具、园艺等，所著或考证论述，或赏鉴品评，对爱好艺事及喜好文物鉴赏收藏者来说，读之诚如书名所取义，足以让人在浩瀚的艺海中任意舀取，故而得之也就弥觉珍爱。

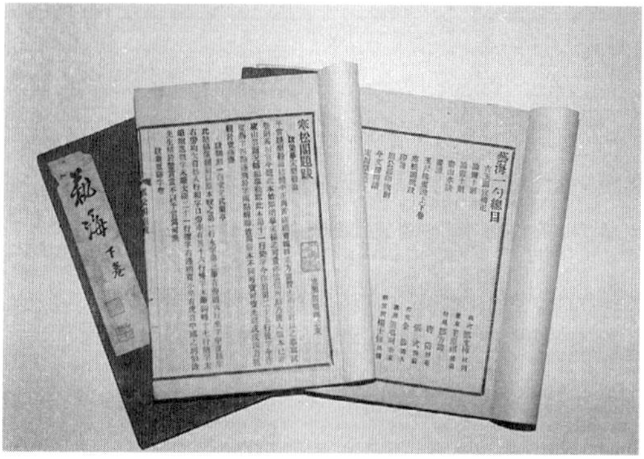

该书由近代藏书家赵诒琛辑印行世。赵诒琛（生卒年不详。按据笔者所见《高仓正三〈苏州日记〉（摘抄）》："1939年11月1日，访赵诒琛，赵已是七十一岁老翁”来推算，赵当生于1869年，卒在1939年后)，字学南，室名对树书屋、又满楼、峭帆楼，江苏昆山人。其父赵元益，字静涵，号高斋(1840—1902)。光绪举人。好医书，笃信张仲景法。同治初年入翻译馆，与吴宗濂同译《澳大利亚洲新志》，笔述有《数学理》。又任职上海江南制造局，与林乐知、傅兰雅翻译西书。时值太平天国战乱之后，江南故家藏书大半散于沪中，其致力收罗，未数年藏书竟美富一时，成为近代上海著名藏书家之一。所藏善本辑入《高斋丛刊》。此为赵氏藏书之渊源。

赵诒琛幼秉庭训，好学敏求，视书如命，每遇奇书，辄晨夕手钞，从不厌倦，积三十年之辛苦，藏书益富。清末民初，他先将《东观集》、《红雨楼题跋》等付诸梨枣，以成先人未竟之业；又于沪南制造总局之西、龙华马路之侧，建楼七楹，环以深树，名曰“峭帆楼”，以为藏书之所。藏书大多为其父静涵所遗，以清人稿本及钞本为大宗，以黄氏“士礼居”、汪氏“艺芸精舍”旧藏宋元刊本为镇库。刻有《峭帆楼丛书》，藏书家叶德辉(1864—1927)为之序，并作《峭帆楼歌》以张之。又辑有《又满楼丛书》、《对树书屋丛刻》及《峭帆楼善本书目》、《赵氏图书馆藏书目录》，著有《顾千里年谱》、《爨龙颜碑考释》，还辑有《甲戌丛编》、《丙子丛编》，又刻有《又满楼刻名家词》。赵氏藏书特色及其有辑书、刻书之好于此即可概见。

1913年7月，上海讨袁军攻击制造局，激战旬日不休。赵氏峭帆楼临近高昌庙，正当战线之冲，故只得携眷属仓猝出走，避至沪北。迨乱定归来，峭帆楼与图书、版片已俱成灰烬。叶德辉将此浩劫与陆氏皕宋楼、丁氏八千卷楼之厄相提并论，为之浩叹不已。赵氏晚年流寓苏州，性之所好，仍不离书，节衣缩食，又得书若干箧，并重有辑书刻书之举，《艺海一勺》之辑印即在其时。惜其身后萧条，家人售其藏书，以每册银一角，陆续散去，不久便荡然无存，难逃延绵千年以来私家藏书“终归流散”的规律。

《艺海一勺》所辑，除了赵氏自藏前人稿本、钞本之外，尚有借取他人藏本者。如所辑元和（今苏州市）吴传沄撰《艺兰要诀》卷末附有“辛亥（1911年）八月望，叶绍钧（圣陶）识”一跋，跋文中述及：所见《要诀》系友人顾颉刚（1893—1980，江苏苏州人。为著名历史学家。富藏书，顾廷龙为编《顾颉刚先生书目》一册）将所藏其戚属吴公（升之）所著示阅，故所辑当借取顾颉刚藏本。又如所辑《今文房四谱》，取于藏书家王欣甫（1900—1966，名大隆，为苏州二十八宿砚斋王祖询后裔，曾任复旦大学教授）藏本，故在卷末有癸酉年十月赵诒琛跋文，谓：“自科举废而纸墨笔砚遂少讲求精良者；自学堂兴而子弟皆以洋笔作书，习以为常，几至不知握管者。更有异者，其家非不富润，其屋也器用什物非不精美也。然而，纸只有粗劣，墨只有臭味，笔只有破败，砚只有歙石，或竟洋灰所造，其家之父兄以为斯固无用之物，或谬以为美术之品宜，其子弟当然但知洋货。斯文扫地今日是矣！此《今文房四谱》一卷，湘乡谢吉晖作于光绪中叶，不论砚而论盒，亦具特识。向藏吾友王君欣甫家，持以示余，极为付印，以告当世士人及父兄之有子弟者，庶挽颓风于万一云尔。”

从以上跋文中可见赵氏辑印此卷之旨，并可知《艺海一勺》编辑时间当在“癸酉”1933年之际。另据该书首卷扉页有原藏书人费公行（冰簃）题记藏书时在“乙亥（1935年）暮春”，由此可知该书付印行世，当在1935年之前。岁月荏苒，距今已逾一甲子矣。值得称道的是：作为藏书家的赵诒琛，虽一生嗜书、收书、抄书、藏书，但对藏书却从不自秘，而能择要分类将所藏编辑印行，以广传播，嘉惠学林艺苑，使藏书的价值获得最大的体现和发挥，《艺海一勺》即堪为一例。

姚文栋与日本古佚书

柳和城

姚文栋(1852—1929),字东木,号志樑、子梁,上海人,早年肄业于上海龙门书院,光绪七年(1881)作为清政府驻日公使黎庶昌随员赴日本。在日本六年,他大量购藏流入东邦的中国古籍和日本学者传钞或刊印的汉文图籍。姚后来命其书斋为“读海外奇书室”,即喻此意。他不仅自己购藏,还一再鼓动政府“请刊佚书”,以广流布。他的《读海外奇书室杂著》中有一篇《新得佚书目录》,全文如下:“《玉篇原本》存四卷(注中皆有野王案语);隋杜台卿《玉烛宝典》存十卷;唐人《琱玉集》存二卷;《文馆词林》十卷;唐许道士《天台山记》一卷;《杜工部草堂诗笺》四十卷;唐僧《神珙韵镜》一卷;宋高似孙《史学》六卷;宋邵思《姓解》三卷。以上九种今已重刊。唐杨上善注《黄帝内经太素》存二十三卷;《黄帝内经明堂》存一卷;唐李勣《新修本草》存十卷;唐僧慧琳《一切经音义》一百卷;希龄《续一切经音义》十卷。以上五种未刻。”姚另在《请刊佚书节略》中提到《黄帝内经太素》等书时云:“唐代医书,传世极稀。此三种自宋以来,未见著录,其佚久矣。日本亦只有写本流传”,“若汇而刻之,是亦医学之美谭,古书之幸事矣。”对《一切经音义》及其《续》,又记其流入朝鲜、日本的经过,建议“将高丽本用西法影照”,引回故土。可惜这五种古佚书重印未成功。

姚文栋从日本购回的古佚书中,有一部农书《分门琐碎录》元刊本,国内早已失传。叶昌炽曾跋云:“东涧翁(指钱谦益)有此书,绛云一炬,种子断绝。此本来自海舶,虽断珪残璧,弥可宝贵。宜子梁观察奉为枕秘也。”还有宋刊《古文尚书》,更为国内失传数百年的珍籍。三十年代初,顾廷龙先生助顾颉刚编《尚书文字合编》,曾慕名访问姚文栋之子姚明辉,见到过此本。

姚氏所得日本朝鲜古钞古刻,数量颇丰,可惜庚子年在天津毁失大半,但带回上海寓庐的还有数十种。内有日本大永享禄间钞本《周易王弼注》、元龟天正间钞本《周易孔颖达疏》、古钞《论语集解》、旧钞《古京遗文》、古刻《尚书孔氏传》、朝鲜活字古本《春秋胡氏传》、日本文政年刻《八史经籍志》、日本庆长年活字印《七书》等等,仅《论语》古本就有十馀种之多。

梁代皇侃所著《论语义疏》十卷,南宋时已佚。清雍正初年,日本学者山井鼎作《七经·孟子》考文,称日本足利学校藏有此书写本,始知海外尚有流传。清乾隆时,藏书家兼刻书家鲍廷博购得据称由足利写本校梓而成的日本刊本《论语义疏》,刊入其编的《知不足斋丛书》,后又被《四库全书》所著录。姚文栋到日本后,访观足利学校此古钞,发现“与鲍本体例纯不相类,文字亦间有异同”,原来日本刊本校梓时已变更体例,尽失皇氏旧作庐山真面也。

姚氏藏书中有一部《经籍访古志》“三订稿本”,来历不凡。该书原为日本江户时代中后期一批汉籍学者的集体创作,由日本古书会森立之等总其成。全书著录中国传入古籍三百六十二种，日本古钞本一百八十种，日本古刊和高丽本一百二十种，共六百六十二种。此书光绪十一年(1885)刊刻行世，为中国文献学和中日文化交流史留下了许多宝贵材料。当年黎庶昌编印《古逸丛书》，即以此为依据而访求。殊不知此书是经姚文栋之手“督印”而成，所以其稿本归姚氏保存。刻印后，姚还得到日本学者向山黄村等人帮助，“复有三订本，较前详审明备”。

姚文栋从日本卸任后，到欧洲任职，后又奉命考察滇缅边务，是一位干练、务实的外交官。辛亥前返沪定居，其著述极富，影响也较大，但晚年思想趋于保守，敬佛尊孔，落伍于时代。姚文栋位于嘉定南翔的寓舍藏书处曰昌明文社书库，藏书有十六万卷之多。古今中外地理图书为其特色之一。作为上海藏书家，姚氏搜罗上海地方文献、乡贤著述也极为丰富，构成其藏书另一特色。1937年其子姚明辉提供给上海文献展览会的典籍类展品三百五十馀种，除七十馀种姚氏著作外，全部是上海地区乡贤著述，作者有王韬、张文虎、钱大昕、王昶等，不少还是稿本。利玛窦、傅兰雅等外国传教士翻译的西学著作初印本，姚氏也有收藏，这些也是明清以来反映上海历史变迁的重要文献。

据《章氏四当斋藏书目》卷上“归来草堂录一卷”章氏跋文记：“此书姚子樑观察于冷摊拾得”，章移写并考证为明末清初吴江学者吴晋锡所撰的钞本。郑伟章先生《文献家通考》下册姚文栋传，误将《归来草堂录》一卷当作姚氏著作著录，由此误判姚氏藏书处亦名“归来草堂”。此说应当更正。

姚氏大部分藏书毁于“八·一三”日寇战火，仅存三种善本：一、《经籍访古志》稿本；二、《周易单疏》唐写本；三、《论语义疏》古钞本。

王荫嘉与《二十八宿研斋善本书录》

曹正元

王荫嘉（1892—1949）曾名大森，字苍虬，号殷泉，号百剑主人，又号棘人。祖上浙江秀水县新塍镇人，五世祖允震始迁苏州吴江县盛泽镇（后宅被毁于火）。至其祖父师晋于同治三年迁居至苏州葑门内钮家巷，遂为苏州人。王荫嘉早年随父赴京就读，宣统二年（1910）返归苏州，并管理家务。后曾搬迁西百花巷。其博览群书，爱好金石考据、目录版本、钱币之学，曾协助其弟大隆校注清叶昌炽《藏书纪事诗》（校注本于1999年由上海古籍出版社出版）。而所著《二十八宿研斋善本书录》，即其藏书方面比较重要成果之一。

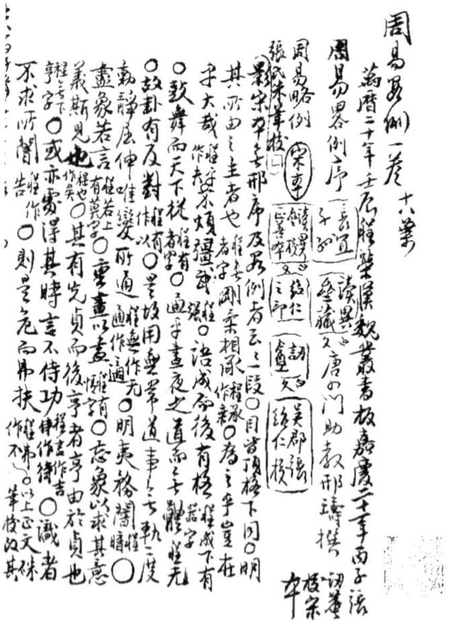

《二十八宿研斋善本书录》（以下简称《书录》），原稿本，不分卷，今藏苏州图书馆。全文写在题有“新安阜成字号提选改良名纸”出产的毛边纸上，书中钤有“王氏二十八宿砚斋藏书之印”方红印，及“王荫印嘉”钱币形蓝印。是目分类比较简单，只在书口中部写经、史、子、集、总、评、曲等,下部书写相对应的书名简写,以便翻检。前有作者丁丑年(1936)自序一篇,在书名前又偶录"某某年抄"字样,据此推断,《书录》一书大约完成于民国二十三年(1934)元月至民国二十六年6月期间。抄写字体用草、楷体二种,抄写大部分用毛笔,间用钢笔,有黑、蓝、绿三色,并无规律。

《书录》记载善本有元刻本一部,明刻本六十六部,稿本七部,日本抄本一部,清刻本二部,清刻名人校本二十五部,清抄本二十三部、清抄校本二十三本、明抄本及明影宋抄本九部,合计有一百五十九部。根据序、跋以及参考其他资料估计,荫嘉藏书总量大约有五百多种、二千五百多册。

王荫嘉收藏书之来源有三,其一、为家藏流传。其父祖询曾任湖北通城县,饶于资财,藏宋元精本三十馀种,各种刻本及名家抄本几百种,二十八宿研斋即其父之藏书斋。受其父影响,荫嘉也喜藏书,仍沿用其父书斋名,以志继承。从荫嘉所编《书录》来看,其父留于他的书并不多。唯见万历二十二年原刊五色评点本《檀弓考工记辑注》,潘植庭临江铁君等校本《说文解字段注》、万历十九年刊本《咸宾录》三部,上钤有"祖询"、"雨亭"、"甘露"、"潭庐藏书"印记。祖询共有三子:大成、大森、大隆,大隆最有名,曾编藏书目十卷,推断得其父藏书最多。又其祖敬斋公(即王师晋)藏书有康熙三十五年精抄本《大学衍义》、万历间刊本《凌忠清公集》均有曾王父亲笔题笺。从这可看出,王家藏书可以推断到荫嘉祖父辈。又有乾隆本《礼记郑注》、胡文焕刻《尔雅》、江标刻《说文解字》、乾隆本《徽钦遗事》均云"欣夫所得"。欣夫即其弟大隆,可能这些书是其弟转让给他的。

其二,得之于各书肆书估。笔者认为这部分不在少数。荫嘉在道光十七年张氏照旷阁抄本《癸辛杂识》跋云:"此张氏手校本,藏书家所罕睹,绝可珍贵。余即购此张抄本,家中适有张刻续别集在,出一人,款式相同,遂用配合。壬申(1932)十月得自常熟估人。”同治间枕经堂抄本《孔宪庚顾庐文钞》注云：“乙亥（1935）十一月初七日收自松石斋。”嘉靖十四年王吉庵录藏本《云溪友议》跋云：“余于壬申十一月三日得之来青阁，同月以虞山所收元人“仲渊”二字铜印赠诸集宝斋。”《林霁山集》跋云：“壬申季冬，客自玉峰以《林霁山集》见归。天顺吕洪初刊，世无第二本也。”

其三、来源于各藏书家、亲戚家。《书录》有嘉庆十三年顾醉经抄本《元次山集》、又旧抄王惕甫校本《纲鉴类纂》、冯敬亭影宋抄本《干禄字书》、明影宋经抄本《说文解字韵谱》、原刊冯敬亭校订本《说文续考》、《新附考》、万历间茅一桂刊本《淮南鸿烈解》等共十三部书均为冯敬亭家藏书，有冯氏钤印。荫嘉为何能得如此多冯家藏书，从《元次山集》跋可见端倪。跋云：“我家于冯氏敬亭公后世为姻娅。公孙武云表弟笃厚纯孝，又复加僚婿，友好不特异性昆弟，不幸早世。人事变迁，楹书尽散，余于估者习，克得其善本独多。仅三、四种为初园割去。”考冯敬亭即冯桂芳。对于冯氏藏书事，《藏书纪事诗》、《续藏书纪事诗》均未述及。顾湘舟艺海楼抄本《储光羲集》有跋云：“西圃（即潘遵祈）为予家姑丈之祖。……近乎不知何故，斥诸坊肆。予闻而乐甚，急起直追，妄意卷跋其尤，乃卒以争一书，尽失他书。……然其遗珠则终为予有，此《储光羲集》亦其中之一首列。”考知荫嘉共得潘家藏书有十五部之多。

经分析认为王氏藏书有如下特点：其一、其藏书中精善本颇多。《书录》收录了被清代目录学家黄丕烈称赞的批校家张绍仁的批校书就有八部之多；黄丕烈收藏并其中间有黄跋的就有七部。其他稀有之本也较多，例：经部著录有《古文孝经孔氏传》一卷，日本古抄本，顾若波藏书。是书自康熙末流入中国，后被长塘鲍氏刻入《知不足斋丛书》。又经部著录《书集传》六卷、《书序》一卷、《问答》一卷，元延祐二年乙卯刊本，吕无党、王莲泾递藏。荫嘉跋云："证丁本当即麻沙刘氏南涧书堂本，十一行二十四字，相合也。予藏精刻本乃各目之所未著，天下之孤本矣！"又史部著录有《石浦卫族考》不分卷，薄皮纸九十七叶，二册，衬一函，天顺间菉竹堂抄叶文庄公原稿本，卫氏世藏。有荫嘉跋云："红格抄本，版心双鱼尾相对，上下大口，每叶二十四行，行二十二字，四周双线框，卷尾有朱笔原标'共九十七叶'五字。《昆山艺文志》有是书明目。纸墨古雅，且有文庄自书二跋。癸酉(1933)冬予得诸卫氏后裔之自虞山迁入郡中者。"是书除《千顷堂书目》简单著录外，无一家书目再有收录。国内已无藏本，唯见美国国会图书馆收藏有天顺间抄本，或即是本，已流出国外。又曲部《红蕖记》二卷，万历间刊，有图本。有吴梅跋云："余三十年来限于一遇，家园逭署，得见秘籍，荫嘉属书其后，为述之如是，恐荛翁学山海居中亦无此物。"

其二、具有较强的资料性，是《书录》又一比较显著的特点。《书录》在每一书目下，除全文记录原书的序、跋、记、注等外，又把有些书所用的纸张情况、册数及总页数，包括该书曾被那些藏书家收藏过，以及这些藏书家钤在书上的原印都照原样录下来，原来是圆的，就画成圆的，原来是用篆体的，仍旧用篆体画出来，这些也是要比其前后所编的一些书目，更具资料参考价值。在《书录》中有些书的上方都钤有一小红圈，圈内书有一"铁"字，经考证此为作者在编辑书目时，已和《铁琴铜剑楼藏书目录》校对过的标记。《书录》中所记载的有些资料，确实是和《铁琴铜剑楼藏书目录》可以互相补充的。而且在《书录》的有些篇目中就已经直接的指出以前书目的某些错误，例：在《姑苏名贤小记》条下，有荫嘉注云："……章宝泉藏。有'筠房'、'金生阁'印。《善本书室藏书志》卷二十二《抱朴子》鲁藩本有'河间章宝泉'、'筠房'、'金石阁'诸印。据此，乃章氏藏书印丁氏误'金生阁'为'金石阁'。"在金亦陶抄本《丁鹤年诗集》条下有荫嘉跋云："《善本

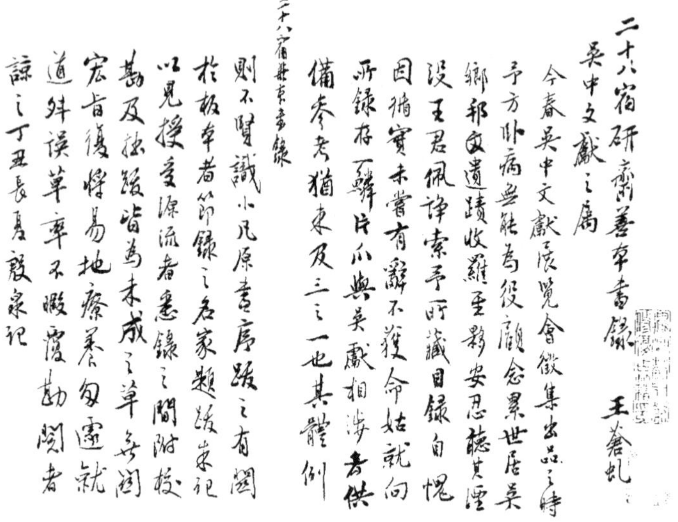
二十八宿研齋善本書錄 王蒼虬
吳中文獻之屬
今春吳中文獻展覽會徵集出品之時予方卧病無能爲役顧念累世居吳鄉邦文獻遺蹟收羅重彰安忍聽其湮沒王君佩諍索予所藏目錄自愧困揗實未嘗有辭不獲命姑就向所錄存不轉片爪與吳獻相涉者供備參考猶未及三之一也其體例則不賢識小凡原書序跋之有關於板本者節錄之名家題跋未記以見授受源流者悉錄之間附校勘及按語皆爲未成之草無關宏旨後將易地療養匆遽就道舛誤草率不暇覆勘閱者諒之丁丑長夏殷泉記
二十八宿研齋書錄

室藏书志》丁谬此本的系明抄。按金氏手跋壬戌为康熙之二十一年，其纸质亦非明制。金氏手抄宋文人集致富，予以他本证之无异。”《书录》还有更特别的地方，就是在某些稀有的书籍中，王氏会摘编出所录相关书的内容，这更具参考资料价值。例如《石浦卫族考》，王氏就详细摘编了有关卫氏的资料共有二十四条约三千多字。此书现国内已无藏本，无疑这遗存资料的重要性，就显而易见了。

其三、是收录地方文献众多。此部《书录》是荫嘉先生为江苏省立苏州图书馆开吴中文献展览会而特意编制的一部目录，这在其自序中有说明，并在序前又题上“吴中文献之属”。经查找对比，《书录》中收录了经历代苏州藏书家收藏之书就占十之八、九。苏州人所著之书占十之六、七，内容与苏州相关的十之二、三。不过荫嘉收录地方文献还远不止目录中那些，这从后来吴中文献展览会最后选定他的七部书可得证实。在所选七部书中，除二部《书录》中有著录外，其馀五部均不在《书录》收入范围内。在展览会期间，荫嘉被聘为三十二位鉴审委员之一，为乡邦文献征集展览做了不少工作。

民国三十一年（1942）4月，王荫嘉自沪返苏养病；三十七年深秋，王荫嘉突患脑溢血，1949年10月病逝。其所遗古籍善本，由其夫人于1954年捐赠北京图书馆，钱币藏品至八十年代归上海博物馆收藏。

王荫嘉藏书活动，历来未被重视，其藏书事迹唯见王謇《续补藏书纪事诗》及宋路霞《上海近代藏书记事诗》中，均附于其弟大隆之后，寥寥数语而已。通过我们对其《书录》的了解，认为他对于民国时期的藏书事业是有所贡献的，特别是他的遗存善本大部分已归国家图书馆所有，仍在发挥作用。我们认为，把他誉为民国间一位出色藏书家，是当之无愧的。

·新书架·

迷离帆影楼

辛德勇

1907年(清光绪三十三年),一代女侠秋瑾在绍兴遇害。那么多学书学剑的须眉丈夫,竟没有一个人敢出头收敛烈女的遗骨,最后还是她生前的两位金兰姐妹,把英魂安葬在西子湖畔。秋瑾生前曾不止一次地表白过对于当世男子的深深失望和极大蔑视,“忍言眼内无馀子,大好河山少主人”!显然,这种失望并不只是出自对她所嫁的纨绔丈夫的怨怼,更多的是感慨“近日志士,类多口是心非,稍有风潮,非脱身事外,即变立其志;平时徒慕虚名,毫无实际,互相排挤,互相欺骗,损人以利己者,滔滔皆是,而同心同德,互相扶助,牺牲个人,为大众谋幸福者,则未之闻也”(《秋瑾集·书信·致〈女子世界〉记者书其四》)。此所谓“志士”,皆男人也。在为天姥山动石夫人庙题写的对联中,她曾写道:“如斯巾帼女儿,有志复仇能动石;多少须眉男子,无人倡议敢排金!”联语多少有些像留给自己的谶语,身后真的竟只有两位女友,敢于置清廷之淫威于不顾,挺身而出,为其措置一方墓穴。

这两位侠义的女友是徐自华和吴芝瑛。徐自华与本文无关,按下不表。秋瑾殉难后,徐、吴二人分别取室号“秋心楼”和

“悲秋阁”，表达追思仰慕故友的心意。不过吴芝瑛更广为人知的斋名却是与其夫君共用的“小万柳堂”和“帆影楼”。时至今日，对于拥有一般近代历史知识的人士来说，与“小万柳堂”这一雅号相联系的首先是她家里收藏过的一批名家书画，而与“帆影楼”联系在一起的则有一件轰动一时的有关刻书的公案。

吴芝瑛字紫英，号紫英女史，十九岁时嫁无锡人廉泉，人称万柳夫人。芝瑛不仅有胆识，重友情，还颇有才华：工于诗文，精于鉴赏，写一手好字，秋瑾的墓碑便是由她书丹上石。无奈才女常常生活在一些无法摆脱的光环后面——她是清代桐城派大家吴汝纶的侄女，这个硕大无比的光环，掩去了她本身的许多色彩；而所谓帆影楼刻书公案也是因缘于与吴汝纶的这一层亲戚关系。

吴汝纶是李鸿章的门人，深得文忠公赏识擢拔，李氏并亲以身后墓志碑铭相嘱托。其知遇之恩，挚甫自当有以报之，于是便主动承担了编纂李鸿章全集的工作（虽说是编“全集”，但是实际所收只是李氏的公务往来文牍）。文集纂集甫竟，汝纶不幸谢世。

吴芝瑛夫婿廉泉，字南湖，号南湖居士，别号惠卿、岫云山人等，官至礼部郎中，辛亥革命前后与革命党人交往甚为密切。可见吴芝瑛出面安葬秋瑾，也应有廉泉在后面支持。或许正是因为厌恶清廷，想退隐于野，于是由其表兄孙揆叙（亦无锡人，字叔方）出面，致意于李鸿章次子李经迈（字季皋），愿任校刊之劳，成就此业。由于有吴汝纶这一层关系，对于双方都是一件好事，李经迈便延聘廉氏，在金陵设局刻书，廉泉则以此辞去京中职事，与孙揆叙一道，客居南京，专司校梓之役。

刻书进行得很顺利，如果时局没有什么变故，留给后人的很可能是一段充满友谊芬芳四溢的书林佳话，而不是双方各执一词互不相让的公案。

事件的大致经过是：光绪三十年十一月，廉泉偕孙揆叙南下金陵，设书局开始刊刻李氏文集，刻板刷印事宜委托南京著名的私人书坊李光明庄。光绪三十二年，李经迈奉朝命出使奥地利，行前为方便廉泉刊书支用，将所拥有的“庆丰成”洋货号银钱支摺交与廉泉，令其随意支取刻书用款。不意廉泉于是年领取银三千两，洋一万六千元，充作私用，而并未向李经迈做任何交待。光绪三十四年，李经迈回国，询问廉泉支取银洋私用的用途，廉泉含混释以“周急”二字，而据李经迈讲其具体用途是用作“买山之资”，即置备“帆影楼”房地产的资金。是年五六月间，书版刊成。此间廉泉另支用一万五千元，给付李光明庄刻书工价。六月，廉泉致信李经迈，表示书版刊刻峻事，可以撤销书局，从下月起辞谢李经迈所发月俸，自己愿意回上海尽义务遥领印书售书事宜，具体事务则委托李光明庄一手办理。至此，不算总目共一百六十六卷之巨之《李文忠公全集》大功告成，书局撤销。同年，廉泉与李经迈商定，通过李鸿章门生故旧中的一些权贵人物，向各地征订销售书籍，每部售价银二十两。结果北洋及山东共认购一千一百五十部，安徽认购二百部。上述购书款中的绝大多数亦即两万三千两均缴李经迈收存，另有一部分即安徽的购书款四千两，则拟用于清付所欠李光明庄刻书工价款。假如此项书款能够如数交付，或许一切纠纷都不会发生。

不料翌年亦即宣统元年，原来决定订购书籍的护理安徽巡抚继昌为正式履任的新任巡抚朱家宝（字经田）所取代，朱氏对此殊为缺乏兴致，至宣统二年九月间始给付书价银一千两，使得拖欠李光明庄工价钱尚馀三千一百八十多两失去着落。

这一年十月初，廉泉致李经迈函尚称安徽所欠书价银三千两，年内汇到，即可偿还李光明庄款项。唯风雨飘摇，时局动荡，廉氏或许已意识到此项书款未必能够到手，而自己挪用李氏巨款若不及时偿还，李经迈自然会有想法，碍难再行支付欠付书坊的工价。为使刻书之事，善始善终，廉泉、吴芝瑛夫妇大致在本年年底，将家中珍藏的"三王吴恽精品三十种"折给李家抵债，以示无负于人。

紧接着到了宣统三年，辛亥革命，起义成功，朱家宝去职，天翻地覆之际，三千两书价银自然再也无从追讨，可是李光明庄却不愿意无端受此损失。

李光明庄虽然只是个刻书的商坊，主人却极重信义，"诚笃不欺"，尽心尽力地刻成此一百六十馀卷煌煌巨帙，且雕印讲究，号称"仿汲古阁廿一史本式"，"写刻极精"(此书近年有海南出版社影印精装本，附印有李鸿章嫡孙李国杰编刻的收录李氏普通诗文的《李文忠公遗集》。李鸿章虽是大名人，但是这部《李文忠公遗集》却印行无多，流传甚罕，将其与《李文忠公全集》合印，便利读者查阅李氏诗文，自然是一件好事，但出版者改用《李鸿章全集》作总书名，似乎不如仍沿用《李文忠公全集》而把卷数只有八卷的《李文忠公遗集》作为附品要更典雅一些)，理应得到应得的报酬。况且李经迈又是什么样的家庭，不管是乃父李鸿章当年炙手可热的权势，还是他本人历任江苏、河南、浙江按察使等高官的经历，用不着熟悉清代历史，大凡多少有点社会阅历的人，对于他家里的资产状况，都是可以想象的。区区三千两银子，不过是九牛一毛，李光明庄当然要追讨自己的辛苦工钱。因为一向都是由廉泉出面与书坊联系接洽，李光明庄主人便一直揪住廉泉不放。

廉泉则自思数年辛苦为李家效力校刊书籍，所得薪俸有限(廉氏未明言自己所得酬金是否嫌少，但在写给李经迈的信里讲到："孙叔方先生在局坐镇四年，一手编校百六十馀卷之书，往复十数过，致得咳血之症，撤局之日，只酬以二百元，四年月俸亦只月支六十元。"显然认为所得不足以酬其所劳)；书成之日，又主动提出不在卷首开列校刊姓名，功成不居，这一切不过是为了"了挚老未竟之志"，可是无论如何却没有理由再替李家给付其应付的工钱。至于挪用李家钱款周急一事，尽管一时没有现金偿还，但是已用小万柳堂名画相抵，当时廉泉致李经迈书谓："南湖所藏三王恽吴精品，尽于此矣！……前经友人评价，谓多千金以上之品，以此奉让，足偿尊款本息而有馀。"自是坦坦荡荡，无负于人。

那么，李经迈呢？对于廉泉擅自挪用钱款一事，始终耿耿于怀，虽所谓"三王恽吴精品"未必不值所用款额，无奈李经迈不好此道，终究歉歉然不能释怀；加之廉泉在主持书局期间，私下在自己开办的文明书局另外石印售卖《李文忠公全集》，直接影响到刻本的销售，从而影响到李经迈收回刻书本钱或者说是销售利润。或许是出于这些原因，或许是对于廉泉是否已全部收到安徽购书款项存在误解，李经迈坚决拒绝支付刻书馀款。

这样转眼到了民国六年亦即公元1917年，因李光明庄一再找廉泉催款，前后已不下数十次，廉泉不得不在这年秋天，再次致书李经迈，请求派人前来，三头对面，了结此事。不料李经迈不但不承认此项欠款，且根本不出面答复，只是委托其西洋律师哈华托回复英文律师函称“所有帐目，久与执事清结，李君完全拒绝重提此事，并不能再付分文”，李经迈还让哈华托律师在函中声明，这封信是他对于此事“末次之答复”。

李经迈的傲慢无礼，首先是激怒了廉泉，同时更激怒了吴芝瑛。廉泉甚至由李经迈令人费解的态度，联想到李经迈在清朝担任过的江苏、河南、浙江诸省按察使和民政部右侍郎等一系列高级官职，联想到张勋短命复辟朝廷委任给他的外务部侍郎职务，认为李的做法不过是摆臭架子，以势压人，蛮不讲理。于是用更为激烈的措辞，连发数函，回敬李家公子，如谓“此系手民汗血之资”，“李经迈不应因售出书价之损失，而累及印刷之商人，且加以藉端要求之恶名”，“何苦靳此区区印刷尾款，使穷而无告之手民受此损失乎”？称“鄙人视名誉重于生命”，愿“指天誓日，为良心上之谈判”，“并质诸天下后世”，“望李经迈于良心上自省”。

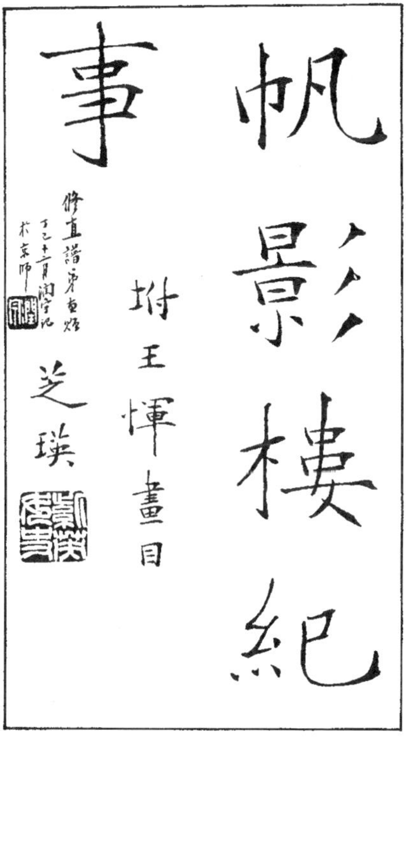

为使世人对于此中“双方之是非曲直”能够“了然于心”，紧接着就在年底前，由吴芝瑛出面，将有关各方往来函件，汇集成册，石印出版了《帆影楼纪事》一书，活生生地把这一公案推到了社会公

众面前。

从敢于不顾清廷淫威下葬秋瑾这一事件中人们就应该清楚地看出，吴芝瑛是何等刚烈，何等意气行事（为使秋瑾家人免遭清廷迫害，她还特地撰写《记秋女侠遗事》一文，公开替秋瑾开脱，声言“愿以身家性命保秋氏家族”），焉能受此委屈？果然她在《帆影楼纪事》卷首和叙言中讲的话远比廉泉更为激烈，什么“天下不平事，孰逾于此”？什么“末日判断（按“判断”今通译作“审判”）将使不平者尽平”；什么“没良心者而亦靦然于立直动物之丛乎”？什么“专制之命革，没良心之命未革也”；等等，等等。

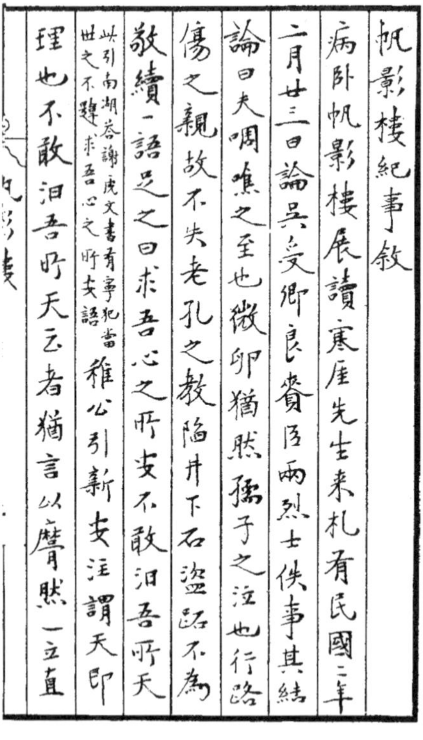

帆影樓紀事敘

病卧帆影樓展讀寒厓先生來札有民國二年二月廿三日論吳受卿良賫臣兩烈士佚事其結論曰夫啁噍之至也微卵猶然孺子之泣也行路傷之親故不失老孔之教陷井下石盜跖不為敬績一語足之曰求吾心之所安不敢汩吾所天（此引南湖答謝虎文書有爭犯當世之不韙求吾心之所安語）稚心引新安注謂天即理也不敢汩吾所天云者猶言以膺然一立直

事情闹到这一步，李经迈不管有理没理，哪怕是强词夺理，也只有以牙还牙以眼还眼一种选择。廉泉不是让他在良心上“自省”吗？于是他马上以“自反录”为名，汇集相关信函及说明，编印了一册规模相当、形式相若的书本。

职业或半职业的藏书家自不必说，即使是一般喜欢藏书的人，大多都喜欢收集关于藏书或关于藏书家的书；连类而及，一些人也很注意搜求关于写书、刻书、印书乃至卖书掌故的书籍。这《帆影楼纪事》和《自反录》里有这么热闹的故事，谁不想弄一部玩玩呢？问题只在于时过境迁多年之后，这种玩物可遇不可求，就看你有没有这等福分了。

我先是得到一部《自反录》。这属答辩状性质，看到的只是一面之词，觉得李经迈讲的似乎颇有道理，只是无处可觅《帆影楼纪事》，不清楚廉泉、吴芝瑛夫妇何以会闹到需要编印书籍为自己发泄愤懑的地步。没有办法，只能去查看过去买到的影印本《李文忠公全集》，结果翻遍前序后跋，没有找到一点儿有关的说明，如廉泉所云，甚至所有的校刊者都没有在书中留下一点痕迹。

除非你腰缠万贯，都不宜特别去找那些你想要的罕见书籍。可是你可以怀里揣着一大堆五花八门的书名，然后随意去碰。至于碰上碰不上，当然主要要靠运气了。其实我自己根本没有想到，买下《自反录》三个月之后，竟然在另外一家书店里碰到了《帆影楼纪事》，而且品相比《自反录》好得多，基本没什么毛病。得到了想要的书籍，心里总是很得意：即使你走遍全国，恐怕也很难再找到第二个同时拥有《帆影楼纪事》和《自反录》的藏书者了。

《帆影楼纪事》除译载哈华托律师函及影印复制有关文牍外，通篇是由吴芝瑛手书抄录制版。一手漂亮的融合赵体与瘦金体风格的行书字，再加上安葬秋瑾烈士之侠女的清名，这些都增加了吸引读者的魅力。另外书的后半部为著录抵给李经迈名画的《小万柳堂画目》，廉泉和吴芝瑛夫妇在这方面的收藏是很有名的，许多人都想一睹为快，所以当时一定会很惹人关注。

眼见廉泉夫妇出此着数，李经迈自然会想到要在《自反录》中施展手脚，还以颜色。吴芝瑛是一时名妇，要在字上压倒她恐怕不甚容易。不过李经迈也有自己的擅长的独到办法，那就是家世相传，搞洋务有经验。于是他把《自反录》做成了中英对照的双文种文本，中文在前，英文居后。廉泉和吴芝瑛不是要“质诸天下后世”让世人评判是非曲直吗?现在的“天下”早已不限于禹域九州，天下时兴的是泰西蟹行文字，而且后世一定会更为时兴，吴芝瑛汉字写得再好再妙，再有理，反正老外们看不懂，看究竟谁造的舆论更大、影响更广泛更持久?

我们现在已无法弄清究竟这两家谁争取到了更多的同情。由于都是有地位的人，肯定引起了社会上层的广泛瞩目。我得到的这册《帆影楼纪事》，内封面上署有“修直谱弟惠赠　丁巳十二月润宇记于京师”字样。“修直”应是许修直，曾任江苏、浙江两省的司法官等职，日伪统治末期，出任伪北平市长；“润宇”应为孙润宇，辛亥以后历任高等警察学校校长、内务部警政司长、江苏律师协会会长等职。二人都有较高社会地位，也都是司法界名人。

仔细看过双方的攻讦论辩，感到在具体处理李光明庄刻书工价尾款这一事件上，廉泉、吴芝瑛夫妇，的确清清楚楚干干净净，没有丝毫对不起人的地方，而李经迈所作所为，则完全不近人情事

理。不过李氏如此乖戾的举止并非毫无缘由。廉泉、吴芝瑛夫妇不打招呼就擅自支用李家巨款，而且在主持书局为李家刻书的同时，又擅自在自己开设的文明书局印行此书，牟取利润，“因违反版权之故，致《李文忠全书》门市销场大受损失”(《自反录·李公经迈拒绝廉泉理由》)，等等，做法与其侠义形象相乖异，同样很令人费解。帆影楼中，除了雨帆雾影之外，还有许多迷迷离离的影像，当时就看不清楚，不能“了然于心”；影远帆孤，今日更无法明白。好在两原书俱在，有机会读者不妨自己去做判断。

提到廉泉、吴芝瑛夫妇的斋号“小万柳堂”，喜好收藏赏玩古籍的朋友，一定都会想到小万柳堂翻刻的海源阁精刊《惜抱轩尺牍》。虽说因刷印较多，时至今日肆上仍然比较常见，售价算不上昂贵，但是其雕印之精美，与海源阁原刻相比，并不逊色多少，称得上是清末版刻中的上品。有意思的是此《惜抱轩尺牍》刊刻于宣统元年，正值《李文忠公全集》雕版峻事之后不久。刻书是需要花费很多钱的，精刻精印则要花费更多的钱。廉泉、吴芝瑛夫妇私下印行并出售《李文忠公全集》以牟利，是否会与刻印《惜抱轩尺牍》具有一定关连呢？社会毕竟首先是物质的，文人雅士并不等同于圣徒，许多后人看起来很风雅的事情，往往也会有一些迷迷离离的背景。

吴芝瑛之书

周继烈

十九世纪末，二十世纪初，由于清政府的腐败，使帝国主义对中国人民的压迫与剥削日趋严重。各阶层人士都涌现出为反封建、反殖民压迫而斗争的革命勇士。这个历史阶段中，一个不应忘记的人，就是人称鉴湖女侠的秋瑾。

秋瑾女士革命业迹人所共知。笔者这里要谈的是她的两位生死姊妹之一的吴芝瑛女士。秋瑾曾赠诗给吴芝瑛："曾因同调访天涯，知己相逢乐自偕。不结死生盟总泛，和吹埙篪韵应佳。芝兰气味心心印，金石襟怀默默谐。文字之交管鲍谊，愿今相爱莫相乖。"

从诗中我们可知二人的亲密关系。时下提起秋瑾的人已经少有，对吴芝瑛则更茫茫然。

吴芝瑛（1868—1933），安徽桐城人，字紫英，室名小万柳堂，人称万柳夫人。是曾国藩四大弟子之一吴汝纶的侄女。其父亲吴宝三（字鞠隐），官山东州县数十年。仅生有一女吴芝瑛。吴芝瑛十九岁时，嫁给了当时江苏举人廉泉(南湖)，生有一女三男。吴芝瑛少得家学，写得一手好字，为人率直，喜扶贫助弱。

吴芝瑛亦能诗，如《题铜官感旧图》："功名刍狗偶然耳，一念报施已是差。云母溪头我凝伫，千年笑倒紫藤花。"又："恩怨分明小人事，敢将此义浼章侯。吾家阿叔自文伯，高咏一篇天地留。"诗与文名为书名所淹。书学宋瘦金体而变，时人多重之。

1900 年，清政府签订丧国辱权的庚子赔款协定，吴芝瑛深感这是国之大累，虽愤国之不争，但既已签订，大家就应共同赴难。乃倡国民尽力捐助。时人求吴书法者甚众，于是她自书、自费印刷了《小万柳堂帖》，丝线装订，非常别致，一时热卖。吴以售帖所得全部款项，悉数捐给国家。

其父母亡后，留遗产万金，因其为独生，故所遗全部归她所有。时吴深感国家教育不力，许多儿童无学可上，于是她将所有遗产在家乡创办一座"鞠隐小学堂"，以供儿童接受教育。

秋瑾与其夫王子芳思想不和矛盾日烈，秋瑾就常常借居于吴芝瑛家。1903 年秋瑾到北京居丞相胡同，咫尺之遥的北半截胡同就是吴芝瑛在北京的家，二人往来频频，秋瑾思想中亦颇受吴之夫廉南湖的影响，因廉亦是思想开明的爱国人士，曾参与"公车上书"。

吴芝瑛与秋瑾朝夕往来，陈去病曾记当时情况："文采昭曜，盛极一时，见者咸以为瑚琎玉树之齐辉并美也。"她们还组办进步妇女"谈话会"，不定期聚会，品评时政，探求真理。秋瑾喻之为"把酒论文欢正好，同心同况有同情"。

1904 年秋瑾欲东渡留学，找吴芝瑛商量，吴先劝秋慎重，经秋瑾阐明大义，吴芝瑛转而支持她去日本，并在经济上给予帮助。当年正月初七日，吴芝瑛与秋瑾正式结拜为"贵贱不渝，始终如一"的姐妹，并相互交换了兰谱。秋瑾自此改穿男装，永不再穿清式女装，所有出嫁时的衣装都送给了吴芝瑛，让其留作纪念。我们文章开头引的秋瑾那首诗，就是这时送给吴芝瑛的。是年3月秋瑾和吴芝瑛一同去上海。6月秋瑾确定了赴日日期。吴芝瑛亦百感交集，二人把盏对饮，痛论天下。酒至半酣，秋瑾拔刀起舞，边舞边歌："宝剑复宝剑，羞将报私愤。斩取国仇头，写入英雄传……"吴芝瑛则让自己的爱女踏琴伴奏。吴芝瑛后来记此事说："歌声悲壮动人。"

1907年7月15日（农历六月初六）秋瑾为革命献出了自己年轻的生命，年仅三十三岁。吴芝瑛以诗哭之："昔日同游地，今朝来哭君。百年谁不死，三尺此孤坟。时事那堪道，英灵自有群。行人痛冤狱，掩泪话殷勤。碧血千年事，悠悠那足论。此心天可卜，一死我何言。玄酒空山奠，孤亭落日昏。旧交三两在，谁与诉烦冤。"

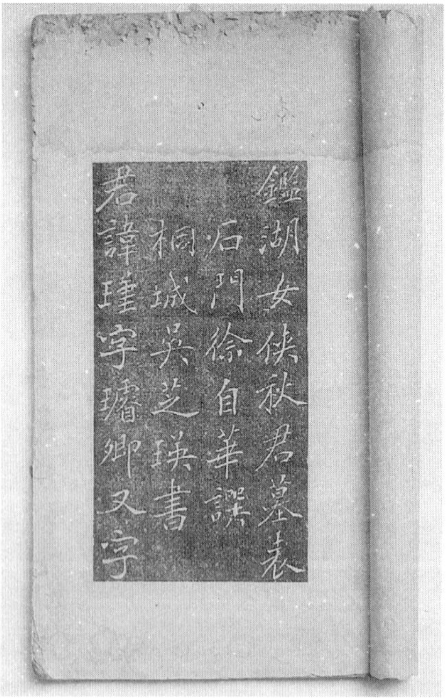

吴芝瑛、徐自华不顾生命危险，收殓烈士遗体，出资在杭州西泠桥畔为秋瑾营造坟墓。墓才建成，触怒了清政府，下令毁坟平地，并要捉拿吴、徐问罪。吴芝瑛闻毁坟信息后，连夜派人将墓碑取回，藏于家中。

这墓碑是徐自华撰文，吴芝瑛亲笔书并刻成。1907年冬（农历丁未十一月十八日）吴在自家设"悲秋阁"，藏此石碑及一些遗物。转年，吴芝瑛为让更多人了解秋瑾事迹，于悲秋阁建立周年纪念日出版发行了《鉴湖女侠秋君墓表》一书。书中将碑拓全文发表，吴芝瑛书法带有朗朗正气，可看出其含悲忍泪书写时之情思。书中附有严复所撰《廉夫人吴芝瑛传》，有《泰晤士报》载麦美德所写的《吴芝瑛事略》。在“墓表”后，还有吴芝瑛手书著名的十字碑文“呜乎鉴湖女侠秋瑾之墓”拓本。而这一切，都是吴芝瑛在清政府威胁要惩办她的情况下作出的。

作为一个家境富足、有知识、有名望的妇女，她本可过自己悠闲的生活，但她选择了艰难，足见当时革命思潮对她的影响。

清政府下令要抓捕她时，她正在上海德国医院内住院养病，听到要抓她的消息，毅然决定出院。别人劝阻，她说，我不能让别人以为我托外国人保护，怕死。吴芝瑛虽然没有像秋瑾那样血洒中华大地，但其不屈不挠之精神亦是为中华女儿之楷模。

吴芝瑛毕竟是那个时代人，有她的历史局限。她的另一本书《小万柳堂重书孝经》，就是她在伦理道德方面，还未能完全摆脱封建意识的证明。此书出版于1904年，完全由吴芝瑛手书，书法平和，可见其录写时心意虔诚，了无杂念。

吴芝瑛最著名一本手书之著作是民国七年（1918年）出版的《帆影楼纪事》，此时她正五十岁，书法已臻纯青而遒劲，她人虽多病，但腕力不减。此书由“纪事”和“小万柳堂王恽画目”二部分组

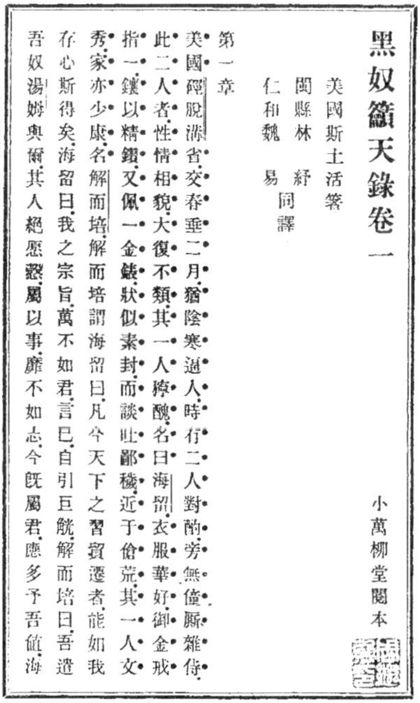
黑奴籲天錄卷一

美國斯土活箸

閩縣林紓
仁和魏易 同譯

第一章

美國硜脫溙省交春垂二月猶陰寒逼人時有二人對酌旁無僮廝雜侍此二人者性情相貌大復不類其一人獰醜名曰海留衣服華好御金戒指一鑲以精鑽又佩一金錶狀似素封而談吐鄙穢近于傖荒其一人文秀家亦少康名解而培解而培謂海留曰凡今天下之習貿遷者能如我存心斯得矣海留曰我之宗旨萬不如君言已自引巨觥解而培曰吾遣吾奴湯姆與爾其人絕愿慤屬以事靡不如志今既屬君應多予吾値海

小萬柳堂閱本

黑奴籲天錄 卷一 一

成，珂罗版印刷，四眼线装。“纪事”部分主要由廉泉信函等辑成，全因出版《李文忠公全集》一书所拖欠款之事，李氏后人欠款不认，吴氏以诸往来信札等揭示之，以讨清白。后“画目”乃为偿无妄之债，以南湖所藏三王、恽、吴精品画作数十幅让出。吴氏虽然豁达，然事后钞此画目时仍“实有不能已于怀者”之慨。此书印写均精美，首有吴芝瑛小像，次为帆影楼图，再次乃吴氏用廉南湖特制笺所写的启事，正文页八行，行十八字。仅印二百部。

笔者所藏吴芝瑛这三部书，均吴氏手书线装，向无再版，为近代书中罕见之本。

吴芝瑛尚有诗集《潇湘馆集》，佳作如：“枫叶微红已著霜，南园秋色晚苍苍。十年种得溪桥柳，输与诗人廉夕阳。”即在集中。

1908年吴氏为超度秋瑾英灵，发愿手抄《楞严经》。果然在上海曹家渡的小万柳堂所筑悲秋阁中完成《大佛项首楞严经》，影印成二厚册，严复为书题签。

于译著亦有参予，1905年曾有小万柳堂版之《黑奴吁天录》，由吴芝瑛圈点，廉南湖校阅。

吴芝瑛去世后，有惠毓明编《吴芝瑛夫人遗著》传世。

1981年是辛亥革命七十周年，浙江人民政府重建秋瑾墓，墓座高一米七，花岗石建成，正面是孙中山手书“巾帼英雄”题字，背面所镶嵌的就是吴芝瑛手书的“鉴湖女侠秋君墓表”。应可慰秋、吴、徐在天之灵了。

百年一瞬，当过官、创办过书局的老名士廉南湖并其多才多艺的夫人吴芝瑛早已前后故去。在这大千世界中，不知还有几人能记起他们的故实。

藏书访古日记

——山东之行

韦　力

山东乃中华文化荟萃之地，根据历史记载，产生过许多大的藏书家，但由于历史资料记载多语焉不详，难以确定藏书楼的具体位置所在。为了此次五天的寻访，而查询资料时间却近一年，但也仅确定下几个确切位置。2002年4月20日终于成行。

海　源　阁

海源阁所在地的聊城在济南的正西，靠近河北交界，离济南有一百二十馀公里的路程。一路高速，天气晴朗，不到一个小时就到了聊城高速第二出口。一出高速公路就见当地领导和市文化局的几位同志已在出口等候。寒暄之后，他们坚持邀请我先浏览市容市貌，自己寻访藏书楼的时间虽然安排紧凑，但还是盛情难却，在聊城内转了许多景点。

聊城比想象的漂亮得多，整个旧城方方正正，保存完好。四面环水，到处是大面积的水面，在北方的城市能够见到如此多的湖面，真给人意外惊喜。难怪近代四大藏书楼，三座在南方，而仅有一座处在北方的此地，原来这里依然是江南风光。

海源阁为杨氏四代藏书所居之地，起始于杨以增。杨以增字益之，又字至堂，晚号东樵，山东聊城人，为绍和之父、保彝之祖父、承训之曾祖父。生于乾隆五十二年(1787)，卒于咸丰五年

(1855)，谥号端勤。道光二年进士，历官贵州、广西、湖北县、府、道知事。五十一岁丁父忧，服阕授河南开归陈许道，升两淮盐运使、甘肃按察使、陕西布政使，林则徐举以自代，遂署巡抚，又署陕西总督，总理粮台，后官江南河道总督。有《退思庐文存》、《杨端勤公奏疏》三十六卷及稿本二十一册。叶昌炽《藏书纪事诗》卷六有杨以增专条，称他“无他好，一专于书，然博而不溺也”。黄丕烈所藏书晚年尽归汪阆源，未几，汪氏书散出，杨氏所收最多，其中仅黄丕烈手校之书即达八十馀种之多。杨氏时任河督，富拥资财，广收书籍，又正值捻军起义，江南藏书家多不能守，又复购得瞿氏恬裕堂书不少，韩泰华玉雨堂元人集部书尽归之，有为《四库全书》所未收者。

道光二十年，杨氏于聊城城内南偏建藏书处曰海源阁，“取《学记》‘先河后海’语”，“盖寓追远之思”。梅曾亮撰《海源阁记》云：“故书犹海也，流之必至于海也，势也。学者而不观于海焉，陋矣！虽然，是海也，久其中而不归，茫洋浩翰，愈远而不知其所穷，惝然不知吾之所如，浮游乎无所归休，以终其身为风波之民，不亦惫哉！……名藏书阁曰海源，是涉海而能得其所归者欤！”

杨以增之子杨绍和，字彦合，又字勰卿，生于道光十年

(1832)，卒于光绪元年(1875)，年仅四十七岁。咸丰二年举乡试，同治四年成进士，改庶吉士，授翰林院编修，擢右赞善，官至侍讲。邃于汉学，精研训诂，《毛诗》、《公羊》皆有札记，未及成书。有《仪晋观堂诗

钞》三卷。为海源阁藏书第二代主人,《山东通志》称他“尤善鉴藏,……所蓄宋刻善本,为海内之冠”。同治间官京师翰林院,专心搜购书籍,凡孤本珍籍、精校名钞,一经发现无不采购。值“怡府书散,其时朱子清、潘伯寅、翁叔平争相购致,而勰卿亦颇得精秘之本”。慈禧发动北京政变,杀八大臣。端华为清初怡亲王弘晓后裔,弘晓建乐善堂、明善堂、安乐堂藏书,其书得自徐氏传是楼、季氏静思堂,渊源有自。收聚数百年之乐善堂藏书被绍和所得,辇归海源阁。王献唐先生曰:“余以目验所及,知其得于乐善堂者正不亚艺芸书舍。”于是,海源阁既有南方之藏,又有北方之藏,“吸取两地精帙,萃于山左一隅,其关于藏书史上地域之变迁最为重要,以前此江浙藏书中心之格局已岌岌为之冲破矣。”(见孙似楼《海源阁之今昔》)

海源阁就在旧城市中心偏东南的位置,二十世纪初,海源阁藏书曾遭遇两次兵燹,宋元善本损失殆尽。后海源阁藏书楼也荡然无存。现在的海源阁是上世纪末重建的,今日的地址为:聊城市古楼南大街 56 号。在门口,受到海源阁图书馆张馆长的接待,我顾不上寒暄,直接跑进院去瞻仰那心仪已久的海源阁。

整个海源阁院落不大,约近三、四百平方米,为北方惯常的一明两暗式民居建筑。我曾经在旧资料上看到过海源阁的旧照片,与今日这种重新翻盖的形式有很多的不同,但在今日能够重建并以藏书楼为标榜,也足见聊城对传统文化的重视程度了。

院落中坐北朝南的二层楼就是重建的海源阁。进得楼来,一楼正厅中间挂着放大的毛泽东和周恩来接见田中角荣时的大照片。1972 年 9 月,毛泽东在接见日本首相田中角荣时,送给他一部以原海源阁藏书为底本影印的《楚辞集注》。看来古老的藏书楼也曾为中日的世代友好做过贡献。两廊的展柜详细地介绍了杨家的藏书情况及其著作,二楼上面藏了少量的线装书及一些平装文史类书,但已均不是海源阁的故物了。

作为四大藏书楼之一的海源阁,其藏书盛况无庸赘述,而最让人难忘的却是它两次历劫的苦难经历。然而即使如此，它还是比皕宋楼幸运得多，毕竟还能在中国见到它的藏书。虽然海源阁已书去楼空,劫馀藏书也分居几处,但“凤去台空江自流”,其中所凝聚的精神与魅力,则令人难以忘怀。

微　波　榭

我们参观了海源阁后,又开车直奔曲阜。曲阜在济南正南,有近一百馀公里的路程，也有高速公路可以直通达。孔府和孔庙相邻,我们首先找孔府内的微波榭,因为寻访前已透过当地关系打听到微波榭在孔府最尽头花园旁。于是到门口直接买门票入内,院内游人很多,这么多人来朝圣,不管出于什么目的,还是值得庆幸的。

微波榭是孔继涵的藏书楼，于乾隆年间在孔府春及园建成。孔府的最尽头就是花园,也就是春及园所在地。在花园的左旁,有一排五间的旧式建筑,门上挂着铜牌,上写明“后五间”,这就是原微波榭所在地。

孔继涵,字体生,一字补盂,号荭谷(或葓谷),山东曲阜人,孔子第六十九代孙。乾隆四年(1739)生,四十八年(1783)卒,年仅四十五岁。乾隆二十五年举人,三十六年成进士,官户部河南司主事兼理军需局事,充《日下旧闻》纂修官,后以母病告归。

继涵雅志稽古,藏书数十万卷。于天文、地理、经学、字义、算术之书无不博览，官京师七年，退食之馀辄与友朋讲析疑义，考证异同。归家之后,左图右史,搜集遗文坠简,为之一一整齐补缀。其家藏书甚富,所手钞、校者数千百帙,遇藏书家罕传之本,必校勘付锓,以广其传。翁方纲有《送孔葓谷农部请养归曲

皋》诗云:“敏捷钞书手,优闲奉母身。归当仍壮岁,行及小阳春。日下编初藏,章邱笥更新。牙签精点勘,勿笑北方人。”自注曰:“朱竹垞云,李中麓所储书,签帙点勘甚精,北方学者,能得斯趣,殆无多人。今荭谷钞藏之富,已过中麓矣。”孔宪彝《对岳楼诗续录》卷二有《微波榭》诗句云:“退为老园林,遗书满前榭。”

他不但自己藏书,还刻有《微波榭丛书》八种,都是唐宋难得的秘本,并且被当时的学者法式善称赞为:“补孟太史博古好事,不愧孔氏家风。版刻极佳。”到清末,微波榭藏书逐渐散出,叶昌炽、莫伯骥、潘景郑等藏书家都有所得。

细看微波榭,仍保留着典雅的外貌。走进里面,则境在物非了,一切成空,但它的精神却影响了孔家以后几代的藏书风气,诞生了数位国内有影响的藏家。

奎 文 阁

奎文阁是孔氏世家的公共藏书阁,处在孔庙中路中段位置。乾嘉以降,孔门出了数位藏书家,均在此一并叙之。

孔继涑(1726—1791)是微波榭主人孔继涵的长兄,他的藏书处名为玉虹楼,但在孔府内始终找不到这个地址,权且放入奎文阁述之。孔继涑为举人出身,与当时的书法大家张照关系密

切，亦以书法闻名。他富藏书，精鉴别，手摹名帖善本颇多。其藏古籍善本今仍有存于国家图书馆中者。

孔昭焕（约 1723—1782）是孔子第七十一世孙，孔继涵的藏书有一部分流传到他的手里，当年奎文阁也由他来系统管理。乾隆三十七年为编写《四库全书》，朝廷开馆征书，孔昭焕就将奎文阁藏书以及微波榭的藏书各拿出一部分进呈给四库馆，在后来编成的《四库全书总目》中著录了二十七种三百七十二卷，为此还得到了乾隆皇帝的赐书。

孔昭虔（1770—1849），是嘉庆六年的进士，其藏书最有名的则是宋本《金石录》十卷，此书在其后历经多位大藏书家递藏，成为一代名书。后此书到阮元手里，而阮元的继室是孔子第七十三代长子小女，阮元能够得到这部名书，是否与此有关，也未可知。

孔门道咸之后还有数位藏书家。而今我站在奎文阁下，仰望着高高的金碧辉煌的楼体，感受着它所散发出的传统人文气息。孔门能涌现出如此众多的大学者和藏书家，也就不足为奇了。

玉函山房　纫香草堂

4 月 23 日一大早，承齐鲁书社贺先生陪我前往章丘市。在路上贺先生详细给我讲了发现马国翰的玉函山房书板的事情。在去年李廷棨的后人发现家里旧宅中堆杂物的房子墙体有些地方肿胀起来，为修房就将墙体铲开，发现墙内是夹层，里面藏着大量的书板。因为墙缝漏雨，使得书板膨胀才被发现。这件事儿引起轰动，李氏后人将书板全部捐献，受到重奖，现全部书板被章丘市博物馆收藏。

车行五十馀公里，进入章丘旧城区不远，就看到一个水泥牌坊，上书“李清照故里”。过牌楼不远，就找到一处显得破旧的老宅，上面挂着一块不显眼的牌子，写着“章丘市博物馆”。进得馆来，见到宁馆长，因与贺先生熟稔，馆长爽快地答应了进书房去参观拍照书板。整个库房也是一处旧宅改造的，面积有百十平米，书板一捆捆地东一处、西一处地堆在地上。我一面拍照，一面听馆长介绍情况，得知书板总计五千九百六十六块，双面雕刻，这样就有一万多页，这部丛书真是够大的。

马国翰字词溪，号竹吾，山东历城人，居南权府庄。生于乾隆五十九年（1794），卒于咸丰七年（1857），葬七里山之阳。道光十一年举人，十二年进士，历任陕西洛川、石泉、泾阳知县。十九年以疾乞假，家居五年。二十四年升陕西陇州知府。咸丰三年引疾归。有《目耕帖》三十一卷、《玉函山房文集》五卷、《续集》五卷、《玉函山房诗集》八卷。尝自云：“余性嗜书，闻友人家有奇编秘籍，每以一瓻乞假，手自抄录，遇诸市肆，不惜重直购之。为诸生日，砚田所获，半供书贾。或有时典质衣裘，室人以书痴诮余，弗顾也。比筮仕西秦，前后十四年，中间家居者五年，广搜博访，细大不捐，乃积书五万七千五百馀卷。”《续历城县志》卷四十一本传云：“国翰家贫好学，自为秀才时，每见异书，手自抄录。及成进士为县令，廉俸所入，悉以购书，所积至五万七千馀卷。簿书之暇，殚心搜讨，不遗馀力。晚归林下，犹复矻矻孜孜，纂辑无虚日。”他不但以藏书著名，更热衷搜辑佚书，被称为清代两大辑佚家之一。这些书板就是他所刻的《玉函山房辑佚书》的原板，也是他的一生心血精力所在。但书板刻完后不久，只刷了几套样书，马国翰就去世了，故此套丛书流传极稀。

马国翰无子，因与李廷棨为姻亲，故过世后书板及藏书尽归李家。李廷棨（1789—1849）也是道光年间著名藏书家，曾做过直隶州知府及顺天府尹，他与马国翰、何绍基交往甚密。李廷棨的藏书楼名为纫香草堂，地点也在章丘县境内。于是就向宁馆长提出前往看书板出处及纫香草堂，他很爽快，同意一同前往带路。

车出章丘县城，不到十公里来到一处村落，宁馆长介绍说：这是章丘埠村镇西鹅庄。远远看去就见到了一处中西合璧式建筑，这就是纫香草堂。整个楼三层建筑，楼顶是飞檐式中式建筑，而门窗的结构形式却像西式的城堡，趋访过这么多藏书楼，这种形式还是第一次见到。经打听得知，这儿从土改后一直是村大队部所在地。

宁馆长给我介绍了旧宅主人李应顺先生，并说他是李廷棨的第五代后人。李先生五十岁上下，人长得很魁梧，但言谈却很文静，不愧是名人之后。他向我介绍了书板出墙时的详细情形，边说边把我领到了藏书板的杂物屋前，房子处在院子东南角，从外观看已很破旧。

进得屋子，见墙的三面都凿开了大洞，夹墙很厚，从洞的深度上看有半米以上，每面墙上都有三个容积大小不同的洞。问及李先生，他也说若不是雨水的原因，也不

知道这夹墙内还藏有东西。但正是由于连后人都不知道的夹墙秘藏，才使《玉函山房辑佚书》书板得以完整地保存下来。今日书板重见天日，并准备重新刷印，看来当年秘藏的苦心没有白费。

出得门来，看门楣注明的门牌号为南北大街 12 号，同时在两扇斑驳的木门上贴着一幅春联：春风墨韵，夜雨书声。看来，书香的种子还是春风吹又生了。

词山曲海

明代中叶，山东最有名的藏书家叫李开先（1501—1568），他也是章丘人，字伯华，自号中麓子，是嘉靖八年的进士。他博览群书，收藏颇富，筑万卷楼以贮之。朱彝尊在《静志居诗话》中对他的藏书有过描述，称他“签帙必精，研硃点勘，北方学者能得斯趣，殆无多人也”。因为他自己又是词曲名家，所藏此类书籍极多，故其藏书处有“词山曲海”之称。

出章丘城区，向西南走约三、四公里，在济王公路旁，建有李开先纪念馆。由于李开先名气很大，后人为纪念他而在其原址翻盖的。整个楼建得很有气势，四周用院墙围起来，整个院落大约占地五、六亩，院子的最深处是李开先的墓。

李开先一生著述甚丰，戏曲类有《宝剑记》、《断发记》等。他还刊刻过前贤曲本，这让我想起几年以前在上海博古斋举办的古籍拍卖会上曾经出现过他辑刻的

《乔梦符小令》一卷，此书传本极少，嘉道时，大藏书家黄丕烈曾感叹此书难得。而此次在拍卖会上出现，有许多藏家都暗暗使劲儿，势在必得，使其拍价从仅二千元的书一直抬到了一万六千元方落槌，整整比底价高了八倍。我想若李开先地下有知，当亦为之莞尔。

池北书库　带经堂

4月23日一早来到淄博市，经当地有关领导相助，被热情邀请前往桓台县去瞻仰渔洋山人故居。

王士禛字子贞，一字贻上，号阮亭。官扬州推官时，因太湖中有渔洋山，始自号渔洋山人，卒谥文简。先世自山东诸城徙家新城（今恒台县），为济南望族。生于明崇祯七年（1634），卒于清康熙五十年（1711），终年七十八岁。顺治八年十八岁中举，十五年中进士，十六年谒选得扬州推官，后历官国子监祭酒、经筵讲官、国史副总裁、刑部尚书等，康熙四十三年以案失察坐免官归里。清初，士禛诗名、文名极盛，与商丘宋荦均为一代宗匠，学者宗仰如泰山北斗。有《渔洋诗集》、《续集》、《蚕尾集》、《渔洋山人精华录》、《池北偶谈》、《香祖笔记》、《居易录》、《分甘馀话》、《古夫于亭杂录》等著作。

士禛为清初大文献家。其“池北书库藏庋之富，甲于山左”，“当时与曝书亭并称盛一

时”。朱彝尊为撰《池北书库记》云:“池北书库者,今少詹事新城王先生聚书之室也。新城王氏,门望甲齐东,先世遗书不少矣,然兵火后散佚者半。先生自始仕迄今,目耕肘书,借观辄录其副。每以月之朔望,玩慈仁寺日中集,俸钱所入,悉以购书,盖三十年而书库尚未充也。”其先世藏书毁于兵火,士禛与其弟宦游南北,次第收蓄。康熙四年,士禛官扬州推官已五年,离任时,行囊惟载书数十箧而已。在京师三十馀年,俸钱悉以买书。又从士大夫家借钞书不少。王氏嗜书成癖颇多美谈。尝自云:“昔在京师,士人有数谒予而不获一见者,以告昆山徐尚书健庵,徐曰:‘此易耳,但值每月三、五,于慈仁寺市书摊候之,必相见矣。’如其言,果然。庙市赁僧廊地鬻故书,小肆曰摊也。又书贾欲昂其直,必曰‘此书经新城王先生鉴赏者’。……士大夫言之,辄为绝倒。”

其藏书处为池北书库,尝云:“予所居先人之敝庐,西为小圃,有池焉,老屋数椽在其北。余宦游三个馀年无长物,唯书数千卷庋置其中,辄取乐天(白居易)池北书库之名名之。”有《池北书库藏书目》附碑目存世,道光十一年冬,刘喜海借叶名澧藏本钞录,原系翁方纲督学山左时得之渔洋后人者。首有刘氏题记,朱氏《池北书库记》,翁方纲《书王文简载书图后》。此目不分类,著录仅书名,作者姓名冠书名之首,集部几及其半。王氏藏书,殁后不久即散佚。雍正九年,其子王启汸、王启汧《答北平黄少宰书》云:“先君平日藏书,自弃世后,不思分析。因先长兄一病五年,不幸于丁未(雍正五年)下世后,始查点三分收藏。孰知半饱鼠蠹,半坏积霖,而乘间攫去者亦复不少。及经查已多残缺,致使先人手泽尽付东流,可胜浩叹!”

我们由桓台县文化局刘局长陪同,驱车前往渔洋山人故居。从桓台县城出发,开车需时大约二十多分钟,有二十公里左右就到了目的地。其故居地今日的名称为“桓台县新城镇新立村”，在村的西南角，就见到了王士禛纪念馆。

纪念馆原为王士禛旧居，一进门，就见几株柏树，粗可盈抱，一丝古意涌上心头。正院大约两亩见方，正房是渔洋山人的起居厅，而正厅的右手侧房就是渔洋山人的著述处，即带经堂了。从带经堂旁边的月门穿过去，里面豁然开朗的是又一处院落，有池塘山石之胜，尤其是池边的两块高可盈丈的太湖石，据称是元代张养浩的遗物。院落的正向耸立着一座二层雕栏楼，就是所要寻找的池北书库了。

渔洋山人的藏书不同于他的同辈，以宋椠名钞相夸，而是以实用为主，他自称“今人但贵宋椠本，顾宋版亦多讹舛，但从善本可耳”。由他的藏书目录多载集部书，也可见他藏书兴趣所在，这是一位学者、作家的藏书。

万卷楼 振衣阁

万卷楼和振衣阁是明末户部尚书毕自严的藏书处，因为《聊斋志异》作者蒲松龄曾在此处教书三十三年，而其东家毕府却少有人知，所以今日其旧居门前竖立的牌子是“蒲松龄书馆”。

4月24日一早起来，桓台县文化局刘局长就接上我前往淄博市周村区，到区文管会接上蒲松龄书馆馆长周先生后，再驱车十几公里前往书馆。

毕氏的万卷楼和振衣阁坐落在淄博市周村区王村镇西铺村内。按资料记载毕府原面积占地四十馀亩，而今日完整地保存下来的面积只有十分之一。进得院子，跨过门廊，有一别致的庭院，占地百馀平米，坐北朝南的正房就是振衣阁。振衣阁为带走廊的三间二层式阁楼结构，名称来由是因为崇祯八年户部尚书毕自严因遭污免官，回家一年后罪名得以昭雪，崇祯帝下诏重新启用，官复原职，毕自严为此阁取名振衣阁，其用意显然是洁身自好，不沾污垢之意。阁的门柱上挂着一幅对联，上书“万卷书当南面富，一帘风扶北窗凉”。

进得阁来，正墙挂着一幅会晤图，是描述当年蒲松龄与王士禛会面的场景。能看出是新人新作，画面毫无古意。从阁中出来，看到了正门映壁墙背面的壁画，图案是用瓷砖烧制的晒书图。只见蒲松龄仰卧于地，坦露胸脯，画面五分之四画的是满地展开的书。只见一本本书都像蝴蝶一样翻开着在晒。我忍不住笑了一下，旁边的导游问我笑什么，我告诉他晒书是晒书根、书背，因为书背容易受潮生虫，没有晒书里的，这幅图全都画反了。若毕氏地下有知，看到如此晒书图，不知作何感想。

毕际有字载积，号存吾，山东淄川人。明天启二年(1622)生，清康熙三十二年(1693)卒，终年七十二岁。清顺治二年拔贡入监，考授山西稷山知县，升江南通州知府。康熙二年因解运漕粮，积年挂欠，赔补不及，罢官归里。有《存吾草》、《淄乘征》、《泉史》等。藏书甚富。改尚书第(其父毕自严于明官户部尚书)正房振衣阁为藏书楼。同邑王寿鹏为撰联云：“万卷藏书宜子弟，十年种书起风云。”际有喜校雠，精鉴别，日流连其中。其子盛鉴、盛钜昆仲先后受业于柳泉先生——蒲松龄。“柳泉才华赡富，

书无不窥，殆得力于毕氏图籍者居多。今日西铺村人喜于豆棚瓜架之下话柳泉佚事，辄解人颐”。

毕家藏书处为振衣阁，振衣阁建成不久，毕自严谢世，其子毕际有为了显示对先父的尊敬，于是将毕自严的遗物以及万卷楼的藏书全部放到了振衣阁里，因为万卷楼要比振衣阁大得多，书移进来后，书橱顶天立地，将过道都挤得窄窄的。后来随着家庭的人丁兴旺，分了很多支，将藏书也都分散了。到 1966 年，这些书成了破“四旧”的重点，于是命令各支脉家的藏书全部集中到大队部，汇集一起焚烧，大火整整烧了一天一夜，全部化为了灰烬。但在“文革”前路大荒先生早年收集了一些毕府的藏书，“文革”后捐献给了山东图书馆。淄博市图书馆也在 1964 年从毕府运走了两马车藏书，这些反而成了毕府藏书的劫馀。

转过振衣阁，后面就是万卷楼了。楼是新盖的，倒是在原址原样翻盖。透过它，略约可以看到当年的辉煌。楼内没有一本书，摆列的都是一些资料介绍照片，我仔细观看了一些资料内容，想从中了解到一些毕自严藏书的情况，但却无一字提及。万卷楼中不谈书，这也算一种特色吧。

书馆的周馆长知道我的意思后，很热情地邀请到其家并送给我一份毕府资料。我才知道毕自严从江南卸任回家时，钱财没带多少，却带回整整两大车的书，他自称“不喜金钱，唯好藏书”。其不唯能藏书，而自己也著有《石隐园集》等几百卷作品。而其子毕际有更是藏书成癖，自称“书欲买时不论金”，蒲松龄坐馆时，万卷楼藏书总数已达五万馀册，远近闻名。但遗憾的是，他们父子的声名，现在却少有人知。

遐园——奎虚书藏

4 月 24 日，我们回到济南，即前往大明湖畔的山东省图书馆旧馆，凭吊现已荡然无存的遐园遗址，参观了奎虚书藏。

遐园建于宣统元年，地址在大明湖西南角，是建于清朝末年的省立图书馆。因此在创建初期就有盛名，有“南阁北园”之美誉，也就是说可以与南方的天一阁相媲美。到1916年遐园藏书已达十三万卷。可惜到1928年，遭日军攻击，遐园被毁，今日能够见到的遗响则是后建的奎虚书藏了，而遐园只剩下罗正钧题署的原碑还处在旧址上。

遐园被毁后，山东教育厅为重新振兴省图藏书馆，派王献唐任馆长，在他的带领下，全馆同仁齐心协力把山东省馆搞得有声有色。1935年初，又在原址的西角建成藏书楼——奎虚书藏，取名之意是“奎星主齐，虚星主鲁，奎虚者，齐鲁之分野也”。

整个楼是砖木结构，因为省馆已建成新馆，正处搬迁过程中，所以楼内静悄悄，只有几位整理人员还在忙碌。走进楼里面，看到原建筑风格保留十分完整，走到后面才看到，整个楼体的建造是山字型，窗棂结构也是欧式的，楼后还有回廊相连。而最让我感到兴奋的是能够目睹海源阁藏书及其故物，馆方有关人员还慨允我入内拍照。

1942年杨氏后人将五十箱海源阁藏书运到北京出售。济南名士辛铸九、苗兰亭、张慰斋听到后担心本省宝藏外流，遂筹集巨款三千万元，将书买下，运回济南。到抗战胜利后，全部

捐给山东省立图书馆。近年，齐鲁书社还出版了《山东省图书馆馆藏海源阁书目》，虽非海源阁全部，但也足令人叹羡了。

海源阁藏书在省馆是一专库专藏，库房面积约一百多平方米，但房很高，约有4.5米以上，所用的书架也是顶天立地。打开函套看了几部，品相都保存得十分好；同时也看到了所藏的海源阁旧匾额及藏书印十几方，还有海源阁全景老照片及杨氏所用的砚台。能亲睹把玩四大藏书楼之遗珍，也算爱书人之一大幸事。海源阁藏书虽历经劫难，但有此善终，我想也是海源阁之一大幸事吧。

双行精舍

双行精舍是王献唐先生的藏书处。王献唐初名家驹，更名凤琯，又更名琯，字献唐，后以字行，号凤笙，又号向湖老人，山东日照县人。生于光绪二十三年（1897），卒于1960年11月，终年六十四岁。毕业于青岛特别高等专门学校及青岛礼贤书院文科。曾任《山东日报》、《商务日报》编辑。1922年任青岛督办公署秘书。王先生是近代有名的文献大家，他从1929年到1937年底担任山东省图书馆馆长，是在他的任上才使得山东省馆奠定了今天的地位和基础。1941年任国史馆干事、编纂。1947年自北平返济南任山东省立图书馆馆长。建国后任山东省文管会副主任、故宫博物院铜器研究员。有《中国古代货币通考》、《三郑疆邑图考》、《山东古国考》、《炎黄氏族文化考》等著作。

他本人也是著名的藏书家。他幼喜聚书，壮而弥笃。平生节衣缩食，聚书十万卷。生平经见之书，不可数计，每有所得，辄为题跋。其题跋多披阅时信笔所题，或考证版本源流，或述藏家逸闻，多妙语天成，自成一家。今皆收入齐鲁书社出版的《双行精舍书跋辑存》及《续编》中。从资料上得知他的藏书处双行精舍就在省馆内。所以来到省馆找到多位馆内工作人员打听王献唐馆长的原办公室，最后得知就在旧馆内正楼右手第二间，现在是省馆内的一间办公室。办公室面积很大，约有四十多平方米，虽然在这里已看不到他的藏书，但脑海中却显现出他在这里办公，甚至感受到他在这里读书、勘书的气息。

我很喜欢他所作的《藏书十咏》，十咏的内容是访书、购书、载书、装书、勘书、曝书、跋书、钞书、借书、读书，每一句读起来都让人回味；《购书》诗其中有一句“黄金脱手了无馀，换得陶南镇库书”，读之也是那么令人向往。

王献唐还有另一个斋号，叫顾黄书寮，是因其藏顾批黄跋各一部而得名。后黄跋《穆天子传》转售予周叔弢，今归天津图书馆；而顾批《说文系传》后也转手到济南藏书前辈张老先生手中，此书也是海源阁故物，大概是散落民间的孑存。

逝去的出版

介子平

一、世俗的月份牌

十九世纪末的上海，已是一座工商业发达的国际大都市，大批洋货从这里上岸或生产，继而行销全国。起初，洋商自以为是，常常在货物中夹带一些宣传图片以馈顾客，而图片内容多是西洋名画、欧陆风光等，谁知这份美意并未引起顾客们太多的兴趣，"洋鬼子"、"野人头"形象岂好悬挂张扬。于是洋商们便采取入乡随俗的办法，请本土画家绘制本土内容的画面，并受传统年画灶王码的启示，将年历、节气印刷于上，结果广受欢迎。起初是《八仙上寿》、《天河王母》、"三国"等内容，之后便是《虞姬》、《贵妃出浴》等古代仕女的形象。不久，时装美女出现了。

从周慕桥到郑曼陀，从徐泳青到谢之光，从胡伯翔到梁鼎铭到杭稚英到金梅生，三十多年过去了，月份牌绘画大家可谓"各领风骚七八年"，然而月份牌中的广告女郎却保持了一贯的笑容、一贯的风韵。粉白鹅蛋脸，细长新月眉，樱桃小嘴丹凤眼，靓丽旗袍长开气，一概的淑女，一概的丰腴，一概的甜媚。通常每年的十月前后在上海都要进行月份牌的供求订货会，画家们将画稿集中展示，商家则挑选其中的中意者，并将修改意见留下。其只求唯美，不论个性，看上去这些千篇一律的形象与所宣传的

金梅生的月份牌绘画

商品似乎没有什么关联，也不传递相关的信息，其实，商家要的正是这般在公众中的美善形象。稚英画室中，李慕白画人物面部，金雪尘绘背景与服饰，杭稚英则进行创意与最后的修缮。流水线式的绘制程序使其产量大增，当时其画价为每张五百银元，高于同侪近倍，且不还价。

月份牌为商业的制作及商业化的制作过程，使其将世俗生活与市民理想明白无误地表现了出来。士大夫式的文人画离我们其实是很遥远的，梅兰菊竹、鱼虫翎毛、山水杂树、茅亭楼阁的单一趣味扼制了画家们的想象，对世俗生活的偏见与不屑更使其对众生的丰富多彩视而不见。月份牌以描绘市民理想为主题的作法历来为正统画家所不齿，并鄙之为匠人，大本的美术史对其也是从来不加点墨的。这有些像民间木刻年画，其实月份牌正是旧年画内容与形式的传承者。中国画的衰落与文人画家的自我封闭不无关系，宋以前的许多绘画作品是反映过江湖市井的，如《清明上河图》、《货郎图》等等，宋元之后的文人画似乎挣脱了画技的束缚，但也步入了“画以人传”的怪圈。

月份牌画的路子没能走下去。抗战之后,工商业长期萧条,是使画稿订购锐减、印刷质量下降是一个原因;一些作品迎合日伪时期醉生梦死、得过且过的颓废情绪,于是正派的月份牌画家纷纷改行他业,使其整体创作水平下降也是一个原因。月份牌虽说为广大民众所认可,但月份牌画家到最后多转向了反对者的阵营,改笔文人画。改笔"成功者"仅有谢之光,他的国画作品与早期的月份牌画看不出有什么联系,早期的生活体验对晚年的艺术创作不起什么作用。从早年起曾在南洋兄弟烟草公司广告部绘制月份牌达七年之久的张光宇,1930年以后改画漫画装饰画,惟有他保持了月份牌那份对世俗绚烂生活的热情和关注。张先生算是个个例。

二、短暂的"新闻图画"时代

清末民初真是个风云际会的年代,新旧观念碰撞,各种思潮涌动,从文化的视角审度,那也是个硕彦迭出、文著突兀的岁月。吴友如从裱画铺学徒成为《点石斋画报》的主笔,便是借助了时代的风浪扬起了个人疾驶的篷帆。吴友如将火车轮船、声光电化等等的机械文明及高楼广厦、西洋医术等等的洋场风情和市井风俗、奇闻逸事等等的市民趣味入画,引来了正统画家的极为不满,正是这般不伦不类、非驴非马的图像,将西方绘画的写真精神与中国古籍绣像及民间木版年画的布局造型巧妙地融合到了一起。今天看来,他的那些画幅中正襟危坐的传统意味还是占有上风的,否则当时也不会受到那么多保守的中产阶级及市民阶层的青睐。

那时,西方现代新闻纸刚刚传入中国,虽说上海是个引领风气之先的开放口岸，但照相业仍不成气候，新闻摄影尚不能为报刊采用，而报纸的图文并茂特性又不能因此减弱，于是报纸上一种新兴的颇具本土特色的绘画形式便应运而生了，时称新闻图画。光绪十年(1884年)，《申报》馆附设的点石斋书局创刊《点石斋画报》，随报赠送，意在增加《申报》的可读性。作为画报主笔的吴友如，出身于民间画铺，有着年画作坊的工作经历，而年画形式恰恰是中国绘画诸形式中最为活跃的一分子，随市场需求而印制，随民众喜好而变化，新闻图画的理念对于吴友如显然是不难接受的。他也说过："绘画应该跟随时代，时代在变迁，画材也可变迁。"

新闻图画过去、现在的意义均不在绘画本身。过去，不外"奇闻、果报、新知、时事"四者，鲁迅曾称之为"了解新学的人的耳目"。于今，它成了研究那个时代最为直观的历史资料。至于吴友如的丹青技法，虽谈不上气韵生动、镂月裁云，但也应物象形、随类赋彩，尽显波俏酽腻、锦绣繁丽之能事；乍看之，明显具有两大特点，一则其本人中国绘画的白描功力不浅，二则受泰西透视法的影响很深。时尚入画的作法在海派一些大家笔下也见到过，商业的力量于此起着潜移默化作用。至于画幅中所持的

吴友如绘新闻图画

某些观点，如对租界生活的描摹，对中法战局的表述等，无疑受到了《申报》主办者立场的掣肘。

《申报》是由英国人美查创办的。美查本人唯利是图，曾因“点石斋石印局偷印古书案”对簿公堂，吴友如对其不法行径极为不满，借故辞职，随后自己创办了《飞影阁画报》。随着照相业的发达，新闻图画在表现新知时事阐论国计民生时已力不从心，为此在它的发展后期转向了缕陈风情俗尚、铺述断案诉讼等等时效性不很强的图像上。《飞影阁画报》更是每期还增加了“画粹”之页，将百兽之图、闺艳汇编、新妆仕女等等画谱内容一一刊载。正是从这类拾遗补阙、喧宾夺主的画篇中，让后人看到了吴氏深邃的学识修养和文化品味，看到了他性格截然不同的另一面。这些篇幅后来被其故友汇编进了《吴友如画宝》，数量达千馀幅。同时也使人疑问，像他这样具有传统功力笔法的画师，在接受新闻图画的绘制任务时，难道就没有几许心理障碍？今人已无法从他的包罗万象、蔚为大观的“俚俗”长卷中揣测一二了。新闻图画的好时光毕竟已逝，人们再也不会像从前那样将其当作茗馀酒后展卷玩赏的必备内容了，吴友如等一批新闻画家也只得无奈风流云散，一别如雨，很快便淡出了趋新骛奇的海上士绅民众的视线。吴友如于1893年去世，《点石斋画报》也于1898年停刊。一个短暂的新闻图画时代就此终结，但它留下的却是一部厚厚的“画史”，一段道不尽的话题。

三、连环画曾经的早晨

中国人的连环画传统可谓久矣。古本小说便有上图下文者，称“出相”；明清小说中有只绘书中人物者，称“绣像”；有画每回故事者，称“全图”，也谓之“回回图”。传播甚广的《廿四孝图》，一文一图，以图济文之穷，以文点图之睛。但这还不是现代意义上的连环画。

光绪十年(1884)，《点石斋画报》刊载关于朝鲜东学党事变的连环画十幅，绘记事变发生之始末。此时连环画尚未成为一个独立的画种，但早期的新闻画报却为其孕育培养了一批高水准的画师，中国近代连环画先驱，无一不是出身于画报报馆。光绪三十四年(1908)，上海文益书局出版了连环画《三国志》，全书二百馀幅画面，这是近代石印连环画的第一部。1918 年，上海丹桂第一台上演了京剧连台本戏《狸猫换太子》，在市民中引起关注，于是书商们从抢新闻转而抢京戏题材，连环画开始描摹舞台上的故事。这类连环画较之以新闻为内容的画幅，题材更通俗，连续性更强，但其画面人物依然保持着舞台上的扮相，花脸、髯口、旗靠、蟒袍，均是依样画葫芦。之后，其内容又扩展到了章回小说，1920 年，刘伯章将《薛仁贵征东》改绘成了连环画《跨海东征》，全书二十集，每集三十幅，用有光板石印，64 开本，出版者为上海有文书局。

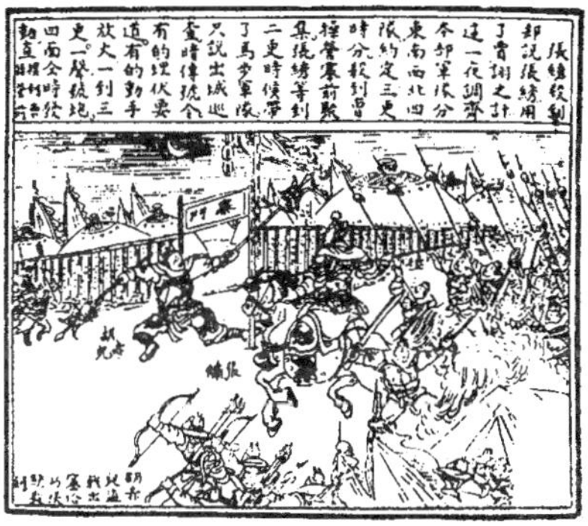

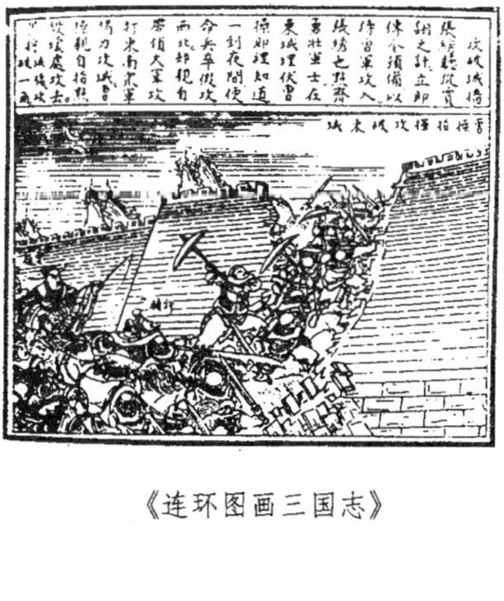

《连环图画三国志》

此时连环画的发展虽有了一定的规模与影响，但尚没有统一的称呼，有谓图画书者，有叫公仔书、菩萨书、伢伢书者，北方人则多称之为“小人书”。1927年3月，上海世界书局出版了陈丹旭的《连环图画三国志》。在此后的几年里，书局又系统出版了《连环图画水浒》、《连环图画岳传》、《连环图画西游记》、《连环图画封神榜》等作品。世界书局是大书局，能介入到“小书”的出版领域，自然是件引人注目的事，且所绘连环画玲珑纷华，精致考究，其影响是诸多小书商不可及的，所以冠之于书名上的“连环图画”很快成了“小人书”的学名，其他“小书”竞相仿效之。之后，人们省略了“连环图画”中的“图”，简称为通常所说的连环画。《连环图画三国志》等的编绘形式这时依旧是上文下图式的，文字约九十字左右，占版面的四分之一，另还要在画面的空隙处用一句话概括所绘大要。1929年，上海开映第一部有声电影《歌女红牡丹》后，连环画作者才模仿电影，普遍在画面上用人口“冒气”，并在其中添加人物对白，时称“口白”。这种形式从此替代了上文下图的连环画旧模样。

社会的需求刺激着连环画的发展。连环画的读者多为少年儿童及没有多少文化的下层劳工，他们仅能靠租书的方式阅读之，当时许多人是把买早点的钱省下来看小书的。茅盾1932年在《连环图画小说》一文中称上海“街头巷尾像卡哨似的密布着无数的小书摊”。1928年之后，连环画的编绘水平迅速提高，此时除上海外的国内其他城市及东南亚的发行网业已形成，连环画的发行量一般能达到每种两千册左右，而此前只有几百本。1932年前后，上海出版连环画的大小书局已达三十馀家，占到了书局总数的一半。为提高绘制效率，同月份牌画的绘制一样，连环画家中也有了大致的分工，有专绘人物者，有善添背景者。同时还涌现出了一批丹青大家，如朱润斋、周云舫、沈曼云、赵宏本、钱笑呆、陈光镒等等，这些大家风格迥异，绘画题材各有偏重，绘画手法上更有工笔白描、泰西素描之别，所以自然也就出现了门宗派别之分，到后来漫画家、版画家们涉笔成趣也相继侧身连环画大军。商业背景下的绘画竞争同样使连环画的质量不断提升，不过今天的人们，甚至是专业人士也很少知道这批大家的名字了。现在人们耳熟能详的丰子恺、叶浅予、张乐平、张光宇、丁聪等大画家在三、四十年代时都曾从事过连环画的绘制。

现代意义上的连环画出现于二十世纪初中国的工商业中心、出版中心上海是不足为奇的。今天，这门大众通俗文化形式的发展尚不足百年便已式微了，“小人书”时下也成了一些人的收藏品，看来它真的衰老了，过时了。世界的变化真的太快了，大众通俗文化是很容易找到替代品的。年画在一夜间消失殆尽，挂历也只是昙花一现。电影院曾遍布每座城市，如今人们关注的电影已不在影院中。通俗的东西只有在零落凋敝之时才会成为高雅，年画成了博物馆的典藏，地方戏无一例外地受到财政的补贴；小人书不再出版时，连环画家们以非连环画的流通形态发表的连环画作品越发的张狂矜夸、怪诞诡谲，不知所云。这不能全怪责他们，他们如若还像连环画成长期的那拨画家能拥有那么多的读者和那么高的知名度，出版商口袋里揣着准备预支的丰渥稿酬每天追在屁股后边面带媚态地催促着稿子，他们是肯定不会这样的。这其中似乎隐藏着一个悖理。

老 注 本

戴建华

藏书之于藏书家和读书人而言，应该有所不同。前者精于收藏，后者便于利用。读书人自然也向往宋刊元椠乃至明版清雕，但它们已稀如星凤，或日益金贵。当然可另辟蹊径，就到旧书肆或地摊寻觅一些可喜的旧本，也能释然自足，怡然自得。浮生难得半日闲，检阅书橱，猛然发现这样的旧本已有二百馀册了，大多是前辈学者们有关古代文史著作的一些注释本或选注本，我称呼它们为“老注本”，这称呼里有区别（与新注本），更有敬意。

说它们可喜，是一，这些老注本的年龄都在半个世纪左右了，如今讲现代化，石印无论，就是铅排的也当少见了吧？二，相比宋元明清而言，它们即使称不上久历年所，但也曾经浩劫，有两种书的扉页的作者姓名还被打上了叉叉（反动学术权威？），纵然伤痕累累，总是躲过了秦火，直到如今还安然无恙。更重要的是三，不时翻翻，你真就能深信这样的说法，是：你想知道什么是老生常谈，那就看新书；而你想获得一些新意，得去读旧书。

我收藏的老注本，举其知名者，如文学类的有：(1)《诗经选》（余冠英选注，人民文学出版社，1956年）、(2)《汉魏六朝诗选》

(余冠英选注,人民文学出版社,1958年)、(3)《笔记文选读》(吕叔湘选注,中华书局,1959年)、(4)《汉魏六朝散文选》(陈中凡选注,古典文学出版社,1955年)、(5)《汉魏六朝赋选》(瞿蜕园选注,中华书局,1964年)。有的不是选本而是全本,如《西厢记》(王季思校注),在我的书柜里和诸选本并肩立着三种版本,是开明书店1949年初版、古典文学出版社1957年版和上海古籍出版社1978年版,可以"考镜源流",就更珍贵了。史学类的有:(1)《左传选》(朱东润选注,古典文学出版社,1956年)、(2)《通鉴选》(瞿蜕园选注,中华书局,1962年)、(3)《史记选》(王伯祥选注,人民文学出版社,1957年)、(4)《汉书选》(顾廷龙选注,古典文学出版社,1956年)。

这些老注本的选(校)注者都已归道山,多种书也不再印行,甚至有的出版社也不复存在。但内容相同或相近的注本,现在出得不少吧。质量如何评定?不好一概而论。以余冠英先生选注过的两种为例,看看。

《卫风·氓》是所有的《诗经》选本必选的篇章,而且还选入了中学语文课本,广为人知。诗云女子等候、盼望男子,就"乘彼垝垣,以望复关。不见复关,泣涕涟涟。既见复关,载笑载言。"目下的许多选本(恕不点名,其实读者不难对号入座)认为"复关"是"地名",并云是"男子居住的地方"。如果"复关"是地名,就不可位移,怎能于同一时空条件下发生"不见复关"和"既见复关"两种截然不同的事情?于是又解释为"复关"是"指代住在复关的那个人"(指"氓")。《毛诗传》确实早就说过"复关,君子所近也"的话,可毛亨以及后来的郑玄、朱熹都说那女子此时尚知羞耻,不敢直呼"君子",所以以地名代人。这种迂曲的解释是为了证明《氓》这首诗的主题是讽刺“淫奔”，理所当然是错误的。另外，《诗经》时代尚无以地名代人之例，后世虽有“韩昌黎”、“柳河东”之类，也只用于知名、能为乡党郡望增光邀宠的人物，氓之身份实无以地名代人之理。于是有的选本又说“复关”其实就是那个男子的名字。《诗经》中当然有人物专名，如《甘棠》里的“召伯”，《破斧》里的“周公”，《六月》里的“吉甫”，《采芑》里的“方叔”等，但这些人都是王公卿相，广为时人所知，氓则不具备如此的地位和资格。余冠英先生《诗经选》是这样解释的：“复，返也。关，在往来要道所设的关卡。女望男到期来会。他来时一定要经过关门。”“她初时不见彼氓来回到关门来，以为他负约不来了，因而伤心泪下。”这样的注解才是准确的。

又如曹植的《杂诗》之六：“国仇亮不塞，甘心思丧元。拊剑西南望，思欲赴太山。”现在的几个注本都说泰山在魏的东方，当时曹操正好东征孙权去了，所以曹植此句是挂念父亲，想上前线助父杀敌。可是没有办法解释东征为什么要“西南望”，于是就强做解人，说西南亦指吴地。真是方位大乱。余冠英先生的《汉魏六朝诗选》是这样说的：“‘西南’指蜀国和吴国，都是‘国仇’，‘思欲’句和‘甘心思丧元’同意，‘赴太山’犹言‘赴死’。汉以来迷信人死后魂魄归于泰山，古乐府《怨歌行》道：‘人间乐未央，忽焉归东岳’，应璩《百一诗》道：‘年命在桑榆，东岳与我期’，刘桢《赠五官中郎将》诗也有‘常恐游岱宗，不复见故人’之句，可见汉魏人惯用这种说法。”这条注文精采至极，真是举一反三，令人豁然开朗。不明白这个道理，而从地理和时事方面解释此句，都是牵强附会。

王季思先生校注的《西厢记》，现在不知为什么久不重印了。人民文学出版社倒是出版了新注本。我们只看开卷“楔子”里的一条注文就可以比较高下了。老夫人说有“一个小厮儿,唤做欢郎”,“小厮儿”,王先生的注解说是“元人称男孩”,新注本说是“宋元时称自家的小男孩儿”。宋朝有这样的称谓吗?查阅几种专门的《宋语言词典》,均未见收录,而新注本也没有举出宋人用过的例子。一定是“自家的”吗?且看新注本举的例子,关汉卿《钱大尹智勘绯衣梦》第一折:“俺两家指腹成亲,后来我家生了女儿……他家得了个小厮。”这不正是自相矛盾吗?王先生的注本引用前人成说,每每云“吴瞿安先生曰”、“王静安先生曰”,瞿安是吴梅先生的字,静安是王国维先生的号,于前辈学者尊礼有加,于此也可见长者风范。

每当清茗一盏,清香一缕,灯下细读这些老注本,仿佛于字里行间,看见那些学富五车的大师巨子的颔首微笑,真是如坐春风,亲歆謦咳,长者之风可侧闻矣。

古旧书业今昔谈

徐　雁

作为中国传统的三百六十行中的专门业界之一，古旧书业的经营对象历来是故书旧本，即今人笼统称之为“古旧书”(实际上还包括了众多手稿本和古代文书)的历史文献典籍。

其实“古书”与“旧书”之别，是二十世纪中叶以来业内人士的约定俗成之说，其间并无十分严格的定义，而且那概念的界定，往往也是随着时代推移而变迁着其实际的涵义的。

清康熙时黄宗羲在《天一阁藏书记》中已有“故书铺”之谓，而王士禛在题跋中也有“故书摊”和“故书肆”之说。到乾隆年间，李文藻笔下已经有了书肆的新、旧之别。他说琉璃厂书肆中，除“文粹堂”老谢、“五柳居”老陶和曾开过“鉴古堂”的老韦三家之外，“其略有旧书者，惟‘京兆’、‘积秀’二家；馀皆新书”。而当时江浙书贾从江南收购来的那些可能成为四库馆臣们考订之资善本旧书，也大都集中在文粹堂、五柳居两家。

可见自乾嘉以来一般都通行“旧书”之说。乾隆三十七年(1772年)，弘历为编纂《四库全书》的征书上谕中所道及的“历代流传旧书”、“闻苏州有一种贾客，惟事收买旧书”之类的说法，即为一证。在中国文化土壤中发育出来的中国古旧书业，仅在半个世纪前，还有过新书、老书和旧书并驾齐驱的时期。杨寿祺在《五十年前苏州书店状况》一文里说：

书业又有新书、老书、旧书三个名称。

新书店贩卖教科书、科技书、小说杂志，以及初级外文书籍等，并兼售文具。他们与旧书店虽是同业，但彼此业务上很少往来。扫叶山房称为“老书店”，他们有自己本版的《四书》《五经》、医卜堪舆等书，又兼售各省局版及私家藏版古书。招牌上写的是“发兑各省局刻、家藏经史子集”，他们是不收旧书的。旧书店“发兑经史子集，收卖旧书”，一种小店只写“收卖旧书”，他们收到旧书后，随便出售，不问顾客同业，一律待遇。他们大都新收的书皆临时开价，有的同业要买，就居为奇货，信口开价了。

所谓“旧书”，是区别于新近雕版、石印、铅印的“新书”而言的，老版新刷虽在两可之间，但在价格上一般都倾向于后者。因此，“旧书”多指明、元、宋时的旧刻本、旧钞本、旧稿本等，而“新书”基本上是指新雕近印的书，具体年代和版别则随时代的变迁而相应发生变化。试引民国年间刘纯《南京书肆调查表》和陈长伟《成都书店调查表》两说：

> 南京素为文物中枢，书业向称发达。就其性质可分新、旧两种：凡售石印、铅印或西籍、教科等书者，皆属“新书业”；所谓“旧书业”者，即专售木版书籍，此种书贾大都贩卖性质……旧书业荟萃于状元境，新书业集中于花牌楼……欲购旧书者，必至状元境；欲买新书者，须赴花牌楼。至善本书籍，无论何种书肆均不易见。
>
> 成都为文化中心，书店向称发达。凡专售经、史、子、集之线装书，或木刻书之书店，则谓“旧书业”。大都集中于学道街、卧龙桥、东城根街及西玉龙街。其售教科书及新出版书籍者，大都集中于少陵祠堂街及春熙路，则谓“新书业”。

可见在时人的观念中和口头上，石印本以前的线装木刻本大概才当得起“旧书”，而石印本之类只不过是“新书”。至于今日，则一切线装书，无论其石印、影印，都已被业内外人士目为“古书”了，而所谓的“旧书”，往往是在读者手中辗转没多少年的铅印本。

这种版本观念的演化衍变，或如王献唐在《山东省立图书馆善本书目·叙》中所言：“宋以五代写本为贵。易安播迁，独携南唐数箧，于当代刻本则恒常视之；元以宋椠为贵，松雪斋藏《汉书》《文选》，或自冠小像，或别系佳题，于当代刻本，亦恒常视之；明又以宋元为贵，清复以明为贵，近代更以清刻佳者为贵。”

中华人民共和国成立后，我国古旧书发行业为了方便管理和统计，一度采用以辛亥革命为时限的做法，即收购到的1911年以前出版的图书称为“古书”，1911年以后至1949年10月1日以前（解放区和国统区进步书店出版的图书除外）出版的图书，以及建国后从读者手中回收再发行的图书称为“旧书”。

据1957年春出版的《北京游览手册》对“古书业”和“旧书业”的分别介绍：“古书业是书业中一个特殊的行业，专门供应社会上对古旧书籍的需要。这个行业在业务经营上，有许多特点。古书业的从业人员中，有很多具有鉴别古籍和修整古书技能的专门人才。他们了解古书的收购情况，知道如何收罗古书，他们对于搜集、保存和流通古籍起着很大的作用……北京旧书业的经营范围，主要是中外文旧书和旧杂志。”

虽然没有对“古书”和“旧书”作出明确的时代划分，但是在表述中已可大略感知两者之间的业务区别。但由于我国各地古旧书店、古籍书店等在经营古旧书业务时所掌握的标准不一，以致于在实务运作中发生了实际困难。于是，中国书刊发行业协会古旧书工作委员会古书委员会曾经对“古旧图书”作出过如下三款规定：

(1) 凡是在1911年以前出版的中外书刊、资料、图片、碑帖、书画等文字、图形的载体均为“古书”;

(2) 凡是在1949年10月1日以前中外书刊、资料、图片、碑帖、书画等文字、图形的载体均为“解放前旧书”;

(3) 1949年以后出版的中外书刊、资料、图片、碑帖、书画等文字、图形的载体，经过流通并回收再发行的书刊资料、影印古籍、古籍整理校勘的文化学术图书，也为古旧书范围。

1987年2月3日文化部颁布了《文物藏品定级标准》，其中把“中国古旧图书中具有代表性的善本”，列为“一级文物”；把“中国古旧图书中具有重要价值的善本”，列为“二级文物”；把“中国古旧图书中具有一定价值的善本”，列为“三级文物”。所附录的“供参考”的《一级文物定级标准举例》中，对“古籍善本”和“碑帖拓片”的规定是：

古籍善本——宋、金、元旧刻；宋、元旧抄；明及明以前稿本和著名学者或藏书家抄本；明、清著名学者或藏书家批校题跋；及明刻、清抄中内容、版本、印刷技术上有特色或具有其他特点的稿本。

碑帖拓片——元代以前的碑帖拓本；明代整张拓片和罕见的拓本；早期初拓精本、多字本，原物重要且已佚失，拓本流传极少的清代或近代拓本。

《一级文物定级标准举例》备注文指出，“二三级文物定级标准举例可依一级文物定级标准举例类推。”综上所述，“古旧书业”是指从书籍的持有者手中，回收其售出的古书和旧书，以便再次将之投向市场销售的一个行业。张次溪在《北京书市谈往》一文中说：“书商有新、旧二业，新者以出版为利，旧者以贩鬻求赢。”因此，古旧书店铺和新书店铺的进货渠道大不一样。大抵前者的主要货源来自藏书故家，而后者主要来自书坊时刻。一般说来，古旧书业与新书业一起，共同组成为一个地区乃至国家的完整的图书市场。

英国有全国性的古董书商协会以及联省协会，美国古旧书商协会的注册会员书店有五百馀家，日本古书协会的注册古旧书店更多达二千家。《光明日报》曾经报道说，在日本的东京就有三条“书店街”，拥有大小书店二百馀家，其中有一半是旧书店，藏书多达四千万册，几乎就是一座座图书馆。如位于东京千代区神田神保町的书店街，其中汉籍占到70%。

在古旧书业市场十分发达的日本，“古版书”在狭义上是指十六世纪末以前的版本，广义的是指十七世纪中叶以前的版本（含古活字版）；“旧书”是指“旧的图书、文书”，它在概念上是与新书相对而言的。布川角左卫门主编、日本出版新闻社1971年出版的《出版事典》中专有“旧书业”一个小门类，涉及业内术语条目二十五个，其中首列“旧书”一条：“（旧书）在使用中与‘旧本’大体同义，但有时把出版后经过一定年月，已无法在出版社和新书店买到的书叫做‘旧本’（01d book），而将曾一度经过购读者之手的书叫做‘旧书’（secondhand book）。此外，日本关西的书刊业将两者概称为‘旧本’，而东京的书刊业则概称为‘旧书’。旧书、旧本的销售业叫做旧书店或旧本店。其中有些除旧书外，还销售书画、旧地图或特价书及削价的新书。”

《中国大百科全书》没有专列有关古旧书业的条目，在相关条目的释义中，也只简单提及说“收售古旧书的称古旧书店”。这与我国曾经源远流长而又十分活跃的古旧书业发展史是十分不相称的。希望修订中的《中国大百科全书》在有关分卷中能够给予应有的关注。

经营古旧书是一种既要不断投入资本，又要求经营者永无止境地钻研书本以及相关知识，基本上是一种保本微利的经营，颇为辛苦的买卖，实是一种“可为而不易为”的职业。但是一部新书经人阅读或者收藏以后流向旧书铺，再通过旧书铺转传到阅读者或收藏者手中，这样的过程几乎是往复循环的。而正是在这样一个往复循环的过程中，书籍的使用寿命得以延续，知识传播使命得以发扬。作为一个民族文化学术氛围的重要构件，古旧书业对于历代书籍价值的再生、文化遗产的保护和书本知识的传播，贡献殊非浅鲜。

记得前人有一绝单夸厂肆书贾的好处：“考订校雠多绩学，收藏赏鉴各名家。典坟总汇供搜讨，吐纳流通亦可嘉。”确是道出了历代辈出的书商在中国文化史上所曾发生的积极作用。当然，它也同时揭示出古旧书业“吐纳流通”的一个基本前提，那就是必须要具有“典坟总汇”的基础，即旧书资源和旧书业者的存在，尤其是藏书传统和藏书风气，以及考订、校雠、收藏、赏鉴、刊刻古籍版本的国学学风的不坠，否则再高明的“掠贩家”，亦无所用其技矣。

古旧书业的存在，有利于中华民族书文化遗产通过图书市场进行集纳和流转，让藏书事业和古旧书拍卖市场拥有源头活水。对于一个地区一个国家的书业来说，只有新书市场，没有旧书市场、古书市场和古旧书刊拍卖市场的所谓“图书市场”，是不健全的。

《慈禧写照记》、《清室外记》竞买、转让记

彭震尧

2002年6月30日北京海王村拍卖公司琉璃厂东街中国书店多功能厅举办“中国书店第十九期大众收藏书刊资料拍卖会”，第234号拍卖品为美国卡尔女士所著的《慈禧写照记》和英国人濮兰德与白克好司合著的《清室外记》，二书均由中华书局出版，分别印刷于1916和1915年。距拍卖会开始前数日，贾英华先生获悉此事后，认为此二书具有珍贵的历史价值，便多次同我电话联系购买此书之事，以作清史研究之资料和创作素材使用。但在拍卖之日，贾先生因有公务在身不能亲临拍卖会场竞买，即委托我代办有关竞买手续，并告知出价为一千至三千元。

拍卖之日，会场上参与竞买的人共有一千馀位，由于本场拍卖会由我主槌，因此在拍卖会开始前，我便将此事托付给负责委托竞买的人员。拍卖会自开始，竞价就十分激烈，至第234号拍卖品时，自三百元起价拍卖，即有数位买家竞价，十几回合后，价位迅速升至千元以上。至一千五百元后，场上只有手持移动电话的259号买家在同贾先生所出的价位相争，双方互不相让，你加一次价，我举一下牌。当价位超出二千元时，场上一片静寂，因为这是谁都没有预料到的高价了。我在拍卖台上继续报着

价:二千二百元、二千五百元、二千八百元,当公司的人员根据贾先生的要求最后举起三千元的价位牌时,259号买家在电话中稍事联系后,又举牌报出三千二百元的出价,无奈之下,只好罢休;随着我手中拍卖棰的落下,234号拍卖品终归259号买家所有。

下午,我电话通知贾先生,先生不在家,其夫人听说后即为竞买未遂深感惋惜。夜十一时,我正欲睡下,忽接贾先生电话,详问拍卖经过后便向我提出是否可请我同259号买家协商,加价将是书转让。面对贾先生如此迫切地求书之情,我即答应试一试。

259号买家为美国泛太平洋集团公司总裁潘思源先生。潘先生衷爱中国传统文化,改革开放以后,他从美国来到中国,在参与祖国建设的同时也经常光临拍卖场所,竞买自己所喜爱的图书。此次潘先生虽未到现场,但他通过国际长途电话在美国旧金山给拍卖场上的公司的职员下达着竞买的指令。

次日,我即同潘先生公司的职员金先生取得联系,将贾英华之意告知,并请代为转告潘先生。同时一再强调贾先生求购此书之迫切心情及他在晚清史研究中之成就,同时也诉说我同贾英华十馀年之友情,并望潘先生能够忍痛割爱,成全英华求书之美。此虽有些强人所难,但因同潘先生交往极熟,便也就不客气了。

数日后,接金先生来电告知,潘先生愿将此书按成交价转让与贾先生,并希望今后能同贾先生交为朋友,共同探索晚清历史。旋即转告,英华得知,似梦中一般,不禁连连叫好,并一再向我和金先生、潘先生表示谢意。

2002年7月30日，第234号拍卖品《慈禧写照记》和《清室外记》辗转美国后，又回到北京，交到贾英华手中。英华为感谢潘先生这种高风转让之厚谊，将自己新作《末代皇帝最后一次婚姻解密》、《末代皇弟—溥杰传》两书签名题字赠与潘先生与金先生留念，并在赠与潘先生的书中扉页题道："'禅让'之风，山高水长。"

以上即《慈禧写照记》和《清室外记》竞买、转让之经过，应贾英华先生要求记之，以兹纪念。

·新书架·

泉州古代书院

陈笃彬、苏黎明著　大32开　平装　齐鲁书社出版　定价:26元

古代泉州是福建乃至全国书院制度颇为兴盛的一个地区。本书通过对泉州书院的起源(唐末五代初)、初盛(南宋)、兴盛(明、清时期)等各个历史时段具体状况的描述，阐释了泉州书院的组织管理体制、教学活动机制以及其对社会的深刻影响和对后世的历史启示。

记得自忠厚书庄的善本书

黄永年

上海的福州路即通称为四马路的一向有“文化街”之称，因为当年这里的书店特别多,不过多数是出售新书的。经营线装书的旧书店除传薪、汉文渊等少数几家在四马路外，几乎都开设在三马路即汉口路。其中袁西江君主持的忠厚书庄算得上是家老店,看傅沅叔先生的《藏园群书题记》，就常提到这位袁君，说在忠厚书庄获得什么什么善本。

吾生也晚，在上海正经地买线装善本书，已在1950年从复旦大学毕业统一分配任交通大学政治课教师之后。此前在复旦读书时对文史考证之学感兴趣，买的多数是商务、开明出版的学术新刊新著。这时改行从事思想政治工作，无暇重理所学，就以讲求版本为工馀的娱乐。因此尽管头两年供给制每月折合三十元左右(注:当时用旧人民币三十万元左右。下同。不再一一出注。),星期天仍有兴去旧书店。到1952年院系调整，在高校任教的改为薪给,每月工资多至八十馀元后,自更多馀钱可跻身购买善本书的行列。要知道，彼时大学生每月伙食为十二元多,已吃得很好,教工食堂再吃好的也不过十五元光景。而很好的明刻本、抄本、批校本,除非部头特大者,少则每部三、五元,多则七、八元。我从忠厚书庄得来的就是其时这种价钱的善本书。

回忆起来,在忠厚书庄袁君手里买到的第一部善本书,应是明复宋十卷本附拾遗的《韦苏州集》。半页十行、行十八字，白口单鱼尾，左右双边，细白棉纸印，衬装两厚册。每卷多加钤“天籁阁”、“项子京家珍藏”、“墨林山人”以及“陆岳之印”、“南式”、“杏庄”等印记。书尾还题有“康熙五十五年平原杏庄珍藏”一行，则项氏诸印当是这康熙五十五年归陆氏前就伪加以充宋本的。因为这部明复宋也实在复得精采，有些页简直和南宋早期的建本无大差别，而不像嘉靖时复宋本老是呈现方板的欧体字格局。好在我和袁君都没有把它当作真宋本，所以买来只花七元人民币，记得这是1952年秋天的事情。

不过得说明，这明复宋本的《韦苏州集》，印本尚颇有流传。前些年台北友人寄赠《中央图书馆善本书目》，这个本子就著录有六部。试检1987年的《北京图书馆古籍善本书目》，也有三部。可刘承幹的《嘉业堂善本书影》居然把它当作真宋本印了进去。因此想起谢刚主先生《三吴回忆录》里讲到嘉业堂在上海的秘籍佳椠，有《韦苏州集》在内，自即是此充宋的明复本了，当缘它刻印得可爱，刘氏就留在手头把玩吧？我这部有“旧山楼秘箧”、“赵宗建印”等印记，当在清季入藏常熟赵氏旧山楼，又加钤“虞山沈氏希任斋劫馀”印。可惜每册首页都缺失，印纸破损处间已损字。1986年成都徐无闻兄来西安，我请他补写完善，以他是真书法家，其妙楷足为此书增光采也。

大约就在这以后不久，我又从忠厚书庄接连欣得两部善本好书。

一部是鲁九皋《山木居士集》的旧抄本，素纸大本装四册，原为周越然所藏，钤有“曾留吴兴周氏言言斋”长条白文印，洁净可观。有孔继涵题记，谓：“《山木居士集》，同年江西建昌府新城县鲁洁骈兄所著。乙未之冬，寄周书昌兄，借抄其福。孔继涵记。”并钤“孔继涵印”、“荭谷”两印。这“福”即是副的意思，并非“福”字。乙未是乾隆四十年。周书昌名永年，是彼时的藏书家、文献学家。民国三十三年沦陷区中华日报社出版周越然的《书书书》，其中有一篇讲此书的文字。周氏大约解放后才去世，但藏书已陆续散出，在忠厚书庄我还见到他藏过的嘉靖本《古乐府》。

再一部是钱谦益的《绛云楼书目》，毛太纸印黑格抄写，半页十一行、行二十一字，白口单鱼尾，左右双边，分订两册，钤有“唐栖朱氏结一庐图书记”朱文大方印、“遂翔经眼”白文印以及九峰旧庐藏书诸印，是清咸同时朱学勤旧藏，入民国后经杭州书商朱遂翔手售归王绶珊九峰旧庐，五十年代又从王家散出之书。取与通行《粤雅堂丛书》所刻有何焯学生陈景云批注的本子相对勘，发现这陈注本的分类已经重新编排非本来面目，还漏掉了一些书，漏注了不少版本，还有不少错字，如把《东坡外集》错成《东坡外传》之类，都可据这黑格写本一一勘正。这黑格写本“玄”字概不缺笔，而字体则像宣统元年神州国光社影印的经钱谦益手校的写本《李义山诗》，不过比《李诗》的字迹要幼稚纤弱。我推测它是顺治七年十月初二夜绛云楼失火焚毁之前钱家僮仆抄写的帐簿式书目。从全书上下两册都没有加上“绛云楼书目”之类的标题，只在下册天文类之前顶格写上“绛云楼”三字，呈现出只是个草目的样子，也可以证实我的推测。为此，我后来写了篇《影印清顺治抄原本绛云楼书目缘起》，发表在全国高等院校古籍整理研究工作委员会主编、1992年出版的《古籍整理与研究》第7期上，只是这影印之愿至今仍未能实现。因为这种好书未必多有识者，影印出来是赚不了钱的。

顺便再说一部过去颇负盛名的《绛云楼书目》抄校本，即丁日昌《持静斋书目》著录的郁氏宜稼堂收藏过的陈景云批注本。它多至七十四卷，其实只是以原目的一类为一卷，除第七十四卷补遗及所附曹溶《静惕堂书目》外，不仅内容并未增多，据叶德辉《郎园读书志》绛云目条说“小注宋元字样及作者姓名”还不及粤雅本详细，不过叶氏还说“此本硃书蝇头小字，行草兼工”。可1956年上海古旧书店全行业合营后，我见到这个本子，是由持静斋转归孙毓修，又经黄裳藏过的，硃书行草其实卑弱欠工。当时虽只标价二十多元，仍引不起我的兴趣，今不知流入何处。

当时我去得更多的是汉口路广西路口的温知书店和福州路的传薪书店，再是淮海路某里弄1号的修文堂，还有也在汉口路的来青阁，去忠厚书庄的次数不算太多，可能由于它地方窄狭，只占半间店面，不像温知书店、修文堂那样可坐下来休息闲谈。但给我的印像，在旧书业中它的档次还是高的，袁君是懂版本的。只是当时好书太多，往往顾不上买。记得有一次在忠厚书庄的架上看了几部书，一部《江村消夏录》有翁方纲的蝇头小字批注，可惜缺了一册是用没有批的补配。而我当时有个想法，每个名人的批校本有上一部也够了。前在传薪已买过翁批的《经典释文》，这部翁批又有补配就放弃了。还有一部是明都穆的《金薤琳琅》正德刻本，一部是明杨士奇的《东里文集》正统刻本，都因为是明人著作不感兴趣，尽管《东里文集》的黑口赵体字也很可爱。再有一部是世德堂本《荀子》，过录惠栋的批点，而我向来不喜欢《荀子》，认为读起来远不如《韩非子》有趣味，也都没有买。其实这几部标价都在十元以内。

大约在上海古旧书店全行业合营之前，我还在忠厚书庄买过两部善本书，即经批校的万历时马元调刻本《元氏长庆集》和《白氏长庆集》，也都是从常熟沈家散出的，钤有“虞山沈氏希任斋劫馀”印。《元集》是沈宝研之子沈鸿字秋田者过录何焯的批校。沈宝研名巖，何焯的学生，也是校勘名家，他还在书上亲笔写了两段跋。可能袁君不曾仔细考究，廉价二元半卖给我了。《白集》也有名堂，批校出孙淇字竹乡者之手。此孙淇还同时校有《元集》，不知何故与此《白集》失群而为瞿氏铁琴铜剑楼所得，今藏北京的国家图书馆，而我买这《白集》也不过三、四元。其详我已写在一篇《买书经验杂谈》里，发表在《藏书家》第5辑上，这里不再细说。

也就在这时，袁君给我看过忠厚书庄所藏旧本书的清单。我记得其中有部明嘉靖闻人铨刻本《旧唐书》，解放初我在苏州琴川书店见到过，标价三十元，袁君定价似为六十元了，也不算太贵，不过我早在传薪买到卢氏抱经楼旧藏的一部了。

1956年我随交通大学内迁西安，此后与袁君未通音问。袁君比我年长得多，其晚年情况我没有问过上海的朋友。

就写这一些，作为对这位袁君和这家忠厚书庄的一点纪念。

长安残书见精神

王 涛

古籍的收藏，残书往往得不到应有的重视，大藏家以其残缺，不符善本书的收藏标准，故尔不齿；小藏家则以其为鸡肋，亦多不取。然而历史不正是由许许多多残缺的印象或遗存有机连接而成的吗？通过残书的集藏，逐渐形成系统，经过研究总结，从而理清古籍版刻刊印风格的变迁，一段活的书史就在掌握，不是一件很有意义的事吗？即使从小处讲，工作之暇，茶馀饭后，将一册册虽非全帙但却各具精神、别有风貌的残书欣赏把玩，既赏心悦目，又积累版本知识，不也是一件很惬意的事吗？

多年以来，笔者在古城西安淘书，虽对善本书购藏偶而为之，但我这个工薪族的书迷所购藏的即多是“人弃我取”的残书，其实其中不乏明清珍善本，也自有其艺术和文献价值，从下面介绍的三种断简残叶中，或可略窥一斑。

一、残签纸两帙 此两帧为灵签，应属占卜类书，原为经折装，存第八得助卦和第十二安卦，左文右图式，厚黄纸刷印，图版精绝，笔者据纸张、版画风格以及字体来看，初定为明初或明以前刊本。此两残页，笔者购藏多年，爱其版画古朴，字体类赵孟頫体，且又为安卦和得助卦，非常吉祥，故虽书估索价甚昂，亦急收之。归后常与书友翻阅，然纸质硬脆，已略有损伤，欲重装潢，但恐失去原有风貌，不敢擅动。

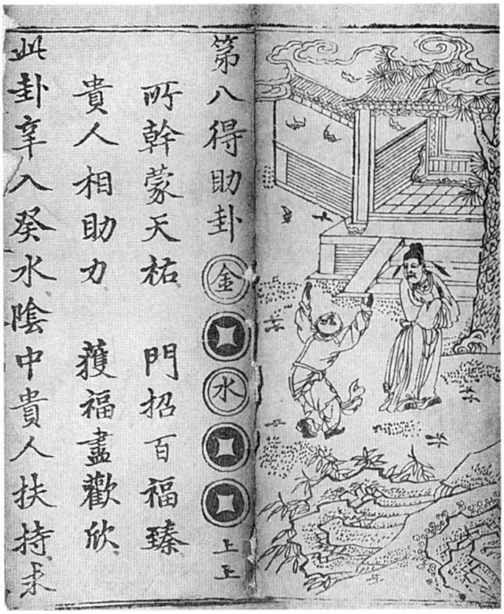

此两签均为上上签，第八卦描绘一长者抄手立于庭前，侧目观一童子捕捉飞舞于门前的五只蝙蝠，画中点缀以门楼、祥云、苍松、山石、花草，画图布局丰满，景物各得其所，正与卦文“所干蒙天佑，门招百福臻。贵人相助力，获福尽欢欣”文意相合。第十二卦安卦，版画更为精彩：春光明媚，翠柳轻扬，一儒者着官衣，戴官帽，右手执鞭左手提缰，端坐于马背之上，目光所及正是一丛盛开的山花，侍者三人，两人持牌于前，一个执扇在后，似有前呼后拥之意。卦文曰：“进用多随意，寒儒衣锦归。前程春日霁，散步赏芳菲。”遍查资料，与此两签相类者，惟郑振铎先生所发现的两部《天竺灵签》，一部为南宋嘉定年间刊本，上图下文式；一部为明洪武杭州众安桥杨家经坊翻刻宋刊本。宋本用线粗简，而以此为祖本的洪武本，绘镌更为草率，图刻仅具其形而已。

二、《观世音普门品》残页

此残页左图右文式，原书为

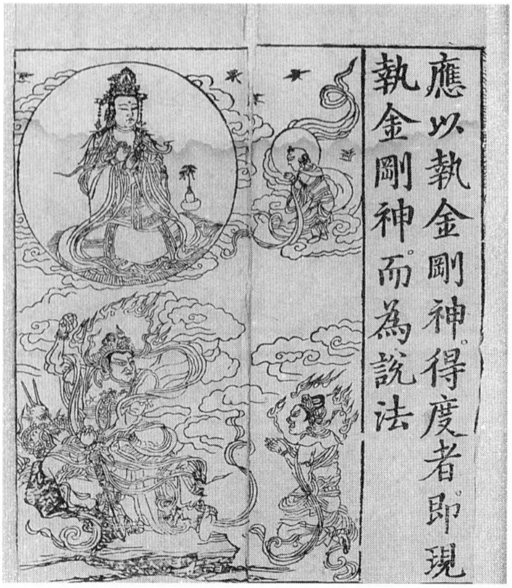

经折装，白棉纸刷印，右文为：“应以执金刚神，得度者，即现执金刚神而为说法。”画面分上下两部分，上部左侧绘水月观音像，观音神态安祥，着衣及配饰雍容华贵，右侧绘善财童子驾一朵祥云，侍拜于侧。下部左侧绘金刚神赤足安坐在一块阴刻的岩石之上，左手紧握金刚杵，右手作拳高举，身后绘一巨龙探头窥视，金刚神头顶佛光炽烈，正在为跪拜于右侧的小神讲经说法。此图上静下动，动静相合，线条刚健有力，深得画意。所刻画之金刚，怒目圆睁，衣带飞舞，极具张力。《观世音普门品》笔者偶有所见，但多不及此图神完气足，且听法者多为居士或善男信女，并非此图所绘亦带有佛光的小神。此图依笔者愚见应为明中期刊本。

三、清乾隆江南省重刊《武英殿聚珍版》书籍价目表一纸

古籍线装书价格资料的遗存确为稀见，近辛德勇先生所撰《未亥斋读书记》之《书林剩话》一文定价一条中，给予了较全面的总结，然未提及陶湘所录清光绪年间闽省校修增补刊行《武英殿聚珍版》书籍的书价单及书价单章程，而据此单所载闽省校修增补凡一百四十八种，每种均分官堆、连史、篓扣三种纸张刷印，价格因刷印纸张不同而不同，是很有价值的古书价格研究资料。《武英殿聚珍版丛书》，摆印完成于乾隆四十一年，计一百二十三种，于次年九月颁发于东南五省，并敕所在锓勒通行，以广流布，当时承旨开雕者，浙江刊袖珍本三十九种，福建刊刻了全部的一百

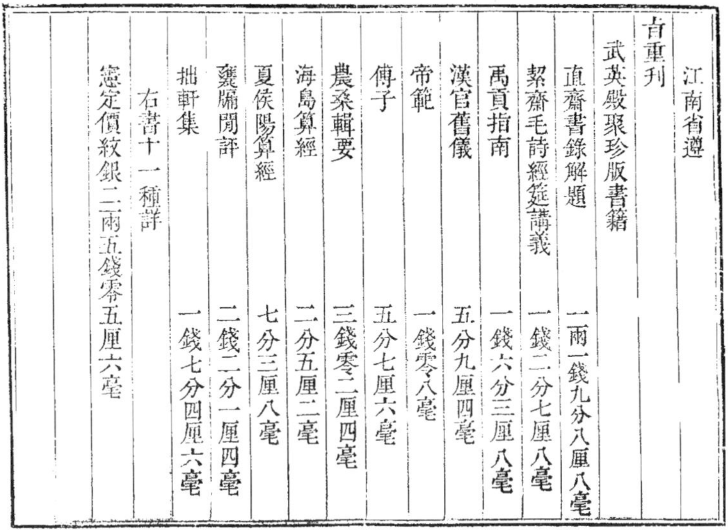
江南省遵
旨重刊
武英殿聚珍版書籍
直齋書錄解題　一兩一錢九分八厘八毫
絜齋毛詩經筵講義　一錢二分七厘八毫
禹貢指南　一錢六分三厘八毫
漢官舊儀　五分九厘四毫
帝範　一錢零八毫
傅子　五分七厘六毫
農桑輯要　三錢零二厘四毫
海島算經　二分五厘二毫
夏侯陽算經　七分三厘八毫
甕牖閒評　二錢二分一厘四毫
拙軒集　一錢七分四厘六毫
右書十一種計
總定價紋銀二兩五錢零五厘六毫

二十三种，据史料记载，江南省亦有刊行，板式同浙，而刊刻多少种，至清末已是一本糊涂账。笔者于数年前购得江南省乾隆年间重刊《武英殿聚珍版丛书》之零种《拙轩集》残本一册，《拙轩集》为金代王寂的诗文集，凡六卷，存卷三至卷六。此集后附时任两江总督的陈辉祖、江苏巡抚闵鹗元等十人的《恭纪》一文，后附督刊、校字以及承刊人等。初购是书，只为存版而已，归后细观，于书之夹页中得一纸，展阅观来竟是一张江南省遵旨重刊武英殿聚珍版书籍的价目表，不禁为之欣喜。此表版框高 14 厘米，长 20 厘米，四周双边，黄棉纸刷印，纸质韧薄并有明显细簾格。表中列出了由《直斋书录解题》至《拙轩集》凡十一种，总价为纹银二两五钱零五厘六毫，由此不仅可以明了当时江南版丛书的定价，而且也解决了江南省重刊聚珍版书的书目及种数问题。

艰难的集刊之旅

谢其章

“不弃丛残”，是一句无可奈何，且带点酸葡萄味道的藏书人语。谁不愿意自己收藏的书本本都完好无缺呢？世间不如意事十七八，藏事碰到残本是再正常不过的了，断简残编，或可美称“人弃我取”。收集旧期刊，也经常碰到“残本”一类苦闷的事，只是期刊之残本的概念，较之线装古书和平装旧书的残本概念，稍稍有别。期刊属定期的连续的出版物，从“一”开始，或至第十，或至第一百，长短无一定数，短命的方生即逝，出了一期便无下文，长寿的可达数百期甚至上千期。刊期越久，集全越不容易，全套有缺(哪怕只缺一期)——即期刊的“残本”之谓也。

集刊二十年，可谓是满室丛残，其间还专门准备了一个小本，登记某某刊所缺的期数，走到哪都带着，配上一本就划去一本，用心不可谓不良苦，用力不可谓不勤，到头来，小本上配不齐全的期刊仍占有绝大多数。一刊之全，其难如此，“有好皆能累此身”，自寻烦恼，也是活该。

今特挑出几种“残本”期刊，一一道来，天道酬勤，这其中也竟有若干“始残终全”的货色呢。集刊之路漫漫，似永无终点。

《论　语》

《论语》杂志为林语堂创办的小品文刊物，创于 1932 年 9 月，终于 1949 年 5 月，抗战期间停刊九年，前后共出一百七十七期。《论语》当年的印数很大，有三四万之谱，所以很长一段时间，都是二三毛钱一册，中国书店甚至对于前一百期的《论语》拒收，说是库存太多。我入手较早的旧期刊之一即是《论语》，一下子买到一至八十三期，也不便宜，大约是九百元。后来查联合目录知其出一百七十七期，遂发愿集全它。彼时，旧书店已取消了集配零本杂志的服务业务，只能靠自己一点点凑。某日，相熟的旧书店主管旧书收购的店员告之有一批旧刊待售，先通知我一声，那次配到了二十几册，前一百期仅差第九十九期，而且配到了 1946 年的复刊号（第一—八期）。此后，《论语》之旅就毫无进展，偶尔碰到，也都与手头已存的重复，证明抗战前所出《论语》存世确实不少。大前年冬，有“二十四小时泉城淘书”一事，在济南古旧书店一下子淘到五十多本《论语》，尤以复刊后的为多，一下子我的一百七十七期全的目标似乎指日可待了，数了数还差八九本的样子。去年中国书店的古旧书刊拍卖会上有“王力藏书”上拍，其中即有《论语》十几

册。此“王力”不知是“文革”中那个曾炙手可热的王力还是“龙虫并雕斋”的那个王力（古汉语学家），王力对《论语》厚爱，每册封面都钤印。当场我以三百元之价拍下这批《论语》，其中多有复本。现在，《论语》之旅，还差五册，其中抗战前的最后一期第一一七期最令人牵肠挂肚，查资料，此期甚罕有，许多大图书馆的近乎全套的《论语》中均阙此册。

《杂 志》

《杂志》的刊史比较曲折，主要分二大阶段，1938 年 5 月创刊至 1942 年为前阶段，主要内容为时事评论形势分析；1942 年 8 月复刊至 1945 年 8 月终刊为后阶段，办刊方向大逆转，是一本纯文学的刊物了，又因其首先刊载过张爱玲的《金锁记》而备受重视。抛开诸多因素而论，后阶段《杂志》是非常具有可读性的。我的“杂志之旅”其实就是后阶段之旅。后《杂志》自九卷五期至十五卷五期，共出三十七期。我先得零本若干，发觉好，又托旧书店师傅帮忙找，一下子找来二十五本；得陇望蜀，又把配书单子交给另一师傅，他也帮我配齐几本，价格从八元至三十元一册不等，也不计较，为了集全不惜代价。几年后才配到“复刊号”，价六十元，那是旧书店可以帮读者补配期刊

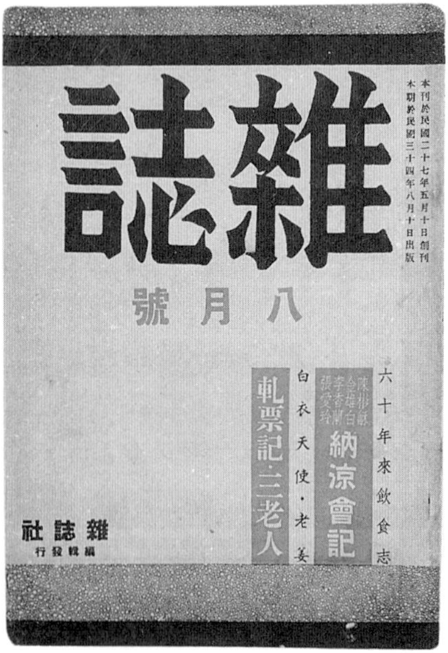

的最后的美好时光，拍卖会兴起之后，再无可能。七七八八，三十七册仍差二册。某日，一书友机缘所至，一下子自冷摊淘得三十册《杂志》，该书友有成人之美的爽劲，让我从中配齐了我所欠缺的二册。前后大致十馀年功夫，《杂志》被从我的小本上狠狠地划掉了。

《现　代》

《现代》杂志非常有名，不用介绍，且有全套精装影印本出售。买期刊，我不喜合订本，许多杂志，都有合订本出售，举手之劳，哪里有一本本寻觅的乐趣。还是在济南的那次二十四小时猎书中，一下子买到二十几本《现代》，带创刊号，缺一卷二期，五卷二、三期，六卷二、四期，共缺五期，六卷四期是“终刊号”。说是缺五期，其实还缺一件非常要紧的附赠品——夹在三卷一期内附赠的《中国现代木刻选》。《现代》主编施蛰存老先生后来写文章回忆《现代》，多次提到这册附赠的小玩艺儿，说是查过几个图书馆的藏本，皆缺失。2001年冬，仍冒寒到潘家园旧书市场寻访旧刊，一日突见一摞《现代》，估摸着是全份，开价一千二百元，我已有差不多全套的《现代》，可是这套的品相比我那套好，我就跟摊主还价，最后以九百元成交。当晚灯下清点，这套《现代》也不全，但

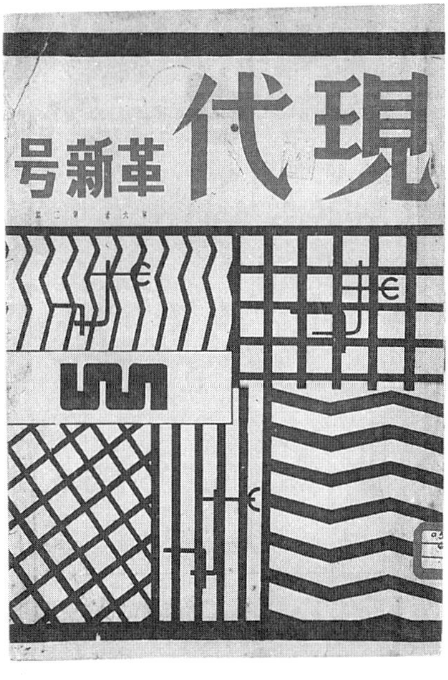

帮我配上三本，这样我的《现代》只差二册即可大功告成了。当然我不会忘了在三卷一期中翻那个小玩艺，可小玩艺不在了，真扫兴。第二天夜晚我继续整理，无意间从别的期里翻出了《中国现代木刻选》，被挪了地方，又因为小玩艺很薄，夹在厚厚的杂志里不显山不显水，竟然躲过了我头一晚的检查，当找到的那一刹那，我心跳加快，激动，好像比配全了整套《现代》还要令人兴奋。以后又自旧书摊购得一册，至此，《现代》之旅仅差最后一期，即六卷四期“终刊号”，奇迹，还会发生吗？

《文　学》

《文学》也非常闻名，奇怪的是，《文学》竟没有影印本，也好，没影印过，原版本才更有价值。1994年冬，我于中关村体育场的旧书摊以四百元之价购得近乎齐全的《文学》，那时候逛旧书摊不用带很多钱，当时的书价还算便宜，四百元我没带够，跟书友暂借的。回家之后，马上向姜德明先生汇报书情，姜先生到底厉害，劈头便问我买到的《文学》中有没有九卷三、四期的“战时版”，我一查，没有。《文学》办到最后赶上了上海“八·一三”抗战，匆匆出了九卷三，四期两个“战时版”就停掉了，这两册“战时版”就成了珍本。除了这二册“战时版”，当时所购《文学》还差的五期，也陆续全配到了。这里面八卷一期的《新诗

专号》，得来最不易，先是拿着单子到旧书店，人家倒是给你找来一本，狮子大张口，开价五百元，我当然不会伸头挨宰。后来读到臧克家的大作《〈新诗专号〉喜归来》，原来，臧老苦寻了《新诗专号》几十年，上面有臧老当年的诗作，可见该专号稀见。以后二番见到《新诗专号》，一次被别人捷足先登，一次虽得却失落了封面扉页及一半目录页。终于于今年上海一老年书友割爱让我一册完整如新的《新诗专号》。《文学》之旅如同《现代》之旅，如今还差最后一站，我仍心存梦想。

《风雨谈》

《风雨谈》，柳雨生主编，太平出版公司出版，1943 年 4 月至 1945 年 8 月，共出二十一期，其中有若干是二期合刊。八十年代唐弢先生复信严家炎先生，彼时严正在编写《中国大百科全书·中国文学卷》中“沦陷区文学”词条，请唐弢提建议。唐弢在信中提及几种沦陷区的文学期刊——“上海与《古今》有同样影响的，至少还得提一个柳雨生（存仁）编的《风雨谈》……过去洁癖不太好，没有庋藏这些材料。”前些日子有机会先期看到《唐弢文库藏书目录》，查期刊部分，果然失收《风雨谈》。我所得《风雨谈》，先得二至十六期，后得创刊号。《风雨谈》的十七至二十一期改为 16 开本，不

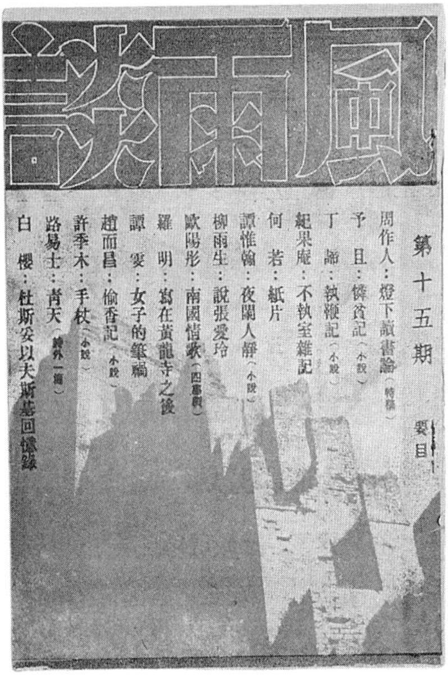

是前十六期的 32 开本了。上海那位老年书友藏刊颇丰，劫后幸存，有《风雨谈》零本，里面含十七至二十一期，正为我所缺，几番踌躇，终于憋不住开了口，老人也恋恋难舍，但终慨允复印下来后将原本送我。不料几天之后，我竟机缘凑合，于报国寺旧书摊觅得这十七至二十一期《风雨谈》，赶快电告老人不要寄刊了，但那份感激之情却是收在心底了。

《子　曰》

黄萍荪，1981 年版《鲁迅全集》在他的名下的注释中有“招摇撞骗”四字。黄萍荪办过几种不错的文史掌故类期刊，如《越风》、《子曰》。著名的“招摇撞骗”事件发生在《越风》，人所共知。在《子曰》上也有一回“招摇撞骗”之嫌，未见有谁提过，本人曾撰《黄萍荪到底见过鲁迅没有?》予以揭示。

《子曰》1948 年 5 月创办于上海，出六期（后又出《四十年来之北平》三册）。作者有谢兴尧、徐凌霄、徐蔚南、白蕉、陆丹林、陈乃乾、钱基博、周作人、易君左、钱穆、王重民、陈从周、郑逸梅、刘成禺、卢冀野，一瞧这作者阵容，即可知刊物内容错不了。我先得《子曰》前三期于八十年代，仅十元钱，心想剩下的三期不难补齐，谁知一晃十多年过去也没补上。倒是见过成套的，一问价都邪乎，上千元，接受不了，更何况我已有了

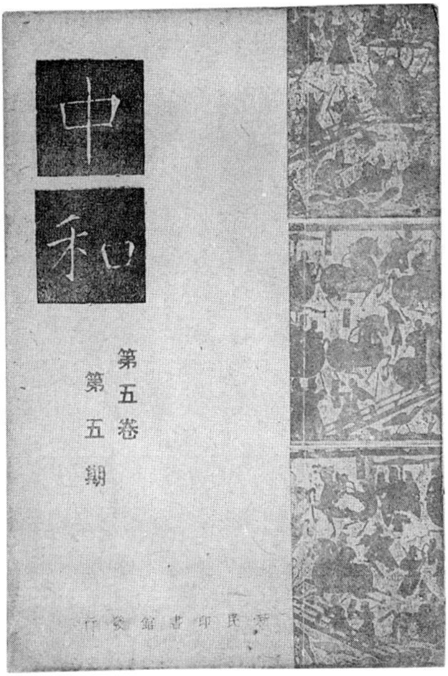

前一半。待到已是心灰意冷不存此念的去年冬，与书友数人同逛潘家园旧书摊，忽然书友某发现一固定摊位有《子曰》六期外加《四十年之北平》前两册，我得知后急步赶至，货在，索价四百元，还至三百元成交，特满意。老话：十年磨一剑，《子曰》还真不止十年呢。集刊，真能把人集“老”了。

《中　和》

《中和》杂志五年期间（1940年1月—1944年12月）整整出满六十期。我先得此刊创刊号，后一气儿得三十九册于报国寺书摊，均价每册三十元。前年冬自济南书商手中邮购十四册，现距六十期大目标仅五期之遥。夜理《中和》，有前位藏者笔迹：“此刊物记载掌故资料甚多，有收购价值，惟以版本零散难收全帙为憾耳。”

《中和》内收文史掌故类文章颇多，随手抄录若干目录，即可略窥一斑——《商招续记——燕市丛谈之一》（竹厂）、《庚戌轶闻》（张次溪）、《方志馀记》（兑之）、《梅隐山房诗稿书后》（朱启钤）、《近代笔记过眼录》（徐一士）、《元“大都”“上都”平面考》（驹井和爱著、薛兰译）《续孽海花》（燕谷老人）、《画谈》（予向，即黄宾虹）、《关于日记》（止歧）、《圆明馀忆》（拙庵）、《京师城内河道沟渠图考》（卢杰）、《庚子役后北京城内之变迁》（曹宗儒）、《印林清话》（娱堪）、《北京典当业》（桂士逸）、《小来禽馆帖跋》（勺圃）、

《中国文献之现存状况》（市古宙三著、超仁译）、《藏园群书题记》（傅增湘）、《董小苑书扇》（图画）、《金冬心画锺馗》（图画）、《童谣篇》（方纪生）等等。挂一漏十，不能多举，《中和》藏有多少妙文佳构，只有亲自翻阅才知道。

天　地

《天地》的情形特别类同《风雨谈》，同时代的刊物，同出二十一期，特殊巧合的是我也是先集到了前十六期，缺十七至二十一期。我写此文时查了一下购书帐，当年购十六期《天地》花了七十八元，当年《天地》的全套合订本定价是二百元，为了省下那区区百十元钱，我一直没买合订本，后来合订本涨到一千五百至二千元，就更不买了。书友小赵某日恰于潘家园旧书市场得《天地》第十七至二十一期，是某某电影厂的旧藏，上面有属“冯和仪”的借书登记（冯和仪即苏青，《天地》主编）。赵兄知我集刊成癖，慨然相赠，我回报以于非庵《都门豢鸽记》、《都门艺兰记》、《都门钓鱼记》。

《宇宙风》

一般情形下，突发重大事变，刊物极少“处惊不变”，绝大多数选择停刊一条路。抗战爆发，使许多杂志终刊，而《宇宙风》却

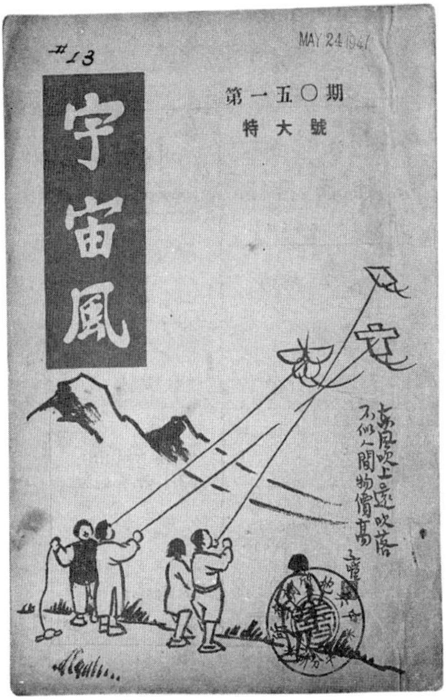

坚持办下去，八年战乱，颠沛流离，从上海到广州到香港到桂林到重庆到广州；1935 年——1947 年，出一百五十二期。我总感觉，《宇宙风》的刊史即是当年文人精神的写照；平常可幽谁一默，紧要关头却显现气节，应该恰当地评介《宇宙风》。

我集配《宇宙风》之旅，一如它的刊史那般曲曲折折，一言难尽。十多年间，始终没忘了它，却到今天仍离“一五二”远甚。抗战爆发前的一至四十六期，尚差第四十五一期；抗战爆发至第一百期，只得零散二十馀期，一〇一至一五二期也只集得二十馀期，走的最远的是第一五〇期（特大号），封面画丰子恺作并题句“东风吹上还吹落，不似人间物价高”。叫人懊恼的是，有好几年我没补进一本所缺的《宇宙风》了。《宇宙风》是我最想配齐却相距最远的杂志。

金性尧先生说：“谈图书掌故的书本今已不少，最早的不知是否始于唐弢的《晦庵书话》，但专谈期刊的却不多，原因自然还是由于期刊容易散失，十六开本的又不便鉴藏，书摊面积有限，难于存身，故收罗成套，大非易事。（《堕甑录》）“收罗成套，大非易事”，说的对极了，我且借用金老的这段话结束集刊之旅。

编后记

2003年将是进入新世纪后的国人难忘的一年，除举国盛事外，“非典”的肆虐，全国人民众志成城抗“非典”的可歌可泣的事迹，都将深深地铭记在中国人的记忆中。

对中国的读书人来说，今春以来，各类书市的停办，京沪春季书刊拍卖会的延期，各地新书店的冷清，旧书摊的减少，都曾在他们心中投下阴影。但在这段困难的日子里，读书人除坚守工作岗位外，他们的读书生活仍依然丰富多彩，充满乐趣。编者在这一时期曾收到许多作者、读者来电来信，除对《藏书家》表示关爱外，也多谈了他们近期书肆所获，读书所得，网上所见，并抒发共赴国难、战胜“非典”的乐观向上的决心和勇气。这一辑的许多文章正是在这一非常时期写就并寄来的，因而有着特殊的纪念意义。

“非典”过后，一切恢复正常，书店中书摊前重新人头攒动；而被延期的北南春季古籍书刊拍卖会开槌后，据说人气和成交额未降反升，都说明了读书人仍对知识充满了渴求，对善本图书的收藏和投资仍充满信心。过去说到古旧书刊拍卖会，很多人甚至编者都有一种偏见和误解，认为那只是先富起来的人的一种投资方式，其影响所及已使淘书者在古旧图书市场很难再淘到廉价的善本书，颇有怨言；而却没有想到图书拍卖已使那些历经劫难、流传民间的古籍善本以及近世的“新善本”都得到了市场应有的承认，获得它们应有的价值，甚至促进了海外古籍善本（如翁氏藏书）的回归，而且对学术研究也有裨益呢！这里有两个实例，一是本辑特约的北京一位书刊拍卖师的文章，通过他亲自主槌拍卖二册民国间出版的清宫资料的小册子，引发的一段“争书”的故事，折射出拍卖的书刊无论是对藏书家，甚至对学者、作家也是有强烈吸引力的。再是编者今秋曾到北京的一位正方英年的藏书家家中观书，真是“百闻不如一见”，在两个多小时中，承慨示唐代版画、五代刻经、宋元名椠、辽藏金本以及明清以来名家稿本、批校本等，琳琅满目，美不胜收，虽走马观花，却诧为奇遇。这位年轻朋友近十多年来倾力古籍善本收藏，每年京沪春秋书刊拍卖会凡有罕本秘籍出现，必竭力竞得。以他目前古籍善本的收藏规模，在国内当屈指可数；但他没有把藏书“金屋藏娇”，而是一反“秘藏世守”的传统，把藏书做为版本研究的对象，以大量的实物来填补古籍版本学的某些空白，纠正某些因未见原书而造成的误记讹传，力求给研究者提供重新发掘出来的实证，这是很有意思，也很有意义的一件事情。

至于本辑所刊出的文章，依旧保持了以往的特色，既有学者、藏家的往事回忆，也有对旧藏新收珍善本书的介绍，更有几位书友展示了其当地的淘书所得，虽然远不能与前辈学者、藏家半个多世纪前的淘书环境及收获相比，但那种求书若渴、百折不挠的精神还是相同的。当然，这类来稿的作者仍以来自京沪江浙这些传统的文化发达地区者居多，但编者却希望读书种子远播四面八方，各地书友都可将当地书市、收藏等独具特色者或摄取全景，或撷采精华，以存当地读书、淘书和藏书的风采，因为各地都会有自己的亮丽风景。

最后再说说《藏书家》对待来稿的要求和处理办法。由于《藏书家》编辑力量有限，每年基本上只出两辑，每辑文字也只约十万字，所以自创刊以来，除曾在若干辑的“编后记”中申明本刊宗旨及对来稿要求外，还从未登过“征稿启事”，主要还是基于以上原因。近年来自投稿愈来愈多，而可刊用者毕竟是少数，有负作者们的厚爱，我们表示歉意。但我们借此重申对书稿的要求：“我们欢迎的是既有思想，有内容，又生动活泼的文章，而不是说教式的宏篇大论”。几年来，我们对一些特色鲜明、内容独特并有启迪意义的文章，虽然有些来稿在文字句法结构上不尽符合要求，编者还多是竭尽编辑天职，勉为剪裁，删改增补，争取刊出。当然希望今后来稿除注重内容外，也要注重些文采，让读者爱看。另外再说明几点：一、作者来稿请留底稿，除特殊说明者外，概不退稿；二、三个月内未接到刊用通知，作者可自行处理；三、一经本刊采用，作者请勿一稿二投。这些也算我们的“稿约”吧。

吳郡圖經續記卷中

宋　長文　撰

橋梁　祠廟　宮觀

ISBN 7-5333-125

9 787533 3125

ISBN 7-5333-125

Z·126　定价：10.0

廿 乛 六

封面题签　顾廷龙
责任编辑　周　晶
封扉设计　韩济平
版式设计　李　生

藏书家

藏书家

第9辑

齐鲁书社

图书在版编目(CIP)数据

藏书家.第9辑/齐鲁书社编.—济南:齐鲁书社,
2004.8

ISBN 7-5333-1378-X

Ⅰ.藏...　Ⅱ.齐...　Ⅲ.藏书—文集　Ⅳ.G253-53

中国版本图书馆CIP数据核字(2004)第055779号

藏书家·第9辑

本　社　编

出版发行	齐鲁书社
社　　址	济南经九路胜利大街39号
邮　　编	250001
印　　刷	山东新华印刷厂
开　　本	850×1168　1/32
印　　张	5.5
字　　数	121千字
版　　次	2004年8月第1版
印　　次	2004年8月第1次印刷
印　　数	1—4000
标准书号	ISBN 7—5333—1378—X/Z·129
	定价:10.00元

目　录

从六分钱的小册子起步

谢其章

记得十五、六年前的一天，我从琉璃厂海王村旧书铺出来，站在院子里等人，过来一年长者，见我手里拎着一捆旧杂志，便问买去做啥?我信口回了一句:“藏书呀。”长者惊诧:“你藏书?!”至今犹记他老人家那神情中的不屑和轻蔑。我现在理解了“藏书”的份量，长者轻蔑有理。我应该回答“喜欢”或“买回去看着玩”，回什么都行，就是不该说自己是“藏书”，真不知天之高地之厚。现实生活中却非如此，前几年楼门里还兴每户轮流查水表、煤气表，有一次轮到我家被查，查的人又是一位年稍长者，见到寒舍的一排书柜，惊诧地问:“您是做什么工作的，藏这么多书?!”楼内“鸡犬之声相闻”，只有查水电时才来往，我这回一笑:“这还算多啊?”他以为我是在文教部门上班呢。这样的情形碰上几回“友邦惊诧”，我终于明白了，正经家庭过日子，不该有这许多书，超出了 般人的想象;你就是藏书，或者封你为藏书家，如果自己再缺乏自知之明地一五一十地数起了藏书的数量，那真正是“愚不可及”了。

我还是喜欢“攒”(zǎn)这个字眼，攒是随便玩玩，一涉及“藏”，就太近乎正经八百了。我有攒书的念头是始于“文革”年代，某次花六分钱买了一小册革命宣传材料，把它谨慎地收藏在抽屉的旮旯，那是我的“书之初”。很奇怪，那么一刹那的念头却永久清楚地记住了，凡事讲究“深挖思想根源”，我的根源始于六分钱。

父亲是研究明史的，与吴晗、谢兴尧等明史专家有过交往，邓拓还批阅过父亲的文稿。为了明史，父亲不顾母亲反对，举家迁往北京，理由是北京是明朝之都，研究起来方便。等我少年时，家里已有一面墙的书柜书架。几十年风霜雨雪严相逼，父亲的藏书损失殆尽，有时候是旧书店的人上门收购，还有的是自己拎到旧书店卖掉。我更对跟着父亲去卖书感兴趣，收旧书的是一长柜台，你要卖的书放在上面由老师傅挑——“这个打七折，这个打九折，这些只能上秤了。”觉得好玩，哪里懂得大人卖书的苦酸。父亲的藏书目录现在我手中，我常问他，这本怎么没了?这本还在吗?他说都为了你们换饭吃了。当年用过的书柜早已无影无踪，仅剩下一个四格的书架在我这里，几次搬家几次处理旧货都没舍得淘汰，永远地做为一种家庭书史的纪念物罢。

父亲的书不能满足少年时代我的读书兴趣，还是与同时代同龄人一样，喜欢《铁道游击队》、《红岩》、《烈火金钢》、《青春之歌》、《林海雪原》一类的经典革命小说。这十几年来，我已悄悄地把少年时读过的后来全丢弃的这些红色小说，一部一部从旧书摊淘了回来，当然不是新版的，必须是五六十年代初版的，最好还是插图本。别小瞧了这项怀旧，虽说当年这些书的印量都是几十万上百万，但真正淘到一本“九品”以上的，还真不是“手到擒来”那么容易。小说传阅的人多，污揉折损者占绝大多数，攒书当然要挑洁净的，所以增加了难度系数。不光是初版，不光是插图本，难度最高的是当年印量很少的精装本，《暴风骤雨》、《红岩》、《敌后武工队》、《创业史》、《播火记》，寒斋都是九品之上的精装本，我把这些书看的很重，旁人不解，常笑话我档次低。他们哪里明白，这不是简单地怀旧之情，更多的是“怀穷”，那年月哪有买书的闲钱呢?看书都要跟人家借，限期还书。现在富了绝不该忘了过去“伤哉贫也”。“伤哉贫也”在读小说中，我们美好的少年岁月一页一页翻了过去。

插队八年，当然是什么也攒不成了。“三言两拍”之类的旧小说成了知青们的“最爱”，看的太热衷、终于被积极分子告发，派人来查，我们只好一页页撕下扔到灶火里烧掉，至今犹记火光中迷茫的思绪，书荒年代心更荒。书籍成了危险品，一看书，就有人汇报你不热爱农村不爱劳动。某日，我随手写了谭嗣同的“我自横刀向天笑，去留肝胆两昆仑”在宿舍的柱子上，村支书见了，马上质问是什么意思，什么倾向？能有什么高见，闲得无聊呗。有一个冬季没回北京过春节，想趁着宿舍没人之时，悄悄地读一遍《红楼梦》，计划赶不上变化，上级又给安插进几个当地的知青，知人知面不知心，《红楼梦》没看成，白受了一冬的罪。

回城之后，找工作谈对象结婚找房子生孩子，蹉跎岁月，浑浑沌沌，几乎把书给忘了。一切稍安，“攒”书之念又冒出来了，正所谓“六根未除，七情不绝”，一碰到适宜的温度和土壤，它总会冒出来。市面上“书禁”大开，书越出越多，不胜其攒，也难怪吕叔湘责怪“书太多了”——那真是一篇妙文。结婚时，我的“嫁妆”也就是十来本书，其中惟一的旧书是父亲劫后馀存的《插图本中国文学史》，我对郑振铎对版画感兴趣，皆因此书而生。甚至买了千元之巨的《中国古代木刻画选》，一对比，新翻印的版画没有旧翻拍的版画来得有味道，终于顿悟：旧书之魅力来自陈旧感，“翻旧”终不能“如旧”。从此开始弃新迎旧，一脚踏进琉璃厂旧书铺。彼时旧书业早已过了鼎盛期，自己又不知门径，瞎打瞎撞，花了不少冤枉银子买回一堆垃圾。那时极少指导“藏书”之书，全凭个人悟性，悟性好的动手早的，终于成为藏书家，悟性差的一事无成，马齿徒长。我比较过同年龄段的一些上一辈藏书人，总在琢磨，他们之间的差距为什么这么大？天才为什么总是少数？悟性，是惟一的解释。藏书，缺了悟性，成不了气候。现在的形势更严酷，光凭悟性也不灵了，缺乏足够雄厚的金钱，亦只能是干瞪眼。

下乡插队绝非自愿，时势所迫。学校一个劲地催逼，我当时不由然联想“十二道金牌”催岳飞回师的故事。还抄下过马克思在十五岁时作文中的一段话：“我们往往不能自由地选择适合于自己的职业，因为当我们能够决定客观条件之前，客观条件已经决定了我们。”后来喜欢上旧书刊，又使我想起马克思这句少年老成的话，变更一下即符合旧书业现状——“我们往往不能自由地选择自己喜欢的旧书，因为当我们有条件购买旧书之前，旧书时代已离我们而远去。”

上世纪八十年代的旧书店已见不到像样的旧书，我使劲地回忆那几年流连旧书铺的情景，也没有想起什么太值得今天后悔的货色，而且那时候旧书已成为紧俏货，不走后门是买不到的，消息再不灵通，更是求书无门。有人说，旧书价从来没有便宜过。事实确是如此，一本世界书局版的《二十年目睹之怪状》，要价四十元，我只是因为喜欢它的封面买了，父亲说太贵。二百册连号的《立言画刊》要了我一千七百元，八十年代这是一笔大钱，将近两年的工资。我有记日记和记书账的习惯，每一本书都有登记，买便宜了还是“冤大头”了皆一清二楚。二十多年在旧书上一共扔进去多少钱，皆有账可查，误差不会超过一百块。每年年尾，最怕总结书账，不算不知道一算吓一跳，又把活钱变死钱了。“物常聚于所好”，所好必大费，深藏必厚亡，道理全懂，就是一瞅见书就管不住自己。藏书家姜德明先生在拙著《漫话老杂志》序中说：“随着古旧书刊的日渐稀少，近十多年我已很少进旧书店的门了。平时倒喜欢看别人写的访书记之类的文章，似乎亦可代替逛旧书摊的乐趣。发现人家挖掘到不经见的版本，也很惊喜，羡慕，甚至会引起往日访书时的热情和冲动。”

“热情和冲动”是爱书人内心的真实感觉。一旦失去了对旧书的“热情和冲动”，那就说明你真的与书俱老了。每年结账时都告戒自己来年一定要压缩购书开支而来年仍积习难改，“一见旧书就想掏钱”。这就是冲动，这就证明你还年轻。若想永葆青春或返老还童，那就攒书吧。

冲动也有意想不到的好处。刚才老埋怨书价贵，其实也捡过便宜，这个便宜是指“增值”。比如当年在海王村旧书铺看到一套《吴友如画宝》，特别喜欢，标价三百元，半年工资。拿下来看了好几回，终于咬牙买回家。现在呢，拍卖会上随便拍一套都是万八千的，增值了多少倍？还有一些旧书是店员楞推荐给我的，说是帮帮忙多卖点他们好完成销售定额，不想要，碍于情面只好买下，歪打正着，其中的一些品种正巧和眼下的热门合拍，增值很大。如《泪珠缘》，我对言情说部不感兴趣，买后束之高阁，后有专事搜求旧小说者出高价叫我让他。周作人的书是时下最热的旧书，动辄即千元一部，旧书店一、二十元卖给我十几本过，当时还嫌贵，推掉了几本，傻不傻？喜欢旧书的人很少又同时具备精明的投资眼光，复本意识极差，买重了的复本，必除之而后快。现在回想，以书养书，以书易书，都缺不了“复本”概念。

常买旧书的人还会犯另一个错误（或称误区），那就是为一本书而讨价还价，总想省一点钱，结果交臂失之，跑了好书，追悔莫及。其实，买旧书本来就是一件浪费金钱的笨事，一次决策失误就会导致一大笔损失，而这笔大损失顶得上你十次的小“讨价还价”。事到临头犯糊涂，就以去年春天“非典”之前的一件笨事说吧。十点钟入报国寺文化市场，已经算晚的了，可运气来了，一个摊主从箱子里拿出三册《大美画报》，大开本，封面是毛泽东、周恩来、蒋介石，要价每册三百元。此摊主说是从四川带来的货。我跟他讨价还价，说二百元一册，他说不行，我转了一圈跟他说蒋介石我不要，那二本给你五百元，他不干，说五百七十元吧，我还到五百五十元（其实就差二十块钱），那人坚不让值，我一赌气又转摊去了，心想再耗你一会儿你绷不住就得按我出的价卖我。大约半小时后再去，摊主说卖掉了而且三本全卖掉了，我以为他诚心气我，不信，他打开箱子让我看，确实没了。就这么贱就这么悔，一天都闷闷不乐。回家一查资料，《大美画报》何其要紧稀见之物！更悔更恨更骂自己。过几日有书友告我《大美画报》出现了，没出报国寺，被另一摆摊的人买去了，现挂在他书铺里。一进书铺价要长上二倍，为了惩罚自己，再贵也要买，让我记住这个教训。赶紧赶到，东西还真在，一千块钱一本，二倍都估算少了。与店主商价，阴阳怪气的拿一把，说是要买就三本一起买三千块，我说二千吧，坚不让值，态度又极劣，一气之下走人。后又托熟人去说情，店主一口回绝。归家闷闷不悦，又过了一周，心想三千就三千吧，冲。再去，“阴阳怪气”还在，画报却不见了，问那厮，答卖掉了，不再与之理论。自我安慰，这东西本不该归我，缘份未到。可心里仍在琢磨，是真按那个价卖了还是店主自己镇库了？唐弢说过此类人“说话痴痴癫癫，而卖不卖又确乎是他的自由，我除懊丧之外，毫无办法”。

多少年买旧书的经验告诉我，与贩书者永远成不了朋友，双方立场截然对立，你恨他怨他，他也恨你怨你。

过去多是与旧书店打交道，如今旧书店名存实亡，只得转向地摊与拍卖。拍卖比拚的是财力，地摊比拚的是眼力。有书友在地摊上买过郑振铎的藏书，书极好价极廉，此公风雨无阻地游逛潘家园旧书摊，甚至就近赁屋而居，为的就是淘书。地摊捡到古籍善本之“漏”的概率几乎为零，但是目标锁定近现代出版物或者域外出版物的话，还是经常有意外之喜的，尤其是不为大家重视的零本刊物，时有露布。港台早期刊物，亦时隐时显。我最多一次买到过二百册《大成》（董桥云：文化不光在四书五经里，也在《大成》里），自创刊号至一百期的《广角镜》（香港），三百多期《中外杂志》（台湾），一百多期《传记文学》（台湾）。我的近乎全套的《香港文学》硬是一本一本在地摊上配来的。摆地摊者多为农民兄弟，多半还保存着朴实的民风，虽然内杂有“刁民”，但毕竟较门脸中的店主嘴脸耐受多也。淘旧书不光是图得好书还希望双方理解勾通，都是“晚娘”面孔，逃之夭夭，避之惟恐不及。

我曾抄下过一句规劝藏书者的话：“不可无书，无书瞽如；不可广集，书多为奴。”我们多半不算无书之瞽者，但我们很可能是书的奴隶，因为我们攒的书一辈子也消化不了，怎样才能给藏书找一个名正言顺的理由呢？写书——是一个好办法。感谢时下宽松的出版环境和编辑们的宽大为怀，短短三年，我已经连写带编出了六本书——《漫话老杂志》、《老期刊收藏》、《创刊号风景》、《创刊号剪影》、《旧书收藏》和《蠹鱼集》。这在过去是无法想象的。虽然现在的“书”含金量太低，严格点讲，那也能称之为“书”？但出书的一大好处就算是对个人多年收藏予以梳理利用，对某些读者有用；另外就是再挪用家庭“公款”购书较为理直气壮。善良的人们，对“书”这种形式还是有敬畏心理的。

从六分钱到六本书，既是个人生活史的缩影，亦是世事沧桑的写照。有书可藏，“愿使岁月静好，现世安稳”。

来燕榭书跋(续七)

黄 裳

晋砖酬唱诗

此册十年前得之湖上,未甚重之,无暇装池。近检书得之,漫阅一过。一时才俊,都在卷中。时世承平,士大夫文酒风流,考订金石文字,令人健羡。稍后更有冯登府《浙江砖录》,所葺更详。晚近会稽周氏亦喜藏此,有打本行世。流风未替,皆一家眷属也。辛丑十一月廿五日,大风严寒,斋居不出,漫记。

《晋砖酬唱诗》,嘉庆刻,九行,十七字。上下黑口,左右双边。嘉庆丁巳桐城胡虔雒君序。前有砖文八幅两叶,赋诗者南康谢启昆、仪征阮元、桐城张曾谊、海丰张映玑、无锡秦瀛、湘潭谢振定、无锡侯凤苞、金匮钱泳、南昌王廉、南城王聘珍、桐城潘相、华亭张宝镕、无锡侯烈、海宁周春、桐乡冯应榴、山阴李尧栋、海盐张燕昌、秀水沈德鸿、石门吴廷镛、德清许庆宗、鄞袁钧、钱塘项墉、仁和邵志纯、仁和赵魏、海宁杨秉初、海宁顾式金、山阴陈广宁、娄县许元仲、长白继昌。

宝闲堂集

丙申七月廿七日，客杭收此。《响山词》已收原刻初印精本，只此绝罕，喜得并储，因记。

此集禁书目著录。漫阅一过，别无违碍之处，不知何以得此青睐，然其罕遇难求，自非无因也。戊戌十一月初十日，更记。

此集卷四有“客有谈故将军事者赋之”一题，所咏必是年大将军，客者疑是胡期恒，年帐下士也。诗云，“酒酣双耳热，复典鹔鹴裘。看君飒华发，意气尚莫俦。昔事大将军，万里从军游。星驰青海战，电卷黄云愁。扫除王庭空，指颐胡命休。成功献天子，开国冠诸侯。豪贵让绝席，卿相拜马头。势等山岳崇，权将人主侔。此时亦受赏，仍参幄中筹。微谏愧伍被，游扬希曹邱。门生半天下，资货溢九州。武安益骄横，淮阴无反谋。由来功名盛，容易生疮疣。天子终见疑，廷尉俄来收。冰山一朝摧，敌国起同舟。盈庭对狱吏，独蒙脱纍囚。赫赫显要地，昔人戎轻投。炙手虽可热，失足易起羞。临事苦不慎，过时空自尤。于今年七十，不醉复何求。”同卷尚有“为某大将军题全蜀形胜图”一诗，亦称年某功德甚至。两诗作于戊寅，乾隆二十三年也。年狱兴后，为其称冤者，唯见有此，不入禁网，安可得乎？壬午芒种前三日。

《宝闲堂集》四卷，临潼张四科喆士撰。乾隆精写刻本。十行，十九字，白口，左右双边。乾隆己卯自序，总目。渔川居士四十九岁小像，吴江王藻赞，嘉定杨谦分书。

博西斋三种

癸巳秋日，余客杭凡二月。无事辄观书旧市，乃绝罕佳本。一日过清河坊，闲抽案上书阅之，大半残帙，且为虫蚁所蚀，多有结一庐印记，乃买之。店中主妇索一万金，已买之矣。更小立阅它书，移时主人归，见余恐甚，翻阅后叱其妇欲泣，乃悔约。立索十万金，色悻悻，如丧考妣。无已，仍如值买之。其吴枚庵家旧抄《百川书志》残卷却为抽出，不能更得矣。此两册书为翁方纲家故物，有平安馆主人手跋，至可喜。付工重装，今日始至，因记得书始末卷耑。甲午三月，燕记。

此博明著作三种，传世甚罕。虽嘉庆时刻，亦堪珍重。况此为翁覃溪故物耶?后更经藏唐棲朱氏结一庐，并有平安馆主人手题，前贤故迹，历历皆可覆按。余甚重之。此书之得，亦大可纪。客岁余滞杭城二月，暇辄访书。其清河坊抱经堂，经过最少，以绝无佳本可得也。一日，百无聊赖，辄更过之。架上残书，虫啮鼠伤，积尘盈寸，偶观数册，每有结一庐藏记，遂发兴穷搜之，凡得四种，而以此为最佳。主人要索重值，余亦不惜。其肆每见余驻足，辄目光荧然，似唯恐贱售者，状极可笑。洎今思之，如在目前也。甲午十一月初二日，来燕榭重观纪事。

> 《西斋偶得》三卷，《凤城琐录》一卷，《西斋诗辑遗》三卷，蒙古博明希哲著。嘉庆辛酉刻，十行，二十二字。白口，四周双边。嘉庆五年翁方纲西斋杂著二种序，方纲附识一叶，手书上板。乾隆三十八年博明自序，目录。《琐录》前有自序，卷尾墨书一行云，“甲戌仲夏叶志诜借看一过”，下钤

“平安馆印”白文方印。诗前有翁方纲题诗，手书上板。收藏有“大兴翁氏石墨书楼珍藏图书”朱文大方印，“结一庐藏书印”朱文界格方印。

闾丘诗集

此秀野草堂主人诗，清初精刻，秀美无俦。今日访石麒于其家，手此见示。以此亦藏书家集，喜而得之。癸巳九月廿五日，黄裳记。

此秀野主人诗初刻精本也。余后来又收《书馆闲吟》一厚册，盖主人居京师时所作，亦单刻也。清人集部颇有初刻与全集之异，而单刊小册更可珍重，以流转甚稀，中间亦多改异也。此意今日知者少矣。今晨弄笔校顾粱汾词，名家词选本与乾隆家刻本，异字几不可仆数，凡此皆可见手定之迹，如非初选尚存，岂能更知其中消息耶？乙未闰三月十二日晨窗记。黄裳。

十年前藏书为群盗掠去，招顾起潜来，分别甲乙，朋分略尽。起潜固秀野后人，俨然板本学者，后余见其手写余家善本目，凡二千馀种，俱入图书馆。为遍加钤记，如美人黥面，见之作恶。靳而不还，久之始稍稍归。此二册书却未遭点污，岂慑于祖父威灵，不敢措手耶？书此一笑。壬戌新正初二日，黄裳。

《闾丘诗集》上下册十卷，长洲顾嗣立侠君撰。康熙刻，十一行，二十一字。白口，左右双近。康熙乙亥张大受序，目录，凡《秀野草堂集》五卷，《小秀野集》三卷，《金焦集》一卷，《山阴集》一卷。《金焦集》前有宋荦序，康熙己卯邵长蘅序。《山阴集》前有康熙三十八年朱彝尊序。

记寒斋的几部李商隐诗集

黄永年

我最早买李商隐的诗集，还是抗战初在沦陷区常州城里重读初中一年级的时候，买的是尚较易得的同治九年广州所刻何焯、朱彝尊、纪昀三家评点本，花了当时流通的法币一元钱。其实小孩子不可能懂得李商隐的诗，懂得欣赏这位唐代诗人的作品应稍有阅历最好受点挫折之后。我其时无非喜爱它白纸三色套印，十分美观而已。因此尽管家里已破落，仍缠着先母要买，还说买了它以后什么古书也不买了。欣幸的是先母并不当真，以后多年还节衣缩食地让我买书，直到1950年我复旦大学毕业正式工作自己有了收人为止。

1956年我随交通大学迁校西安。第二年鸣放中有学生闹事，我主张化解矛盾被错划为右派。但买书仍结习难除，还能在西安南院门的古旧书店里，先后买到了两部真正够得上善本的评点本李商隐诗。

一部是乾隆九年东柯草堂刻程梦星删补朱鹤龄元本的《重订李义山诗集笺注》，这个本子固已难得，可贵的是有人还在上面用朱笔过录了纪昀的评点。书的末页有两段跋语，作：“右春帆夫子点论，借同年蒋金门本录于癸巳端阳后一日，十九日录完，馆中无事，聊借以销夏也。临溪记。”“既录后，仍拣朱注之已删者附载上方，聊用参考，每节冠‘附’字以别之。临溪又记。”案春帆夫子指纪昀，临溪则是纪昀门生葛正华的字号。《阅微草堂笔记》卷二四《滦阳续录》六“酒有别肠”条记此葛君的事情说：“后辈则以葛临溪为第一，不与之酒，从不自呼一杯，与之酒，虽盆盎无难色，长鲸一吸，涓滴不遗，……惟饮不择酒，使尝酒亦不甚知美恶，故其同年以登徒好色戏之。”这是此葛君在翰林院过录的，点划工整，作馆阁体，从书法上讲要比他那位不善书的纪昀老师高明。又由于纪昀是用朱鹤龄笺注本评点，有的评语针对朱注而此朱注被程梦星删落了，所以葛君要“拣朱注之已删者附载上方”。我用同治刻三色套印本的纪评对过，发现葛君所过录的确有胜于套印本的地方。

再一部是1962年所谓摘帽后买到的，正巧是过录的三家评点中另两家何焯和朱彝尊的评点本。它过录在朱鹤龄笺注的顺治十六年原刻晚印本上，已加有所谓“乾隆十五年新镌”“怀德堂梓行”的内封面，说明书确已印得很晚，所以还间或有补版。过录的何焯评点用墨笔，卷上开头有题识作：“丙寅春蕙圃师晤姚子玉裁，得何义门先生批本，遂移誊与，应隆因仍之，其圈点悉何本也。应隆记。”卷下末尾又过录了姚世钰的几段跋语，作：“辛酉三月假前度轩所购何学士批本移誊，五月寓广陵马氏丛书楼再假何本覆审，添注数处，但鲍马两本俱非学士亲笔，或尚有讹误耳。姚世钰记。”“丛书楼何批本于凡双声叠韵多用旁△，然按之多未晓晰，今亦姑仍其旧，当俟熟精声病者就正而口讲焉。世钰又书。”“义门又有《唐贤三体诗》批本，是书贾移誊者，复借抄其评语数条，其所见闻又异同，并存以备考。甲子五月寒鉴楼记，世钰。”所过录的朱彝尊评点则用朱笔，在上所过录姚世钰跋语之后也有朱笔记其事说：“庚辰夏日于孙西畴处借得朱竹垞先生评义山诗本，中表叔孙君秋士见之，遂命渠移誊焉。渠按冯孟亭笺中所采钱夕公评语多与此合，特小有异同，而是笺所引夕公笺又与不合，见闻浅尠，无从纠正，姑阙疑次俟后考可耳。姚学渠识。”案这里所说冯孟亭笺是指乾隆时冯浩的《玉溪生诗笺注》，姚世钰其人《藏书纪事诗》虽未见登，所校书尚有流传，为治版本目录者知悉。至姚学渠、孙西畴、孙秋士及应隆诸人则未详待考。所校较同治刻套印本更多异同，足资采择。

这两部过录本价钱都不贵，大概店里没有仔细推究其佳胜之处，过录何、朱批点的由于字写得拙率，更易被人轻视，所标的价钱尤低廉，否则我在因厄之中是不会购买的。

我还有比这评点本更珍贵的徐乃昌影宋抄白文本，题作《李商隐诗集》，徐君身后散出，我西迁前五十年代初在上海温知书店买到的。徐君影抄书当是为了刊刻，所刻有名的《宋元科举三录》，我就在另一家萃古斋见过其影抄备刻的底本，不过没有买，只从温知书店买了这本《李商隐诗集》和也是徐家影宋抄的八大册王明清《挥麈录》。这《挥麈录》，《四部丛刊续编》用汲古阁影宋抄本影印，缺卷新抄补，当和徐抄同据今藏国家图书馆的南宋建阳龙山书堂刻本，惟不如徐抄字体之逼真建本。《李商隐诗集》则中华书局1993年出版《藏园订补郘亭知见传本书目》，所补《李商隐诗集》条有傅增湘先生的两段话说：“旧写本十行十七字，余家藏有毛扆校宋本《李义山集》三卷，为汲古阁刊唐人八家诗本，毛扆跋云据北宋本校，并称北宋本题《李商隐诗集》，十行十七字，题目俱低四格，均与此旧写本合，则此本应为传抄自宋刊本矣。友人南陵徐乃昌斋头见，拟假归一校，以视其与毛斧季校本之异同。”又说：“清影写宋刊本，半叶十行，行十七字，白口，左右双阑，前有目录二十叶，全书分上中下三卷，钤有清钱兴祖、汪士钟、朱澂藏印，今在朱氏之婿张幼樵家。此本行款与余藏毛扆校北宋本中所记北宋本全同，且流传有绪，今宋本已不传，此本当为义山集传世最善之本矣。”这个有钱兴祖等藏印的影抄宋本，不知是否就是在徐君处所见的旧影宋抄本，抑或徐君处所见是另一部源出钱兴祖等的旧影宋抄本？我买得的则是徐君据旧影抄本再影抄了以备刊刻的新抄本，所以同样是十行十七字，只是未划阑框当俟刊刻时加上。这个本子避宋讳并不严，如卷下十一页“搆”字和三十七页“遘”字未避讳缺笔，“殷”“驚”“玄”“絃”“镜”等缺了笔而卷上三十七页的“镜”字又不缺。还间或出现错字，如卷上十三页“顾”字错成“頭”，十五页“嵩”字错成“蒿”，二十七页“幼”字错成“幻”，四十六页“宋”字错成“朱”。这些都说明它不过是南宋临安书棚本一类的坊刻，字体版式和十行十八字的书棚本唐人小集也十分近似，毛扆夸之为北宋本是不足凭信的。只是如今钱兴祖等藏过的旧影宋抄本已不知去向，国家图书馆所藏十行十七字同样未划阑框的清影宋抄本字迹又较粗率，不如这徐抄之精美能传书棚本神态，较所谓毛抄更胜一筹。因为被藏书家艳称的常熟毛氏汲古阁影宋抄本，其实字体已另成一种格局，并未认真据宋本影摹，像徐抄这样力求点划不失其真的影摹，才够得上称做真正的影宋抄。

《藏园订补郘亭知见传本书目》所补《李商隐诗集》条还说到

有“明末钱谦益手写本,九行十九字,墨格,宣统元年神州国光社已印行”。案这个传为钱谦益手写本是罗振玉收藏的,今也不知有无归宿?但这神州国光社影印有蒋斧长跋分装两册的本子,原先在北京琉璃厂还存留了一些。我错划后买到一部是西安古旧书店从北京贩来的，可惜两册书刀口不齐。1979 年平反改正恢复名誉后常去北京开会讲学，又从琉璃厂四宝堂后面的书架上发现好几部，挑了一部买回收藏，只是封面纸质变脆尚有待收拾。这是题为《李义山诗》的三卷抄本而用《李商隐诗集》校过的本子。我曾用徐抄对看过,知道所用的《李商隐诗集》也就是和徐抄同一系统的十行十七字本子。

·新书架·

雍正刊本《笠泽丛书》之谜

梁颖

雍正年间刊印面世的《笠泽丛书》，在清初写刻精刊本中享有重名。无论当时还是以后，它都得到了藏家和学者的重视，并引出了不少人的考证。考证的缘由在于，流传于世的雍正刊本，是分别以碧筠草堂本和水云渔屋本两种面目出现的。而这两个差不多同时行世的本子之间究竟有着什么样的关系，正是人们费尽心思想要搞清楚的问题所在。

一、碧筠草堂本与水云渔屋本的异同

《笠泽丛书》碧筠草堂和水云渔屋两种刊本留传到今天都还不算少见，我们不妨比较一下它们的异同。

先说碧筠本。此本书面题“笠泽丛书/碧筠草堂重雕”；全书分甲、乙、丙、丁四卷补遗一卷续补遗一卷，正文甲、乙、丙、丁四卷各自起讫，补遗、续补遗两卷则连刻；书后有陆龟蒙十一世孙陆惪原“至元仍纪元之五年岁在庚辰七月一日”跋。碧筠本有初印和后印之分，两个本子有以下区别：一、初印本陆惪原跋后有“旌德李士芳镌”一行刊语，后印本无；二、后印本目录前加刻有楷书仿帖一叶，云：“是书刊刻，加意精求，而刷印未广。近有维扬贾人，翻版射利，字画恶劣，风神顿失。恐博雅君子误认为碧筠草堂原本，先此奉白。续有丛书考异一卷嗣出。”三、有的后印本目录首页版匡外右下角钤有“中吴顾楗手校重刊”朱文篆书长方印一方，有的没有。必须说明的是，这里所说的初印、后印，是以有无仿帖加以区分的，初印早于翻版，后印则印于翻版出现之后。

再来看水云渔屋本。此本书面题“笠泽丛书/水云渔屋刊

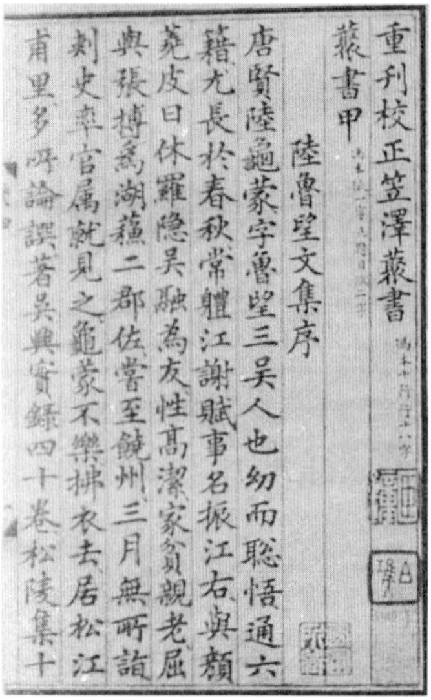
重刊校正笠澤藂書

藂書甲

陸魯望文集序

唐賢陸龜蒙字魯望三吳人也幼而聰悟通六
籍尤長於春秋常體江謝賦事名振江右與顏
蕘皮日休羅隱吳融為友性高潔家貧親老屈
與張搏為湖蘊二郡佐嘗至饒州三月無所詣
刺史率官屬就見之龜蒙不樂拂衣去居松江
甫里多所論譔著吳興實錄四十卷松陵集十

碧筠草堂本《笠泽丛书》

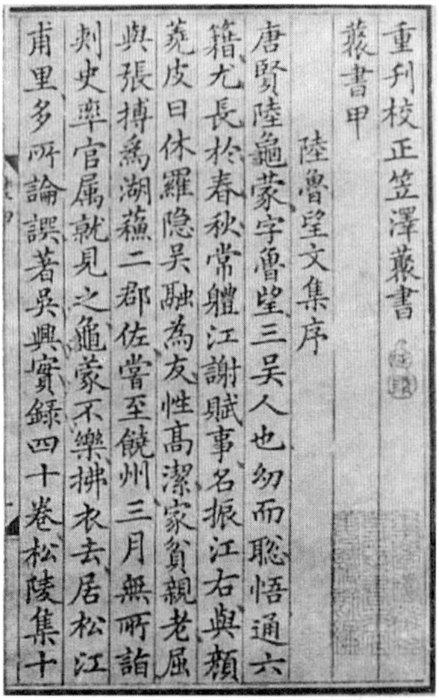
重刊校正笠澤藂書

藂書甲

陸魯望文集序

唐賢陸龜蒙字魯望三吳人也幼而聰悟通六
籍尤長於春秋常體江謝賦事名振江右與顏
蕘皮日休羅隱吳融為友性高潔家貧親老屈
與張搏為湖蘊二郡佐嘗至饒州三月無所詣
刺史率官屬就見之龜蒙不樂拂衣去居松江
甫里多所論譔著吳興實錄四十卷松陵集十

水云渔屋本《笠泽丛书》

本”，也分甲、乙、丙、丁四卷补遗一卷续补遗一卷，正文四卷各自起讫，补遗、续补遗连刻。与碧筠本的篇目互相比对，水云本在续补遗中增入了《小名录序》一文，其馀全同。书后除陆悳原跋外，另有雍正九年(1731)江都陆锺辉刻跋一篇，称“予顷从吴中旧家获至元本，因正其讹脱谬误者而付之开雕”，且据王渔洋抄本加以增补。

将碧筠和水云两个本子逐页加以比勘，不同之处有以下几点：一、书面叶不同。二、碧筠本(后印本)有仿帖一叶。三、水云本有“甫里先生象”一幅。四、目录最后一页水云本多出一行：“小名录序增入”。五、正文《续补遗》碧筠本至第十五页结束，水云本从十五页起加刻《小名录序》一篇至第十七页结束。六、正文文字有不同处。如续补遗《幽居赋》页九正面第一行第三、四字碧筠本为“桃□”，水云本为“椒兰”，页十一反面第三行第十三、十四字碧筠本为“五□”，水云本为“三壤”，等等。七、陆悳原跋第二页“今清朝右文”一句碧筠本换行，水云本不换行。八、水云本有陆锺辉刻印题跋一篇。

但是，两本篇目文字虽然有异，而面目版式则完全相同，均为白口、双鱼尾、四周双边、半页九行、行十八字，字体也一模一样。不过，如果不是将两个本子并列齐观，我们是无从知道这一点的，因为陆锺辉在它的刻印题跋中绝口不提碧筠本，只称按至元旧本翻雕。那么，碧筠后印本仿帖所云“维扬贾人，翻版射利”是否即指江都陆锺辉所刻水云渔屋本？

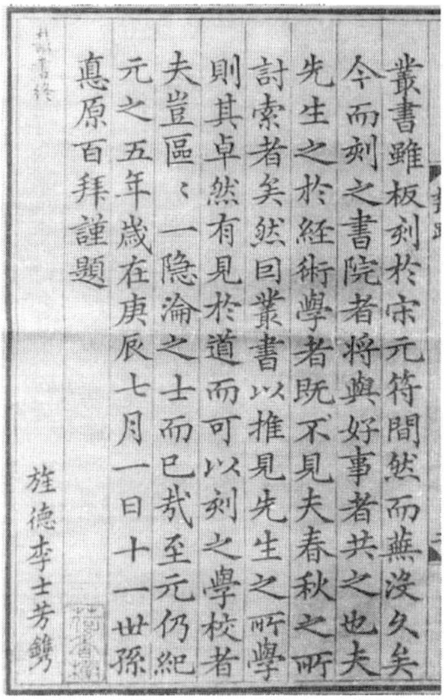
叢書雖板刻於宋元符間然而燕沒久矣
今而刻之書院者將與好事者共之也夫
先生之於經術學者既不見夫春秋之所
討索者矣然因叢書以推見先生之所學
則其卓然有見於道而可以刻之學校者
夫豈區區一隱淪之士而已哉至元仍紀
元之五年歲在庚辰七月一日十一世孫
悳原百拜謹題
旌德李士芳鐫

碧筠草堂初印本跋页后有刻工名

二、诸家的记载

和陆锺辉同时的姚世钰在《孱守斋遗稿》中其实早已经交代了陆本的来路。《遗稿》卷四《笠泽丛书跋》录有题跋五篇，其第二跋谓：“雍正初年，吴门顾氏开《笠泽丛书》，纸墨精好，而雠校之功阙如。后广陵陆氏重刻此本，悉仍其旧。”吴门顾氏、广陵陆氏当指顾楗、陆锺辉无疑，“重刻”谓陆本晚于吴门顾氏刊本，“悉仍其旧”则明白指出陆本系据顾本翻刻。其第五跋又谓：“友人淳川二守既开《笠泽丛书》，复从虞山收藏家购得此旧抄本，颇资勘改，犹恐其不精不详也，属为覆审。”可见姚世钰后来还曾经受陆氏的委托校对过其所刻之本，他的话应该可信。所以王欣夫先生在《蛾术轩箧存善本书录·庚辛稿》卷四中引证了姚跋之后说：“得此而向来顾、陆之原委可明，聚讼可息。”

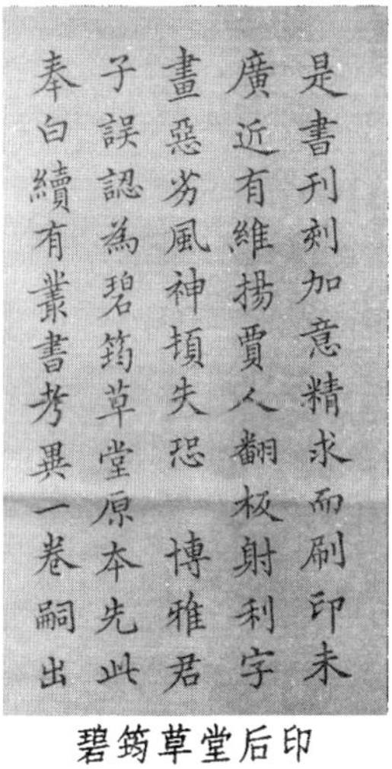
是書刊刻加意精求而刷印未
廣近有維揚賈人翻板射利字
畫惡劣風神頓失恐博雅君
子誤認為碧筠草堂原本先此
奉白續有叢書考異一卷嗣出

碧筠草堂后印本增刻仿帖

姚世钰的话还多少有些语焉不详，同治年间的许辰焕则说得更明白详悉：“雍正辛亥，江都陆锺辉重刻《笠泽丛书》，计连封面、目录一百零三页。其书即将碧筠草堂原刻印本上板翻刻，中间校勘误字处，则挖嵌挤补之，于原书未动行款，故行迹显而易见。刻工虽逊，书则较善。”

姚、许两家的记载交代了两个事实，一是陆锺辉本据碧筠本覆刻，二是陆本文字有校改。可是，不知是否因为《孱守斋遗稿》书不多见，而许辰焕则只是在自己手抄的《笠泽丛书》上题写了上述识语，他们的题跋好像没有引起后人多少注意。随着时间的推移，顾、陆两个本子的面目似乎变得越来越扑朔迷离，它们之间看似“显而易见”的关系，更是变得众说纷纭，莫衷一是，这从各家书目的著录中即可见一斑。

在后来的藏家中，对这两个本子的考证花费心血最多的，当推叶德辉和秦更年。

叶德辉曾经对他收藏和寓目的五六个印本反复做过推勘，《郎园读书志》卷七中共收入了三篇关于陆锺辉和顾楗刊本的题跋，洋洋几三千馀言。这三篇题跋的内容大致包括三个方面，一是梳理了各家书目如张之洞《书目答问》、邵懿辰《四库全书简明目录标注》、莫友芝《郘亭知见传本书目》、丁日昌《持静斋书目》及吴寿旸《拜经楼藏书题跋记》等的著录和题跋，二是介绍了顾楗的生平，三是比较了寓目各印本的异同。根据叶氏的叙述，他自己的藏本，书面题“碧筠草堂重雕”，然无重刊序跋，最初不知为何人所刻，后见姚觐元大叠山房影刻本有陆锺辉跋，故认为碧筠草堂本就是陆刊本，自藏本佚失陆跋。后来，他在上海来青阁和书友李子东处见到了两部碧筠书面的印本，因有顾楗的印章，所以改变了看法，认定碧筠草堂本为顾楗刊本。不料回到湖南后，取自藏本与侄子康侯所藏顾楗刊本比对，却全然是两刻，于是怀疑在上海见到的顾楗刊本上的碧筠书面是书贾后配的，顾刊本原先并没有书面。再后来，康侯、定侯兄弟又得到一部陆锺辉刊本，与叶德辉所藏碧筠本同一书版，书面则是“水云渔屋刊本"，康侯猜测同一印本出现不同书面是由于书版转手所致，但叶德辉以无他证未敢断定。叶德辉由此得出了三点结论：一、水云渔屋本即碧筠草堂本，为陆锺辉据元至元本刊印，初印者书面题"水云渔屋"，后印者书面题"碧筠草堂"。二、顾楗刊本之"碧筠草堂"书面为书贾所加配。三、顾、陆两本确为两个刻本。叶德辉的结论，除了第三点，以后都被秦更年的考证所否定。不过，这些题跋却告诉了我们一个前人没有提到的情况：在流传于世的《笠泽丛书》陆锺辉刊本上，曾经出现过"水云渔屋"和"碧筠草堂"两种书面，而顾楗刊本则只见"碧筠草堂"书面。

三、秦更年的考证

民国藏书家秦更年对清初的精刊本情有独钟，所收既精且富，他对顾、陆两刻所花的功夫不下于叶德辉。民国廿一年十二月《青鹤》杂志《婴闇书跋》所发表的三篇长跋，记录了他的考证过程。

在第一篇题跋中，秦更年对寓目的顾、陆两刻做了仔细的比勘，指出：一、顾本字画肥厚，陆本则较瘦，而且每页版匡又缩短分许。翻版书籍，大抵皆有这样的特点。二、两本虽肥瘦有别，而点画之欹正、笔锋之往复无一不同。若是各自从元本影摹，决不会这样吻合。三、顾本间有脱误，当出自元本旧貌。陆本则依照王渔洋写本作过校订，而卷中补正之字都有痕迹可寻，可知其为别一人所写。四、续补遗《幽居赋》末尾六行顾、陆两本迥然不同，这是因为陆本增加了《小名录序》一篇，所以并此六行别缮上板。根据这些迹象，秦更年判定顾本的刊刻早于陆本，后者据前者翻刻而成。这个结论，和姚世钰、许辰焕的记载完全一致。

第二篇题跋则对叶德辉的考证做了分析，推翻了叶氏所谓书贾假借碧筠草堂书面匹配顾本的说法，推测"郎园自藏之陆本有碧筠草堂书面者，或系估人偶从他本移配，较为近是"。并"正其说曰：碧筠草堂本，中吴顾楗所刻也。水云渔屋本，江都陆锺辉雍正辛亥所刻也。陆翻顾本，故笔画略瘦，然间有校正处，复增入甫里先生像一幅、《小名录序》一篇，又自为一跋。顾刻无年月，要先于陆刻，在雍正辛亥前”。也就是说，顾本上的碧筠草堂书面是原来就有的，并非如叶德辉所说是书贾所配，而陆本上的碧筠草堂书面才是书贾移配的。

第三篇题跋是比勘自藏顾本和友人所藏陆本后所得出的结论，认为陆本书面始终以“水云渔屋”为名，但其传本却有初印与修板之异。

秦更年搞清了两刻的关系：陆本覆刻自顾本；也解释了诸家聚讼的原因：书贾移配书面导致版本误认。问题本来可以到此结束了，不料，就在作上述第二、三两篇题跋的次年（壬申1932)，秦更年又见到了吴眉孙所得的两部陆刻。这两部未被书贾动过手脚的旧装陆刻，使他们猛然醒悟到一个以前未被意识到的事实：陆锺辉最初翻刻顾本时，是连书面也一起翻刻的。秦更年再次修正了自己的观点，又加写了一篇补跋。这篇补跋，原来接在第二篇题跋之后一并刊登于《青鹤》，但在后来秦曙声辑录的《婴闇所著书》之《婴闇题跋》中却被删除了。然而，这是一篇极为重要的文字。因此我们不惮烦地把它抄录如下：

> 既为跋之明年秋，吾友吴君眉孙同时购得陆刻两本，持以相示。一初印，封面篆书“笠泽丛书”四字，小字分书“碧筠草堂重雕”六字，与顾本同。一稍后印，增入甫里先生像一幅，封面易作楷书，“碧筠草堂”则易而为“水云渔屋”矣。两本实同一板，且系旧装，决无移补封面之事，殊令人大惑不解。因取余旧藏顾本校之，其篆书封面笔画之肥瘦、边阑之断缺，与顾本不符。于是眉孙跃然而起曰：是必陆翻顾本初并封面而亦摹之，后欲出己之斋名，乃易以楷书封面，情事显然，可以勿惑。余闻其说，叹服殊深。识见既真，疑滞尽释。然则郘园自藏之陆本有碧筠草堂封面者，亦非从他本

移来，余前说盖有未谛。但碧筠属顾、水云属陆，仍无疑义，陆之翻顾，更可证明，特陆氏初并覆刻顾本封面，则足补前跋所未备耳。……余先后得顾刻二本，见陆刻三本，今且同时并几对看，乃得悉其究竟，则藏书之难可知矣。世之考此书顾、陆两家板本者，据余说以勘之，或不至堕五里雾中耶。

这个发现，再一次证明秦更年对陆本有初印和修板之分的推测不误，可惜的是，秦更年没有作进一步的比对，他似乎没有意识到，自己离揭开陆锺辉刊本的真相只有一步之遥了。

四、陆锺辉刊本的真相

秦、吴两人所遇到的情况和叶德辉完全一样，即陆锺辉所刻之本上出现了“水云渔屋”和“碧筠草堂”两种书面。如果说，把碧筠书面换成水云书面是修版时作的更改，那么，联想到姚世钰《孱守斋遗稿》前后两跋中先谓陆翻顾本“悉仍其旧”，又云陆得他本后有“追改”的说法，我们不禁要进一步追问：除了把碧筠书面换成水云书面，修版前后的陆锺辉刊本，究竟有没有其他不一样的地方？

从诸家题跋来看，除秦氏的补跋提到书面有异之外，几乎没有人讨论陆本本身修版前后的区别，王欣夫先生也只是认为叶德辉误认是由于未见顾本仿帖，可见诸家对此问题的认识还是模糊不清的。

要回答这个问题，唯一的办法，就是找到实物进行比勘。幸运的是，上海图书馆收藏有十馀部雍正刊本《笠泽丛书》，为这一工作提供了充分的条件。通过逐一比对异本，我们终于找到了一部书面为“碧筠草堂”的陆锺辉刊本。

这部《笠泽丛书》，书面题为“碧筠草堂重雕”，目录首页版匡外右下角也钤有“中吴顾楗手校重刊”朱文篆书长方印，书前则没有仿帖。以之与碧筠草堂及水云渔屋两刻的他本比对，却发现了一个有趣的事实：这个印本虽然与水云本出自同一书版，然而在篇目、文字及版面细节上却与碧筠本一模一样，毫无疑问它是完全按照碧筠本原貌覆刻而成的，没有做过任何改动，而水云渔屋本应该就是用这个本子修版印出的。由此可以认定，雍正刊本《笠泽丛书》实际上存在四个印本，按照它们问世的先后顺序排列，应该是：（甲）吴门顾楗碧筠草堂刊本的初印本，（乙）江都陆锺辉覆刻碧筠草堂本的初印本，（丙）顾楗碧筠草堂刊本的后印本，（丁）陆锺辉覆刻本的修版后印本即水云渔屋本。我们把这四个印本在特征上的异同列表如下：

	甲	乙	丙	丁
书面	碧筠草堂	碧筠草堂	碧筠草堂	水云渔屋
仿帖	无	无	有	无
目录“小名录序增入”六字	无	无	无	有
正文《小名录序》全文	无	无	无	有
陆扆原跋“清朝右文”句	换行	换行	换行	不换行
陆锺辉跋	无	无	无	有

从上面的表格我们可以看到，陆锺辉最初翻刻碧筠本时，的确如姚世钰所说是“悉仍其旧”，完全依样葫芦，叶德辉所藏的碧筠本无疑就是这个本子，所以当顾楗发现这个在市面上流传的冒牌货后，马上在自己的印本上加刻了仿帖，以正视听。其后，陆锺辉又见到了更多的旧本，于是着手修订自己的刻本，用“水云渔屋”书面更换了“碧筠草堂”书面，增补了《小名录序》一文，并因之改刻了目录第四页，重刻了续补遗第十五页、陆扆原跋第

二页，又加刻了自跋一篇，声称已刻出自元本，完全抹去了碧筠本的痕迹，和碧筠本脱离了干系。这样一来，修版前陆本（乙）与修版后陆本（丁）之间的差异，就远远大于它与碧筠本（甲）的区别。可以想见，如果不把这些本子放在一起比对，我们是无从区分它们的身份，辨明它们的关系的。

至此，我们可以回答前面提出的问题了：陆锺辉刊刻的《笠泽丛书》有前、后两个印本，初印时冒充碧筠本，题"碧筠草堂"书面（乙），与顾刻碧筠本（甲、丙）内容没有区别；修版后印时改题"水云渔屋"书面（丁），与碧筠本（甲、丙）及修版前印本（乙）内容不再相同。

需要指出的是，顾、陆两刻的初印本（甲、乙）都非常少见，在上海图书馆的藏本中，这两种印本也都只有一部，这可能就是导致前人如叶德辉等因限于所见而判断错误的原因。另外，仅有的两部初印本也给我们留下了两个暂时无法解答的疑问：碧筠草堂后印本目录首页版匡外的"中吴顾楗手校重刊"印，是否是为了表示和覆刻本的区别而在重印时加盖的？陆刻初印本上出现的翻刻印章究竟出于书贾之手，还是陆锺辉本人之手？雍正刊本《笠泽丛书》，看来仍然有秘待揭。

·新书架·

《姚惜抱先生家书》

——苹楼藏书琐谈之四

涂宗涛

我藏有一册商务印书馆 1938 年按原大影印的《姚惜抱先生家书》(以下简称《家书》),原件由天津实业家倪道杰(字幼丹)收藏并付诸影印。惜抱轩为清乾隆、嘉庆间桐城姚鼐的室名,故又称为姚惜抱。姚氏为桐城派古文的开创者之一,他编纂的《古文辞类纂》影响很大,其他传世的著述还有数十种,可称是卓然名家。《家书》未被《惜抱轩尺牍》八卷《惜抱轩尺牍补编》二卷所收录。蒋元卿编著《皖人书录》(黄山书社 1989 年版),虽著录此书,特标明“此书为老友桐城马厚文先生见示”,乃个人收藏,不见其他书目著录,可见今已为罕见之刊本;加上原件原藏于天津,作为天津地方掌故,值得介绍。

先将倪道杰书后跋文移写标点如下:“往岁甲寅(1914 年),道杰侍先公居安庆,有持姚惜抱先生家书册见示,审为真迹,因购藏之。册首管异之题称:先生家书凡六十馀通,分装二巨册。今只一册,为书廿有五通,而其中残缺不完者七,盖历时久而散佚,兹所存者,仅乃得其半矣。先生文章学行,为有清一代大师,其翰墨久重于世,此册家书,皆世行《惜抱轩尺牍》及《续编》两编刊本所未载，积百馀年中，更丧乱流转于蟫尘兵火累劫之馀，零落而仅存，固尤可珍惜也。道杰既幸收得之，思所以广其传者，爰重为装池，付诸影印，以流布于世，傥亦海内好古怀贤之士所同欣者欤！丁丑（1937年）清明后一日阜阳倪道杰谨识于天津寓庐。”

《家书》共三十三页（双面），纸用宣纸，线装，书册高30.3厘米，宽17.9厘米；封面用仿宋字标“姚惜抱先生家书”，字外加框；封里为白纸衬页；次为“姚惜抱先生家书册　徐宗浩题签”；之后为正文，共收致兄、弟、妹、子的家书廿五通，其中有七通残缺不全。家书之后有管同、邓廷桢、梅曾亮、江开等廿八人的题字。家书和书后题字，不用笺纸，均用白纸，无界栏。家书每通为竖书，高低不一，短者行10至13厘米不等，高者可达21厘米。字作行楷，各通书的字体大小不一。书末为商务印书馆的版权页，标“中华民国二十七/九年一/十一月初/三版”，“发行人王云五　长沙南正路”，是抗战期间在长沙印制发行的。

《家书》内容虽谈的都是日常生活琐事，但仍有相当价值。首先，姚氏虽不以书法名世，但作为随手写的家书，他的字写得真漂亮，可作为书法佳作欣赏，倪道杰在跋文中称他“其翰墨久重于世”完全符合事实，在《家书》中也可找到内证，如在“三月初二日”写给“恩儿、观儿、雅儿”的信中，即提到“曾运使买吾字画，寄五百金来，此地买屋有其半价矣”（第十六页正面）。其次，姚氏是桐城派古文的代表人物之一，讲究“古文义法”，他传世的文章，被誉为“高淡雅洁”；但他所写的家书，却找不到一点桐城派的影子，多处使用口语，即使用文言，也是接近口语的浅近文言，如“我的会银自不要”、“手头甚窘”、“此地今年格外冷”、“不须讲体面”……不一而足，可见他对家人讲日常生

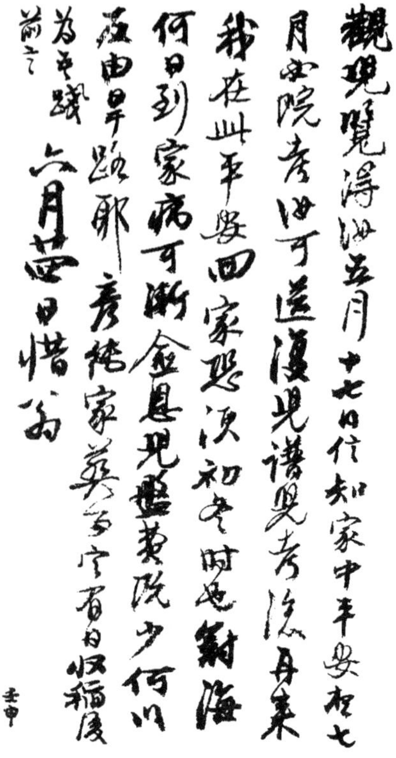

活琐事，只能用另一套笔墨，不能追求“高淡雅洁”，不得不从俗了。再有，姚氏为文，号称严谨，但也写了浮泛空洞的应酬文字，如“与八弟书”提到：“致意耐园司马，余为其尊大人作诗序已成，而忘其尊大人之号及集名，又不知其捐馆舍及今凡若干年，故文中空字五处，吾弟为我问明填人”（倒数第十二页）。为别人的诗集写序，竟忘了这部诗集的名字和作者字号与卒年，其序文之空洞无物可想而知，姚氏也未将其收入自己的文集。这封家书为研究姚氏的文字生涯保存了第一手资料。

除此之外，《家书》还保留了其他方面的可贵史料，如在“三月初二日”致“恩儿，观儿、雅儿”的信中，特别提出“恩儿不往广东为是，只做生意为佳，但要极其诚实，切勿欺诈，此便是做人正理，即发财之道也”（第十五页正面）；又如“十一月二十八日”（末有收信人加注小字“乾隆辛卯”字样）致“大二兄大人”信中，写到：“现在本衙门已保送御史，拟将来一得御史，无论能自给与否，决然回家矣。缄口则难以厚颜，妄论则贻忧□世，且伯父遗训何敢忘也”（第四页正面）。这些在给亲人的家书中所表露的，都是由衷之言，于此可见姚氏的为人，值得尊敬。还有，“七月二十三日”（末有收信人加注小字“此乾隆五十年字”字样）致“二兄大人”信中，称“邑中荒旱颇甚，当事方议赈恤，然安徽灾处太广，钱粮不足供赈灾之用矣，以此未有定局耳”(第九页反面)。为安徽的天灾史提供了第一手史料。在民俗方面，提到“遄归发丧及办理迎柩建厝屋等事。至六月初二日冯侄始扶柩回里，厝于半铺，诸事粗定”(“八月廿日”致“弟字”。第十一页反面)，说明当时民俗是先将棺材置于“厝屋”，然后再择地安葬的。在口语方面，今天说“寄去某物”，《家书》中都称“寄来某物”，如“今寄来火腿一只，妹可查收”(“十月十六日”致“四妹”书。第六页正面)。为研究词语的变迁提供了史料。还应指出，在这封致“四妹”书中，可能收信人只粗通文字，故全信都加圈断句，这在全书中仅此一见，说明姚氏是针对收信人的实际出发，才特别加圈断句的。

末了，还想谈谈《家书》原件收藏者倪道杰其人，此公在《天津近代人物录》(天津市政协文史资料研究委员会编。1987年内部发行)中有传记，他曾是居于华北首位的天津寿丰面粉公司的董事长，系安徽督军倪嗣冲之子，倪家所办企业的代理人。他收藏《家书》原件并付诸影印传世，是值得称道的。不知《家书》原件尚存天津否?待查。

·新书架·

对此伤人今古情

——记乾隆本《红鹅馆诗选》

陈昊声

乾隆刊《红鹅馆诗选·凤山集》二卷，山阴王濬著，半叶十行二十一字，白口单尾，四周单边，竹纸方字，乾隆二十六年(辛巳)诸暨吴益高纠资刊刻。

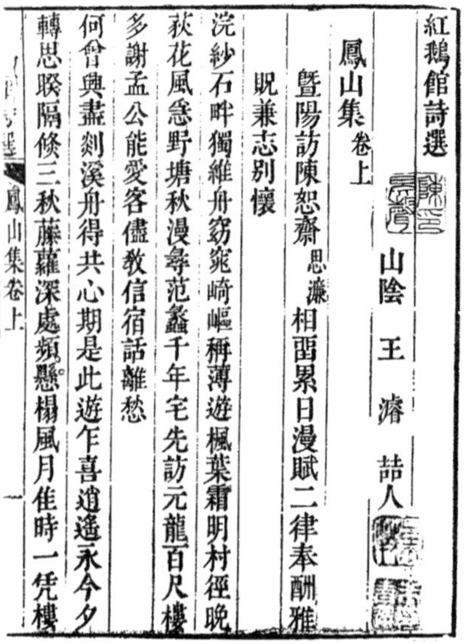
紅鵝館詩選

山陰 王濬 喆人

鳳山集卷上

暨陽訪陳恕齋思濂相留累日漫賦二律奉酬雅晛兼志別懷

浣紗石畔獨維舟窈窕崎嶇稱薄遊楓葉霜明村徑晚荻花風急野塘秋漫尋范蠡千年宅先訪元龍百尺樓多謝孟公能愛客儘教信宿話離愁

何曾輿盡剡溪舟得共心期是此遊乍喜逍遙承今夕轉思睽隔倏三秋藤蘿深處頻懸榻風月佳時一凭樓

鳳山集卷上

此本罕见，不独《清人别集总目》、《清人诗文集总目提要》失收，即《清史稿艺文志及补遗》、《清史稿艺文志拾遗》等皆不载，唯《嘉庆山阴县志》卷十五乡贤下，有王濬小传：“王濬，字喆人，岁贡生，工诗。父疾亟，亲涤溷秽，吁天请代。迨殁，糜饮不入口。后贫益甚，昆季相继殁于楚粤。竭蹶奉亲，每膳必有酒肉。寡姊无依，素为母氏哀怜，濬敬养之。其稚子幼女恒嗷嗷不得食，卒不令母姊知也。母寝疾数年，经营药食心力俱瘁。殁，无以殓，一恸几绝。私告所知曰：昔灵均以孤愤而沉汨罗，青莲以放达而投采石，吾将从母氏于地下，独亲殡在堂是乃遗恨耳。九月三日于罗坟桥下遽赴水死。友人哀之，为举四丧。著有《红鹅馆诗钞·凤山集》。（小字注府志孝行。知府志也列入孝行条中。）”

此处，王濬之卒期为九月三日，当系县志成书之时。县志卷三十称“嘉庆岁在昭阳，重辑山阴县志，经始于孟夏，三月，及秋而书成。”此处昭阳者以太岁历《史记》纪年法中，列第八，即为嘉庆八年刊本，知王濬正卒于此时。而同书卷十选举志乾隆三十七年(壬辰)岁贡生名下，即有王濬。

王濬以孝悌名闻乡里，为地方旌扬，而文名却为所淹，今唯赖此册诗集得识其学养才情。

此诗集为作者于乾隆戊寅（二十三年）被邀往诸暨凤山坐馆，至庚辰(二十五年)三年间诗酒流连所作，经自删而由吴益高于辛巳（二十六年）出资刊行者。因名诗选，复以凤山“风日清美，情与景会”，副题凤山集。故其诗作中，既有凤山处处之山颜水景纪游诗，也有友朋间酬酢篇什，更有异乡独处感怀身世之作，“半生奔走为饥驱，”乃其哀愤之句，而凄婉处，可见黄景仁之身影，如《晓起书感示吴益源沛霖》：“终宵欹枕梦难成，落月依依照栏明。荻浦风依沉雁语，茅檐霜重冻鸡声。十年漂泊惭书剑，百里淹留仗友生。晓起楼头频怅望，思乡惟有涕纵横。”而另一首《听帆来夜读感赋》，更见凄凉：“寒风萧瑟侵残烛，苦雨昏沉透薄帷。伏枕偏怜身病日，读书仍负夜长时。壮怀慷慨闻鸡舞，往事凄凉失马悲。美尔吟声出金石，不眠空有涕交颐。”

风和日暖，王濬与诗友们诗酒策杖，时而讴山居，时而歌田园，一如陶潜旧习；偶而也冶春买醉，频频在山凄水迷间流连，都在诗集中有所展现。但诗集中的一首《读〈板桥杂记〉感赋》凡三百五十馀言的长诗，却迥于他诗，有凝重的历史沧桑感，用史诗般笔调重现一段兴亡史，其佳妙处直可与梅村诗相媲美，可视为《红鹅馆诗选》的压卷之作："青衫头白前朝客，飘泊曾依江总宅。转眼繁华能几时？旧游拟共何人说？凄凉偏爱谱升平，细雨挑灯记甲乙。廿载频惊战斗场，一编述尽兴亡迹。忆昔中原未变迁，金陵乐事自年年。王侯邸第排空起，灯火楼船趁月还。传杯漏永喧檀板，簇仗花红跨锦鞯。小桨迎来桃叶女，回廊唤出绛云仙。迷人最是秦淮渡，狭邪旧院纷无数。门前车马闹如雷，帘里椒兰浓若雾。扫眉才子本婵娟，傅粉何郎屡回顾。酒阑棋罢更留欢，斗转参横不知曙。一朝宫阙烟尘生，幕府山头铁骑鸣。野鸟啼煞青溪柳，凄断歌声唱冶城。贺老琵琶愁出塞，昆生弦索远投兵。仓卒玉京归净土，萧条葛嫩没军营。井阑泪黦胭脂雨，教籍香消佳丽名。可怜西风怒吹折骈枝树，粉黛昔三千一半埋黄土。憔悴犹存老教师，春风几度持门户。尊前重与话开元，羌笛声声欲断魂。龟年零落青蛾去，女侠谁知寇白门？东南半壁嗟难守，昆明浩劫今看又。玉乘鸾舆去不回，青楼红粉知何有？独有樊川感慨生，梦华小录继神京。一般摇落芜城赋，对此伤人今古情。"

书前有沈冰壶、孙大蘧、陆溶序及王濬目序二通，其中沈冰壶乃王濬之师，而孙大蘧、陆溶皆沈氏门人。

读《新方言附岭外三洲语》

温肇炘　温肇涵

章炳麟著《新方言附岭外三洲语》一书，是由《新方言》和《岭外三洲语》两部分组合而成的。《新方言》有章氏序和刘光汉、黄侃两弟子写的后序各一篇。由黄侃用篆文将书名题写在另纸上。内容有：释词、释言、释亲属、释形体、释宫、释器、释天、释地、释植物、释动物及音表共十一类。全部共百零六页。另一部分《岭外三洲语》的书名仍由黄侃用篆文题写在另纸上，本文五页，两共六页。尾页上刊有“成都弟子曹道敬校”，还有“不许复制”，“定价日金一元，中国文银九十钱”等字样。此书于周召共和二千七百四十九年戊申（1908年）在日本东京发行，聚珍本，日本纸印刷，线订一册大三十二开本，全书共百十二页。

考章炳麟因《苏报》案于1903年被捕入狱，至1906年6月刑满释放，后为同盟会代表迎

至日本，参加同盟会，任同盟会机关报《民报》主编。因政见不一，与改良派展开了论战。1907年8月，章氏将所著《新方言》一书，交由《民报》出版发行。书中主张“从夏声而革夷语”和“保持旧语而生光复之勋”（见刘光汉序文），矛头直指满清。北京图书馆善本组将此书引入所编《北京图书馆馆藏革命文献简目》（见该书第336页，下称《简目》）。可见此书非同一般。

查《简目》上著录的章炳麟著《新方言》一书，是由东京《民报》社于1907年8月出版的，一册，八十六页大三十二开本。两相对比，书名不同，出版年份有异，而且页数相差很多。特别是《新方言附岭外三洲语》一书前面章氏的序是写在1908年，由此可见，这本书是1908年《民报》被日本政府封闭后，太炎先生在东京讲学时，在《新方言》基础上，加以增订重新出版的。

以前，我们一直不理解，太炎先生为什么在革命受到挫折时，却转而在东京举办《国学讲习会》，开班讲学；特别是在短短不到一年的时间里，又把《新方言附岭外三洲语》重新增订出版发行的用意何在？

我们从刘光汉的后序中，找到了答案。刘先生的有关原文是：“自东晋以近，胡、羯、氐、羌，入宅中夏，河淮南北，间杂夷音，重以蒙古建州之乱，风俗颓替，虏语横行。而委巷之谈，妇孺之语，转能保故言而不失，此则夏声之仅存者。昔欧洲希意诸国，受制非种，故老遗民，保持旧语，而思古之念，沛然以生，光复之勋（功劳）蘿（quǎn 犬，植物嫩芽）蒍（yú 愉，花盛开）于此（意蓬勃萌发）。今诸华夷祸与希意同，欲革夷言而从夏声，又必以此书为嚆矢（响箭，意开端）。此太炎之志也。”

刘先生的这段文字告诉我们，自东晋王朝以来，我国西北方土地上的少数民族，纷纷到内地来建立政权，发展势力，从此黄河淮河两岸，夹杂了不少异族的语言。尤其是蒙古和建州的祸乱，比较严重，因此，风气极端败坏，少数民族的语音到处横行。只有偏僻小巷里的谈话和妇女儿童的口语，还保留着古老的汉族语音。过去，欧洲的希腊、意大利等国家，都先后被土耳其、奥国等不同种族侵占过。他们国家的人民却始终保持着各自本国的语言文字，使他们保持思念祖国的情怀和产生光复祖国的心愿。语言文字能团结本民族的利益和力量。欧洲各国经民族革命，达到了驱逐异族统治者，完成了复国大业。刘先生认为太炎先生所处环境，正当各种力量风起云涌之时，他主张革夷语而从中国的夏声，以此为发端而完成复国的心愿。章先生为实现这一愿望是不遗馀力的。章先生是一贯信奉，再三强调"国学之无人兴起，将影响其国家之存灭"（《国学讲习会序》）的反清革命家，他身体力行，开班授课，著书立说，与改良派论战。他鼓吹革命斗争，对当时的形势，起了推波助澜的作用。章先生《新方言附岭外三洲语》的出版发行，是顺应当时革命斗争的需要。

我们认为：《新方言附岭外三洲语》一书，有以下两点，值得关注的：一、这本在日本东京发行的《新方言附岭外三洲语》，未收录在《北宋图书馆馆藏革命文献简目》中，而范希曾所编《书目答问补正》中，也仅仅补上了杭州局刻《章氏丛书》本的《新方言十一卷附岭外三洲语一卷》。由此可以断定，这一版本，在国内是比较稀少的。二、此书出版发行时的纪年问题。辛亥革命时期，《民报》所用的黄帝纪年，是被多数革命党人所接受，并在实际中普遍应用的。武昌起义后，湖北军政府文告即以此为据，各地响应的文告也都采用此说。直至中华民国成立，才明文废止。而身为同盟会会员、原《民报》主编却把《民报》纪年抛开不顾，而改用"周召共和"的纪年，这决不是太炎先生一时疏忽，而应该是1909年与陶成章改用光复会名义活动和同盟会分道扬镳的前奏，是太炎先生思想演变的新的启程，值得研究。

我的四本藏书

苏春宇

说到书，记得上世纪七十年代末家里还是有几本小说书的，工作后买书也不多，这几年书价日升，淘旧书渐渐成了我购书的主导，顺带又喜欢上了古书，因钱少，只能买些便宜的线装残书散本。购线装书最大的乐趣莫过于在翻一堆乱书时无意中的发现，在阅读、鉴赏、研究中的种种喜悦。然而收集线装书带有较多偶然性，自己收藏古籍时间较晚，条件也不是太好，但几年用心下来，还是购到了几本有意思的古旧书，于是选了四本公诸同好。

一、明中前期刻本《继轩集》一册 存第六、七、八三卷。第六卷前有缺页，白棉纸刻本，四周双边，细黑口，单鱼尾下有“继诗”二字及卷数、页码，五十八叶。所存三卷未署作者姓名，据查并核卷中诗序，悉为沐璘所著。沐璘，字继轩，明景泰年间官云南右军都督同知。此残书存诗三百首，五言、七言皆有，并少量六言，内容多为景泰年间所作的题画诗、倡和诗、感怀诗和杂诗等。沐璘的诗作虽在《景泰云南图经志》中多有选用，但单独存册的似不多见，因此此三卷诗作对了解和研究明朝景泰时期云南的文学、历史仍有所帮助。沐璘虽身居要职，但他对书画很有

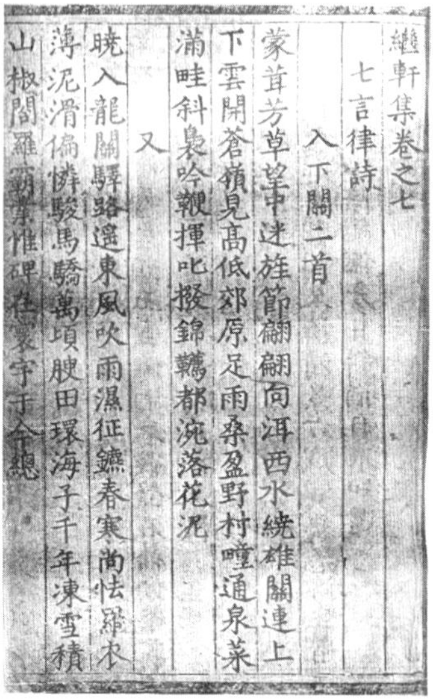
繼軒集卷之七
七言律詩
入下關二首
蒙茸芳草望中迷旌節翩翩向洱西水繞雄關連上
下雲開蒼嶺見高低郊原足雨桑盈野村疃通泉菜
滿畦斜裊吟鞭揮叱撥錦韉都涴落花泥
又
曉入龍關驛路還東風吹雨濕征鞭春寒尚怯羅衣
薄泥滑偏憐駿馬驕萬頃腴田環海子千年凍雪積
山椒閣羅鳳霸業惟碑在篆字于今總

些研究，书中有题画内容的诗就有百首。如：《题画》："云暝树参差，溪秋水清浅。日暮望西山，筠帘雨中卷。"《题画三首》(之一)："春云霭霭雨初收，桑梓村墟绿未稠。仿佛江东二三月，何时乘兴泛扁舟。"沐璘和同僚、友朋的交往、倡和诗也不少。从《游圆照寺》、《游太华寺》、《和九日同僚佐登聚远楼诗韵》等诗的题目就可看出他公馀生活悠闲的一面，其中与陈以逊（布政）、郑公惠（参赞）交往稍多，此外与洪(侍御)、朱(侍御)、张(佥宪)、孙翰(医士)及表弟顾淳等都有诗来往。其中有一首反映出诗人内心真实的《夜坐》："芭蕉叶暗蕙花香，夜静无风气自凉。坠露有声惊鹤梦，新蟾无色淡萤光。一琴尘土知音少，满架诗书引兴长。啜罢紫茸清不寐，谩萦筹策绕边疆。"书中还有几首反映明代云南地方民俗方面的诗，如征麓川(云南瑞丽)叛贼途中所作的《莫道中即事四首》之一："侏儒蛮语更咿哑，断发文身复染牙。挈榼提筐趁墟去，蛇羹鼠鲊杂酸茶。"此外从书中两首诗的小序中还能找到一点史事，如《睹开平忠武王（常遇春）遗像二首》诗序中写道："璘自童年……景泰癸酉(1453年)，其曾孙宁自临安（云南建水）以其像来见，璘始获拜，因命人绘工模之，仍书太史公神道碑铭于上，且勉赋拙诗二律于下……"。可见曾有过沐璘命人临摹了一幅常遇春画像且亲自题诗二首于上的史实。在《过楚雄硪碌驿奉怀伯祖定远忠敬王(沐晟)》序中写道："正统戊午(1438年)麓贼思任发叛顺，我伯祖忠敬王率兵讨之……明年己未，王婴疾至楚雄硪碌驿……遂薨。……景泰甲戌(1454年）予以兵获取贼子思机发，回经此驿因有感赋诗以追慕云。"从以上资料亦可证平叛的一些史事。

二、吴三桂统治时期刊本《太上洞玄灵宝高上玉皇本行集经》

经折装刻本，上中下三卷全，每单折高35.3厘米，宽12厘米。上卷前面有一长幅道士向道祖献经书的精美版画，中卷最后还有一小幅三眼武将的版画。该书字大悦目，刻印精美，为蒙化府(今云南省大理州巍山县)好道人士以康熙年间道经为母本翻刻刷印而成。该经序言落款为:"皇清康熙丙午(1666年)正月九日袭封汉留侯嗣五十三代天师大真人张洪任熏沐顿首重梓并题于龙虎山",经书的后跋落款时间为"周元年甲寅(1674年)岁六月一日蒙阳后学陈时霈解如甫沐百拜题书"。《太上本行集经》是道教常用经书,版本较多。但此本属"吴逆"时刻书,理应在清朝平三藩后被禁毁,据称因藏在某户夹墙中才得以幸免,观其书边又黑又灰,此话似应不假。由于可能牵涉到刻书的许多人,大概吴三桂政权败亡之际即是此书深藏之时。此经摊主索价甚昂,因其保存不易,考虑良久方购下。

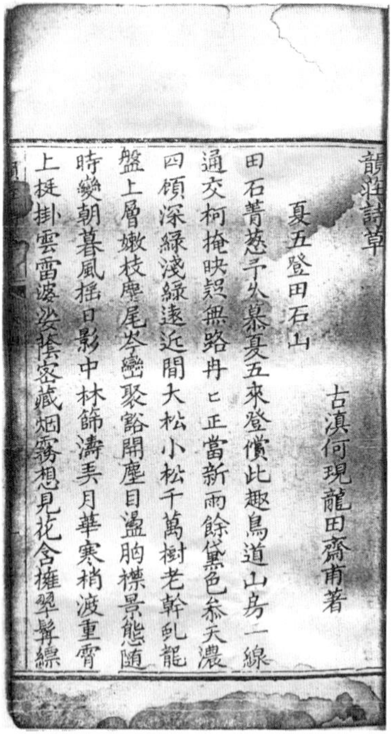
韻莊詩草
古滇何現龍田齋甫著
夏五登田石山
田石菁葱千仞慕夏五來登償此趣鳥道山房一線
通交柯掩映鬰無路冉冉正當新雨餘黛色叅天濃
四頃深綠淺綠遠近間大松小松千萬樹老幹虬龍
盤上層嫩枝麈尾岑巒聚豁開塵目盪胸襟景態隨
時變朝暮風搖日影中林篩濤弄月華寒梢渡重霄
上挺掛雲雷婆娑蔭密藏烟霧想見花含擁翠鬟繚

三、《韵庄诗草》 清乾隆或嘉庆年间刻本一册,存第三、四、五卷,共三十九叶(第三、五卷有残),题"古滇何现龙田斋甫著",作者何现龙不知为云南何处人氏,但从诗中可知作者家乡在金沙江畔(可能在滇西北)。此三卷共录诗百五十八首,其中第三、第四卷记录了作者在山西永宁(今山西离石县)署中任职时从乾隆甲戌(1754年)至壬午(1762年)九年中所作的诗百多首。所作诗内容大多为应酬、感遇之作,但不少诗文字优美,别有意境。如《己卯初秋同周友畇锡宿子洪镇西岩寺》:"诸峰影落没长河,半榻烟丛翠屿窝。滩响忽高疑雨集,僧灯初上似星罗。浮生惯听云中梵,往事都如梦里过。一宿西岩旋仆仆,红尘难结静缘多。”作者还曾与主持过乡试的纪昀吟诗倡和过,《奉和主试纪晓岚太史闱中八日韵》写道:“风吹落木下残更,一片重关矮屋情。何处月明江梦好,香生花管蝶犹惊。” 在任职期间最让作者高兴的事大概就是母亲和妻子不远万里从云南来与他团聚,《丁丑仲冬四月母妻抵署》写道:“六载倚闾眼望穿,惊从梦想得承颜。人来栈道随飞鸟,马度重关傍舞鸾。白发秋风万里路,红尘暮日一涯天。微官色养叨清俸,御谢君恩到百年。”从这首诗中还可看出作者约在乾隆十七年(1752 年)就已经到山西任所任职了。

四、《黔游心影》民国铅印本 卢前著。二十叶。该书采用线装的装订形式,淡蓝色封面,纸洁墨浓,由贵阳文通书局民国三十年(1941 年)11 月发行。此书收录作者同年秋赴黔短期讲学期间所作的二十七首曲。卢前结识了当时旅居贵阳的翻译家杨宪益、戴乃迭夫妇,并请二人将其中八首曲翻译成了英文,附在了中文页的背面。才子卢前在曲上的造诣很深,兹录几首可见一斑:《綦江清风园茶座记闻》[中吕红绣鞋]:“王道士摩挲石砚。有白云二字娟娟。羽化翩然忽升仙。北郊留古剑。故事并流传。叹瀛山人去远。”《钓丝崖》〔越调天净沙〕:“中间林壑清幽。上空禽鸟飞投。笑指朝阳洞口。钓崖奇秀。不知人在炎州。”《武乡祠相传为杨文骢故宅》〔双调清江引〕:“西湖路南祠在否。卓荦杨龙友。千秋洵美堂。不与瑶翁偶。于生死间遮万口。”

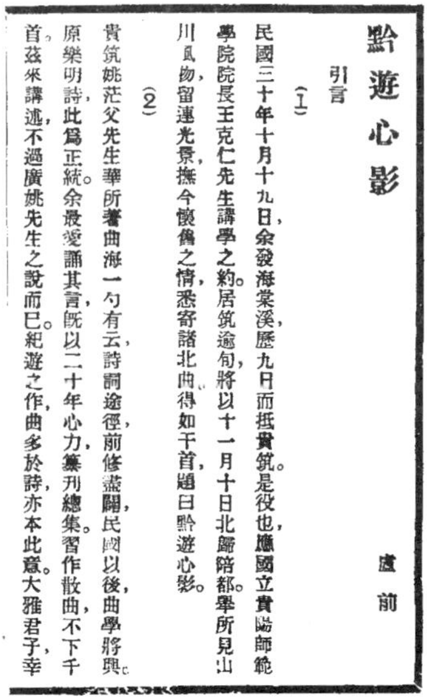
黔遊心影

盧前

引言

(1)

民國三十年十月十九日,余發海棠溪,歷九日而抵貴筑。是役也,應國立貴陽師範學院院長王克仁先生講學之約。居筑逾旬,將以十一月十日北歸陪都。舉所見山川風物,留連光景,撫今懷舊之情,悉寄諸北曲。得如干首,題曰黔遊心影。

(2)

貴筑姚茫父先生華所著曲海一勺有云,詩詞途徑,前修盡闢,民國以後,曲學將興。原樂明詩,此爲正統。余最愛誦其言,既以二十年心力,纂刊總集。習作散曲,不下千首。兹來講述,不過廣姚先生之說而已。紀遊之作,曲多於詩,亦本此意。大雅君子,幸

《木犀》及其它

范 用

《木 犀》

1927年上海创造社出版部出版。内容为：陶晶孙：《木犀》、郭沫若：《叶罗提之墓》、郁达夫：《青烟》、严良才：《最后的安慰》、成仿吾：《一个流浪人的新年》、淦女士：《隔绝》、张资平：《圣诞节前夜》。

此书系由叶灵凤(LF)装帧，包括封面、环衬、扉页、目录页。

在书的环衬上，有夏衍的如下题词：

> "一九六一年秋十月，游镇江、扬州，得于故书铺中，以赠此书之装帧者——霜崖老弟。夏衍，5/10。"

《辑雍熙乐府本〈西厢记〉曲文》

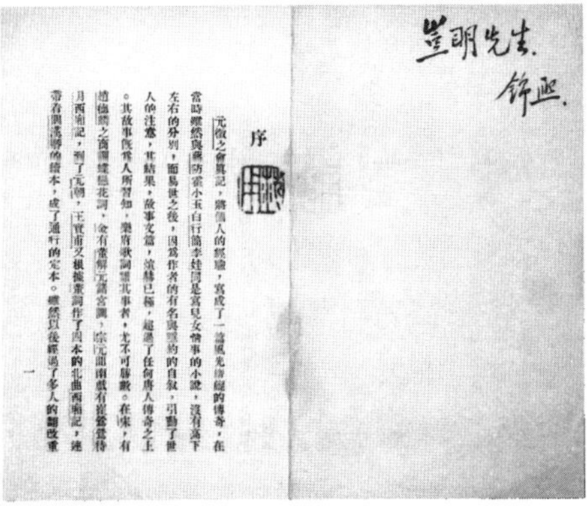

黎锦熙、邝翰青编著，民国二十二年北平立达书局发行。封面钱玄同题签。封里右上角有“岂明（周作人）/锦熙”题识。版权页贴有“无名”之印花。封底整面印“国音字母（Gwoin Tzyhmuu）”，并说明“ㄅ．ㄆ．ㄇ等是第一式，名注音符号；B．P.M 等是第二式，旧名注音字母”。

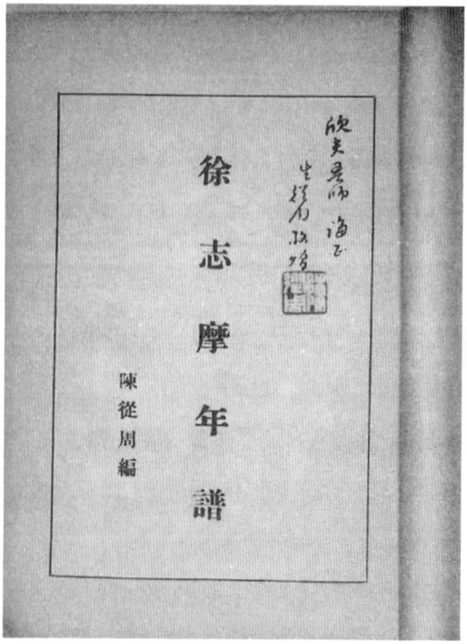

《徐志摩年谱》

1949年编者陈从周印，非卖品。扉页题有“欣夫吾师诲正，生从周敬赠”。此书记载徐志摩生平事迹及著作甚详，按年编排。封面张宗祥题签。

《木犀》、《徐志摩年谱》两书购于上海书店，时在“文革”后期，前者售价五角，后者售价八角。这两本有题签的书在今日的旧书肆，都会卖高价。

·新书架·

宋代晁氏家族及其文献研究（山东文献与传统文化研究丛书）

刘焕阳著　大32开　平装　齐鲁书社出版　定价：24元

宋代晁氏为汉大夫晁错之后。本书根据史传及各家文集资料，参之于《晁氏宗谱》，先从宋代晁氏的世系行状考述、师友交游、著述考略等三个方面宏观地阐述了晁氏家族在当世的状况，后又从各案分析入手，具体论述了晁氏家族之佼佼者如晁补之、晁端礼、晁说之、晁冲之的生平、思想、创作等。纵览全书，宏观视角与微观论述相结合，故能系统而又全面地向读者介绍和解说宋代晁氏家族方方面面的情况。

野夫的《木刻手册》

龚明德

1942年2月1日，野夫在江西“上饶乡间”为他的《怎样研究木刻》的再版增订本写的后记中说——

> 此书原由浙江丽水“会文图书社”出版的。初版出书日期为一九四〇年二月一日。共印三百册。一九四一年夏，“会文”本拟即行再版，奈突经“四一九”浙东事变，因交通的障碍，邮寄发生困难，使书报的发行受到莫大的打击，以致一搁再搁，直搁到今年初春，才商得“会文”当局的同意，将版权偿还笔者。同时经过朋友的介绍，将此书移交桂林“文化供应社”续版。

这种“续版”《怎样研究木刻》书名被改为《木刻手册》，其版本名称，依照作者自述，该叫做“再版增订本”，出版时间为1943年10月。上引作者的说明虽是当时所讲，但一些有关细节仍未交代。

郑野夫《搏斗》

《木刻手册》的初版书名是《怎样研究木刻》，1940年1月由浙江丽水会文图书社排印，次月出书。野夫说《怎样研究木刻》"这本小册子是一九三九年夏，当浙江省'战时木刻研究社'举办'第一期木刻函授班'时，匆促而又潦草的写成"的。《怎样研究木刻》在扉页上印有野夫的已故弟弟郑邵勤生前的卧病照相，照相下面横排"纪念最亲爱的弟弟"，扉页另一面是野夫悼念弟弟的新诗，有二十二行，分为四节，四节的首句都是感叹句，分别是"我怨恨！"、"我痛心！"、"我相信！"、"我立誓！"。最后一节只有三行："我立誓！/以最大的毅力来继续你未了的心愿，为/你——和一切枉死的——及现在正受难的人群，而奋斗到底！"郑邵勤同他的哥哥野夫一样，都是"野风画会"成员，被同行昵称为"大郑"和"小郑"。郑邵勤追随在"天一影片公司"担任置景师的哥哥野夫抵港不久不幸病故，野夫的深情悼念是有原由的。

再版增订本《木刻手册》封面

关于初版本《怎样研究木刻》的印数，作者野夫有两种说法。一为刚引用了的他在"上饶乡间"说的"共印三百册"，二是六年后的1948年的8月5日他"于沪滨"写"重著新版"《木刻手册》之《三版增订感言》所说的"由浙东丽水会文图书社编入写读丛书之一，印了三千册"，并且说在桂林印的《木刻手册》也是"续印三千册"。未见到初版本《怎样研究木刻》，无法证实。即便显得简陋的初版本，当年所发挥的作用仍然相当大，因为它是当年有关木刻的三五种系统教材之一。野夫的弟子黄永玉在四十多年后写的《迟到的追念》一文也认为野夫写的关于木刻的这个“教本”对他很有用，他深情地说：“这个‘宝书’才使我初步明白木刻的正式工序是怎么开始的。”

《木刻手册》的《再版增订后记》未提及书名更改，倒不是有意回避，而是当时的战争环境导致通讯不畅；恐怕直到野夫看见样书，才发现书名已改了。改换掉原书名《怎样研究木刻》，启用《木刻手册》的新书名，是桂林文化供应社编辑部所为。当时，该社组编了一套《青年自学指导手册》，到 1948 年秋共组稿了八本，即廖伯华《珠算手册》、杨承芳《英文手册》、冼群《戏剧手册》、艾芜《文学手册》、顾均正《物理手册》、唐锡光《化学手册》、贾祖璋《生物学手册》和野夫《木刻手册》。

“续印”的再版增订本《木刻手册》的封面上，文字包括书名、作者署名和出版社名全为套红。右下的一幅占了近乎四分之一位置的木刻作品多半出自野夫自己之手，揭示了作者撰著本书的目的。无题木刻作品的左上角那三架飞机当然是以战争象征的轰炸机为背景；主体部分是一个严肃而愤怒的木刻家，他手握木刻刀，其思维活动用右方的一个大问号和木刻家的头部、身体均化为木板继而又演变为炮弹的精妙设计来显现，表明木刻家立誓为中华民族的解放事业贡献自己的木刻艺术。

和封面上的木刻装饰画作品所传达的主题一样，再版增订本《木刻手册》的内容也充满了特定的时代感。第五章《木刻概况》的第一节《木刻的特质》尤为突出，作者从“木刻是大众的艺术，木刻是斗争的艺术，木刻是新兴艺术部门的生力军”的立论出发，分述四点：一、木刻有粗暴的性格，线条强硬，光暗强烈，宜表现力量、宜表现飞机火炮；二、具有斗争性，多半描划劳动阶级群像，摄取被压迫者的呼声以及战士们英勇的姿态；三、木刻用刀在木板直接刻出，工具简单、经济，适于在战争中运用传播；四、木刻反映时代、刻划时代，是站在时代最前面的一种最锋利的斗争武器。其馀章节如第二章《绪论——木刻在抗战时期的重要性》，第九章《木刻制作的几个基本条件》中的第六节《技巧与理论》、第七节《形式与内容》，以及最末一章即第十章《木刻创作的准备》的四个小节《基本学习》、《生活修养》、《采取题材》、《学习与摹仿》，都是时时高扬抗战旋律，时时强调正确的无产阶级思想和健康的劳动者的感情，比之二十多年后的阶级教育、革命教育来，有过之而无不及。

对于史学研究者来说，再版增订本《木刻手册》相当有价值的是第三章《中国新兴木刻艺术发展的概况》，有一万三千字的篇幅。之所以有价值，是所述“概况”全都是作者亲自参与了的木刻运动的现场纪实，而且条理分明，毫无其它章节的说教气味，是平心静气的史实叙述。“概况”分起源、复兴期、萌芽期（也就是遭受打击期）、成长期（也就是受难期）、全盛期、延续期（也可以说是散漫期）、振作期，大量的各地木刻运动的实况，使得这一章有一种史实厚度。有了这一章，鲁迅作序、白危编译于1937年印行的《木刻创作法》和1949年出版的陈烟桥著《鲁迅与木刻》就显得薄弱多

野夫《黎明》

了。

说到鲁迅与木刻，野夫的这本《木刻手册》在本质上也贯穿了鲁迅精神，有一些段落就是鲁迅式的语言，还有一则很长时间未编入鲁迅著作的书信原文，是鲁迅写给野夫的亲笔信，原信手迹未能保存下来，但这封信的主要内容却因野夫此书的引用而被后人知道。野夫有聆听鲁迅教诲的荣幸，鲁迅给他写过好几封信，有一封信甚至长达三千馀字，几乎是函授教材。他受益于鲁迅多多，在行文方面，自觉地传布着鲁迅的思想和观点，当然也就情理之中了。野夫接触鲁迅时，正是鲁迅大写杂文的时代，因此野夫这本《木刻手册》也有大量的杂文笔法，诚如初版序即《前言》的作者陈仲明所赞扬的，作者“对艺术界一切不良的倾向，指责得也确当而严格”。由于战时环境的恶劣，再版增订本《木刻手册》土纸印刷，所附插图四十一幅大多模糊难辨。

1948年夏末秋初，野夫在上海对再版增订本《木刻手册》来了一次大规模的补修，几乎是另外一本书了。所以，1948年8月仍由“文化供应社”印行的《木刻手册》，在扉页书名上方就特意用黑体字标明此书为“重著新版”。

何以要印“重著新版”《木刻手册》，野夫《三版增订感言》中说得很明白：“‘文供社’销完三千册后，即未

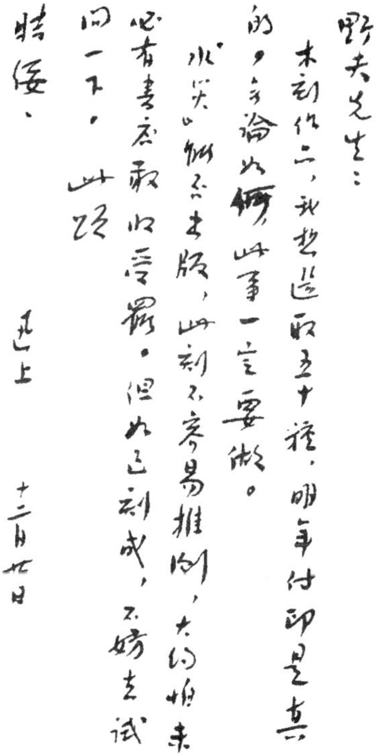
野夫先生：
木刻作品，我想选取五十种，明年付印是真的，无论如何，此事一定要做。
水彩的版，不是木版，此刻不容易推行，大约怕未必有书店敢收受罢。但如已刻成，不妨去试问一下。此颂
时绥。
迅上
十二月廿日

鲁迅1933年12月20日致野夫书信手迹

续印，胜利以来，因交通逐渐恢复，及木运地区逐渐宽阔，而有关木刻技法的书籍反不多见，战前及战时出版的几种亦都未续版，‘中国木刻用品合作工厂’‘新艺丛书社’在战时编印的一本《给初学木刻者》，亦于本年春间售罄，该社因经费无着，一时无力再版，而各地初学木刻者又迫切需要，后经文供社同意牺牲原有纸型，重加修正重排付印，感激之馀，便不辞严夏的威逼，花了一个多月的时间，把它从头至尾重写一遍，添了不少章节，插图亦重选重制，……”

把再版增订本和重著新版本两种《木刻手册》细加对照之后，就可以发现前一种版本的不少有待完善的地方。

重著新版本《木刻手册》把原来十章的内容只划分为七章，即版画概说、木刻概说、用具及材料的准备、刻作的程序、画面构成诸要素、学习步骤、木刻史话。这章节还可以再缩并，比如：木刻本属于版画之一，可放在一起述说；刻作程序、画面构成和学习步骤也可放在一起。但是，与原来的章节划分一比较，后者的更趋于条理分明就显现出来。原来的章节为：一、鲁迅先生所留给我们的遗言，抄了五段鲁迅论及木刻的语录；二、绪论，谈“木刻在抗战时期的重要性”；三、中国新兴木刻艺术发展的概况，述说截至作者撰述之日的“不满十年”的中国“木运”经过；四、版画概说；五、木刻概说；六、木刻的用具及材料；七、木刻制作的程序；八、拓印；九、木刻制作的几个基本条件；十、木刻创作的准备。这十个章节的划分，确实体现了“为了适应木函班需要的迫切”而急匆匆的慌乱。

和再版增订本《木刻手册》一样，重著新版本《木刻手册》的基本木刻知识以外的史实述说也是相当有价值的。而且，前一种的中国新兴“木运”只写到1940年冬，九年多，不足十年；而重著新版本《木刻手册》则补写至1948年秋，多出了将近十年，几乎就是《中国新兴木刻史简编》。当然，不仅仅是多出了十年时间，在内容上来了一次重新编撰。尤其是对同一个事件的述说，前后的差异颇有研究价值。举几个例子。

提到艾青时，“再版增订本”隐晦地说“刚从法国回来的一位先进的艺术同道者”，“重著新版本”扩写为“刚从法国回来的艺术朋友蒋海澄（即后来专从事新诗工作的艾青）”，接下去不远处还明确载录“会员海澄……又锒铛入狱，……判了五年”。

说到“春地美术研究所”的被强令解散，“重著新版本”只是一般的叙事：“‘上海’‘新华’两美专有好多学生都中途转到那里面去，不料却因此引起一班艺术大师的忌视，……”而“再版增订本”却是详尽的叙说事件原委并照录当时“艺术大师”的“忌视”的说话：“那一次展览会，却给与上海文艺界一番空前的激动！同时，大概因为‘春地’所展览的作品有了新的‘形式’和‘内容’，给与一班美术青年一种新的刺激和启示的关系，所以都很踊跃的参加到‘春地’里去。当时‘上海’，‘新华’两美专的少数学生（有的已经缴了学费的）也参加到那边去，想不到这却引起了所谓‘艺术大师’们的妒忌，据说他们会议以后的结论：‘“春地”成立还不到三个月，对各方面的影响已经是这样的大，假使让它办到一年两年，那么，我们的学校都不要办了……’结果，‘春地’果然于这几句话的威力之下而被法捕房抄散了。”

“再版增订本”《木刻手册》这样写鲁迅在“第二回全国木刻流动展览会”上：“先生在会场中被许多青年包围着，奋不顾身的向一班青年解答许多问题的当儿，而竟讲得白涎从口缝里不停的淌着，甚至讲得面色惨白，确是许多人亲眼见到的事实。”所写是事实无疑，却有点别扭。“重著新版本”变为这样的了：“鲁迅先生也于最后一天扶病前往参观，老人家看见亲自扶植的新兴木刻，很快的从幼苗变成粗枝大叶的绿荫，兴奋得竟忘却了自己的病体，与在场的木刻青年及许多热情的观众谈论有关木刻的问题达数小时之久。然而谁会想到这位青年导师，一代的文豪，中国新木刻艺术的保姆，竟于木展闭幕后不到一周的十月十九日，停止他的战斗生命，与世长辞了。”前后两种描述，对于研究者都有价值。话语方式的随便或庄严，与时代的文明程度息息相关。后一种表述，正朝着五十年代的方向靠拢。

前面介绍过再版增订本《木刻手册》具有浓厚战时色彩的封面，重著新版《木刻手册》的作者在“重著”时已经用相对永久性质的素材和语言来述说了，因此到了这一版的封面也焕然一变。书名由原来的长宋字变为略微扁宽的字体，仍是红色。书名之下是扁黑美术字的“野夫著”。居中偏下是黄永玉的一幅绿底套色木刻《柳叶摇摇草青青》，有的书上误将这幅木刻称为“讲故事”，也说得过去。因为画面上一派快乐，赤着上身的老大爷手拿纸扇坐在青草地上，欢笑地面对坐在矮凳上两个表情愉快的小孩，正在说着话。一双小孩的头顶上是挂满果实的葡萄架，老大爷的身旁是被夏风吹拂的垂柳。说是夏天，除了老大爷赤着上身和两个男女小孩身着短袖上衣背心外，还有地上的茶壶和茶碗。不知有无先例，封面上的木刻被计入全书的插图之一，列为《插图目录》的第二十四幅图，即最后一幅。

“重著新版”《木刻手册》封面

列入目录的二十四幅插

图，全是每幅插图独占一面，还有几幅彩色的。印得清晰，用纸也好。属于技法指点的插图不计入目录，随文配插，各章分别以英文字母顺序编次，同样印得很清晰。

两种《木刻手册》的中国新兴“木运”现场记实，加起来有四万多字，都是极其宝贵的史料，弄中国现代艺术史的人不可不读。野夫对他献身的中国新兴“木运”的熟悉程度，只有用“如数家珍”和“了如指掌”这类词语来形容了。哪个县份哪个地方有哪几个人在从事木刻活动、已有什么作品，野夫清清楚楚。他对一二十年的中国“木运”家底，太熟悉了！我们现在的专业人士，包括级别很高的国家级专家，真该学学野夫的敬业精神。

野夫，复姓郑邵，乳名育英、毓英，昵称育男，学名虔，别字诚之、诚芝。野夫的本来姓名应该是“郑邵虔”。他的木刻作品一般署名EF，“野夫”便是“EF”的谐音。赴港担任“天一影片公司”置景师时，更名为“郑未明”。他是浙江乐清人。乐清属浙江温州辖地，现为县级市。其生卒年月，1981年人民文学出版社十六卷本《鲁迅全集》的注文就有两种说法：第十二卷第三百〇一页为“1906—1974”，第十五卷第四百八十九页为“1909—1973”。这是不该存有的讹误！当年参与《鲁迅全集》编注的班子颇具实力，不难找到野夫的档案材料。据浙江当地印行的地方志类读物，野夫1909年生，1973年秋卒。

用于“重著新版”《木刻手册》之三棱刀表现实例的野夫《泛区难船》

野夫以版画家名世。他毕业于刘海粟主

办的上海美术专科学校。从学校出来后，野夫先后与人发起组织“春地美术研究所”（亦称“春地画会”，1932年5月，上海）、“野风画会”（1932年8月，上海）、“上海绘画研究会”（1933年，春）、“铁马版画社”（1936年1月，上海）、“上海木刻作者协会”（1936年11月）、“春野美术研究会”（1937年9月，浙江乐清）等美术社团，创办《铁马版画》（上海，1936年1至8月，共出三集）、《战时木刻半月刊》（浙江，1939年11月至1940年4月，出至第二卷第二期）、《木刻艺术》（印行于浙江丽水、福建赤石、上海，1941年9月至1946年9月）等，主要是提倡版画的美术期刊。

抗战期间，野夫在浙江丽水与人创设“木刻用品供应社”，后发展为合作工厂，在赣、闽、沪等地生产木刻刀具，同时举办木刻作品展览会。出版的著作除《木刻手册》外，还有《点缀集》、《合作运动画集》、《给初学木刻者》等。

1950年后，野夫担任中国美术家协会的副秘书长，还被选为全国文联候补委员，执教于“中央美院华东分院”即后来的“浙江美术学院”，并兼任总务长。1957年的“运动”过后，野夫下放到中国美术馆研究保管部。“文革”期间，野夫饱受迫害。在“五七”咸宁干校，他靠制作过木刻的灵活的双手，以绘画艺术和木工技巧相结合，为干校创制出新型农具。

从“五七”咸宁干校回到北京，野夫已是衰老不堪，连去访问相距不到两公里的熟朋友，也会迷路，甚至在歧巷里徘徊良久，几濒昏厥。……

野夫的《木刻手册》未见在野夫去世后重印，他的木刻作品也未见有人搜编成书交出版社印行《野夫木刻作品集》，更说不上组稿编印怀念和研究野夫的专集了。我这篇文章就作为一个后学晚辈敬献给野夫坟上的小小花圈，像野夫作诗悼念他的弟弟一样，用以对中国新兴木刻先驱者之一的野夫的怀念吧。

藏书家身后盖印

白化文

尽人皆知，藏书家爱盖藏书印，有的藏书家远不止一颗印章。藏书印的内涵五花八门，字数多的有如一篇短文。研究书史特别是搜求善本书的人，鉴别书籍真伪，考镜收藏源流，常自识别藏书印鉴出发，以之为指路明灯。于是，有人为此编成专书。亡友林申清先生生前所编的《明清著名藏书家·藏书印》，可能是最新的一部了。可见，有关藏书家与藏书印的事情，已成专门之学。我是外行，于斯学不敢寻究探讨，只能谈谈自己看到与听来的一些情况，聊资谈助。

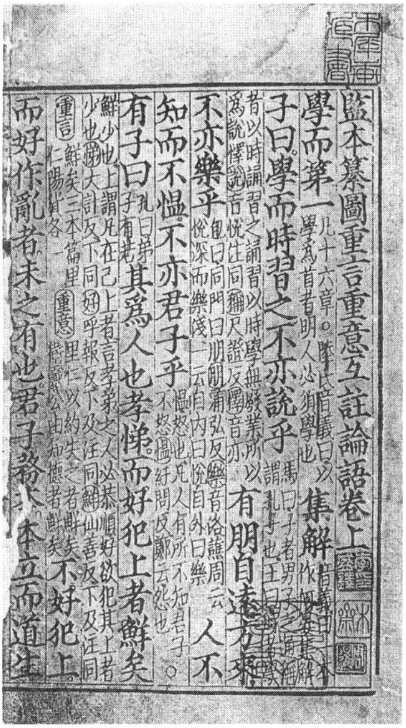
監本纂圖重言重意互註論語卷上
學而第一
子曰學而時習之不亦說乎有朋自遠方來
不亦樂乎人不
知而不愠不亦君子乎
有子曰其爲人也孝悌而好犯上者鮮矣
而好作亂者未之有也君子務本本立而道生

宋本《论语》卷上首叶钤李盛铎、周暹印章

且说，我过去是北大学生，现在是北大信息管理系（旧称“图书馆学系”）退休人员。理所当然，要对蜚声海内外的北大图书馆作些了解啦。北大图书馆号称当代国内第三大馆（前两位是国家图书馆与上海图书馆），高校中第一大馆。其凭借，除馆史老、藏书量大等因素外，善本特藏多是一大特色。我已经在另外几篇拙作中，对北大图书馆善本特藏的一些特点略抒己见，于此不赘述，只谈谈与本文有关的李氏书罢。

"李氏"是李木斋（盛铎），其"木犀轩"藏书在二十世纪二三十年代甲于京津诸大藏家。李氏生平及其藏书的内容，以及1939至1940年之间转让给北大图书馆的经过，知交原北大图书馆善本特藏部主任张玉范女史《木犀轩藏书题记及书录》（北京大学出版社，1985）一书中言之綦详，请有兴趣的读者自行寻览，亦不赘引。

吴骞稿本《子夏易传义疏》卷末钤李盛铎、李滂父子印章

且说，李氏书虽然进了北大图书馆，他的藏书印却没有随同进馆。1951年"三五反"运动中，有人揭发说：在隆福寺街近西口处路南一家旧书铺内（书铺牌号我已忘记了），买到一部明版巾箱本《老子》，书中盖有李氏藏书印章。书铺老板还故作神秘地推销说：这是从北大散出的，用以坚定买主的抢购信心。这次买主拿出此书，

一看，果真如此，借来与北大入藏的李氏书对照，藏书印分毫不差。当时，北大的李氏书正在缓慢地编目，如出现此种盗卖漏洞，肯定是大问题。于是严查。结果是：抗战胜利后，李氏的不肖子孙将一锦匣约十多个李氏印章（多为藏书印）卖与这家书铺。书铺已利用这批藏书印给若干明清版书籍加盖，借以抬价。此事为北大一位讲师所知，他正有一部《老子》想卖，又知道自己认识但非知交的另一位学者正托此书铺代为搜寻此种书，于是讲师与书铺合谋，借用李氏藏书印加盖，以博善价。那位学者果真上套。这次他亲自揭发，板上钉钉。当然，首先被调查的是书库管理和编目人员。他们大受其累。几经校内“打虎队”内查外调，水落石出，那位老师变成“老虎”，“八魔炼济颠”，大为狼狈，1952年院系调整时被逐出北大。我当时是学生，担任过几次不重要的外调任务，取回《老子》查对并送回，并在书铺中目验那一锦匣藏书印，“旁听”过对讲师的审讯。至今记忆犹新。这一匣藏书印今归何处，我就不知道了。我从而学到了一招：加盖名家藏书印的旧书能多卖钱。近年来，由于工作需要，我经常阅读拍卖资料，这些资料中的几乎每一条都标明原书中加盖了什么印章，或有那些名家签名，等等。其中包括非藏书家而为其它领域的名家的印章和签名。我对现在流行的售书签名的举措有点明白了。

且说，藏书家和某些其它领域的大名家的印章，特别是其中的藏书印，向来追求刻工精细，要是铁笔巨匠所刻才好，最低也得是书卷气十足的行家经心之作，才配得上自己那些藏书呢！老师谆谆教诲我：“瓜田不纳履，李下不正冠。”干我们图书馆这一行的，不可购买收藏1840年以前的文物书籍，更不可买某些图书馆散出的图书。因此，寒舍所有，全是近现代出版的书，加盖印章以示并非攘窃。我也附庸风雅，请人刻过几颗藏书印，满意的只有两三颗，全是书生所刻，至少没有匠气。加盖名章、藏书印等的图书，极可能比个人生命长得多。争取给后来人留下点美好印象吧。寄语欲刻藏书印章的新进：万勿轻易叫刻字铺的匠人执刀。至于到邮政局领包裹、信汇等用的印章，倒是请刻字铺的匠人刻成清楚的楷体字为宜。

且说，世事变幻，新奇叠出。我听说，某位大名家身后，子弟售书，原来没有盖印，加上再要是缺乏签名和书中题跋等等，是不是他的书，只有天晓得，买主无从知晓。从来是“玉在匮中求善价”呐，于是身后刻印（包括名章与藏书印，特别是藏书印）、盖印（特别要盖藏书印），家属忙得不亦乐乎。听说这也不是个别事例，代售的书店往往鼓励这么干。藏书家与名家身后盖印，早不是什么秘密了。如果这些印章将来落入他人之手，那些位北大讲师的私淑弟子将继承师门衣钵，再度施展身手矣。

·新书架·

二十八宿研斋、蛾术轩与《文心雕龙》

黄霖

癸未初冬，齐鲁书社周晶兄路经沪上，摸黑来访，闲聊间，得知他刚从福州路古籍书店购得清乾隆间养素堂本《文心雕龙》二册，乃“二十八宿研斋”故物。正巧，近日我在整理《文心雕龙》各批本旧稿时，多用二十八宿研斋的旧藏。兴致所至，打开电脑，让他欣赏我自摄的各种《文心雕龙》批本的照片。至养素堂本处，他大呼曰：“还是我买的书品好！”果真？我随即提起数码相机，跟他至下榻处一睹究竟。果然，他购得的本子纸白字清，堪称上品，前有“二十八宿研斋”、“王氏二十八宿研斋秘笈之印”二印。

二十八宿研斋，乃复旦大学前辈蛾术轩主人王欣夫先生父亲王祖询之斋名也。所以称“二十八宿研”者，因其家藏上品端砚，背有鸜鹆眼二十八，上应列宿，故以名其藏书之斋。我生也晚，1959年进复旦读书时，现代名版本学家王欣夫先生还健在，可惜未曾给我们开过课，故无缘亲聆其教诲，对他实在是不甚了了。实际上，他即于1960年起，至1966年去世，主要就在编写、整理他一生藏书、治学的结晶《蛾术轩箧存善本书录》。所谓“蛾术”，乃取自《礼记》“蛾子时术之”一语，意在学习清代朴学精神。直到八十年代初，此书才由他的学生、教过我的老师徐鹏先生主持整理、油印了一本《蛾术轩箧存善本书录（简目）》。我也就曾根据这本书目按图索骥，去翻阅一些感兴趣的书。可惜的是，“文革”期间，因王先生住房被缩小，无地容书，先是想把这些书以先生之名义捐赠给复旦图书馆，而当时的图书馆竟不要，无奈，将五大车书搬进了旧书店。后虽经徐鹏先生等多方努力追回，却早已失去了三分之一强。此养素堂本《文心雕龙》，或许正于此时流出。今每每按上海古籍出版社于2002年出版的两厚册《蛾术轩箧存善本书目》去复旦图书馆查书，常遇有目无书者，真令人无比遗憾，感叹不已。然王欣夫先生所著录的《文心雕龙》数种，均完好无损，这对于我搞《文心雕龙》汇评来说，真如冥冥之中有神一助也。

今见于《蛾术轩箧存善本书目》著录者共有六种《文心雕龙》。其中隆庆年间鲁藩刊本为存世孤本，梅庆生音注“吉安刘云刊”本与天启姜午生刊本也为国内仅见，另有两种明刊及一种精校本，可见其藏书质量之高。特别是鲁藩隆庆三年的刊本，十分珍贵，也为世人少知。今人自范文澜注本而下，王利器《文心雕龙校證》、杨明照《文心雕龙校注拾遗》、詹锳《文心雕龙义疏》诸校本及著录均未提及。后见日本的户田浩晓与四川的杨明照两先生来翻阅过，故杨先生在《增订文心雕龙校注》中叙录版本时，将此本增补了进去。此本前有“高皇帝八代孙鲁王三畏堂撰”一序，也为前诸家所未见。此序文及“鲁府”刻本，在上世纪末，曾引起了我的兴趣，由此而触发了对《西游记》的原本是否也出于鲁府问题而作了一些思考。当时，我判定此鲁王为朱颐坦。然而，见杨明照先生在《增订文心雕龙校注》本中增入此序文时，却题作“朱颐堀”作。今见王欣夫先生在著录此书时说：“考《明史诸王世表》鲁藩恭王颐坦，嘉靖三十年袭封。万历二十二年薨。《传》称有孝行，捐邸中田湖赡贫民，辞常禄给贫宗。前后七赐玺书嘉劳。此序题隆庆三年，即颐坦所刊也。”其思路与我相同，此鲁王或果为朱颐坦否？

蛾术轩善本中，另有“吉安刘云刊”梅庆生注本也极珍贵。梅庆生是晚明重要的龙学家。他搞的音注校雠《杨升庵先生批点文心雕龙》在龙学史上具有重要的地位。它保存了目前所知最早的杨慎评点《文心雕龙》的文字，而且一次又一次地对《文心雕龙》的校注进行修订。据天启壬戌重定刊本卷一第一叶板心下方有“天启二年梅子庚第六次校定藏板”两行小字，可知至少校订刊行过六次。但对其六次版本的异同，目前几无一人明了。杨明照先生所见较多，据其著录也仅四种。然他未见其卷首顾起元序第一叶板口下方有“吉安刘云刊”五字的版本，故在一系列的判断上似乎产生了问题。据户田浩晓教授说，日本藏有“吉安刘云刊”的本子有两家：内藤湖南与他，并说：“从其形式到内容考察，似以刘本最古，或是梅庆生音注本的最早板本”。王欣夫先生则径称此本乃为梅注本中的“初刊初印”本。笔者觉得户田所说甚是。因内藤、户田藏本前有弘治十七年冯允中序、嘉靖十九年方元桢序、嘉靖二十年程宽序、嘉靖二十四年叶联芳序、乐应烽序、嘉靖二十年佘诲序。这些序言，不计繁复，都为他本梅注本所无，当为初刊时附录。蛾术轩所藏之本，尽管也有“吉安刘云刊”五字，然已阙此诸序，故很可能已是二次印本。至于杨先生等未睹此本，仅据有顾起元序题署于“己酉”年而断定他所见的本子即为“己酉”(万历三十七年)的初刊本，显然是有问题的。因为各梅注本均有此顾起元序，而有“吉安刘云刊”五字的，目前仅知前述三本。与此相关，梅注本初刊于何地也产生了不同地看法。杨先生据徐𤊹跋而断于“万历三十七年刊于南京”。而詹锳《文心雕龙义证》似据明钱允治跋云“刻于南昌”。两者相校，似詹说为是。此因徐跋云“此本吾辛丑年较雠甚详。梅子庚刻于金陵”两语在时间上并不连续，辛丑为万历二十年，梅氏尚未刻印此书。今见梅氏天启二年六次校定本才为“金陵聚锦堂梓”。而钱氏跋历数自至正至万历各本刻印的时间与地点云“万历己酉刻于南昌”，言之凿凿，再辅以“吉安刘云刊”五字，故梅本似初刊于南昌说为是。梅注本至少刊印了六次，当年户田浩晓曾试图理清其各本之间的异同与流变，但时至今日，大家所见版本还毕竟有限，故要理想地梳理清楚，恐怕还要一些时日吧。

从二十八宿研斋至蛾术轩实际所藏的《文心雕龙》还不止上述著录的五种。据徐鹏先生说，因王欣夫先生的仲兄王苍虬（他仍沿用乃父“二十八宿研斋”斋名）对《文心雕龙》颇感兴趣，故一时收罗颇丰，而今虽有如养素堂本等若干散出，但其精要者尚存于复旦，此为复旦之一幸也。不过，周晶兄能将养素堂本收入书箧，亦一幸也。

弢翁与古代活字本

李国庆

周叔弢先生（晚年自号弢翁）藏书名重海内外，宋元版书和敦煌卷子是藏书精华，举献国家后，成为国家图书馆和天津市艺术博物馆藏品中的“镇馆之宝”。弢翁晚年开始搜集清代活字本，以“怡情养性”，无意间又获丰收。后捐增天津图书馆，构成该馆一大特藏。

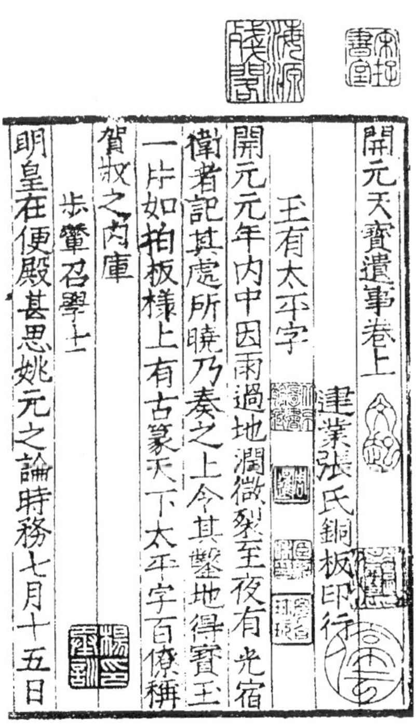
開元天寶遺事卷上
建業張氏銅板印行
王有太平字
開元元年内中因雨過地潤微裂至夜有光宿
衛者記其處所曉乃奏之上令其鑿地得寶玉
一片如拍板樣上有古篆天下太平字百僚稱
賀收之内庫
步輦召學士
明皇在便殿甚思姚元之論時務七月十五日

周叔弢先生访书悬格极高，严守“五好标准”：版刻字体好，等于一个人先天体格强健；纸墨印刷好，等于一个人后天营养得宜；题识好，如同一个人富有才华；收藏图记好，宛如美人薄施脂粉；装潢好，像一个人的衣冠整齐。他把收书的标准做了拟人化比喻，即形象，又具体，还可操作。

弢翁藏书继承了明清以来传统路子，注重宋元版及名抄名校

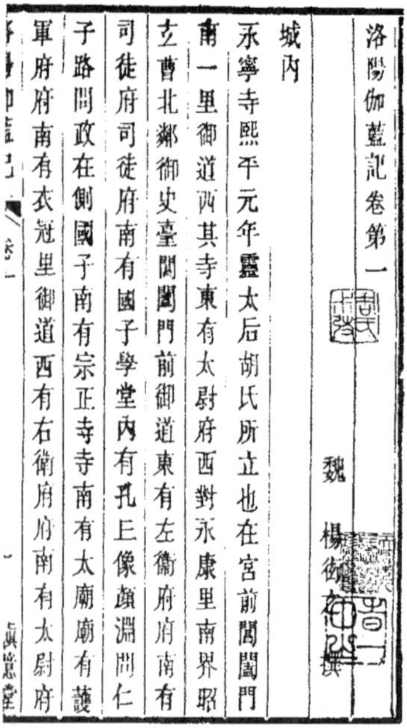
洛陽伽藍記卷第一
魏 楊衒之 撰
城內
永寧寺熙平元年靈太后胡氏所立也在宮前閶闔門
南一里御道西其寺東有太尉府西對永康里南界昭
玄曹北鄰御史臺閶闔門前御道東有左衛府府南有
司徒府司徒府南有國子學堂內有孔丘像顏淵問仁
子路問政在側國子南有宗正寺寺南有太廟廟有護
軍府府南有衣冠里御道西有右衛府府南有太尉府
洛陽伽藍記 卷一 一 眞意堂

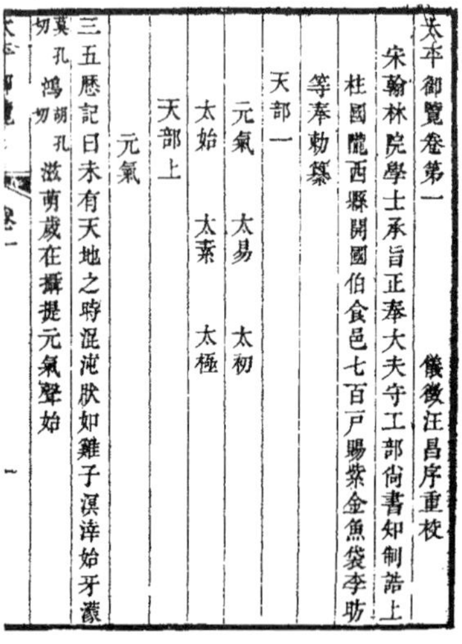
太平御覽卷第一
宋翰林院學士承旨正奉大夫守工部尚書知制誥上
柱國隴西縣開國伯食邑七百戶賜紫金魚袋李昉
等奉勅纂
儀徵汪昌序重校
天部一
元氣 太易 太初
太始 太素 太極
天部上
元氣
三五歷記曰未有天地之時混沌狀如雞子溟涬始牙濛莫孔切
鴻胡孔切滋萌歲在攝提元氣肇始
太平御覽 卷一 一

本，看重的主要是传本稀少和校勘精审这两点。但他并不受前人的囚囿，往往自辟途径。在解放初期将所藏宋元善本举献国家后，又开始着手搜集活字本书，一发而不可收。没用几年，网罗天下铜、泥、木活字本四百种，不谓不富。其中不乏悬格极高者。

叶德辉在《书林清话》卷八“宋以来活字板”条下，将经眼的活字本名品作了登录，除其所谈的今无传本的宋元活字板外，在“明以来，活字板盛行”文后，列举了“建业张氏印《开元天宝遗事》二卷，见《黄记》、《杨录》、《丁志》”一书。此书为黄氏旧藏，后经杨氏海源残阁散出，归弢翁收藏。有黄丕烈跋，云：“古书自宋元板刻而外，其最可信者，莫如铜板活字，盖所据皆旧本，刻也在先也。诸书中，有会通馆、兰雪堂、锡山安氏馆等名目，皆活字本也。此建业张氏本，仅见于是书。余收之，与《西京杂记》并储，汉唐遗迹略具一二矣。”其后，叶氏列举的明蜀府嘉靖辛丑二十年印苏辙《栾城集》五十卷，嘉道以来民间活字印本，如吴门汪昌序嘉庆丙寅十一年印《太平御览》一千卷、璜川吴志忠嘉庆辛未十六年印《洛阳伽蓝记》五卷、朱麟书白鹿山房嘉庆壬申十七年印《中吴纪闻》六卷、京师琉璃厂半松居士印《南略》十八卷、《北略》二十四卷，以及咸同间活字本《琳琅秘室丛书》和《左传事纬》等书，弢翁均有收藏。

叶书不载而弢翁收藏的名品甚夥，今略举其要者：清康熙年间吹藜阁铜活字本《文苑英华律赋选》四卷，雍正年间内府印铜活字本《古今图书集成》（零本），清侯官林氏福田书海铜活字本《铜板音论》和《诗本音》；道光年间泥活字本《校补金石例四种》、《仙屏书屋初集》和《修业堂初集》；木活字本有康熙六十年娄东施氏活字印本《吴都文粹》、嘉庆十年周氏易安书屋活字印本《假年录》五种，璜川吴志忠嘉庆辛未十六年印《河朔访古记》三卷和《兼明书》五卷，等等。清同治年间，朝宗书屋（室）用木活字印了不少书，除叶书记载者外，弢翁尚存《宋包孝肃公奏议》十卷、《宋李忠定公奏议》十五卷、《日知录集释》三十二卷及《东游草》一卷等四种。

除此以外，弢翁还有一些清代活字印本值得一提，如宋陈师道《后山居士诗集》六卷

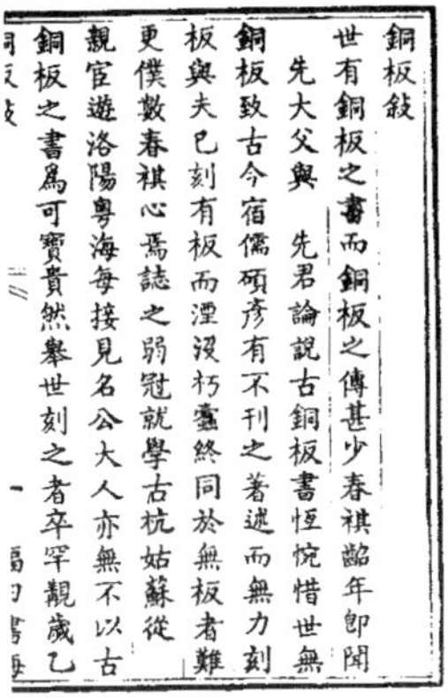
銅板敍
世有銅板之書而銅板之傳甚少春祺齠年即聞
先大父與　先君論說古銅板書恒惋惜世無
銅板致古今宿儒碩彥有不刊之著述而無力刻
板與夫已刻有板而湮沒朽蠹終同於無板者難
更僕數春祺心焉誌之弱冠就學古杭姑蘇從
親官遊洛陽粵海每接見名公大人亦無不以古
銅板之書爲可寶貴然舉世刻之者卒罕覯歲乙

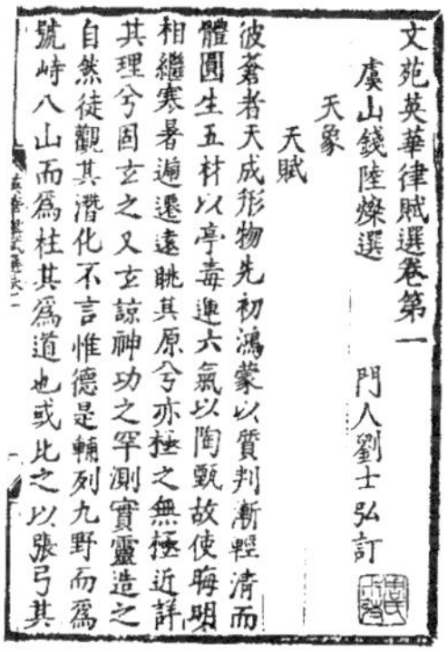
文苑英華律賦選卷第一
虞山錢陸燦選　門人劉士弘訂
天象
天賦
彼蒼者天成形物先初鴻蒙以質判漸輕清而
體圓生五材以亭毒運六氣以陶甄故使晦明
相繼寒暑遞遷遠眺其原兮亦極之無極近詳
其理兮固玄之又玄諒神功之罕測實靈造之
自然徒觀其潛化不言惟德是輔列九野而爲
號峙八山而爲柱其爲道也或比之以張弓其

校補金石例四種序
濟南潘氏金石例十卷當元之世版已三鋟鼎來操
觚家之奉爲矜式也審矣明初長洲王氏推廣其意
別著墓銘舉例四卷發明表裏以津逮後學世僅傳
鈔名幾湮闕此也是翁敏求記中之所以弗詳也迨
後四百年來始有金匱王秉誠者爲之讐校并合姚
江黃氏要例一卷刻之遂名之爲金石三例也聿自
三例出而金石文字之道尊金石文字之道尊而具
見吾人立言傳信之非易易爲也昔吾李氏習之之

《逸诗》五卷《诗馀》一卷，雍正活字印本，有弢翁录胡然批并跋；元宋禧《庸菴集》十四卷，嘉庆十三年馀姚宋氏活字印本，有清徐时栋抄配并题识；清顾炎武原本、徐乾学纂《一统志案说》十六卷，道光七年清芬阁活字印本，有佚名批校；道光年间鲁岐峰活字印本《论语后案》二十卷，有佚名批校；《寸珠集》二卷，清活字印本，有李元龙批点；《畿辅安澜志》五十六卷，嘉庆年间武英殿聚珍版印本；嘉庆爱竹居印本《柳待制文集》。最近见载，上海古籍出版社拟出版一部稀见的活字本书，此书是1931年陶社活字印本《江上诗钞》一百七十五卷。弢翁藏有此本，纸白墨莹，属初印本，书品宽大，装成四十巨册。据云此本传世甚稀，弢翁早得一部，慧眼独具。

弢翁萌发搜集活字本书的想法是从1961年3月25日这一天开始的。笔者有幸见到弢翁手迹《弢翁日记》和弢翁寄家人书，发现文中偶有关于搜集活字本书的记载。

《弢翁日记》：1961年3月25日，“忽发收集清代活字本之兴。”

1962年5月24日，弢翁寄杲良书：“曩者专重宋、元、抄、校本，今已不可多得。最近专注力清代活字本书。此为前人所忽视者。活字印书，始于宋(1045年前后)，比德国谷腾堡约早四百馀年。此是用泥制字今已无传本。元时发明用木活字（1300年前后)，也无传本。经过二百馀年，明代无锡、苏州始创铜活字，流演至于清代，以木活字为最广。我所收书中，有泥活字、铜活字，但颇罕见耳。我今年七十二岁矣，借此自娱，亦足以养心适性。”

《弢翁日记》：1962年9月14日，到天津图书馆古籍部，嘱老邢装真一堂活字本两种。9月18日，到天津图书馆古籍部，装活字本《河朔访古记》一书。9月29日，天津图书馆古籍部邢俊斗送来重装的泥活字印本《金石例四种》。10月8日，收得活字本两种。10月18日，收得活字本《两汉刊误补遗》。12月20日，周绍良携示活字印本《南山集》，因以五十元收之。继而审定此为道光时印本。

《弢翁日记》：1963年1月8日午后，到来薰阁取泥活字印本《金石四例》，书价一百元。比去年所购高出三倍，然多一封面后半页，且无虫蛀为可贵。1月19日，在来薰阁收得清活字印本《寸珠集》。1月24日，展阅最近新得清活字印本《寸珠集》、清泥活字印本《金石四例》，致足乐也。5月31日，在古旧书店收得活字本书若干种。6月2日午后，在家整理由北京寄来的活字本书，认为其中清嘉庆爱竹居印本《柳待制文集》一种为最佳。6月6日，在艺林阁、荣宝斋古旧书店选购活字本书三种。9月1日午后，来薰阁王某来津，《文苑英华律赋选》康熙铜活字本，以一百元归我，是一大快事。

1963年12月21日，弢翁寄家书："我现在工作、读书之外，经常到古玩铺、古书铺一走。我不买字画，但时时买到敦煌所藏隋唐人写经。有时书法精美，亦可怡情养性。书籍只限于清代活字本。从前藏书家皆轻视之，都不注意。一经收罗，趣味无穷。清代活字以木活字为多。我收到铜活字两种，泥活字两种，皆罕见之品也。人生不可无所适以寄其意，有小嗜好亦不为病耳。"

1966年2月20日至4月10日，撰写《活字本提要》。

其实早在1957年8月9日，他为儿子收藏的民国西泠印社活字翻印明张氏铜活字本《开元天宝遗事》题记中就写道："中国印书用活字版，始于宋庆历中毕昇胶泥活字版。继之者元王桢梨版活字,所印书世无传本。越一百数十年至明弘治朝,铜活字所印书始大显于世。活字印书中断之故不可解。明代复兴,余颇疑是从朝鲜传播而来。载籍无徵,不敢臆定。现所传明活字版,其中最著者如无锡华氏兰雪堂印《春秋繁露》、《蔡中郎集》、元白《长庆集》、华氏会通馆印《容斋五笔》、《文苑英华纂要辨证》、《诸臣奏议》、安氏桂坡馆印《吴中水利通志》、《初学记》、《颜鲁公集》、《魏隺山大全集》、孙凤印陈思《小字录》、碧云馆印《鹖冠子》、建业张氏印《开元天宝遗事》、金兰馆印《石湖居士集》、五云溪馆印《玉台新咏》、芝城印《墨子》,锡山倪氏印《太平御览》、无名氏印《百家唐诗》、《曹子建集》,都为世所珍重。各书纪年无早于弘治者,多为铜活字。以余所见,仅《墨子》、《鹖冠子》是木活字耳。清康熙时印《图书集成》(铜活字)、乾隆时印《武英殿聚珍版丛书》(木活字),嘉道以来林福田印《音学五书》、吴志忠印《洛阳伽蓝记》、《兼明书》、《河朔访古记》,朱麟书印《中吴纪闻》,张金吾印《续资治通鉴长编》、胡珽印《琳琅秘室丛书》,玉山杨氏印冒氏《同人集》,皆用木活字(林氏是铜活字)。近数十年西法东渐,活字多用铅铸,油墨机印,与中国印书传统迥别。独苏州文学山房、上海西泠印社仍用木活字以徽墨宣纸印行,尚存古法。……"娓娓而谈,如数家珍,可见他对古活字本素有研究,造诣颇深。

自从1961年3月25日"忽发收集清代活字本之兴",到1966年"文革"开始止,在这短短五年时间里,弢翁以七十多岁高龄,又以极大热情,投入到收集清代活字本书的实践中,足迹遍及津京两地,往来于书肆书友之间。访书、鉴赏、收藏、阅读、校勘,进而撰写提要,举献国家。其对古活字本是其情至深,其意至笃,老而不辍。

1981 年,天津图书馆以弢翁捐献的四百种活字本书为基础,增以直隶省馆以来该馆旧藏三百种,终以七百种之规模,编成《天津市人民图书馆藏活字本书目》,倩津门刻版名家张佑民先生雕刻蜡版,选用上等玉扣纸,油印二百部,装钉成线装书一册行世。书目中,凡弢翁捐书,均标“周捐”二字,以志不忘。

这本《天津市人民图书馆藏活字本书目》据云是我国第一部专题活字本书目,一直受到收藏界和学术界朋友欢迎。吾友韦力曾窃语,怀揣书目,凡目中无者,即入囊中,至今也已网罗四百种,直追弢翁。然今不如昔,世传活字善本无多,前后有别矣。从弢翁所藏活字本品种看,铜活字本不多,原因很简单,当时传本稀少故也。最近,随着拍卖行情走好,一些深藏民间的活字孤本秘籍浮出层面,令人称奇。笔者有幸在一友人处,曾见到一部铜活字印本,书名叫《四书便蒙》,版本下书口题“福田书海”四字,为清侯官林氏福田书海铜活字印本无疑。正文上下栏版式,字分大小号,书为旧装,首尾完具。笔者遍检公私书目,均不见载,堪称惊人秘籍。世存好书,实难一遇,而访书之趣也正在这里。

弢翁收集的这宗活字本古书,数量大,品种多,颇具价值。据悉齐鲁书社正在征集、整理包括弢翁旧藏在内的世传历代活字印本之精品,编印《中国古代活字本图录》,由于是一部中国古代活字本的总图录,不仅可补《中国版刻图录》之不足,而且因为是以全景式地展现中国古代活字印刷技术的发生、发展过程及其丰硕成果,所以将受到古籍版本研究者、爱好和收藏者的喜爱。我想,如果弢翁泉下有知,也一定会感到欣慰。

顾廷龙与《书题留影》

沈　津

每一本正式出版物都有封面，而封面上也必定印有书名，书名又有印刷体、手写体之别。印刷体多为仿宋，手写体则较多样，有楷书、隶书、行书等。也有一些作者自己题写书名，但也有不少作者喜欢请著名学者或书法名家题签。封面题签各种各样，如若以儒雅的书法配上多姿多彩的装帧，那也算是锦上添花，别具一格的了。

我以为，许多文史研究者的书斋里大约都有顾廷龙先生题签的图书。顾先生的书法，素为海内外所推崇，且又高怀下士，平易近人，故求书者络绎不绝。几十年来，他为各地的许多名胜古迹、碑林、故居、寺庙写了不少对联、匾额、题词，又为友朋及仰慕者书写了难以数计的作品。这些作品若要收集，当亦不易，1996年出版的《顾廷龙先生书法选集》，只是冰山一角而已。然笔者曾在先生身边工作达三十年之久，所见先生为各种文史图书题签甚多，自在美国哈佛大学哈佛燕京图书馆工作后，即注意收集，十年来，约得三百数十种。若加上先生上海旧居及北京北苑所存，以及日本学者高桥智所搜集者，先生所题之书签大约达七百种。这些书签，都是经数十年之累积，方才成此大观之景。笔者以为，当代题写书签最多者应推先生，这是无可置疑的。

存世的古籍中，最早的书签始于何时、何书，我没有去详加考证，或许也难以得知。不过，清代刻本中，颇多请名人书写封面，或於扉叶上并识年月、室名於左右。据我所知，先生最早的题签有据可查的是1936年为国立北平研究院史学研究会出版的《史记》（顾颉刚、徐文珊标点）以及北平禹贡学会出版的《利玛窦坤舆万国全图》题签。四十年代，先生主编的《合众图书馆丛书》十五种中就有十三种为先生所题。先生所题书签多为文史类图书，大致分为丛书（集成）、词典、字典、辞典、索引、工具书、文集、论文集、文史著作、传记、目录学、历史、方志、新印旧籍、史籍点校选读、艺术、考古等。大部头者有《续修四库全书》、《古本小说集成》、《清代硃卷集成》等，放在书架上，那一排排，气势颇为壮观。

其所题工具书较多，属辞典一类的，如《中国地名词典》、《中国学术名著大词典》、《中华民国史辞典》、《中国官制大辞典》、《异体字字典》、《中国历代职官辞典》、《中华古文献大辞典》、《中国工具书大辞典》、《中国文物精华大辞典》等。参考书如《中国历代名人图鉴》、《中国历史地图集》、《全唐文篇目分类索引》、《中国藏书通史》、《中国史历日和中西历日对照表》、《佩文韵府》、《康熙字典》等。若在一些较具规模的省市一级的图书馆或大专院校图书馆的参考工具书阅览室里，稍加浏览，即可发现有不少书的题签是先生所为。

先生曾任上海图书馆馆长，又是著名的目

录版本学家，所以如《中国古籍善本书目》、《首都图书馆善本书目》、《江西省图书馆古籍善本书目》、《湖南省古籍善本书目》、《自庄严龛善本书目》、《中国善本书提要》、《中国通俗小说总目提要》、《中国地方志联合目录》等十馀种都出自其手笔。地方志则有《平湖县志》、《苏州市志》、《盛泽镇志》、《虹口区志》等。先生的题签也扩展至期刊方面，如《古籍整理研究学刊》、《江苏图书馆学报》、《上海高校图书情报学刊》、《中国图书馆学报》、《郑和研究》、《上海金融》、《上海党史》等十多种。而《藏书家》的题字也是先生大笔一挥而就的。

从 1973 年 2 月，毛泽东和中央政治局领导人所阅读的大字校点注释本《晋书》四传（《谢安傅传》、《谢玄传》、《桓伊传》、《刘牢之传》），到 1975 年的吴锡麒散曲《梧桐树》的书签，几乎都为有关部门请先生所题。有意思的是 1973 年 8 月，先生去沈阳探亲，无人题签，还是有关人员急忙找上海中国画院的书法家临时题就的。更妙的是 1997 年 1 月 15 日，前全国人大常委会委员长乔石和夫人视察上海图书馆时，曾对陪同在旁的上图负责人说：毛泽东晚年看古籍时要看大字本，毛泽东看的古籍注释本中，有一些是由顾廷龙题写封面的。有一次，他指着一本注释本的封面说，这个字不是顾廷龙写的。这说明毛泽东对“顾体”十分熟悉和非常欣赏。

顾先生无论是写大幅的中堂，或是悬挂於壁的匾额，抑或是寥寥数字的书签，每样都是认真对待，因为先生认为，字是写给人家看的，如果人们能从书法艺术中得到一种造型之美，能予人美的愉悦，那也就是他的乐趣。不少作者都希望自己的著作有先生的题签为荣，他们千方百计找关系，托人请先生题署。就是有些出版社的编辑，也都喜欢他的题签。他写的书签多楷书，也有唐人写经体，如《炳烛斋杂著》。偶也作隶书，如《杭州叶氏卷盦藏书目录》、篆书如《简明钱币辞典》等。历来是书家皆文人，我以为，对于书家来说，有一分学问，便有一分雅气，一支笔落在纸上，便优劣自见。且一字有一字之形，点画虽相类，而结构却迥异，而字体结构造型丰富多样，可使形式美寓变化于整齐和对称。先生所题签的字是属于温润静穆、平和自然、婉丽清逸一类，可以给人以一种玩味无穷、流连忘返、细嚼不尽的意味。

八十年代，北京大学图书馆学系的一些有志学生组织了“学海社”的小社团，社长即是当年未曾出道的徐雁。而“学海社”仰慕先生的大名，就由徐雁具函恳请先生为他们的刊物和《续补藏书纪事诗四种》(油印本)题签，甚至聘先生为顾问。对于这些不见经传的后起学子，他热情地答应了他们的请求。至于那些“大名头”学者著作，先生题的也不少。我曾见到一封编辑致先生的信，说是旅居美国的著名文史学家唐德刚教授指定他的《胡适口述自传》非顾题莫属。而美国的另一学者王伊同教授在台北出版的《王伊同论文集》，宁愿撤去别人的题签，也要改成先生的大笔。而 1982 年时，郑培凯（现香港城市大学中国文化课目中心主任）也自

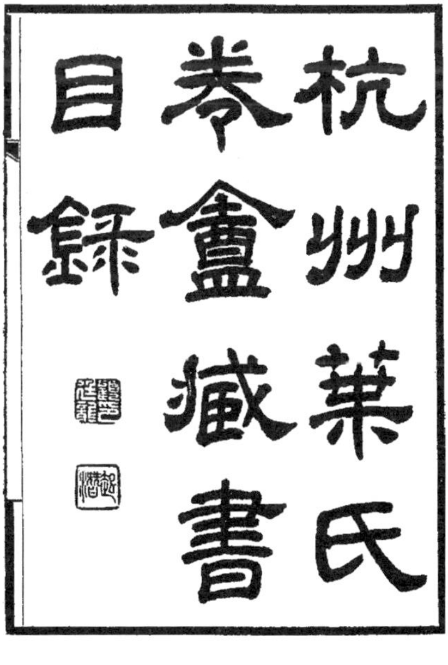

美国致函于笔者，请先生为他的第一本诗集《程步奎诗钞》(台北中国文化大学出版部)题签，而郑教授的另一本《新英格兰诗草》也是先生挥毫的。

老人曾经教我如何挑选他所题写的书签，即左右看是否整齐、字之大小是否匀称、间隔距离都要注意。有时都不满意，就采用裁剪来拼凑。先生和我的办公桌有十多年是面对面放置的，那时，先生每题一签总是写好几张，然后交给我，让我选一张，我选中的就在右上角用铅笔画一个小圈，再还给他，请他酌定。有时，他不来馆，就嘱人或司机将题签送来交我。去年 11 月，我在先生上海淮海中路寓所继续寻找补充写作《顾廷龙年谱》的资料时，又见到当年不少写后而不满意的书签，并看到了许多作者及出版社编辑求题书签的信。

先生每次收到作者或出版社寄赠的自己所题书签的出版品，都是十分高兴的，据我不完全的统计，所题书签的出版品出版最多的是 1990 年，竟有二十八种之多。1991 年也达二十四种。先生去世的那一年也有二十种。而题书签的出版社竟涉及了一百十馀家，“近水楼台先得月”，所以先生题的最多的是上海古籍出版社和上海辞书出版社的出版物。笔者的几本书中有四本是先生题签的，分别是《书城挹翠录》(上海社会

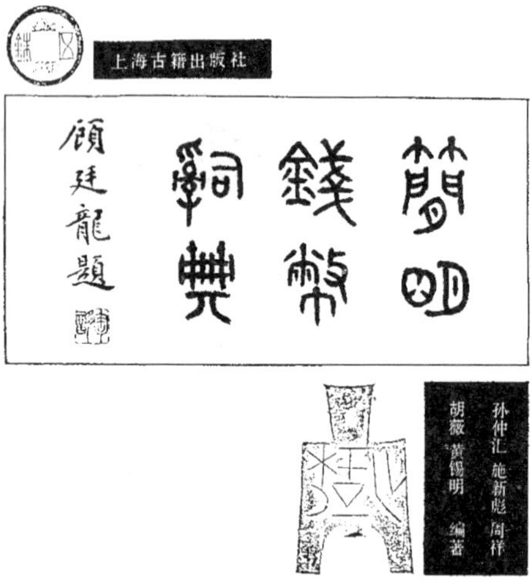

科学院出版社）、《美国哈佛大学哈佛燕京图书馆中文善本书志》（上海辞书出版社）、《翁方纲年谱》（台北中央研究院文哲所）、《翁方纲题跋手札集录》（广西师范大学出版社）。先生生前最后为友人所请而题写的书签，是《陈独秀文集》、《张政烺文集》，那是在 1998 年 6 月中旬，老人在书写时，开始觉得手不太听使唤，写了好几遍才写定。而 6 月 21 日他就住入医院，也即离老人去世之前的六十二天。先生身后，又出版了他所题签的文史图书五十馀种，但先生已不及见到了，包括 2000 年 10 月面世的《藏书家》第一辑、以及那 2003 年千呼万唤才迟迟出版的《胡适全集》。

中国的书法艺术，几千年来，人才辈出，重要的书法作品历久不衰。先生的书法在三十年代即小有名气，四十年代初，求书者日众，以至于叶恭绰曾出面亲为先生订定“润例”。先生曾在 1963 年作为中国第一批访日书法家代表团的成员去日本作书艺交流，除了团长陶白外，还有潘天寿、王个簃，潘、王都是重要书画家，而先生则是惟一以“书法家”面目出现的成员。然而，先生并不以“书法家”自居，

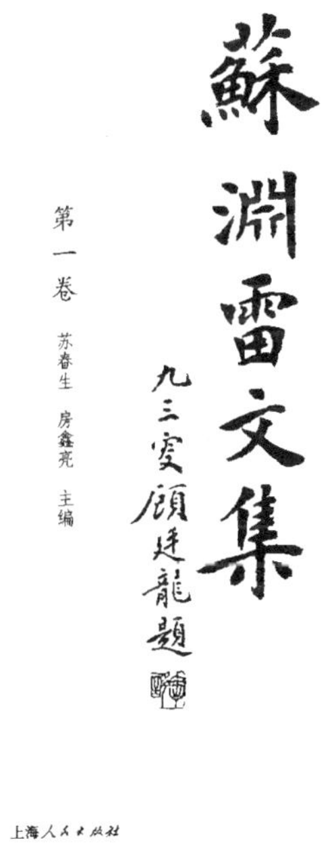

他赞同宋人程明道的话“非欲字好,即此是学”。有道是:人到无欲品自高。我又以为先生是心底无私寿南山。先生所题书签没有金石气,更没有剑拔弩张之感,他的书法是在坚实的文字学基础上发展出自己端庄敦朴的“顾体”面目。老人九十以后的书签仍是极为平整，绝无老态或抖状。即使您所见到的所署“九三叟”、“九四叟”、“九五叟”的也仍如往昔一般平淡秀逸、沉著简静，这是老人数十年之功底所致。记得沈尹默先生曾说过:“世人公认中国书法是最高的艺术，就是因为它能显示出惊人的奇迹,无色而有画图的灿烂,无声而有音乐的和谐,使欣赏者心畅神怡。”

喜欢收集先生所题书签的,我知道还有一位林公武,他是福州市书画院的主持人,几年前,我在上海书店门市部见到他。林先生告诉我,他收了不少顾先生所题签的书,还说他是收集最多者。我当时只是莞尔一笑而已。先生是九十五岁时御鹤西去的,老人生前很想编一本自己所题书签的集录，从 1992 年岁末，就有这个想法。他在致高桥智的信上说:“我题书签甚多，颇想印之,但编排不易,吾弟愿为设法编印,极感极感!明年台驾来华,当将照片奉教。现在收到照片约二百张，名称暂题‘书题留影’。”1994 年 5 月,先生又在致高桥智的信上说:“我自文革后,亲友劝我多留点墨迹,自觉所题书签最多,两年前友人为我照了相片,约有两百馀幅,但近两年中又写了不少,还没有搜集。”今年为先生百岁诞辰,为完成先生宿愿,笔者已与先生的哲嗣诵芬院士及高桥智先生携手，拟就所收集之书签五百馀种，编为《顾廷龙书题留影》,一以纪念先生,一了先生遗愿。

“中国现代文学第一藏书家”
——唐弢先生

纪维周

唐弢先生既是鲁迅研究专家，同时，还是一个中国现代文学各种版本的研究专家。获得了“中国现代文学第一藏书家”美称。

唐弢先生在北京居住，他的两套住房，都被书塞得满满的。姜德明同志也是一位中国现代文学版本收藏家，他对唐先生的藏书慕名很久，当唐先生搬到北京东城无量大人胡同的四合院，“这一回他有了真正的藏书室，书都摆开上架”了。姜德明回忆说：“我曾穿游其间，看到很多中国文学的绝版书，大开了眼界。”

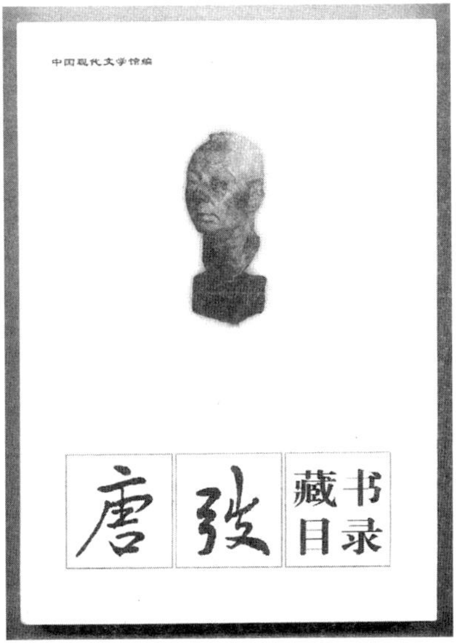

唐弢先生藏书室，虽无豪华的陈设，但却常常有中外文学家、研究家慕名访问他，在他的书房里找书看——因为往往只在他那儿才能找到外面没有的书。

唐弢藏书多，是和他平时爱

书和买书分不开的。他说："提起书，几乎可以说是和我的生命纠结在一起的。"

1926年，唐弢从家乡来到上海，当时只有十三岁，进中学后，就喜欢到旧书店去淘书，据他回忆说："当时上海卖旧书的地方除汉口路、福州路外，还有两处：城隍庙和老西门。这两处离我居住地方较远，不过书价便宜，尤其是城隍庙。护龙桥附近有许多书摊，零本残卷，遍地都是，只要花工夫寻找，总不会毫无所得。因此碰到星期天或是假日，只要身边有一两块钱，我便常常到那儿访书去。"

唐弢在《书城八记》的第一记《买书》里说："我有目的地买书，开始于1942年。那时住在上海徐家汇。日本军侵略上海，一天几次警报，家家烧书，撕书，成批地当作废纸卖书。目睹文化浩劫，实在心痛得很，于是发了狠：别人卖书，我偏买书……，说的是实情。不过我要来个声明，这里所谓'有目的'，是指别人卖出，我偏买进，有点存心对着干的意思。"

解放以后，唐弢晚年居住北京，身体欠佳，他说："我的工资除了应付家用外，每月还有两大支出：一是买药。虽说国家有保健制度，有些较贵的药还得自己掏腰包。二是买书。我是做研究工作的，又爱书，不得不买。自从物价飞涨以来，两者颇受限制，生病而无力买药，做研究工作而无力买书，都是人间苦事。幸而这几年来，我的病情逐渐好转，有些药可以不吃；书呢，旧书越来越少，等于没有，新书自然也买一些，只是鉴别为难。"

唐弢先生从青少年起，直到晚年多病，对访书、淘书，从未间断过。他对书为什么如此炽热痴情呢？他有一首《偶成》诗写道："平生不羡黄金屋，灯下窗前长自足。购得清河一卷书，古人与我话衷曲。”这首诗,是他爱书和潇洒闲适的人生境界的写照。

唐弢先生在晚年还有许多淘书、买书和爱书的故事,据舒乙先生说:据说有一回,唐弢的小儿子由家门中走出来,走到街口,发现父亲正坐在马路牙子上喘息,腿旁放着两大捆书,便急忙跑过去问怎么回事。原来,唐先生又去书店选书买书,一下子买了两大捆,由公共汽车上下来后,一手提一捆走起来。离家还有一段路,他走得累了,便灵机一动,将手杖当扁担使,扛在肩上,一头挑一捆书,慢慢向家里运动。哪知,眼看快到家门口了,“咔嚓”,手杖折断了,他只好坐在马路牙子上,仰天长叹!正在无奈中,小儿子出现了。这才获救,安然回到家中。

唐弢先生晚年多病,时好时坏,一旦能够行动时,全然不顾年高体弱,仍出去买书。据说,有一次,他的一位门生在西单旧书店巧遇唐先生,便顺口说了一句:“您又在挑书啊?”唐先生微笑着答道:“先买下来,以后慢慢看。”这位后生心里明白,唐先生的“以后”恐怕已经没有多少时间了,不禁感动得偷偷落下泪来……唐先生真是一位爱书如命的人!

唐弢先生去世之后,唐夫人沈絜云女士和他们的子女就在为唐弢藏书寻找一个妥善的去处,让它们尽最大可能得到良好的保护和充分的开发和利用。他们经过认真考察,反复比较和讨论,在六家大的单位中选中了中国现代文学馆来承担这一重任。签署捐赠协议之后,中国现代文学馆派了一支由五人组成的小分队走进唐家,在2000年中用了两个多月来接收这批藏书,并成立以先生姓名来命名的专门文库,叫“唐弢文库”。经过分类、编目,共计有藏品四万三千件,其中杂志一万六千七百件,图书二万六千三百件。

为了供学术单位、专家、学者研究方便，中国现代文学馆特编辑出版《唐弢藏书目录》(非卖品)，于2003年内部出版。

唐弢先生是我崇敬的鲁迅研究专家，1987年间，我与他有过通信交往。因我也喜欢藏书，为此，我对他的藏书，也极为关注。但我未能亲自访问过他，关于他的藏书情况，未知其详。

从2003年《鲁迅研究月刊》第七期上，我获悉《唐弢藏书目录》内部出版消息之后，立刻给中国现代文学馆馆长舒乙先生去了一信，希望能赠送我一部。大约一个月后，舒乙先生慨然将《唐弢藏书目录》寄来了，我如获珍宝，使我万分感激。

《唐弢藏书目录》，十六开本，四百四十五页，无论装帧，或纸张，都极为考究、精致。

舒乙先生为《唐弢藏书目录》作序，其中将“唐弢文库”的珍贵性作了四点介绍：

第一，它的杂志收藏非常珍贵。一般的大图书馆收藏我国二十世纪前五十年的新文学专业的杂志不过六、七百种，总计起来千馀种，而唐弢先生一人就收了近千种。一些因政治封杀而只出版过一期、两期、三期的进步文学刊物，唐弢先生也都有。可谓一网打尽，应有尽有，极为权威！

第二，它的初版本齐全。图书贵在初版本，而我国因战乱、革命、政治运动频繁，图书遭到严重损失，不到一百年，许多初版本已荡然无存，遍找不见。举个例子，郭沫若的《女神》，是1921年结集出版的郭氏第一个白话诗集，距今不过八十多年的历史，初版本在全世界只找到三本。“唐弢文库”里各种名著的初版本应有尽有，很整齐，真是难能珍贵。

第三，它的毛边本很多。毛边本是鲁迅先生特别珍爱的一种装订形式。"唐弢文库"中三、四十年代的毛边书,居然有千种之众,非常难得。

第四,孤本书、稀本书、绝版书在"唐弢文库"中占有相当的分量。这些书因其少而物以稀为贵,只能到"唐弢文库"中去找,别处没有,为文学研究提供了难得的原始依据。

根据著作的文学价值的重要性、出版年代、版次、装帧特点、稀少程度、完好程度、有无签名、有无题跋等七八项指标,将"唐弢文库"中的图书进行了文物级别认定,其中一级品,即"国宝"级的图书共有一百四十一种。

中国现代文学馆是巴金先生倡议建立的中国现代文学资料中心、档案中心和研究中心,负责征集、保存、展示、研究我国1919年"五四"运动以来的新文学的全部创作成果。唐弢先生的藏书之丰之精,早已闻名天下。巴金先生对此极为重视,他一再告诫中国现代文学馆的工作人员,一定要想办法把唐弢先生的藏书保存在中国现代文学馆,因为有了他的书就有了中国现代文学馆的一半资料。由此可见,唐弢藏书的珍贵价值,以及它的权威性和重要性。

·新书架·

蓬莱慕湘藏书楼观书续记

杜泽逊

2003年6月22日、23日余应邀赴蓬莱慕湘藏书楼观书两天,目验善本约八十种,撰《观书记》一篇,删存四十种刊于《藏书家》第8辑。8月4日至8日再赴蓬莱,观书五天,线装古籍一万六千馀册三千馀种,粗粗浏览一过。至是,慕氏旧藏古籍得一梗概。慕氏藏书仍以明清戏曲小说为第一特色,尤以明版戏曲小说,多罕传要籍。其次为集部,清代康雍乾三朝写刻本,嘉道咸精刻本,以及清末民初影宋刻本,数量可观,亦初具系统。其馀经史子三部时见精品,元刊《四书辑释》中之《大学》《中庸》初印本,为仅存秘笈;明崇祯刻《南华春点》、明末刻《耐闲堂重订西楼梦传奇》、明刻《女范编》、明刻《四如山楼后集》、《岭南后集》、明万历萃庆堂刻《风月争奇》、何义门手批康熙季氏刻钱牧斋注《杜工部集》、邹存淦抄蔡绍周《怪吟杂录》、黄孝纾手稿《碧虑簃词话》等,亦皆罕见珍本。因择要撰为《续记》,都四十八种,所冀表微抉隐,唯匆匆未及其详,读者鉴谅是幸。

1. 藏园诗钞一卷一册 清新化游智开撰,清光绪刻本,白纸初印。前有光绪九年朝鲜卞元圭序,光绪十一年山阴傅锺麟序,光绪二十年游智开小序。末有光绪十八年游智开跋。书衣有傅增湘手跋:"经腴搜架底,得此帙,持以见惠。因其题藏园之名适与余同也。及展卷视之,则游公生辰亦为重阳前日,噫异哉!

藏园老人漫记，癸酉九月九日。”正文首叶钤“江安傅氏藏园鉴定古籍之记”朱文印。

2. 篆书正四卷 清戴明说撰，顺治十四年胡正言刻本。

3. 御定奎章全韵二卷一册 朝鲜旧刻本，皮纸印。钤“翁斌孙印”、“固始张氏镜菡榭印”等印记。

4. 睫闇诗钞四卷二册 霍邱裴景福伯谦著，清末民初刻本，白纸初印。《皖人书录》仅著录民国排印本十卷，此初刻四卷本难得。

5. 正谊堂文集十二卷 清张伯行撰。清乾隆写刻本。题“仪封张伯行著，男师栻、师载正字”。半叶九行，行二十字，白口，四周双边。有乾隆三年高斌序。

6. 使陕日记一卷附骁征草一卷 不题撰人，稿本。开头云：“光绪十四年戊子六月二十二日辰刻奉旨简放陕西正考官，副之者为邹伯晋编修锡恩。”考《清秘述闻再续》光绪十四年陕西正考官为戴兆春，钱塘人。副考官为周锡恩，字伯棤。然则此系清戴兆春稿本。

7. 吕氏家塾读诗记三十二卷 宋吕祖谦撰，明万历四十一年南京吏部刻本。半叶十行，行二十字，白口，左右双边。刻心下有刻工：刘奉、孟、罗等。前有万历癸丑顾起元重刻序。序后有校刊名衔：“南京吏部后学李万化君一、胡承诏君麻……程国祥仲若仝校。”

8. 新刻绘事指蒙一卷 明邹德中撰，明万历胡文焕刻《百家名书》本。题“淄川静存居士邹德中编次，钱唐全庵道人胡文焕校正”。前有胶西张春序。胡文焕刻《百家名书》种数不定，流传甚少，《中国古籍善本书目》著录大连市图书馆、山东省图书馆两处藏本中收有此书。《山东文献书目》未收。

9. 匑厂词乙稿一卷一册 黄孝纾撰，民国间排印线装本。卷端题“霜腴黄孝纾”，版心下印“祗海楼丛刻”五字，封面夏孙桐题签。扉页又题《碧虑商歌》，陈曾寿题签。有夏孙桐、张兰思、汪曾武、张尔田、夏仁虎、伯驹、郭则云题词，均笔迹影印。孙桐题词署“八十二叟”，以夏氏生于清咸丰七年（1857）推之，题词在民国二十七年（1938），是集排印亦当在是年或稍后。

10. 碧虑簃词话一卷劳山纪游集一卷东海劳歌一卷 黄孝纾撰，黄氏碧虑簃稿本一册。《词话》卷端题“辅唐山人黄翁厂著”。《纪游集》又分《劳山纪游百咏》（诗，据小序作于“癸酉乙亥间”，即民国二十二至二十四年间）、《辅唐山房猥稿》（游记十三篇，题“甘龙翁”，各篇末附同时师友评语）两部分。又《东海劳歌》一卷，收词五十阕，题“天茶翁”。各词亦附师友评语。全书绿格纸，半叶十行，右框外上方印“碧虑簃钞本”五字。钤“倜傥指挥天下事”朱文方印。经询董治安师，《词话》未见刊行。董师山东大学中文系毕业论文即由黄氏指导。尝述黄氏晚年家破人亡事，闻之怆然。

11. 制义科琐记四卷续制义科琐记一卷 清李调元撰，约乾隆李氏雨村书屋精刻本。《琐记》写刻，版心下有“雨村书屋”四字。《续》则匠体字。李氏《函海》收有此书，而无《续》，此单本完足为难得也。

12. 校碑随笔不分卷 方若撰，民国石印本。章钰通体批注。

13. 雍益集一卷 清王士禛撰，清康熙王氏写刻初印本。

14. 香祖笔记十二卷 清王士禛撰，清康熙王氏刻初印本。

15. 南来志一卷北归志一卷广州游览小志一卷 清王士禛撰，清康熙王氏写刻本，所谓《粤游三志》也。按：王渔洋著述甚夥，多系康熙间刻于北京者，写刻甚工致。士禛书约乾隆后期汇印为《王渔洋遗书》，极常见，唯版多漫漶残缺，“禛”字多改刻为“祯”。其初印单本则颇为稀见。此《雍益集》、《香祖笔记》皆康熙原印本，文字清朗，“禛”字未改。《粤游三志》则“禛”字铲去末笔，印本亦佳，殆雍正间刷印也。

16．寿藤斋诗三十五卷八册 清鲍倚云撰，清嘉庆十三年戊辰鲍桂星刻本。有嘉庆戊辰鲍桂星刻跋云：“谨就手抄本三十二卷，选工双钩付枣板，阅十有九月而竣。”正文末刻“受业许士彬、程学驹、内侄吴如山同校，江宁周一诰镌”一行。知系据手稿影刊。内缺三卷，原稿如是。钤“还就轩鲍氏珍藏书画印”，盖鲍氏自藏之本也。

17．梡鞠后录二卷 朱祖谋撰，民国八年己未傅增湘抄本。有民国己未傅增湘跋，云从三弟沅叔得抄本过录。八言联语，续朱祖谋《梡鞠录》(集清人七言诗句配为楹榜)。《梡鞠录》二卷，有宣统元年徐乃昌刊《怀豳杂俎》本，此《后录》似未刊行。增湘字体颇似增湘，亦留意文献者也。

18．怪吟杂录二卷 清蔡绍周撰，清光绪八年邹存淦师竹友兰室抄本。题“武林蔡绍周藕船著，海宁邹存淦俪笙校”。半叶十行，行二十字，蓝格，蓝口，左右双边，版心下印“师竹友兰室钞”六字。有义乌王闻序，嘉庆甲子弟张应桂序，嘉庆甲子土桥一怪自序。卷末有邹存淦跋：“蔡藕船《怪吟杂录》二卷，兵燹后板已不存。次儿璟得之友人案头，因借录出，以娱暇日。惜卷尾各缺无从补全为憾耳。是书与吾乡郭雪帆先生《捧腹集》后先称同调，滑稽玩世，有东方曼倩之风，似出寒山、拾得上。是耶否耶，谈之者当有以辨之。光绪八年壬午丨月望前九日海宁三百二十有三甲子老人邹存淦俪笙甫识于杭州勤艺堂之南窗。”下钤“邹存淦印”、“俪笙”二印。卷内又钤“邹氏家藏”、“遐寿”、“蕢轩”(蓝印)、“苦雨斋藏书印”、“知堂眼学”(蓝印)等印记。是书《清史稿艺文志》、《补编》、《拾遗》、《清人别集总目》、《清人诗文集总目提要》均未著录。周作人旧藏。

19．印谱考一册 罗福颐撰，民国二十三年黑格抄本。有辛未自序。末有“民国二十三年甲戌十一月十五即冬至前一日抄竟，英记”二行。

20. 翠娱阁评选纪游□卷 明陆云龙评注，明崇祯陆云龙翠娱阁刻本，存卷一。题“钱塘陆云龙雨侯父评注”。半叶九行，行十九字，白口，四周单边。有自序。

21. 南华发覆八卷 明释性涵撰，明末刻本。题“梁溪性涵蕴辉甫注，西安方应祥孟旋甫较”。半叶九行，行二十字，白口，四周单边。有丙寅陈继儒序，自序，某氏跋。书衣原签刻“南华经笺注”，上横刻“怀德堂”，下钤“书业堂自在江浙苏闽拣选古今书籍发兑印”印记。

22. 书疑九卷一册 宋王柏撰，清康熙十九年刻《通志堂经解》本，开化纸一册，版心刻工及“通志堂”三字已铲去。书内夹条：“《书疑》原二本，五十七年三月十八日畅春园发下去衬纸改插套一本。宋儒王柏以《书经》中可疑者著为此书，前有本传。新板。”按：王士禛《分甘馀话》卷四：“昆山徐氏所刻《经解》多秘本，仿佛宋椠本，卷帙亦多，闻其版亦收贮内府。”是《通志堂经解》书版康熙后期已入内府。又《四库全书总目》卷首乾隆三十八年二月初六日上谕：“向阅内府所贮康熙年间旧藏书籍，多有摘叙简明略节，附夹本书之内者，于检查洵为有益。”则此《书疑》殆为康熙后期《通志堂经解》版入内府，铲去版心刻工及“通志堂”字样，由内府刷印者。书中夹条为康熙五十七年所夹，与乾隆谕旨所述正合。观其装潢，亦内府物也。

23. 赵氏渊源集八卷 清赵绍祖辑，清嘉庆写刻初印本，稀见。

24. 南华春点八卷 明刘士琏撰，明崇祯刻本。题“螺川刘士琏席白父注，古吴宋学朱旭初父较”。半叶九行，行二十字，白口，四周单边。有崇祯戊寅自序。传本甚稀，仅知美国国会图书馆有一部。

25. 花间集十卷 后蜀赵崇祚辑，明末毛氏汲古阁刻《词苑英华》本。书衣有鹤道人跋，卷内有康有为跋二则。

26. 四书注疏四种三十六卷 明天启崇祯间熊九岳、熊九勅刻本。半叶九行，行二十一字，白口，四周单边。《大学》卷端题“汉郑氏注，唐孔颖达疏，明熊九岳、熊九勅较”。前有《大学图》、《中庸图》各一卷，版心下刻“荷经堂”。《大学》封面刻“沐日堂藏板”。《中庸图系》封面刻“荷经堂梓行”。此四种皆取自《十三经注疏》。版本稀见。

27. 陶渊明文集十卷 晋陶潜撰，清嘉庆十二年丹徒鲁铨影宋刻本。卷十末有小方牌：“江右方又新、又可仝刻字。”有周作人手跋：“后世所谓苏书《陶集》的祖本是汲古阁刻本，丹徒鲁氏复刻在清嘉庆中，在时间上最早，据《书目答问》说，也要算是最好了。一九五二年四月十五日，知堂。”下钤“知堂书记”朱文隶书印。卷内又钤“苦雨斋藏书印”、“周丰一”等印记。

28. 宋大家苏文忠公文选十六卷 题“太仆震川归有光选辑，吴太史瑞屏顾锡畴评阅”，明末刻本。半叶九行，行二十字，白口，四周单边。

29. 增广注释音辩唐柳先生外集二卷附录一卷 唐柳宗元撰，宋童宗说注释，张敦颐音辩，潘纬音义。明正统十三年善敬堂刻《增广注释音辩唐柳先生集》附刻本。半叶九行，行十八字，大黑口，四周双边，白棉纸一册。

30. 盐铁论十卷 汉桓宽撰，明末刻本。题“汉汝南桓宽著，徐仁毓阅”。半叶九行，行二十字，白口，左右双边。钤“文选楼”、“扬州阮氏琅嬛仙馆藏书印”等印记。

31. 大学一卷中庸一卷二册 元倪士毅辑释，元至正二年日新书堂刻本，皮纸初印。《大学》正文首行“大学”，并注音：“旧音泰，读如字。”次行“朱子章句”。三行“后学新安倪士毅辑释”。

半叶十三行，行二十二字，大黑口，双黑鱼尾，四周双边。前有《四书辑释大成凡例》，小序末署“至元三年丁丑岁春三月八日己酉门人倪士毅谨识”。《凡例》末有牌记：“至正壬午夏五/日新书堂刊行”二行。次引用姓氏书目，次“读大学法”，次“大学朱子序”（次行“后学新安倪士毅辑释”），次正文。尾题“大学章句”。《中庸》格式同，唯半叶十三行，行二十四字，微异。末有林佶朱笔跋：“康熙庚寅端阳，余有齐鲁之行，过夏镇，谒明惠先生仙署，出此元板佳刻，世所罕见，当为古书中之最善。漫记喜尔。侯官林佶题。”下钤“林”“佶”连珠印。卷内又钤“诒晋斋”白文长方印、“仲堉”、“竹轩”、“任邱边葆恕印川氏藏书”、“饭山城王媚氏书章”等印记。上册书衣有旧白绫签：“元刻大学，上函计四十二页，边廷抡题。”下册书衣旧白绫书签：“元刻中庸，下函计七十五页，边廷抡题。”按：倪士毅《四书辑释大成》三十六卷，元至正二年日新书堂刻本，全书未见著录，此《大学》、《中庸》为其中残存部分，殊为罕秘。日本文化九年（清嘉庆十七年）尝覆刻日新书堂本，北大、上图、台湾中央图书馆有藏。

32. 建安七子集二十七卷　明杨德周辑，明崇祯十一年刻本。《曹子建集》卷一题“陈王曹植子建著，四明杨德周齐庄辑定，陈朝辅夔五订正”。半叶九行，行二十字，白口，左右双边。钤“沈德潜印”、“归愚”二印。

33. 震川先生文集二十卷　明归有光撰，明万历二年归道传刻本。题“玉峰归有光著，海虞蒋以忠阅，家弟道传编次”。半叶十行，行二十一字，细黑口，四周双边。有万历甲戌蒋以忠《刻震川先生全集序》。

34. 陶靖节集十卷二册　晋陶潜撰，明天启七年刻本。

35. 春秋四传三十八卷附四卷　明嘉靖刻本，有刻工。

36. 新刊嫖赌机关二卷二册　题“昭阳元甫沈弘宇述”，德聚堂刻本，半叶十行，行二十二字，白口，四周单边。前有某氏序，首半叶系抄配。又有抄配封面，有“德聚堂梓”四字。是书罕见，著者沈弘宇及刊刻年代待定。

37. 新镌批评出相韩湘子三十回六册 明杨尔曾撰，明天启刻金陵九如堂印本。题“钱塘雉衡山人编注，武林泰和仙客评阅”。半叶十行，行二十二字，白口，左右双边。前有天启癸亥季夏朔日烟霞外史于泰和堂序。又有像十五叶。封面刻“韩湘子全传”、“金陵九如堂藏板”。竹纸黄脆。

38. 新刻全像杨家府世代忠勇通俗演义志传八卷 题“秦淮墨客校正，烟波钓叟参订”，明万历刻本，残存卷一卷二共一册，卷一首缺，此书名撰人均据卷二首页。半叶十行，行二十字，白口，四周单边。有插图四幅。《中国古籍善本书目》著录《镌出像杨家府世代忠勇演义志传》八卷，万历三十四年卧松阁刻本，或系同版。

39. 宋元通鉴一百五十七卷 明薛应旂撰，明嘉靖四十五年自刻本。江阴缪渊写，无锡张本、何礼、何序、何化等刻。

40. 耐闲堂重订西楼梦传奇二卷二册 不题撰人，明末耐闲堂刻本。半叶九行，行十八字，白口，左右双边。版心下刻“耐闲堂”。前有图五版，存第四、第五版。书衣黄裳题：“袁于令西楼梦上卷，明末耐闲堂刻，来燕榭重装。”内有乙未三月初四、乙未四月初十、乙未雨水黄裳跋三则，第三跋云是刻“未之前见”。钤“黄裳藏本”、“来燕榭珍藏记”、“黄裳小雁”等印。按：是刻仅知北图有下卷，此全本洵称秘册。

41. 东坡志林五卷一册 题“陆翀之校”，明万历刻本。半叶九行，行十八字，白口，左右双边。有“万历乙未陆翀之重校于秣陵之邀笛阁”题记。

42. 女范编一卷 不题撰人，明刻本。半叶九行，行二十字，白口，四周单边。白棉纸一册。有图，甚精，上刻木记："程伯易"，此新都绘工，万历九年曾绘《稗编》，知此亦万历间徽州刻本。首叶钤"广运之宝"朱文大印，又"天禄琳琅"、"陈仲鱼读书记"二印，不辨真伪。此书罕见。

43. 偶记四卷一册 题"信州郑仲夔龙如撰，南昌朱谋玮郁仪阅"。半叶八行，行十八字，白口，四周单边。有朱谋玮序。正文首叶版心下有刻工：南昌熊汝龙刻。此万历刻《玉麈新谭》零本，原八卷，此仅前四卷。传本极少。

44. 新刻出像增补搜神记六卷四册 明万历唐富春刻本，题"金陵三山对溪唐富春校梓"。半叶十一行，行二十字，白口，四周单边。全书图文对照。有罗懋登序。

45. 四如山楼后集一卷岭南后集二卷 明魏浣初撰，明刻本。题"海虞魏浣初仲雪甫著"。半叶八行，行十九字，白口，左右双边。钤"治廧书库"印。按：浣初集《中国古籍善本书目》仅著录《四留堂杂著》清钞本二种，此明刻二种未见著录。

46. 风月争奇三卷 明邓志谟撰，明万历余泗泉萃庆堂刻本。题"百拙生邓志谟重编"。半叶六行，行二十字，白口，四周单边。有明张大佐序。封面刻"萃庆堂精梓"。传本极罕。北图藏明春语堂刻《七种争奇》内有此书，行款版式同，或系同版。

47. 杜工部集二十卷四册 唐杜甫撰，清钱谦益注，清康熙六年季氏刻本，各卷末有校者季因是、钱曾、季振宜、李元益、陆贻典等。各卷次行"虞山蒙叟钱谦益笺注"被裁贴为空白。钤有"义门何焯"、"𡌿"、"东吴文献世家"等印。全书上下栏外及行间有何焯红、绿、黄三色批注。

48. 字义类例一册 陈独秀撰，石印本。原书胡适题签。陈独秀姓名已被墨笔涂盖。

藏书访古日记

——广东之行

韦　力

2002年7月上中旬近二十天时间，按照自己既定的寻访藏书楼计划，在广东省系统地探访藏书楼遗址。其中有如下十数家如愿以偿，分述如下：

广雅书局　十锋轩

广雅书局是近代影响较大的书局之一，尤其《广雅丛书》的刊刻和发行，更使得该局在知识界有较高的声誉。在广州寻访之前，就与广东省中山图书馆办公室周主任多次联系，他提供了大量的广东藏书家资料，并告知广雅书局已在两年前被拆平了。但他是个有心的人，在楼被拆毁之前，他拍了几张广雅书局的照片，随文所刊出的广雅书局图影即其所赠，特此说明。

广雅书局是在

清光绪十三年由总督张之洞和巡抚吴大澂奏请而建立的。在以前广雅书局院内立有一石碑，记述了此局成立的缘由始末，可惜此碑今已不知所终。广雅书局成立之前的旧址是广东机器局所在地，后又买些民房才扩建为最终的规模，设立东、西、南、北、前、后六校书堂，刊刻群籍，聘延通儒名家，详审校勘，檄饬两广盐运司综理其事。先后刊成经、史、子、集各种，而以史部最负盛名。闽县陈宝琛《咏广雅业务》云："大营精庐署广雅，建局益揽东南良。爇馀孤本慎雠校，水木如画罗朱黄。就中乙部十居七，治史欲挈研经长。"

到宣统二年，经提学使沈曾桐将广雅书局改名为省立图书馆，并设立藏书楼，起名为十锋轩，藏书楼建立后不久，就收得了孔广陶岳雪楼所抄浙江文澜阁书三百馀种，到民国初年又将广雅书院冠冕楼的一部分藏书分给了十锋轩。后又得到当时省政府的支持，将广东省各府、州、县志全套拨给了十锋轩，这些书即十锋轩藏书的基本来由。

广雅书局著称于世主要还是因其刊刻有《广雅丛书》，但最初所刻之书并不称《广雅丛书》，均为单行本，也没有出版总目，故后世不清楚广雅书局最初刻过哪些书；直到民国七年，由当时的广东省图书馆馆长徐信符将所刻之书版片进行整理，选择版式相同者汇综出版，并定名为《广雅丛书》，同时刊出总目，并加总序，才使得广雅丛书之名彰显于世。

广雅书局的遗址在广州市文德路61号，旧址称广东省图书馆南馆，我找到的时候它已荡然无存，改建成临时停车场，今日只有通过老照片才得见当日的芳容了。

广雅书院　冠冕楼

广雅书院是光绪十五年张之洞任两广总督时所建，今址在广州市西村西湾路1号广雅中学院内。光绪年间，张之洞认为新式书院可以造就博古通今、体用兼备的人材，故就在广州建立了

广雅书院，选调两广诸生入院学习，名额为两省定额各一百人,分设经学、史学、理学、经济四门课程，设院长一人主持院务，首任院长是大学者梁鼎芬，同时设立冠冕楼以藏书，其藏书方式是通行本各存两部,分藏在东西两个藏书室内,而珍罕善本则藏一部,另设一小书楼储藏。后任院长廖廷相曾编有《广雅书院藏书目》，从中可以了解到广雅书院的藏书规模。

广雅中学的占地面积很大，广雅书院的遗址就在学校的中心广场旁,问了两个学生很快都指给我,故没有费什么周折就见到了广雅书院旧址。整个旧址仅馀一字形的一排楼，在门洞上挂有广东省文物保护单位的名牌,上书“广雅书院旧址”,整个楼也进行了新的翻建，看不到一点儿旧的痕迹。在楼的门楣上书有手写体“务本求实”四个大金字,是梁漱溟所题,在大门的左手墙上镶嵌着一块新刻的碑记，碑额为“修建广雅书院奏折”。只有正门左手边的一棵老树长得根深叶茂，当是广雅书院的遗物了,也许张之洞在此树下乘过凉呢。

光绪二十八年广雅书院改名为广东大学堂,到民国二年,又改名为广东省立第一中学，当时的校长彭金铭不知出于什么动机,竟将藏书楼冠冕堂楼拆毁了,而其中的书籍又在临时存放过程中遭受了水灾,接着又有一部分书被人盗窃。针对这种局面，学校只好商议将冠冕楼藏书分成三个部分分别保存，一部分仍存第一中学,第二部分存于广东省立图书馆,这一部分书现仍存在中山图书馆内，而第三部分则运到了广西梧州西江图书馆，后陈炯明又将这部分书送还给广东高等师范学校，后又几经转折，不知所终了。徐绍启任广东省图书馆馆长时，曾见到存在该馆的这部分藏书，他说“广雅藏书，其书箱之门，均用磨沙玻璃，铸有篆文‘广雅’二字以为徽识，古雅可观，今亦无一留存”。可见公藏书失散之快。

按资料记载，广雅书院的藏书楼冠冕楼也是张之洞所书，取唐诗“冠冕通南极”之意，门楣两旁的楹联是吴大澂所书，这些今日也均不见踪迹了。广州市能够保留和修复这些著名遗址，当然是可喜可贺之事，但若能整旧如旧，则可称得上善中之善了。

粤 雅 堂

粤雅堂是伍崇曜的藏书楼，今址在广州市文德路 172 号，广州市文物总店所在地。

伍崇曜（1810—1863）原名元薇，商名绍荣，字良辅，号紫垣，广东南海人。以洋商起家致富，有怡和行。先后受清廷钦赐举人、候补郎中，加布政使和荣禄大夫等衔。

伍崇曜好“收藏古籍”，“遍收四部图书，尤重此邦文献”。他的藏书除粤雅堂之外，还有远爱楼。当时为粤雅堂藏书掌眼者为谭莹，同时，在藏书过程中谭莹有意为粤雅堂搜集粤人著述，并从中选择出较为罕见者，刊刻成《岭南遗书》五十九种三百

四十三卷，另外还有《粤十三家集》一百八十卷，而最著名的也是流传最广的则是《粤雅堂丛书》，一百八十种一千馀卷，装订成三十函二百四十册，多是珍罕难见之书，受后世学者所看重。

粤雅堂所在之街区，在前些年即已动迁改造，一点儿也看不出当年的旧貌了。而今在文物公司的门楣上挂着“粤雅堂”的牌匾，是仍借其旧呢，还是名字的一种巧合就不得而知了。但无论如何，今日仍能看重粤雅堂这块牌匾的含金量，也应当算对乡邦前贤的一种崇敬吧。

岭 海 楼

岭海楼是黄培芳的藏书楼，原址在广州双门底黄文裕公祠内，泰泉宝书楼故址即是。现址为北京路286号，广州青年文化宫即是。

黄培芳（1778—1859）字子实，号香石，别署粤岳老人，广东香山（今中山市）人，明黄佐（号泰泉）八世孙。嘉庆九年副贡，由教谕官至内阁中书。诗格高浑，与张维屏、谭敬昭有“粤东三子”之目。有《易宗》、《浮山小志》、《云泉随札》、《虎坊杂识》、《缥缃杂录》、《藤荫小记》、《岭海楼诗文钞》、《唐贤三昧集钞》、《香石诗话》、《诗说》等著作。

黄培芳系宝书楼主人黄佐第八代孙，他的藏书主要是来源于祖上所传，编有《岭海楼书目》，藏书量很大，到民国年间，就逐渐中失散了。岭海楼所藏之

书均钤有“泰泉故里”、“泰泉后人”、“香山培芳”和“粤岳子”之章。徐绍启《广东藏书纪事诗》中对岭海楼藏书有诗颂扬:“泰泉馀韵有诗孙,岭海楼头世德存。参透唐贤三昧诀,堂堂大雅振南园。”

岭海楼所在北京路在十几年前就已改迁为商业街，整个街上的商铺一家挨一家,而青年文化宫就夹在这些商家之中,岭海楼改迁为青年文化宫还是广州友人告知的，但在北京路上几经访寻，最终找到时，却看见文化宫已改建为一个大的百货市场，如果不是门楣上题着“青年文化宫”几个字,就根本看不出在这条熙熙攘攘的商业街上会有这个文化阵地，幸门口的一棵大树标明了这里曾经是一处旧宅。

海山仙馆

海山仙馆是潘仕成的藏书楼，今址在广州市中山八路 197号,广州荔湾园内。

潘仕成(1785—1859)字德畬,广东番禺人。早年以经营盐业致富,后钦赐举人。道光间擢兵部侍郎。性好藏书,建藏书楼“海山仙馆”,收集精椠本甚多。其藏书充栋,与伍崇曜、康有为、孔广陶并称为“粤省四家”，潘氏实居首。南海李仕良(辅廷)《猬夏堂诗集》有《过海山仙馆遗址》云:“我步西城西，野花纷簇路。遗址认山庄，旧是探幽处。主人方雄豪，百万讵回顾？买得天一隅，

结构亭台护。流露降雪堂，金碧纷无数。佳气郁葱哉，森然簇嘉树。插架汉唐书，嵌壁宋元字。沉沉油幕垂，曲曲朱栏瓦。时有坠钗横，罗绮姬姜妒。此乐信神仙，高拥烟云住。祸福忽相乘，转瞬不如故。高明鬼瞰来，翻覆人情负。此地亦偿官，冷落凭谁诉？树影尚离披，泉声仍漭溯。孰是孔翠亭，孰是瘗鹤墓？可怜坏道中，故物文塔具。吁嗟复吁嗟，消息畴能悟。席草吊荒凉，徘徊秋水渡。客曰盍归来，夕阳天欲暮。孤影徒惊人，稻田起飞鹭。”在公园内见一老者，问及海山仙馆之址，老者指给我看立在路边的指示牌，上面清晰地标着海山仙馆的方向，这是我寻访藏书楼旅程中所遇到的唯一一个标明藏书楼旧址的现代指示牌。走不多远，就见到了所要寻访的藏书楼。整个楼是重新翻盖的，是一两层庭阁式建筑，整个楼体深入湖中，两旁均与水上回廊相连，楼的正门门楣上挂着匾额，上书“岭南福地”，是由商承祚题写的；两旁的门柱上挂“海上神山，仙人旧馆”的对联，正是海山仙馆楼名的出处，原为潘仕成的长子潘钱拍所撰题，因无落款，不知所之，现所挂的这幅对联则不知何方名家所书了。敲了两遍门，里面没有人应，轻轻推门走到里面，结果整个厅内除了几把藤椅外，空空如也。只是在正门的屏峰上挂着五个镜框，里面的文字详述了海山仙馆的来龙去脉。出得门来，在楼两旁的回廊上挂着几十幅镜框，内装均是拓片，细看内容，方知是《海山仙馆藏真帖》的拓片。潘仕成刻这套帖都是用自己所珍藏的宋拓和明拓做底本所翻刻的，此套帖极为有名，今日能够展出全套的拓片，说明原石都还留存了下来，这真是一件幸事。比起潘仕成的另一大名作《海山仙馆丛书》幸运多了。

《海山仙馆丛书》是潘仕成根据自己的藏书所选出的珍罕者翻刻而成，共选书五十六种，计四百六十一卷，装订成一百二十册，书前有道光二十八年叶志诜所作序。其内容除传统经史著作外，其馀大多选择西方所传来的数学、地理学、医学等方面的近代科学书籍，故此套丛书在学界影响极大。潘仕成到晚年，因经营盐务亏损，家产亦悉抄没入官，海山仙馆藏书及其此套书的书版也就失散了。到鸦片战争时，广州城被攻陷，《海山仙馆丛书》的版片被法国人所获，运回了巴黎，今藏巴黎博物馆，这套著名丛书的版片难回故土了。

泰华楼

泰华楼是李文田的藏书处，今址在广州市恩宁路多宝街27号。

李文田(1834—1895)字畬光，号若农，一作芍农，又号仲约，署一痴道人，卒谥文诚，广东顺德人。咸丰五年举人，九年会试一甲三名，仕履曾官至内阁学士、礼部右侍郎，督顺天学政兼署工部右侍郎，充会试副总裁官、经筵讲官，领文渊阁事。尝谏上修缮圆明园，又反对《马关条约》赔偿日本巨款，词绝愤痛，面争至于痛哭，以至数月之间头须皆白。其学自经史、诸子、小学、金石、舆地、历算及诸艺术，旁逮西人政学诸籍，尤洽熟辽金元三史，博涉潜研，咸洞指要，翕然称一代通儒。有《元圣武亲征录注》一卷、《元秘史注》十五卷、《进四库全书表注》、《和林金石录》一卷及诗文集、金石跋尾若干卷等。

李文田是清末著名文献家和藏书家，精于版本目录之学。其藏书数万卷，多古刻名钞，且多藏禁毁书。“所藏书每书衣均有题识，记其卷数、版刻，或并辨证书中得失”。其所辨证无不精切，不似某些藏书家但记得书岁月、板刻源流也。官京师时，尝备《四库全书简明目录》一部，其简端分录孙星衍廉石居所记、邵懿辰所标注、缪荃孙所校订诸语，颇为详备。又著有《四朝书刻纸版考》，于版本辨别最精。他在任江西学政时，得马氏小玲珑馆旧藏宋拓《华山碑》及旧拓泰山石刻，乃颜所居曰泰华楼。光绪中，颁赏顺治帝御制《劝善要言》一部，乃命其楼曰赐书楼。至其孙又改壁书楼。李文田去世后，李氏后人生活困难，曾将《华山碑》先抵押于北京某教授，后转押于某银行，后带往香港，为利氏北山堂购得，随后捐赠香港中文大学文物馆。1913 年，其书即有散佚。傅增湘曾致函张元济云："闻镜古老段至广东，购得李若农师藏书计洋六七千元，尚未到，必大有可观也。""李师书刻无力合购，若交好中能得之者，将来可以借阅，亦所愿也。"抗战间，其藏书精华运存香港，包括李氏《和林金石录》手稿等。香港陷落，颇有损失。广州沦陷，馀书亦散佚。

1956 年，北京书肆带经堂主人王炳昆曾南下广州购得李氏藏书数百种，同时还有几百种李文田手抄本，其中大部分为邓之诚所得，邓之诚逝世后，其书大部分捐给中国科学院图书馆，少部分流散出来，为寒舍所得几十种，其中有李文田所抄书近二十种，有一些邓之诚还在上面加了跋语和题记。因为有这段因缘，故能找到泰华楼故居，很是令自己兴奋。

泰华楼是一两层砖结构建筑，据记载，其楼上存珍善本，楼下及前楹储普通本，今皆杳如黄鹤。它的四周都已拆建为新式楼房，唯独把泰华楼包围在中间，这应当真可以称得上是一奇迹。我欲进楼内细观其格局，但敲了几遍院门均无人应。我坐在泰华楼街对面的台阶上静静地看着这座劫馀之楼，脑海中突然浮现出西洋抽象画派——野兽派名称来由的那句著名的话：维纳斯处在野兽之中。

目 耕 堂

目耕堂是易兰池的藏书处，旧址在广州市西关十二甫易府，今日的名称为恩宁路十二甫西街 94 号与江源桥角 2 号交口处。

易学清(1840—1920)字兰池，广东鹤山人。同治七年进士，官户曹。同年南归，主端溪书院和羊城书院达二十馀年。清末任广东咨议局议长，倡办地方自治社。辛亥革命时曾积极响应，后又参加孙中山领导的护法运动。不久病故。

对于易兰池的藏书情况，伦明所作的《辛亥以来藏书纪事诗》记之颇详，“鹤山易兰池进士学清，居广州城西关。家存先世遗书，厅壁楼皆贮满，未暇辨其版本，惟无嘉庆以后者。每册俱厚一寸以上，人呼易大本，书坊见之，不问而知为易氏书也。余屡造其家，见书日减少。辛亥后，犹于书坊见其《文苑英华》、《六十种曲》诸书”。到光绪末年，目耕堂藏书就逐渐散出，伦明多次到目耕堂访书，每次看到时，书都在减少，可见世守藏书是一件多么不易的事。

目耕堂是一砖结构的三层楼房，底层已改造成不同的几家人所居住，但每一家敲门均无人应，楼内的情形及其后人的行踪，只好付诸阙如了。

万木草堂

万木草堂是康有为在广州的藏书处，今址在广州市中山西路长兴里3号。

康有为（1858—1927）原名祖诒，字广夏，号长素，戊戌后号更生，晚号更甡。广东南海县人，世称康南海。年十八从大儒朱次琦学六年，于经史义理辞章颇有根柢。光绪十七年于广州长兴里设万木草堂，从学者如梁启超等皆一时隽秀。二十一年成进士，授工部主事，赴试时约千二百馀名举人“公车上书”，主张拒签马关条约、变法图强。办“强学会”、出《强学报》，鼓吹变法。戊戌协助光绪帝实行变法，称“百日维新”。著有《新学伪经考》、《孔子改制考》、《日本变政考》等。

康有为因戊戌变法而得大名，反掩其亦是一藏书大家。其先世即有四世藏书的历史，渊源有自，藏书颇丰。康氏光绪中讲学广州长兴里邝家祠，有云衢书屋藏书甚富。后于府学孝悌祠建万木草堂，书藏供门人恣读，聚书甚备，守书有钥，供书有时。所藏除古籍外，有大量西学新书，总计三百馀箱，约四万册。“洎民国成立，康氏归自海外，优游林下，复锐志蓄书，广收宋元旧椠、佛典精本，孔氏岳雪楼残书尽为收纳，殿本《图书集成》在焉。”“旋居上海，收储益富”。又在杭州、青岛藏书，总数达二十万卷。

其藏书不但数量大,其质量也颇有可称道处,其中宋版书就有十四种四百馀册之多,元刻本有九种七十馀册,明版书有二百三十馀种四千五百馀册, 又有清初初印本及殿本《古今图书集成》、抄本书六十馀种。书中多有康氏及硕彦名流题跋。其佛典精本有北宋开宝金银书《法华经》、元代普宁寺佛藏一千二百册以及明代佛经等。又藏有康氏著作手稿及未刊本及其师友门生的文稿。这些藏书都著录于他所撰写的《康南海所藏宋元明版书目》中,其馀普通本书著录于《万木草堂书目》。

万木草堂的藏书在戊戌变法之后,全部被清政府抄没,并将这些书移到了广雅书院内,事平后,虽然返回一些,但大部分都不知所终了。康有为去世后,其藏书全部售出,其书大多归广西大学(今广西师大)和镇江市立图书馆。此时其及门弟子马君武(字厚山)为广西大学校长,以两万元购千九百馀种,两万一千馀册,今仍完好,尚存该校。少量书为该校黄华表携去香港新亚学院(后并入香港中文大学)。

7月5日上午我找到长兴里时,眼前所见已成一片废墟,心想自己又来晚一步,万木草堂这座名楼变成了砖砾。但不死心,还是在附近转来转去,以寻得些许旧迹。果不负吾望,在旁边的小巷内仍找到了万木草堂的一小角,楼旁是窄窄的一条小巷,不足一米宽,用砖砌一弧形门洞,阳光照在这幽长的小巷内,我想象着康有为带着他的弟子梁启超等人在此门洞内出出入入,边走边探讨着兴国大计;而今我的脚步又重叠在他们所踏过的小路上,心中升起一种“江山留胜迹,我辈复登临”之感。同时默默地祈祷拆迁到这种程度就住手吧,毕竟康有为是中国近代著名人物之一,但愿主管此地拆迁者能够听到我这一介草民的呼声。

葵霜阁

葵霜阁是梁鼎芬的藏书处,今址在广州市德政中路与仓边路之间，大东门榨粉街93号，今名为梁太史第。

梁鼎芬（1859—1919），谱名福承，字伯烈，一字星海，号节庵，又号藏山，广东番禺人。光绪二年举顺天乡试，六年成进士，授翰林院编修。十年劾李鸿章有可杀之罪六，几遭重谴。南归后历任丰湖、端溪书院院长；张之洞督粤，聘主广雅、两湖、钟山书院。曾游镇江，读书于焦山书院之西庵。后官至湖北按察使、布政使。清帝逊位，为宣统师傅；又以逸老自居，参与张勋复辟。工诗词。尤重视书院藏书及图书馆之建设。宣统末在广州建"梁祠图书馆"，对外开放。自藏书十馀万卷，设"葵霜阁"储之。刻有《端溪丛书》四集二十种。著有《节庵先生遗诗》六卷续编一卷、《节庵先生遗稿》五卷等。

梁鼎芬极喜藏书，所到之处均建有专门的藏书室，并且都根据当时的心态处境给自己的藏书处起不同的名称，如居京师米市胡同时有"栖凤楼"，以慕隋何妥（字栖凤）之故也；东塾同门陈树镛为题"毋暇斋"，以表向学之勤也；"食鱼斋"，以在武昌也；"精卫庵"，以喻纠劾权要之决心也；"寒松馆"，以末代皇帝赐"岁寒贞松"匾也；"葵霜阁"，梁氏诗云："趁雨安篱缘底事，为芟恶草护忠葵。"又云："谁照孤忠心内事，葵霜阁外月初斜。"以表其忠君之心也。梁氏慕阮元焦山书藏之设，所至以提倡藏书为己任。在京自捐、劝捐书籍二万馀卷，以供旅京学子之用。"掌教端溪，创设书库；掌教丰湖，创设书藏；掌教文雅，扩充'冠冕楼'；游镇江，又捐书焦山书藏。……宣统间，复于榨粉街梁氏府第设梁祠图书馆，订阅览章则。"这些书藏最有名的是丰湖书藏，梁氏于光绪十一年任丰湖书院院长后所设，撰《丰湖书藏四约》（即借书、守书、藏书、捐书约），谓宋、元、明刻及钞本、家刻本、局刻、坊刻均可入捐典藏，旋复致力搜集部、方志，故所藏集部及省内外地志最为丰富。曾自编《丰湖书藏书目》八卷。筹建书藏时，曾屡致函缪荃孙，请他"广为传播"，"凡同志故交，量力之大小，家藏之多少，随意捐出，上写明某某名字"，"焦山书藏，此其嗣音，数

百年后，征求文献，必有到我丰湖者也”。并有诗曰：“当年情好入篇章，往事留贻未可忘。尚有丰湖书藏在，令人长忆岁寒堂。”

葵霜阁藏书的特点是重实用而不重版本，其中没有宋元版本而丛书巨多，同时还藏有大量的方志，与他同时代的文集亦收藏丰富。梁鼎芬去世后，其子学劬把广州的藏书捐献给了广东省立图书馆，当时的馆长徐绍启并为这些捐书编写了目录。存在北京的藏书，因学劬生活困难而全部出售给了伦明所开的旧书店，这批书最后又全部卖到了日本。

葵霜阁是一西式建筑，楼体保留完好。我本欲进楼内看一究竟，但受到门口一老者严诘盘问，并且告诉我说没有政府部门的介绍信严禁拍照，任我如何解释都不起作用，只好姗姗离去。转了一个多小时后，又回到原地时，发现老者不知去向，心中窃喜，作贼似的连拍了几张片子，事毕，快速逃去。

颙　园

颙园是陈融的藏书处，今址在广州市解放北路 988 号，越秀公园内。

陈融（1876—1955）字协之，号颙庵，别署颙园、秋山、松斋，原籍江苏，寄籍广东番禺。早年肄业菊坡精舍。光绪三十年，与朱执信、古应芬、汪兆铭、徐绍棨等结“群智社”。翌年，加入同盟会。民国年间多任广东地方长官及总统府国策顾问等。著有《读

岭南人诗绝句》及拾遗、《颙园诗话》、《黄梅花屋诗稿》等。

颙园的藏书，其中最有特色者为清代诗文集二千馀种，主要是因陈融为撰写清诗纪事而做的准备工作。他的藏书大多得自真州吴引孙有福读书斋及测海楼者，以及盛景璿的濠堂藏书。有《陈融私藏目录》一册存世，第一页题"广州市市立图书博物馆接收前由社会局寄存广东大学朝日新闻社移交书籍清册"，日期为1942年5月20日。是目依笔画为序，共约两万五千册，多为诗文集及佛教书。

1938年10月广州沦陷，颙园藏书尽失，烽火馀生，陈氏避地越南，"颙园藏书尽为强梁篋以去"。战后残存清人集部数百种，已让归中山大学图书馆。然据书目所题，其书由社会局寄存广东大学，后移交广州市图书博物馆，并非"尽失"。

颙园旧址在越秀公园正门右侧约五百米处，即院内所修西游记景点之一夏宫所在地即是，今天已难看到颙园当年的轮廓了。

南州书楼

南州书楼是徐绍棨的藏书处，地址在广州市小北路120号。

徐绍棨(1879—1948)字信符，祖籍浙江钱塘县，以先世游幕于粤，遂占籍广东番禺县。早年曾与朱执信、汪兆铭等组织"群智社”。从事教育四十馀年，历任广东高等学堂、广东高师、广东大学、中山大学、岭南大学、广州大学、广东法科学院、文化大学之讲师、教授等，讲授目录学、版本学、文学史，兼任广东省立图书馆馆长等。有《中国文学史》、《中国诗学史》、《书目学》、《古籍校读法》等。

南州书楼前后楼各二层，前楼为藏书之处，上下四壁都摆列满书橱，珍贵善本则放在楼下右室内，整个藏书楼藏书量达六十万卷之多。宋元本仅数种，虽少但却很精，如宋庆元黄善夫刻《史记》，被张元济选刻入百衲本《二十四史》。明钞中有菉竹堂叶伯寅所钞《东观馀论》，明钞本吕东莱《春秋左传类编》，《四库总目》云已佚。清善本有张问陶稿本《阁修清课》、翁方纲手批殿本《施注苏诗》、邵长蘅、崔干城合批《钱笺杜诗》、桂未谷批汲古阁本《说文解字》、俞樾批《水经注》。广东乡邦文献中有禁书屈大均《翁山文外逸文》钞本四册、《屈沱五书》，清末陈兰甫批校手稿贮藏最富。1940年在香港举办广东文物展览会，徐氏送展古籍达三百馀种，为最多之家。徐氏著有《广东藏书纪事诗》。

徐氏于佳本秘不示人。每日回家，必亲自检理，点校钞录，夜深而不休。遇有孤本，钞写数部，底本则秘之。如屈大均之《崇祯宫词》、王烟客之《啸楼集》、王邦畿之《耳鸣集》、黎遂球之《莲经阁文钞》等，皆为禁书，徐氏均“躬自钞校，丹黄涂抹，剔抉爬罗，近引远征，条疏缕析”。

到民国二十几年，南州书楼所藏之书逐渐失散，其子徐汤殷写道：“民国壬申（1932）淫雨为灾，小北大水，住宅后座倾塌，内藏典籍四百馀箱悉化为纸浆。公（徐绍棨）以此卧病累月。岁丁丑（1937）日寇南侵，敌机轰炸，邻右中弹。急将善本外运，寄存香港大学平山图书馆者百五十馀箱，存跑马地寓所五十馀箱。癸未（1943）香港沦陷，公避难澳门，又将港寓藏籍分批运澳，以机帆（船）往者为匪所劫，由‘白银丸’运者复遭美机炸沉，孤善本多遭此厄。其存省寓者，沦陷时为小北村流氓陆福兄弟掠去贱卖，备充爨材。幸得云记饭店老人萨根仗义制止，然已损失不少矣，如殿本《二十四史》、《西清古鉴》、《九通》、《全唐文》等，尽归乌有，诚为浩劫。丙戌（1946）战平，公复员返省，将劫馀灰烬点存一过。次年，将寄存香港大学堂平山图书馆及在澳寓者先后运回。”

徐氏还有一部分藏书由徐汤殷售给了广东古籍书店，寒舍购得七十馀部之多。南州书楼所藏之书特点有二：一是装帧方面，其在每册书的扉页后均加万年红纸一张，以防虫蛀，但笔者所见的几百种南州书楼所藏之书均有不同程度的虫蛀，不知为何未起作用；特点之二是每书的首页上首均钤有一蓝色新式图章，上书“南州书楼藏书，徐汤殷整理”，并有日期，均在 1951 年至 1952 年之间。

南州书楼所藏之书不但失散，其书楼亦因小北路拓宽而拆得荡然无存了，幸而路名未曾改变，不然则难寻其踪了。

濠　堂

濠堂是盛景璿的藏书处，原址在广州城南清水濠，今址为广州市德政中路高华里一带。盛景璿（1880—1929）字季莹，一字淡逋、淡圃，号芰舲、雪友、濠叟、遁斋，广东番禺县人。居广州城南

清水濠。经营鹾业。辛亥后改官办，遂家居。工诗擅书画。喜聚书，有书数十簏，有宋元残本，陈氏《东塾读书记》原稿题《学思录》手稿若干册，孙星衍、严可均同撰《说文翼》稿本为其所藏。又曾访丁氏持静斋遗书于潮汕，收其宋元旧刻本不少。雷梦水《古书经眼录》有其所藏孙星衍原稿本《说文解字翼》十五卷。

藏书散出后，部分归陈融黄梅华屋，《毛诗日笺》六卷、《宛湄书屋文抄》十一卷，即有其藏书印。

濠堂所在的德政中路在二十年前已拆迁，基本无旧迹可寻，知其在高华里一带，亦是中山图书馆周主任所告知。楼虽不存，但立此存照，也算对濠堂的一种纪念吧。

人境庐

人境庐是中国近代启蒙思想家黄遵宪的藏书处，今址在广东梅州市梅江区东山小溪唇9号。

黄遵宪(1848—1905)字公度，别署人境庐主人，广东嘉应州(梅县)人。光绪二年举人。练于外交，历任驻日、英参赞及旧金山、新加坡总领事，后官湖南长宝盐法道，署按察使。参加戊戌变法，失败后返乡里。有《人境庐诗草》二卷、《日本国志》四十卷、《日本杂事诗》二卷及未刊文稿、信札等。

还是在上中学时，中国历史课中近代部分就有许多笔墨是谈黄遵宪的，但是始终觉得他是一位思想家、改革家，到自己喜

好藏书后，读到徐绍棨《广东藏书纪事诗》，才知道黄遵宪也是一位藏书家。

光绪二十四年黄遵宪回到梅州的故居“在勤堂”，并在故居院内建筑了自己的书斋和藏书处——人境庐，并将自己所带回的十馀万卷书籍摆放在人境庐内，允许学人自由阅览，并编有《嘉应黄氏人境庐藏书目录》(梅州古称嘉应)。在这册目录中共著录了黄氏藏书八百十一种，一万一千八百五十卷，自著书四种，二十一册。但按照徐绍棨的眼光看，这些书没有什么珍贵善本，从这点可以看出黄遵宪藏书还是重实用而非收藏，但徐绍棨同时提到人境庐所藏的《修慧寺塔铭》是其唯一的珍本书，修慧寺塔是南汉刘钻时建，但在广东省通志、州志及吴石华《南汉金石志》均无记载。

从广州乘大巴到梅州走了近六个小时，主要是因为有很长一段山路，所以车走得很慢。因为人境庐的地址在去之前就已经打听清楚了，故很容易就找到了，门口有售票处，票价二元。进入院了，见树木花草修剪得很整齐，整个院内建筑似乎也都是重新翻盖的，看上去很新。在院子的东北角建有二层的五步楼，楼上就是黄遵宪藏书的陈列处，沿北墙整齐地排列着十数个书橱，橱内陈列着一些线装书和平装书，因书橱锁着，故未能细观，但能看到藏书仍然存在的藏书楼，对我来说已然是很高兴的事情了。陆游曾说：“人生百病有已时，独有书癖不可医。”信哉斯言，其我之谓欤？

持静斋

持静斋是清中后期著名藏书家丁日昌的藏书处，今址在广东省丰顺县丰顺中学院内。

丁日昌（1823—1882）字禹生，又作雨生，号持静，广东丰顺人，先世居福建长乐。由诸生起家，曾任苏松太道知府、两淮盐运使，擢布政使，江苏、福建巡抚兼督船政。有《抚吴公牍》、《百兰山馆诗》、《巡沪政书》、《奏稿》、《牧令书辑要》等。

丁氏酷嗜藏书，从政之暇，唯以校书为乐。镇压太平军时，故家藏书尽出，东南文献散亡殆尽，丁氏“乃搜罗荟萃，收拾于委弃瓦砾之馀，购集之多几及三四万卷”。莫友芝云：“计十年搜集，除复重可十万卷，其中宋元善刻及旧钞大部、小编、单秘、无行本者，且居十之三四。”他在上海作知府时，当地的大藏书家郁松年宜稼堂藏书准备出售，他与当时的湖州大藏书家陆心源争购此批藏书，但这批藏书的大部分都到了丁日昌的手中，后来陆心源在笔记中专门提到此事，说丁日昌巧取豪夺。但后世文献家伦明、徐绍棨等都认为陆心源言过其实，事情究竟怎么回事，其实谁也不能说得很清楚。持静斋书的另一个主要来源是苏州顾沅艺海楼藏书，顾沅也是当时苏州有名的大藏书家，太平军占领苏州时，因艺海楼所聘请的鉴赏家徐康与太平军内的要人有关系，所以艺海楼藏书得以完整

保存。丁日昌攻进苏州城后，以通敌名义查封了艺海楼藏书，这时顾沅已去世，后人都已避难逃走，藏书无人管理，于是其中精华尽归持静斋。

丁日昌还藏有多部黄丕烈百宋一廛故物，如宋景祐本《汉书》、世彩堂本《昌黎集》，及宋刊本《礼记要义》、《礼记集说》、《东都事略》等，这些均是藏书中的至宝，独聚一人之手，真羡煞后世藏家。

其书目有《百兰山馆藏书目录》，由林泉达代编并撰序，依四库分类，著录达三四万卷。同治六年至九年所编《持静斋藏书纪要》上下卷，由莫友芝代编并撰序，分类依四库，四库有者不注，存目者注明“存目”，未收者注明“未收”，此为善本书题识之作。《持静斋书目》四卷、《续增书目》一卷，系丁氏所编藏书简目，共著录约三千三百馀种。光绪二十一年，江标游粤时，从汪鸣銮架上见到《持静斋书目》，觉杂糅无序，乃择要另编为《持静斋宋元版抄本书目》一卷。

丰顺县距广州市四百多公里路程，有广汕高速公路相通，乘大巴前往比较顺畅。丰顺县中学在县城中心地带，很容易就找到了，学校内新建的四层图书馆——丁日昌纪念图书馆，就在校园内操场旁，此纪念图书馆是由丁日昌的后裔、泰国丁家骏先生及其他侨亲所捐建的，于 1994 年落成使用。走进图书馆，一楼就是丁日昌事迹陈列室，详细介绍了丁日昌的生平事迹；二楼是藏书室和阅览室，按照馆里的资料介绍得知，馆内藏书有八万册之多，但没有古籍善本。

丁日昌的旧居究竟在哪里？多方打听也没有确切结果，故只能通过这个纪念馆来替代持静斋了。不过一个藏书家后世仍然能通过建纪念馆的形式来纪念他，则也应值得欣慰了。

济南古旧书店归去来

廖　东

济南古旧书店歇业了，消息传来，闻之黯然神伤，对与之有四十五年交往的老顾客、老读者的我来说，不啻于抹去了我生活中的一缕阳光，失去了一块精神上的乐土。

济南是座历史文化名城，她不仅有悠久的历史，也有深厚的文化积淀，而可做为济南古老文化绵延发达之缩影的古旧书业，仅上个世纪前半叶，济南城里芙蓉街、大小布政司街、曲水亭、南门里一带就有鳞次栉比的古书店、旧书铺，曾是济南的一道亮丽的风景线。抗战前数年，访古路过济南的顾颉刚先生仅一个下午，就在城里逛了近二十家古书店或古董铺（见《辛未访古日记》）；而时任山东省立图书馆馆长的王献唐先生就曾在济南的旧书肆中访得许多古籍善本，其中还有海源阁兵燹劫后流散出的珍本秘籍，抢救出不少地方文献（见《双行精舍书跋辑存》及《续编》）。解放初，黄裳先生曾在济南市上见过一部晚明刻印精美、大本方册的《东方三大图》（内有大量关于东海、泰山和孔子的版画），咤为奇遇，一直念念不忘，至到二十年前还曾向我打听过它的下落。……这一切虽都已是前尘梦影，但却折射出当时济南古旧书业的繁荣景象。

余生也晚，自1958年春方随因调动工作而率家南迁的父亲定居济南。我时为中学生，家居西郊，西市场的新华书店、旧书铺，经三路上的新华书店以及大观园、新市场、纬三路的旧书店都是我课后、星期天和节假日经常流连忘返的场所。不想不久听说城里还有一处大的并且是公营的济南古旧书店，给我带来不小的震动和惊喜，从此与它结下了不解之缘。

当时的济南古旧书店位于城里院西大街路北，是一幢二层小楼，楼下为门市。进门即见三面靠墙皆竖立着一排排高大的书架，东面书架上插满了民国间旧书和解放后出版物，多为文史书；西、北两面书架上则整齐地摆放着一部部多配有蓝布函套的线装古书，以经、史、子、集分类，书上还都夹有白色的书名版本标价签。徜徉其中，但觉满目缥缃，满屋书香，令人有仿佛进入传说中的瑯嬛仙境之感。而偌大的书店中，每每只见二、三位营业员，他们多是平易和蔼的老师傅，从不见他们去打扰选书、看书的顾客，即使顾客空手而去，他们也多笑脸相送，保留着中国传统书肆和气待客的儒商遗风。

上世纪五十年代末、六十年代初我曾在济南古旧书店淘得许多书，如清末民初石印有图的笔记小说《淞隐漫录》（《后聊斋志异》）、《萤窗异草》等，都只二、三元一部。而民国间《四部丛刊》、《四部备要》、《丛书集成》的零本，都是几角钱一册；钤有陆侃如、冯沅君二先生藏书印的王瑶著《鲁迅与中国文学》，也只三角钱。记得有一年临近春节，母亲给我十元钱让我去百货大楼买一身新绒衣过年，我竟鬼使神差地先踅进百货大楼斜对面的济南古旧书店，看了半天书，临出门突然发现一套清嘉庆间重刊青柯亭本《聊斋志异》十六卷十六册，定价六元，我竟又鬼使神差地用买绒衣钱买回了这套书。为此，一向节俭的父亲闻知后愤而离家，万分焦急的母亲费尽周折才找回父亲，过了一个不愉快的春节，我至今想起来还感到内疚。但古旧书店给予我的毕竟多是获得知识的快乐和觅到心仪已久的古旧书的惊喜。特别是一封古旧书店的回信，我珍重地保存了已有四十多年，它已成为将伴我终生的温馨的纪念物。

1962年初，我辍学在家，自学中国文学史，其中古代小说《金瓶梅词话》只读过郑振铎编《世界文库》刊出的前十几回，苦于未见全本；还想买一部绝版已久的《聊斋志异》手稿影印本，便试着写了封长信给济南古旧书店，说明自己的情况，请求帮助。我知道《金瓶梅词话》在当时仍是禁书，藏有此书的图书馆不公开出借，即使是《世界文库》那样的删节本也不易看到，我只是一个社会青年，要看到、买到全本岂不是痴心妄想？不想仅隔几天，济南古旧书店的回信就来了，信中说：“‘金瓶梅词话’我店有一部残的，定价3.00元，经研究可以售给你。‘聊斋’手稿本现有一部，定价10.75元。以上二书可以给你保留4天，请持款来取为盼。”下盖“济南古旧书店邮购专用”朱圆印章，并注明营业时间。

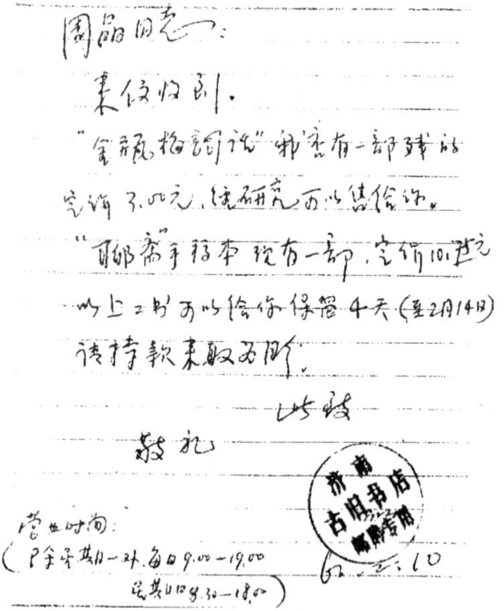
周晶同志：
来信收到。
“金瓶梅词话”我店有一部残的定价3.00元，经研究可以售给你。
“聊斋”手稿本现有一部，定价10.75元
以上二书可以给你保留4天（至2月14日）
请持款来取为盼。
此致
敬礼
济南古旧书店邮购专用
营业时间：
（除星期一外，每日9.00—19.00
星期日9.30—18.00）
62.2.10

我把信激动地读了好几遍，并立即赶到古旧书店把这两部书买了回来，梦想终于成真。至于那部“残的”《金瓶梅词话》，是1935年上海奇文书局标点排印本，有删节，五册，仅第三册因鼠啮而损伤部分文字，于阅读却无大碍。虽然其后我又买到了线装本张竹坡批评本《金瓶梅》，近二十年来又陆续得到《金瓶梅词话》影印本、新的标点排印本，但我仍把这部“残”书珍藏着，以保存这段古旧书店对一个自学青年雪里送炭般帮助的故事的难忘记忆。

“文革”初期，我是一名工程兵战士，远在泰莱山区打“山洞”，听说济南古旧书店因售卖“四旧”、“毒草”而受到冲击，红卫兵曾把店内的古旧书抄出来堆放在马路上焚毁，损失很大，痛心不已。十年浩劫后，因古旧书源近乎枯竭，济南古旧书店的古旧书经营逐渐缩小，近二十多年已改为经营新版古籍为主(这是全国古旧书业的普遍现象)。书店店址一迁再迁，最后从闹市区落脚到现已颇僻静冷落的经三路上。

我自二十多年前在古籍出版社当编辑，自然与济南古旧书店的关系更加密切。据我所知，济南古旧书店长期以来与省内特别是与在济的各高校、社科研究单位的老教授、老专家保持着密切的交往，为他们的教学、研究提供了许多方便。在困难时期，许多老学者如陆侃如等还把藏书归于古旧书店。济南古旧书店还长期组织有经验的老师傅下县城下乡镇收书，即使在困难时期，他们也坚持这么做。我曾收藏一张六十年代初饥荒时期下乡收书的老师傅寄回的明信片，反映他们已面临“绝粮”(即粮票告罄)，但仍坚守岗位，继续收书的情况，令人感动。多年以来，他们收购甚至可以说是抢救出无数的古籍善本，其中许多珍本秘籍已归于公藏，为抢救和保护民族文化遗产做出了宝贵的贡献。在这里访书、淘书，依然是我业馀生活的最大乐趣。我专藏的地方文献中，有不少书都是从济南古旧书店中访得的，其中还有山东著名学者如吴秋辉、王献唐、栾调甫、黄孝纾等题跋或收藏的古籍，都颇具有文献和文物价值。近十多年来，我还与曾在北京琉璃厂学习过古籍版本鉴定的年轻的王经理成忘年交，他将古旧书店第一号购书“贵宾卡”送给我，这对我是莫大的荣幸。多年来，他为改变书店经营的日渐萧条的颓势，为重新聚集人气，曾挖库存、抖家底，举办过多次古旧书、旧期刊展销会，但每每好景不长，又没落下去，最后终于关了门。现在每当我重新路过店招依旧而却大门紧锁的古旧书店时，便不胜惆怅。

古旧书店的没落是有多种原因的，这是一个带有全国普遍性问题的沉重的研究课题，不是三言两语能够说清楚的。但做为曾是城市文化事业亮点之一的古旧书店，尽管曾有人称其为“黄昏产业”，尽管在当今图书市场“快餐文化”大潮冲击下必须不断地调整改进自己的经营，却终因为其是城市文化风景的一个窗口，所以仍应随民族传统文化的存在而存在，需要有关方面的扶助和支持，应千方百计让古旧书店继续生存和发展下去。

济南古旧书店归去来！

补记：据悉在济南市新华书店领导的关心和支持下，济南古旧书店在停业十个月之后，将于2004年6月在东部大学区重新开张。新的掌门人田经理正策划以新的举措、新的面貌迎接老顾客，结交新朋友。我由衷地祝愿她成功。

王闻远《孝慈堂书目》及其藏书特色

金　虹

王闻远（1663—?）字声宏，又字叔子，号莲泾居士，别号灌稼翁。清苏州人。宅于城内南采莲泾桥运河之阳，故其号莲泾。有孝慈堂，为王闻远读书处。王闻远《金石契言序》云：“余毕生连蹇，不偶于时，且姿性钝拙，杜门削迹，寡交游，世亦鲜有知余心者。自束发至皓首，垂五十年馀，其间驰声誉，趋功利，遨游征逐，泛泛之交，不可为友，可谓称心交者，屈指仅七十又七人。”朱彝尊是其“心交”者之一，“每得秘籍，必互相借钞”。其因“杜门削迹”，故其名不显，志书亦不载。其家富藏书，日以校藏为事，其所校之书，为士林所重。撰有《孝慈堂书目》、《金石契言》等。

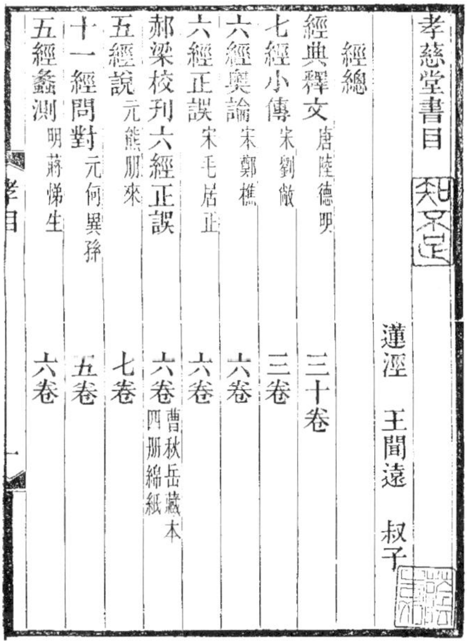
孝慈堂書目
蓮涇　王聞遠　叔子
經總
經典釋文　唐陸德明　三十卷
七經小傳　宋劉敞　三卷
六經奧論　宋鄭樵　六卷
六經正誤　宋毛居正　六卷
郝梁校刊六經正誤　六卷　曹秋岳藏本　四冊綿紙
五經說　元熊朋來　七卷
十一經問對　元何異孫　五卷
五經蠡測　明蔣悌生　六卷

《孝慈堂书目》原本鲜为人知，清黄丕烈于《士礼居题跋记续录》批露称道后，遂为世人重视。黄丕烈称：“余所收王莲泾家书最多，皆得于其族孙处，犹是家未散本也。就中有《孝慈堂书目》，分门编类，叙次颇详。以之求莲泾所藏，虽久散之本，按其册数之多寡，纸色之黄白，几如折符之复合。可知书籍贵有源流也。”叶德辉见此书目所载之书多为秘本名钞，命其苏州之侄叶启崟校正而刻入《观古堂书目丛刻》之中，王闻远《孝慈堂书目》遂广为流传，其所藏之书遂为人知。

《孝慈堂书目》不分卷，苏州图书馆藏观古堂刻本。全书著录藏书二千五百四十二种，有宋版十六部，元版十五部（其中一部为元钞）。全目大类仿四库。四类共设八十五门。此目未标四部名，八十五门名皆单独一行，比正文皆低一格，全目一百三十一叶无空行。其设目不受四库影响，有时代特性，经部中增“碑刻”；史部设“校书”，“谱牒”“姓氏”分设，另设“年谱”，所设“史学”更符合名称，主要著录研究历史著作；子部增设“道学”，“艺术家”主要收棋谱。集部中的“诗馀”“词馀”分设，“词馀”收乐府、戏曲。把“释经”、“释氏著述”、“道经”亦列入集部。把丛书分列各门；《古今逸史》、《国朝典故》、《升庵六种》入史传记门：《正续稗海》、《眉公秘笈》、《秘笈续函》、《广秘笈》、《普秘笈》、《汇秘笈》、《宝颜堂秘笈》、《百川学海》等入小说门。有些门目所收之书值得研究，如“诏诰”、“表奏”入子部，《奇门遁甲》、《焦氏易林》、《六壬大占》入“数学”，《泰西水法》入艺术家，《日知录》、《袁氏丛书》入杂家类等。凡收录之书，皆注明著者、卷数、册数，有些书还注明纸张、版本、手抄校跋藏书者，重要的作序者亦注明。该目偏重于史类、集部。集部尤以明人著作为主，这是本书目的一大特色。该目收藏之书，一般皆为原装，如有“补订”，皆注明“补订”等说明。

王闻远藏书传世今已不多见，尤其是其批校之书实为罕见，现参考诸家书目，窥收几种，考知其批校为特色。

溽暑挥汗，皓首疾研，锲而不舍的校勘精神。王闻远跋《元音》本称："是书借钞于竹垞朱先辈。岁辛丑（清康熙六十年—1721，王闻远五十九岁），偶得石君叶先生录本，遂力疾雠校，补写阙叶于溽暑中，日挥汗三斗弗顾也。"《铁琴铜剑楼书目录》卷二十二有《翰林杨仲宏诗》八卷，卷末王闻远跋云："此集借娄东宋蔚如善本影写者，此时已校一过，兹复得传本再勘，用朱笔改卅二字。中有不抹去而两存者，盖慎之也。时乙巳（清雍正三年—1725）伏日，莲泾力疾识。"《皕宋楼藏书志》卷二十八载有明嘉靖刻《南唐书》十八卷《音释》一卷，据王闻远跋知王氏曾借宋槧抄本校此书，"时年六十有六"。

一校再校，精益求精，虔诚批校而还原书面貌。王闻远抄本《蜕庵诗集》四卷，跋云："岁辛卯（康熙四十九年）之秋，余以钞白《刘申斋集》二百馀番，与其清易钞白《张蜕庵诗集》四卷，计九十二番，装潢成帙，什袭藏之。壬辰（康熙五十一年）春仲，购书甫里，知丹臣许子架有蜕庵旧本，不敢求假。他日归，因携余藏本重返甫里，乞丹臣书雠校，得钞增补蒲庵序一首、退庵小序一首、宗泐跋一首。退庵者，昆山先辈，文庄叶先生别号也。并录阙诗一十八篇，又前后错乱者一十八处，用朱笔标识于书头，以仍其旧。又音注互异二百五十又一字，添改涂抹百有六十字，倒转三十有五字。相助校者，表弟陈仁洽之功居多，而此集为善本。始信书之转相钞写，则转多谬误，新本之不逮旧本也，有如是集矣。因语其清，且示以校本，其清欣喜欲狂，悉依余本录去。丹臣旧本，余于四月中复借观者，经旬旋即完缴，计棉纸抄白三十有一番，乃叶文庄之书，退庵小序数行，盖文庄手迹也。开卷有'叶氏菉竹堂藏书'圆印，乃叶孝廉白泉之图记。丹臣婿于叶，故是书得之叶，诚秘本也。缅想之馀，不胜系恋。"《铁琴铜剑楼藏书目录》卷二十二载旧抄本《揭文安集》十卷，王闻远跋云："岁己丑（清康熙四十八年）得于昆山叶氏，后有文庄先生名号图记，意谓文庄时旧本。每焚香读一过，即什袭而藏。壬辰初夏，购书于甫里之高阳氏丹臣许兄，慨然出《揭集》示予，乃以茧绵纸红格书写，纸墨俱古，校对文目，与予藏本无异，共计九十一叶，独不分卷帙，书头多改字，后有文庄亲笔跋语，因录增此集后。复借归细校，改注增损二百一十有三字。盖丹臣婿于叶，故《揭集》亦得之叶，乃知丹臣之书为叶氏初本。此本，盖复校后复录，亦文庄时物也。初本又有白纸别录《杂文》四首，并钞附后。"王闻远曾藏《益公集》二百卷，太仓宋宾王《周益公集》跋云："《益公集》二百卷，宋椠湮没，世无嗣刻。近世之士，乃其残篇断简，皆捧若拱璧。吾娄东顾子夏珍手抄仅仍七十二卷，谓余曰：此集向藏玉峰，近闻归郡人王声宏矣。若仍从之补缺订伪，亦快事也。"

王闻远在世时，于康熙时用王闻远本衔名刻《潜书》四卷，现存于世。闻远稿本，后为愳进斋所藏。

王闻远之藏书印，《天禄琳琅书目》卷二载宋版《唐书直笔新例》，在册首有朱文横式"莲泾"、长方"太原叔子藏书记"，册末钤有"王印闻远"的白文方印，朱文横式"声宏"印。此诸印，天禄琳琅的官臣们，不知王闻远是苏州的大藏书家、校勘学家，云："无考"。《翰林杨仲宏诗》卷首，钤有"王莲泾钞书记"。王欣夫先生藏旧抄本《吴中古迹诗》一卷、《光庵集》一卷，有"王印闻远"白文、"莲泾"朱文、"太原叔子藏书记"白文诸印，"子孙保之"朱文、"莲泾珍藏"白文。据叶昌炽称，声宏藏印曰："太原叔子藏书"白文长文印、"华亭王闻远印"、朱文"右军后人"白文联珠、"东吴王莲泾藏书画记"朱文长方印、"购书良不易子孙守勿替"朱文长方印、"青颤是我家旧物"白文方印、"拥书岂薄福所能"白文方印。在《云间清啸集桂轩诗集》钤有"半茧"等印、《河东集》钤有"王闻远莲泾"印、抄本《吴都文粹》钤有"孝慈堂"、"王莲泾闻远"两印。

卢文弨与抱经堂藏书

陈修亮

卢文弨，初名嗣宗，后更名文弨，字绍弓，一作召弓，号矾渔，又号檠斋，其堂号曰抱经堂，人称抱经先生。其署书籍跋尾尝曰邕庵（《新唐书纠谬跋》）、万松山人（《新增格古要论》卷五后）等。读书处曰数间草堂。卢氏先人居范阳，散居于浙江各地，明代时由馀姚迁居于杭州东里坊，所以卢文弨有时自称“东里卢某”。生于清康熙五十六年（1717年）。

卢文弨乾隆三年（1738年）举顺天乡试。七年（1742年）考授内阁中书。十七年（1752年），卢文弨以一甲第三名高中进士，授翰林院编修。其壬申廷对策得到主考官的赞赏，亦受到皇帝的重视。十九年（1754年）散馆，丁母忧，归居杭州。二十一年（1756年）入都。二十二年（1757年）充会试同考官，命尚书房行走。二十三年（1758年）署日讲起居注官，升左春坊左中允，翰林院侍读。二十九年（1764年）升翰林院侍读学士。三十年（1765年）充广东乡试主考官。三十一年（1766年）充会试同考官，提学湖南。三十三年（1768年）以学政言事不当，降调还都。三十四年（1769年），卢文弨以继母年高而辞官养亲。此后的二十馀年间，历主各书院讲席，为江南培养了大批人才。乾隆六十年（1795）逝世，享年七十九岁。

卢文弨一生喜校书，亦喜藏书，藏书处曰“抱经堂”，出自韩愈《寄卢仝》诗：“春秋三传束高阁，独抱遗经究终始。”卢氏抱经堂藏书数万卷，段玉裁《翰林院侍读学士卢公墓志铭》云：“官俸脯修所入，不治生产，仅以购书。闻有旧本，必借钞之；闻有善说，必谨录之。一策之间，分别迻写诸本之乖异，字细而必工。今抱经堂藏书数万卷皆是也。”钱大昕《群书拾补序》亦云：“俸廪修脯之馀，悉以购书，遇有秘钞精校之本，辄宛转借录。家藏图籍数万卷，手自校勘，精审无误，自宋次道、刘原父诸公，皆莫能及也。”另从金甡题《卢弨弓编修检书图》中句“矧当退食百城拥，纵横穿穴资旁搜”来看，他的藏书的确很丰富。

卢文弨作为清代较有影响的校勘学大家，一生校书无数，其校书和藏书必然密不可分。清洪亮吉把藏书家分为数等，列卢文弨为藏书家中的校雠家。卢文弨也自称家藏经籍大半经其手校，在《文集·卷十一·书杨武屏先生杂诤后》说：“至三十外，见近所刊经史，其改正从前之误，固大有功矣，而用意太过，则不能无穿凿之失，校者不一，其人则不能无差互之病。于是始因其考证而续成之，渐旁及诸子百家。今余家所藏者，大半经余手校者也。”赵鸿谦《陶风楼藏卢抱经校本述要》（以下简称《卢校述要》）著录有卢文弨校本经部十三、史部七、子部二十八、集部八共五十六种。这五十六种古籍大多为卢氏所藏，并皆经其手校而成善本。其中被赵鸿谦定为精校本（一校、再校至四五校，相距前后可廿馀载，至耋而不衰，是为精校本）的就有二十三部。《卢校述要》另附有抱经藏本无校文者七部：《诗考》六卷（传写本）、《东坡志林》五卷（朱文藻过录本）、《周礼详解》四十卷（藏本)、《汴京遗迹志》二十四卷(藏本)、《五行大义》五卷(藏本)、《顾华阳集》三卷(藏本)、《全唐诗话》三卷(藏本)。从《卢校述要》著录情况来看,洪亮吉把卢文弨列为藏书家中的校雠家不无道理。亦可看出卢氏所藏遍及经、史、子、集四部。

卢文弨祖、父当有少量藏书,《卢校述要》所录明汲古阁刊本《松陵集》十卷,卷首有"存心之印"、"玉岩(存心字,笔者注)"印二方。《文集·卷二十·与弟文韶书》亦云:"吾弟当知得书之难,则家中所有零篇断简,皆当宝之。此皆吾祖手所置者,好学人不必整齐书方始可看可读也。"

卢文弨一生家境并不富裕,其所藏和同时代人重宋元旧本无法相比,抱经堂藏书钞本多,并以精善著称。年十五、六岁即开始钞书,云:"余年十五六,从人借书读,即钞之,久之,患诸书文字多谬误,颇有志于校勘。"(《抱经堂文集·书杨武屏先生杂诤后》)《与弟文韶书》又云:"父亲处馆于外,不能自教子。吾时读书,不知门径所从入,好钞书,亦非世间稀见之本,徒费日力于此,而不知务乎其所当务。"乾隆十五年庚午,卢文弨已考授内阁中书多年,开始用自己的俸禄购书。其庚午年《重校经史题辞》云:"少时贸贸不知学有本末,费力日钞诸子、《国策》、《楚辞》及唐、宋近人诗文,皆细字小本,满一箧。经则《周礼》、《尔雅》,亦尝节录注疏一过。馀经及诸史,未之及也。洎官中书,始一意经史,去冬卒业。《周易》、《史记》以未见内府新校本为缺然。今割俸之所入,先购得数种,冀以次观其全焉。"此后几年间为官京师及地方,仍钞书不辍,但所钞之书多集中于归田后主讲各书院期间。据赵鸿谦《卢抱经先生校书年表》,乾隆三十九年主讲锺山书院一年间就钞书十三部,其中集部就有《半亭诗稿》、《遗山乐府选》、《贯长江集》、《徐长侍集》、《后山诗注》、《刘后村集》六部。乾隆四十二年丁酉一年钞书达十五部。余作《卢文弨钞校题跋本考略》，共录卢氏钞本七十一部。但这些仅仅是据《文集》及所能见到的材料作出的统计。抱经堂藏书，多经卢氏校定并手加跋语，其《文集》未必尽载。清嘉庆二年萧山徐鲲《抱经堂文集跋》就说："先生馀稿尚多。"

卢氏抱经堂所钞之书，钞而有校，校而藏之。对前辈注重钞中有校之人多有赞美之辞。其称赞杨名宁云："江阴杨先生象坤出其叔父武屏先生遗书示余，乃知先生在日极好钞书，又善雠校。有《杂诤》一编，皆驳正旧文之误者，积尘宿秽，霍然一清，读之忘倦。"所钞之书多经手校，例证颇多。如乾隆三十五年先钞得邵晋涵藏本《栲栳山人诗集》三卷，后得张罗山刊本对校，得正数字。云："此本余钞之邵二云氏，久置箧中。乾隆甲辰，二云复贻余罗山张氏所刻本，因取以校此本，补正十数字。"乾隆三十六年钞得《尹河南集》，"(校)凡三四过，始卒业云。"亦有所钞得友人助校而成善本者，如《徐长侍文集跋》称："余从鲍氏借得此集，乃明虞山冯已仓(舒)手校本。余又为正其未尽者。录成，复请江阴赵敬夫(曦明)覆审，又得十数条。其本脱者，尚无从补正之，然此已可信为善本。"《卢校述要》所著录五十六种古籍中有卢氏钞本十二种，皆经手校。南京图书馆所藏卢文弨钞本《对床夜话》后有严元照跋云："抱经先生嗜古好书，每觏罕见之本，辄课生徒分钞，钞竣亲以朱笔校勘。所钞之书，数以百计。"

抱经堂所藏钞本多而精，但亦藏有大量刻本。书籍屡经传钞，错讹增多，清代藏书家多重旧刻，尤以宋、元本为贵。卢文弨作为一代著名藏书家亦重视旧本。但卢文弨所藏刻本多以当时通行本(明刻本、清刻本)为主,并多经其手校而成为后世所重之善本。丁丙《善本书室藏书志》录有卢氏旧藏二十部,其中标有“明刊本”者八部、“清刊本”者四部、“旧钞本”三部、“抱经钞本”五部。《江苏第一图书馆覆校善本书目》录有卢氏旧藏四十三部,“明刊本”十七部、“清刊本”十二部(其中“聚珍本”八部)、“旧钞本”五部、“抱经钞本”九部。卢文弨一生藏书数万卷,上所举者远不能反映所藏全部,但我们能够从中看出其藏书大略。

与大多数私人藏书家一样,抱经堂的藏书也难以摆脱覆亡的命运。卢氏生前就充分认识到这一点。其《群书拾补小引》说:“余手校之书,将来必有散于人间者,则虽无益于己,宁不少有益于人乎?后有与余同好者而且能公诸世,庶余之勤为不虚也已。”卢文弨死后,其子庆锺、庆录严守其业。段玉裁《翰林院侍读学士卢公墓志铭》详细记载了这段卢氏故事:“公之没也,无以为家。公之执友有为谋以抱经堂书万卷归有力,有力佽助其家,待公子孙如约取归,如南阳井公与晁昭德故事。庆锺、庆录曰:‘先人手泽存焉,虽贫,安忍一日离也。’乌呼!公可谓有子矣。”卢氏藏书虽然有其子暂时保护,但仍没能逃脱散亡的命运。最早记载其散亡情况的是严元照和陈鳣。严元照《十一经问对跋》云:“学士即没,藏书星散,尽落估人手。”陈鳣《咸淳临安志跋》云:“是本为卢弓父学士抱经堂钞藏,学士既归道山,遗书散失。”卢文鳣所散藏书受到后世藏书家的普遍重视。如严元照《十一经问对跋》云:“仁和宋助教大樽与估人约,凡学士手校书每一册易以银钱一饼。”陈鳣《逸周书跋》云:“比复至吴,忽从水关书肆获一钞本,乃抱经学士未刻此书时缮写手校底本,上作细楷书,朱墨杂陈,极为精致,不胜狂喜。”锺文烝《逸周书跋》云:

“同治六年丁卯岁三月庚午，嘉善锺文烝见此书于上海，善价得之。”(注：以上各条跋语均转引自傅增湘《藏园群书经眼录》)卢氏藏书散亡殆尽，零零散散地被多家收存，除严元照、陈鳣外，还有吴骞的拜经楼、许宗彦的鉴止水斋、瞿镛的铁琴铜剑楼、丁丙的善本书室、邓邦述的群碧楼、近人周叔弢等都存有少量卢氏旧藏。傅增湘《藏园群书经眼录》收卢氏旧藏十四种。现南京图书馆存卢氏钞、校、藏本六十三种。北京、上海、浙江、天津、台湾等各地图书馆都存有卢氏校辑、编著、刊印、钞藏的书籍。但这些比起卢氏当年所藏已是凤毛麟角。在卢氏去世后二百多年的今天追忆往昔，对书籍“聚难散易”有了更深刻地理解。

还值得一提的，是与卢文弨同时代的卢址，字青崖，清乾隆间鄞县(今浙江宁波)人，著名藏书家，其藏书楼曰“抱经楼”。人们把他和居于杭州的卢文弨称为东西两抱经，至今传为书林佳话。《藏书纪事诗》有诗云：“月蚀卢仝认旧题，抱经分峙浙东西。金峨玉几青崖宅，学士姚江近会稽。”钱大昕《抱经楼记》亦云：“曩余在京师，与君家召弓学士游。学士性狷介，与俗多忤，而于余独有水乳之投。学士藏书万馀卷，皆手校精善，而以‘抱经’自号，青崖与学士里居不远，而嗜好亦略相似，浙中有东西抱经之目。”

曹大铁菱花馆藏书

曹培根

曹大铁，原名鼎，别署北野夫、若木翁。1917年生，常熟虞山镇人。1940年毕业于杭州之江大学土木系，曾供职于安徽省建设部门，为高级土木工程师。青少年时代学诗于杨云史，学书于于右任，学画于张善孖、张大千。书画作品深得张大千风韵，作品多次全国和省、市展览。擅长诗词，1987年在中国作协主办的旧体诗词创作会上被评为“当代十大词作家”之一。著述甚丰，有《大铁词残稿》、《菱花馆歌诗》、《半野堂乐府》、《梓人韵语》、《中国山水画流派概论》等，主纂《张大千诗文编年》。1988年被聘为江苏省文史研究馆馆员。现为上海大风堂同门会副会长、广西省石涛艺术学会理事。富于收藏，精于鉴别，被誉为“常熟末代藏书家”。

曹大铁藏书处名菱花馆，又名半野堂。菱花馆在原虞山镇菱塘秋水园废墟，1946年冬落成。曹大铁有《水调歌头·菱花馆》：“小筑当山麓，一水碧依人。菱塘秋色，波镜遥鉴菜园村。柳陌渔歌缓缓，古寺钟声天半，溪涧过前门。愿老此间住，车马喜闲闻。　安砚笔，拂绢素，净无尘。平交两三俦侣，谈笑有高文。万卷芸编宛委，六幅罗裙白练，花草足精神。韵事红闺好，一曲满园春。”附录《菱花馆馆额题记》:“菱塘秋色,为虞山十八胜景之一,大铁贤友,营别馆于其地,远接破山,近挹辛峰,与夫桃源春淙,柳陌渔歌,古寺钟声,东城塔影,山光水色,时侵几案,洵读书之佳处也。丙戌冬日,今啬翁记,王福厂篆。”曹大铁有《半野园曲》,本事注载:1946年至1947年间购得张氏半野园以及张氏小娜环,“余以业务方便,购置建筑材料甚丰,戊子新春,尽半月力以现代钢砼结构,依《清式营造则例》自行设计‘后绛云楼’、‘后双芙阁’,两处施工图纸由泰兴营造厂承建,承揽已订。入夏后,北讯日紧,遂中撤。六月下旬,为伤兵医院所据,园内老梅十二干,被斫去移作釜薪,及时周旋,幸得保存白皮梓桐等数十树,凡此皆明季所植,俱古椿也。”至1963年夏,虞山北郭秋水园别业菱花馆成为废墟,小娜环改为人民医院,半野园改为中医院。

曹大铁先生照片

菱花馆藏书数量,据曹大铁《半野园曲》本事注载:1957年被错划为右派时“善本图书四百廿六目,名画廿七件,悉数没入公库”,这些善本图书大多为“自民国廿二年癸酉,迄公元一九五八年戊戌”廿五年间收藏。现存《藏书目录》所载善本一百五十三种,为其中一小部分。此外,1950年冬,曾通过徐森玉割让名钞校本十种、明海阳程宗猷刻孤本《耕馀剩技》全帙、唐伯虎

《女几山图》给华东文管会，用以偿积欠房产税。曹大铁有《诉衷情·即事》、《破阵子·少林寺纪游》、《少年游·为王胜医师作〈耕馀室图〉并赋》记述该事。

菱花馆藏书来源主要为购买。曹氏为常熟元代末年以来最大富户之一，其先世善诚、南金兄弟元末迭任海漕万户，富甲江左，好施与，一时名流如杨铁厓、倪云林、顾阿瑛、陈惟寅、惟允兄弟辈常集于曹家。善诚兄弟曾出资重修原萧梁时所建常熟福山大慈寺，并倾家助张士诚起兵灭蒙元。朱元璋败张后，曹氏全族流亡他郡，至明嘉靖间复曹姓并重返常熟故里，事见《曹氏家乘》。清乾隆中叶以来，曹氏又以养鱼致巨富，养鱼于常熟小湖甸南仓浜，自曹圣山，传至元官，再传至金大，家道日隆，三传至叙发养鱼广至今吴县蠡口、秦家巷等地，四传至锦福、锦祺、锦铨三兄弟又拓殖至浙江吴兴、菱湖等地。其中曹锦祺即大铁祖父，特富，人称小曹二郎，生于同治三年，殁于民国十七年，享年六十五岁，与翁同龢甥俞金门为知交，曾叩翁鹁鸽峰墓庐，翁同龢为撰"鱼有百斤乃泽国长，竹连千亩其渭川行"联语。同时，曹氏又办多家商行。大铁父曹菊生，据曹大铁《本支直系亲等表》载，名宗禄，生于光绪二十三年，殁于1955年，享年六十岁。曹菊生与旧山楼赵氏关系密切，曾购得赵氏《旧山楼书目》等。古典文学出版社1957年12月出版的赵宗建著《旧山楼书目》有曹菊生1957年9月（所署年份有误，当为1955年）《跋》，称："《旧山楼书目》有两本（今抄在一起），前一种本子是我所藏，当1949年丁祖荫（字芝孙，号初我）常熟部分的藏书散出时购到的。同时尚有《光绪二十六年十月补录》一本，转辗售至北京，友人亦代我录副，现在一并录在后面。这两种本子，已有多人借抄，1954年又录出一本赠江苏省博物馆筹备处图书室。我生长常熟，多闻故乡收藏家藏品聚散事迹。”据曹大铁《水调歌头·送楠木书橱一对入库》载，曹菊生《跋》文所记购得《旧山楼书目》时间1949年有误，当为1939年，曹氏1938年5月购得赵氏旧山楼楠木书橱一对，原为两对，系明常熟脈望馆遗物，经同邑陈氏递藏而归赵氏，另一对为丁祖荫所得。曹大铁记载：“戊寅五月，得此二椟于赵氏旧山楼，高四尺二寸，宽三尺一寸，紫楠木，实板封门到底，拉手为秋叶式红铜板，中嵌黑漆，门上段浮雕仿周秦铜器图案，甚精美，无损伤。次年又得赵仲举手写《旧山楼书目》一厚册。”而丁祖荫得“所谓楠木书橱者，与余所得为雁行，即一式四口是也。余先后收得旧山楼藏本一百三十六目，除艺芸精舍覆宋本《陶集》一目由赵次侯手校者外，馀皆明椠本，或钞校本，悉纳诸此二椟中，引以为快。”曹氏购进旧山楼一百三十六种明椠本、钞校本的确需要相当财力的。曹大铁还先后购得钱谦益《楞严蒙钞》手稿本、《明史断略》冯简缘为钱谦益手写定本、也是园藏书八种、常熟丁秉衡旧藏《柳河东便装小像》卷子、盱眙王氏旧藏明本旧抄十种（明道院钞本《勾曲外史集》、旧钞校本《渭南集》、明刻校元本《稼轩词》、思进斋校宋本《说苑》、明正德本《青阳集》和《松雪斋集》、明嘉靖本《高士传》、明万历本《倪云林集》和《考古图集》、明天启本《龙虎山志》）、傅沅叔所割爱旧藏元刻本《事林广记》、稽瑞楼所藏黄省曾本《绣像列女传》残存一册、谭和庵所藏毛氏钞本朱存理《铁网珊瑚》、清代名人楹联百目、庞云斋藏本《明思宗毅皇帝本纪》手稿、王氏九峰草堂藏本元蜀郡胡氏所刻《关王事迹》、常熟俞冠群旧藏唐伯虎《女儿山图》、曹楝亭旧藏明谢在杭钞藏本《白石道人诗集》、明高承埏、佑釲父子合辑《崇祯忠节录》稿本、常熟周大辅鸽峰草堂精钞本《酌中志》、《姜氏秘史》、陈惟中自藏初刻本《甫里志》、经稽瑞楼、翁同龢递藏《故事琼林》稿本等等。

菱花馆藏书一部分为师友相赠物。如1953年7月，经王俊贤介绍，曹大铁访浙江衢州程礼门，获赠明刻本《徽言秘旨》、《琴谱》、《说选》、《四夷志》、《皇明人物志》等六种，排印本《宋金元人词》一种。1947年年末，曹大铁老师张大千赠予元人画三卷、明人画一卷等。1946年冬，丁祖荫之子剑峰相赠翁儒安《素兰集》。又王汐翁诗相赠伏虎纽双龙文“绛云楼”犀角大章等。

菱花馆藏书继承钱谦益以来虞山派藏书家的收藏传统，所藏注重善本。如曾藏有南宋尤刻池州本《文选》，曹大铁有《临江仙·记北宋本〈昭明文选〉》记其事。所藏元刻本有《事林广记》、《关王事迹》等。菱花馆藏书多数为明刻本、稿本、初刻本、精钞本，多孤本、罕传版本，并多经名家递藏，流传有绪，

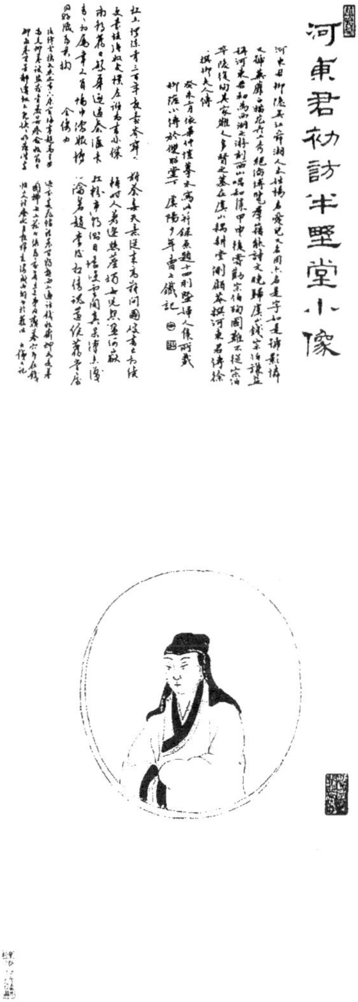

曹大铁题“河东君初访半野堂”手迹(局部)

藏印累累，弥足珍贵。如《杨铁崖诗稿》，又题作《玉山咏》，乐府体，为真迹妙品，不见刻本，张珩推为曹大铁藏书卷中第一，曹大铁有《水龙吟·题杨铁崖诗稿卷》记其事。明末清初计六奇《明季南略》、《明季北略》稿世传删改本，中华书局1984年据曹大铁藏本才得以校勘出版全书。菱花馆藏书多常熟藏书家所藏之书，除藏有旧山楼一百三十六种明刻本、钞本外，还有钱谦益绛云楼旧物、钱曾也是园藏书、毛氏汲古阁刻本和钞本及爱日精庐、稽瑞楼、顾氏小石山房、瞿氏铁琴铜剑楼藏书、周大辅鸽峰草堂钞本、丁国钧、丁祖荫淑照堂、俞冠群旧藏等。特别是1943年收得翁同龢散出的藏书《故事琼林》稿本，撰《浣溪沙·书〈故事琼林〉稿本》记其事："松禅老人毕生无他好，惟喜图籍，就其日记所载，袭藏宋元善本至夥，然五十年来，从未发现，同好中咸引为怪异，故'蛊惑'句及之。此篇未见刻本，西昌程允新著，婺源黄启甲注，有'稽瑞楼藏'、'同龢过眼'、'翁氏心存'诸印记。"这反映了当时翁氏藏书未大量散出时的情况。

菱花馆藏书内容多明名家集、南明史籍以及常熟乡邦文献。如一次收得明十五名家集，特撰《渔家傲·得明十五名家集作〈潇湘八景〉成扇喜赋》。所藏《甲乙史》旧钞本，自注为所藏南明史十二目之一。所藏明刻孤本《常熟文献志》、明末手稿本福山《大慈寺志》及大量邑人著述，或许同藏主与李静远合辑《虞邑文献丛书》之举有关，曹大铁有《虞美人·与李静远合辑〈虞邑文献丛书〉垂成》。此外，菱花馆所藏名人书画特别多，其中有元、明人画、清代名人楹联百目等，这也是藏主的爱好。

菱花馆藏书重视品相，稿本、名人钞校、批注、题跋本特多，且所藏多经过整理，或复修装帧，或校阅补钞配足，或撰跋题记。曹大铁《浣溪沙·书〈故事琼林〉稿本》自述:“余平生假钞于公私藏家而得补足散佚者,不知凡几。”尤其是曹大铁所撰跋常常将所撰诗词、版本考证、品相著录、书籍来历、得书心情景况等等融于一体,加之书法精良,时或另加画作,的确自成一家。曹大铁治土木工程,擅长书画,又精通诗词文和版本目录之学,可谓虞山派藏书家集多种学术于一身之“兼类”藏书家的传人。因此,称为“常熟末代藏书家”十分贴切。曹大铁1967年9月撰《半野园曲》本事注自述常熟藏书家宋元以降名家辈出,至今未衰,“廿五年间,善本图书搜集之富无过于余,平居引以自慰,回乡以来,旧友晤面时,咸称余为‘常熟末代藏书家’,不禁悲喜交集。”历经“反右”到“十年浩劫”,菱花馆藏书至今仍有善本一百五十三种、书画无数,极不容易。据曹大铁族人称,“破四旧”时曹大铁曾将藏书精品严密包装,外封蜡并饰以破布草席,转辗秘藏,才得以免遭劫难。然而,菱花馆主并不是守籍奴,从现存诗词、题跋文可知,曹大铁每得珍贵典籍,总是乐与同道鉴赏品读,还曾将《明季北略》、《明季南略》稿供中华书局校勘出版,将《旧山楼书目》原稿供古典文学出版社整理出版,曾辑《虞邑文献丛书》,欲将明陆务敏《心赏笔随》手稿同冯简缘缮正本《列朝诗集小传》所藏双璧“影印公世”。当常熟翁氏藏书2000年转让给上海图书馆时,菱花馆主同意将所藏精品一百五十三种转让给常熟市博物馆,经京、沪版本学家鉴定,并拍摄部分藏品,惜因议价未谐常熟市未能购得而意欲争取捐赠未成,菱花馆藏书随即将散归各公私藏家无疑。抗击“非典”期间,承周公太赠其所藏菱花馆藏书目录,得见曹氏藏书一斑。

我珍藏的民国版七十回本《水浒》

朱炳旭

童年的回忆最美好、最温馨，有时也带有一点苦涩。我是六十年代初出生的人，从小跟祖母和两个姑姑生活，生活费全靠父亲从外地寄来的三十元钱。物质生活的清贫是不用说的，然而，物质的贫乏对于小孩子来说不成问题，天真的孩子总会从生活中找到自己的乐趣，那时的大人也一样。家中藏有一部民国版的平装四册《水浒》，一家人闲来无事，会偷偷地拿出来，大姑念，我和弟弟听，祖母和二姑则在一旁笑。大人念累了，我还要吵着让她们再念。听大人讲，我们家以前有不少古书，“破四旧”时都上交了，大概是《红楼梦》、《儒林外史》等等，时间长了，加上姑姑们当时还小，也说不清了。也许

群学社本《水浒》封面

是天意要留这一部《水浒》在人间，一介小脚老太的祖母竟然吃了熊心、吞了豹胆，偷着藏起了它。书就收藏在墙角一个木头柜子的最里面，外面全是破烂本子、旧课本之类的东西，挡得严严实实，外人发现不了，小孩子力气小，想拿也拿不出。

到我上三年级的时候，认得几个字了，便不再满足于听念书了，好像那时大姑已经上班了，不再有人给我们念书了，而《水浒》故事是那样地打动一个孩子童真的心灵，泛黄的书页又是那样地诱惑人，于是我便大着胆子向祖母要《水浒》看，祖母对我的要求竟出人意料地予以满足。要知道，在那个年代，私藏古书，还偷看古书，被人发现检举了，便会祸事临头。小孩子不懂，大人懂。祖母先找出第一册给我，我就津津有味地看将下来，这书是繁体字，又是竖排，对于一个三年级的小学生来说，无异天书。然而，我真得把书读下来了。看完一本，再换一本，到后来，我自己能从柜子里拿书了，便自己偷着拿看。四册《水浒》看完，我竟然能把一百单八将的姓名、绰号、天罡、地煞统统背下来。我心里那个高兴劲啊，就别提了，与小朋友玩时，我就在他们面前显摆我的"学识"，让他们说出任意一个梁山好汉的姓名，我马上就能说出他的绰号以及他所属的天罡星抑或地煞星的名称，反过来，只要他们说出一个好汉的绰号或一个星座的名称，我马上又会说出这个好汉的姓名。在小朋友面前取得这样"伟大"成绩后，我内心那个美啊，更别提了。拜这部《水浒》之赐，我不但从梁山好汉那里得到了金色的童年，而且还认得了许多字。

看了这遍《水浒》之后，我就没再碰它。后来上过了小学、中学，又上了四年大学，接着在南京、乌鲁木齐两地生活、工作了八年，回到连云港以后，我小时候看的上百本小人书连同这部《水浒》等书，已尽入弟弟囊中。但这部《水浒》，我始终不能释怀，种在童年心田的种子是死不了的，有一天我忍不住开口向弟弟要了，毕竟是手足，弟弟二话没说，便把这部《水浒》拱手交出。这样，阔别二十馀年的民国版《水浒》又得相见，且朝夕相伴，为我所有了。

这部《水浒》乃清以来流行的金圣叹腰斩的七十回本，书前有许啸天先生《水浒新序》，序中批评了当时社会严重摧残人权、闭塞知识的现象，称赞“《水浒》一书，可以抵得一篇人民索债团的宣言书”，甚至“胜过卢骚《民约论》”，是有积极意义的。

书后版权页注明：点注者许啸天，……中华民国十二年三月付印，中华民国十四年五月三版；……总发行所上海四马路中市群学社，……。

版权页后面便是广告，标明群学社出版了许多“新式标点”的古典小说和名著，许多作品由许啸天句读并作序。看来，连同这部《水浒》在内，是群学社出版的一套丛书。

这套四册《水浒》回归我手之后，一晃数年过去，其间忙工作、忙结婚、忙小孩、忙买房，再加上业余时间忙明海州史的研究，直忙得天昏地暗，根本无暇顾及它的价值。待到 2003 年 9 月拙著《明海州史小录》基本完工，我便有时间、有精力了，我的目光终于落到这部《水浒》上面来了。后来邮购到马蹄疾先生的《水浒书录》，抱着试试看的心理，专门查一下我这部《水浒》的情况，不查不知道，一查吓一跳。《水浒书录》这样写着：

群学社出版许啸天序本水浒　七十回

民国十六年(1927)上海群学社出版，铅印。未见著录。

民国十六年上海群学社出版《红楼梦》书末广告云：“《水浒》，七十回。卷首有许啸天先生的序文。”

群学社版《水浒》余足遍南北，均未访获，不知藏于何处。唯许啸天《水浒传新序》却见于一九二三年七月上海《星光》杂志第二期。

由此可见我珍藏的这部《水浒》的价值。第一，它是马蹄疾先生遍访不着的海内孤本。第二，它也可以纠正《水浒书录》中由于转抄而带来的一些错误。首先可以肯定的是许啸天序《水浒》的首版时间不是民国十六年，而是民国十二年，以后每年一版，到民国十四年已印第三版，我收藏的本子就是民国十四年第三版；其次，许啸天先生的序文不叫《水浒传新序》，而叫《水浒新序》。至于马蹄疾先生抄录的《星光》杂志第二期的许啸天《水浒传新序》，其文与我藏的群学社本《水浒新序》对比，也有几处错误。但重要的是，我的群学社本《水浒》弥补了《水浒书录》著录的不足，满足了马蹄疾先生的未了遗愿。

·新书架·

“新善本”偶得记

方竟成

一、这蓝、红、绿三色的三本《良友文学丛书》还未问价呢

由著名编辑家赵家璧主持，创刊于1932年10月，陆续收入鲁迅、何家槐、巴金、张天翼、蓬子、丁玲、老舍、施蛰存、沈从文、陈铨、靳以、茅盾、侍桁、丰子恺、凌叔华、沈起予、徐志摩、朱光潜、郁达夫、俞平伯、叶圣陶、赵家璧、郑伯奇、王统照、杜衡、鲁彦、耿济之等（以出版专集先后为序）作家译作和作品的《良友文学丛书》，当年是“销售遐迩”，一版再版，后来抗战时间，还用土纸印行了桂林版，如今经历了半个多世纪的风霜和雨雪、瘟疫和浩劫，已存世无几，收藏者弥感珍贵，不肯轻易抛出市面了。1997年秋北京中国书店《历代稀见书刊资料拍卖会图录》上曾展示了1936年《良友文学丛书》中初版编号精装本、张天翼的短篇小说集《畸人集》，使人有“翩若惊鸿”之感。从此，在各地书刊拍卖会上难再见《良友文学丛书》的倩影。

这倒引起了我对《良友文学丛书》的特别关注。我完全赞同谢其章先生将《良友文学丛书》列为“新善本”的灼见：“如果你没有，你一定要想方设法哪怕弄一本也好，善本到什么时候都是善本。”不过，我明白这仅仅是一种鼓动和感叹，要实际找到一册

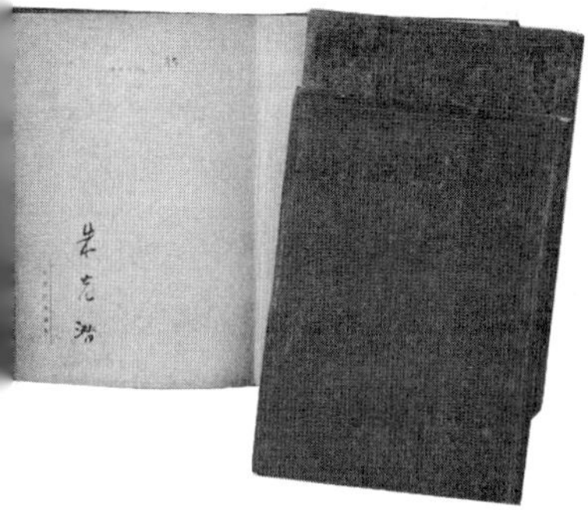

《良友文学丛书》,恐怕要譬之"蜀道难"了。

不料,2003年春天的一个周末,在上海某收藏品市场,一位认识我的年轻人说,他哥哥为我留存了几本民国版本书,要不要看看?我连连点头,他将包得很好的书徐徐打开,是三本蓝、红、绿三色的软布面精装的《良友文学丛书》!蓝色的一本是1936年4月30日出版的朱光潜的《孟实文钞》,红色的一本是1936年5月30日出版的郁达夫的《闲书》,绿色的一本是1935年7月20日出版的丰子恺的《车箱社会》,都是初版,各印三千册。虽丢失了当年的彩封或护腰,岁月在布面和书角还有内文的米色道林纸上,都留下了这样那样的痕迹,甚至《闲书》布面上书名、作者名已被磨得难以辨认,那红色也成了深浅不一的苍老状态,但惟其如此,才更显出这三本书的经历和价值呀!

真是无巧不成书,无巧不得书!令我兴奋不已的还有在打开那深海般深蓝色的朱光潜的《孟实文钞》的一刹那,我差点叫出声来,这竟是一本编号第三十五号的签名本!"朱光潜"三个用好墨直写的潇洒、诗意的签名,签在扉页之前,一般《良友文学丛书》所没有的签名页的左下角。据考证,赵家璧主编这套《良友文学丛书》时,除装饰考究、印制上乘之外,还采用了提前发行一百本编号的作者签名本的方式,来满足少数名流藏家的需求。这部《孟实文钞》无疑是这幸运的百分之一。朱光潜在序中写道,他原来是学心理学的,后来半路研究文学,由文学名著转到文学理论和美学，研究对象重点是诗。这部《孟实文钞》是在沈从文和赵家璧两位先生的推动下，在他写作《文艺心理学》、《诗学》两部文艺理论系统著作之际，将“多少流露一些正经工作时的情趣和感想”的文艺杂文选编十五篇而成。

《良友文学丛书》已是珍稀，初版更是珍稀，初版又是签名本，更是珍稀之珍稀！而且一得三本！我几乎忘了这是在收藏品市场，这是尚未属于我的藏书。我一边翻读着，一边紧握着三本书往外走。那位书主仿佛也没有经历过这样情景，脸一涨红，转眼之间，很客气、很婉转地说：“先生！是不是让我哥哥找你结帐！”我这才醒过神来，大吃一惊，连连致歉，这三本蓝、红、绿三色的《良友文学丛书》还未问价，更没有付款呢！

二、多磨的徐志摩《爱眉小札》

春天的一个周末，我在杭州一收藏品市场，见不少人围住一个说话略有一点吃力的年轻人，在抢看他带来的有关杭州的线装书和有周作人文章的《古今》杂志。我不愿介入这“粥少僧多”的场面，只是在“一抢而空”之后，向收捡“残局”而清静的他，要了一张他的名片。我这才知道他是苏州人，经营一个叫源德堂的古旧书店。

不久，我在苏州观前街文化路，找到了这小店。小店虽只有二、三十平方米，清代木构件等收藏品却叠放得很殷实，几个玻璃柜和立式书柜里，搁满了清代线装书和民国文学版本及杂志。他认出了我，很热情地递给我一叠《生活》杂志。我却一眼看到了在书柜上格藏得特别好的一本书。他大方地打开包书的薄纸，不由使我一震：是一本真迹手写本徐志摩的《爱眉小札》！

这本《爱眉小札》封面稍残，书名签尚在。从扉页前的衬页到最后版权页都十分完整，扉页虽纸品已见焦黄处，但直排署名心手的徐志摩手迹“爱眉小札”，那清真、热诚和灵气扑面而来。内文八十六页，收入1925年8月9日至9月17日徐志摩在和陆小曼热恋中，专为陆小曼写的日记二十四篇。由于是在那被后人称为倾城之恋的激情之中，徐志摩的喜怒哀乐、渴盼急切都流于字里行间和起伏变化的笔迹之中，有的是优美的散文，有的是抒情的诗行，有的是英文，有的是写于子夜。我以为这些日记本身是具有很高文学价值的诗，而这透露最深心底轨迹的手书，又是诗外之诗。略略一翻，我已沉浸在追思和品味徐志摩和陆小曼之中。

徐志摩是浙江海宁人，现代著名作家、诗人、学者。1922年10月游学欧美回国后，与胡适等组织新月社，主编《新月》月刊，为“新月诗派”代表人物。1931年11月19日在赶往北京途中，因飞机失事不幸遇难。据考证徐志摩日记原稿，是用毛笔和钢笔写在北京连史纸订的线装簿上，是诗人最心爱之物，后由妻子陆小曼珍藏。1936年4月，在上海良友出版公司任职的著名出版家赵家璧先生，为纪念他的恩师徐志摩，在陆小曼支持下，将徐志摩“生命最真实最宝贵的记录”《爱眉小札》分别以真迹手写本和《良友文学丛书》排印本形式出版。赵家璧先生在他的《真迹手写本说明》中写道:“用真迹橡皮版影印一百部,作为纪念今年志摩先生的四十周年祭,敬献给特别爱好志摩先生文章和手迹的人。影印本的大小、纸张、封面、版式与他的手写本相同,限印一百部,售完为止,决不再版。”

多磨的志摩和他的《爱眉小札》,历经半个多世纪的风雨沧桑,他的诗如多磨后的珍珠,越显光彩,而那仅一百部的真迹手写本却成了珍稀之物。据记载,多年前曾在上海一次拍卖会上露过脸的一部也是封面见残的,以二千六百五十元拍出。而如今上海古籍出版社于1999年9月初版印一千本的《徐志摩〈爱眉小札〉真迹》线装编号本,起拍价也曾标出二千元。

我向源德堂的店主表示了我对这部《爱眉小札》的爱慕。他抱歉地告诉我,这部书已由苏州一个藏书家预订了,但尚未付款。他当即拨通了那位藏书家的电话,询问他能否对《爱眉小札》割爱,现在浙江一位书友要。回答是肯定的:不。我一下子心凉了半截。

不过,我总有一种感觉,我与这部饱经风霜并已经磨残封面的《爱眉小札》是有缘的,可能还会有意外的转机。在以后的时间里,我几次询问这部《爱眉小札》是否已取走,回答都是令人鼓舞的。2002年初冬,欣喜的消息终于从苏州传来,那位藏书家因故将这部《爱眉小札》放弃了。不久,我也终于得到了这部多磨的1936年4月初版的《爱眉小札》。好心的店主,还请苏州修复古书的高手,对稍残的封面和扉页作了修补,使《爱眉小札》面目一新。

在斯堪的那维亚买旧书

辛德勇

买旧书最好的去处，应当是文化中心都市，国内如北京、上海，国外如巴黎、伦敦、东京等地。在偏离于文化中心之外的地方，虽然偶尔也会遇到一两本好书，却总不会有那种五彩迷离目不暇接的兴奋，逛书店往往就会觉得缺少刺激。过去生活在斯堪的那维亚半岛上的所谓“维京”（VIKING）人，很多是以做海盗为营生，讲究的是蛮劲强力，靠不要命来夺别人的命，养自己的命，用不着什么文化。所以，对于西方人来说，在岛上的瑞典和挪威两国买旧书，可能如同中国人在蛮荒的东北买旧书大致相当，像样的藏书家大多是不屑一顾的。不过如果你仅仅是买些一般看的书籍，不管走到哪里，却都可以随手找到一些感兴趣的东西。近两年先后去挪威和瑞典公干，闲逛旧书店，就拣到几本消闲遣兴的读物。

挪威首都奥斯陆，是一座很安静的小城。散步一个小时，足以走遍主要城区，所以只要你住在老城区里，到哪里都谈不上有多远。我住的旅舍，离挪威最大也是历史最为悠久的奥斯陆大学的老校区很近。大学附近往往是书店集中的场所，所以住处附近就有好多家旧书店，闲暇时漫步街头，很容易就走到了店里。

最先是到了一家有两层店面的书店。楼下的书基本上都是挪威文的,看不懂。到楼上看看,发现一架子讲旅行、探险的书,陡然一阵兴奋。但是找了好半天,也没有找到一本我感兴趣的与中国有关的行记,又觉得很失落。不过懊丧过后,稍静下心来想想,自己本来也既不专门收藏西文书籍,又不专门研究中外交往,何必非找这类书籍不可呢?我对那些域外人士入华行记中对于中国的认识和记述很有兴致,虽然考虑过日后或许有时间能利用这类资料,来做些本行专业即中国历史地理学或中国地理学史的研究,但更多的还是好奇,觉得那些老外的新奇目光很好玩,况且逛旧书店,买旧书,翻阅把玩旧书,不管哪一样,从根本上来说,都不过是一嗜好,是一体验,是一乐子,而不应把它当作研究工作的延伸;要是纯粹为做研究搜集资料而买书,那逛旧书店就与泡图书馆查资料没多大差别,从而也就没有多少趣味可言了。因此,走到旧书店里,也就不必过分拘泥,要随遇而安,随遇而乐。结果心一放松,好玩的书也就随之映入眼帘。

这是一本讲西洋旧书价格的书籍,名为《PRICES OF BOOKS》,简单直译过来就是“书籍的价格”。内容是讲述在过去各个不同历史时期内英格兰书籍价格的变化历程,包括印刷术普及之前的写本流通时期,但叙述的重点显然是旧书而不是新书的价格,因此作者甚至用了很大一部分篇幅(三章)来讲旧书拍卖的价格实况,最后还用两章篇幅讲述了莎士比亚著作和其他一些经典书籍的价格变迁。这部书是 RICHARD GARNETT 博士编纂的“图书馆文库”系列小丛书中的一种,作者名为 HENRY B.WHEATLEY。西洋“书话”、“书史”类书籍数量繁多,但专门讲旧书价格的相对较少。这本书虽不是单行本,却是此书的初版首印,且品相完好,当然值得收下。不论中外,有许多书最初面世时都是被收在丛书当中的,不能因为是丛书零本就一律忽视。

这本书印行于1898年，是历史纪年即将走入二十世纪的时候。这些年我陆续买下一些十九—二十世纪之交的西文书籍。单纯论年代，这在西洋书籍当中自然算不上什么，很少有古董价值；但我们正刚刚经历过另一个世纪交替，在这两次交替当中的整个二十世纪，正是开天辟地以来中国社会发生最强烈最迅猛动荡变化的一段岁月，回过头来，看看一个世纪以前的世界，特别是中国在世界中的面貌，应当是一件很有意思的事情，于是想以“读书百年”为主题，围绕这些书写点儿文章。只是自己外文程度有限，又没有足够的闲暇时间，恐怕最终还是难以如愿。

几天后在这家店相邻的另一家旧书店里，我又买下了一本大英博物馆的国王藏书陈列介绍(A GUIDE TO THE EXHIBITION TN THE KING'S LIBRARY)。这一陈列包括有西方各地的早期印刷书籍，书中有简洁的印刷史知识介绍，大量实物照片插图，以及陈列品目录。——这是指中国传统意义上的“目录”，包括列举书名、作者之“书目”和讲书籍内容大要的“书录”。虽然只是提供给参观者的说明性读物，但并没有因此而减低其学术严肃性，书籍封面上的副标题，已经表明可以把它看作是一本印刷史图解。书中除了介绍德国、意大利、荷兰、法国、西班牙以及英国等地的早期印刷书籍外，还有专门的早期音乐印刷品和书籍装帧介绍。不知是由书籍的“说明书”性质所决定的，还是由于它印制于1939年，正当“二战”爆发前后，时局动荡，书籍装帧很简单，封面只是一块硬纸板，这在西洋书籍当中是不大常见的。

这家旧书店里有一些时代较早的西文善本，外观很是诱人。由于不想花大价钱买这一档次的东西，大致浏览一过后还是集中精力看普通旧书。经过一番寻觅，选了一本《英格兰乡村住宅》(THE VILLAGE HOMES OF ENGLAND)，编著者 CHARLES HOLME，1912年出版，是初版本，或许也只有这一个版本。买它看好的是有上百幅钢笔素描住宅建筑插图，以及将近十幅水彩插图。虽然只是一种写实的图解性小品，但书籍绘画插图的魅力终究是现在通行的摄影图片所无法比拟的。打开书一看到插图就满心喜欢，尽管装订稍有开裂，品相不够理想，还是二话不说，拿到手中。因为书价偏高，身上带的挪威克朗不够，书店又马上要关门，好一番软磨硬泡，老板才勉强收下美元。

离我住处最近的一家旧书店，营业的时间很短，将近中午才开门，下午三、四点钟就下班。因为要办事，时间凑不上，呆了好多天，直到临走前两天，才有机会光顾。店面不大，书籍的品类花色也相应地要稍少一些。当值掌柜的不知是老板还是伙计，戴眼镜，留短须，目光沉静，一副儒雅的知识分子面相，让读者平添几分走入自己书房的感觉，心里很安定，从而弥补了店面空间的局促。浏览选书时，他看出我是来自东方的外国人，便和蔼地询问是否需要什么帮助，我回答说想看一些关于中国的书籍，略一沉吟之后，他不无遗憾地告诉我说，店里只有几种西文《毛泽东选集》。

随意浏览近一个小时，选定了两本书。一本是挪威文的世界各地奇风异俗的介绍性书籍，十九世纪末出版。看上它的是书中大量平版复制的铜版、钢版画插图。插图的内容都是各地的山川风物，其中也有一部分关于中国的画面，明显取自西洋旅行家的中国行记。回国后，一位朋友看到后爱不释手，恳求转让，不忍拂其兴致，只好割爱，在这里也就不必细说了。另一本是一部类似连环画的故事集，名为《THE FOREIGN TOUR OF MESSRS. BROWN, JONES, AND ROBINSON》，作者 RICHARD DOYLE，1855 年伦敦出版。内容是讲述布朗、约翰和鲁滨逊三个英国人在比利时、德国、瑞士和意大利游历过程中遭遇的种种滑稽故事。满篇整本都是精美的铜版画，只有简单的文字说明，比现在普通连环画的说明还要简单。书籍印制考究,通体金口,每一页都有软纸护页衬盖,防护版画受损。末尾有说明云,此乃为献给女王而特制的印本,难怪其精良如此了。

这家店里不仅有这样插图精美的书籍,还有一些版画,包括旧书中的版画插页。由于离住处很近,在离开奥斯陆的当天,利用出发前一个上午的空闲,又去逛了一次,买下几幅铜版画插页。有意思的是这几幅山水风景画,都是1860年刻版于瑞典斯德哥尔摩,冥冥中似乎预示着我在斯堪的那维亚半岛访书的下一个都市。

斯德哥尔摩是北欧最大的城市,我前后去了将近十家旧书店。这里书籍的档次和种类,要比奥斯陆稍高、稍多一些,大部分店里都有一些年代古久或是精美珍稀的善本,免不了要翻翻看看,饱饱眼福。逛过的旧书店虽说不少,可买下的书种类却比较单调:大致属于两类,一类与自己从事的专业多少有些关连,另一类与书籍的历史和收藏、阅读有关,英语的说法叫“Books about Books”。

前一类中,多是不上不下的普通中级读物,如有一本世界政治、经济、文化要素地理分布状况的统计地图,还有一本欧洲古城的仿古示意地图,并配有简要文字叙述,都算不上专业学术书籍,只能一般翻翻,增长一点见识。真正具有学术价值的只有一本德文版的《CHINA UND EUROPA》(中国与欧洲),作者ADOLF REICHWEIN,1923年柏林初版。本书的幅标题为“十八世纪的精神与艺术联系”,旨在论述十八世纪中国思想、艺术在欧洲的传播与影响。十八世纪是中国影响欧洲的一个黄金时代,比如在有形的要素方面,像罗珂珂艺术、陶瓷、丝绸、园林、家具、漆器等等,都是在这一时期,展示了全面的影响。所以这是中欧关系史上非常重要的一个发展阶段,本书的学术价值不待而言。

后一类书，可以分为三种。第一种是讲图书历史和图书专用名词术语，有 LEONARD G. WINANS 著《书籍——从写本到市场》(THE BOOK, FROM MANUSCRIPT TO MARKET), 1941 年纽约初版；FRANCIS MEYNELL 著《英国印制书籍》(ENGLISH PRINTED BOOKS)；JEAN PETERS 编著《书人语汇》(THE BOOKMAN'S GLOSSARY), 1975 年纽约第 5 版。第二种是讲书籍收藏，有 J.H. SLATER 著《藏书》(BOOK COLLECTING), 1892 年伦敦初版；又 P.H. MUIR 著同名书籍，1949 年伦敦初版；R.W. CHARMAN 等著同名书籍，1950 年剑桥初版；ROBERT L. COLLISON 著同名书籍，1957 年伦敦初版；PAUL JORDAN - SMITH 著《爱书狂》(FOR THE LOVE OF BOOKS), 1934 年牛津大学初版；Dr. G. C. WILLIAMSON 著《写在藏书楼背后的故事》(BEHIND MY LIBRARY DOOR), 1921 年伦敦初版；JOHN T. WINTERICH 等著《藏书入门》(A PRIMER OF BOOK COLLECTING), 第 3 次修订本，约二十世纪六十年代纽约出版。等等。这一种类的书买得太多，一时顾不上读，只是大致读完了其中的一本，名为《THE GENTLE ART OF BOOK COLLECTING》。作者 BERNARD J. FARMER, 1950 年伦敦初版。全书分十章讲西洋人收藏书籍的基本常识，从为什么要藏书和藏书界的基本术语开始，到初版本、老圣经、摇篮本，乃至书籍的清洁和保藏方法等等，一应俱全，文笔简练生动，是一本很好的西书收藏入门书，我把书名译作《藏书雅趣》，不知道是否得当。我们国家虽然翻译出版过一些西洋的书话书，但总的来说，对于西方藏书知识的了解是很不够的（如收在三联出版社《文化生活译丛》中的《聚书的乐趣》一书，出版社印在书籍勒口上的内容简介，竟然把作者——著名的美国藏书家牛顿，错说成是“一位英国藏书家”，这就是一个很好的例证），尤其缺乏这类基本读物。所以我想如果哪个出版社有兴趣，像这样的书是很值得出版的。第三种是指导阅读的书籍。这类书西方也一直很多，我买下的是一本 CHARLES F. RICHARDSON 著《书籍的选择》(CHOICE OF BOOKS),1881 年伦敦初版。除了爱其文笔隽永之外，这书在形式上也很惹人喜爱：一是浅黄色摩洛哥羊皮面，金顶毛边，外观就很雅致；二是开本为袖珍小本，字体和版心都娟小秀雅，而左右两边和下边留出的空地相对较大，特别是地脚处的空白边出奇地大，有点儿像中国古书中之高头讲章在天头处空白未印文字一样的视觉效果，开本虽小却不显得局促，清净，舒展。

北欧各国的消费水平，处于世界前列，所以旧书店里的书籍，即使是我买的这些普通货色，也都价格不菲，虽然得到很多喜欢的书，却绝无便宜可言。如果说在斯堪的那维亚买到了什么便宜书的话，那只有临离开斯德哥尔摩的前一天，早晨散步，在市中心的杂货市场上，无意中碰到一套 1898 年出版的德文艺术史手册。书中有大量精美的插图，四大本只要 80 克朗(瑞典克朗面值稍低于人民币)，当然便宜至极，于是当即毫不犹豫地付钱买下。可是便宜从来就没有白拣的，这套书的纸张甚为厚重，死沉死沉，把它从瑞典背回北京，耗费了好大的力气，给我这番在斯堪的那维亚的买书经历，留下了一个颇为疲惫的句号。

·新书架·

初印和后印

——古书版本知识

林　夕

一　从雕版印刷说起

中国古书传统上绝大多数采用雕版印刷，书稿经过写样、上版刻字，制成一块块书版以后，可以随时拿出来刷印。即使在现代印刷技术传入之后，到二十世纪初期，传统学人和赏鉴之家还是认为要传之久远，正规是雕版，排印、石印不过是应急的权宜之计。

雕版印刷使用的书版通称版片，刻成之后，照例要首先刷印校样交付校勘，有字句讹误或笔画不整之处，都要修版改正，然后正式刷印面世。版片可以随时刷印，有需要修改的地方可以修补，有需要增补的内容可以增刻，都很方便。如果保管得当，不遭水火兵燹之灾，一副版片可以流传几百年，有一些宋刻版片直到明代万历年间还有留存。

年代一久，刷印一多，版片磨损，字迹就有缺坏。磨损轻的可以修版，重的就要补版抽换，就这样一次一次修补下去，直到版片彻底毁坏为止。初期印本和后期印本从外观到内容都会有这样那样的差异，校样本、初印本、修版本、递修本、补版本种种名目就是这样来的。

二　从形式上看初印和后印

如果版片不修不补，初印和后印内容就没有差别，但是观赏效果却会有很大不同。初印本字迹清楚，神采奕奕。最初印本甚至会像用力盖出的印章一样，笔画崭然，凹进纸背，有雕刻艺术的感染力。有些初印本纸白墨浓，字体栩栩如生，宛如书家墨宝。

初印本有时钤有刊刻者的印记。例如清康熙潘耒刻顾炎武的《日知录》初印本封面钤有符山堂印记，康熙汪森刻《词综》三十卷本封面钤有裘杼楼、休阳汪氏图书两印，清道光许梿刻《六朝文絜》则有刊刻者许梿和朱钧的多方印章。

一副版片存世年限有长有短，印数有多有少。只要版片保护得好，从印样本开始，到版片实在不能再印为止，不同时期的印本面貌是个渐渐变化的过程。初印和后印不过是个笼统的讲法而已，初期刷印之后，版面虽有磨损，然而字迹仍然清楚可观，这就是所谓“中印”。随后出现版片断裂、笔画缺损的情况，字迹逐渐模糊。情况持续发展，就要出现印本漫漶、缺叶的现象。最终版面黑乎乎的一片，字迹难以辨认，俗称“糊版”，印出的书称“邋遢本”或“大花脸”。到这一步，版片也就寿终正寝。

古书初印本少见，常见的大多是中印或后印本。如果要观察版片磨损的历程，最好的标本是一直流传到明代的宋刻版片，它们有所谓宋刻宋印、宋刻元印、宋刻明印等不同时期的印本。不同时期的印本外观如何还是末节，重要的是初印和后印内容会有差异。

那么印多少本算初印本呢？大概也就几十部吧。据叶德辉说，百册以外，字画就失去锋芒。不过旧书店卖品目录中所说的初印本，就没有这么严格，标准也只是字迹清朗罢了。更好一些，他们就会说是“极初印本”。

特印本 初印伊始，一般首先刷红色或蓝色，最后才用墨印。最初的印本除了一两部用作校样外，都是留下自用和馈赠师友，所以往往是好纸好墨的精印本，光彩照人，质量和效果不同一般。这些特印本特别值得注意，因为它们刷色特异、纸墨精良、开本宽大，非常珍贵。

像清代刻本，一般都是普通竹纸或连史纸墨印本，清前期高贵的印本就用所谓纸白如玉的开化纸。著名画家金冬心自刻的诗文，不仅字体多姿，还有所谓宋纸明墨仿古印本，为人称赏。像《冬心诗续集自序》由书画名家丁敬手书上版，已经是极其名贵的艺术品。嘉庆胡克家刻《文选》和《资治通鉴注》，字体仿宋十分精美，竹纸初印本就很美观，特印则有皮纸、棉纸、宣纸本，明丽动人，令人爱不释手。

清末藏书赏鉴之风渐浓，出现了一些刻印精工的佳本。淮南书局刻的书就有内部人士自藏的日本皮纸初印本，刚刚从红印改墨印，黑里透红，非常精美。民国初年好古的赏鉴家更为讲究，像董康、吴昌绶、徐乃昌、陶湘、傅增湘、周叔弢等刻印书籍都有特印本，使用明代旧纸、高丽纸、公文册子纸、棉纸、罗纹纸等，十分珍贵。

三　从内容上看初印和后印

不同印本之间的内容差异，一是文字正误，二是内容多少。刻好的版片在流传过程可以有修版、补版和增刻三种加工方式，修版和补版影响到文字正确与否，增刻则增加内容。此外，因为版片毁失，或者主动撤版，后来的印本内容就会比初印本少。

一般地讲，由于后印者可能随时增添内容，所以初印本内容较少就在情理之中。但是相反的情况也很多，最常见的是版片毁损，后印本有缺叶。宋元旧版流传日久，常有这些情况。一个特殊的例子是，元刻《资治通鉴注》初印本第二百六十三卷有跋语一叶，附于卷末，为他本所无（见《藏园群书经眼录》）。

值得注意的是，由于政治原因，清初刻本后印时内容往往有删略或抽毁。《四部丛刊初编书录》说到清初诸家文集时，经常说初印本内容完整，如何可贵。例如说朱彝尊的《曝书亭集》“后印者有抽毁处，此初印本，文字皆完”。上海古籍出版社影印谢国桢藏《救狂砭语》，跋语以为其文未收入《遂初堂集》。其实《与石濂》两书《遂初堂集》初印本有，后印本删去。

序跋一般后刻，所以初印序跋较少是常情。后印缺序主要是版片缺失，但是清代有些刻本却是因有顾忌，后印主动撤序，清初钱谦益撰写的序言就遭遇这个命运。一个劳人遐想的例子是雍正赵孟升松雪斋刻《读书敏求记》，据说本来有托名傅王露的序，傅氏发现后大怒，几乎起讼。赵氏不得不去掉，结果我们再也看不到这篇序，不知道傅氏何以发这么大的火。民国初年，吴昌绶为郑文焯刻《樵风乐府》，据说吴氏跋语惹郑不满，正式印本就不再有跋。

修版 有两个目的，一是更改文字，二是修补版面。发现版片上字有讹误，就可以修版纠正。宋代余氏万卷堂刻《公羊传》和《谷梁传》二书原有绍熙辛亥刻书题记，过了两年，又有“癸丑仲秋重校”印本。余氏原、校二本当今都有流传，为学人和好古之士研究公、谷二传的校勘得失，提供了难得的机会。

校改讹误一般应该是对书有益。汲古阁刻本有的初刻底本较差，后来又据善本加以校勘。如唐陆龟蒙编《松陵集》、宋陆游撰《剑南诗稿》等，毛斧季都曾据宋本修版校改，文字更为可据。清顾广圻覆刻明嘉靖吴元恭刻《尔雅注》时，初刻使用的底本没有吴元恭的序言。后来据宋本校改了个别文字，而且据陈鳣藏本补上了吴序。这样的例子举不胜举，都得到了学者的好评。

但是校勘失慎，过犹不及，也有点金成铁的情况。例如汲古阁刻的《说文》，本来据宋本翻印。如此重要的典籍，翻印时尽量保持宋本真面，留待学者研究，这是第一要义。可是毛斧季师心自用，根据各种资料一再校改，特别是第五次修版，大失宋本原貌，遭到段玉裁等学者的严厉指摘。段玉裁为此甚至写出《汲古阁说文订》一书，批评毛氏修版的失误。这是弄巧成拙、校勘失误的典型例子。由于汲古阁刻的《说文》初印未修印本已经稀如星凤，世人难得一见，光绪时淮南书局特意重刻未经第五次修版的样本，以飨学者。这是学术史上一段有名的故事。

修版也不都是为了改错，另一个原因是更改犯忌的字句，这就有害无益，毫无是处。像清初的政局人事频频变动，有些书就不得不随时删改犯忌的陈述。学者和藏家都知道，清初刻本以初印为贵，修版后印本已非原貌。

因为版片磨损，字迹模糊，不得不加工修复，这是修版的另一个重要原因。这种工作由工匠动手，如果缺乏认真的校勘，很容易出现莫名其妙的差错。宋元刻本版片流传过程经常有一修再修的情况，许多讹误随之而来，修版后印本就不如初印本文字可靠。

《知不足斋丛书》是一个有趣的例子，其中有些书印行后根据善本或其他资料重校修版，内容比初印本要好。但是有些书出于政治原因而更改文字，这就不如初印本。民国初年上海古书流通处据初印本影印，跟后印本比较一下可以发现不少歧异。《知不足斋丛书》有修版，修版有得有失，普通使用的影印本是初印本，这些情况治学之士不可不知。

补版 个别版片丢失，或者有严重损坏，无法修复，就要补版另刻，这比修版更容易出错。流传较久的宋、元、明、清版片都难免补版，特别是一些经史要籍，有多次补版。像宋刻南北朝七史版片一直流传到明末，宋、元、明不断修版和补版，明代印本通称"三朝本"，错字、缺版不一而足，张元济先生的《校史随笔》和《百衲本二十四史跋》对此有所说明，认真阅读一番对后印、修版和补版会有深刻的认识。这几部书不要说宋印，即使元印也是难得的瑰宝。明代用旧版汇印的《十三经注疏》，也有不少修版和补版。

补刻的版片跟原版字体或多或少总会有差异，而且新版字迹也比旧版清晰，所以一般不难分辨。有些补版版片版心刻有补版的年份或者刻工名姓,对于了解版片流传情况很有帮助。

藏家一般珍惜原版原印，这可能有矜贵之情。学人也很珍惜原版原印，主要是修版、补版不能保证质量，会平添若干讹误。原版原印不可得,那么修版较少,补版较少,就是上选。

增刻 书籍刻成以后,内容又有增补,就要增刻新版予以补充，这是后印本最足以傲岸初印的地方。例如古书的序跋往往是陆续增添，初印本的序跋经常比后印本少。最初印本的内封面跟后来不同,甚至阙如,也是常见的情况。如果不了解内情,很容易误以为缺叶。

比起序跋和封面来，正文陆续增刻更值得注意。有的仅加刻书叶,卷数不改,若不留心就容易忽略,如明万历刻陈耀文编的《花草粹编》后印就有增刻的叶子。有的续补内容,增加卷数,内容多少一目了然。清代作家的诗文集,特别是名家之作,这种情况屡见不鲜,不妨举几个例子。查慎行的《敬业堂诗集》康熙五十八年刻本只有四十八卷,雍正补刻词二卷,总为五十卷,后来又增刻续集六卷。汪士慎《巢林集》乾隆九年初刻四卷,以后增刻至七卷。沈钦韩的名集《幼学堂诗文稿》,嘉庆屠倬初刻诗稿十卷文稿四卷,道光增刻诗稿八卷文稿四卷。张鸣珂的《寒松阁诗》初刻四卷、《寒松阁词》初刻二卷,以后诗刻至八卷,词刻至四卷。

丛书照例是积少成多,陆续刊刻,更有这个问题。像明代范钦编刻的《天一阁奇书》和胡文焕编刻的《格致丛书》,全目很难查考;明末刻的《说郛》则版片混杂,初印、后印情况复杂,有待研究。清刻丛书也有这种情况,像杨尚文编的《连筠簃丛书》和胡斑编的《琳琅秘室丛书》,到底最完整的印本包括哪些书,现在并不十分清楚。

初编本 一般文集都是刻完一篇文章下一行接刻另一篇,但是有些文集是刻完一篇另起一叶刻下一篇。如清康熙刻汪懋麟的《百尺梧桐阁文集》、汤斌的《潜庵先生遗稿》等都是这种版式。这种情况有时是全书还没有编好,各篇独立就可以更动次序,增减文章。像清方苞的文集,有刻书者的跋语,说"文自为篇,不用古人刻书首尾相衔之法,恐编后复有所增加也"。

还有一种情况是,作者的文章是陆续刊刻,随时分送师友,积攒多了,编起来就成为一部文集。这种情况很值得注意,由于随时可以编集,初期编辑本就跟后来的本子不同。而且不仅篇数和顺序不同,甚至还有开始只大略分分类,连卷数也没有编的情况。例如清道光冯登府的《石经阁文集》初编不分卷,版心卷数、叶数都是墨钉。继而编为四卷,有四卷简目,但是版心卷数、叶数仍是墨钉,仅下黑口有草记数码。后来文集编为八卷,但是不同的印本内容仍然存在参差。清道光瞿中溶的《奕载堂文集》也是一个例子,今日所见只有初编未完的不分卷本,全书未见流传。

四 版本鉴别

一部书初印还是后印,看看字迹笔画一目了然。要想知道不同印本内容有无差异就不这么简单,不一叶一叶细看,有些差异看不出来。版片可以长期保存,可以随时修版改字,随时刷印。一次也未必刷印多少部,想多找几本比较一下也不容易。

如王鹏运四印斋刻的《梦窗词》，重刻本有跋，说明初刻本竣工后有哪些地方陆续校改过。逐一核对一下，就会发现几个印本改多改少互不相同。这是知道内情，去逐字比勘，否则粗粗一翻根本不会知道还有那么多花样。李富孙校经庼刻《曝书亭词注》后印者卷七末有"己丑重校"四字，文字有所更改，但并无具体说明。

像这样有跋语说明，哪怕是几个字的提示，毕竟能引起注意。更多的情况是毫无说明，不自己认真校勘一番就不会觉察其中还有修版的蹊跷。宋元本经常有修版，不同印本之间经常有异同，一般都能有所警觉，明刻修版就容易忽略。像明嘉靖徐氏刻的《仪礼》，叶德辉曾称赞其本佳胜，经推荐印入《四部丛刊初编》。而吴庠经过校勘，认为叶氏藏本系后印本，有修版失误。

像这种情况，有没有时间和精力仔细校勘是一个问题，更大的问题还在于旧版古书大都并不易见，一些稀罕的版本难得有把几个印本留在手边从容校勘的机会，所以很难有真知。

重印还是重刻　鉴别初印和后印时，还要把旧版重印和翻版重刻区分开来。除了栏线和字迹以外，值得注意的是，有时后印本版框会缩短，相差可达半厘米，不要误认为重刻。旧书店比较两部书是否同版所印时，习惯选两部书的同一叶，一本沿对角线折叶叠在另一本上，看二者是否密合无间。折叶需防留下痕迹，一般可以比较边栏和字迹断线处是否相同，于书无伤。

版片也有转让的情况，得到旧版以后，一般都要做些更动再印。最简单的是更改内封面上的斋堂名号，或者索性另刻新封面，往往还会加上新的序跋，说明它的所有权已经变更。例如清康熙刻《十家宫词》原是胡介祉所刻，胡氏进京后版交朱彝尊，朱氏有序说明。乾隆时书版归史开基，史修版重印也有跋语。康熙龚翔麟玉玲珑阁刻张炎的《山中白云词》，版片后归小山堂赵氏兄弟，增刻序跋重印，堂号也改为宝书堂。

有些人得到旧版重印时径改为自己的堂号，并不说明来历，甚至还说是自己所刻。若不细察，很容易信以为真。像清康熙柯煜小幔亭刻的《绝妙好词》，高士奇得版后稍加更动，堂号改为清吟堂。许多人不明原委，误以为柯、高是两个刻本。前面说到的赵孟升刻的《读书敏求记》，乾隆十年归沈尚杰重印时，说是自刻，后来许多目录就著录为沈氏刻本。马氏小玲珑山馆刻《班马字类》等版流传了很久，直到光绪年间后知不足斋还在印，但是后来的印本没有说明此版的来历，仿佛是他们自己所刻。

分辨一个印本是旧版重印还是重刻，有时候并不容易。因为正确的判断来自目验，最好新旧印本能并几齐观，而对于传本不多的古书说来，这简直是过分的奢望。像宋刻《金石录》就是个很好的例子，至少从清初以来，大家只知道宋刻本有十卷传世，有幸到手，甚至要镌刻“金石录十卷人家”印章以志喜，哪里还有其他想法？上世纪五十年代突然出现了一部宋刻三十卷全书，学者定为龙舒郡斋刻本，归藏当时的北京图书馆。潘景郑先生当年曾怀疑十卷本是此三十卷本修版印本，但是十卷本藏在上海图书馆，南北睽违，长期没有引起注意，直到近年才得到证实。再如宋吕祖谦编的《皇朝文鉴》，有明天顺八年严州府学摹刻宋本，商辂序说：“其间题识仍旧，款目无改，则以摹本书刻，弗别缮写，惧谬误也。”由于保留宋本面貌，仅个别地方把“皇朝”

改为“宋朝”，往往误认为宋刻原本。这就需要跟真宋本比较一下，才能有明确的结论。可惜宋本难得一见，于是鱼目可以混珠。卢见曾雅雨堂所刻的《唐摭言》是一个有趣的例子。由于底本不佳，初印本有很多讹误和脱漏。后来根据其他本子重校，除修版改字外，有许多版片已经重刻，面目全非，连书名都改为“摭言”。但是内封面跟初印本一样，仍然写明“乾隆丙子镌”。学者有人据初印本说话，有人据补修本反驳，结果南辕北辙，空费口舌。像这种情况形式上像重印，性质则是重刻，一不留心就要上当。

辨认重印和重刻是很细致的工作，有不少问题到今天也没有结论，已有的结论也未必就能定案，甚至可能有些问题还没有引起注意。这项工作需要中国古书版本工作者和广大爱好者共同努力，以期涓滴不息，集腋成裘，昌明版本之学。

五　价值、赏鉴和收藏

从上文所述可以看出，初印本和后印本各有擅场。评定二者的价值，首先要看着眼点是玩赏还是阅读。其次，一部书有一部书的具体情况，不同印本的高下得失需要具体分析，不能一概而论。

一般而言，初印本外观明丽，印数很少，文物性突出，这是赏鉴的佳品。虽然有时候后印本文字更好，内容更多，但是俗话说得好，物以稀为贵，货卖一张皮，占有这两条，初印本理所当然是藏家的宠儿。过去旧书店里，遇到初印本总要特别注明，同样的书就能贵出一倍以上。如果注上极初印本，甚至是校样本或好纸好墨的特印本之类的绝品，那就伊于胡底，更不知要贵上多少倍了。

要讲华丽精美，后印本自然要退避三舍。然而，一旦后印本有校勘，甚至有增订，以资料性见长时，读书治学就不能不以此为熊掌。而且有些书后印增订本传世极少，甚至不为人知，自然更为珍罕可贵。如清胡绍勋的《四书拾义》道光初刻五卷，有序有跋，都说书为五卷，增刻卷六后原序跋未改。而后来翻印本都是五卷本，似乎并不知道此书已经增为六卷。

再说求全责备是人之常情，你可以拿初印精美自诩，他也可以拿完整无缺为后印张目，这是常见的事情。看到爱书之人敝帚自珍，各得其乐，我们也不能不为之忍俊不禁。不妨看看前贤怎样在初印和后印之间找平衡：

清嘉庆十一年张敦仁影宋刻《礼记注》二十卷，附有《释文》四卷。开始未得宋本《释文》，只好翻刻通志堂本充数。经手人顾千里耿耿于怀，十几年后到底还是借来宋本《释文》，修版弥补了初刻的缺憾，加上了一行刊记。清末著名藏书家缪荃孙的《艺风藏书续记》称赏初印纸墨精美，但是修版的长处也不能漠视，还是要把改正之处录在书上，说是这样就可以两全其美。这主要是从鉴赏角度考虑问题。

清末学者李文田校勘明嘉靖闻人诠刻的《旧唐书》，发现此版随印随校，屡经挖改，几乎每叶都有异文。后印本文字胜过初印本，但是字迹有些模糊，而且常有缺叶，不如初印本完整。他主张以初印本为底本，以后印本校正文字。这就是从治学方面考虑问题。

这两个例子足以说明初印和后印的得失以及藏家和学者的取舍眼光。这里我们却不能不重温黄丕烈的一些名言，他说读书和藏书都要广见博闻，而且要“兼蓄重本”。他一再强调有复本可以互相比勘的好处，说“书多一本，即有一本佳处”，“书必对勘，乃知何本之佳，佳处又不致有遗漏”。事实上，莫友芝前已说过张刻《礼记注》修版的原委，缪荃孙当然知道后印本有长处，李文田通过校勘发现闻刻《旧唐书》后印本修版文字佳胜，若不然，只靠皮相之见，哪里会了解内情？

对于古书爱好者而言，一部书要表里兼顾。只要有机会，认真地读读书很有必要，古书“一本即有一本佳处”，不认真读书就体会不到佳处的所在。只要肯读书，就会有发现，有发现才能品出古书的味道，品出味道才能讲出它的价值。一旦达到这个境界，无往而不利：赏鉴得其乐，治学得其益，收藏得其利。

·新书架·

西文珍本书的鉴赏与收藏

关光军

在中世纪(476－1492),西方书籍主要是由教士和僧侣抄写而成的,抄书用纸为牛皮纸或羊皮纸,书中大多配有木刻或手绘彩色插图。这些教士和僧侣长期进行抄写、绘画工作,技艺极为精湛,有时甚至会花上数年时间制作一部书,因而这些书不但制作精美,数量也非常稀少,价格异常昂贵,流传下来的大多保存在博物馆中,普通藏家难得一见。

到十五世纪中期,活字印刷术由我国传入欧洲。1455年,德国出版家谷登堡(Johannes Gutenberg)花六年时间印出了活字本《圣经》,这是欧洲印刷的第一部活字书。此后,活字印刷术在欧洲得到迅速发展,到十五世纪末,出版商超过一百五十家,最著名的当数意大利人奥尔道斯·门纽提斯(Aldus Manutius),他印刷了许多几乎被人遗忘的希腊语和拉丁语的经典著作,深受当时学者的欢迎,为它们的继承与传播做出了巨大贡献,后来这些书被称为“奥尔登版”(Aldine Edition)。威廉·凯克斯顿(William Carton)是第一个英语出版商,在1475－1490年间印刷了大约八十种书,内容涉及棋类、医药、历史、宗教、教科书、诗集、爱情小说等诸多方面。美国的第一部印刷活字书是一本圣诗集,印刷于

1640年。

由于历史地理原因，我国与西方到明朝才有所接触，大规模的文化交流则始于清朝后期，从那时起，西方著作被源源不断地介绍到进来。我国读者对于西方早期的手写本、手稿本及“摇篮本”是难得一见的，故本文对这些书不予讨论，仅就普通读者所能见到的范围，对西文珍本书进行探讨。

1. 初版本 初版本专指第一版第一次印刷的书，初版书大都是作者亲自监督校正和印刷的，错误较少。正如版画的初印本一样，初版本具有较高的收藏价值。初版本的收藏也有其学术意义，治学严谨的作家与学者在作品再版时通常都会进行修订，根据这些修订可以了解作者的思想变化。初版本受欢迎还有审美方面的原因，周煦良认为，“仿佛只有它含有作者的灵魂，而其他版本只能看作是影子。”初版本的收藏最讲究原装，“不但装订不能损坏，连空白页、广告页也不能或缺”。西方藏书家尤其重视初版本的收藏，有些重要作家甚至有专门的初版书目录，如《查尔斯·狄更斯的初版书》等。一些重要的初版本足以成为大型图书馆的基石，如对开本的《莎士比亚集》，该书印行于1623年，收集了莎士比亚的二十个戏剧，其中许多戏剧都可以列入世界文学名著之林，是第一次结集出版。

收藏初版书无疑最具升值潜力，以美国文学为例，一年至少有数千种小说问世，其中一半为精装本，这当中约有十分之一为“处女作”，这样的作品通常极为便宜，如果能判断准确，藏品的升值空间可谓“无可限量”。留意当代文坛的动向，精心研究书评，不难以较低价格购入有价值的新人的作品，逐步建立起自己有特色的收藏。

2. 与名人有关的书 与名人有关的书包括赠送本和名人手泽本，这些书具有独特的收藏价值，要寻找其中的理由似乎并不难，最重要的一点恐怕在于任何一本书都是独一无二的，在世间找不到第二本。赠送本大部分是初版本，但比初版本更珍贵，书里经常会夹有一个注释或一段评论，这些注释或评论能够帮助我们了解作者对自己作品的看法，少量的题词则记录了友谊。名人手泽本是指名家先贤的藏书，书上沾有藏书主人的手迹，就西文书而言，主要是指名家的藏书票、题词、批注等。名人手泽本具有较高的文物价值和资料价值，是了解名人思想发展历史的不可多得的重要史料。

《雪莱传》中提到的《马白王后》即为英国浪漫主义大诗人雪莱的赠送本，在该书的空白页上，有雪莱的亲笔题词，“P. B. 雪莱赠玛丽·沃拉斯顿克拉夫特·葛德文”，在背面雪莱用铅笔写着，“你看，我没有忘记你。”在书里面，到处都写有玛丽的手迹，“这本书对我是神圣的，因为没有别人会看它，我可以在书里随心所欲地乱涂一通，但我写些什么呢？无言可表达我对作者的爱，然而我却和他永别了。”这些文字寄托了生者对死者的怀念与哀悼，让人不禁为他们的真挚友谊感叹不已。

3. 精印本 有些书除了寻常版本之外，另有若干套在油墨及印刷方面特别讲究，这样的书称之为精印本。精印本通常开本较大，纸质较好，其收藏价值由它们的美观程度及数量多少而定。有一种精印本是全部用皮纸精印的，这种精印本在过去曾经风行一时，近代已经很少见了。限定本可以称得上是另一种形式的精印本，常见的限定本是在初版刊行时取出一小批，个别印上编号，请作者签名，有时出版商也会在纸张、装帧上加工，以示不同。另外还有一种限定本，由出版商与书店合作，并不将初版书编号，而是另印一张插页，由作者签名，夹在书里同时出售。最珍贵的限定本是只有二十六册、自A至Z编号的初版签名本，由于数量极少，在纸张和装帧上也会特别讲究。

限定本在我国比较少见，当代藏书大家姜德明先生曾淘到过周作人翻译的《狂言十番》，该书由北新书局出版于1926年，重磅道林纸精印，毛边本。扉页上印有限定说明：“赠送本共印三十册，这一册是第十号。”“十”字为译者用毛笔填写的，另外还印有两行古希腊文，意为：“永远珍惜来自朋友的礼物。”并有周作人的签名，即用浓墨书写的“半农兄　作人　九．三十”。这样的机遇现在已经很少见了，我们这些喜欢淘书的“后生小子”恐怕也只有羡慕的份了吧。

《给儿子的信》(Letters to his son)，英国谢斯菲尔德伯爵(Earl of Chesterfield 1694－1773)著，M. Walter Dunne公司1901年出版，初印本，二卷二册，精装，大三十二开，毛边(未裁)，金顶。该书为世界经典文库(Universal Classics Library)的一种，书中有插图四幅，均按原画复制，并用日本皮纸精印。书边宽大，字大悦目，纸质精良，虽然经历了百馀年的风风雨雨，却依然洁白如玉。对着光线可以看到每页纸上均有类似于纸币的防伪水印，其图案为出版社

《给儿子的信》的扉画

的盾形商标，可见其用纸是特供的。笔者曾见过上世纪二十年代美国出版的《最受欢迎的书》(much loved books)，列举了大约五十种世界名著进行介绍，《给儿子的信》便是其中之一，足见其影响之大。

第一次见到这本书时，我并不知道它是世界名著，更不知道它是精印本，只觉得它装帧讲究，印刷精美，但书店老板要价很高，便没有舍得买。以后再路过这家书店时总会进去看看，这本书也一直没被人买去。老板见我喜欢，就让了一些，我就把它买了下来。到家仔细阅读后，对它才有了一点了解，至于发现它是精印本则是很偶然的事。前年五、六月份，正是“非典”肆虐的时候，空闲时间一下子多了起来，有家杂志社约我写些“书话”类的文章。一天晚上，在灯下翻看此书时，无意中发现纸的透明度不均匀，对着灯光仔细一看，竟然是出版社盾形商标的水印，还有类似于宣纸的“帘纹”。书店的老板大概也没有发现其中的奥秘，否则他也不会以那样的价钱卖给我。从第一次看见这本书到决心买下，有将近半年的时间，竟然没被别人买去，大概这就是藏书家们常说的“书缘”吧。

4. 插图本 插图本是指附有较多图画作为插图和装饰，以表现书中提及的人物环境或故事情节。装帧考究、印刷精美的书一般都会配有扉画，多为作者肖像或与书内容有关的画。这些扉画通常都是根据名家的原画复制的，因而这类书具有较高的收藏价值。历史上有不少所谓的“肖像收藏家”，为了增加他们的“宝藏”，便从古书上撕去扉画，这样就摧残了许多书，而一本书一旦略有残缺之后，就会很快趋向毁灭。有些书本身的价值不高，但里面配有精美或罕见的插图，肖像收藏家们见到市场

《维多利亚女王》的封面

上有这样的书，便立即收购，把插图撕下来充实他们的收藏，整本书却被弃置不顾。因此，当我们拿起一册古书拍卖目录时，常会见到“缺扉页”、“缺插绘二页”或者“缺最后一页”之类的说明。

《维多利亚女王——她的伟大一生及其辉煌王朝》(Queen Victoria—Her grand Life and Glorious reign)，精装，初版，插图，十六开。英国著名历史学家 John Coulter 和加拿大记者 John A. Cooper 合著，John Coulter 公司 1901 年出版。书中附有维多利亚女王及其子孙照片、英国重要建筑(威斯敏斯特教堂、议会大厦、伦敦塔、白金汉宫等)及维多利亚女王的登基典礼、婚礼、聚会、葬礼等插图七十馀幅，均出自英国著名艺术家之手，十分珍贵。

该书是在维多利亚女王去世后不久出版的，书中收录了许多珍贵的历史资料，包括爱德华七世(Edward Ⅶ，维多利亚女王的继任者）的即位演讲稿和维多利亚女王年表等。在女王年表中与我国有关的有两条：其一是 1842 年香港割让给英国(Hongkong Ceded to England)，中国港口开放；其二是 1900 年国际远征军占领北京（International expeditions occupied Peking)，如今这两条均已作古，颇令我辈觉得扬眉吐气。

5. 毛边本(未裁本) 俄国大文豪托尔斯泰在《安娜·卡列尼娜》里曾经写过这样一个细节:女主人公安娜·卡列尼娜乘火车从莫斯科到彼得堡,路上觉得百无聊赖,就吩咐手下人把灯挂在扶手上,然后取出一把裁纸刀和一本英国小说来读,她读的是什么小说我们无从知道,但可以肯定的是这部小说是毛边本(未裁本)。由此可以看出,毛边本在十九世纪曾经风靡一时。

毛边本是指书边保持折叠原状,不将书边切齐就装订起来的书。其中,天头不切齐,只切地脚和翻口的,称为天头毛边;天头切齐,翻口和地脚两边毛边的,被称为正宗毛边书,这样的毛边书最为常见,笔者收藏的毛边书几乎都是这种形式。为防止天头污损,常会在上面涂上颜色,涂蓝色的称为"蓝顶",讲究的书涂金粉,称为"金顶"。三边毛边的书较为少见,在日本常为诗集采用。用裁纸刀裁开后阅读给人以新鲜感。古时候,法国为便于读者阅读后按自己的喜好重新装订,市面上销售的书几乎都是毛边本。毛边书古朴大方,喜欢这种装帧的人不在少数,鲁迅先生就自称为"毛边党"。我对毛边书也是情有独钟,收获颇丰,有些书买来时依然保持折叠原状,书页还没有被裁开。

《世界最佳文学文库:古代与现代》(A Library of the World's Best Literature: Ancient and Modern),Charles Dudley Warner 主编,初版于 1896 - 1902 年间,十六开,精装,四十六卷四十六册,特别版(Special edition,此外尚有教师版,三十卷三十册),初版,毛边(未裁),金顶,页号连续。该书介绍了世界各国重要作家的主要作品,几乎所有作者都配有肖像,每册书前面都配有一张扉画,根据原画复制,十分精美。当时的美国远没有现在这么强大,文学、艺术在世界更是没有地位,能够花大量的人力物力出

《世界最佳文学文库》扉画之一

版这样一套书，大概也算是当时美国政府的一项“形象工程”吧。

6. 有关“中国学”的书 中西方交往以来，在我们研究西方的同时，西方人也不断对我国进行研究，出版了大量研究中国的书籍，这样的书就是有关“中国学”的书。这些书保存了许多珍贵的图片和历史资料，尤其是早期的书，对研究我国那一时期的社会经济状况很有帮助。其中一些书也记录了西方列强对我国经济、文化的掠夺（他们当然会对这些侵略行径进行美化），是研究中西方交流历史的珍贵文献。国内许多大型图书馆都比较重视这些书的收藏，有的还建起了“中国学”专藏。

《满洲概况》（Manchuri—a survey），日本人 Adachi Kinnosuke 著，美国 Robert M. Mcbride 公司 1925 年初版，精装，插图，毛边，大三十二开。本书的版权页上盖有“南满洲铁道株式会社图书印”“南满洲工业专门学校图书印”的方形藏书印，“南满铁路图书馆”“工业专门学校图书系”的椭圆形藏书印，以及“南满洲工业专门学校”的长条形藏书印，可见此书为南满洲铁道株式会社和南满洲工业专门学校的旧藏。

该书重点介绍我国东北地区的地理、历史、物产、工业等方面，对于研究东北历史具有很大的参考价值。在序言中，作者这样写道，“在过去，日本人认为满洲是一个战场。日本已经为她打了两次仗：一次是 1894 年对中国作战，一次是 1904 年对俄国作战。日本还将发现，满洲将是它的命脉和安全之所在，在日本面临的千千万万的难题中，有两个是最重要的：食物和重要原材料，比如钢铁和石油，而满洲正好可以解决这些问题，那儿的储量非常大。”从这里可以看出，日本对中国的侵略蓄谋已久。书中附有插图六十页约百幅，主要为风光、工业和建筑的照片，为研究东北地区的风土人情和城市状况提供了宝贵的资料。

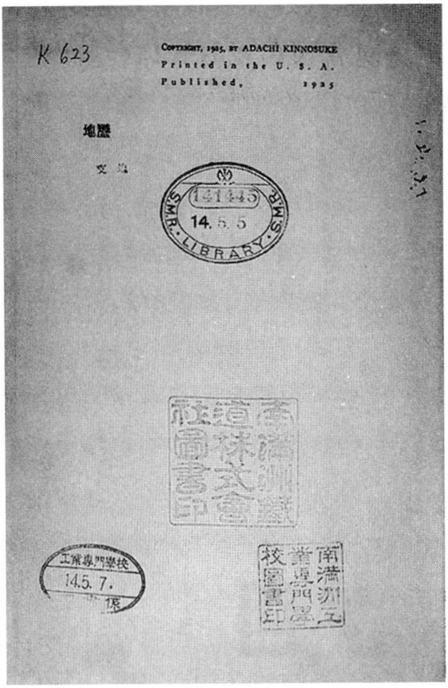

《满洲概况》的版权页

国内西文书的书源十分有限，收藏起来颇为不易，我用心收藏多年，所得也不过数百册，堪称善本的只有《给儿子的信》、《世界最佳文学文库：古代与现代》等几种而已。我收藏西文书（以英文书为主，其他语种多是画册之类的）偏重于文学、艺术方面，不求面面俱到，因而西方重要作家的经典著作，几乎都可以在我的书架上找到，有些作品还不止一个版本，同时，我也很重视收藏这些著作的中文译本。闲来无事时，翻开英文原著与中译本对照阅读，既可以提高自己的英语水平，也可以对译文忠实与否品评一番，也算是别有风味了。

齐鲁书社新书推荐

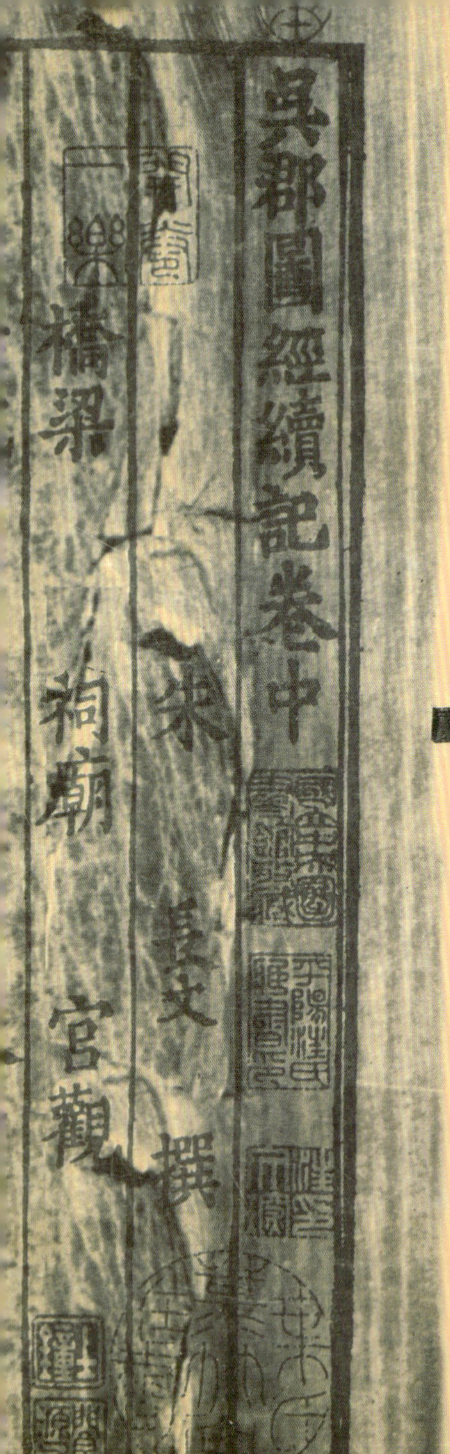

ISBN 7-5333-1378-

9 787533 31378

ISBN 7-5333-1378-
Z · 129 定价:10.00

藏书家

封面题签　顾廷龙
责任编辑　周　晶
封扉设计　韩济平
版式设计　李　生

藏书家

藏书家

第10辑

齐鲁书社

图书在版编目(CIP)数据

藏书家.第10辑/齐鲁书社编.—济南:齐鲁书社,
2005.2
ISBN 7-5333-1473-5

Ⅰ.藏... Ⅱ.齐... Ⅲ.藏书—文集 Ⅳ.G253-53

中国版本图书馆CIP数据核字(2005)第006242号

藏书家·第10辑

本 社 编

出版发行	齐鲁书社
社　　址	济南经九路胜利大街39号
邮　　编	250001
印　　刷	山东新华印刷厂
开　　本	850×1168　1/32
印　　张	5.5
插　　页	2
字　　数	132千字
版　　次	2005年2月第1版
印　　次	2005年2月第1次印刷
印　　数	1—4000
标准书号	ISBN 7—5333—1473—5/Z·130

定价:10.00元

目 录

关于“藏书家”漫思

范凤书

近二十多年来，社会科学中对中国藏书史的研究可以算作很活跃的一门学科，全国性的藏书文化研讨会召开了五次；出版了藏书史专著多达四五十部；各省市举办的评选“藏书状元”、“藏书十佳”、“当代藏书家”活动不下数十次；还专门办了一次“全国民间藏书家精品展”；山东济南齐鲁书社特办《藏书家》杂志；河北石家庄《旧书信息报》辟有“藏书专刊”。藏书现已成知识界的热门话题，“藏书家”成为了令人钦敬的雅号。

但何为藏书家？没有谁给它下出令人信服的精确的定义。委实要作出一个简要的，恰如其分的，明确的，能够公认的，可以衡量古今的藏书家的统一的标准和界说恐怕难以做到。因为藏书家不是社会上赖以生存的一种职业，又不属社会意识形态派别的划分。它是社会人群中基于知识修养、性情嗜好、专业需求、收藏动机、财产收入、所处境域等多种因素综合而形成的一类特殊群体。藏书家中既有高官豪富，宿儒学者，也有社会各行各业中的中小知识分子，具有一定的知识素养倒是它的一个共同的基本要素。

对“藏书家”的论述，最早见于文献的是《四库全书总目》卷首载录乾隆皇帝三十九年七月二十五日圣谕里有这么一句简单的界说：“其一人而收藏百种以上者，可称为藏书之家。”若用这个过低过宽的标准来泛指一般藏书家显然不适宜，读书人谁没有百十种图书？

前几年，由王余光、徐雁主编的《中国读书大辞典》对藏书家释义说：“指私家藏书的开创者或私家藏书的传人、皇家藏书的管理者于藏书事业作出贡献的人。”这只是对私家藏书的属性而言，并没有指明藏书家的内涵和标界，并且藏书家与皇家藏书的管理者是截然不同的两个概念，不宜混为一谈。

1996年宁波天一阁藏书文化研讨会上曾就这一话题展开过讨论，但也只是各述已见，众说纷议，没有结论。

最近在2004年6月21日《旧书信息报》上见到谢其章先生的一篇文章《我心目中的藏书家》，对藏书家提出了三个标准：“一、所藏之书必须是古书或者旧书，新书暂不入围……藏书必须有‘难度’。这其中有一个特殊的例外，小人书收藏。二、藏书家必须划分出两个领域，一个是古书藏书家，一个是旧书藏书家。……当代称得上古书藏书家的，仅三位而已。旧书藏书家……全国够资格的亦仅两三位而已。三、其实在数量上达到比较可观的藏书者绝不止区区三个那么少。我的另一个标准是作为藏书家，他必须有大量的著述，使得最大多数的藏书爱好者从中受益，这一点极其重要。……藏书家，宁缺勿滥，以严从高，这是我的标准。”

总观全文，谢氏所定藏书家标准实质上只有两个：一是所藏之书必须是古书或者旧书；二是收藏除达到可观的数量外，还必须有大量的著述,给人受益,能起到榜样的作用。依谢先生的标准,他自己说,当代称得起够资格的藏书家只有五六人。这未免有点过严了,与乾隆皇帝所称藏书家的标准过宽,都属偏激之论,不合实情。

谢先生提出的藏书家标准将新书排斥在外,也有值得商榷之处。图书的收藏无非是接受祖遗,自己抄、购、淘、受赠等几个途径。从地摊淘得好书,固是机缘,富有情趣;从书店购得好书,也是令人兴奋,倍感欣喜。古人有极富价值、专业权威的经典之作,今人当亦不乏其作。有的学者专家,或痴迷某一事物者,一生辛苦倾著一书,代不乏人。像新版《竺可桢全集》、《季羡林文集》、钱锺书的《管锥编》、巴金的《随想录》等等,以及获得国家级图书一等奖者,多属新书精品,岂可漠视它们的收藏价值?当今出版物,固然垃圾太多,但古书、旧书并非全是精品。愚意,达到可观超常量的收藏或特殊系统的收藏,在整理研究上有一定水平,即可称为藏书家。藏书家可分一、二、三等,有大、中、小之别。

说到收藏数量,这本是藏书家一个最基本的核心的内涵和要素,不能不看数量,历史上著名藏书家都拥有可观的数量。清代四大藏书家,瞿、丁、陆、杨都收藏有二三十万卷,刘氏嘉业堂六十万卷,莫伯骥是五十万卷,郑振铎玄览堂不计已毁、已售,最后还剩十万册,而顾颉刚纯熙堂收藏若非战乱迁流毁失早达二十万册之巨。但事物总有特殊,总有例外,所以又不能只看数量。两个明显的例案:一是袁世凯次子袁克文,有钱有势,文采风流,独具天分,能诗词,擅昆曲,嗜金币,好集邮,亦爱藏书,但专收宋元善本,极近二百部,直可与清代著名藏书家黄丕烈并驾齐驱,撰《寒云手写所藏宋本提要廿九种》,其他书籍不屑一顾,“充栋何须汗九牛”,所以总藏量不多。二是近代上海工部局总办潘宗周,亦属有钱有势,但不是学人,只不过一个有一定知识素养的旧官僚,亦特嗜宋元古本,“苟为善本,重值不吝,但非宋刻,则不屑措意”。总收藏宋本百零七部,元本六部。专盖宝礼堂(以宋本《礼记正义》为镇库宝)储之,特拜托版本目录学家张元济、徐森玉为之鉴定,并编成《宝礼堂宋本书录》,后由其子潘世滋将全部藏书捐献国家。对这两位藏量不多,但却有极其珍贵的宋元版系列专藏的藏书者,你能不承认他们为藏书家?

成为藏书家的动力,主要是源于执著地对书的嗜爱,这种对书的嗜爱甚至达到“傻”、“痴”、“狂”的地步。不然王世贞何必对两部前后《汉书》能“夫一庄而得之”,朱大韶怎能以美婢换一部宋版《后汉纪》?黄丕烈又何能向书顶礼膜拜,举行祭书之典?叶昌炽诗颂黄丕烈“翁不死时书不死,似魔似佞又如痴”。郑振铎被人称为“狂热的书痴”,因为他有一个痴心的目标是藏书三万种、三十万册。痴心狂爱,旷世无双。

这种对书的嗜爱,一部分人是得之家世之传,又似出之天性。像常熟瞿氏铁琴铜剑楼后人,二代瞿镛、三代瞿秉渊、瞿秉清、四代瞿良士、五代瞿凤起,代代爱书、护书,钻研不辍,无不秉承家教,耳濡目染,克绍箕裘之传。

又有近代宁波藏书家蔡鸿鉴首创了墨海楼藏书,其子蔡和霁、其孙蔡同瑺都自幼即继承了藏书的嗜好,蔡和霁九岁即能读父书,亦唯书是嗜,不满十八岁又购得明刊二百种、五千卷,别创明存阁，真可说是天赋嗜书之性。

无独有偶，早在明代有一位吕兆禧，十二岁能文章，得年只仅十八岁，已积书万卷，著有《靖康私记》和《天兴墨泪》两部著作。天性如此，令人惊诧之极。

另一部分藏书家则由于对某一专业的执着钻研，积久而养成对书籍的嗜爱。明代的李开先，“晓音律，善作词”，蓄声伎，征歌度曲，挡弹放歌，自诩马致远、张小山无以过也。广搜词曲著作，被尊称为词山曲海。明清之际大学者黄宗羲一生肆力于学，钻经研史，于书穷年搜讨，购抄不倦，著成《宋元学案》、《明儒学案》，又编《明文海》四百八十二卷。清代校雠大家卢文弨、顾广圻，辑佚大家黄奭、马国翰都是著名的藏书家。

近现代藏书家中更不乏其例。伦明立志续修《四库全书》；陶湘酷嗜明刊和清殿版开花纸书；吴昌绶专研词学；齐如山、宋春舫、傅惜华、吴梅沈心戏曲；张国淦、任凤苞关注方志；马廉、周越然特嗜小说；卢松安精研易学；阿英、唐弢、姜德明致力于近现代文学研究，他们都广事搜聚，成了近现代藏书大家。

没有对事业的专注心，没有对书籍的嗜爱情，只是在客厅置放精印大部丛书，给别人观光的附庸风雅之士，或投资拍卖市场，套购古籍善本，以期升值发财之辈，都难成为藏书家。

中国古今有多少藏书家?这没有精确的研究统计，就历代文献提及和当今专著与论文所涉述，宽泛而言约七八千家，但若按严格的一定标准去核算，也不过四五千家；其中名声显赫，在私家藏书史上居有重要地位者，也只是数百不逾千家而已。

历史上的私家藏书，在中国文化史上居于极其重要地位，因为封建时代除少数高官贵族可以利用宫廷官府藏书外，广大士人不自己搜集藏书就不能进行任何学术的探讨和研究。近现代图书馆兴建以后，私家藏书自然就退居次要地位，但仍十分必要:一是图书馆并非普及;二是使用图书馆藏书,手续繁杂,诸多不便;三是图书馆资料少有完备的各种专藏,不能满足专题研究的需求,仍少不了个人大力搜求。此外,作为精神追求,个人还有特殊的对书的专爱。所以,当今私家藏书的使命并未完结,仍有它的历史地位和存在价值。

通往藏书家的路很广,可以瞄准古书旧书;可以把某一历史名人、某一历史事件作为主题;也可以把某类出版物定作目标,做起来都够耗尽一个人的一生精力。只可惜目前宋刻元椠绝少流世,明刊清抄也属凤毛麟角,早被拍卖场炒作到上万叠加的数字,一般人难以问津,只落入个别巨富之手。而把目标只盯住一人、一事、一物上,眼光又未免有点狭窄。

我以为当前的藏书爱好者,最稳妥、最实际的路,是以自己的情性所喜好、专业所需求为基础、作目标,广收博取,不论古籍今著,书册报刊,光盘磁带,地摊书店皆走访之,量财力之所及,就眼力之所见,一件件积起来,一步步走下去,终会到达成功之彼岸。

这样做有几大好处:一是因情爱所寄,收藏起来无所虑,无所忌,动力强,能持久。二是结合自己的专长研究去收藏,眼界高,善选精,又能不断增长识见,多出成果。三是不自设墙框,来路广宽,有择优的馀地,也见效快。

祝爱好藏书者都走上成功之路。

来燕榭书跋(续八)

黄　裳

缙云先生文集四卷

精写本。十二行二十四字。墨格。板心下有“秋声馆抄”四字。卷前有嘉靖十有二年岁次甲午秋八月哉生明、赐进士出身、中宪大夫、四川按察司副使、奉勅抚治夔重施瞿等地方、仙居圭山张俭《刻缙云冯先生文集叙》，次目录，后附录《古城冯侯庙碑》，又嘉靖十二年八月十八日重庆府推官李玺呈请以贮库无碍赃罚官钱翻刻文集文。写手精绝，康熙软体字刻板书即以此种写样上板者也。中有朱校，亦出一手。唯卷四末题跋乐府，今本无之，赖目录知其大略。原装如是，不似缺失。恐原本即有佚遗也。收藏有“秋声馆藏”朱文方印，精甚。又“坦臣”朱文长印，“汪鱼亭藏阅书”朱文方印。

按，此宋壁山冯时行字当可撰，嘉熙间登状元第，尝居邑北缙云山中。书院至明时尚存。李玺抄得旧本伍拾伍卷，计四百馀板，复经选校，得十八卷，一百四十板，估得买板、刊匠工食共该白银玖两八钱。此有关嘉靖中蜀中刊书史料，大可珍重。集始五言古诗，次七古、五言近体、七言近体，次启、墓志铭、题跋乐府。此本从明嘉靖刻出，诸家著录未见原刻，即抄本亦绝不经见。只振绮堂、结一庐目中有之。即此本也。

癸巳初冬，与小燕偕游湖上，得于宝贻斋，云自山阴买归也。秋声馆主人遗事，别见下。

秋声馆吟稿

南竹符之恒圣几撰。乾隆刻，九行，十九字。白口，左右双边。前乾隆四年六月六日樊榭厉鹗书于南湖花隐序。卷尾戊午十二月十日王曾祥书后，同里汪沆符南竹权厝志铭，同里张熷撰哀辞，卷尾有小字双行牌记，“乾隆四年六月雕于报恩禅院工张玉成”。此本写刊精绝。同时杭郡开板名书，与此俱不类。二十年前得于南陵徐氏。按，之恒字圣几，号南竹。仁和人。为樊榭弟子，年二十补郡博士弟子员。志铭言其益淬厉于古，日课自经史子集外，凡奇觚怪牒，手自抄写，反覆校勘，至夜分不止。生康熙四十五年，殁乾隆三年，年三十三。据此，则《缙云文集》当是南竹手写本。写成当在康雍之际。樊榭有《坐圣几秋声馆》一律，有句云，“屋头大叶自吟雨，衣上绿阴如染苔。”又云，“明朝知有书船至，珍重荆扉手为开”，是南竹喜藏书之证也。南竹诗甚清丽，所与往来者皆湖上名宿，幼鲁，樊榭、尺凫、敬身、大宗、曾祥、西林、吴城、施安、沈廷瑞，皆一时游侣，其得名之句曰，“寒烟栖木末，活水啮城根。”游严灏亭别业皋园所得句也。

西山纪游诗

明刻本。八行，十六字。白口，每半叶双套边，版心上书名，中题“诗几”，下有“玉磬山堂”四字。通体写刻，当在万历中。前有《刻西山纪游诗序》，仅存一叶，不知撰人。诗前亦缺四番，第二十九番后亦不完。所录作者有邓钦、陈思育、沈渊、杨汝允、朱正初、丘齐云、李言恭、安绍芳、胡应麟、朱宗吉之作。厚皮纸棉料，得于甬上。系天一阁故物。阮目著录。知前佚者邓钦文作，后佚潘光统作，所咏皆北京西山景物。

元氏长庆集残存十二卷

明铜活字本。半叶七行，行十三字。诗题大字占一行，文小字双行，白口，左右双边。板心上有“兰雪堂”三字，鱼尾下板心题“〇元集卷几”，下阔黑线，下记叶数及刊工姓名。每卷卷首大题下接目录，目后接诗题，犹古式也。每卷尾有“锡山”（圈）“兰雪堂华坚活字版印行”双行篆文牌记。纸用细黄皮纸，巾箱小册，共四册。存卷四之六，十三之十八，廿二之廿四，得十二卷。庚寅冬日，得于海上，石麒所售。系菰里瞿氏物之无印记者。此余所得明铜活本之始。元集宋本钱牧斋所称南城废殿本，今不知踪迹。蜀本残卷十六卷，今在北京，此下即以此本为最旧。蒋孟蘋旧藏一残本，存卷一之廿七，今被劫去台湾，今北京图书馆所储亦残本，只十四卷，存卷一之六，三十二之三十九。并世所存，只此而已。是此虽残帙，庸可废乎！华氏尚有白集活字本，传本较多。只此元集，稀若星凤。白集所据为钞本，此元集则据冢宰陆公家藏宋刻翻行，真所谓下宋刻一等之奇书也。此日宋版书合域内外所存，尚五百种左右，明人铜板活字只数十种耳，尤罕见也。

庚戌二月杪，归自奉贤。弄笔写此。凡五日，得三十种。聊以遣日。记收书故事而已。二十年来，抛心力于此，沾染古董家习气，未能真正读书，亦未能真知板本也。愧何可言。廿七夜。

杨升庵诗存卷四卷五凡二卷

明正德嘉靖间滇中刻本。半叶六行，行十二字。白口，双边。板心中题“升庵诗卷几”，下记叶数。棉纸印本。卷五缺第一番，卷首有“南陵徐乃昌校勘经籍记”印。天一阁故物，书根旧式犹存，是下册。知原书订三本也。阮目著录，所谓“书用六行，字俱行草”者是也。原书五卷，手书上板，刻印俱在滇中。当是升庵当日自书诗卷，刊刻颇传原迹之妙，然与吴中精刻之本异趣。用纸亦滇中棉料，绝佳之雕板印刷史料也。十四年前游昆明，访书图书馆，见所藏滇中古刻绝少。只于丽江木氏所得木氏家集诸本最精。然皆刊于吴下之本，用纸亦江南名楮，绝非滇产。因忆家藏诸本，更可珍重。此书先得卷四一册于来青阁，时在癸巳残腊。更数年乃于修绠孙氏得卷五残叶，遂合装之，而终失卷五之第一番，积馀当日何以作此狡狯，不可知已。

鸡 肋 集

古今体诗计一百四十一首，大题下双行云，“长白揆叙恺功父惟实居士著，男永寿仁山甫较订”。康熙刻，九行，二十一字。上黑口，四周双边。板心下有“谦牧堂”三字。前有查序，略云，“恺功性嗜吟咏，初从余游。年十四五，出语已压时辈。癸酉夏，余重至京师，恺功诗格一变，而为典赡老苍。自悔其少作。……因为芟汰十之五，名之曰鸡肋集，示不忍弃云。今日雪窗无事，偶为点勘，附志数语于后。长至后三日，同学查慎行题。”此序撰于康熙三十二年，慎行即以是年成举人。其初授揆叙读，当在二十八年顷，四五年前事耳。此本刊刻精绝，世罕著录。只北平图书馆善本乙目有“乐静堂集二卷，附鸡肋集，纳兰揆叙撰，抄本一册”耳。世传尚有《益戒堂文钞》二卷，康熙谦牧堂刻，又《益戒堂自订诗》十二卷，起三十一年壬申，当即始于此集，又《益戒堂诗后集》八卷，雍正二年谦牧堂刻也。此册中“真”字缺末笔，是避世宗讳之证，然亦有不缺笔之“真”字，岂刬而未尽耶？此集不在前后两集中，世亦无知者。其刊刻必在阿塞年隆之诛以前，慎行亦未遭弟嗣庭之难。刊成未几而诸难并作，书之不传，其故可思。慎行继吴汉槎为揆叙师，同时唐孙华亦曾授读，明珠门下，信多才人。此册无藏印，后有沅叔朱笔跋二行，“辛巳冬至后日，假阅一过。录出碧云寺来青轩二诗，以备入选。藏园老人识。”乙未晚秋收旧本多种于吴兴俞氏，其书多潘伯寅物，盖身后留于京师，未载归南中之物。亦多为沅叔借阅，颇有题识，余得此小册却与明刻黑口本同价，亦收书豪举矣。

甲申始秋漫录

梨花楼书跋

杨　栋

《孙犁全集》

人民文学出版社2004年7月第一版，印数三千套，我买的是精装本，紫色封皮，烫金书名，祥光紫气，书楼缭绕，亦今年购到好书之一种也。孙犁生前由百花出过文集，美文无价，洛阳纸贵，成为读书人案头清赏。这次能由国家之最高规格出版社出其全集，也是盖棺论定，显示孙老在文坛之地位，文章之价值。人文只出过“鲁”、“郭”、“茅”、“巴”、“老”的全集，曹禺虽排在老舍之后，但他的全集未能在人文出版，这样就是“巴”、“老”、“孙”了。全集分十一卷，诗文大致罗列其中，但书信收集不力，还有遗珠在世间也。此书为北京书友孙桂升先生代购，他以花甲高龄为我奔走京华，购书邮书，心中至为感念也。书楼有此一编，也余受业孙门之纪念也。

《孙犁作品精编》

上、下册，漓江出版社2004年2月一版，收此书只为略备版本之品种，此书选入大部名篇，且书前有孙老与他老伴照片一帧,至为珍贵,书中有叶武林先生之插图,得孙老作品之神韵。孙老小说,被人称为“诗意小说”,笔下之农村女性尤为灵动传神,用孙老话说:是将她们推到“阳光照射之下,春风吹拂之中”。他写女人有曹雪芹之遗绪,还是用他的话说:“女孩子们心中,埋藏着人类原始的多种美德。”故白洋淀之妇女因他之彩笔而更为光彩照人也。

《耕堂读书记》

百花文艺出版社 1989 年 6 月一版,此为孙犁先生亲手相赠之书,先生仙逝,手泽犹存,睹物思人,愈加珍惜。扉叶上有先生钢笔题字:“杨栋同志正,孙犁,1991 年 9 月。”此书是先生之读书笔记,他晚年足不出户,南窗展读,读了许多古书旧书,他虽出身于农家,却深造于书斋,故其文老辣,其笔雄健,在这部书里,既有读《庄》《老》《红楼》之感受,也有读史书志书之心得,从而得出:“哲学著作,以才智道理取胜;历史著作,以材料真实取胜;文学创作,以美的陶冶取胜。”这本书对读书之道,是有许多真知灼见的,是能开启后学愚蒙的书,能有益学子开卷有益的书。

《萧红小传》

黑龙江人民出版社 1981 年 10 月一版,邮购于“孔夫子网上书店浮世堂”。此书初版于 1946 年,至今半个世纪,仍有其生命力,盖作者为萧红之同时代人,又是至友,故笔下生情,所记翔实也。萧红为一代才女,而遇人不淑,与萧军虽共过患难,但后来情变,以至吵架时对她“饱以老拳”;与端木虽半路结缡,但临危之际,也离她出走,故其身世更感人肺腑也。读此书后我在网上发一帖子曰:“一个好女人倾倒了多少男人?”有网友跟帖云:“好女人不能倾倒男人,只有坏女人才能倾倒男人,好女人只会让男人敬而远之。”想想也有道理,名门闺秀、大家淑女,大都自傲且性倔,而男人则喜欢女人附庸。又有一网友说:“萧红文笔未必好,但感觉却特别,至死激情个性不变,天生作家,难为人妻。”我又发帖曰:“一个女子有才、有情、有思想、有美丽,总归是好女人吧?时下也找不到她这样的女子了呵!”喜欢萧红的人还是多,一天之内点击者竟有五百馀人,她还是倾倒了许多男人。

《萧红评传》

(美)葛浩文著,北方文艺出版社 1985 年 3 月一版,一个美国人却选定了萧红作他的博士论文,并远涉重洋,搜集资料,写了这本评传。他认为萧红与幽默小说家老舍、社会小说家茅盾、浪漫革命小说家巴金相比,区别是很明显的,萧的作品“比她同时代作家的作品,更富人情味,且更引人入胜”;“那些作品很快地变成明日黄花,相反的,萧红的作品却能与时俱进,流传不朽。”这对萧红该是最恰当的评价了。

《萧红新传》

作者同上,香港三联书店 1989 年 9 月一版。此书是上书的修订版,曾在香港、台湾、大陆同时印行。他研究萧红穷十馀年之功,故此书厚重而新颖。书中还附了萧红“九・一八致弟弟书”和“萧红研究资料目录”索引,可知萧红研究之轨迹与全貌。

作者文笔朴实，见解独到，可称萧红之知音矣！

《芸斋书简续编》

大象出版社2004年4月一版，此书系编者刘宗武先生寄赠，收孙犁先生信三百十封，或谈书论文，或阐幽发微，或寄人生感叹，或含文学经验，都是金针度人之语。孙犁先生还曾与一女性通信十余万字，可惜被他付之一炬，不然就更能叫人理解其文品与人品，欣赏其书简之艺术了。流沙坠简，珠还合浦，鱼雁传书，春风绿衣，读这样的书信集确实是人生一乐了。

·新书架·

孔尚任全集辑校评注

徐振贵主编　大32开　精装　齐鲁书社出版　定价：219元

本书可谓孔尚任作品之集大成者。全集三册，160余万字。上册为戏剧，中册为诗词，下册包括序跋、游记、书札、墓志、传记、考辨之类。全书考据详备，注释准确；文义贯通，详略得当；颇有助于读者查证和阅读理解。

论语问答

幺峻洲著　大32开　平装　齐鲁书社出版　定价：15元

《论语》不仅是儒家的经典，也是我们中国人安身立命的依据和为人处世的价值标准。本书以问答的形式，对与《论语》和孔子本人有关的各种问题进行了阐释和解答，借此可以帮助读者进一步了解孔子的身世、交游和思想，加深对《论语》思想精髓的理解。

记《丁晏手批李商隐诗集》

鲁　东

李商隐的诗，意境纤秾，词句清丽，特别是一些七律，色彩绚美，设联奇异，在短小的篇幅内，用别人所不能道的语言压缩了巨大的容量，最具特色，列入中国历代最著名的作品中，应无愧色。我最初接触中国旧诗，即喜好李商隐的诗，他多数诗的意思，我其实并没有读懂，但这并不影响我喜欢他的诗。很多华美、精辟的诗句，在人们的口中传诵，多数人并不能背诵出全诗，更谈不上理解全诗的意思。人们并不理解的诗句却征服了人们，这或许就是中国旧诗的奇妙之处吧。

李商隐的诗集，现在出得多了，中华、人民文学、上海古籍等出版社，都出过不同注文的集子。但在“文革”前，只能向线装古书中去寻求。我先买了冯浩的《玉谿生诗详注》，接着又买了张采田的《玉谿生年谱会笺》。之后，又得到《朱鹤龄注李义山诗集》，这部书版式开朗，纸白字大，品相极佳，且有何焯、朱彝尊、纪昀三家品评，三色套印，我很是喜爱。

不记得是这之前还是之后，又寻得一部四册程梦星《重订李义山诗集笺注》，纸黄书旧，字迹漫漶，粗粗一翻，感到与朱注李诗大同小异，遂未多加注意，即置之橱底。

随着年龄的增长,关于古书的知识,也略有增加。近日翻检藏书,突在程注的李诗书根处发现毛笔书写“丁晏手批义山诗集”八个字,引起我的注意:这几个字过去怎么没发现呢?抑或看到,当时并不知丁晏为何方人氏而未加注意?再急急地翻检书页,果然在天头行间,有许多细如蝇头的朱色小行书,字迹虽小,但书写自如,书法水平极高。只是从头翻到尾,并未发现丁晏或与丁晏有关的字,唯有每册书前,钤有“颐志斋主人珍藏”长一寸半朱文大印。

现在知道,丁晏(1794~1875)字俭卿,一字柘堂,号石亭居士。清山阳(淮安)人。道光举人。早岁治经,笃好郑学。手校书籍极多。著有《毛郑诗释》、《三礼释注》、《周易述传》等。室名“颐志斋”、“六艺堂”。著作汇刻为《颐志斋丛书》。

重訂李義山詩集箋注卷上
吳江朱鶴齡長孺箋注
江都程夢星午橋刪補
錦瑟
錦瑟無端五十絃一絃一柱思華年莊生曉夢迷蝴蝶
望帝春心託杜鵑滄海月明珠有淚藍田日暖玉生烟
此情可待成追憶只是當時已惘然

《中国古籍善本书目》中收有丁晏批校古籍多种,作为一名业馀爱好者,不可能去查找这些善本核对。查《中国藏书家印鉴》(林申清编),仅收“山阳丁晏藏书”朱文印一方,无斋名印。翻检《中国古籍稿钞校本图录》,在稿本一册中发现收有丁晏手稿本、《诗集传附释》首页书影,上面赫然钤有“颐志斋主人珍藏”印一方,因书影尺寸非原大,除印章大小有异外,篆刻与我手中程注李诗上所钤完全一样!再对照毛笔书写手迹，亦如出一辙。至此，完全可以证实，我手中这部程注李诗，曾经丁晏收藏，书中天头行间大量朱文批点，为丁晏手迹无疑。粗略计算，行间评点不计，仅天头批校，从头至尾，共计近三百条，多者一条近一百五十字，少者仅两个字。说明丁晏是认真通阅，下过一番功夫的。另外，通检过程中还发现，虽有少数朱墨批校，字迹拙劣，当为另一人所作，但另有少量墨批，也是丁晏手迹。说明这部李诗，丁晏不只一次批校。查中华书局《古典文学研究资料汇编·李商隐资料汇编》，丁晏名下，仅录一条，编者必未见此手批本批点内容。

当然，丁批的内容，未超出中国诗词品评的樊篱：诠释主旨，指归比兴，评点词句，校注异文。而且批点的观点，基本上承袭先其不远的朱彝尊的看法。有许多批语，完全一字不漏抄写朱评，但可正朱评刊本之误。如《无题四首》"梦为远别啼难唤"句眉批，朱评刊本作："已别而复梦，远别故梦"，丁批手迹作"远别故啼"，当以手迹为是。似此尚多。奇怪的是，完全抄录朱评，却不作说明，不知何故。

·新书架·

《公车上书记》

——苹楼藏书琐谈之五

涂宗涛

要研究中国近代史，必须涉及到“甲午战争”和“戊戌变法”。这两大历史事件，都和“公车上书”有密切联系。所谓“公车上书”，即清光绪廿一年(1895)三月下旬至四月上旬(公历4月下旬至5月上旬)，在北京参加会试的各省举人，“集众千三百馀人，痛陈时弊，冀挽回和局之失”而联名上书清廷，反对“甲午(1894)战争”因日本战胜，迫使以李鸿章为代表的清廷签订丧权辱国的“马关条约”。这个不平等条约共十一款，包括割让台湾和赔偿日本军费二万万两等内容。消息传到国内，举国上下不胜义愤，“公车上书”集中反映了中国人民的爱国热情。此外，以康有为领衔的“公车上书”，不但“力言目前战守之方”，还陈述“他日自强之道”，实为四年后“戊戌变法”的先期纲领性文献。

为何称“公车”？因汉代以公家车马递送应征的人，后遂以“公车”为举人应试的代称。对“公车上书”的具体经过和情节，许多谈论这一历史事件的文献，都语焉不详，甚至台湾文海出版社所印行的《近代中国史料丛刊》(沈云龙主编)中的《康南海书牍》，收了“上清帝第一书”、“第三至第五书”，独不收作为“上清帝第二书”的“公车上书”，难道不存在“公车上书”这一事实吗？当然不是，只有了解“公车上书”的具体经过和情节之后，才能解

答这一问题。我有幸收藏了“光绪乙未（1895）上海石印书局代印”的《公车上书记》一书，是研究“公车上书”这一历史事件的第一手资料，该书距今已逾百年，传世者非常罕见，特予以介绍。

《公车上书记》，扉页题“公车上书记”五个大字，左旁题“光绪乙未徐骐署”七个较小的楷体字；背面标楷书两行“光绪乙未上海石印书局代印”。接着为“仓山旧主袁祖志”和“长沙刘锡爵斐如甫”所写的《序》。两《序》的时间，前者标“光绪二十一年乙未天中节”，后者标“光绪二十一年岁次乙未仲夏月”。两《序》之后，为“滬上哀时老人未还氏”所写的《公车上书记》，写作时间标“光绪二十一年五月朔”。这三篇文章之后，即《公车上书》全文。书末为“公车上书题名”。全书共三十五页，每页两面，若加上封里的书名页，则为三十六页。版框为四周双边，高15.9厘米，宽10.5厘米，白口，单鱼尾，每页中缝下端标页码数。纸为石印用的有光纸。全书为手写楷书，每半页十三行，每行三十至三十二字不等：若遇“明诏”、“朝廷”、“京师”等字样则每行三十一字；若遇“皇上”、“列祖”、“列宗”等字样，则界栏作“ㄩ”形，高出一字，每行为三十二字，这是当时向朝廷呈奏的程式。书末“公车上书题名”，界栏外的天头分别标明题名者所属省份，然后每行分成四栏，标明“姓名、号、籍贯、乡试中式年代”，如“直隶”之下，首行第一名为“刘世骏，号业亭，河间府任邱县人，丁卯（即丁卯科举人）”。

据“哀时老人未还氏”所撰《公车上书记》一文中得知，以康祖诒（有为）领衔的这份“公车上书”，乃“各公车再联十八省同上一书”，由康氏执笔撰写，时期是光绪廿一年（1895）乙未四月上旬。这本“上海石印书局代印”的《公车上书记》，从书前的两《序》一文得知，出版发行时间为“光绪廿一年乙未五月”，换言之，即在“各公车再联十八省同上一书”这一举动之后仅一个月就将这份“公车上书”的全文公诸于世了。就版本而言，它是以康有为领衔的《公车上书》的最早版本，可作后来传世版本的校勘之用；加之该书今已十分罕见，在汤志钧编《康有为政论集·前言》（中华书局1981年版）中，虽然提到了这本书，但未说明何处收藏，因此，我自认为寒斋所藏的这一本是可贵的。

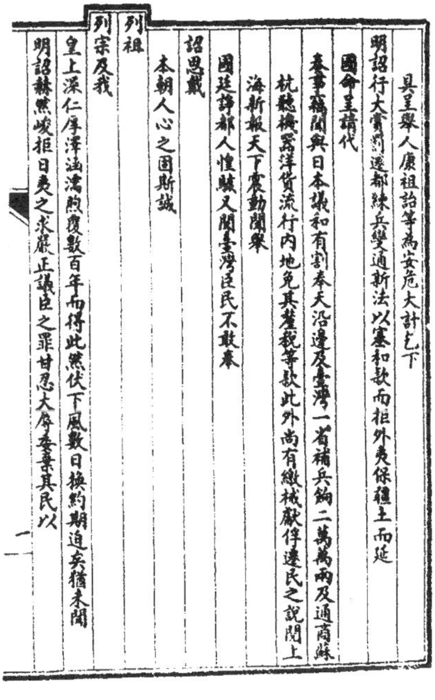
具呈舉人康祖詒等為安危大計乞下
明詔行大賞罰遷都練兵變通新法以塞和款而拒外夷保疆土而延
國命呈請代
奏事竊聞與日本議和有割奉天沿邊及臺灣一省補兵餉二萬萬兩及通商蘇
杭聽機器洋貨流行內地免其釐稅等款此外尚有繳械獻俘遷民之說閱上
海新報天下震動聞舉
國廷諍都人惶駭又聞臺灣臣民不敢奉
詔思戴
本朝人心之固斯誠
列祖
列宗及我
皇上深仁厚澤涵濡煦覆數百年而得此然伏下風數日換約期迫矣猶未聞
明詔赫然峻拒日夷之求嚴正議臣之罪甘忍大辱委棄其民以

《公车上书记》的历史价值，除版本可贵之外，它为研究“公车上书”这一历史事件提供了第一手史料，并提出某些至今不明尚待进一步研究的问题。第一，人们大多只知由康有为领衔、“各公车再联十八省同上一书”

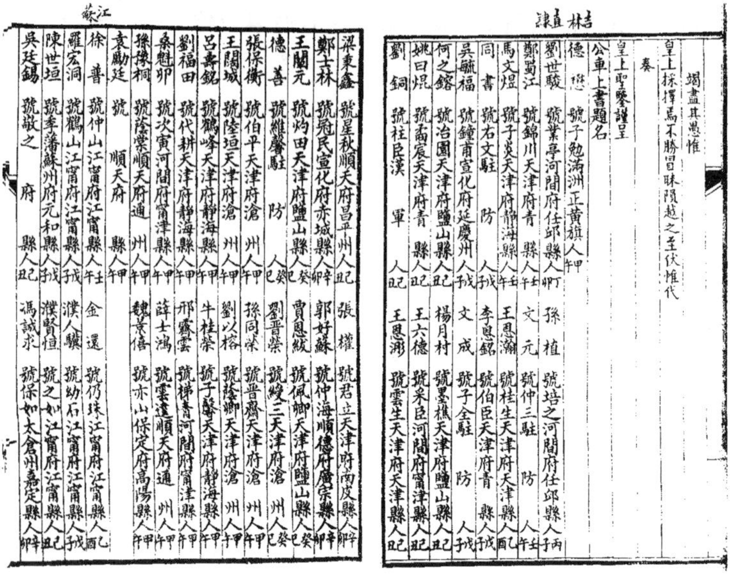

吉林直隸

竭盡其愚惟
皇上採擇焉不勝冒昧隕越之至伏惟代
奏
皇上聖鑒謹呈
公車上書題名
德　懋　號子勉滿洲正黃旗人甲午
劉世駿　號業亭河間府任邱縣人丁卯　孫　植　號培之河間府任邱縣人丙子
鄭蜀江　號錦川天津府青　縣人壬午　文　元　號仲三駐　防　人壬午
馬文煜　號子炎天津府靜海縣人壬午　王恩瀚　號桂生天津府天津縣人乙酉
同　書　號右文駐　防　人戊子　李恩銘　號伯臣天津府青　縣人戊子
吳毓福　號鍾甫宣化府延慶州人戊子　文　成　號子全駐　防　人戊子
何之鎔　號治園天津府鹽山縣人己丑　楊月村　號墨樵天津府鹽山縣人己丑
姚曰焜　號禹宸天津府青　縣人己丑　王六德　號釆臣河間府甯津縣人己丑
劉　銅　號柱臣漢　軍　人己丑　王恩澎　號雲生天津府天津縣人己丑

江蘇

梁秉鑫　號星秋順天府昌平州人己丑　張　權　號君立天津府南皮縣人辛卯
鄭士林　號冠民宣化府赤城縣人辛卯　郭好蘇　號仲海順德府廣宗縣人辛卯
王關元　號灼田天津府鹽山縣人癸巳　賈恩紱　號佩卿天津府鹽山縣人癸巳
德　善　號維馨駐　防　人癸巳　劉晉榮　號峻三天津府滄　州人癸巳
張保衡　號伯平天津府滄　州人甲午　孫同棨　號晉齋天津府滄　州人甲午
王闓城　號陸垣天津府滄　州人甲午　劉以榕　號蔭卿天津府滄　州人甲午
呂壽銘　號鶴峯天津府靜海縣人甲午　牛桂榮　號子馨天津府靜海縣人甲午
劉福田　號代耕天津府靜海縣人甲午　邢賡雲　號梯青河間府甯津縣人甲午
桑魁卯　號次寅河間府甯津縣人甲午　薛士鴻　號雲達順天府通　州人甲午
孫豫桐　號蔭棠順天府通　州人甲午　魏景僖　號亦山保定府高陽縣人甲午
袁勵廷　號　順天府　縣人甲午
徐　普　號仲山江甯府江甯縣人壬午　金　還　號仍珠江甯府江甯縣人乙酉
羅宏洞　號鶴山江甯府江甯縣人戊子　濮人驥　號幼石江甯府江甯縣人戊子
陳世垣　號季藩蘇州府元和縣人戊子　濮賢恒　號之如江甯府江甯縣人己丑
吳廷錫　號敬之　府　縣人己丑　馮誠求　號保如太倉州嘉定縣人辛卯

为“公车上书”，而不知在此之前，还有如下史实：“初则广东举人梁启超联名百馀，湖南举人任锡纯、文俊铎、谭绍裳各联名数十”向朝廷上书反对签订“中日和约十一款”，“首诣察院呈请代奏，既而福建、四川、江西、贵州诸省；既而江苏、湖北、陕、甘、广西诸省；又既而直隶、山东、山西、河南、云南诸省继之。盖自三月廿八、三十、四月初二、初四、初六等日（都察院双日堂期），察院门外，车马阗溢，冠衽杂遝，言论滂集者殆无虚晷焉。书上数日不报”，接着才是“各公车再联十八省同上一书”的“公车上书”（哀时老人未还氏《公车上书记》）。这是当时人记当时事，具有权威性。从以上记载说明：所谓“公车上书”，先是由福建、四川等省的“公车”（举人）分别向朝廷上书，几天后还不见动静，才有“十八省同上一书”的“公车上书”。第二，关于“十八省同上一书”的“公车上书”的具体经过和情节，在本书中也有较详的记载：“广东举人康长素（有为）者素有时名，尝以著书被谤议，于时主其事，草疏万八千馀字，集众千三百馀人，力言目前战守之方，他日自强之道，文既脱稿，乃在宣武城南松筠庵之谏草亭传观会议。……和款本定于四月十四日在烟台换约，故公呈亦拟定于初十日在察院投递，而七、八、九三日为会议之期；乃一时订和之使、主和之臣，恐人心汹涌，局将有变，遽于初八日请将和款盖用御宝，发使赍行。”初八这一天，“松筠庵坐中议者尚数十百人，咸未谂用宝之举。……是夕议者既散，归则闻局已大定，不复可救，于是群议涣散，……盖各省坐是取回知单者又数百人，而初九日松筠之足音已跫然矣。议遂中寝，惜哉惜哉。此事若先数日为之，则必能上达圣听，虽未必见用，亦庶几以见我中国人心之固，士气之昌”（引文同前）。第三，这份“十八省同上一书”的“公车上书”是否已呈送朝廷？许多人并不了解，通过本书记载，除上面的引文明确指出“议遂中寝，惜哉惜哉。此事若先数日为之，则必能上达圣听”之外，袁祖志在《序》中也称“惜书未上而议已定，岂真为失晨之鸡耶！”均说明这份原拟“十八省同上”的“公车上书”，由于上书之前朝廷已批准了这个条约，无法挽回，结果是“书未上”而告终。只有了解了这个具体情节，才能解释上述《康南海书牍》中所收康氏“上清帝”的五份奏疏中，只收第一、三、四、五次奏疏的全文，唯独不收作为“上清帝第二书”的“公车上书”的缘由；因它已“胎死腹中”，并未呈奏朝廷，“上书”既未成为事实，当然就有理由不收了。第四，关于“公车上书”的“题名”问题。《康有为政论集》（中华书局 1981 年版）虽然收录了“上清帝第二书”（即“公车上书”），但没有袁祖志、刘锡爵的《序》，也没有“哀时老人未还氏”所撰的《公车上书记》，更没有联署的姓名；复据台湾文海本《康南海自编年谱》称：“与会者千二百馀人”，有名籍可考者仅六百零三人。今据《公车上书记》末“公车上书题名”进行复核，题名者所属省份和题名人数实为：吉林一人、直隶三十七人、江苏四十七人、安徽八人、山西十人、陕西五十五人、甘肃六十一人、福建八人、江西二人、湖北四人、湖南四人、四川七十一人、广东八十七人、广西九十九人、云南十五人、贵州九十五人，共计十六省六百零四人；若加上开头的“具呈举人康祖诒等”领衔的康氏，则署名人数实为六百零五人。

至于有关“公车上书”这一历史事件尚有待进一步研究的问题，除袁祖志在《序》中提出的为何“独缺吾浙一省”未在“公车上书”上署名之外，还有“湖南举人任锡纯、文俊铎、谭绍裳各联名数十”先上书清廷，而在康有为领衔的这份“公车上书”上，湖南省署名者仅四人，并没有任、文、谭三人的名字，其故何在？总计署名的人数，当以《公车上书记》为准？还是以《康南海自编年谱》所述为准？再就是“哀时老人未还氏”在《公车上书记》一文中提到的“再联十八省同上一书”之前，“其各省分上之稿，尚当分汇搜续刻，以存一朝未有之公案”，不知各省举人分别向朝廷上书的原稿曾公开刊行否？以上疑问，都有待进一步研究。

·新书架·

许志行的传奇和他的小说

倪墨炎

出版《独秀文存》、《胡适文存》的亚东图书馆，在上世纪二十年代也出版新文学的小说创作，如戴万叶的长篇《前夜》、蒋光赤的短篇集《鸭绿江上》、汪敬熙的短篇集《雪夜》等等，约十数种，其中有一本是许志行的短篇集《孤坟》。这本小说反映了我国第一次国内革命五四运动后、二十年代初一些青年革命者的生活，而且还是我国小说中第一次描写了毛泽东的形象。

许志行浙江海宁人。1919年12月，十七岁的许志行在湖南长沙一家商店当学徒，因被老板拷打而出走，在铁路边的破庙中，与毛泽东等人邂逅。毛泽东等三人，为驱逐军阀张敬尧，正从长沙去北京请愿。毛泽东发现头发蓬松、衣衫褴褛的许志行身无分文，就带他往汉口同行，又带他往上海同行。毛泽东到上海是来送蔡和森等人去法国勤工俭学的，然后北上去京。他听许志行说不想当学徒一心想读书，认为很好，劝许先回家，读书的事以后再设法。毛泽东给他买了回家的火车票，还给了他带着体温的七块银元。1920年毛泽东任湖南省立第一师范学校附属小学主事(校长)，第二年又创办"成人失学补习班"，就通知许志行进补习班就读，并让他和毛泽民、毛泽覃一起生活，如同家人。1922年7月，许志行从补习班毕业，毛泽东劝他考浙江省立第一师范学校，本省学生一切免费，连伙食费都只要交一半即可。毛泽东说："这几块钱，我是能够接济的。"从1924年起，许志行开始在《小说月报》上发表小说，颇为浙江一师国文老师俞平伯等所赞赏，也得到毛泽东的肯定和鼓励。1926年春，时任国共合作的国民党宣传部代理部长的毛泽东与许志行到广州，任宣传部交通局助理干事。1927年4、5月间，反动派先后在上海、广州等地发动反革命政变，毛泽东先到汉口后到湖南领导革命运动；许志行则回到海宁参加革命斗争，不意遇到挫折，只得离开家乡，从此失去了党组织的联系，就一直从事文化教育工作。1949年初，在上海格致中学教书的许志行给毛泽东写了封长信，报告了自己这许多年来的情况，毛泽东很快回信，以后还给他写过五封信。1957年6月，许志行应邀去北京中南海，与毛泽东握手话旧，还见到了谢觉哉等当年在长沙的老师。1964年许志行因中风在上海师范学院退休，1983年10月因病逝世。

许志行的短篇集《孤坟》，1929年3月出版，收小说七篇。其中一篇《别长沙的一天》，就是写他1922年7月离开长沙回浙江去投考师范学校的事。小说是用第三人称写的。临走那天，"看看上午时候还早，就到清水塘去辞别M先生"。从上下文看来，M先生就是毛泽东。"那时M先生正在家里写什么，见他进去，忙搁了笔，对他说：'哦，你前天给我的信已收到了。你就是今天走吗？那也好，已经挨到现在了。'"M先生接着又说："费，我已通知泽民，由他筹给你，临走你可向他拿。你到长沙虽只一年，学问思想都进了步；以后升学去，望你格外努力。经费方面，每学期我总可以接应你些；不过现在自己也很缺钱，怕不能多寄罢了。浙江的学校不比湖南，学生都很奢华阔绰，你总得酌量自己的情形，去创造环境，不要为环境所支配。”M先生还说：“读书之暇，对于社会事业也得关心关心。你的志向很好，只是你的情感与理智太不调和了。人生果然少不得情感，但太丰富了也不好，容易堕入悲观厌世。你一年来所给我的信里，差不多封封说到苦痛，悲哀，出家，厌世。……你要明白：不曾尝过苦痛来的人生，简直没有价值！美满的人生，是战胜苦痛的结果！你以后总要节制些情感，磨炼着理智，与一切苦痛奋斗！……”这些话，很合乎二十九岁的毛泽东的思想，身份。作品中除毛泽东用M为代号外，毛泽民、毛泽覃、谢觉哉等等都用真实的名字。泽民给了他钱，泽覃送给他一把扇子。许多同学来送行。这其实是一篇纪实散文，却是以小说的笔法来叙述和描写的。

《孤坟》中有一篇《一个青年》，是真正的小说。它写江苏籍的黄蕙之去广州某公司任职，船上遇见湖南籍的C君，两人做了朋友。C的父亲已为革命牺牲，父亲的战友M在黄浦军校当教官。那时全国各地的青年一批一批的考军校。C爱好文艺，不喜欢政治，但在M的教导下，也考进了军校。进军校数月，C的思想发展很快，“我现在对于政治，对于革命，都觉得很有兴味了”。他已不喜欢文艺，他说：“文艺这东西，根本上是反革命的！至少是不革命！而不革命也就是反革命！”革命形势发展很快，长沙克复，湖南插了青天白日旗，岳州攻下，汀泗桥得了，武昌、汉阳、汉口同时收复，捷报频传。C君快乐，高兴。“他觉得国民革命立刻就可成功”。他表示：“我想加入CP(共产党)。”可是革命形势发生了突然的变化，反动派策划了反革命政变，“清党”，“捕获的共产党男女青年和工农一串一串在马路上牵过，绑到刑场上去正法的，一天总有好几起！”黄蕙之很挂念C君，写信到M那里询问。不料第三天黄也被逮捕。原来M已经牺牲。经过审问，黄总算被释放，但C仍无下落。原来C已事先逃出军校。后来他去了武汉。但武汉不久也“清党”了。C君“在回到湖南的中途，他忽萌死念，就此跳了湘江”。这篇小说刻划了“革命高涨时很快变得激烈、革命低落时很快灰心失望”的一个青年形象，是有着典型意义的。它发表于1928年10月号的《小说月报》上，当是许志行离开广州又离开海宁后的作品。

这本集子的第一篇小说《孤坟》，发表在1924年3月的《小说月报》上，是作者发表的第一篇小说，因而在本集中排列为第一，也因此成了本集书名。它写一个青年学生，心里很喜欢姑母邻居家的女孩。他们青梅竹马，曾玩得亲密。最近一次假期他又去姑母家，满心高兴地盼望着与那姑娘相会，不料她已在几月前的病中死去。他见到的是一座孤坟。《师弟》写“我”在一家商店当学徒时，又来了一个才十三岁的师弟。师弟又瘦又弱，经不起繁重劳动和困苦生活的折磨，渐渐得了病。原想回家调养一段时间，不想他就病死在家里了。集中还有三篇小说，也都是写贫苦生活中的妇女和孩子的不幸的故事的。

茅盾于1935年选编《中国新文学大系》的《小说一集》，主要选编文学研究会作家的作品。许志行不是文学研究会成员，但《孤坟》中七篇作品，有五篇是在《小说月报》上发表的，因而茅盾也就选入了他的《师弟》，认为是《小说一集》“这本书里一定不能够缺少”的作品之一，并且还在“注”里介绍“已出版的单行本”中介绍了许志行的《孤坟》。

俞平伯在为《孤坟》写的序中说：“虽只区区的七篇，而作者性情的笃厚，感触的敏锐和身世的畸零，都从其间流露出来，这是谁都可以看见的。他的文笔亦委宛缠绵能与情致谐和，若说这本小书是志行的一篇绝妙的自传，殆决非过当。”“而且这集中所示犹不仅个人的身世，更有大的时代。”这些评论，在今天看来，仍是很确切的。

·新书架·

被人遗忘的刊物

姜德明

1948年10月19日是鲁迅先生逝世十二周年的忌日，东北解放区的吉林市赶在这一天创刊了一本《文艺月报》。巧的是同一天，我军解放了长春。从藏书印来看，我的藏本原为“东北文艺工作团”所有，进关后归“中国青年艺术剧院”，终于流入旧书肆。

刊物为十六开本，创刊号发表了丁玲的小说《拔大旗》，是她的长篇《太阳照在桑干河上》的第四十八至五十节。魏东明写了《发刊词》和《读〈阿Q正传〉》，锡金写了《编后记》和《〈为了忘却的纪念〉诠释》。此外，还有集体创作的秧歌剧《二流子转变》、吴伯箫译伯林斯基的《文学、艺术与社会断想》、李则蓝（李又然）译美国黑人作家休士的小说《教授》等。

同年12月,《文艺月报》出版了第二期后终刊。这一期发表了马加的小说《马》(中篇《江山村十日》中的一节)。又晋驼的小说《妞妞》,锡金的《伊索寓言论集》,及天蓝的《煤矿工人之歌》、侯唯动的诗《一只匣枪(外一首)》等。《编后记》是李又然执笔的。这个刊物的主办单位是吉林鲁迅文艺研究会,由锡金、李又然主编。锡金是上个世纪三十年代的诗人,晚年研究鲁迅,长期留在吉林省工作。李又然早年留学法国,后来到了延安。1946年赴东北,著有《国际家书》、《伟大的安慰者》。如今两位作家都已故去。

关于吉林鲁迅文艺研究会,《文艺月报》第一期刊有林耶的《解放后的吉林文艺活动》,文中介绍:“在吉林文协筹备委员张松如(公木)、吴伯箫、魏东明、任虹等十三人倡导下,为了加强吉林文艺青年的文艺学习与研究,提高阅读与写作技能;为了团结全吉林的文艺工作者,开展新民主主义的文艺运动;特联名发起成立鲁迅文艺研究会。”该会是个业余性质的文艺团体,1948年9月19日在创造社时代的老作家李初黎的指导下正式成立,当时已有会员三百馀名。随着长春的解放和解放战争形势的巨变,《文艺月报》和鲁迅文艺研究会存在的时间不长,这短暂的一段历史早已被人忘记了。

《文艺月报》虽然仅出两期,却因两位主编当年在上海参加过左翼文艺活动,又较早地进入了延安和苏北解放区,所以刊物的风格既保持了战前大型纯文艺刊物重创作、理论和翻译的传统,也注意到解放区文艺的特色,是一份很有分量,也很有气派的文艺刊物。创刊号上发表有白火写的一篇文艺批评《我所见的巴金的影响》，却不是实事求是的文章。作者认为“巴金不是有意毒害青年的。他要青年们‘革命’，但他本人就没有接触过革命的实际，以想象作根据，而从小资产阶级，无政府主义的立场出发，就不能不歪曲现实，将人引入歧途了。”很多人都知道，在民主革命阶段，是巴金的作品把不少青年读者引向了革命的道路，尽管出发点各有不同，最终还是找到了真理和解放的方向。但，白火的文章不顾事实地唱了反调，批评的矛头涉及到巴金的《新生》、《灭亡》、《火》等，列有六大罪名：“一、极力渲染畸形的感情；二、违背实际的‘革命’幻想；三、夸大地强调思想矛盾；四、革命就是‘灭亡’；五、赞颂个人的恐怖手段；六、高度发扬个人英雄思想。”正当革命节节胜利，理应扩大统一战线，争取全国解放的关键时刻，竟不忘批判巴金，这不能不让人联想到当时在香港对胡风、沈从文、萧乾、朱光潜的批判，以及在上海对曹禺《艳阳天》的批判，也许这股风只是一种巧合，并无联系，录以备考吧。

·新书架·

王文进与《文禄堂访书记》

沈 津

北京的琉璃厂，清初以来一直是文物、字画、图书流通的聚散地，是文化人最喜欢去的地方之一。据 1931 年成立的北平市书业同业公会统计，琉璃厂古旧书店将近四十户，行家聚集，历史悠久，资本雄厚者甚多。到 1949 年下半年的统计，北京共有古旧书店百五十一家。由于读者对象，是较高层次的文人学者、专家教授以及图书馆，因此，我们可以说，在文化传统的继承和传播上，旧书店起到了极其重要的作用。

近代以来，在琉璃厂设肆的重要者有几十位，但是，我以为在生意场上获得成功，而且又能在文化传承上留下点文字者却不多。我很佩服孙殿起先生，他把经手的旧书认真做了记录，编成《贩书偶记》、《贩书偶记续编》，对于使用者可提供不少帮助。还有一位是王文进，也是很了得的成功者。我最初注意到他，是因为 1961 年时读他写的《明毛氏写本书目》，刊在《周叔弢六十生日纪念论文集》里，当时的印象是，毛氏汲古阁钞本传世甚稀，此人能以此为题，定非一般学者。

王文进，字晋卿，号播青，别号梦庄居士，河北任邱人。家世农业，八岁失怙，又值义和团事，农田荒芜，惟恃其母十指以存活。十一岁入乡塾，得略识字，以贫辍学。其长兄子龢设德友堂书肆于北京文昌会馆，招其来学，时光绪三十二年九月。日司炊事，躬执贱役，以其馀闲学古书装订，习修补。辛亥以后，始委司交易，乃渐解分别版本。1925年，设文禄堂于东南园。1933年春，又迁至琉璃厂。1942年，再徙厂甸东首路南239号。

伦明《辛亥以来藏书纪事诗》云："书目谁云出邵亭，书坊老辈自编成。后来屈指胜蓝者，孙耀卿同王晋卿。""故都书肆虽多，识版本者无几人，非博览强记，未足语此。余所识通学斋孙耀卿、文禄堂王晋卿二人，庶几近之。孙著有《贩书偶记》、《丛书目录拾遗》；王著有《古本过目记》，皆俱通人之识，又非谭笃生、何厚甫辈所能及矣。"

四十年代初的北平，古旧图书的市场甚旺，书价飞涨，各肆也重订价目，或照旧码无折扣，过去向不买书者，皆大收之，且各有类属，或购词曲，或购小说，或购初印本。中南银行经理赵元方更是力购无限，不畏价昂，且托王文进代办，抄校稿本均要。又董康亦大收之，但偏于稿本。1943年，谢兴尧在他的《书林逸话》中写道："文禄堂之王某，专收冷僻版本，不走大路，以其能合时代，获利最丰。"

文禄堂不仅买卖古籍图书，还曾排印出版《缪荃孙自订年谱》，又将难得之宋本《周礼》，以及《南峰乐府》、《韩文公文集》等影印出版。并重印福山王氏《天壤阁丛书》、归安沈氏《枕碧楼丛书》、《沈寄簃遗书》、海丰吴氏《金石汇目分编》等。

和其它不少书肆一样，为招徕顾客，推销图书，王文进也编有《文禄堂书籍目》，我所见到的是1935年2月编印的，署"王搢青编”，列有四千六百五十二种书。凡撰人姓名、刊刻时代等等，一一标注详明。略略翻阅，价格最贵的一种是明正德刻本《匏翁家藏集》，要二百六十元；而明成化刻本《赵清献公文集》，则只五十元，落差甚大。最令人叫奇的是宋刻大字本的《韦苏州集》，仅标百五十元。当然，时代远近、册数多寡、流传多少、纸张钤印、物价指数等等都是标价的依据，这里自有学问，并非三言两语说得清的。但可别小看这样一本旧书目，这在今天来说，还真不多见呢，即使是近年来北京图书馆出版社出的《中国近代古籍出版发行史料丛刊》二十八大册百零七种中就没有收录“文禄堂”这个名目。

王文进是书林中的有心人，他还曾将其历年积存宋元精本，遴选五十种，辑印而成《文禄堂书影》一册。计经部八种、史部十三种、子部六种、集部二十三种。为流传的宋元本留一面目，并以此存证。过去藏书家将家藏古籍善本自撰、或请专家撰写书志，但在书林中，用笔将所经手的重要古籍写成善本书志形式的，我仅知道有罗振常的《善本书所见录》、严宝善的《贩书经眼录》，还有就是王文进的《文禄堂访书记》。

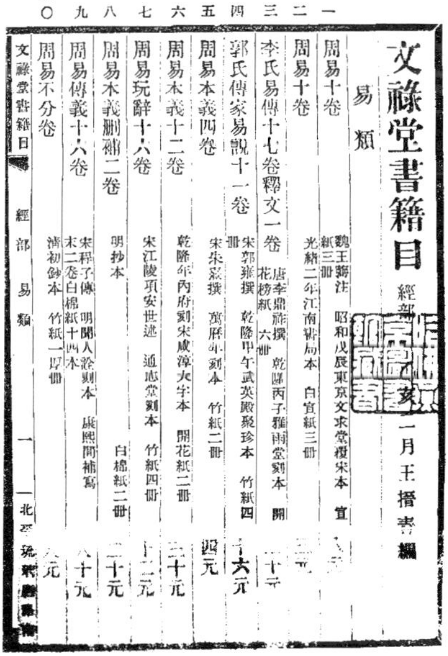
文祿堂書籍目 經部 [illegible] 一月王搢青編
易類
一 周易十卷 魏王弼注 昭和戊辰東京文求堂覆宋本 宣紙三冊 [illegible]
二 周易十卷 光緒二年江南書局本 白宣紙三冊 [illegible]
三 李氏易傳十七卷釋文一卷 唐李鼎祚撰 乾隆丙子雅雨堂刻本 開花榜紙六冊 十[illegible]
四 郭氏傳家易說十一卷 宋郭雍撰 乾隆甲午武英殿聚珍本 竹紙四冊 十六元
五 周易本義四卷 宋朱熹撰 萬曆年刻本 竹紙二冊 四元
六 周易本義十二卷 乾隆年內府刻宋咸淳大字本 開花紙二冊 二十元
七 周易玩辭十六卷 宋江陵項安世述 通志堂刻本 竹紙四冊 十二元
八 周易本義刪補二卷 明抄本 白棉紙二冊 二十元
九 周易傳義十六卷 宋程子傳 明閩人翻刻本 康熙間補寫 末二卷白棉紙十四本 八十元
一〇 周易不分卷 清初鈔本 竹紙一厚冊 [illegible]元
文祿堂書籍目 經部 易類 一 北平琉[illegible]

《访书记》，计五卷，谭泽闿

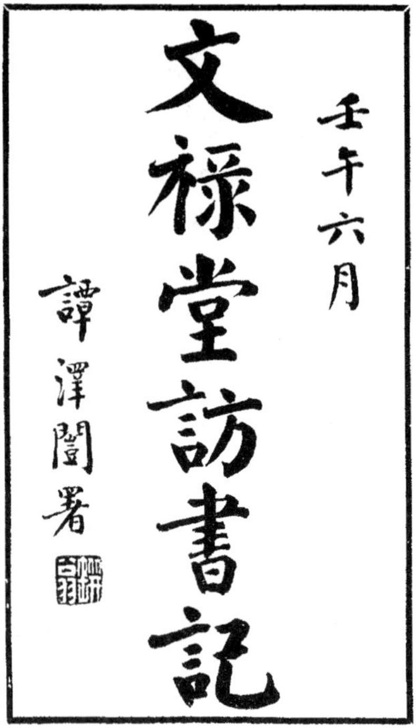
文祿堂訪書記
壬午六月
譚澤闓署

题签。初一翻目录，真是琳琅满目，但细读之下，有一种虽见不到原本，但已有如入五都市，如登上方厨，山肴海错，靡所不有；奇馐异馔，靡所不具之感。是记著录北宋本一种、南宋本二百五十八种、金本十三种、元刻本九十九种、明刻本八十三种、明铜活字本十六种、校汲古阁本十五种、清刻本十五种、宋钞本二种、元钞本二种、明钞本六十九种、毛钞本十三种、名人手钞本二十八种、清黄丕烈校本三十五种、各家校钞本一百九种、唐人写经三卷。共七百五十馀种。这本《访书记》用王氏自己的话来说，就是“荏苒三十年，间关五千里，专心致力，夙夜于兹，蔽帚自珍，不贤识小，缅怀往迹，可略陈焉”。

董康的序文将王文进经营文禄堂事写得非常清楚，有云：“任邱王晋卿，今之钱听默、陶五柳也，隐居闬廛，三十年不易肆。访求书籍，穷极区寓，履綦所逮，北至并，东至鲁豫，南至江淮。吴越故家世族，精椠秘笈，经其目睹而手购者，无虑数万种，蜚声当世。余识晋卿有年，恂恂尔雅，不类阛阓中人，进而歆其流略派别、板本得失，口讲指画，若烛照而龟卜，虽积学方闻之士，有所弗逮也。服习谦约，动中绳检，不以穷通易其度，数十年如一日，余以是益贤之。近撮录其平生经眼珍本，辑为《文禄堂访书记》，丐余弁言。综其所列四部书，都七百五十馀种，去取精慎，考窍翔实，一书之官私刻本、雕造区域，及名人钞校，流传源委，皆记其跋语与收藏图记，细如行格字数刊工姓氏，靡弗备记，其用力可谓勤矣。”“晋卿此书，虽为贩鬻之偶得，而发潜阐幽，斠订同异，津逮学林，当与莫郘亭《知见传本书目》、邵位西《四库简明书目标注》同其功用。”

《访书记》的特点是：所载各书均属罕见秘籍，且详细著录，搜讨宏博，考证精确。凡宋金元刻本，必详考别其出，系刻于官司，或出于书坊，及刻时刻地，其行格数目、刊工姓名附列备考。宋元明清钞本、名家手写手校本，皆记其行格室名，并录跋语。清代集部，以习见不录，记中所列清刻本，皆有收藏家跋语。

王氏所得宋本中，最为看重的是《南华真经》，这是一部宋代蜀刻大字本，我看著录中有“半哭半笑楼”藏印，那应该是民国元老于右任的旧藏了。傅增湘对此书也是情有所锺，他有《题蜀本南华真经》诗一首，云：“瞥影惊飞三十年，追寻无迹记丹铅。谁知龙汉邅迴后，宝笈来归证古缘。”“壬子春，此书出沪市，追寻踪迹，不可得，只见艺风影摹首叶。旋借得涵芬楼沈宝砚校本，移录首卷，略得梗概。迄于昨腊，书估王晋卿自沪上携来，始得寓目，回思往事，正三十年矣。”王的别号叫梦庄居士，大约是该书后来售去，时有想念之故吧。

据我所知，《访书记》之能够出版，和顾廷龙先生有很大的关系。王氏在书业的经营和版本鉴定上都有独到的眼光，但是在版本的著录以及刻意描绘上则因文化水平的关系，而显得逊色。所以《访书记》在初稿完成后，曾请多位专家阅看，但都不了了之，盖因书稿错误多多，无从改起。后来，他认识了顾廷龙先生，这才解决了问题。那时顾先生已应张元济、叶景葵之邀，辞去了北京燕京大学图书馆采访部主任的职位，于1939年7月由北京至上海创办合众图书馆。

我曾读过顾先生当年的日记，顾、王两位相识，是在1940年。叶景葵是年4月9日有致顾廷龙短笺，云："老友王晋卿奉访，乞招待。渠与兄见过二次，书友中之博闻者也。"顾先生也于是日日记写下："王于版本所见较广，经验颇丰。劝其一一记出"之语。1941年的5月下旬，王文进持《文禄堂访书记》，正式请顾先生审阅校正。先生允之，并以为"书估能有记录，尚属有心人。至其行迹专在贸利，不能计也。"日记中还记有王携到《访书记》七册，晚又来，欲请先生料理排印《访书记》事，但为顾先生婉拒。我以为婉拒的原因，大约是其时合众图书馆成立不久，顾先生每天忙于事务，晚上还要为他和潘景郑先生合编的《明代版本图录》操劳之故。据5月31日的日记，王的《访书记》"分类多误，为之查改，史部粗竣，子部以下懒于翻动矣。王文进尝请人校阅已数年，经数人俱未改易一字，今乃知人之无从下笔也。"至八月初，《访书记》的经部审看完毕。8月中，方才全竣，并交还王文进审阅完的《访书记》。先生的意见是"此记舛误触目，凌乱无序，幸潘景郑阅去四册，然已费时不少"。

在《访书记》中有王氏的跋文，云"承其参校指正者，刘先生云平、顾先生起潜、赵先生元方"。也就是说《访书记》曾得到过上述三位先生的帮助。然而淡淡的一笔掠过，却费去了二位版本学家二个多月的时光。当我翻阅这部《访书记》的时候，我仿佛看到了二位先师审阅书稿的情景，那时顾师三十八岁，潘师三十四岁。遗憾的是，当年二师审阅的书稿却是早已湮没不存了，我相信，书稿上定是极意推敲，朱笔灿然，丹黄殆遍。《访书记》是1942年出版的，在顾先生10月21日的日记里，有"王文进来，赠《文禄堂访书记》"的记载。

有意思的是，在北京经营旧书店者大多是河北人，王文进也是其中之一，我过去在上海图书馆的几位搞普通古籍采购或整理的老同事在1949年以前，也是在北京、上海旧书店里作过伙计的。这是什么原因呢？据说这是因为过去旧书店主持者多为江西人，但是清末废除科举制度后，其故乡子弟因路途遥远，交通不便，来京讨生活者寥寥无几；故书店老板所收学徒以河北人为多，以后彼此引荐子侄，多为由乡间入京。民国以来，河北冀县、深县、枣强、任邱、衡水人在北京开设大小书肆的，已达七八十家之多。这几处地方来的人多能吃苦耐劳，勤奋好学，虽然文化程度不高，大多是小学毕业，但自学成才者不少。像深县人王雨、冀县人孙殿起等皆是。

赵万里曾称书店中能鉴别宋元本者有王文进、王雨、孙助廉、裴子英属于一把手，其他皆属二三流。王文进的生意做得不错，三四十年代的不少当代宿儒、文化界名流都有和他交往，互相探讨学问，诸如缪荃孙、董康、傅增湘、李盛铎、曾刚父、陶湘、蒋穀孙、叶景葵、袁伯夔、徐森玉、周叔弢、郑振铎、张珩、赵万里等，他们不仅是一般的铺主和顾客的关系，而且"往来日久，王氏也时聆续论，俾有所知”。可惜的是，这些王氏都没有任何记录，就像清嘉道间，钱听默与藏书大家黄丕烈往来数十年，却一无记述，而令今之研中国书史者引为憾事。

由此而想到的是，前几年读陈重远写的《骨董说奇珍》、《文物话春秋》、《珍闻与雅玩》等，生动地记录了那个时代的琉璃厂文物字画鉴赏、流通、买卖之掌故，虽为历史的一瞬，却为后人留下了可贵的见证。而琉璃厂书肆自从李文藻的《琉璃厂书肆记》、缪荃孙的《琉璃厂书肆后记》以后，就是孙殿起的《三记》及《琉璃厂小志》，孙先生也是在为书林历史存证。如果说，在十多、二十年前，有心人能在孙先生的基础上，将琉璃厂书肆的部分经营者的来龙去脉，数十年前经营古旧书岁月中的悲欢喜乐，那些重要图书流传的掌故轶事，包括和文化人之交往等等有系统地整理成书，那一定是有裨于图书流通史的研究。而现在呢?琉璃厂的老人雕零殆尽，再找人去聊，怕是困难的了。我觉得可惜的是，自《小志》后，虽然雷梦水写过几篇《琐记》，但却远远不能满足研究者的需要。也说不定或许不久的将来，会有书林中人执笔写出有意思的新琉璃厂书肆志来呢。

王文进没有子嗣，自然也就没有人承继他的事业;他自己的藏书，后来由考古学家陈梦家教授介绍，全部售于北京大学图书馆。1959 年，王文进不幸患食道癌，于次年 7 月 7 日去世，年六十七岁。王氏还有《明代刊书总目》，但未之见。

《李小缘先生赠送书刊简目》

止 水

2002年11月2日清晨到王府大街，摊主已纷纷在收书，据说有市容管理人员又要来扫荡的消息——然终未来，显系误传。但旧书业主的惊弓之鸟心态，并非无因。待归之际，适有人愿以所得二书转让，一为《李小缘先生赠送书刊简目》，一为巴黎大学北京汉学研究所1951年印行的戴望舒先生遗著《读李娃传》，一瞥之下，即知系难得之资料，一旦错过断无复见之机会，遂急与议价，二书共索价百元，后以六十元成交。

《李小缘先生赠送书刊简目》，十六开本，分“中文线装书目”、“中文平装书目”、“中文期刊书目（附报纸）”、“俄文书刊”、“西方书刊”五类。前四类皆手写稿，虽有复写痕迹，而此本皆为原珠笔书写的第一面；后一类为英文打字稿，亦为第一页。所用为当时流行的红横线信笺纸，粗糙灰暗，共二百一十八页。

书目前有《李小缘先生赠送书刊》说明文字一篇，文末有施廷镛、陆修栋钢笔签名，时在1960年3月。则此系李先生去世后，家属将李先生藏书赠送南京大学图书馆时，登记造册的原始目录。施廷镛先生时任南京大学图书馆馆长，正是李家捐赠藏书时的经手人。这份简目，应该也就是施廷镛、陆修栋二先生所编制。

李小缘先生是南京人，生于1897年，是我国著名的图书馆学家和目录学家，也是我国现代图书馆事业的奠基人之一；他曾留学美国，攻读图书馆学，学成归国，创建了我国大学中第一个图书馆学系；他先后任金陵大学图书馆馆长、图书馆学系教授兼系主任，中央大学图书馆学系教授、图书馆委员会主席，东北大学图书馆馆长，金陵大学中国文化研究所所长、图书馆馆长，南京大学图书馆副馆长等职，并撰写了多种图书馆学著作。他四十年如一日，购书、藏书、护书、用书，将毕生心血贡献给了中国的图书馆事业。1986年10月匡亚明先生为纪念李小缘先生诞辰九十周年学术研讨会的题词是："惜书如命，爱馆如家"，可谓确论。

1959年12月28日，李小缘先生去世，临终前遗嘱：将他个人收藏的"图书全部赠送图书馆"，"我编的稿子和西文论中国之目录，希望图书馆好好保管，如果有人能编，可以扩大编作"。他的儿子永泰和永辉，遵照父亲的遗愿，在次年春天就捐出了全部藏书。

施、陆二先生关于赠书的说明，共四大项。其一，赠书内容："有中文、俄文、英文书籍和期刊"；"以图书馆学和目录学方面的占多数"；"大部分是十年以前印行者"；"多为我馆复本"。其二，种数和册数，计有："1. 中文线装书765种3730册；2. 中文平装书1188种3672册；3. 中文期刊395种2622册；4. 俄文书刊105种204册；5. 西文书刊1180种1464册。共计3633种11692册。"其三，估价："1. 中文线装书，一般地平均按每册6角计算，约

2400元；2. 中文平装书，有定价者按定价，无定价者平均按每册3角计算，约520元；3. 中文期刊，平均按每册2角计算，因其中含有合订本，故估计约550元；4. 俄文书刊，90%以上均有定价，估计约160元；5. 西文书刊，平均按每册2元5角计算，估计约3660元。共计7290元。”并说明“以上估价是据南京市古旧书店收买价格和书刊具体情况拟定。”但在“520元”后，有红铅笔打的一个问号，对这一计价表示疑问。确实，即以每册3角计，“520元”也只是一千七百馀册书的估价，所以这个估价中，漏列了约二千册“有定价者按定价”的平装书价。其四，是“有待选定未曾列入目录者”，包括：幻灯片二百馀片，“多属图书馆建筑设备和书史方面”的内容；卡片目录五十三屉又五匣（附三十六屉目录柜两座），“其中有我国各地区文献，图书馆学和目录学，汉籍西译，西籍汉译，西文汉学论著等类目录”；图书馆学和目录学资料，有小册子，有从书刊上剪裁或抄录的；手稿，“大部分是图书馆学讲稿”。编制者认为这些手稿资料，“零散繁多，它的内容，究与图书馆业务学习和研究，有何参考价值，须详细检阅，不是仓促间所能确定”。当时的处置，是“商得李永泰同意，由我馆暂先接下，待清理后，如有为我馆所不需要者，再行联系处理办法”。

实则这些手稿和卡片，正是李小缘先生半生心血所聚并视为未竟事业，希望图书馆“好好保管”，并期待后人能够“扩编”的，没想到连有没有参考价值，都成了问题。这或者也是那个特殊年代所造成的。据说后来的“处理办法”，是在1962年移交给了中国社会科学院历史研究所；此后的情况就不得而

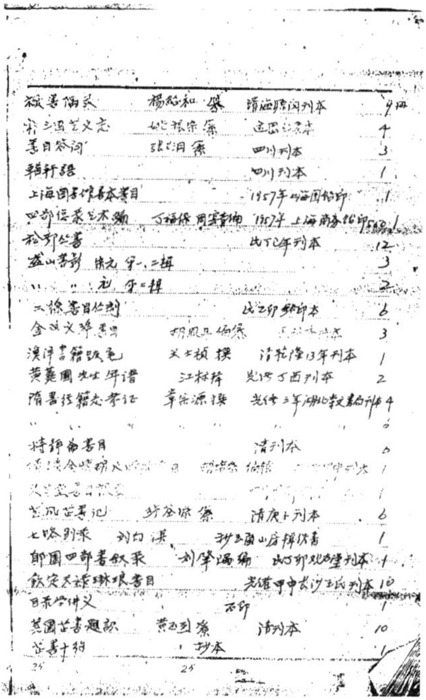

楹书隅录	杨绍和 撰	海源阁刊本	4册
[illegible]	姚振宗 撰	[illegible]	4
书目答问	张之洞 撰	四川刊本	3
輶轩语		四川刊本	1
上海图书馆善本书目		1957年上海图书馆印	1
四部总录艺术编	丁福保 周云青编	1957年上海商务印书馆印	1
松邻丛书		民国丁巳年刊本	12
盋山书影 宋元 第一、二辑			3
〃 〃 明 第二辑			2
[illegible]		民国己卯影印本	6
[illegible]	[illegible]	[illegible]	3
[illegible]	[illegible]	清乾隆13年刊本	1
黄荛圃先生年谱	江标 撰	光绪丁酉刊本	2
隋书经籍志考证	章宗源 撰	光绪三年湖北崇文书局刊本	4
〃			[illegible]
持静斋书目		清刊本	[illegible]
[illegible]	[illegible]	[illegible]	1
[illegible]		[illegible]	1
艺风藏书记	缪荃孙 撰	清庚子刊本	6
七略别录	刘向 撰	玉函山房辑佚书	1
[illegible]	[illegible]	[illegible]	1
钦定天禄琳琅书目		光绪甲申长沙王氏刊本	10
目录学讲义		石印	1
荛圃藏书题识	黄丕烈 撰	清刊本	10
藏书十约		抄本	1
25	25		

知了。

《简目》中的每一本书，均著录书名、编著者、出版时间、出版者、出版方式等项，并注明册数。“中文线装书目”中偶有标出价格的，多系民国年间定价；“中文平装书目”中，则大部分标出了定价，但有民国年间的定价，有人民币旧币定价，也有人民币新币定价。“俄文书刊”在著录项后括号中标出了中译书名，大约当时懂俄文的人还是比较少；也标有人民币定价。“西文书刊”中，则标出了书刊的页数。由于此《简目》还是移交清册的形式，随手抄录，所以各部分书目，都完全没有分类的意思，连起码的经、史、子、集四部的划分都没有。不是对图书十分熟悉的人，拿着这样一本书目，大约只能当豆腐账看的。想李先生为著名的目录学家，他的藏书排放，大约不致如此混乱，或者在捐献之际，给弄乱了。

从这个书目中，可以看出李小缘先生藏书的一些特点。最明显的两点，一是专业性明确，一是重实用而不重版本。确如编目者所言，无论中文外文书刊，图书馆与目录学方面的要占很大比重。即以中文线装、平装书论，中国目录学史上的重要书目，几乎都包括在内了；中国出版史、藏书史上的重要著述与重要人物资料，也都应有尽有。

当然，若论版本，就是以今天的标准衡量，其中堪称善本的也十分有限。线装书中，雕版本比例不大，宋、元、明本未见，乾、嘉刊本屈指可数；大量的则是晚清与民国石印、影印以至铅印本；较难得的大约只有晚清和民国的一些家刻本，几种大部头丛书，如广东书局重刊《钦定四库全书》二百卷，商务初版《四部丛刊初编》、《续编》、《三编》。再就是为数不菲的抄本，因为底本难得，李先生不但自己辛勤抄书，而且动员家人帮着抄。这大约也是当时编目者对这一批藏书不甚看重的原因之一。

但是，先生能打破过去藏书家的狭隘眼光，重视和收集同时代的专业出版物，是非常可贵的。晚清以至民国年间的许多出版物，当时人所不以为意的，经过近百年来的多番洗劫，如今已成凤毛麟角，被视为珍贵资料。对于今天的研究者来说，这批藏书已是一座毋庸置疑的宝库了。

听说我得此《简目》，南京大学徐雁与徐雁平二位先生都很感兴趣，没几天就专程登门来看，徐雁平并携来南京大学图书馆1992年5月打印本《李小缘先生捐赠书目（中文部份）》，以供比较。

此《书目》前有南京大学图书馆流通部何庆先先生所撰写的《说明》，在对李小缘先生生平作简单介绍后，高度肯定了李先生的学术成就与这批藏书的价值：“李先生于目录学、古文物学等方面的造诣尤深，著述尤富，对全国图书馆事业的发展贡献卓著。李先生治学谨严，藏书精审，尤其重视学术著作。李先生遗嘱，将其私人藏书赠送南京大学图书馆。这批图书在一定程度上丰富了南大馆藏。”

何先生也说到，李先生的赠书，“当时有一手抄清册，但不甚准确，著录项目阙如，亦无检索手段”，在南京大学九十周年校庆前夕，图书馆流通部的几位同志辛劳数月，“逐一核对，重新整理编辑”出了这一本目录，分中文、西文两部分印行，中文部分且已全部输入计算机。“中文书目的正文分平装书、线装书两部。平装书目按南大图书馆图书分类表编排，计511种；线装书目按固定架号编排，计396种”；书后并附有“平装书书名索引”和“线装书书名索引”。这样一本目录，当然比三十年前的手抄清册便于使用，也便于对李先生的藏书进行研究。

因为两本编目次序不同，对于所著录的图书一时难以进行校核，但种数的减少了一半，则是可以一目了然的；而且也有一些书有部分散佚的情况。

2003年暑假里，去南京大学图书馆去看书，承何庆先先生告，在此二次编目之间，还有过一次编目。倘有暇将三本目录仔细对照，当更可以看出李先生这一批捐赠书刊的命运。

记近年新得的清刻本

黄永年

我不是有力大量收书的藏书家，当初只逢手有闲钱时，买些要价不高的线装旧书，聊以自娱。可近年来这类旧书日见稀少，物以稀为贵，明版之难得已有过于清乾嘉时人之觅宋刻。一部四册六册的嘉靖本白棉纸书，拍卖会上动辄底价数万，岂我辈以教书为职业且已告退者所得问津？只好在清刻本中碰碰运气。下面要说的，就是我碰上获得的两种。

陈师曾刻袁本《郡斋读书志》

南宋初晁公武的《郡斋读书志》，过去一向是讲求版本目录者所喜爱却又难得的书。其中衢本经章寿康、王先谦在光绪初分别校刊之前，只有一个嘉庆二十四年汪士钟精刻的本子。袁本呢，自从商务印书馆用故宫博物院图书馆所藏南宋淳祐刻本影印，先后编入《续古逸丛书》、《四部丛刊三编》和《万有文库二集》才通行易得，而其前仅有陈师曾一刻，较汪刻衢本更为稀见。

我最初买到这陈师曾刻袁本，尚在上世纪五十年代任教上海之时。当时常熟路有家萃古斋旧书店，收到徐乃昌藏过的一批善本书，其中就有这陈刻袁本，还是经晚清名人周星诒用《文献通考》、《直斋书录解题》等校读过的，巾箱本只剩下八册，我仍买了下来。几年后我将移家西安，才在广西路温知书店配到缺失的最后两册。原来徐氏身后两个儿子分家，把书也分了，又不细检，以致一部书分售到两家书店，算我运气好才把它凑合齐全。

不过这部陈刻印得不甚好，书品短小，卷首杜鹏举、黎安朝的两篇刻书序都已缺失，连卷一上的第一页也是抄补的。至于陈师曾的刻书序，是此后在汉口路某旧书店遇见另一部陈刻时才见到，书品也不大，但还干净，让友人承名世兄买了。

过了近半个世纪，前年在北京琉璃厂中国书店的文化遗产书店，我才第三次见到这陈刻本。是辛德勇君陪同去的，店里拿出好些清刻本，有些辛君已选定要，而这陈刻本尚未在选中。可它的书品之特别宽大，印工之特别清朗，我一看便被吸引住了。打开来，不仅杜、黎二序完好，陈师曾的刻书序以及总目也赫然俱在，因为稀见，不妨移录在这里以供同好：

> 余自髫龀时即好书籍，然习举子业弗暇也。每间一游览，辄以《陈直斋书录解题》、《晁昭德读书志》二书仅见于《通考》中所采摘，而生平不得窥全豹为恨。丁酉之冬，家大人迎养王母黄太淑人于都门，余获随侍京邸。因于慈仁寺集购得旧钞《读书志》足本，喜而欲狂，不啻窭人解衣珠也。亟为校订，鸠工锓梓，殊快十年积想。时康熙六十一年岁在壬寅暮春之初，海宁陈师曾记于长安邸舍。（版心题“重刊郡斋读书志序”）

重刊郡斋读书志总目:志十卷,附志二卷,后志二卷,附考异。(版心题“重刊郡斋读书志总目”)

全书之前,还有双行题刊“重刻宋晁昭德郡斋读书志”用染黄色纸印制的内封面,仍完整如新,说明确属最初印的精本。因此,尽管标价二千元,超过我一个月的正常收入,我还是立即付款,二话不说。

当初买徐乃昌藏本时,重在周星诒的批,后来买了商务影宋本也未暇比对正文。这次把这初印本带回西安后,用影宋本对看,才知道陈师曾所购并据以刊刻的旧钞袁本乃是一个影宋钞本。不仅陈刻行格与宋本相同,连宋本卷五下末尾的“书表司刘瑜等楷书”、“刊字匠黄应等刊板”双行小字,陈本也一一照刻不误。只缘宋本字用书写体,每行不尽拘于二十字而间有增损,陈本用方体悉为二十字,致每卷行数或稍有出入。陈本间有误字,如卷三下之《传奇》误作《传音》之类,当是影钞形似滋误。又《后志》卷二释书类错入《读书志》卷三下《幕府燕闲录》至《天隐子》,则是影钞本装订错误所致(《幕府燕闲录》适为一页之始而《天隐子》为一页之终可知)。陈氏止未能辨识纠正,尚不足为大病耳。

附带说一下。我查了常用的几种讲版本之书,邵懿辰《四库简明目录标注》在这袁本《郡斋读书志》下只说“陈氏刊小字本”,莫友芝《郘亭知见传本书目》同样说“陈氏刻小字本”,朱学勤《朱修伯批本四库简明目录》仍只说“海昌陈氏刊”,连《书目答问》也只说“海宁陈氏刻本”。为什么不明白点写上“陈师曾刻本”呢?我怀疑他们不一定见过这陈刻原书,也可能虽见过但批注时已忘却其名,就写个“陈氏”了事。

道光原刻《梦陔堂文集》

黄承吉的《梦陔堂文集》，是部既有名又颇难得的清人文集。上世纪三十年代燕京大学据道光原刻用铅字排印线装的本子，似在旧书店见过，不曾买，总想买一部原刻才过瘾。

这多年的“梦”想，到去年才兑现。中国书店按时寄我拍卖目录，三月份目录上居然出现了《梦陔堂文集》的道光二十三年原刻本，而且底价才八百元，诚可谓物善且价廉。就拜托京中好友杨成凯兄代我试拍，还是运气好，居然无人竞争，3月9日那天上午一拍就成功。我要邮汇书款给成凯兄，成凯兄说不用了，因为2004年我虚岁八十，他要以此好书作为寿礼，我只得敬谨领受。

过不久有人到西安，就带来了这部道光原刻本《梦陔堂文集》。刻用通行的方体字，每半页十行，行二十一字，卷首题“梦陔堂文集卷×”，次行题“江都黄承吉著”，文章每篇自为起讫，不连接排刻，全书十卷，白纸初印，分订四册，连“梦陔堂文集”五个字的签条仍分粘这四册封面未曾毁失。当是因为印本流传稀少，国家图书馆把它连同所撰《梦陔堂诗集》五十卷、《梦陔堂文说》十一卷著录进善本书目。

这《梦陔堂文集》有道光二十三年其子必庆的刻书跋，有其年必庆请刘文淇所撰序。刘自称后学，说“吾乡黄春谷先生（案春谷是黄承吉的字），早负重名，与焦里堂、江郑堂、钟保岐、李滨石诸先生声应气求，极一时之盛。文淇童年在家塾中已饫闻之”。又说先生远宦粤西归后，“忽偕梅蕴生过访，因招同罗茗香、刘楚桢、王西御、吴熙载、王句生常集篸园为文酒之会，暇又至余馆中纵谈今古，辄移晷刻，自癸未至壬寅历二十年之久。是时先生曩日讲学诸友，零落殆尽，所常往还者只文淇辈六七人”。凡此均可为近时言有清扬州学派者采择。只是黄氏所撰文字往往博引繁征，读起来颇为费力。这也许就是集子刻成后不甚流行，致印本稀少难得的缘故。

·新书架·

大哉孔子

孔祥林主编　16开　软精装　齐鲁书社出版　定价：180元

本书立足于儒家学派的创始人、中国古代最伟大的思想家——孔子，将其生平、思想、交游、从政等方面的情况作了全面而系统的介绍，使读者明了孔子对中国的文学、史学、哲学、教育、政治的伟大贡献。然后由此挥发开去，论述了孔子之后的源远流长的儒家学派及其博大精深的思想在海外的深远影响，因之使人油然生发“大哉，孔子”的慨叹。另外，书中还穿插了大量的彩版图片，内容包罗万象，既增强了本书的阅读趣味性，又增厚了本书的史学内涵。

历史人物纵横谈（四辑）

龚弘著　异型16开　平装　齐鲁书社出版　定价：80元

本丛书分为《两汉人物》、《三国人物》、《隋唐人物》、《两宋人物》四册。作者以一个学者的修养、实业家的睿智和政治家的眼光来审视中国的历史人物，用自己一生的感悟去对照他们的成败得失并进行总结，使读者得到启发，以达到“以人为镜，可以知得失”的教益目的。

甲申春得书记

韦　力

“非典”之后，物价腾升，古书价格亦高以往很多。往昔窃以为古书属非生活必须品，似不与国计民生紧密相连，而今看来又是愚人之见了。当今世界上各国政见如此不同，然逐步也走向统一的大市场，况一古书乎？在真读书人急趋减少之况下，还能有这么多人对古书兴趣大增，亦让人生出“吾道不孤”之窃喜，哪怕是买去充风雅、待升值，也庶几近乎“价值趋同”。然却苦了吾等贪书者，本已为购书筹款颇费踌躇，今况则可称之为雪上加霜矣。然旧习终难改，得古书讯则食指大动，不念家中捉襟见肘，仍四处告贷购之而后快。古人云：“嗜书好货，均为一贪”，确为中的之语。偶翻得书草目，知上半年又购书近二百部，然其中可称道者了了，杂列十数部敝帚之珍，博方家一粲。

述古堂稿本《明思宗毅皇帝本纪》

是书得于嘉德，图录题为“明逸民撰”。细观是书，版心上刻“□学集笺注”，下刻“述古堂”，可知所用笺纸是钱曾述古堂撰写《初学集笺注》和《有学集笺注》时所用稿纸；书尾墨笔跋语两行：“叙事简练，行文雅驯，记载出自朝臣，自与草野秘史有别。小暑

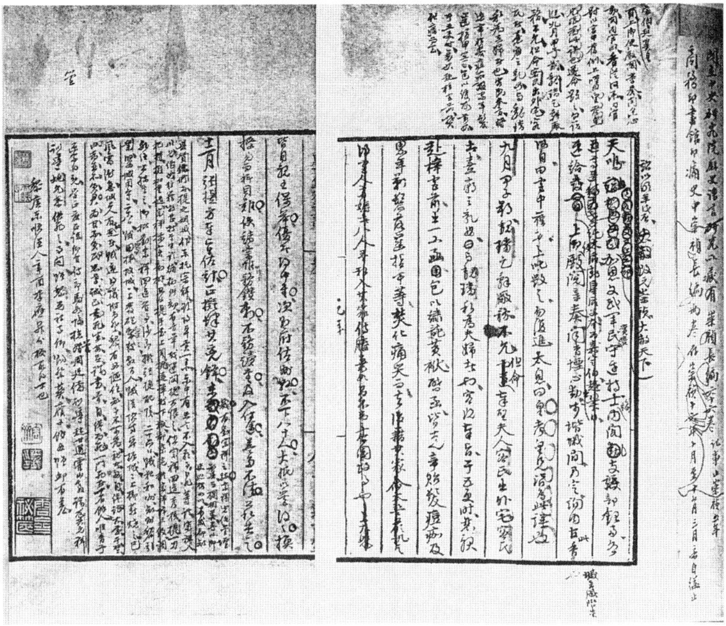

至后一日阅毕，灯下识。”笔迹出自遵王无疑。然细阅全书，笔迹似不同于跋语，并有朱、墨笔批改，几涂乙满纸。综上，余颇疑此稿既是钱曾所作，碍于文字之祸而托名“明逸民撰”。不然，谁会拿自己的专用稿纸给别人用，然后再拿回来自己收藏、题跋？究竟如何，难以确定，然此名家手泽，自不愿错过，终以昂值得之。

何煌批跋本《云烟过眼录》四卷

南宋周密撰。此书主要记述作者所见名书、名画及琴、玉印等古代器物，以记述名书、名画为主，所记书画古器，间加评论，指出优劣，注明收藏之人，切实可据。取苏轼《宝绘堂记》

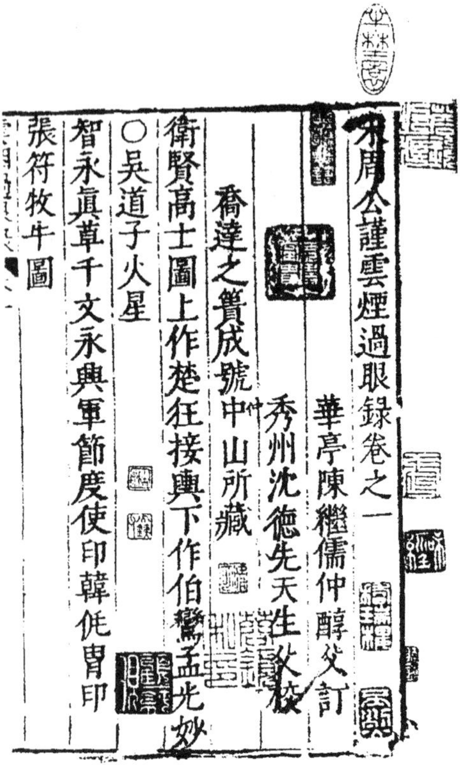
周公謹雲煙過眼録卷之一
華亭陳繼儒仲醇父訂
秀州沈德先天生父校
喬達之簣成號中山所藏
衛賢高士圖上作楚狂接輿下作伯鸞孟光妙
○吳道子火星
智永真草千文永興軍節度使印韓侂胄印
張符牧牛圖

"烟云之过眼"之语，以定书名。

是书亦是曹氏菱花馆所出之物，为明《宝颜堂秘笈》本，迭经何煌、顾莼、黄丕烈、陈揆、张蓉镜等大藏书家递藏，可谓流传有绪之名物，尤为可贵之处是何煌通批并作跋语。何煌乃文献大家何焯之弟，号小山，行二，故别署何仲子、仲老。小山亦是文献大家，《吴县志》记载他："喜收旧籍，遇宋椠，即一二残本，皆购藏之。平生校书颇富，经籍而外，若前后《汉书》、《说文》、《通典》，流传至今最精者有清初《说文》汲古阁本，毛斧季因各行其是小论，每多剜改，致失宋本之真。煌以朱笔纠正，且识之曰：'劝群慎下雌黄笔，幸勿刊成项宕乡。'阮元校刊《十三经注疏》，于《公羊》、《穀梁》皆据煌所校宋椠官本。又校《孟子》经注旧刻。嘉庆时，元和顾广圻以朴学名家，极称煌所校本为精碻。"何煌藏书最著名者，乃是被郑振铎称之为"不啻发现第二次敦煌宝藏"之三百种《古今杂剧》，是书为明赵琦美脉望馆抄校本，经钱谦益、钱曾、季振宜递藏，后归何煌。何煌之后又经顾珊、黄丕烈、汪士钟、赵宗建、丁祖荫递藏。抗战中，郑振铎发现此书，乃以万金购此国宝归诸国库。

《云烟过眼录》元人汤允谟、叶森、文璧曾点勘其书，各为题识，后传本混有其语。何小山得是书善本，评校该书，故其校语亦为世所重。然小山批校之本传世稀见，乃兄何义门之批校本公私藏见著录者百馀部不止，而小山批校本仅数部而已，今见此书，自不愿放过，寒斋架上又多一名品矣。

明洪武南藏本《二经同卷》

《洪武南藏》是明代第一部大藏经，洪武年间于南京大报恩寺雕版刷印，故时人称之为“大报恩寺版”大藏经。1372年，明太祖朱元璋登基的第五年，下令全国各地名僧大德集合于南京蒋山寺点校大藏经。此经雕毕于惠帝建文三年，经板收藏在京城南关的天禧寺。

永乐六年(1408)僧人本性为泄私愤，纵火烧毁了天禧寺，全部大藏经板亦复不存。因洪武南藏刊成不久，刷印亦很少，据知仅刷印了十馀部，故此藏传本极罕，现海内外仅四川省图书馆存有一部，此部原藏四川上古寺。据嘉庆《崇庆州志》的记载，上古寺在味江西山，唐善思和尚开创。洪武初，悟空禅师焚修于斯。永乐十四年，蜀献王奏请敕赐“光严寺禅院”，并盖琉璃瓦，赐经文一大藏计六百八十四筐，中竖藏经车轮，额曰“飞轮宝藏”。此乃四川上古寺收藏此藏的缘由。关于本藏的研究，吕澂、周叔迦等先生都有文章论述，在此无庸赘述。

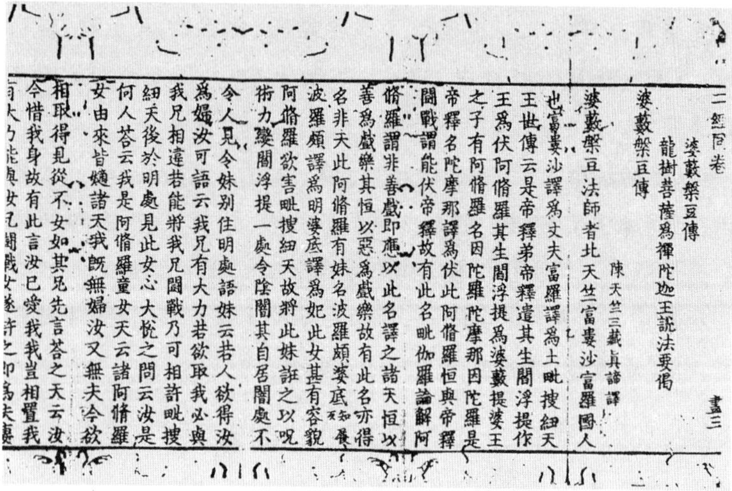
二經同卷

婆藪槃豆傳

龍樹菩薩爲禪陀迦王說法要偈

婆藪槃豆傳

陳天竺三藏眞諦譯

婆藪槃豆法師者北天竺富婁沙富羅國人也富婁沙譯爲丈夫富羅譯爲土毗搜紐天王世傳云是帝釋弟帝釋遣其生閻浮提作王爲伏阿脩羅其生閻浮提爲婆藪提婆王之子有阿脩羅名因陀羅陀摩那因陀羅是帝釋名陀摩那譯爲伏此阿脩羅恒與帝釋鬪戰謂能伏帝釋故有此名毗伽羅論解阿脩羅謂非善戲即應以此名譯之諸天恒以善爲戲樂其恒以惡爲戲樂故有此名亦得名非天此阿脩羅有妹名波羅頗婆底天知長波羅頗譯爲明婆底譯爲妃此女甚有容貌阿脩羅欲害毗搜紐天故將此妹誑之以呪術力變閻浮提一處令陰闇其自居闇處不令人見令妹別住明處語妹云若人欲得汝爲婦汝可語云我兄有大力若欲取我必與我兄相違若能將我兄鬪戰乃可相許毗搜紐天後於明處見此女心大悅之問云汝是何人答云我是阿脩羅童女天云諸阿脩羅女由來皆嫡諸天我既無婦汝又無夫今欲相取得見從不女如其兄先言答之天云汝今惜我身故有此言汝已愛我我豈相置我有大力能與女兄鬪戰女遂許之即爲夫妻

盡三

年初海王村征得一批佛经，彭经理电话说其中有极珍罕的洪武南藏本，闻此言大感兴趣，余请得国图佛经专家李济宁老师亲为鉴定，其告知此经确为明洪武南藏零种。余于佛教大藏亦有较浓兴趣，欲得此经，然拍场识者甚稀，购得此稀见之物，摩挲多日。

叶昌炽批校本《禽经》一卷

旧题春秋时晋国师旷撰、西晋张华注。《禽经》是一部关于鸟类学的著作，汉、隋、唐诸志及宋《崇文总目》均没有记载，宋陆佃《埤雅》首引此书，并称其为师旷所著。宋左圭《百川学海》称为张华注。考书中鹧鸪一条，称晋安曰怀南，江右曰逐隐。春秋时根本没有这样的地名。张华本西晋人，而注释中却引南北朝时期陈顾野王《符瑞图》、五代十国时期后汉任昉的《述异记》，由此可见作者、注释者均为后人伪托无异。

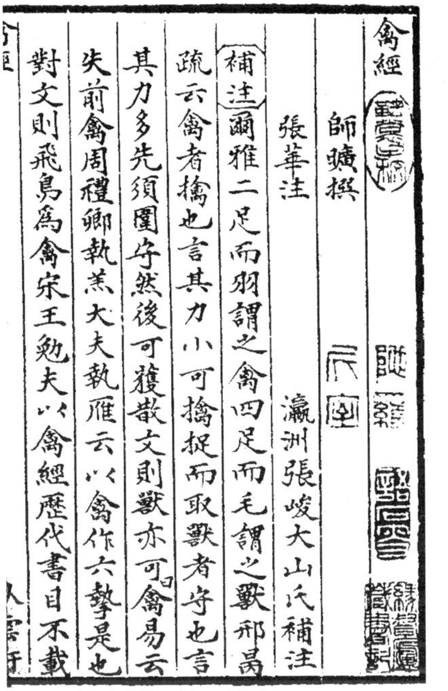

禽經

師曠撰

張華注

瀛洲張峻大山氏補注

補注 爾雅二足而羽謂之禽四足而毛謂之獸邢昺疏云禽者擒也言其力小可擒捉而取獸者守也言其力多先須圍守然後可獲散文則獸亦可禽易云失前禽周禮卿執羔大夫執雁云以禽作六摯是也對文則飛鳥為禽宋王勉夫以禽經歷代書目不載

是书现存《百川学海》本、《说郛》本、《唐宋丛书》本、《汉魏丛书》本、《格致丛书》本、《百名家书》本，均为丛书本。年初到上海，偶遇苏州书友黄舰，谈话间袖出此书，为缘督庐抄本，极精，内有叶昌炽朱笔校字，叶氏钤印多方，亦见叶氏喜是书之程度，亟收之，以重其名家手迹也。

萧盅友手批乾隆初刊本《玉溪生诗意》八卷

是书又名《李义山诗笺注》，作者屈复，字见心，号悔翁，晚号金粟道人。寓京师，以诗学教授弟子。乾隆时，荐举博学鸿词科，不就。工诗，为郑方坤、王昶所称许。李商隐字义山，别号玉溪生，故有玉溪生诗意和李义山诗笺注之别。是书卷首有朱鹤龄原序、屈复自序、凡例、旧唐书文苑传之李商隐条、诸家诗评。凡例云:“玉溪诗用事最多最妙，必不可以无注。朱氏注出，真为此公之功。予谓尤不可以无解，无解亦不能尽知其妙，玉溪生诗意所以作也。旧注录前，僭解居后，不敢攘取昔人之苦功。”

是书初刻于乾隆四年扬州艺古堂，余之所得正是此精刊本。是本颇为稀见，国内外公私藏仅北大图书馆藏有一部，而吾之所得有萧盅友朱墨满批，又胜北大藏本一筹。清末民初，萧谷

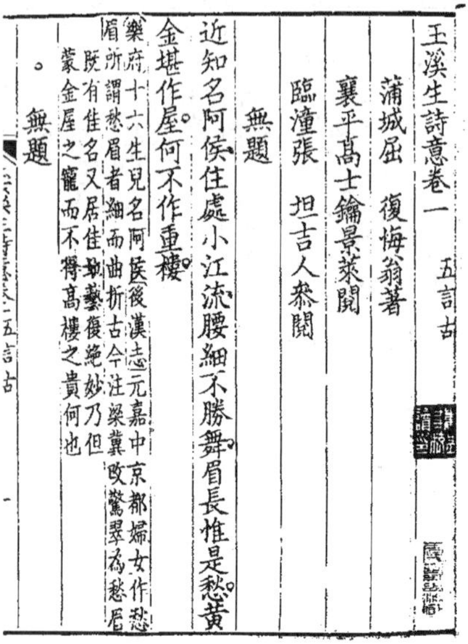
玉溪生詩意卷一　五言古

蒲城屈　復悔翁著

襄平高士鑰景萊閱

臨潼張　坦吉人參閱

無題

近知名阿侯住處小江流腰細不勝舞眉長惟是愁黄金堪作屋何不作重樓

樂府十六生兒名阿侯後漢志元嘉中京都婦女作愁眉所謂愁眉者細而曲折古今注梁冀改驚翠為愁眉

旣有佳名又居佳地藝復絕妙乃但蒙金屋之寵而不得高樓之貴何也

無題

士、萧中孚、萧盅友三兄弟是常熟的一代名士，被当地人称为“三萧”，他们是南朝梁人昭明太子萧统的后裔，光绪辛丑年，国相翁同龢为“三萧”题额曰“兰陵峻望”，可见其千年以来萧氏均为当地望族。萧氏三兄弟中，文学以谷士为最，而书法则以盅友最著名，此书为其通篇批校一笔不苟、朱墨灿然，故不仅是一名家批校本，亦可作为名家书法范本来欣赏。

福田书海铜活字本《音学五书》

福田书海的铜活字，为福州林春祺所造。春祺从小就听他的祖父和父亲谈起古铜板书，知古铜板书宝贵，而铜板传世者却很少，于是从十八岁那年起，就捐资兴工镌刻，花了二十多万两白银，费时二十年，照《洪武正韵》笔划，刻成楷书铜字大、小各二十馀万字，比康熙内府所刻者几乎多一倍，也超过了朝鲜任何一批铜字数量，规模之大，在亚洲制造金属活字史上是罕有其匹的。林氏原籍福清之龙田，因即名此铜板为“福田书海”。余之所得即为林氏用铜活字所印顾炎武之《音学五书》，而所见者只有顾氏《音论》和《诗本音》两种。《音论》卷首有林氏自己写的“铜板叙”一篇，说明造铜活字的原因和经过，是我国制造铜活字的

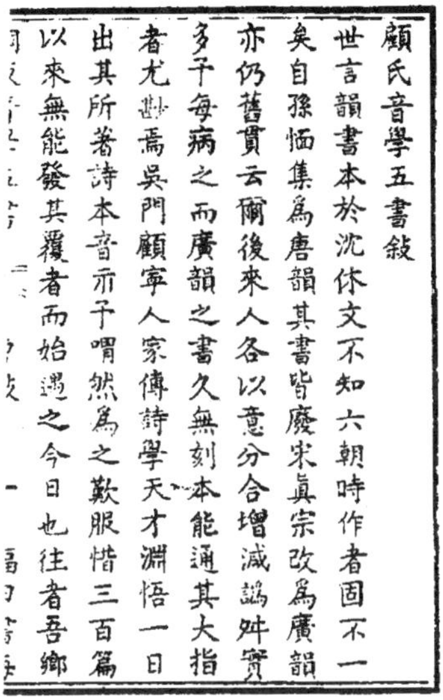
顧氏音學五書敘
世言韻書本於沈休文不知六朝時作者固不一
矣自孫愐集爲唐韻其書皆廢宋眞宗改爲廣韻
亦仍舊貫云爾後來人各以意分合增減謬舛實
多予每病之而廣韻之書久無刻本能通其大指
者尤尠焉吳門顧寧人家傳詩學天才淵悟一日
出其所著詩本音示予喟然爲之歎服惜三百篇
以來無能發其覆者而始遇之今日也往者吾鄉

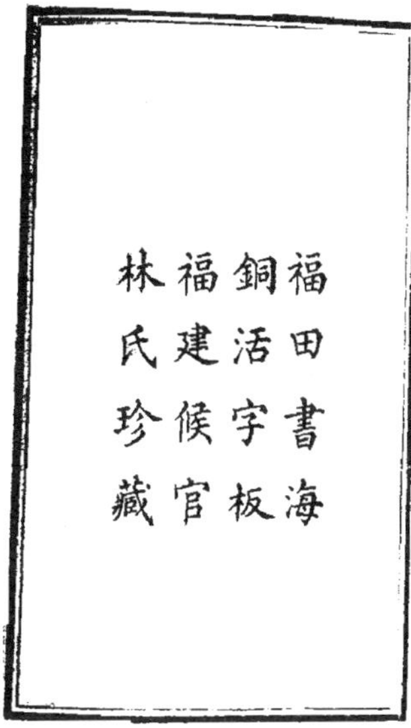
福田書海
銅活字板
福建侯官
林氏珍藏

仅有文献。五年前，余在上海博古斋见到一部该书，因一友人愿得之，不好意思相争，今年初又于嘉德见此，自然不会放过，终以高值得之。

汪远孙批校明嘉靖十六年伍氏龙池草堂刊本《张说之文集》二十五卷

是书乃《四部丛刊》影印之底本，其珍罕及名气自不待言，承友人相让，以廉值得之，归家细阅，喜之多日。是书又名《张燕公集》，为唐人张说撰。说字道济，一字说之。开元初，进中书令，封燕国公。其擅长文辞，朝廷文诰多出其手，其文章典丽宏赡。但贬居岳州后之诗，凄婉动人，格调较高，人谓得江山之助。其三十卷本自宋以来罕见流传。近人傅增湘乃于邢詹亭家始获影宋

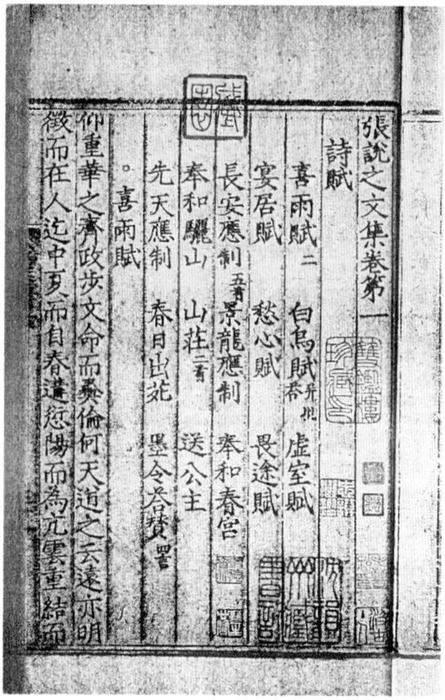
張說之文集卷第一
詩賦
喜雨賦二 白鳥賦 虛室賦
宴居賦 愁心賦 畏途賦
長安應制 景龍應制 奉和春宮
奉和驪山 山莊 送公主
先天應制 春日出苑 暨令答贊
○喜雨賦
仰重華之齊政步文命而彝倫何天道之云遠亦明
徵而在人迨中夏而自春遣愆陽而為亢雲重結而

抄蜀本。是书刊刻传世最古者，即为此明嘉靖丁酉椒郡伍氏龙池草堂之二十五卷本。然此本于清初亦极稀见，乾隆时修《四库全书》依两淮马裕家藏二十五卷本补缀而成，题《张燕公集》，推为善本。

余之所得，即为傅增湘所藏之物，在其所著《藏园群书经眼录》卷十二集部已有著录，书内有汪远孙跋语两段。汪氏将此书一至十卷用影宋抄本校过，并写跋语述其本事："是书明伍氏龙池草堂刊本讹文脱简至不可读，何梦华元锡从吴门士礼居黄氏假得影宋钞本，惜止十卷，第十卷内又缺三叶，然钞手极精，又有名人补录一叶，洵善本也，破三日功留校一过归之，远孙记。"

汪远孙是乾道间著名藏书家、学者。所著有《国语考异发正》二十一卷、《古注汉书地理志校勘记》等，极精审，又有《诗考补遗》、《借闲生词》、《振绮堂遗书》等，为振绮堂第四代主人。龚自珍有《杂诗》咏振绮堂藏书云："振绮堂中万卷书，乾嘉九野有谁如？季方玉粹元方死，握手城东问蠹鱼。"

本书迭经毛晋、毛扆、汪远孙、傅增湘、傅忠谟等递藏，亦是流传有绪之本。

吴云稿本《两罍轩尺牍》

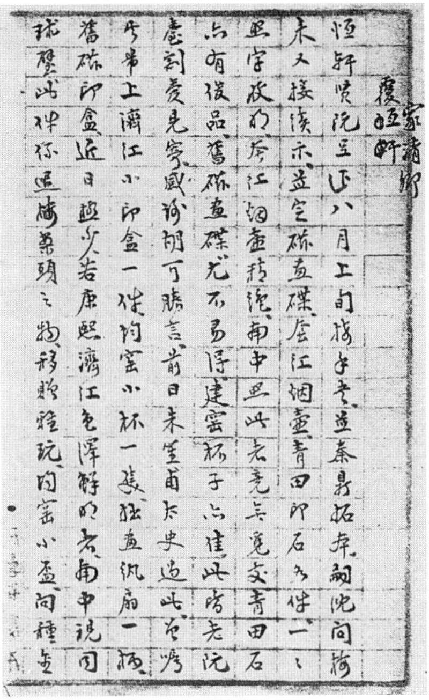

是为吴云《两罍轩尺牍》稿本。几年前余到苏州曾在其两罍轩中伫立良久，感悟前贤之独立精神，尤喜其在两罍轩中自书对联：藏异书贵得初本；收古画须检裂文。道出一藏书家之心迹。今春于海王村见此稿本，为吴云之手迹，并有多处校改，所用红格纸版心均印有“两罍轩稿本”五字。而售书者附有《两罍轩尺牍》出版后之石印本，比勘原稿，相异之处甚多，可见稿本之可贵处，终以四千元得之。如此大家之稿本，售得如此廉价，可叹。

谭献批校本《骈体文钞》三十一卷

《骈体文钞》三十一卷，清李兆洛编。李兆洛字申耆，晚号养一老人，嘉庆进士。李兆洛自幼“颇知步趋齐梁”，为“苟第较其字句，猎其影响而已”（《骈体文钞》序），故搜辑古人遗篇，上始于秦，下迄于隋，编成此书。

是书初刊于康熙年间，后有同治六年刻本，而此为光绪本最为多见，余购此书，重其为谭献通篇批校并题跋。谭献，字仲修，号复堂，同治六年举人。清末著名学者及藏书家，藏书

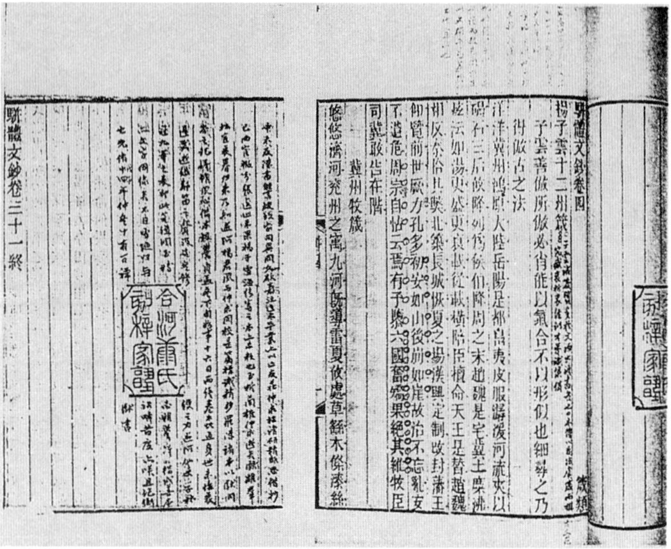
駢體文鈔卷三十一終

駢體文鈔卷四

揚子雲十二州箴

子雲善倣所倣必肖能以氣合不以形似也細尋之乃得倣古之法

冀州牧箴

洋洋冀州鴻原大陸岳陽是都島夷皮服潺湲河流夾以碣石三后攸降列爲侯伯降周之末趙魏是宅冀土糜沸炫沄如湯更盛更衰載從載橫陪臣擅命天王是替趙魏相反秦拾其弊北築長城恢夏之場漢興定制改封藩王仰覽前世厥力孔多初安如山後崩如崖故治不忘亂安不遺危周宗自怙云焉有予隳六國罷絶其緒牧臣司冀敢告在階

兗州牧箴

悠悠濟河兗州之寓九河既導雷夏攸處草繇木條漆絲

甚富，其《复堂日记》颇记藏书之事，“于书客故纸中搜得章实斋先生《文史通义》、《校雠通义》残本，狂喜与得《晋略》同。章氏之识冠绝古今，予服膺最深，往在京师借叶润臣丈藏本，在厦门借孙梦九家抄本读之，不啻口沫手胝矣。不意中得之，良足快也”。

是书后有于莲客跋语，莲客名怀，在海王村时常得见其批跋、钤章之本，知其藏书身后散在琉璃厂，寒斋已陆续得其所藏约略四五十部之多。莲客生平余查过多种资料，均未得其详，有说其在清末东北任职者，也有称曾任民国初年北京公安局长，总之，传闻版本众多，若有详实资料可证，盼方家教我。是书亦得自海王村，终归寒斋架上。

清赵氏小山堂抄本《读书敏求记》

本书作者钱曾是清初大藏书家，其父钱裔肃，以藏书精善闻名。钱曾少年时随父读书游历，后来又协助族祖钱谦益整理图书，自述二十馀年“食不重味，衣不完采，摒当家资，悉藏典籍中”。与吴伟业、顾湄、曹溶、毛扆等许多著名作者和藏书家过从甚密，借校、借抄善本珍籍，且抄书纸墨精良，严加校勘，质量很高。钱谦益晚年曾将其绛云楼烬馀悉赠钱曾，加上其父所遗及自己多年所藏，集书达四千馀种。钱曾“见闻既博，辨别尤精”，遂根据自己家藏图书，作此解题目录式著作。

此本为赵昱小山堂抄本，赵昱字功千，号谷林，与弟赵信（意

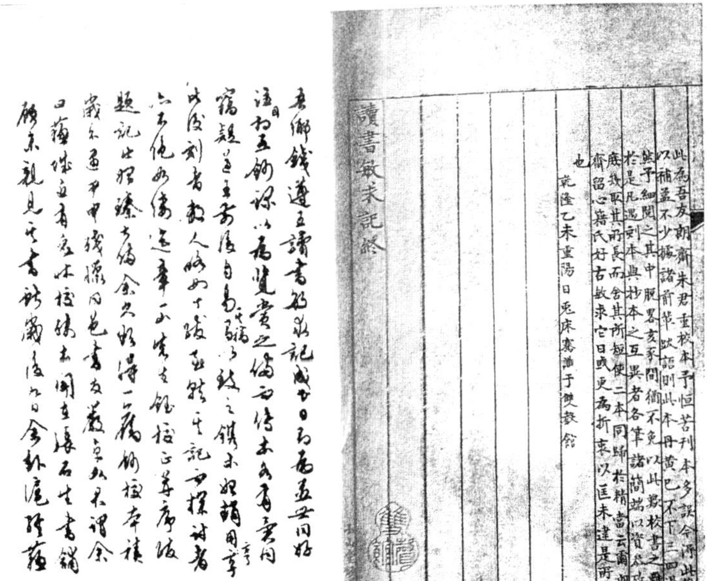

林)齐名,有二林之目,赵一清之父。其诗似中晚唐人,结体清醇无凡语,与杭世骏、厉鹗、全祖望等相唱和。赵昱是康乾间著名藏书家,其小山堂藏书之富甲东南。全祖望《小山堂藏书记》云:"近日浙中藏书之富,必以仁和赵征君谷林为最"。二林兄弟藏书渊源于祁氏淡生堂。二林之母朱夫人系明著名文献大家祁承㸁之子祁彪佳之外孙女。然是书珍贵之处不仅是赵氏小山堂抄本,而尤为可贵者是此抄本又经文献大家朱文藻、吴骞批跋,并有近现代藏书家丁秉衡、曹大铁等人的题记、跋语。可称得上是流传有绪。

朱文藻,号朗斋,乾嘉间著名藏书家,曾佐校《四库全书》,为汪宪代撰《振绮堂书目》十册,学术价值甚高。其亦有自藏书目名为《葆醇堂藏书录》。吴骞,字槎客,号兔床,乾嘉间大藏书家,与黄丕烈、陈鳣、鲍廷博等大藏书家齐名。《海昌备志》云:"笃嗜典籍,遇善本倾囊购之弗惜,所得不下五万卷,筑拜经楼藏之。晨夕坐楼中展诵摩挲,非同志不得登也。"

丁秉衡于是书前写了三段题记,详述是书本末,曹大铁亦以钱曾乡人之由谈得是书之经过。如此渊源有自之名书,幸得机遇,自是不愿放过。

吴承仕稿本《经籍旧音》

吴承仕是安徽歙县人,清光绪二十年生,十七岁中秀才,十八岁中举人,二十三岁应清廷举贡会考殿试录取一等第一名,点大理院主事。辛亥革命以后,任司法部佥事,1927年辞职,受业于章太炎门下,专心研究经学及文字、音韵、训诂之学。与黄侃有“北吴南黄”两经学大师之称。曾先后任北京师范大学中文系主任、中国大学国学系主任，并在北京大学、东北大学和民国大学兼任教授。1934年在北平创办《文史》杂志。1935年10月创办《盍旦》月刊。1936年又创办《时代文化》。同年加入中国共产党。1939年，吴承仕化名汪少白返回北平，由于积劳成疾而逝世。当时延安为他举行了追悼大会。毛泽东和周恩来为其写了挽词、挽联。周恩来的挽联是“孤悬敌区，舍身成仁，不愧青年训导；重整国学，努力启蒙，足资后学楷模”。足见对其评价之高。

吴承仕精研音韵训诂及古代名物制度，此《经籍旧音》为其所作经学类最大的一部书，由于部头太大，成书之后，一直难以出版，后作《经籍旧音辨证》一书，为校《经籍旧音》所作。后因病逝使得《经籍旧音》终未能出版。余于嘉德得见此书稿本，计九册及一批散页，有一尺多厚。而有意思的是：在得此批稿本的前一天，中国书店售出吴承仕手札一通两页，价为七千七百元，而余得此逾千页之重要稿本，价仅一万二千元，自然喜之多日。

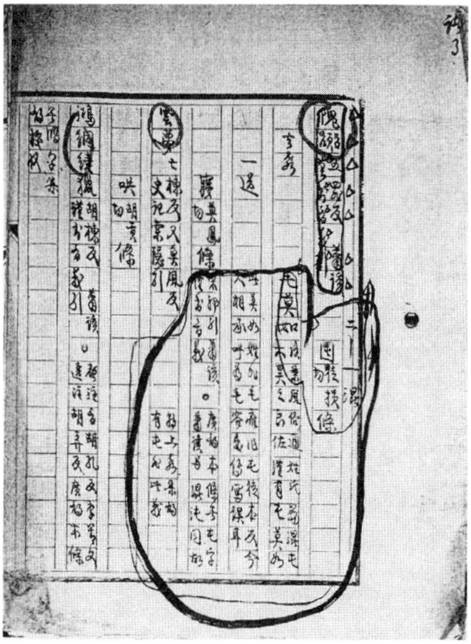

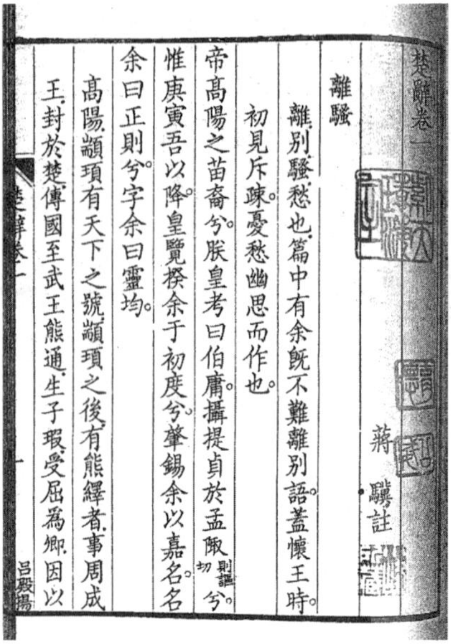
楚辭卷一
蔣驥註
離騷
離，別；騷，愁也。篇中有余既不難離別語。蓋懷王時
初見斥疎，憂愁幽思而作也。
帝高陽之苗裔兮。朕皇考曰伯庸。攝提貞於孟陬則謳切兮。
惟庚寅吾以降。皇覽揆余于初度兮。肇錫余以嘉名。名
余曰正則兮。字余曰靈均。
高陽顓頊有天下之號。顓頊之後，有熊繹者，事周成
王，封於楚。傳國至武王熊通，生子瑕，受屈爲卿，因以
楚辭卷一
一
呂殿揚

雍正五年山带阁刊本《山带阁注楚辞》

《山带阁注楚辞》作者蒋骥，少好学，与兄蒋文元、蒋芳洲、蒋鹏翮、蒋汾功俱获文誉，里人称“里中五蒋，后来居上”。但是其兄四人先后博得功名，惟骥独困，老于诸生。一生以诗书自娱，及老犹不废学。对诗、古文词时有论撰，尤其对《楚辞》功力颇深。此集蒋氏先用六年撰成正文六卷，七年后增补《馀论》、《说韵》。至康熙五十九年才将两部分合刊于世。共历二十年时间，可谓倾注了蒋氏毕生心血。蒋氏从历史年月、路线的行进、屈原的处境及作品反映的心情等方面综合考证，认为《哀郢》作于《涉江》之前。并善于阐发作品主旨。释《怀沙》，弃名家怀抱沙石之说，主汪瑗首创怀长沙说，并详加考辨，已为后代学者所公认。故是书是研究《楚辞》重要的参考著作。

是书初刻于雍正五年蒋氏山带阁，写刻颇精，不类于寻常所见写刻本，查国内公、私藏书目，北图等八家有藏，虽称不上少见，然余喜其初刻初印，阅之赏心怡目，以七千七百元得之。

癸未淘书销夏录

韦 泱

七月五日。晨去云洲地摊，淘得《独唱歌曲集》第一集，喻宜萱编选，一九五三年六月二版，万叶书店出版。《新中国独唱歌曲选》，中央音乐学院华东分院音乐系编，一九五三年四月三版，万叶书店出版。此为私营书店，那时的书店兼可出版书刊。万叶书店为书画装帧家钱君匋主持，书的装帧皆有特色。其实，五十年代初的书籍版式不少仍沿袭民国时期的样式，如竖排，封面装帧亦古朴、素雅等。五六年公私合营，上海所有私营书店一扫而光，情形就急转直下。《永在追求中的韬奋先生》，民国三十六年七月初版，韬奋出版社出版，三联书店经销。《悦读》创刊号，由原《文汇读书周报》主编褚钰泉主编，文汇出版社出版。此四册书价仅十三元，亦算拣漏。另得《译文》第一卷第一期，原由鲁迅主编，后交黄源主编，可见鲁迅对黄源的信任。

七月八日。下午到东台路陈俊华旧书店小坐，选出几本旧刊，计有《蒙古前途》、《西北汇刊》、《西北生活》、《突崛》、《南洋学报》各一册。《蛮性的遗留》，李小峰译，周作人、孙伏园作序，为动物小品集。此为"北新丛书"之一，民国十四年初版，李是北新老板，与鲁迅有深交。陈先生执意不收钱，我只得再另选《初拓郑文公碑》，一并付款。总价为六十五元。

七月十二日。晨去云洲地摊，淘得《连环画报》五一年第七至二十期，中间缺十八期。共十三本，价一百五十元。这是创刊之初的版式，呈正方形，当难得一遇。《马凡陀的山歌》，马为诗人袁水拍的笔名。三联书店五一年三月二版。随后到文庙路，淘得《虹口史苑》，《英国病人》，《印刷工会成立大会特刊》等。

七月十三日。晨，赶在上班之前去云洲一转，乃淘得《美术日记》，系五八年印制，美术插页甚为精致。《浪花》，为创刊号油印本，一九五七年二月，是上海第一师范学院学生自办的文学期刊，内有我熟悉的俞天白老师写的小说《不眠之夜》，儿童文学作家包蕾的《儿童文学的特殊性》等。

七月十九日。高温三十八度。晨去云洲地摊，淘得《世界名画选集》上下册，一九三三年十月，广益书局，郑慎斋编，王震题词，刘海粟、赵景深、倪贻德序，郑慎斋自序。价七十元。《中华摄影杂志》第二期，民国二十一年七月出版，中华艺学社。《民报》一份，民国念六年十一月二日，星期二。《清华园日记·西行日记》，浦江清著，三联出版，一九八七年六月一版一印。《景德镇瓷艺纵横观》。《朝霞》、《学习与批判》共六本，此两刊为文革中上海四人帮馀党的帮刊。遇书友荀道勇，他转让我《鼓声》，惠特曼诗集，屠岸翻译，一九四八年十一月初版，青铜出版社出版，价八十元。译者熟识，以后可请他签名。

七月二十一日。高温三十六度。饭后去福州路图书城，仍得《中国社会科学家自述》，十六开精装，原价七十三元，特价十元。《文坛杂忆续编》，顾国华编，将文人掌故一点点收集汇编，功德无量矣。《文海硝烟》范泉著。《郑文公碑临写法》，我对郑字颇感兴趣，古朴、苍劲、内敛，可一临也。

七月二十三日。高温三十七度。中午去东台路俊华旧书店，淘得二十多册民国版人物年谱及民国时期西部内容期刊，价二百五十元。

七月二十六日。晨至云洲地摊，淘得《中国新兴版画五十年选集》上册，精装，均为一九三一年至一九四九年间作品。为纪念鲁迅诞辰一百周年，由上海人民美术出版社出版，价二十元。《高加索俘虏》，普希金著，查良铮译，一九五四年七月一版一印，平明出版社出版。《科学新话》，(英)海登著，林曦、李亚译，民国三十五年六月初版，新知社出版。《英雄歌》，田间著，插图土纸本，一九五九年四月一版一印。《国学常识》，曹朴著，民国三十六年二月初版，文光书店出版。《康健杂志》，民国版，第一卷第二期。《长寿》第三期，民国版，于右任题的刊名。

七月三十一日。高温三十五度。午后去福州路图书城淘特价书。我对新书特价总不起劲，但亦能得些写作资料及文人忆旧的书。今购有《西潮》，系蒋梦麟回忆录。《矩园馀墨》，叶恭绰著，为叶氏序跋集。

八月二日。天大热，直逼四十度。晨去云洲地摊，乃淘得《无独有偶》，吴天著，三幕喜剧，民国三十八年六月，开明初版。吴三十年代参加左联剧联工作，写了大量剧本。《文章法则》，谭正璧著，民国三十七年五月三版，世界书局刊行，谭早年写有一部《中国文学家大辞典》。《书法讲义》，上海三友实业社，民国二十五年七月出版。《郑成功》、《戚继光》、《陶渊明》，章衣萍著，民国版。《西青散记》，史震林著，民国二十四年十月初版，杂志公司出版。《民族画报》，五五年二月创刊号。《中国通史》，吕思勉著，民国三十三年九月一版，开明出版。《连环画艺术》改刊号，总三十五期。原为《连环画论丛》。《连环画报》五八年第九期。

八月三日。三十七度高温。趁晨稍凉，赶紧去文庙，书市无可观，倒是地摊检得若干。计有《文汇报》旧报一张，民国三十五年九月二十七日，有“笔会”副刊。前时我写《笔会的风格》一文，采访了笔会老主编徐开垒，回顾了笔会走过的六十多年历程。《水产》创刊号，日文版，系日本在上海“华中水产共荣会”所办。昭和十八年六月二十日发行，办刊地点在上海麦克利克路三五号，即今临潼路。此书稀见也。《图案之构成法》，陈浩雄编著，民国三十六年七月六版，商务印书馆出版。《笳吹弦诵在春城》，回忆西南联大文集。《旧中国的买办阶级》等。

八月九日。晨乘45路车去云洲地摊。淘得《文学研究》创刊号，五七年第一期。见扉页有毛笔题签：“本刊于一九五七年三月初版，余见于人民公园书亭，当时因未带款，未购成。此后遍觅各书店书摊不得，越五年（一九六二年十一月），始得此本，附志留鸿爪也。”《新上海》，小报一张，此为周报，第十二期，民国三十五年三月十日。《关于恋爱的话》，蒯斯动、黄列那译，上海希望出版社经销，华南出版社出版发行，民国二十六年六月初版，书名像思想读物，实是一部小说。《香港汉文读本》第十一、十二册，香港商务印书馆一九三八年六月八版，有“本港教育司审定”字样。《走向新中国》，洪吴天著，即吴天，剧作家。上次淘得其《无独有偶》，他曾改编过巴金的《家》。此剧曾有资料提及，这是电影剧本，一九五一年十一月一版一印，书中有多幅真实的照片，估计此剧题材取自真人真事，亦少见也。《天风阁词集》，夏承焘著，一九八四年一版一印。《揭露胡风黑帮的罪行》，上海作协编辑。《小朋友应用文》，一九三四年三月五版，北新书局发行。《铅笔画法》，潘罗因、蒋行僧编，民国三十六年十二月初版，中华书局印行。

八月十日。晨去文庙，在地摊淘得《上海英烈传》一、二集。

《香港汉文读本》第十册。《中国现代文学丛刊》六册。巴金的《探索与回忆》。后去丁景唐家，为书友邱忆君签得丁老《学习鲁迅作品的札记》一书的签名本，此书亦系我以前淘得。丁要留饭，天太热，婉谢了。遂去新文化旧书店，淘得四十年代末《文艺青年》，创刊号及六至十四期，共十一册，价三百元。另得一册《诗创造》(二)“丑角的世界”，臧克家主编，亦算意外收获。

八月十三日。下午到《博古》编辑部陈克希处一聊淘书之乐。后去福建南路旧书店，淘得《周文选集》，周亦是老作家了。《水彩画纲要》，俞寄凡著，上海艺术图书社出版，民国二十四年一月。《让那伐木者醒来》，聂鲁达著，袁水拍译，一九五一年二月新群出版社出版。早就想写一写这位大诗人。《周作人论》，系上海书店影印本。下午在东台路俊华旧书店，巧遇尔冬强先生，他选购了四十馀册民国版书，价七百元。我亦选得《珊瑚网》上下册，汪珂玉撰，商务印书馆，民国二十五年六月版。《白话书信》高语罕编，上海亚东图书馆出版。《郑板桥全集》，世界书局，民国二十四年八月版。《中国地理新讲》，贺湄著，实学书局出版，民国三十五年一月版。《南京文献》第二十期，南京文献委员会通志馆印行。《漫画艺术讲话》，黄茅著，商务印书馆，民国三十六年三月上海初版。共七册价一百二十元。

八月十四日。下午经外滩去上图特价书店，购得《学术集林》第十三集。《中国沦陷区文学大系史料卷》、《诗歌卷》。

八月十六日。晨去云洲地摊，遇陈俊华，其在东台路开一旧书店。我淘得《衣》，陈文沛著，民国三十六年八月初版。《文史知识》，八一年第一期，为创刊号。《无罪流放》，副题为“六十六位知识分子五七干校告白”，内有丁景唐、屠岸等回忆文章。

八月二十三日。又是高温三十六度。晨去云洲地摊，淘得

《太阳月刊》一至五期影印本。《大众文艺》第二期影印本。《新财政学》，阿部贤一著，施复亮译，大江书铺，一九三一年八月版。《铅笔画册》，费新我著，万叶书店出刊，民国三十五年八月初版，惜缺封面。《中国政治思想史》，吕振羽著，黎明书局刊行，民国二十六年六月初版。《无钱的犹太人》，哥尔德著，杨昌溪译，一九二一年二月初版。现代书局印制。此册缺封面。旧杂志《幸福》四册，《文章》一册。

八月二十四日。晨去文庙，淘得《雷加日记书信选》，《文坛登龙术》，章克标著，老书新印，“老版本”丛书之一。《美术研究》五七年第二期。《苏联摄影艺术作品选集》，一九五八年七月人民美术出版社。下午去老街藏宝楼，淘得《金声》杂志，民国三十年一月十五日第十八期“新年号”，系金城银行的行刊，行长为周作民。《教师生活》第五期，民国三十五年六月十六日。《历史回忆》，张西曼著，姚雪垠主编的“现代史料丛刊”之一，东方书社发行，民国三十八年一月初版。

八月二十八日。又三十六度高温天气。下午到俊华旧书店，淘得民国版书多种：《十驾斋养新录》，钱大昕著，商务版，民国二十四年十二月初版。《四库未收书目提要》，阮元著，商务版，民国二十四年七月再版。《顾宁人学谱》，谢国桢著，商务版，民国二十二年十一月国难后第一版。《章实斋年谱》，胡适著，姚名达订补，民国二十三年五月国难后第二版。《小说原理》，赵景深著，商务版，民国二十年十一月初版。《文学研究法》，（日）丸山军著，郭虚中译，商务版，民国二十六年三月初版。《中国风俗史》，张亮采著，商务版，民国二十三年十月国难后第一版。看商务印书馆出版的书，有的在版权页旁印有“校对者某某某”的字样，会令人想到这是一家讲信誉的出版社。对照时下“无错不成书”的情况，看来有落实校对责任制的必要。

八月三十日。估计今亦高温。晨六时就到云洲地摊，淘得《上海文学》五九年十月创刊号，此前为《文艺月报》。这样，《上海文学》各个时期创刊号我均已有，《文艺新地》、《文艺月报》、《上海文学》、《上海文艺》、再《上海文学》。《传统文化研究》第三辑，现在是传统文化丢失的年代，这样的书珍贵也。《数学小史》，张鹏飞编，民国三十七年二月初版，中华书局印行。《房屋与路》，汤心豫著，文化生活出版社，五零年再版。

八月三十一日。下午去文庙，虽晚了，仍收获不小。淘得《建筑画选》，中国建筑工业出版社，七九年十月一版一印，大八开，价仅十元。《鲁迅文集》，民国三十七年六月初版，“现代作家文丛”之一，上海春明书店印行。《中国近百年史十讲》，曹伯韩著，民国三十五年九月，华华书店总经销。老杂志《大学季刊》，第二卷第一期。此刊颇可玩味，前半为中文，后半为英文。《世界文艺季刊》，第一卷第三期，民国三十五年四月。《花溪语丝》，刘海粟著，柯文辉执笔。《阳翰笙研究论文集》。《初春集》，骆宾基著。《难忘的岁月》，陈学昭著。此书重复购进了。

九月三日。仍三十五度高温。中午去福建南路旧书店，无书可淘。再至福建中路旧书店，乃得《梁实秋文坛沉浮录》，九二年一版一印，黄山书社出版。《女子书信》（下册），王恺豫著，上海大众书局印行，民国二十四年一月出版。《鸳鸯蝴蝶派》，袁进著。《中国近代文学争鸣》第一辑，上海书店出版。《青年界》第一卷第二号，民国三十五年二月，北新书局出版。

九月四日。中午去福州路图书城特价店，淘得些可作写作参考及史料类书，计有《夜莺》（影印本）。袁鹰主编《书简日记卷》，《夏宗禹书札》，《端木与萧红》，《画梦与释梦》。《宏楼危基》，此书说的是房地产现状，与我职业颇有关系。后至福建中路旧书店，淘得丁言昭所著《萧红传》，以后可给她。

九月十日。总算降温至二十五度，有了秋意，且伴小雨。午后去东台路俊华旧书店，本想找前时所见的《八股文小史》，不料一连又选了二十多本民国版书刊。计有《南洋学报》第一卷第二辑，民国二十九年二月。《康藏前锋》第十二期，民国二十三年八月三十日。《翁同龢书札》，《方望溪全集》，《陆象山全集》，《中华民族考》，《四川地理》，胡焕庸著。《平民文学之两大文豪》，谢无量著。《托尔斯泰传》，傅雷译。《贝多芬传》，傅雷译。《人类进化论》张资平著，及《八股文小史》等。

九月十二日。午饭后去福建中路旧书店，因无书可淘，亦不抱希望，故随意浏览，得一册《尚在旅途—吴方书话》，内容倒多写旧人旧事，且都为大家。后去古籍书店二楼观书。

九月十三日。晨去云洲地摊，淘得《康熙字典》，民国二十五年十月六版。《经济常识丛谈》，陈崔著，大公报馆发行，一九五零年二月初版。《图书目录》，时代出版社一九五四年编印。《世界形势图解》，金仲华、朱育莲编绘，世界知识社发行，民国三十七年六月初版。《上海文物古迹的故事》，杨嘉佑著，一九五七年十二月一版一印。

九月十六日。午后顺路去外滩上图特价书店看看，购得《谢春彦画集》，曾与其同游天台山，回沪后寄他拙著《连环画的鉴赏与收藏》。《秋风背影》，袁鹰著。见过作者多次，是由丁景唐先生牵线结交的，我在“夜光杯”上写过《袁鹰的上海缘》一文。

九月二十日。上午房贷岗位考试，下午得空去云洲地摊，淘得《怎样学漫画》，沈同衡著，一九五三年九月四版，北新书局。作者曾在文汇报工作，我淘得过他的一封信札。《火花集》，田间著，一九五九年三月一版一印。《中国大陆上的远古居民》，贾兰坡著，一九七八年九月一版一印。

九月二十一日。晨去文庙，见路口停着警车，路边已无地摊，估计已被“冲击”过。有的书商进文庙已无摊位，或觉得摊位费太贵，就在路边摆地摊，虽有碍交通，然对淘书者来说，却颇受欢迎。所以屡冲屡摆，难以消亡。进入庙内，淘得《中国图书编目法》，裘开明著，商务印书馆发行，无版权页，有王云五作于民国二十年二月十四日的序。《徐志摩书信》，晨光辑，湖南文艺出版社出版。《龙华志》。《中西图案画法》，大众书局发行，缺封面，品相不佳，民国三十六年六月再版。

九月二十八日。周日仍上班，与国庆节调休息日，文庙仍开市。淘得《卢湾区志》。《织工马南传》，梁实秋译，商务版，民国二十五年二月再版。《健美速成法》，王学政编著，一九三八年七月商务初版。《文坛边缘》，应国靖著，学林出版社。

九月二十九日。上图公司在福州路图书城四楼开设节日旧书展销会，在新文化展台上，购《创世纪》创刊号，原价一百五，经理小定优惠至百元。又淘得《“阿Q正传”研究》，耿庸著，五三年泥土社初版。《汲古说林》，何满子著。《画碟馀墨》，马得著。

九月三十日。中午又去旧书展销会，得《近代名人画苑》第三集，大东书局发行，民国十三年四月出版。《现代中国诗歌选》，薛时进编，中国文化服务社印行，民国二十五年四月十版。《物价与金融政策》，杨湘年著，民国三十二年十二月初版，土纸本。《图书展望》，复刊第一期，浙江省立图书馆出版，民国三十五年十月三十一日。《学林漫录》第四集。

丛书的版本和收藏

——古书版本知识

林　夕

丛书简述

各自独立的几种书汇集在一起,加上一个总名,就成为一部丛书。丛书所包含的各种书的名目,叫做丛书的子目。为了便于把丛书跟单行本区分开来,下文说到丛书论“部”,说到单行本论“种”。

丛书没有统一的编纂体例,子目种数可多可少,可以少到两三种,也可以多到几百几千种。各书的内容也没有限制,汇编丛书包含不同类别的著作,类编丛书则只包含同一类著作。类编丛书有各种类型,内容属同一课题或同一领域的是专科丛书,作者属同一地区的是郡邑丛书,作者属同一家族的是氏族丛书,作者为同一个人的是独撰丛书,等等。

汇编丛书是最正宗、最典型的丛书,最早出现的是南宋俞鼎孙、俞经编的《儒学警悟》和左圭编的《百川学海》。元代的丛书很少,从明代开始,丛书才走上蓬勃发展之路,汇编丛书渐多,经、史、子、集各部的丛编和郡邑、氏族丛书也陆续出现,终于使类编丛书在丛书之中也占了一席之地。

清代是丛书的鼎盛时期，清初就有佳刻，乾嘉以来逐渐成风，到清末在张之洞提倡刻书留名的倡导下，达到极盛。流风一直绵延至民国初年，势头只增不减。

这里要注意，丛书自成一类，跟经、史、子、集并列，这是现代的分类方法。古代的书目没有丛书这一类，现在所说的丛书大都归入“杂纂”，文学作品的丛编则归入“总集”。即使在今天，不同的书目对丛书的界定范围也不一致。《中国丛书综录》是当今应用最为普遍的丛书目录，收录的丛书类型最多，范围最宽。而《中国古籍善本书目》丛书部分就只有汇编、地方、家集、自著四类，专科丛书归为“丛编”，按照内容各归各类，不归丛书。

丛书的版本

丛书包含多种书籍，刊刻周期长，加上随刻随印，这就导致丛书的版本有许多复杂的情况。最重要的是，不同时期的印本子目种数不一样，有的多，有的少，这关系到对一部丛书是不是完整应该有正确的认识。其次是雕版有所谓初印、后印、修补、改版，这些情况在丛书中都存在，但由于部头大，复本少，不容易发现。

子目出入　不同时期印本种数会有所不同，判断一部丛书完整与否就有以哪一个印本为准的问题。有些丛书前面有子目表，列出了其中包括的书名。这时要注意它是某一阶段的总目，还是最后的总目。许多丛书并没有子目表，到底包括哪些书，就更需要读者自行检阅，细细比较。

这个问题看起来很好处理,哪一部种数最多,哪一部就是全书,比它少的就不全。事实上却不这么简单,有许多内情影响我们的判断。下面举几个例子。

按照《中国丛书综录》,汲古阁刻《诗词杂俎》子目十五种(三家宫词和二家宫词算五种)。然而顾湘校刻的毛氏的《汲古阁校刻书目》却多出元杜本的《清江碧嶂集》一卷,共有十六种,张寿镛《约园明本编年书目》也著录十六种。

杨尚文编的《连筠簃丛书》道光二十八年印本前有子目,共计十二种。既有原目为证,应该确凿无疑,然而《中国丛书总录》著录的本子多出《说文解字义证》和《永乐大典目录》两种。这两种书版心下有"连筠簃丛书"字样,表明它们确实是在杨氏计划的《连筠簃丛书》之中。但是据说它们刻成后版片即归京师质库,只有若干单行本,所以一般并不列入丛书之中。

罗振玉编的《玉简斋丛书》是情况复杂的例子。初印在宣统二年,十种八册,皮纸刷印,相当雅饬。嗣后陆续增刻他书,最后编为两集,前有总目,封面仍沿用初印本的出版日期。《中国丛书综录》所列的二集子目并无舛误,但是出版日期却袭用未改。此书不同时期的印本颇有歧异,最后还有石印本,子目种数、序次都有不同,其中《山中闻见录》一书《综录》著录有缺卷,然而有的印本已经补足,并无缺卷。

把这些情况都弄清楚,并不容易。明代后期编印的一些丛书,子目有出入的更多。像明天一阁刻《范氏奇书》到底是多少种,学者意见并不一致;明胡文焕编《格致丛书》传本子目多少不一,《中国古籍善本书目》只好存疑,不下结论。

版片更动 丛书需要一个刊印过程，版片随时可以更动。鲍廷博编刻的《知不足斋丛书》三十集，从乾隆开始，一直刻到道光。开始刻印时对避讳禁忌注意较少，后来的印本就从严处理，更多地更动原书文字。但是有些书初印时有校勘不周之处，后来补校修版，文字更为可靠。所以初印后印文字不同之处，孰得孰失不能一概而论。现在市面所见的零本大都是后印本，民国间影印本所据为初印本，比较一下，自见分晓。

得到善本而改版是常见的事情，像秦恩复刻的《鬼谷子》和《词源》都曾重刻，有跋说明，一目了然。但是卢见曾的《雅雨堂丛刻》中的《唐摭言》后印改版就没有说明，不用初印本细校，很难察觉二者不同。

道光时期刻的书往往因战乱而损毁，丛书也不例外。像顾湘辑刻的《小石山房丛书》、徐渭仁辑刻的《春晖堂丛书》都损失了部分版片，战后有修有补，重新印行。这些丛书的初印本比较珍稀，更为藏家所看重。

版片漫漶之后也要修版，这种修版会出错，秦恩复辑的《词学丛书》经过光绪承启堂修版就受到学者指摘。藏家一般看重初印本，除了初印版面整洁以外，文字更可据也是一个原因。

当然后出转精的情况也很普遍。像民国赵诒琛编《峭帆楼丛书》中的《红雨楼题跋》，初刻于宣统辛亥，民国十四年补刻罗振常撰《校记》，多有补正——近年校点本据赵刻初印，不知有罗氏校补。吴氏双照楼刻《中州乐府》初据日本五山刻本，后得元本重校。朱孝臧辑刻的《彊村丛书》中这种情况指不胜屈，如初刻《东山词》用劳氏传钞知不足斋钞本，后改用宋本；《龙洲词》则一再校补，都是后胜于前。

丛书的收藏

谈到收藏，丛书是被人遗忘的角落，历代藏家很少致力于此。这是因为丛书绝大多数是清代刻本，明代的丛书已经屈指可数，宋元古本就更绝无仅有，传统的藏家贵古贱今，清刻本看不到眼里。只有特立独行的陶湘例外，除了以人所不取的汲古阁刻本、闵凌套印本等专藏著称外，还藏有五百七十多部丛书，是古往今来丛书收藏第一大家。陶氏晚年藏书星散，日本东洋文库得到其所藏的丛书，一跃而起，以丛书宏富令海内外侧目。

现在民间流传的丛书已经不多，不仅书店无货，拍卖会上也不见踪影。但是由于部头大，需要一定的收藏实力，藏家很少注目，价格一直偏低，买起来很上算。不妨举个例子。嘉道间黄丕烈所刻的一些书向来闻名士林，今天哪一种都可以得善价。而汇集在一起的《士礼居丛书》，至为难得。前几年拍卖会上出现了一部相当齐全的原刊本，得价却不高。若一种一种地零买，即使踏破铁鞋，也怕无缘凑齐全书。

再如吴昌绶、陶湘、董康等影刻的精本，近年拍卖会上时时出现单种零本，每册都在千元以上，大家都乐于竞买。而印装齐整的汇印本，上拍卖不上价，摆在书店里几年也无人过问。算算价钱就能发现，比零买要合算得多。

这种情况固然跟买家的实力有关系，一下子拿三四千不以为意，拿四五万就有点分量。但是对丛书的价值认识不足，不拿它当回事，恐怕是更重要的原因。事实上，为供求关系所限，丛书印数本来就不多,再加上不易保存,能够安然流传下来的就少之又少。清刻丛书中有些已经是绝无仅有之物，有些虽非绝顶珍稀,但是或者求全不易,或者初印难得,只要有缘邂逅,天赐良机不能等闲错过。有心人若能持之以恒,积以时日,由鉴赏进而研究,以此独步天下,傲岸书林,也不是不可能的事情。

珍本难得 宋元明三代的丛书今天流传都不多,《儒学警悟》仅有一部明抄本,《百川学海》宋本仅存,明代有两种刻本。明刻丛书不是很多,但是情况比较复杂,像《格致丛书》到底刻了多少种,现在并不清楚。而明后期一些丛书彼此混杂夹缠,版片经常倒手,很难理清头绪。明末刻《说郛》就是个很好的例子,它跟同时其他丛书版片交互搀杂，它们到底有什么关系，为什么《说郛》没有初印本,到今天这些问题也没有彻底弄清,有心人有缘见到这些丛书时仔细研究一下,其中有不少学问。

清代是丛书的丰收季节,论内容,论版刻,样样出色当行。其中有一些著名的丛书以版本精良、刊印不苟、传本珍稀蜚声士林。清初曹溶和陶越编辑的《学海类编》是子目四百多种的巨编,长期没有刊印,直到道光年间才有六安晁氏木活字印本。这部书所收各书版本来源有自,整理古籍时一经比勘,就能发现时有佳胜之处。活字印本流传很少,极其名贵。论内容,论珍稀,都是上选,然而没有得到应有的重视。

嘉庆张海鹏编印的丛书是一个亮点,除《学津讨原》传本较多众所周知外,另有《借月山房汇钞》十六集一百三十多种和《墨海金壶》一百一十多种两部巨编,书版遭遇火灾,刷印不多,如今珍如景星庆云。火后残版归陈璜，补修重编为《泽古斋重钞》十二集一百一十种，传本仍然寥寥无几。

张海鹏这批残版后归金山钱熙祚，钱氏在此基础上增刻补订编成《守山阁丛书》、《珠丛别录》、《式古居汇钞》、《指海》，有张文虎等著名学者襄助，校勘精密，学术评价极高。可惜传本都不多，虽然仅仅是道光本，却早已归入善本珍藏。《指海》初印仅十二集，二十集全书尤其珍罕，一百年前就是难得的珍本，商务印书馆辑印《丛书集成》时就只收入前十二集。

咸丰年间胡珽用木活字分集排印的《琳琅秘室丛书》，以底本珍罕、校勘审慎驰誉。咸丰三年初印四集三十种，翌年再印第五集六种。时值战乱，印本极其罕见。光绪年间董金鉴重付排印，只有前四集。如今所见几乎都是董氏重印本，胡氏原本极为罕见。特别是第五集六种，自刘锦藻《皇朝续文献通考》著录后，久已无人言及。曩年商务印书馆编《丛书集成初编》以及后来的《中国丛书综录》都未著录第五集，其珍罕非同一般。

以上是几部规模较大、口碑载道的名作，版本考究，刊刻精工，而且流传极少。事实上清刻丛书，除个别版片流传时间较长的以外，一般印数都不多，所以很多丛书都相当罕见，值得重视。

清末民初风行精刻、影刻宋元明旧本，出现的一些丛书很为名贵，像缪荃孙、吴昌绶、董康、陶湘、徐积馀、张石铭、蒋汝藻、刘承幹等都有佳作。吴昌绶刻《双照楼影刊宋金元明本词》十七种、陶湘刻《涉园续刊宋金元明本词》二十三种、蒋汝藻刻《密韵楼景宋本七种》，都相当精美，现在已经成为藏家的宠儿。董康影刻本和精刻本都很多，精丽动人，可是大都单刻单行，汇印本罕见,《中国丛书综录》著录的《诵芬室丛刊》子目种数虽多,也没有囊括其全部精刻名作。

全书难得 收集丛书时,一般都特别在意子目是否完整,是不是有缺种或缺册。有些丛书很难得到子目齐全的本子,不妨举几个例子。李调元辑《函海》乾隆四十七年刻成二十函,以后陆续增刻,有二十四函、三十函等印本,道光印本增至四十函。版片有增有补有修,一种一种地细细查考并非易事。一般书目著录此书都以道光本为据,但个别书初印本有后印本没有。

鲍廷爵辑《后知不足斋丛书》全书共有八函,流传的本子往往不全。例如商务印书馆辑印《丛书集成》时就只收入前四函二十五种,其实还有后四函。

清末民初风雨楼邓氏所刊的《国粹学报》、《国粹丛书》、《风雨楼丛书》、《风雨楼秘籍留真》等,都难得其全。往往有散见之本,并未载入丛书目录。例如影印本《峤雅》,题“国粹丛书第二集,图学保存会影印”,检《国粹丛书》目录未见此书。

清光绪申报馆排印《申报馆丛书》,收集许多杂家笔记小说琐闻,总共有二百多种,不乏罕见之书。可惜是铅字排印的巾箱小本,其貌不扬,无人重视。然而到今天,虽然零种偶然还可以遇到,但是全书却无缘得见,各馆藏本都有欠缺。

《南海桂氏经学丛书》是陆续付刊,汇成全书者极少,《中国丛书综录》所载的子目也不是全书。王大隆先生曾得吴士鉴所藏的足本七种附二种又目外二种,慨叹道:“虽近刻,其可忽诸?”这是有真知灼见的学者的经验之谈,值得我们认真思考。

民国初年,西泠印社木活字排印的书都很有学术价值,《中国丛书综录》著录了《遯盦金石丛书》和《遯盦印学丛书》，此外还有多书随印随售。当年有人汇集在一起，命名《西泠印社全书》。这些书今天已经十分少见，汇集收藏是很有意义的事情。

初印难得 丛书随刻随印，初期印本种数较少，印数不多，珍稀难得，这种情况不难理解。但是有些丛书情况不同，初印本并没有延续下去，跟后来编成的全书似乎是两码事。这种初印本尤其珍贵，且看两个例子。

清道光时蒋光煦辑刻的《别下斋丛书》初印本十种，后来增刻其他的书，分为《别下斋丛书》和《涉闻梓旧》两部。这两部丛书刊刻和校勘都很出色，传本珍罕，久负盛名。其初印十种尤其名贵，藏家有幸到手，都抑止不住欣喜之情，免不了要为文记上一笔。

清光绪间贵池刘世珩曾刻《檵盦丛刻》十二种，虽然是光绪刻本，却十分罕见，甚至《中国丛书综录》也没有著录。这些书后来大都收入《聚学轩丛书》，可知其仅仅昙花一现，难怪沉湮不彰。

丛书和单行本

一种书单独刷印行世就是单行本，跟其他书合为一部丛书一起发行就是丛书中的一种，不是单行本。《贩书偶记》有一条编例，“非单行本不录；间有在丛书中者，必系初刊单行之本，或是抽印之本，非泛及也”。话虽这么说，要想把单行本和抽印本跟丛书的零本区别开来，并不简单。

单行与否 有些丛书，开始没有一定的计划，有合适的书就刻，印出来就是单行本。后来书版积攒多了，才汇印为一部丛书。有时候是得到别人刻成的一批书版，拟个名称，作为丛书印行。对这些书说来，单行本刷印在前，丛书本刷印在后，从内容和形式上看可能有一些差异，也可能没有什么差异。分辨哪些是单行本，哪些是丛书零种，就是难题。

《中国丛书综录》著录的所谓吴骞编刻的《拜经楼丛书》就是一个例子，乾嘉间吴氏曾随得随刊过一些书，其中有些用过《愚谷丛书》一名。但是今日所谓《拜经楼丛书》实际是后人所编，所以种数有多有少，而吴氏所刻的书也不都在其中。嘉庆间吴鼒曾摹刻《晏子春秋》和《韩非子》二书，现在丛书目录中都有所谓《韩晏合编》，其实原来都是单行本，并不是丛书。清末潘祖荫在《滂喜斋丛书》和《功顺堂丛书》之外，还刻过一些书，一直单行，身后厂肆汇编为《潘刻五种》。

这里还要注意，有些单行本后来汇编丛书时没有收入，丛书发行后，编外的单行本很容易被人忽略。如《武英殿聚珍版丛书》据陶湘考定为一百三十八种，另有几种同是木活字印本，不在其内，其中有《九家集注杜诗》三十六卷这部要籍，只因为不在丛书内，长期湮没无闻。

清光绪蒋凤藻曾刻过一批书，版心下有“心矩斋丛书”字样。然而他并没有来得及汇印为丛书就故去，所以印本极其罕见。民国年间文学山房得到旧版，编为《心矩斋丛书》八种印行。然而蒋氏旧刻还有几种不在其内，其中《简庄缀文》一种版片不全，后来由杭州抱经堂补刻单行。

初印单行本的内封、序跋、刊记等往往跟后来的印本不同，这些细微之处仔细检阅就能发现。例如清苗夔的《说文声订》初印本祁寯藻序后有出资助刊人名及钱数，后印《苗氏说文四种》本已经去掉，据此可以区分开来。然而不是所有的初印本都有这样明显的标志，而抽印本就更难辨认，所以一本书是不是单行本有时候很难断定。

丛书零种 按照书林的常情，除了珍罕的本子，丛书缺册就是残书，价值大减。丛书零种也不同于单行本，其独立存在的身份都要大打折扣，几乎要跟一种书的零本残卷看齐。

这种求全责备的观念有害无益，用在丛书上尤其要不得。上文说过，丛书印数都不会很多，不易保存，很难保证完整无缺。一些丛书说起来不过是清代刊本罢了，但是市面上却早已绝迹，即使零种也值得格外珍视。像《琳琅秘室丛书》第五集六种，连零种也看不到，岂能不珍如拱璧?

往年在旧书店中看到一本《曲洧旧闻》，无序无跋，似乎是丛书零本。看版式不过嘉庆刻本罢了，索价却极高。后来细细翻阅，发现此本的刊记为他本所无，刊记表明叶德辉、傅增湘先后考订的所谓《汪氏振绮堂丛刻》确实是汪汝瑮所刻，而且跟同版别一印本顾千里跋对照，可知出鲍廷博之手。(参看《郎园读书志》卷六和《藏园群书题记》卷十）如果当时弃置不顾，这些可贵的线索就将对面错过。

《古逸丛书》 黎庶昌编印的《古逸丛书》是众目所瞩的丛书珍品，版片由日本名工木村嘉平按照古本原式仿真摹刻，精丽动人。初印本在日本制作，纸墨皆佳，极为名贵，如今零本残册也值得珍护。版片运回国内后，刷印水平已经平平无奇。关于这部丛书的刊印经过和印制工艺，民国二年莫棠的《荀子》跋有详细

的说明,可以帮助我们澄清许多史实。此跋极具史料价值,收藏和鉴赏界不可不知。资料可贵,全录如下:

光绪甲申,遵义黎莼斋先生为出使日本国大臣,刊《古逸丛书》二十六种。其秋,莼丈奉诏将归,奏请置书板于江苏书局,得旨允行。时先君为上海县令,巡抚委官汤纪尚来迎收板片。板至启视,则每板四周皆护以木条,长短与板齐,广寸馀,刻地甚浅。日本刷印法,先以椶帚涂墨,拂纸既平,则以一圆物坚薄者平压而宛转磨之。故字外不渍墨,而字字匀洁。官匠皆相顾敛手。于是去其护板之木,复剜深其刻地之浅者,在县斋召匠试印。余遂请于先君,觅佳纸附印其中经、子及《草堂诗笺》各数本,尚称精好,然行间已不能无濡墨。迨後板入局中,则更无佳印矣。当时日本摹印不足二百本,莼丈尝以数本授余,取价为之还夙负,每本五十金。岂知今日遂踰十部之值乎!余所印者,已十九不存。此本尝携以从岭表,幸而尚在。顷检读,感念今昔,不觉怃然。癸丑夏日,莫棠。

《古逸丛书》有钤朱印"单行本"三字的本子。据说这是板至上海后有人刻一"单行本"楷字木戳,加盖在内封面书名旁。然而,《古逸丛书》中被杨守敬评为刻印最为精工的《穀梁传》,日本印本也有钤"单行本"朱印的本子,而且另钤杨守敬"星吾校字监刻督印之记"朱印。

馀　论

从嘉庆顾修编《汇刻书目》以来,各家竞相增订补编,朱记荣编《行素堂目睹书录》,杨守敬等编《丛书举要》和《增订丛书举要》,罗振玉编《续汇刻书目》,刘声木编《续补汇刻书目》和《三续补汇刻书目》,孙殿起编《丛书目录拾遗》,沈乾一汇集前期各家目录编成《丛书书目汇编》,等等。

《中国丛书综录》俨然是前无古人的权威著作,出版后大家奉为圭臬。近年阳海清先生拾遗补阙,编成《中国丛书广录》,内容更为丰富。尽管如此,旧日目录仍然不可弃如敝屣。因为丛书随刻随印,印本往往各有不同,不能执一而论。各家编目时各据所见,所以互有歧异,这反映出印本各有不同。要了解一部丛书的身世,恰恰需要了解有哪些内容不同的印本。《中国丛书综录》提供的一般都是一部丛书最终的大全集目录,不反映其编刻经过。《中国丛书广录》补充了一些未臻全集的印本和以往各家编的丛书目录中的内容,但是编例不如《综录》严格,有些条目不知所出。对丛书作深入研究时,仍需检阅以往出版的丛书目录。前人编纂的丛书提要,如商务印书馆编《丛书集成初编目录》和《续修四库全书提要》等,更是必备的参考书。

舆图收藏谈略

李 云

舆图，指古地图。清及其以前所制全部地图、民国年间出版的发行量较少品相较好的地图均属其列。“舆图”一词在古文献中称“舆地图”，最早见于《史记·三王世家》记载，语云：“御史奏舆地图”，“臣昧死奏舆地图”。《汉书·淮南王传》则有“(淮南)王日夜与左吴等案舆地图，部署兵所从入”的说法。

古时人们认为舆图和书同等重要，于是把图与书合称“图书”或“图籍”，用以包括所有的传世文献。但舆图一直没能成为藏书家们收藏的重点。从某种意义上讲这到给现代人收藏舆图提供了较大的空间。

一、收藏空间大 从古到今文献收藏者大多把精力放在了书籍上，并且尤其看重对宋元刻本的收藏，而对舆图则少人问津。究其原因，则是由于舆图自身形制特点所致对其保存较为困难，因其图幅大小不一，而且多是单张，难以装订成册，一遇事故最易损失，加之对地图的摹绘要比对书的抄刻难得多，故流传受阻，于是引不起藏家们的兴趣。常此以往，舆图的私家收藏便成为空白。而与之相比中国的舆图资源却较为丰富，其最初萌芽可追溯到黄帝时代，即《世本八种》所记载的“史皇作图”。封建各代均重视舆图的编绘，由于国土辽阔，为便于了解情况施实统治，从唐宋以来，历代官府要求地方政府将所辖地区的地图每

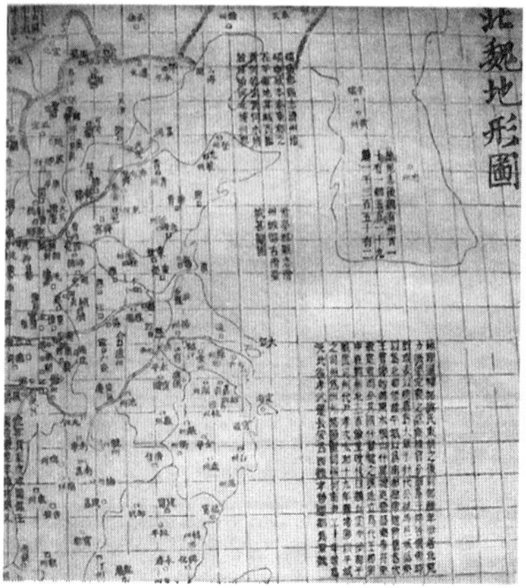

杨守敬《历代舆地沿革险要图·北魏地形图》局部

三年一造送，于是使官制舆图业得以发展。就北京大学图书馆所藏的《皇朝一统舆地全图》的版本看，几乎每两年编制一次，从中可见制图业的兴旺。除此之外私人编绘舆图在古代也是常见，特别是清代则形成相当的规模，其中仅杨守敬所编制的《历代舆地图》、《历代舆地沿革险要图》两部就达近百种几十种。历代各朝官私所制数量众多的舆图为私人收藏提供了丰富的入藏来源。另外现今国内机构所藏舆图因具有明显的机构间的递藏关系，入藏渠道单一，很少顾及民间散落之物，因此就其数量和品种而言不能算丰富，从绘制年代看，多集中在明清，且以清晚期为主。如私人收藏兴起亦可补其不足。

上述情况为私人收藏舆图提供了拓展空间，而且使藏品的升值希望加大。1930年美国国会图书馆用一万二千五百美元购得美国前驻华大使恒安石的父亲恒慕义在中国山西汾州收集的百幅舆图，而今这些舆图所承载的文化历史价值随着时间的推延是很难用金钱来标定的。特别是2002年3月，英国退休海军军官加文·门菸利用古地图推测中国明朝郑和率领的远洋舰队，比哥伦布早七十一年实现了环球航海。这一带有轰动效应的“发现”使人们对舆图的价值又有了重新认识。

二、舆图的分类　舆图的分类可从内容和形式两方面考虑。内容分类就是按其所描绘的内容进行分类，则有区域图和专业图两种。区域图所反映的是全国、省、州、府、县的情况,如《光绪湖北舆图》《宛平县图》。专业图可分为历史地图,如杨守敬所编《历代舆地图》;军事驻防图,如《石门镇至杭州府仁塘棲和县镇大营道里图》;流域图,如《黄河形势图》《如皋县沿海口岸势程途图说》;线路图,如《(道光九年)圣驾启回銮展谒祖陵巡幸盛京经由直隶站图并说》;景观图,如《实测圆明园长春园万春园造址形势图》;民族分布图,如《象形中华民国人物舆地图》,等等。

形式分类则主要包括绘法和版本。在西方地图绘制手段如比例尺、经纬线、等高线等未传入中国前,人们所遵循的是用写实手法来绘制舆图,也就是以写景为主的形象画法,所以当我们展开某些舆图时则会误认为是一幅工笔画卷,《黄河形势图》就是典型例子。该图系康熙帝南巡时,河道官所进呈。全图长1260厘米,高80厘米,作者沿用中国山水的俯瞰画法和夸张手笔,重彩描绘,图中河道用桔黄色水波纹形填满,蜿蜒犹如巨龙,上有轻舟泛过,两岸城池、堤防、山岭、名胜详绘,其入海口处更是惊涛四起,入海后水的颜色渐淡,东海之滨一轮红日正冉冉升起。此图为中国古代官制舆图的代表,突出了形象画法"详于山而穷于水",讲求意境的特点。以后这种画法演变成以固定符号代表景物、地貌的符号法,如清光绪初年所制的一张台湾图,岛上山脉

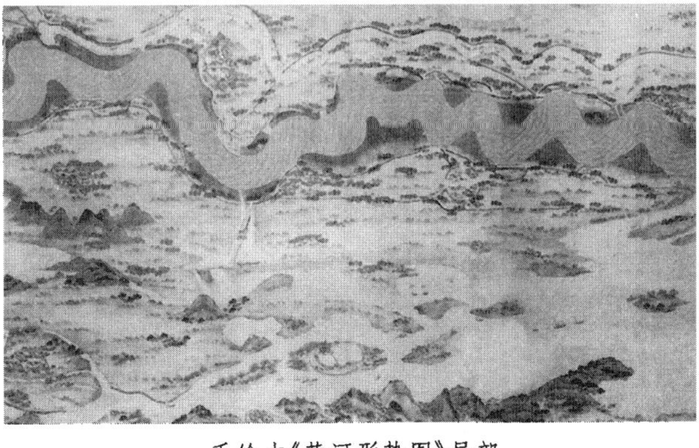

手绘本《黄河形势图》局部

用排列的“∧”表示，而四周海水利用波纹线“≈”等代表。

就版本而言，舆图大致可以分为手绘本、刻本、印本。不言而喻，手绘本就是用手画而成的舆图。这种图因为具有惟一性，所以十分珍贵，被认为是藏品中的上品。这种舆图装帧形式一般大幅为卷轴装，多为官方所制；小幅为折页装，是私人所画。刻本是舆图中最多的一种，而印本则主要是指石印本。两者的区别主要是刻本的线条与字迹很饱满扎实，而石印本的线条时有断纹，字迹也有所发虚；再者因石印本印制过程中需用油作辅助，故其线条和字迹周围往往有油浸的痕迹。一般来讲清中叶以后石印本舆图较多，特别是复制以前的舆图用的全是这种方法。到清末，由于国力衰退，地图印制亦显粗糙，油印本地图也偶有发现。

三、编制时代的辨别　认定舆图绘制的年代是收藏的重要一环，因为绘制年代既是舆图的一种特征标识，又决定了其收藏的价值。一般清末期册页装的舆图在第一页刻有牌记，注明绘制年代，或者在序中道明编制原委，其落款处所注年份就是绘制年。但由于大多数舆图是为使用而不是为收藏所制，因此其上面往往没有编制者、画师或刻工姓名，也不注记制作年代，这和西方舆图制作特点截然不同。对于情况则需借助一些方法进行辨别，主要如下：

据行政区域的建制而推测　古时各代行政区域建制各异，每代各朝又有细小变化，掌握这些不同，就可以大致推测出舆图所绘制的时代。李孝聪先生就采用这种方法对美国国会图书馆所藏中国舆图进行了辨别，并作了详细记录。现举二例：

《大明舆地图》绢本彩绘，十八幅地图，叠装成册。该图集仅首页“舆地总图”画方，每方五百里；其馀各图一画方，用统一的图例符号分别表示府、州、县和土司所辖县的治所。图内澳门未见标注，湖广省安陆州已标作承天府，福建大田已置县，因此地方建置不会早于嘉靖十五年(1536)；又：广东四会县尚未分置广宁县，北直隶隆庆县尚未改称延庆，河南省钧州未改称禹州，即图面表示的地方建置也不会晚过嘉靖三十八年（1559)，故推测该图集应绘于明嘉靖末年。

《台湾舆图》绢本彩绘。该图内的台湾地方行政建制，只标出了台湾镇、澎湖镇、台湾县、诸罗县和凤山县，雍正元年(1732)所设立的彰化县未见，因此，推定该图的绘制应在康熙二十三年(1684)设置诸罗、凤山两县之后，但不迟于雍正元年(1723)。

据避讳推测　为避免直接写出君主的名字，遇相同的字则需改写，据此可推断出文献刻印的大致时代，这是鉴别古籍的一种通用方式，舆图也不例外，但因避讳多种多样，故此方式只能作为一种辅助手段与其他方法配合而行。

《湖北抢修长江、汉江堤工图》清代彩绘本长卷。图内乾隆二十七年(1762)升级的沔阳州已标志，而咸宁县的“寧”字没有因避讳道光皇帝嫌名而改写。因此，推断该图绘制于乾隆中叶至嘉庆年间(1726—1820)。

据画法推测　不同朝代所绘舆图其风格样式因受当时的画风影响则各有不同。以万历《〈韩城县志〉分野图》和乾隆《〈韩城县志〉县境全图》相比较，仅就画法和字体而言其特点是：山的画法不同，万历版的山形线条曲屈柔和，各山峰如拱形门，而乾隆版的山形线条曲折生硬，似突兀的岩石；就文字注记而言，前者笔画线条圆润，而后者则线条端直有棱角，接近宋体。此两图大致钩勒出明清两代舆图绘制风格的基本不同。

齐鲁访书撮录

骆 伟

访书，是图书馆获得文献的一种有效途径，尤其对古籍和珍稀书刊。山东图书馆素有访书的传统，当年王献唐馆长经常流连在书肆冷摊之中，从中购进了一批珍贵文献。并和馆员邢蓝田曾六次深入章邱鹅庄访寻明李开先、清李廷棨及历城马氏玉函山房藏书，其精粹尽网罗而归，丰富了馆藏。后又到淄川西铺访毕氏万卷楼藏书，亦有收获，故写出了《鹅庄访书记》和《西铺访书记》两篇鸿文，成为该馆的一段历史掌故。笔者在山东省馆工作了二十多年，亦曾跟随老师或独自到各地访书，有所收获，也有体会，今略述以备存考。

一、专访黄恩彤旧藏 黄恩彤（？－1881），字石琴，山东宁阳人。清道光进士，曾官广东巡抚，后因与耆英等对英妥协派斗争而夺职回乡里。因爱好古文词，故藏书不少。1961年冬，恩师路大荒先生带我去宁阳县，专访黄恩彤旧藏。那时，适为“三年生活困难”时期，各方面条件都不好。我们从济南坐火车到兖州，在一家简陋旅馆住了一宿。路先生为我国和国际研究蒲松龄的专家，曾编辑出版了《蒲松龄全集》，享誉海内外，现能屈身陋舍，说明他只专注事业，而不计较个人身份与生活条件。第二天我俩再乘汽车，住进宁阳县招待所，由县文化局安排，到一座旧房子（忘记是祠堂还是庙宇?），那里堆放了一屋古籍，约有五、六万册，又暗又脏，到处蜘蛛网满布，显得阴森恐怖。县里只给我们两张小凳和一把毛刷，我们便开始工作了。那时，我年轻，刚跟路先生学习，对古籍版本一窍不通。他叫我在书堆中一种种掀开书页，若尘土多还要用毛刷扫扫，然后递给他看。因时近冬至，天气渐冷，路先生穿棉衣还觉手脚冷，若每种翻看必费时日。于是改变方法，只从书的纸质和装帧来确定看哪一种。路先生对古籍有较深的造诣，曾主编《山东省立图书馆古籍善本提要》，尤其对纸张深有研究。他对书堆中的黄麻纸、白棉纸、旧竹纸以及装帧较好的古书，一般都要抽看，他边看边讲解，这是什么纸？有什么特点？什么朝代用的多？刻印多为哪类书等等，一一说明，我才初步领略到明刻本和清内府刻本多用白棉纸和太史连纸、开化纸的风采。由于在实践中学，比在课堂上老师抽象讲要直观深刻得多，我学古籍整理便从这时开始。我们工作了五天，把书分为三堆，即好的（明刻本、抄稿本）、比较好的（清初刻本）和一般的（普通）。因这些书是在解放后没收的，内多为黄恩彤旧藏，但没有发现宋、元刻本。这次访书是应县里的要求去的，虽没得一册书而回，但却掌握了宁阳的藏书情况，尤其是摸清了黄恩彤旧藏的家底，而我从中学到了版本和纸张的知识，对我以后工作，打下了基础，收获是很大的。2000年8月，我应邀去澳门大学讲学，抽空去图书馆看看未整理的一万多册古籍，我也运用上述的方法，从书架堆放古籍的纸张和装帧，抽看了几十种，结果检出了《尺牍清裁》、《区太史诗集》、《宗忠简公文集》等二十多种明刻善本，令该馆喜出望外。

二、访购毕自严遗作 毕自严（1569—1638），字景曾，号伯阳，山东淄川人。明万历进士，曾官太仆卿。天启初，以右佥都御史专事辽阳、天津军务，擢户部尚书，后以忤魏忠贤辞归故居，在所居石隐园为觞咏所。其子毕际有也雅爱吟咏，在石隐园中与名贤时相唱和。著名文学家蒲松龄在该馆任教多年，与毕家关系密切，写有《石隐园集咏》诗多首，把园内蔓松桥、万笏山、石梁、石舫、舣塘、连枝桧等景色，描绘淋漓尽致。如《咏石隐园》七律：“山光绕屋树阴浓，爽气萧森类早冬。绿竹不因春雨瘦，海棠如为晚装慵。池牵紫荇丝盈尺，石绣苍苔翠万重。惆怅当年高卧意，凭临涧壑仰芳踪。”毕自严藏书万卷，故名藏书楼为“万卷楼”，为一方之盛。所著《石隐园藏稿》，内容丰富，未刻，其中毕自严所著《石隐园诗草》是从《藏稿》录出。只有后裔毕先望于清宣统有抄本（今藏山东省图书馆）。后时移世易，子孙不能世守其藏书及遗作，陆续散毁，书贾四出群集收求，因慕其名气之大，故把书稿任索高价。当年王献唐先生极力收罗，恐防外流，并派邢蓝田去淄川西铺访书，得书二十三种而归。但毕氏著作，多为“清禁书”，十分难觅，亦深藏不露，不知去向，为时人所关注。1962年，突闻山东省文物总店收有一批毕氏著作，路大荒先生十分高兴，乃领我等前去探访。结果，把多年梦寐以求的毕氏著作，如《辽变会议始末》（明崇祯刻本）、《抚津疏草》（明天启刻本）、《毕伯阳奏稿》（明末抄本）、《毕自严记述奏对》（清初抄本）、《毕伯阳等召对录》（明崇祯抄本）、《饷抚疏草》（明天启刻本）、《毕自严遗稿》（两种，一为稿本，一为抄本）以及毕氏家作，如《黄发翁集》、《石隐园集》等，统购而归，完成了山东省馆历史宿愿。现《中国古籍善本书目》奏议类所载毕自严奏稿有十种，近半为山东省馆所藏。这些书史料价值较高，我记得有一篇奏述天津地震事，对灾情、损毁及处置，记述较详，可为地震史和史志参考。毕氏是山东名门望族，地位显赫，其藏书数量多，尤以明刻本为最，民间定有散落，有待续访。

三、寻找“文登学”先人书稿的踪迹　文登，被誉为山东胶东半岛尖端的一颗东海明珠，她不仅历史悠久，而且文化底蕴十分深厚。仅明清两朝，文登进士就有六十二名之多，高居全国之首。明代丛兰官至工部尚书，郡人知州刘必绍建有“万卷楼”藏书。清代徐士林官至江苏巡抚，郡人毕以绣官漳州知府，建有“听雨楼”藏书楼。因此，由于该地独特的长期历史文化积淀和发展，对华夏文化作出了卓越的贡献，故被誉为“文登学”。基于上述原因，我早就想寻访文登文化的足迹，探索该地文化底蕴。果然，机会来了，十年“文革”刚结束，中央文化部为贯彻周总理“要把全国古籍善本书目编出来”指示精神，1978年，在全国开展古籍善本的普查著录工作。山东省图书馆立即行动，从全省抽调人员参加，并请来北京图书馆（现为国家图书馆）版本学专家冀淑英研究员讲课。培训结束后，二十多名学员首先奔赴烟台地区。由我负责带队到文登、莱阳两个试点，我自然首选久仰的文登。这个专业队由八人组成。到了文登，才知图书馆就是明代工部尚书丛兰的丛氏宗祠，四合院，有房屋二十四间。居中为丛氏宗祠，也是该馆核心部门。该馆于馆长很热情地接待我们，安排招待所住宿后第二天，我们在左厢房工作。据馆里负责人介绍，馆藏古籍主要来自明代刘氏“万卷楼”（近万册）、毕氏“听雨楼”（约七、八千册）和“文山书院”（七千馀册），以及丛氏、徐氏遗书。这些古籍部分是土改时没收的，首任馆长杨小班在旧货市场收购毕氏藏书二千八百馀册和民间传留的一千七百馀册，使馆藏古籍达到三万五千多册，一千八百馀种。这些古籍在1953年和1957年分别清点、整理、登录过两次，但著录较为简单，需要我们重新整理。专业队围在一个类似乒乓球台长桌上开展工作，按登录号取书，然后用卡片按著录规则著录分类。学员遇到明版、清初版和抄稿本等善本时，都交由我鉴定，就是学员著录为善本，也交给我统校定夺。因此该馆所藏古籍善本，基本上是由我鉴别的。我记得遇到第一部善本为《大明清类天文分野之书》二十四卷，明刘基等撰，大本，纸墨俱精，书品好，乃定为明初刻本，心中不觉一喜。后来，在编《中国古籍善本书目》时，才知此书只有北图、北大、中科院、首都馆藏有。除北京外，全国只有文登县馆才有，真是难得。此后，不断发现一批明刻本，如《祝氏集略》（明祝允明撰）、《陶靖节集》（晋陶潜）、《赵清献公文集》(宋赵抃)、《圣学心法》(明朱棣)、《五伦书》(明朱瞻基)、《夷坚志》(宋洪迈)、《萨天锡诗》(元萨都剌)、《篁墩程先生文萃》(明程敏政)、《洞庭集》(明孙宜)、《盛明百家诗》(明俞宪编)、《宋艺圃集》(明李蓘辑)、《指月录》(明瞿汝稷)、《姑苏志》(王鏊纂)等数十种,真是喜出望外。最惊喜的是,于馆长有一天拿了两部(四册)抄稿本,要我鉴别。我打开一看,封面书名为《守皖谳词》、《巡漳谳词》,并分别钤有"帝曰真清流""徐氏子孙永保"等印。卷端题"徐士林撰",扉页钤有"抚吴使者""御史中丞"等印,竹纸,无格,每页十行字不等,四册约有六、七百页。我一看封面、卷端和内容时,认定为清徐士林手稿。虽然该稿封面有些残旧,但内容完整,没有缺页。我轻轻拍了一下桌子,连声喊着:"好书!好书!"于馆长也喜形于色。我说此稿学术史料价值很高,要好好珍藏。现为该馆"镇馆之宝"。

考徐士林(1684—1741),字式儒,号雨峰,山东省文登县(现为市)泽头镇徐家庄人。清康熙进士,官至江苏巡抚,有政绩,为官清廉,一生为人正直,亲民爱民,除工诗文外,尤擅判案,有"治狱如神"之誉。《守皖谳词》和《巡漳谳词》,是他任安徽安庆知府和福建汀漳道道员期间亲手笔录百二个案件的断案判词,它不仅反映了清代司法制度和活动,同时也展现了他是一个忠于职守、廉洁奉公的清官。因此,该稿本具有较高的学术史料价值。近年来,它被纳入山东省古籍整理规划项目,由齐鲁书社于2001年出版公诸于世,书名改为《徐公谳词》,副书名为:"清代名吏徐士林判案手记"。

"文登学"先人著作,也发现一批。如郡人毕承昭《曼年信札》,刘必绍《四书传习心谭》,杨岳东《惜阴草亭文稿》,毕以绣《金石摘录》,宫卜万《牟平遗香集》,邵一儒《六朝声偶删补》等等。

经过我们专业队二十多天整理、编目、上架,基本上摸清了文登图书馆馆藏古籍概况。根据该馆统计,馆藏古籍近三万六千册，其中明版九十多种，一千五百馀册；清版一千三百六十多种，二万六千八百馀册；民国版三百四十多种，七千二百馀册。以及抄稿本一批，如明蓝格抄本《太常考》、《书经集解》，清稿《金石辑略》等。被列入《中国古籍善本书目》有六十九种，其中有八种在全国只有该馆收藏。馆藏明初至清乾隆刻本有百五十二种二千二百四十四册，作为该馆善本书系列。因此，其数量、质量不仅高居山东省县级馆榜首，就是在全国也是很少有的，这是该馆古籍所占地位和价值所在。

四、查访海内孤本明刻《兖州府志》 兖州，为古代著名九州之一，地域辽阔，周秦以来，皆置兖州，是山东古代的重要州府，这里产生过不少名家，是一个比较知名的地方。1973年春，我在济南市古旧书店尤经理处，得知山东钜野县文化馆干部个人有一部明本《兖州府志》，他们曾欲高价收购而未获成功。那时，“文革”已处后期，我在得到馆长的同意后，馆里为我在省革会宣传部开了一张介绍信，派我前去查访这部重要的地方志。该书的出现，曾在社会有些传说：在钜野某集市上，有位农家妇女，手提装在竹篮子一部厚厚大书，蹲在集市摆卖，意想卖点钱，购买油、盐、火柴之类的生活用品。该书白棉纸，本子大，她曾裁了几页作鞋样。因生活困难，不得不把它变卖。不久，该县文化馆干部王某赶集，偶然见这部书，好奇地翻阅了一下，因农妇索价不高，“随便给几个钱吧！”，他便以几元钱（一说是三元，一说是五元）买下。其实他也不懂版本，放在家里了事。后来，此事不知如何传到济南，古旧书店派人去查看，确认是明版，并开了七百元高价收购，该干部一听如此值钱，乃受宠若惊，吊起来不卖了。此事搁置了一段时间，县城里传开王某有部值钱的书，使他整日诚惶诚恐。当我持省革委的信去后，县革委会自然较重视，乃派县文教局局长和我一起找王某，我说明来意：第一想看看这部书（以便确认是否明版）；其次，能否借回去研究。开始，王某并不想接待，但有县文教局局长陪同，不好不接待，但又说书不在家，被亲戚好友分别借走了，经过我们几番作工作，终于，在第三天他把书拿出来了。当我看到雕印精细、字迹清朗、纸墨俱佳、书品极好的志书时，心里十分高兴，确为明版无疑。书主还答应借出，我立即书写借条，写明山东省图书馆借用，用后归还，签名经手是我。办完手续，答谢县里有关部门的支持，我便把十二巨册书（约一尺多厚），用一块大毛巾包好，从钜野乘汽车到兖州转火车返回济南，一路上我双手紧抱不离身，连厕所也顾不得上，因为我知此书价值，以防万一。回馆后，经仔细鉴定并查对有关资料，确认它为明代万历刻本，国内仅存一套，暂存放在善本书库。由于“文革”期间事情和动乱较多，一瞬间便过了几年。1980年初，王某突然到山东省图书馆找我，声言愿将该书捐献给国家，但提出了几个条件，经请示馆领导，同意了他的要求，在一、二小时之内办完，满足了他要求的款和物质条件，并由他写收据，声明自愿捐给山东省图书馆。此事办妥后，我立刻到书库取出该书，亲自在每册书上庄重地盖上了山东馆藏印，说明此书从此归山东馆所有，并深深的叹了一口气，总算办成了这件事，不辜负馆人的期望。第二天又乘兴写了一篇报道稿，题目为《〈兖州府志〉入藏省馆》，在《大众日报》发表，此事总算了结了。由于在王某捐书时，我未索回当年写的“借条”，从而引发了一场小风波。事隔二十年后，他的后人又拿了我写的那张“借条”到山东馆要书。因我已调离山东，而图书馆新领导对此事不了解，因此通过电话和我联系。我告知到会计处找到王某当年捐书时所写的“收条”和声明，便可知详情，结果，问题便解决了。

考明《兖州府志》，乃是明代礼部尚书、东阁大学士于慎行（1545—1607）编纂。慎行字可远，号无垢，山东东阿人。他于万历二十年（1592）赋闲在乡，受兖州知府之邀而担任编纂的。《府志》历三个寒暑而告竣，刻成于万历二十四年（1596）。全书五十二卷

(缺三卷),半页十行,行二十字,左右双边,白口,有刻工,白棉纸,书宽大整洁,雕版、刷印、纸墨俱精,可谓志书上品。海内仅此一套,为此,齐鲁书社为弘扬乡邦文化,乃于1985年将其影印出版,并从日本宫内省图书寮补齐所缺三卷和部分缺页,使该志完整的公诸于世,还送了一套(六册)给我。每当我看到该书"山东省图书馆珍藏印"印记时,便勾起我无限感慨和回忆。

五、经办《易庐易学》图书捐赠 《易庐易学》,是北京卢松安先生的专藏。卢松安(1898—1978),曾用名荣林、榕林,别号嵩庵,北京人。他早期毕业于北京师范专科学校,1925年又到济南齐鲁大学广智院深造,对佛学、书法、绘画等方面都有一定造诣。自青年时代就潜心学易,师从尚秉和先生。经四十多年的百折不挠的努力,收集古今易学书籍一千三百多种,成为海内外藏《易》专家,自称"易万卷庐主人",书斋名"易万卷庐",曾编《易庐易学书目分类摘要》。是我国著名的易学研究者和收藏家。他曾为北京中国书画研究会会员、北京文史研究馆馆员。正当他潜心研究和大力收集易学图书之时,适逢十年浩劫,不单易学研究被视为反动,而且不少研究者纷纷被打成"封建馀孽",卢老更兼受女婿刘仁(原北京市委第二书记)的株连迫害,女儿、女婿和儿子被捕关押,夫人去世,本人被抄家批斗,落到家破人亡的境况,孤身一人,身无工作,住无居室,处境十分凄凉。1969年,卢老年迈体弱,但他首先考虑的是藏书未来的命运,即与挚友董一博先生(原北京邮电学院党委书记,后任中国地方志学会负责人)等,商讨将来处置的办法。因董老是山东枣庄老党员(电影《大浪淘沙》即是反映他们当年活动情况),长期在外工作,总想为家乡文化建设作出贡献,于是便建议他把藏书捐献给山东省图书馆,卢老欣然接受,便写了一封长信,内云:"松安以暮年多病,妻亡,子女不知所在,孤身一人。每虑五十年来所搜集之'易学图书'一千二、三百种,内容虽无名贵版本,更少独特珍善,只是点滴成流，堪供专业者参考而已……为保存这些历史上纠纷重重的‘中原文化’之一线，故自觉自愿毫无条件的献给贵馆……所愿者只有二点：一使全部图书不失不散；二使爱好者取阅方便……甚盼贵馆大力帮助，期其必成，则感激无涯矣！……”这封信写于1969年6月26日，其时卢老已是七十二岁高龄之人了。该书信后经董老转寄到山东省图书馆长梁度世先生，他俩都是原枣庄老共产党员，来往密切，也因这点才使“易庐易学”入藏山东省图书馆。因当时正处“文革”中期，形势混乱。梁度世先生当时是山东工学院“走资派”（原校党委书记），觉得保存这封书信十分危险，后来便把书信通过其妻刘健民大姐（山东馆员）转到我手中（时间大约是1973年—1974年），那时我刚从北京参加编辑《中国图书馆图书分类法》回来不久，没有任何人知道。一直到1976年粉碎“四人帮”，结束“文化大革命”，时任馆长刘健飞（知识分子）对古籍也十分精通，我把这份卢老书信给了他看，他说这是一件好事，我们等候消息。那时，因受十年动乱破坏，万事待兴，根本顾不上此事。1977年，卢老在北京自然博物馆和文史研究馆等陆续找回了这批失散多年的易学古籍，集中存放在北京国子监附近一所民房，并请了一位中学语文退休教师帮他清点、登记、盖章，同时通知我们去办理讨论捐赠事宜。经过馆里讨论，1978年春季决定派我（因整理古籍，知道古籍版本质量，好为馆提供奖金数额的参考意见）和赵楠先生（负责中文新书采购）先去联系。在董老的指导协助下，我俩第一次见到了卢老，我们商讨了交接手续、程序以及对藏书的设想：一、准备在山东馆设“易庐易学”专藏，届时邀请他去为专藏开放剪彩；二、编制书目，供广大读者使用；三、给予精神和物质奖励，颁发奖状和奖金。卢老对这三点十分满意，并高兴地带我们游览了北京名胜古迹。董老还介绍了北京马家藏书给我俩去看，其书多为明清文集，因多种因素未能成功。同年六月，山东馆在章仪奎副馆长的率带下，派专车去北京运回其捐赠易学图书，共计一千六十四种，比原藏少三百多种，原因抄家动乱散失所致。并颁发奖状和奖金。卢老见夙愿已达，然意犹未尽，准备用奖金续购三百种易学专著，再赠山东馆。他在写给刘健飞馆长的答谢信中，内附七绝二首："易学图书入海源，辛勤半世脱重担。阅年二百追杨氏，七阁重兴仗鲁贤。""古籍归公示望酬，猥蒙厚奖意偏优。本年拟续征三百，愿此馀身再广筹。"正当他筹措第二次赠书时，由于年迈体弱，不幸于1978年病逝，享年八十一岁。1979年7月，我又写了一篇《卢松安先生为国捐书》，刊登于《光明日报》上，后来又引发孙和亭先生捐书受奖。1987年底，国际《易经》学术研讨会在山东济南市召开，"易庐易学"为研讨会提供了文献基础，赢得了海内外学者的赞誉。1988年，山东馆将"易庐易学"同馆藏易学与知见传本易学三者合编成《易学书目》(共二千八百十种)，1993年由齐鲁书社出版。1998年，正值卢老诞辰一百周年之际，又由齐鲁书社出版了卢松安当年所编《易庐易学书目》(卡片著录式)。至此，卢氏捐赠易学图书的初衷，已基本实现，卢老在九泉之下，亦当欣慰。

六、探访清代著名学者李文藻遗书和兼得私印　李文藻(1730—1778)，字素伯，号南涧，山东益都人，清乾隆进士，曾官广东恩平、潮阳知县和广西桂林府知府。在岭南任职期间，兴教助学，奖掖后进，培养了顺德胡亦常、张锦芳和钦州冯敏昌等学者，史称"岭南三子"。性好聚书，每见好书，则典衣借债亦必购置。又从友朋处借抄，藏书数万卷，皆手自校雠。所著《南涧文集》、《琉璃厂书肆记》最负盛名。是清朝中期有名的史学家、金石学家、文学家和藏书家。当年著名学者钱大昕说过："予好聚书，而南涧抄书之多过于予；予好金石，而南涧访碑之勤过于予；予好友朋，而南涧气谊之笃过于予；予好著述，而南涧诗文之富过于予……"，这是对李文藻最好的评价。昔年王献唐先生非常重视收集李文藻藏书，曾撰写了《李南涧之藏书及其他》一文，并大力搜集山东名贤李文藻、许瀚等遗书，多有收获。但李文藻一生著作等身，身后书稿陆续散出，历为藏书家所关注。1982年，苏州铁路局退休职工徐宝昌先生回山东探亲，到省图书馆参观古籍，由我接待，让他看了海源阁、善本两书库，介绍了馆藏情况。徐老先生对齐鲁文献较为熟悉，且与山东老人李昔吾、李慎吾、赵东甫、李翰西、王占光、陈雪南等联系较多，故对山东掌故、文献下落等皆有所掌握，乃欣然介绍我去找李文藻后裔李珍华，说她藏有李文藻书稿。李珍华家住济南市天桥区，其父李翰西与徐情笃，现家境较困难，我们于1983年底去访问她时，她知为徐宝昌所介绍，便拿了几种李文藻著作（文集）抄本出来，我们动员她能否捐给国家？还说图书馆不会亏待您。后来她果真把书送到山东省图书馆，馆里给她奖金。当时，我公差在外，不是我办理。回来后，我看过所捐抄本的数量和质量，认为所发奖金少了。于是，向馆领导说明情况应增补奖金，馆里同意，我们便赶在年三十把补款送到她家，当她接此款时，感动万分，两眼热泪盈眶，连说："政府真好！"她当时家境贫困，这无疑是雪中送炭。她于是写信给徐宝昌先生，告知此事，徐老先生亦知我们真诚待人，不遗馀力收集桑梓文献，是件功德无量的事情。于是，他陆续向我介绍了十多处藏书人，并把自己珍藏几十年的李文藻十二枚印章捐给山东馆。其中，"青州东郭李氏藏书"、"李文藻印"、"素伯"等为李氏当年常用之印。这十二枚藏印，足可与山东馆藏海源阁十一枚藏印相媲美。徐宝昌，字辉圃，益都人，一生喜收藏，尤对李文藻遗书遗物感兴趣，但在"文革"中，把所藏古籍都烧毁了，只把《南涧文集》四种卖给上海古旧书店为夫人治病（《文集》后曾影印出版），也曾撰《李南涧藏书印记》。当年，有人赋诗七绝，赠徐君三十韵，赞赏此印章十二方："南涧先生富缥缃，奇书秘籍广庋藏。聚蓄万卷钤印章，朱文白字相辉煌。岭南一官守空囊，当年鬻书在潮阳。书已鬻兮姓名芳，谁人不识训厚堂。弃官归里忘炎凉，剩有图书如琳琅。谢家子弟镌刻良，笔法格老气亦苍。三百年来易星霜，盛衰无凭天茫茫。出售篆刻购食粮，古今此事本寻常。徐君素志爱桑梓，对贾客谈兴欲狂。寝食寤寐莫能忘，一朝得之夙愿偿。大小罗列十二方，斗室古室兼古香。同人睹此眉飞扬，咸称告朔之饩羊。”

七、偶得《聊斋志异图绘》 清代著名文学家蒲松龄（1630—1715）擅长撰写小说和俚曲，其代表作《聊斋志异》，几百年来，版本众多，风行海内外。笔者曾随路大荒先生学习古籍版本，他又是研究“蒲学”专家，故常教我识别蒲松龄手迹的真伪。馆里藏有《聊斋文集》手稿，他本人也藏有蒲氏手稿，可作研究与参考。现存世蒲松龄手稿有八、九种，我基本都看过了，也鉴别过一些模仿本（赝品），受到路先生的认可和赞扬。笔者先后撰写、发表过《〈聊斋志异〉版本系统》、《〈聊斋文集〉及其佚文》和《谈谈〈聊斋〉手稿种种》等著述文章，所以，对蒲氏著作，比较注意搜集和研究。1964年春节后，我常去济南市古旧书店和文物总店采购古籍。有一次，发现一本画册，总共有十页，没有书名，只售十元，我看此画册内容顿觉可疑，好像是哪本熟悉小说的故事，于是，把他买下带回山东省图书馆。没等我作仔细考证，忽接山东省文化厅的通知，要我带队下乡劳动一年。那时，中央教育部有规定，凡大学生毕业后要先到农村劳动一年才就业，文化厅下属十多个单位，当年有八个新分配来的大学生，由我带队去莱阳县劳动一年。接着第二年又去日照搞“社教”，等到“文革”开始一段后才撤走。“文革”十年动乱，古籍库封存，根本无法搞业务。1979年山东馆成立特藏部，我在该部工作，想起十多年前买回那本画册，到底是什么内容？便拿出仔细阅读和研究，结果，发现是《聊斋志异》中的《山神》、《河间生》、《司札吏》、《画马》、《跳神》、《义犬》、《二班》、《陆押官》等八段故事，令我欢喜若狂。画册框高18厘米，宽16.5厘米，左文右图。文为毛笔正楷，书写故事情节于贴金纸上；图为工笔重彩，绘于金纸上。画册笔精墨妙，技法纯熟，色彩鲜艳，裱工精细，人物、动物栩栩如生，景色优美，是一册不可多得的《聊斋志异》工笔重彩画。经专家初步鉴定，认为是清咸丰至光绪年间的作品。我于是写了一篇《我省发现〈聊斋志异〉图绘》新闻稿，发表在山东《大众日报》1980 年 4 月 13 日版面上。没想到第二天，山东电视台来采访，我请了山东大学中文系教授袁世硕来坐阵，他是研究蒲松龄的知名学者，当晚电视台便播出了。随后，山东人民出版社《柳泉》杂志约我写篇稿，我便写了《评〈聊斋志异〉图绘》，发表在该刊 1980 年第二期上，并彩印了《义犬》、《陆押官》二幅图画。真没想到，便宜买到这册图集，引起这么大的社会效应。考《聊斋志异》早在清同治、光绪年间，已有“铁城广百宋斋藏版”、上海同文书局石印插图本，但其画逊于这册工笔彩绘，此乃其价值所在。这仅是一册八幅，可能有全部图绘画册，尚待寻访。后来，听说北京中国历史博物馆藏有《〈聊斋志异〉画册》一厚册，经几次与该馆联系，看看是否属同一版本的画册，却由于各种原因，未能相比对，殊感遗憾。

八、初访王献唐先生后裔藏书 王献唐（1896—1960），原名琯，字献唐，号凤笙，以字行，山东省日照县郊韩家村人。他生长在一个书香之家，幼承家学，于诗、书、画、印等，无所不精，是我国杰出的历史学家、考古学家、文学学家、书法家、目录版本学家。先生治学严谨，不泛空论。撰写文稿尤其认真，每有著述，多次易稿，才能公诸于世。如《炎黄氏族文化考》，他自上世纪三十年代初动笔，直到临终前经十多次修改才定稿。其著作颇丰，一生著述字数约有千万馀。二十世纪八十年代初，齐鲁书社曾整理出版《王献唐遗书》，共收其专著十二种，在学术界引起了较大反响，被誉为一代国学宗师。

根据我国学术源流发展规律，举凡学者，都具有藏书、读书（校跋）、著书的共同特点。王献唐先生也不例外，他还是其中的佼佼者。他遵祖训，一生不治地、不买房、不做官，有钱就买书、买画与文物。因此，他在1930年就称："幼喜聚书，壮而弥笃。频年四方，随在搜集。裒其所藏，约五万卷。家有老屋，庋架储之。横几摊卷，昏晓流连。"（见《山东省立图书馆季刊》1931年第一辑），说明他自小就善藏书和读书。又自称"嗜书如命"，每有佳本，就"欣然忘食，喜不成寐，爱不忍释。"有一次，他在济南偶见杨氏海源阁所藏黄荛圃批校题跋《穆天子传》和顾千里手校《说文系传》散出，便"倾囊得之"，并乘兴赋诗一首（出处同上），云："黄金脱手了无遗，换得陶南镇库书。不学东家权子母，鱼盐柴米姑徐徐。"诗中"陶南"就是指聊城海源阁的藏书所，献唐先生聚书之情笃跃然于纸上。据说仅《穆天子传》一书他就花了八百大洋买回。后又于1934年，把两书编入《海岳楼秘籍丛刊》影印出版，并由"穆传"专家顾实先生作序。后又在青岛摊上发现散失已久的清人乡贤牟庭《同文尚书》原稿，这是山东重要的地方文献，他乃不惜典当家产，花八百三十五块大洋将其买回。类似访购古籍的事例还很多。除访书、购书外，他还做装书、勘书、曝书、抄书、借书、读书、跋书、载书等工作，并作《藏书十咏》诗以记之，可见其对藏书的呵护之精细和读用之乐趣。每遇心爱之书，披览之下，人文品谊，揄扬指摘，以及椠版传写、藏弆姓名，悉题于书前或跋于卷末，据《双行精舍书跋辑存》正、续二编统计，两书合收书跋四百多种，七百馀则，据笔者估计，其书跋在千种以上。

由于他长期搜集，藏书益丰，至1930年，"吾生平节衣缩食，聚书十万卷"（见《双行精舍书跋辑存续集》）。因此，至1960年，除战乱散失以外，其藏书量当高于此数。他藏书有一特点，"余嗜书若命，而向不强取"（见《双行精舍书跋辑存》），不像有的人，趁人之危，夺人之爱，进而收入囊中归己所有。然而，王献唐先生对自己一生藏书，也有一个清醒的认识，既珍惜，又不可能长留。所以，在他生前，曾多次向国家捐赠自己收藏的文物和古籍。如解放初期，他的画和徐悲鸿的画，同在苏联莫斯科国家美术馆“国际美展”中展出，他将所得的画款，如数上交国家。为支持我国博物馆事业的发展，他毅然向中国历史博物馆捐献越王勾践“佩剑”和“闯王李自成私印”等珍稀文物六千多件。临终前，又将五万多册古籍捐给了山东省博物馆，内有宋、元、明刻本，抄本，批校本，以及他自己撰的稿本等，有的十分珍贵。所以，我国著名学者傅斯年、邢蓝田（仲采）曾联手撰联一副：“欲修人爵修天爵，不爱今钱爱古钱”，这是对他这种高尚精神的真实写照。他的后人又遵嘱捐了一大宗文物图书给国家，值得称颂。虽在“十年动乱”中又遭抄家和哄骗，现家所剩无多，但尚有遗存。

基于王献老生前和终后捐献了大批文物古籍，现后裔在青岛住宅究竟还有多少收藏?这是世人所关注的一个问题。为此，1983年夏秋间，我趁去青岛参加《文心雕龙》学会成立之机，登门拜访了王献老儿媳安可荇女士。其实，在此之前，1981年我与王献老儿子王国华先生见过面，并在济南大明湖合影留念，我俩初步讨论了王献老著作手稿出版和藏书处置问题，他给我总的印象是憨厚诚实，能守家业。我那时正提出和编辑《双行精舍书跋辑存》（该书名由齐鲁书社苏昭民先生拟定），请求他惠寄家存书跋，他立刻应允，并称我为他先父做了一件好事，后来，果真分三次寄来若干篇书跋，都收入《双行精舍书跋辑存续编》中。不料，国华先生于1983年初病逝，留下老母、妻子和儿孙六人，王夫人丁云九长期患病，又遭儿子国华早逝，当时家境十分困窘。我与王献老生前只见过一次面，他是我非常心仪的一位老前辈、老学者，从他所写的序跋对版本的认识和版本鉴定，使我受益匪浅。而他的治学态度和为人，也给我深刻的影响。此时，当我踏进王家门槛时，一种令人肃然起敬的书香氛围，使我心潮起伏。宅居房屋二楼虽然旧了些，陈设也简单，但厅堂正中和两侧挂了名人字画，显得古朴清雅。安大姐热情接待了我，交谈甚洽，我俩虽首次见面，但她从丈夫（包括通信）那里知道了我的一些情况，所以，让我看了不少遗稿和藏书，我也从中摘录了若干王献老书跋。从此以后，我与安大姐和她的儿子王福来交往甚密。1984年3月，安大姐托我代她草拟《关于捐献王献唐先生遗稿建立纪念室的报告》，内称：“先父王献唐为我国著名的考古、文字与版本目录学家，一生著述宏富，计专著手稿二十馀种，编著和整理的手稿二十馀种，共一千馀万字。我们考虑为保持先父著作的完整性，以免个人保存不善而散失，故愿全部捐献给国家（山东省图书馆）妥为保存，并请求建立王献唐先生遗著纪念室，以供学者参考研究和出版。”该报告送到山东省人民政府和中共山东省委宣传部。接着，经过馆领导讨论，同意接受王献唐后人的捐赠，由我草拟报告呈送省委宣传部报批。我记得报告中有三个要点：一，同意成立王献唐先生纪念室，收藏其遗作和藏书；二，编制书目提要，供广大读者利用；三，接受王氏后人一人到馆工作，并给与精神和物质奖励。这三点王献唐家属十分满意，省委宣传部也同意拨专款给省馆。此事因汇集王献老遗作颇费精力和时间，因其书稿分别存放几个单位，要全部集中有一定难度。同时，更由于我在1985年中调离山东省馆到广州中山大学任教，给安可荇女士一个特大意外，于是，她收回成命，不提捐赠事了。为此，我的努力成了泡影，而山东省馆也有一种遗憾的失落感，至今仍未有头绪，令人惋惜。其实，在青岛王献唐后人家里，不仅藏有其大部分遗作手稿，还有部分珍贵古籍、字画、名人书信和文稿。其中《王献唐日记》内容鲜为人知，最具史料、学术价值，为世人瞩目。所以说他是一位真正的藏书家或收藏家，一点也不过誉。

王献唐一生收藏丰富的图书和文物，生前和身后，大部分捐给了国家，子孙也没“长街卖钱”（出自王筠语），说明他是一位高风亮节的爱国学者，同时表明其后人能够谨守家业，是一个能继承先祖遗训的好家庭。

杭州振绮堂、寿松堂书厄新证

柳和城

近代书厄，莫过于无情战火。咸丰年间的内忧外患和民国时期的日本侵华战争，已是人们公认的近代两大书厄。太平天国战争时期，江浙私家藏书遭受前所未有的毁损。但并非全毁于太平军之手，清军的肆意破坏，地痞流氓的乘火打劫，为数不少。民国初的动乱，情形也较复杂。过去论及书厄，要么寥寥数语，难辨原委；要么沿袭旧说，一古脑儿记入太平军账下，或曲意粉饰"革命"，回避真相。笔者近从上海图书馆珍藏的《孙毓修亲友手札》稿本中，发现数则涉及杭州汪氏振绮堂和孙氏寿松堂书厄的新证，一些藏书史专著中似从未提到过，值得介绍。

一

孙毓修（1871—1923），字星如，号留庵，江苏无锡人。1907年进上海商务印书馆编译所，曾主编《童话》、《少年杂志》等儿童读物，被誉为"中国童话的开山祖师"（茅盾语）。孙也是一位藏书家，其小绿天藏书以明清名人抄校稿本和罕见秘籍著称于世。他于民国初年辑编《书目考》，收集古今书目六百馀种，编成约五十万字的资料长编，可惜至今未刊。其间，他向许多藏书家或藏家后人发信征询。收于《孙毓修亲友手札》第九册中1918年1月23日汪诒年(仲谷)复信及其附件,就是一件关于杭州汪氏振绮堂书厄经过的珍贵史料。现抄录其附件如下:

记振绮堂书籍散失原委

太平军入杭州时,振绮堂书籍并未劫失,亦未烧毁。实被军人将书橱推倒,又将各书尽行取出,一验其中有无藏金。于是书籍狼藉地上,无人收拾。

及湘军收复杭州,汪氏后人有随军入城者,急谒堂勘视。则狗鸡之尸,或悬于梁,或沈于地,或外因饿毙而仆于堂中者,累累皆是,惨不忍睹。彼时狼藉满地之书籍,既无从检理,又急于得赀,一为殓葬之需,于是将各书计斤易赀。不数日遂散尽矣。

杭州振绮堂汪氏是清代著名藏书世家。其第一代主人汪宪(1721—1771),字千陂,号鱼亭,乾隆十年(1745)进士,官刑部主事、员外郎。振绮堂藏书时已与赵氏小山堂、吴氏瓶花斋"名相埒也"(汪诚《振绮堂书目序》)。汪宪之子汪汝瑮、汪璐(1746—1813)继承父业,锐意穷搜,振绮堂藏书进入最盛时期。乾隆年间诏求天下遗书,纂修《四库全书》,汪汝瑮选秘籍二百十九种进呈,后被《四库》著录三十三种,存目一百二十二种。由于献书有功,荣获内府初印《佩文韵府》一部。乾隆皇帝还在发回的两种书上亲笔题词,以示褒奖。振绮堂第三代主人汪诚编有《振绮堂书目》五卷,著录藏书三千三百馀种、六万五千馀卷。其子远孙(1793—1836)、适孙(1804—1843)、迈孙(1806—1851)、遹孙等都是饱学之士,著书刻书,享誉文坛。振绮堂藏书除公藏者外,他们各自还有自己的藏书。迈孙、遹孙编有分橱著录的《振绮堂简明书目》四卷。

汪氏振绮堂藏书绵延四代，前后约一百二十馀年。关于散佚，记载大都语焉不详。汪適孙之子汪曾惟等重刊《振绮堂书目》的跋文称，至咸丰庚申、辛酉（1860、1861）“杭城两遭兵燹，（藏书）散佚殆尽”，“插架之书百不存一”。光绪八年（1882）崔国榜也只说：“钱塘汪氏振绮堂，辛酉乱后，汪氏藏书尽散”（引自陈登原《古今典籍聚散考》）。汪诒年系汪宪六世孙、迈孙之孙、著名维新宣传家汪康年之弟。他本人虽未经历太平天国战乱，但必定从父祖辈那里知道书厄原委，上述短文可补原先著录不详的缺憾。文中所说破坏藏书的“军人”，显然不是太平军士卒，而是清兵。

二

杭州另一著名藏书楼孙氏寿松堂，从第一代主人、乾隆时举人孙宗濂始，经过数代经营，前后流传几近三百年。孙氏藏书多来自清初杭州赵氏小山堂，而小山堂之书又多来自明末绍兴祁氏澹生堂。因孙宗濂之妻出自赵家，赵氏“二林”（赵昱、赵信）之母又出自祁家。寿松堂藏书实集澹生堂和小山堂之精华。著名藏书有《资治通鉴》（内许多文字为当时流行的明本所无）、宋乾道本《临安志》、明弘治本《东京梦华录》、钱遵王手校《西溪书话》等，均受到当时藏书界和读书界的重视。孙宗濂之子孙仰曾于乾隆诏求天下遗书时，进呈寿松堂精本二百三十一种，后《四库》著录二十六种，存目一百零八种。乾隆上谕曾指名表彰，与汪氏振绮堂一起赏获内府初印《佩文韵府》一部。乾隆还在发还的宋本《临安志》上亲笔题词。

寿松堂藏书毁于太平天国战乱。孙氏后裔孙峻云:“咸丰辛酉(1861),寇烟再炽,寒家所藏图籍,尽付云烟。”(《八千卷楼藏书志序》)语焉不详,毁失细节难考。孙峻(1869—1936),字极于,号康侯。幼即好簿录之学,成年后竭力搜罗昔日寿松堂藏书。曾得寿松堂旧藏宋刊本《名臣碑传琬琰集》,请人绘成《岁暮归书图》,邀俞樾、丁丙、张宗祥等题诗。民国初,孙峻藏书已达二十五万卷之多,自称“后寿松堂”。1936年1月,孙峻去世。同年4月,其子君牧、君敉昆仲将其父遗书约六百种、三千馀卷捐赠浙江省图书馆,内有上面提到的寿松堂旧藏《名臣碑传琬琰集》,以及《武林街巷志稿》等一批杭州地方文献。浙图编成《杭州孙氏寿松堂捐赠书目》,陈训慈、樊镇在序文中对寿松堂藏书源流和孙峻维护先泽的精神,予以高度评价。但是区区三千馀卷,与当初孙峻收藏不是相差甚远吗?《孙毓修亲友手札》稿本第十五册孙峻的几通书札,解释了其中原委,实为一场兵灾所致。

甲寅(1914年)末,孙毓修致函孙峻,要求录副其藏赵刻《昆陵志》。十二月十三日(1915年1月27日)孙峻复信表示已办不到,详告其藏毁失情形:

> 上年七月,党人起事,杭垣不靖。敝庐寿松堂为庋储群籍之所,宾朋亦于此宴集,以地极清幽也。惟入暝则不举火,盖慎之也。堂外高筑篾篷,为纳凉之用。乃宵小大启垂延,掷火药于篷,不半夕而所藏二十五万卷,悉付祖龙。其间宋元椠本三十五部,若精钞撰校本三百馀种。匪止此也。堂之东为会计室,四十年簿积,尽化劫灰!今元刻本已无片楮,宋椠仅有三部耳。(今所存此,只后寿松堂五万馀卷仅六之一也。可胜悼邪!)事定后,生机大促,不获意,已于去

腊应河间之召，来旅秣陵。特读书之好，结习未忘，研田少有馀获，即锐志蓄书。先生闻之，得毋闵其境而悲其遇乎！

孙峻在另一通信中告诉孙毓修："寒家所藏善本，自癸丑（1913年）一炬之后，悉荡零烟。两年搜求，不及百分之十，且强半为书生诵习之书。书贾以不走为老马之识途，时时以旧椠见质，然无力以留存。相与咨嗟而已。"1913年夏"党人起事"，即反袁的"二次革命"，时杭城动乱，孙峻后寿松堂二十五万卷藏书几乎全被当地流氓焚毁。从孙信所记被毁宋元善本等数目，可见其藏之精富程度。孙峻于清末曾佐丁丙、丁申编《武林掌故丛编》及《善本书室藏书志》，还受命掌文澜阁《四库全书》。遭癸丑之变后，他迫于生计不得不外出谋事。"河间"，即时江苏都督冯国璋。秣陵，即南京。孙峻在南京冯国璋幕中任事多年。孙毓修为涵芬楼抄书，后又为辑印《四部丛刊》等事，求孙峻帮助疏通当局和江南图书馆。孙峻1914年至1918年间写给孙毓修的信存有百馀封之多，孙毓修订成"代言集"两册。内很大一部分是讨论寿松堂藏书及目录版本的事情，极富史料价值。如丙辰八月八日（1916年9月5日）信中说：

先世所藏书为粤逆所毁，故发愤以期恢复。然从未巧取豪夺。乃癸丑一炬，几成疯病。其中手校手钞者，在三千卷以上。以手钞而论，先后寓甬二年，在天一阁下手写秘册，虽祁寒苦热，亦不辍业。以为比辛苦所得，而苍苍尚不闵之。非友朋所贶，非以资败者则受之。若彼以金得之，我以徒手受之，恐苍苍之谴，不接踵而至也。

孙峻感叹后寿松堂藏书之得来不易，痛悼书厄之惨烈，令人扼腕不已。

铁琴铜剑楼记访

方毓强

忝为读书人，对于天下的藏书楼一直怀有独特的情感，其中常熟的“铁琴铜剑楼”是清乾隆嘉庆年间瞿绍基及其子孙五代的藏书楼，与山东聊城“海源阁”、归安陆氏“皕宋楼”、钱塘丁氏“八千卷楼”，合称清代全国四大藏书楼。作为“四大藏书楼”之一，因其富于传奇，更是景仰有加。近两三年来，有缘前往常熟，自然要想访问铁琴铜剑楼了。

第一次是三年前，我们开车先到常熟。一到常熟，我就想买一张常熟的地图，这样可以给司机指路，但没料到的是遍找无着常熟的地图。于是问书店何以如此，回答是已经卖完了。我只好问了一下路，叫司机出常熟城向东南方向行驶，然后我写了“罟里”两字，告诉他看到路边有这两字的地方就是了。但是，我们的小车开了很远很远，以至于到了太仓的境内，司机还没有说到。原来，司机说他一路上并没有看到“罟里”两个字，看到的是“古里”的字样，他以为此“古里”非彼“罟里”。这只好怪我自己太书呆子气了，因为我只从书本上知道铁琴铜剑楼在“罟里”，谁料想当地已经将“罟”改成“古”了。

过了一年，我又有机会前往常熟，于是办完事，就又找地图，还是没有找到。书店的回答是还没有重印，因为常熟是“小地

铁琴铜剑楼大门

方”,所以地图要一两年或两三年才印刷一次的。我就告诉司机我们要到的是“古里”。我自己也不敢与朋友聊天，瞪大眼睛看国道边的指示牌。我想路边应当有标明“铁琴铜剑楼”的咖啡色指示牌吧,因为咖啡色指示牌是国际上通用的名胜古迹的标识。

结果,我看到了“古里”的地名牌,但没有看到“铁琴铜剑楼”的咖啡色指示牌。我们在古里镇问了人,再根据他们的指示,过了小桥,来到了西街上的“铁琴铜剑楼”,也就是今天的古里文化站。走进大门,看到在原来的“铁琴铜剑楼”的旧址大院里,建有一幢外观并无特色的图书馆。我们向代管“铁琴铜剑楼”的图书馆工作人员买了门票，然后由他们拿

残存的藏书楼

院内通道

出了钥匙，到“铁琴铜剑楼”开了锁，我们一行人自己登楼参观。

“铁琴铜剑楼”原有四进，第一、二进门庭和前楼于1937年毁于战火，第三、四两进藏书处幸存至今。瞿氏一门，五世而传，历百五十馀年，收有十馀万册珍善本书籍。为了保住这些书籍，他们几代人不惜一切代价，包括在战乱年代曾全部运到上海避难，令人肃然起敬。解放后，瞿氏后代将这些珍贵的书籍全都捐献给了国家。也亏得他们有眼光，要不然到了“文化大革命”，其后果不堪设想！

如今的藏书楼空荡荡的，我的心里也是空荡荡的。我发现自己与其说是慕名“参观”，不如说是前来“凭吊”。由于诸多原因，今天真正意义上的中国民间藏书楼都已绝迹半个世纪以上的岁月了。只有像我这样的书呆子，还要想方设法地前来瞻仰，这在如今的商品大潮中，显得多么幼稚可笑，以至于弄出上述一些“笑话”。而所摄的几帧照片，只能是这座古老藏书楼寂寞的残照了。

（编者按：作者所摄照片五帧，随文刊出三帧，另外二帧见本辑封三。）

王懿荣和他的天壤阁藏书

程远芬

光绪二十六年七月二十日，八国联军攻破北京，次日天没亮，慈禧太后、光绪皇帝带着一帮大臣仓皇出逃。京城团练大臣、大收藏家王懿荣和妻子、儿媳一起跳入自家井中自杀殉国，成为近代史上的著名人物。

王懿荣（1845—1900），字廉生，一字正孺，堂号天壤阁，山东省福山县（今烟台市福山区）人。他不仅是清末光绪朝的重要官员，也是当时著名的金石学家、文字学家和藏书家。他自幼受到成长环境的深刻影响。他七、八岁时读书的本门长房棣堂，在光绪六年王懿荣回家时，“新年逐门叩贺，见字画双款皆康、雍、乾隆间老辈，率不完。灶上香炉，皆成化五彩，景泰蓝、万历青花之属，皆破乱。追忆当时，为之慨然。族中讌聚，杯盏杂凑，皆雍乾中官窑也，间有明磁。”（《天壤阁杂记》）他家第四房王燕绪，是乾隆二十五年进士，官翰林院侍讲，收藏书画丰富，后来陆续散出，历五六十年才基本散尽。他小时长期读书的舅舅家，收藏有郝懿行、王照圆夫妇旧藏的宋、元、明本正史、清武英殿本《二十四史》，其中明代国子监刻本都经过细心批校。他的另一位族人曾做高官，家里有康熙间闽浙总督官封、告示，糊窗户的纸竟是康熙时的大臣张玉书的墨迹。从小生活在这样浓厚的文物环境中，王懿荣是不可能不受熏陶的。

从十五岁至五十六岁，王懿荣主要在北京生活、做官，长达四十年之久。北京是政治、文化的中心，王懿荣结交了许多重要学者，如潘祖荫、张之洞、缪荃孙、盛昱、康有为、李文田、陈介祺、赵之谦、吴大澂、李佐贤、吴重熹等，经常一起商讨学问，书信往来，交换藏品，使他从前辈和同辈那里广泛汲取营养，学识和见闻大大丰富，水平不断提高，逐步成为当时金石学方面的权威之一，在图书文献学方面也很有建树。

王懿荣在科举考试方面非常不顺，从十八岁参加乡试，连续七次落榜。他的妻子黄兰重病在身，每次重阳节发榜，夜晚听到街上有人叫卖“题名录”，就用被子蒙住头，说：“此声凄凉，与秋风并厉，不可闻也！”后来王懿荣主考河南乡试，回忆起那些年的情景还很感伤，写下“伤心病妇蓬头日”的诗句。直到光绪五年王懿荣才考中举人，第二年中进士，已经三十六岁了。在这之前的十几年中，王懿荣虽然在部里任职，但职位太低，薪水太少，家里很不宽裕。

尽管生活艰难，但王懿荣还是嗜好文物收藏，公务馀暇常去图书文物市场。他在给王守训的一首诗中写道：“我今一盏瞢腾酒，不祭长恩祭贾胡；但使腰缠十万贯，寒风酷日省工夫。”意思是当他举起酒杯时，不祭书神，而祭外国富商，假使有一天我腰缠十万贯钱，寒冬酷夏就不要再亲自逛市场，好书好文物会送上门来。他在另一首诗中慨叹：“典衣还惹群书债，折券时蒙小贾羞。”他在给王守训的信中这样说：“弟贫病交加，穷至今日，可谓已极。然仍想一旦钱来，若旧本书，如某家之监本前后《汉书》，大字《晋书》，闽板《旧唐书》，……使我今夕有钱，皆将有之。若许赊，则不惜重价。不然，即学赤松辟谷，并饭连菜俱不吃。”“若铜器、泉、印、砖瓦等等，皆吾梦寐，皆吾嗜好，稍有一时不贫，一时家无病人，种种不饶。”他的嗜好古书文物，几乎到了画饼充饥的程度，幻想有一天有钱了，凡是自己喜欢的，统统买来。王懿荣为买古书、文物，有时把别的开销与文物图书相比，他在给王守训的另一封信中说：“弟过一生日，计费十三四金，不如得一抄本《韵补》也；又牵连香涛花去四五十千，不如得一方汉铜印也。”香涛，张之洞字。

王懿荣的妻子黄兰，出身官宦之家，很有修养，她为王懿荣维护着一个贫穷的家，同时尽力支持王懿荣收藏图书文物。每当王懿荣碰到好东西回来告诉妻子时，黄兰常说：“明珠白璧，异日有力时皆可立致之，惟此种物事往往如昙花一现，撒手便去，移时不可复得。”积极鼓动王懿荣购买。因为买文物，他们经常典当衣服首饰，当了赎，赎了当，当铺几乎成了他家的橱柜。王懿荣尽管穷，却有山东人的豪气，广交朋友，每年春秋佳节，就请潘祖荫、张之洞、吴大澂、李慈铭等一帮学者来家喝酒。黄兰总是提前准备，不因贫穷而慢待客人，王懿荣说她有“拔钗沽酒之风”。每年对家中收藏的图书、字画、拓本等进行晾晒，以免生虫。对儿女严加管教，不准接近文物。黄兰还擅长拓印，王懿荣买来的青铜器、古钱、古印章、铜镜、古剑、古砖瓦，她都亲自拓印，务必达到纸白如玉，墨光如漆，无丝毫墨点沁入字口，才算满意。她在拓片上盖上小印，题上器物名，非常精致。黄兰因久病不治，信佛，王懿荣买来的南北朝石雕佛像二十多件，黄兰都放在卧室中供奉着。有时拓印佛像，她先念叨：“心心相印，此便作亿万化身。”拓片上还盖上小印：“王懿荣妇黄氏一心供养”。这位志同道合的黄夫人，可惜仅三十七岁就病逝了。死后王懿荣为她写了一篇《行状》，抒发了无限的怀念和悲哀之情。黄夫人死后两年，王懿荣就考中举人，第三年成进士，王懿荣的父亲也升了官，两个儿子也都念书有成，家境随之好转。黄夫人却没有等到这一天。

王懿荣考中进士后，家境改观，他的收藏也随之迅速增多。就在刚刚考中进士后，他回福山老家，一到家就买到宋拓《太清楼书谱》，是福山鹿长泽的藏品，有翁大年题签，曾经高僧达受收藏。又从蓬莱县城太和银楼买到宋赣州刻《文选六臣注》残本七十页，原是他本家六房王德瑛的藏品。王德瑛是嘉庆进士，曾官河南安阳县知县，收藏过牟庭校本书，还有文天祥手批史书。王懿荣又得到明刻《六臣注文选》，明刻《苏文忠公全集》，是他本家王燕绪家的旧藏。在烟台，他得到泽存堂刻本《玉篇》、《广韵》，也是他的一位从祖的旧物。他到处搜罗古书、文物，以至于他小时读书的本门长房在接待他时，不许他到楼上书库里看书，怕他硬要拿走。他到舅舅家拜年，舅舅家的郝懿行、王照圆旧藏善本，放在一个箱子里，也不允许他翻看。

第二年（光绪七年）他回到北京，又请假到四川看望在此地做官的父亲，途经陕西，一路与文物贩子打交道，有苏估、小苏估、马估（端星）、孙估（文山）等。在西安城隍庙买得元刻《古今均会》、明初印本《元史》。《元史》有范氏天一阁藏书印。这使他想起光绪五年他从四川看望父母，回北京时路过西安，在城隍庙买到宋刻明印本《魏书》、《北齐书》、《北周书》，还有旧藏明库册纸印元刻本《隋书》、《北史》、明翻刻宋秘阁大字本《晋书》、元大德刻本《汉书》的情景，于是产生了收集旧刻本全套正史的愿望。到了四川，他弟弟为他买得元本《宋相臣传》。山东新城人王翱在四川做官，藏有王士禛遗稿，将王士禛诗稿一页、《池北偶谈》稿本十多页赠送给王懿荣，王懿荣十分珍爱。有一位老师爷姓周，已去世多年，家里贫穷，但古钱不少，真假参半，王懿荣全部买下，剔除赝品，发现了一些很难得的珍品。这次从四川回北京，又经过西安，与文物贩子杨估（实斋）、小苏估、马估等打交道，买得鼎、彝、剑等多件珍品。他认为这是天神保佑，所以对天致谢。他又到城隍庙书市，买得元大德十路本《北史》，与前几次买的旧本正史正好配套。还买到尤侗、王弘撰、刘统勋、毕沅等人的条幅。这又使他回想起光绪五年在这里买到过元刻本《豫章别集》、明本《王梅溪集》。他慨叹："天下之地，青齐一带，河陕至汉中一路，皆古董坑也，余过辄流连不忍去"，"安得腰缠十万哉？"

王懿荣收藏的珍贵图书，还有明世德堂刻本《六子》，印本宽大；黄小松拓汉武梁祠画像石卷子。两件藏品都是二十年前见过，二十年后才收藏的。又有赵松雪写《莲花经》第四卷、第五卷，其中第五卷是他父亲买的，他父亲因此取斋名"莲花龛"。王懿荣有两首诗记这几种藏品："先人旧署莲花龛，喜得《莲花》卷一函；今日添来经第四，九原如在笑颜含。""子书世德纸宽行，汉武梁祠卷未亡；故物新收二十载，至今披览手重忙。"

王懿荣还收藏有宋版《刘后村集》，每册有明人盖印："隆庆壬申夏提学副使劭晒理书籍关防"。这是明代隆庆六年有一位姓劭的提学副使晒书时特地加盖的官印。元刻十行本诸经，即阮元《重刻宋本十三经注疏》所据的版本，是元代福建地区重刻的宋本，往往被误认为宋本。王懿荣收有这个元刻本七种。因为是“苦力搜罗”，原认为是宋本，所以他自己认为是“上当”。其实，即使是元本，也比较珍贵。南宋庆元黄善夫刻《后汉书》，传世绝罕，李盛铎藏一部，现在北京大学，该本有潘祖荫跋，说王廉生也有一部。王懿荣自己说自己那一部仅存四分之一，是个残本。不过这样的正史宋本，残本也极难得。王懿荣还藏有元刻本《玉海》，虽然不十分稀罕，但也很受学界重视。

王懿荣有时用自己刻印的《天壤阁丛书》与人换书，他曾托缪荃孙作介，用《天壤阁丛书》换王先谦刻的《天禄琳琅书目》。

王懿荣对于书的品质十分讲究，尤其重视初印本，显然由于初印本文物观赏价值更高。他曾把吴重熹刻《捃古录》赠送丁干圃一部，告诉丁氏：“此最初印本，切勿轻视。”他曾把自刻的《黄御史集》寄赠缪荃孙，信中强调是“初印本”。还曾寄赠自刻《麟角集》给缪荃孙，信上也特别强调“初印白、竹二种纸本各一部”。

王懿荣对刊刻精工的本子也十分重视，他曾见到浙江刻《於越先贤像传赞》，描述说：“任熏画像，精谊入古，甚觉可爱。”

王懿荣对书十分爱护，一旦发现缺页，即设法抄补。他买到曲阜孔继涵刻《孟子》，缺一页，就写信给缪荃孙，借抄一页补齐。他代缪荃孙买《全唐文》，逐页清点，完好无缺，这才买下。他写信告诉缪荃孙：“近有一癖，每买一书，必清点篇页。”

借抄图书，王懿荣也十分讲究。山东曲阜孔尚任有部著作《节序同风录》，记一年节日风俗，没出版过，乾隆修《四库全书》，衍圣公孔昭焕把该书呈送上去，结果没有收入，仅仅入《存目》。原书留在翰林院，没有发还。王懿荣在翰林院借抄一部，盖上“翰林供奉”、“王懿荣印”等印章，珍存在家。后来这部书归了外务部尚书掖县人吕海寰，吕海寰去世后，又转归入大连满铁图书馆，大概是仅存的一部。王懿荣借抄时必然知道这部书罕见而且有价值，可见他很有学术眼光。戚继光的《止止堂集》，修《四库全书》时有人献上明万历刻本，同样没有收入《四库全书》，仅仅记于《存目》之中。王懿荣知道该书罕见，就从翰林院借出，请人“对临”摹写一部。然后把原书还回，抄本则交山东官书局刻印出来。现在我们看《止止堂集》，就只能靠山东官书局刻本，万历原本已没有全本了。有的书特别宝贵，王懿荣还特制印章，如清代周悦让稿本《经通》二十六卷，周是王懿荣的老师，这部书由王懿荣珍藏，各卷尾钤有“孟伯先生写定门人懿荣守藏”朱文长方印。这部书现藏南开大学。

王懿荣不仅自己孜孜不倦地收集图书、文物，而且对国家文献整理也有突出贡献。光绪十五年六月十六日他上奏请求续修《四库全书》，这件事成了近一百多年学术界几代人努力的方向，直到2002年这部丛书才由学术界编出来并且影印行世。

王懿荣还建议汇集清朝人新撰的《十三经疏义》，这就是后来逐步被确定下来的《清人十三经注疏》，可以说基本框架是王懿荣确定的。

王懿荣还曾编撰《天禄琳琅书目补编》，吴士鉴《王文敏公遗集序》记载此事说：“乾清宫之东北为昭仁殿，贮天禄琳琅。殿侧有古董房，储藏书籍乃乾隆时诸臣所未搜辑者，公与同直诸公奏请编订目录，得宋、元、明椠本若干种，撰为提要，拟名曰《天禄琳琅补编》。稿本粗具,会以事变,不果奏刊。”萧穆《敬孚类稿》卷九《记天禄琳琅目录三四两编本》也说:“《天禄琳琅三编目录》王廉生祭酒懿荣有写本,建霞(江标)曾见之。”但这部《天禄琳琅书目补编》稿本今是否尚存世间,已不得而知。

为了保存古书流通史料,王懿荣曾与盛昱约定,分工编撰《琉璃厂书肆后记》,以接续乾隆间李文藻的《琉璃厂书肆记》。其文不知写成没有?但在近一百多年间,琉璃厂书肆不断受到藏书界关注,有关记载不断出现,有写成专书的,也有单篇文章,可以说大成气候。王懿荣的承前启后工作也值得重视。

直到殉难前一年,王懿荣还在一次偶然的机会,发现了轰动中国近百年学术界的甲骨文。据他的儿子王崇烈记述,王懿荣共收购甲骨数千片。可惜第二年他就自杀殉国了,没有来得及做深入的研究。

王懿荣一家三口跳井十天后,在京做官的济南历城人张英麟才筹资买了三口薄棺材,率领国子监学生把尸体打捞上来,暂时成敛,掩埋在距井不远的花园中,后来又移到北京郊区宝应寺义园,第二年七月才由儿子王崇烈运回原籍福山安葬。清政府给他的谥号是“文敏”。他在北京的住宅辟为家祠,张之洞题匾“福山王文敏公家祠”,殉难的那口井上建了亭子,并在一旁竖起一块碑,上刻“福山王文敏公殉节处”。

王懿荣在古籍、文物收藏方面是富有的,但在金钱方面却一直囊中羞涩,直到自杀殉国,身为京师团练大臣、国子监祭酒的他,却有一百多件文物抵押在外,不能赎回。他带着“腰缠十万贯”的梦离开了人世,却留给后人无法估量的精神财富。

曹大铁《藏书目录》辑注

曹培根　辑注

一、《龙虎山志》　明天启五年写刻本，胡碧撰，詹德高书。上卷一、二、三黄麻纸，中卷一下卷二、三合订四册，购于南京。卷首有崇祯间陈式画张道陵真君像。（原为盱眙王氏藏书，得于南京文萃堂书店。曹大铁有《青玉案·金陵即事》记其事："初夏过文萃堂店，适收得盱眙王氏藏书，余选购明道院钞本《勾曲外史集》，又旧钞本《渭南集》，又明刻校元本《稼轩词》，又思进斋校宋本《说苑》，又明正德本《青阳集》，又明正德本《松雪斋集》，又明嘉靖本《高士传》，又明万历本《倪云林集》，又明万历本《考古图集》，又明天启本《龙虎山志》，共十种，议价未成，匆匆返皖。昨得明华由宁寄来一邮包，启之，则洞庭碧螺春新茶二斤暨上书十目俱在，知已代购成交矣。品茗阅书，高兴作词。"见曹大铁《梓人韵语》南京出版社 1993 年 7 月版，下同不注。）

二、《香乘》　明万历戊午李维祯序，崇祯十四年周嘉胄撰自序，竹纸，二十八卷，有"惠栋之印"、"定宇"、"红豆斋考藏"等藏章，合订厚册。

三、《六壬兵占》　明军中卜辞，存六十三页，原分两册，合订为一册，有许廷诰丹井书屋、赵次侯旧山楼、曹大铁半野堂递藏语印记，曹大铁题跋。

四、《心赏笔随》　明遗老陆务敏手辑稿本，元末至明末间诗，不分卷，合订四册，清初以来递藏于诸名家，原无卷数，后人妄为编次增目小页。乾隆戊子陆沆跋，近人曹大铁跋两则。（曹大铁有《满江红·读明陆务敏〈心赏笔随〉手稿书洪武纪后》记其事:“明遗老陆务敏辑此篇,宛如《明诗综》也,原不分卷,后人妄为八卷,余删去之,存其旧也。陆氏工书,尽法羲献,有胜于其并世诸家。此编迭经诸家收藏,印记累累。同邑归止庵考证甚详,附于卷尾,与余收冯简缘为钱湘龄缮正《历朝诗集小传》适成双璧,异时当为影印公世。”)

五、《月旦堂仙佛奇踪》 明洪自诚撰,明冯梦桢辑,袁士凡辑,八卷,合订四册,吴门潘恕氏、常熟赵次侯旧藏。(《四库全书总目》入子部小说家类,作《仙佛奇踪》四卷。)

六、《太古遗音》 明写刻本,白棉纸,四册,传为王稚宜书,有“释轩珍藏”印,金陵琴士杨抡校,真传正宗琴谱。

七、《医方考》六卷《脉语》一卷 竹纸六册,明万历吴昆著,有“旧山楼”、“南草堂”、“徐氏通禾堂藏书印”、“吕之谦□□家藏”印。

八、《读书丛说》 旧精钞本三册,有“半潭山房”、“琴川邹彦瑜珍藏图书记”、“虞山丁雅清所藏书”诸印。

九、《玉台新咏》 明覆宋小字本,二册,有“旧山楼”、“绣谷”、“伯生珍藏”诸印,装帧裹裱衬,明刻精品。

一〇、《吴都文萃》 旧诗钞本,残存六卷,杨泗孙以瞿氏所藏宋蔚如校本借校,并有长文题记。(《铁琴铜剑楼书目》卷二十三载《吴都文粹》十卷,旧钞本,宋郑虎臣编,卷首有“宋蔚如收藏印”朱记。)

一一、《明思宗毅皇帝本纪》 明遗民撰,书于钱牧斋《初有学集》稿纸之上,钱遵王有跋语:叙事简练,行文雅驯,记载出自朝臣,自与草野私史有别,小暑后一日阅毕灯下识。曹大铁题跋一则,又赋《水龙吟》词一阕书于卷耑。(曹大铁《水龙吟·书〈明思宗毅皇帝本纪〉手稿》记其事:“此稿书于钱遵王笺注牧斋《初学集》稿纸之上,末有跋语,谓‘出自朝臣手笔’,一见即知为遵王手迹，惜未著撰人姓字，即遵王亦未署名，殆乖时隐名者，是必牧斋友契所作。开卷作蝇头细楷，一再更易，粘存册上，其后则行书，书法甚佳，斯亦人间未见之本，己丑（1949年）冬日得之庞云斋。《国粹学报》某期曾刊此编起首数行，并云：‘下佚’，是则此稿外间有传钞本，而钞本只存起页，今则原跡尚在，睹斯可证。”）

一二、《明史断略》 钱谦益著，自洪武至嘉靖八朝中事，冯武钞本二册，自补钞，卷耑有绛云楼椭圆印，曹大铁题跋两则附书末尾。（曹大铁有《半野园曲》本事注：“余先后收得牧斋《楞严蒙钞》手稿本，又《明史断略》冯简缘为之手写定本，又也是园藏书八种，皆牧斋旧物。又《柳如是初访半野堂小像》图轴，余集作，又《柳河东便装小像》卷子，毕仲凯作，自乾隆以降，题咏者积数十家，皆丁秉衡旧物也。”）

一三、《中说》 十卷合订两厚册，白棉纸，明嘉靖覆宋本，有常熟陈氏“稽瑞楼”藏书印。

一四、《复社姓氏录》 董刻小字本一册，白棉纸。

一五、《白石道人歌曲》 感峰楼沈韵斋手抄本，六卷合一册，桃花纸。

一六、《白石道人诗词集》 影宋钞本，有孙星衍、吴平斋、沈韵斋及曹大铁递藏印记。

一七、《西京杂记》 明嘉靖黄省曾刻本，有清康熙席氏玉照堂印。

一八、《西京杂记》附《汉杂事秘事》又《教坊记》 毛晋订正，有“孙星衍藏”、“沈韵斋藏”，有考记，旧钞本，合订一册。

一九、《古文宏澜》， □□书屋旧钞校本，廿三篇毛订一册，每篇有评语。

二十、《惕斋闻见录》 丁氏淑照楼钞本，乌丝格，有丁初我题跋，记李闯王与满清入关时情景。（清厉惕斋，后又有手稿一种。)

二一、《瀚海披沙》 清武陵武文斌手稿,毛订一册,桃花纸黄丝格。

二二、《仪徵竹枝句》 清厉惕斋手稿,朱丝格,毛订一册。

二三、《□列备览》 无名氏撰,记太平天国在吴八年实录,始咸丰三年,迨同治十一年史实。

二四、《重订选择集要》 六卷,旧钞一厚本,题“峡江黄一凤编集”印,明天启甲子黄氏自刻本,有乾隆二十八年黄楷记并加圈点小楷,自行目至序歌共壹佰零八页,有“黄楷之印”、“味无味处珍赏”等藏章。

二五、《百缘语业》 沁园春词壹佰阕,清乾隆朱适庭著,王鸣盛作序,又杭世骏、王古严二序,旧钞本。

二六、《克斋词》 宋苕溪沅端节著,旧精钞本,钟承德增入《感皇恩》并校阅全集,孙星衍、沈韵斋递藏。

二七、《梅花衲》 宋菏泽李龚集句,影钞宋临安府陈氏书籍铺收,从明季以来诸家递藏印记累累,合装一函。

二八、《我闻室梅花集句》 题作“河东君如是集”,赵氏旧藏本,江阴吴镌子产抄,近人高野侯题跋中谓此集实渔洋山人所集,各持一说,未知孰是。

二九、《句曲外史集》 三卷附录一卷,合两册,明钞本,递藏十馀家,曹大铁作长篇题跋书于书末。(曹大铁《青玉案·金陵即事》记为明道院钞本。)

三〇、《还魂记传奇》 绣像明精刻本,初印四册。(曹大铁《程礼门先生造像记》载1953年孟夏司基建工程于浙省黄潭口水力发电站,衢州程礼门处见“明刻绣像传奇十馀种及抄本校本稿本无数”,得相赠“明椠六种,排印本一种”。)

三一、《四书集注》 八册,毛扆从中字宋本以朱笔校小字宋本,以青笔校淳祐本,又以青笔校当涂郡斋本,稽瑞楼旧物。咸淳癸酉衢州郡庠本者即此中字本也，惜乎残缺仅存二册，书录毛扆志。

三二、《老学庵笔记》 三册，宋山阴除观天启本，翁同龢阅本，有“常熟翁同龢藏本”印记，首页唐云作《松禅老人午睡图》。

三三、《杨东里先生集》 四册，明正统本，王淮序，经虞邑邵阆仙、赵次侯、丁初我诸家递藏。

三四、《诸子纂要》 三册，影钞明弘治本，有“钱曾之印”、“遵王”、“蒋伯生印”、“傅沅叔藏园藏书记”、“九峰旧庐藏书记”诸印。

三五、《渔洋精华录》 林佶人写本，三册。

三六、《说选》 十二册两函，明正统本，总二十三卷，“小李山房图籍”、“王氏九峰旧庐珍藏书画记”诸印。（曹大铁《程礼门先生造像记》载为浙江衢州程礼门1953年所赠明槧六种之一。）

三七、《北九宫谱》 六卷三册，第六卷最后五页钞配，明万历本，熊弱侯序，朱之□撰。

三八、《酌中志》 明宦官刘若愚撰，二十四卷三厚册，虞山周氏鸽峰草堂精钞本（从丁氏八千卷楼移录），书中评语系沈公间笔。（曹大铁《瑞鹧鸪·即事》记：“甲午（1954年）腊月中旬得杭州书友函，谓有钱牧斋《楞严蒙钞》手稿，及吾乡鸽峰草堂钞本《酌中志》、《姜氏秘史》等书，廿七日专程践约，捆载而归。”鸽峰草堂为周大辅室名。）

三九、《谯子五行志》 乌丝格，爱日精庐精钞，赵氏旧山楼藏本，五卷一厚册。

四〇、《汉丞相诸葛忠武传》 一卷一册，爱日精庐精钞本。

四一、《烈子释文》 上下两卷合订一册，袁氏贞节堂钞，有“查氏之伊珍藏”、“曾在旧山楼”印，此印元朱文，极精。

四二、《钦定逆案全闻》《东林始末》 旧钞各一册合一函，其中《东林始末》册内为《盗柄东林夥》、《东林同志录》、《东林朋党录》、《东林点将录》、《东林籍贯》。

四三、《三省轩考古类编》 仁和紫伟臣纂，四卷二十册付印之定本，所记皆杭郡一隅事，有“徐氏通介堂藏书”印。

四四、《宋遗民录》 十五卷，朱丝格，程敏政著，旧钞本，试院纸。

四五、《小窗清纪》 二册，分清韵清享各一册，明万历刻本，吴从先评辑，有“麓圃查著华珍藏”印记、“宝书楼藏书印”、“泾川查氏紫藤藏馆藏书之印”。

四六、《遗山乐府》 三册，旧山楼精钞本，有“旧山楼”、“次侯所藏”印记，钟承德先生精校并有校后记。

四七、《吴越春秋》 十卷四册，后汉赵晔撰，明万历间武陵书贾覆大德徐天祐本，观其序文，影射元椠，卷端及十卷之尾钤“江左散人”、“延绿斋”二印。

四八、《三妇人集》 唐道士鱼玄机诗集、薛涛诗、杨太后宫词三目合刻合订一册，覆黄荛圃藏宋本，丁初我有题记附入。

四九、《皇明四夷考》 明郑晓著，上下两卷，嘉靖本，白棉纸，二册。

五〇、《博物要览》 十六卷三厚册，旧精钞本，有张蓉镜“小琅嬛福地秘笈”，赵次侯“旧山楼”、“非昔过眼”诸藏印，卷末有“嘉庆庚午春小庐吴宪瀓读”、“道光丁酉仲春刘万程假观”二题。

五　、《陶靖节集》 明谷园刊本，钱良择木菴校本，二册。

五二、《风雅广逸》 明正德刻，六卷二册，白棉纸，有旧山楼藏印。

五三、《今言》 明嘉靖刻本，原卷残存二卷，二厚册，白棉纸，郑晓撰，卷首附刻赵子昂录白嶽陈纶竚言氏摹。

五四、《魏叔子文钞》 不分卷汇订四册，精钞本，白棉纸，不知为何人所评点，于魏文研究之深，定为当时名家，有“姚覲元收藏印记”。

五五、《甲乙史》 上下两卷，旧钞本，毛订未装，有曹藏南明史十二目之一，无撰人姓氏，已修好。

五六、《古今注》 上中下三卷二册，明刻，劳氏丹铅精舍旧藏，有劳格劳权兄弟印。

五七、《古今风谣》 明刻，存卷一，馀佚，有□□孙官印，又“陈印”极大。又《古今谚》明刻六卷二册，“子有”诸印。

五八、《虞邑科名录》 始于明万历元年，终乾隆五十年，分上中下三册，诸家递补，庞云斋旧物。

五九《南北史录隽》 明倪可大（字简白）精钞本，二厚册，知不足斋鲍廷博、张燕昌、九峰草堂递藏。

六〇、《关王事迹》 元蜀刻大字本，三册，白蔴纸，傅沅叔、王绶珊递藏。（曹大铁《水龙吟·书元椠〈关王事迹〉》记：“此椠惟见丁氏《八千卷楼书目》，蜀郡胡氏所刻，上有关壮穆侯像，偃月宝刀图，又曹孟德表封汉寿亭印，云皆摹自原物，实迂阔之说。白麻纸，写刻甚精，余以重价得之王氏九峰草堂，为元刻精品之一。”）

六一、《大佛顶首楞严经疏解蒙钞》 钱牧斋手稿一厚本，有“钱谦益印”、“红豆邨庄”、“天北生如来真子”、“□□□邱”半印，乐善堂杨氏图书，曹大铁有跋语述此编聚散经历。（曹大铁《法曲献仙音·书牧斋〈楞严蒙钞〉手稿本》记：“《佛学释名》载《楞严疏解蒙钞》六十卷，略称曰《佛顶蒙钞》，清初钱谦益撰，此书本入清藏，高宗恶钱为人，在藏中黜去之，致流通者希，然详细博雅，固首读楞严经不可少之书也。此稿著称蟫林，用旧官牍纸书之，上有‘蕙风’一印，斐云、葱玉，并认为柳如是私章。”又《瑞鹧鸪·即事》载为1954年腊月购自杭州。）

六二、《明纪太学进士题名录》 洪武至崇祯，乾隆十一年汇刻，计九册。

六三、《明纪太学进士题名录》 康熙五十九年汇刻本，始于顺治三年，终于丙戌科至十八年辛丑科为第一册，始康熙三年至五十七年戊戌科为第二册，始康熙十六年至雍正八年庚戌科为第三册，雍正十年汇刻。附康熙雍正乾隆三朝博学鸿词科为一册，乾隆十一年戊辰至六十年历科绩后汇订为一册，嘉庆元年至二十五年庚辰为一册，道光二年恩科至咸丰二年壬子恩科至同治十三年甲戌科三十年庚戌科为一册，历科绩存汇订本，光绪二年丙子恩科至二十四年戊戌。前页盖有“状元宰辅祖孙父子兄弟伯侄翰林之家”印。

六四、《栲栳山人诗集》 元岑安卿著，曹彬侯钞，钱谦益校，上中下三卷合订一本，有“曹炎之印”、“彬侯”、“涧苍”、“钱谦益印”、“梅仙”、“柳如是印”、“学古之道”、“江左散人”、“小□三台长”等十馀方藏章，曹大铁补录宋玄僖撰之序文，又冯二痴跋语。

六五、《词的》 四卷合订一册，吴茅瑛纂，明刻，朱墨套印。此作于声韵格律评选甚严，举例自宋至明中叶诸名家作。

六六、《博闻录》 明常熟遗老谭鼎新谭信伯侄合编，详记科场轶事、历朝科第考等计目录八类三册，乌丝格，白棉纸，精钞校本。

六七、《白石道人诗集》 三卷，谢肇淛钞本，与知不足斋本、榆园丛书本均异，曹寅楝亭旧藏，曹氏抄家时此编存其外甥富察昌龄处得免。有曹大铁自跋语三则及抱真翁花并萼题跋。是集作正集二卷，补馀十一首，白石诗集最早之刻本也。（曹大铁1956年于南京购得，其《临江仙·书明谢在杭钞藏〈白石道人诗集〉三卷本》记：“此集久置关外，风伤甚重，为曹楝亭旧藏，旋赠予其外甥富察堇斋，曹氏抄家，得以保存。与余澹心《玉琴斋词稿》情况尽若。丙申冬月得于南京，归肥日，即属书友重修。次年反右起，余即与外界隔绝。戊戌仲夏入狱，家藏图书悉被盗窃，此册因存肥市友人处得免。此三卷本尚存宋刻之旧，必自宋本出也。）

六八、《陶渊明集》 汪士钟覆宋刻大字本，旧山楼赵氏藏本，赵次侯以另一宋刻精校一过，有“旧山楼”、“铁如斋”诸印记。

六九、《扬子法言》 覆宋南监本，大字白棉纸四册。

七〇、《帝显经世图谱》 十卷合订八册，旧钞本，从三代以下为帝王阅读之经世之类书。

七一、《洪武正韵》 明初官本，白棉纸，十大册，津逮楼藏书。

七二、《东都事略》 明初蓝丝格白棉纸本，缺第一册以扫叶山房刻本配足，有“双鉴楼藏书记”、“傅增湘”、“藏园”、“王绶珊”等印记。

七三、《诗话总龟》 明嘉靖本，白棉纸，计九十八卷，前集四十八卷，后集五十卷，明宗室月窗道人编纂。

七四、《旗亭记》 四册，清乾隆雅雨堂写刻本，极精致。

七五、《玉台新咏》 十卷后记一卷，二册，康熙间常熟冯鳌刻本，丁祖荫跋二页考证至详，王恂校宋本。

七六、《姜氏秘史》 四册，虞山周氏鸽峰草堂精钞本。主人左季悬价徵天下高手以重酬为之钞藏卖书，校勘甚谨，为清季钞藏善本之最，余收得其《酌中志》与此钞共两目。（鸽峰草堂主人周大辅，字左季，有“虞山周左季收藏印”、“常熟周氏鸽峰草堂藏书”诸印。曹大铁《瑞鹧鸪·即事》记 1954 年腊月于杭州购得鸽峰草堂钞本两种等。）

七七、《元史纂略》 八卷，白棉纸，总若干卷无考，分订二册，明马维铭纂。其第三卷似夺一页待考。此著检诸家藏目未见著录，黄氏《千顷堂书目》亦无之，与余之所有钱谦益冯武钞本堪称双璧可宝。

七八、《丹铅馀录》 十三卷白棉纸六册，西蜀杨慎著，明隆庆吴郡凌氏刻本，初印，有周寰滔、王绶珊等印记。

七九、《升菴遗集》四册，白棉纸，初印，廿六卷订四册，明万历本，书面自作梅、竹、水仙、菊水墨画四幅。

八〇、《清初四代实录》 红格宣纸，两册，钱梅溪写本。

八一、《元曲选》 十二册，内八册带图十六幅，四册无图，明万历臧晋叔原刻，初印。

八二、《明季南略》 四册，计六奇稿。

八三、《明季北略》 十册，计六奇稿。此两编光绪戊戌政变后北京琉璃厂有删改，后刊行，惟内容大殊。1981—1983年中华书局向余征集印行，而杭大张崟教授所藏一本实已霉烂成纸饼。

八四、《续金瓶梅》 残存三，无名氏著（清丁耀亢撰）。

八五、《致身录》 明泰昌本一册，项凤梧题跋于卷末。

八六、《羊士谔集》《戎昱诗集》 合订一册，红金罗纹纸，有“吴纕”、“延山”藏印。

八七、《西昆酬唱集》 上下两卷合订一册，冯武简缘阅本，有“旧山楼”藏印。

八八、《负暄野录》 上下两卷合订一册，无名氏撰，有“文钊私印”、“眉山居士”、“潘氏星斋考藏”诸藏印，元至正王柬题识。

八九、《读书敏求记》 赵氏小山堂钞本，朱文藻朗斋录何义门校本，合订一册，吴兔床骞精校，晚清丁秉衡又有校正并题记五则，有丁氏藏印。

九〇、《牧斋有学集》《投笔集》 旧钞本一册，徐氏通禾堂、赵氏旧山楼、翁氏之缮诸家递藏，印记累累。

九一、《纂图增新群书类要事迹广记》 五集十卷，元刻，黄蓝纸，合订三册，傅氏藏园、王氏九峰草堂递藏。

九二、《诸葛忠武书》 明万历己未本，十卷合订三厚册，有长洲吴庆咸、彭城伯子、空翠阁诸藏印，蠡缤草堂印。

九三、《考工记通》 明万历本，原八册合订二册，宣城徐穆如、梅禹金两家合辑本。

九四、《桃花扇传奇》 合订两册，康熙刻本，自题满江红于首页，又七律两首于卷尾，丁初我丈有题记。

九五、《虞邑遗文录》 陈揆辑录，原稿本四册，考证常熟文所最古最古之籍也。

九六、《朱射波集》 白棉纸，一册全，明嘉靖乙卯杨慎序刻。

九七、《松雪斋集》 白棉纸，初印，上下两卷两册，明正德刻本。（曹大铁《青玉案·金陵即事》载购于金陵文萃堂书店，原为盱眙王氏藏书。）

九八、《倪云林集》 白棉纸，三册，明万历荆溪蹇曦编集，八世孙倪理重刊，古照轩、汉蓖斋递藏。（曹大铁《青玉案·金陵即事》载原为盱眙王氏藏书。）

九九、《高士传》 明嘉靖癸巳黄省曾刻本，白棉纸，三册，卷首有罗振常读书印并考证一则，又凤凰楼主考则大谬，余亦作跋语，斥旧主仅阅书而未尝认真读书也。（曹大铁《青玉案·金陵即事》载原为盱眙王氏藏书。）

一〇〇、《潜斋文集》 四卷合订一册，旧钞本，曹楝亭、敷槎昌龄、邓邦述群碧楼诸家递藏，亦曹氏抄及中漏失之编，与《白石道人诗集》三卷本尽若。

一〇一、《秦淮八艳图咏》 两册，绣像九幅，自题南歌子词于卷端。

一〇二、《大明会试录》 洪武二年至万历壬辰由一人手辑存，自乙未二十三年至崇祯戊辰又由一人辑，明遗老金壇槁叟张明弼跋。

一〇三、《乾道临安志》 残存二卷，影宋精钞本，两册。

一〇四、《夏小正解》 单思兰著，不分卷，张南圧极推崇其学理之深且博也。

一〇五、《分类补注李太白诗》 二十五卷，元至元本，合订六册，独山莫友芝旧藏，有莫氏一门藏印。

一〇六、《闲闲老人滏水集》 二十卷，附录一卷，蓝丝格精钞本。

一〇七、《史炤资治通鉴释文》 影宋钞本，三十七卷，合装八厚册，有“常熟赵氏旧山楼藏本”印。

一〇八、《班马字类》 五卷，影宋官本，嘉庆石亭陆孔昭题识。

一〇九、《乐善堂馀集》 三十卷，分订十六册，清帝乾隆居东宫时所刻诗文集，铜版罗纹纸精印，常熟蒋氏赐书堂珍藏。

一一〇、《绛云楼书目》 上下两卷，吴翌凤枚菴手校精本。绛云楼毁于火，致其所藏莫衷一是，吴翌菴集各家记录而成巨著，三百五十馀年被誉为可信之编。有吴之校勘记书于卷末。有“道光乙未武原马氏汉唐斋收藏书籍”蓝印记。

一一一、《宋名公小简》 二册，明成化本，印刷稍后。

一一二、《铁网珊瑚》 十六卷，书品画品各八卷，录有清常道人赵琦美题记，曹大铁跋一则，乌丝格精钞，赵清常增益后存。（曹大铁有《踏莎行·代简谭和庵求让毛钞朱存理〈铁网珊瑚〉》。）

一一三、《新镌杨家府世代忠勇演义（志传）》 八卷，分订八册，万历丙午长至日秦淮墨客校订，烟波钓叟忝订。

一一四、《续幽怪录》 上下两卷二册，瞿氏铁琴铜剑楼影宋精钞本，并摹写黄荛圃三跋。

一一五、《练兵杂记》 六卷，旧钞本，四册，戚继光撰，蓝格，归安姚氏、思贻堂史氏诸家藏，有“古照轩藏本”印。

一一六、《虞邑采芹录》 虞邑丁初我手钞本，始嘉靖元年壬午，终崇祯十五年壬午，考证详实。

一一七、《小石山房书目稿》 顾湘翠岚手钞，家藏部分书目。

一一八、《旧山楼书目原稿》 赵仲举手钞，家藏全部书目。

一一九、《钜鹿东观集》 乌丝格，十卷合订四册，魏野著，天都鲍氏困学斋钞校本，钱塘□□(其名被挖去)。

一二〇、《文中子中说》 覆宋小字本，精品，安定胡氏留白轩藏本，有何子贞印。此书与《玉台新咏》之刻疑为一人，剞劂之妙允称绝伦。

一二一、《汉隶字源》 不分卷，六册，桃花纸，汲古阁精刻本。

一二二、《素兰集》 翁儒安著，一册，丁秉衡题记累累。(曹大铁《定风波·书〈翁儒安素兰集〉后》载："此集薄棉纸，乌丝格，工格，似女子手迹，是否稿本，不能妄断，有丁秉衡题跋，云得之邑中寺壁，旋归丁丈初我，丁丑战役中丁氏淑照楼藏书存苏垣者尽散，斯集当时有人借钞，携至上海得全，丙戌冬初我嗣剑峰友契赠与余，得配旧袭。吴素公绡所著《啸雪堂诗词稿》，二女才艺艳丽相匹，且相友，事迹间有相若，三百年后，并入余笈中，亦奇遇也。丁亥四月廿日记。")

一二三、《啸雪菴诗词集》 四册，道光杨氏精写本。

一二四、《昭明文选》 十册，汲古阁本，末尾一页钞配，前人圈点评注，钤平野堂图书记。

一二五、《十六金符斋印存》 六卷，吴大徵藏汉铜印选。

一二六、《邵曼如自选古文读本》 一册。

一二七、《齐民要术校勘记》 丁秉衡手稿，此册在清末曾投稿学部授奖。

一二八、《围艺书疏稿》 明万历王世懋手稿，装成长卷，与右籍合订。

一二九、《文献通考节要》 严虞惇辑，清乾隆刻本。

一三〇、《瀛奎律髓》 黄麻纸，四十九卷，合订十册，元方回著，元刻，有五分之一旧精钞配锦箱本，张氏小琅嬛福地等递藏。

一三一、《草窗韵语》 二册，蒋氏密韵楼覆宋本，自作水仙、春梅于卷首、卷尾，为当代覆宋本善之佳椠。

一三二、《周易像述》 旧精钞本，五册，原装，明吴桂森淑美著，清顾阶升旧物，钱竹汀从卷首至卷末全书评阅，此书原不知评阅者姓氏，从丁初我所题书笺上得知来历。

一三三、《秋笳集》 八卷补遗一卷，清康熙刻初印，吴江吴兆骞汉槎著，吴江顾氏藏本。

一三四、《益斋乱稿》 原五卷订一册，旧钞本，首页有韩江李益斋先生像已残缺，下部有"爱莲居士"、"延缘斋"、"拓湖丁氏珍藏"诸印。

一三五、《云烟过眼录》 原刻作四卷，今并订为二册，明刻本，后附明万历张畴斋墨谱，沈弘嘉识。此书迭经顾莼南雅、黄荛圃、陈子准、张蓉镜诸名家递藏，校勘者皆名笔，而以乾隆壬戌陈子准最后跋语为可信。

一三六、《刺字定例汇编稿》 一册，归安姚觐元伯子考订先后所著手稿，以浮笺粘贴者百馀处，有其自用章数方及其子慰祖藏印。

一三七、《列朝诗集小传》 钱牧斋辑，为有明一代诗人之总汇也。冯武简缘极十年之力为之誊录，诸人小传相传为钱陆灿湘灵所著，故有绛云楼印。昔年赵万里谓其所见钞本之精善无有过于斯本也。有"旧山楼"藏印。（曹大铁《满江红·读明陆务敏〈心赏笔随〉手稿书洪武纪后》称："余藏冯简缘为钱湘灵缮正《历朝诗集小传》"。）

一三八、《郁逢庆书画题记》 旧钞本，合订四册，崇祯七年郁逢庆志，正集十二卷，续集十二，明崇祯甲戌季冬朔日义墨堂藏，古照轩藏本，有"宗室文懿公家世藏"、"圣清宗室盛昱伯之印"、"不在朝廷又无经学"章。

一三九、《斗首五气朝元藏书》 不分卷一册全，明初刻本，有"蒋江军明"、"戢山"二藏印。

一四〇、《万用迪吉通书大成》 明初刻本，一册，临江宋辉山著通书，刘佛旺镌梓。

一四一、《大定续编纂要》 明钞本一册，云洱后学野崖复元子杨向春辑。

一四二、《庚子销夏记》 乾隆写刻本，二册。

一四三、《丁艾集》 一册，明隆庆刻本，明沈明臣著，有"蟫庐所得善本"印。

一四四、《李函相诗》 一册，瞿氏铁琴铜剑楼藏宋刻本影写，旧山楼藏本。

一四五、《红情言传奇稿》 原订二册。此稿有两人序，第一序姓名已佚泰半，无法稽考，第二序作者王庭之。

一四六、《切韵指掌图》 明影宋精钞本，一册全，有"吴灵子宪"印。

一四七、《姓源珠玑》 不分卷，六册，明宣德初本，黄麻纸，吴门潘氏旧藏，有"潘氏星斋考藏"、"状元宰辅祖孙父子兄弟伯侄翰林之家"、"杭州王氏九峰旧庐藏书画之印"。

一四八、《杜清献公集》 共十九卷，佚一、二两卷，精钞本三册，蒋西圃校本，卷三书面有印。

一四九、《啸堂集古录》 上下两卷，明覆宋本，旧山楼赵次侯题封面，藏书印累累。

一五〇、《应机草》 马元仪著，未莎轩钞本，一册。

一五一、《病机汇论》 十八卷，十册，康熙吴门马淑稿本。

一五二、《董文敏公画禅随笔》 一册，卷四。

一五三、《宋芜湖县新学记》 旧拓本一函，安徽芜湖天放楼珍藏，末有赵烈文记一篇。

不见经传的藏书大家——蒋恢吾

韦绪智

我国古代私人藏书可谓源远流长，特别是明清以降私家藏书蔚为风气，形成了中国独特的藏书文化。河南省地处中原，有着丰厚的传统文化底蕴，自古以来不乏藏书大家。但由于种种原因，不少有成就的收藏家被历史的岁月湮没而不为人知，蒋恢吾先生就是其中的一位。

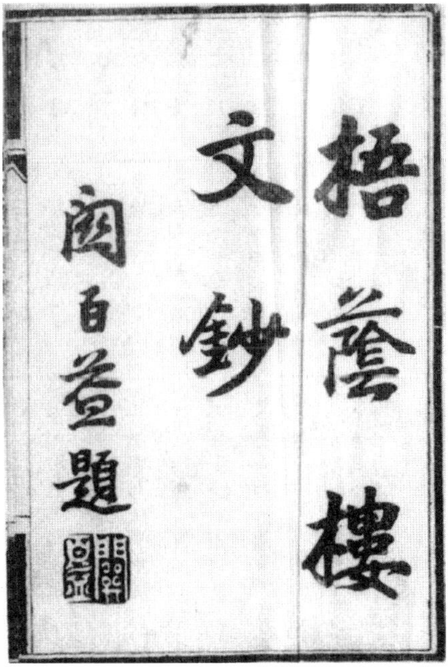

说起发现蒋恢吾藏书一事，还真是有点缘分。一次到某友人处观赏砚台，无意中发现有十几册线装书，随手翻检，其中两册《梧荫楼文钞》引起了我的兴趣。该书为民国期间线装石印本，保存完好，由河南近代著名学者关百益题签。虽然仅有两册四卷，但却包含论、序、跋、传、书信、墓志铭等一百三十馀篇，内容涉及不少清末至民国时期河南的乡贤文人，像步林屋、李时灿、张中孚、侯意园，刘骧臣、孟伊东等不下数十人，对于研究河南近代文化界名人的轶闻佚事，很有参考价值。加之作者蒋恢吾先生博览宏识，文笔纵横，其中不乏写得出色的佳构杰制，就借回家认真研读起来。

在胡诗昕为此书所作的序言中有这么一段话，特别引起笔者的注意："吾中表蒋丈蓼龕，幼挺英姿，长为通儒，嗜书成癖，研田所获，尽以购书，有梧荫楼藏书数十万卷。"接着在书中又看到蒋恢吾先生写给南浔"嘉业堂"主人刘翰怡的四封书信，其中一封更加具体的写明："是以三十年来，缩食节衣，约得二十万卷。"拥有二十万卷的藏书，这可不是个小数字，因为按照这个藏书规模，蒋氏的"梧荫楼"藏书，堪称中州藏书界巨擘，就是在全国也应该占有一席之地。但是翻遍有关近代藏书史的著述，如伦明著的《辛亥以来藏书纪事诗》、王謇著的《续补藏书纪事诗》等，均未述及杞县蒋氏的梧荫楼藏书。又仔细翻检了近年出版的《中国私家藏书史》一书(范凤书著，大象出版社版)，该书列举了清代收藏万卷以上的藏书家五百四十三人，民国时期收藏万册以上的藏书家一百八十七人，搜罗可谓宏博。但其中竟然也没有蒋恢吾的名字，实为缺撼。笔者深感有必要对蒋恢吾其人做进一步的研究。

因为在这两册《梧荫楼文钞》中没有作者简介，只得从每篇文章的字里行间里查找线索，又参考了《河南文史资料》中的点滴材料，大致可以了解到以下情况。蒋藩（1871—1944）字恢吾，号蓼龕居士，祖籍河南睢县，后迁杞县。蒋先生少负隽才，光绪丙戌年(1886)赴睢阳参加县试，列第十名，次年厕博士弟子员，1891 年入邑庠(旧时县学)，1894 年游学开封，入明道书院，师从黄曙轩先生，光绪壬寅年(1902)乡试中举。民国期间曾先后在河南国学专修馆、省立一中、北仓女中等处任教，并兼任河南大学讲座，后就任河南通志馆纂修。因其学识闳通，声望卓著，当时与南阳张中孚、通许胡石青、巩县王抟沙、固始万纯安、南阳熊绍龙、商丘井伟生、信阳刘邃真，合称中州八大名流。

从《梧荫楼文钞》中的某些文章中还可以看出，蒋恢吾先生与寒庐七子之一的步林屋、福州金石家林石庐、山东学者王献唐、绍兴的萧惠清、桂林的周维华及近代著名藏书家刘翰怡等国内名流多有来往。据1924年蒋先生与刘翰怡的来往信件中可知，刘氏先后寄赠给蒋先生“嘉业堂”刻印的《佩南先生集》、《雪桥诗话》以及其它刻书十三种。蒋先生也曾回赠《天根文钞》、《原圃集》、《河阴县志》、《陈侍御奏稿》、《瓢沧诗稿》以及墨拓三本、题跋两册等，另外还替刘氏的“嘉业堂”在河南征求地方史志和乡邦文献。

梧荫楼藏书的内容，因没见到藏书目录，不好揣测。但据蒋先生回复刘翰怡的信中所言：“藩髫龄失怙，室尠藏书，而笃嗜缥缃，有如饥渴，是以三十年来，缩食节衣，约得二十万卷，率多坊肆流行家塾课诵之本，具精镌秘籍不过什佰中一二耳”，这虽是谦词，但从中不难看出，其藏书中还是有部分珍籍善本的。萧风桂先生在《蒋藩及其〈方志浅谈〉》一文中曾提到他：“平生所积之河南志书达百七十馀种，在日伪时期，悉数为河南伪省长陈静斋所有。后辗转流徙，存否莫知。”另外从蒋先生自己的文章中也可以看出其特别注重收集河南乡邦先哲的著述。例如：《怡古堂书录》，为晚清河南著名文人常茂徕

(1788—1873)的藏书目录，乃其手稿，1907年得诸相国寺古董肆故纸堆中；宋黄庶《伐檀集》上下卷二册，绛云楼本，1929年冬以重值购于大梁估客；《礼记类诠》十卷，容城胡俟斋著，胡为雍乾间巨儒，此编为家藏未刻本，乃其四十年心力所成，至为精粹；《天根文钞》八卷，何吟秋著，封丘人，壮游齐鲁，晚为洛汝校官三十年，有中州三杰之称的河洛名儒许石衡为其弟子；《晚悔庵笔记》，清末开封明道书院山长黄曙轩著。另外还有《林屋山人遗集》、《玉可盦诗存》、《衡门社诗选》、《心逸斋诗草》、《林方山先生诗集》等，举不胜举。至于蒋先生刊印的《梧荫楼丛书》除了蒋本人的著述外，仅在开封市图书馆见到1941年镌刻的《绿槐草堂诗存》两卷，为蒋恢吾的从兄蒋兹（字今吾，号濯锦道人，晚年在济南鬻画为生）的遗作。

蒋先生藏书的目的不仅仅是为了考校版本、题跋作序、勘正谬误，主要的还是为了学以致用，坐拥书城，潜心著述，著有《梧荫楼文钞》、《梧荫楼诗钞》、《求愧作斋笔记》，以及《河阴金石考》、《杞县志稿》等。胡诗昕曾评论曰："先生寝馈其中者数十年，故发为文章，具有根抵。"当然，蒋先生藏书另一目的是想遗诸宗族，嘉惠后学。他曾在与友人的信中写道："然取足自娱，且以遗诸宗族，公之乡里后进，俾知三径之中，别无长物，惟此为平生心力之所萃，异日或有爱而读之者，则余愿足矣。"但纵览我国古代藏书家的藏书，大多数都是随聚随散，藏不能守。正所谓古代藏书"鲜有能传三世者"。究其原因，或为家道中落，散佚流失；或为天灾人祸，毁于战乱。据胡诗昕为其《梧荫楼文钞》作的序中所言："有梧荫楼藏书数十万卷，戊寅(1938)事变虽有损失，而鸿宝秘笈固依然无恙也"，这就是说，在戊寅事变后梧荫楼藏书大部分尚在，那么梧荫楼藏书是何时散失的呢?

为了能进一步了解梧荫楼藏书的内容、藏书的下落以及梧荫楼坐落在何处等问题，笔者曾在《汴梁晚报》上发表介绍蒋恢吾先生的文章，期望能找到蒋氏的后人或知情人，但对此也不敢抱太大希望。不想河南大学退休教授李先生看到这篇文章后，立即把这份报纸寄给他幼时的同学、现居河北省石家庄市的蒋成瞻先生。蒋成瞻先生今年已经七十八岁高龄，退休前是河北电台的高级编辑，是蒋恢吾先生唯一的孙子。能与蒋成瞻先生取得联系，实出意料之外。接下来通过电话、书信往来，蒋成瞻先生不仅提供了许多难得的资料，而且在得知笔者也喜爱梧桐树后，还特意书写“梧荫楼”三个大字的横幅相赠。

据蒋成瞻回忆，他十四岁以前一直在祖父的身边长大，祖父在当时省城开封教书时和许多书铺的掌柜相识，至今还能记得当年常随祖父乘黄包车到大街小巷中的书店、旧书铺、古玩店里选购书籍文玩时的情形。因开封为当时省会，是官宦文人、巨家故宅聚集的地方，再加上清末民初正是社会动荡时期，所以不时会有一些珍籍善本散出，因此往往每次都能满载而归。藏书内容因当时年龄尚小，只大概记得像《资治通鉴》、《二十四史》、《杜工部集》、《白香山集》等，家藏不只一部，一般都有两三个不同的版本。印象最深的是还有明朝大内刊本《永乐通典》六、七函，二十册左右，书品宽大，纸质特佳，字体是软体字，墨色浓，有图。据说还藏有一部宋版书残本，但他没见过。至于这十馀万卷藏书的收藏地点，其中五分之二在开封，另外五分之三的藏书在杞县。杞县的老宅很大，位于县城南门大街路西，原来是周翰林的宅子，人称“旗杆院”、“九门照”。门楼上悬有民国大总统徐世昌为蒋母胡太夫人题写的匾额，上书“以永令誉”四个大字。蒋成瞻早年考入北平辅仁大学，毕业后分配到石家庄市工作，多年未回家，只有母亲一人在开封教书。据其母来信讲，1952年开封的书籍、瓷器、字画等藏品，在当时河南省文物保管委员会副主任孟心垣的多次动员下，悉数捐献给国家。而杞县那部分藏书的下落就不得而知了。

笔者在郑州专门拜访河南省图书馆著名专家申畅先生时，曾问起蒋恢吾所捐赠的图书一事。申先生说因年代太久，加之当事人均已去世，不太容易查找了。不过笔者有幸在河南省图书馆查阅到全套的《梧荫楼文钞》，计有《文钞》六卷、《诗钞》二卷、《求愧作斋笔记》三卷，还有《骈体文钞》和《梧荫楼藏书图题咏集》各一卷。每卷的封面上皆有用毛笔书写的“河南图书馆惠存”，并钤有“蒋恢吾”长方印。在《梧荫楼藏书图题咏集》中，刊有张嘉谋、林屋山人、王献唐、李秋川、萧惠清、郑榕、曾洪父等三十馀人的题咏。卷首“梧荫楼藏书徵文启”里，蒋先生写道：“梧荫楼者，蓼盦居士自颜其藏书

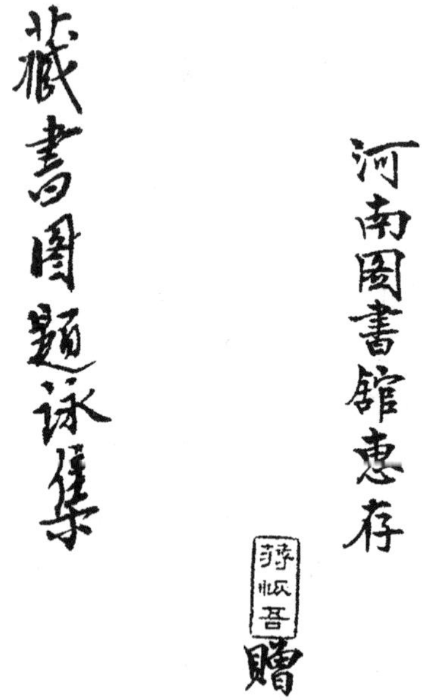

之处也。楼居宅西偏，门掩苍苔，园依绿水，后檐垂柳，中庭树梧，疏雨鸣秋，凉阴荫午，颇饶幽居之胜。居士好聚书，积四十馀年，得十馀万卷，元刻宋槧，虽绌搜罗，秘典轶闻，足资探讨。且性偏疏懒，素寡交游，艳刘竣之书淫，爱茂先之博物，一编遮眼，万事忘怀。爰建斯楼，藉庋群籍，既拓福地，更广墨缘，尝浼信丰刘伯绅先生为之图，吴兴刘翰怡先生署其额。……”从文中不仅可以看出“梧荫楼”的具体位置和环境，也可看到蒋先生藏书的数量和情怀。据蒋成瞻介绍，本来准备在杞县故宅再建造一座新的藏书楼。从计划建楼时祖父就给各地的亲友写信征集题咏，又请不少书画名家题额绘图，建筑材料也早已准备就绪，只因抗战事起，没能建成，成为终生憾事。另外需要指出的是藏书的数量，这里说的“十馀万卷”与上述写给刘翰怡的信中所说“约得二十万卷”似有出入。这个问题在蒋先生于 1943 年 9 月为《梧荫楼藏书图题咏集》写的跋中可以找到答案。他是这样写的：“向存梧荫楼藏书图为信丰刘伯绅先生作，当时海内知交，乡邦故旧，多赐题咏，积成卷轴。戊寅事变，典籍残缺，十亡三四，图既不存，诗亦散失……”从中可以看出，梧荫楼的藏书在抗日战争初期损失了相当一部分。

因蒋恢吾先生爱书成癖，几近痴迷，薪俸所得大多用以购书，以至于影响到家人的生活，亲戚朋友不得不常常予以规劝。而蒋先生不仅不以为“痴”，反而作《癖书文》一篇以解嘲：“万汇芸芸，大千颢颢，缘性结习，各笃永好。嗟哉！恢吾才薄能藐，束发癖书，长益搜讨，近自里闳，远及瀛岛，罗锦轴与牙签，收残编与断稿，或厚价以争奇，或廉直以见巧，莫不视为身心性命之物，抵彼白璧连城之宝。因之味绝肥甘，衣却绮缟，巷欲挂瓢，庐惟盖草，固百笥之充盈，已半生之潦倒矣。当其把卷吟哦，闭门却扫，金石铿锵，精神雪澡，餍饫真腴，采摭华藻，妙得環中，意超象表，几不知天地之为大，吾身之为小，又何有于巧拙穷通饥寒温饱也。然而形影支离，面目枯槁，执业既患其不专，学又苦其不早，进不能为一障之乘，退不能绵千秋之道，虽则视博奕为犹贤，亦祇伴蠹鱼以终老而已。”蒋先生藏书之痴、搜求之艰、志趣之高，在这篇二百馀字的短文中，表达的淋漓尽致，读来不能不为之动容。

在《中国方志大辞典》“方志人物·近代”卷中这样介绍蒋恢吾：“人称豫省学者谓南有张仲孚，北有李敏修，中有蒋恢吾。曾任杞县志总纂、河南通志纂修。所纂志书为《河阴县志》、《河阴志稿》；其理论著作有《方志浅说》、《河南通志局修校日程》。”申畅先生也曾多次撰文，对蒋恢吾先生在方志方面的成就给予高度评价。可是为什么蒋先生在藏书方面的成就，国内藏书界却无人知晓呢？据蒋成瞻介绍，记载有关蒋先生藏书信息的《梧荫楼文钞》是在1943年日伪时期，由蒋恢吾先生的几位弟子在杞县石印的，印量仅几十部，用以分赠友好，经过六十馀年的风风雨雨，现在存量极少，就连蒋成瞻先生也片纸无存。除了因战乱而消息闭塞外，这也许就是蒋恢吾的梧荫楼藏书不为人知的主要原因吧。

蒋恢吾先生几十年来节衣缩食，不辞辛劳地四处访书求书，仅仅依靠个人之力，收藏各类书籍近二十万卷，可谓举世罕见。作为中原藏书文化的流风遗韵，蒋恢吾先生为我国古代典籍特别是河南志书及乡邦文献的保存与流传作出了很大的贡献，相信在我国的藏书史上应该有其光辉的一页。

“薛城南”的金陵书缘

——记南京藏书家薛冰

万　宇

藏书辛苦平生事。在旧书堆里不停翻检，在书店里费力搜求，绝非是轻松的事情。但这一切似乎都有报偿。几位书友淘书归来，聚在一起，忍不住相互拆包，翻阅品评，赞叹有加，感慨不已，有忧思，有狂喜，有遗憾，更有快慰。至于“把君诗卷灯前读，诗尽灯残天未明”的酣畅，“妙句疑经前辈说，观书如对古人言”的颖悟，更是超值奉送了。南京藏书家薛冰先生在其著作《淘书随录》（江苏教育出版社2001年版）中这样说道：“所以我尽可能如实地记录下自己淘书时的所见所闻，所感所思，对于当代书友，或可作为他们淘书时的一个参照系数，对于后代书人，或可作为他们研究我们这个时代文化的一种素材，这该是一代文化人对社会应该做的奉献”，也许更包含一种期待，那就是期待更多的爱书人、藏书人、读书人来一起参与这场文化的“还魂记”。

由于久居南京城南，并对南京其“城”其“事”的人文掌故非常熟悉，他被朋友戏称为南京的“薛城南”，与北京的“徐城北”相对应。他是一早就到朝天宫等古旧书肆“淘”宝的老主顾，又是寻常冷摊勤翻检的有心人。“书而可以‘买’，委实有点将人与书的关系简单化了”。是的，一个“淘”字道出了无限的喜悦、遗憾与忧思。

自1980年前后开始藏书，他现有藏书的数目已经达到了一万七千馀册，而且这个数字还在不断地累加。藏书主要为文史类书籍，其中有明清及民国线装本约一千五百册，民国旧版书约二千册。藏书的特点主要集中在对明清之交的史事人物资料与南京地方文献的收藏，尤其在清末民初大量翻印的明末清初的野史遗闻、名家文集上费力搜求。藏书中南京地方文献资料较丰富，有近千种，其中有雕版线装古籍，也有近现代稿本、稀见本、原始档案资料，以及南京学者的重要著述等；与南京城市发展和历史文化密切相关的明清史、民国史资料，约二千馀册，这也是他熟知掌故、深谙南京文脉，成为“薛城南”的所在。另有版本与藏书研究方面的工具书近千册，南京周边城市地方文献资料近千册，古今中外文学经典与研究著作约三千册，其他历史、文化、艺术类书籍数千册。这些藏书全部系个人逐年购藏，自书店偶遇或自冷摊拾得，每本都是有故事的，从何处得来，得来时有何曲折，阅读时的情境与颖悟……

更难能可贵的是，这些藏书藏以致用，在大量资料积累与阅读的基础上，对之进行疏理，发掘新的视角，笔下自辟天地。近年他出版了不少与南京文化相关的书籍，例如《家住六朝烟水间：南京》(上海古籍出版社2001年版)一书专论南京文化；以及《金陵女儿》(百花文艺出版社2003年版)、选编评点本《南京旧闻》(古吴轩出版社2003年版)等，都从不同视角展现南京的人文历史。

薛冰，1948年9月生，祖籍浙江绍兴，从父辈开始定居南京。像所有相同年纪的人们一样,他的人生道路相当坎坷,金陵中学高中毕业之后下乡插队八年,工厂工作八年,1984年春调江苏省作家协会创作联络部工作,1992年任《雨花》杂志编辑。1996年夏参加江苏省委宣传部《东方文化周刊》创办工作,后任副总编辑。2000年初回作协,参加《江苏省志·文学志》编纂工作,任副主编。现为中国作家协会会员,江苏省作家协会专业作家。如今闭门写作,坐拥书城。值得一提的是在收藏方面的"成绩",屡登"金榜"。1989年"金陵个人藏书大赛"中,被评为藏书秀才;1996年"状元杯个人藏书大赛"中被评为榜眼;2000年被南京市文化局评为"家庭读书示范户";2003年3月第二届江苏读书节被评为江苏"十大藏书家"之一。

而与薛冰对谈无疑是件非常惬意的事情。且不论书人书事的话题,风趣儒雅的谈吐,单就每谈及某种他入藏的图书,架上橱中他往往能快速抽出,近两万册的藏书的品种、位置以及掌故渊源尽在胸中,就令人佩服。"藏"而能读,"藏"而能用,显然藏书已是活源而非"止水"了。而他持书的姿势也有点意思,四指下托,拇指以扣,在介绍时,两手总是抚着封面和封底,神情专注。这些书从书店、冷摊而置于架上橱中，真正是“宾”至如归，无疑是作为一本书的幸福了。

他的家就是他的书房，客厅中专门辟出藏书室十二平米，有宽1米，高2.8米书架十四个，同样大小书橱两个，顶天立地形如图书馆的书库；藏书基本上架入橱，分类排放，检索方便。另有十四平方米工作室，内有宽1米、高2.7米书橱五个备常用参考书籍。与这些弥漫岁月气息的藏书比起来，唯一带点现代气息的就是桌上那台电脑，提醒着我们这是二十一世纪的电脑时代。

“就在今天，我也断不敢以藏书家自居。我的书话，写的基本上是自己的藏书。而我的藏书，则可以说是读书的副产品”，作为藏书家的薛冰如是说，“因为我总算见识过名副其实的珍本和善本，领教过前辈藏书家们的识力和学理、财力和魄力。因而对自己所拥有的这一万数千册的价值尚能有一个客观的评价”。从买书为用、为用而藏，到自觉领悟、学习版本目录学知识，到理解、欣赏、收藏有版本价值的藏书，他的藏书心路最为典型地反映了私人藏书家的发展轨迹。手头有些馀钱的民间藏书者如何从实用的藏书观渐渐自觉地成长为有见识有眼力的藏书者，培养出藏书的版本文化价值观，从薛冰的藏书实践与文字中可以得到清晰的体认。

自从八十年代初开始买书，初始的目的，完全是为了使用的方便。因为小说创作的背景多取自南京，就想对南京能多一些深度和广度上的了解，以增加作品的厚重感。而随着藏书数量的不断增加，各类出版物质量良莠不齐，就不得不补上版本、目录这一课。再凭着多看、多问、多比较、多揣摩的原则在藏书实践中深入理解版本目录学知识，对于一个读书人来说，恰恰开了一个新境界。一方面，是涉猎的乐趣，另方面，是对于稀见版本沦落冷摊的惋惜，藏书为用之外，尚有大千世界。“我淘书的界限逐渐被打破，背离了为用而藏的初衷。在某种程度上成为版本上的追求了”之后藏书的质量与价值都大为提升，藏书者的识见与境界就大为不同了。这些丰富的资料也“催生”了其作品的不断产生。最爱读其书话作品，读作者如数家珍般地描述一本本已不容易寻得的图书版本，如同聆听一个个的奇遇故事，也因为书话中的从容与稳静，对于一个以淘书、访书为日历递序的人来说，“藏书”是他生命中的不可分割的一部分。

一个藏书家，在他的书架前，总有无尽的话题。置身薛冰的书房，他不时从架上抽出一两种，介绍、评价图书的得失优劣，滔滔不绝。有些本子是流失于地摊的题跋本或是写有题署，他也一一道来这些文字背后的故事，欣喜之外难免有些遗憾。当问及何以地板上也堆满了书籍之时，他回答说买回书后一般是必要等翻过之后才上架。翻开架上藏书，书中不时有他的笔迹，多为校改，或是补充材料，不觉感慨“无错不成书”，“现在很多作者、编辑确实不够尽职啊，有些书稿根本就没有仔细校对就发稿了，随便读读倒也没什么，万一别人当作资料引用，一引再引，那就害人不浅啊，真是不该。”坐拥书城，藏而能读，这些消磨在阅读中的日子对于藏书者来说无疑是最幸福的。我想，面对每一个藏书家都很难回答的问题“你的藏书，你都读过吗?”，薛冰显然能给出一个令人满意的答案。

说到收藏，他也一再强调，藏书家不能等同于投资者；倘若仅仅从投资与增值的角度来看待古籍资料，那至多只能算做收藏家。一个藏书爱好者千万不要停留在“买书家”的阶段。一个藏书者不仅要读透这一本书，而且要读出此书与它书的相关或相悖；他不仅要读懂“书”的内容，而且要阅读“书”的形式。

藏书，小而言之，娱情适意，参考实用，并有一定的收藏与投资意味；大而言之，作为一种文化现象，续接民族的文化传统。我国有优良的藏书传统，民间藏书与私人藏书的习惯至今仍香火不断，像薛冰这样的民间藏书者有着什么样的文化意义？这些是更值得我们挖掘的。古代私家藏书是中国历史文化产品积累、保藏、序演、再造的重要系统，这个系统的运行，完全依靠藏书家个人自觉自愿的行动。江浙地区成为全国私人藏书的中心，藏书之风不衰，历史上著名的藏书家与藏有所成的人物层出不穷。时至今日，江浙仍是重要的出版中心与收藏之乡，继承先贤的优良传统，也使得对于当代藏书者的研究有了更深层次的意义。“即以藏书论，也是一代有一代人的任务，对于我们来说，今天的当务之急，该是抢救二十世纪以来的文献资料。我所生活的南京，恰好是民国年间的政治中心，也是文化出版中心，在这一方面正该大有可为”（见薛冰《淘书随录》）。怎样理解这些淘书人呢？一代人有一代人的机缘，一代人有一代人的文化宿命，“以一代之书，考一代之事”，任何一种文化的留存，都必须借助于一定的物质载体。他在南京朝天宫旧书市场、在苏州扬州古籍书店中的淘书踪迹，并不单为解无聊或是消酷暑，更有寻觅文化的踪迹，续接文化传承的使命在。

在我，更欣赏这样的说法，藏书是对旧时月色的收集，古往今来的月色“算几番照我”，在这些清冷又不失温情的月光中，文化的传承如同月光下的小径，虽然蜿蜒曲折，也非通衢大道，但仍有人不断上路。

弄堂博士赵苕狂

虎闹

《弄堂博士》，赵苕狂著，上海世界书局1929年6月初版，四十二开九十五页。该书封皮为暗红色，画面较小，仅缩在书面右上角。有一肩披长发的妙龄女郎，在夏日月夜舒适地坐于玫瑰花丛，悠然拨弄她怀中的竖琴之弦，身后的圆月大得离奇，此番意境充满那年头海派情调。设计者以如此装帧来体现这本休闲读物，可谓用心精到，效果独特。

《弄堂博士》属白话中篇小说，书前有作者序言，书后也没忘了介绍世界书局的其他出版物。全书共分《皮匠摊旁开常会》、《博士主席的房客联合会》、《可怜的工具们》、《打醮与坍台》、《三角恋爱》、《最后一幕》等六章。小说用第一人称讲述上海石库门弄堂发生的事，主角除弄堂博士陶先生外，还有弄堂口小皮匠、水果摊老板、大阿福嫂嫂、刘老老、沈寡妇、包打听、流氓阿森之类的各色人等。小说情节无非是身边发生的邻里之间那鸡零狗碎之事。这倒也客观反映了上世纪二十年代小市民的生活状态，可让今人了解那时代上海的一个侧面。

作者赵苕狂为浙江吴兴人，1893年生。原名赵泽霖，字雨苍，号苕狂亦作笔名。另有笔名走肖生。为南社社友，是现代文坛的休闲派中坚作家。赵老前辈早年毕业于南洋公学机电系，名家许指严是他老师、李定夷为他同学。让人不解的是，他和同学均弃工从文，与机电事业老死不相往来，以卖文为生，还引得

许老师也倒过来步学生的后尘。

赵苕狂少年时代就显露文学天赋，早在光绪末年已开始写作。1915年上海文明书局《小说大观》创刊后，他撰文更欢，自此名声大噪。无怪大东书局一挂牌，便请他当首任总编辑压阵，日后又被世界书局挖去任了十七年总编，《弄堂博士》正是赵老任职期间出版。赵苕狂一生编过许多报刊杂志，其中最著名的自然是《红玫瑰》。他写的文章更是难计其数，世间那“著作等身”之说，大多是言过其实，但对于赵苕狂却是真的，这不仅仅是赵老个子不高所致。

只因赵苕狂的独生嗣子赵宜生服务于上海人民美术出版社，堪称与我同一上司的远房同事，他儿媳金雅敏退休前是我天天见面的同事。笔者自然知晓些许赵老的轶事。赵苕狂嗜酒，在文人圈内名声很响。他时常与人斗酒，用小盅一直拚至大碗，甚至喝到拂晓，不醉不回家。上海的弄堂内原先均设垃圾筒，供居民扔倒废弃脏物，每天早晨再由手推垃圾车来清理。有回，赵老在清晨与一位喝了一夜的邻居，醉熏熏扶将走进弄堂，只见他俩礼让地打开垃圾车上的小铁门，以为到家了。互相客客气气，“苕兄请，”“你先请”……显然，这非赵苕狂的高度近视眼所致。

赵苕狂还嗜好赌马票，每逢春秋赛马旺季，老板必须给假，让他前往跑马厅过瘾，这是事先与出版商约定的。虽然，此举有点荒唐，但书局老板为了得到人材，无不网开一面。更有甚者，赵老利用年轻时就读南洋公学的扎实英语功底，会用流利的英文写作这一优势，曾一度索兴屈尊就任跑马总会的英文秘书，梦想从此可近水楼台先得月，赢取赌马赛。结果，犹如当今的证券公司从业人员炒股票照样失算一般，将从跑马总会领到的薪水，通通输光。

赵苕狂颇有民族节气。上海沦陷期，他辞去被日伪控制的出版编辑工作，收入全凭在家写小说，生活非常拮据。好在曾得到过他帮助的朋友很多，有人知恩图报，让赵老在家中开古文课授徒，请来学员多为赶时髦的阔太太，使他度过了艰难的抗战时期。

尤其鲜为人知的是，这位被当时激进文人称作鸳鸯蝴蝶派的休闲文人，在新中国成立前，居然还应邀替华东人民出版社写过《马克思传》的连环画脚本。其实，此状不难解释，赵苕狂原本就是个地道的海派弄堂博士。可惜他寿命不长，1953年病逝，不然会有更多著作问世。

《中国文学史简编》和陆侃如夫妇

翁长松

上世纪二三十年代是中国文坛异常活跃的时期，不仅新文学作品犹如雨后春笋般涌现，中国文学史的研究著作也“不下数十部”之多，其中较有影响的有鲁迅《中国文学史略》（鲁迅于1926年写成此书稿，原先是油印本，1938年出《鲁迅全集》才正式出版，改名《汉文学史纲要》），郑振铎《插图本中国文学史》，陆侃如、冯沅君《中国文学史简编》，刘大杰《中国文学发展史》等。

《中国文学史简编》（下称《简编》）出版于1932年10月，由开明书店发行，此书问世晚于郑振铎的《插图本中国文学史》（1932年6月出版），却早于刘大杰的《中国文学发展史》（1939年出版），这部《简编》的文体与鲁迅的《汉文学史纲要》很相似，是在授课讲稿的基础上编撰而成的。陆侃如1935年曾在该书的“序例”中说道：“这部《中国文学史简编》是我和沅君这几年来在中法大学、中国公学、安徽大学，师范大学，北京大学等处讲授中国文学史时的讲义。”夫妇俩合编一本中国文学史，这在中国文学史上可能是前所未有的佳事。而且夫妇俩同是留法学生，都从事中国文学史的研究和讲学。陆侃如（1903—1979）是江苏海门人，北京大学毕业，历任中国公学、复旦大学、安徽大学等教授。1932年游学法国，获巴黎大学文学博士。回国后任教北京大学、武汉大学、东北大学、中山大学、山东大学等，解放后仍任教山东大学，曾任副校长；夫人冯沅君（1900—1974）是河南唐河人。1922年北京女高师毕业，遂入北大研究所攻读研究生。1925年毕业后，从事古典文学研究。历年在金陵大学、中法大学、北京大学等任教。1932年留学法国巴黎大学，回国后在多所大学任教，1947年转入山东大学至终。陆、冯夫妇除合著《简编》，还联手撰写了著名的《中国诗史》等，为中国文学史的研究作出了卓越的贡献。

《简编》自初版问世，颇为畅销，曾先后多次再版。我收藏的《简编》，是民国三十八年一月出版的旧平装，已是第八版了。此书之所以受到读者欢迎，我认为主要鉴于以下三点：首先这是一本时间跨度最长的中国文学史。全书从中国文学有文字记载的商代说起，一直讲到中国现代的"文学与革命"，上下五千年，展现出中国文学发展轨迹。此前郑振铎的文学史，还是刘大杰的文学史，都没有涉及现代文学史的内容，因此《简编》一册在手，就可明了中国文学史（包括中国现代文学）的基本概况；其二、文字简洁流畅，通俗易懂。全书正文百九十二页，计十馀万字，分上下编，共二十讲，每一讲设一标题，重点突出，例如，第七讲："唐代的诗"，第十五讲："元明杂剧"，第十九讲："近代的散文"，标题醒目，一目了然。表述文字，简洁利落，点到为止，即使涉及举例也不引文，只注书名或篇名，避免文章冗长拖沓。用语通俗易懂，不见佶屈聱牙、晦涩难懂的句子，读起来琅琅上口；其三、富有学术开创性和进步的文学观。此书对中国诗歌、散文的起源作了探索和研究，形成了颇具个性化的见解，尤其是对中国现代文学的研究具有开创性的见解，认为辛亥革命不仅是"中国史上划时代的大事"，而伴随而来的"白话文学运动"和"无产文学

运动”，使中国文学史“跨入了另一个新的时代”。但陆、冯并没有沉醉于“白话文学运动”的成果之中，而是清醒的提出：“我们不仅要求新的瓶，并且要求新的酒！”在他们的心中白话文不仅形式上是新的，所表述的文字内容也应当是新的，是历史唯物论和科学美学的结合，而这种文学就是俄国革命的无产阶级文学，闪烁着时代进步思想的先进文学。

陆侃如、冯沅君夫妇在三十年代就敢于肯定无产阶级文学，这实在是一种与时俱进的文学观。同样，这种文学观对当年的民主人士、文学青年、读者也是有吸引力的，这也是该书畅销的思想基础。

·新书架·

“米寿”之痛

戴建华

浮生难得半日闲，终于挨到国庆长假，得以把十几只书橱里重重叠叠的书本稍加整理。不知如何念头一闪，这回竟专门腾出一个书橱增辟“特藏”——已经过世的老学者所著、而我常读常新的一些著作。这只书橱被置于书桌的右手第一架——“座右”在中国传统里有不同寻常的地位，如能够支撑人们立身处世的格言就称为“座右铭”——于此可见这些书本在我心目中的地位。

待到劳动完毕，从容“拜见”我的“特藏”，竟然又得到意外的惊奇或说悲伤。

在最醒目的位置上，是五位在八十八岁上驾鹤西归的学者的作品，八十八岁，按我国传统的说法，就是“米寿”。哲学家冯友兰先生在他八十八岁生日时尝云“何止于米，相期以茶”，“米”字拆开就是八十八，“茶”字拆开就是一百零八。冯先生只活到九十五岁，不及于茶，但总是远超于米。不知是什么神奇的力量，这里的五位先哲都是在米寿“邂逅”于九原。以他们逝世的时间，当然也大体上就是他们的年齿为序，分别是钱锺书先生、程千帆先生、安子介先生、李格非先生和李慎之先生。

钱锺书先生。默存先生他逝世于 1998 年 12 月 19 日，是五位先生中我唯一没有机会请益的一位。他的著作我都有，包括不叫“全集”的“钱锺书集”(三联书店)，还有不久前用手迹影印的《容安馆札记》(商务印书馆)。除了末一种，我都读完了。手迹不太好认，颇费眼力，但日积月累，通读是可以预期的。我的老太老师黄季刚（侃）先生痛骂读书不毕其功为“杀书头”，小子不敏但也不敢。《管锥编》四册本(中华书局)，我藏的是初版初印本，1979 年岁末书甫上市我就立即买了。那时我刚刚上班，每月薪水三十七元五角，买薪买水之后所剩无几。这套书定价五元七角，是下了决心买的。书用典雅而不浅近的文言，也是下了决心“啃”的。说也有趣，这部书的头两册是八月印的、后两册是十月印的，第一册印数为二万一千册，第二册为二万整，第三、四册都是一万九千八百本。怎么会有如此的差异？我百思不得其解。后来向“后来”的友人——中华书局的出版部主任张宇先生打听，他也完全记不起来是怎么回事了。我有时突发奇想，难道是第一册刚印出来就估算出有一千人不会读第二本了？然后递减二百？这套书现在重印已经接近十万册了，在学术类图书中不说“绝后”，总是空前了。张先生还说起，钱先生决不同意这部书印简体字本（尽管二十四史都印了)，后来对重印这么多册数也大不以为然（虽然书是按版税计酬的)。我也听好些人说过，书架上没有这套书不成，读完或读懂就不必或不能了。其实钱先生也无须有这种预期的“悲凉”，因为可以肯定的是，这部书还会印下去，也不会都当摆设，还会不断的产生“异代知音”！

程千帆先生。闲堂老人他逝世于 2000 年 6 月 3 日，《程千帆文集》十五卷(河北教育出版社)先生不及亲见出版。既往出版的各种，或为我历年所购，或为先生手赐。先生和沈子苾（祖棻）夫人合编的《古诗今选》，起先由南京大学中文系印为讲义，后来由上海古籍出版社正式印行，这是迄今为止最有个性的一个古诗选本，选八代诗、唐诗和宋诗，其中唐诗分上下，共四个部分。注释简要精当，分析尤见用力，因为先生是学者而兼诗人，夫人是诗人而兼学者，各有会心，而又珠联璧合。如今古诗选本多多，但如果要参考什么，我首先想到的就是这一种。先生治学门面阔大，因为他老人家念大学时亲炙黄季刚（侃）先生学经学小学，从胡小石（光炜）先生学文学，从刘衡如（国钧）先生学目录学，从胡翔冬（俊）先生学诗，从吴瞿安（梅）先生学词曲，从汪辟疆（国垣）先生学小说，从商锡永（承祚）先生学古文字学……这种际遇今天不要说本科生，就是硕士、博士生也远不能望其项背；而先生又饱经坎坷，国忧家恤萃于一身，但“老当益壮，宁知白首之心；穷且益坚，不坠青云之志”，晚年“抢救”出二十多年时间，著述等身，桃李满园。《文学遗产》杂志主编徐公持先生在总结古代文学学科的总体情况时指出：新时期成就最大的两位学者是钱锺书和程千帆。当我最后一次接到先生赐书，看到的书名竟是《俭腹抄》（上海文艺出版社），和钱锺书先生的《管锥编》一样出于极大的自谦，真是感慨万千。

安子介先生。安公他也逝世于 2000 年 6 月 3 日，和闲堂老人同归道山。两位老人当然不是“不求同生，唯求同死”的金兰之交，但他们都受知于匡亚明先生，是匡老主持的《中国思想家评传丛书》的顾问。安公是香港著名的实业家、政治家和社会活动家。他以馀力从事汉字研究，有时不是专业人士，反倒容易抓住专业内不易捕捉的消息，安公的汉字研究就是如此。他先是用英文写成厚厚五大本的《解开汉字之谜》，后来出版了简编本的中文版，此外还有《劈文切字集》、《安子介千字文》等，都是香港瑞福有限公司印行的。安公都亲笔签名赐赠与我，我不谙英文，就把英文版转送给一位教对外汉语的朋友，可谓得其所哉，中文版的各种直到今天我还常看。我很年轻的时候，就对汉字改革很不理解，一棵二三百年的古树都要认真保护，而为民族文化服务了数千年的汉字，为什么要专门研究怎么慢慢地消灭它呢？所以我和安公在这方面有较多的共同语言。1990年我应邀参加北京国际汉字研究会议，安公在他下榻的王府饭店宴请我，我第一次吃西餐，弄得很狼狈，安公觉察到，就离开宴席，带我到自助餐厅随意，花了他很多冤枉钱。安公由此大发感慨，说，中国人都穿西装、吃西餐也没有什么关系，可要是都不说中国话，不写中国字，那就全完了。

李格非先生。“格老”——这是学术界对他的尊称——他老人家逝世于2003年3月27日。格老是我的老师，我们师弟之间感情很深，他谢世的时候，北京正闹“非典”，我不能去做最后的告别，只能“哭之恸”。格老最大的功业是用近二十年的时间实际主持了《汉语大字典》的编撰。我的书橱里也就有了各种版本的《汉语大字典》，包括当初油印的审稿本（堆起来和我的身高差不多），都是先生手赐的，每种版本上都有他的题签，最先出版的第一卷上，他还邀请不少副主编或编委共同签名留念。《汉语大字典论文集》和《汉语大字典纪念册》印数很少，我也得到了赐赠。可以说，关于《汉语大字典》这个“专题”，在一般读者的收藏里，我的书斋里可能是最完备的。但是先生去世后，湖北又印行了新的品种，装帧设计很不错，因为格老没有亲见，我始终就没有勇气买回来。

李慎之先生。李先生他逝世于 2003 年 4 月 22 日。我和李先生只有一面之缘，那是 1999 年在《读书》杂志创刊二十周年的纪念会上。编辑部主任吴彬女士邀请我做个即席发言，大约是中学教师的代表吧，我讲话的大意是赞美《读书》首倡的“读书无禁区”，还说到要讲学术自由、学术尊严、学术个性，但也要讲学术美德。中午聚餐的时候，我去问候李先生，先生说“你的发言很好”。当时人很多，没有机会深谈。李先生因为中风，不良于行，过了一会，我看到陪李先生来的女士脸上有焦急的神情，赶忙去问，果然是李先生要去方便，我连忙搀扶先生前去，时间不长，我只问了先生一个当时算是热点的问题：“对社会上有中学里不必教文言文的意见，您有什么看法？”先生告诉我，年轻的时候，他相信鲁迅先生的话，以为中国的书可以少看或竟不看，也就不必学文言；现在，积他一生的经验，认为不学不行，还得早学，上了大学再学，就来不及了。我听了很高兴，就对先生说，我很喜欢看您的文章（意思是希望先生写一篇学文言的文章）。先生却说：“我的文章不多。”这是真的。我的书斋里其实并没有一本李先生的书，“特藏”里也只是刊载先生文章的十几本期刊。前不久，有好心人私下里印了先生的文集，网上书店奇货可居，却也不是买不到。尽管我很想看先生的文集，希望先睹为快，但我究竟没有买，不是嫌贵，而是坚信，李先生的书不会出不来，我等着！

开卷有益。虽说读书人应该博览，转益多师或集思广益，但在自己的书斋里，也不妨开辟一个“特藏”，那不是追逐明星，更不是附庸风雅，而是在自己的心田，寻觅一片绿地，点起数盏明灯，撑起一根脊梁，那是自己精神生活的后花园。

结缘网络淘旧书

淮 茗

四百多张汇款单，两万多元书款，上千册来自四面八方的图书，一批至今未曾谋面的书友以及围绕买书、读书所发生的一系列或庄或谐的故事……这是笔者两年多来网络淘书的一份真实记录，也是一段弥足珍贵的人生记忆。仅就个人自身的体验而言，其间所见所感新奇而深切，已非感慨万千一类词语所能形容和概括。确实，需要为日渐成熟和繁荣的网络旧书业说些什么了。在虚拟的网络世界里竟然能够找到前辈学人琉璃厂、隆福寺淘书的那种美妙感觉，这是笔者短暂网络生涯的一个意外收获，它使笔者对影响日增的网络空间有了一种全新的认识。

从某种角度来说，两年多来的淘书经历已使笔者幸运地成为一位历史见证者，一位目睹中国网络旧书业从无到有、从萌芽到成型全部历史的见证者。对笔者这种菜鸟级的网络漫游者而言，能成为这样的见证者颇有些偶然，也许这就叫缘分吧。2002年5月，经一位朋友的介绍，笔者在天涯社区（www.tianyaclub.com）注册，正式成为其闲闲书话论坛的一名成员。国内读书类论坛数量虽然不少，但像闲闲书话人气如此之旺，品位如此之高者寥寥无几，这也是它成为网络旧书业摇篮的一个重要因素。在论坛里，众网友虽然职业各异，文化程度不一，但多属爱书者，围绕读书、淘书，总是有很多话题可谈，因而气氛也很是不错。不像后来，日渐浮躁，屡起纷争，老网友不断出走，到如今热闹倒也热闹，但那种友善、融洽的气氛却已不见。虽然只有两年多的时间，说来已有今昔之感，网络上的兴衰起落较之现实生活更明显，让人感触也更深。

论坛人数一多，自然就会有淘书、换书的内在需求，因而也就产生了难得的商机。有些头脑灵活的网友顺应变化，抓住机会，成为网络旧书业的第一批淘金者。起初上网卖书者并不多，只有三十年代、花脚猫、舞鹤游天、史眼镜等少数几人，多属玩票性质，商业气氛也不浓，买书、卖书者多是较为熟悉的书友，加之采取资格审查备案制度，不存在信任问题，书价也不高，于是经常出现供不应求的局面。每到预定的旧书交易时间，大批网友齐聚网上，抢购图书，点击率奇高，其场面很是壮观。站方对这一新生事物也很支持，为此专门另开了一个名为天涯旧书交易所的分论坛，后又将其升格为天涯书局，纳入主版。此后，参与者越来越多，不少业馀性质的卖家成为专业网络书商，书局逐渐形成规模，并产生了较大的影响。不过，随着交易的增加和深入，这种随贴售书方式的弊端也越来越明显，它固然有及时、便捷、灵活等特点，但时效性太强，售书帖容易淹没，且不便宜检索，为交易带来诸多不便。但不管怎样，天涯社区对中国网络旧书业是有奠基之功的，后来的网络书商有不少在这里受过熏陶和锻炼。

孔夫子旧书网站(www.kongfz.com)的出现在中国网络旧书

业发展史上无疑具有标志意义，它可谓第一家真正意义上的旧书交易网站，其页面、栏目、菜单的设计充分考虑了网上交易的特点，量身订做，无论是购书、结算还是检索，较之天涯书局，都更为专业，具有明显的优势，对淘书者颇具吸引力。短短两年的时间，入驻店铺达到四百八十多家，注册会员二万多人，旧书积存量达四十多万册，其存书规模及交易量已超过现实生活中的任何一家旧书店，在书友中有着较大的影响。随着店铺、书友及交易量的增加，其中隐藏的一些弊端也逐渐显露出来，有的是网络交易皆会遇到的普遍现象，如诚信问题。对买家而言，有随意取消订单、拍卖叫价而不交割等行为，对卖家来说，更有收钱不发书、虚报品相等问题，为此曾引起不少争论。虽然这些问题大多通过协商的方式得到解决，站方也开始实行黑名单制度，但网上旧书交易如何形成有效的规范和制约，这依然是一个需要认真思考的问题，可以说，这一问题至今仍未得到真正解决，已成为制约网络旧书健康发展的一大隐患。

其后，缘为书来（www.ywsl.com）、布衣书局（www.booyee.com.cn）等多家专业旧书网站相继出现，昭示着网络旧书业的战国时代已经到来。这些旧书网站大大小小共有十多家，它们的集中出现标志着网络旧书业更加成熟，也预示着其间存在的巨大商机，自然它们相互之间也存在着激烈竞争。这些旧书网站的创办者有些如三十年代、花脚猫等皆曾在天涯书局、孔夫子旧书网站卖过旧书，在网友中有着较大的影响力和较好的声誉，这也是他们赖以创业的主要资源，其重要性甚至要超过资金等物质因素，这也是旧书网站与现实书店的很大不同。在网站运营前，这些创办者皆进行过认真充分的市场调研，起点较高，其网站设计处处为书友着想，更加富有人情味，也更为符合网络交易的特点，因而创办伊始便相当红火，并逐渐形成自己的风格，为投资商所看好。比如缘为书来的创办者沈帅女士为第一批专门从事网络旧书交易者，她非常注重与书友之间的交流，目的在精心打造一个网上淘书者的乐园，故而以旧书交易为依托，重点经营文化社区，并邀请赵珩、止庵、陈子善等文化名人，与网友就关心的相关话题进行交流，收到很好的效果。这家网站虽然创办仅半年多的时间，已办得有声有色，显出勃勃生机，拥有一批铁杆的网络书友，其中加盟书店将近一百十家，注册会员达到二千八百多人。

如今，网络旧书交易已与现实生活中的旧书店、旧书摊、旧书邮购等并驾齐驱，成为旧书交易的一条主要渠道，发挥着越来越重要的影响力。需要指出的是，网络旧书交易已使全国各地的旧书交易联结成一个相互呼应的整体，其价格走势对全国的旧书行情起着风向标的作用，像北京潘家园、上海文庙这些著名的旧书交易市场，其图书价格行情已基本与网络协调一致。不少旧书店如成都的淘书斋、毛边书局、南京的学人旧书店、品雨斋书屋等也纷纷上网开店。网络旧书调剂分配全国旧书资源的功能更是传统手段所无法比拟的。毫不夸张地说，尽管异地交易、邮费过高等因素对网络旧书交易的发展形成一定制约，尽管它还不能完全取代传统的旧书交易方式，但它代表着旧书业的未来发展方向，仍有很大的发展空间，这是可以预见的。

与现实世界相比，网上淘书有着许多传统手段无法比拟的优势,其中最为明显的就是其跨地域优势。在现实生活中,人们通常只能在自己所在的城市里淘书,偶尔也会利用出差、访友等机会到别的城市去逛,但活动的范围较为有限。况且如果不是生活在北京、上海、南京、杭州这样具有深厚文化底蕴的都市,而是在一个较为偏远、书店稀少的中小城市里,淘书所受的局限则更多。网络则完全克服了这一地域上的限制,给每个淘书者以自由淘书的平等机会。一家上规模的专业旧书网站足可将全国各地的旧书店整合在一起,地域的广泛也就意味着图书来源的广泛,许多因出版数量较少或内部印刷仅在一些地方流传的书籍可以很容易的被外地需要的书友淘到,从而实现旧书资源在全国范围内的合理分配。一些港台书商的加入,更是弥补了国内港台图书交易的空白,对那些研究课题较偏或偏重某类图书的收藏者来说,由此带来的便利是不言而喻的。就笔者个人的接触和见闻,除新疆、西藏、海南等少数地区外,全国大多数省份都已有旧书店在网上售书,并因此产生了一批专门从事网络旧书交易的新型书商。

其次是网上旧书交易的便捷性。书友足不出户,仅靠点击鼠标,就可以淘到自己需要的图书。从了解图书信息到下订单,再到结账付款,皆可在网上轻松进行。比起现实世界中的奔波劳顿,不知道要方便多少。数码相机、扫描仪的广泛使用也克服了网络交易中容易出现的隔山打牛似的不利局面。尽管是在虚拟世界里淘书,但并不感到空幻,它和现实生活中一样真实可信。

值得一提的还有旧书网站所营造的那种和谐、友善的气氛。在现实生活中,淘书多是个人行为,和书店老板也基本上是一对一的交流，虽然也可以成立协会、组织联谊之类的活动，但往往受到经费、场地、时间等各种主客观因素的制约，多有不便。有了旧书网站，情况就完全不同了，站方在交易之外，往往还开办一些主题论坛，为书友提供交流便利。无论是买书者还是卖书者，围绕着书这个中心，总有许多可以交流的话题，可以说大家为着对书的喜爱聚集在一起，每个论坛都是一个小型俱乐部。每个书友在论坛里都会找到一些志同道合的朋友，借助网络的便利，建立友谊，或聊天，或切磋问题，或赠书，或提供信息。而且由于是在虚拟空间，这种友谊也是可进可退的，不必有过多的顾虑。如有必要，可以在私下聚会，如无必要，则可以一直维持这种不知真实身份的网络君子之交。

自然，网络旧书交易的局限也有一些，比如交易不够直接、对交易双方的约束力不够、邮费偏高等，不过随着科技的发达、网络商贸发展的日渐成熟，有些问题是可以克服和解决的。不可否认，有些问题则还要经过一段时间的探索才能真正解决。

相对于全国庞大的书友队伍，目前的专业旧书网站无论是在数量、规模上，还是经营的形式上，还都有较大的发展空间。随着网络的日益普及，相信还有更多、更具特色的旧书网站创办，还会有更多的书商、书友加入，会有越来越多的书友体会到网络琉璃厂、潘家园淘书的别样感觉。对其前景，笔者是十分看好的。虚拟的网络世界也会因此而增加几分书香，多了一些文化品位。

编 后 记

本辑从编辑以至到改样，编者都曾颇费踌躇，煞费苦心，不断地调换书稿，压缩版面，以图容纳更多的文章，……但终于因为篇幅、字数所限，还是有不少文章未能刊用，也无法再像过去那样被挤到下一辑——因为到本辑为止，《藏书家》的出版将告一段落，虽然它想善始善终，也想画个激流勇退的句号，却仍留下了些许遗憾。

《藏书家》从策划、选题的通过直至编辑出版了包括本辑在内的区区十册书，迄今已有七、八年时间了。这期间，许多作者和广大读者对我们给予了极大的支持鼓励，奖爱有加，来信来稿络绎不绝；中间也有一些批评意见，多是埋怨《藏书家》出版周期太长，甚至责怪编者"残忍"；又有帮助设计专栏、提出改进发行办法的热心者，这都使编者深受感动，并始终把它们作为激励鞭策编好这本小书的动力，在这里要说一声："谢谢了！"

在《藏书家》终刊之际，编者再实话实说几句。《藏书家》自创办以来，虽然编者是集组稿、编校于一身，是因为有了社领导对编者工作的信任和支持，才是《藏书家》赖以生存的精神和物质的保障；而一些学界、藏界前辈不顾年迈体弱，鼎力相助，几乎每辑皆赐稿，又支撑和保证了《藏书家》的品位和质量；许多友人，或南或北，除经常撰稿支持外，还热心代编者约稿审稿，为

《藏书家》源源输入新鲜血液;而广大喜爱《藏书家》的新一代民间藏书家、爱书人,除是《藏书家》的基本读者群外,还不断来信来稿,献言献策,使《藏书家》的内容更丰富,并更贴近当代人的读书生活,富有了时代气息。所有这一切,编者将永远铭记。

几年的时间,寥寥几册小书,在历史长河中就如划过夜空的流星,或如昙花一现,也许不久就会声息全无。但编者有幸半生“为他人作嫁衣”,并且也是个自幼至老嗜书如命的藏书者、爱书人,能有机缘策划、编辑《藏书家》,还是非常幸运的。现在因编者年龄、身体、精力等方面原因使《藏书家》的编辑出版告停,在此除向支持、喜爱它的作者(特别是书稿未能刊出者)和读者致歉外,也百感交集,依依惜别,并由衷地祝愿中国的藏书园地越来越广阔,读书种子绵绵不绝;或许在不久的将来,《藏书家》会以新的面貌重新面世,我们期待着!

铁琴铜剑楼残照

方毓强 摄影

令人怀古的气氛(二楼)

藏书楼内天井的窗棂

(参看本辑方毓强撰《铁琴铜剑楼记访》)

ISBN 7-5333-1473-5

9 787533 314736

ISBN 7－5333－1473－

Z · 130　定价:10.00元

索引　篇名拼音检字

A

B

C

D

E

F

G

H

J

K

L

M

Q

R

S

T

W

X

Y

Z

索引　作者拼音检字

B

C

D

F

G

H

J

L

M

N

P

R

S

T

W

X